O IDIOTA DA FAMÍLIA
Gustave Flaubert de 1821 a 1857

volume 2

JEAN-PAUL SARTRE

O IDIOTA DA FAMÍLIA
Gustave Flaubert de 1821 a 1857

volume 2

Tradução de IVONE C. BENEDETTI

Texto de acordo com a nova ortografia
Título original: *L'Idiot de la famille* – *Gustave Flaubert de 1821 à 1857*
(nouvelle édition revue et complétée)

Tradução: Ivone C. Benedetti
Tradução baseada na nova edição de *L'Idiot de la famille*. Paris: Gallimard, 1988.
Capa: Ivan Pinheiro Machado. *Imagem*: © Rue des Archives/Tallandier
Preparação: Jó Saldanha
Revisão: Patrícia Yurgel

CIP-Brasil. Catalogação na fonte
Sindicato Nacional dos Editores de Livros, RJ

S261i

Sartre, Jean-Paul, 1905-1980
    O idiota da família, v.2 / Jean-Paul Sartre; tradução Ivone C. Benedetti.
– 1. ed. – Porto Alegre, RS: L&PM, 2014.
    1072 p. ; 21 cm.

    Tradução de: *L'Idiot de la famille* – *Gustave Flaubert de 1821 à 1857*
    ISBN 978-85-254-3099-1

    1. Filosofia - História. 2. Biografia. I. Título.

14-08904   CDD: 109
                                                        CDU: 1(09)

© Éditions Gallimard 1971 et 1988

Todos os direitos desta edição reservados a L&PM Editores
Rua Comendador Coruja, 314, loja 9 – Floresta – 90220-180
Porto Alegre – RS – Brasil / Fone: 51.3225.5777 – Fax: 51.3221.5380
PEDIDOS & DEPTO. COMERCIAL: vendas@lpm.com.br
FALE CONOSCO: info@lpm.com.br
www.lpm.com.br

Impresso no Brasil
Outono de 2014

SUMÁRIO

PRIMEIRO VOLUME

Prefácio / 7

PRIMEIRA PARTE
A CONSTITUIÇÃO

I. Um problema / 11
   Ler / 11
   Ingenuidade / 14
   Explicação pela confiança / 17
   Ingenuidade e linguagem / 21
   Passagem à síntese progressiva / 49
II. O pai / 61
III. A mãe / 81
IV. O irmão mais velho / 102
V. Nascimento de um filho mais novo / 129
VI. Pai e filho / 179
   A. Retorno à análise regressiva / 179
   B. A vassalagem / 330
   C. A insuficiência / 360
   D. A inferioridade / 372
   E. A submissão / 387
   F. O ressentimento / 398
   G. O mundo da inveja / 421
VII. As duas ideologias / 452
   A. Análise regressiva / 453
   B. Síntese progressiva / 469
      1. O cientificismo / 469
      2. A outra ideologia / 502
   C. A "Estupidez" de Gustave / 611
      1. A Estupidez como substância / 612
         a. A cerimônia / 613
         b. A linguagem / 617
      2. A Estupidez como negatividade / 639

SEGUNDA PARTE
A PERSONALIZAÇÃO

LIVRO PRIMEIRO
"O QUE É O BELO, SENÃO O IMPOSSÍVEL?"

I. O menino imaginário / 653
   A. Inação e linguagem / 665
   B. O olhar / 674
      1. O espelho e o riso / 674
      2. O espelho e o fetiche / 684
   C. A gesta do dom / 722
   D. Ele e eu / 762
II. Do menino imaginário ao ator / 775
   A. Ser ator / 784
   B. Glória e ressentimento / 796
   C. O cômico enquanto masoquista / 811
III. Do ator ao autor / 855
IV. *Scripta manent* / 907
V. Do poeta ao artista / 980
   A. A amizade frustrada / 1046
   B. A negação mal-acabada / 1059
      1. O supérfluo como lacuna infinita / 1077
      2. A gratuidade como imperativo categórico / 1086

Notas da tradução / 1107
Sobre o autor / 1108

SEGUNDO VOLUME

LIVRO II
O COLÉGIO

VI. Da gesta à encenação: o Rapaz / 1111
   A. A estrutura / 1119
      Absenteísmo / 1183
      Fracasso do absenteísmo / 1196
      Defesa agressiva / 1206

Nascimento do Rapaz / 1219
Generosidade / 1233
Do riso como estrutura fundamental do Rapaz
   (ou do sadismo de um masoquista) / 1256
A cilada / 1309
B. A história (o psicodrama) / 1337
   1. Refluxo / 1349
   2. A impossível tomada de consciência / 1352

LIVRO III
PRÉ-NEUROSE

VII. Do poeta ao artista (continuação) / 1473
   A. Decepção literária (1838-1840) / 1474
      1. Testemunhos de Flaubert / 1474
      2. Transformação objetiva dos escritos entre
         1837 e 1843 / 1477
      3. Vivência / 1479
         Morte do poeta / 1481
         Nascimento do artista / 1490
         Sincretismo original / 1495
         Totalização na interioridade / 1506
         Retorno ao infinito / 1561
         Arte e sagrado em Smarh / 1576
         O fracasso de Smarh / 1606
   B. Abraçar uma profissão / 1639
      O futuro / 1648
      A terceira recusa do tempo / 1658
      Comportamento de fracasso
         (janeiro de 1842-dezembro de 1843) / 1684
      Do outono de 1841 ao outono de 1842 – os fatos / 1685
      Tentativa de interpretação dos fatos / 1694
      Gustave e seu duplo / 1720
      Aparecimento da pré-neurose / 1736
      1842-1843: Remitência / 1763

TERCEIRA PARTE
ELBENHON OU A ÚLTIMA ESPIRAL

Livro Primeiro
A "Queda" vista como resposta imediata, negativa e tática a uma urgência

I. O acontecimento / 1781
II. O diagnóstico de Gustave / 1796
III. A neurose como resposta / 1821
    A. A crença como resolução passiva / 1821
    B. As circunstâncias da queda / 1830
    C. O estímulo / 1844
    D. Neurose e necrose / 1851
    E. Compromisso histérico / 1864
    F. Neurose como regressão / 1872
    G. A doença de Flaubert como "assassinato do pai" / 1893

Livro II
A crise considerada como estratégia positiva à luz dos fatos que se seguiram ou o jogo do "Quem perde ganha" como conversão ao otimismo

IV. O jogo do "Quem perde ganha" racionalizado / 1935
    A. A terceira hipóstase / 1984
    B. Algumas observações sobre o "Quem perde ganha" racionalizado / 2002
    C. Dialética das três hipóstases / 2009
V. O sentido real do "Quem perde ganha" / 2026
    A. Gustave Flaubert de 1845 a 1847 / 2026
        Estudos e leituras / 2034
    B. O "Quem perde ganha" como espera do milagre / 2084
    C. "A arte me assusta" / 2095
    D. "...Deus das almas! Dá-me força e esperança!" / 2102
    E. "...Nosso Senhor Jesus que o levava para o céu" / 2120

Índice onomástico / 2151
Índice bibliográfico / 2161
Notas da tradução / 2166

Livro II

O colégio

VI

Da gesta à encenação: o Rapaz

No início de novembro de 51, Gustave escreve a Louise: "Éramos... uma plêiade de jovens folgazões que vivíamos num mundo estranho, eu lhe garanto. Girávamos entre a loucura e o suicídio. Houve quem se matasse, outros morreram na cama, um se estrangulou com a gravata, vários se deixaram morrer de farrear para matar o tédio. Era bonito!". Pouco depois, vai rever o colégio, não sem pungente melancolia: as mudanças feitas na velha construção o impedem de reencontrar certas lembranças, os colegiais de agora têm expressão estúpida. Onde está o tempo, onde?... etc. Muito mais tarde, no *Prefácio às Últimas Canções*, que foi terminado em 20 de junho de 1870, retoma esse tema e o desenvolve: "Ignoro quais sejam os sonhos dos colegiais, mas os nossos eram soberbos de extravagância – expansões derradeiras do romantismo... que, comprimidas pelo ambiente provinciano, criavam estranhas efervescências em nossos cérebros... Não se era apenas trovador, insurreto e oriental, era-se, acima de tudo, artista... queimavam-se as pestanas lendo romances no dormitório; carregava-se um punhal no bolso, como Antony; por fastio à vida Bar... estourou os miolos... And... enforcou-se com a gravata. Merecíamos poucos elogios decerto! Mas que ódio à banalidade! Que ímpetos de grandeza! Que respeito aos mestres!".

Ora, as confidências têm um tom bem diferente quando Flaubert as faz *a quente* sobre a vida de colegial, entre quinze e dezessete anos, ainda emparedado em sua "caixa". Ele escreve com muita força, em *La Dernière Heure [A hora derradeira]*, em janeiro de 37: "Bem cedo senti profundo nojo dos homens, assim que entrei em contato com eles. Com doze anos me puseram num colégio: lá vi uma súmula do mundo, seus vícios em miniatura, seus germes de ridículos... seus conventículos, suas crueldadezinhas; vi o triunfo da força, misterioso emblema do poder de Deus; vi defeitos que mais tarde seriam vícios, vícios que seriam crimes e crianças que seriam homens". Em *Memórias de um louco*, escrito dezoito meses depois, ele volta ao horror e ao desprezo que lhe inspiram seus condiscípulos e que dessa vez se estendem a todo o corpo docente: "Fui para o colégio já com a idade de dez anos e lá adquiri bem cedo profunda aversão pelos homens. Aquela sociedade de crianças é tão cruel com suas vítimas quanto a outra sociedadezinha, a dos homens. A mesma injustiça da multidão, a mesma tirania dos preconceitos e da força, o mesmo egoísmo... Lá fui desconsiderado em todos os meus gostos: na classe, por minhas ideias; no recreio, por meus pendores de selvageria solitária... Portanto, lá vivi sozinho e entediado, atormentado pelos professores e escarnecido pelos colegas".

Para "aquela alma nobre e elevada", desconsiderada em seus gostos, atormentada por pedantes, os condiscípulos são uma matilha; é a turba estúpida e zombeteira que empurra Marguerite para o suicídio: "Ainda me vejo sentado nos bancos da classe, absorto em meus sonhos de futuro, pensando no que a imaginação de uma criança pode sonhar de mais sublime, enquanto o professor zombava de meus versos latinos, e meus colegas me olhavam escarninhos. Imbecis! Eles, rindo de mim! Eles, tão fracos, tão comuns, de cérebro tão estreito; de mim, cujo espírito se afogava nos limites da criação, de mim, que estava perdido em todos os mundos da poesia, que me sentia maior que eles todos, que recebia deleites infinitos e tinha êxtases celestiais diante de todas as revelações íntimas de minha alma! De mim, que me sentia do tamanho do mundo".*

A contradição entre essas duas séries de testemunhos não deixará de surpreender. Isto porque os mais antigos não poupam ninguém: sua aversão se quer universal; nenhuma alusão à "plêiade de jovens folgazões". Direi até que ele dá um jeito de negar mesmo a sua possibilidade: *todos* imbecis, *todos* cruéis; ele se sente *maior que todos*. Essa raiva impotente parece que só pode nascer num solitário: se ele fizesse parte de um bando de extravagantes, haveria mais altivez que mau humor em seu desprezo. Na segunda série, ao contrário, com o tempo sua benevolência se torna universal: o *Prefácio* opõe duas

---

* *Memórias de um louco*.

gerações: os colegiais de 1830 eram todos românticos; os de 1870 são o quê?* Em última análise, os dois julgamentos, ambos universalistas, aparecem como rigorosamente incompatíveis. Todos vulgares e cruéis; todos soberbos e generosos: Gustave nem parece desconfiar que é preciso escolher. Caberá notar, sem dúvida, que ele vive sua temporalização própria como um processo de degradação, o que implica necessariamente uma tendência a idealizar o passado. Ele mesmo observa várias vezes que não goza do que possui e lastima acerbamente o que perdeu. É verdade: subestima o presente e o superestimará assim que ele passar. Mas não a ponto de ir do preto absoluto à brancura imaculada. Além disso, ainda que prefira sistematicamente *o que aconteceu*, à primeira vista parece que, nesse caso específico, a mudança de sinais seria infinitamente mais compreensível se ocorresse no outro sentido. Quaisquer que possam ter sido as ressalvas do adolescente, se é que seus colegas "giraram", como ele, entre a loucura e o suicídio, será inadmissível que ele os tenha condenado sem apelação *no exato momento em que se desesperavam juntos*. O adulto, ao contrário, sabe que em certas "almas" a nobreza não era autêntica. Uma carta de 15 de dezembro de 1851 informa que o homem do punhal, que se tomava por Antony, outro não era senão Ernest.** Isso não o impediu de "tomar jeito": "Magistrado, é reacionário; casado, será cornudo e... (passará)... a vida entre a mulher, os filhos e as torpezas de sua profissão".*** Sobre o próprio Alfred, "que se deixou morrer de farrear para matar o tédio", ele sabe agora que o conformismo negligente – que se considerava simples recusa àquilo que Cocteau chamava de "conformismo do anticonformismo" – na verdade se apoiava em sólidos preconceitos de classe. Acaso não podemos nos surpreender com o fato de Gustave deixar de levar em conta as decepções e distribuir louros sem a mínima reserva? No adolescente, seria compreensível que se gabasse dos amigos; no adulto, um juízo mais relativizado sobre eles; o que aconteceu foi o contrário: em seus escritos de juventude não há vestígio daquela elite de que sente orgulho, aos trinta anos, de ter participado.

Entre os dois grupos de testemunhos, tenderíamos, apesar

---

* Veremos adiante que Gustave detestava aqueles recém-chegados: na sua opinião, eram positivistas e republicanos, que já não sonhavam.

** "Esse também foi artista, carregava uma faca-punhal e sonhava roteiros de dramas." *Correspondance*, t. II, p. 270.

*** *Ibid.*

de tudo, a decidir a favor do mais antigo – no mínimo em vista da arrebatada paixão que ali se exprime espontaneamente –, se ele não fosse parcialmente desmentido pelos fatos. Não, Gustave não era alvo da chacota dos professores. Nem saco de pancadas dos colegas. Em outubro de 1831 ou nos primeiros dias de 1832, ingressou no Collège Royal, em classe de oitava.[1] Na sétima, tem o primeiro certificado de excelência. Na quinta, conhece Gourgaud-Dugazon, que se torna seu professor de letras, e Chéruel, que lhe ensina história. Os dois homens se tomam de grande estima por ele. Gourgaud, influenciado pelo romantismo, incentiva-o a escrever: em 14 de agosto de 1835, um mês depois do fim do ano letivo, Gustave, falando com Ernest sobre suas obras literárias (acaba de terminar *Frédégonde* [*Fredegunda*], drama que se perdeu), acrescenta, no mesmo parágrafo: "Gourgaud me dá narrações para compor". Tratava-se de exercícios de estilo propostos a um escritor em formação, e não de "deveres de férias". Conhecemos dois deles – *Matteo Falcone* e *L'anneau du prieur* [*O anel do prior*]. Gourgaud deve ter gostado deles, porque Flaubert os guardou. Quando o jovem professor foi nomeado para Versalhes, o ex-aluno manteve correspondência com ele. Aos vinte anos, atormentado pelas dúvidas sobre si mesmo, Gustave ainda tinha confiança suficiente nele para lhe pedir incentivo. Sabe-se, por outro lado, da influência de Chéruel, aluno de Michelet, que lhe revela a história ou desenvolve seu gosto por ela, indicando-lhe numerosas leituras – Barante provavelmente e com certeza Agostin Thierry, do qual o garoto extrai o tema de sua *Fredegunda*. Confia em Chéruel tanto quanto em Gourgaud, pois lhe mostra seus ensaios históricos – por exemplo, em 1837, o plano de seu ensaio: *A luta entre sacerdócio e Império*. Parece que a amizade entre Flaubert e Gourgaud-Dugazon não sobreviveu à crise de 1844, mas, quando lemos as cartas do mais novo, somos inclinados a responsabilizar o mais velho pelo relaxamento desses laços.* Quanto a Chéruel, por outro lado, embora tenha saído de Rouen também para assumir uma cátedra na Sorbonne, sabemos por uma carta de 1858 a srta. de Chantepie que sua casa ainda era frequentada pelo aluno normando. Sem dúvida alguma, durante os anos de colégio, Gustave topou com pedantes e tolos entre os professores: é a regra. Mas não deve ser muito lastimado porque – o que é exceção, ao contrário – teve a oportunidade de conhecer na adolescência dois professores que ele pôde continuar amando e estimando na idade adulta. Jean Bruneau

---

* "Suas cartas fazem-se esperar trimestres e semestres" – escreve Gustave em 1842, numa carta calorosa.

tem razão ao escrever que o ano 1835-36 é "essencial na evolução literária de Flaubert". Não o foi menos para sua educação sentimental: alguns homens confiaram nele. Ora, três anos depois, em *Memórias*, ele escreve: "Portanto, eu havia desnaturado em mim o gosto e o coração, como diziam meus professores, e, entre tantos seres com inclinações tão ignóbeis*, minha independência de espírito me levara a estimar o mais depravado de todos; eu tinha sido rebaixado ao nível mais inferior pela minha própria superioridade. Mal e mal me concediam a imaginação, ou seja, segundo eles, uma exaltação do cérebro, próxima da loucura".** Que ingratidão: dois homens o distinguiram, apoiaram, e ele, quando ainda goza da solicitude deles, difama todo o corpo docente sem nenhuma exceção. Isso bastaria para provar a parcialidade de seu testemunho.***

A administração, não, essa é rígida e detalhista; veremos adiante que, a partir de 1831, ela entrou em confronto aberto com os alunos, em decorrência de incidentes políticos. Mas Gustave tinha direito a atenções especiais: Achille-Cléophas, a melhor cabeça da Normandia, era um membro muito ouvido pelo Conselho Acadêmico. J. Félix relata um fato plausível: um exemplar do jornalzinho manuscrito que Flaubert e Chevalier redigiam juntos (trata-se de um número de *Art et Progrès* que já não temos) teria caído nas mãos do diretor. Este, tendo detectado alusões malévolas a certos professores, estaria disposto a expulsar os culpados, e a intervenção do cirurgião-chefe o teria levado a desistir de tomar qualquer mínima medida punitiva contra eles.**** Verdadeira ou não, essa história pelo menos circulava entre seus antigos condiscípulos por volta de 1880 e, provavelmente também, entre os que entraram no liceu de Rouen depois que ele saiu, o que indica, em todo caso, que eles o viam como um privilegiado.

De resto, uma carta de 12 de julho de 1835 contém a prova de que, ao invés de ser mártir de pedantes e bedéis, ele sabia se defender e, se

---

* São simplesmente seus colegas.

** *Memórias de um louco*.

*** Uma única nota desafinada nessa história. Veremos que ela não deixa de ter importância: em julho de 1835, Gustave não figura na lista de premiações. Ganhou o prêmio de história apenas em quarto lugar. Nisso não há nada de anormal: os incentivos de Chéruel e Gourgaud só produziram frutos ao cabo de um ano inteiro. Mas Flaubert, na época, lhes teria sido muito mais reconhecido se eles lhe tivessem dado imediatamente distinções honoríficas – veremos por que, ainda neste capítulo.

**** J. Félix, *Gustave Flaubert*, Rouen, Ed. Schneider. Publicada pouco depois da morte de Flaubert e sem dúvida alguma estimulada por ela, essa obra só é útil num ponto: através da lenda Flaubert que ela conta, possibilita reconstituir a atitude da burguesia normanda em relação ao filho caçula do doutor.

necessário, atacar: "... Tive uma discussão com Gerbai, meu respeitável bedel, e disse-lhe que, se continuasse me importunando, eu ia lhe dar uma sova e lhe arrancar sangue das mandíbulas, expressão literária". Ora, Jean Bruneau informa que o tal Gerbai – ou Girbal –, nomeado disciplinador em Rouen no dia 18 de abril de 1834 (tinha então 28 anos), foi demitido em 1835: "sem uniforme, com os agradecimentos do diretor"*, ou seja, no fim do ano letivo, em julho, ou no primeiro trimestre do ano letivo seguinte. Pondo-se em paralelo os dois fatos, não se pode duvidar de que as ameaças proferidas publicamente por Gustave figuram entre os motivos da demissão. Gerbal perdera toda a autoridade – se é que alguma vez a teve – e devia estar tentando recuperá-la com uma severidade desastrada; as algazarras deviam repetir-se durante as aulas, e a altercação relatada por Flaubert sem dúvida alguma nada mais era que um episódio da guerra de nervos que lhe moviam os alunos. Tenha ou não o inspetor em desgraça feito alguma observação injusta a Gustave, o fato é que este sabia muito bem com quem estava lidando e, quando lhe promete a surra, com certeza está consciente de ter a aprovação e a admiração dos colegas. Como se vê por esse incidente, ele às vezes cerrava fileiras ao lado dos algozes. A administração por sua vez, em vez de expulsar o garoto barulhento que ameaçara *coram populi*[2] um representante da autoridade, expulsa o bedel e fica com o filho de boa família, sem nem mesmo lhe infligir punição.

Portanto, entre Flaubert e os colegas existe *pelo menos* uma solidariedade de combatentes. Nunca deixará de existir enquanto conviver com eles, e veremos que ele será expulso do colégio por ter participado de uma ação *coletiva* de insubordinação. Nessas condições, como dar fé às acusações que faz em *Memórias*? Querem nos fazer acreditar que aquele belo adolescente, parrudo e tagarela, filho de uma "capacidade" respeitada, sempre pronto a ficar do lado da desordem, desmoralizador dos internos eudistas que assistiam às aulas do colégio, era um saco de pancadas? Impossível. A infância é conformista por angústia; nas escolas, os sacos de pancadas são bodes expiatórios: com chacota, insultos, maldades e pancadas eles são simbolicamente executados para, na pessoa deles, serem anuladas todas as formas de *anormalidade*. Quem esses adolescentes inquietos tomam por vítima? Algum marginal, filho de estrangeiros ou de pobres, cuja origem é lembrada o tempo todo pelo modo de vestir ou pelo sotaque, um gago,

---
* Nota encontrada e citada por J. Bruneau.

um aleijado, um retardado, cuja deficiência mental lhes dê medo, um feioso cuja aparência lhes cause repugnância. Um Flaubert *jamais*.

É verdade que Gustave também tem uma "anomalia" por ele sentida como uma tara, da qual tomou consciência mais aguda no colégio: mas esse invisível defeito de ser existe para ele, não para os outros. Em todo caso, *existe* a plêiade de jovens folgazões e extravagantes, e ele, se não é seu chefe incontestável, torna-se frequentemente seu animador: é ele que organiza a procissão de esqueletos, é ele que os ensaia na representação daquela longa comédia de cem atos diversos, cuja personagem principal é chamada de Rapaz. Dumesnil erra ao escrever que "no liceu Gustave quase não cria amizades". Aos nomes citados pelo hagiógrafo – Alfred Nion, Germain des Hogues, Charles d'Arcet, Frédéric Baudry –, seria preciso acrescentar *pelo menos* os de Hamard e Pagnerre. Maxime Du Camp ficou conhecendo Flaubert em casa de um antigo condiscípulo deste, Ernest Le Marié, que o apresentou, não sem admiração, com o nome de "Velho Senhor". Trata-se apenas de *amigos* que manterão relações mais ou menos estreitas com Gustave até a idade madura – com exceção de Germain des Hogues, morto em 1843, mas de quem Flaubert gostava certamente.* Ele frequentará a casa de Nion até sua morte; com Baudry seus elos só se relaxarão em 1879; de Pagnerre ainda há menção no inverno de 1863-64: Gustave o espera para almoçar: "É um dos Criadores do Rapaz; isso constitui uma franco-maçonaria que não se esquece". Se considerarmos em geral verdadeiro o lugar-comum segundo o qual "a vida separa" os colegiais que se gostavam, caberá considerar que, também desse ponto de vista, o autor de *Memórias de um louco* é um privilegiado. Sem dúvida alguma, nos anos 1835, os bons cavaleiros da Plêiade cercavam-se de auxiliares devotados e zelosos. Isso basta para transformar uma constelação em Via Láctea.

Resta explicar a contradição que opõe as duas séries de testemunhos. Dois textos – que figuram em *Memórias de um louco* – vão nos ajudar:

"Eu ficava horas inteiras com a cabeça apoiada nas mãos, a olhar o teto de minha sala estudos, ou uma aranha a tecer a teia sobre a cadeira de nosso professor; e, quando despertava, com os olhos arregalados, estavam rindo de mim, o mais preguiçoso de todos, o que nunca teria uma ideia positiva, o que não mostraria nenhuma vocação

---

* G. des Hogues está enterrado em Nice; em abril de 45, de Marselha, Gustave escreveu a Alfred que iria visitar o túmulo do amigo comum; acabou desistindo, porque "isso pareceria esquisito".

para profissão alguma, o que seria inútil neste mundo em que cada um precisa ir buscar sua parte do bolo, o que, enfim, nunca serviria para nada, no máximo para virar bufão, apresentador de animais ou fazedor de livros".

"Eu tinha humor escarninho e independente, e minha ironia mordaz e cínica não poupava o capricho individual nem o despotismo de todos."

Será realmente *o mesmo homem*, aquele gazeteiro sonhador, aquele imprestável, remordido pelo Infinito, cujas estupefações são motivo de divertimento para os colegas, e este cínico sem papas na língua, hábil em pôr os trocistas de seu lado? Gustave não pode ter esboçado com alguns dias de distância esses dois retratos tão diferentes de si mesmo sem tomar consciência, nem que implicitamente, da ambiguidade de sua pessoa, em outras palavras, da ambivalência de seus sentimentos pelos colegas. Em outros termos, as duas séries de testemunhos, ainda que sucessivas no tempo, têm ambas origem na dupla relação que o rapazinho viveu com os condiscípulos: não é em sua memória que o negativo se transforma em positivo, é *no colégio* que ele passa incessantemente de um sinal ao outro, ora perseguido, ora perseguidor. Em seus escritos, ele condena os colegas sem contemplação e apelação; não há esperança: há *eles* e *ele*. Na vida cotidiana, está bem distante dessa intransigência: tem *seu* grupo sobre o qual não diz palavra nem em *Memórias de um louco*, nem em *La Dernière Heure*, nem em *Novembro*, mas era um grupo que ele tinha orgulho de *animar*, que, como ele, se impregnou do mal do século e vai *representar* em todos os lugares, no pátio, em classe, nas esquinas, até nas igrejas, o desespero sem lágrimas de ser burguês. Suas obras de juventude, em que o discurso da desesperança se faz monólogo noturno, não são nem mais nem menos verdadeiras que a comédia bufa e sinistra que ele se compraz em recomeçar todos os dias com sua trupe, do amanhecer até a noite, que não pode ser representada sem senhas nem símbolos, em suma, sem "franco-maçonaria". Abstenhamo-nos de concluir daí que ele não vive o que escreve e que não escreve o que vive. Se ele joga jogo duplo, é porque a realidade é dupla. Por certo se verá má-fé, insinceridade nos grandes trechos de *Memórias*, mas estes não seriam sequer concebíveis se não se inspirassem num mal-estar profundamente sentido. Na realidade, ele vive ambos os aspectos de sua vida de colegial: simplesmente, há razões – *que devemos buscar* – para que ele omita um deles *no nível da escrita* e para que uma opção mais ou menos explícita o faça eleger o outro como *o que será fixado por escrito*. Com trinta anos, ocorre o contrário: permanece a ambiguidade objetiva; aquele horror ao colégio, sentido com tanta amargura, ainda é sentido, pois ele o dá a sentir nos primeiros parágrafos de *Madame Bovary*; tudo está lá: a pompa absurda da administração, o pedantismo dos professores, a caçoada dos alunos, cuja imbecil agilidade de macacos só faz denunciar sua baixeza perante a imensa parvoíce sonhadora de Charbovary, menino que, ao se tornar homem, terá a glória inigualável de morrer de amor. Mas outras intenções – sem contradizer seu juramento de misantropia – optarão por esclarecer o aspecto positivo de sua juventude morta. Portanto, não se trata de uma transmutação radical, mas de uma mudança intencional do olhar, como a que nos faz ver, em certas figuras, cinco ou seis cubos, conforme consideremos como fundo as áreas de sombra ou as de luz. O que precisamos explicar aqui é a própria instabilidade que, de 1832 a 1839, o faz passar sem trégua de uma visão à outra. Ela será mais bem-entendida se considerarmos que o jovem Flaubert, ao entrar no colégio de Rouen, encontra um "coletivo" caracterizado por uma *estrutura* e, ao mesmo tempo, uma comunidade definida por uma *história* singular.

A. A ESTRUTURA

Gustave, segundo confessa, viu na "sociedade das crianças" uma prefiguração da sociedade dos homens: a mesma injustiça da multidão, a mesma tirania dos preconceitos e da força, o mesmo egoísmo. Será de se crer que a organização escolar seja o modelo de toda sociedade possível? Ou será que ele, sem saber, passou de um tipo de sociedade *para um* outro? Ele se diz "desconsiderado" em seus "pendores de selvageria solitária". Então ele era tão selvagem, antes de 1832? Sem dúvida, às vezes escapava, recorria ao alheamento para se furtar à pressão do ambiente. Mas parecerá solitário esse que até os dez anos não larga Caroline um só instante, chama Ernest de "amigo de toda a vida" ou "até a morte", gosta de passar horas e horas em casa de Alfred e Laure, sente prazer na companhia de Vasse e de outras crianças, filhos e filhas de amigos de seus pais? Aliás, o primeiro contato com os colegas do colégio por certo não foi tão ruim, pois ele escreve a Ernest em 3 de abril de 1832: "Quando vieres, Amédée, Edmond, a sra. Chevalier, mamãe, dois criados e talvez alguns alunos virão nos ver em cena". *Talvez alguns alunos*: a aversão pelos colegas não foi imediata; ele criou amizade com alguns deles, convidou-os para a famosa representação da Páscoa de 1832, que marcou o apogeu e o fim de sua carreira teatral. Talvez não tenham ido, talvez tenham zombado dele, mas não foi a ausência nem os gracejos deles que decidiram as relações gerais de Gustave com os condiscípulos. Antes do colégio e mesmo no primeiro ano de internato, o menino não era selvagem, mas *ficou* depois de se afastar da sociedade familiar. Com os primeiros amigos que encontrava em casa do pai ou em casa deles, tinha relações intersubjetivas de cunho feudal: as famílias estavam ligadas, as crianças se conheciam por meio dos pais; o vínculo entre vassalo e Senhor, que extrapolava o âmbito familiar, estruturava toda uma sociedadezinha. Quando brincavam sob o olhar materno (mães intercambiáveis, olhar invariante, o mesmo em todas, carregado da mesma vigilância e da mesma autoridade de origem paterna), os garotos eram todos vassalos vigiados por grandes vassalas, delegadas do colégio dos senhores. Relações falseadas, mas superprotegidas pelos pais: estes são onipresentes, mesmo na ausência: nas correspondências entre eles, são cercados de atenções, mandam acrescentar uma linha, daqui e de lá, pais saúdam pais pela pluma dos filhos; só para citar um exemplo, não se encontra uma só carta dos anos 1831-33 que não contenha alusões aos vínculos entre os Flaubert e os Chevalier: "Dá um beijo de todo o coração em tua boa família por mim (31 de dezembro de 1830)... Teu papaizinho continua na mesma... (4 de fevereiro). Peço-te a gentileza de me dar notícias de tua boa titia e de tua respeitável família... (11 de fevereiro). Teu bom pai vai um pouco melhor, o remédio que meu pai lhe deu aliviou-o, e nós esperamos que ele logo fique bom (15 de janeiro de 1832). Meu pai, minha mãe e eu apresentamos nossos respeitos a teus bons pais" (23 de agosto de 1832) etc. Ernest e Gustave, estimando-se, nada mais faziam que *prolongar* as relações corteses de seus Senhores; sentem-se incentivados a isso, suas relações são *sagradas*.

Mas não é só isso: naquela hierarquia interfamiliar, Gustave está convencido de que sua família ocupa o primeiro lugar: compartilha com Achille e Caroline a certeza de que um Flaubert é *fidalgo*. É verdade que por parte de mãe eles têm distantes vínculos com fidalgotes normandos, mas para eles estes têm apenas valor de símbolo: com o sangue azul, eles afiançam a aristocracia de fato que se transmitiu de Achille-Cléophas à sua progênie – nem mais nem menos do que os ancestrais canadenses por meio do "sangue índio". Há uma *honra Flaubert*, orgulho coletivo e instituído, que cada um dos três filhos deve defender em todos os lugares. Para dimensionar até que ponto Gustave se alienou à ideia, basta ler as cartas que escreve em 1857 ao irmão Achille, na época do processo: "As informações sobre a posição influente que meu pai teve e tu tiveste e tens em Rouen são o que há de melhor; achavam que estavam processando um pobretão e, quando viram que eu tinha com que viver, começaram a abrir os olhos. No Ministério do Interior precisam saber quem somos em Rouen, o que se chama *família*, ou seja, que temos raízes profundas na região, e que me processando, por imoralidade sobretudo, vão ferir muita gente... Tente mandar dizer *com habilidade* que haveria algum perigo em me processar, *em nos* processar, por causa das eleições que estão por vir".* No dia seguinte, ao mesmo destinatário: "A única coisa de fato influente serão o nome de papai Flaubert e o medo de que uma condenação indisponha os habitantes de Rouen nas próximas eleições... Em suma, o governador e os srs. Leroy e Franck-Carré precisam escrever diretamente ao Diretor da Segurança Geral, dizendo que influência temos e de que modo isso iria exasperar a moralidade da região. É uma questão puramente política... O que decidirá será mostrar as *desvantagens políticas* da coisa".** Com que fatuidade escreve em 31 de janeiro: "As alegações finais de Sénard foram esplêndidas... Ele começou falando de papai Flaubert, depois de ti, em seguida de mim... Ah! Os senhores vão processar o filho mais novo do sr. Flaubert!... Ninguém, senhor promotor, nem mesmo o senhor, poderia dar-lhe lições de moral".*** Este último trecho é mais mordaz porque Gustave, como veremos adiante, escrevera deliberadamente uma obra *imoralista*. Mas quem ousaria atacar a moralidade do filho do sr. Flaubert? Atacado *como indivíduo*, a primeira reação de Gustave é defender-se como *filho de família*, ou seja, como membro de uma comunidade familiar. "Somos uma família!" Nada em comum com as colônias de animais que se aglomeram ao redor do casal que os gerou: para Flaubert, uma "família" caracteriza-se pela hereditariedade de

---

* *Correspondance*, t. IV, p. 141, 3 de janeiro de 57.
** *Ibid.*, p. 143.
*** *Ibid.*, t. IV, p. 158-159.

cargos e virtudes; a tal ponto, que ele chega a orgulhar-se do fato de o posto de Achille-Cléophas ter cabido a Achille em vez de cair em mãos estrangeiras. Os srs. de Flaubert têm em comum com a nobreza de espada o inesgotável devotamento pessoal. Os habitantes de Rouen têm obrigações para com eles; a prova é que basta um funcionário desastrado processar o filho caçula do médico-filósofo para fazer o governo perder as eleições. Donde estas palavras soberbas: "isso iria exasperar a moralidade da região". Alguém consegue imaginar aqueles rotomagenses, furiosos com o insulto de que são alvo, de mal com as urnas ou votando no candidato da oposição? Em 1857 faz dez anos que Achille-Cléophas morreu; o filho mais velho está longe de ter o valor dele, e sua clientela tem plena consciência disso; o mais novo está entocado no campo entre uma velha e uma criança; as relações entre os dois irmãos não são das melhores, e o mais velho prefere visitar a mãe e o irmão mais novo aos domingos, em vez de os convidar à sua casa, sobretudo para seus jantares formais. Não importa: possuído, até na solidão, por sua altíssima e nobilíssima linhagem, o escritor escandaloso – que Rouen não adotará antes de sua morte – pode escrever com tranquilidade: "Haveria algum perigo em me processar". É verdade que logo acrescenta: "em *nos* processar...". Mas é gentileza ou chantagem: com "me processar" está tudo dito, pois Gustave está convencido, desde a mais tenra idade, de que, em qualquer lugar e circunstância, cada filho Flaubert é o representante qualificado da família inteira.

Era assim que o menino encarava o futuro de colegial, bem antes de entrar no colégio. Porque não começa os estudos em completa ignorância: o Collège Royal de Rouen é parte integrante da *saga* Flaubert; até 1830, Achille brilhou ali. Para uma criança muito nova, as coisas têm a impenetrável densidade do que sempre esteve lá: uma floresta centenária, animais que a viram nascer, um monumento, tudo é uma coisa só; o mundo, apresentado, transmitido, dado pelos pais, parece-lhe *instituído*, e não natural. Ou melhor: a instituição parece natureza, e a natureza, instituição. Por mais que Gustave retroceda no tempo, o irmão mais velho é estudante de colegial, essa é sua natureza instituída. Nos dias úteis, Achille está fora. Nos feriados, aparece de uniforme, tem direito de falar até fartar, conta sua vida, seus sucessos, e os olhos do médico-filósofo luzem. De ouvir dizer, Gustave conhece o pátio aberto, o pátio coberto, as classes, os longos corredores do colégio, falou-se diante dele de grandes cerimônias coletivas que o assustam um pouco: o sono no dormitório, o despertar com sinos tocando, refeições em comum, no refeitório. Há os atores, também, que ele já chama pelos nomes: professores, considerados respeitáveis, amáveis ou detestáveis, segundo critérios que lhe escapam; colegas, bons garotos de uma espécie inferior, alguns não totalmente burros, que se esfalfam em vão no esforço de alcançar Achille [Aquiles] de pés ligeiros. Antes da Queda, Gustave não via com maus olhos os louros do irmão: ele não concebia que eles fossem recompensa de um trabalho assíduo; tratava-se, ao contrário, de uma *dignidade* que fora atribuída no primeiro dia ao filho Flaubert; elogios e prêmios eram coisas a que o irmão mais velho tinha direito: pelo sangue. Na época, aliás, ninguém se furtou a avisar o caçula de que ele colheria os mesmos louros quando chegasse sua vez. Então, assim como uma sociedade em desenvolvimento vê sua imagem futura numa sociedade mais desenvolvida, Gustave apreendia o presente de Achille como seu próprio futuro. Futuro instituído: ele seria aquele mesmo colegial que falava com ar tão compenetrado, receberia de saída a mesma dignidade, vestiria o mesmo uniforme e ganharia em todas as matérias, todos os anos, todos os prêmios. O primeiro lugar cabia-lhe por direito, pois era o único digno de um Flaubert: estava à sua espera, ele sabia de antemão as palavras que os mestres usariam para lhe manifestar sua admiração.

O doutor Flaubert às vezes devia tentar fazê-lo entender que ele não venceria sem esforço; insistia no aspecto moral da empreitada: Gustave tinha o *dever* de mostrar-se digno de um pai e de um irmão excepcionais. O pequeno, até oito anos, encarava a missão sem angústia: filho de peixe sabe nadar. Do nascimento recebia um poder que – ele admitia de bom grado – lhe dava o dever de vencer, mas também o direito e os meios. Tratava-se apenas de um rito: representados pelos filhos, os pais de família rotômagos viriam inclinar-se diante do cirurgião-chefe que, na pessoa de Gustave, começara sua terceira infância.

Depois da Queda, essa calma certeza torna-se opressiva, sombria, impregnada de angústia, mas o mal-entendido permanece. Gustave, relegado ao mais baixo escalão da família, pensa em morrer. Mas a hierarquia que os Flaubert estabelecem entre si diz respeito somente a eles; o último do Centro Hospitalar continua sendo o primeiro na cidade. Em outros termos, um Flaubert idiota ainda é bom o suficiente para fazer sucesso no colégio e arrebanhar todos os prêmios. Contudo, alguma coisa mudou: ele estava à direita do pai, agora não está. Para restabelecer aquela relação original, será bastante brilhar em todos os lugares, do primário à Filosofia? Não: mesmo dobrado sob o peso dos troféus, o que teria provado? Que ele é um Flaubert, não se discute, mas não é o maior dos Flaubert futuros, o único digno do herói epônimo. Quando o pequeno começa os estudos, Achille terminou os seus faz dois anos, e o velho estabelecimento ainda retine com seu nome. O que Gustave pode fazer que o mais velho não tenha feito? Vai ser igual a ele, e pronto. Mas a perspectiva muda: não é naquele terreno que ele poderá vencer o usurpador e recobrar a simpatia paterna: a questão é apenas *não perder*. E, mesmo que em tudo ele se mostrasse digno sucessor de Achille-Cléophas e de Achille, a sentença do *pater familias* não seria posta em xeque: pois ele não pode deixar de vencer, e os triunfos – devidos a seu sangue – não podem compensar as faltas passadas. Tudo o que pode esperar o menino adepto daquele sombrio pietismo é um ato de bondade perfeitamente gratuito, pelo qual o seu Senhor decidirá colocá-lo de volta no Paraíso. Assim, para os Cabeças Redondas, os homens estão todos perdidos, mas Deus, com seu amor infinito, fará o verdadeiro milagre de conceder a salvação a alguns daqueles candidatos ao inferno; a conscientização religiosa consiste então em se saber condenado de plena justiça, e a nunca desesperar da caridade divina: nenhuma ação pode proporcionar a salvação da alma, mas há as que podem desencorajar Deus de oferecê-la. Todos sabem que tédio mortal constitui a trama dessas existências. É esse mesmo que Gustave espera encontrar no colégio. Uma única palavra de ordem: não contravir. Uma certeza: não derrogar. E outra: não corre o risco de perder, mas não tem nada para ganhar. Oito anos, oito voltas às aulas, uma igual à outra, tudo previsto, tudo revivido e todos os meses de julho a mesma colheita sempre recomeçada, deslavados louros, sempre os mesmos. De vez em quando, por debaixo daquela folhagem tristonha, desliza uma víbora: e se no colégio o caçula houvesse de confirmar que, por essência, é inferior a Achille? Será o primeiro em todo os lugares, *em todos os casos*: com os colegas, só terá relações feudais; em classe, eles serão seus rivais infelizes; no recreio, seus vassalos. Portanto, não contam. Mas, e se o ano escolar fosse ruim? Nesse caso, Gustave corria o risco de encabeçar a lista com média mais baixa que a obtida por Achille na mesma classe; a sentença paterna seria confirmada e mantida para sempre. Esse pensamento desagradável o aferroa e desaparece: não se poderia dizer que o atormenta; mas é suficiente para mascarar a verdadeira natureza da competição escolar. Poucas crianças estiveram tão longe de compreender a realidade do ensino burguês e foram menos ajustadas à demanda social que o condiciona. Alienado, com a queda, ao passado de Achille, pretendendo forjar o presente à semelhança do passado, ele entra assombrado no colégio e, cometendo o desastroso equívoco de tomar os colegas como simples mediação plural entre si e o irmão, aborda a "sociedadezinha" competitiva que o incorpora como se fosse uma comunidade hierarquicamente estruturada e prepara para si oito anos de inferno. O que a "sociedade das crianças" vai oferecer ao pequeno súdito não é a imagem da sociedade em geral – ela não existe, nem o homem –, mas apenas a imagem da sociedade francesa no tempo de Luís Filipe, ou melhor, da burguesia triunfante no estágio de acumulação primitiva.

"Quem põe nota numa
lição é um cretino"
Nos muros, em maio de 1968.

Gustave entra sem desconfiança na circularidade serial de uma competição candente, produzida e instalada pelo verdadeiro sistema competitivo que quer fazer dela uma "introdução à vida burguesa". Isso significa que o pequeno súdito vai ter seu sangue azul engolido por certo "coletivo" prático-inerte. Aparentemente, pedem-lhe que reproduza as "matérias" ensinadas ou que extraia delas alguma consequência por meio daquilo a que dão o nome de *seu* estudo. Tudo bem pessoal, parece: "Estudou *sua* lição? Conjugue *seus* verbos latinos!" Na verdade, nada é seu. Nem a pessoa. Naquele sistema circular, uma inapreensível força centrífuga visa a determinar o valor de cada aluno não só – nem principalmente – em função de seu próprio trabalho, mas em função do trabalho dos outros. Não se julga tanto com base no que ele faz, se compreende e se sabe, mas sim com base no que os outros compreendem, sabem e fazem ou não fizeram, não souberam e não compreenderam. Não em relação ao saber real da época, mas deliberadamente em relação aos magros conhecimentos e à inteligência inculta dos vizinhos que o acaso lhe deu. Apreciar cada um em relação a todos os outros é torná-lo outro, é obrigá-lo, *na qualidade de outro*, a condicionar todos os outros. Para serem iniciadas na sociedade dos adultos, as crianças são despachadas para o universo abstratamente fabricado da pura alteridade.

Foram os jesuítas que começaram; foram eles, justamente, que construíram o colégio de Rouen: sabe-se que queriam disputar com jansenistas e protestantes uma burguesia renitente. Os vencedores de Julho[3] assumem o comando e fazem do "humanismo" um instrumento de desumanização. Visto que, sob Luís Filipe, o homem – ou seja, o burguês – é definido como um competidor, as "humanidades" devem ser estruturadas competitivamente. Para começar, introduz-se no ensino o princípio do igualitarismo: é o desmantelamento sistemático dos últimos bastiões da feudalidade; os filhos da classe dominante têm todos as mesmas chances já de saída. Deu-se fim à dádiva graciosa, à homenagem ao senhor feudal e aos laços de sangue; assim se acredita fazer gorar na casca qualquer condescendência com a tirania: os novos Cavalheiros desejam comerciar em paz; não querem que seus filhos caiam nas mãos dos "Senhores da Guerra" no momento em que o rei--cidadão está em condições de merecer o cognome de "Napoleão da paz". Como essa eliminação não é seguida por nenhuma reavaliação das relações humanas, os colegiais só serão salvos da ideologia feudal à custa de uma "reificação" imposta pelo sistema; entre eles admitem-se dois tipos de relação: se fizerem os mesmos cursos, competição; em todos os outros casos, simples coexistência. Nenhum indivíduo mais se imporá em nome de misteriosos poderes recebidos da família: já é um inegável progresso. Mas, por outro lado, a nova classificação é pior que a hierarquia do Antigo Regime, pois a propriedade *real* se reflete na ordem competitiva do colégio. Naquela como nesta nada é oferecido e nada é recebido. A primeira substitui o valor de uso pelo valor de troca, transforma o *bem* em mercadoria: pagando-se, apaga-se o vestígio do trabalho humano e o do antigo proprietário; fica uma *coisa*. A relação é a mesma entre o colegial e seu produto: quebra-se o elo de interioridade que une esse jovem trabalhador a sua obra pagando-o com uma *nota*. De fato, o número grafado numa lição equivale, *mutatis mutandis*, ao preço de uma mercadoria. E, assim como o comerciante ou o fabricante são ameaçados em sua propriedade – que se tornou sua realidade objetiva ou seu "interesse" – por outros proprietários reificados, também o estudante está *em perigo* no objeto quantificado que deixou de ser seu produto para tornar-se sua realidade objetiva. Sua posição passa a ser seu *interesse*, uma vez que o sistema escolar é intencionalmente estruturado à imagem da sociedade competitiva: na França de 1830, onde praticamente não se encontram monopólios e cuja economia continua protegida por elevadas tarifas alfandegárias, a concorrência, de fato, revela aos burgueses seu verdadeiro fundamento: é um sistema seletivo baseado na raridade e cujo resultado, se não finalidade, é a concentração de bens. As leis de bronze da economia burguesa têm necessariamente o efeito de facilitar as abolições necessárias – sociais, judiciárias e até físicas* – ou seja, eliminar os candidatos supranumerários. Nessa forma indireta, mas impiedosa, de "*struggle for life*", cada um, nas classes dominantes, é uma esperança de milionário, mas também um falido em potencial: o fabricante de Rouen que se esforça por baixar os custos sente seus interesses ameaçados *por todos os lados*, nunca diretamente nem frente a frente com seus rivais; ao contrário, por uma serialidade que pode depreciá-lo sem nunca o atacar, pelas máquinas – para retomar um exemplo citado – que os concorrentes importaram da Inglaterra sem ele saber.

O filho dele, no circuito fechado da "sociedadezinha colegial", sente a mesma tensão, uma vez que a competição escolar tem o objetivo de eliminar o maior número possível de candidatos antes que eles "entrem na vida". Ele é ameaçado diretamente (constituição física, doenças, relações pessoais com o professor) e indiretamente, sobretudo, pois o fizeram ingressar numa coletividade na qual as forças e os acontecimentos que podem elevar ou baixar sua nota e, assim, mudar sua posição estão em grande parte fora de seu campo de ação e manifestam-se frequentemente como acasos imprevisíveis, pelo menos em relação a ele.** Nesse sentido, num campo competitivo o acaso e as chances do outro são parte integrante de minha realidade objetiva, portanto preciso agarrar-me a esta sem ter os meios de conservá-la intacta.

É óbvio que no colégio a competição não é de vida ou morte – pelo menos em princípio –, e que para muitas crianças ela tem um aspecto lúdico, pois, aparentemente, se substituiu o dinheiro por feijões secos. No entanto, os anos de escola não terminarão sem alguns memoráveis naufrágios: alguns adolescentes são tirados do colégio

---

* O suicídio do falido é um tema frequente na literatura do século XIX. Não sem razão.

** Poderá ele impedir que um recém-chegado mais instruído ou mais capaz, ingressando no colégio durante o ano letivo, lhe roube o lugar e também a nota (visto que a tendência dos professores, em geral, é só raramente ultrapassar certa cota *máxima* que eles fixam de saída, e se o novo primeiro lugar tiver nota 15/20, o antigo terá fortes chances de cair para 14)? Ou que um colega, até então mais medíocre, acorde de repente (por motivos que só a ele dizem respeito), o alcance e o ultrapasse? Ou que um novo professor o deixe desconcertado com seus métodos de ensino? etc.

a pretexto de não poderem "acompanhar". Qual classe não tem seus desaparecidos, vítimas de um sistema feito de tal modo que já havia decidido a sorte deles antecipadamente e os esperava *para eliminá-los*? O colégio realiza uma *Verdinglichung*[4] tripla: identifica o escolar com seu produto *quantificado*, substitui as relações humanas de interioridade pelas relações inertes que as coisas têm entre si para refugar os que não podem adaptar-se à lei de exterioridade, o ensino petrifica o conteúdo do saber concedido, de maneira que este, tornando-se também uma coisa, seja homogêneo com o *interesse* dos competidores e possibilite avaliá-los segundo a quantidade de conhecimentos acumulados. No entanto, a intenção seletiva não aparecia claramente na época. Nem para os pais nem, sobretudo, para as crianças. Em 1830 faltava muito para que todas as famílias fossem ricas e enviassem seus filhos a estabelecimentos secundaristas.* E Bouilhet, por exemplo, sem fortuna, unia o gosto real de aprender à vontade de ascender às camadas superiores da sociedade. Contudo, por mais raros que fossem os alunos cujos pais pagavam o censo, a maioria deles, gerada por gente de "capacidade", vivia no conforto e podia até esperar que os pais deixassem bens: em outros termos, a gente capaz do futuro era recrutada entre os filhos de gente capaz, entenda-se: nos estratos mais elevados das classes médias. Será preciso esperar mais de meio século e a promoção da pequena-burguesia – que começa com a Terceira República e o radicalismo – para que o aparelho de Estado, diante do aumento do volume e do número de candidatos à cultura, pense em pôr para funcionar o dispositivo instaurado no século XVIII e, em conformidade com a vontade dos fundadores, transforme as eliminatórias virtuais em processos reais de eliminação; o absurdo criminoso do sistema só se tornou manifesto para os próprios estudantes nos últimos anos, em consequência do crescimento constante do índice de escolaridade no secundário.** Entre 1830 e 1880, a seleção ocorria em outro lugar e de outro modo: a viscosidade de classe era tal que pouquíssimas famílias das camadas desfavorecidas teriam a ideia de mandar os filhos para os

---

* Note-se que Charles Bovary é bem pobre e entra no colégio porque a mãe é ambiciosa. Por isso, se sentirá deslocado.

** O *baccalauréat* [exame final no curso secundário] à primeira vista parece um simples rito de passagem que possibilitaria aos filhos dos burgueses o acesso ao exercício direto dos poderes da burguesia; mas desde o início do século XX, ele tende cada vez mais a assumir o caráter de concurso, o que permite desmascarar sua essência seletiva.

estabelecimentos da universidade burguesa. Além disso, ocorria uma primeira triagem no nível da instrução primária: a França rural – de 1830 a 1850, pelo menos – sabia rezar, mas não ler. Por conseguinte, os jovens Cavalheiros, das primeiras séries à última, tinham o prazer de estar "entre iguais". Por essa razão, para a maioria deles, as competições não tinham grande significado prático: eles se sabiam encaixados de antemão. Enquanto isso, precisavam "fazer suas humanidades". Depois de sete ou oito anos de estudos, aqueles jovens concorriam ao *baccalauréat*, simples revisão dos conhecimentos adquiridos; a certeza de que professores indulgentes outorgariam o título de bacharel a todos os candidatos que tivessem atingido a média e "recuperariam" bom número dos que não a tivessem atingido contribuía para conferir caráter bastante acadêmico às justas do ano escolar. Aqueles adolescentes não se comoviam muito com a ideia de receberem um certificado de burguesia no fim do secundário porque se sabiam burgueses de nascença.

Evidentemente, toda competição cria antagonismos; a concorrência instituída artificialmente entre esses colegiais, ao dotá-los de interesses opostos, tende a fazer de cada um o inimigo de todos. Ainda que as crianças não sintam ainda a gravidade dos confrontos escolares e a realidade oculta do sistema, a verdade é que, para quem se apega à sua classificação (por vaidade, ambição, exigência paterna), os colegas – sejam eles quais forem – representam perigo permanente. Mas essa estrutura objetiva e abstrata que os define pela discórdia é temperada por solidariedades concretas: o meio, a idade, os professores são os mesmos. Eles lutam *entre si*, claro, com maior ou menor fervor, mas acima de tudo estão unidos no combate que travam contra *os outros*, os pais, os professores e, de maneira geral, as gerações mais velhas. Esse inevitável conflito pode permanecer esquemático ou latente; entre 1830 e 1848, veremos logo que não podia ser assim. Cada um daqueles rapazes é duplo: para si mesmo e para todos; a história aproxima adolescentes que o sistema estrutura em solidões rivais e incomunicáveis. Eles se definem como agentes e vítimas da circularidade serial; ao mesmo tempo, integram-se em grupos tacitamente ajuramentados (ou simplesmente fundidos) em que cada um vai a cada um, não como Outro, mas como o *Mesmo*. *Fraternidade-terror*: essa coletividade, uma das mais imperiosas que existem, é permanentemente terrorista e com frequência aterrorizada pelas sociedades secretas que ela encerra em seu seio, mas, em sua própria ambivalência, a relação que une seus membros é direta, ética em primeiro lugar, humana. Naquela primeira metade do século XIX, a ênfase está no grupo vivo, legiferante, atuante, mais do que no conjunto serial das solidões atomizadas pela concorrência. Não importa: aquele não elimina este. E isso esclarece um pouco o duplo juízo que Gustave faz de seus colegas: os imbecis zombeteiros e os folgazões de soberbas extravagâncias são *os mesmos*, conforme sejam vistos à luz da fraternidade-terror ou sejam colocados na ciranda competitiva. E em nenhum instante algum deles deixa de ser objetivamente rival e irmão de todos: nenhuma violência comum impedirá que o homem do punhal seja classificado em décimo segundo lugar em composição de versos latinos, *antes do* vizinho da direita, o corsário, *depois do* vizinho da esquerda, o bonitão fatal. No entanto, aqueles adolescentes usam espontaneamente duas tabelas de valores sem nunca as confundir nem misturar, diferentemente do que faz Gustave. Não há torniquete[5] para os colegiais: em composição de latim, com base no igualitarismo burguês, eles admitem que o melhor vença ou, por indiferença, consideram melhor quem vencer; entre eles, no chão do pátio, no refeitório, no dormitório, na rua, o grupo impõe seus valores, produz seus chefes, institui-os para depois eliminá-los, um após outro, em proveito de uma norma absoluta: integração. *A eles* não ocorreria a ideia de desqualificar o poder de seu soberano do momento mencionando a posição dele na classificação trimestral, *nem* de lamentar que os professores cegos não levem em conta o prestígio dele ao corrigirem suas composições, *nem* de se submeterem a um fracote que estivesse em primeiro lugar em tudo, *nem* de lhe contestar o sucesso escolar com a alegação de que ele não é capaz de defendê-los com os punhos. Passam de um mundo ao outro num simples rufar de tambor. Veremos que por um instante eles tiveram a ideia de usar o formidável poder do grupo para dissolver a serialidade imposta. Sem muito sucesso: a partir daí praticam a política do duplo pertencimento sem cortesia, para evitarem o pior, como veremos; em outras palavras, dão um jeito.

Gustave não deu jeito algum. Pela simples razão de que também usa dois sistemas, mas *invertidos*. À "sociedadezinha" *instituída*, competitiva, ele reivindica a confirmação da primazia Flaubert. Sua indizível *"qualidade"* – bem próxima, afinal, do poder carismático que o grupo ajuramentado reconhece em seus chefes – é o que ele pretende afirmar *na competição*; ele exige que a classificação numérica restaure a hierarquia feudal. O erro é de porte: Achille-Cléophas não é *primeiro* em sua família, no sentido que os professores e o diretor dão ao termo; não seria possível dizer que ele é *primus inter pares*; ele é *príncipe (princeps)*, e isso significa que reina em virtude do *"mana"* que possui. Classificação e hierarquia são duas ordenações opostas; nesta, todos são mantidos, tanto os humildes quanto os altivos; não se trata de atomizar nem de excluir, mas, ao contrário, de integrar; a sociedade liberal, ao contrário, tão logo proclamou a igualdade de todos os seus membros, esforçou-se por organizá-los em ordem decrescente com a intenção de excluir os menos favorecidos. O mal-estar do jovem estudante não tem outra origem: Gustave se esgota decifrando um texto codificado, por meio de um código que convém a outras mensagens; no entanto, ao longo daqueles oito anos de eliminatórias sem final, o sistema o abocanha e o submete à *Verdinglichung*, junto com os condiscípulos. Decepcionado, perplexo, olha para os colegas e, num primeiro momento, descobre neles os efeitos da atomização concorrencial e da reificação e comete o erro de tomar tais efeitos por traços de caráter. É isso o que precisamos examinar em detalhes.

Quando as portas do colégio se fecham atrás dele, o menino está ansioso – em *Memórias de um louco* ele falará de seus terrores noturnos –, mas ainda não é miserável: é um filho de boa família que vai ser consagrado; senta-se na carteira cheio de soberba, no meio de inferiores. De fato, no começo, parece que a sorte lhe sorriu para engodá-lo melhor. Na sétima série, durante o ano letivo 1832-1833*, fica cinco vezes em primeiro lugar e obtém o primeiro certificado de excelência. A partir do ano seguinte tudo se desarranja, ele *vai mal nos estudos*. Os primeiros anos são os mais penosos para seu orgulho; sexta e quinta: o nome dele não é citado sequer uma vez. No *Journal de Rouen*, pelo menos, pois as listas dos melhores se perderam em grande parte. Bruneau observa que ele pode ter feito "ampla colheita de certificados de excelência", os jornais eram caprichosos na época, e ora enumeravam todas as recompensas, ora só mencionavam os prêmios. Formalmente é verdade, mas isso é contradito pelo testemunho do próprio Gustave, que, em *Memórias*, diz que era *"escarnecido pelos professores, rebaixado ao menor nível"*. Ainda que exagere, esse

---

* Não resta nenhum vestígio da presença de Gustave no colégio durante o ano anterior, ou seja, na classe de oitava, entre nove e dez anos.

julgamento só é válido durante os anos 1833-34 e 1834-35. A partir da quarta série, Gustave não pode alegar seriamente que é o último da classe. Decisiva foi a sexta: fica perdido, conturbado pela raiva e pelo despeito, com o orgulho em frangalhos, sem saber, literalmente, onde está nem o que faz. Depois da quinta, o interesse demonstrado por Chéruel e Gourgaud põe fim a seu intolerável desvario; não imediatamente, mas aos poucos: na terceira, recebe dois prêmios, o de história e o de história natural; na segunda, mais dois, os mesmos. Em retórica, segundo prêmio de história, segundo certificado de excelência em francês. Nas outras matérias, parece ter-se mantido no pelotão de frente pelo menos a partir de 1835, não caindo praticamente abaixo do décimo lugar (a classe tinha 25 alunos). Não importa: as chagas permanecem. E os rancores; sua aversão acaba por se tornar insuperável, pois – como mostrarei – ele trabalha sorrateiramente para conseguir cair fora do liceu. Sabe-se que vai consegui-lo no primeiro trimestre do ano letivo de 1839-40, depois de ter obtido – último prêmio de consolação – o primeiro lugar em composição de filosofia. Prepara o exame de *baccalauréat* em família e passa no tempo previsível, sem menção, talvez não sem esforço.*

Como julgar esses resultados? Se fosse outro, e não Gustave, diria que são ótimos. O gazeteiro e o prodígio são dois monstros, duas vítimas da instituição familiar e do sistema de ensino: se é preciso – e era então – que uma criança se adapte a um sistema competitivo e seletivo, deve-se desejar que ela fique na média em tudo. Infelizmente, Gustave *já* é um monstro. A honra Flaubert ordena-lhe que se distinga e, ao mesmo tempo, o lança desarmado na arena da concorrência. Sua desgraça é ser *fidalgo* sem ser: a *qualidade*, que vem da linhagem, não tem nada em comum com os dons, e o "sangue" só fala alto quando derramado nos campos de batalha; mas o sangue dos Flaubert precisava falar alto nos bancos do colégio, pois era lá que Achille-Cléophas, distinguido pelo primeiro cônsul, recebera seus títulos de nobreza. As virtudes inatas que Gustave pretendia herdar do pai eram força de

---

* "Tornei-me bacharel na manhã de uma segunda-feira... Cheguei em casa, N... estava almoçando ali. Jogo-me numa cama e durmo, banho à noite, vários dias de repouso." *Souvenirs*, p. 81. A angústia, o esgotamento dos últimos dias são manifestos. Veremos, aliás, que antes mesmo do exame o doutor Flaubert estava preocupado: o filho precisava mudar de ares, de ambiente, de ideias; donde a famosa viagem – Pireneus, Marselha, Córsega – que Gustave fez com o doutor Cloquet.

espírito, penetração, largueza de visões, rigor e eficácia – tudo o que, de fato, lhe fora negado desde a mais tenra idade: precisava manifestá--las a cada prova ou decair. Ou melhor, elas se manifestariam sozinhas quando fosse preciso. Ali estava o menino engolido pela engrenagem competitiva sem nem mesmo compreender sua natureza: *a honra* Flaubert o obriga a arriscar-se à desonra a cada dia num combate duvidoso, no qual tenta em vão demonstrar o que lhe parecia aceito de antemão e, por conseguinte, acima de qualquer demonstração: o *a priori* de repente se torna *a posteriori*, um objetivo "*distante*" que só se pode atingir com uma atividade de longo fôlego. Transformação à vista de todos: é preciso provar, provar de novo, provar sempre; é preciso vir a ser o que se acreditava ser, o menino aparece para si mesmo no horizonte de uma luta sem trégua, de um jogo cruel cujas regras ignora. Desse ponto de vista, à luz das exigências e do orgulho Flaubert, os resultados de seus esforços, seja qual for o momento em que os considere, parecem-lhe *humilhantes e lastimáveis*. Atenazado pela vergonha e pela inveja, não se acalma. "Uma irritação nervosa... me deixava veemente e colérico como o touro doente de picada de insetos." Excelente comparação: o touro picado por tavões não vê e não entende o que lhe acontece; assim é Gustave, a sofrer de uma alienação nova e incompreensível, pois a serialização competitiva o põe na dependência indireta dos outros.

Dito isto, perguntar-se-á por que o caçula dos Flaubert, apesar da ótima largada, tropeça na primeira prova: afinal de contas, o jovem escritor, cuja precocidade causava espanto na mesma época, não podia ter tanto sucesso quanto Achille? Se reivindicava com tanta paixão o primeiro lugar, por que não o obteve? Era mais tolo que o irmão? Ele acreditava nisso, como veremos, sem ousar confessá-lo totalmente, a tal ponto essa ideia lhe feria o coração. Mas isso não quer dizer nada: a burrice é a coisa mais compartilhada do mundo, todos são burros, cada um à sua maneira*; de modo geral, é motivo de opressão. Gustave não é nem mais nem menos dotado que seus condiscípulos: seu fracasso escolar – ou pelo menos o que ele entende como tal – é explicado por três ordens complementares de razões.

1ª A primeira – não insistirei muito nela – é sua constituição passiva. Esta facilita os saberes mnemônicos (percepções brutas, montagens), mas não é muito propícia às operações mentais, em

---

* É o que Gustave desejará provar na segunda parte, inacabada, de *Bouvard e Pécuchet*.

particular nas disciplinas exatas, nas quais se parte de uma *decisão prática* (negação ou afirmação) para chegar-se a outra decisão da mesma espécie por meio de um encadeamento rigoroso. Esse empenho voluntarista deve manter-se até o fim: não se trata apenas de passar de um elo a outro; é preciso não parar de afirmar ou negar o que se adiantou inicialmente e também as consequências dali extraídas. Nessa esfera a teoria é uma prática porque organiza o campo dos possíveis em função da demonstração por fazer: o raciocínio mais abstrato é necessariamente uma experimentação. Ao contrário, a prática é teoria na medida em que tem como objetivo o acúmulo dos conhecimentos. Nenhuma *profundidade** nessas análises sistemáticas: deve-se tratar o objeto exterior *como exterioridade*; pensar é medir – diz Brunschvicg. O pensamento de Gustave nunca é conceitual; não *mede*, hesita, tateia; nunca nega nem afirma, apega-se apaixonadamente a uma ideia depois se desapega e permanece na dúvida; suas ruminações são atravessadas por lampejos que lhe revelam bruscamente uma totalidade indecomponível e logo se apagam, deixando-o cego, incapaz de *analisar* sua intuição e de exprimi-la com um discurso articulado. Não que não seja capaz de *intelecção*: quando o "mestre" está junto à lousa e fala traçando signos, Gustave entende muitíssimo bem o que lhe ensinam, penetra nas razões defendidas, apreende seu encadeamento e necessidade: nesse aspecto sua inteligência equivale amplamente à do irmão. Mas isto porque a força afirmativa do professor se introduziu nele, porque Outro está afirmando e negando em seu lugar e em sua cabeça, porque a intelecção é sustentada pelo princípio de autoridade. Assim que fica sozinho – sobretudo se precisar resolver um problema com seus próprios meios –, dissipam-se as certezas de empréstimo, ele repete os raciocínios ouvidos na véspera sem se convencer; não que lhes negue adesão: é que ele não está em condições de dá-la; e, na falta disso, é incapaz de refazer o ato intelectual propriamente dito: a evidência se desvanece, a dúvida a substitui – não, claro, uma dúvida metódica, que exige vontade, nem mesmo a dúvida do cético, que deve ser uma opinião preconcebida, mas uma desconfiança apavorada. Por essas razões e por outras também, de que trataremos adiante,

---

* Não quero dizer, evidentemente, que o pensamento analítico seja *superficial*, o que não teria nenhum sentido, mas apenas que as noções de profundidade e superficialidade não têm vigência nesse domínio. O conceito deve ser claro e distinto, aplicar-se exatamente a seu objeto, nada mais.

VI. Da gesta à encenação: o Rapaz

nada é mais estranho a Gustave que o espírito analítico de que se prevalece com tanta frequência: faltam-lhe meios para decompor um objeto em suas mais finas nervuras e, do mesmo modo, para recompô-lo. O que caracteriza seu pensamento, ao contrário, é a *profundidade*, em outras palavras, o sincretismo. Esse modo de conhecimento pré-dialético – por apercepção confusa de totalidades, de contradições recobertas, de torniquetes – está mais próximo da *compreensão* do que do ato judicativo; é válido desde que seu objeto também seja sincrético, em outros termos, se refira ao *vivenciado*. E veremos adiante que os sentimentos de Emma – apesar da tirada de Sainte-Beuve sobre a irrupção da cirurgia em literatura – nunca são *analisados*: Gustave os mostra como conjuntos irredutíveis que se sucedem numa ordem estranha ao voluntarismo, mas cuja contingência aparente mascara uma necessidade "vital". Essas disposições mentais possibilitam escrever uma obra-prima e transformar a literatura romanesca tanto no objeto como nos métodos; mas não são muito propícias ao estudo da matemática ou das ciências naturais; tampouco à análise lógica ou gramatical, às versões em latim e grego e mesmo à tradução. Como veremos, ao examinarmos os "roteiros" de *Madame Bovary*, Gustave – Deus seja louvado – nunca soube "traçar um plano": graças a isso, a "composição" dessa obra é uma surpreendente maravilha. Mas isso também explica por que o pobre garoto nunca foi brilhante nas *composições* de francês: em sete anos, um certificado de excelência; também naquele ano o prêmio de honra ao mérito coube a Bouilhet, mais metódico. É surpreendente que Gourgaud tenha se interessado por Flaubert como contador de histórias: por trás dos medíocres resultados do aluno, aquele professor soube distinguir as promessas de futuro escritor, mas não quis dar a este as recompensas escolares que aquele não merecia. Pura justiça: na época em que Gustave escreve *O anel do prior*, as lições que entrega são banais e sem grande valor, a julgar-se pelas que chegaram até nós. É à honestidade severa, mas rigorosa, de Gourgaud-Dugazon que Gustave alude quando escreve com grande amargura: "Mal e mal me concediam a imaginação, ou seja, segundo eles, uma exaltação... próxima da loucura". Em suma, Gourgaud e Chéruel prestaram atenção, *fora do sistema competitivo*, ao monstro, ao "louco" que, em virtude mesmo de sua anomalia, estava impedido de satisfazer as exigências deles *dentro do sistema*.

2ª A crise de identidade agravou-se. Na sinistra torre do Centro Hospitalar, o menino era obrigado a representar seu ser-objetivo, que pertencia aos outros. Pelo menos sabia que estes o visavam em sua singularidade; até as exigências deles eram singulares, até na maldição paterna havia algo de cruel solicitude, minucioso cuidado de infligir ao menino males requintados, concebidos só para ele; sabia para que e por que estudava então: os progressos alcançados não o interessavam em si mesmos, seu objetivo era arrancar um sorriso a seu Senhor; assim, o labor não se distinguia do culto e só tinha sentido naquele pequeno mundo incomparável e sagrado.

No colégio, ele não entende mais nada. O Sagrado está abolido, subtraindo às palavras seu sentido cultual: "aplicação", "esforço", "progresso", "mérito", esses vocábulos agora privados de qualquer relação com o amor, com a homenagem, designam quantidades mensuráveis. Não se trata apenas de já não saber para quem e por que estudar: o próprio sentido do estudo lhe escapa. De que modo ele, que considerava o ensinamento do pai como a relação feroz e doce de um Herói sádico com uma Santa masoquista, acabou tendo de ser julgado por um desconhecido, relativamente a um bando de desconhecidos? O Ego, nele, ao qual os professores se dirigem, exigindo que se torne agente de uma prática universal, nada mais tem em comum com o pequeno maldito para quem toda e qualquer prática era amorosa e singular. Em família reprovava-se sua anomalia: significava reconhecê-la. O professor parece ignorá-la; em todo caso, não a leva em conta: quando se volta para o menino, dirige-se, nele, apenas à universalidade abstrata do "Eu penso" kantiano. Daí a confusão de Gustave: ele se sente implicado por esse Eu formal que suscitam nele, não pode negar sua existência, no entanto não se reconhece nele. É ele, pois se trata do sujeito universal, e ao mesmo tempo não é ele, pois essa unidade de todas as práticas, esse veículo das categorias não explica sua passividade constitucional, pois, ao ser visado pelo outro como *agente* absoluto, esse novo papel repugna a sua passividade. Mas o que pode ele lhe opor em seu secreto conselho? Em primeiro lugar, os Outros constituem autoridade: ele acredita ser tal como o veem. Em segundo, o pequeno monstro frágil e principesco também é um papel, personagem que não para de obcecá-lo, mas não tem consistência, mais parecendo a lembrança tenaz e confusa de um sonho. Até porque o igualitarismo abstrato do ensino impõe a todos os alunos (contra a vontade deles) o sentimento de ser *sobretudo* intercambiáveis: é a partir daí que alguém se torna *primus inter pares*;

Gustave resiste mais que os outros, mas não pode deixar de interiorizar essa intercambiabilidade objetiva: "Nunca gostei de vida regrada, horas marcadas, existência de relógio, em que o pensamento precisa parar ao som do sino, em que tudo está mastigado de antemão, por séculos e gerações. Essa regularidade decerto pode convir à maioria, mas para a pobre criança que se alimenta... de sonhos... é sufocá-la, reduzindo-a à nossa atmosfera de materialismo e bom senso, a que ela tem horror e aversão".* Para entender essa repugnância, é preciso lembrar que a vida de Gustave, em família, era traçada com régua: o doutor Flaubert, sobrecarregado de trabalho, dividido entre a faculdade, o hospital e a clientela, era obrigado a empregar o tempo de modo rígido.** Gustave nunca se queixou disso; mais tarde, em Croisset (conforme testemunha a sobrinha), estabelece – não por necessidade nem por hábito – um horário que só varia com as estações. Portanto, não é do tempo da fantasia e do capricho que sente falta no colégio. Muito pelo contrário, sempre gostou de viver no meio cíclico da repetição – ainda que, no Centro Hospitalar, a superproteção de que era objeto conferisse regularidade hipnotizante às suas ocupações e aos cuidados maternos: ele reverenciava aquela alta e singular disciplina que o obrigava a tomar remédios em horas marcadas, a almoçar todos os dias ao meio-dia; a temporalidade estruturada dos Flaubert – eterno retorno das estações e das cerimônias, pela feudalidade incessantemente reafirmada – constituía-o sucessor, vassalo e futuro senhor a seus próprios olhos. Ora, eis que, de repente, ele é projetado no tempo da "maioria". Essa designação puramente quantitativa marca com clareza seu rancor e desprezo: os colegas *são números*: todos idênticos em *qualidade*, figuram no conjunto colegial como *unidades*. O insuportável para aquele aristocrata imaginário é ser coagido a viver na duração física e burguesa dos relógios, *continuum* infinitamente divisível que, a partir de sua universalidade própria, o significa como átomo universal. E depois, no Centro Hospitalar, é verdade, o tempo só era escasso para Achille-Cléophas; o menino, ao contrário, tinha tempo de sobra: ignorava que o cirurgião-chefe media o seu com cronômetro; Gustave não tinha necessidade

---

* *Memórias de um louco*, cap. V.

** Às sete horas da manhã, visita aos doentes hospitalizados; depois, chamada dos alunos, operações, consultas gratuitas no hospital. Almoço, consultas à clientela pagante; às dezesseis horas, volta ao hospital, segunda visita, exame dos pacientes recém-internados e das urgências. Antes de se deitar, passava pelos quartos para rever os recém-operados.

de medida para aquela indolente duração tediosa e confortável que ele era. No colégio, quando a temporalidade se quantifica, está desorientado: não só porque nega à administração o direito de medir seus sonhos pelo mesmo padrão dos trabalhos e jogos imbecis dos condiscípulos, mas também e sobretudo porque não entende, já de saída, que possa ser fixada para todo o mundo – portanto para ele como sujeito universal – uma mesma duração para a realização de uma tarefa imposta (duas horas para a composição de história, quatro para a de francês). Mais tarde, em Croisset, nós o veremos ruminar diante da escrivaninha, traçar duas palavras, riscá-las, sonhar mais um pouco, reescrevê-las, acrescentar uma terceira, deixar a pluma cair, levantar-se, ir olhar o Sena, deixar-se cair no divã, ficar lá prostrado, de olhos fechados, bocejar, voltar à escrivaninha, riscar as três palavras que havia traçado etc. Alguns críticos deduziram daí que ele exagerava muito quando falava de "trabalho de forçado". Conclusão apressada: ele fazia *seu* trabalho, *no seu* ritmo; nada autoriza a acreditar que ele não *vivia* num campo de trabalhos forçados. Com a diferença de que, segundo a bela expressão popular, ele *dava tempo ao tempo*. Essa longa e lenta duração vegetativa e quase vegetal – que será a estrutura temporal de *Madame Bovary* – tinha a função de substituir o movimento rápido da ação; permitia que aquela constituição passiva penetrasse problemas, se saturasse deles e, na falta de poder analisá-los com clareza, os usasse com paciente erosão ou, depois da incubação, lhes desse uma solução que não decorria de uma síntese voluntarista e claramente autoconsciente, mas de uma parição obscura, indecomponível: ele não trabalhava, *ele estava em trabalho*; essa é a temporalidade da atividade passiva. Não é difícil imaginar que o menino sonhador tivesse levado seu tempo próprio ao colégio: simplesmente o som dos carrilhões o impediam de *dar tempo ao seu tempo*. Significava prejudicá-lo profundamente: com a intervenção do tempo prático do "Eu penso" como um dos dados internos do problema por resolver, o menino era desapropriado de sua duração, sendo esta substituída pelo *continuum* espaço-temporal do mecanismo, o que só podia produzir nele uma agitação tremulante e desordenada – com o inevitável resultado de entregar lições inacabadas ou malfeitas. "Eu, o mais preguiçoso de todos", diz, com aquele misto de vergonha e jactância que agora nos é familiar. O mais preguiçoso, não: preguiça não existe. Gustave trabalha mal porque o tempo escolar e a temporalização interior dele são heterogêneos, e ele não pode permanecer totalmente nesta nem se instalar definitivamente naquele. Trabalha mal porque já não se reconhece: quando, nas horas de estudo, em classe, durante as composições, vê os condiscípulos tranquilamente estabelecidos na universalidade temporal, tem a impressão de ser – ele, o Príncipe Flaubert – nada mais que um universal malogrado, e de que sua originalidade se torna o absurdo e pesado fardo que o impede de elevar-se à pureza do "Eu penso". Na circularidade competitiva, o único elo de homem para homem reconhecido por Gustave, que é a homenagem feudal, mostra-se uma impossibilidade de princípio. Mas, não podendo atribuí-la ao sistema (quem o teria feito, na idade e no tempo dele?), o menino atribui a si a responsabilidade por essa falta (talvez ele não seja um Flaubert?) ou aos outros (são robôs). Já vimos: logo de início, ele não era tão selvagem; foi asselvajado quando suas relações com os colegas se lhe revelaram – sem que ele percebesse a razão – ao mesmo tempo como *reificadas* e como o protótipo de toda e qualquer relação humana (enquanto o elo feudal era relegado ao imaginário); essa descoberta, evidentemente, é feita através da humilhação sempre repetida de não ser o primeiro da classe e da *inveja* feroz que lhe inspiram os que vêm antes dele.

No entanto – dirá alguém –, haverá sociedade mais feudal que a das crianças? Não há, é verdade, desde que as tomemos *fora da classe*. Alto, bonito, forte e "vozeirão", Gustave poderia ter-se imposto logo de início – como fará, um pouco depois, quando tudo estiver perdido. Seu azar foi buscar a hierarquia *durante as horas passadas em classe*, nos exatos lugares dos quais ela estava banida por princípio. Decepcionado, ele define os colegas não como são, mas como a competição os faz: são seres quaisquer que, em sua banalidade mesma, mostram-se inexplicavelmente superiores – os que têm sucesso, pelo menos – ao pobre monstro carregado de singularidades que foi jogado no meio deles. No recreio, o universo competitivo desmorona: para todos, salvo para o menino magoado que rumina suas humilhações e não consegue mais achar o oriente de si mesmo. Nos condiscípulos que avançam até ele para convidá-lo a brincar, o que pode ele ver senão vários "Eu penso" idênticos e pluralizados? Assim, sua selvageria no caso nada mais é que a interiorização de um igualitarismo atomizante que não permite aos indivíduos despojados de sua existência concreta outra relação senão as relações de exterioridade. Por um lado, porém, ele conserva um desprezo de princípio por eles; embora uma obstinação culpada os impeça de reconhecer, eles não deixam de ser campônios nascidos na plebeidade: suas famílias não frequentam os Flaubert. Por outro lado, obstinado em seu rancor, ele os define, mesmo no pátio –

espaço dos bandos, das gangues ou da simples coexistência –, a partir da circularidade competitiva que faz de cada competidor, pelo seu simples *estar-lá*, um rival em potência, um ladrão marginal que, sem sequer lhe conceder um olhar, sem sequer se preocupar com ele, pode desvalorizá-lo tomando-lhe o lugar. Em cada um, Gustave avança para si universalizado, intercambiável, despojado de sua singularidade e, no entanto, ao mesmo tempo, decaído, desprezível e ameaçador: um puro "Eu penso" de si mesmo inimigo. Insignificantes, atomizados, eles o *significam "uomo qualunque"*[6] assim que o tratam como igual; superiores, sem deixarem ver a menor marca de suas superioridades, eles lhe manifestam que ele desonra os Flaubert; inferiores, com sua pretensão arrogante de serem seus pares, eles o devolvem a seu orgulho vazio e doloroso de falso aristocrata. E, como são tudo isso ao mesmo tempo, ainda que em três níveis diferentes, Gustave não tem recurso: fugir deles ou fugir de si. "Eu me afastava com um livro de poesia".*

3ª A partir da quarta série, ele tem a intenção oculta de perder. Na verdade, a solicitude de Chéruel e de Gourgaud lhe possibilitaram recuperar-se: escapou ao anonimato da circularidade serial revendo-se como objeto singular de uma generosidade senhorial. Seu caso não é único: conhecem-se mil exemplos de estudantes aturdidos pelo sistema que, com um sorriso *pessoal* do professor, recobraram coragem e começaram a trabalhar *por ele*: a feudalização da concorrência torna-lhes suportável a concorrência puramente burguesa; sei de alguns que não precisaram de mais nada para elevar-se de chofre à posição que Gustave disputava em vão. Para este, quantas dificuldades aplanadas: melhor relação com os professores, com os colegas**, competição domada: por que não aproveitou a oportunidade para "dar a volta por cima"? Há progresso, sem dúvida, e seu nome figura entre os melhores. Mas, se ele só desejava de fato vencer, não podia fazer melhor? A passividade constituída não é obstáculo insuperável: não é um apragmatismo total e patológico, mas uma atividade passiva; há nela uma proposta de inércia, uma força amena que inclina à inação, mas, na ausência da vontade, a obstinação pode dar certo por um tempo, sobretudo no colégio, onde o aluno é sustentado, carregado pelos hábitos coletivos, pelo ativismo dos professores. *O agente passivo* continua sendo agente no sentido de que supera seu estado presente por meio de projetos e modifica o que é por meio de sua relação intencional

---

* *Memórias de um louco.*
** Foi na quarta que ele redigiu e distribuiu *Art et Progrès*.

com aquilo que será. Esse mínimo de transcendência possibilita que o docente se insinue no interior do discente e *queira em lugar dele*, desde que este se preste a tanto ou, pelo menos, não resista. Gustave resistiu, não duvidemos. Aquela "preguiça" de que se gaba e que deplora já não é simplesmente inadaptação, a partir da quarta série: ela comporta um consentimento secreto. Por quê? Porque é *tarde demais*. Entenda-se: tarde demais *para ele*. Outros foram "recuperados" na segunda, na primeira ou mesmo *in extremis*. Mas porque não havia hipoteca no ponto de partida. Para o caçula dos Flaubert, há uma: caindo em desgraça perante o pai, não pretende ganhar *por ganhar* naquela tômbola imbecil, mas *para não perder*, para não agravar seu caso. Dele se esperava – acredita – que fosse êmulo do irmão: se é assim, já perdeu, acabou; provou que nunca igualaria Achille, pois tropeçou já no começo, no ponto em que o outro deu a largada como campeão. Por isso, o menino se sente afetado por uma malignidade insidiosa: não me tornarei uma cópia ruim de meu irmão mais velho.

Este, de fato, tivera o glorioso privilégio de levar ao extremo a identificação com o pai. Fora o primeiro Flaubert a frequentar o colégio de Rouen; Achille-Cléophas, por sua vez, gostava de falar de sua própria adolescência, dos louros conquistados na distante capital, no tempo em que Bonaparte ainda não era Napoleão: aqueles acontecimentos arquetípicos estimulavam o ardor do primogênito mas não o incomodavam. *Em outro lugar, em outros tempos* o *pater familias* fizera seus milagres para que Achille, em Rouen, no tempo dos Bourbon, pudesse fazer os seus. Tudo era novo para o menino afortunado que fora encarregado pelo pai de consolidar a glória familiar terminando de conquistar a Normandia: *ele inventava o que repetia*, e isso bastava para lhe arejar a vida. Produto do cirurgião-chefe, tinha então só uma paixão: reproduzir seu genitor produzindo-se; se tirasse o primeiro lugar em história natural, e o pai lhe dissesse que no seu tempo, no mesmo ano escolar, ficara no mesmo lugar com uma nota melhor, ele acharia muito bom, já que admitira, de uma vez por todas, a superioridade do *pater familias*: o Criador fez a Criatura à sua imagem, ela é obrigada a parecer-se com ele na medida de seus meios, mas não a igualá-lo.

Gustave não inventa nada: refaz, dia após dia, nos mesmos locais, nas mesmas carteiras, com os mesmos professores (em parte, pelo menos), os estudos do irmão. É uma esparrela premeditada. O *pater familias* disse ao caçula maldito: vai, recomeça minha carreira no colégio de Rouen, e te perdoarei talvez. O menino obedeceu correndo, a ratoeira se fechou: era a carreira de Achille que ele precisava recomeçar. Atordoado com as primeiras derrotas, o caçula pelo menos entendeu o seguinte: ao se empenhar para reproduzir o pai, ele só se produziria como um Achille apequenado; isso seria simplesmente ressaltar as superioridades do Usurpador e manifestar-se em seu ser-relativo. O que faz ele, senão reviver, um a um, minutos já vividos; frescos e intensos nove anos antes, eles renascem um tanto fenecidos: "Gustave, lembra-te de teu irmão – dizem os pedagogos mais antigos. – Essa composição ele fez. Sobre o mesmo assunto. Dei-lhe nota 18. Tenta conseguir pelo menos 14!". Intenção louvável, mas sádica: o colégio que Achille viu, percorreu, habitou, que restitui o ritmo daquela vida passada por meio do carrilhão de seus sinos, da permanência de seus currículos escolares, das tarefas e das condutas impostas, nada mais é que o próprio Achille transformado em imperativos categóricos; Achille, ao contrário, é o colégio fetichizado. Através do grande corpo do irmão mais velho, presente por inteiro na inércia das construções, a temporalização própria de Gustave, sem deixar de ser a surda irrupção da existência, aparece-lhe como o meio escolhido por um passado glorioso para se reativar sem glória: ela o aliena a uma força inimiga.

Que fazer? O senso comum propõe uma alternativa: ultrapassar todos os limites ou conformar-se. Já ficou claro que ele não pode fazer uma coisa nem outra. O que quer dizer ultrapassar todos os limites? Ser socorrido por um "belo desespero"?[7] Para apagar os anos perdidos, não lhe bastaria (como acabamos de ver) igualar o irmão nos anos vindouros; seria indispensável que o *junior* batesse todos os recordes familiares e se mostrasse genial onde Achille fora apenas excepcional: só então a jogada estaria feita, com uma fulgurante arrancada, e o caçula, deixando para trás o irmão estupefato, teria reproduzido o próprio pai.

Nessa solução temo que ele nunca tenha pensado. Sem dúvida, o gênio – para usar uma palavra ultrapassada, tão dolorosamente prezada por Gustave – não passa de insana exigência. Se o menino mal-amado tivesse tido a temeridade de exigir mais de si mesmo e da realidade, seus resultados teriam melhorado.* Mas que poder teria ele contra os dois limites que se impõem de fora? Primeiro, o gênio inventa; muitas vezes descobre o problema *a partir* da solução. Portanto, não vige no

---

* Essa audácia não lhe faltou, como veremos, mas em outro campo, o do irreal totalizado.

colégio: os pedagogos aprenderam ao mesmo tempo as perguntas e as respostas e as ensinam uma de cada vez; para cada problema exposto, esperam uma solução e uma só, a *certa*, que o estudante pescará na aula magistral na qual ela foi dada de antemão, mais ou menos explicitamente. Aceitando o sistema, Gustave se fechará num círculo *finito* de conhecimentos oferecidos, adquiridos, para serem reproduzidos, e por isso mesmo se vedará pular por cima da circunferência. Em segundo lugar, a única maneira de superar o irmão mais velho, filho de família, mantido por um pai afortunado, seria – Gustave sabe – reiterar a brusca mutação que fez o *pater familias* passar de uma classe social a outra. O esforço extenuante com que um filho de veterinário se extirpou de seu ambiente natal nenhum de seus dois rebentos pôde pensar em repetir, pela simples razão de que seu próprio sucesso impedia de repeti-lo. Eis o outro limite objetivo: nada fará com que Gustave se transmude em camponês pobre e conquiste a cultura dos ricos com a força dos punhos. Portanto, é bem verdade que foi trancado em Achille, e que *a priori* é impossível sair da prisão. O que é positivo nele – capacidades, inteligência, aplicação (quando consegue aplicar-se) – não lhe pertence pessoalmente: essas qualidades, objetivamente exigidas pelo ensino e, de certo modo, impessoais, são acima de tudo qualidades do irmão; Achille – e só ele – é designado por elas em sua pessoa porque ele as levou ao extremo. No caçula, menos desenvolvidas, elas aparecem como o apanágio coletivo da Casa Flaubert. O que lhe pertence pessoalmente, ao contrário, é o negativo. Brumas, distrações, aturdimento, alheamento, sonho acordado, em suma, imaginação, "exaltação segundo eles, próxima da loucura". Portanto, ele precisa fazer uma escolha dilacerante: ser um *"remake"* de Achille ou, se quiser *ser ele mesmo*, começar com um naufrágio, renunciar a qualquer sucesso escolar, tornar-se *o* mau aluno.

É fácil adivinhar que ele não escolhe; o primeiro termo da alternativa causa-lhe horror, mas o segundo o aterroriza: seria preciso encontrar a força de se opor, em si mesmo e por si só, aos *diktats* do orgulho Flaubert; sem outro resultado senão o de tornar-se objeto do desprezo universal. Portanto, ele persiste em seus esforços, mas sua repugnância a se deixar definir em relação a Achille, em seu ser-relativo, os mina surdamente, retira-lhes uma parte da eficácia: ele trabalha no desânimo, seus membros se tornam pesados, seus dedos, a cada instante, estão a ponto de deixar cair a pluma, mal ele tenta concentrar-se em sua tarefa, uma imagem o atravessa, ele quer agarrá-la, e ela de repente se desvanece. Naturalmente, Gustave *não controla* essas condutas de bloqueio: são elas que o controlam; anônimas, despercebidas, não impedem a obediência nem a comédia do zelo; o menino não as apreende *em si mesmo*, é o objeto que as reflete para ele: os textos escolares lhe opõem uma resistência quase humana, as frases se decompõem em palavras, sem qualquer aviso, e as palavras, mesmo as mais familiares, de repente o espantam, revelando-lhe insondável estranheza. Resultado: até nas matérias em que poderia se sobressair, ele só consegue meios sucessos, o que equivale a meios fracassos. Mas, por mais insidiosos e velados que sejam, e embora só sejam eficazes porque clandestinos, nem por isso tais comportamentos deixam de ser intencionalmente estruturados: entenda-se com isso que têm um sentido. Sentido que se entrega e se furta incessantemente, ainda no nível elementar das condutas laboriosas, mas que é encontrado, explicitamente evidenciado, no nível mais complexo das superestruturas.* É impressionante, por exemplo, que, no capítulo V de *Memórias de um louco*, no exato momento em que se queixa de ter sido "rebaixado ao nível mais inferior pela (sua) própria superioridade", ele descreve nesses termos os poemas de Byron que "vai ler afastado" *contra* os professores, os colegas e o pai: "Essa poesia gigante dá vertigem e faz cair na voragem sem fundo do infinito". Vertigem da queda: é o que atormenta Gustave. Para escapar discretamente da maldição que o condena a ser apenas um dublê medíocre, ele sonha simplesmente em se deixar resvalar para o não-ser; como se, naquele nível, seu corpo tivesse compreendido o que o coração não ousava admitir: ele se distinguirá do irmão

---

* Guardadas as devidas proporções e sem esquecer que, tomando-se a sociedade em sua generalidade, educação e cultura são determinações superestruturais, parece-me evidente que, no meio fechado do liceu napoleônico, sobretudo quando o ensino é dado com base na circularidade competitiva, as condutas de aprendizagem devem ser consideradas como determinações infraestruturais do jovem aprendiz: é desse modo, com efeito, que ele aprende seu ser-burguês (suas relações familiares já lho revelaram, mas de modo ambíguo e mascarado, como acabamos de ver no caso de Gustave, que, passando da Santa Casa ao internato, cai da feudalidade à burguesia, se bem que a família Flaubert, apesar de certos caracteres semidomésticos, esteja, realmente, na fronteira que separa as classes médias da alta burguesia). O que chamaremos de superestrutura, naquela liça, será, por exemplo, a ideologia dos colegiais, conjunto de mitos que, ao mesmo tempo, são condicionados por seu modo competitivo de assimilar os conhecimentos, pelos próprios conhecimentos e pela recusa implícita e "espontânea" de alienar-se a seus estudos, de tornar-se produtos rigorosos dos produtos destes. Voltaremos a isso.

mais velho na proporção direta da quantidade de nada que souber introduzir em si mesmo. Aí também recorre à técnica do planador: como o *pater familias* o proclamou "ser relativo", definido pela inferioridade, o menino incrementará essa inferioridade estatutária deixando-se cair na noite cega até o ponto sem retorno em que sua incapacidade o puser, *abaixo de qualquer comparação*: nesse momento ele talvez se reerga de outra instância, ainda imprevisível. Essa *intenção de decair* vai registrar-se nele – ou seja, em seu corpo – lentamente, porque de início deve escapar a todos: ademais, como bem sabemos, Gustave é incapaz de revolta; seria revolta descer de uma vez só ao último escalão. Não, ao contrário, trata-se de um *consentimento* um tanto marcado demais, de uma resignação duvidosa, tendo em vista seu orgulho incapaz de se resignar. Será aos poucos, dia após dia, que a intenção se tornará vertiginosa: veremos seu papel na crise de 1844. Mas é bom notar que ela o trabalhava já no colégio. Naquele momento, a única tomada de consciência possível desses comportamentos – intencionalmente estruturados, mas necessariamente abafados – ocorre no terreno da poesia metafísica *e* no nível da generalização e da racionalização ética, como se ele tentasse mascarar para si o seu sentido puramente idiossincrático, apresentando-os, na forma de paradoxo, como um sistema de valores negativos. *Ivre et mort* [*Bêbado e morto*], por exemplo, contém um elogio a Hughes e Rymbault, os "dois melhores beberrões da região"; nesse conto Gustave gaba-lhes a glória e a declara de melhor qualidade que a de artistas e grandes capitães. E acrescenta, não sem soberba: "Como todos os grandes homens chamados a esta terra que os estranha, eles também eram estranhados pela classes superiores, que compreendem tão-somente, é verdade, as paixões que aviltam, mas não as que degradam". Paixões que aviltam: por ouro, sexo, honras. Paixões que degradam: embriaguez sistemática, destruição intencional das "faculdades humanas", repetição deliberada e radicalização da Queda primitiva; trata-se de *cair*, morto de bebedeira, abaixo da condição humana, mais baixo mesmo que o animal. Essa obstinação "sublime" de cair cada vez mais no ignóbil não pode ser compreendida *ideologicamente* senão como a prática de uma moral tenebrosa cuja primeira norma é que o homem é odioso, e a primeira consequência é que cumpre destruí-lo em todos os lugares, mas em primeiro lugar em si mesmo. Nada mais normal naquele misantropo que começou por se autodetestar. O que está menos claro para ele, no momento, é que essa teoria, que faz da autodestruição a única atividade moralmente aceitável, tem como fundamento real o desejo cego e louco de escapar à comparação corrosiva, e que o Homem, medida de todas as coisas, maravilha da civilização que ele pretende destruir em si mesmo, ninguém mais é que seu irmão.

Ei-lo pois – filho de peixe peixinho é, a nobreza obriga – obrigado a afirmar sempre e em todo lugar a *qualidade* Flaubert: nele, a aristocracia nada mais é que um imperativo categórico; e, ao mesmo tempo, ele não pode deixar de sentir que uma insidiosa intenção de perder o torna cúmplice de sua "insuficiência" – ao passo que, alguns anos antes, ele se achava apenas sua vítima inocente. À infelicidade se soma a consciência pesada: a teoria da autodestruição sistemática ainda é nele apenas uma justificação abstrata daquela culpa que lhe é pouco compreensível. O que o dilacera é que, no mesmo instante em que afirma sua primazia, ele pressente que a recusa. Entenda-se: não se trata de resignação nem de modéstia, mas de raiva. O orgulho é a única fonte dessas duas postulações contraditórias: mais vale ousar a decadência infinita – que ele tentará sozinho – do que se revelar um Flaubert gorado. Para ele, mais valeria ser um menino selvagem, criado por feras e capturado por caçadores, sem conhecimento humano, sem o uso de linguagem articulada, do que um pretensioso de cabeça oca: talvez, no fundo do nada, ele venha a encontrar uma aristocracia superior; a grandeza, em todo caso, está no mergulho. Aquele orgulho tão dividido, que o leva a competir ao mesmo tempo pelo primeiro lugar entre os homens e pelo último entre as feras, paralisa-se em sua contradição e não encontra nem as forças para elevar Gustave bem alto, nem a suprema audácia* de fazê-lo cair bem baixo.

> "Imbecis! Eles, rindo de mim!"
> *Memórias de um louco*

Agora podemos voltar à indagação que fizemos no início e ainda não foi respondida: como Flaubert realmente viveu suas relações com os colegas? Se lembrarmos que Gustave escreveu as primeiras

---

* Veremos que ele terá uma vez essa temeridade sombria, na noite mais negra e longa de sua vida, no instante extraordinário em que a liberdade nascerá finalmente para se escolher neurose e em que a neurose, fulminando-o, se tornará liberdade.

obras, *Smarh* inclusive, quando ainda estava no colégio e apresentou a sociedade das crianças como prefiguração da sociedade dos adultos, parecerá legítimo verificar o testemunho do adolescente, quando se refere explicitamente aos anos de escola, e compará-lo às suas obras de juventude, que pretendem descrever as inter-relações dos homens. Pois tais homens, desde que o rapazinho não extraia suas personagens de lugares-comuns românticos ou de sua misantropia constituída, de início não têm muito mais do que treze anos, e, no fim, não muito mais de dezesseis.

Gustave não tem menos de três concepções negativas e contraditórias de seu elo com os membros da comunidade competitiva. Já nos primeiros anos elas coexistem, embora só uma delas seja explícita; elas se desenvolverão rapidamente, sem que a oposição declarada entre elas ponha fim a tal coexistência. Talvez seja melhor dizer que se trata de posicionamentos passionais, e que sua contradição não é *vivenciada* por Gustave, que passa a todo instante de uma delas para as outras duas. Considera os colegas de maneiras diferentes, conforme os veja como figurantes inessenciais na luta que o opõe a Achille, como infelizes, vítimas e cúmplices de um sistema, arrastados para uma ciranda infernal, ou como usurpadores todo-poderosos e cruéis, ladrões do título que lhe cabe. São camponios, ele é príncipe; são pobres-diabos embrutecidos e insensibilizados pela integração forçada, ele é o desintegrado, salvo pela imensidão de sua alma à custa de uma solidão mortal; são feras, ele é sua presa. Como veremos, trata-se de três imagens do Homem e da vida humana.

Pela primeira passarei rapidamente: formou-se antes de 1832, e os anos de internato não a modificaram, a não ser por radicalizá-la. Nem sempre é *dominante*, mas não o abandonará. Nessa concepção arcaica não há lugar para a circularidade serial: suas novelas – voltarei em breve a uma notável exceção – contam duelos ou assassinatos, ou seja, confrontos diretos. Em *Um perfume...*[8] ele fala de seu intuito de "pôr frente a frente e *em contato* a atriz feia... (e) a atriz bonita".* Sabe-se que Marguerite, no fim, quer lançar-se sobre a rival. É impedida por um lacaio. Em *A peste...*[9] ninguém impedirá o confronto final que não se sabe muito bem se é um combate singular

---

* Grifo meu.

ou um assassinato. Entre Djalioh e o sr. Paul[10] não haverá briga; no entanto, Gustave não pode deixar de pôr "*em contato** o monstro da natureza e... a maravilha da civilização". Em contato: essas palavras, encontradas em *Um perfume*... e em *Quidquid volueris* são reveladoras: o menino humilhado e enciumado sonha ter com o irmão um confronto que lhe possibilite gritar seu ódio. Em *Rêve d'enfer* [*Sonho de inferno*], Almaroës e Satã desafiam-se: segue-se uma prova de força.

Terá sido notado que todos esses duelistas são aristocratas *qualitativamente* superiores ao vulgo: Marguerite, pela pureza de alma; Isabellada, pela beleza do corpo; Garcia e François pela origem principesca; Djalioh e Satã, pela *anima*; o sr. Paul e Almaroës, pelo *animus*. A relação fundamental entre os nobres é o antagonismo. Monstros e maravilhas enfrentam-se na liça, com ou sem testemunhas. Na maioria das vezes, porém, eles têm um público que Gustave ora chama de multidão, ora de povo, gente medonha, zombeteiros imbecis, linchadores em potencial: o gênero humano ou, em outras palavras, os colegas. Enquanto viveu no Centro Hospitalar, o menino não teve "contato" com as massas rotômagas. De onde teria ele tirado o medo odiento que elas lhe inspiravam, a não ser da experiência do colégio? "Louca, louca! – diz o povo correndo atrás de Marguerite!" Essa frase ganha todo sentido quando lemos em *Memórias de um louco*: "Essa sociedade de crianças é tão cruel com suas vítimas quanto... a dos homens. A mesma injustiça da multidão, a mesma tirania dos preconceitos e da força, o mesmo egoísmo...". Não resta dúvida: os linchadores de Marguerite e os imbecis que riem de Flaubert *são os mesmos*. Segundo essa concepção arcaica, os colegas aparecem como brutos malévolos e trocistas, como burgueses obstinados em absurdos preconceitos, mas não como concorrentes. Aqueles campônios são testemunhas de suas desgraças, mas não têm meios de se tornarem seus artífices. Ele não concebe que cada um deles possa se tomar por centro do mundo e gozar por si mesmo os louros usurpados. São fantasmas despertados pela maldição do pai, alguns com mandato expresso de ocupar o primeiro lugar no *lugar de Achille*; estes são lugares-tenentes, insinuam-se entre os dois irmãos e retardam o enfrentamento direto, como se Gustave precisasse batê-los antes de chegar ao confronto com que sonha. Trata-se de uma série de provas secundárias: dragões

---

* Grifo meu.

menores que é preciso vencer antes de se medir com o Usurpador, pela simples razão de que este, em seu tempo, os venceu com garbo. O restante da classe, a maioria, forma uma multidão anônima e hostil, um coro desdenhoso que se limita a ridicularizar os esforços do caçula. Esses também têm um mandato: estão encarregados de fazer ressoar dentro dos muros do colégio o riso impiedoso do *pater familias*. Nas novelas que escreve nessa época, Gustave os mostra – no baile dos Medici, nos salões frequentados pelo sr. Paul – aprovando com aplausos servis a escolha injusta e soberana do doutor Flaubert, reservando gracejos para o pobre monstro por ele condenado. Será que riram tanto dele? Por certo não, como disse acima. Ou pelo menos não mais que de qualquer um deles, já que os estudantes nunca perdem nenhuma oportunidade de divertir-se. Gustave, suscetibilizado ao extremo pelos "sarcasmos da família"*, é que deve ter-se sentido ferido pela inocente hilaridade deles desde a primeira vez em que a provocou. Uma vez que a ironia do pai Flaubert lhe impingira para sempre a marca da risibilidade, vimos que já aos oito anos ele sonhava em ser ator cômico para provocar e dirigir nos outros, à vontade, o riso de que se acreditava objeto permanente. O que o deixará irritado, a partir da sexta série, é perceber-se cômico involuntário, risível a contragosto, no meio de uma multidão que ele julga hostil: perde-se de novo, seu ser lhe escapa; volta a ser presa de outrem. Alunos e professores dividem entre si os papéis: estes, ao devolverem as tarefas, nunca deixam de zombar do pobre caçula; nesse instante, o coro intervém e escarnece; Gustave ouve: "Nunca, não, nunca serás igual a teu irmão!". Evidentemente, nada é verdadeiro nesse pequeno delírio, salvo a raiva e a vergonha: que importa, se tudo é profundamente sentido? Cabe notar, porém, que a zombaria só o atinge na medida em que ele a toma como perpetuação da ironia paterna: nesse primeiro momento, ele quase não se preocupa com o que os colegas plebeus podem pensar dele. Um Flaubert, mesmo escarnecido, continua Flaubert, superior por nascimento à plebe que o insulta. Logo, primeiro por direito. Mesmo, e sobretudo, quando o fato o contradiz, pela razão de que o direito só é validamente contestado por outro direito. Na época dos primeiros insucessos, ele está tão longe de compreender o sistema competitivo, que concebe o colégio como a imagem infernal de sua família: ele, por seu lado, é a tartaruga querendo alcançar Aquiles [Achille]; ouve

---

* *A peste em Florença*.

em torno de si, atrás de si, acima de si o eco do riso insultuoso do pai; o drama do Centro Hospitalar continua, só isso. Professores e alunos têm um ser de empréstimo: são prepostos do Diabo; quanto a seus fracassos, para eles só se encontra uma explicação: o pior é sempre garantido, no Inferno (o colégio não é outra coisa) um direito só é legítimo se conculcado. Essa concepção mágica ficará nele até o fim; até o fim Gustave será *possuído* por esse direito de nascimento que não lhe foi reconhecido no tempo devido e que ele se esfalfará para fazer prevalecer em todas as ocasiões. Os Goncourt irritavam-se frequentemente com isso. Um dia, Edmond volta para casa de péssimo humor e anota em seu Diário que Flaubert, decididamente, é insuportável: ele grita, interrompe conversas, quer sempre ter a última palavra; se falam de um amigo, de um conhecido: "Eu o conheço melhor que o senhor!"; se alguém conta uma anedota: "Eu sei uma melhor". Pois é! Gustave, até mesmo no salão da princesa Mathilde, não pode tolerar não ser sempre o primeiro: primeiro na "goela", primeiro em psicologia aplicada, primeiro em narração, prêmio especial do paradoxo etc., e, ao contrário do que acredita Goncourt, isso não vem de uma hipertrofia do Eu mas, na verdade, de uma hipertrofia da família: é ela, nele, que reivindica o lugar devido, por direito do sangue, a um caçula Flaubert, que foi recusado durante oito anos de escola. Sabe muito bem que já é tarde demais, contudo é mais forte que ele: em Saint-Gratien, Avenue de Courcelles, sob os olhares malévolos de seus pares, ele se exaure, desempenhando o papel de "primeiro da classe", sem acreditar nele e sem convencer, primeiro que ele nunca foi, nunca deixou de ser e já não pode vir a ser: isto porque, naqueles momentos, ainda confunde classificação competitiva e hierarquia feudal, como fazia aos doze anos.

No entanto, ocorre-lhe fazer uma ideia mais clara da concorrência burguesa, o que o leva a uma segunda concepção das relações humanas. *Bibliomania [Bibliomanie]*, que ele escreve aos catorze anos, parece resumir sua experiência dos dois anos anteriores. Giacomo e Baptisto nunca se confrontam diretamente; encontram-se nos leilões, e a luta deles gira em torno da apropriação de um objeto: uma honra ao mérito, de algum modo, na qual cada um deles pretende objetivar-se. O vencedor, em princípio, não é o melhor qualitativamente nem o mais forte, mas aquele que dispõe da soma mais elevada em dinheiro; em outras palavras, a seleção é quantitativa. Está claro que, na época, Gustave compreendeu perfeitamente o caráter indireto da competição escolar: embora, pondo em confronto apenas dois adversários, tente dar à circularidade serial uma aparência de combate singular, sabe que tal combate não ocorre entre homens, mas entre *quantidades*, e que estas podem ser em número indefinido; o *leilão* não foi escolhido por acaso, ele propicia uma excelente imagem do universo competitivo: "Giacomo (odiava) Baptisto, que, havia algum tempo, lhe arrebatava... tudo o que aparecia de raro e velho... era sempre ele que levava embora os manuscritos; nas hastas públicas, subia o lanço e conseguia..." "Por fim, chega a hora... Baptisto estava no meio, com rosto sereno, ar calmo... Giacomo ofereceu primeiro vinte pistolas; Baptisto calou-se e não olhou (o livro). O monge já avançava a mão... quando Baptisto começa a dizer: quarenta. Giacomo viu com horror que seu antagonista se inflamava à medida que o preço subia.

"– Cinquenta – gritou com todas as forças.

"– Sessenta – respondeu Baptisto.

"– Cem.

"– Quatrocentos.

"– Quinhentos – acrescentou o monge, com pesar.

"... A voz aguda e entrecortada do pregoeiro já repetira três vezes: quinhentos, e Giacomo já se apegava à felicidade; um sopro saído dos lábios de um homem veio fazê-la desvanecer-se, pois (Baptisto)... começou a dizer: seiscentos. A voz do pregoeiro repetiu seiscentos quatro vezes e *nenhuma outra voz lhe respondeu*."

As palavras que grifei marcam bem que a competição é aberta: obviamente, a voz que se calou é *primeiramente* a do pobre Giacomo. Mas a generalidade negativa "nenhuma outra voz" não pode ser compreendida fora da circularidade serial de uma hasta pública em que *todos* os presentes podem fazer lanços. Em uma palavra, o local do leilão é a classe. Desse modo, os laureados de 1835, sem deixarem de ser as hipóstases de Achille, começam a ganhar uma espécie de realidade. A frase que introduz o rival de Giacomo na narrativa comporta uma explicação que deve despertar a atenção: "Baptisto, que, *havia algum tempo*, lhe arrebatava..." etc. *Havia algum tempo*: essas palavras não podem relacionar-se com a cena primitiva, nem com a Queda, nem com a Grande Usurpação, fatos que são de sete anos anteriores à novela; trata-se dos condiscípulos de Flaubert que *havia dois anos* se obstinavam a lhe arrebatar os primeiros lugares, ou melhor, era o próprio Flaubert que "havia algum tempo" percebera que eles existiam também por si mesmos.

Giacomo, segundo ele nos diz, "reserva... todas as suas emoções para os livros". Recusa amizade, amor: o autor nos dá a entender que ele ama os incunábulos *contra os homens*. Eis o perfeito colecionador. Mas, nesse retrato, uma frase parece destoar: "Quantas vezes o pobre monge *em seus sonhos de ambição e orgulho...* viu chegar até ele a mão comprida de Baptisto". Ambição? Ninguém havia até aí dito palavra alguma, dizia-se mesmo que Giacomo gostava dos livros em sua materialidade sensível, "odor, forma, título... a bonita palavra '*finis*' cercada de dois cupidos". Essa sensualidade, por si mesma, só deveria conduzir a um calmo hedonismo. No entanto, ficamos sabendo sem surpresa que ela oculta o áspero desejo de possuir os manuscritos *mais raros* e exemplares únicos, bem como de "montar uma biblioteca tão grande quanto a do rei". Colecionar coisas não é separar-se dos semelhantes, é estabelecer uma relação indireta com eles: não se pode duvidar que aquele monge cobice à sua maneira o primeiro lugar entre os homens. Contudo, ele não pensa em dominá-los*; não é o poder que ele reivindica, mas um *número ordinal* que lhe seja atribuído pelas coisas que ele possui. Dois componentes contrários e complementares – o humilde desejo direto e concreto de tocar, olhar, cheirar, e a orgulhosa ambição abstrata e indireta de ser o único proprietário de um objeto raro e de assim privar dele todos os homens, mesmo os que ele não conhece –, ambos resumidos e articulados nesta única frase: "Vender tudo, tudo para ter aquele livro, não ter mais nada além dele, mas tê-lo para si; poder mostrá-lo a toda a Espanha, com um riso de insulto e piedade para o rei, para os príncipes, para os eruditos, para Baptisto, e dizer 'Meu, meu, este livro!' e segurá-lo com as duas mãos a vida inteira, apalpá-lo como o está tocando**, senti-lo como o sente e possuí-lo como o olha!" Gustave é assim; assim será a vida inteira, roído pelo orgulho – essa abstração de abutre – e fascinado pela singularidade dos objetos e dos vocábulos. Encarnado por Giacomo, cobiça os livros tanto por sua singularidade *qualitativa* quanto pela primazia *quantitativa* que sua posse lhe dará. Por um lado, insiste no valor de uso (ou seja, no caso, a relação sensual com o objeto) e, desse

---

* Já se viu que Gustave às vezes deseja o poder supremo (Nero, Tamerlão): é por vingança.

** Giacomo está no pregão, tem permissão para tocar o livro que logo será leiloado. Deve-se entender: apalpá-lo amanhã e sempre (depois de se apropriar dele) tal como o toca agora.

ponto de vista, sua relação com a coisa possuída faz sobressair a sua singularidade; nada de classificação, aí; há uma impossibilidade de princípio em comparar o livro tal qual é *para seu proprietário* presente ou futuro com qualquer outro livro, assim como esse proprietário – uma vez que sua prática só tem em vista desvendar a beleza singular de sua propriedade – com qualquer outro adquirente possível; a relação *daquele* homem com *aquela* coisa se estabelece em circuito fechado. Por outro lado, ele reivindica ser colocado acima do próprio rei pela posse de uma biblioteca maior que a do monarca e composta de livros *mais raros*. Com a *raridade*, o circuito é aberto: a relação com o *bem* é relação indireta com todos os outros homens e, em particular, com os outros colecionadores; desse modo, o objeto se revela *mercadoria*, e a biblioteca de Giacomo, parcialmente montada e sempre futura, torna-se seu *interesse*, uma vez que ele se objetiva nela: por ela, ele está em perigo no meio dos homens, visto que qualquer desconhecido, se rico, poderá lhe surrupiar um incunábulo, debaixo de seu nariz ou em Dresden, Paris ou qualquer lugar, sem que ele sequer seja avisado. Ao pôr seu ser em sua classificação, ele faz mais que aceitar a competição, ele a solicita. Em más condições, pois é pobre. A parábola é fácil de entender: Giacomo tem o *direito* de possuir os mais belos livros, só ele sabe *usá-los*, sua prática exalta a beleza deles. Gustave tem o direito de ser o primeiro da classe: seu valor intrínseco – *sangue*, singularidade – fundamenta juridicamente essa postulação. No entanto, mal tentam fazer prevalecer sua *qualidade*, o pobre monge e o pobre caçula ficam perdidos, porque logo caem no mundo da *quantidade* e são arrastados para a ciranda infernal das competições, em que é previsível a derrota, pois a um falta dinheiro e ao outro faltam *meios*. Esses meios – razão, bom senso, inteligência –, tão desprezados por Gustave quanto o próprio ouro, para ele são coletivos: circulam como as mercadorias, como a moeda; seriais, são de todos e de ninguém e não têm nenhuma relação com a *qualidade* intrínseca dos concorrentes. O menino, afinal de contas, sente obscuramente que seu valor pessoal não lhe serve de nada naquela "sociedadezinha" que se obstina em apreciá-lo em seu valor comercial. Agora ele sabe: o *sangue* não serve para nada, pois é o *cardinal* que decide o *ordinal*. Desistirá? De jeito nenhum: teima com conhecimento de causa, seguro da derrota. Em *Bibliomania*, volta à velha ideia privativa da qualidade Flaubert: já não será o formidável poder do pai e do irmão mais velho, mas o lugar vazio desse poder, a *falta* consciente e assumida, a obstinação que se sabe vã. Esse tema – que chamarei de "inversão da qualidade" – não desaparece das obras seguintes nas quais predomina o confronto direto: nelas, ele avança sorrateiramente. Tem-se até a impressão de que, para sua infelicidade, o menino, ao invés de basear as antagonismos competitivos nas estruturas objetivas da sociedade burguesa, vê nestes o protótipo das relações humanas. *Para sua infelicidade*: se em cada um dos colegas ele tivesse conseguido ver outro igual a ele, alienado como ele às instituições do liberalismo, lançado numa circularidade serial que o aparelho de Estado concebeu expressamente para introduzir nas competições seletivas dos adultos *no mercado*, se tivesse entendido que a subjetividade – a dele como a dos outros – era no caso a interiorização de uma estrutura de exterioridade que definia cada termo por sua oposição a todos, decerto teria admitido que cada um vivia para si e com os meios disponíveis uma situação que lhes era comum, e que as condutas dos outros, tanto quanto as dele, não decorriam de uma essência fixa, a natureza humana, mas que, ao contrário, representavam o esforço individual de cada um para superar uma alienação insuperável. Teria significado desarmar o medo e a raiva. Mas como imaginar que essas ideias poderiam aflorar no pensamento de um adolescente de 1835?

Às vezes, porém, ele parece chegar perto de uma visão *social* de seu infortúnio. Penso em especial no parágrafo X de *Agonias*[11] (abril de 1838, dezesseis anos): nessa obra, vê-se a comparação do "homem", ou seja, ele, a um viajante; ao mesmo tempo um "homem a mais", no sentido dado por Turgueneiev, e um nômade oposto aos sedentários, alguém que se afasta de certo lugar, irreversivelmente, e quer aproximar-se de uma região, de uma cidade, de um santuário: vida *orientada*, aventura *com sentido*. Ora, tudo leva a augurar que o viajante malogrará em sua empresa solitária: "De norte a sul, de leste a oeste, por todo lugar aonde vos dirigirdes, não podereis dar um passo sem serdes rechaçado com egoísmo pela tirania, pela injustiça, pela avareza e pela cupidez; em todo lugar, digo, encontrareis homens que dirão: Retira-te de meu chão; retira-te, estás andando sobre a areia que espalhei sobre a terra, retira-te, estás andando sobre meu bem; retira-te, estás aspirando o ar que me pertence. Oh! sim, o homem é um viajante que tem sede; pede água para beber, recusam-na, ele morre".

Embora uma expressão da frase pareça referir-se à apropriação baseada no trabalho*, os "egoístas e avarentos" de que se fala são caracterizados pela posse das *coisas* – solo, ar, terra, água – sem nenhuma mediação humana. Trata-se, portanto, da propriedade denominada "real" em oposição aos *títulos de posse* feudais em que o objeto, desaparecendo sob um emaranhado de relações humanas, funciona como mediador entre os seres humanos. Nesse apólogo, a única relação entre esses proprietários dobrados sobre seus bens é a recusa comum a qualquer relação: a propriedade burguesa reifica; esses indivíduos, transformados pela materialidade inorgânica de seus bens, são átomos governados por leis exteriores. Eis, pois, o atomismo liberal: a negação de cada um por todos e de todos por cada um produz esse arquipélago de solidões que a classe dominante impinge como igualitarismo. Nesses infelizes, obstinados no vão limite que circunscreve um pedaço de matéria ou no número ordinal que acabam de lhe atribuir, Gustave desmascara sobretudo o movimento centrípeto do egoísmo, a preferência radicalmente ruim dessa determinação. Nesse momento, *o que* ele está descrevendo? Será de novo a natureza humana desnudada? É de se duvidar, pois duas linhas abaixo ficamos sabendo que "o homem é um viajante". Contudo, não se poderia dizer tampouco que aqueles sedentários tenham caído para fora da humanidade porque, já no começo do parágrafo, Gustave declara, ao falar expressamente deles: "em todo lugar, digo, encontrareis homens...". Em suma, encontram-se nessas poucas linhas quatro tipos de "personagens humanos": em primeiro lugar, "*vós*", os leitores que Flaubert interpela; em segundo, o próprio autor, que com uma exclamação, "Oh! sim", e um indicativo presente na primeira pessoa, "digo", faz questão de lembrar discretamente sua existência. Depois, "*homens*", encontrados por toda parte – de norte a sul, de leste a oeste –, que, portanto, são legião, mas não podem constituir a totalidade do gênero humano – o plural sem artigo definido tem finalidade partitiva; por fim, há o "homem", aquele viajante sedento que não é nem objeto de um conceito universal nem uma pessoa em particular. Este não é definido *como exterioridade* por uma essência ou natureza, mas visado por uma *noção*, ou seja, por um saber que integra em si a temporalização interior de seu objeto e que, por isso, só se atualiza temporalizando-se. *O homem*, nesse texto, não é redutível à soma dos traços comuns aos

---

* Mas, se esse é o caso, deve-se observar que Gustave teve o cuidado de ressaltar o absurdo, a inutilidade do trabalho manual: por que espalhar areia improdutiva sobre a terra fértil?

representantes de nossa espécie. É ao mesmo tempo um acontecimento arquetípico e certo drama que se desenrola em cada um de nós. Breve aventura: viagem, sede, busca, recusa, morte. É próprio do "homem" fixar um objetivo e morrer lutando por ele, no desamparo total, antes de tê-lo atingido. Contra a atomização individualista, Gustave afirma, além disso, que o homem é *demanda ao homem*. Seja qual for a *dádiva*, ele a reivindica, reivindica em seu ser – que é temporalidade –, pois, com sua escolha original de viajante, criou em si uma terrível vacuidade, a sede, que só a dádiva pode satisfazer. Gustave repete aí que o elo fundamental entre os homens é o de doador a donatário. Em outros termos, a única sociedade humana é a feudalidade. No entanto, ela não é dada: diante do aventureiro que morre sem ter visto a Terra Prometida, só há *homens* desumanizados. E não é exigir demais do texto atribuir essa desumanização a forças exteriores e, particularmente, à propriedade burguesa. Aqueles nômades, presos na cilada dos limites que traçaram no chão ao redor de si, e que optaram por nunca mais transgredir, tornaram-se sedentários sem nem mesmo prestarem atenção. Para eles, o drama parou na metade do primeiro ato, desde que o tempo físico dos objetos possuídos substituiu a temporalização humana. A sede desapareceu com a vocação humana deles; eles não pedem nem dão, visto terem perdido a insatisfação sem terem, porém, ficado satisfeitos.

O viajante, por sua vez, morre a cada dia; a cada dia desaparece um peregrino, outro o substitui e retoma seu papel: Paixão, Morte.* É e será recrutado entre os "*unhappy few*", de que Gustave no momento está sendo porta-voz – este chega a ter a extrema polidez (tão rara nele) de fingir que os leitores fazem parte deles: "por todo lugar aonde vos dirigirdes, não podereis dar um passo...". Em nossas sociedades a aventura humana ainda ocorre, mas *marginalmente*. Todas essas estátuas de carne, os burgueses, são produtos se não de seus produtos pelo menos de suas relações de produção. Fechados no tempo da reificação, não passam da degradação – pela propriedade burguesa

---

* A origem cristã do apólogo não deve ser perdida de vista. A morte do viajante por certo não equivale à Redenção. No entanto, ele morre reafirmando a *aventura* humana contra o conceito tirânico da "*natureza humana*". Por ele, a tradição "homem" se mantém e transmite. Na verdade, essa personagem trágica, cuja *aventura de existir* constitui a realidade, está muito próxima do homem pascaliano, esse *ser-devindo*, não-conceituável, que tem uma história e não uma essência.

e pelas instituições que a preservam – do Homem na cruz, viajante esgotado que pede água e é lambuzado de fel. O "*struggle for life*" não é representado nessa parábola: o proprietário não presenteia, mas também não rouba, absorto demais que está a olhar ciosamente seus bens para invejar os dos outros e querer conquistá-los. Quanto ao viajante, ninguém pensa em causar-lhe dano: seu pedido mal é ouvido e, provavelmente, nem mesmo compreendido; deixam-no morrer, só isso: nada mais normal, pois nessas sociedades humanas o homem não existe. Flaubert parece ter escolhido esse mito *social* (falei da influência cristã, não cabe negligenciar a de Rousseau) a propósito, para silenciar sobre as vergonhas que o consomem, ou melhor, para libertar-se delas com uma mudança de perspectiva.

De fato, essas páginas são escritas em abril de 38, ou seja, durante os feriados de Páscoa, entre dois trimestres escolares, um dos quais é considerado com justiça o mais cansativo do ano e o outro tem gosto do irremediável, porque as cartas já foram jogadas e só se pode recolher o que foi semeado. Não há dúvida de que Gustave está pensando no colégio: acaba de sair dele, vai voltar para ele. Essas *Agonias* são os anos de colégio, sempre recomeçados com o eterno retorno do outono; o moribundo é colegial, morre em julho para renascer em outubro e retomar o caminho de seu calvário. E os homens desumanizados, que se obstinam em sua recusa circular, são sobretudo crianças, colegas que teimam em suas determinações particulares, em seus interesses, ou seja, em seus números ordinais: todos, aliás, estão em perigo e na defensiva; querem conservar mais que conquistar, e o equilíbrio social provém do fato de se manterem em respeito mútuo. Talvez tivessem partido para uma longa viagem, mas assim que partiram foram detidos. Somente o colegial desajustado, condenado por sua alma, que geme a cada composição, fascinado pelo inerte e formidável poder da mecânica que o esmaga, pode escapar à reificação, à custa de uma longa derrota prevista e assumida na desgraça: ei-lo superior a todos os concorrentes em virtude da própria inferioridade; mal equipado para a competição, recomeça todos os dias o arquetípico naufrágio do Homem em face de homúnculos robotizados pelos próprios conhecimentos, pelas técnicas aprendidas e pelo número ordinal que se transforma em seu interesse. *Sonho de inferno*, elucidado pelas obras ulteriores, oferece-nos aqui seu sentido mais prosaico e talvez mais oculto: é um "Diálogo nos infernos" entre um detentor do prêmio de excelência e um mau aluno. Eles se detestam e se combatem, mas ambos são inocentes, igualmente vítimas do sistema e do *pater familias*, que transformaram o primeiro numa combinatória sem alma e o segundo numa alma sem *meios*. Em *Agonias*, o adolescente é menos generoso com os colegas: o duque de Ferro, sofrendo por não sofrer, não deixava de ter grandeza; foi substituído por uma legião de crianças, pequenos proprietários de um pequeno saber. Todos vítimas, evidentemente, mas não inocentes: eles sentem algum comprazimento em deixar-se desumanizar; quem, afinal, os obriga a fechar-se vaidosamente na determinação que lhes é imposta? Diante deles Satã, o pobre-diabo, reergue-se, torna-se o Homem, ou seja, o mártir da Humanidade.

De *Sonho de inferno* a *Agonias*, pode parecer que Gustave se orienta às apalpadelas para uma visão de mundo compensadora, cuja desolação mesma seria consolação: o homem é pervertido pela sociedade, os colegas são os produtos miseráveis da ordem burguesa; os monstros são eles; Gustave, por sua vez, protegido por propícias incapacidades, torna-se o Homem tal qual este foi, tal qual este é *sub specie aeternitatis*, tal qual este deveria ser se a Sociedade não se empenhasse em integrá-lo: seu destino atroz o impede de dobrar-se diante da regra e de ser robotizado; seus fracassos providenciais têm valor de signos: lembram-lhe que a Qualidade como tal, em vez de se *manifestar* no mundo da Quantidade, nega-se a fazer-se representar nele, ainda que *ordinalmente*.* No termo dessa ação, o adolescente, certo de seu valor intrínseco, renunciaria sem esforço a brilhar em competições que *por princípio* são desprovidas de sentido. Seria a libertação.

Mas não: o caçula nunca irá mais longe; mesmo em *Agonias* e nas obras ulteriores, ele volta à ideia de "natureza humana", ou seja, à misantropia, ao pessimismo absoluto. Porque, do modo como foi feito, *nunca* se resignará a estudos medíocres: portanto, *não pode* desistir, rosnando e praguejando contra professores e condiscípulos, e, embora uma "preguiça" sorrateiramente dirigida não pare de sabotar seu trabalho, ele *precisa* continuar atribuindo um valor àquele primeiro lugar tão inutilmente cobiçado. Em *Ivre et mort*, terminado dois meses depois de *Agonias*, ele tenta explicar sua atitude dupla (os louros escolares são desprezíveis –

---

* É óbvio que essa teoria, construída para as necessidades da causa, é quase inteiramente falsa. Sobretudo no que se refere às relações entre Quantidade e Qualidade, aqui concebidas como *de exclusão recíproca* – ou seja, pela *Razão analítica* –, ao passo que sua antinomia é realmente dialética. O fato é que ele tentou por um momento substituir a Natureza pela História.

pois não os consigo –, os prêmios de excelência e os prêmios de honra ao mérito têm valor absoluto – pois meu coração se dilacera quando eles me são negados). É construir com as próprias mãos pela centésima vez a armadilha de angústia e horror em que pela centésima vez ele vai cair. Essa novela, aliás, aparece como uma mediação entre sua segunda concepção das relações humanas e a terceira, que exporemos adiante.*

O combate singular é de novo representado como uma relação humana fundamental: esse confronto direto e aristocrático (alguém *dá* a vida para *tomar* a do outro) é a única relação feudal que Gustave põe em equilíbrio com a dádiva e a homenagem, das quais lhe parece o negativo.** Isso mostra claramente que a concepção arcaica de seus primeiros anos de escola nunca o abandonou. Mas, enriquecido com a experiência das estruturas concorrenciais, ele empreende a tarefa de basear o duelo de morte na competição burguesa: é uma *final*, ponto de chegada de inúmeras *eliminatórias*; estas continuam sendo relações indiretas e plebeias, mas nem por isso são menos indispensáveis: são elas que aos poucos transformarão em rivais os dois melhores concorrentes e os lançarão um contra o outro numa luta implacável em que cada um defenderá sua honra de *aristocrata-vindo-a-ser*. Em suma, o "face a face" dos dois irmãos sempre constitui o tema da narrativa, mas, em lugar de apresentá-lo como conclusão de um antagonismo *a priori* – ou seja, anterior à serialidade competitiva –, Gustave inverte a ordem dos termos e o dá como resultado último e rigoroso de uma circularidade concorrencial em que os dois adversários figuraram durante vários anos sem se conhecerem ou, em todo caso, sem reconhecerem sua própria *qualidade*. Dessa vez, poder-se-ia dizer, a qualidade nasce da quantidade.

Hughes e Rymbault são dois beberrões: "os mais intrépidos da região". No cabaré, todos "os respeitam e os olham com admiração, como glórias ilustres e comprovadas". *Todos* os seus admiradores – ou seja, a multidão de testemunhas que fazem a glória deles – começaram por ser seus rivais: "nenhuma derrota maculara a glória deles, e, quando os companheiros de orgia estavam caídos no chão da sala, eles saíam

---

* Trata-se, como é óbvio, de uma mediação dialética e não diacrônica: as três imagens do Homem coexistem há muitos anos.

** Historicamente é o inverso: o elo "vassalo-senhor" nasce da guerra permanente (quente ou fria) que opunha os possuidores de cavalos, num período em que a moeda tendia a desaparecer.

dando de ombros, com piedade daquela pobre natureza humana...".
Como se vê, Gustave, contrariando seu propósito, não pôde abster-se de ressaltar de passagem a aristocracia *de nascimento* dos dois príncipes da garrafa: são beberrões natos, o que os põe de saída acima da natureza humana; depois de cada vitória, eles a desprezam porque ela constitui a determinação negativa do vencido. É o feudalismo arcaico recobrando força: se ele parasse aí, Hugues e Rymbault seriam os inúteis parelhas de Garcia e François.[12]

Mas eis que, de novo, cada um dos dois rivais é condicionado indiretamente, na circularidade serial, pelas vitórias do outro. Sem se terem nunca confrontado, ganharam todas as eliminatórias e fizeram rolar para debaixo da mesa todos os beberrões da região. Nessa narrativa, como no colégio, considerações de ordem puramente administrativa definiram convencionalmente os limites da competição: trata-se de um campeonato local; nada prova que Rymbault ou Hugues sejam de categoria nacional, muito menos internacional; os dois *ex aequo* são determinados *na exterioridade*. A isso cabe acrescentar que a competição, por princípio, é *quantitativa*: o que decide a classificação é a quantidade de álcool ingerido, em outras palavras, a acumulação. Essa capacidade de acumular, em cada concorrente, é representada por um índice que marca o máximo de álcool puro absorvido no dia da melhor prova. Índice *limitativo* para todos os eliminados, mas não para os finalistas, que devem enfrentar-se pelo recorde. Para Hughes e Rymbault, que não foram vencidos por ninguém, esse índice se apresenta como *determinação que deve ser ultrapassada*, manifesta o ser objetivo ou a essência dos dois, uma vez que se refere *àquilo que eles foram*; ao contrário, ao se apresentar como *desempenho que deve ser melhorado*, torna-se seu ser-em-perigo-no-mundo, seu interesse. Duas quantidades discretas e a possibilidade incerta de aumentá-las, eis a que se reduzem os dois *recordistas*. Em princípio, eles são ameaçados por todos em seu *interesse*, mas, como venceram as eliminatórias e como o recorte administrativo os isola artificialmente dos campeões mais dotados ou mais felizes que talvez se encontrem em outras províncias, cada um dos dois se torna o perigo mortal do outro. Não é preciso mais para lançá-los numa reciprocidade de ódio: "Taciturnos e sombrios, estavam lá (no mesmo cabaré, todas as noites) como dois inimigos, com ciúmes recíprocos das forças e da fama". Seus "estômagos gigantescos" fizeram deles inimigos *de nascença*, acima dos humanos miseráveis. Mas foram necessários os condicionamentos indiretos da concorrência para atualizar aquela inimizade: cada vitória obtida por um, na ausência e talvez sem o conhecimento do outro, contribuía para aproximar objetivamente o inevitável conflito; sem aqueles torneios *instituídos*, eles nunca se teriam conhecido ou, em todo caso, estariam limitados a beber *por prazer*. Pode-se discernir aí um novo torniquete: o *sangue* exige esse confronto no primeiro dia, mas ele não ocorreria sem uma serialidade concorrencial que, se nunca os opusesse, os obrigaria indiretamente a interiorizar seu antagonismo. Para terminar, é preciso bater-se: o medo os retém; o ódio – um ódio induzido* – os incita: "Impelidos pela vaidade e pela glória, eles se lançaram no mais sangrento e terrível desafio... uma batalha a dois, em liça, com armas iguais, na qual o vencido deveria ficar no local, para proclamar o triunfo do vencedor; era um desafio inspirado pela raiva, a luta seria encarniçada, longa... sem trégua, sem repouso; devia-se morrer no próprio local, e a honra e o prazer da vitória seriam tudo... Pois a questão era saber qual dos dois beberia mais!".

Gustave, nesse combate que ele quer grotesco e homérico, vai matar o irmão pela segunda vez. Com efeito, tem o cuidado de caracterizar os dois beberrões pelo estilo de vida e pela tática. Rymbault tem "algo de nervoso e astucioso; sempre na defensiva, usa de uma tática prudente e moderada". Hughes tem "olhos grandes à flor da pele, força e estupidez; (é) cheio de impetuosidade e cólera". O primeiro bebe como um intelectual, racionalmente, como Achille estudava no colégio; em Hughes se reconhecerá a estupidez de Djalioh, mas também as coléricas paixões de Gustave. Ora, é a paixão que ganha: Rymbault cai *bêbado e morto* – é um jogo de palavras significativo: por si mesmo, o rude competidor talvez arriaria *morto de bebedeira*. Mas cabe confessar que Hughes o ajuda um pouco a morrer: "(Bebeu uma última garrafa) de um trago, depois se levantou bruscamente, quebrou a mesa com um pontapé e, lançando a garrafa na cabeça de Rymbault, disse com orgulho: – Engole. O sangue saiu e correu por sobre suas roupas como o vinho. Rymbault caiu no chão com estertores horríveis, morria. – Bebe mais – continuou Hughes... E, pondo um joelho sobre seu peito, abriu-lhe as mandíbulas com as mãos; obrigou o moribundo a beber mais". Vitória regulamentar ou assassinato? Impossível decidir: Gustave só marcou a fraqueza de Rymbault com este grito de

---

* Não é provocado por *atos* – maus procedimentos recíprocos –, pois eles estão sozinhos como átomos e separados um do outro: esse ódio coincide inteiramente com o *ser objetivo* deles e cresce a cada um de seus triunfos.

Hughes – que não é justificado por nenhum contexto: "Estás recuando – diz a Rymbault, encolerizado". Ainda acrescenta que "aquela injúria foi lavada com uma garrafa de rum". De modo que o leitor fica na incerteza, como se o caçula impetuoso tivesse matado o irmão mais velho por alguma espécie de terror respeitoso, na falta da audácia de mostrá-lo vencido, a tal ponto está convicto de sua inferioridade. O ponto de partida, porém, era fazê-lo confessar sua derrota: o desafio, com efeito, comporta uma cláusula que Gustave não mencionou sem intenção: "O vencido devia ficar no local para proclamar o triunfo do vencedor". O sadismo aí é levado tão longe que os dois homens, em vez de admitirem publicamente a derrota, caso ela ocorresse, resolveram ambos "morrer no local". Perder a vida, mas não a dignidade. O interesse de Hughes era que Rymbault vivesse pelo menos algumas horas para se reconhecer vencido *coram populi*; seu ódio teria ficado mais satisfeito se ele pudesse ter gozado a humilhação do adversário. Um cadáver pode *testemunhar*, mas não *proclamar*; com sua violência estúpida, Hughes se fadou à insatisfação, como dá a entender o fim da narrativa: "Insultava ainda o cadáver e acompanhava cada pá de terra que era jogada sobre ele com uma injúria e um gracejo sinistro". Se ele tivesse vencido de verdade, podemos estar certos de que o bêbado teria trocado esse ódio sufocante, não saciado, por um desprezo calmo, e que teria "dado de ombros com piedade daquela pobre natureza humana". Se Gustave se negou esse prazer, foi porque, no fundo do coração, ficou igual ao pobre Garcia; sabe bem que o irmão é imbatível: seis anos de fracassos lhe ensinaram isso, às suas custas; de qualquer maneira ele se preocupa bem pouco em desafiá-lo: nos dias de violência sombria, ele sonha que o assassina.*

Na verdade, seria apenas Achille? O fim ambíguo não indicará que o jovem autor, superando o tema já requentado dos irmãos inimigos, tenta expressar nesse enquadramento bufão o horror mais recente que lhe é inspirado pela competição escolar *tomada em si mesma*? A esse respeito, pode-se fazer duas observações. A primeira é que a concorrência – que aparece agora como relação fundamental do

---

* Nas duas novelas, manifesta-se a mesma timidez. Mas de uma a outra ela se desloca. Em *A peste em Florença* Garcia reconhece plenamente sua inferioridade, mas, no momento de fazê-lo matar o irmão, Gustave se acanha: não consegue, literalmente, contar o assassinato; em *Ivre et mort*, quer ter o prazer imaginário de vencer Achille e de humilhá-lo, mas também se acanha e, para evitar descrever a inconcebível derrota, dessa vez encontra coragem de propriamente assassinar.

homem com seu semelhante – *atualiza o ódio*, e, como disse Hegel, através desses conflitos indiretos e aparentemente benignos que são as justas escolares, cada consciência *persegue a morte da outra*. Em todo concorrente há um assassino em potencial. Raros são os que passarão ao ato pela simples razão de que a maioria não ultrapassa as eliminatórias: isso não significa que seu rancor não seja feroz, mas que seus vencedores ainda são numerosos demais para serem, individualmente, objeto de abominação. Entre os finalistas, ao contrário, a tensão é tão forte que seu desejo de vencer o adversário equivale, em profundidade, ao de matá-lo. Não sou eu que digo isso, mas o próprio Gustave. Já não se trata de Achille, para ele. Nem mesmo de Rymbault ou de Hughes: um indivíduo, aliás qualquer um, entrando voluntariamente ou sendo lançado num circuito competitivo, é tomado do desejo sádico de vencer para humilhar ou acometido de loucura assassina, isso em graus variáveis, de acordo com o que está em jogo e com o sucesso. Será que essa serialidade, negando a hierarquia feudal e reificando as relações humanas, suprime nos corações tudo o que não seja ódio? Ou será que, sendo o homem o lobo do homem, foi a necessidade de odiar e de impor sofrimento que instaurou o carrossel competitivo, porque nesse sistema ele poderá saciar-se plenamente? Gustave não decide nessa novela: digamos simplesmente que, para ele, as relações humanas são todas de exterioridade, salvo uma, e que essas relações exteriores e seriais aparecem como projeção no mundo quantitativo do único elo de interioridade, o ódio recíproco, pois afinal de contas cada concorrente, querendo ou não, tem em vista a morte do outro. O que conta, para nós, é que em *Ivre et mort* o jovem autor, mais ou menos deliberadamente, realçou a importância que seus condiscípulos ganharam a seus olhos. É significativo que o tema feudal do *sangue*, evocado por um instante – "estômagos gigantescos" –, logo ceda lugar ao da nobreza *adquirida* por vitórias obtidas *em competições*. Os finalistas são nobilitados como tais, as justas competitivas revelam a *qualidade* deles ao mesmo tempo que atiçam neles raiva e ódio. É renunciar à ideia arcaica de uma qualidade inicialmente existente, que os professores teriam o dever de reconhecer. Evidentemente, é preciso ser dotado, mas *para essa competição específica*: o "perfume que deve ser sentido", a grandeza de alma, a insatisfação, o Grande Desejo não têm utilidade alguma aqui, não conferem nenhum mérito: para ser "o primeiro beberrão da região", é preciso ter bom estômago e conhecer as regras do jogo, nada mais. Foi entendido: para obter o primeiro prêmio em matemática ou em versão latina é preciso ter as disposições apropriadas – pouco importa, depois, que se tenha coração seco e alma vil. Portanto, são todos plebeus no ponto de partida; a aristocracia é quantitativa e se mede pelo número de prêmios obtidos. Essa conversão só pode ter um sentido: os condiscípulos de Gustave existem *por si mesmos*, é diante deles que ele perde a dignidade: já não são totalmente usurpadores; sobretudo, *têm consciência*, rejubilam-se com seus triunfos e com as humilhações dos colegas vencidos. A cláusula terrível do desafio feito pelos dois beberrões – "ficar no local para proclamar o triunfo do vencedor" – mostra-se sob nova luz quando comparada a um trecho de *Memórias de um louco*: "...o professor zombava de meus versos latinos, e meus colegas me olhavam escarninhos". Com essa estipulação sádica e insuportável – cada um deles prefere morrer a conformar-se –, Hughes e Rymbault nada mais fizeram que impor ao perdedor, com requintes de ódio, o que Gustave sofre várias vezes por semana: quando o professor devolve as lições, aquele colegial orgulhosíssimo, pregado à carteira, segundo uma ordem, ouve os elogios dispensados aos melhores. Não fica conhecendo sua posição de início, mas a de Bouilhet, que é o primeiro lugar, depois a do segundo, Baudry, e assim por diante. Antes de cada nome, breve esperança, é minha vez, desilusão, não; terceiro: Des Hogues; quando, por fim, o professor chega a Gustave, nono lugar: Flaubert, os elogios se esgotaram, começam as repreensões; o próprio Gustave confessa sua inferioridade; não de própria voz: por meio de sua lição que, comentada em meio a "zombarias", se torna *sua* realidade; falta de sentido, falso sentido, contrassenso, solecismos e barbarismos proclamados diante de todos como exemplos *do que não se deve fazer*, inscrevem-se em seu ser – esse ser que ele é para os olhos dos outros; ele é definido por seus fracassos. Seus vencedores tornam-se seus juízes: são eles que ele acredita ver "dar de ombros com uma desdenhosa piedade" quando ouvem o professor repreender erros *que eles não cometeram*: eis aí realmente a comparação perpétua que ele declarou não conseguir mais tolerar. Ela retorna dez, vinte vezes por trimestre, ele a espera aterrorizado, com exatamente o que cabe de esperança para desesperar por inteiro quando ela ocorre. Nesses dias, sem dúvida alguma, ele odeia a classe inteira. Os primeiros mais que os outros, isso é óbvio; mas também os últimos, nos quais inveja a preguiça asquerosa e gozadora, a indiferença obstinada, o espírito de revolta, para os quais é atraído por uma força obscura,

VI. Da gesta à encenação: o Rapaz 1165

por um pesadume de alma que lhe dá medo. Um aluno entre todos merece sua raiva: certo Bouilhet, Louis, que tem o descaramento de colher, na classe de Gustave, tantos louros quantos Achille colheu nove anos antes na dele. Para esse recém-chegado, para esse "estrangeiro de fora"*, tudo é fácil, ele triunfa brincando, enquanto o caçula Flaubert acredita empenhar-se e perde tempo: a própria facilidade é um insulto; de onde lhe vem, se ele não é *fidalgo*? Há cirurgiões na família dele, mas obscuros; o pai, funcionário da Administração das Ambulâncias, tornou-se diretor dos Hospitais Militares no tempo de Napoleão. Quando morreu, com 45 anos, fazia bom tempo que tinha sido mandado de volta à vida civil e, para sustentar a família, aceitara o cargo de segundo administrador do castelo de Cany; funcionário, diretor e depois doméstico, o bom homem certamente não era um crânio: isso teria vindo a ser conhecido. No entanto, o filho assumia ares de grande capacidade; se tivesse nascido Flaubert, o *pater familias* teria orgulho dele; teria gostado dele, daquele benjamim, muito mais que de Gustave, talvez tanto quanto de Achille. Sobretudo porque o impostor pretendia seguir a carreira médica. É verdade que não se sobressaía em matemática, mas, no resto, teria sido o orgulho do pai mais exigente do mundo: em latim, é o melhor; em grego, demonstra dotes tão excepcionais que logo é encarregado de uma missão prestigiosa: o sr. Jourdain** lhe pede que dê aulas aos alunos que não conseguiam média e logo a ele mesmo. Em história – que, a partir de 1835, Gustave considera seu feudo – o filho do administrador tem o descaramento de se distinguir. No início, pelo menos; depois, quando o caçula Flaubert obtém primeiro lugar, é com muita luta e contra adversários dos quais Louis não é o menos temível. Se ele fosse um espírito medíocre, ágil e flexível, mas sem envergadura nem profundidade, o mal seria menor: Gustave se desforraria com o desprezo. Mas o pior é que Louis foi criado pela mãe, Clarisse, viúva Bouilhet, que os castelões de Cany encarregavam de redigir saudações versificadas para dar boas-vindas aos visitantes, sobretudo quando eram padres; ela lhe transmitiu o gosto de escrever em versos, ele se tornou o poeta oficial de sua instituição: nas ocasiões solenes recorre-se a seu talento. Na segunda série o aluno Bouilhet fica um pouco mais fraco; briga com o sr. Jourdain. Mas não dura muito: consegue ser tirado daquele internato e posto em outro "onde, segundo seu biógrafo,

---

* Entrou no colégio na classe de quinta.

** Louis não era interno no colégio: a mãe o pusera como interno numa instituição particular, dirigida pelo sr. Jourdain.

o nível social era mais elevado".* Essa "elevação" simbólica, que deve ter sido ruinosa para a poetisa, teve o melhor efeito possível sobre o poeta: no ano seguinte, ele recebia o prêmio de honra ao mérito em francês.

Se me acusarem de ter inventado inteiramente a animosidade de Gustave contra Louis, responderei que, de fato, se trata de uma conjectura. Se a considero *provável* é por ser a única solução satisfatória para um probleminha de história literária que os biógrafos mencionam de passagem, sem nunca se preocuparem em resolver: por que Flaubert e o Alter Ego – que acabariam por estimar-se tanto depois – sentaram-se durante cinco anos nos mesmos bancos de escola sem criarem laços e até mesmo ignorando-se, enquanto seus deveres e composições os arrastavam para um perpétuo confronto? Quem responder que eles se viam principalmente durante o horário de aula, pois um era interno do colégio, e o outro, da escola do sr. Jourdain, porá o acaso na jogada e não explicará absolutamente nada: será tão raro encontrar dois colegiais que se gostam, um dos quais seja interno, e o outro, externo livre? Nos micro-organismos sociais não há acaso, a dinâmica do grupo nasce de tensões internas sempre *significantes*, ou seja, *intencionais*. Essa regra se aplica com mais rigor em nosso caso porque cada um dos dois rapazes necessariamente se mediu com o outro. Nenhum deles era daqueles alunos discretos e tranquilos que arrastam os anos de colégio sem se fazerem notar: Gustave, como veremos neste capítulo mesmo, vai cercar-se de um bando barulhento, provavelmente já na quarta série; Bouilhet também não está sozinho: sua reputação de poeta passou da instituição Jourdain ao colégio, e ele reina sobre um grupinho de adolescentes que escrevem ou desejam escrever: Pascal Mulot, Dumont, futuro médico, Dupont-Delporte, futuro deputado etc., formam um pequeno cenáculo literário ao qual Gustave nunca se agregou e para o qual é provável que nunca foi convidado. Essa reciprocidade de rejeições é mais impressionante porque os dois condiscípulos tinham amigos comuns, como Germain des Hogues, que também era poeta, e por terem tomado atitudes idênticas em certas circunstâncias: a assinatura de Bouilhet figura ao pé da carta aberta ao diretor, que Gustave certamente redigiu e que provocou sua expulsão. Entre Gustave e Louis, portanto, nunca houve entusiasmo e sim uma indiferença

---

* Dr. André Finot, *Louis Bouilhet*, Paris, 1951 (na revista *Les Alcaloïdes*).

tão marcada que não pode ser explicada, a menos que nela se veja a expressão pública e disfarçada de certa hostilidade. Criado na devoção religiosa pela mãe e pela tia, matriculado por elas numa instituição tradicional e depois, a pedido dele, em outra mais tradicional ainda*, Louis, se já não era devoto, pelo menos continuava crente e praticante. Insatisfeito, claro – como Gustave e os extravagantes que o cercam –, mas pobre, ofendido por ser filho de um doméstico de nível superior e por viver, pelo menos em parte, se não da caridade, pelo menos da generosidade dos ex-patrões do pai**, na época dá mostras de uma *seriedade* que provém da educação recebida e do desejo de garantir o mais cedo possível sua independência material. O barulho ensurdecedor do bando de Gustave e a grosseria intencional dos "extravagantes" só podem importuná-lo, chocá-lo em seu recato. Esse bom sujeito, tímido e reservado, não tem a menor vontade de atingir o "sublime de baixo", cultivando "paixões que degradam": esse tipo de exercício é reservado aos rebentos dos ricos que querem dar mergulhos simbólicos sem se desclassificarem; ele, ao contrário, espera que os estudos o elevem acima de sua condição e o façam ter acesso à camada superior das classes médias nas quais Flaubert já se encontra por nascimento. Lamartiniano, quando Gustave se pretende byroniano e rabelaisiano, está longe de achar que o sucesso escolar e a inspiração poética são incompatíveis: naquele, ao contrário, ele vê o meio de garantir um ganha-pão que lhe permita abandonar esta. Ademais, é um primogênito; Clarisse não lhe deu irmãos: tem duas irmãs mais novas. Daí certa segurança escondida por trás da timidez e da docilidade mesclada de indolência. Mudará, como se sabe, perderá a fé, tornar--se-á furiosamente republicano. Mas, durante os anos de colégio, não vemos como esse aluno estudioso e conformista possa sentir por Gustave algo que não seja aversão moderada e muita desconfiança. Este, na época, oscilava entre a "crença em nada" e uma revolta byroniana contra Deus. Uma única constante: nessas duas atitudes extremas, odiava os padres. Uma de suas cartas já nos revelou isso: ele conta a Ernest como perseguiu um "aluno de Eudes". O padre

---

* "Nível social mais elevado" significava na época "ambiente mais católico".

** Clarisse não teria conseguido arcar com os estudos do filho sem a renda que lhe era benevolamente repassada pelos Montmorency, donos de Cany, e pelo primeiro administrador do castelo.

Eudes era sacerdote e dirigia uma instituição muito parecida com a do sr. Jourdain. "Comecei dizendo que me distinguia pelo ódio aos padres... Invento sobre o abade Eudes... as mais grosseiras e absurdas obscenidades, o coitado do devoto fica com a cara transtornada." Por certo não ousou atormentar Louis dessa maneira, mas não se pode duvidar de que o tenha visado indiretamente – a ele e a outros carolas da classe –, nem que Bouilhet, por sua vez, não tenha apreciado esse anticlericalismo ostensivo.

Para Gustave, aquele "padreco" é simplesmente um ladrão. Quando escreve *Bibliomania*, Bouilhet é colega dele há dois anos. Ora, observamos um pouco acima a seguinte explicação estranha: "Baptisto lhe arrebatava... tudo o que aparecia de raro e velho, Baptisto, cuja fama ele odiava com ódio de artista...". Será acaso? Não haverá nessas poucas palavras alguma alusão pouco consciente ao intruso que "havia dois anos" lhe arrebatava todas as honras, intruso que ele detesta *como artista*, ou seja, à segunda potência, pois esse usurpador ainda por cima é poeta? Sem dúvida Louis nunca roubou nada de Gustave: os prêmios que ganhava, de qualquer maneira, Gustave jamais ganharia: se o filho de Clarisse não tivesse feito retórica em Rouen, o filho de Achille-Cléophas teria recebido o primeiro certificado de excelência de francês, mas não o prêmio de honra ao mérito. Mas o que o caçula Flaubert não lhe perdoa é provar pelo exemplo que se pode ser poeta e primeiro da classe e, por consequência direta, que as carências escolares dele, Gustave, não têm necessariamente origem na vocação literária. O menino bem ou mal deu um jeito de a imensidade de sua imaginação ser por si mesma um dom fatal capaz de fadá-lo aos maiores fracassos no mundo real e secular: não teve a sorte de encontrar a metáfora apropriada, mas gosta de pensar que "suas asas de gigante o impedem de andar". Mas eis que é um albatroz andante. Que até corre, com espantosa velocidade. Gustave já não é um "vasto pássaro dos mares": é um albatroz aleijado. Ou talvez um aleijado que nunca voou. Os bons alunos que queimam as pestanas e não se preocupam em escrever podem ser desprezados, e suas vitórias, desdenhadas. Mas estas são *qualitativamente valorizadas* quando obtidas por um artista. Como Gustave compensará seus fracassos a partir de então? Compare-se à profundidade dessa nova humilhação a intensidade de seu "ódio de artista" pelo demasiado artista Bouilhet. Uma coisa, em todo caso,

VI. Da gesta à encenação: o Rapaz

parece certa: os rivais felizes de Gustave começaram a ter importância para ele a partir do momento em que Louis entrou no colégio.*

---

* Pode causar surpresa que esses dois rapazes tão pouco dispostos um em relação ao outro tenham conseguido tornar-se amigos íntimos depois de 46. Voltaremos a tratar demoradamente dessa amizade. Aqui cabe notar apenas as circunstâncias que possibilitaram sua aproximação. Em agosto de 43, Louis Bouilhet, residente da Santa Casa *a serviço de Achille-Cléophas*, foi destituído de suas funções e riscado da lista de alunos por ter feito greve com os colegas (reivindicações: vinho na mesa, direito de pernoitar fora quando não estivessem de plantão). Com ou sem razão, Louis foi considerado o mentor e o único expulso dos quatro contestadores que a Administração punira (os outros três, embora não tenham sido oficialmente reintegrados, encontraram trabalho no asilo Saint-Yon). Eis aí algo que não desagradaria Gustave, que fora expulso do colégio em 1840: o anjo lamartiniano se insurgia, sua plumagem branca pretejava. O que deve ter deliciado o caçula rancoroso foi o fato de a revolta ter ocorrido no serviço do *pater familias*. Caso tivesse temido que Bouilhet viesse a se tornar o discípulo favorito de Achille--Cléophas, agora ele se tranquilizava. Este, aliás, se quisesse, poderia ter evitado a expulsão do aluno ou poderia tê-la transformado em suspensão temporária; não fez nada, prova de que não sentia grande afeição por aquele rapazote que rabiscava versos em qualquer lugar, "durante uma cirurgia, enquanto ajudava a ligar uma artéria" [In: *Préface aux Dernières Chansons*]. Gustave rejubilou-se – é a vingança passiva do ressentimento – ao saber que *outro* desacatava seu Senhor e a medicina. Seis meses depois, aliás, em janeiro de 1844, o filho mal-amado do doutor Flaubert começava sua greve solitária contra o pai, entrava numa neurose como se entra no convento. Louis Bouilhet, enquanto isso, dava aulas para sobreviver: acabara-se a brilhante carreira médica que ele esperava, e de que Gustave sentia ciúme previamente.

O doutor Flaubert morreu em 15 de janeiro de 1846. Veremos que essa morte teve influência tão benéfica sobre Gustave que com ela (é confissão dele mesmo) ele se sentiu liberto de sua neurose. Não se pode imaginar melhores circunstâncias para retomar contato com um antigo colega, vítima também do autoritarismo do finado. De fato, Bouilhet vai ao enterro. É no cemitério que se reencontram. Em sua autobiografia, o Alter Ego faz a seguinte aproximação significativa: "Morte do dr. Flaubert, minha amizade com Gustave".

A primeira vez em que este fala de Louis é em agosto de 1846, numa carta à Musa. Nessa época, já mantêm laços estreitos. Mas o trecho referente ao futuro Alter Ego nos permite compreender claramente por quais outras razões Flaubert foi levado a transformar em amizade sua aversão de princípio. Diz ele: "É *um rapaz pobre que dá aulas aqui para viver* e é poeta, um *verdadeiro poeta* que faz coisas soberbas e lindas e *permanecerá desconhecido* porque lhe faltam duas coisas: pão e tempo" (15 de agosto de 1846; *Correspondance*, t. I, p. 255). A transformação dos sentimentos foi precedida pela das relações objetivas entre os dois homens: Gustave *tem todo o tempo do mundo*, pode viver sem fazer nada; pouco adiantou o pai favorecer Achille e manter até o fim a maldição do caçula, nem por isso (cont.)

A partir de então aparece em suas obras uma terceira imagem do Homem e das relações humanas. Se os plebeus existem em si e para si, se já não são sequazes de Achille nem tolas vítimas do sistema

(cont.) este deixava de ser herdeiro, tem bens e pode viver como aristocrata, ou seja, escrevendo; enquanto isso o primeiro da classe virou um pé-rapado, um pobretão: isso quer dizer que está perdido. Mas não vamos atribuir a Gustave a ignóbil satisfação revanchista de ser rico diante de um antigo prêmio de honra ao mérito, agora humilhado. Vale mais dizer que ele entendeu o sentido dos esforços do colegial Bouilhet: para aquele menino pobre, lutar contra a pobreza, qualificando-se já na classe de quinta para ser cooptado pelos capazes, era lutar pela Poesia. O que alegra o pessimismo de Flaubert, em 1846, é que esse zelo havia sido soberbamente inútil: Louis, primeiro em tudo mas vítima de Achille--Cléophas, nunca se livrará das dificuldades; de todos aqueles prêmios acumulados, não tirará um tostão, portanto nem uma hora de lazer; está perdido de antemão, *como Gustave*: o *Fatum* encarniçado contra o único desejo legítimo – o de "fazer Arte" – fadou-os ao mesmo futuro de desesperança. Aluno medíocre, mau estudante, ferido a cada dia pela multifacetada superioridade dos tolos, o caçula Flaubert optou pela doença, pelo quietismo sombrio, pelo isolamento: em 46, não está seguro – muito pelo contrário – de ter feito boa escolha. E eis Bouilhet, tímido, instável, um pouco negligente demais, que, contudo, no colégio, optara pelo voluntarismo; desceu para a arena ignóbil do "*struggle for life*", bateu-se contra todos, saiu vencedor: fez *o que queria*, ao contrário do amigo, *e depois*? Continuará desconhecido. O eremita de Croisset profetiza. Com uma *Schadenfreude* sadomasoquista, mas sem rancor nem maldade: ambos perderam, o miserável que dá aulas para viver e o capitalista que vive no campo dedicado à literatura; nenhum dos dois produzirá obra válida. A um falta tempo, ao outro sobra; eles desaparecerão e será exagero dizer que o mundo os esquecerá, pois nunca os conheceu. É de se notar que o Destino, segundo Gustave, se encarniça sobre Louis com uma ferocidade especial: essa característica suspeita permite pensar que Gustave não é totalmente puro. Como também dá a entender o tom geral da carta (por acaso não escreve: "é poeta, um verdadeiro poeta que faz coisas soberbas e lindas e permanecerá desconhecido..." etc.? Por que começar com "é um rapaz pobre"? Por que assumir sobre Louis a superioridade de conhecer o destino dele até o dia de sua morte e de resumir com um epitáfio uma vida que ainda não foi vivida?). O mais atroz, com efeito, não é tanto carecer de talento: é tê-lo e carecer de tempo para manifestá-lo. Mas o pensamento de Gustave certamente vai mais longe, em profundidade. É a época em que ele pretende escrever só para si e afirma que será enterrado com seus manuscritos; mais ou menos nesse tempo, ele declara que os únicos sucessos válidos são os obtidos diante do próprio espelho. Parecia lógico, afinal, que ele não lastimasse o novo amigo pelo *anonimato* permanente que o ameaça. Na verdade, a miséria, segundo ele, impedirá que Louis se eleve à glória porque não permitirá que ele faça bons versos. De início, embora continue capaz de encontrar versos geniais, não terá tempo de fazê-los por causa da preocupação em ganhar o pão. Em seguida, as preocupações materiais (cont.)

competitivo, a concorrência, como processo desumano, desaparece para Gustave, e a desumanidade torna-se a característica fundamental da natureza humana. O homem será *por essência* o ser que busca a morte do

---

(cont.) lhe tirarão o gosto por eles. Depois de dez anos naquela vida miserável, ele teria perdido até a possibilidade de fazê-los. Assim, a Arte para ele teria sido um belo sonho, depois um suplício de Tântalo, depois algo proibido, depois um objeto de indiferença e afinal, no fim da vida, um atroz pesar. A pobreza *degrada*: esse é o pensamento secreto de Flaubert, tal é a razão de sua piedade pelo "rapaz pobre".

Sem dúvida ele acredita estar no mesmo barco: vivendo de rendas, sufoca no lazer, contempla "seu vazio", morre de tédio e não está certo de nada, a não ser de sua enorme paciência. Quem então deve ser mais lastimado? Gustave alega não decidir: duas poltronas no Inferno, só isso. No entanto, aquele invejoso nunca mais invejou Bouilhet (que foi impresso e representado bem antes dele); nunca lhe quis mal por ter "executado" primeiro *Santo Antão*, mas não perdoará Maxime; depois disso sempre solicitou seus pareceres críticos. É porque prefere viver dentro da própria pele: afinal ele tem *meios de praticar* essa enorme paciência, que talvez seja coisa de gênio. E como, apesar de algumas precauções oratórias – "Oh! não caluniemos esse leito dos fortes" –, ele acha que a miséria é aviltante, será sua tarefa impedir que o amigo se avilte: a única relação que ele pode ter com o *ex-prêmio de honra ao mérito* – mais profundamente que a reciprocidade das severidades literárias – é a Dádiva. Não dádiva em dinheiro – Bouilhet não lhe pede nada ou, talvez, na ocasião, um empréstimo –, e sim uma dádiva semanal de conforto, de tempo disponível, indispensável à atividade criativa, de sonho: todas as semanas o *Alter Ego* poderá compartilhar os prazeres de Croisset, esquecer as sórdidas realidades da vida cotidiana, retemperar-se na vida "artística": dela extrairá a coragem necessária para suportar os dias da semana e escrever, nem que seja ao cabo de um labor estafante e deprimente, nem que seja à custa de horas de sono. A partir daí, como se verá, Gustave assume o comando – pelo menos na aparência. Aconselha, ordena, censura: isso o enche de satisfação. "Monsenhor" é promovido à categoria de Alter Ego, mas Gustave, por sua vez, nunca será o Alter Ego do amigo. Em resumo: no sistema da competição burguesa que ambos viveram no colégio, Bouilhet só podia ser inimigo para Gustave; no sistema feudal que este construiu desde a infância, só podia ser vassalo. A partir daí, evidentemente, o processo se inverte, e o falso senhor, como veremos, viverá secretamente na dependência de seu devedor – como ocorrerá nas relações com Laporte. Ademais, os dois ex-condiscípulos descobrirão mútuas e indiscutíveis afinidades que a serialidade concorrencial lhes ocultara. Mas a relação fundamental que possibilita ao caçula Flaubert *gostar* do primogênito dos Bouilhet é, para além do igualitarismo de conveniência, a diferença dos recursos e do padrão de vida, que o mais rico dos dois viverá – contrariando qualquer verossimilhança – como um excedente de energias e, por isso mesmo, por usá-lo para infundir coragem no mais pobre, como atualização permanente de sua generosidade. Ele só precisava disso para tratar suas feridas do orgulho: o ex-vencedor acabou por tornar-se seu "lígio".

homem. Daí resulta um confronto universal que pode assumir a forma de competição ou de combates singulares, mas que, de toda maneira, apenas traduz a terrível agressividade que caracteriza nossa espécie. Em 1840, acaba de ser expulso do colégio: enfim, só; a "comparação" acabou. Mas ele está perto demais de sua vergonha para esquecê-la tão facilmente. Faz uma anotação em seu caderno – nós a examinaremos adiante com detalhes – que demonstra o mal que lhe foi feito. A ideia é simples: do ponto de vista de Sirius, vícios e virtudes se esmagam. Gustave procede à demonstração por patamares. Vejamos a sobreloja: "Não nos indignamos com dois cãezinhos brigando, duas crianças batendo-se, uma aranha devorando uma mosca – nós matamos um inseto sem pensar". Primeiro andar: "Suba numa torre suficientemente alta... para que os homens fiquem pequenos: se vir de lá um homem matar outro, não sentirá quase emoção...". Terceiro patamar: "Um gigante olha os mirmidões". Que fazem eles? Naturalmente se matam uns aos outros. "E o que isso pode fazer ao gigante?" Não insistiremos por enquanto nessa tentativa que uma alma ferida faz para se elevar ao ponto sublime da indiferença; o que nos interessa é que os homens, nesse apólogo, não têm outra preocupação senão a de se destruírem reciprocamente. Ele volta a isso em 1842: segundo nos diz, o herói de *Novembro* conhece a pior dor moral. Desta nada sabemos, a não ser que, contrariando as metáforas correntes, não se trata de um precipício no qual se caia, mas de um pico que serve de poleiro: a infelicidade, quando bastante grande, nos torna indiferentes a tudo o que não seja ela mesma: "Do alto daqueles cumes, desaparecem a terra e *tudo aquilo a que nos agarramos lá*".* Deu para entender: não há solidariedade entre os homens; a única reciprocidade é o antagonismo. As finalidades da espécie são comuns não porque todos se associem para atingi-las num mesmo esforço, mas porque elas opõem cada um a todos e todos a cada um. Ninguém pode adquirir os bens deste mundo sem os "arrancar" ao dono anterior e sem os conservar nem levar à morte os que os cobiçam, até que alguém com mais sorte ou mais maldade chegue e os arranque a este, o assassine e fuja, sendo caçado pela matilha, até um novo halali. Rousseau desaparece, levando embora seu Sexta-Feira – bom--selvagem-apodrecido-pela-sociedade; o homem utilitarista – alienado *aos próprios interesses* – não demora a segui-lo. Nem é a necessidade a origem da agressividade (é compreensível: Gustave fala de filhos burgueses, os únicos que conhece), mas acima de tudo a vontade de poder. Quando dois representantes da espécie humana se encontram,

---

* Grifo meu.

cada um quer despojar, humilhar, subjugar o outro e, depois de usá-lo como objeto inerte e dócil, matá-lo. Por quê? Porque é assim que somos feitos: galos de briga, tigres sedentos de sangue. Com tais disposições, em todo e qualquer colega que se aproxime, o escorchado do Centro Hospitalar, louco de medo e raiva, reconhece seu futuro assassino ou sua futura vítima. "É ele ou eu!" Em princípio. Na verdade, será *ele*. Sempre *ele*. Passivo e masoquista, emparedado no seu pessimismo oracular, Gustave odeia o outro de antemão, por não poder se abster – sabe-se por que – de reconhecer nele a *primazia de Outrem*. Para o caçula Flaubert, um colegial que o olhe é necessariamente agressor. E o agressor tem necessariamente vantagem: precisa vencer. Gustave é malvado, sabe disso, diz isso, mas tem maldade de vítima: abomina o mundo, mas não concebe que possa mudar algo nele. De modo que, para ele, essas agressões permanentes nunca terminam em combate justo, mas em assassinato simbólico, de que ele é vítima: ele é provocado, atacado, fustigado, ainda não se pôs em guarda e já está nocauteado, depois é pisoteado e então *devorado*. E isso não é metáfora, mas pesadelo que ele tem quando está acordado e que o obceca. Racionalizando, ocorre o seguinte: o homem é antropófago; não é a fome que o impele a devorar o semelhante, nem algum imperativo religioso: o orgulho é carnívoro, não o satisfaz vencer, nem mesmo matar os vencidos, quer infligir--lhes a pior dor e a absoluta humilhação: o agressor impõe à vítima a suprema injúria de comê-la e defecá-la. Evidentemente, esse onirismo sombrio, apresentado dessa forma, pode parecer cômico. Mas Gustave não racionaliza: vive aterrorizado, só isso.

Vejamos os sonhos aterrorizantes que ele tem no colégio: "Minha porta se abriu... alguém entrou. Eles eram... uns sete ou oito... todos tinham uma lâmina de aço entre os dentes... aproximaram-se em círculo ao redor do meu berço, os dentes deles começaram a bater, foi horrível... Levantaram todas as minhas roupas, e todas tinham sangue; começaram a comer, e do pão que partiram escorria sangue, que caía gota a gota... Quando já não estavam, tudo o que haviam tocado... estava vermelho. Eu tinha um gosto de amargura no coração, parecia que tinha comido carne crua...".* Adiante estudaremos os detalhes desse sonho e tentaremos fazer uma interpretação global, embora ele não tenha o frescor nem a autenticidade daqueles que rememoramos ao acordar ou no divã do analista. Gustave o reconstruiu e racionalizou, ao se referir, sem dúvida alguma, a uma lembrança que datava dos primeiros anos de colégio: esse pesadelo o transtornara tão profundamente

---

* *Memórias de um louco*, cap. IV.

então* que muito tempo depois ele consegue evocá-lo com relativa precisão, conservando certa irracionalidade, apesar de tudo. O tema da castração impressiona logo de início, e voltaremos a falar disso. Mas o que cabe ressaltar, por ora, é que o da antropofagia está inegavelmente presente. Eis que no começo adiantam-se "homens com uma faca entre os dentes", verdadeiros bolcheviques segundo o imaginário burguês. De repente, as mandíbulas batem, as lâminas castradoras desaparecem. O sangue escorre por toda parte, eles olham o bebê "com olhos arregalados e fixos, sem pálpebras", erguem suas roupas, desnudam seu pequeno corpo sem ferimentos, mas ensanguentado, e começam a comer um pão que eles *quebram* e não cortam (o símbolo sexual está claro, mas também o símbolo religioso: "este é meu corpo, este é meu sangue"). Ora, *o pão sangra*: é o bebê que eles estão comendo; o sonhador incluiu-se imediatamente na categoria dos alimentos: o pão *é ele*; ele alimentará o amável grupo. Terminado o festim, os convivas "começam a rir como o estertor de um moribundo" e vão embora. Terá sido notada a associação dos três temas: olhar fixo e dirigido para Gustave, refeição sangrenta, feita à custa dele, risada. O olhar é *agressão*, transforma a criança em hóstia; depois da missa negra, vibra a risada *tão temida*. Depois que os barbudos se vão, tudo se inverte, a vítima dos canibais se descobre antropófaga: "parecia que eu tinha comido carne crua".

Tudo ocorre, em suma, como se – quaisquer que sejam as outras motivações oníricas – o canibalismo sádico (devoro gente) fosse introduzido aí pelo canibalismo masoquista (sou devorado) e como sua réplica. É de se notar que Gustave omite o momento do sadismo propriamente dito. Ele viu o pão sangrar, e uma voz lhe cochichava: "Isto é teu corpo". Mas, quando é sua vez de comer, ele se ausenta: admite *sofrer as consequências* de sua antropofagia e sentir um gosto de carne crua na boca, mas não viver e comandar o festim; não tem nenhuma participação, não se lembra de nada: *parece* que saboreou seu semelhante, mas não sabe se essa suposição se baseia no horrível gosto que lhe ficou no fundo da garganta ou, apesar de tudo, numa reminiscência incerta. Vã precaução: os únicos autores de nossos sonhos somos nós mesmos. Ninguém – a não ser ele mesmo – podia obrigar Gustave a se encher daquele gosto adocicado nem, sobretudo, a interpretá-lo como ele interpretou. Tentação ou desforra, seu desejo está *saciado*.

Aliás, ele se traiu um pouco depois. Suas anotações de 1840 nos dão a conhecer que esse tema onírico transborda da consciência do sonhador e figura entre os objetos diurnos de suas ruminações.

---

* "Eram visões apavorantes, de deixar qualquer um louco de terror." *Ibid.*

Escreve*: "O marquês de Sade esqueceu duas coisas: a antropofagia e as feras, o que prova que os maiores homens ainda são pequenos, e ainda por cima também deveria ter zombado do vício, o que não fez, e esse foi seu erro". Essas duas críticas não estão interligadas. Mas a evidente sinceridade da segunda basta** para garantir a da primeira. Não, Flaubert, no intuito de demolir seus ídolos, não procurou no abstrato as perversões que faltavam no catálogo: a omissão do canibalismo lhe saltou aos olhos. Trata-se realmente de uma de suas fantasias familiares, e nós o reencontraremos mais tarde a sonhar com isso nos matadouros de Quimper: "Naquele momento tive a ideia... de alguma cidade assustadora e desmedida, como uma Babilônia ou uma Babel de canibais, onde haveria matadouros de homens; e procurei encontrar algo das agonias humanas naquelas degolas que bramiam e soluçavam. Imaginei bandos de escravos levados ali, de corda no pescoço, atados a argolas, para alimentarem amos que os devorariam em mesas de marfim, enxugando a boca em toalhas de púrpura. Teriam eles posições mais abatidas, olhares mais tristes, súplicas mais pungentes?". É a piedade pelos animais – ele declara preferi-los aos homens – que provoca esse devaneio sádico. Mas essa justificação fica em nível superficial. Se ele tivesse desejado dizer apenas, em resumo, "E se lhes fizessem a mesma coisa?", teria tomado o cuidado de mandar à morte os poderosos deste mundo ou bandos de burgueses bem gordos. Mas não faz isso, e se compraz em imaginar a antropofagia no luxo. Mesas de marfim, toalhas púrpuras: são ricos comendo pobres, com volúpia.

Deve-se notar que, na nota sobre Sade, ele põe no mesmo plano o canibalismo e as "feras", como se nos dissesse: quem sentir repulsa por comer o inimigo sempre poderá entregá-lo às feras. Na verdade, trata-se de um jogo mais complexo de reflexos: como o homem é carnívoro, a ideia de inverter os papéis e de fazê-lo ser devorado pelos animais é perversa e, para Gustave, atraente, desde que em obediência a uma ordem humana ainda, mas vinda de cima. Será que em sonho ele se debruçara, imperador, sobre a arena onde os tigres despedaçavam

---

* *Souvenirs*, p. 72-73.

** Segundo Flaubert, a desmoralização sistemática da humanidade deve começar pela inversão da tábua de valores: ficará demonstrado que o vício, em sua dilatação ansiosa, nunca satisfeita, é superior à virtude. Mas, num segundo momento, nos alçaremos até o ponto sublime a partir do qual essa superioridade parece derrisória porque os próprios vícios são humanos e finitos. Foi o que Sade não fez. Gustave o condena porque, diferentemente de Byron e Rabelais, ele não *riu da cara da humanidade* – o que o jovem autor jurou que faria.

Bouilhet? Em todo caso, não há dúvida de que a relação "homem-animal" se inverte incessantemente. Ora o devorador é o homem por excelência, o Aristocrata, e o futuro devorado é sadicamente rebaixado à condição de animal comestível, como nos matadouros; ora é o homem que será devorado, vítima com um grande coração palpitante e aterrorizado, e seus sacrificadores são então disfarçados de animais carniceiros. Em *Agonias*, um viajante – mais um – "anda pelos grandes desertos da África". Envereda por um atalho, "caminho cheio de serpentes e animais ferozes". No meio do caminho, "eis que surge... uma enorme pedra. É preciso... tentar escalá-la". Duro trabalho. O homem "sua em bicas, suas mãos agarram convulsivamente cada talo de capim... Mas o capim cede, e ele cai desacorçoado". Várias vezes repete o esforço: em vão; amaldiçoa Deus, blasfema. Pela última vez, reúne forças, reza. "Sobe, avança... parece estar vendo o sorriso na face de algum anjo que o chama a si, mas depois, de repente, tudo muda... Visão apavorante... uma serpente vai alcançá-lo... Ele cai de costas. Que fazer agora?... Teve medo dos animais ferozes. 'Pois – pensava – está anoitecendo, estou doente, os tigres virão me dilacerar'. Esperou muito tempo que alguém quisesse socorrê-lo, mas os tigres vieram, dilaceraram-no e beberam seu sangue". Curiosamente, segundo diz o autor, a moral dessa fábula diz respeito aos amantes da liberdade: "Pois bem, digo que o mesmo ocorre a vós outros que quereis conquistar a liberdade... Esperais que alguém venha ajudar... mas os tigres virão, vos dilacerarão e beberão vosso sangue...". Na verdade, o pobre viajante esgotado só se propõe como objetivo atingir "a cabana mais próxima... que fica a quatro milhas de distância", para descansar, cuidar dos ferimentos e matar a fome. Ninguém discordará que Gustave quis simbolizar sua busca mística de Deus, sempre inútil, sempre recomeçada, que tentou mostrar a troca de cenário que o faz avistar o Príncipe das Trevas assim que toca o cume, o que transforma a ascensão em derrocada. Isso é mais evidente porque encontramos aí o espaço interior de Gustave e sua vertical absoluta. Mas, por trás do sentido explícito da parábola, adivinha-se outro, e os esforços inúteis do viajante não podem deixar de lembrar os esforços de nosso Sísifo de colégio a cada dever, a cada composição. Se não, vejamos: no início, se o pobre homem quer se alçar até o cume da pedra que lhe barra o caminho, é para chegar a uma cabana onde encontrará cuidados, um abrigo; esse é o objetivo real e imediato: escalar para voltar à casa natal; Gustave, de início, compete pelo primeiro lugar por não conhecer outro meio de angariar a simpatia paterna, e não pelo prazer de vencer os 24 condiscípulos. Tenta, malogra, recomeça: retorno desanimador das competições; no seu íntimo, há uma guerra entre sua obstinação cada vez mais desesperada e uma força insidiosa que o atrai para baixo, tornando a rocha mais escorregadia, e o capim, mais liso; suas passividades psicossomáticas resistem à ambição Flaubert e, a cada vez, é para terminar em desvario, vertigem, tombo. Embora de início o objetivo fosse chegar à cabana o mais depressa possível, depois o motivo da escalada se transforma à medida que Gustave vai perdendo as forças: o retorno à casa natal torna-se o objetivo mais distante; no imediato, surge outro, urgente: escapar aos animais ferozes. A modificação vem apenas de seu cansaço e dos ferimentos que ganhou nas repetidas quedas. Enfraquecido, incapaz de defender-se, ainda espera repouso e segurança da cabana inacessível, mas as feras – perigo quase desprezível no início – tornam-se aos poucos o único alvo de sua preocupação. Aquelas presenças invisíveis e mortais são adivinhadas por ele, que sabe que elas estão à espreita: testemunhas prazenteiras de seus vãos esforços, os condiscípulos esperam o último tombo. Então as grandes feras se erguerão – primeiro, Bouilhet; segundo, Baudry – e virão farejar sem pressa o futuro almoço. Gustave arquitetou bem seu apólogo: a salvação – confia-nos nesse instante – só poderia vir *de outra pessoa*. Isso quer dizer: por mim, já perdi; fiz o que podia: havia uma vereda estreita e ascendente, a única saída, eu *não era capaz* de escalar; nesse sentido, *não mereço* ser salvo. Se aparecesse o bom samaritano e me estendesse a mão, seria generosidade pura. Mas ele tem o cuidado de acrescentar que não há nenhuma probabilidade de que Godot, se existir, tome aquele caminho pouco frequentado. Impotente, paralisado, culpado, o adolescente é tomado de incontrolável terror sob o olhar fosforescente das feras noturnas, como o bebê do pesadelo. Do símbolo onírico à parábola, os traços mais característicos passaram sem se modificar: a localização espacial (Gustave está abaixo dos perseguidores), a posição do corpo (nos dois casos, está deitado de costas), a impotência (o que pode fazer um recém-nascido? um ferido grave?), a espera sádica *dos outros* (o olhar dos barbudos, o apetite dos animais carniceiros) e, para terminar, o suplício atroz (ele é devorado vivo). Essas constantes possibilitam concluir: é uma única e mesma coisa para Gustave ser devorado por homens ou por feras, pela razão de que, em seus pesadelos – dormindo ou acordado –, as feras são homens. Seu sadismo defensivo é induzido; o que vem primeiro é a horrível convicção de que o devoram vivo e cru. Por isso os colegas o assustam: tigres, guepardos, linces ou apenas lobos, que honra ele dá àqueles "imbecis tão fracos, tão comuns, de cérebro tão estreito", reconhecendo de repente sua ferocidade! Com efeito, para ele esta será sempre uma qualidade aristocrática. E veremos o jovem, durante a viagem à Bretanha, extasiar-se com "o prodigioso século XVI, época de convicções ferozes e frenéticos amores"*; ele admira "os violentos governantes de província" que impunham o reino do terror: "homens de ferro cujo coração não se dobrava, como a espada... abrindo caminho à espada na multidão, violando mulheres e saqueando o ouro".** Veja-se como descreve – com que volúpia – os costumes dos bons e velhos tempos: "Que bons tempos para o ódio! Quando se odiava alguém, depois de tê-lo raptado de surpresa ou apanhado à traição num encontro, depois de tê-lo enfim, de tê-lo nas mãos, era possível, à vontade, senti-lo morrer de hora em hora, de minuto a minuto, contar suas angústias, beber suas lágrimas. Descer à sua masmorra, falar com ele, mercadejar seu suplício para rir de suas torturas, discutir seu resgate; vivia-se à custa dele, vivia-se dele, de sua vida que se extinguia, de seu ouro que lhe era tirado".*** *Beber* as lágrimas da vítima, viver de *sua vida* que se extingue: se isso não é devorá-la propriamente, convenhamos que pelo menos é vampirizá-la. Devaneio sádico, sem a menor dúvida, mas que não passa de interiorização e reversão defensiva de uma crueldade implacável que foi exercida de início *sobre Flaubert* (ela não existia, de fato, mas é verdade que ele sofreu com ela). O procedimento, conhecido pelos psicanalistas, consiste em identificar-se com o agressor. Mas é preciso ter sofrido e *degustado* a agressão. É o que ocorreu, acha ele, no colégio. Com isso, na terceira imagem das relações humanas, nascida mais do terror que de uma ideia, ele faz nada menos que *nobilitar* os colegas. São eles os aristocratas, os "homens de ferro"; o plebeu é ele. Estamos bem distantes daquele desprezo ostensivo que via seus vencedores como filhos de burgueses, já aburguesados, medíocres ganhadores de loteria graças à sua própria mediocridade. Bem distantes e muito próximos: basta virar uma página para reencontrar a soberba de Gustave. Em *Agonias* mesmo há dois viajantes: enquanto um morre humilhado, entre os dentes dos aristocratas, o outro perece como um Cristo, denunciando o utilitarismo mesquinho de seus congêneres. Entre uma concepção e outra, ele oscila

---

* Ed. Conard, p. 287.

** *Ibid.*

*** *Ibid.*, p. 67. O parágrafo termina com as seguintes palavras preocupantes para Achille: "As vinganças de família eram realizadas assim, em família e pela própria casa (*ele descera às prisões subterrâneas do castelo de Clisson*) que constituía sua força e simbolizava sua ideia", p. 68.

sem se deter muito tempo em nenhuma: é que nunca chega a se convencer totalmente da primeira (sabe que Louis Bouilhet, Baudry e Germain des Hogues não são imbecis), e a outra, que o fascina, é insuportável. É difícil para ele, no momento, desprezar o sucesso escolar: quarenta anos antes, no colégio de Sens, foi o sucesso que revelou em Achille-Cléophas a *qualidade* Flaubert. O adolescente se atrapalha em suas contradições: não para de contestar o aspecto quantitativo e competitivo dos estudos secundários, mas, se os prêmios obtidos no colégio são sinais de alguma misteriosa predileção, como definir seus rivais felizes, como *se* definir em relação a eles? Estarão em vias de afirmar sua nobreza e tornar-se filhos de suas obras, como o foi o doutor Flaubert? E ele, nessa perspectiva, está inteiramente privado da qualidade que acreditava dever ao nascimento? Precisaria considerar-se uma criança defeituosa, um erro espermático de Achille-Cléophas: embora gerado por ele, Gustave não teria uma gota de sangue Flaubert nas veias. Seria pior que um bastardo: uma natureza vulgar; fazendo-se uma busca apenas em sua classe, seria possível encontrar de cinco a nove pequeno-burgueses mais dignos que ele de ter tal pai. Este, enganado durante sete anos pela falsa semelhança, um dia teria percebido o erro. Nesse caso, a maldição paterna nunca ocorreu: o pai afastara-se de um medíocre no qual não se reconhecia. Que amargura atroz: ele conviveu com um gênio, nobre pelo espírito, perto dele adquiriu o senso de vassalidade, e eis que é obrigado a admitir que não passa de um plebeu e a fazer profunda reverência aos rivais que têm sangue azul nas veias. A menos que, por artimanhas do Demônio, ele seja nobre apesar de tudo, mas condenado de antemão a desonrar o próprio nome: aristocrata nas obrigações, mas indigno de sê-lo pela incapacidade de cumpri-las. Nas duas hipóteses seus condiscípulos se elevam à categoria de poderes soberanos: ou eles manifestam seu nascimento pela ferocidade e o devoram rindo, ou então, sendo plebeus mas dotados, comprazem-se em esmagar um aristocrata decaído e fazem do pobre Gustave um Flaubert destituído da nobreza. Ao cabo desse novo 1789, ele será – já é – responsável pela queda de sua Casa: tirado da plebeidade por um herói epônimo, crianças impiedosas o farão reincidir nela, despojando o filho caçula de seu brasão. Nos dois casos o adolescente reencontra no colégio e na relação com os colegas *o ser relativo* com que seu criador o afetara em relação ao irmão mais velho na vida familiar; nos dois casos, a execução de Gustave, acontecimento ritual, sempre reiterado, é uma oferenda ao Deus de ódio e vingança, sacrifício sangrento de um profano pelos sacerdotes de uma religião terrível. Já aos dezesseis anos, com efeito, ao falar do colégio, ele escreve em *Derradeira hora* a seguinte frase notável: "Nele vivo o triunfo da força, misterioso emblema do poder de Deus". Entenda-se: quando um "grande" atormenta um "pequeno", quando um forçudo humilha um fracote, quando nas competições uma inteligência ágil e perspicaz vence uma grande alma enleada em suas contradições, quando a quantidade triunfa sobre a qualidade, tudo isso faz parte da ordem; o Mal é sagrado, pois Deus o quer. Sagrados são os algozes de Gustave e os suplícios que eles lhe infligem. Que sarcasmo para seu orgulho: ele é obrigado a reconhecer a superioridade deles não só nas competições escolares, mas na ordem do ser, e não pode deixar de entrever, através das classificações que são seu "emblema", uma hierarquia demoníaca mas qualitativa ainda – por *inversão da qualidade* –, na qual ele ocupa a última posição.

Esse pessimismo lhe arruína os nervos, por isso ele volta depressa às outras duas explicações – aparentemente mais consoladoras – de seus fracassos escolares. Na primeira, ele conserva, depois da derrota, a *qualidade* que possuía antes dela; na segunda, ele é o Homem, o incomparável, morre de cabeça erguida por culpa da Sociedade. No entanto, é à terceira que ele volta incessantemente e com frequência cada vez maior: embora por certo seja cronologicamente a última – ou seja, a última a se explicitar –, ela vem de mais fundo, ele se reconhece nela e, de certa maneira, ela lhe oferece mais vantagens que as outras duas e lhe dá mais margem para manobras defensivas. Se visse nos condiscípulos nada mais que mártires de um sistema construído por seus pais, ele precisaria absolvê-los; de modo mais geral, se o homem é corrompido a contragosto pela Sociedade, convém absolvê-lo. Absolver o homem? O homem, único objeto de seu ressentimento? O garoto atormentado se nega a fazê-lo; o adulto, no ápice da glória, não o permitirá. Pela razão de que o ressentimento, projeto inicial do mal-amado, é a única maneira de viver desde a Queda, ou melhor, de tornar suportável a sua situação: que necessidade tem ele de inocentar seus perseguidores de suas culpas se não para de sofrer por causa delas? Mais vale enlameá-los, fazer do universo inteiro um atoleiro, proclamar que a substância ética da realidade é o Mal radical: afinal, sofrerá menos com os aborrecimentos que tem de suportar se estiver convencido de que o mundo é iniquidade. Como o Mal é a lei do ser, qualquer sucesso é crime; na derrota, ao contrário, por mais ignominiosa que seja, mesmo humilhado, esmagado – mas vivo –, encontra-se o Bem: o não-realizado, o irrealizável, o ideal impossível. Em última análise, o fracasso será tão mais perfeito, mais total, e o Bem – como frustração infinita – tão mais manifesto quanto mais merecida na ordem do ser for a humilhação do vencido, e quanto mais notável for a superioridade prática do vencedor: é que um poder maligno lançou o vencido no meio da refrega, confiando-lhe uma missão sublime, mas sem lhe dar o equipamento que possibilitaria realizá-la. Mostre-se a Gustave um idiota congênito, infeliz malvado, e ele exultará: imbecilidade e maldade proferem uma sentença contra o Céu; o sábio, ao contrário, é um injusto, injustamente dotado das virtudes de que foram privados os outros e, em especial, o pequeno Flaubert. Melhor se os colegas o esmagam, o aniquilam, demonstrando ter dons que ele não tem: em sua carne e por meio de seus infortúnios, farão dele o Grande Acusador da criação. Nesse nível, pouco importa se ele é um nobre indigno de sua casta ou um plebeu: engrandecido pelas capacidades que lhe faltam – elas lhe cabiam de direito, pois lhe foram recusadas –, ele é santo e mártir, porque, no mundo ignóbil dos abastados, ele representa a *Penúria*.

Estranho consolo, dirão. Sem dúvida: um náufrago morre de sede e bebe água do mar. Mas sabemos que Gustave não inventou essa desesperança – que o invadiu já aos sete anos e sempre o ocupou: no colégio, apenas encontrou um bom uso para ela com uma nova revolução personalizante: que zombem de seus versos latinos, ele leva seu infortúnio ao extremo e se convence de que é o mais deserdado; e eis que é o primeiro de todos os seres humanos, pela própria razão de que uma premeditação requintada e maligna o fez o último de todos. Sobre essa estranha operação – o orgulho a se recolher sobre o amor-próprio ferido para aprofundar suas chagas e diminuir a dor, radicalizando-a – direi que constitui o *stress* pré-neurótico de Gustave durante os anos de colégio. Seus condiscípulos – os impiedosos, os invencíveis, os prestigiosos – o venceram e derrubaram, ontem, anteontem; contra eles, ele não tem chance, a ferocidade insaciável deles o aterroriza; então vem o orgulho e só precisa levar ao extremo a vergonha e o terror: os alunos são animais ferozes. Gustave, cristão, lhes foi entregue. No momento em que o devoram e se comprazem com seus sofrimentos atrozes, o mártir, sem abandonar o corpo que jaz na poeira, não hesita em escorregar para a pele do imperador distraído que se debruça sobre a arena e olha, sem ver, os últimos sobressaltos daquela carne mutilada. Assim, o menino pode ter certeza de que suas dores e sua morte serão desqualificadas: urra de raiva, Gustave, lacera teu peito, tuas unhas, sangra! Isso não interessa a ninguém; teus vencedores te devoram e zombam, mas sem convicção, e Nero mal percebe teu martírio. Anulada está tua agonia, esse paroxismo do ser: os Outros se divertem pouco com isso, ou estão pouco se lixando: "Ah, sim, claro! Esse é um caso perdido, o Flaubert é freguês; a gente traça ele, claro, mas ninguém acha isso o máximo: o prazer é tão previsível, tão vil e tão comum, que não poderia nos impressionar profundamente. A gente sabe bem o que esse cara é: saco de pancada, raça de perdedor, *nada*". Mas, com esse *nada*, mutilação suprema – a vítima é desprovida da importância que tem a seus próprios olhos –, Gustave faz uma lacuna infinita: o aniquilado demonstra perante todos que a realidade *não devia ser* porque era fatal que ela redundasse nele. Por conseguinte, ofegante e sagrado, o supliciado se eleva acima de seus torturadores, acima do próprio Nero: como parecem pequenos esses instrumentos de sua glória! Ele paira e contempla, do éter, os farrapos que lhes deixa: conhece o segredo do ser, essa "ausência do nada"; como despreza os colegas! Condenados como ele, morrerão na ignorância.

Água do mar não mata a sede: para praticar a técnica da orgulhosa humildade, para poder enunciar esse Cogito do Nada, não sou nada, portanto sou, é preciso que a vergonha tenha vindo primeiro *e que persista*; de modo algum seus exercícios espirituais mudam a realidade, eles não aconteceriam se esta não os provocasse e não os sustentasse. Na verdade, quando *tudo está perdido* é que ele precisa tentar viver. Tomou consciência, agora, Achille ganhou. Para sempre. Louis Bouilhet também. E todos os outros. Ganharam lealmente: as capacidades deles é que legitimam essas vitórias. Capacidades, para Flaubert, são as determinações positivas do ser, poderes. A essa plenitude ele não tem literalmente *nada* que opor. Duas soluções: suicídio ou desrealização. A primeira conduz à conclusão do fracasso: o *menor-ser* se radicaliza em não-ser. Sonha com ela, sem a adotar. Por quê? Porque – entre outras razões – é o que querem os seus torturadores. Um suicídio – ainda que por protesto – é sempre visto como uma confissão. Morto, ele ficaria nas mãos dos algozes; diriam: matou-se porque reconheceu que não valia *nada*. Mas esse "nada", justamente, não valeria nada; saindo da boca desdenhosa dos vencedores, designaria o não-ser em sua inércia, ou seja, o grau zero da eficácia.

Para dar *a seu* nada singular e infinito a virulência desejável, Gustave não tem escolha: *precisa* irrealizar-se, se preferirem, dar uma satisfação imaginária ao orgulho Flaubert e a seus ambiciosos desejos, fazendo de seus fracassos reais e limitados *o analogon* de um desastre absoluto e metafísico. Antes de descrever as táticas defensivas que empregou contra seus agressores, cumpre notar que elas se baseiam no que chamarei de *Weltanschauung*[13] do vencido. Quando se entra na vida sem nada de próprio, a não ser uma derrota irreversível, quando só se pode morrer ou valorizá-la como tal, o fracasso assumido torna-se a chave do ser. Então, é preciso construir uma ontologia, uma metafísica, uma moral do fracasso que tentem assumir o ponto de vista do não-ser *sobre tudo o que é*. Nesse pensamento invertido, os dois princípios conhecidos – "No princípio era o Verbo", "No princípio era o Ato" – são substituídos por este outro que pressupõe os dois e, ao mesmo tempo, os dissolve em si, afirmando sua anterioridade: "No princípio era o fracasso" ou, se preferirem, "tudo sempre esteve perdido de antemão". Agora convém examinar com detalhes a tática de Gustave e as novas espirais de sua personalização.

Absenteísmo

Desde a primeira infância ele soube fugir à urgência odiosa da realidade com ausências que suspendiam as faculdades de sua alma. Colegial em perigo, ele agarra o que tem ao alcance da mão: ressurgem e multiplicam-se os alheamentos; ele dá um jeito de ser invadido por eles no momento crítico. Mas, como vimos, essas evasões ganharam estruturas novas: bastou-lhe interiorizar a verticalidade cristã para dar a orientação "Baixo-Alto" a seus desaparecimentos intermitentes, para desvanecer-se na altura. Quando o garoto se convence de que o Pai Eterno lhe recusa a Graça e a felicidade de crer n'Ele, permanece a vertical: "E eu estava no alto do monte Atlas e de lá contemplava o mundo e seu ouro e sua lama, e sua virtude e seu orgulho". Treze anos e ei-lo empoleirado: adquiriu o hábito de pular para um pico diante do menor problema. Não mudará: basta lembrar, em *Novembro*, aquela frase carregada de orgulho negativo que faz da dor um cume: "Há também dores de cujas alturas não se é mais nada e despreza-se tudo". Não se é mais *nada*, despreza-se *tudo*: o desvanecimento do Ego, no cume, é acompanhado pelo desprezo total ao Ser, em nome da suprema dor que o abole.

Eis, portanto, *grosso modo*, a função do êxtase: arrancar Flaubert à realidade, subtraí-lo à iminência por meio de um absenteísmo desdenhoso. Contra quem, contra o que precisa defender-se? Em que momento ele recorre ao arrebatamento? O trecho de *Memórias de um louco* citado acima diz tudo: "Vejo-me ainda... pensando no que a imaginação de uma criança pode sonhar de mais sublime, enquanto o professor zombava de meus versos latinos, e meus colegas me olhavam escarninhos...". Os êxtases ocorrem durante as aulas, quando, por exemplo, o professor "devolve" as lições e as comenta. Pode-se acreditar em acaso, como Gustave tem a coragem de sugerir? O adolescente sonha, já nem sabe onde está; as risadas o trazem de volta à terra; espanto: é de sua tarefa que falam, era dele que riam. Não: não admitiremos esse falso testemunho, pela razão de que todo o contexto o contradiz; está bem claro, com efeito, que a própria natureza do êxtase revela a amargura e o ressentimento de Gustave. Ele sabe de antemão que as composições vão ser devolvidas; adivinha sua posição: falta sofrer a *cerimônia da humilhação*. É demais: ele vai fugir. Outros pulariam o muro e não voltariam. Mas o menino submisso, incapaz de se revoltar, fica presente *em carne e osso*, com uma única ausência, essencial embora menos notada: a da alma. Em outros termos, o reflexo absenteísta é um comportamento preciso e intermitente cuja origem é um *estímulo* exterior e definido: trata-se de escapar à classificação e de desacreditá-la.

O procedimento parece simples: as míseras vitórias *finitas* dos filhotes de homem serão desqualificadas desde que em contato com o infinito. O texto é categórico: "Eles, rindo de mim!... de mim, cujo espírito se afogava nos limites da criação, ... que me sentia maior que eles todos, que recebia deleites infinitos... De mim, que me sentia do tamanho do mundo...". Resta compreender de que infinito se fala e por meio de que exercícios o adolescente se transforma em mediação concreta entre a finitude tão limitada dos colegas e o mundo ilimitado que os cinge e ignora. Nesse ponto as *Memórias de um louco* guardam prudente silêncio. Mas algumas reflexões pouco posteriores, anotadas em seu caderno de *Souvenirs* [*Lembranças*] durante a segunda metade de 1840, possibilitam reconstituir a ascese flaubertiana e distinguir nele dois infinitos.

No segundo trimestre de 1840, estudando no Centro Hospitalar para o exame de *baccalauréat*, Gustave aspira *a crer*: é que caiu em profunda insatisfação consigo. Acaba de escrever que gostaria muito de ser místico, mas acrescenta que não tem Fé, e que está pronto a receber a Graça, se Deus tiver a bondade de dá-la. Alguns dias depois – algumas horas, talvez – ele percebe que a abertura passiva de sua alma não é tentação suficiente para Deus, e que talvez não seja falso o provérbio que diz: Ajuda-te, e Deus te ajudará. Reflete, aproxima-se da escrivaninha, e é tão grande a sua miséria que o surpreendemos pela primeira e, pelo que sei, última vez na vida a construir alguma coisa com semelhança, ainda que distante, a um raciocínio – por analogia, é verdade: "Coisa incompreensível é o infinito. Mas quem duvida? Há coisas fora do alcance de nossa inteligência e que acreditamos ser; acaso haveria outra coisa pensando que não essa inteligência, outra coisa convicta que não a nossa razão?".* Seu esforço se detém aí. Mas, algum tempo depois, em data que é impossível precisar (em todo caso anterior ao mês de agosto de 1840), ele relê, irrita-se, risca o texto com um traço vermelho e, como se isso não bastasse, anota de través o seguinte julgamento, para ele sem apelação: "bobagem". O que acaba de condenar é o que se poderia chamar de infinito *positivo*, Deus pessoal ou substância spinozista. Essa totalidade, sensível ao coração ou à intuição religiosa, ter-lhe-ia dado – acredita ele – o sentimento de ter sido criado e delegado por uma intenção especial; essa plenitude do Ser lhe teria permitido estourar seus próprios limites e perder-se nela. Nada que fazer: caso se permitisse raciocinar, seria justificável nele o doutor Flaubert, e este, sem dúvida alguma, teria achado estúpido esse raciocínio mal-ajambrado.

Alguns dias ou algumas semanas depois, porém, ele volta à questão numa nota comentada acima, mas que precisamos examinar de novo, pois ela tem a vantagem de nos mostrar a orientação de seus exercícios espirituais e o significado que ele dá ao infinito *negativo*: "(*Nós*) Não nos indignamos com dois cãezinhos brigando..."** etc. O sentido é claro: do ponto de vista de Sirius ou, para dizer melhor, do Absoluto, vícios e virtudes, talentos e insuficiências, nobreza e plebeidade, sorte e azar se igualam: dá na mesma ser o doutor Flaubert, Achille, Bouilhet ou Gustave. O que parece obscuro, em compensação, é o procedimento que o jovem usa para estabelecer esse lugar-comum. Se só tivesse desejado pôr o finito em contato com o infinito e dissolver neste todas as determinações daquele, bastariam duas linhas. Mas em seguida fica claro que procurava *outra coisa*: esse longo desenvolvimento *analógico* (B está para A como C está para B; C está para B como D está para C, julgue-se de acordo com isso o que X – que está para D, na n^a potência, como D está para C – pode ser em relação a

---

* *Souvenirs*, p. 62.
** *Souvenirs*, p. 71. Cf. acima.

A, ou melhor, o que A pode ser em relação a X) não se assemelha em nada aos "pensamentos" que ele anota no caderno, ao correr da pluma, antes de esquecê-los: aqui, Gustave avança lentamente, por patamares, como se quisesse convencer um interlocutor renitente e limitado; dá mostras de uma paciência socrática, como se esperasse aquiescência do outro a cada etapa. Mas aí não há Sócrates nem Fedro: esse caderno só terá como leitor o seu próprio autor; nem mesmo Alfred teve conhecimento dele. Deve-se reconhecer que estamos diante de um esquema prático que visa a facilitar os exercícios espirituais de Flaubert, diante do esqueleto de algumas "meditações": os patamares são inúteis à "Ideia", mas são degraus que devem facilitar sua elevação. Trata-se de uma *ascese*, e não de um raciocínio. Primeiro andar: considerais com indiferença uma luta de cãezinhos, de crianças; porque a olhais do alto. Segundo andar: subi numa torre; silêncio; embaixo, "os/as homens são pequenos", portanto assistireis sem comoção a um assassinato; ele nos convida a subir à sua torre para nos subtrair à infamante promiscuidade cotidiana, à solidariedade *forçada* do homem com o homem, bem como aos antagonismos permanentes que nos dilaceram. Que calma, lá em cima! Flaubert começou a se des-situar. Em *Memórias de um louco*, ele constatava que a sociedade das crianças é "cruel com suas vítimas"; não se preocupa em acabar com essa crueldade – aliás, como poderia fazê-lo se ela é parte de nossa natureza? –; basta-lhe não ser seu alvo e, quando ela se exerce sobre outrem, basta-lhe não ser perturbado, não *participar* dela, nem mesmo inativo, com complacências sádicas e masoquistas, em suma, não ter – como dirá mais tarde – mais que uma "relação visual" com ela. Terceiro andar: mudança de cenário; o autor nos abandona em nossa torre, já não somos os sujeitos desses exercícios, mas, embora não seja dito, nós nos tornamos objetos de tais exercícios: pedem-nos simplesmente que imaginemos o que é um grão de areia para uma pirâmide; mostram-nos um gigante a contemplar, impassível, uma batalha de mirmidões. O sentido dessa nova etapa não escapará: há metamorfose, passagem da quantidade à qualidade; antes, só aquela contava: bastava medir a altura da torre para determinar o grau de indiferença que ela provocava em nós; no topo, tanto quanto no nível do mar, não deixamos de ser homens. Transmutação: os mirmidões *são anões*, o observador deles é um *gigante*; naqueles e neste, a altura é um caráter distintivo da espécie. Ao mesmo tempo, está claro, os mirmidões somos nós. Chegados ao topo da torre, no momento de nos debruçarmos sobre nossos congêneres de baixo, descobrimos com terror um Gargântua debruçado sobre nós. Quarto andar: "Agora enfim podeis comparar a Natureza, Deus, a inteligência infinita em suma a esse homem de cem pés de altura, a essa pirâmide de cem mil pés – pensai depois disso na miséria de nossos crimes e de nossas virtudes, de nossas grandezas e de nossas baixezas".

Agora entendemos a necessidade desses patamares: Gustave não deseja tanto nos mostrar a atividade niveladora do Infinito, e sim participar dela. Ora, essa operação não é tão fácil porque ele ainda faz parte do gênero humano, e o aspirante-nivelador é nivelado como os outros. O homem-na-torre nada mais é que um homem trepado numa plataforma: aproveita de uma daquelas vantagens irrisórias que o olhar divino tem justamente a capacidade de esmagar contra o chão, na universal equivalência. Os dois primeiros patamares servem aos exercícios preparatórios: o objetivo de Gustave é quebrar qualquer vínculo com a espécie. Entre o segundo e o terceiro andar, ele troca de pele: o gigante não é nada ou quase nada para a inteligência infinita; no entanto, ele se mantém do lado dos niveladores – pelo menos em relação à humanidade; e só isso importa –, pois, *por essência*, ele é *outra coisa que não o homem*, é, digamos, até um *super-homem* que nunca será rebaixado ao nível dos antropoides. Esse gigante, entende-se, é Flaubert. Quem duvidar remeta-se às *Memórias*, onde ele dá o serviço: "De mim, que me sentia do tamanho do mundo". Eis o objetivo da ascese: os dois primeiros degraus, lepidamente escalados, acabam servindo de trampolim, o adolescente exercita-se a saltar acima da espécie, no desconhecido. O que ele quer ser: Mediador entre Deus e o homem, Anunciador da perfeita insensibilidade divina; esse gigante sente que é observado do alto e, ao mesmo tempo, debruça-se sobre um formigueiro e transmite com seu olhar o poder acerbo do olhar a que está submetido. Esse estranho Evangelista está encarregado de transmitir a Má Nova: a instância suprema incumbiu-o de declarar aos vaidosos colonos que disputam entre si a Terra, particularmente aos colegiais de Rouen, que a inteligência infinita, não tendo e não podendo ter outro objeto senão o infinito, não tem olhos nem ouvidos para as determinações finitas. Esse é, pois, o exercício de absenteísmo praticado com muita facilidade, visto ter sido com frequência repetido: a ascensão vertical deve redundar numa mutação brusca; Gustave treina para trocar de espécie. Na verdade, a passagem ocorre do real ao imaginário: como aquele Gargântua *não é*, como Flaubert *não é* Gargântua, convém ver aí um exemplo daquilo que chamamos de técnicas de irrealização. Com efeito, o salto qualitativo não pode ser concebido nem visado por ele senão como salto na irrealidade. Mas é sustentado por um movimento real, que serve de *analogon* para a elevação: o reerguimento insensível do corpanzil do adolescente sob a chicotada da humilhação ou, mais simplesmente ainda, a consciência que ele toma, imóvel, de sua alta estatura – ou seja, de sua relação com a estatura de seus condiscípulos. É mais ou menos certo que Gustave é o mais alto da classe: até mesmo Bouilhet, pelo menos uma vez, lhe cede o primeiro lugar, ultrapassado em meia cabeça. O que nos convence de que, nos "arrebatamentos", o jovem se vale de sua superioridade física é que, como veremos, ele se esfalfa a representar a "força da natureza" e, nos últimos anos, atende pelo apelido de *Gigante* e gosta de se autodenominar assim. Portanto, o gigante que contempla aqueles anões, os homens, é ele mesmo; e, se esse Gargântua imaginário pode *viver* seu gigantismo, é porque certas estruturas de seu organismo lhe dão meios de *sentir-se gigantesco*. Não avançaremos mais, ainda nos faltam instrumentos; será preciso forjá-los, o que faremos neste mesmo capítulo.

O que importa aqui é o aspecto *negativo* do infinito: paradoxalmente, essa plenitude total só é vista como privação; o uso que Flaubert faz dela é ostensivamente defensivo; mais secretamente, é uma agressão passiva – a única que um agente passivo pode permitir-se. Entendemos agora por que, em *Souvenirs*, Gustave encontra "Deus, a inteligência infinita, a Natureza", pouco depois de rasurar raivosamente seu "pensamento" sobre o infinito sensível ao coração. É que a ordem real de suas meditações é inversa à sua ordem aparente: o que se constituiu desde muito tempo, no colégio – como se vê por *Quidquid volueris* e pelas *Memórias de um louco* –, foram as técnicas defensivas de elevação referentes ao infinito *negativo*, que nunca desaparecerão; *depois*, em meados de 1840, Gustave, preocupado consigo, tenta converter privação em plenitude: e se, no termo da ascensão, o êxtase – que, como o nome indica, é movimento para fora de si – se tornasse *deleite*? Como o infinito é o próprio motor de minhas técnicas, pensa ele, é preciso que eu tenha alguma intuição a seu respeito: haveria em mim alguma coisa que pensa e não é o pensamento? Se houver um olho da alma, é preciso descobri-lo e voltá-lo para o Céu: então talvez eu possa sentir que meus limites se rompem e possa comungar com o Todo num tranquilo amor contemplativo. Essa frágil esperança ele expressará, mais tarde, com a imagem da pia de água benta a refletir as nervuras da abóbada: esperança sempre vã, conversão sempre gorada. Com o traço raivoso que rasura o parágrafo inteiro, ele confessa *perante nós* – e o passado longínquo daquela vida morta assume por um instante diante de nossos olhos a aparência de um presente ressuscitado – que mais uma vez errou o alvo. Mas esse fracasso não diz respeito ao infinito *negativo* e não tem incidência sobre o uso tático que faz dele. Eis por que lhe é lícito, pouco tempo depois, evocar Deus fixando no papel os *momentos* de seus exercícios espirituais: o Deus de amor nunca vai ao encontro marcado. Azar: essa deplorável carência é problema d'Ele e não do colegial humilhado; o Deus de que Flaubert precisa é o Deus da indiferença, em que o homem se abole.

De fato, a cada patamar da ascensão, a *pessoa* evocada, espreitadora, gigantesca, Natureza ou Divindade, fica perfeitamente anônima: é um desconhecido, um poder abstrato, e nunca nos é dito o que ele é em si mesmo nem em relação aos homens, mas o que os homens são em relação a ele. A cada andar, ao longo da vertical absoluta, *alguém* se debruça sobre a humanidade, nada mais: e o único uso feito desses observadores benévolos consiste em mostrar a espécie a esmagar-se de andar a andar, sob seus olhares, para terminar, na última instância, por se abolir totalmente. A função da inteligência infinita aí é totalmente negativa, pois só lhe pedem que *ignore*.

Memórias de um louco nos dá a conhecer os resultados dessa ginástica mental: no instante em que vai ser encurralado pela cerimônia religiosa da humilhação e sacrificado diante de todos pelo ministro do culto, Gustave voa para o teto, abre-se um alçapão, e a classe é engolida. Ou melhor, não: ele lhes deixou seus despojos; Flaubert, décimo lugar em versos latinos, fica em sua carteira e soçobra com os outros no naufrágio igualador; Gustave ou Silfo vê do alto aquele aluno encolher e confundir-se com Pagnerre e Bouilhet. A espécie, entregue àquela queda infinita, torna-se liliputiana e depois microscópica, depois nada. Inverti o movimento de propósito: ao se substituir a subida vertical de Gustave pela queda vertical de todos os que o cercam, obtém-se o mesmo resultado e dá-se destaque à agressividade passiva do ressentimento. O método consiste em anular-se *conscientemente* (ele é o Gigante, Deus o olha) – entendo como permanecer consciente da abolição em andamento – para infligir aos carniceiros, que ainda acreditam existir, um aniquilamento tão radical que eles nem sequer têm consciência dele. Tal vérmina infecta se abisma no não-ser sem perder a certeza imbecil de que seus míseros fins são absolutos, de que, *no absoluto*, é importante ser Louis Bouilhet, primeiro da segunda divisão da classe de terceira série ou de retórica no colégio de Rouen. Pode-se ter certeza de que o Anjo Exterminador, de seu poleiro ou de sua sacada, aprecia altamente a comicidade daqueles *zumbis* que se atarefam e obstinam a prejudicar-se mutuamente sem saberem que não existem. Trata-se de fato de um *genocídio*: o pequeno misantropo, não podendo destruir a espécie, desrealiza a espécie, transformando cada um de seus representantes numa aparência que só subsiste por mal-entendido.

É óbvio que o *exercício* – cujas etapas são claramente rememoradas em *Souvenirs* – é cuidadosamente dissimulado em *Memórias de um louco*; Gustave pretende ignorar os bastidores de seu ascetismo: quer ele tenha sido arrancado do chão, quer tenha o fútil planeta caído por si só nos abismos do infinito espaço-temporal, o fato é que ele se encontra *no ar*. Como? Não quer saber: às vezes é possível acreditar que o cume do Atlas é seu lugar natural: de outras vezes, é um braço forte que o carrega; todos os meios são bons, desde que ele *sofra* essa ascensão e não tenha nada a ver com o genocídio que ocorre diante de seus olhos. Não deixa de impressionar que todos os verbos relacionados com seu êxtase lhe deem um cunho de passividade. Seu espírito se *afoga*, ele está "perdido" em todos os mundos da poesia, ele *recebe* "deleites infinitos". É verdade que algumas linhas acima ele diz que *pensa*, mas logo em seguida somos informados: pensar, para ele, é sinônimo de sonhar: "pensando no que a imaginação de uma criança pode sonhar de mais sublime". E mesmo esses produtos da imaginação lhe são estranhos: nascem nele – sabe Deus quem o fecundou –, mas são grandes demais para sua finitude. Donde esta frase espantosa: "A mim... que um único de meus pensamentos, se fosse de fogo, poderia reduzir a pó". Que quer isso dizer, a não ser que a relação dessa alma com seus produtos é comparável à do profano com o sagrado*: Gustave é oráculo, é Sibila, um Deus o obriga a profetizar; não pensa, é pensado. Estranho para seus sonhos, sente-se receptáculo finito mas *eleito* do Sagrado puro, ou melhor, de seu reflexo no Imaginário. Caso se realizasse o sonho que lhe advém, se o Infinito descesse *em pessoa*

---

* Em muitas sociedades, aquele que vê o rei sem intercessão prévia deve transformar-se em cinzas, ser fulminado. A metáfora do fogo, portanto, é perfeitamente justificada.

nessa alma errática, o adolescente explodiria ou seria calcinado: por isso, só recebe sua *imagem*; é o suficiente para des-situá-lo para sempre. Nada melhor para se entender por que, para desrealizar os condiscípulos, Gustave precisa começar por se irrealizar como depositário gigantesco da substância spinozista.

Na verdade, uma passividade tão realçada deveria levar direto ao esvanecimento. Em especial o *afogamento* remete com clareza ao alheamento arcaico como privação simples de consciência. Sem dúvida, o garoto sugere que se afoga por excesso, aniquilado pela imensidão dos tesouros oferecidos, entre os quais não consegue escolher. Mas isso não convence muito: afoga-se quem não sabe, não pode ou não quer nadar. Gustave não faz um gesto sequer, recebe suas revelações, mas não pode nem quer fixá-las com um ato – ainda que com o *ato contemplativo*: enlevado, arrebatado, permeado, deleita-se, fazem-no deleitar-se, e finalmente o sonho o absorve. Perda de consciência, não: sabemos que ele pensa a respeito, mas nunca chegará lá, mesmo durante a noite de Pont-l'Évêque; mas sim *perda de realidade*: o menino faz do alheamento o *analogon* de um êxtase; brinca de Ganimedes, uma águia mergulha sobre ele. É que não se trata apenas de escapar à realidade – intenção profunda do esvaecimento puro e simples –, nem mesmo de se valorizar com um êxtase fingido, mas também de se vingar dos zombeteiros. É simplesmente absurdo que homúnculos riam de outro homúnculo. Mas é sacrilégio em estado puro o fato de zombarem de um sonhador sublime, elevado acima da condição humana pelo infinito que desceu sobre ele em forma de determinação imaginária, pois o objeto da risada é habitado pelo Sagrado: "Imbecis! Eles, rindo de mim! Eles, tão fracos, tão comuns, de cérebro tão estreito; de mim, cujo espírito se afogava nos limites da criação!". O texto trai o autor; está claro que a ordem dos acontecimentos deve ser invertida: o riso vem *antes* (ou, em todo caso, a expectativa enraivecida do riso), e Gustave castiga os condiscípulos desempenhando de imediato o papel daquele-de-quem-ninguém--tem-o-direito-de-rir. De resto, ele de início não acha "tão comuns" e tão burras aquelas feras prestigiosas cuja mordida lhe dá medo; seu esforço, ao contrário, visa a *constituí-las como tais*: se pede ajuda ao Infinito, é para estreitar cérebros que, nas competições, lhe parecem mais largos e profundos que o seu. Não é a primeira vez que alguém recorre ao Infinito do Não-Saber para desqualificar o Saber, repreendendo-o por sua finitude.

No entanto, ele faz alguns esforços para dar conteúdo a esses arrebatamentos abstratos, para fundamentar positivamente a certeza negativa de sua superioridade. Segundo nos diz, tem "deleites infinitos... êxtases celestes diante das revelações íntimas de (sua) alma". Que bom: em sua plenitude o Gigante descobre a *qualidade* Flaubert. Não é o anjo exterminador que está falando: uma alma revela-se a si mesma e deleita-se consigo. Seria perfeito se desse para acreditar, se o próprio autor acreditasse. Mas quem poderá convencer-se de que Gustave, tal como o conhecemos, tal como ele mesmo se descreve em suas obras e em suas cartas, conheça o *deleite*? Dirá sobre si mesmo, mais tarde: "Não sou feito para o deleite", e é verdade. A partir da Queda, mordido pela vergonha, pelo ressentimento e pela inveja, ele não se desenfurece; escreve: "os homens me tornaram corrompido e mau"*; é uma "alma nobre" que o colégio magoou, ressecou, que está sufocando naquele mundinho escolar como Almaroës no mundinho sublunar. Se tem alegrias, elas são acerbas, sempre envenenadas por um frenesi exasperado que reivindica imperiosamente o retorno delas e quer o tempo todo aumentar sua intensidade: vale lembrar a fúria sexual de Mazza, suas exigências incessantemente reiteradas: não é a volúpia o que ela busca, mas a sofreguidão. Gustave gosta tão pouco de si mesmo: como seria possível ele se encantar beatamente consigo e sua autodescoberta enchê-lo de inefáveis venturas? Inclino-me a crer que ele repetia, de punhos cerrados, com uma tensão quase insustentável: "Sou maior que todos eles! Sou poeta! Sou gênio! Vou esmagá-los com minha glória!". E essas afirmações *encenadas* no fim talvez lhe propiciassem alguma sombra de prazer. Mas que crispação da alma ou – como ele gosta de dizer – que *"manustirpção"* para obter essa saciedade imaginária! Aliás, veja-se o seguinte: quando Gustave escreveu *Memórias de um louco*, o ano escolar acabava de terminar. No entanto, sua raiva não está amainada: imbecis! cérebros estreitos! Se durante as aulas ele tivesse conhecido um centésimo dos deleites que alega ter sentido, se estivesse maravilhado de verdade com os tesouros de sua alma, por acaso se sentiria melindrado com a risada da plebe? Teria até mesmo percebido? E a felicidade de se sentir "do tamanho do mundo" não compensaria essas ferroadas de amor-próprio? Melhor: não estaria impedido de senti-las? Quando uma alma descobre sua *qualidade* incomparável na plenitude, quando se surpreende a sobrevoar do alto o gênero humano do qual até então

---

* *Memórias de um louco*, cap. VI.

acreditara fazer parte, seria indigno dela prestar atenção às flechadas desferidas de baixo por arqueiros minúsculos: *noblesse oblige*. Mas não: é no capítulo III das mesmas *Memórias* que ele se compara a "um touro doente da picada dos insetos". Mantém-se a proporção: Gustave continua sendo um gigante atormentado por pigmeus. Mas onde está o desprezo? Onde a indiferença? Em vez de contemplar do alto seus torturadores, ele corre "vítima de uma irritação nervosa que o torna veemente e colérico", e os carrega consigo, colados aos seus flancos ou rodopiando *acima* de seu lombo.

Aliás, de onde viria o conteúdo dessas revelações? De que experiência? Será que ele quer realmente que elas tenham algum conteúdo? Ele tem o cuidado de dizer que se afoga em *todos* os mundos da poesia, que se sente *do tamanho do mundo*, que tem "um infinito mais imenso, se isso é possível, que o infinito de Deus", e que "seu pensamento, delirando, voava alto, para aquelas regiões desconhecidas dos homens onde não há mundo nem planetas nem sóis". Mas cumpre reconhecer que essas fórmulas obscuras pretendem designar a Substância infinita como totalidade sem partes. O rapazinho afirma que só tem relação com o Todo; uma determinação particular seria uma especificação do indiferenciado, portanto um limite para seu gênio. Se é que precisa continuar sobre sua coluna, não deve abandonar o nível de abstração em que o Ser passa incessantemente para o Não--Ser e vice-versa. Portanto, há bruma em sua cabeça, com palavras que, de vez em quando, passam em debandada, juramentos vagos e exaltantes: "Mostrarei que a morte é a esposa do mundo... esquadrinharei o coração dos homens e só encontrarei pus e sânie... direi a verdade, e ela será terrível... revelarei que tudo é vaidade... O Deus Fatum ri no rosto da Humanidade... o silêncio dos espaços infinitos" etc. etc. Portanto, as revelações íntimas de sua alma não se referem à "natureza" dessa mônada, mas à sua relação de interioridade com a totalidade cósmica. Em si, aliás, essa concepção é bem justa: apenas descreve o *ser-no-mundo* da pessoa humana: desde que nessa relação, porém, o mundo seja dado como o horizonte de nossa ancoragem, e não como um objeto de conhecimento *ôntico*; de resto, convém falar dele como uma imensa totalização plural, e não como um Todo. O elo de Gustave com o mundo visto como substância infinita mas fechada em si na verdade só pode ser uma relação de exterioridade. É o que ele mesmo reconhece quando mostra o infinito a conhecer-se e a deleitar--se consigo: esse conhecimento totalitário exclui a compreensão das determinações; nele, as diferenças finitas se engolem sem estatuto e sem verdade. Evidentemente, o resultado disso é que o indivíduo, à medida que se põe para si mesmo, exclui-se da plenitude substancial e cósmica: ele se define pelo negativo e só existe *na aparência*, o que ele toma por seu ser é o *não-ser-tudo*. Portanto, não é de modo algum possível que Gustave receba revelações sobre sua relação com o Infinito *positivo*. A menos – dir-se-á – que ele rompa seus próprios limites e, tal como o modo finito em Spinoza, tenha acesso ao conhecimento do terceiro gênero. Mas isso, justamente, é vedado pelo pessimismo do adolescente: o conhecimento pelo Infinito, para ele, só pode ser negativo; dissolver-se no Todo não é encontrar a absoluta plenitude, mas anular-se como particularidade *sem compensação*: se o Todo *se* pensa, é porque se pensou e se pensará eternamente; sujeito ou não, esse Absoluto tinha de si mesmo um conhecimento pleno no momento mesmo em que a determinação tentava pôr-se para si; nada mudará se esta compreender seu erro e se abolir. O conhecimento do terceiro gênero, para Gustave, só pode ser o suicídio. A aparência se apercebe de que *não é*, desculpa-se – "Oh! perdão!" – e tira a conclusão que se impõe, estourando os miolos. O adolescente irritado considera Tudo como equivalente de Nada. Diz isso explicitamente em *Novembro*, numa frase que citamos acima: "dores, de cujas alturas não se é mais *nada* e despreza-se *tudo*: quando elas não nos matam, só o suicídio liberta". No mesmo instante em que o infinito negativo lhe permite anular todo e qualquer ser individuado, ele sente pesar sobre si, do alto, um olhar abolidor. Essa é a verdadeira relação de sua alma com o Absoluto; tais são, digamos, as revelações que dele recebe: é pouco verossímil que elas lhe propiciem requintadas volúpias.

Realmente, o movimento ascensional que o arrebata assemelha-se bastante com o da Fé: em todo caso, é uma transascendência. Mas ele sabe de antemão que não encontrará nada acima de si, a não ser talvez um monstruoso ídolo cego e surdo, cheio de si. Na verdade, o Infinito positivo não lhe importa muito, em seus êxtases raivosos. De resto, não precisa dele: basta-lhe olhar os homens do ponto de vista do Infinito negativo. O que equivale a encurralá-los entre as duas lâminas de uma tesoura: ou o Absoluto não é, então nada é, o mundo se dissolve numa infinita pulverulência molecular, você é um pesadelo da matéria; ou Ele é, então o Universo é um todo que se autocompreende e se autogoverna, e você é nada, pois o Absoluto não o conhece. Como se vê, Gustave não ganha nada elevando-se tão alto: os colegas estão liquidados, é verdade. Mas ele também: é seu próprio nada que o espera no cume. Contudo, ele o quis assim: a permanecer como aluno medíocre, esse Sansão prefere sacudir as colunas do templo e morrer esmagado com os filisteus que o cercam. Para ele, sua superioridade está no fato de ter consciência de não ser nada, ao passo que os outros são nadas que se ignoram; ela se manifesta por uma desesperança que o obriga, *a contragosto*, a reivindicar a existência de um Deus de amor e ir procurá-lo nas "regiões desconhecidas..., onde não há mundo nem planetas nem sóis", convencido previamente de que não o encontrará lá. E como não reconhecer na força ascensional que o carrega a sua insatisfação aristocrática em relação ao que o cerca, a homens e coisas, à Natureza "envelhecida" na qual se sente apertado, a si mesmo? Encontramos os dois sistemas axiológicos: a classificação segundo o sucesso prático e a hierarquia baseada na qualidade. Assim que o primeiro é evocado, Flaubert apressa-se a substituí-lo pelo segundo: um esvanecimento dirigido, freado, retido no instante em que a consciência vai perder-se, vivido como uma elevação *por ele sofrida*, manifesta a seus olhos sua *qualidade* pessoal.

Será preciso anotar aqui a revolução ocorrida na criança? A *qualidade* Flaubert, de início, era a unidade sintética e positiva *das* qualidades familiares: graças a ela, ele devia afirmar-se como primeiro entre os homens. Ora, ele precisou inclinar-se diante de garotos indignos. Se ela permanece a despeito dos fracassos, tais garotos, além de não permitirem que ninguém duvide dela, precisarão manifestá-la de maneira eminente. Será, portanto, a insuficiência de ser vivida numa agonia perpétua. Assim, a insatisfação – soberba recusa da realidade – não vem inicialmente de alguma superioridade positiva do adolescente sobre a espécie humana e a Natureza "envelhecida", porque ela é a indigência interiorizada. Indigência que, no ponto de partida, nada tem de nobre nem de metafísico e é marcada pela ausência de capacidades bem reais que outras pessoas eventualmente possuem. O êxtase, com efeito, começa com uma fuga em debandada. Mas esta – provocada por um fracasso *merecido* e pelo sentimento raivoso de que a Justiça é injusta – desemboca na apercepção do Mal radical; a insuficiência do colegial revela-lhe a insuficiência da realidade, e essa constatação totalitária, desesperada, o faz cair num estado de espanto filosófico. Diante de si, diante de todos. Eis aí a qualidade Flaubert: um *estranhamento* contínuo e instituído. O *pater familias*, afinal de contas, não é um "médico-filósofo"? Gustave vai mais longe que Achille-Cléophas, mostra com as próprias derrotas que a práxis humana, viciada na base pela *determinação*, não passa de consequência do crime ontológico que foi a Criação. Tateando, o adolescente inventa sua lógica negativa. Vejamos como ele inverte as noções: a partir de 1835, o Diabo está sempre no alto e, com isso, carrega suas vítimas para o zênite; assim, a elevação diabólica é equivalente à tentação que, nos textos cristãos, faz *sucumbir* e *cair*. Totalizar é apenas aniquilar. Realizar-se é anular-se. Quanto à *qualidade*, orgulho positivo do doutor Flaubert e de sua Casa, em Gustave provém de um orgulho árido e desolado, pois para ele nada mais é que o Nada a tomar consciência de si através das incapacidades de uma pessoa singular. *Nada*, em outras palavras, se não o não-ser do Ser dialeticamente unido ao ser do Não-Ser por uma reciprocidade de perspectivas. O princípio desse "pensamento" é enunciado no capítulo V de *Memórias de um louco*: "*rebaixado* ao nível mais inferior pela minha própria superioridade". O negativo – no terreno *social* da competição – é sinal incontestável do positivo na hierarquia espiritual.

Fracasso do absenteísmo

Não é difícil entender que desde o início essa tentativa está fadada a um semifracasso. Sem dúvida nenhuma, foi inspirada numa ideia cristã: "Os últimos serão os primeiros". Mas basta examinar essa ideia para compreender que a instituição das duas ordens não pode ocorrer sem a mediação de uma terceira que não esteja nem numa nem noutra; no Evangelho, é o divino Mediador que opera a inversão. Donde sua eficácia: embora o intermediário não exista *realmente*, os fiéis não o veem como produto de sua imaginação e, pelo próprio fato, ele não o pode ser realmente; os pobres, humilhados e ofendidos são *significados* como favoritos de Deus por um corpo constituído, a Igreja; recebem essa significação como um traço constitutivo de seu *ser* e o interiorizam como uma realidade irrealizável mas absoluta: *alhures*, para um ser onipotente cujos desígnios são impenetráveis, eles *são* os futuros eleitos; no caso, não se trata de crença, mas de *convicção* provocada por manipulações exteriores; o mediador real não é Deus, mas nem por isso deixa de existir: é, em sentido estrito, a própria Igreja; em sentido lato, a comunidade cristã. Um servo do século XIII aprende seu *ser-cristão* como aprendemos, por exemplo, nosso *ser-francês*. Isso significa que ele foi *criado* para sofrer neste mundo e para gozar a felicidade eterna no outro, se aguentar suas provações com resignação. Esse é, com efeito, o principal objetivo do ensinamento religioso que lhe é administrado: ele precisa suportar sua condição e renunciar a modificá-la; assim, a injustiça social deve parecer-lhe um sinal da Justiça divina, bem como para Gustave os fracassos significam sua eleição. Mas como falta mediação na construção deste, a inversão operada *por ele apenas* não pode ser vivida por ele na forma *de movimento da imaginação*; aluno *mediano*, ele *se irrealiza ao mesmo tempo* como o último da classe e o primeiro dos eleitos. Mais tarde, admitirá isso implicitamente no argumento de *La Spirale* [*A espiral*]: o herói escapa às suas desgraças levando conscientemente uma vida imaginária: "Quanto maior seu sofrimento real, mais intensos serão seus êxtases em sonho... Ele é trancado num asilo e lá conhece a verdadeira felicidade".* Quanto mais profunda a queda, mais alto ele ricocheteia no irreal. "(Esse) homem – diz o próprio Flaubert –, de tanto pensar, chega a ter alucinações".** Em outros termos, cultiva deliberadamente a imaginação *compensadora*. Mas, enquanto a imagem se apresenta como produto de seu espírito, sem *se postular por si mesma* como um surgimento estranho, ele não crê nela o suficiente para que a compensação seja eficaz. Em última análise – ou seja, no termo de seus exercícios espirituais ("*de tanto pensar*") –, seu sonho ganha consistência própria, impõe-se e o convence: sem deixar de ser irreal, seu poder alucinatório lhe possibilita desqualificar a realidade ou informá-la de tal modo que ela acaba por significar o contrário daquilo que na verdade manifesta: "...ele conhece todas as dores... e acaba por vencê-las *graças à forma* que lhe é dada por seu sonho".*** As alucinações, portanto, são a recompensa da ascese. Mas essa recompensa nada mais é – pelo menos para os olhos humanos – que um delírio. No momento de triunfar, o pintor de *Espiral* é internado no manicômio. Flaubert escreverá em 1859 a Feydeau: "Há muito tempo medito um romance sobre a loucura, ou melhor, sobre a *maneira* como se enlouquece".**** Em outros termos, a inversão pela imaginação está privada de força, a menos que expresse

---

* Dumesnil, *Gustave Flaubert*, p. 451, nota 1.
** A Louise, *Correspondance*, t. III, p. 76-77, 27 de dezembro de 1852.
*** Dumesnil, *op. cit.*
**** *Correspondance*, t. IV, p. 349.

a escolha fundamental da *atitude imaginária*, em outras palavras, sem a decisão de tratar a realidade permanentemente como *analogon* de um universo irreal. Gustave escreveu essas cartas *depois da* "doença nervosa" e considera que *Espiral* é uma descrição e uma explicação desta: fiquei doente por ter optado pelo imaginário.* Mas durante os anos de colégio a opção ainda não ocorreu: sem dúvida, ele pratica freneticamente o onirismo acordado, mas – como indicam as primeiras páginas de *Memórias de um louco* – é retido pelo medo de ficar louco. Tenta compensar o real, mas não a ponto de esquecê-lo. Com o resultado de *não acreditar o bastante* em suas imagens nem, por conseguinte, em sua superioridade sobre os colegas. Seria preciso ter coragem – e ele a terá em breve – de declarar: só os supero em imaginação, mas, justamente, é meu mérito e meu valor *real* ter escolhido ser apenas um imaginário. Ainda não chegou lá, e seus sonhos "sublimes" não o defendem bem – sabemos disso – da irritação nervosa e das ásperas exaltações. Ele tem consciência disso, ele que escreve em *Novembro*: "Dava gritos de triunfo para me desentediar da solidão", o que significa claramente que *se encenava como triunfante*. Quanto a desentediar-se, não: ele *nunca está sozinho*, a não ser, justamente, quando se irrealiza por meio de triunfos imaginados. Mas, já em *Memórias de um louco*, sentimos seu mal-estar: a inversão de valores frequentemente lhe parece uma operação vã, que termina em derrocada humilhante. E, depois de alguma altiva decolagem, ei-lo de volta entre os colegas:

"...Embalado nesses vagos devaneios, em sonhos de futuro, arrebatado por aquele pensamento aventuroso... eu ficava horas inteiras com a cabeça apoiada nas mãos, a olhar o teto de minha sala de estudos... e, quando despertava, com os olhos arregalados, estavam rindo de mim, o mais preguiçoso de todos, o que nunca teria uma ideia positiva, o que não mostraria nenhuma vocação para profissão alguma, o que seria inútil neste mundo em que cada um precisa ir buscar sua parte do bolo, o que, enfim, nunca serviria para nada, no máximo para virar bufão, apresentador de animais ou fazedor de livros."

Depois do sonho de um sonho, nascido da recusa de se comunicar e do esforço inútil para encontrar a solidão do autismo, vem o retorno desalentador que, em todos os momentos da atividade onírica, nunca deixou de ser pressentido, é a recaída de Gustave em seu ser-para--outrem, naquela realidade inapreensível, irrealizável, que lhe chega

---
* Interpretação muito lúcida, como veremos.

por todos os outros. Nesse parágrafo raivoso, ele tenta mais uma vez assumir um ponto de vista exterior sobre si mesmo. Revelações, arrebatamentos, pensamentos fulminantes, *vistos pelos olhos dos outros*, reduzem-se a "vagos devaneios". Para eles, a infinita carência de que ele se gabava em seus sonhos na verdade não passa de um conjunto de incapacidades tão precisas e determinadas quanto suas capacidades práticas: aquelas, *na realidade*, apresentam-se como negação destas. O "herói positivo" da sociedade burguesa é definido pela eficácia: se passar no exame de *baccalauréat*, será agente diplomado da história; suas "ideias positivas" – mais claras, distintas e úteis porque comportam uma consciência mais exata de seus limites e de seu alcance – contêm em si uma exigência de conquista e, afinal, nada mais são que escolhas práticas que o põem em conexão direta com o mundo. Àqueles rosários de pequenos diamantes já lapidados, de arestas agudas, Gustave só pode opor uma bruma vaga e vaporosa, indefinida, perfeitamente inutilizável. E ei-lo condenado pela passividade a não passar de um "inútil", de um "imprestável". Diremos acaso que ele condena a apreciação que aqueles "cérebros estreitos" fazem sobre ele? Seria conhecê-lo mal: *os outros sempre têm razão*. Não se pode ficar insensível à desesperança que se expressa nessas poucas linhas: sem dúvida, seus condiscípulos estão errados por terem razão, mas, sendo as coisas o que são, eles têm razão apesar de tudo: Marguerite é *realmente* feia, Garcia realmente tolo, Gustave realmente preguiçoso, realmente imprestável. A ambivalência dessa declaração salta aos olhos: ele "recolhe na lama" os nomes insultantes que lhe são dados – como fez um pouco antes no Centro Hospitalar ("risível, que seja! serei *o* cômico"). Preguiçoso, que seja, inútil, concordo; e daí? Mas é o momento da recaída: já deu seu grito de triunfo e não está muito convencido; de modo que seu desafio agora não dá mais em nada. Pois o que ele pretende assumir é justamente o inaceitável: a relação com o infinito era apenas imaginária, os colegas sempre souberam disso; ao se aferrar à sua particularidade negativa, tal como eles a constituíram, Gustave está consciente de fazer o jogo deles. "Mal e mal me concediam a imaginação, ou seja, segundo eles, uma exaltação do cérebro, próxima da loucura". Segundo eles *e* segundo ele, como acabamos de ver. É reconhecer, na teima, que as relações com o absoluto negativo só podem fazer parte do imaginário: não tenho ideias, não penso, nunca concluo, *imagino que penso*.

Mas e se ele fosse um gênio? Se viesse a ser o maior poeta do século? Pois bem, *mesmo assim* não convenceria ninguém. Primeiro, precisaria comunicar o conteúdo de seus êxtases: isso não é possível pois, tal como os desejos profundos, eles são "inarticuláveis": "Eu tinha um infinito mais imenso, se isso é possível, que o infinito de Deus, em que a poesia se embalava e abria as asas numa atmosfera de amor e êxtase; e depois era preciso descer daquelas regiões sublimes até as palavras e como traduzir em palavras essa harmonia que se eleva no coração do poeta... Também aí a decepção; pois tocamos a terra... Por quais degraus descer do infinito ao positivo? Por quais gradações a poesia se abaixa sem se quebrar? Como diminuir de novo esse gigante que abarca o infinito?... eu sentia minhas forças me despedaçando e essa fraqueza me envergonhando, pois a palavra não passa de eco distante e enfraquecido do pensamento; amaldiçoava meus sonhos mais caros e as horas silenciosas passadas nos limites da criação; sentia algo vazio e insaciável a me devorar".

Não devemos tomar essa confissão como precaução oratória: Gustave fala a verdade. Depois do êxtase, *era preciso* descer às palavras: portanto, havia missão no próprio êxtase e, desse ponto de vista, descobrimos uma intenção positiva na ascese: ele se eleva ao arrebatamento não só para apequenar os colegas, mas também para encontrar um conteúdo que sirva a uma obra, ou seja, um discurso que fixe seus momentos. Mas na hora de analisar e nomear o que sente, tudo lhe escapa: o infinito é rebelde à análise; além disso, "não há linguagem" para traduzi-lo. Veremos* que esse problema é fundamental para Flaubert, que constitui a fonte de sua Arte, cujo projeto será *traduzir indiretamente o indizível*. Quando escreve *Memórias de um louco*, ainda não encontrou resposta para a questão que o atormenta: por isso esse "vazio insaciável e devorador", essa "desesperança", essa "vergonha". Ele tem *medo de escrever*: que a poesia fique como estado de alma; perder-se em todos os mundos poéticos, que seja; afogar-se nos limites da criação, perfeito. Mas o que aconteceria se ele tivesse a ideia de *traduzir o silêncio*? Ao "empunhar a pluma", o que vai sentir diante das pobres frases que traçar? Um fastio do Ser, que reivindica e recusa a expressão? Um fastio de si mesmo, do escritor mandatado que não pode traduzir – por singular impotência – o que outros talvez tenham traduzido? Ou o sentimento pouco

---

* Cf., aqui mesmo, "Do poeta ao artista (II)".

suportável de se ter autoludibriado e de que esse infinito mais vasto que o de Deus na verdade não tinha nenhum conteúdo? Neste caso, seria o discurso, única realidade, que denunciaria o vazio perfeito do alheamento-êxtase. Sem dúvida alguma, ele sente esses fastios todos juntos, com uma dominante variável: diz, por exemplo, ter vergonha de sua fraqueza. Mas essa confissão continua ambígua: fraqueza da natureza humana? Fraqueza pessoal de Gustave? E por que amaldiçoa seus sonhos mais caros, as horas *silenciosas* passadas no limite da criação? Porque elas lhe dão uma falsa missão, uma falsa esperança? Ou porque se desmascaram como devaneios sem conteúdo? Uma confidência de *Novembro* leva a pensar que ele tendia – não sem razão – à segunda hipótese: "Seu grande pesar era não ser pintor, ele dizia ter belíssimos quadros na imaginação. Consternava-se também por não ser músico... sinfonias sem fim ressoavam em sua cabeça. De resto, não entendia nada de pintura nem de música..." Um pintor – acredita Flaubert – imagina quadros; um músico imagina sinfonias. Mas eu, que "admiro autênticos mamarrachos e (tenho) enxaqueca quando saio da ópera", imagino-me pintor-imaginando-uma-"composição", músico-
-imaginando-uma-melodia. Em outros termos, não tenho quadro nem sinfonia na cabeça: só o vazio insaciável e devorador malvelado pela *imagem de uma imagem* plástica ou musical. Isso quer dizer: sou a imagem de um poeta obcecado pela imagem de uma revelação imaginária. Faz parte da ordem das coisas: como o pior é inevitável, uma alma pode escapar ao Diabo quando sonha, mas, se tentar realizar o sonho, mesmo que no discurso, estará perdida. O adolescente que tem paixão por escrever quebrará a pluma, se for ajuizado; se cometer a loucura de escrever um livro, será grafômano e cacógrafo. Conclusão: Gustave proclama seu gênio, mas não acredita nele.

E se porventura o tivesse? Se fizesse versos sublimes? A resposta é dada no parágrafo que citamos acima e é a fonte profunda de sua desesperança: mesmo que se tornasse autor de uma obra-prima, não convenceria os condiscípulos de sua *qualidade*: "*De mim*... que nunca serviria para nada, no máximo para virar bufão, apresentador de animais ou fazedor de livros". Para ele, de fato, um poema é antiverdade; um romance é um discurso sobre acontecimentos e personagens imaginários. Assim, *na ordem do ser*, o exibidor de sombras ou de animais inteligentes é relegado à última categoria; e se não é alijado dela, é porque *serve*, ainda que a contragosto e indiretamente: quer ele anime marionetes, quer faça livros, os produtos de seu trabalho serão

utilizados pelos conquistadores brutais da realidade para descontrair-
-se: sobrecarregados e preocupados, estes *se divertem* por instantes
com frivolidades e, absorvendo-se em mentiras inconsistentes e que
se apresentam como tais, encontram meios de não pensar literalmente
em nada, enquanto o criador Gustave, com suas obras – tal como a
mulher, afável *objeto* –, será o repouso do guerreiro. Por certo não
se deve negligenciar a condenação raivosa aos filisteus, expressa na
seguinte frase amarga: esses imbecis fazem da imaginação um meio,
nunca um fim. Mas como? O que é uma superioridade que ninguém
reconhece? Na época, Gustave ainda sonha conquistar a glória: é que
um adolescente, mesmo atormentado por uma ambição sombria e ciu-
menta, nunca consegue abster-se totalmente de ter esperanças. Sente
medo da vida, mas em alguns momentos anseia por entrar nela. Então
imagina o "recolhimento religioso" do público, os "peitos ofegantes"
e inebria-se com um sonho canibal: roerá os espectadores até os ossos
"com palavras devoradoras como o incêndio". É uma armadilha: o
nefelibata percebe tarde demais que o público "recolhido" – o mesmo
que ele quer esmagar com seu gênio para compensar o desprezo dos
colegas – é constituído por aqueles mesmos colegas ou semelhantes.
Mais uma vez, está nas mãos deles. Como a espécie inteira está podre,
se aqueles campeões do Ser, filhotes de homem, se obstinarem a ver
nele apenas um cinzelador do Não-Ser e a julgar suas obras em função
do "relaxamento" que lhes propiciam – o que pressupõe uma hierarquia
na qual Paul de Kock e Béranger ficam acima de Shakespeare e Victor
Hugo –, a que ele recorrerá? Em 1835, os escritores têm *esse* público;
não há outro em parte alguma. A burguesia decidiu que a Arte seria
digestiva: vai digerir no teatro e considera que os livros são produtos
de consumo.

    Isso ainda não seria nada: Gustave revela – coisa que ele não
ignora – pertencer secretamente ao mesmo *partido* desses seres
opacos que ele tomou por juízes. No capítulo XVIII de *Memórias de
um louco*, escreve: "Se tive momentos de entusiasmo, é à arte que
os devo; no entanto, que vaidade é a arte! Querer retratar o homem
num bloco de pedra ou a alma em palavras, sentimentos com sons,
e a natureza numa tela pintada!". E acrescenta, no fim do mesmo
capítulo: "O homem, com seu gênio e sua arte, não passa de mísero
macaco de alguma coisa mais elevada". Foi isso mesmo que lemos:
o que o incomoda na Arte é a irrealidade de conteúdo; para ser de

fato príncipe carismático e estar acima de pensadores e práticos, o artista precisaria *criar seres*. "Eu quereria algo que não precisasse de expressão nem de forma, algo puro como um perfume, forte como pedra, inapreensível como o canto, que fosse ao mesmo tempo tudo isso e nada de nenhuma dessas coisas". Se a Arte produzisse sua própria matéria do modo como em Kant a intuição inteligível faz existir o que concebe, valeria a pena ser artista: ora, as palavras, as notas não passam de delegadas, encarregadas de *exprimir* uma ausência – ou seja, para Gustave, uma irrealidade; a forma estética, tal como ele a vê na época, é um carimbo que se impõe de fora a um material que, por si mesmo, não é belo nem feio. Se a Beleza tivesse de reivindicar alguma dignidade ontológica, deveria produzir sua própria matéria e sair de um espírito por fulguração, tal como Minerva saiu já de capacete do crânio de Júpiter; seria então, em nosso mundo conservador no qual nada se perde nem se cria, um ser inteiramente novo que só se remeteria a si mesmo: absoluto, inexpressivo, esse ser não seria em caso algum um meio de comunicação entre os homens, não imitaria a Natureza e não arremedaria a criação; independente de nós – e em primeiro lugar de seu criador –, ele teria sua própria suficiência de ser, tal como a lua e o mar, e se imporia a nossos órgãos sensitivos como *a interioridade eternizada no exterior*. Não podendo produzir seres *ex nihilo*, o Artista nunca passará de um bufão.

Voltaremos à seguinte afirmação: toda a estética flaubertiana do Não-Ser baseia-se, paradoxalmente, no doloroso pesar de não poder *criar* realidade. Menciono aqui seu fastio apenas para explicitar seus motivos. Os taumaturgos derrisórios da Arte afirmam sem razão que são melhores que cientistas e médicos. Estes não creem, mas, descobrindo as leis naturais, podem "comandar a Natureza" e mudar o curso das coisas; aqueles não mudam nada, não mostram nada, a não ser miragens. Para escapar à horrenda e tenaz intuição de sua inconsistência, o artista *desempenha um papel*, finge ser o Demiurgo que se oculta ou, talvez, não existe. Mas, assim que empunha a pluma ou o pincel, reencontra a insuficiência de seu ser na inconsistência dos discursos ou das composições plásticas, esses irreais que ele extrai de seu próprio nada. Como dizer melhor? Gustave sonhou ressuscitar em si mesmo a plenitude positiva, a soberana inteligência e a eficácia do *pater familias*. Depois da Queda e das desilusões do colégio, compreendeu que não conseguiria. Por isso, em certos momentos a opção por escrever lhe parece uma espécie de confissão: era a carta que o obrigavam a pegar; ele ficava com o que lhe era deixado pelos pioneiros do Ser, o Nada, a penumbra de um onirismo dirigido, bulício de fantasmas inacabados que, esgarçando-se no mais ínfimo raio de luz, revelam sua ilusória transparência. Então seria poeta por impotência? A Arte nada mais seria que o humilde passatempo dos obtusos que não têm crânio suficiente para se tornarem "capacidades"? Gustave pretende não decidir. Mas nos escuros corredores de sua alma *decidiram* por ele: perdeste, a Literatura é refúgio para sub-homens inconscientes de sua sub-humanidade ou que fazem truques para não a ver; conhecerás tua dor, pois optaste por te fazeres reconhecer por aqueles garotos realistas, que estão *com teu pai, com Achille, contra ti,* e, apesar de teu ar de importância, não podes deixar de lhes dar razão.

Desde cedo ele execrará as máquinas, a ferrovia, símbolos do progresso burguês, mas sua família o condicionara tão bem que ele respeitará a Ciência até o fim, enquanto a detesta sub-repticiamente, mesmo quando, em *Bouvard e Pécuchet,* aterrorizado com suas próprias blasfêmias, tentar assassiná-la. Nesse sentido sua existência é um excelente resumo daqueles cem anos de vicissitudes em que a sociedade francesa será obrigada a absorver, por bem ou por mal, e a digerir – penosamente – os métodos e os resultados da ciência experimental: quem, pois, estaria em posição melhor que o filho indigno de um médico famoso para viver as contradições que opõem o saber exato à ideologia, à religião, à literatura? Mas, precisamente por isso, Gustave está fadado já no colégio a travar uma luta de retaguarda, que o opõe a si mesmo e que não acabará.

Para compensar os insucessos escolares, o pequeno Flaubert tentou constituir-se como *daimôn,* ou seja, mediador entre o infinito negativo e a espécie humana. Mas não pode esconder de si mesmo que suas ascensões são imaginárias e que, a despeito de sua alta estatura, é obrigado a *irrealizar-se* como gigante. Essa tomada de consciência tem o resultado de pôr em xeque o *valor* do irreal, e isso seria um progresso, se ele estivesse em condições de formular claramente a alternativa daí decorrente e de optar por um ou outro de seus termos: *ou* confinar-se na realidade, submeter-se ao juízo de seus pares, aceitar o lugar que lhe valer seu trabalho positivo e prático – *ou* romper todos os elos com o Ser, irrealizar-se totalmente, não mais se preocupar com o julgamento de ninguém e contentar-se com as apreciações *imaginárias* que fizer sobre si mesmo; neste último caso, será preciso fazer uma revisão dilacerante, abandonar as ambições terrenas, sacrificar-se à imaginação por amor sincero ao Não-Ser e a seus jogos. No colégio, não escolhe; a primeira opção repugna-lhe o orgulho: não foi amado o suficiente para sentir-se no direito de ser modesto; a segunda lhe dá medo: não está desapegado o suficiente do secular, tem desforras pendentes, sombrias paixões para saciar e, ademais, adivinha que essa conversão não dispensaria alguma catástrofe. Certa noite, na estrada de Pont-l'Évêque, a liberdade desabará sobre ele na forma de neurose. Mas essa determinação passiva e terrível precisa ser demoradamente preparada: ele dará o pulo quando este se tornar inevitável, quando ele tiver chegado ao auge do sofrimento e estiver pronto para "morrer pelo pensamento". Por ora, gostaria de apostar nas duas frentes, jogando na do imaginário para abiscoitar todas as apostas na da realidade. Na verdade, perde em ambas: não sendo nem totalmente irreal nem real totalmente, ele mesmo contesta – visto existir de verdade – as superioridades que se atribui na imaginação, encontrando-se só e aterrorizado: ele não só nunca "rebaixou" realmente os colegas como também, ao fugir para o sonho, deixou-os senhores do terreno; voltando ao ponto de partida, o viajante espera, derreado, a chegada das grandes feras no sopé do rochedo que não conseguiu escalar. Evidentemente, o mundo gira: diante do retorno dos mesmos perigos, ele recomeça a escalada; perdeu, como era justo, mas é pela imensidade da derrota que se reconhecem as grandes almas: "eu tinha sido rebaixado ao nível mais inferior pela minha própria superioridade". Ele é Sísifo ou Ixíon, à escolha: esses dois grandes culpados sofrem a tortura da repetição. E Gustave, mal recomeça seu voo, *já sabe* que tudo se repetirá *como todas as vezes*: assim, o orgulho de ricochete envolve o conhecimento da humilhação futura e, desse modo, o absenteísmo de compensação, sem deixar de ser uma tática defensiva, torna-se *seu* suplício singular, uma vez que, consciente da derrocada que se seguirá, ele não consegue – raiva, terror e miséria – evitar praticá-lo. De resto, como vimos, o sentido original dos alheamentos é a submissão rancorosa: vocês tornam impossível minha vida, diz ele a seu Senhor; pois bem, obedeço e deixo de viver; os amargos êxtases são, pois, acima de tudo exercícios imaginários de autodestruição; há até neles certo assentimento masoquista à malignidade de seus atormentadores. Assim, o absenteísmo, em seu movimento espontâneo, simboliza uma abolição simultaneamente sofrida e desejada. A partir dos anos 33-35, elaborando esses semissuicídios, Gustave tenta dar-lhes toda a arrogância do orgulho: eu me aniquilo, mas não sozinho e não por inteiro; vocês voltarão para debaixo da terra sem saberem, eu ficarei pelo menos como consciência formidável e lúcida de minha abolição. Esses dois aspectos de sua defensiva são dados em conjunto, indissociavelmente: nenhum dos dois apaga o outro, e Gustave vive os dois ao mesmo tempo. Assim, nada impedirá a águia que levanta voo de se sentir uma criança que morre de vergonha – não só no futuro, mas no próprio instante do impulso. E as sinistras vitórias proclamadas alto e bom som, nunca sentidas *na realidade*, jamais conseguem mascarar o gosto de derrotas disfarçadas. O pequeno Flaubert vai perder-se e rodopiar no vazio*; também é tentado a refugiar-se num onirismo autista (ele é rajá, é Tamerlão, é mulher, é amado por uma mulher com um amor devorador que o eleva acima de todos – isso é substituir pela assunção a ascensão impossível) quando um rasgo de gênio lhe garante uma salvação provisória: torturado pelo riso dos outros, é no riso assumido, interiorizado, reexteriorizado em agressão defensiva que ele buscará a libertação.

Defesa agressiva

"Portanto, lá vivi sozinho e entediado, atormentado pelos professores e escarnecido pelos colegas. Eu tinha humor escarninho e independente, e minha ironia mordaz e cínica não poupava o capricho individual nem o despotismo de todos." Duas frases consecutivas; dois pequenos retratos do mesmo modelo que não combinam: de um lado, a "alma nobre e elevada", a "natureza ardente e virgem" que o materialismo e a crueldade da sociedade das crianças "desconsideram em todos os seus gostos", o pequeno selvagem "que perambula sozinho pelos longos corredores caiados (do) colégio", saco de pancadas inesperado para "seres com pendores ignóbeis"; do outro lado, um gigante agressivo e violento que ataca primeiro, sabe pôr os zombeteiros de seu lado e fazer-se respeitar. Felizmente, Gustave explica um pouco adiante que esses dois autorretratos se referem a dois momentos distintos de sua temporalização: melindrado pelo contato com os outros, ele contraiu uma irritação crônica que o torna "nervoso e colérico".

Primeiro tempo: o menino, transplantado para um meio desconhecido, desgarra-se. Se foi alvo da zombaria dos colegas, *foi então*.

---

* Como o narrador de *Memórias de um louco*, como *Smarh*.

Nas classes de sexta e quinta, Gustave perturbava o conformismo deles com seus alheamentos. Riram dele, pregaram-lhe algumas peças. Charles Bovary não é Gustave – embora este encarne várias vezes na personagem. Mas o aturdimento do futuro oficial de saúde, ao entrar no colégio, é com certeza o que foi sentido, na mesma circunstância, pelo pequeno Flaubert. Essa identidade de sentimentos é uma das razões que justificam o emprego da primeira pessoa do plural no primeiro capítulo de *Madame Bovary*: quando se lembra dos primeiros tempos do colégio, o autor tende demais a ficar do lado dos ridicularizados: diz "nós" para obrigar-se a ser solidário com os escarnecedores e a apresentar sua personagem *a partir de fora* em toda a sua opacidade. Evidentemente, aquilo de que se ri não parece nada risível a Flaubert: jovens burgueses, na maioria de origem urbana, que riem de um camponesinho, exorcizando assim seu aspecto insólito. A cumplicidade entre professor e alunos é manifesta. Um trecho inédito a esclarece bem: "... Uma nova saraivada (de risos) mais uma vez causada pelo disparatado boné que, no meio da desordem, um aluno mandara com um tremendo pontapé aninhar-se num canto do outro extremo da classe..." (é interrompida abruptamente pela voz "furibunda" do professor). "Fiquem quietos... E o senhor aí, que fica provocando o riso dos colegas, em vez de se comportar decentemente, vai copiar vinte vezes o verbo '*ridiculus sum*' para aprender a não bancar o engraçadinho em classe!"* Depois dessa algazarra tudo volta à calma. O Professor já não se preocupa com o "pobre-coitado"; mas os colegas continuam a perseguição: "Durante as duas horas insuportáveis daquela aula noturna, o pobre *novato*, sentado sozinho em sua pequena carteira, não levantou a cabeça, embora, de vez em quando, alguma bolinha de papel amassado... que vinha se estatelar em seu rosto o fizesse estremecer num sobressalto. Estava resignado. Não se mexia". Quem quiser entender as relações do autor com essa personagem precisa lembrar-se da atração de Gustave pelos idiotas. Idiota propriamente dito, Charles não é: mas sua "lerdeza mental" lhe dá o aspecto de idiota; aliás, ela encobre aquela profundidade dos imbecis que Gustave adora, porque é *dele*. Portanto, nessa primeira cena é preciso ver uma espécie de reflexo negativo e voluntariamente degradado de seus alheamentos sublimes. Riram dele, ele tinha cara de bobo com "os olhos arregalados", e o professor, em vez de punir os

---

* *Ébauches et fragments inédits*, coligidos por srta. Gabrielle Leleu, Ed. Conard, p. 9.

zombeteiros, infligia-lhe, a cada vez, um castigo imerecido. Com uma única diferença: Charles se conforma; é sua maneira de interiorizar a zombaria. Porque ele é profundamente modesto. Gustave, louco de orgulho, não se conforma: seu amor-próprio sangra, a zombaria se interioriza na forma de ressentimento: é uma dívida que deve ser paga. "escarnecido pelos colegas. Eu tinha humor escarninho". A repetição, embora possa parecer canhestra, não deve ser atribuída à negligência. "Escarninho" segue "escarnecido" porque Gustave sente que essas palavras estão ligadas por uma afinidade profunda: o escarnecimento é interiorizado na raiva como gracejo recebido para ser reexteriorizado como gracejo devolvido. O menino, vencido nas competições escolares, entrevê a oportunidade de vencer seus vencedores em outro terreno: ele se imporá no recreio, no dormitório, em todo lugar, salvo na classe; ganhará o prêmio de raiva, o prêmio de ironia, o prêmio de blasfêmia; escarnecido em nome do conformismo, é o conformismo que ele desmontará diante dos olhos aterrorizados dos condiscípulos. Será malvado, mordaz, injurioso; seu humor negro, apoiado por sua força física, os obrigará a viver em perpétuo escândalo.

Não cabe imaginar, porém, que foi tomada alguma *decisão*: Gustave nunca decide nada. De resto, as palavras que ele emprega aí não por acaso expressam passividade: "*envergonhado* pela existência que levava... (meu tipo de espírito) *ocasionara* em mim uma irritação nervosa que me *deixava veemente* e *colérico* como o touro *doente* de picada de insetos". Tudo é padecido. Veemente, colérico – dois adjetivos que só se aplicam a *paixões* –, investe a esmo e, à noite, é devastado por "pesadelos horrendos". As primeiras palavras do parágrafo são impressionantes: "Embora de excelente saúde..." Por que faz questão de informar? Para tornar seus perseguidores mais culpados? Por certo. Mas, quando escreve *Memórias de um louco*, está à beira da doença: bem antes da crise de 1844, já em 1838, é provável, dá sérias preocupações ao pai, como veremos. Se afirma com tanto vigor a sua "robustidão" – como o fará, aliás, na época da neurose –, não será para despistar? Para despistar-*se*? Tem saúde para dar e vender, é um colosso: quem iria confundir seus transtornos nervosos com doença? No entanto, o adjetivo que lhe chega espontaneamente à pluma, quando quer qualificar o touro, é "doente". Em suma, é como se Gustave proclamasse sua saúde por medo de ser acometido de uma doença mental. Aliás, não escreve memórias de um *louco*? Enfim, ele *padece* sua veemência e seus arroubos como transtornos nervosos:

nunca é senhor deles, tanto quanto o touro não é senhor de seu furor. A *zombaria padecida* exterioriza-se como *agressividade padecida*: a coisa é feita de si mesma. Veremos que há dias em que ele anseia massacrar o primeiro que apareça. Cabe até notar que o caráter passivo dessa terrível violência que o "arrebata" pode, já de saída, frear ou obstar a *reversão do riso*. Gustave, se ousasse, talvez fosse capaz de ferir a esmo qualquer um; mas não de escolher a vítima entre os que o humilharam, de armar emboscada, espreitar em silêncio, encontrar o defeito na couraça e dar um bote, um só – e que machucasse. Para isso, em primeiro lugar, precisaria dominar-se, aprender a canalizar sua cólera para transformá-la em agressividade ativa, saber utilizar a herança Flaubert, o impiedoso relance cirúrgico que faz "as mentiras caírem aos pedaços". Seria mais necessário ainda que ele *se interessasse pelos outros*; isso significa, em primeiro lugar, que ele não deveria começar por mantê-los à distância. Para ferir as pessoas, é preciso conhecê-las e, para conhecê-las, é preciso ter com elas algum vínculo de interioridade, encontrar-se numa situação tal que os *habitus*, os tiques, os vícios e as qualidades delas nos deixem comprometidos de uma maneira ou de outra *em nós mesmos*. Não caberia acreditar que a relação mais propícia à observação seja a exterioridade recíproca de observador e observado, e que o psiquiatra, homem sensato, para curar seu doente, deva se recusar a "entrar em seu delírio". A exterioridade da testemunha só revela o *ser-exterior* do sujeito observado, em outras palavras, o nível de objetividade em que ele é exterior a si mesmo. O único modo de alguém avançar na compreensão é colocar-se no nível em que fica pessoalmente em causa, em que a busca conteste o buscador; o verdadeiro psiquiatra é louco por vocação; sua loucura é sua melhor ferramenta para penetrar a loucura dos outros. Por essa razão, os mais temíveis zombeteiros, os que, com uma palavra sem estardalhaço, mas bem endereçada, sabem fazer suas vítimas sangrar por muito tempo, são encontrados no seio das famílias: uma tia é famosa por suas "maldades", um tio faz observações cáusticas, os velhos cônjuges se humilham sem parar: é porque são ao mesmo tempo profundamente solidários e *comprometedores* um para o outro.

 Já na infância Flaubert declara-se misantropo: mantém o próximo à distância e, com algumas negações abstratas, faz-se cego: os indivíduos lhe escapam, uma vez que, em cada um, ele decidiu só ver o *homem* e só ter com nossa espécie uma relação visual. Afirmando "sobrevoar", ele não observa nem compreende ninguém, e às vezes se gaba disso: "Agora cheguei ao ponto de olhar o mundo como um espetáculo e de rir dele. Que tenho eu a ver com o mundo? Pouco me importunarei com ele, deixar-me-ei levar pela corrente do coração e da imaginação, e, se gritarem alto demais, talvez me volte como Fócion, para dizer: que grasnado é esse!".* A incoerência da metáfora (sabe-se como Gustave em geral se preocupa em "ater-se" às suas imagens) é muito significativa: se ele não percebeu que não é possível olhar o mundo dando-lhe as costas, é porque, para ele, na época dá na mesma voltar as costas para o universo e sobrevoá-lo rindo; o essencial é escapar do real, desrealizá-lo como espetáculo, irrealizando-se como espectador. A técnica lhe foi ensinada por Alfred, que, emparedado em sua altiva indiferença, pouco se preocupa em conhecer os homens. Gustave, como bom discípulo, empenha-se ao máximo em ignorá-los. Veremos que essa incompreensão do outro – tão impressionante em sua Correspondência –, em vez de atrapalhá-lo em seu trabalho de romancista, constituirá um auxílio considerável. Ele sempre ignorou a "*psique*" dos amigos. Alfred, Maxime, Ernest e até mesmo Louis Bouilhet escapam-lhe tanto quanto os dois cachorrinhos, Edmond e Jules, ou tanto quanto a princesa Mathilde. Os Goncourt, em especial, apesar de sua malevolência neurótica, ou melhor, por causa dela, sempre souberam muito mais sobre Gustave do que este sobre eles. Em contrapartida, digamos que jamais se encontrarão, observações ferinas em suas cartas: ódio, sim, às vezes ostensivo, às vezes melifluamente dissimulado; veneno, não. Ele está acima ou abaixo disso; acima: sua consciência sobrevoa o gênero humano, que despreza por inteiro, então que necessidade tem de caprichar, de passar do atacado ao varejo? Abaixo: em companhia, ele de repente vira presa de um vampiro – veremos qual – e fica ocupado demais a *atravancar* a cena, para dar atenção a quem quer que seja.

É de se perguntar, não sem razão, como nessas condições Gustave pode gabar-se de ser *irônico*: não será essa a atitude mais oposta a seu caráter constituído e às suas aspirações? Isto porque ela pressupõe um desapego ínfimo, mas real, em relação a uma situação concreta e singular. Ora, Gustave está acorrentado e só escapa às

---

* A Ernest, 13 de setembro de 1838, *Correspondance*, t. I, p. 30.

amarras refugiando-se no imaginário e nas generalidades. Nem em sua Correspondência nem nos relatos das "testemunhas de sua vida" encontramos vestígio dessa desenvoltura vivaz.* O *Diário* dos Goncourt fala de suas piadas sujas, de seus paradoxos; mais tarde, depois da morte de Flaubert, Edmond sentirá saudade das "palavras cortantes". Ninguém pensa em lhe atribuir "espirituosidade". Como entender a mordacidade, o humor escarninho que ele se atribui? A resposta está numa única palavra, que figura no texto acima citado de *Memórias de um louco*: cinismo. Incapaz de atacar os colegas em seus defeitos individuais, estilo de vida, insuficiências ou imperfeições, ele condena abertamente suas iniciativas, repreendendo a futilidade de tudo com uma gargalhada. Aliás, basta vê-lo em ação. Ataca um beatinho, interno do padre Eudes. Acaso tentará destruí-lo com observações pertinentes sobre sua burrice ou seu pedantismo, ou, sei lá, sobre sua mania de chupar o nariz? Não. Pela razão de que não enxerga nada disso e não está preocupado com essas coisas. Tentará pelo menos atacá-lo em sua fé, que talvez não deixe de ter fraquezas, insinuar a dúvida no crente autossuficiente? É o que faria um verdadeiro malvado, sem dúvida – se é que isso existe. Gustave, por sua vez, bem consciente de despertar o interesse dos que o circundam, procura *escandalizar*. Com ataques contra a Igreja? Talvez, para começar. Mas não se demorou neles, pois não os menciona nem mesmo em sua carta. Na verdade, ele o faz "suar em bicas" com um excesso de invencionices obscenas e *gratuitas*: o padre Eudes é pederasta, deita-se com seus internos e, em especial, com seu infeliz colega; não é de se duvidar que Gustave

---

* É óbvio que a fonte da ironia de um panfletista raramente está apenas no desapego: nela se somam o ódio ou a cólera contra uma coletividade ou um indivíduo; as melhores tiradas de Voltaire nasceram do amor-próprio aguilhoado. Não importa: a ironia pressupõe no "homem de espírito" um modo de inserção no mundo que, em caso de perigo, lhe possibilita certo tipo de *verdadeiro distanciamento*: não se trata de ver os adversários como o gigante vê os mirmidões – isso seria perder o poder de *coletivizar* seu riso, ou seja, de comunicá-lo a outros que, ao contrário, seriam feridos pela universalidade dessa pantagruelização –, mas, ao contrário, de mostrar, em nome de certos fins comuns – que os leitores reconhecerão, ainda que omitidos –, a vanidade, a leviandade das iniciativas do inimigo. O ironista provoca no indivíduo ou na coisa considerada uma *dissipação de ser*, e isso só poderá ocorrer se, mantendo certa distância, ele expressar ao mesmo tempo sua conivência com alguma comunidade que – sabe ele – compartilhará com ele aquele riso. O espírito de Voltaire é a razão analítica a desmembrar os privilégios da aristocracia. Ele provoca o riso como *indivíduo de uma classe*.

tenha sentido prazer em pormenorizar seus jogos amorosos: isso, se não dito, é claramente sugerido. Ora, o escarnecedor sabe muito bem que suas acusações não contêm uma só palavra verdadeira; sabe que o beatinho sabe disso, e que os colegas tampouco o ignoram. E, como ele finge acreditar no que diz, é evidente – em primeiro lugar a seus próprios olhos – que *está desempenhando um papel*. A prova: escreve com tranquilidade a Ernest: "Fui magnífico". No mesmo sentido com que se dirá que Kean foi magnífico em Hamlet. O que quer ele então? Prejudicar o colega, desmoralizando-o. E será possível desmoralizar com calúnias que não se baseiam em nada, a não ser talvez no fato genérico – e conhecido por ouvir-dizer – de que há padres pederastas? Sim: o menino carola está apavorado com tais imputações obscenas, mesmo e sobretudo sendo notoriamente falsas; ao pintar seus prazeres fictícios com o padre Eudes, o que ele lhe revela não é sua indignidade, mas uma realidade que ele não queria ver: seu santo mentor esconde debaixo da batina um sexo que dedos hábeis ou uma boca complacente talvez possam animar. Essa possibilidade, em consequência do importante interdito que a acompanha, logo se transforma se não em tentação positiva, pelo menos em negativa: o medo de ser tentado. A principal abominação é que o padre Eudes possa ser publicamente desmascarado. O menino católico decerto admirava o celibato dos sacerdotes, a sagrada renegação da carne: esquecia seus corpos porque a santa castidade deles, ao alforriá-los da carne, era também esquecimento. Ao caluniar cientemente os costumes do bom padre, o que o pequeno zombeteiro denunciava era a própria castidade: esta não passa de mentira ineficaz, pois de qualquer maneira o "bravo órgão genital" permanece; para o filho do doutor Flaubert a função cria a necessidade; o padre Eudes, se não for um Priapo, tem com o que vir a sê-lo, e só deixa de sê-lo sonhando com priapeias imaginárias, acompanhadas por um onanismo bem real. E eis aí pulverizado um princípio fundamental da Igreja católica. Sem grandes consequências, é verdade: sabe-se o que um teólogo lhe responderia. Mas é realmente de teologia que se trata: um pobre menino transpira de pavor, enquanto seu vizinho blasfema a meia-voz e os condiscípulos se voltam para ele meio divertidos, meio chocados. O que fez Gustave, no caso, senão se exibir e, em nome de uma misantropia *a priori* (os homens são "um pouco mais que árvores, um pouco menos que cães", os padres não fogem à regra), *encenar o papel de blasfemador*, ou seja, em meio a ficções reconhecidas como tais por todos os seus ouvintes, mostrar no universal a hipocrisia e a futilidade de um esforço "nobre" (para cada sacerdote o celibato é uma questão de juramento) e revelar *cinicamente* a "ignóbil" realidade? Pouco importa se o padre Eudes não "socratiza"[14] seus internos, pois outros padres o fazem em outras instituições, e ele é tentado a isso cem vezes por dia. Disso Gustave está convencido: em *Agonias* mostra um padre correndo bordéis; mais tarde, sem insistir no aspecto propriamente carnal dos desejos deles, denunciará de modo mais geral o *materialismo* dos ministros de Deus; esses representantes do Ideal empenham-se em satisfazer suas necessidades orgânicas. Há três escândalos: um menino acredita que é sujo e que seus ouvidos são pecadores; os colegas sentem um vago mal-estar, dão sorrisos amarelos. O próprio Bouilhet está enojado; Ernest lerá sem prazer, com certo pavor, a carta que lhe é destinada. Todos concordarão em dizer que Gustave é cômico, mas seu cinismo às vezes beira a ignomínia. É justamente o que quer o pequeno comediante: *incomodar*; prejudicar o indivíduo, mas não o atacando em sua idiossincrasia e sim em sua generalidade ou, se preferirem, em sua *natureza humana*. Para isso, é preciso *encenar*: o que é, no fundo, a sua "zombaria", nesse caso particular? Nada mais que sua triste descrença voltada contra os outros e mostrando-se como negação cínica da fé. O incréu-a-contragosto interpreta em público esta personagem: fanfarrão da incredulidade.

É o que sobressai claramente das alfinetadas dadas em Ernest, quando este, que estudava em Paris, começa a agastá-lo. Um dia, por exemplo, Chevalier lhe conta que "se decidira pela crença definitiva numa força criadora, Deus, fatalidade etc., e que esse ponto postulado lhe propiciará momentos bem agradáveis". Nada pode irritar mais o jovem agnóstico, que, tal como Mazza, "inveja e despreza" os crentes. Ele responde cruamente: "Para dizer a verdade, não concebo o agradável. A quem vê o punhal que deverá atravessar-lhe o coração, a corda que deverá estrangulá-lo... não concebo o que isso pode ter de consolador. Tenta chegar à crença do plano universal, da moralidade, dos deveres do homem... na integridade dos ministros, na castidade das putas, na bondade humana, na felicidade da vida, na veracidade de todas as mentiras possíveis. Então serás feliz e poderás dizer que és crente e um quase perfeito imbecil...".*

---

* *Correspondance*, t. I, 30 de novembro de 1838, p. 35. As incorreções (crença de...), as mudanças bruscas (a crença de... se transforme sem prevenir em crença em... etc.) marcam a cólera que lhe transtorna a cabeça.

Não há dúvida de que ele não quer ferir Ernest. No entanto, o ataque não visa a este como indivíduo, mas à *demonstração de fé* em sua generalidade, como necedade carola, filantrópica, otimista, que ele encontrou no pobre interno do padre Eudes. Essa demonstração de fé Chevalier simplesmente deu ou está prestes a dar: Gustave vai mostrar-lhe o idiotismo que o aguarda, inelutável, no fim do caminho escolhido. Percebe-se o procedimento: esse idiotismo progressivo, essa paralisia do pensamento é a consequência abstrata, mas certa, da Fé, seja quem for o crente; mas, visto que Ernest se decidiu por uma crença definitiva, a imbecilidade passa a ser seu destino singular. Se a opção for para valer, o jovem está perdido, é dever e volúpia dar-lhe a conhecer, desdenhosamente, as fases de sua involução; se ainda não estiver totalmente decidido, essa troça depreciativa lhe propiciará um bom sofrimento, o provocado pelo ferro em brasa que cauteriza.

E Gustave, em tudo isso? *Quem* é ele para dar esses conselhos? As últimas palavras do parágrafo informam: "Enquanto isso, continua sendo um homem de espírito, cético e beberrão". Espirituoso, cético, beberrão: isso justamente Chevalier não é. Por isso, o verbo usado por Gustave, "*continua*", é apenas de polidez. Entenda-se: *seja como eu*, intelectual etc. Não podemos duvidar que o caçula de boa família está desempenhando aí certo papel: chamar de espirituosidade a sua ironia pesada é travestir-se. Quanto à bebida, sem dúvida a pratica, sob influência de Alfred, beberrão solitário. Mas tem medo de passar dos limites, pois herdou a prudência Flaubert: desesperado pode ser, mas não temerário. Quanto ao ceticismo, quem lê não dirá que ele o transforma em indiferença aristocrática? Primeiro beber, depois rir de tudo, como Mathurin. Mas, nesse mesmo ano de 1838 – provavelmente no começo do verão – ele acaba de terminar *Memórias de um louco*, que a princípio – escreve ele no prefácio – deveria "ser um romance íntimo em que o ceticismo *fosse levado até os últimos limites da desesperança*". E explica que o que mudou depois não foi o tema, mas que o romance se tornou *Memórias*, que "a impressão pessoal despontou através da fábula". Para Gustave, portanto, o ceticismo não é o travesseiro macio[15] do homem de bem; é a horrenda desolação nascida de sua "crença em Nada". Em outros termos, para zombar melhor de Chevalier e de sua religiosidade imbecil, Gustave troca os sinais: será que ele convenceria Ernest, o esfolado do Centro Hospitalar, se opusesse aos momentos agradáveis que a religião já está propiciando ao amigo os seus próprios tormentos, seu horror à vida, seus esforços dolorosos e vãos para *crer*? Logo em seguida, ele se fantasia de libertino do século XVIII. Homem de espírito e bom-tom, esperto demais para cair no obscurantismo religioso: não acredita em nada, mas alegremente; não esperando castigo nem recompensa, diverte-se com a própria inteligência, goza sem temor do presente e – o cúmulo da elegância – sabe beber. É Gustave esse grande senhor libertino? Não: é a personagem que ele escolheu encenar, porque mais apta a encher Ernest de vergonha. Digamos, se preferirem: é a personagem que sua pluma arrebatada o faz ser. É preciso isso para que Chevalier seja mordido por sua ironia. É preciso, portanto Gustave *acredita* nesse agnóstico zombeteiro que o vampiriza: acredita nele durante *o tempo de zombar do amigo*; no parágrafo seguinte, já é outro: "Pobre Rousseau, tão caluniado, porque teu coração era mais elevado que o dos outros". Reconhecemos, dessa vez, o menino rebaixado a todos "pela sua própria superioridade".

Em alguns anos, o "homem de espírito" se tornará alvo de seu ódio. Essa personagem, identificada pelo provincianismo de Gustave ao parisiense que brilha nos salões, desagrada-o justamente pela estreiteza de visões: seu voo é rasante, ele se diverte demolindo montículos, mas não toca no conjunto da Criação; Flaubert, atacadista da corrosão, só pode ter desprezo por esse retalhista. Entre dezesseis e dezoito anos, porém, fala dele com simpatia e identifica-se com ele: "Um chiste é o que há de mais poderoso e terrível, é irresistível – não há tribunal para se recorrer de sua razão nem de seu sentimento –, uma coisa ridicularizada é uma coisa morta, um homem que ri é mais forte que outro que sofre. Voltaire era o rei de seu século porque sabia rir – todo o seu gênio não passava disso; era só isso".* A nota seguinte refere-se ao mesmo assunto: nela reencontramos a alegria que Flaubert ostentava havia pouco para humilhar mais Ernest: "A alegria é a essência do espírito – um homem espirituoso é um homem alegre, um homem irônico, cético que sabe da vida, da filosofia e da matemática, é a razão, ou seja, a força, a fatalidade das ideias – o poeta é carne e lágrimas. O homem chistoso é fogo que queima".** Vamos cair nessa? Vamos achar, como quer ele, que o homem espirituoso é alegre? Só se não lermos *Smarh*, em que, tratando de nossa época, ele escreve: "Riam, mas o riso tinha angústia, os homens eram fracos e maus, o mundo era louco". É de se notar a violência

---

* *Souvenirs*, p. 72.
** *Souvenirs*, p. 72-73.

de certas frases: "Uma coisa ridicularizada é uma coisa morta" e "o homem chistoso é fogo que queima". Elas prenunciam o artigo sobre Rabelais (1839, Flaubert tem dezessete anos): "...De repente surge um homem... que se põe a escrever um livro... cheio de chistes mordazes e cruéis... tudo o que se respeitou até então desde séculos – filosofia, ciência, magia, glória, nomeada, poder, ideias, crenças – tudo isso é derrubado do pedestal, a humanidade é despojada de seus trajes de gala... freme nua sob o sopro impuro do grotesco... ela é feia e repugnante, Panurgo atira odres de vinho à cabeça dela e começa a rir... riso verdadeiro, alto, brutal, o riso que parte e quebra, esse riso que, com Lutero e 93, derrubou a idade média... Gargântua é terrível e monstruoso em sua hilaridade...". E a conclusão, que diz respeito ao século XIX: "Então que venha agora um homem como Rabelais... se o poeta conseguisse ocultar as lágrimas e se pusesse a rir, garanto que seu livro seria o mais terrível e o mais sublime que já se fez". A derrisão mata, o chiste é fogo que queima, a hilaridade parte e quebra. Decerto; e entendemos agora este trecho de uma carta a Ernest, escrita em 1838: "Só estimo profundamente dois homens, Rabelais e Byron, os dois únicos que escreveram com a intenção de prejudicar o gênero humano e de rir na cara dele. Que imensa posição a de um homem assim colocado diante do mundo".* Mas precisamente por isso – pelas razões mesmas que expõe – esse riso doloroso, feroz, devastador, estamos seguros agora, não pode ser o riso da alegria. Gustave, poeta, derrama lágrimas de raiva; se ele "conseguisse ocultar as lágrimas e se pusesse a rir", elas deixariam de lhe queimar o coração?

Seu projeto, porém, fica mais manifesto: os arrebatamentos--alheamentos tinham, entre outras funções, a de alimentar sua indiferença desdenhosa para com os homens: essa atitude puramente interior já não lhe basta; o fato é que seus condiscípulos riem dele enquanto ele se empenha em desprezá-los; além disso, ele sabe muito bem que essa ataraxia é imaginária; para ser verdadeira, é preciso que sua indiferença se exteriorize com um *contrarriso* gigantesco porque precisa esmagar a caçoada imensa da coletividade escolar. O gigante se debruça sobre os mirmidões e gargalha quando os vê matando-se uns aos outros. Perder a vida e tomar a dos outros por ilusões, mentiras, paixões imbecis ou bens que pressupõem justamente

---

* 13 de setembro de 1838. *Correspondance*, t. I, p. 29.

que se viva para usufruí-los, isso sim é farsa. A espécie humana é *cômica*, e, como "a coisa ridicularizada é uma coisa morta", o riso cósmico de Gustave é, a seu ver, a realização do genocídio com que ele sonha. Como alega não compartilhar nenhuma das finalidades humanas, acha fácil basear sua hilaridade na "crença em nada", ou seja, num niilismo absoluto. As dificuldades são outras: estas provêm da concepção grandiosa e irrealizável inspirada por seu orgulho. A primeira é puramente teórica: não se entende como um "brâman perdido na ideia" pode preocupar-se em zombar dos homens, em outras palavras, não se sabe como o Infinito *que os ignora* poderia ao mesmo tempo conhecê-los o suficiente para ridicularizá-los. Gustave é incapaz de esclarecer, mas isso não atrapalha: nós sabemos que sua ataraxia é fingida, que ele está louco de raiva e recorre aos êxtases para abolir os condiscípulos; se nunca sentiu indiferença de verdade, seu riso nada mais será que outra maneira de escapar à violência que o sufoca, *exteriorizando-a* na forma de agressividade defensiva. Há algo mais grave: mostrei que o riso é uma reação coletiva e serial e que, como linchamento menor, tem o objetivo de denunciar num homem inquietante o sub-homem que se leva a sério. Ora, é tal o orgulho de Gustave que ele pretende, ele, o excluído, rir *sozinho* e do gênero humano inteiro. É o que, em outra carta, ele chama de "filosofar e pantagruelizar". Notem-se, de passagem, estas palavras de seu *Rabelais*: "Gargântua é terrível e *monstruoso* em sua hilaridade". Nada enfatiza mais que o riso de Gustave é *revide*: o adolescente quer rir porque está *só*, não integrado, desesperado; o monstro pretende rir, *na qualidade de monstro*, da sociedade que ridiculariza suas anomalias. Será possível? Respondo que não, *em princípio*: aquele que é exilado pelo ostracismo do riso não tem meios de voltar a zombaria contra a comunidade que o exila. E, aliás, os zombadores colocam-se como *homens* que riem de sub-homens que pretendem mendazmente ter acesso à espécie humana. Só poderia rir dessa espécie quem se encontrasse situado *acima dela*: o homem, esse subgigante, só seria risível para Gargântuas e Pantagruéis se, inconsciente de sua subgigantidade, ele tivesse a pretensão de ser membro da espécie gigantesca. De resto, seria preciso que os trocistas fossem plurais e se referissem, implicitamente, à comunidade dos gigantes.

   Gustave corta esses nós górdios em vez de desatá-los. Como os risos dos colegas o alijam da natureza humana, ele tem a pretensão de escolher: sub-homem *ou* super-homem. E a raiva e o orgulho o levam a optar pelo super-homem não reconhecido. É monstro, que seja: mas monstro para o gênero humano. Não para Gargântua, que é de sua espécie e que, atacado pelos homens, "mija neles tão rudemente que todos eles morrem". Seus êxtases lhe provaram que ele é "do tamanho do mundo" e que pode zombar dos "cérebros estreitos" que ousam rir dele. O riso, em todos os níveis, torna-se o linchamento menor, por parte da espécie superior, de uma espécie inferior que se leva a sério. Na circunstância, são os homens, pequenas naturezas que se cansaram cedo demais de beber, comer, combater e saltitar sobre a crosta da terra, que se tomam por gigantes, e são os gigantes – também risíveis em relação ao infinito negativo – que se riem dos homens. Gustave *elabora o riso*: descrevemos a hilaridade *primária*, quando ele – masoquista e sádico – só queria fazer os homens rirem dele. Seu furor o conduz à hilaridade *secundária*: invertendo os termos, ele pretende "pantagruelizar", ou seja, dirigir sua derrisão corrosiva não mais para os malogros do gênero humano, mas para a própria humanidade, não passando esta de um malogro do Ser. Mal acaba de ridicularizar um jovem crente, ácaro que tem a fatuidade de acreditar que possui o infinito, seu riso desmascara a incrível parvoíce dos alunos bons em versão, formigas cuja única preocupação é obter um primeiro prêmio, enquanto em outros estabelecimentos da mesma cidade, em outros colégios de outras províncias, outros insetos são dominados pela mesma ambição, enquanto a Natureza ilimitada, indiferente aos fins humanos, os produz ao acaso para os triturar sem motivo.

    Sobre esse primeiro aspecto, portanto, tudo está claro: Gustave se outorga o direito de rir porque se julga habilitado a assumir o ponto de vista cósmico sobre nossa espécie. Tem predecessores: Voltaire, antes dele, fez rir do homem ao olhá-lo com os olhos de Micrômegas; terá sucessores: Queneau, com mais fineza, descreve nossos costumes *a partir de fora* em *Saint-Glinglin* e, desse ponto de vista, é possível dizer que a *ficção científica*, entre outras coisas, é uma imensa derrisão mesclada à angústia mais sombria. O fato é que todos esses autores, tentados pela hilaridade *secundária*, nunca riem *primeiro*: são ganhos, em última instância, pelo riso que provocaram nos leitores. A fraqueza de Gustave, em sua posição de partida, é querer rir *sozinho* e de *todos*, o que é uma impossibilidade de princípio. Fosse ele Gargântua, debruçado sobre a vérmina humana, só sorriria caso se remetesse, pelo menos em pensamento, a seus companheiros Titãs. Ora, só há um Titã, e é ele: ainda assim, só em imaginação. Não seria porque seu riso continua imaginário? Se é assim, o que ganhou em exteriorizar a interiorização do riso dos outros? Nada, se se limitar a rir à socapa e solitariamente: desempenharia um papel sem eficácia objetiva. Mas falei acima de uma tirada de gênio. Ei-la: ele vai *provocar o riso*. De si. Mas, no mesmo instante em que serve de espetáculo, dá um jeito de obrigar os condiscípulos a rirem de si mesmos e da natureza humana quando acreditam divertir-se com ele. Rir na cara da humanidade: isso não tem sentido, ou então é provocar nela um ataque de riso diante de sua própria nudez. Não: Gustave não é espirituoso; quando se acredita irônico, engana-se; traiu-se com uma palavra, o monstrengo doloroso que sofre porque leva tudo a sério: o homem espirituoso, diz ele, é *"chistoso"*. E é isso justamente o que passará a ser o caçula Flaubert. Chistes, disparates, trocadilhos e abobrinhas. É um galhofeiro, enfim, um engraçadinho de salão, sempre risonho, sempre pronto a fazer "rolar de rir", um pândego: esse é o papel que ele assume no colégio e até mesmo em família, a ponto de fartar os pais e, às vezes, até a irmã. Mas cuidado: suas pândegas são venenosas, cada uma delas é um sainete que tende a mostrar que o homem é grotesco; é preciso que os espectadores, caindo na armadilha, primeiro riam de Gustave, o sub-homem, e acabem rindo de si mesmos. É por essa razão que ele vai pedir a colaboração dos colegas para criar com eles e contra eles essa personagem combatente: o Rapaz.

Nascimento do Rapaz

A primeira vez que Flaubert faz alusão ao Rapaz em sua Correspondência é em 24 de março de 1837: "Quando penso na cara do censor[16] surpreendido com o fato... fico espantado, rio, bebo, canto, ah! ah! ah! ah! ah! ah! e faço ouvir a risada do Rapaz". Ora, a carta imediatamente anterior a essa é de 24 de agosto de 35: esse silêncio de dezoito meses continua sem explicação, mas, seja qual for a razão – cartas perdidas ou queimadas por Chevalier etc. –, é evidente que a personagem apareceu durante esse período, em data que pode ser determinada com aproximação relendo-se as cartas anteriores.

Até as férias de verão de 1834, elas têm a ingenuidade e a solenidade da infância.* Gustave quase não sorri e costuma passar da indignação virtuosa ao lugar-comum sentencioso e às vezes elegíaco.** Já em 29 de agosto do mesmo ano, dá mostras de furores mais intensos e brutais: se não tivesse "uma rainha da França na ponta da pluma" (está escrevendo um romance sobre Isabel da Baviera), há muito tempo uma bala o teria livrado dessa piada de mau gosto que se chama vida. Primeira totalização pelo riso: a vida é uma bufonada; só há duas saídas: suicídio ou literatura. Yuk ainda não existe, mas está bem perto de nascer e de destronar Satã. A mudança se acentua com a carta de 28 de setembro seguinte: até então Gustave só dissera coisas de criança bem criada, em estilo castiço. Eis então que o tom sobe, a linguagem torna-se grosseira: entra em cena a "troça". O editor – a menos que seja Ernest – assumiu a responsabilidade de cortar dois trechos (é a primeira vez, mas não a última), e felizmente o que resta dá ideia do que pode ter sido tirado: "A volta às aulas está *re-chegando* com aquele jeito chato e empolado... Enfim, cocô de cachorro para ela". A partir daí, o bufão e o solene não deixarão de se alternar em sua pluma, e a maldade ressentida (sabe-se o que se deve entender com isso) vai expressar-se cada vez mais por meio do riso: "Vais gostar de saber que o amigo Delhomme está com o olho direito machucado, mas de um jeito esquisito, tão esquisito e tão brutal, que toda aquela parte do rosto ficou inchada... (Foi) à enfermaria, puseram dez sanguessugas em cima do olho destroçado. Ah! Pobre Livarot, que bela peça lhe pregaram! Assunto para dar risadas por dois ou três dias no mínimo".*** É interessante que a reação de Gustave é rigorosamente semelhante à que ele terá dezenove meses depois, em 24 de março de 1837, quando souber que o censor foi surpreendido num bordel. Em 35: "Vais gostar de saber...". Em 37: "Tenho uma novidade agradável para te contar...". Nos dois casos, segue-se o relato do acontecimento entrecortado por exclamações

---

* Cf. 26 de agosto de 1834. A Ernest, *Correspondance*, t. I, p. 13. Nela se leem a narrativa de um afogamento e os comentários que ele lhe inspira.

** Com uma exceção, porém: a carta de 31 de março de 1832: "Um aluno do padre Langlois por pouco... não caiu na latrina... se não o tivessem segurado, teria caído nos excrementos do padre Langlois". Encontra-se aí a veia escatológica de "Explicação da famosa constipação".

*** 2 de julho de 1835, *Correspondance*, t. I, p. 16-17.

e insultos à vítima. Depois é o júbilo; em 1835: "que bela peça lhe pregaram!"; em 1837: "Mas essa foi mesmo muito boa!". Os dois parágrafos terminam com gargalhadas; 1835: Gustave promete "rir por dois ou três dias no mínimo"; 1837: a descrição é mais épica: "Estou rolando no chão, arrancando os cabelos, é muito bom" etc. Mas porque a novidade é muito mais cômica: cara quebrada acontece todo dia; censor surpreendido em bordel é raro petisco. A única diferença notável entre os dois é que, no primeiro, o Rapaz não é designado. Pode-se concluir daí que ainda não nascera em julho de 35: já que as duas atitudes são em essência idênticas, por que Flaubert não o teria mencionado? Mas, pela mesma razão, cumpre reconhecer que tudo já está pronto, e que é só esperar: está em gestação a *persona* por meio da qual o riso cósmico vai poder tornar-se um universal singular. Outros sinais o anunciam: é nessa época que se manifesta pela primeira vez, na Correspondência, a tendência de Gustave a atribuir-se pseudônimos para manter sua experiência íntima entre o Eu e o Ele. Na mesma carta, escreve: "Estava esquecendo de contar uma nova novidade, é que meu pseudônimo poético é 'Gustave Koclott'. Com isso espero desorientar o maior espertalhão de nossa boa cidade de Rouen". E assina: "Gustave Antuoskothi Koclott".

Em 2 de julho: os colegiais vão sair de férias; há poucos indícios de que, nos últimos dias do ano letivo, a segunda divisão da classe de quinta tenha tido tempo de forjar um mito. Deve-se supor que a criação tenha ocorrido após o "encontro de outubro". Em todo caso, não depois do fim do outono de 1835 ou do início de janeiro de 1836. Desde o verão Gustave está em trabalho de parto: vai fazer catorze anos, sabe que perdeu a partida, mas os incentivos lisonjeiros de Chéruel e Gourgaud lhe deram força íntima para "enfrentar"; continua acossado, doente, mas em vez de se açodar, finca pé e quer devolver na mesma moeda. Entre julho e outubro, descobriu o riso como desqualificação do finito pelo infinito e do Ser pelo Nada. Decerto bastou o choque provocado pela volta às aulas "re-chegando com aquele jeito chato e empolado" para provocar o parto.

Isso, evidentemente, não significa que Gustave tenha exclamado um dia: "De repente, o Rapaz", como fará Cocteau – "De repente, o Eugène..." – em *Potomak*. Sabemos que houve "rapaziadas" nas quais essa personagem não figurava; por exemplo, a procissão de esqueletos de que Flaubert foi organizador: o Rapaz teria adorado aquela derrisão da vida pela morte e da morte pela vida; sem dúvida teria participado da cerimônia, não fosse um importante empecilho: não tinha nascido. Gustave escolheu um novo ponto de partida, voltou ao colégio decidido a impor-se com suas "facécias"; alguns condiscípulos se tornaram seus cúmplices, e suas palhaçadas permaneceram impessoais até que exigiram um *sujeito coletivo*, símbolo e unidade de trocistas desesperados.

Aqui se apresenta a questão da paternidade: quem gerou o Rapaz? Gustave? Seu bando? Os dois juntos? Que parcela de responsabilidade cabe ao grupo, qual parcela cabe ao indivíduo? O texto dos Goncourt é bem claro: em 10 de abril de 60 anotam que "Flaubert... falou durante muito tempo de uma criação que absorveu muito de sua primeira juventude. Com alguns íntimos e, sobretudo, com um deles, Le Poittevin, colega de colégio... tinham inventado uma personagem imaginária em... cujas mangas e em cuja voz eles enfiavam, respectivamente, os braços e seu espírito trocista".* Infelizmente essas poucas frases estão cheias de erros: Le Poittevin não era e nunca foi "colega de Gustave". Saiu do colégio em julho de 1834, depois de cursar um ano de retórica. Ademais, em nenhuma das cartas que temos ele reivindicou a paternidade ou a copaternidade do Rapaz. Nas raras vezes em que, pelo que sei, ele fala deste, é com distanciamento, parecendo considerá-lo criatura de Flaubert. Embora às vezes se comporte à maneira desse herói mítico, é sem jamais se referir a ele. Nós o vimos imitar os gritos da "mulher gozando". E, quando ri de Lengliné, seu riso "estranho", reflexivo e secundário, que denuncia o cinismo imbecil do riso primário e espontâneo do jovem "burguês", não deixa de ter analogia – pelo menos no significado – com o do Rapaz. Além disso, Alfred está muito distante da violência desvairada e do gigantismo que caracterizam a personagem. Prefere o desapego estético, que sem dúvida alguma julga mais "elegante" e não está distante, às vezes, de reprovar as "*extravagâncias*" do companheiro.** Se lhe ocorre interpelar "impudentemente" os transeuntes e imitar "a mulher gozando", é por sua própria conta, sem outra razão além do humor e da circunstância: esse individualista não é de modo algum tentado a fugir de si mesmo e abandonar a própria pele para se enfiar na de

---
* Éditions de Monaco, t. III, p. 247.

** Como provam as dedicatórias de *Agonias* e de *Memórias de um louco*.

um ser coletivo e ritual; vimos que, por seu caráter constituído, ele é refratário às cerimônias – salvo as celebradas em família. De resto, mesmo quando se enfurece, continua frio e lúcido: "Como é normal, fizemos muitas besteiras". E acrescenta que voltou para casa farto dos outros e de si mesmo. Se, por amabilidade, às vezes se prestou àquilo que os Goncourt chamam de "brincadeira pesada, obstinada, paciente...", duvido que o tenha feito com grande interesse e que possa ser arrolado entre os "coautores". As conversas das quintas-feiras, aliás – conforme diz Gustave categoricamente –, giravam em torno de assuntos "elevados" ("voávamos alto"), e, se os dois amigos faziam sarcasmos com a Criação inteira, pretendiam pelo menos fazê-los como "filósofos", e não como "bufões".

Ernest, por sua vez, "*bancou o Rapaz*", não podemos duvidar. Algumas vezes se dobrou à tirania da "franco-maçonaria" celibatária: é o que permite a Gustave repreender *em nome de seu herói* a jovem seriedade do assistente de procurador de Calvi. Sua contribuição para *Art et Progrès* prova que esse futuro burguês burguesante, como qualquer outro, começou por detestar sua classe de origem: o guarda nacional cuja covardia ele ridiculariza em sua novela é nada mais, nada menos, que o burguês adepto de Luís Filipe, ou seja, mais ou menos diretamente – será que ele sabia? – o pai dele. Não ignoramos também que ele carregava uma faca no bolso "como Antony". O fato é que não tinham a mesma idade nem cursavam o mesmo ano escolar. Ernest já entrava na segunda série, quando Gustave abordava a quarta. Sem dúvida, viam-se com frequência no próprio colégio, e a prova disso é o jornal, fruto da colaboração dos dois. Mas, para que ele colaborasse também na criação coletiva, para inventar no calor da ação e impor suas invenções aos companheiros de Gustave, era preciso que estivesse todos os dias com eles, o que não é muito provável. Nem mesmo Gustave, em sua Correspondência, menciona Chevalier e Le Poittevin entre os criadores. Para resumir, ele só indica um, Pagnerre, com uma frase que dá a entender que houve outros: "um *dos* criadores...". Mas, de certo modo, a colaboração de Pagnerre parece excluir a possibilidade de os dois amigos de infância de Gustave terem contribuído muito para a invenção da personagem: Pagnerre, com efeito, nunca esteve entre os "íntimos" de Flaubert; é um bom companheiro, só isso. Daí se deve concluir que o Rapaz, em vez de ser produto de estufa, cultivado na intimidade do Centro Hospitalar por três amigos inseparáveis, veio à luz ao ar livre, em meio às algazarras e troças, tendo sido engendrado em praça pública (recreios, refeitórios e dormitórios) pelas mesmas pessoas que o tomariam depois por símbolo da derrisão universal: um grupo de "baderneiros" da segunda divisão da classe de quarta série. O próprio Gustave insiste em seu caráter coletivo ou, como dizem os Goncourt, *genérico*. Dizem *o* Rapaz como Genet diz "*o* Ladrão". É fazer dessa personagem – apesar de individualizada por um caráter, por costumes, por uma história – um "tipo" (é a palavra empregada pelos dois irmãos), como *o* Misantropo ou *o* Avarento. Mas o que mais prova sua origem *plural* é que, diferentemente daquelas duas personagens de Molière, ele não pode ser objeto de um conceito.* Nem mesmo de uma *noção*: o Ladrão de Genet, universal singular que só pode ser apreendido no interior de uma temporalização, é da alçada do saber nocional; pelo menos esse saber pode explicitar-se pelo fato de ter sido constituído como uma superação do conceito de *roubo*: este, conservado no projeto que o transcende, esclarece *a partir de dentro* o movimento por meio do qual um ladrão, assumindo-se, passa a ser *o* ladrão. O Rapaz, por sua vez, não é um objeto de *conhecimento* – ou, pelo menos, não de início. Depois da conversa de 10 de abril de 60, os Goncourt o declaram "bem difícil de explicar", e o "contexto prova de fato que eles não entenderam nada, em absoluto: transmitem informações preciosas cuja unidade não veem. Não fosse isso, cometeriam a tolice de escrever que Homais lhes parece "a figura reduzida do Rapaz para atender às necessidades do romance"? Os próprios criadores – a começar por Gustave – não parecem em condições de *explicar* sua criatura. "Estar situado em certo ponto de vista – escreve Merleau-Ponty – é necessariamente não o enxergar, possuí-lo como objeto visual apenas com um significado virtual".** Em primeiro lugar, é isso o Rapaz: um ponto de vista sobre o mundo. Impossível colocar-se nele e vê-lo ao mesmo tempo. No entanto, disso não concluiremos que é um conjunto desconexo de facécias heterogêneas: os que o interpretam, sem dúvida alguma, o *compreendem*: prova é que *inventam certo*; se, por acaso, sua invenção não cola, o grupo a recusa – ou protestando, ou deixando-a cair no esquecimento do dia para a noite. Há uma Gesta e os Ditos do Rapaz, ou seja, uma coletânea de improvisações

---

* Sem dúvida, o autor de *O avarento* supera o conceito, enriquece-o com sua experiência ou suas invenções, mas o fato é que *a avareza*, nele, em Plauto, constitui o modelo, e nos espectadores é objeto de saber conceitual.

** *Structure du comportement*, p. 234.

felizes e consideradas válidas, que tendem a conservar-se na forma de liturgia. Essa obscuridade de *sentido* – implicitamente compreendido, nunca explicitado –, somada ao controle permanente dos criadores por seu público, prova o suficiente que a personagem é um *bem coletivo*: olham-na de fora porque sabem que é possível deslizar para dentro dela assim que tenham vontade ou inspiração. Não sabendo *com que* relacionar a cena de que são espectadores (como por exemplo quando se julga um ator em função de seu papel, ou seja, das intenções do autor, das interpretações anteriores daquela mesma personagem etc.), os colegiais se fazem seus críticos enquanto também são seus criadores, isto é, em função de seus próprios achados anteriores, dos "significados virtuais" que serviam então de esquemas diretivos à sua imaginação. Ou melhor, em virtude desses mesmos esquemas, eles colaboram na improvisação presente, assumindo sobre ela o ponto de vista do Rapaz: isso equivale a dizer que apoiam, que com sua aprovação exaltam o improvisador, e que pressentem as próximas invenções dele, o que equivale a inventá-las pela metade. Assim se explica por que o Arquétipo nunca é convertido em exemplares múltiplos. Cocteau, desenhista solitário, descobre o Eugène e depois *os* eugènes. No colégio de Rouen, havia só um Rapaz, do qual uma pequena comunidade de iniciados se erigira em guardiã; todos os membros do grupo tinham, alternadamente, o direito de identificar-se com ele: nisso não havia nenhuma ordem, pelo menos em princípio, nenhum privilégio. Alguns, por certo, menos furiosos ou mais tímidos, ficavam na maioria das vezes como espectadores ou atuavam como "figurantes"; quanto aos outros, a inspiração decidia: alguém entrava em transe, o grupo reconhecia nele um possuído, encarnação transitória do Arquétipo; todos se organizavam para lhe dar a réplica, ele se esmerava, ia além de suas forças, desmoronava por fim, e tudo voltava ao silêncio da serialidade, a menos que outro tomasse seu lugar na mesma hora. A razão para isso é simples: o ponto de vista do Rapaz, se considerado em sua mais abstrata nudez, é o riso. Não a noção de riso, mas o riso como *Weltanschauung*. Ora, o riso é uma conduta coletiva: portanto, é impossível criar o "Senhor do riso" sem que esse ser individualizado seja em cada um, sucessivamente, a unificação de uma coletividade que ri. O Rapaz *faz* o riso, ou seja, capta-o em sua dispersão e faz sua *exibição*. Voltaremos a isso.

A participação de cada um nessa criação coletiva jamais saberemos. O próprio nome Rapaz – ainda que eu duvide muito – pode ter sido ideia de um condiscípulo desconhecido de Flaubert. Em todo caso, é indubitável que este se considerava seu animador, o mestre de cerimônias e o principal inventor daquela "brincadeira paciente": com que insistência, às vezes maçante, mais tarde ele lembra a obra "comum" aos antigos colegas! A família está a par: a irmã Caroline considera o Rapaz propriedade comum do grupo e, ao mesmo tempo, propriedade pessoal de Gustave. Ao relatar um episódio capaz de afagar o orgulho do irmão, ela lhe pergunta: "Lisonjeei bastante a vaidade do Rapaz?", como se essa personagem fosse o próprio Gustave na terceira pessoa do singular. O processo de identificação – o mesmo que, mais tarde, fará de São Policarpo o ser-para-outrem de Flaubert – começa aí cedíssimo: Caroline, insidiosamente solicitada, presta-se com muito gosto às exigências do irmão e se faz de mediadora entre o Eu e o Ele, refletindo para aquele o ser-outro que ele lhe propõe. Gustave, em seguida, considera-se curador e depositário do Grande Ídolo hilariante: como se o grupo de colegiais o tivesse incumbido disso antes de se dispersar. Vejamos como ele se comporta com Chevalier, cuja seriedade começa a irritá-lo. *Primeiro tempo*: "*Talvez* logo fiques farto (da Córsega, de teu cargo) e sintas saudades do vale de Cléry *onde te fiz rolar de rir*".* Gustave apresenta-se como o homem da "selvagem hilaridade rabelaisiana"; ele "pantagruelizava", Ernest "rolava de rir"; a recíproca não é verdadeira, note-se; em todo caso não é mencionada: Ernest não era folgazão, não precisava ser; a gargalhada é o impacto ritual de Gustave sobre o amigo. *Segundo tempo*: "Quer dizer que te tornaste um homem ajuizado... olha-te no espelho... e dize se não estás morrendo de vontade de rir... conserva sempre a ironia filosófica, *pelo amor de mim*, não te leves a sério".** Gustave torna-se insistente; revela-se: pelo amor de mim; já não é ministro do culto, passou a ser o alto Senhor do riso. Na época, dava-se esmola "pelo amor de Deus". Vamos mais longe: aquiescendo, o assistente de procurador rirá de si mesmo *em* Gustave, assim como os cristãos se amam em Deus: o espelho – um dos temas favoritos do caçula Flaubert – revela a cada um seu ser-para-outrem, ou seja, para aquela alma habitada, seu ser-em-si. Ernest se verá em sua psique tal como em si-mesmo o olhar do amigo o transmuda; o espelho é Gustave: reflexo derrisório num olho de vidro, eis tudo o que restará de

---

* 13 de maio de 1945, *Correspondance*, t. I, p. 175. Grifo meu.
** 15 de junho de 1945, *Correspondance*, t. I, p. 182-183. Grifo meu.

um futuro procurador. *Terceiro tempo*, 13 de julho de 1847: "Gostaria de... aparecer uma bela manhã no teu ministério público para quebrar e espatifar tudo, arrotar atrás da porta, derrubar os tinteiros e cagar na frente do busto de Sua Majestade, enfim, fazer aí a estreia do Rapaz". Dessa vez o Senhor do riso se irrita de verdade: já nem sequer tenta arrancar um sorriso do asno pomposo que foi seu amigo; ameaça ir pessoalmente à Córsega para restituir Ernest à saúde, ou seja, ao autodesprezo. É verdade que ele não diz que é ou será o *Rapaz em pessoa*: ele *fará a estreia* dele, mas não importa: sua segurança insolente só pode advir de um velho direito consuetudinário que remonta aos anos de colégio: mais tarde, a propósito de Pagnerre, ele escreve que entre os criadores do Arquétipo há "uma franco-maçonaria que não se esquece". Franco-maçonaria: sociedade semissecreta; sua origem é uma "fraternidade-terror" arcaica, em outras palavras, um grupo-em-fusão que se constituiu em torno de Gustave, transformado depois (contrariando qualquer dispersão – férias escolares etc.) em grupo jurado. Pelo menos é assim que Gustave o entende: a seus olhos, trata-se de um compromisso vitalício, e é ele o encarregado de fazer todos os conjurados respeitá-lo; eleito pelo grupo, estima que sua função lhe dá domínio *real* sobre os ex-condiscípulos: ele tem o poder *reconhecido* de socorrer qualquer franco-maçom tentado pela importância metamorfoseando-se em Rapaz diante de seus olhos. Evidentemente, ninguém mais o leva a sério; os jovens burgueses encolerizados, assim que saem do colégio, só cuidam de se aburguesar. Ele desconfia, mas aquilo não é feito para desagradar: o Rapaz não passa de um papel, não esqueçamos; se Gustave fosse cagar debaixo do busto de Luís Filipe, poderia ser processado, e a prudência Flaubert veda todo e qualquer ato delituoso. Isso significa que a Personagem precisa ameaçar o tempo todo, mas nunca transpor os limites de sua irrealidade. Além disso, sob a égide da nova cunhagem da franco--maçonaria, pode-se soltar sarcasmos cáusticos, exigindo-se ao mesmo tempo a cumplicidade da vítima: ele sabe muito bem que, em Ernest, o aburguesamento é um processo inexorável, e que o pobre assistente de procurador há muito tempo saiu do partido dos trocistas – que são crianças sem poder – para ficar do lado dos poderosos – aqueles que não ligam para zombarias. Mas é do agrado de Flaubert valer-se da cumplicidade passada, recorrer a um mito que Chevalier não pode repudiar sem renegar ao mesmo tempo os mais belos momentos da adolescência. A menção ao Rapaz obriga o assistente de procurador, ainda que profundamente magoado, a salvar as aparências, a responder com humor ao que lhe é apresentado como uma manifestação do humor *deles*. A humor negro, sorriso amarelo: isso deleita o sadismo de Gustave e nos revela o aspecto negativo da franco-maçonaria, a maldade do Rapaz, à qual voltaremos incessantemente.

Logo Gustave é o único que se lembra do Rapaz; não importa: fala dele a quem quiser ouvir; assim que a sobrinha Caroline chega à idade de compreender, ele se apressa a iniciá-la; os Goncourt, como sabemos, não serão poupados. Nem Maupassant. Uma carta a este último, datada de 15 de agosto de 1878, nos revela que, menos de dois anos antes da morte de Flaubert, o processo de assimilação está terminado (*desde quando*, eis o que nunca saberemos): "Vejamos! Caro mocinho, empine o nariz! De que adianta afundar na tristeza? É preciso colocar-se frente a frente consigo mesmo como homem forte: esse é o meio de tornar-se forte. Um pouco mais de orgulho, caramba! O 'Rapaz' era mais corajoso. O que lhe falta são 'princípios'."* Impossível enganar-se: o Rapaz substitui um *Eu* que Gustave não quer ou não pode dizer. O sentido é claro: "Quando eu tinha sua idade, era mais corajoso que você". É ainda mais manifesto que os "princípios" por ele enumerados são os seus: o Artista precisa sacrificar tudo pela Arte, a vida é apenas um meio, é preciso se lixar para todos e, em primeiro lugar, para si mesmo. Portanto, ocorreu uma verdadeira osmose entre o Rei do riso e o "eremita de Croisset", em que as qualidades de um passaram para o outro e *vice-versa*: o isolamento voluntário deste é equiparado à caçoada desdenhosa daquele; inversamente, o primeiro, sob a influência do segundo, perde uma parte de sua violência desbocada e de sua malignidade, ou melhor, dá-lhe uma interpretação positiva, ética: eu tinha vontade de chorar, como você, mas me recusava a essa fraqueza e apressava-me a ridicularizar as causas de meus sofrimentos e *os próprios sofrimentos*. Matei-me com o riso para renascer Artista. Era duro: o homem forte é *em primeiro lugar um papel*, obriguei-me a encená-lo, *banquei o Rapaz* – pois *o homem que ri* é forte entre os fortes. Além disso, depois de uma longa ascese, minha *persona* passou a ser minha verdade. Gustave acreditará naquilo que está dizendo com tanta altivez? Sim e não: ansioso, precocemente envelhecido, desgastado pelas preocupações com dinheiro, reconhece seu louco nervosismo de "velha histérica" e não pode ignorar que está encenando a força moral. Mas sabe também que o Rapaz foi

---

* *Correspondance*, t. VIII, p. 136.

uma etapa no caminho que o conduziu à neurose e, através desta, à relativa serenidade. O aspecto coletivo da personagem permanece, mas, à custa de algumas distorções e de certa simplificação, Flaubert se apropriou inteiramente dele.

Depois dessas rápidas investigações, impõe-se uma conclusão: Gustave sempre considerou o Rapaz propriedade pessoal sua: por certo reconhece a contribuição de Pagnerre e dos outros, reconhece a criação coletiva, mas continua convencido de que os "baderneiros" não teriam *tentado* nada se ele não os tivesse reunido em torno de si e não os tivesse dirigido; eles enriqueceram a personagem com algumas contribuições felizes, mas Flaubert alega nunca ter perdido o controle das cerimônias e ter sido o instigador da maioria delas; os colegas parecem ter reconhecido sua autoridade na matéria: afora os momentos em que o Rapaz encarnava em algum deles que de repente fosse tomado pela inspiração, Gustave permanecia seu depositário; de resto, pensava nele o tempo todo, ou melhor, exercitava-se o tempo todo a pensar *como o Rapaz*. Essa preocupação constante tinha o efeito de levá-lo com mais frequência que os outros a interpretar o papel e a incrementá-lo com invenções de sua lavra. Mas, sobretudo, não duvida um só instante de que a Ideia do Rapaz veio dele: vamos mostrar que com razão.

Quando o pequeno Flaubert volta ao colégio, em outubro de 1835, firmemente decidido a devolver na mesma moeda e a rir de quem ri, a hilaridade de seus perseguidores continuava serial, como era antes das férias de verão. O ridículo, por si só, consegue apenas provocar uma dispersão de espasmos e soluços. Gustave está tão consciente disso, que descreveu a "algazarra" provocada pela chegada de Charles como um revoar súbito de pássaros*: isso é usar uma metáfora explosivo-analítica para marcar a *atomização* sob a falsa unidade coletiva: "Primeiro foi uma algazarra suprema que arremeteu num só salto, depois tombou em cascatas distintas, rolou como fogo de bilbode, mas acalmou-se, diluiu-se e, apesar dos castigos... às vezes se reavivava subitamente em toda uma linha de carteiras... Tal como uma revoada de pássaros soltos num salão, que primeiro faz um grande frufru, choca nos cantos o ruído surdo de suas asas, vai bater de bico contra os ladrilhos, e a gente apanha *um após o outro*".** O contágio continua mecânico: cada indivíduo tem seu tempo próprio, seu limiar de hilaridade, mais ou menos elevado; é ao mesmo tempo

---

* Num trecho inédito de *Madame Bovary*. Cf. *Ébauches et fragments* (Leleu), p. 8.

** *Ébauches et fragments*, p. 8. Grifo meu.

determinado na exterioridade pela brusca explosão que lhe fere os ouvidos e na interioridade por sua relação imediata com Charles e suas motivações pessoais: o estágio da solidão em comum não é superado. Não há dúvida de que Gustave, com essa descrição atomizante do riso "*no estado natural*" quis desforrar-se dos colegas que zombavam dele *antes* da invenção do Rapaz: a algazarra, em suma, é apresentada por ele como *não significante*; com efeito, todos aqueles espasmos contestadores, permanecendo separados, não podem compreender a intenção que os produz: há, em cada um, recusa de solidariedade, cujo objeto é Charles, mas cada recusa, replicando-se na solidão, acaba por ser não solidária das outras e, por isso, não se apreende jamais em sua dimensão coletiva. Disse acima, porém, que ele se referia tacitamente a uma comunidade requintada que não existia, mas que os trocistas afirmavam e da qual tinham saudade.

É essa comunidade *realizada* que Gustave lhes oferece como espetáculo. Aos poucos, como vimos, sua tristeza imediata e ingênua, seu desvario rancoroso deram lugar à veemência e ao arrebatamento. Ele exercerá sua "sombria ironia" sobre o "despotismo de todos". Mas naquele menino solene, crédulo e contemplativo, o riso não é espontâneo. Ele nunca foi mais dolorosamente sério do que aos oito anos, quando queria *fazer rir*. Se quiser rir, agora, precisará roubar o riso dos outros. Ou melhor, *imitá-los*. Porque, se alguma vez se deixou invadir pela hilaridade contagiosa, em locais de estudo ou em classe, foi como indivíduo serializado que se dissociava de um objeto particular. Mas, no momento, a questão é outra: *todos* rirem de um só é normal; impossível é que um só ria de todos. Mas é isso o que Gustave quer: fincar pé, como diz ele, diante da pequena sociedade de meninos e contrabalançar o riso coletivo destes apenas com a força de *seu* riso, encerrar em sua pessoa para soltar no momento certo uma "revoada de pássaros" inumeráveis.

Um trunfo de primeira: sua força física. Entre a quinta série e a quarta, acaba de descobri-la: desde os treze anos, aquele rapaz robusto e musculoso devia parecer um adversário temível mesmo para os "maiores". Sentiu isso, sentiu o respeito novo que seus bíceps impunham. Seria o momento de cobrar algumas dívidas com socos. Não pensa nisso. Se lhe ocorre ameaçar um bedel, é jactância e bravata. Vai mostrar força para não precisar usá-la; é uma ameaça, nada mais: vocês vão engolir sem reclamar as zombarias que estou retribuindo; se alguém não gostar, quebro-lhe a cara. Depois de cada gracejo, soltará uma gargalhada gigantesca – tem meios para tanto – que cobrirá os protestos. Mas, já nos primeiros dias, quando avança para os colegas, bem decidido a fazê-los pagar caro as humilhações que amargou, consciente dos olhares que se voltam para ele, sente-se de repente *em perigo*. Não que tenha medo de apanhar: tem a impressão obscura de não acreditar muito no próprio gigantismo. Sem dúvida, ele é o mais alto da classe e talvez do colégio: só o maldito Bouilhet tem sua altura, com a diferença de um centímetro; mas Bouilhet não está em questão; além disso, afinal, é a ele que falta o centímetro. O problema está em outro lugar: trata-se da credibilidade dos sinais que lhe são enviados por seus órgãos.

O corpo, por meio de suas estruturas próprias, na medida em que são *vivenciadas*, produz evidências especiosas: sobretudo nossa anatomia, interiorizada – e reexteriorizada por nossos comportamentos –, revela-nos em sua amplitude e em seus limites nossa ascendência imediata sobre o mundo. As gesticulações de Flaubert *também* são o livre desenvolvimento de sua pessoa física; as grandes passadas são propostas por suas pernas compridas. Sua benevolência condescendente ou seu desprezo pelos interlocutores apresentam-se em primeiro lugar como interiorização de uma relação física de não-reciprocidade: ele se inclina para eles, eles enfiam o pescoço nos ombros para oferecer a seu olhar um rosto voltado para cima, indefeso. Suas dimensões decidem seu espaço hodológico, a proximidade de um muro, de um divã, encurtam distâncias; seus músculos determinam o coeficiente de fragilidade dos utensílios e até dos seres humanos. Se lhe apraz atravancar com sua presença uma classe, uma sala de estudo e depois o salão de Mathilde, é principalmente porque se sente volumoso: sua voz de bronze, símbolo sonoro de sua estatura, esmaga todas as vozes sem esforço. Quando seu corpo lhe sobe à cabeça, ele sente a "inebriação" que os Goncourt lhe censurarão.

No entanto, esse poderoso organismo o ludibria mais do que convence: a alta estatura é uma prova a provar o que se queira; nela, o tímido encontrará a confirmação da timidez: nunca ousará se esticar, terá medo da própria força; para extrair dela a certeza de ser superior aos outros, é preciso já querer dominá-los. E sabe-se muito bem que, ao contrário, um corpo de dimensões reduzidas, ao invés de impedir o orgulho, a vontade de poder e a agressividade, muitas vezes os favorece, mesmo que a título de compensação. No caso, cabe conceber toda uma dialética entre o organismo vivenciado e as opções. Estas preexistem, pois estão enraizadas na proto-história, mas permanecem abstratas, implícitas até que aquele, decifrado *em função delas*, as descubra para elas mesmas, propondo-se como confirmação concreta delas. O corpo de Flaubert só é hiperbólico à luz do projeto que conduz Flaubert a escolher a hipérbole. Ora, ao mesmo tempo, sua passividade constituída contradiz as evidências pitiáticas oferecidas pela anatomia interiorizada: hipernervoso, frequentemente prostrado, o jovem Hércules gosta de mergulhar no alheamento e passa horas inteiras a bocejar, sem desejos nem vontade. Seu magnífico esqueleto o inclina à exuberância, sua musculatura é o esboço de um Ato, uma violência em repouso; a atonia de suas carnes é o ensaio de um desfalecimento. A armadilha é a seguinte: a *cinestesia* convence, a *cenestesia* desmente. Ele já está bem perto do grupo que quer interpelar e ainda se pergunta se ousará *provocar*: é essa incerteza que ele logo retratará em Garcia, pobre coitado que sonha unhar e morder, mas acaba por desfalecer. O que ele compreende, em todo caso, é: por falta de agressividade direta, o uso que fará da própria força nunca será prático; em outros termos, ele não está sequer seguro de sua maldade. Logo reage com as condutas de extrema urgência que tem o costume de adotar desde a Queda: não podendo *fazer rir* de outro que não seja ele mesmo (denegrir um colega na presença de todos os outros), ele vai representar diante deles o papel do Gigante que ri do homem. O Rapaz acaba de nascer; sobre este, de fato, todos os testemunhos concordam: os Goncourt o comparam a Pantagruel e o declaram dotado de "enorme força física"; Caroline Franklin Groult chama-o de "Gargântua moderno com façanhas homéricas". Gargântua, Pantagruel, esses nomes impressionam de passagem: negligenciando o humanismo de Rabelais, Gustave se compraz em acreditar que ele "ri na cara da humanidade". Esse autor, para *rebaixar os homens*, teria tido a ideia de colocar gigantes no meio deles.* A primeira característica do Rapaz, portanto, é um gigantismo desdenhoso: é *nele* que Gustave se irrealiza. Assim, volta a cair nas mãos dos outros: são os outros, acolá, que lhe darão sua verdade, desde que ele possa impor-se aos olhos deles como aquele Gargântua que ele pretende ser e só pode interpretar.

Como suscitar a gargalhada sozinho e pôr os gargalhantes a seu lado? Como zombar das coisas e das pessoas em sua generalidade sem atacar indivíduos reais e visados em sua particularidade? Só há um

---

* Gustave parece ignorar a literatura popular que forneceu personagens a Rabelais.

meio: rir de *tudo*; adotar como seu o riso coletivo: para rir bem de tudo, é preciso que *todos* participem. Mas essa hilaridade inumerável, se Gustave quiser que ela seja sua vingança individual, precisará emanar *unificada* de sua idiossincrasia, conservando o poder do múltiplo. Tal é a origem do gigantismo: o riso de todos sobre tudo, ao ser encarnado por Gustave num Gigante cujo papel ele desempenha, passa a ser o riso do Todo sobre todos, em suma uma algazarra cósmica. Esse gigante nós conhecemos bem, já o vimos debruçado sobre os colegiais de Rouen, contemplando seu azáfama de formigas. Não ria então: representava o desprezo doloroso que um jovem não reconhecido, empoleirado num cume, sentia pela "sociedadezinha dos homens". Cariátide de um céu cego e surdo a nossas súplicas, esse mediador, em sua constituição física, era símbolo da superioridade espiritual de Gustave arrebatado por uma águia e levado a um ápice do Atlas. Basta mudar os sinais e temos o Rapaz, lançando seu riso mecânico ao rosto do gênero humano. Mas, assim que é transformado em Rapaz, eis que ele ri do homem e, por conseguinte, de si mesmo: logo veremos como foi levado a isso. Mas não é possível descrever o Rapaz e apresentar suas chaves sem voltar ao próprio Gustave: não se trata apenas de uma armadilha montada pela vítima para seus algozes; o ator deixa-se prender a seu papel, o Rapaz representa um estágio mais elevado de sua irrealização e uma espiral nova do movimento que o personaliza; nesses anos cruciais (1835 a 1838) Gustave não se limitou a interpretar uma nova personagem, ele optou pelo que até o fim será sua *persona*, ou seja, o "Ele" que os outros devem lhe refletir como seu ser mais íntimo caso ele encontre os gestos mais aptos a convencê-los; entenda-se que ele decidiu de uma vez por todas suas relações com outrem: ele sabe o que lhes dá e o que lhes pede. *Generosidade* (dependência secreta) e riso (ou masoquismo transformado em sadismo): esses dois caracteres fundamentais devem reter nossa atenção.

Generosidade

É no pátio ou na cidade que Flaubert se iça ao primeiro lugar, que não consegue atingir em classe, quando doa o Rapaz aos colegas. Presente envenenado – voltaremos a isso. Presente, de qualquer modo. Trata-se de restabelecer uma hierarquia feudal na qual ele será príncipe: *princeps*, e não *primus inter pares*; essa hierarquia, como sabemos, só pode instaurar-se por meio de uma Doação do Senhor, que enseja a homenagem dos vassalos. Ora, que podemos doar, nós outros griôs, a não ser o invisível ou, como diz Éluard, o outro mundo que está neste? Essa Doação é imaginária, e Gustave, senhor ilusório das ilusões, não escapa à regra: doa sua *persona* à juventude de Rouen, tal como o outro doava a sua à França. Quando começa seus mimodramas de camelô diante dos colegas espantados, desconfiados e depois seduzidos, sem se preocupar – aparentemente – em saber se eles prestam atenção, suas relações com eles *na realidade* continuam rigorosamente regidas pelo princípio de exterioridade. Por mais que arremede a força, "misterioso emblema de Deus", nunca será líder de gangue nem grão-sacerdote de sociedade secreta, pois não usa os bíceps nem a favor nem contra ninguém. Em compensação, *no imaginário* esse mesmo princípio, *superado*, possibilita instaurar relações de interioridade entre o rapazinho, que *à distância* oferece o espetáculo do Universo, e os colegas, que essa instransponível cesura transforma em espectadores, provocando neles, ao mesmo tempo, a necessidade de negar o papel passivo em que são contidos e mergulhar de cabeça na irrealidade, para nela se juntarem ao bufão que lhes está acenando. Com a irrupção do público em sua comédia, Gustave é transformado: não em senhor real, mas – o que é menos honroso, porém lhe convém mais – em animador de uma jovem trupe. Não importa, agora ele tem o direito de se *empenhar*, de ser ao mesmo tempo instrutor, criador e encenador, de dar ordens reais que são realmente ouvidas a propósito de condutas imaginárias. Em suma, ele mede sua generosidade pela violência de seus transes e pelo esgotamento que os acompanha. Portanto, doa e *sente-se* doar. Não por amor, nem realmente por ódio – ainda que seus ferozes rancores não tenham diminuído. Para se impor. Decerto não está esquecido de que arrasta seus seguidores para o abismo, ou seja, para o autodesprezo. Mas embriaga-se, agora, com seu alto poder: eles andam, andaram, correram, eles reconhecem – até que enfim! – sua superioridade: ele é exemplo e modelo, os outros brigam para desempenhar *sua* personagem, o que quer dizer *para ser Flaubert*.

E o que ele doa? Digamos que sua *persona*, nascida de sua escandalosa anomalia, começa com uma transferência de escândalo; para encobrir as insuficiências humilhantes do rapazinho, ela se dedica a manifestar aos homens o escândalo original e infinito da criação: por que há Ser em vez de Nada? Por que esse pretenso Ser não é apenas uma determinação do Nada? Por que há Nada em vez de Ser? Por que o Infinito não passa de pulverulência de solidões? Por que o Absoluto-

-Sujeito em cada indivíduo finito se deixa desclassificar, desqualificar pelo Infinito sem determinação? Por que há sofrimento em vez de um Nada calmo e silencioso? Por que cada um de nossos sofrimentos é engolido, digerido, dissolvido pelo universal Nada? Em suma, o Cosmos, infinito ou finito, ilusório ou real, criado ou incriado, em todos os casos continua escandaloso. A *persona* de Gustave é generosa no sentido de denunciar publicamente o Mal radical: não raciocinando tampouco por meio de uma torrente byroniana de eloquência blasfematória, mas encarnando-o diante de todos; é a ostentação singular de uma ferida universal. Rindo, ela vive este drama bufo: a presença explosiva do Todo na parte – simbolizada pela presença do Gigante num filhote de homem –, quer este denuncie tumultuosamente a insuficiência daquela até a fazer explodir, quer essa ínfima partícula, enlouquecida pela visitação do Todo, resvale para uma agitação absurda, ridicularizando ao mesmo tempo a rudeza que a finca em sua *diferença* e a loucura do Infinito que a produziu, parindo um camundongo, e se obstina, simultaneamente, a extravasá-la com sua expansão sem limites e a residir nela. Em outros termos, a *persona* de Gustave é, individualizada, a posse do homem pela Natureza. Perante os colegas, Gustave dá prosseguimento a um esforço já conhecido: para compensar o orgulho negativo, ele pretende estourar seus limites, chamando o mundo em seu socorro para denunciar a mesquinharia de suas ambições demasiado humanas e pulverizar seu minúsculo amor-próprio. Esse movimento contestador e, de qualquer maneira, irrealizante, foi por ele levado a bom termo no ambiente subjetivo: por meio da ascese, ele morria para seu corpo. Mas, ao querer *representá-lo* a fim de que outros o reflitam para ele, tudo muda: no ambiente da objetividade, só existem determinações e forças objetivas. O infinito religioso está presente para sua finitude e a despedaça, e por mais negativo que seja, se Gustave o *der a ver*, não será sem degradá-lo: será preciso determinar, de alguma maneira, o que é o túmulo de toda e qualquer determinação. Essa imensidade vazia e sagrada se manifestará como essência *visível* na forma de Natureza naturada, conjunto de forças físico-químicas explosivamente presente em cada uma de suas partes. O Rapaz é isto em primeiro lugar: Gustave em poder do *cosmos*. E não cabe aplicar de modo algum a esse ator dominado por sua *persona* o "paradoxo do ator". Os Goncourt relatam que, segundo Flaubert: "essa criação estranha... os possuía de fato, os enlouquecia". Mesmo que "enlouquecesse" um pouco menos do que dizem Pagnerre e os outros franco-maçons, é certo que Gustave estava possuído por ela. Acredita nesse Ele que ele produz para *doar*; acredita porque surpreende seu reflexo em todos os olhos, acredita, embora a personagem seja imaginária ou até por causa disso: sustentada pelas risadas a que dá origem, a *persona* provoca nele um enfeitiçamento real que lhe veda imperativamente sair do terreno da imaginação. Em suma, sua relação imediata com os outros é o *transe*, indissoluvelmente encenado e padecido, doação fictícia e capciosa de si mesmo, generosidade-espetáculo. Na presença deles, a imensidade apodera-se dele; em vão ele resistiria a essa irrealização espontânea: em sendo Rapaz, é atormentado pelas forças telúricas e celestes; as primeiras se insinuam nele e o distendem, inchando seus sentimentos e desejos até o gigantismo; as segundas, raio, trovão, furacão, desabam sobre ele, ameixeira gigante, e o sacodem sem trégua. É um médium, uma pítia: profetiza ininteligivelmente a destruição sistemática do gênero humano pela Natureza madrasta que, no entanto, o produziu. Adão maldito, ele representa a maldição de Adão. Isso será expresso por rugidos, coices, riso irreprimível mas codificado, de furar os tímpanos. Acrescentemos que esse gigantismo se opõe rigorosamente à práxis; é a paixão desvairada que nele se expressa: o Rapaz *não pode agir*. Violentos mas padecidos, gestos e gritos nascem fora, assobios do vento, estrondo ribombante de ensurdecedor trovão, e se engolfam nele, tempestade, para arrancá-lo a si mesmo e sair de volta, uivos inumanos, ou melhor, desumanizantes, convulsões, rodopios dos grandes braços repentinamente abertos. Ou então são estertores relinchantes, agonia e gargalhada, tudo junto: êxtases e arrebatamentos, impossíveis de "*traduzir*" tais quais são, encontram diante do público um símbolo objetivo na pantomima do *abandono*, consentimento pasmado à irrupção do cósmico num microcosmo. Nesse abandono, tão característico do "estilo de vida" de Gustave, ou seja, de sua passividade, os Goncourt mais tarde só verão vulgaridade. E, sem dúvida, a aceitação ingênua do natural em sua forma mais bruta opõe-se à "distinção" daqueles burgueses da gema, vã tentativa de *conter* a Natureza. Gustave "peidorreia" de entusiasmo, toma "porres", "enche a pança". Míopes, caturras e tensos, os Goncourt confundem esse ator que finge retornar ruidosamente e na marra a uma incômoda materialidade com um provinciano mal--educado que se deixa dominar em público por necessidades naturais. Nada é mais falso. Flaubert, na verdade, *odeia* as necessidades. Mas, como veremos melhor adiante, naturalismo e antifisismo coexistem nesse "Artista". Ora, se, como Rapaz, o ator tem a incumbência de captar publicamente a Natureza, segue-se obviamente que "(suas) vontades são descomedidas".* Mas trata-se apenas de materializar o Grande Desejo, insatisfeito por essência, rebaixando-o ao nível de necessidade orgânica. Gustave lhe conferirá imagem naturalista ao assemelhá-lo às exigências pantagruélicas, insaciáveis, de um organismo de gigante; o Rapaz – e o próprio Gustave, quando *se* encena em sua Correspondência – só sente "raiva", "frenesis", "pruridos". Esses apetites, com seu descomedimento, rompem as mesquinhas barreiras do utilitarismo: é preciso comer para viver, dizem os burgueses econômicos; do Rapaz não se poderia dizer que vive para comer, mas sim que o descomedimento de suas "fomes" as aproxima da total gratuidade. Ademais, a violência delas destrói o amor-próprio, ou seja, a escolha da particularidade: elas são pura inveja do Todo através do objeto cobiçado. Assim, faça o que fizer, diga ele o que disser, o que repercute na voz de sua personagem são "avalanches do Azul", derruimentos, erupções vulcânicas e terremotos. Gritando e gesticulando, congestionado, fora de si, Flaubert tenta convencer os colegas – para convencer-se através deles – de que, por excesso de poder, se sente nos limites do humano e já do lado da super-humanidade. Por essa razão, a *persona* de Gustave, o exagerado, mesmo quando o Rapaz não passar de lembrança, continuará a vampirizá-lo com outros nomes. Se ultrapassarmos o colégio e dermos uma olhada nos seus anos de maturidade, compreenderemos melhor a criação da adolescência e apreenderemos outros significados dela, implícitos em 1835, explicitados amplamente depois.

Gustave tem quarenta anos; conhece "gente de letras" e, ao morar em Paris – três meses por ano –, frequenta salões literários. O resto do tempo, sozinho em Croisset, vegeta em sua insípida contingência; alheamentos, preguiça vacilante, "vazio", tédio: julga-se limitado, mas sem contornos, portanto sem caráter. Assim que transpõe a soleira de um salão parisiense, é dominado por estranha superexcitação, enerva-se, congestiona-se, braceja, gargalha ou vocifera. O que lhe dá? Vertigem: reencontra o igualitarismo do colégio, um arquipélago burguês de solidões, átomos *sem ligações reais*. É a "elite", porém, são os "bons", os "elegantes", o "pessoal da Arte". Não há o que fazer: relações reais só as práticas, e aquela boa gente, à noite, em Saint-Gratien, na Rue

---

* A Louis Bouilhet, dezembro de 1853 – entre 15 e 27. Naturalmente, está falando de si mesmo.

de Courcelles, não faz nada. Nesse ponto, essas reuniões de Artistas se assemelham como duas gotas às recepções burguesas. Cada um vai lá viver sua absoluta separação na forma de *diferença específica*; todos são espectadores de cada um; com a distância intransponível que separa cada molécula de todas as outras dá para fazer aquele fosso da orquestra que separa o palco da plateia. O ator mundano manipula o julgamento de seu público com signos, símbolos; com mímica e recitação propõe--lhe a personagem que quer levar a reconhecer. *Ele é* essa personagem? Claro que não. Sua realidade está em outro lugar, em sua atividade real. Mas ele quer parecer que é, ou seja, graças aos espectadores, quer realizar a impossível coincidência entre seu ser e sua *persona*. Nesse sentido o burguês é um ser imaginário. A reciprocidade, porém, existe: é a das comédias. Deixamo-nos convencer com facilidade pela dos outros, que é para convencê-los com mais facilidade: pacto tácito. Frequentemente acontece convencer por antiguidade, por se fazer sempre a mesma *exibição*. Edmond de Goncourt era "fidalgo"; ora, a nobreza *é* militar. Esse jornalista, sem nunca ter comandado um regimento, nem mesmo no quartel, aplica-se tão cedo e com tanta perseverança a desempenhar o papel de militar à paisana que seus confrades, mesmo não ignorando nada de sua vida, acabaram por respeitá-lo como uma espécie de meio-soldo.*

Portanto, cada um reconhece de bom grado a diferença específica de cada um, desde que reconheçam a sua: é a regra do jogo. Mas não seria de bom-tom exigir mais. Sociedade negativa: por trás de seus aspectos de *casta*, ela dissimula uma universalidade de recusa, cada um se agarra à sua diferença como um proprietário à sua propriedade; o reconhecimento mútuo é, na verdade, uma negação: não se meta na minha seara, que eu não me meto na sua; afirmemos nossa superioridade comum sobre todos, mas nunca estabeleçamos hierarquia qualitativa entre nós. Com essa condição, cada um pode escolher sua *persona*, manifestá-la sem parar, agarrar-se a ela até o fim, e todos os outros – contanto que haja retribuição – a tomarão como seu *ser real*. Com a possibilidade de aliviar a bile em diários íntimos ou no seio das respectivas mulheres. Igualitarismo pesado: essa igualdade fundamental orgulha os escritores quando eles surpreendem o reflexo

---

* A própria nobreza dos Goncourt deve ser vista com cautela. Em 1786, o bisavô deles, Antoine Huot, adquirira uma pequena casa por meio de permuta, "La Papoterie", bem como o título a ela vinculado, de "Senhor de Goncourt e de Noncourt". Cf. André Billy: Prefácio ao *Journal*, Éditions de Monaco.

dela *alhures*, no olhar de um admirador deslumbrado; ela se torna poder comum de criar, de esclarecer a França. Mas eles ficam exasperados com ela quando, em casa da princesa Mathilde, a *percebem* como status social, como limites comuns impostos por sua origem à ascensão. Atraídos para a Rue de Courcelles ou a Saint-Gratien pela vã esperança de ingressar na aristocracia, a ilusão se dissipa assim que são introduzidos, porque se veem entre eles mesmos, como na véspera; decepcionados, culpam todos, mesmo a Princesa, e cada um acusa o outro de aburguesar as reuniões com sua presença, o que equivale a condenar no outro sua própria vulgaridade.* Em Saint-Gratien, nos jantares Magny, as superioridades tornam-se bem secundárias: trata-se, e só pode tratar-se, de ser *"primus inter pares"*. À noite os Goncourt, com lágrimas verdadeiras, confiam a seu Diário que sobrepujavam todos. Mas como acreditariam nisso? Ademais, sua vaidade tímida não ousa pronunciar a palavra "gênio": a cada dia reafirmam seu *talento* com amargura. E daí? Talento todos têm na pequena elite, é ponto pacífico; quanto ao gênio deles, ninguém *reconheceria*.

Depois de oito ou nove meses de afastamento, quando reencontra seu "meio" parisiense, Gustave sufoca: de longe, podia imaginar que se integraria numa hierarquia de imortais: a Arte acaso não é uma aristocracia? De perto, fareja uma democracia ralé, baseada no princípio de exterioridade. Ao mesmo tempo, tem a impressão de que todos os olhares se voltaram para ele: ele pusera em cena Charbovary, olhares cirúrgicos o vasculham, transpassam; vão julgá-lo, descobrir sua *"anomalia"*; pior: zombar dele; está indefeso. Nada mais verdadeiro: aqueles cavalheiros não são nada camaradas com novatos. Cada vez que um "calouro" aparece no restaurante Magny – penso em Taine, em Renan principalmente – os Goncourt ficam furiosos e o observam com crueldade, aplicando-se, não sem prazer, em ressaltar seus defeitos

---

* Os Goncourt dão o tom: esses burgueses-fidalgos ficam loucos de alegria quando a Princesa pede para conhecê-los. Anotam: "Aqui estamos com as melhores relações literárias do mundo... Somente... nosso talento nos deixa para trás". Mas, já no segundo jantar de que participam na Rue de Courcelles, estão desencantados: "Nunca acontece de uma Princesa como essa fazer nada mais extraordinário do que oferecer jantares... Mesmo quando são putas, são comportadas. *Você acredita idiotamente num romance, é um salão*". Mas sua decepção não os impede depois de acusar os recém-chegados de degradar aquelas reuniões: "O salão da Princesa – escreve Edmond em 1873 –, esse salão de letras e arte, esse salão que ressoa a fina palavra de Sainte-Beuve, a eloquência rabelaisiana de Gautier, os ditos cortantes de Flaubert..., esse salão que... retinia com paradoxos profundos, ideias altaneiras, apreciações engenhosas... extingue-se como fogo de artifício sob a chuva".

físicos. Depois de alguns meses o sistema de reconhecimento mútuo entra em ação, o novato é adotado; avaliam o que ele diz e faz, nada mais, sempre com o risco de esfolá-lo e dilacerá-lo num acesso de furor neurótico.

Além disso, os recém-admitidos são parisienses: título infamante atualmente, título glorioso no tempo de Napoleão III; encontram-se o tempo todo, a ponto de deixarem de se enxergar. Flaubert, por sua vez, esse sequestrado de província, nunca será um "veterano", mesmo quando se tornar o decano dos convidados de Mathilde: reaparece todos os anos, carregado de nove meses de solidão, esquecido, um pouco suspeito, precisa reacostumar as pessoas à sua volumosa presença. Em suma, a cada ano, quando retorna, tem a impressão de que é submetido a um exame de admissão; essa observação logo tem o efeito de lhe subtrair certezas subjetivas: ele perde a cabeça e, tal como no colégio, reage com a gesta feudal, ou seja, pantagruelizando. Desde o primeiro dia marcará sua generosidade principesca atravancando os salões com sua *persona* imediatamente convocada; vira espetáculo: em sua violência fingida, sua turbulência gritona, suas vulgaridades intencionais, pretende que reconheçam os excessos involuntários de um temperamento titanesco. Ei-lo partindo de novo para o imaginário, vai precisar de três meses. Em vão: como aquelas pequenas naturezas reconheceriam em Gustave a superioridade do Gigante? Tem início uma luta surda, cujo único eco é o *Diário* dos Goncourt; Gustave sente uma rejeição tácita, mas geral: não toma realmente consciência, mas essa resistência o exaspera; exagera. Menos para convencer que *para desagradar*.

Veja-se como ele exibe saúde insolente em todas as ocasiões: se os Goncourt se irritam com isso, é porque ele tem a intenção dissimulada de irritar. Um dia exclama na frente deles: "É espantoso, parece que neste momento estou herdando *robustidão* de todos os meus amigos doentes!", e as duas donzelonas franzem os lábios: que falta de tato! É cair na armadilha: então não sabem que esse fanfarrão é doente, é um grande neurótico? Que essa ostentação de força e saúde *na frente dos outros* lhe é ditada pelo papel que está interpretando? E que proclama ter saúde para se sentir mais seguro?* Gustave se compreende melhor, ele que um dia escreverá a George Sand esta frase admirável: "Neste inverno, fiquei vagamente muito doente". Será possível descrever melhor a *vivência* de uma neurose? O que não o impede de se

---

* Vimos acima que, já aos dezesseis anos, em *Memórias de um louco*, ele só ousa confessar seu tremendo nervosismo depois de proclamar ter "excelente saúde".

apresentar em todo lugar como um Hércules de feira.* É engraçado imaginar a cara de Jules e Edmond quando receberam este convite (para a leitura de *Salambô*): "1º Começarei a urrar às quatro horas em ponto. Portanto, cheguem por volta das 3. 2º Às 7 horas, jantar oriental. Serão servidos carne humana, miolos de burguês e clitóris de tigresas salteados em manteiga de rinoceronte. 3º Depois do café, retomada da gritaria púnica até a estuporação dos ouvintes". Que ideia a desse infeliz, mandar um bilhete desses aos dois ranhetas! Terá sido com o firme propósito de escandalizá-los ou por desconhecimento de seu caráter? As duas coisas, acredito: não lhe desgosta chocar os Cachorrinhos, mas não faz a menor ideia da repulsa que vai provocar. Não se deixará de observar que esses bons apóstolos, tão pesarosos por não poderem ligar seus átomos aos de Flaubert, empenhavam-se em demoli-lo, e que Gustave nunca escreveu uma só palavra malevolente sobre eles. Claro que não pretendo defender os Goncourt, mas a curiosidade já é uma relação humana, ainda que malevolente: para Edmond e Jules, Flaubert contava o suficiente para desejarem observá--lo e compreendê-lo; apesar do azedume e do ciúme – ou talvez por causa disso –, eles perceberam e guardaram certos significados de sua conduta. Para eles, é um homem de quem querem se livrar o mais depressa possível, destruindo-o, porque ele incomoda, mas, apesar de tudo, um semelhante: estão mais próximos de Flaubert do que Flaubert deles.** Pois, para ele, são unicamente *atores-espectadores*. Se nunca fala mal deles, é porque pouco lhe importa *vê-los*; quer ser *visto por eles*. Sobre o meio literário que frequenta ele dissemina uma espécie de vaga benevolência (que desaparece quando é mordido pela inveja), porque não quer embaçar de antemão os espelhos que o refletirão.

A verdade é que *sua persona* de generoso insuportável, de bom-gigante-que-não-pode-dar-um-passo-sem-esmagar-gente-inocentemente-sob-suas-solas, apodera-se dele, impõe-se, *faz-se representar*, e ele não tem meios nem vontade de escapar: está condenado

---

* Nos últimos anos de vida, ele é *ao mesmo tempo* "uma velha histérica" – um "Ela" que lhe chega como o sentido do que foi vivido, a partir das declarações de seu médico – e o Gigante de Laporte, reencarnação jocosa do Rapaz.

** Edmond, embora fique profundamente ressentido com o sucesso de Gustave e não perca nenhuma oportunidade de desancar as obras do confrade, considera-o um par, um Artista, um operário da arte. Quando o objetivo é opor o respeito à Beleza e mesmo à sensibilidade, que, segundo ele, caracteriza sua geração, à barbárie da geração seguinte, ele nunca deixa de escrever: "Flaubert e nós..." A solidão e o orgulho de Gustave são tais que ele nunca escreverá: "Os Goncourt e eu...".

à truculência como o excitado maníaco à hilaridade. "Serão servidos de carne humana." É *brincadeira* (caso não tenham percebido), mas, Deus do céu, que mau gosto! Será que ele não sente isso? Sente: mas é preciso convencer os *Cachorrinhos* de que sua imaginação doida e sádica só tem gosto para invenções extremas; é preciso revelar-lhes hiperbolicamente, para "escandalizar", suas fantasias de canibalismo; é preciso deixá-los preocupados: o bom Gigante *é um Ogro*. Quanto à "gritaria púnica", podemos estar certos de que ocorreu no dia marcado, na hora marcada: um homem em poder da Natureza não está em condições de falar, o Cosmos berra por sua boca. Gustave lamenta muito ensurdecer o público com inúteis explosões vocais, mas como poderia se furtar? As últimas palavras revelam sua intenção deliberada de impor sua superioridade física aos amigos: "Até a estuporação dos ouvintes". Pois sim, o bom Gigante está preocupado, conhece a fragilidade dos confrades, sabe que eles ficarão atordoados, esmagados por aquela leitura interminável; ele, ao contrário, poderia continuar até a manhã seguinte, até o fim do livro; quando eles se forem, todos, empanzinados de comida e palavras, ele ficará sozinho, repousado, invicto. Falta de tato? Se quiserem: mas intencional. A *persona* de Gustave se caracteriza por uma generosidade envenenada, não esqueçamos: foi assim que nasceu, por volta de 1835; é assim que ressuscita nos tempos passados em Paris. Portanto, *é preciso* que suas doações sejam desagradáveis; as resistências alheias o exasperam, mas não vê nada de anormal nelas: porque ele *precisa* desagradar e desmoralizar! Vejamos: ele lhes *doará* primeiro um excelente jantar e depois se esgoelará para lhes *doar* deleites artísticos incomparáveis; pois bem, aquela gente vai sair descontente; fazer o quê? Os homens sempre serão esmagados pelos presentes dos Gigantes: não poderão evitar comparar-se aos Doadores nem evitar sentir-se pequenos.

Domingo, no Boulevard du Temple, ainda é o Rapaz que recepciona os convidados. Trata-se, mais uma vez, de se fazer "henôrme" para encarnar a Fecundidade da Terra, a *Alma Venus* que produziu animais e homens, assim como a madrasta Natureza que os destrói: Eros e Tânatos. Gustave, o possuído, só terá o trabalho de abrir a boca, e imediatamente é uma incrível proliferação de discursos, máximas, paradoxos, ideias vertiginosas, tudo lançado por uma voz de trombeta e sustentado por pantomimas: dessa vez, é *representado* o gigantismo do pensamento. Os irmãos Goncourt, de início, caem na esparrela: "Esses domingos passados no Boulevard du Temple, em casa de

Flaubert, salvam do tédio do domingo. São conversas que pulam de cume em cume, remontam às origens do mundo, vasculham as religiões, passam em revista ideias e homens, vão das lendas orientais ao lirismo de Hugo, de Buda a Goethe". Mais tarde, porém, lê-se no *Diário*: "Fazem de conta que estão revolvendo paradoxos...". Esses dois textos, um deslumbrado, outro desencantado, não são dissonantes: em casa de Flaubert, não se discute, cada um repassa seu número na cabeça à espera de que o participante "anteriormente inscrito" termine o seu. Cada um se vale da ideia do outro como trampolim para dar o rebote e saltar mais alto ainda. Arremeda-se a exaltação sagrada, a superabundância de ideias. Dizem-se obscenidades para escandalizar: "Os domingos de Flaubert poderiam ser chamados de aulas de amor ao coito". Ninguém se deixa engodar, ninguém ouve ninguém; todos pantagruelizam entre vasos chineses e consoles: os espectadores sumiram; *todos atores*. Até mesmo os Goncourt, pelo menos nos primeiros tempos: pois não se pode duvidar – a fatuidade que transparece por trás do entusiasmo é prova disso – de que tomaram parte daquelas "conversas que pulam de cume em cume", das quais não nos relatam *nem uma palavra sequer*, como se o essencial, no Boulevard du Temple, nunca fosse o ato do pensamento, mas sua *gesta*, como se, terminada a comédia, os atores esquecessem seu texto até o domingo seguinte, como se os "paradoxos" e as máximas não devessem nem pudessem ser – regra do jogo tacitamente aceita – mais que sonhos de ideias, brilhantes miragens sem conteúdo.* O fato é que é o único momento da semana em que Gustave se revê animador, instrutor, improvisador e encenador, como no tempo do Rapaz. Aliás, vejamos como os dois irmãos o descrevem depois de se recobrarem do primeiro deslumbramento: "Cheio de paradoxos, seus paradoxos, assim como sua vaidade, cheiram a província. São grosseiros, pesados, árduos, forçados, sem graça. Ele tem um cinismo sujo. Sobre o amor, de que fala com frequência, tem... teses de ostentação e pose. No fundo do homem há muito de retórico e sofista. Ele é ao mesmo tempo grosseiro e requintado na obscenidade... introduzindo complicações e rebuscamentos, encenações e arranjos de grande homem nessas

---

* Quanto aos jantares Magny, ao contrário, os irmãos tentam conscienciosamente (sem muito sucesso, é verdade) anotar *a posteriori* o que foi dito ali. Logo veremos que o próprio Gustave sabe, pertinentemente, que nas suas reuniões de domingo ninguém *pensa*, que um grupo se reúne por instigação dele para *desempenhar a comédia do pensamento*.

coisas tão simples...". Não há dúvida: é o Rapaz que estão descrevendo sem saberem e, sobretudo, sem compreenderem que Gustave *se quer* grosseiro e paradoxal; faz parte de sua personagem.

No salão de Mathilde, ao contrário, apesar dos esforços, Gustave nunca conseguirá se impor como dono da situação. É que em Saint--Gratien as regras são outras, há uma aparência de etiqueta e, sobretudo, uma Alteza, violenta e caprichosa, que representa a generosidade principesca e a distribui a seu talante (presentinhos, proteção – é ela que obtém a representação de uma peça dos Goncourt na Comédie Française –, legiões de honra e até o Senado, para Sainte-Beuve). As doações da Princesa, por míseras que sejam, têm sobre a Doação arremedada por Flaubert a superioridade de serem *reais*. Não importa: a *persona* se apodera dele, ele desempenhará o papel sozinho, inflará a voz, cobrirá a dos outros. Em 11 de março de 1868, o *Diário* contém as ácidas reprovações dos Cachorrinhos: "Realmente Sainte-Beuve faz falta no salão da Princesa. A ideia diminui, a voz aumenta, e Flaubert, que lá se escarrancha, transforma-o num salão de província. Para toda história que se conte, pode-se ter prévia certeza de que, terminada a história ou até antes, ele dirá: Oh! Sei uma melhor; e para toda e qualquer pessoa que se mencione: Eu a conheço melhor que os senhores". A razão dessa irritação é clara: no salão da Princesa, que recebe, doa, distingue, não há lugar para um gigante: todos são servis, Saint-Victor mais que os outros, mas tanto os Goncourt quanto o próprio Gustave, talvez o mais sincero, pois amou Mathilde. Por conseguinte, Gargântua importuna e, sobretudo, desafina: como ser ao mesmo tempo vassalo real e senhor imaginário? Por isso, os Goncourt denunciam sua insinceridade: "No fundo, essa natureza franca e leal... carece daqueles átomos aduncos[17] que levam uma relação à amizade". Em outro lugar: "Falta-lhe coração, no fundo... esse rapaz tão aberto na aparência, tão exuberante na superfície". Daí a acusá-lo de hipocrisia é um passo: eles observam que, na proclamação de seus ódios, assim como em seus entusiasmos, há sempre algo que soa desafinado. Em Saint-Gratien, Gustave "com teorias selvagens, vociferações de independência e grosseira afetação de anarquia, tem o exagero de um fâmulo, de um cortesão do Danúbio". Como seria diferente? Aquele infeliz Hércules, aos pés da rainha Ônfale, precisa saber até onde pode ir longe demais. Hercúleo, sim, mas sem quebrar nada: precisa deter seus paradoxos no momento em que poderiam ser entendidos como convicções; seus discursos precisam autodenunciar-se como *imaginários*: exatamente como os de um ator que declame com exaltação algum monólogo incendiário, mas que tenha declarado na véspera à imprensa que não compartilha de nenhuma das opiniões de sua personagem. Portanto, em lugar algum Flaubert desempenha seu papel de "Exagerado" pior do que no salão da Princesa, dura Bonaparte que reservara para si o monopólio dos exageros.

Mas enganam-se esses finos observadores, esses profundos conhecedores do coração humano quando o acusam de ser uma "natureza grosseira". Pois Gustave, esfolado, sinistro, roído pela inveja, por rancores e inesquecíveis humilhações, alheado na solidão, submisso e respeitoso nas suas relações públicas, sonhando, por trás das "vociferações de independência", em ser apenas um vassalo feliz, assombrado pelo medo de falhar, fascinado pelo fracasso, aterrorizado por seus semelhantes a ponto de se isolar nove dos dozes meses, é precisamente o contrário de uma natureza grosseira. Os dois patetas não sabem que suas exibições de feira o deixam esgotado e que depois vem a prostração, que, depois das improvisações do domingo, ele se joga num sofá e restaura as forças com um sono de várias horas, que aqueles longos meses de vida vagarosa e vegetativa em Croisset mal lhe bastam para compensar os desgastes provocados em seu organismo pela breve permanência em Paris.

Mas não podem acusá-lo de não os ter avisado: em 6 de maio de 1866, segredou-lhes: "Há dois homens em mim. Um, os senhores estão vendo, de peito acanhado e traseiro de chumbo, é o homem feito para ficar debruçado sobre uma mesa; o outro, caixeiro-viajante, tem a verdadeira alegria de caixeiro-viajante em viagem e gosto pelos exercícios violentos". Um caixeiro-viajante? E não foi assim que Caroline Commanville definiu o Rapaz: "Uma espécie de Gargântua moderno com façanhas homéricas na pele de um caixeiro-viajante"? Observe-se "os senhores estão vendo", na confidência de 66; o significado é nítido: aquele que os senhores estão vendo, aquele que tem de fato peito acanhado, *como podem constatar*. O outro, ao contrário, nunca *é visto* – a não ser quando se enfurece: dos dois homens, um é real, e o outro, imaginário; o segundo, de vez em quando, vampiriza o primeiro. De vez em quando: toda vez que entra em contato com os semelhantes.

E por que – perguntarão – ele se impõe um trabalho penoso e ingrato que só produz o efeito de indispor seu público? Que necessidade tem ele de encenar uma natureza grosseira entre aquelas naturezas pequenas, os "Artistas"? Por que opta por atravancar, obsedar, chamar o tempo todo a atenção sobre si não com ideias ou atos, mas com gesticulações e vociferações? Atalhar os interlocutores ou encobrir a voz deles, ensurdecê-los com gritos, estonteá-los com paradoxos, valorizar-se incessantemente até a "estuporação" deles, então isso é doar, é doar-se? Sim, é: para Gustave é isso, pela simples razão de que sua generosidade é *encenada*.

A conduta generosa, originalmente, define a relação *social* do superior com o inferior. Caberá descrevê-la como superestrutura do mundo feudal se quisermos compreendê-la em seu pleno desenvolvimento e em sua função objetiva, que é de *afirmar* em público, como livre produto da espontaneidade, a hierarquia instituída como relação dominante em função das infraestruturas e mantida, se preciso, por forças de repressão. A generosidade, quando práxis, é transdescendente; se a examinarmos no nível da relação feudal propriamente dita, veremos que, na verdade, ela apenas dá início a uma troca: eu doo a terra, tu me doas a vida. Mas o momento da primeira Doação, embora inseparável do segundo – ao qual está, aliás, intencionalmente ligado –, isola-se e postula-se por si mesmo na cerimônia, pelo fato de que o donatário se torna *obrigado* ao doador: nesse sentido, embora se honre o vassalo que doa a vida por seu senhor, não é de se duvidar que esta segunda doação seja vista como relativa, induzida, ligada a um imperativo estrito, que outra coisa não é senão a interiorização da primeira.* Ou, se preferirem, a Doação generosa é a dominante, a variável independente; a homenagem é uma doação dependente e dominada. A noção de generosidade como afirmação prática de independência está a tal ponto desenvolvida na época feudal que, em quase todos os lugares, a nobreza se endivida e prepara a sua ruína com investimentos deliberadamente improdutivos ou com destruições espetaculares. Sabe-se por qual conjunto de circunstâncias – as despesas improdutivas não constituem a menor delas – as riquezas vão concentrar-se nas mãos dos príncipes. Eles serão, por conseguinte, os primeiros depositários da generosidade – ainda que a aristocracia inteira a considere sua virtude fundamental.

Se não a encararmos como certo tipo de troca – o que ela objetivamente é –, mas tal como um príncipe a sente, ou seja, tal como acredita exercê-la, ela expressa em primeiro lugar, no sujeito, o

---

* Esse imperativo, na medida em que é *outrem* (toda obrigação interior manifesta em mim a presença do Outro) e *inerte* (um "dever" é a prolongação inerte de uma máxima, sua recusa material de *adaptar-se* às condições em mutação: "Não quero saber disso"), representa no vassalo a *própria terra como feudo*, ou seja, a presença do senhor na posse do bem, uma vez que este é *recebido* dele.

compromisso tácito de *nunca ser objeto*. Nada o retém, nada deve vinculá-lo. A Doação o eleva acima da necessidade, pois ele se considera em definitivo capaz de despojar-se do necessário. Mas, pela mesma postulação, quando doa, ele está convencido de escapar a toda e qualquer justificação. Suas doações são *graciosas*, ou seja, gratuitas: se fosse condicionado por caridade, prescrições de uma Igreja, direito alheio, seu ato lhe pertenceria tanto quanto se tivesse sido determinado por cálculos mesquinhos, medo ou interesse. Seu único motivo deve ser a própria liberdade, na medida em que esta se emancipe de todos os motivos por meio de um despojamento absoluto que, ao mesmo tempo, comprometa e subjugue o beneficiário. Mais um pouco e admitimos que essa liberdade se colore de amor, uma vez que a relação do príncipe com seus súditos é concebida como a relação do pai com os filhos numa família doméstica. Mas é preciso conceber esse amor como generosidade: Deus ama livremente Sua criatura, dá-lhe livremente a vida, dá ou recusa livremente Sua graça; sabe que o amor que lhe tem não é merecido por ela: assim, Sua bondade infinita é a generosidade suprema, ou seja, a liberdade criadora; dar um objeto que já existe, mesmo que a própria vida, não passa de pálido reflexo do ato infinitamente gratuito que deu ser a esse objeto ou que produziu e mantém a vida para poder encher de amor o cosmos constituído *ex nihilo*.

Essa não é nossa liberdade: é a liberdade do Príncipe que se afirma por meio da alienação de outrem; para que o Soberano possa se constituir em *absoluto-sujeito*, precisa transformar o donatário em objeto: "Você me deve gratidão, isso quer dizer que reconhece minha liberdade; eu não era obrigado a ser obsequiador, e você, que tem obrigações para comigo, terá suas condutas em relação a mim doravante regidas por um imperativo inerte: graças a meu benefício, situei-me de súbito fora de toda e qualquer norma, pois não tinha absolutamente o dever de fazer o que fiz, mas, quanto a você, torno-me sua norma, por meio da Doação mantenho-o na esfera dos deveres e, por isso, na esfera das paixões demasiado humanas que o obrigo a refrear, interesses que você deve combater para me servir. Minha generosidade é opção pelo angelismo, recusa à natureza humana, portanto manifestação do Sobrenatural em mim". Evidentemente, descrevi uma *noção*, o *eidos* da conduta generosa, tal como se constitui historicamente no Antigo Regime. Nessas condições, ninguém nunca foi generoso. Mesmo assim, toda *intenção* de generosidade, por mais imperfeita e confusa que possa ser, onde quer que se manifeste, remete implicitamente às estruturas que descrevemos: afirmação do absoluto-sujeito, ato gratuito, transformação dos outros em objetos. É claro que, com a condição de que a doação seja real. Somente a práxis possibilita realizar, em parte pelo menos, a intenção fundamental. Ora, em Flaubert tudo se inverte: atormentado por seus pares, ele se irrealiza como senhor, é um reflexo; *representará* em sua pessoa, para aquela horda igualitária, aquilo que considera próprio do príncipe, o ardor generoso. Mas, embora a *exiba*, ela se torna objeto para os espectadores: estes, ao invés de sentirem seu peso coercitivo e de adivinharem a transdescendência do absoluto-sujeito através de suas novas obrigações, observam a *doação* à distância como uma determinação objetiva de Gustave; os verdadeiros sujeitos são eles, pois Flaubert, dominado pelo Outro, só pode reconhecer-se em seu ser-para-outrem; por certo faz de tudo para fasciná-los, mas eles continuam livres, é a aprovação deles que dará consistência à sua *persona*; com sua reprovação, eles lhe tirarão até a dignidade aparente. Isso equivale a dizer que a *persona se impõe* a Gustave, e que, para o ator que se esfalfa tentando agradar o público, este é *livre* para aceitá-la ou recusá-la. Uma parte de sua agitação vem daí: ele precisa fazer-se objeto diante de impenetráveis e soberanas liberdades. Eis o Príncipe a oferecer-se ao julgamento de seus súditos/sujeitos[18]; e o que é uma generosidade que se exibe? O que é uma generosidade-objeto se não uma afeição, um páthos, em suma, o contrário da selvagem intenção *prática* de elevar-se a sujeito- -absoluto? Assim, a liberdade, que se queria supranatural, perde-se ao exteriorizar-se, torna-se natureza naturada: já não se mostra como o além da motivação, mas como complexão.

Submetido à sua generosidade – e à sua liberdade, o que é uma contradição *in adjecto* –, Gustave é obrigado a interpretar uma personagem cujo retrato filosófico será feito mais tarde por Guyau, sem desconfiar que um romancista se esfalfou durante meio século para representá-lo e impô-lo: o generoso por excesso de força vital. Com efeito, Guyau tentou manter na generosidade o caráter de esforço improdutivo e sem motivação egocêntrica, ao mesmo tempo que a *naturalizava*: em alguns seres, segundo ele, há necessidade de que o excedente de energia biológica seja despendido de graça para restabelecer o equilíbrio do organismo; portanto, eles doarão: neles, é a vida que doa, que se doa; uma parte de suas forças está sempre disponível para atividades lúdicas ou principescas. Esse é o papel que Gustave é obrigado a adotar: sua *persona* sofre incessantemente de um *excesso de vida* que precisa despender para não explodir. Seu gigantismo não se manifesta apenas em extensão, pela altura, mas intensivamente, pelos recursos demasiado ricos de um organismo atlético: ele sofre de hipertrofia de carburantes, ele *é* um excedente a escoar-se, e essa incrível vitalidade deveria – é o sentido daquele papel – comunicar-se aos que o cercam, penetrá-los, fazê-los queimar com um fogo mais ardente, carregá-los para um imenso turbilhão de exuberância e fecundidade em que cada um despenderia em paradoxos, pulando de cume em cume, a insuportável plenitude de que Gustave o teria empanturrado.

Foi o que conseguiu *uma vez* com os condiscípulos: com a adesão destes, sua *persona* tornava-se criação coletiva, sem deixar de ser dele; os jovens, interpretando o *Rapaz*, um de cada vez, faziam algo melhor do que *acreditar* na personagem; interiorizavam o *Ele* de Flaubert como ser fictício mais íntimo; Gustave, refratado por todas aquelas consciências, existindo para cada uma delas como Alter Ego, adquiria, na terceira pessoa do singular, a consistência do inumerável. Será preciso voltar a essa estranha relação, múltipla e una. Notemos apenas que ela só durou algum tempo, e que ele se lembra dela com profunda saudade. É ela que ele tenta ressuscitar com seus confrades: em vão. Aos domingos, no Boulevard du Temple, talvez consiga às vezes. Mas nunca por muito tempo: o ímpeto arrefece, cada um só está preocupado em desempenhar-se a si mesmo. Em todos os outros lugares, leva foras: aqueles Artistas não têm nenhuma vontade de entrar na dança e de elegê-lo capitão do jogo. Nunca serão mais que seu público: o pior do mundo. Observadores mais que espectadores, eles devolvem-no à solidão de ator vaiado.

Assim, a *práxis* transforma-se definitivamente em *exis*: Gustave mostra de longe aos confrades os grandes seios cheios de leite. Como ninguém pensa em bebê-lo, ele não faz outra coisa a não ser *exibir-se*. E, como essa doação não pode ter nenhuma incidência real sobre a vida de seus confrades, ele é obrigado a levar sua comédia ao extremo, como se seu hiperbolismo, por meio de uma passagem ao infinito, conseguisse compensar a inconsistência do gesto, lhe conferisse a realidade de um ato e acabasse por conquistar a adesão do espectador: ele representará publicamente um sacrifício humano. Como está estabelecido que só a destruição de um conjunto organizado de interesses, móbeis e motivações pela irrupção do cosmos poderá fornecer uma imagem física de uma liberdade que desqualifique todos os motivos particulares com um ato de generosidade pura, Gustave se destruirá publicamente como determinação particular, manifestando-se a seus pares como o mártir do infinito. Gestos e gritos lhe serão arrancados. Com sobressaltos e estertores, o possesso arremedará dilúvios, se mostrará vítima dolorosa de um macrocosmo em que o homem não tem lugar. Em sua pessoa, os poderes telúricos esmagam seus confrades. O que deseja o bom gigante é dar um presente insuportável: ele vai cansar os ouvintes por abundância, empanturrá-los até a estuporação. O fundo da questão está aí: se alguém encena a generosidade, é preciso que ela seja excessiva, caso contrário o público não sentirá seu peso; a presença de Gustave precisa ser uma sobrepresença com que os confrades *precisam* ser supersaturados: quando ele bebe, quando ele come, quando ele respira, é preciso que seja ouvido a beber, comer, respirar; para doar, ele precisa abarrotar. Portanto, morto de cansaço, vai abarrotar.

É de se acreditar que não saiba que é insuportável? É o que ele *quer*. Por sadismo, por masoquismo: seus berros também contêm uma intenção de fracasso, como bem mostram as confidências irritadas de Edmond a seu Diário – que também indicam as reações dos ouvintes*: "A mania que Flaubert tem de sempre ter feito e padecido coisas muito maiores que os outros foi, ontem à noite, o cúmulo da palhaçada. Brigou violentamente e quase se engalfinhou com o escultor Jacquemart para provar que tinha pegado mais piolhos do que ele no Egito, que tinha sido superior em parasitas". E conclui: "De Flaubert emana tanto nervosismo, tanta violência truculenta, que os ambientes onde está logo se tornam tempestuosos e certa agressividade toma conta de cada um. Diante do exagero falso e da bazófia de suas palavras eu via o bom senso burguês ir se irritando, irritando, irritando". A cena ocorre na casa da Princesa: portanto é em Edmond, Mathilde e Popelin que "o bom senso burguês se irrita". Não seria isso, justamente, o que Gustave queria? E o duelo inflamado com Jacquemart para saber qual dos dois pegara mais piolhos no Egito não será bem do estilo do Rapaz? Resultado: exasperação do público. Mas Goncourt não diz** que a exasperação é contra Gustave; ao contrário, insiste no fato de que ela também (e sobretudo) insurge os espectadores uns contra os outros. De fato, aquilo termina em raios e trovões: a Princesa tonitrua contra Popelin, seu amante, e lança esta última chispa contra *todos*: "Vocês não passam de uns porcos nojentos". Afinal de contas, o

---

* *Diário*, 17 de dezembro de 1873.

** Fica subentendido.

propósito da segunda divisão da terceira série no colégio de Rouen
– *épater le bourgeois** – é realizado por Flaubert; com seus gritos e
paradoxos, ele põe para fora o burguês que aquelas Altezas e aqueles
Artistas têm por baixo da pele. Aqueles burgueses simplesmente não
gostam que lhes mostrem sua verdadeira origem; desmascarados,
assustados, querem morder: belos linchadores em potencial. O que os
refreia é, ao mesmo tempo, o fato de que a exaltação "truculenta" de
Gustave é imaginária, e de que, protestando bom senso em comum, a
comédia os separa e faz de cada um o "mau cheiro" do outro. Será de
se acreditar que Gustave não sinta isso? Claro que sente: a agressividade dele, como eu disse, não é direta; uma parte dela se volta contra
ele mesmo, e a outra se evapora na *persona*; mas, justamente, o que
permanece na comédia da Doação é que, afinal, essa comédia *deve*
desagradar, em parte porque não convence, em parte porque ofusca:
gigantismo da trivialidade. E, por desagradar, deve desagradá-lo: ele
desempenha seu papel com repugnância; cansa-se de ser sempre o
mesmo homem (em *Novembro*, ficamos sabendo disso); leia-se: a
mesma personagem; é nos olhos dos outros, na expectativa deles,
que surpreendemos um "Ele" sempre igual a si mesmo, que nos dita
nossos gestos futuros: com exasperação e hostilidade espera-se de
Gustave uma exuberância que o esgota de antemão, paradoxos que,
ele sabe, todos conhecem de cor, e o que se espreita através deles é
o momento em que ele vai terminar seu número. Importuno, ele se
importuna. É um círculo. Alguns meses antes, Edmond, mais perspicaz
que de hábito, notava: "Será que ele mente cabalmente quando está em
tão flagrante contradição com seu foro íntimo?** Não... Em primeiro
lugar, quem diz normando diz até certo ponto gascão (??). Além disso,
nosso normando é de índole muito logomáquica. Por fim, o sangue do
pobre rapaz lhe sobe violentamente à cabeça quando fala. Desse modo,
acredito, com um terço de gasconada, um terço de logomaquia e um
terço de congestão, meu amigo Flaubert consegue embriagar-se quase

---

* Voltaremos a isso.

** A razão dessa contradição, segundo Goncourt, é que "com 'paradoxos truculentos' ele quer dissimular sua fundamental falta de originalidade. Estou falando... de uma originalidade especial que é sempre a marca do homem superior". Ou seja, de Edmond, amante refinado de japonismos. É de se lembrar que no colégio Gustave desprezava os colegas de espírito *tão comum*. Mas *ele* acrescentava "tão estreito". A originalidade de Goncourt é sua diferença específica. O gênio de Flaubert consiste em ser cósmico e comum, ao mesmo tempo, e em saber disso. É o que irá dar em *Madame Bovary*.

sinceramente com as contraverdades que profere".* É isso justamente o que Gustave sente quando leva a *hybris* à congestão: o sangue que batuca em suas têmporas, a cefaleia, o risco de cair fulminado, em suma, todos aqueles grandes movimentos orgânicos representam para ele o *analogon* de uma convicção; é o que dá, *só para ele*, consistência histérica à *persona*; mas, durante o tempo em que tem a impressão de consumir a vida por aquele príncipe que ele não é e não consegue deixar de encenar até a morte, durante o tempo, se quiserem, em que seu corpo demasiado ardoroso, com sufocações, espasmos e crescente congestão, lhe oferece o equivalente imaginário de uma convicção, Flaubert está perfeitamente consciente da incredulidade geral; sabe muitíssimo bem que Edmond, hostil e impenetrável, só vê nele um homenzarrão verboso e volumoso, à beira da apoplexia. Esse contraste entre a incredulidade de fora, que reduz a nada sua comédia mas sem poupar aos espectadores a revelação de suas baixezas burguesas, e a docilidade capciosa de seu próprio corpo, que queima reservas para alimentar a *persona*, é isso o que Gustave procura – pelo menos nos salões do Segundo Império – jogo acerbo e aterrorizante da crença como fato fisiológico e do ceticismo como determinação exterior e social: fazer das tripas coração diante da indiferença entediada do cenáculo igualitário é o que o repugna e atrai. Depois, ele volta para casa ou os convidados vão embora, e a noitada se resume por si mesma, tal como feita por ele e tal como feita pelos outros para ele, com o verniz de objetividade com que a recobriram. No exato instante em que ela se torna irremediável, ele reencontra amarguras e tédio, seu verdadeiro cansaço, apatia, brumas: como se reconhecer naquele ferrabrás "gritalhão", rubicundo, obsceno, ébrio? Ele nem sequer consegue conceber que possa tê-lo encarnado: é um Outro, um Outro, mais do que falso, que só aparece na presença dos Outros, engendrado pela superexcitação de Flaubert e desmascarado pela incredulidade deles; é *seu ser*, sim, pois na solidão ele não encontra nada para lhe opor senão o alheamento e o marasmo, formas de ausência, mas é seu ser *imaginário*: ele precisa ceder à evidência ou fugir no sono, o que é uma maneira de aceitá-la.

No entanto, essa comédia, dolorosa para ele, incômoda para as testemunhas, tem a seu ver outro sentido, mais positivo, sobre o qual dissemos algumas palavras há pouco, quando ainda estava apenas implícito no Rapaz de 1835 e se explicitou mais tarde, a ponto de não ter escapado aos Goncourt. Foi muito injusta a crítica que estes lhe

---
* 3 de maio de 1873. *Journal*, Éditions de Monaco, t. X, p. 128-129.

fizeram, de "(querer) lançar-se com ar de modéstia à concorrência frente a frente com Hugo". Gustave sempre admirou Victor Hugo, ainda que bem cedo se irritasse com as ideias políticas do proscrito. E, acima de tudo, tem orgulho demais para querer concorrer com alguém: comparação é coisa que serve para os Goncourt. Mas as duas donzelonas têm faro: à medida que se identifica com sua *persona*, Gustave se embriaga com seu gigantismo, o homem se eclipsa diante do super-homem; o que ele mostra com as determinações intensamente sentidas de sua passividade é que não pode receber as visitas terrificantes e grotescas do Cosmos quem não for também uma força da Natureza. As "pequenas naturezas" têm apenas pequenas necessidades. O Rapaz, ao contrário, é presa de si mesmo; sua submissão à Natureza, cuja presença ameaçadora ele manifesta com vociferações e gesticulações, só pode ser vivenciada de dentro na forma de entrega à *sua* natureza.* Reencontramos o menino que se sentia "do tamanho do mundo": de fato, a doação senhorial que faz aos colegas e confrades é a Natureza infinita como negação implacável da ordem humana, o que equivale a dizer que sua exuberância sinistra e "escarninha" de *possuído* é a imagem degradada, materializada do gênio destruidor e desmoralizador que ele gostaria de possuir. Quando encena os Pantagruel diante dos Goncourt, o que quer fazê-los reconhecer é de fato o seu gênio, na esperança de que a convicção deles o convença. E, de certo modo, tem a habilidade de lhes apresentar sua superioridade principesca na forma de uma simples diferença específica. Os dois irmãos, nos primeiros tempos, tiveram alguma boa vontade; ninguém lerá sem sorrir o retrato de Flaubert que eles esboçaram em *Charles Demailly*: "... rapagão sofrido, mas forte, temperamento de bronze, capaz de aguentar tudo, 27 horas a cavalo ou sete meses de trabalhos forçados no quarto... vozeirão militar e forte... homem que deixou alguma coisa morta atrás de si, na juventude, uma ilusão, um sonho, não sei... sua observação a sangue frio escarafuncha a pessoa até chegar ao lixo... pulso de cirurgião... a maior inclinação de seu espírito (porém) é para a púrpura, o sol, o ouro. É um poeta, acima de tudo...". "É isso! – exclama Dumesnil, radiante, é isso mesmo!" Sim: é exatamente *isso*. Mas *isso* não representa o que Flaubert era na realidade, nem o que ele pretendia ser, nem totalmente o que os

---

* Quando Louise o chama de sua "força da natureza", sabe o que está fazendo: ele exulta. E, como se sabe, ele assina as cartas a Laporte – que, no entanto, é da altura dele ou quase – como "seu Gigante", divertindo-se com a ambiguidade (gigante na altura, gigante no espírito) que Laporte, aliás, sente prazer em alimentar.

Goncourt acreditavam então que ele era. É um esforço leal e cortês que os dois irmãos fazem de refletir para ele o seu gigantismo reduzido às dimensões de simples diferença específica; *isso* é um Gargântua de bolso, *primus inter pares* como todos os outros membros da elite. Eles logo perceberão que aquela "redução" é impossível: um Gigante não pode caber num salão. Eles teriam aceitado de bom grado que ele preferisse os antigos aos modernos, que soubesse sânscrito, que detestasse os ingleses: esses gostos bastam para particularizar. Mas, se ele se faz Natureza, pretende bancar a *Alma Venus* ou o oceano encapelado, seu lugar é "acolá, na Ilha", com o Pai, e não em Paris. Não é possível ser Victor Hugo, conversar familiarmente com Deus e jantar no Magny. Se fanfarroneia, Flaubert é um cabotino, um maçante; mas, se houver alguma probabilidade de ele ser médium de verdade, salve-se quem puder: a elite igualitária está morta, restam um Príncipe e seus súditos. De fato Gustave desejaria um consenso que o manifestasse *a seus próprios olhos* como o Príncipe das Letras. Naquela generosidade *padecida* ele gostaria que reconhecessem a efervescência de seu *sangue azul*, a marca de sua linhagem Flaubert. Em certo sentido, o que ele imita aos domingos, no Boulevard du Temple, é a fecundidade misteriosa que nega a Croisset e que se nega a ele – voltaremos a falar disso –, é a *inspiração*. Voltemos um instante ao convite escrito aos Goncourt. Aparentemente, trata-se apenas da superioridade física de Gustave em relação aos convidados: Gustave subjugará a audiência porque consegue "aguentar 27 horas a cavalo". Fica assentado que: aquele "rapagão" tem mais força, Sainte-Beuve terá mais fineza crítica, Edmond e Jules, mais sensibilidade artística, mais penetração psicológica; cada um é superior aos outros em seu campo, do qual eles se valem. Mas não é preciso pensar muito para ler nas entrelinhas que Flaubert postula a superioridade absoluta; ele vai "berrar" sua obra, que seja, e os confrades não poderão suportar sua leitura até o fim: mas será possível supor que *qualquer romance* se adequaria a passar por aquele berrador? Um idílio ingênuo, um devaneio, um estudo de costumes seriam prejudicados por tal emprego de energia: ninguém berra *Dafne e Cloé*, *Paulo e Virgínia*. Portanto, a *própria obra* precisa exigir essa demonstração de força: em outras palavras, é ele que provoca a "estuporação" de quem o ouve. Uma anotação feita por Gustave ao retornar de Cartago acaba por esclarecer: ele invoca as divindades telúricas; que o calor, o rico colorido do deserto, os ventos, a fertilidade das terras cultivadas o permeiem e inspirem. A mim, Cosmos, dá-me teu poder. *Salambô* é a reexteriorização das energias ctônicas interiorizadas por Gustave na Tunísia. É o insuportável brilho dessa obra-prima que fulmina os que a ouvem. Só Flaubert pode fazer sua leitura – só Ulisses pode retesar seu arco – porque só ele podia escrevê-la. Portanto, é verdade que as qualidades físicas desse autor, hiperbolizadas, nada mais são que as hipóstases de seu gênio. E justifica-se até certo ponto que os irmãos Goncourt se retraiam enquanto ele lê, se recusem a ouvir e corram em seguida a seu *Diário* para desancar a obra que alguém quis impor-lhes. Sentiram que Flaubert quis a grandeza; para demoli-lo, tentarão substituir a *altura* da ambição pela *grossura* do resultado: ele fez um "Oriente *grosseiro*", um Oriente de pacotilha, de bazar. Não há força, há violência bárbara. Contudo, o que Edmond não entende quando acusa Gustave de bufonaria é que o grotesco-à-beira-do-ignóbil é um procedimento consciente utilizado para manifestar de modo indireto a presença do sublime e obter sua aceitação; carreguei nas roupas todos os piolhos do Egito *também* significa: sou o viajante mais audacioso, que, para conhecer as incomparáveis alegrias da Arte, ficou mais próximo da vida miserável dos autóctones e, graças à sua coragem, conseguiu apreciar melhor que ninguém Karnak e Luxor. O caixeiro-viajante corroído por parasitas é o avesso de um Artista refinado. Só isso? Não: é também o Artista ridicularizado pela realidade. Nesse movimento circular ninguém – nem o piadista de mesa nem o poeta – pode ter a última palavra. Não esqueçamos que Gustave, ao mesmo tempo que desprezava os condiscípulos em nome de seus êxtases poéticos, denunciava com eles a futilidade da Arte e a impostura do Artista, falso criador que só sabe produzir simulacros. O que torna o Rapaz tão difícil de definir é o círculo vicioso que fundamenta sua "natureza" e em todos os níveis o faz passar de escarnecido a escarnecedor e vice-versa. Antecipando-me aos futuros avatares da *persona* de Flaubert, espero ter esclarecido um pouco mais a *personagem* de 1835. É um diabo numa garrafa, um Gargântua feroz, louco de raiva, apertado num odre de pele humana, ridicularizando os liliputianos que o mantêm cativo; e é, ao mesmo tempo, um homem, imenso caixeiro-viajante intencionalmente vulgar porque a Natureza, em "sua alta e plena majestade", quando se mostra num homem que tosse, escarra, espirra, arrota, peida, caga e copula, como todos os mamíferos "superiores", só pode ser o triunfo da vulgaridade. Ele é generoso por compleição e malvado como uma peste pela simples razão de que a referida Natureza flagela nossa espécie e ele a representa, na qualidade de mediador do infinito: por essa razão suas dádivas são comparáveis às de Corneille que, conforme disse Gustave no "Elogio", rebaixava o gênero humano com as dádivas imortais que ele lhe fizera. E, sobretudo, é o sublime de baixo, o ignóbil, alusão indireta ao sublime do alto, fora de alcance: quando denuncia o jovem senso de importância e a seriedade atribuída ao assistente de procurador Calvi, Gustave o faz em nome do Grande Desejo, da insatisfação, do horror de ser homem e, afinal, de um obscuro "instinto religioso"; não diz palavra sobre isso e encarrega o Rapaz, travesso e gozador, de ir cagar debaixo do busto de Sua Majestade; o ignóbil é o executante das baixas obras do sublime. Mas para penetrar mais nessa criação complexa, é preciso deixar por um momento o tema da generosidade e seguir esse outro fio de Ariadne, a zombaria.

Do riso como estrutura fundamental do Rapaz
(ou do sadismo de um masoquista)

Voltemos a 1835. Quando avança para os colegas e se sente incapaz de enfrentá-los diretamente e um por um, o que Gustave faz? Apressa-se a rir publicamente de si mesmo para antecipar-se e assumir a hilaridade que teme provocar. No entanto, esse riso coletivo não pode ser *realmente* produzido por uma só pessoa e, por isso, aquele de quem o pequeno Flaubert zomba *não pode ser de fato ele mesmo*: ele se irrealiza numa personagem que outra não é senão sua caricatura; Gustave, exagerando seus próprios traços, torna-se publicamente o objeto cômico que lhe horroriza ser. Quando, aos dezesseis anos, o grito soberbo "Eles, rindo de mim!" lhe é arrancado, na solidão, por rancores não esquecidos, faz muito tempo que aquele ator de si mesmo optou por encenar-se de modo cômico e exibir para os outros uma sátira implacável de si. E, como só se pode rir de uma personagem que se leve a sério, Gustave encena o Rapaz como o homem cuja seriedade só existe para ser atravessada *no mesmo instante*, numa foiçada, pelo gume de um riso homérico que nasce *alhures*, acima dele, e acaba por irromper, volumoso, de sua própria boca. Daí a curiosa propriedade de sua criatura: o homem-que-ri-de-si-mesmo nunca está no terreno reflexivo; ele está absorto a fazer o que faz, com a maior solenidade do mundo, sem nunca contestar seus objetivos nem os meios que emprega para atingi-los; no entanto ele *é refletido* porque indissoluvelmente sujeito de suas afeições e de seus atos, objeto de uma reflexão que é sua e outra, ao mesmo tempo, e que se manifesta por uma conduta permanente de dissociação. Como se Gustave quisesse recuperar a visibilidade.

Nesse nível, pode-se ver que a função desse riso é dupla: a hilaridade que ele rouba aos colegas é a do senso comum que zomba de sua anomalia; mas ele vai lhes pregar a peça de, por meio da ampliação da particularidade escarnecida, zombar da natureza humana em geral e, assim, do próprio riso comum em nome de uma caçoada mais alta e mais vasta – mais ou menos como Alfred rindo de Lengliné que ria de Gustave. Em outros termos, o riso do homem comum é desqualificado pelo riso do Gigante. Mas, em vez de zombar diretamente dos colegas – "Vocês não valem mais que eu, a mesma estreiteza de visões, a mesma fraqueza física, mental, moral, a mesma futilidade, a mesma pretensão cômica a ser o umbigo do mundo" –, ele os escarnece indiretamente, revelando em suas próprias determinações hiperbolizadas a parcela de sombra e de nada que há em cada um de nós. Como se lhes dissesse: *Quanto a mim*, sinto o olhar infinito me esmagando, e vocês, envaidecidos ou envergonhados com suas míseras diferenças, não o sentem. Desse modo, ei-lo a inflar-se desmesuradamente: o cristão, ser relativo e finito, apesar de suas fraquezas, torna-se um absoluto pelo amor distintivo que o Ser absoluto tem por ele; da mesma maneira, o menino Flaubert, cristão às avessas, com a chacota que arranca à imensidão, torna-se imensamente cômico e desprezível. O Rapaz é "henôrme": o Infinito precisa olhá-lo com lupa e mostrá-lo aos homens como a aterrorizante ampliação de suas misérias.

Considerado desse ponto de vista, o Rapaz será visto como um hiper-Gustave: este não se ama muito, como sabemos; o narcisismo não será um freio à sua surpreendente empreitada. Ao contrário: ele exalta a mais não poder a repugnância que se inspira, enfatiza suas falhas, seu horror de viver. Pelos olhos do Gigante invisível, ele se transformará, como Kafka, em inseto formidável para converter o homem em bicho-de-conta em sua própria pessoa. Esse hiperbolismo odiento torna-se traço permanente de sua personalização. Imita, com exagero, os alheamentos da senilidade ou as crises de um velho epiléptico: ora, esses alheamentos são seus, e, na solidão da interioridade, ele sabe tirar deles um partido bem diferente; na epilepsia do "Jornalista de Nevers", ele é fascinado por sua própria neurose incipiente e quer levá-la ao extremo para *deixar o pai preocupado*, e este acaba por lhe proibir aquelas exibições – o que prova que elas eram especialmente concebidas com a família em mente, e que Gustave se entregava a elas para contestar e reforçar, simultaneamente, a superproteção de que era alvo.* Quadragenário, arregaça a roupa, assume expressão mortiça, deixa a mandíbula pender e dança diante dos confrades o balé do Idiota – bem estudado e, sem dúvida alguma, acertado desde a adolescência –, que provoca nos Goncourt um estranho mal-estar admirativo. O Rapaz é idiota, está evidente: Gustave diz aos Goncourt que "com os amigos, atribuíra (àquela personagem) uma personalidade completa... enriquecida com todos os tipos de besteiras provincianas". Da besteira ele tinha – podemos estar seguros – a "profundidade infinita", como o boné de Charles. Mas com que Gustave sofre, afinal, se não com o fato de ser o idiota da família, o pateta cuja ingenuidade provocava os gracejos dos colegas? De que se vangloria, se não de atrair idiotas, crianças e bichos? Aos sete anos, boquiaberto diante do alfabeto, sentiu-se "roçado pela asa da imbecilidade"; aos doze, foi percorrido pelo mesmo estremecimento ansioso quando, ao ser iniciado nas disciplinas exatas, sua cabeça se enchia de bruma e ele se convencia de que, em sua caixa craniana, o centro dos nexos lógicos estava atrofiado. Ele nunca se encarna por escrito** em heróis risíveis; em público – não consegue resistir – precisa encarniçar-se consigo mesmo e levar ao cúmulo, diante de testemunhas, a burrice esmagadora de que se acredita afetado, que o mata de vergonha.

Vai mais longe ainda, aliás, pois transforma o Rapaz em robô. "Ele tinha gestos de autômato", confia aos Goncourt. Até mesmo seu riso, "sacudido, estridente", tem algo de mecânico. Também por essa razão "não é riso de modo algum": mais que reação humana a um acontecimento, a um espetáculo, parece ser produto de uma máquina posta em funcionamento por um estímulo físico. Ora, como sabemos, Flaubert é obcecado pela ideia cientificista: se o homem é um sistema na exterioridade – movido a partir do exterior, exterior a si mesmo –, a melhor metáfora será a do automatismo. Almaroës – ou seja, a metade do par maldito no qual o autor se encarnou –, como vimos, é uma máquina eletrônica. Na pura estupidez burguesa Gustave se compraz em discernir também as engrenagens de uma enorme maquinaria. Quando vier a escrever *Le Château des coeurs*

---

* Voltaremos a isso no próximo capítulo.

** *Uma vez*, sim, seu gosto pelo Grotesco triunfa; é nos últimos anos, com *Bouvard e Pécuchet* – desdobramento do Idiota terrível: o título dessa obra deveria ser "Os dois tatuzinhos": os dois tatuzinhos juntos, mais a imensa zombaria do mundo a ridicularizar seus esforços, constituem a última transmutação do Rapaz. Mas não por acaso esse livro de vingança não foi empreendido antes do fim de sua vida.

[*O castelo dos corações*], imaginará que "os Gnomos não podem viver sem o coração dos homens, pois para se alimentarem deles os roubam, pondo em lugar deles não sei que engrenagem de sua invenção, que imita perfeitamente bem os movimentos da natureza...". Os homens não resistem e "entregam-se às exigências da matéria". É o tema geral da peça: naturalmente esses autômatos são burros; recebem regulagem e corda; proferem lugares-comuns, fazem gestos convencionais sem nunca saírem do mais estrito conformismo, pelo motivo – evidente no tempo de Flaubert, mas não no nosso – de que uma máquina, sejam quais forem o número e a organização de seus elementos e combinações, não pode ser imprevisível. A inteligência extrema – a de Achille-Cléophas, de Achille e dos detentores do prêmio de excelência – reduz os homens ao estado de sistema mecânico, e isso também é feito pela burrice extrema: duas maneiras de "entregar-se às exigências da materialidade". O Rapaz simbolizará ambos com seus gestos de autômato, ridicularizando simultânea e contraditoriamente a lerdeza obtusa e limitada do idiota da família e a inteligência eletrônica do Grande Irmão Achille. Mas se o Gigante zomba assim das duas postulações do homem, o que é o Rapaz? Um idiota ou um fanal? Na minha opinião, os dois: daqui a um momento, explicitarei minhas razões. Por ora, estamos e precisamos permanecer no estágio da operação em que Gustave, *heautontimorumenos*[19], oferece aos colegas a exibição de seus defeitos hiperbolizados.

Vejamos, por exemplo, como ele denigre seu próprio orgulho. Caroline lhe escreve que sente demais sua falta (em 11 de novembro de 1841). Acrescenta: "Espero ter lisonjeado bastante a vaidade do Rapaz, e que tu estejas contente comigo". Isso quer dizer que Gustave é profundamente vaidoso, fátuo até, mas *no Rapaz*. Ora, na época em que recebe essa carta, Gustave, depois de ter tentado apresentar o orgulho como o móbil fundamental de nossas ações, fazia tempo que chegara a reconhecer que aquela lei geral praticamente só valia para ele: sou louco de orgulho, notou um pouco antes. De fato, o orgulho negativo o consome, é sua doença. Mas quando, na solidão, faz essa confissão a um caderno que não deverá ter outro leitor além dele, está bem longe de se condenar: decerto serei mais virtuoso que a maioria porque tenho mais orgulho, escreve ele um dia. Em outro lugar, vê nesse sentimento a fonte de todos os seus sofrimentos e – dá a entender – a de sua futura grandeza. Mas, assim que encontra um público, não consegue resistir: ri, Palhaço![20] O branco vira preto, o nobre vira ignóbil; o orgulho de Gustave – que, como veremos, ele tem razão em considerar o melhor de si – é transposto em vaidade no Rapaz. Não sem algumas notáveis mutações: o orgulho, altiva exigência, insatisfação consigo e com o mundo, torna-se tolice inveterada, autocomplacência, amor narcísico do ser finito por sua determinação, satisfação beata. Como se vê, trata-se de um vaivém entre positivo e negativo: Gustave, dolorista, fundamenta a grandeza (qualidade positiva) de seu orgulho num negativo, a frustração (como se dissesse: privado de tudo, não tenho meios para ser modesto). O Rapaz, folgazão, mostra a baixeza (qualidade negativa) de sua fatuidade quando ela é (aspecto *positivo*) plenamente satisfeita, ou seja, o tempo todo. O Rapaz sem dúvida não era difícil: qualquer coisinha o lisonjeava; na falta de lisonjeadores, ele mesmo se lisonjeava: portanto, ele é *cômico*; o que há de mais risível que esse bobalhão, ingênuo por fatuidade, que fica balançando a cabeça para os cumprimentos interesseiros e exagera os que lhe foram feitos? No entanto, Gustave é *também* vaidoso. Como todo mundo, mais que todo mundo – e sabe disso. Nele, a vaidade é uma fraqueza do orgulho: cansado de reivindicar a lua em vão, ele diminui por um momento as suas pretensões e aceita ver apenas o reflexo dela numa poça. A vaidade de Gustave, toda feita de ingenuidade, é comovente: sente-se que ele aspira a sair por um instante de sua fornalha quando, em suas cartas, se apossa de um cumprimento banal que lhe foi feito por algum correspondente, infla-o desmedidamente e exclama maravilhado: é verdade mesmo? Sabe que vai me deixar todo orgulhoso? Constantinopla, dezembro de 1850, ele recebe uma carta da mãe, que o parabeniza pelo tom e pelo estilo das cartas que recebe dele. Elogio de certo modo solicitado, pois algumas semanas antes ele se desculpava por lhe escrever sem pensar o que lhe vinha à cabeça. Além do mais, ele não apreciava muito os gostos literários da mãe, e a sra. Flaubert não tinha nenhuma pretensão nesse campo. Eis, porém, o que ele responde: "Sabes, querida velha, que acabarás criando em mim uma vaidade desmedida, em mim, que assisto ao decréscimo contínuo dessa qualidade que em geral ninguém me recusa? Tu me fazes tantos cumprimentos por minhas cartas que acho que o amor materno está te deixando totalmente cega. Pois a mim me parece que não te envio mais do que umas linhas bem insípidas e, sobretudo, mal-escritas... Como sei que não é a qualidade, mas a quantidade, que te importa, envio-te o máximo de cartas que consigo".* Esse trecho fala por si e prescinde de comentário: lembro apenas que Flaubert está

---

* *Correspondance*, t. II, p. 263-264, 4 de dezembro de 1850.

sob a impressão de uma terrível decepção literária, que lhe estraga em parte a viagem e começa a estremecer suas relações com Maxime; Du Camp e Bouilhet, depois de terem ouvido a leitura do primeiro *Saint Antoine*, declararam sem rodeios que a obra era boa para ficar engavetada. Imagine-se, depois disso, o desnorteio e a angústia dele: como deve estar sofrendo para se regozijar com a apreciação feita por uma mulher cujos juízos ele rejeita nessa matéria, a respeito das cartas de fato vivazes e extremamente coloridas, mas com certeza escritas à pressa, o que *para nós* constitui seu encanto, mas *para ele*, segundo suas concepções estéticas, basta para anular qualquer valor literário.

No entanto, é essa vaidade tocante e ingênua que ele vai expor ao opróbrio, ao lhe conferir, no Rapaz, tanto a imensidade de um orgulho infeliz, portanto insaciável, quanto os lastimáveis prazeres de um amor-próprio satisfeito. Uma observação não datada – mas que, num cálculo aproximado, deve remontar aos dezessete anos – mostra-nos o seu procedimento e, ao mesmo tempo, que ele não se deixa enganar por ele: "Dizem que sou presunçoso – por que, então, essa dúvida que tenho a respeito de cada uma de minhas ações?".* Ele sabe bem que o orgulho é exigência infinita e se expressa na maioria das vezes pela dúvida – era isso mesmo que eu precisava fazer para me igualar às minhas austeras ambições? –, mas, visto que os outros, enganados por uma segurança de fachada, o criticam por ser presunçoso, ele representará em sua *persona* essa mesma presunção, levada ao extremo. Como se dissesse aos outros: vocês me consideram vaidoso; não seja por isso: tornarei minha vaidade gargantuesca, e o Rapaz os fará rolar de rir com sua pretensão. Acresce que esse falso imbecil sempre invejou e temeu a autossatisfação que, segundo acredita, acompanha a verdadeira imbecilidade. Assim, o Rapaz não é apenas a hiperbolização do que ele é para outrem, mas também do que ele gostaria de ser e teme vir a ser. Encenando sua personagem, feroz e sempre satisfeito, ele se concede uma trégua, uma plenitude imaginária por alguns momentos, enquanto sua consciência exasperada condena a estúpida materialidade dessa personagem.

Nem mesmo seu gosto marcado pela coprologia deixa de estar presente, amplificado, em sua *persona*. O Rapaz arrota atrás da porta, caga debaixo do busto de Sua Majestade, veremos que mantém um "Hotel das Farsas"[21] onde os fregueses vão comer merda em baldes. Esse furioso, possuído pela violência e pela gesticulação, só pode sentir prazer com as zombarias mais baixas, mais obscenas. *Como o*

---

* *Souvenirs*, p. 59.

próprio Gustave. A prova? Como diz Caroline Commanville "era um caixeiro-viajante". E Gustave aos Goncourt: há em mim dois homens, um rato de biblioteca e "um caixeiro-viajante, uma verdadeira alegria de caixeiro-viajante em viagem e gosto pelos exercícios violentos".*
Ótimo: mas quem ele detesta mais, depois dos merceeiros, se não os caixeiros-viajantes, as "piadas" grosseiras, os lugares-comuns, a ignóbil vulgaridade burguesa deles? No entanto, quis apresentar aos colegas não só a caricatura de sua pessoa, como, ainda por cima, a do caricaturista. O lado Gaudissart[22] do Rapaz é a autocrítica do autor através de sua criatura: sei que não sou engraçado, que me agito demais e em vão, que importuno e atrapalho, que meus berros todos não valem um só dito espirituoso bem disparado. Espirituosidade, aliás, é coisa que quase não se encontra na província: Gustave está convencido disso, detesta seu provincianismo e o entrega à sanha dos provincianos, seus colegas. Disse isso aos Goncourt, que o repetem, evidentemente acrescentando sua pitada de malevolência: "Foi uma brincadeira pesada, obstinada, paciente, contínua, heroica, eterna como uma brincadeira de cidade pequena ou de alemão". Volta-se sempre ao ponto de partida, o próprio mito é julgado: não só o Rapaz é um caixeiro-viajante bem-humorado, como também seus inventores seriam inconcebíveis numa Capital: para que aquela "brincadeira de alemão" durasse vários anos, era necessária a espessura do tempo que desaba sobre as pequenas cidades, sua lentidão também: nada acontece, tudo se repete, todos se conhecem. Se acrescentarmos uma boa pitada de defeitos burgueses – o Rapaz adora o conforto, parece avarento, gosta de jantar na Suíça –, tudo parece dito: um burguês zombando de si mesmo, bem burguesamente, para provocar a gargalhada de um público de burgueses.

Nada está dito. Como admitir que os colegas de Gustave fiquem fascinados por essa personagem, se ele nada mais é que o caçula Flaubert à décima potência? Como acreditar que cada um deles queira entrar em sua pele e *sentir-se* Rapaz pelo menos durante alguns minutos? As características que relatamos não podem ser consideradas universais: não é verdade que todos aqueles pequenos atores sejam ou se considerem idiotas, malvados, vaidosos, vulgares, nem que todos tenham o mesmo gosto suspeito por imundície e baixeza; nem mesmo se admitirá que o "burguês", mito do século

---

* *Journal*, 6 de maio de 1866.

XIX, possa ser modelo desse retrato. Uma frase de Gustave dá a entender que o interesse *geral* do Rapaz situava-se alhures: o Rapaz – disse ele aos Goncourt – "representava a piada do materialismo e do romantismo, a caricatura da filosofia de d'Holbach". O texto é claro, ainda que os Goncourt não tenham entendido uma palavra do que relatavam. Quem tinha zombado melhor do materialismo dos filisteus e do futuro sr. Prudhomme que os próprios românticos? E, contra os românticos, a burguesia, não ousando pedir ajuda a Helvétius e a d'Holbach naqueles tempos carolas, usava a ironia voltairiana e, mais discretamente, o mecanicismo cientificista. Esses contra-ataques visavam secretamente a destruir o idealismo dos jovens fidalgos-poetas e, através deste, a ideologia clerical, usando como aríete o materialismo do século XVIII. Assim, a piada do materialismo é o romantismo, e a piada do romantismo é o materialismo cientificista. O Rapaz, portanto, não é absolutamente um burguês zombando de si mesmo. Ou, se for, é em certo nível. Ao contrário, ele é habitado por um torniquete de risos; nele o romantismo zomba do materialismo e vice-versa. O que resta, nesse caso? Veremos. O certo é que aí se encontra o conflito das duas ideologias da época – cientificismo burguês, religiosidade aristocrática – transformado em torniquete contestador. Sabe-se que essa contradição tortura Gustave. Sem dúvida alguma, atormenta a maioria de seus condiscípulos. O pequeno Flaubert encarregou o Rapaz de livrá-lo publicamente dela, ridicularizando as duas teses mutuamente: é isso justamente o que interessa seus espectadores. A vigilante parvoíce parisiense dos Goncourt não captou a profundidade da "brincadeira pesada" e provinciana nem viu no riso uma solução imaginária para a antinomia do século. No entanto, não poderão se queixar de que Gustave não lhes tenha dado uma pista. Ele citou pelo menos um exemplo: a "sátira consagrada toda vez que passavam pela frente de uma (*sic*) catedral de Rouen".

"Um logo dizia: 'Que bela essa arquitetura gótica, eleva a alma'. De imediato, quem fazia o Rapaz apressava-se a rir e a gesticular: 'Sim, é bela... e a noite de São Bartolomeu também! E o Edito de Nantes* e as dragonadas, belas também!". O que está sendo escarnecido aí? O materialismo ou o romantismo? O materialismo, acreditam

---

* A revogação do Edito, obviamente.

os Goncourt, que veem no Rapaz uma prefiguração do sr. Homais.* Seria um Prudhomme filantropo e racionalista cujo ridículo estaria em querer argumentar a partir de alguns massacres para condenar a Santa Religião e as obras de arte que ela inspira? Estaremos realmente sendo convidados a rir de seu riso? Talvez. Mas convém olhar mais de perto.

A frase do comparsa é claramente concebida para provocar a réplica do Rapaz. Mas ela se basta: tal como transmitida, é, por si mesma e sem nenhum comentário, um lugar-comum grotesco que poderia figurar no *Dicionário de ideias prontas*: "Gótico: dizer que eleva a alma". Agora perguntamos *quem* diz isso, quem é o Monsieur Loyal desse Auguste.[23] Um romântico, sem dúvida alguma; ou melhor, uma burguesa piedosa influenciada pelo romantismo, que se compraz a saborear, nas igrejas, aquilo que hoje chamaríamos de êxtases de consumo. Uma tola, sem dúvida alguma. E que se toma por aristocrata. Bom, sabemos quem é: Gustave em pessoa. Lembremos o símbolo da pia de água benta a refletir as altas nervuras góticas da nave. De qualquer maneira, já vimos que ele frequentemente sente a Religião como um chamado do alto – sinos, verticalização das paredes até a ogiva. Chamado frustrante – pois nos cumes Deus se cala –, mas capaz de facilitar os exercícios espirituais e, em especial, os "arrebatamentos". Acaso não sabemos, aliás do próprio Gustave, que ele gostaria de ser místico, de "morrer mártir"? Em seu caderno de *Souvenirs* não é o gótico que o predispõe a tais elevações, mas as "ondas de incenso"; e ele acrescenta: "É uma coisa bonita o altar coberto de flores a perfumarem tudo". Mas essa frase não provocaria imediatamente a *mesma* réplica do Rapaz?: "Oh, sim! É uma coisa bonita! E a noite de São Bartolomeu também" etc. etc. Assim, Gustave

---

* Essa conjectura me parece apropriadamente imbecil. Em Homais tudo é nítido, preciso e inteligente, mas pequeno. Com esse farmacêutico finório, Gustave quis mostrar a *burrice da inteligência*. E, precisamente por essa razão, apresenta-o como um arrivistazinho eficiente, prudente e esperto, que sabe se abster de excessos e prosseguir em sua empreitada, inflexivelmente. Onde está Pantagruel? Onde está o riso do Rapaz? E, sobretudo, onde está a desesperança recusada que se oculta por trás desse riso? A "piada do romantismo" onde está? A burrice de Homais nada mais é que sua satisfação. O que se pode dizer é que Bournisien e Homais representam a *contradição* reexteriorizada das duas ideologias. Com a seguinte superação: ambas são burras. O Rapaz, entre outras coisas, é Bournisien e Homais – dois materialismos –, mas radicalizados, hiperbolizados até se tornarem cósmicos, o que – a qualidade depende da quantidade – basta para torná-los irreconhecíveis.

zomba em público dos sentimentos que o afetam pessoalmente. Mas, também nesse caso, ele apenas constrói sua personagem apropriando-se do riso coletivo, a fim de dirigi-lo para seus afetos imediatos: ele foi aquele adolescente tímido que entrava furtivamente nas igrejas à procura da Fé, sem nunca a encontrar. Naqueles momentos, aliás, como notamos num dos capítulos anteriores, ele se sentia desarmado, terrivelmente visível e risível: se meus colegas me vissem, como ririam de mim! Naquela busca sem esperança, tudo é dado ao mesmo tempo: a burrice de Monsieur Loyal, que procura um Deus ausente ou inexistente, e o riso feroz do Rapaz – ou seja, dos colegas. Este, aliás, é apenas virtual, portanto irreal, pois a *risibilidade* de Gustave de fato não provoca nenhum riso: embora visível, ele não é *visto*, a não ser por hipótese e no imaginário. Nem por isso os dois momentos deixam de ser dados juntos como o refletido e o reflexivo que dele se depreendeu, e este – olhar *real* de Gustave sobre si mesmo – se dá como olhar imaginário dos Outros sobre ele.

De resto, por que o Rapaz ri na "sátira consagrada"? A tomarmos sua conduta tal como descrita, seus gestos e seu riso *apressam-se*, sinal de considerável excitação, e ele lembra outro aspecto do cristianismo: a Religião produziu construtores de catedrais, mas também Grandes Inquisidores. As elevações da alma têm como contrapartida o fanatismo e as guerras santas. Nesse ponto todos podem concordar com ele, até mesmo um padre: este simplesmente observará que os erros humanos não podem ser postos na conta do grande corpo sagrado que é a Igreja. Mas o Rapaz não tem essa opinião: ele põe no mesmo plano os autos de fé e as obras-primas da arte religiosa. É defensável, desde que sejam vistos os produtos de uma mesma cultura, na mesma sociedade, no mesmo momento da história. Desse ponto de vista, sua réplica é bem fraca: as dragonadas do Rei Sol não têm muito a ver com o gótico. Não importa: vamos tomá-la em bloco; ela equivale a dizer que só a Fé pode mover montanhas e construir aqueles imensos edifícios para que o povo se reúna; mas, nesse grau, ela só pode ser fanática: uma mesma intolerância anima os que constroem os templos de Deus e os que queimam cismáticos em Seu nome. "É bela a Noite de São Bartolomeu!" Estará zombando do interlocutor? Na qualidade de Rapaz, como ele encontra beleza nos massacres? Não devemos decidir sem lembrarmos a posição de "ator de si mesmo" que se hiperboliza naquela personagem: Gustave sempre declarou que as convicções religiosas não são concebidas sem fanatismo. Será uma crítica? De modo algum: o instinto – ou sede de infinito, de absoluto – impele o homem a produzir essas pobres fábulas chamadas religiões, que não podem satisfazê-lo, pois o ser finito precisa do infinito, mas sua fraqueza é tanta que ele não consegue representá-lo. Em suma, seja qual for o mito, este nunca será mais que uma representação finita do infinito: desse ponto de vista, o fetichismo não é nem mais nem menos válido que o monoteísmo cristão. O que salva do ridículo essas mitologias é que os crentes, na falta de coisa melhor, apegam-se a elas com toda a violência da sede insaciável do absoluto. Não é o conteúdo que importa, é a mobilização de todas as nossas energias pela fé. Nesse sentido, o fanatismo e a intolerância representam no homem o que ele tem de melhor. O mártir e o inquisidor são irmãos: ambos destroem a espécie humana em si mesmos e no outro para que haja reino de Deus; os inquisidores dariam excelentes mártires; os mártires, quando sobrevivem, dão os melhores inquisidores. Obedecem ao imperativo original do instinto religioso, que é totalmente negativo: mesmo que Deus não seja, faze explodir em ti e em teu próximo a determinação finita, para provar, sob Seu céu vazio, a necessidade que tens d'Ele. O fanatismo do homem pelo homem é bom: sacrifício e hierarquia se completam; o do homem por Deus é melhor: ele realiza ao mesmo tempo a hierarquia da espécie humana e, em última análise, pelo menos, a abolição desta.

Essa abolição deve ser vista com os olhos de Gustave, lembrando que ela não desagradaria à sua misantropia, e que ele a desejou frequentemente. Quanto aos massacres, sabemos que ele sonha cometê-los. Na época seus heróis favoritos são Nero, o pirômano, Tamerlão e Gêngis Khan; logo ele invocará Átila para suplicar-lhe que destrua Rouen e Paris. Evidentemente, o ressentimento e a humilhação o enfurecem a ponto de fazê-lo acalentar a ideia do mais cabal genocídio, o assassinato do gênero humano em sua totalidade. Mas é de se admitir que ele pense nisso o tempo todo, pois nunca deixa de estar enfurecido. Chega a criar, na imaginação, uma tabela de valores cujo princípio, admitido explicitamente, é Tânatos: nada mais voluptuoso que fazer amor enquanto a criadagem se entrega ao azáfama de assassinar, de supliciar; nada mais belo que "fazer Arte" no topo de uma colina enquanto uma Capital se retesa e calcina de dor sob o tormento de um incêndio que nós mesmos ateamos.

Na época, ele não se contenta com esses sonhos masturbatórios: na rua, nos locais públicos, em todo lugar onde encontre multidões, sente impulsos homicidas: ora quer matar o próximo a socos, ora sente, furiosamente, necessidade de cortar cabeças. Sei muito bem, não cabe comover-se demais: não podendo redundar em revolta, sua grande raiva passiva se irrealiza em desejo de matar. Pois ele quer assassinar gente comum, transeuntes com quem não simpatiza, nada grave. Ainda que a vergonha, a impotência, o horror de viver às vezes levem aqueles que a imprensa chama de "energúmenos" a cometer o ato surrealista mais simples de baixar numa rua movimentada e atirar na multidão. Gustave nunca passará ao ato: está protegido contra esses gestos desesperados por sua condição de burguês. Mas sua passividade constituída não o impediria, por si só, de cometê-los: esses pequenos massacres, com frequência seguidos de suicídio, não podem, justamente, ter como autor alguém que não seja um agente passivo. Em todo caso, ele se compraz nesse papel de homicida em potencial, de homem que "não se conhece mais": gosta de amedrontar-se. Seja como for, o impulso homicida é uma de suas fantasias: isso não pode continuar; vou cometer um desatino! Como não daria um jeito de transferi-lo para sua *persona*? A estatura formidável do Gigante prisioneiro no Rapaz já é um genocídio. Mas, ainda por cima, o Rapaz é malvado. Malvado como a peste. Como Marguerite, como Garcia, Satã, Mazza, como o jovem autor mesmo: a primeira vez em que Gustave fala desse riso notável, como vimos, é em 24 de março de 1837; o censor foi apanhado num bordel; o que causa alegria a Gustave e o iguala por um instante à sua hiperbólica caricatura é a cara desconcertada do coitado, em outras palavras, a expressão de seu sofrimento. Num lampejo, o funcionário compreende as consequências: ele será a vergonha do colégio, objeto de desprezo dos colegas e de zombaria dos colegiais, além de perder o ganha-pão. É com isso, justamente, que o Rapaz se deleita: a degradação, o aviltamento de um homem e sua liquidação *quase* física: ele não será morto, mas desaparecerá para vegetar alhures com odiosas lembranças.

Se é tão malvado o Rapaz – ou melhor, o gigante enfurecido por estar encerrado na pele de um homem –, como imaginar que tenha tal repugnância pelas dragonadas? É verdade que as belas feras que ele gostaria de tomar por modelo – Lacenaire é a mais recente – matam, segundo ele, pelo prazer de matar: seus móbeis seriam a misantropia e o sadismo levado ao ponto da antropofagia – coisas que ele declara aprovar sem reservas. Oh! Sim – diria o Rapaz excitado –, é belo o sangue do homem derramado por outros homens: é bela a morte, quando vem pelo gládio e afunda com ele até o coração do condenado;

é belo o sofrimento das vítimas autodenominadas inocentes (nunca se é inocente de ser homem), quando infligido por torturadores jurados, calmos e seguros de seu direito. Mas massacrar em nome de Deus será também divertido? Há na Noite de São Bartolomeu, por exemplo, uma cegueira colossal ou uma imensa hipocrisia: as pessoas se entrematam em nome de uma Divindade surda, muda, oculta, que, seja lá como for, exista ou não, nada tem em comum com o grosseiro ídolo moldado pelos católicos e tampouco com o ídolo que lhes é oposto pelos protestantes. Já não é sadismo puro: intervém um "ideal" em nome do qual se "faz justiça". Pois bem, justamente, para o Rapaz essas são as melhores facécias. Em primeiro lugar, nada se perdeu daquilo que ele amava nas festas neronianas: será menos vermelho o rio de sangue que corre pelas ruas de Paris? Quanto ao sadismo, a boa consciência, ao invés de abafá-lo, exalta-o: que prazer estripar uma moça por amor ao Bem! Acima de tudo, guerra de religião é muito mais divertida! Nero não se presta ao riso: mata por prazer. Mas quando, dos dois lados, saqueia-se, tortura-se e mata-se em nome do Deus da Justiça e do Amor, o Rapaz entra em transe; o homem se revela enfim na perfeição de sua natureza; ele é carrasco ridículo ou risível vítima. Épernon, que matava para gozar, é menos "henôrme" que Torquemada, esse imbecil que queima o próximo por virtude, hipócrita que, quando faz sofrer, tem ereção por baixo da batina de burel e não quer nem saber. O Rapaz vai mais longe ainda: se o único valor do homem está em seu instinto religioso e se este só encontra plenitude humana no fanatismo, que conduz inflexivelmente ao genocídio, esse monstro é feito de tal modo que seu amor pelo Ser o encaminha diretamente para o Nada: no teatro eu dou risada quando um marido, com as precauções que toma para defender a virtude da mulher, a leva para a cama do vizinho, contrariando sua própria vontade e a dela; não deverei rir mais ainda se vir uma espécie animal que, querendo afirmar-se melhor *no absoluto*, põe em ação os meios mais seguros de liquidar-se a si mesma? Ao concordar com o interlocutor, o Rapaz pretende revelar, por trás de sua aparente contradição, a unidade dialética de misticismo sentimental e fanatismo. No entanto, se zomba dele, se o desmoraliza, é lambuzando de sangue os ternos arrebatamentos quietistas de seu interlocutor; Monsieur Loyal é cúmplice da ferocidade dos massacres que possibilitaram seus êxtases, querendo ou não. Gustave está mais ainda convencido de que *seus próprios* êxtases não são inocentes:

como mostramos acima, são sobrevoos rancorosos que achatam os homens contra o chão e acabam por aboli-los. Nesse sentido a história sangrenta das guerras religiosas só faz revelar a ferocidade secreta dos êxtases – os de Gustave e, segundo ele, os de todos os grandes místicos; o que leva ao extremo sua hilaridade é que os assassinos que falam em nome de Deus *têm razão*: ao exterminar-se piedosamente, nossa espécie nada mais faz que executar a sentença proferida contra ela do alto: para esse Baal Indiferente, o *absoluto*, nós não existimos *absolutamente*. É de se notar a semelhança entre a maldição de Adão, obstinado por essência a aniquilar-se com a espécie inteira, e a maldição de Gustave, que sonha abolir-se para executar as ordens do Pai. A reação personalizante de Gustave esboça uma nova espiral: todos os temas de sua constituição são retomados e concentrados numa nova ordem, a do riso, reação nova que tenta superá-los.

Em março de 1836 ele escreve *Un parfum à sentir*, que será terminado em 1º de abril; nas "Duas palavras" que servem de prefácio a esse "conto filosófico", ele tem o cuidado de definir o riso malvado que se tornou sua melhor defesa: "Essa divindade sombria... que ri com ferocidade ao ver a filosofia e os homens retorcerem-se em seus sofismas para negarem sua existência enquanto os tritura em sua mão de ferro". Esse Deus sombrio é o *Fatum*, como se sabe. Ele tritura os homens, ainda bem; mas sua ferocidade sádica é risonha; enquanto os arrasta ao genocídio, encanta-se com a cegueira deles: Criador onipotente que os ama, mundo feito para eles, bondade da natureza humana e, se esta não bastar, a Graça, discreta ajuda da Providência que lhes respeita o livre-arbítrio, o que não irão eles buscar para esconder de si mesmos que se matam uns aos outros, que estão postos no mundo para sofrer, aviltar-se e morrer! Na época, já faz tempo que a criação mundial do Rapaz ocorreu no pátio do colégio: reconhecemos seu riso na garganta de Ananque; quer dizer que Gustave o identifica com essa divindade? Não, mas que em *Un parfum...* ele faz um esforço reflexivo para compreender melhor sua nova personagem. O Destino torna, necessariamente, os homens risíveis nas três seguintes condições: quando quem ri não pertence à espécie humana, quando quem ri é misantropo (o riso expressa o racismo dos super-homens), quando quem ri tem a presciência do horrível fim para o qual os indivíduos são encaminhados. Quem preencher essas três condições terá o divino prazer de ver cada um de nós realizar seu destino por meio das mesmas providências com que tenta escapar dele. Lembremos o suicídio de

Marguerite: a multidão a caça, ela bate na testa: "a morte, diz *rindo*". O riso nasce aí de uma fulgurante intuição, infelizmente retrospectiva, de sua vida passada: que teimosia risível em se fazer amar quando foi criada detestável! Seus esforços eram cômicos, pois só tinham como resultado fazê-la ser mais odiada. A trombeta do Rapaz clangora – não sem nos surpreender um pouco – nessa pobre garganta envelhecida; ainda precisa matar-se: ela não escapará à derrisão universal se não realizar consciente e deliberadamente o Destino que lhe está reservado. Assim como Gustave, ao assumir a hilaridade que acredita provocar e ao reexteriorizá-la com um riso convulsivo que manifesta publicamente seu genocídio suicida.

A ideia que acode imediatamente é que o Rapaz *tem razão de ser burro*. Ou melhor, que sua pretensa burrice é o único modo válido de compreensão quando se trata da relação entre a totalização em curso e um momento dela que tenta pôr-se para si. Digamos que essa relação aparece como dupla recusa a compreender: a parte que afirma autossuficiência recusa-se a compreender o todo que simultaneamente a produz e nega, na medida em que está por inteiro presente nela e por inteiro fora dela; o todo não tem olhos para ver a parte, ainda que ela constitua um momento necessário da totalização. Nesse duplo desconhecimento, cujo avesso positivo é a força afirmativa – a da totalização ou potência infinita de ser; a da parte, que, tomada ao todo e desviada, tenta pôr para si sua determinação finita –, resumem-se as relações entre cosmos e microcosmo. Seria possível dizer que estas representam a inversão grotesca da efusão panteística (que o jovem Flaubert tentou muitas vezes): nesta última, a parte e o todo só *aparentemente* são exteriores um ao outro; o êxtase, destruindo a determinação do modo finito, põe à mostra o vínculo de *interioridade* que o liga à substância infinita; se invertermos, a exterioridade recíproca se põe para si pela negação ridícula e dupla da relação de interioridade: em relação à sua parte, o todo, que é pura adesão a si, se põe como o não-saber; em relação ao todo, a parte se obstina num falso saber: ela o apreende *através de sua determinação* como um conjunto de particularidades exteriores umas às outras, dotadas por si mesmas de força afirmativa e agregando-se em sistemas decomponíveis; isso nada mais é que o conhecimento em exterioridade ou conhecimento parcelar denominado também *razão analítica*. Essa dupla ignorância, da qual não se pode sair, uma vez que se recuse o panteísmo, não é risível no mesmo grau segundo seja considerada no nível do todo ou no nível parcelar. No primeiro caso, a cegueira nasce da plenitude: o todo, afirmação pura, não tem olhar para a negação que particulariza. Ele envolve o mundo esclarecido, penetra-o e resolve-o em segredo em si mesmo como noite do Não-Saber, envolvendo e dissolvendo na homogeneidade noturna todas as luzes esparsas e intermitentes chamadas conhecimentos, que a razão analítica pretende em vão organizar em sistema. A parte, por sua vez, ignorando que seu ser provisório não passa de especificação do Todo e que, por conseguinte, se fundamenta num vínculo de interioridade com este, afirma ao mesmo tempo sua coesão interna e sua perenidade, pela consciência que toma dessa relação interna, e ocupa-se em decompor o cosmos ao seu redor em elementos finitos, que, por princípio, ela é incapaz de recompor. Tratar-se-ia de um drama ou, como se disse do pensamento hegeliano, de um pantragicismo, se o Todo tivesse um sentido ou se, pondo e destruindo os momentos finitos numa ordem *orientada*, a totalização progredisse para uma finalidade – que seria, por exemplo, o absoluto-sujeito. Mas Gustave, quando interpreta o Rapaz, opta pelo pessimismo absoluto: o Universo possui, na melhor das hipóteses, a inerte, a imóvel unidade da substância parmenidiana; na pior, a unidade profunda da infinita dispersão material: é o Nada, criação e destruição são uma só e mesma coisa; em outros termos, o homem é grotesco, mas seria possível que o Ser fosse absurdo. Entenda-se: desprovido de sentido. Gustave hesita, na época – voltaremos a isso –, entre duas concepções: "há um sentido" (como disse Alfred), há uma ordem, mas essa ordem não diz respeito ao homem e só se estabelece triturando a espécie humana; em outras palavras, esta não passa de um meio de meio, nunca é um fim. Não há sentido nem ordem (influência do mecanicismo cientificista), nada mais que os jogos estéreis do ser do Não-Ser e do não-ser do Ser. Mesmo a estes, porém, ele não pode se abster de conferir obscura unidade (no fundo, o homem continua sendo um fim absoluto, e o Universo só existe para mistificá-lo). De qualquer maneira, Gustave considera o riso a relação fundamental entre infinito e finito. Mas o infinito, em sua impessoalidade, não pode zombar dos particulares sem antes encarnar num infinito-sujeito, sua primeira hipóstase. Tal é a função que, em *Smarh*, Gustave atribui a Yuk, deus do Grotesco. Este prega mil peças perniciosas. "E ria, depois disso, um riso de danado, mas um riso comprido, homérico, inextinguível, um riso indestrutível como o tempo, um riso cruel como a morte, um riso largo como o infinito, longo como a eternidade, pois era a própria eternidade. E naquele riso flutuavam, numa noite escura sobre um oceano sem limites, soerguidos por uma tempestade eterna, impérios, povos, mundos, almas e corpos, esqueletos e cadáveres vivos...; tudo estava lá, oscilando na vaga móvel e eterna do infinito". Um pouco adiante o mesmo Yuk, afirmando sua superioridade sobre a própria morte, exclama: "Sou o verdadeiro, sou o eterno, sou o bufão, o grotesco, o feio... sou o que é, o que foi, o que será; sou toda a eternidade sozinho". O riso é cósmico, é um espasmo congelado, "vaga móvel e eterna na qual tudo oscila". Mas não se atualiza antes que uma consciência perceba do alto, *maldosamente*, que as varejeiras parasitam tanto os lábios de uma carniça régia quanto os de uma carniça de indigente, antes que um entendimento – contemplativo, note-se, e não criador* – se divirta a constatar que os modos finitos, fincados em sua determinação, são risíveis porque se levam a sério, em suma, antes que uma pessoa imensa, mas *também determinada*, faça o inventário do mundo e transforme em crueldade a indiferença do infinito negativo. Note-se de imediato que essa primeira hipóstase é necessariamente risível em sua essência mesma: como derrisória é a determinação, Yuk, que é o infinito determinado – o equivalente do modo infinito em Spinoza –, aparece ao mesmo tempo como sujeito do riso e como seu primeiro objeto.** O Deus do Grotesco é também grotesco. Seu projeto fundamental é ao mesmo tempo seu ser. Digamos até mesmo seu martírio. Veremos melhor em breve que a condenação ao riso tem por consequência direta a impossibilidade de levar a sério o sofrimento sentido. Donde seu "riso de *maldito*".

Yuk não é o Rapaz: nasceu pelo menos três anos depois. Digamos que é sua Teodiceia. Sobre a *persona* dos catorze anos, Gustave teve todo o tempo para refletir e patafisicar.[24] Por si mesmo, o Rapaz é hiperbólico, e o Deus do Grotesco é a hipérbole dessa hipérbole. Mas

---

* Yuk, delegado pelo Infinito para ridicularizar o Ser, é posterior ao Ser e limita-se a fazer constatações de carência. Isso mostra que ele teve origem no cérebro de um "homem ressentido" que contempla passivamente o mundo e se rejubila quando, sem sua interferência, as circunstâncias se organizam para revelar o absurdo desse mundo.

** Note-se que o Deus Yuk, diferentemente de Satã, não é amaldiçoado por *ninguém*, pois não há *ninguém* acima dele. A maldição, nele, marca simplesmente sua determinação.

todos os temas evocados em *Smarh* já estão presentes implicitamente na criatura "coletiva" dos colegiais rotomagenses. A tal ponto que se pode arriscar escrever que o Rapaz é hipóstase de Yuk: homem e gigante, gigante cativo na pele de homem, é o verdadeiro mediador entre o infinito e nossa finitude. Ele é imensamente burro, como a matéria, que não pensa nem é pensável. É o que ele diz aos dezesseis anos, em *Memórias de um louco*: "Seria errôneo ver neste livro outra coisa além das recreações de um louco!". Mas, algumas linhas acima, esclarecera o sentido que dava a essa palavra: "...louco, ou seja, o mundo, esse grande idiota que gira há tantos séculos no espaço sem dar um passo, que urra e baba, que se autodilacera". Quem manifesta melhor a realidade cósmica não é o astrônomo, o geólogo, o físico nem nenhuma das boas almas que acreditam entender a harmonia das esferas: um idiota trêmulo e babão, esse é o microcosmo que o mundo escolheu para representá-lo. O Rapaz é isso em primeiro lugar: um idiota gigantesco e doloroso, em quem o cosmos baixou, cuja ferocidade jovial sempre ocultará o sofrimento, cuja inflexível burrice, sempre consciente de si mesma, extravasa por todos os lados, esmaga no chão a vigilante razão. Mas é ao mesmo tempo burro como um homem: tacanhamente, com vistas curtas – e porque sua particularidade humana é a burrice. Não raciocina nem julga: vive a contradição dessas duas burrices, significa que as compreende por dentro, sendo infinito e finito ao mesmo tempo, e seu modo de compreensão *outro não é senão o riso*. Mais tarde, Victor Hugo inventará a personagem Gwynplaine, o homem que ri, herói seriíssimo por índole, mas condenado por ladrões de criança, que lhe cortaram os lábios, a expressar permanentemente uma hilaridade que não sente. Gustave, mais cruel, talhou o riso na alma do Rapaz; para ele, viver e rir são a mesma coisa. Quando se diverte com as facécias imundas e cruéis de sua autoria, faz isso como determinação finita da matéria; homem entre os homens, prega suas peças para tornar-se objeto de escândalo, para provocar reações indignadas do senso comum, da moralidade, de nossa arrogante e minúscula inteligência, em suma, para exasperar em cada um de nós nossa vaidosa e liliputiana natureza. A reação das testemunhas é o riso – tentativa imediata de dissociação: é um sub-homem esse Rapaz! Mas, no mesmo instante em que nos descobrimos, nossa hilaridade é coberta por um trovão: é o enviado do Cosmos que ri de nossa autossuficiência imbecil; *nele a matéria-sujeito* denuncia nossas trucagens, *por ele* é produzido enfim o contato explosivo entre o Todo e a parte. O homem é um subgigante que se leva a sério. O Rapaz arrota e peida, os colegas se indignam e, enquanto ele ri, descobrem o absurdo risível de sua indignação: *em nome de que*, eu, que sou um saco de fedores, poderia me dissociar desse outro saco de imundícies? Ele os mostra e eu os escondo? Portanto, cômico sou eu. Em suma, sua burrice obscena e coprológica só se manifesta para esclarecer nossa hipócrita e estúpida determinação material, que se toma por puro espírito e cujos fins só terão sentido se ela considerar seu ser efêmero, relativo e finito como um Absoluto. Assim, a testemunha que ri do Rapaz se vê de repente rindo de si mesma. Ou melhor, como não se ri só, as testemunhas se veem rindo juntas daquelas outras testemunhas que se demoraram na indignação ou no riso-linchamento: o Rapaz pode retirar-se; missão cumprida: com sua Paixão, ele levou o homem a rir do homem.

Trata-se de fato de uma Paixão, pois ele é homem e Deus como Jesus, de quem é a imagem invertida. Este veio à terra para nos salvar; aquele, para nos danar: um expia nossos pecados; o outro assumiu a forma humana de propósito, para que nossa espécie se dissocie de si mesma. Sua burrice maravilhosamente lúcida nada mais é que a recusa a *jogar o jogo*. Anjo exterminador, para descer entre nós precisou assumir um caráter – assim como Cristo precisou ter determinado cabelo, escuro ou claro, um nariz aquilino ou achatado. Optou por tomar os traços do caçula Flaubert, distendendo-os e inchando-os a ponto de expor seu envoltório humano ao risco de estourar. Mas, se baixou nesse *indivíduo*, foi para dissociar-se dele publicamente e rir dos sofrimentos que ele sente. É o que se compreenderá melhor com outro exemplo. Dessa vez a *persona* já não tem o nome de Rapaz, mas sua estrutura não mudou: é Gustave apanhado em plena atitude rapazesca. Em 1862, Flaubert reconstitui diante dos Goncourt os primórdios de sua relação com Louise: "Conta-nos sua transa[25] com Colet, ensaiada enquanto a levava para casa de fiacre, pintando-se como alguém que, com ela, bancava o sujeito enfastiado com a vida, infeliz, saudoso do suicídio, papel que o divertia e alegrava tanto no íntimo que de vez em quando ele punha a cara pela porta para rir à vontade".* Apesar de mal recebida, a confidência atinge o objetivo: assusta os dois burgueses parisienses, que a transcrevem na mesma noite e não escondem o mal-estar. Os dois patetas tentam livrar-se

---

* Éditions de Monaco, t. V, p. 219, 6 de dezembro de 1862.

desse mal-estar, insinuando que o relato está falseado, que Gustave inventou mais tarde sua personagem: ele "pintando-se como alguém que, com ela, bancava...". A ambiguidade do verbo "pintar" dá a entender que o homem de quarenta anos quer crer e fazer crer, afetando cinismo, que na juventude era capaz de manter-se em dois planos ao mesmo tempo: o do romantismo *noir*, à moda de Petrus Borel – que é, à sua maneira, uma destruição do humano –, e o do riso *noir* que nega ao homem até o triste privilégio de sofrer. Para nós, ao contrário, que temos todos os textos diante dos olhos, a "transa" ensaiada se assemelha de maneira curiosa à "sátira" diante da catedral, com a diferença de que, no fiacre, Gustave é ao mesmo tempo Monsieur Loyal e o gigante que ri.

Um fato é rigorosamente estabelecido pela Correspondência. O "belo tenebroso"[26] foi bem encarnado por Gustave, como se pode ver em *todas* as cartas que ele envia a Louise, desde a primeira, datada de 4 de agosto de 1846, até sua viagem ao Oriente.* Não é só isso: já em 6 de agosto, ele lhe lembra as palavras trocadas *antes da* primeira noite de amor: "Eu bem que avisei: minha miséria é contagiosa. Minha doença pega! Ai de quem me toque!".** Volta ao assunto em 11 de agosto: "Tu me dizes que não me mostrei assim no início; puxa pela memória. Comecei mostrando minhas chagas. Lembra-te de tudo o que eu disse em nosso primeiro jantar; até exclamaste: Assim o senhor desculpa tudo? Não há bem nem mal para o senhor?".

Gustave estava encenando? Em todo caso, estava sendo encenado e sabia disso. Fazia tempo o escultor Pradier repetia aos amigos: ele precisa arranjar uma amante, não sei de nada igual para curar os achaques nervosos. Essas palavras foram ouvidas por Alfred, que as transmitiu a Flaubert: este, cansado da castidade, respondeu que sofria as tentações da carne, mas que estaria perdido, caso se afastasse em algum aspecto específico do modo de vida que se impunha desde o "ataque" de Pont-l'Évêque. Passou-se um ano sem que a proposta se repetisse, mas "Fídias" não desistira do projeto: sua escolha recaiu sobre Louise, mulher bonita e experiente que saberia lidar com um calouro em amor. Não é muito duvidoso que o escultor a tenha posto a par do estratagema – quando viu que

---

* Ao voltar, ele se reaproximará dela, e o tom mudará: veremos por que, em outro capítulo.

** *Correspondance*, t. I, p. 215.

o jovem despertava o interesse dela.* Ela se encarregou com gosto do assunto: Gustave era bonito. Portanto, houve uma corte como mandam as regras, mas Don Juan não é quem se pensa: usava saias. O jovem, antes de sucumbir, fareja o golpe montado: houve um jantar em casa de Pradier e depois outro convite ao qual não compareceu, temendo comprometer-se e se ver, ele, o anacoreta, com um "rabicho" pelo meio. Tarde demais: tinha sido fisgado. Visitou Louise, que fez tudo a toque de caixa, pois os encontramos num quarto de hotel, Louise na cama: "cabelos espalhados sobre o travesseiro (de Gustave), olhos erguidos para o céu, pálida, mãos juntas, enviando-(lhe) doidas palavras". Excelente e preciosa descrição do *post coitum* feminino nos últimos anos do reinado de Luís Filipe. Olhos para o céu? Doidas palavras? Caramba, se houve comédia, Flaubert não estava representando sozinho. Que ele sentiu isso, com mal-estar e rancor, que se achou ridículo é o que mostraremos em breve por meio do exame de um famoso trecho de *Madame Bovary*; de qualquer maneira, compreendem-se suas resistências: em primeiro lugar, a moça seduzida é ele; Louise o fisga, o possui. De certo modo, é o que ele quer: a atividade da parceira provoca ondas de desejo em sua passividade constituída. Mas desperta nele a antiga ambivalência de seus sentimentos pela mãe, exímia nutriz, sovina em ternura. Ternura, evidentemente, Louise mostra – seu papel o exige –, mas Gustave desconfia. Foi então, num fiacre que levava Louise para casa ou os conduzia ao hotel, que houve o ensaio de transa. A Musa era sabida demais para tomar iniciativas ostensivamente: enquanto ele tagarelava, ela conduzia as coisas a toque de caixa, mas sem dar mostras disso e, como ele fazia questão de se mostrar pior do que era e de bancar o suicida, ela arregalava olhos escandalizados, enevoados pelo desejo, contradizia-o para marcar mais o espanto e repetia, avançando para ele seus belos seios: "Como assim! Então não há bem nem mal?".

Nesse instante, Gustave está convencido de que estão interpretando uma má comédia sob o impulso do "bravo órgão genital", e de que a longa e tediosa cena tem o objetivo de levá-los à cena seguinte, que deve ocorrer no hotel e será inevitavelmente seguida

---

* Pelo que consta, ele só teria declarado: "Esse moço vai precisar de seus conselhos literários", e a Musa teria entendido imediatamente. Gustave também, quem sabe.

do monólogo de Louise: duas palavras, olhar para o céu, idealismo; é preciso: em 1846, uma mulher da sociedade burguesa, quando acaba de bancar a burra, precisa bancar o anjo. Como ele reage? Bancando o mau diabo. Quanto mais sente que ela está tecendo sua teia em torno dele, mais ele reage exibindo o negrume de seu coração indiferente. Por prudência, primeiramente: se não há bem nem mal, se sua "crença em nada" for correta, então o Amor não existe; o coito é a única relação real entre um homem e uma mulher; se ela protesta, ele lhe responde que, pelo menos para ele, vencido que está por grandes desgraças, os vínculos de ternura são vedados. Convida a jovem a afastar-se dele enquanto ainda é tempo; não hesita em citar algumas tiradas de *Hernani*: "Levo desgraça a tudo o que me cerca", mas adaptando-as ao gosto da época: "Minha doença pega". Em suma, toma todas as precauções possíveis para evitar que Louise, depois da transa, comece a fazer chantagem emocional. Está tudo preparado para que ele possa lhe dizer um dia: "Pobre menina, pensa que tem o coração entre as pernas". Mas à prudência – não à prudência *burguesa*, mas ao medo neurótico de se comprometer demais – ele soma um sadismo ressentido: ela está começando a apegar-se a ele, a gulosa, e ele sabe muito bem disso porque está começando a apegar-se a ela. Seja lá qual tenha sido depois a evolução dessa longa relação, as primeiras cartas que ele lhe escreve são, claramente, de um apaixonado deslumbrado. Atrás dos truques, há sinceridade nos dois. Ora, é exatamente nessa sinceridade que ele quer atingir Louise para fazê-la pagar sua excessiva habilidade sedutora; ele não resiste ao prazer de espantá-la e tenta machucá-la: afaste-se, vai sofrer, sou tenebroso, o viúvo, o inconsolável; meu coração está morto, talvez você me ame, mas eu já não tenho forças para amar. Sou um velho que já viveu de tudo, vá embora! Vá embora! Se os dois Goncourt tivessem um mínimo de inteligência – ou seja, a mínima sensibilidade –, teriam compreendido que esse papel inteiramente negativo não é do sedutor, mas, ao contrário, serve de defesa rancorosa para quem se sente seduzido. Nesse nível de interpretação, muito superficial ainda, é preciso ressaltar também que entra em jogo a sua vaidade: Louise é mais velha, parisiense, conhece a vida melhor que ele; acima de tudo, graças às suas numerosas relações, adquiriu uma experiência dos homens de que Gustave carece. Que faz ele de imediato? O que fará mais tarde em casa de Mathilde: "A vida eu conheço melhor que vocês!". Por meio do sofrimento, claro. E ei-lo a elevar-se àquela totalidade cósmica cujo avesso lhe foi dado por seus êxtases para condenar os atos e os fins de nossa espécie. A ínfima experiência particular com a Musa é engolida por essa totalização da experiência cuja conclusão é, ao mesmo tempo, o fastio da vida e o ato supremo, o suicídio, ao qual ainda não recorreu mas é como se tivesse.

Dito isto, uma vez que ama Louise de verdade, *também* precisa entregar-se e falar de si sinceramente. Ou quase. Digamos que, encenando, encena-se a si mesmo. Afinal de contas, em 1846 não desapareceu totalmente o adolescente que em outubro de 1842 escrevia em *Novembro*: "Nasci com o desejo de morrer". E não terá razão de pintar-se como um saudoso do suicídio aquele que se lembra de "ter com frequência arranhado o azinhavre de velhas moedas para se envenenar, tentado engolir alfinetes, ter-se aproximado da lanterna de um celeiro para se atirar à rua"? E que conclui: "O homem ama a morte com um amor devorador... não pensa em outra coisa enquanto está vivo". E, muito mais tarde, no prefácio a *Últimas canções*, quando quer opor sua geração à juventude republicana, lembra com fatuidade ingênua dois de seus ex-condiscípulos que haviam se matado deliberadamente. Ora, lemos que aqueles jovens heróis tinham se suicidado por "fastio da vida", e essas são as exatas palavras pronunciadas por Gustave diante dos Goncourt: como podia ele, diante de Louise, encenar "cinicamente", tal qual uma "sátira", aquele fastio tão profundo, sentido já na infância e que nunca o abandonará? Quanto a "tenebroso", que seja: a palavra é romântica, pertence a Nerval mais que a Flaubert. Mas o que significa para este? Que há trevas no fundo de sua alma. Por tal coisa se deve entender tanto as "profundezas assustadoras" de que ele também fala em *Novembro* quanto a escuridão de um segredo "indizível". Ora, não terá ele, justamente, depois da leitura dessa obra, escrito à Musa que ela devia ter pressentido todo o "indizível" que lá estava contido? Qual será então esse segredo? Uma mágoa, está claro, uma daquelas dores imensas que nos empoleiram nos pincaros do Atlas e apequenam o Universo. O mais engraçado é que ele aplicou o golpe nos Goncourt: dizem estes, em seu romance *à clef*, *Charles Demailly*, que ele é "um homem que deixou alguma coisa morta atrás de si, na juventude, uma ilusão, um sonho, não sei...". Para que os dois irmãos tenham decidido pintá-lo com esses traços lisonjeiros foi preciso que, nos primeiros tempos, ele lhes escondesse cuidadosamente o Rapaz e os deixasse entrever, discretamente, o tenebroso que desejava ser. Por acaso zombava deles? Não é verossímil. No entanto, não o daremos como inteiramente sincero: ele cuidava de sua publicidade, esboçava em linhas gerais a personagem que desejava ser aos olhos dos literatos parisienses; personagem *dramática*, o além do desespero. Para que o cômico ressentido apareça bem, Flaubert precisará garantir sua posição em Paris, no salão da Princesa e entre seus confrades. *Mesmo então*, aliás, discreto e taciturno, o desesperado de *Novembro* às vezes reaparece e sucede sem intermediário ao caixeiro-viajante. Vale a pena ler: *Novembro*, 1842: "Quando a multidão o roçava, um ódio jovem lhe subia ao coração, e ele dedicava àquela multidão um coração de lobo, um coração de fera acossada na toca". *Diário dos Goncourt*, 6 de dezembro de 1862, vinte anos depois, no dia em que ele lhes falou da transa: "Ele afirma que não se sente em contato com as pessoas que passam... que um pele-vermelha está cem vezes mais perto dele que todas essas pessoas que vemos no bulevar".* Um pele-vermelha, mas isso é óbvio: na falta de sangue azul, Gustave adotou faz muito tempo o sangue de índio; alguns de seus antepassados maternos viveram no Canadá; ele não precisa de mais nada. Os dois irmãos exultam: notarão naquela mesma noite que Flaubert é ignóbil – veremos em breve que foi isso o que ele quis –, e a ideia os deixa encantados a ponto de descerem alegremente o bulevar em companhia do último dos moicanos, nobre bárbaro que mergulha em cólera sagrada quando vê as multidões francesas. Nobre e ignóbil: Gustave passa de um a outro incessantemente; nele, são complementares e podem até coexistir. A razão disso é que Flaubert é *em primeiro lugar* e fundamentalmente aquele jovem miserável e sinistro, "fidalgo" sem ser, que interiorizou como orgulho negativo a ambição e o sucesso familiar. No fiacre, dizia a Louise o que ele *era*: e, é claro, *não se é* nada, nesse nível o ser é uma significação que se tenta objetivar para o outro e – através do outro olhar – para si mesmo por meio de discursos e condutas que visam a fascinar. Seja como for, essa comédia será sincera se tender a evidenciar e a

---

* *Journal*, 6 de dezembro de 1862, t. V, p. 219, Éditions de Monaco.

fixar o sentido sempre fugaz do vivenciado. Flaubert fala muito, na carruagem: é porque quer recuar, por pavor, no instante do coito e, naturalmente, é também para preparar a *transa* "fazendo a corte" a Louise, como é regra na época: não se trata de seduzir, mas de mostrar por meio de confidências calculadas que se respeita a mulher que se vai derrubar numa cama tanto quanto uma "mulher honesta". Mais profundamente, porém, é o desejo sexual que o obriga àquela "tomada de palavra": a comunicação pelo verbo simboliza a penetração; o *órgão*, em Gustave, é sua voz de bronze, que ele apreende como falo em ereção; mas, ao contrário – e diga ele o que disser –, no coito que se prepara ele não vê apenas o contato de duas epidermes nem o prazer cego que nascerá de sua fricção: por mais solitário que Gustave seja, nesse primeiro momento de uma aventura já irreversível, o sentido da intromissão temida e desejada é a comunicação. O absurdo de Chamfort é empregar a palavra "contato", que se aplica a carícias – mas nem a todas –, quando o essencial do amor é que um homem *entre inteiro* numa mulher que o recebe *inteira*, o que pressupõe que, acolhendo-o, ela se fecha sobre ele, o contém e o penetra, por sua vez, com aquilo que Doña Prouhèze[27] chama de "o gosto que tenho". O amor não é mudo, principalmente quando se cala: através da carne, de seu "gosto", seus odores, sua elasticidade, suas cores e formas, através do grão da pele e da repartição do sistema piloso, o sentido total mas indizível da pessoa se transmite à outra pessoa; de ambos os lados, o sentido se torna um condensado material e silencioso de toda a linguagem, de todas as frases ditas e por dizer, de todas as condutas tidas e por ter. Os dois corpos nus, no instante presente, são o equivalente de um discurso infinito que eles prometem, superam e, assim, tornam inútil. Portanto, nesse pré-coito pelo verbo, Gustave precisa entrar em Louise com um monólogo tão sincero quanto o serão daqui a pouco ou amanhã seu órgão e seu organismo. Ele brinca a sério: para se retratar melhor, toma de empréstimo os principais traços anotados em suas obras autobiográficas. *Agonias*, *Memórias de um louco*, *Novembro*, tudo entra: uma razão a mais para achar que ele é ator de si mesmo, levando o mais longe possível a sinceridade. Acaso mentia quando escrevia seus livros? Zombava de Alfred quando lhe fazia suas dedicatórias? Zombava de Maxime e, vinte anos depois, dos Goncourt quando lhes emprestava o manuscrito de *Novembro* de que tinha tanto orgulho?

Então? Alguém ri no fiacre. Quem? E de quem? E o que representa esse riso? Qual é sua finalidade? As respostas são dadas por outro fiacre, que, com "corrediças baixadas", sacoleja pelas ruas de Rouen, protegendo as primeiras bolinações de Emma e Léon. O jovem clérigo não tem nada de Hernani: é tímido ainda, mas os vernizes parisienses lhe dão certa confiança. Emma não é cínica, mas já bem escolada. Foi o esnobismo provinciano que a levou a decidir dar o último passo: Léon, ao lhe abrir a porta da carruagem, garantiu-lhe que "aquilo se fazia em Paris". E "... (esse) argumento irresistível a convenceu". Seja como for, na véspera ela escrevera "uma carta interminável" em que desmarcava o encontro: "Tudo agora estava acabado, e, em nome de sua felicidade, eles não deviam encontrar-se mais". Ignorando o endereço do clérigo, decidira entregar-lhe a carta pessoalmente, na catedral. Foi lá, estendeu a carta a Léon, retirou a mão quando ele ia pegá-la e foi rezar na capela da Virgem. Tudo isso significa com clareza que aquela virtude estava prestes a sucumbir, mas não sem alguma disputa oratória: Léon precisará fazer muito esforço para convencer quem já estava convencida; o que dirão um ao outro sabemos de antemão: Flaubert contou a conversa que tiveram na véspera; Léon disse que três anos antes Emma fora "uma força incompreensível que cativava minha vida". Ela exclamou, radiante: "Por que ninguém... nunca me revelou sentimentos semelhantes?". Ele respondeu que "as naturezas ideais são difíceis de entender"; muitas vezes se desesperou pensando na felicidade que teriam, se o acaso tivesse permitido que se unissem por laços indissolúveis. Ela confessou que havia sonhado com aquilo também, depois, de imediato: "Estou velha demais...". Ele amaria outras. E Léon indignou-se: "Não como à senhora!". Está tudo aí: o amor de Léon permanecerá único porque não há nem nunca haverá outra Emma. Esta, aliás, é um anjo, uma natureza ideal cuja pureza é um mistério para os pobres humanos. Para acabar de tranquilizá-la quanto à pureza de suas intenções, o jovem clérigo transforma seu desejo de torná-la adúltera num inconsolável pesar por não ter podido casar-se com ela. Duas almas gêmeas, feitas para desposar-se, frustradas pela má sorte: em suma, *já* estão casados. Percebe-se que o discurso deles não pode ir muito mais longe; no fiacre, só poderão repisá-lo, demorando-se em pequenas considerações, em argumentos que não tinham tido tempo de desenvolver na véspera, enquanto as mãos se estreitam, esquecidas, clandestinas, ou enquanto um beijo furtivo e totalmente imprevisto une os lábios espantados, cortando por um instante a conversa. Isso durará o tempo necessário, até o que o trabalho do cio esteja concluído em ambos. Mas, apesar da esperteza nascente de Léon, da confiança de Emma, certa de que conduz o jogo, o fato é que eles são, se não sinceros, pelo menos crédulos. Os dois, com palavras pobres, com arroubos da alma que redundam em lugares-comuns, com um esforço de imaginação que acaba por se espatifar contra a muralha da linguagem, com um angelismo que asneia sem que eles queiram, tentam superar a materialidade do desejo carnal e da copulação que sabem inevitável; cada frase é uma vã tentativa de transcender, rumo à beleza e à pureza, o "bravo órgão genital" que a inspira. Superação, transcendência: é o que eles pretendem manifestar mais uma vez com uma eloquência cuja fonte conhecem muitíssimo bem. Emma, sem ilusões, mas engodada uma vez mais pela eterna miragem, tenta "pensar que tem o coração entre as pernas". Isso significa que se quer mulher e livre contra a pouca-vergonha* que sente que seu corpo lhe imporá: seja pretendendo enobrecer esse ato, apresentando-o como uma Doação generosa e senhorial de sua pessoa a seu fiel Léon, seja para distrair sua atenção e sucumbir de surpresa, o que a porá à mercê do amante sem preparo prévio, o que a desonerará de qualquer responsabilidade. Em outros termos, o que ambos querem conservar é a *imago* que cada um tem de si e sua dignidade humana concebida como liberdade interior, e não como sistema exterior e movido por impulsos exteriores. O que facilita a ação deles é o fato de estarem sozinhos e já ligados por relações de interioridade. Nenhum olhar, quatro tabiques, nenhum dos dois é objeto para terceiros nem totalmente objeto para o outro; a intersubjetividade de sequestrados eles tomam por seu ser absoluto: tu me desejas, logo sou; eu te desejo, logo és; não surpreende se cada um é convencido de sua transcendência pela fé que o parceiro lhe manifesta. Madame Bovary é realmente um anjo.

    Que faz Flaubert? Obedece a suas criaturas: elas puxaram as corrediças para não serem vistas por ninguém? Não seja por isso:

---

* Estou dizendo o que Flaubert pensa e o que ele faz Emma pensar; não o que eu penso.

ninguém as verá, nem mesmo o autor. Este toma distância, seu olhar abarca Rouen, o porto, o campo e localiza no pavimento, numa estrada da vizinhança, a "pesada máquina" que contém os dois amantes: ele não a abandonará durante seis horas seguidas, ao longo das quais descreverá seu itinerário. É o que basta: os amores de Léon e Emma, que até então só se prestavam ao sorriso, de repente se tornam obscenos e grotescos. Que peça o miserável lhes pregou? Pois bem, tomou um homem e uma mulher abrasados de desejo, vivos, convencidos de que se entregam livremente um ao outro, e metamorfoseou esse casal enlaçado em um fiacre e nada mais. A transição é feita por meio de um lugar-comum muito bem escolhido: "A pesada máquina pôs-se a caminho". Essa frase – como "soava meia-noite no campanário da igreja" – é tão familiar que mal a lemos, mas apresenta sentido ambíguo: no parágrafo seguinte, poderíamos também estar *dentro da* carruagem, de frente para os amantes; mas o sujeito da oração pressupõe que ficamos fora, que vimos as portas se fechar, as corrediças serem puxadas. Portanto, bastará manter esse mesmo sujeito nas frases que seguem: "Desceu, atravessou... parou. A carruagem voltou a andar... Foi... lançou-se de um salto" etc., para operar insensivelmente a transubstanciação: sem forçar o antropomorfismo, os verbos indicam discretamente ações humanas (lançou-se) ou, em todo caso, de animais de tração (a carruagem trotou). De modo que, afinal, o objeto se torna sujeito da história sem perder as características de objeto; e os antigos sujeitos se tornam objetos puros, pois seus comportamentos nos são revelados como condutas do objeto. Além disso, o autor toma muito cuidado para deixar fora a parte viva da atrelagem, o cocheiro "desalentado e quase chorando de sede, cansaço e tristeza" e os dois rocins "cobertos de suor". Os amantes, a eloquência, as carícias, a transa foram convertidos nesse objeto enfeitiçado, um caixote preto, hermeticamente fechado, sobre quatro rodas, perfeitamente inerte e, ao mesmo tempo, possuído por aquilo que o cocheiro chama, sem compreender, de "furor de locomoção". De fato, aquele utensílio tem voz:

"(A máquina) parou de repente diante da estátua de Pierre Corneille.

"– Continue – disse uma voz que saía de seu interior.

"Voltou a andar... entrou a galope na estação de trem.

"– Não, vá reto! – gritou a mesma voz.

"...Parou pela terceira vez diante do jardim botânico:
"– Continue andando! – exclamou a voz mais furiosamente."
O cocheiro, durante a tarde toda, tentou parar várias vezes, "e logo ouvia lá atrás... exclamações encolerizadas".

Procedimento simples, mas eficaz: o cocheiro nos é apresentado *como homem*: tem vontades simples mas fortes, que todos nós sentimos; ele gostaria de descansar, tem fome, queria beber um trago no bar; ao mesmo tempo, nós o vemos no exercício de sua profissão, aceitando sem protestar um suplício que suporta com dificuldade, porque precisa ganhar o pão. Personagem banal, anônimo, mas capaz de nos oferecer uma imagem razoável e sensata de nossa espécie: a transcendência e a superação quem representa, humilde mas totalmente, é ele. O caixote, em contrapartida, é um robô: a cada vez que o fiacre para, sai dele uma voz gravada, vituperadora, que o intima a retomar a marcha. A repetição do efeito, como uma *gag* sobre rodas, tem o objetivo de nos convencer. Naturalmente, sabemos bem o que está acontecendo dentro da carruagem, sabemos que aquelas ordens reiteradas têm motivo. Mas não deixa de ser verdade que a "transa", vista de fora, nada mais é que o "furor de locomoção" que se apoderou de um objeto inerte. Conhecemos a história: Gustave gosta de representar a vida como uma breve loucura do inorgânico. Inspirou-se nessa fantasia para transformar dois organismos suados, cuja sexualidade é vida pura, num fragmento de matéria inanimada cuja inércia é subitamente possuída pela sanha da motricidade, mas sem por isso receber meios de se mover espontaneamente: daí a voz a exigir mecanicamente uma impulsão de fora, ou seja, como exterioridade; daí o "desalento" do cocheiro, que se torna escravo de seu próprio material.

O propósito de Gustave é claro: se ele mostrasse o interior do caixote e dois amantes fazendo amor, Emma e Léon teriam conservado a figura humana tanto quanto o cocheiro. E se apenas por prudência tivesse silenciado sobre as bolinações que o leitor imagina facilmente, bastaria terminar o capítulo no momento em que Léon faz Emma entrar no fiacre. Mas nesse caso teríamos ficado numa relação de interioridade com o jovem clérigo e sua amante: tão próximos deles quanto estávamos na catedral e estaremos no capítulo seguinte. Gustave descreveu o tempo todo o percurso do fiacre – *que não dá nenhuma informação nova* e, por conseguinte,

VI. Da gesta à encenação: o Rapaz 1285

não corresponde a nenhuma exigência interna da narrativa – para mostrar a "transa" como o arrebatamento grotesco e terrificante de um objeto material: obriga-nos deliberadamente a assumir um ponto de vista *exterior* sobre as relações humanas. Corta nossos elos com o casal e nos leva a nos dissociar de seus fins, a ter com estes apenas uma relação visual. E, de fato, a má-fé deles é notável; na cena da catedral, intencionalmente "caricaturada", Flaubert quis "brincar" com os vieses do amor. Mas, justamente, para tornar ridículos os apaixonados, não precisou empoleirar-se em nenhum cume e contemplá-los do alto. E nós, para apreciarmos a comicidade da situação, não precisamos subir nos ombros de um gigante; a impaciência de Léon é cômica: depois daquela longa espera, ele teme ficar sem ação quando Emma, por fim, se entregar*; cômicos também o ar de interesse ostentado por Emma Bovary e o lornhão que ela tira da bolsa para olhar as lajes fúnebres. Ríamos deles, de suas manigâncias, e não da espécie humana inteira. E, se os tivéssemos seguido no fiacre, teríamos continuado nos divertindo *bem de perto* com suas hipocrisias miúdas. Essa não é a finalidade de Gustave: a insinceridade deles, evidentemente, tem como resultado anular o discurso, reduzido a um rosário de inanidades sonoras. Mas, apesar de tudo, a má-fé revela a transcendência, as intenções e os fins deles, uma vez que desvia aquela e mascara estes. Ora, é a *transcendência humana* que o autor quer esmagar no chão, é o projeto humano que ele quer abolir, são os fins humanos que ele quer reduzir a um sortilégio de corpos inanimados. Para tanto, precisa tomar distância, inflar-se e elevar-se: de cima Léon e Emma são mergulhados no anonimato da

---

* Pléiade, *Oeuvres*, t. I p. 547. Note-se que o autor se limita a dizer: "parecia-lhe que seu amor... ia evaporar-se". Mas a metáfora que respalda essa frase é tão crua e deliberadamente fálica que ninguém pode se enganar. (Seu amor "que, fazia duas horas, se imobilizara na igreja, como as pedras..." [É a ereção: fazia duas horas que ele estava teso] "... ia... evaporar-se... por aquela espécie de tubo truncado, de caixa oblonga, de chaminé furada, que se aventura tão grotescamente acima da catedral".) Eu diria que esse tubo grotesco prescindiria de comentários se o advérbio "grotescamente" não estivesse aí – como frequentemente em Flaubert – para introduzir a ideia de que a cena é grotesca (grotesco o medo de perder a ereção, por sua simples presença), e se o advérbio (que se relaciona com a "*espécie de tubo truncado*"), embora designando um objeto material (chaminé furada) que tem relação apenas de contiguidade com os acontecimentos relatados, no nível da metáfora não tivesse outra função senão a de revelar o ridículo do órgão com que os machos de nossa espécie foram ornados: Gustave sente por seu pênis, portanto pelos dos outros também, o mesmo ódio que o sexo feminino inspira em muitas mulheres.

matéria, seus nomes já não são sequer enunciados; o fiacre e seu balanço representam a copulação em geral e a espécie humana sem intermediário, contemplada *bem de longe* por um ser feito de tal modo que não pode compreender suas ações e, por isso, se mantém fora da humanidade. Desumanizado, o leitor passa a ter com o casal – que se tornou *todos os casais* – apenas uma "relação visual": ele o resume àquele caixote cujos sacolejos afiguram os solavancos da besta de dois lombos. Como se pretendêssemos reduzir todas as transas do mundo aos movimentos de todos os estrados de cama, registrados simultaneamente por um sismógrafo ultrassensível: seria conferir à fornicação a cega e estúpida não-significância de uma força natural.

Ou talvez não: Gustave vai mais longe. Uma força natural ainda é bonita demais: o coito não é tormenta, terremoto nem maremoto. Flaubert se compraz em mostrá-lo com a forma de um utensílio desgovernado. O fiacre é um produto do trabalho e instrumento de outro trabalho: nele se *objetivam* homens. Gustave vai fazer do amor uma contrafinalidade. Não a ausência de fins, mas a destruição de uma finalidade humana por um finalidade diabólica e anônima que só se manifesta pela obstinação em falsear incompreensivelmente o instrumento. O fiacre é meio de transporte: as pessoas o usam para irem de um lugar bem-definido a outro não menos definido. A partir do momento em que, à pergunta do cocheiro "Aonde vai o senhor?", Léon responde "Aonde você quiser", é abolida a utensilidade do fiacre, ou seja, seu sentido racional. Os primeiros movimentos, porém, conservam um vestígio de racionalidade porque o cocheiro, por conta própria, refaz alguns percursos habituais, a esmo: os fregueses talvez queiram visitar a cidade? Talvez precisem pegar um trem? Ou têm vontade de passear debaixo das árvores do jardim botânico? Ele tenta: para diante da estátua de Corneille, na estação, na frente do portão principal do jardim. Mas, como a cada tentativa o caixote se enfurece às suas costas, ele desiste de entender, e a carruagem, entregue a si mesma, "perambula" sem destino ou rumo, a "esmo", passando e repassando pelas mesmas ruas, saindo da cidade e voltando. Aquele instrumento era feito para tomar o *caminho mais curto*, levar o freguês pelo *menor preço* ao endereço indicado: eis senão que ele não vai a lugar algum, ou – o que dá na mesma – ele se usa, ele usa seu cocheiro e seus cavalos para se fazer arrastar a qualquer lugar, exigindo que se vá sempre de um ponto a outro pelo caminho mais comprido. No entanto, trata-se de um trabalho: os cavalos estão banhados de suor, o cocheiro não aguenta mais, porém sabe que será pago. Pago para fazer um trabalho matado, obedecer ao fiacre, em vez de comandá-lo, fazer exatamente o contrário do que sua consciência profissional lhe ordena: é isso, sobretudo, que o *desalenta*. A tal ponto "que dá esbarrões aqui, acolá, e nem se incomoda". Essa enorme e incerta parvoíce, essa longa tribulação de uma carruagem, esse trajeto sacolejante, essa revolta da ferramenta contra seu operário, essa abolição da ordem prática em proveito de um não-sentido, de um transvio desordenado, esse carro fúnebre, "mais fechado que um túmulo", aos trancos e barrancos na traseira de dois rocins esfalfados, tudo isso só tem um sentido: é o amor apreendido em sua materialidade *prático-inerte* como uma revolta absurda da matéria inanimada contra o sinete que o trabalho humano lhe impõe. E também como um contratrabalho, no sentido em que se diz, por exemplo, que uma madeira "trabalha".

Assim, os dois amantes, transformados em carruagem furiosa, estão mais nus que numa cama, pois não têm nada para protegê-los. Sua "transa" é pública: são figuras jacentes de um túmulo de loucura, seus arroubos se reduzem à unicidade de *um* transporte cuja essência é ir de nenhures a nenhures, a energia que gastam no ato sexual equivale à fornecida por dois rocins entediados para executar um trabalho idiota. À medida que o cocheiro, desnorteado, passa e repassa pelos mesmos lugares, a cópula, que eles queriam esconder, se transforma em obscena exibição: "No porto... nas ruas, nas esquinas, os burgueses arregalavam os olhos pasmos diante daquela coisa tão extraordinária na província... que aparecia assim continuamente... bamboleando como um navio". Portanto, tudo é *visto*: os burgueses veem o casal copulando, veem-no em seu mais obsceno desnudamento; toda a cidade pode olhá-lo passar: aquela solidão que eles prezavam tanto se desvanece; eles eram *quase sujeitos* um para o outro, seu elo de interioridade dava a cada um o *ser absoluto*; metamorfoseados naquela coisa estranha e sinistra, um carro fúnebre e "bamboleando como um navio", tornam-se objeto puro. Não totalmente um objeto de escândalo: "Isso se faz em Paris", mas ainda não na província; aqueles burgueses veem o amor carnal passar em sua hedionda nudez, mas não o reconhecem. O fato é que são objeto de malevolência e riso. E sua aventura, que lhes parece um começo totalmente novo, de consequências irreversíveis e imprevisíveis, se objetiva com o reaparecimento extenuante e obstinado da caranguejola nos mesmos lugares e na forma de um ciclo absurdo de repetições.

Tudo está dito: Gustave pode ficar contente, pois irrealizou, desumanizou dois seres humanos. Por que esses mais que outros?

Rodolphe, afinal de contas, não passa de personagem bem repugnante, e Emma, quando se entrega a ele, embora mais inocente, não está isenta de má-fé: contudo a "transa" no bosque, em vez de ser ridícula, é consagrada por não sei que efusão panteísta: "ela se entregou. As sombras da noite desciam, o sol horizontal... lhe ofuscava os olhos... tremulavam manchas luminosas... O silêncio dominava tudo; algo ameno parecia sair das árvores... Então ela ouviu ao longe... um grito vago e prolongado, uma voz que se arrastava, e ela a ouvia em silêncio, a misturar-se como música às últimas vibrações de seus nervos emocionados...".*

Embora Gustave sempre tenha revelado certa repugnância e quase medo quando fala de "transas", está bem claro que esta não lhe parece miserável nem ridícula. É que, em primeiro lugar, o coito aqui está desvencilhado de todas as mistificações idealistas que o preparam ou justificam. Rodolphe é um sedutor profissional; assume todas as responsabilidades, chegando à beira da ignomínia. Com isso, isenta Emma. Ela é conquistada de acordo com as regras da arte e, quando cede, o leitor compreende que foi manipulada. Por isso, faz amor com inocência – inocência que ela teimará em vão em encontrar nos braços de Léon –, *não há palavras em sua cabeça*; mas, em lugar do tolo e vago sentimentalismo que, se presente, a obrigaria a soltar "doidas palavras" sobre a pureza, poesia e encantos da Natureza, é a própria Natureza que está lá, muda, a envolvê-la e penetrá-la. Parece até que Rodolphe é o meio escolhido pelo *cosmos* para entrar naquela mulher tal como o Todo se manifesta na parte com o risco de fazê-la explodir. O sexo ereto do belo cavaleiro e o prazer embotado (isso é esclarecido um pouco depois) que o espera são inessenciais: esse enganador é enganado pelo mundo, ele é o instrumento que este escolhe para tomar consciência de si naquela mulher, por ocasião de uma maculadíssima conceição. Veja-se, aliás, como à noite, sozinha no quarto, Emma se lembra daquele primeiro abraço: "Primeiro foi como um atordoamento; ela via as árvores, os caminhos, os regos, Rodolphe, e ainda sentia o aperto de seus braços, enquanto a folhagem fremia e os juncos silvavam". Ela se avista no espelho e se admira. "Nunca tivera olhos tão grandes, tão negros, nem tão profundos." O uso hábil do estilo indireto e a brusca introdução do mais-que-perfeito têm o efeito, cuidadosamente

---

* *Madame Bovary*, Pléiade, t. I, p. 472.

calculado, de nos deixar incertos para sempre: seus olhos *realmente* estão maiores e mais profundos por causa daquela experiência? Ou isso é imaginado por ela? Minha impressão, porém, é que a inautenticidade começa para ela com o retorno da linguagem, ou seja, no parágrafo seguinte: "Ela repetia: 'Tenho um amante'." Enquanto fica nas reminiscências sem palavras e nas percepções nuas, conserva em si algo daquele mundo que a encheu e se retirou. O certo é que, em sua lembrança, o abraço de Rodolphe não é separável da floresta que os cercava ("ela via as árvores, os caminhos, os regos") nem do frêmito da folhagem ou do silvo dos juncos. Assim o *cosmos* está lá a cercá-los; no entanto, se aquela enorme presença não esmaga a jovem, é porque o autor assumiu o ponto de vista cósmico *bem de perto*: o ambiente da "transa" remete a tudo, mas implicitamente; o olhar do Infinito se torna "terna doçura"; os elos entre o fora e o dentro são relações de interioridade: ela não pode ver as "manchas luminosas que tremulam ao seu redor", mas está intimamente ligada àquelas cintilações, pois "o sol horizontal lhe ofusca os olhos", e seu rosto mesmo é uma mancha de luz. Sol horizontal, azul, espaços interestelares, essa terra girando, envolvida pelas sombras da noite: o Todo está lá, mas discreto, contido, mansamente interiorizado naquela mulher deslumbrada e, ao mesmo tempo, condensado ao redor dela, totalizante e totalizado naquele instante privilegiado em que a linguagem está morta, em que o silêncio infinito do Ser está por toda parte, até nela – liberta dos lugares-comuns que a habitam –, em que a consciência muda de um ofuscamento e o ofuscante sol poente são uma única e mesma coisa. Emma, de costas, corpo vasculhado por um sexo de homem, olhos abrasados pelo fogo de um astro, está bem perto de realizar os votos do último *Santo Antão*: "ser matéria". O certo, em todo caso, é que ela não goza; Mazza tampouco, quando se entrega a Ernest pela primeira vez. Mas a frigidez desta, no início, provocava-lhe uma decepção que nada compensava. Emma nem sequer percebe que não teve prazer: ela se tornou o mundo.

O segundo adultério é outra coisa. Gustave não gosta de Léon, que se parece demais com Ernest Chevalier: como este, ele agradava às costureirinhas, que "o achavam *distinto*", e em Paris era "o mais respeitável dos estudantes". Mas, acima de tudo, a vida se mostra a Flaubert como um ciclo de repetições involutivas: tudo sempre recomeça, mas se degradando sempre. Assim, se aplicaria com facilidade aos acontecimentos de uma vida individual a observação que Marx fará, um pouco depois, sobre as grandes circunstâncias da história: os fatos se reproduzem; da primeira vez são verdadeiros e trágicos, da segunda, farsescos: já não há agentes, mas atores em quem a práxis se caricatura. Assim, entregando-se ao jovem clérigo, Emma se parodia; essa transa é um arremedo, imitação histérica do instante único, perdido para sempre, em que um movimento, arrebentando sua determinação finita, a reintegrava no infinito, enquanto, num movimento inverso, o macrocosmo penetrava nela e nela se resumia por inteiro. Dessa vez, tudo está decidido de antemão: nessa nova transa, a mulher amadurecida e o jovem clérigo não renegam sua própria determinação; cada um, fincado na sua, só pensa em exaltá-la; uma insuportável tagarelice substituiu o silêncio eterno dos espaços infinitos. Como o autor traduzirá o absurdo desse recomeço sem mostrar a mão? Como deixará claro que se dissocia de seus personagens sem abandonar o impessoalismo e sem acompanhar a narrativa com comentários subjetivos? Ele acha que encontrou o meio: como o riso é recusa a compreender e participar, ele os tornará *objetivamente risíveis*.

Essas observações não respondem à indagação inicial; possibilitam apenas formulá-la com mais precisão: Gustave, como eu disse, narrou a cena da catedral *de modo cômico*. Precisava descrever o itinerário do fiacre e substituir um casal *particularizado* pelo casal humano em sua generalidade? Ou será que alguma lembrança dolorosa o determinou a introduzir no romance um episódio cósmico que não tinha nada que fazer ali? Não será possível chegar a nenhuma conclusão sem antes responder a esta outra pergunta: ele atingiu seu objetivo? Terá conseguido, invisível, fazer correr de uma página à outra um riso anônimo e sem fonte que se impõe aos leitores sem que o autor saia de seu "impessoalismo" e sem que faça nada a não ser descrever o itinerário de certo fiacre durante a tarde de certo dia de certo ano?

A resposta não deixa dúvida: basta reler e veremos que fracassou. Por certo *Madame Bovary* é um romance cósmico – nós o mostraremos mais tarde, e Baudelaire, como se sabe, não se enganou –, mas a força e a profundidade dessa obra provêm do fato de que o macrocosmo quase sempre aparece no horizonte dos microcosmos que, por sua vez, são apreendidos bem de perto. *Quase* sempre: exceto em alguns casos, dos quais o mais importante é, precisamente, o passeio do fiacre, em que a perspectiva se inverte. Na penumbra da catedral, estávamos tão próximos de Emma que a víamos "pegar o lornhão", que, quando ela andava, ouvíamos "um frufru de seda sobre os ladrilhos". De repente, o caixote: mudança de plano, vista panorâmica. No fim do capítulo, a pesada máquina, que engolira duas pessoas singulares, nos devolverá Emma generalizada na seguinte forma: "uma mulher velada andando de véu baixado sem virar a cabeça"; Léon, por sua vez, não nos é devolvido. Como se vê, houve um movimento *gratuito* da câmera. Se este não era exigido por nada, somos remetidos à vontade maliciosa do autor. É o que ocorre quando a composição de um diretor de cinema é estetizante. Os protagonistas são enquadrados bem de perto: o espectador está no meio deles; depois, de repente, a câmera levanta voo, sem razão válida estamos bem longe, vendo-os de cima. Sem razão válida, não: há uma razão, a imagem é bonita. Mas essa é a morte da ilusão: já não há personagens, apenas figurantes manipulados por um cineasta.

Ocorre o mesmo com o episódio do fiacre. De repente aparece alguém que toma a narrativa de Flaubert e a pantagrueliza. Vejamos o que é exigido do novo narrador: antes de tudo, um campo de visão amplo o bastante para conter a cidade e seus arredores; memória precisa e crítica o bastante para poder evocar, em sua tolice, os costumes de Paris; imaginação satírica o bastante para inventar as consequências da implantação desses costumes em Rouen por um jovem cretino e pelo esnobismo de uma provinciana*; compreensão suficientemente profunda dos costumes de Rouen para poder situar as perambulações do caixote não só no espaço, mas também no tempo da vida cotidiana.** Mais que todos os outros elementos, o que impressiona nesse

---

* Imaginemos a "transa" ocorrendo em Paris; muitas coisas teriam mudado: 1º "Isso se faz", portanto o cocheiro estaria a par. Em vez de "desanimar", ele teria ficado alegre: corrida longa, boa gorjeta; 2º pela mesma razão, os pedestres estariam por dentro: no máximo lançariam um olhar conivente para o cocheiro; 3º aliás, a cidade é tão grande que a carruagem não precisaria passar várias vezes pelas mesmas ruas: teria sido poupada do ridículo aquela caixa derrisória e fúnebre. Mas o essencial não seria tocado: o fiacre continuaria sendo aquela inerte exigência, o objeto-sujeito, a levar em suas entranhas o homem-objeto; seus trancos continuariam sendo a projeção, no prático-inerte, dos movimentos espasmódicos da copulação.

** É um rasgo de gênio fazê-la passar "atrás dos jardins do hospital, onde uns velhinhos vestidos de preto passeiam ao sol, ao longo de um terraço verdejante de hera". O traço de fogo de uma fúria grotesca e afinal desesperada atravessa a calma mortuária da velhice, da repetição sem esperança, da natureza antiga e taciturna. Mas, inversamente, a pungente poesia daquele terraço desqualifica os dois amantes porque estes, ocupadíssimos a misturar seus suores, não a veem. Corrediças puxadas: comunicação recusada. É o contrário da "transa" com Rodolphe.

escarnecedor é a formidável ubiquidade de seu olhar que detecta a carruagem, onde quer que ela esteja, precipita-se sobre ela como um raio e, esmagando-a contra o chão, entre milhares de veículos e prédios, tem uma acuidade incrível que lhe permite esmiuçá-la, apesar de cair de tão alto. Olhando-se bem, Gustave, para nos fazer rir dos dois amantes, assumiu sobre eles um ponto de vista cósmico, ou, digamos, o mundo escolheu um intermediário, gigante possuído pelo infinito negativo que só quer ter com os homens uma "relação visual". O leitor desconcertado ouve de repente o riso de um Titã misantropo e sádico a escarnecer da humanidade: o leitor é convidado a compactuar esse riso; para isso, só precisará alçar-se acima de si mesmo e ter o trabalho de, por sua vez, encenar o *Rapaz*. Mas, assim que desliza para dentro da pele da personagem, ele se vê zombando de sua própria sexualidade. Como os colegiais de Rouen em 1836.

Adiante veremos que Gustave, como autor, frequentemente interpreta, escrevendo, o papel de um autor a escrever. Em *Madame Bovary*, é o Rapaz que várias vezes empunha a pena, rompendo a ilusão a cada vez. Nunca tão abertamente quanto nesse episódio. Portanto, é de se perguntar por que Flaubert, tão preocupado com *unidade*, se permitiu essa brusca ruptura, por que não conseguiu deixar de voltar a ser o Gigante debruçado sobre os mirmidões. Somos forçados a concluir que foi a tanto obrigado, mas não pela Arte. Em vez de escolher o ponto de vista do infinito negativo por achá-lo necessário – entenda-se: para nos fazer progredir no conhecimento dos personagens e para fazer a ação avançar –, ele se demora a descrever a perambulação sinistra daquele carro obsceno e fúnebre porque precisou expressar o sentimento que teve um dia, durante o trajeto num fiacre com Colet. A "transa" de Emma reproduz a de Louise. A Arte aí perde, porque o autor dá preferência a si mesmo e se mostra; o homem ganha: finalmente satisfaz o ressentimento. Aquele trajeto devia lhe pesar muito no coração para ele ter cometido a indesculpável safadeza de descrever para os Cachorrinhos, com os traços de uma tagarela no cio, uma mulher que ele amara e estimara durante mais de oito anos.* Esse rancor de elefante nos convence em definitivo: foi o fiacre de Louise que entrou em *Madame Bovary*.

---

* Convém lembrar que a Musa frequenta os cenáculos literários, e que os Goncourt às vezes a encontram; Gustave, de ordinário benevolente por prudência, sabe muito bem, portanto, o que está fazendo e imagina que os dois irmãos, quando a virem, precisarão se segurar para não rir.

Dir-se-á, porém, que não é pequena a diferença entre o caixote do romance, hermeticamente fechado, vedado como um ataúde, visto de fora, e o de 1846, *dentro do qual* Gustave e Louise Colet estavam encerrados. Justamente! O Gigante que pantagrueliza enquanto Emma faz amor é aquele que Flaubert *gostaria de ter sido* para escapar do *tête-à-tête* que o apavorava. Não podendo identificar-se totalmente com ele, pelo menos tenta desempenhar seu papel ou, mais exatamente, desempenha o papel do homem espiado pelo Gigante, que está ao mesmo tempo fora e dentro dele, prisioneiro de seu envoltório humano. De que ele tem medo? Da inevitável transa que deseja, do rabicho resultante, de que ele ainda não sabe se tem vontade ou aversão, da mulher, sem dúvida alguma, mas principalmente de si mesmo: afinal, o papel de homem funesto ele desempenha para se defender, mas também para seduzir; o que pode ser mais fascinante para Éloa do que a incurável tristeza de Satã? Além disso, *é seu papel*; de certa maneira, ele viveu aquilo de que está falando, e ainda vive. Se levar a sério o que diz, será apanhado: apega-se, entrega-se, a Musa ficará dona da situação. Eis que imediatamente o Gigante é convocado: sedutor ou seduzido, se o jovem rir de si mesmo e de Louise, não será engodado. Pode rir? Não, mas o Rapaz rirá por ele. Gustave se deixa ver de fora; seu rosto, seu corpo se carregam de uma visibilidade fictícia que não é a que ele tem no olhar de Louise; é uma visibilidade contestadora, ou melhor, uma contravisibilidade. Em certo sentido, é pedir o socorro de uma reflexão fictícia cuja principal intenção é dissociar-se do refletido. Gustave avança mascarado, e seu olhar, de cima, o desmascara. No nível primário da espontaneidade, o belo tenebroso, ator de si mesmo, está convidando a jovem para aquele suicídio em comum, a cópula. No nível reflexivo, o Gigante está morrendo de rir, brincando, divertindo-se. Do que é que ele zomba, *em primeiro lugar*? Direi que, *fundamentalmente*, do dolorismo do jovem. Ao ser sincero, Gustave *já é risível*: leva-se a sério, seu belo desespero pretende conferir àquela molécula uma importância que o mediador do infinito negativo taxa de inanidade bufa. Como assim? O homem seria um náufrago? E o que mais? Eis justamente aquilo de que cumpre rir: o ar de importância daquele ácaro pretensioso faz parte da mistificação. Sofrer, se Deus existe, é mostrar as chagas aos céus e blasfemar: blasfema! – diz o Gigante –, se soubesses que Deus nem liga! E, se o Céu está vazio, é bancar o lobo solitário: "Sofre e morre calado!". Estoicismo, justamente: o Gigante não conhece nada mais desopilante: esses pigmeus que se contorcem sobre uma placa incandescente pretendem merecer o direito de dizer Eu: "Eu sofro, logo sou!", "Eu morro, logo sou!", "Eu desprezo o mundo, logo sou maior que ele!". Sofismas derrisórios que Gustave já denunciava em *Un parfum*...: "Eles se contorcem em seus sofismas para negar a existência (da Fatalidade) enquanto ela os tritura em sua mão". Portanto, sofrer é nosso quinhão. Mas, seja qual for nossa atitude em relação a nosso sofrimento, ele é forçosamente *cômico*. Urrar, pedir misericórdia, rolar no chão gemendo, tudo isso já é engraçado para o Infinito personificado: esse mosquito dorido comete o grande erro de acreditar que existe; e se não acreditasse, aliás, nem por isso seria menos risível em sua determinação. Mas ele provoca gargalhadas quando pretende fazer *bom uso* de suas doenças ou de seus desapontamentos. É preciso suportar a desgraça – ou seja, a comicidade original –, mas não há *meio algum de vivenciá-la*: o protesto é tão tolo quanto o consentimento (protestar contra *quem*, em nome de *quê*? E que farsa é consentir com o que não se pode recusar!). Há algo mais engraçado ainda: durante o inverno de 1841, Gustave anota em seus cadernos: "Acho que a humanidade só tem um objetivo, sofrer". Está sendo muito sério nesse momento. Mas em outros momentos, quando encarna o Rapaz, acha esse aforismo – que vale certamente *para ele* ("Não quero ser consolado") – incrivelmente bufo: portanto, não basta que as pessoas sejam supliciadas desde que nascem, elas precisam *forçar a barra*, encarniçar-se contra si mesmas? No entanto, esse é de fato o sentido das palavras que Gustave, o Tenebroso, diz a Louise; sofro, sofri e faço sofrer, estou além do sofrimento, pois o degustei até o fundo do cálice, eu o desejo por inteiro, é meu quinhão, meu objetivo e minha suprema dignidade, amo a morte, detesto a vida. Por isso, *no mesmo momento*, um riso reflexivo denuncia: há um consolo do desespero que leva à satisfação narcisista da insatisfação.

    Mas a comicidade chega ao cúmulo quando, sorrateira e hipocritamente, o *Desdichado* passa à exploração sistemática de seu naufrágio. Começa-se a ter autopiedade e a conceder-se pequenos prazeres: com pleno direito, já que se é *tão* infeliz; depois, insensivelmente, acaba-se por usar a própria infelicidade para obter satisfações terrenas. O que haverá de mais engraçado, nesse momento, do que Gustave ostentando um "amor devorador pela morte" diante de belas pernas literárias que demoram um pouco demais para se abrir? A parceira será cômica se aceitar tudo como verdade; mais cômica ainda se, decidida a entregar-se *no* tempo devido, após resistência cronometrada, se

esforçar para acreditar, por nobreza de alma, nas tolices que lhe são ditas. O fastio suicida com a vida, que proclama enquanto seu sexo intumesce de maneira soberba, não será exasperado por um "prurido" que o impele justamente a reproduzi-la? Aos ouvidos do Gigante o discurso feito no fiacre revela sua perfeita inanidade: por trás daquela reciprocidade de retórica, ouvem-se ruídos confusos, emitidos por um "bravo órgão genital", que não recebem outra resposta senão os borborigmos surdos de uma "joia indiscreta". Certamente Léon e Emma falam outras coisas: optaram por encobrir seu cio com o manto de angelismo que só Louise vestia, em 1846, enquanto seu parceiro bancava o desenganado, fanfarroneava vícios; não há dúvida alguma, porém, que, para Flaubert, em ambos os casos havia *a mesma má-fé.**
Assim, as duas cenas se correspondem perfeitamente, e a segunda se inspira na primeira.

Resta saber qual é essa reflexão fictícia e não conivente que Gustave chama em seu socorro. A resposta é clara: originalmente é o olhar do Pai, que não para de pôr a descoberto suas ilusões e mentiras. Contudo, em agosto de 1846, o lugar está vago, o Genitor acaba de morrer. De imediato ele instala substitutos no Belvedere: debruçado sobre Louise, ele ouve o riso coletivo dos colegas, exatamente como na adolescência, quando, impelido a transpor o limiar de uma igreja pela humilde necessidade de crer, ele se *via visto* por eles e, através dessa visão imaginária, descobria sua *risibilidade*. A reflexão, naquele tempo, era um esforço para se descobrir em função do riso deles e desqualificar seu impulso espontâneo: não há dúvida, nesse caso, que os chamava em seu socorro para vedar-se aquela fé que, apesar de desejada, o aterrorizava. Do mesmo modo, o riso do Rapaz, que o persegue no fiacre, estragando-lhe o prazer de se fazer admirar, de surpreender a poetisa com confidências terríveis e – quem sabe? – o secreto desejo de amar, é o riso dos colegas. Já falamos da vida sexual dos jovens burgueses por volta de 1840: andam com costureirinhas idealistas que os entediam ou dormem com prostitutas. Resultado: desprezo sádico pela mulher, necessidade de humilhar as moças que a miséria tornou venais, vontade de sacrificar o outro sexo a suas camaradagens viris e, até certo ponto, homossexuais como todas as virilidades ostensivas. Desvirginado por uma camareira da mãe, Gustave, além do breve encontro de Marselha, só teve relações com

---

* Emma – como Louise – é realmente a sedutora; Léon, como Gustave, é manipulado.

prostitutas. Sabemos pelas cartas de Alfred que ele entrava nesse jogo e, assim como todos os colegas, achava as coisas do sexo acima de tudo risíveis: mais tarde contará a Louise – bravata pura, mas significativa – que entrava no bordel em noites de Natal com um charuto na boca, escolhia a puta mais feia e copulava sem parar de fumar, a fim de deixar bem claro para a parceira o tamanho de seu desprezo. Para ele, como para os amigos, a cópula é eminentemente *pública*; as moças são propriedade coletiva, fazem-se orgias, contam-se com grosseria os feitos sexuais, trocam-se endereços quentes. Quando ele conhece Colet, não há meio-termo para ele: as mulheres são intocáveis (amigas da mãe, da irmã) ou "raparigas" – que são a verdade sórdida do amor. Ora, Louise não pertence a nenhuma dessas categorias: ela é fácil – como Eulalie Foucaud – e, afinal, manteúda, mas escolhe os amantes e, em especial, oferece-se a Gustave sem pedir nada em troca, porque ele lhe agrada. Além disso, seus maus versos (que ele não acha assim tão maus) lhe valeram algum prestígio; acima de tudo, ela tem familiaridade com escritores que Gustave admira: ele não pode nem respeitá-la nem desprezá-la totalmente; em suma, não sabe como a toma ou como a classifica. De certa maneira, ela o intimida; fica nervoso e teme falhar com ela. A preocupação de Léon, na catedral, traduz uma grande preocupação de Gustave. De fato a transa foi apenas *ensaiada* no fiacre em agosto de 1846 e, da primeira vez que ele precisou dar o recado, temos prova categórica de que negou fogo.* Sobretudo porque ela lhe propõe outra imagem do amor, mais capciosa, e ele tem medo de se deixar tentar. ("...Onde eu iria parar? Bastaria que eu tomasse isso a sério e usufruísse para valer; isso me

---

* Em 6 de agosto de 1846 ele escreve a Louise,: "Que mísero amante sou eu, não? Sabe que o que me aconteceu contigo nunca me aconteceu antes? (Havia três dias eu estava acabrunhado e tenso como uma corda de violoncelo). Se eu fosse um homem de valorizar muito minha pessoa, teria ficado tremendamente vexado. Fiquei vexado por ti. Temia que fizesses suposições odiosas sobre ti mesma; outras talvez tivessem achado que eu as ultrajava. Teriam me julgado frio, enfastiado ou acabado. Fiquei reconhecido por tua compreensão... Quando eu mesmo me espantava com isso como monstruosidade inaudita. Por isso, só podia mesmo te amar, e muito, para ter sentido o contrário do que fui ao abordar todas as outras, fossem elas quem fossem." *Correspondance*, t. I, p. 217. Ele teve sua desforra depois, como prova um poema já citado de sua amante. Mais revelador que o próprio fracasso – bem comum – é o modo como o explica: se falhou com ela, quando, ao contrário, sempre "abordou" valentemente as outras, é porque ela é a *outra*, ela pertence a uma categoria de mulher inquietante com a qual não aprendeu a lidar.

deixaria humilhado!... Um amor normal, regular, alimentado e sólido me deixaria demais fora de mim, me perturbaria, eu voltaria... ao senso comum... e é o que mais me prejudicou todas as vezes em que quis tentar".)* Por isso, os colegas convocados com urgência planam acima do fiacre tal como surgiam outrora nas igrejas e, em nome de seu "amor filosófico pelas putas", gozam francamente do casal, de suas palavras e de seus abraços. Em nome da franco-maçonaria de putanheiros, declaram que Gustave é traidor da causa, grotesco e lastimável, tal e qual Monsieur Loyal quando se entusiasma com o gótico. É justamente o que ele lhes pede: em vez de opor a seriedade de seu desejo ao riso insultuoso deles, ele fica encantado de participar dessa hilaridade, de adotá-la como sua, para aliviar seu corpo pesado, desmontar a exibição demasiado complacente de seu desespero e, sobretudo, para deixar de estar sozinho diante de Louise, louva-deus que o aterroriza mais porque, como sabemos, ele não deseja tanto submetê-la quanto desfalecer em suas mãos. Por isso aparece o Rapaz, coletividade bordelenga, Associação de Amigos dos Veteranos do Colégio de Rouen, que vem dar sua bimbada na Capital. Como é *tranquilizante* esse furioso imbecil, ao mesmo tempo homem e Gigante, que, enquanto se embasbaca com uma dama de qualidade, escarnece: todos os traseiros se equivalem; por que fazer tanta cerimônia quando se pode ter o de uma rameira por cem soldos?

O Rapaz nasce de um desdobramento: às vezes há realmente dois atores – como na "sátira consagrada" –, mas um encena a espontaneidade irrefletida, e o outro, a reflexão sobre essa espontaneidade. Outras vezes – como no fiacre de 1846 – é o próprio Gustave que interpreta os dois papéis ao mesmo tempo; ele é, simultaneamente, o finito e a reflexão infinita que o desqualifica. Aqui a vantagem é dupla: 1º Rindo de si mesmo, pantagruelicamente, Gustave se previne contra as miragens do sexo e a vertigem do desespero; não acredita em nenhuma palavra do que diz: está pregando uma peça numa mulher de letras. E, se acredita um pouco, a farsa é ainda melhor: encenando *spleen*, insatisfação, niilismo, desgraças vividas, para convidar aquela dama a copular, ele tem o amargo prazer de tornar-se totalmente ignóbil, pois está usando o que considera a parte mais nobre de sua alma para obter o prazer mais comum, mais baixamente material.

---

* Carta a Alfred, "junho-julho de 1845", um ano antes de conhecer Louise. Essas reflexões são feitas a propósito dos "conselhos de Pradier". *Correspondance*, t. I, p. 185-186.

A misantropia e a misoginia do *heautontimorumenos* dão-se por satisfeitas. 2º Inversamente, o álibi do gigante possibilita que nosso jovem se ponha na pele da personagem, se deixe levar, sinta o encanto de belos olhos amedrontados: essa espontaneidade ingênua é o alimento necessário do cinismo reflexivo. Isso significa que ele pode se permitir certa sinceridade a título de *matéria-prima*; não teme nada: caso se entregasse demais, o riso do alto, glacial, o desembriagaria. Graças a esse desdobramento, Gustave faz o que quer, sente o que lhe agrada sentir: basta mudar a tônica. Percebe-se por quais razões o Rapaz aparece como a Paixão de Gustave: este criou essa figura apenas para se dissociar permanentemente de si mesmo. Nascida de um orgulho mordido, essa personagem conservará para sempre essa marca: o que há de mais insuportável que rir e fazer rir de suas próprias desgraças; vamos mais longe: esse é o riso de um imenso imbecil, e esse imbecil *tem razão*; humilhado, crucificado, o homem de quem ele ri está errado até a medula: comete o extremo ridículo de, com todas as suas condutas, postular uma ordem humana quando nada mais há que uma ordem diabólica ou uma desordem natural. Flaubert, em 1862, quando contou sua "transa", deslocou o ridículo: em sua narrativa, o escarnecedor não é o Gigante, é o caixeiro-viajante Gustave, e a escarnecida é Louise, o eterno feminino e sua abjeta credulidade. Em 1846, o Gigante, riso unificado dos colegiais de Rouen e mediador do infinito, estava no encontro: ria *em primeiro lugar* de Flaubert; o apaixonado audaz se sentia transformado em fiacre sob seu olhar, sentia na "perambulação" sacolejante da carruagem a expressão do contrassenso pretensioso que esta encerrava em seu ventre.

O episódio do fiacre nos permitirá determinar com mais precisão o elo que une *a partir de dentro* Monsieur Loyal ao Gigante. Não nos esqueçamos que o Rapaz é improvisado: as "sátiras consagradas" foram a princípio achados felizes que o grupo depois conservou na forma de cerimônias; nessas condições, não é de surpreender que essa personagem, segundo as circunstâncias e, também por certo, segundo seus intérpretes (ou o humor de Gustave), possa apresentar-se de três formas diferentes. Às vezes o desdobramento é rigoroso: Monsieur Loyal e o Rapaz são indivíduos *distintos*; nesse caso, este só desempenha um papel: identifica-se com o próprio Gigante e torna-se um monumento de burrice "chistosa" e triunfante. Em outros casos, os dois papéis se interpenetram numa espécie de sincretismo: o envoltório humano do Gigante é também gigantesco; ou, digamos, Pantagruel baixou na pele de um caixeiro-viajante: este continua sendo homem, mas, não atingindo as dimensões de seu ocupante, simboliza-as com qualidades físicas que o elevam acima do comum. Ele nada mais tem de romântico: farsante e vulgar, manifesta a onipotência e a ubiquidade da matéria por meio da baixeza de seu materialismo e da violência de suas necessidades "materiais"; risonho e risível, esse Grotesco se assemelha ao próprio deus Yuk. Suas piadas pesadas precisam provocar riso, mas esse riso ignóbil é convocado expressamente para ensejar outro, na segunda instância: aqueles que riem se surpreendem rindo e, escandalizados com sua hilaridade, dissociam-se dela por meio da derrisão. Mas a dicotomia radical e o sincretismo não passam de formas extremas da improvisação. A estrutura fundamental da personagem é um desdobramento *atualizado*, que no entanto permanece *interno* e pretende efetuar-se no modo da cissiparidade reflexiva. "Há dois homens em mim", diz Flaubert aos Goncourt; *dois em um*: isso está claro. Rato de biblioteca e viajante comercial. Digamos que o Rapaz é, na origem, o caixeiro a rir do rato; este afigura a consciência refletida, aquele representa a reflexão. Nesse caso, é lícito interrogar-nos sobre o elo sintético dos dois papéis, pois *ambos são desempenhados ao mesmo tempo*: isso introduz uma problemática nova, que chamarei de Egologia do Rapaz. Pois, afinal, visto que a *persona* é sujeito, é mister emprestar-lhe um Ego; *ou pelo menos*: sendo dupla, poderia ser que tivesse dois. No entanto, se estabelecermos que esse quase-objeto é único, o que ele designa? A qual instância se dirá *Eu* (*je*) e *eu* (*Moi*)? Em princípio, como mostrei alhures, o Ego aparece para a consciência reflexiva como o polo X do refletido ou, digamos, como a unidade transcendente dos sentimentos, estados e atos. O *Eu* não se opõe ao Ego, ao contrário, faz parte dele, e se relaciona mais particularmente com a ipseidade propriamente dita, bem como com os diversos setores da práxis. O Eu (*Je*) e o eu (*Moi*) têm o mesmo conteúdo, pois se trata de designações diferentes do mesmo Ego. De fato, somos *projeto*, ou seja, *superação do padecido*; por conseguinte, segundo as circunstâncias e nossas intenções particulares, é lícito considerar-nos *em nossa passividade* (e, nesse caso, o próprio projeto revela *seu passivo*: ele é fuga condicionada por certo dado) ou em nossa *atividade* (nesse caso, mesmo a *paixão* é livre negação do dado, superação rumo a..., projeto).* Na primeira atitude o Ego se revela como eu (*Moi*); na segunda, como Eu (*Je*). Quem diz eu (*Moi*), quem diz Eu (*Je*), quando o Rapaz pensa e fala? Veremos que essa questão não é puramente *formal*, mas nos possibilita maior aprofundamento na *persona* de Gustave e maior precisão no sentido de seu pessimismo. Com efeito, como ele é quase-objeto da reflexão e como o caixeiro-viajante, em relação ao bibliômano, está em posição reflexiva, seria possível crer que o Ego só se manifesta numa e noutra de suas formas no primeiro dos "dois homens", como polo X da *psique* do segundo. Veremos que não é o que ocorre. Na verdade, o Ego do Gigante não pode ter a psique do bibliômano, homem triste, de "peito acanhado". Inversamente, este não tem o que fazer com um Ego gigantesco: como encontraria nele a unidade de suas melancolias, de suas lastimáveis paixões? Em outras palavras, entre o imenso Ego que deveria corresponder aos apetites de Pantagruel e as consciências refletidas através das quais ele é visado, há incrível desproporção. Como expressá-la?

Em meados de nosso século, cem anos depois da criação mundial do Rapaz, Jean Sarment daria a uma de suas peças o título: *Sou grande demais para mim* [*Je suis trop grand pour moi*]. Vejam só que autor otimista! Evidentemente, essa constatação não tem nada de alegre:

---

* Essas observações são aproximativas e grosseiras: eu quis ser rápido. Na verdade, levando-se em conta que *Je* [Eu] e *Moi* [eu] são determinações do discurso e que, como tais, pertencem a um conjunto prático-inerte em que cada parte é condicionada pela evolução do todo e, por isso mesmo, desenvolve suas contrafinalidades na boca do falante, uma verdadeira Egologia deveria mostrar por quais razões *Je* [Eu] pode ser passivizado *nas palavras* ("*Je souffre*" [Eu sofro], "*Je suis perdu*" [Eu estou perdido]) e *Moi* [eu] relacionar-se ao sujeito como agente ("*Qui a fait cela? – Moi*" [Quem fez isso? – Eu]) e até ser sujeito de um verbo transitivo ("*Moi vous trahir*" [Eu traí-lo?] "*Lui et moi, nous avons décidé...*" [Ele e eu decidimos...]) ou de um particípio ("*Moi parti, que ferez-vous*" [Partindo eu, o que vai fazer?]) ou sujeito antecedente do relativo *qui* [que] e seguido do verbo ("*Moi qui vous aime tant!*" [Eu, que te amo tanto!]) etc. Ocorre de *Je* e *Moi*, dados na mesma frase, exercerem aparentemente a mesma função significante ("*Je n'aime pas ça du tout, moi*" [Eu, por mim, não gosto nem um pouco disso!"] "*Moi, j'aurais préféré*" [Quanto a mim, teria preferido...]) etc. O estudo de todos esses desvios *enriquecedores* da intenção pelo instrumento – enquanto manejado por todos os outros e uma vez que toda e qualquer modificação (ainda que local) do conjunto convencional repercute nele – não cabe neste livro: preciso limitar-me a indicar aqui que ele é indispensável a toda e qualquer Egologia que pretenda ter rigor científico ao menos como terreno de base para a pesquisa filosófica.

o herói só pode ser um fracassado. Mas quem riria dele? O Homem, transtornado por postulações que o ultrapassam e em virtude das quais acaba por morrer: o importante é que ele possa elevar-se acima de si mesmo, mesmo que apenas em desejo. Entendemos o ignominioso consolo que nos é proposto: *você vale mais que sua vida* – dizem-nos. O Eu [*Je*], identificado com um princípio ativo, constitui o essencial da pessoa, sua força ascensional é freada por nossa gravidade terrestre que aqui é chamada eu [*Moi*], eis tudo. O que conta, como diz o autor, é o movimento da trans-ascendência, a abertura permanente para o Ser dos píncaros. Encontramos, laicizada por Sarment, a santanária empresa cristã que tenta salvar o crente por suas intenções: não me procurarias se não me tivesses encontrado. De certo modo, o título da peça dá prioridade *reflexiva* ao Eu [*Je*]; o eu [*Moi*] aparece como massa inerte do refletido totalizado pela reflexão. É óbvio que esse ardil benévolo não alcança resultado; portanto, entre o Eu [*Je*] e o eu [*Moi*] que, como acabo de dizer, são apenas duas designações diferentes do mesmo Ego, não poderia haver desproporção.

Gustave comete o mesmo erro, mas, com intenção pessimista, inverte os termos: substitui a trans-ascendência, que *honra*, pela trans--descendência, que avilta. Se fosse preciso definir a essência do Rapaz, ele poderia escrever: eu [*je*] sou pequeno demais para mim [*moi*]. Aliás, escreveu-o.* O Ego da reflexão aparece como um Alter Ego: o uso da palavra "*mim*" [*Moi*] para designá-lo não pretende impingir-lhe passividade, mas sim *alteridade*; nessa frase o Eu [*Je*] marca, por certo, a atividade propriamente dita, mas também a ipseidade, ou seja, o vivenciado como perpétua *remissão-a-si*, através do tempo e do espaço; com Eu [*Je*], Gustave indica que nesse nível ele se *reconhece*; a seu ver, o ser que habita a reflexão é objetivado por seu caráter de estranho, e o termo "eu" [*Moi*] não designa a inércia, mas o caráter constituído do "*Eu* [*Je*] *que é outro*", que se manifesta ao mesmo tempo por sua impenetrabilidade, sua densidade e sua ausência: impalpável, fora de alcance, porém indicado como peso, *ele é um Flaubert que não se reconhece*, ou melhor, um pigmeu que não pode se reconhecer no gigante que ele é, gigante que, ao mesmo tempo, o ocupa. Esse infeliz pode dizer de seu ocupante: "Sou eu"[28] uma vez que se apreende como o refletido minúsculo daquela reflexão titânica. Mas deve-se compreender que essa intuição teratológica é puramente imaginária: a consciência reflexiva

---

* Essa definição conviria muito bem, como veremos, ao herói de *Novembro* e a Madame Bovary. Sobre si mesmo Flaubert acaso não disse: "Sou um grande homem gordo"?

não é dada, é apenas visada por uma intenção retorsiva que a constitui *como imagem* utilizando como *analogon* a reflexão real de Gustave sobre si. Ei-lo, pois, refletindo sobre o vivenciado, a fingir que sua reflexão é atravessada por um olhar de segunda instância que cai do alto sobre seu Ego. Compreende-se então que esse Ego lhe apareça como um *Eu* [*Je*]: ele o apreende em seu aspecto prático de transcendência projetiva para que suas humildes atividades sejam esmagadas, negadas, passivizadas por uma transcendência superior, convocada expressamente para fazer desse Eu [*Je*] uma transcendência transcendida; o olhar gigante é *medúseo*, esse ausente metamorfoseia o agente em paciente, o sujeito em objeto, como vimos, desqualificando de antemão seus atos e suas palavras, transformando Emma-Léon num sacolejo de pinho. Quando se faz de Rapaz, Gustave assume a atitude reflexiva e finge que sua própria reflexão é um meio condutor para o olhar de seu eu [*moi*] pantagruélico. Isso quer dizer que, no nível reflexivo do primeiro grau, ele inventa o que seu eu [*Moi*] do segundo grau deve aperceber da consciência imediata e refletida: o jogo consiste em tomar suas invenções por fulgurações do alto que o atravessam e cujo conteúdo se lhe impõe como se fossem intuições do Alter Ego que, dos píncaros, o olha pela extremidade maior de um telescópio; em resumo, ele assume uma crença pitiática: precisa sentir-se visto, sentir em si o poder adstringente de "seu" olhar imaginário. Quando consegue, essa transcendência fictícia transforma o Ego refletido em objeto irreal: com efeito, acontece que o Gigante só tem relação com Monsieur Loyal ou com o rato de biblioteca, e que nenhum desses dois personagens é *realmente* Gustave. É ele caricaturado, transformado em charge, selecionando certos traços de sua pessoa e exagerando-os ao extremo para se horrorizar. Assim, há homogeneidade entre o eu [*Moi*] dos píncaros e o Eu [*Je*], minhoca, pois ambos constituem imaginários. Toda a manobra ocorre no nível da reflexão de primeira instância – a única real *no ponto de partida*, mas Gustave não hesita em manipulá-la para transformá-la em *analogon* do outro. Ei-lo, pois, a refletir sobre o vivenciado e a fingir que sua reflexão é decifrada num nível de consciência superior, ao mesmo tempo que dá a suas condutas refletidas o sorrateiro piparote que as transformará em reações estupidificantes de um romântico retardatário ou em lastimáveis reflexos de uma pequena natureza com pretensões à grandeza.

A maldade sádica e masoquista de "Sou pequeno demais para mim" não pode deixar de impressionar; isso quer dizer: "Deixai toda esperança". Sarment deixa a questão aberta: a ascensão é *possível em princípio*, prova disso é que sinto necessidade de tentá-la; no Ponto

Sublime, alguém talvez esteja à minha espera e, vendo meus esforços, um dia me estenderá a mão. Gustave, porém, começa por tornar a ascensão *impossível*. Pelo motivo de que ela *já foi feita*. O *Alter Ego* instalou-se já de saída no Ponto Sublime. Na qualidade de outro. E esse Gigante, mediador do infinito negativo, nos adverte que ninguém pode juntar-se a ele ali, a menos que também seja Gigante. Mas, além disso, o que encontramos lá em cima senão o "desaparecimento vibratório" do mundo, engolido pelo Nada? O infinito positivo está de saída. Voar é sobrevoar: o olhar, voltado para baixo, só percebe a pequenez de Tudo. Em suma, o homem está encerrado, trancado; o olhar malévolo do Superego, recaindo sobre ele, afeta-o com dupla risibilidade. Risível, em primeiro lugar, por seu Grande Desejo, sua insatisfação, seu "instinto" religioso, por tudo o que o impele para a transascendência, pois está provado que, para atingir os píncaros, é preciso começar por ter as dimensões de uma montanha; suas aspirações sublimes fazem "rolar de rir" o Pantagruel que o observa sem benevolência; por que recomeçar incessantemente os esforços microscópicos, se vai cair sempre e *sabe disso*? Sarment via em nossa vã postulação o sinal de nossa grandeza. Flaubert, interpretando o Rapaz, vê nele a marca de nossa burrice. Além disso, a risibilidade do homem provém de seu propósito fundamental: ele se martiriza, se ensanguenta e se mata para atingir o Ponto Sublime; e o que espera encontrar lá? O Ser. Pois bem, supondo-se o impossível, se o atingisse lá só descobriria o universal não-ser e seu próprio nada. Pantagruel bem o sabe, pagou para ver, e essa é a razão profunda de sua risada cósmica: o homem é um erro grosseiro que, buscando o Bem, corre para o pior. Assemelha-se *por natureza* àqueles personagens que eu descrevia acima, que, nas comédias bufas, se atiram na goela do lobo em decorrência das próprias precauções que tomam para evitá-lo. O sadismo de Gustave deu-se livre curso; desonrou a dor: esta, quanto maior, mais engraçada, é de *morrer* de rir.

Seu masoquismo também encontra satisfação: é seu próprio dolorismo que ele ridiculariza ferozmente. Depois, por fim, o que lhe permite interpretar simultaneamente os dois papéis é sobretudo – veremos melhor quando lermos *Novembro* – o fato de que seus malogros escolares e, nos últimos tempos, literários o convenceram de que havia desproporção entre suas loucas exigências e sua capacidade. "Sou pequeno demais para mim", divisa do Rapaz, é também a divisa de Flaubert a partir dos quinze anos, quando sua imaginação se esgotou, até o ataque de Pont-l'Évêque. Na origem do Rapaz há um menino infeliz que se acredita um fracassado e cujo orgulho o impele a dissociar-se do fracasso por meio do riso, portanto, fazendo-se outro. Riso imaginário, riso "que não é riso", mas recebe certa consistência do fato de que quem ri já é *risível* a seus próprios olhos por ter sido *constituído como tal* pelo terrível olhar do cirurgião-chefe, seu superego original, e por ter depois sido objeto do riso coletivo dos colegas (ou por ter acreditado que era objeto desse riso). A reflexão de segunda instância não existe, mas ele não tem dificuldade alguma para imaginá-la e fazer dela a matriz de suas invenções mortificantes, pois ela seria o riso do superego coletivizado.* Nada mostra melhor que o Rapaz, nascido de um orgulho mordido, é a Paixão de Flaubert: o que há de mais insuportável do que *expor ao riso* as próprias dores? Para terminar, o riso fundamental, para ele, é o ponto de vista do Nada sobre o Ser. Em *Smarh* o riso e o Mal radical são uma única e mesma coisa: por isso, Yuk ganha envergadura; infla desmedidamente; fica mais forte que Satã; a Morte é apenas sua mulher; ele não os manda dizer: "Sou o verdadeiro, sou o eterno". É sobretudo a velha esposa que ele culpa, matando as ilusões da voraz: "Achas que semeias o nada?... como se, depois do cadáver, não houvesse podridão?". Podridão, moscas varejeiras: é isso o que nos garante que essa metafísica duvidosa procede de inspiração sincera. Elas, as moscas, saíam pelas janelas do anfiteatro e zumbiam no jardinzinho ao redor de duas crianças. Velhas recordações virulentas ainda, que estão na origem daqueles discursos, o cadáver prestes a rir, a morte não é o termo de nossas desgraças: alguma coisa subsiste, caricatura da vida; esse defunto está totalmente nu, mais que nu, entregue aos olhares, às moscas, aos vermes, e sua obscenidade contrasta comicamente com a seriedade de seu rosto. Yuk é isso, originalmente; é a unidade sintética de morte e vida por meio do grotesco: cada uma delas é, na outra, presença caricatural e reflexo de um estado passado ou futuro. Agora compreendemos melhor o horror do rapazinho por seus futuros despojos mortais, pois sabemos que, em vez de se pôr no centro do mundo com um imperioso *cogito*** – louco

---

* *Les Funérailles du docteur Mathurin* [*Os funerais do doutor Mathurin*] provam que o riso coletivo não eliminou o riso do superego, pois, afinal, esse doutor admirável outro não é senão Achille-Cléophas-fazendo-se-de-Rapaz.

** O *cogito*, é claro, continua sendo seu possível imediato. Aliás, vimos que o Rapaz está no nível da *reflexão*. Mas o desvio ocorre com a passagem ao imaginário: através da reflexão, Gustave desempenha o papel do Outro e, irrealizando-se, faz-se observar pelo Gigante; assim seu Ego, no irreal, lhe aparece como Objeto do Outro.

orgulho positivo que permite todas as modéstias –, ele só recebe seu ser pelos olhos dos outros: é condenar-se a existir enquanto for *visto*.* Carniça ele será para os médicos, para a família, tão presente quanto em vida: de fato, fez da consciência uma mistificação e pôs seu ser no *parecer*, nesse caso sua aparência *post mortem* conta tanto quanto seu *parecer* em vida, e é seu resultado, sua resolução e talvez seu sentido. Que fazer contra isso? É impressionante que Gustave, o mal-amado, pensando em seu leito de morte, nunca considere a tristeza, mas sim o riso, dos derradeiros espectadores. "Defunto é engraçado!" A ideia desse coeficiente de risibilidade que ele atribui aos cadáveres não foi decerto Achille-Cléophas quem lhe deu – ainda que a ironia do médico-filósofo esteja na origem do "riso pantagruélico" de Gustave. O doutor Flaubert era apaixonado demais por seu trabalho para rir de seu material. Mas é frequente os estudantes de medicina, pelo menos nas primeiras dissecções, defenderem-se do horror rindo – que nesse caso nada mais é que recusa total, mas provisória, de simpatia ou solidariedade: nunca seremos esse corpo que estripamos, os médicos não são mortais. Gustave conheceu bem cedo os alunos do pai, e não é impossível que tenha surpreendido esse cinismo galhofeiro em alguns deles: nesse caso, evidentemente, só teria visto a derrisão e sequer compreendido o que ela escondia de angústia. Copiado ou não deles, em Gustave o riso terá a função que tinha naqueles: conjuração. Um pouco mais complexo, porém, que num estudante de medicina que lute contra o desmaio. Para neutralizar o futuro riso alheio diante de seus futuros restos mortais, ele o rouba deles para rir destes *antecipadamente*: é ele, como Rapaz, que será o organizador da grande parada fúnebre e grotesca, ele que fascinará os colegas e os obrigará a divertirem-se com sua putrefação próxima para levá-los, automaticamente, a rir da própria. Como se dissesse aos desconhecidos que no futuro fossem tentados a levantar o mortalha que o recobrisse: "Não se deem o trabalho de zombar de meu cadáver, isso *já foi feito*". E como se prevenisse os colegas em voz baixa: "Divirtam-se: imaginem à vontade a cara que vou ter no meu leito de morte; é de sua própria cara que estão rindo".

Alguém com certeza objetará que é *Yuk*, criação tardia, que se diverte com nossa sobrevida cadavérica. Quem prova que o Rapaz,

---

* E também enquanto existir nas memórias. Donde o desejo romântico, mas sincero – ao mesmo tempo em que se acredita "grande homem gorado" –, de apagar até seu nome: ele detesta a ideia de que, alguns anos depois de sua morte, possam conversar sobre ele, discutir seu caráter, interpretar seu fracasso.

em 1835, fazia o mesmo? Respondo que a derrisão da vida pela morte e da morte pela vida faz parte de seu "programa" já de saída. Houve em primeiro lugar aquela mascarada pré-rapazesca, a procissão de esqueletos, cujo objetivo era duplo: zombar das procissões religiosas que durante a Restauração exasperavam a burguesia voltairiana, mas provavelmente não lhe desagradavam na infância (e por essa razão ele investe contra elas); desmascarar para aqueles mortos adiados, os colegas e os transeuntes, a verdade cômica deles, de esqueletos em marcha. Mas o que convencerá, sobretudo, é o que ele conta aos Goncourt: o Rapaz "proferia... orações fúnebres de pessoas vivas". Na época de que está falando, o Rapaz se tornara um imaginário coletivo: todos podiam encená-lo. Houve concursos de eloquência – os Goncourt declaram que aquelas competições oratórias ocorriam no Hospital Central, na sala de bilhar; não é muito provável; o que parece evidente, ao contrário, é que elas exigiam um local amplo e relativamente isolado: é de se supor, portanto, que os jovens se reuniam nos feriados fora do colégio, em alguma sala emprestada pelo pai de um deles. Os dois irmãos não viram nisso mais que bufonaria: eles insistem principalmente no esforço daqueles adolescentes para ridicularizar o discurso com discursos. Interpretação aceitável: para muitos deles e, em especial, para Gustave, *está em causa a linguagem*; pode-se falar? e de quê? A resposta dada por essa eloquência derrisória é que a fala é compromisso; assim que abandonamos o silêncio, estamos perdidos. Mas há muito mais nessas orações fúnebres*: mostrar a pessoa viva do ponto de vista da morte, relatar seus atos, sentimentos, "boas ações", toda a sua atividade presente, como um dia será feito por oradores diante de seu túmulo, é mostrar que a vida *já está morta* quando se esforça, quando, convencida de ser eterna, se lança a empreendimentos sem resultados e propõe-se fins que não atingirá. Inversamente, é mostrar a impotência grotesca do cadáver: impingem-lhe discursos estúpidos, atordoam-no com cumprimentos que o teriam feito gritar de raiva *em vida*, que o *fariam* gritar de raiva se os ouvisse, porque ele ainda está em plena marcha, ou seja, em estado de vida. Mas se morte e vida, essas duas faces de nossa condição, se ridicularizam

---

* Com efeito, se a questão fosse apenas desqualificar a fala, bastaria "parodiar" orações fúnebres proferidas de verdade, a propósito de mortos de verdade. E é o que faz o Rapaz – segundo o mesmo testemunho – quando parodia defesas ou acusações judiciais célebres.

mutuamente, é porque ambas são avatares do Ser: morrer não é sair do mundo, mas permanecer nele com outra forma; o Ser está em toda parte: ninguém pode evadir-se dele. Com isso, a Natureza é posta em xeque *enquanto ser*: devia-se criar outra coisa, ou melhor, como Satã sugere a Deus em *Sonho de inferno*, não criar absolutamente nada. Isso quer dizer, na espécie: não se devia dar vida a Gustave. E quando todos aqueles jovens "folgazões" se reúnem, uns rivalizando em gesticulações, outros "morrendo de rir", os filhos de burgueses de Rouen gritam aos pais: não deviam nos pôr no mundo. Se insisti tanto nessa hilaridade fúnebre é porque ela revela o sentido de Yuk e de seu riso: esse Deus se ri do Ser porque o Ser é cômico quando considerado do ângulo de visão do Nada. Cumpre compreender aqui que Gustave subscreveria sem restrições as seguintes palavras de Satã em *Esboço de uma serpente*:

> *Sol, sol !... Falta resplandecente!*
> *A mascarar a morte, Sol...*
> *O mais altivo de meus cúmplices,*
> *A minha cilada mais alta,*
> *Tu nos impedes de saber*
> *Que o universo é só um defeito*
> *Na pureza do Não-Ser...*
>
> *...Farto de seu puro espetáculo*
> *Deus mesmo rompeu o obstáculo*
> *De sua perfeita eternidade;*
> *E fez-se aquele que dissipa*
> *Em consequências seu Princípio,*
> *Em estrelas sua Unidade.*
>
> *Céus, seu erro! Tempo, sua ruína!*
> *E o abismo animal escancarado!*
> *Queda onde tudo se origina*
> *É centelha em lugar de nada...* *

Mas Yuk não é Satã: não tem a ironia sibilante da Serpente; ri francamente do Ser – de que a serpente de Valéry permanece prisioneira

---

* Valéry, ed. Pléiade, t. I, p. 138 ss.

e cúmplice, mesmo detestando-o*; o Ser, monstruosa incongruidade, é o Rapaz enquanto tal, cega substância a rir burra e ferozmente de suas determinações finitas. Yuk, hipóstase do Nada, envolve com seu infinito e penetra de todos os lados essa gorda *realidade* que cometeu a imperdoável falta de extrair-se com suas próprias forças do infinito Não-Ser e de se amontoar na absurda plenitude de um *cosmos, por vaidade,* para "que haja algo em vez de nada", pelo que é bem punida essa baleia pesada, pois não passa de defeito quase imperceptível na pureza do Não-Ser. Como veremos adiante, o Artista, para Flaubert, é aquele que assume sobre o Ser o ponto de vista do Nada; sobre a vida, o ponto de vista da morte. Essa concepção – origem de todos os seus grandes romances – vemos aqui formar-se por meio do aprofundamento *prático* de sua *persona.*

O fato é que há dois risos: o do Gigante, do caixeiro-viajante, que manifesta a enorme fatuidade do Ser, a que se poderia dar o nome de ideologia ôntica: Viva a força, emblema de Deus! Nada é belo a não ser o que é grosso, gordo e grande! Viva a matéria, que é o ser puro! Em nome do Ser, desdenho, escarneço e destruo tudo o que é pequeno – e, sobretudo, a espécie humana. Trata-se de uma negação do negativo em nome da positividade absoluta: desse ponto de vista, o que conta na exuberância hiperbólica do Rapaz não é tanto a satisfação vaidosa de ser gigantesco quanto a embriaguez de apequenar, rebaixar, abolir. Mas esse riso cósmico é atravessado por uma hilaridade gelada, hipercósmica: a do Nada que escarnece o Ser, grandalhão que escarnece os seres e não percebe que só é grande *por comparação,* e que – como simples defeito na pureza do Não--Ser – é envolvido e enregelado pela negação. Cumpre reconhecer que esses dois risos são dificilmente compatíveis: certamente ambos incidem sobre o finito que se acredita infinito, sobre a determinação que se leva a sério; ainda que o colosso ria em nome do Ser, e que Yuk escarneça o colosso em nome do Nada. Talvez se pudesse dizer que o primeiro não percebe que está rindo *em nome do segundo* – do qual é a hipóstase. Com efeito, a derrisão, na primeira como na segunda instância, tem em vista denunciar o não-ser do Ser. Mas essa observação, por mais satisfatória que seja no abstrato, não permite compreender como os três papéis (Monsieur Loyal, Pantagruel, Yuk) podem ser interpretados simultaneamente pela mesma pessoa.

---

* O Satã de *Smarh* está no mesmo caso.

Abordaremos melhor o problema se lembrarmos que a generosidade de Flaubert é envenenada, e que o Rapaz – presente que ele dá aos colegas – caiu numa cilada. É hora de examinarmos esse aspecto da personagem. Talvez percebamos que, na verdade, ele é bem diferente do que parece.

A cilada

Qual é a relação entre riso e verdade? Gustave realmente considerará que o grotesco é a verdade do Ser, que o riso revela os arcanos da realidade? Ele se fez essa indagação em *Smarh* e, com algumas páginas de distância, deu duas respostas contraditórias.

A primeira é *sim*. Dialogando com a Morte, Yuk declara: "Sou o verdadeiro, sou o eterno, sou o bufão, o grotesco, o feio". Afirmação pouco sustentável: ainda que o Cosmos seja um defeito do Nada, dificilmente se pode rir dele, a não ser encarnando-se o próprio Nada; a personagem assim forjada nada mais será que um homem-que-ri, portanto um papel desempenhado por um ator que *faz de conta que ri*. Se voltarmos a nosso ponto de partida, lembraremos que Gustave foi (ou achou que era) objeto do riso alheio; quando decide roubar dos outros a hilaridade coletiva e voltá-la contra eles, faz isso com cólera e para defender-se: o riso pantagruélico e doloroso que os faz ouvir com a intenção de atraí-los para uma esparrela não pode ser outra coisa senão mímica cujo objetivo é representar uma emoção que ele não sente. Esse formidável escarnecedor nunca ri, e os objetos de seu riso sempre foram risíveis apenas em sua imaginação. Gustave está tão consciente disso, que dá uma segunda resposta, mais desenvolvida e, para ressaltar sua importância, reserva-lhe lugar de honra: será a conclusão de *Smarh*. No resumo que escreve para Ernest, em 18 de março de 1839, conta: "(No fim da obra) apresenta-se uma mulher. Smarh a ama. Ele voltou a ser bonito, mas Satã também se apaixona por ela. Então eles a seduzem, cada um de seu lado. De quem será a vitória? De Satã, como achas? Não, de Yuk, o grotesco. Essa mulher é a Verdade; e tudo termina com um acasalamento monstruoso". Essas poucas linhas parecem à primeira vista confirmar que o riso é o próprio Ser corroído pelo Não-Ser. Mas, quando as relemos, nada parece totalmente satisfatório. Em primeiro lugar, por que a Verdade vem tão tarde? Ao longo de duzentas páginas, Yuk e o Diabo levaram Smarh para todos os lugares: ele experimenta a condição humana; em palácios e choupanas, graças a seus dois Virgílios, sondou o íntimo desses malditos, os homens; após isso, primeiro voo e visita às regiões celestes; depois descida, pouso e uma série de experiências complementares. O que então lhe mostraram, se a Verdade era a ilustre ausente? Miragens? Caberá acreditar que os dois compadres que o mergulharam na desesperança eram prestidigitadores? Nesse caso, pessimismo e misantropia não seriam mais que *tentações*. Smarh *é tentado*, e a Verdade se esconde: por que se mostra quando está tudo consumado? E também há este adjetivo suspeito: *"monstruoso"*. Decerto Yuk é grotesco, ao passo que a mulher que ele possui é suficientemente bela para despertar o amor de um poeta e do Príncipe das Trevas. Como assim? A verdade seria bela? Então Yuk não é "o verdadeiro". Além disso, não devemos esquecer, trata-se de uma alegoria*, os personagens são símbolos; nesse caso, de duas uma: *ou* a beleza é *autêntica*, e então o acasalamento não é monstruoso, é simplesmente impossível no nível das Ideias – o *eidos* do Belo e o do Feio são antitéticos; sem dúvida condicionam-se opondo-se, e pode-se imaginar uma *Aufhebung* hegeliana que os superará, conservando-os, mas essa superação não pode ser simbolizada pela cópula; *ou*, como em *O Diabo enamorado*[29], ela nada mais é que aparência a mascarar algum demônio bem horroroso, e então a união entre Fealdade e Grotesco, por mais repugnante que pareça, não pode ser considerada *monstruosa*: não se trata de unir sem mediação termos contraditórios, mas, ao contrário, de aproximar semelhantes.

Se nos remetermos à própria obra, tal como foi terminada em abril de 1839, um mês depois do resumo que ele faz a Ernest, veremos que nossas suspeitas se confirmam. A Verdade é um Anjo. Mas não uma mocinha inocente: os homens "a expulsaram, baniram"; tem asas que pouco lhe servem, pois seus pés sangram. Entendamos com isso que não é verdade para ser dita. No entanto, é ela que vem a Smarh

---

* Sabemos que ela tem raízes afetivas: o acasalamento monstruoso é de Maurice Schlésinger e Élisa, que o jovem imaginava à noite em Trouville, comprazendo-se em pôr a mulher que amava em posições obscenas e ridículas, por rancor e ciúme. Maurice é um gracejador de mau gosto, um farsante. Não é de espantar vê-lo aí promovido à dignidade de Deus da Farsa. Na primeira *Educação*, será reduzido a proporções mais justas, quando lhe é dado o papel de cabotino. Mas, embora essa "monstruosa" união nos dê informações sobre a misoginia de Gustave, sua carga afetiva a impede de simbolizar validamente as buscas dialéticas do homem e da verdade.

e o chama "Meu bem-amado", porque leva os amantes ao desespero, e Smarh *já* está desesperado; com isso, este não volta a ser belo, mas poeta; como se a poesia começasse para além do desespero, ele entrevê os arcanos do Ser: "Algo de resplendente e eterno". Satã, aparecendo inopinadamente, se interpõe: "Essa mulher é minha!". A Poesia será a medida do mundo? Ou o princípio do Mal será o único que utiliza o princípio da Verdade para desolar irrecorrivelmente as almas de seus danados? O que está em jogo parece importante porque a Terra, presa do Maldito, suplica à jovem que se entregue ao poeta. Caberá ver nessa fábula apenas um tecido de frivolidades e lugares-comuns, como fará o próprio Gustave um ano depois, ao reler sua obra? Inclino-me mais a ver um esboço desajeitado de catarismo: a Terra pertence a Satã, essa é a *primeira verdade*, a que deve desesperar; mas quem estiver convencido disso, se conseguir romper o círculo maldito das paixões humanas, talvez tenha acesso, pela intuição poética, à resplendente eternidade. De qualquer maneira, a solução maniqueísta e romântica é bruscamente descartada: no momento em que Smarh vai tornar--se poeta, tenebroso, inconsolado, Yuk aparece e ganha tudo: "Yuk começou a rir, pulou sobre ela e a estreitou num beijo tão forte, tão terrível, que ela sufocou nos braços do monstro eterno".

Gustave tinha razão: o acasalamento era de fato monstruoso, pois a pobre mulher morreu nele. Essa nova metáfora é obscura. Voltaremos a isso. O que se deve notar de imediato é que o mundo *perdeu sua verdade*. Nada é falso, nada é verdadeiro: Smarh gira no vazio, em sua crença em nada. O Grotesco não é verdadeiro: exerce o direito de primícias sobre a Verdade, mas não pode usá-la *sem a matar*. Lembremos que Gustave, um ano antes, se declarava "antiverdade". Na época, opunha poesia a ciência e prosa, como o irreal à realidade. *Smarh* mostra alguns vestígios de tentativa de reconciliar poesia e verdade, nascendo aquela do desespero em que nos mergulha a descoberta desta. Mas afinal a Verdade o incomoda: por ser a Ciência, está do lado de seu pai e de seu irmão mais velho. Portanto, dá um jeito de eliminá-la; mas já não será por meio de uma bela mentira, de um verso de Lamartine ou de Victor Hugo: a arma do crime é o riso.*

---

* Curiosamente, Flaubert declarou aos Goncourt que o Rapaz não era um caráter arquetípico e imutável, que "tinha uma história". Entenda-se com isso que é um produto de sua própria história: com efeito, ele começa fazendo poesias e acaba como gerente do Hotel das Farsas, onde todos os anos se celebra a festa da Merda. Acaso isso não significa que ele passou da antiverdade poética à antiverdade cínica (cont.)

O riso do Rapaz não brota de uma inopinada intuição espasmódica da Verdade: ao contrário, sua função é desviar-nos dela. Estranho cosmos incognoscível – porque despojado das categorias cardinais que possibilitam o conhecimento. Entenda-se bem: não está dito que a verdade se oculta, mas que o riso a sufocou. Restam duas categorias: o real e o irreal. Este nós inventamos e desenrolamos, recolhemos seu esplendor inconsistente; aquele nós tocamos e vemos, ele pesa, ele obseda, ele assedia. Contudo, não tem mais verdade que o outro. Na origem dessa concepção reencontraremos a constituição passiva de Gustave que lhe subtrai o poder de negar e afirmar, veda qualquer certeza e só lhe deixa a crença: na conclusão de *Smarh* ele apenas diz o que sente. Há mais, porém: essa fábula contém uma intenção prática. Na luta sem mercê que Flaubert trava contra a realidade em nome do irreal, trata-se de despojar esta de sua arma principal: é-lhe concedida uma obtusa presença material, opacidade, o pavoroso poder de nos esmagar, nada mais; sem verdade, o ser do real não passa de aparência de ser, e sua coesão dissimula uma dispersão infinita; os próprios átomos perdem a indivisibilidade. Essa pulverulência não deixa de lembrar os espantosos jogos do ser e do nada na oitava hipótese do *Parmênides*: "Se o Uno não é, o que ocorre com as outras coisas?".* Teremos de voltar a isso demoradamente.

De resto, bem antes de sufocar a Verdade, Yuk tem intenções bem explícitas: "Quando ele abria a boca, eram calúnias, mentiras, poesias, quimeras..., paródias que... se imbricavam... acabavam sempre por entrar em algum ouvido, por se plantar em algum terreno..., por construir alguma coisa, por destruir outra, enterrar ou desenterrar... Se esticasse o pé, fazia rolar alguma coroa, alguma crença, alguma alma cândida..., alguma convicção".

"Sou o Verdadeiro", disse ele à Morte. Ora, de acordo com o longo trecho que acabamos de citar e da conclusão da obra, ele deveria ter declarado, ao contrário: "Sou o Falso". Então estava mentindo? Isso não é dito, mas onde o Deus do engana-vista e do pega-trouxa

---

(cont.) e "pantagruélica"? A primeira, ou negação *idealista* da verdade, decepcionada, engendra a negação com um ultramaterialismo bufonesco. Esses traços do Rapaz, se não tiverem sido forçados nas confidências de 1862, poderiam ser vistos como o desenvolvimento temporal da contradição que se condensou depois no breve momento da "transa" no fiacre. De qualquer maneira, Gustave insinua que o bufão cínico nasceu de um poeta assassinado.

* Platão, Pléiade, t. II, p. 252 a 254.

encontraria meios de enunciar uma verdade? Talvez se engane sobre si mesmo? Registre-se em todo caso a confissão implícita de Gustave: o mundo não é realmente grotesco; é a mais bela e mais total calúnia de Yuk. Com isso, o Rapaz não pode ser identificado com o Cosmos. O que é ele, então, senão essa mesma calúnia, essa imbricação "de mentiras, poesias, quimeras, paródias" cuja consistência provém justamente do fato de que o ouvinte se perde, incapaz de sair desse labirinto de sofismas e contraverdades? Há uma unidade complexa e aberrante do irreal, é um mundo completo com seus caminhos, seus movimentos turbilhonares, sua curvatura: só lhe falta o ser. Ou melhor, ele possui certo ser, o da aparência como tal, ou seja, o ser do Não-Ser. Yuk, o Grotesco, deus da Aparência, é também, portanto, o deus dos operários do Imaginário, os Artistas. O Rapaz procede dele: esse grande idiota cósmico é uma caricatura da criação. De fato, o que sai da boca de Yuk é precisamente o discurso do Rapaz. O Rapaz "fazia poesias", relatam os Goncourt. Suas paródias nós conhecemos: falsas orações fúnebres, caricaturas de defesas e acusações judiciais, imitações bufas de processos. Quanto a suas calúnias, cabe lembrar o júbilo de Gustave desmoralizando o interno do padre Eudes com acusações sem fundamento. Se o Rapaz é a calúnia do Mundo, se confere às imbricações das bufonarias de Yuk a unidade orgânica de sua "história" pessoal, pode-se conceber que o Deus do Não-Ser e sua hipóstase têm duas hilaridades simultâneas que, se existissem *na realidade*, seriam contraditórias.

 O riso gutural e idiota do caixeiro-viajante é o riso de um Cosmos imaginário que levaria o absurdo ao extremo de zombar nele mesmo das determinações grotescas que ele produz para abolir. O ofício dessa personagem é a fascinação: "de tocaia" diante do gênero humano, esse enganador cacareja, baba, ri a mais não poder, para hipnotizá-la. Se a operação desse certo, o *cosmos* veria nessa miragem sua própria imagem onírica; o universo, conturbado, viveria num pesadelo.

 Yuk, o Pai, não ignora que o Filho é ridículo: prova disso é que ele o quis assim. No entanto, não zomba dele, mas da realidade, pressentindo que ela vai cair na cilada: assim se pode compreender como a enorme gargalhada da Matéria é atravessada pelo riso silencioso, glacial e infinito do Nada: essa matéria, esses risos, esse Nada não são reais. Mostrei há pouco que o Não-Ser é a derrisão do Ser: é esse o sentido profundo dessa comédia. Desde que se acrescente que o Nada deve ser afetado por certo modo de ser para tornar-se a aparência de um escarnecedor. Só o Rapaz, rei das aparências, está qualificado para escarnecer do não-ser do Ser. Também acabamos de ver que essa zombaria não tem realidade: ela só vai "pegar" se o Ser se deixar pegar nela e lhe der eficácia com suas reações *reais*. Quando Gustave escandaliza o interno do padre Eudes, o que importa para ele é a ação do irreal sobre a realidade; o rubor e as gotas de suor do pobre devoto deleitam o sicofanta porque são os *verdadeiros produtos* de mentiras notórias. Eis aí a subversão mais radical: o Ser mistificado pelo Não-Ser, o que é afetado pelo que não é. Yuk pode ficar contente: "construiu" e "destruiu". O ideal seria que o jovem Eliacim perdesse a fé; então o Deus grotesco e malvado teria "esticado o pé e (feito rolar) uma crença, uma alma cândida, uma convicção". Seu objetivo fundamental é a "desmoralização", mas o que lhe importa mais ainda que as devastações provocadas nas almas é a maneira como as produz. Destruir uma convicção com argumentos válidos é desiludir, talvez, mas certamente não desmoralizar. No entanto, se alguém mina nossas crenças com calúnias, com raciocínios que sabe, pertinentemente, serem falsos, se perdemos a fé por meio de fraude e se depois, ainda que não a recuperemos, descobrimos os sofismas e as mentiras que nos desencaminharam, então podemos dizer que fomos desmoralizados. Para compreender o sentido desse termo, podemos confiar nos militares, eles sabem muito a respeito: para eles, desmoralização não é imoralidade propriamente dita, mas perda do moral, ou seja, da tensão exigida pelas virtudes guerreiras e, a crer neles, pela vida ética em geral. O *moral* consistiria na forte integração do psiquismo, na mobilização permanente de todas as nossas energias, na confiança em si mesmo e na causa defendida, com base no são maniqueísmo e no princípio de autoridade. Se o moral está alto, é porque o soldado está bem comandado; se, depois de reveses, ele entra em baixa, é porque os civis estão tentando desmoralizar o exército. *Com sofismas*, está claro. Se o beatinho perdesse a fé por causa da curiosidade, por intensos desejos não formulados, por estranhos calores provocados nele por imagens consideradas como tais, ele não teria sequer o recurso de assumir o agnosticismo ou o ateísmo: desmobilizada pela concupiscência e pela vergonha, aquela alma continuaria certa de que Deus existe, mas já não teria forças para crer em Sua existência.

Desmoralizar, portanto, é arruinar uma existência manobrando-a com fantasias, é, com a representação do irreal, obter desmoronamentos, perdas totais, rachaduras, déficits na realidade; mas, para que a operação seja perfeita, não basta se valer de engana-vistas e de falsas aparências: é indispensável que a vítima tome consciência do não-ser destas – se não no início do processo, pelo menos o mais depressa possível –, pois é no instante dessa tomada de consciência que ela descobre, um pelo outro, o ser do Não-Ser e o não-ser do Ser e percebe, com estupor, que tudo aquilo era nada, e que esse *nada* lhe corroeu a vida inexplicavelmente. Então o riso se instalará nela, o riso de Outro, um riso outro, puro imaginário, contudo fascinante; essa determinação do vivenciado nos é familiar: é a do pato – quem não é? – que exclama, tarde demais: "Como me tapearam! Como devem estar rindo de mim!", assombrado pelo riso enorme e fantasmagórico de seus tapeadores. Estes, de fato, estão morrendo de rir, mas não a dizer "ele se levou a sério" (riso primário), e sim "ele *nos* levou a sério" (riso secundário). O procedimento é perfeitamente descrito num episódio de *Smarh*. É verdade que Satã, nesse caso preciso, colabora com Yuk, mas essa cumplicidade não muda nada.* Os dois compadres apresentam-se a um pobre, vestidos de operários. O pobre não tem nada no coração, a não ser inveja e ódio aos ricos.** Contudo, não é desmoralizado: seu furor tem um poder incomparável de integração: "Tenho tesouros de ódio por eles... e, quando faz frio, quando tenho fome, quando sou infeliz e miserável, alimento-me desse ódio, e isso me faz bem". Dar mostras dessa força de alma é tentar o Diabo. A desmoralização, de imediato empreendida, caminha depressa. Satã aloja-se no ouvido do mendigo e começa a exaltar seu ódio; depois aponta para Yuk:

---

* Um dos pontos fracos de *Smarh* provém do fato de que, como Flaubert deu onipotência a Yuk, Satã aparece como um pálido dublê deste e, no fim, nada mais tem que fazer nessa história. É assim que, em certas religiões, subsiste um Deus destronado, distante, ineficaz, signo de uma evolução (ou de uma revolução ou de uma invasão) muito antiga, que foi acompanhada por certa tolerância sincrética: em 1839, a preeminência de Yuk marca a violência da contraofensiva, em Gustave; ele passou do pranto (o mundo é o Inferno) à gargalhada, conservando, de suas antigas convicções, uma única da qual se pode rir ou chorar, à escolha: o pior é sempre certo.

** Uma nota de Flaubert em seu caderno de lembranças [*Souvenirs*], que parece mais ou menos contemporânea de *Smarh*, nos lembraria, caso fosse preciso, que ele está muito longe de reprovar esses sentimentos: "Não tenho nenhum amor pelo proletário e não me compadeço da miséria dele, mas compreendo e compartilho seu ódio ao rico". Portanto, é naquilo que o operário tem de melhor, segundo Gustave, que Satã e Yuk vão atacá-lo.

"Mate-o. É um rico de coração duro". Ao mesmo tempo, Yuk abre o manto, exibindo uma bolsa recheada de diamantes. O pobre hesita um pouco: "Matar um homem!", Satã dá o último empurrãozinho, e o infeliz *"fascinado"* investe contra o Deus grotesco com um punhal que o Diabo introduziu em sua mão. Yuk cai, "crivado de golpes". No mesmo instante, convocada pelo Maligno, aparece a polícia e agarra o mendigo. É evidente que Yuk se ergue incólume, mas, como é preciso que haja uma vítima, "o corpo do operário fica no chão, crivado de golpes". Que operário? Aquele cujo papel Yuk desempenhava, que não passava de simulacro. Ei-lo, falsamente morto, pois nunca viveu, mas com sangue de verdade a sair de falsas artérias. Missão cumprida: o que interessa a Gustave não é tanto a *tentação* do mendigo por Satã quanto o passe de mágica que o acompanha: seria um falso operário ou um falso rico? Difícil dizer: embora o operário se revele como um rico disfarçado, este nem por isso deixa de ser miragem, pois é o operário que fica no chão, revelando, como cadáver, sua verdadeira identidade. Verdadeira, não: foi Yuk que encenou todos os papéis. Com isso, o assassino, preso em flagrante, não assassinou ninguém: tudo permaneceu imaginário, até mesmo sua vontade de matar, provocada e guiada por Satã. Reais, em contrapartida, são as consequências do falso crime; em primeiro lugar a desmoralização: o mendigo, tendo posto a vida em jogo com base numa ilusão, se perguntará, até mesmo na forca, por qual aberração seu ódio aos ricos o levou a matar um irmão de miséria que ele *sabia* ser um trabalhador braçal; a forca, em segundo lugar, tão perfeitamente inelutável, que Satã – entediado – dá ao pseudocriminoso oportunidade de fugir. Este, de fato, como *não fizera nada*, ainda não estava danado. Mas a convicção (errônea) de ter cometido um primeiro crime e a certeza de ser perseguido pela polícia (que o considera *erroneamente* um facínora) dentro em pouco, por um encadeamento de motivações que nada mais têm a ver com a fantasmagoria, o transformarão em verdadeiro salteador de estradas: assumir seu delito imaginário é decidir-se a cometer outros – reais – e a correr para o Inferno. Percebe-se a técnica: trata-se de tomar um sentimento poderoso numa alma forte e, pela fascinação de uma "ópera fabulosa", fazer dele o móbil irresistível de condutas que o contradizem radicalmente. Odeio os ricos, logo mato um pobre. É no nível desse *logo* que se insinua a mistificação: o homem não se reconhece mais em seus atos, está tomado por um grande riso desmoralizador (essa conduta, por sua vez, é provocada a partir de fora: é sua objetivação prática que se dissocia de sua certeza íntima e *se torna risível* diante de seus olhos).

O prazer do "Monstro eterno" é mais imediato e mais brutal, porém sem dúvida mais cinicamente sutil que o de Satã. Este quer danar as criaturas de Deus: pouco lhe importam os meios. Yuk nunca se recusará a entregar suas vítimas ao confrade, mas para ele a danação não passa de objetivo secundário. O que conta a seu ver: a *pilhéria*; aqueles que ele mistifica serão danados *por nada*; perdidos num labirinto miraculoso que consideram ser a realidade, tomam decisões oníricas que têm consequências reais no mundo real, mascarado para eles por uma cortina de imagens. Mas as vítimas do Monstro não são sonâmbulas, muito menos devaneadoras; ele quer que elas estejam bem acordadas e atentas. À diferença da Rainha Mab, potência noturna em que Gustave talvez se tenha inspirado, ele reina sobre o mundo solar e diurno. É em pleno dia que começa seu trabalho; não age diretamente sobre os espíritos, mas manipulando o meio ambiente o bastante para que a aparência substitua por um momento a realidade: então os homens, irrealizados sem saberem, tomam-se pelo que não são, agem guiados por isso e acabam derrubados, com o costado arrebentado, numa cova bem real, sem compreenderem o que lhes aconteceu.

Essas manipulações têm nome, são praticadas em pequena escala nas famílias, em sociedade; todos riem, e a vítima, por mais ferida que esteja, deve ser a primeira a rir-se: são as *traquinagens*, e há lojas especializadas na venda de objetos para sua prática. O princípio é simples: uma pequena coletividade, ao escolher uma vítima que ela mistifica "para rir", quer conjurar a angústia de ser-no-mundo. Esta, especificação de uma angústia fundamental que nada mais é que a liberdade, nasce de uma contradição insuperável de nossa práxis. Com efeito, ninguém ignora que "as aparências enganam", e que "o hábito não faz o monge", mas, por maior que seja nossa vigilância, as necessidades da ação – por exemplo, a escassez de tempo – nos obrigam a considerar as "aparições" como manifestações do Ser. É cômodo – e condizente com uma relação original de adesão ao mundo – considerar que é franciscano ou carmelita descalço o homem que passa com batina de burel, cabeça descoberta e tonsurada. Sobretudo a quem estiver absorvido por uma ocupação e "sem tempo para perder". Mas essa adesão, sempre contestável e surdamente contestada, não é vivida sem angústia, e sim, em cada caso particular, pelo menos como sentimento global de nossa inserção no mundo. Não se trata de uma dúvida – a dúvida explícita e metódica é leniente, pelo menos em certa medida –, mas de um "*estranhamento*" mais ou menos atualizado. Na maioria das vezes mascaramos essa angústia ficando na superfície de nós mesmos e nos apegando às constantes "tranquilizadoras" que se manifestam nas sequências exteriores; o *estranhamento* é ocultado pela habituação ou pura e simplesmente *recalcado*. O fato é que venho a mim "dos horizontes", o mundo é o que me separa de mim e me anuncia a mim mesmo, de modo que há em todo aparecimento "mundano" uma inquietante ameaça e uma promessa mais suspeita ainda que se dirige a mim nas profundezas de minha existência.* Além disso, o trabalho cotidiano, através do material utilizado e de sua ferramenta, revela-nos o "coeficiente de adversidade" das coisas. Este é variável e definido pelo modo de produção e, consequentemente, pela sociedade, cujo tipo de integração é extrapolado e projetado, como unificação objetiva, sobre o conjunto dos fatos mundanos (em todas as épocas a "Natureza" se define como o material e o limite das técnicas em uso). Assim, o ambiente me anuncia como vindo *também* a mim mesmo através dos outros, ou seja, como alienação e destino. Em especial, a relação-com-o-mundo é vivida desde o nascimento a partir de nossa relação com o que nos cerca: o texto do mundo é o sentido do contexto familiar, por sua vez condicionado pelas instituições; por isso só estamos *à vontade* no mundo se estamos *à vontade* em nossa própria família – e esse "à-vontade", na verdade, não passa de um mal-estar mínimo. Por essa razão, todo ser que se revele aparência e toda aparência que confesse seu não-ser podem denunciar-nos como *puro parecer* ou revelar nosso "ser abissal" como ignominioso ou aterrorizante. Assim, quando um objeto mundano nos parece duvidoso, o mundo inteiro, nós mesmos e nossa relação com o mundo nos tornamos suspeitos: o que era escusado dizer deixou de ser óbvio; comprometidos até os arcanos da existência, entrevemos uma monstruosa *alteridade do Ser* que seria a verdade do cosmos e de nossa pessoa.

Alguém me estende um açucareiro, eu, *confiante* e distraído, pego um torrão de açúcar aparentemente semelhante a todos os outros, e eis senão que ele pesa em minha mão como um pedaço de mármore

---

* Não estou falando dos perigos *comuns* (perigo de morte, risco de acidente etc.), mas da ameaçante promessa de revelar-me à distância *o que sou* por meio da transformação de qualquer objeto, na medida em que cada um deles põe em xeque o mundo como totalidade e, por conseguinte, a mim mesmo, porquanto venho a mim dos horizontes.

ou, ao contrário, flutua em minha xícara de café, sem se dissolver. Em ambos os casos, nada fiz além de adotar o mesmo comportamento que milhões de pessoas adotam nesse instante: comportamento habitual, prescrito, garantido. A rebelião local da matéria não poderia achar meio melhor de me pegar desprevenido: tudo se torna possível, esta sala é o lugar da imprevisibilidade mais radical; *não acredito no que estou vendo*, mostro-me estranho a mim mesmo, meus costumes são desqualificados, meu passado é abolido, estou nu num presente novo que se perde num futuro desconhecido. Para dizer a verdade, eu desconfiava, desconfiei a vida inteira: minha relação com o Ser, com *meu* ser, não passava de aparência; revela-se a *verdadeira* relação, ela é horrível, venho a mim, monstro aterrorizante, através de um mundo monstruoso. O engraçadinho que me ofereceu açúcar não ignora nada do que sinto: *para rir*, quis provocar esse mal-estar que, a prolongar--se, me levaria direto à imbecilidade; para rir, para fazer rir: pela boa razão de que o experimentou várias vezes. O que ele não sabe é que sua intenção profunda é provocá-lo em outro para poder dissociar-se dele por meio da hilaridade coletiva. De fato, enquanto eu me espanto com o objeto contestador que suspende a legalidade da matéria, ele *prova para si mesmo*, rindo, que tudo está em ordem, que as constantes cósmicas não mudaram e, por extrapolação, nunca mudarão, que o que parece mutação brusca para os imbecis – ou seja, para mim, o mistificado – *de exceção só tem aparência*: para os escarnecedores, a burla é a demonstração, pelo absurdo, da racionalidade do mundo e da perenidade das leis de natureza. Aquele açúcar *não era açúcar*, exceto para o otário excluído pelo riso: pesava como mármore? Não é de espantar: *era* mármore; flutuava como celuloide? Mas claro: *era* celuloide. Esses dois materiais se comportaram direitinho, como fazem sempre. Esse miniescândalo instantâneo mostra-se, pois, como uma vacina contra a angústia de existir: ao atualizar essa angústia no mistificado, mostra-se que ela só tem como causa a burrice humana. E, com isso, os escarnecedores – super-homens da racionalidade – acreditam que, em nome da razão, estão escarnecendo os "terrores ancestrais" da humanidade. A vacina sempre pega. Infelizmente, o efeito não dura, é preciso repetir o tempo todo: o burlador é um ansioso.

É um malvado: sente prazer em me infectar com sua angústia. Tinha cúmplices: um me oferece chá, o outro distrai minha atenção enquanto me sirvo etc.; todos sabem que estão desempenhando um papel; exceto eu, apesar de ser o ator principal – pois estou servindo de espetáculo, e meu espanto, embora sincero, chega às raias da irrealidade. Na verdade, eles obtiveram a cumplicidade de minha liberdade: ao aceitar livremente suas ofertas, ao manter livremente meus comportamentos habituais, caí na cilada deles; minha liberdade, manipulada de longe em nome dela mesma, voltou-se contra mim como um destino. Nova antinomia: minha liberdade é apenas um meio para minha sujeição; por meio dela fui teleguiado; aqueles gozadores de mau gosto afirmam a deles, rindo de meu servo-arbítrio: liberdade e angústia, ilusões demasiado humanas; é o homem o que eles visam de fato: só posso reencontrar a *realidade* do açúcar de mármore denunciando o fundamental humano como miragem. Meu estupor, provocado por *nada*, não era nada. Ou melhor, como *me fizeram desempenhar um papel*, eu, renegando meu passado imediato, devo afirmar com eles que vivi sob o controle deles durante *cinco minutos imaginários.**

Uma burla não faz mal. Dez, vinte, cem peças aplicadas pelos mesmos burladores à mesma vítima acabam por afetá-la com uma psicose artificial, obrigando-a a viver sua – normal – adaptação ao real como desadaptação permanente. Yuk, burlador por definição, não para de pregar peças a seu desvairado saco de pancadas, a espécie humana, nem o Rapaz, sua hipóstase, para de mistificar os colegiais de Rouen. Ou melhor, ambos constituem uma só burla, hiperbólica, que encerra em si todas as outras, "brincadeira pesada, paciente, contínua", diz Gustave aos Goncourt, "brincadeira de cidade pequena". Digo eu: é a *burla do mundo*. Para dizer a verdade, toda burla é cósmica, porquanto o objeto manipulado parece suspender as leis naturais: é sempre um milagre às avessas. Mas o milagre ocorre no meio do mundo e só o implica na medida em que produz e totaliza a parte recalcitrante, e o mistificado não pode decidir se esta escapa ao todo ou se revela seu ser profundo. Com essa forma, a traquinagem corresponde, em Gustave, àquilo que chamarei em capítulo futuro de totalização em interioridade. Mas, para quem acredita sobrevoar o Ser, a totalização em exterioridade sempre parece possível também: ele acredita poder totalizar o cosmos de fora por meio da intuição sintética. Assim é Yuk, assim é o Rapaz: em vez de comprometerem o mundo com um falso

* Isso não é verdade, naturalmente: tive uma reação *verdadeira* a um objeto falso. Vai entender uma coisa dessas! De fato, eu não estava fazendo o que acreditava estar fazendo, não estava sendo o que acreditava ser: um erro dos sentidos, quando não provocado intencionalmente, não pode me desrealizar a meus próprios olhos. Nesse caso, ao contrário, a desrealização me afeta objetivamente porque vem a mim *pelos outros* e, se eu quiser me unir aos gozadores, precisarei interiorizá-la.

torrão de açúcar, eles vão diretamente ao essencial e mistificam suas vítimas apresentando-lhe um falso mundo que elas confundem com o verdadeiro. O objeto manipulado, nesse caso, é o próprio Rapaz: sem dúvida, ele faz mil piadas e sátiras particulares, mas é em nome de princípios universais e *a priori*: o Ser é risível por essência, a Criação é um "lobo" de Deus, nela o pior é sempre certo; faça-se o que se fizer, uma vez que entramos nesse barco, o resultado será grotesco: o romantismo é burro, o materialismo é estúpido etc. etc. Estará encurralado o colegial que, fascinado pelas convulsões do idiota gigantesco ou pelo cinismo do caixeiro-viajante, entrar na pele da personagem: adotará a visão de mundo que lhe propõem sub-repticiamente, trocará suas convicções moderadas e ecléticas por um pessimismo absoluto que não poupa nem sua pessoa, estará condenado a expressar seu desespero com um "riso de maldito" que o contesta ou, se pretender manifestá-lo diretamente com o pranto, a desencadear a gargalhada dos presentes. Faça como o rato: se se faz de anjo, o bicho rirá de sua bela alma e da maldade que produz hipocritamente seus êxtases; se se faz de bicho, arrotando, mijando, cagando em todo lugar, provocará, com sua ignomínia, o riso de dissociação do qual ele, por sua vez, zombará perguntando *de que ponto de vista* aqueles gozadores podem contestá-lo, a não ser do ponto de vista do nada. A hilaridade, nesse caso, expressando a condenação radical do Ser, é o esboço de uma abolição e deveria ser seguida por um suicídio coletivo.

Ora, o Rapaz é uma miragem: Gustave quer levar todo mundo a crer que, criando-o, tentou chegar ao real pelo imaginário ou, como se diz hoje de escritores e artistas, que mentiu para dizer a verdade. Hipócrita! Mentiu por mentir, não pode ignorá-lo, e *é falso o mundo* que vemos por seus olhos. Envenenar os colegas com uma mentira cósmica e obrigá-los a adotá-la, essa é a intenção profunda de Flaubert: ele deu aos Goncourt uma informação que possibilitará compreendê-la melhor: "O Rapaz tinha toda uma história para a qual cada um contribuía com sua página. Fazia poesias e acabava por manter um Hotel das Farsas, onde havia uma festa da Merda, na época da limpeza das fossas, em cujos corredores ressoavam os seguintes pedidos: 'Três baldes de merda no 14. Doze consolos de viúva no 8!'. A criação desse jeito dava em Sade... Ele afirma que na época ainda não o lera".

É de se notar que a invenção dessa festa é reivindicada por Gustave, seja qual tenha sido a importância das outras contribuições; os Goncourt o dizem com clareza; exclamaram: "É Sade" e espantaram-se com a influência exercida pelo marquês sobre seu confrade: tinham por assente, *segundo relato dele mesmo*, que ele era o autor do episódio final. E ele, em vez de protestar dizendo que não teve tanta participação, que o mérito cabia sobretudo a Pagnerre ou a alguns outros, confirma implicitamente a hipótese dos dois, respondendo simplesmente: "Eu ainda não o havia lido". De resto, o processo de criação se reconstitui sem dificuldade, e nele reconhecemos a maneira do jovem Flaubert. Coprologia, em primeiro lugar: esta remonta à infância, e não se pode esquecer que ele escreveu aos nove anos: "A bela explicação da constipação". Em segundo lugar, trocadilhos – adorou-os a vida toda. A origem dessa festividade é *verbal*: *vidange, vendanges*.[30] Quando chega a época da vindima, faz-se a festa da uva, produto e material de trabalho; por que, quando se faz a limpeza de fossas, não celebrar a merda, produto do homem e material de horríveis trabalhadores? A partir dessa aproximação, Gustave se lança na hipérbole e pantagrueliza, a merda escorre em torrentes, é encomendada aos baldes, todos se empanturram de merda. Depois da antropofagia, a coprofagia.

De fato, dá na mesma para Gustave. Comer gente para cagá-la ou comer pomposamente a merda alheia é fazer dos excrementos a realidade da espécie humana. O gosto de Gustave pela pilhéria coprológica manifesta seu horror pelas funções naturais: a partir do momento em que animais e plantas se transformam em nós e por nós nessa matéria pútrida, somos bosteiras; pouco importa o que faremos depois com nossos excrementos: o mais leal seria voltar a comê-los; o homem se tornaria o que é, um ciclo fecal: o primeiro bolo alimentar é integrado, digerido, excreta-se o inassimilável que, cuidadosamente recolhido, constitui o segundo bolo; certamente nele restam substâncias nutritivas que a segunda digestão possibilitará integrar. Uma terceira, talvez...? Isso não é dito: o essencial é não deixar perder nada. Essa máxima indica muito bem que, em todo caso, somos *figuradamente* uns papa--merdas, quando, em nossa avareza e em nosso egoísmo, nos obstinamos a recuperar e reempregar todos os dejetos de nossa atividade. A coprofagia, portanto, é também o utilitarismo burguês: o homem prático retorna incessantemente a si mesmo na forma excrementícia. A derrisão leva mais longe: no Hotel das Farsas, o dia da Merda é feriado*; com essa cerimônia, Gustave quer mostrar a absurda tolice das festas com repiques de sinos. O organizador daquela festa solene

---

* Para ele, isso não significa que só se saboreie merda uma vez por ano. A festa da vindima é anual, mas bebe-se vinho todos os dias.

é o mesmo que escrevia na infância a Ernest: "Tinhas razão de dizer que o dia do Ano-Novo é besta".

Antes de examinarmos o conteúdo dessa sátira, cabe ressaltar que ela não parece ter sido *encenada*. Em todo caso, isso não é dito, e o modo como os Goncourt contam a "história" do Rapaz indica que sua Gesta comportava episódios narrados. Sabe-se, aliás, que houve ou deve ter havido um "drama" do Rapaz e pode-se supor com motivos que se tratava de uma peça escrita. O ser do Rapaz, sempre irreal, podia manifestar-se de diferentes maneiras: improvisação, liturgia, literatura escrita e literatura oral. O episódio do Hotel das Farsas, na minha opinião, pertence a esta última. Isso não importa muito: um contava aventuras aos outros, cada um por vez inventava um acontecimento, um detalhe, a criação passava do modo dramático para o modo romanesco, falava-se do Rapaz na terceira pessoa, mas isso não mudava nada, pois, sendo originalmente *persona*, este continuava, mesmo para seus intérpretes, um "Ele" que dizia "Eu" pela boca deles. O objetivo continuava o mesmo: era preciso inventar a epopeia do ignóbil. De modo que o Hotel das Farsas, quer tenha sido plantado como um cenário imaginário em torno dos pequenos atores – lembremos Ubu e seus convivas: estes também comem merda, não se trata de uma festa, mas de um jantar formal –, quer tenha sido descrito ao longo de uma fabulação coletiva, permanece como conteúdo irreal de toda a companhia: isso significa que ele a compromete.

Note-se de imediato uma primeira traquinagem. Gustave sabe muito bem e finge ignorar que uma festa camponesa e pagã, ao celebrar o trabalho humano, tem por objetivo essencial garantir a renovação da terra esgotada e o retorno das estações *por meio do gasto*. Bebe-se vinho das cubas mais antigas, e isso significa que se consagra o trabalho do ano desperdiçando um pouco de trabalho dos anos anteriores. Sacrifício e doação, derrubada provisória das normas, a Festa, seja ela qual for, é imprópria para representar a sovinice que economiza e recupera. Não há dúvida de que o Rapaz, mestre de cerimônias, divertiu-se criando esta contradição: um gasto que conserva.

Outra traquinagem: os consolos de viúva o que estão fazendo aí? O Rapaz costuma ser coprológico, mas, curiosamente, a pornografia não o tenta muito – pelo menos de acordo com as informações que temos sobre ele. Admita-se, porém, que a festa da Merda é acompanhada – tal como as Lupercais – por certo desbragamento da sexualidade. Os adolescentes não estão atormentados – salvo talvez Alfred – pelo medo da impotência. Quer a galante companhia se entregue a prazeres pederásticos, quer tenha caçado algumas prostitutas, esses objetos de substituição serão inúteis; poderiam a rigor servir a "mulheres malditas", mas Gustave nunca se preocupou com amores sáficos; de resto, o Hotel das Farsas não é frequentado por tríbades, mas por professores e colegas de Flaubert.* Portanto, só há uma solução: aqueles instrumentos só podiam ser úteis às putas caçadas nas calçadas de Rouen pelos colegiais e por alguns professores, talvez, para o caso de estes quererem ser sodomizados por elas. Na origem, como se vê, há a fantasia – muito disseminada, mas especialmente pronunciada em Gustave – da virilidade materna. A matriz dessas alegres invenções é o fetichismo, e este expressa seu desejo de, homem feminino, ser possuído por uma mulher virilizada, deusa-mãe, que o submeteria à rigidez de seu falo imaginário. Doze consolos de viúva: doze homens penetrados um a um pela mesma matrona ou por doze diferentes. Nada demonstra melhor o fetichismo de Flaubert, nada expressa com mais clareza os sonhos de sua passividade, nem o fato de sua homossexualidade ser indireta e secundária. Mas, como é o Rapaz que está em questão, o importante não está aí: depois de detectarmos a matriz de suas fantasmagorias, é preciso considerá-las *em si mesmas*, tais como nos são dadas no interior da Gesta rapazesca. Sob esse foco, os consolos, mencionados de maneira brusca e, até certo ponto, gratuita, têm algo de suspeito. É que na época Gustave sabe com pertinência que o falo da sra. Flaubert é um imaginário – "Sei muito bem, mas mesmo assim...". E, se pede uma dúzia deles, não é *a despeito* de sua irrealidade, mas *por causa dela*. Sublime farsa! Do sexo masculino esses simulacros só têm a aparência: representam a dominação do homem pela mulher, a fetichização do pênis e, ao mesmo tempo, sua metamorfose mistificadora em objeto inanimado. Traquinagens, em suma: se algum conviva desprevenido viesse a tocar em algum deles por debaixo de uma beca, ficaria perturbado, como o homem do açúcar flutuante, como o interno do padre Eudes. E todo mundo, rindo às gargalhadas: "É de madeira! É de madeira!".

---

* Talvez caiba ver um primeiro esboço desse Hotel na carta a Ernest de 13 de setembro de 1839: "O Rapaz, essa bela criação, tão interessante de observar do ponto de vista da filosofia da história, sofreu um belo acréscimo, a casa do Rapaz, onde estão reunidos Horbach, Podesta, Fournier etc. e outros brutos; tu verás, aliás" (*Correspondance*, t. I, p. 56). Horbach era professor do colégio de Rouen.

Mas os próprios gozadores são vítimas: são engodados, castrados; o consolo de viúva caricatura a vida, as pulsões sexuais, a ereção; Gustave opera aí a reificação do homem, que será terminada por ele mais tarde na cena do fiacre; a virilidade de que tanto nos vangloriamos, o que é, senão o poder de prender entre as coxas um pênis de madeira que não vai florir? E, se é só isso, por que a mulher não teria o direito de usá-lo como nós? Resultado: Gustave e os colegas são objeto de uma mistificação que ocorre no próprio instante da penetração; com a diferença de que Flaubert está perfeitamente consciente da irrealidade para a qual arrasta seus colegas; tudo é falso nessas orgias: possuídos por mulheres, por meio de falsos órgãos viris, os convivas talvez gozem, mas enganam-se ao gozar: não é a Deusa-mãe que os penetra, é um pedaço de pau; quanto às prostitutas que os penetram, talvez se irrealizem como domadoras de machos, mas não gozam. O que resta: uma farsa subversiva da sexualidade sonhadora de Gustave, a figuração fraudulenta e mistificadora do acasalamento; o animador convence aos homens de seu bando de que o sonho do macho é ser cavalgado por sua fêmea. E de que essa inversão dos papéis costumeiros ocorre, pelo menos uma vez por ano, nos aposentos privados do Hotel das Farsas.*

Mas, se os consolos são traquinagens, tal como o açúcar de mármore, se aqui são mencionados como inquietantes sinais de erotização generalizada do Ser pela irrealidade, não será pelo motivo de que a festa inteira não passa de farsa? É difícil duvidar disso quando se pensa que ela ocorreu no *Hotel das Farsas*. E que o Rapaz, seu gerente, é mestre de cerimônia. Portanto, a grande Coprofagia sagrada não ocorre, a não ser no onirismo provocado, dirigido, de alguns colegiais. Aliás, onde está o dono? Por qual motivo ele não se mostra e nem sequer sabemos se participa do festim? Talvez esteja trancado em seu gabinete, comendo um entrecosto regado com um bom *bordeaux*, rindo bêbado da brincadeira que faz com os fregueses. Estes, aliás, permanecem invisíveis: não há alma viva, corredores onde vozes tonitruem ignóbeis pedidos; quanto aos empregados, nem se fala: nenhum atendente de andar se apressa pelos corredores a carregar baldes cheios do precioso manjar. Corredores vazios, vozes

---

* É clara a relação entre o coito anal e a coprofagia: ela dá informações sobre algumas fixações infantis de Gustave. Cabe acrescentar que se encontra um eco distante disso em *À rebours*, de Huysmans. Tudo está às avessas aqui: a mulher possui o homem, o ânus torna-se entrada, o excremento, alimento.

mecânicas: essa evocação pretende ser grotesca, tem algo de sinistro, a fuga dessas longas galerias desertas preocupa. Seria errôneo objetar que essa apresentação pode implicar apenas os Goncourt, que Gustave pode ter descrito uma cena de coprofagia, depois omitida pelos dois irmãos por esquecimento ou para abreviar. A coisa é *possível*, claro, mas extremamente improvável: se Flaubert tivesse feito essa narrativa, eles se apressariam a transcrevê-la, pelo prazer de assombrar-se; pela mesma razão, mesmo que tivessem esquecido quase tudo do dia, as confidências do "amigo" seriam as últimas a apagar-se: elas demonstram – irrefutavelmente, para eles – a vulgaridade daquela "natureza grosseira" e de seu provincianismo. Ademais, eles escreveram na mesma noite, quando a memória ainda estava fresca; memória *dupla*: podiam confrontar as respectivas lembranças. Mas o principal é que basta ter frequentado um pouco Gustave para ser possível reconhecer suas maneiras. Lembremos o fiacre e a voz robotizada e invisível de Léon: um caixote que fala. Inversamente, ele sabe mostrar a ausência angustiante dos homens nos prédios que eles construíram para morar, e essa ausência torna-se o próprio sentido do edifício; entre centenas de exemplos, detenho-me no de Baptisto, no início de *Bibliomania*: "Como ele estava orgulhoso e poderoso quando mergulhou a vista nas imensas galerias nas quais seus olhos se perdiam nos livros! Levantava a cabeça? Livros! Abaixava? Livros! À direita, à esquerda, mais livros!". Galerias, livros: nada além de produtos humanos. No entanto, o homem está lá, ele *é* esse deserto, inerte produto de seus próprios produtos. O Hotel das Farsas parece-se com essa biblioteca: representa a coletivização de um pensamento solitário que conserva a austeridade e o despojamento do autismo. Na verdade, Gustave poderia dizer: *sou* o Hotel das Farsas – ou melhor: o Hotel das Farsas e o Rapaz são uma e mesma coisa.

Isso explica a ausência do gerente: ele não pode resumir-se a nenhum aposento em particular pois identifica-se com o imóvel que os contêm todos. O jovem se transforma em fossa de merda diante dos olhos dos colegas que, fascinados, se debruçam na borda, caem no buraco e afogam-se na imundície.

Há uma armadilha: um ostensivo sacrifício humano seguido de um genocídio secreto. Se quisermos apreender seu mecanismo, precisaremos reler o texto mais uma vez: "O Rapaz tinha toda uma história para a qual cada um contribuía com sua página. Fazia poesias e acabava por manter um *Hotel das Farsas*" etc. Flaubert, diante dos confrades, insiste em dois pontos específicos: o Rapaz tem um *caráter*, tem uma *história*; em outros termos, é um ser concreto e singular – seja lá o que representar. História é temporalização: para Gustave, sabemos que ela é involutiva; ao mencionar a vida de sua personagem, ele não hesita em mostrá-la como um processo de degradação. Apesar da ambiguidade da construção, o uso do verbo *acabar* não engana: o Rapaz *começou* com poemas e *acabou* com a festa da Merda.

Ora, na época, Gustave atravessa uma crise violenta e longa que o conduzirá da pré-neurose ao ataque de Pont-l'Évêque e à neurose propriamente dita: o Poeta recua em proveito do Artista durante uma dolorosa mutação cujas etapas delinearemos num próximo capítulo. Por ora, ele duvida ao mesmo tempo de si ("O fogo queima minha alma, mas a cabeça é de gelo; outrora eu tinha pensamentos, agora nenhum... No entanto, nem tudo foi dito!... Dizer nada, ficar ali, mudo diante deste mundo idiota que olha para você..."), da linguagem, que ele julga incapaz de traduzir seus êxtases ("Quanto mais penso, menos falo"), da própria Poesia ("Que dizer? Estará aí o limite da arte? Será que a poesia é outro mundo *tão mentiroso quanto o outro*?"). As três citações entre parênteses são extraídas de *Smarh*: este infeliz eremita gostaria de ser poeta, mas se descobre pequeno demais para si mesmo; ao mesmo tempo, pergunta-se se a poesia não é uma traquinagem, e a conclusão da obra parece ser uma resposta afirmativa: a partir daí ela brota de Yuk; a Musa que cochicha para Musset "Poeta, toma teu alaúde" é Yuk, disfarçado de mulher nua. Com efeito, cabe lembrar que esse Deus, assim que abre a boca, deixa escapar uma "imbricação de calúnias, mentiras, quimeras *e poesias*". Gustave considera-se – e o repete com frequência em seus *Souvenirs* – um "grande homem gorado"; para ele, a traquinagem é dupla: a Poesia não passa de aparência e ofereceu-se a ele para depois se esvanecer em fumaça, ele confundiu orgulho com genialidade ("Orgulho! Orgulho! Sangue de um poeta!"). É o momento em que ele começa a ter medo de *acabar* tabelião na Bretanha ou assistente de procurador em Yvetot.

Um belo dia, sonhando na aventura de viver, é provável que num domingo ou durante as férias, na solidão de seu quarto, no Hospital Central, ele descobre o último avatar do Rapaz; será gerente de hotel, assim como Gustave é tabelião: para ter um fim. Para inventar o Hotel das Farsas bastou que o adolescente tristonho e ansioso dirigisse o riso coletivo dos colegas para a sua melancolia: seu próprio fim lhe aparece, transposto do trágico para o bufo, tal como ele logo contará com ferocidade, atribuindo-o a sua personagem. Yuk soprava poemas ao Rapaz. Que poemas? Quadrinhas obcenas ou elegias? Não sabemos, mas as duas se equivalem. No primeiro caso, a Poesia é ridicularizada logo de saída porque o verso lamartiniano é submetido a finalidades coprológicas*; no segundo, ela pode fazer alusão durante algum tempo, mas sua comicidade se assemelha à comicidade dos êxtases góticos: o lixo, por engano, toma seu fedor por perfume. Não perde por esperar, e sua essência será revelada no Hotel das Farsas pela festa anual que resume uma experiência e toda uma vida: a verdade da Poesia é a coprofagia. A ambivalência de Gustave revela-se, porém, no fato de que a passagem da Poesia para o comércio é apresentada como uma degradação. Quando se torna gerente de hotel, o Rapaz *está acabado*. Esse é o primeiro momento da operação tentada com os colegas na volta às aulas: eles adoram a Paixão de Gustave, o gorado, o sacrifício humano, e ele não se cansa de representá-los. Mas o genocídio não está longe: "É Sade!" – exclamam os Goncourt espantados. E é verdade que o masoquismo se torna o meio do sadismo: os colegiais riem, uns encenam o Rapaz, outros dão a réplica, todos estão desmoralizados.

Haverá quem se admire: a calúnia e a mentira podem prejudicar, desde que o interlocutor, mesmo que por um instante, as considere como verdades ou, pelo menos, fique em dúvida e não consiga decidir entre o falso e o verdadeiro. Mas e o Rapaz? Todos os membros do grupo sabem que é uma ficção, e que eles são seus autores; ninguém acredita no que ele diz, e o que ele diz não é crível, trata-se de um jogo, e a festa da Merda é um roteiro da *Commedia dell'Arte*. Como poderiam sofrer com essa "brincadeira eterna"? Pois bem, justamente: se sofrem, é porque ela não é apenas uma brincadeira, e porque é eterna, o que quer dizer que ela os possui e os obriga a perpetuá-la. A desmoralização, único ofício e única paixão do "Monstro eterno", atinge a perfeição quando uma fábula conhecida como tal e, melhor ainda, inventada em comum tem o efeito de atormentar seus autores e de degradá-los a seus próprios olhos. Isso só pode ocorrer em alguns grupos nos quais o conjunto se torna guardião de uma ficção particular e obriga cada membro, individualmente, a perpetuá-la por meio da irrealização perpétua de sua própria pessoa. É o que ocorre

---

* Ou pornográficas: Alfred às vezes se distraía do tédio versificando suas priapeias ou as de Gustave. Seu objetivo evidente é humilhar a poesia romântica – e clássica –, valendo-se do estilo nobre para tratar de assuntos ignóbeis (ou assim considerados).

com o Rapaz, espécie de totem, único símbolo da integração dos "folgazões" àquilo que Gustave chama sua "franco-maçonaria". De fato, essa sociedadezinha semissecreta não tem outra razão de ser senão as cerimônias rapazescas; de modo que os baderneiros, que são todos "Rapaz"* – como os membros de um mesmo clã são todos Lagartos ou todos Tartarugas –, não podem deixar de atualizar esta personagem e seu universo por meio das invenções cotidianas, ainda que tenham medo daquilo que inventam: o fato de pertencerem a um pequeno grupo juramentado (o juramento é implícito) faz cada um ser irrealizado por todos os outros e os irrealiza ao irrealizar-se; com isso, o imaginário do grupo adquire consistência social; *por meio dessa sociedade particular*, ele é a dimensão coletiva de cada um; irreal enquanto objeto, é real enquanto elo. É por meio disso que ele governa e vampiriza os indivíduos que perpetuam seu ser: de certa maneira ele está sempre *em outro lugar* e, por isso, cada um só pode integrar-se à comunidade interiorizando a ficção geral, ou seja, tornando-se seu coautor. Com isso, os gestos e as réplicas que ele inventa precisam adaptar-se à situação de conjunto – que é ao mesmo tempo fictícia e coercitiva – e determinar-se em função das invenções anteriores: estas, mesmo não deixando de ser pura aparência, em razão de sua irreversibilidade adquirem o ser particular próprio aos acontecimentos passados, que poderia ser definido como a impossibilidade de não ter sido; essas facécias ocorreram, nada se pode mudar nelas, e seu "*ne varietur*" torna-se sua exigência: cabe a cada um, hoje, modificar-se para continuar fiel a elas. Evidentemente, *a partir de fora*, os que assistem ao espetáculo sem participarem dele dirão com mais justiça: não se pode mudar nada *daquilo que Pagnerre* emprestou ao Rapaz no outro dia. Mas, *a partir de dentro*, já não há Pagnerre: há o Rapaz e seus ministros; é aos antigos ditos e aos antigos gestos do Rapaz que o ator de hoje deve remeter-se. Sua preocupação aumenta: será que algum dia ele vai sair da ganga de irrealidade? Alguma vez reencontrará o real? Não terminará por acreditar nessa "imbricação de quimeras" e considerar-se de verdade a personagem que interpreta? Aliás, desempenha seu papel com estranha certeza fascinada: como agir de outro modo, se sente que acreditam nele; e, de fato, cada um, para irrealizar-se melhor, na qualidade de ser irreal acredita na realidade da irrealidade dos outros. A partir daí, Yuk ganhou: o imaginário socializado torna-se prisão e ligeira angústia. Ainda que tenha sido

---

* Mesmo os que nunca interpretaram o personagem.

produzido *para rir*, esse riso se irrealiza e se impõe a quem ri como única reação admitida em circunstâncias que foram definidas em comum. Basta então que Gustave, o bom animador do jogo, proponha os temas mais desagradáveis como quem não quer nada: instala-se e perpetua-se, inconfesso, o mal-estar.

Foi o que esse traidor fez com o seu Hotel das Farsas. A festa da Merda, por si mesma, é uma traquinagem: leva a crer que com essa cerimônia imunda o homem é atingido no mais profundo da natureza humana e, ao entrar em si mesmo na forma de excremento, consagra sua ignomínia. Sem dúvida, os colegas não ignoram que se trata de uma imagem, de um símbolo: nenhum deles saboreará de verdade o alimento sagrado; a coprofagia, como sabem, têm ardentes defensores, mas em número excessivamente limitado para que se possa ver nela uma prática geral da humanidade. Mas Gustave convence-os com arte de que, participando ficticiamente daquela ficção de cerimônia, eles darão uma representação épica, porém justa no fundo, da condição humana. É como se lhes dissesse: "Se os homens não são como nós os mostramos, é por insuficiência de ser e por pobreza de sangue; se ousassem ir até o extremo de si mesmos, comeriam sua própria merda com alegria. O Rapaz, homem e gigante ao mesmo tempo, é *o homem tal como deveria ser*. Ao hiperbolizar sua burrice – que nada mais é que sua materialidade – nós o alçamos até o seu *eidos* sem sairmos do domínio do imaginário, pois a Ideia, verdade virtual e não realizada, só pode atualizar-se se posta em cena". Pintar o homem "tal como deveria ser": esse era o propósito de um ilustre concidadão, dois séculos antes; portanto, ele pode ser tomado como modelo; com a diferença de que o ancestral, para "rebaixar o gênero humano", valia--se do sublime do alto, e seus sobrinhos-netos preferem valer-se do de baixo. Dom Quixote – acrescenta Yuk encarnado por Gustave – é o Homem, ninguém discordará; ora, no século XVII, os cavaleiros errantes eram muito menos numerosos que os coprófagos do século XIX. Portanto, mãos à obra! Trabalhem, penem e tenham certeza de que o Rapaz será para a nossa época aquilo que o nobre *hidalgo* foi para a época de Cervantes.

O golpe foi dado, ele controla os outros: deu-lhes o primeiro impulso, eles andam, correm; interpretando ou narrando, os infelizes estão em pleno pesadelo; lançam-se vorazmente sobre travessas de excrementos, imbuindo-se de coprofagia com vigorosa vitalidade, ou então cortam em pedacinhos, bancam os exigentes, os gourmets:

em Bordeaux, *ela* é bem melhor do que em Rouen. Cada um deles, dominado pelo sombrio entusiasmo coletivo, está perfeitamente consciente de viver um pesadelo dirigido, mas, apesar do horror que sentem, a unidade do grupo é tão forte que eles mergulham nas latrinas, tomados por um radicalismo desvairado; competem para saber quem é mais ignóbil, e o objetivo é denunciar o que acreditam ser a Ideia de homem. Acreditando ser mais verdadeiros que a verdade, reinventam uma espécie humana – a espécie *deles* – que lhes repugna, e aqueles filhotes de homem são obrigados a rir disso o mais depressa possível para se dissociarem do homem que forjaram, agitados, rindo de horror, gritando, correndo, passando de uma "sátira" à outra para evitar reconhecerem-se no monstro que interpretam; em vão. É o momento da desmoralização: sozinhos, cada um voltaria à tona, se reencontraria, *real*, sob o sol da realidade; juntos, ficam ao mesmo tempo superexcitados e esmagados pela terrível consistência do imundo – que nada mais é que o juramento, feito por cada um deles, de ser o mais imundo do bando: institui-se uma concorrência infernal, negro reflexo da competição escolar; não sairão daquilo: o irreal cola-se à pele deles.

Gustave deixa estar: tudo caminhará sozinho. Mal e mal intervém, de vez em quando, para carregar na "sátira" ou, quando o propósito se perde, para recolocá-lo no bom caminho. Que vingança! Todos se lembram com que misto de rancor, inveja e obscuro respeito ele constatara a *realidade* dos colegas: estes, futuros médicos, advogados, engenheiros, mostravam-se rápidos, positivos, eficazes, só tinham olhos para o ser e a verdade; aqueles Aquiles de pés pequenos[31] desprezavam o caçula Flaubert, zombavam de seus êxtases e de seus olhos arregalados, queriam ver nele apenas um futuro, não queriam ver nele mais do que um futuro criador de jogos de sombras, um fazedor de livros; em suma, o que condenavam sem apelação no Idiota da família era a imaginação, a "exaltação do cérebro próxima da loucura". Não seja por isso: ele decidiu apanhá-los todos e levá-los à perdição *por meio da imaginação*; naqueles espíritos limitados, práticos, racionais, essa faculdade, tosca e rudimentar, não está inteiramente atrofiada. Ele não pede mais: pôs-se de imediato em ação, pacientemente a despertou, desenvolveu, exaltou e depois exasperou por meio do riso que lhes roubara; assim que quiseram fazer parte do espetáculo, eles se tornaram imagens. Estão sentindo – diria Alfredo – a beleza dessa traquinagem: o doutor Achille Flaubert *capturado pela imaginação*? Achille, não: infelizmente, ele escapa. Mas seus futuros êmulos caíram na esparrela: fascinados pelo riso gigantesco do Rapaz, cada um quis encarnar a

Personagem para rir sozinho como louco. Ora, assim que entrou na pele do Monstro, descobriu – tarde demais – que seu riso "não era riso", mas hilaridade imaginária. Quanto ao objeto daquela derrisão forçada, acreditou ter percebido que era o homem e que, por conseguinte, ria de si mesmo: que seja; empenhou-se com furor; guiado por um anjo mau, inventou um monstro grotesco, riu com a sanha de um sarnento a coçar-se: até arrancar sangue.[32] Gustave danou-os com o riso. E o mais engraçado – pensa o pequeno vingador – é que eles zombam de um ser que não existe. O Rapaz não é o homem, nem mesmo a Ideia de homem. É uma construção de três andares que contém um falso homem escarnecido por um Gigante fictício que afigura o Ser, por sua vez escarnecido por Yuk, imagem do Nada. Flaubert sabe disso, mas não diz. De modo que o Rapaz, encenado por Pagnerre, nada tem em comum com o que é interpretado por Gustave. Quando este representa o papel, é uma totalização perfeita: três risos em um; ou, digamos, o riso zomba de si mesmo, conhece-se como impostura e se regozija de o ser, mas sem reabilitar o simulacro do primeiro andar que comete a tolice de se tomar por homem. Quando um dos colegiais se arrisca a pantagruelizar, os dois andares superiores vão pelos ares, resta um monstro imbecil que se esfalfa a fingir hilaridade, convencido de que a espécie humana, tanto em sua pessoa quanto na de qualquer um, é fundamentalmente ignóbil e grotesca. Gustave-Yuk olha com malícia para o possesso que se extenua a tonitruar para escapar do horror de uma personagem imaginária que ele acredita ser, mas que na verdade se limita a inventar: eu enlouqueci esses realistas – pensa ele, bem alegre.

O que concluir, nessa primeira parte? Se Gustave mistifica os colegas, se o Mal radical não passa de fábula, qual é para ele a verdade do homem e do Universo? Acreditará que vivemos no melhor dos mundos possíveis? Ou, em todo caso, que poderia haver piores? Caberá admitir que esse zombador de mau gosto é um otimista? Isso significaria conhecê-lo mal. No entanto, nessas circunstâncias específicas, é preciso formular a questão de suas relações com a Verdade.

A resposta é simples, e nós já a demos em outros capítulos ao tratar de outros problemas: a passividade constituída de Flaubert impede-lhe qualquer relação prática com a Verdade; para ser claro, ele não tem condições de conceber o que é uma ideia verdadeira. Quando a palavra *Verdade* aparece em seu discurso, ou remete a juízos alheios – principalmente aos dos cientistas e médicos que ele sabe estarem baseados em pesquisas metódicas – ou a certo estado subjetivo, ou seja, a uma crença viva e passageira. No primeiro caso, as verdades científicas se lhe impõem em virtude do princípio de autoridade sem jamais o convencerem completamente; no segundo, sua adesão subjetiva, no próprio momento em que lhe apresenta a ideia como verdadeira, denuncia-se como simples crença, sem lhe revelar o que poderia ser a certeza: "Não há ideia verdadeira nem ideia falsa. Primeiro adotamos as coisas com rapidez, depois refletimos, depois duvidamos e aí ficamos".* O que resta? Nada. Yuk, ao violar a verdade, torceu-lhe o pescoço. Real não é *verdadeiro*, irreal não é *falso*. Então – dirão –, o Rapaz não é uma imagem *falsa* do homem? Ele não pretende lograr seus colegas? Digamos que *para Gustave* essa personagem não é verdadeira nem falsa: é irreal, só isso. A cilada provém do fato de que os colegas, que, estes sim, acreditam na Verdade e no Erro, consideram que a criação deles é um mito – metáfora hiperbólica ou epopeia – que restitui o homem *em sua verdade*. São eles que se prendem na armadilha, pela razão de que, *em seu sistema de pensamento*, o imaginário está a serviço da práxis e, por conseguinte, da verdade. Quando controlados pelo bom senso, dignam-se recorrer às imagens apenas para determinar as consequências de uma ação possível durante uma experiência mental. Seja qual for a relação que ele mantenha com o real, o menino imaginário, que considera a imagem como fim em si, rejubila-se com o torniquete monstruoso que instalou nos colegas ao obrigá-los a interpretar, através de suas categorias realistas (verdade, utilidade etc.), a irrealização total e de fato insana deles. Aqueles infelizes submetidos a um ídolo monstruoso são insensatos o suficiente para acreditar que a "imbricação de calúnias" que os desmoraliza pode *servir*, que o riso é um meio de conhecimento, e que o ignóbil é a melhor abordagem do homem. Do homem *tal como deveria ser*, em todo caso. Gustave ri a mais não poder: foi ele que, falando a linguagem dos outros, lhes pôs aquela loucura na cabeça; o que quer dizer o *dever-ser* do Homem se Deus não existe? Se o cosmos não passa de um montão de matéria precipitada, incriada? Aqueles colegiais excitadíssimos deveriam falar do dever-ser de Deus. No universo do mecanicismo, quem reina é o fato; nominalismo absoluto: não há *eidos*; o homem é o que é, nada mais, nada menos, pois ninguém, no céu, exige que ele se aproxime de uma essência que, aliás, não existe.

---

* *Souvenirs*, p. 96.

Isso é o que chamarei de *atitude* de Gustave em relação à sua própria criatura. Mas há outras, que ele vai adotando, segundo o humor e as circunstâncias. Pois, como sabemos, ele é materialista por despeito, e nele duas ideologias não param de contestar-se uma à outra. Afinal ele também censurou e ainda censura Deus por Sua ausência; também, em seu agnosticismo rancoroso, condena a espécie humana – injustamente – porque ela está sem Deus. Também, em suas exaltações solitárias, fez-se, da maneira mais solene do mundo, mediador entre o infinito negativo e nossa Lilliput. A diferença entre essas ascensões – que têm por origem a raiva e a vergonha – e o Rapaz, estratagema de três andares, resume-se numa única palavra: riso. Enquanto faz bufonarias em público, zombando até de seu dolorismo, ele chora em segredo e, nas fábulas que narra a si mesmo, busca consolo: ele será maior que todos eles, como o Rapaz; fará cabeças rolar, será cruel e impiedoso, como Yuk; desmoralizará a espécie humana, como a tríade rapazesca. Soluços, gritos forçados de triunfo, ruminações de ódio, sonhos de vingança: é isso o que encontramos nos contos negros e sinistros que ele não mostra a ninguém, salvo a dois amigos de infância. É o mesmo adolescente que, com alguns meses de intervalo, escreve estas duas "fórmulas", como ele chama: "Creio que a humanidade só tem um objetivo, que é sofrer" e "Gosto de ver a humanidade rebaixada, esse espetáculo me dá prazer quando estou cansado".* Nessas duas máximas, quando aproximadas, reside a explicação da farsa rapazesca: visto que essa vadia abominável gosta de sofrer, visto que ela – como eu – haure dignidade no sofrimento, rebaixemo-la infectando-a com um riso colossal que ridicularizará sua dor, façamos que o homem mais infeliz e mais orgulhoso não consiga olhar-se no espelho sem ver um macaco obsceno e grotesco do qual será obrigado a rir. Obriguemos, com fantasias, a espécie inteira a compenetrar-se de uma ignomínia irreal mas tenaz e, por meio de estratagemas, obriguemo-la a tornar-se realmente ignóbil para se adequar à sua imagem. Nesses momentos, como se pode ver, o que Gustave visa não é tanto nos *revelar* nossa baixeza quanto nos *afetar* com uma baixeza *artificial* que acabará por se tornar costumeira. Os homens normalmente não são atraídos por seus excrementos, mas bastarão miragens bem comuns para que se tomem por uns merdinhas. Nessa segunda atitude, Gustave não despreza logo de saída seus congêneres, até reconhece que o dolorismo

---

* *Souvenirs*, p. 90 e 109.

– de que se orgulha – é uma prática comum a todos: simplesmente os odeia e tenta transformá-los em porcos precisamente pela razão de que não consegue achá-los repugnantes o suficiente.

Ocorre-lhe com frequência deixar-se seduzir. Então enlouquece como os colegas, fascinados por sua personagem, afadiga-se, gesticula, embriaga-se com seus paradoxos, deleita-se com sua força gigantesca tanto quanto com seu aviltamento. Se os outros atores correspondem à sua expectativa, se os espectadores riem, ele sente que se impõe e, qual gigantesca boneca russa, encerra todos os colegas em suas entranhas. Nesses momentos, como autor, ator e encenador, rejubila-se, retorna à velha paixão, o teatro, desempenha o papel de Rapaz como desempenhou Pourceaugnac: a intenção maldosa passa para segundo plano; o essencial é ter gênio. Consciente de sua generosidade, doa sua pessoa, pois se irrealiza para dar aos colegas a unidade de um grupo em fusão. A intenção de prejudicar quase fica esquecida: ele é aquele por meio do qual alguns realistas são conduzidos até as esferas superiores da irrealidade e sente verdadeira simpatia pelos baderneiros que encheu de satisfação e que, como retribuição, aceitam ser figurantes para possibilitar-lhe desempenhar o grande papel principal. Em suma, ele gira, ora diabólico, ora possesso, ora mistificador, ora simples ator; ora sádico, ora *heautontimoroumenos*: o que conta para ele, em todo caso, é que os colegas giram em torno dele transformados em satélites.

Pelo menos é assim que Gustave apresenta a coisa. Não nos convence de jeito nenhum. O que nos falta é o *ponto de vista dos outros*. Pagnerre e os colegas: por qual motivo o Rapaz os fascinou durante tanto tempo? Por acaso se deixaram prender bobamente na armadilha, como as cotovias por um espelho? Por acaso eram assim tão tolos? Difícil acreditar: se deram prosseguimento durante *pelo menos* cinco anos àquela brincadeira, que deveria causar-lhes horror, deviam encontrar alguma vantagem nela. Nesse caso, a anomalia pela qual Gustave acha, com orgulho e pesar, ser o único acometido por acaso não seria, ao contrário do que ele pensa, a coisa mais comum do mundo? Se isso for verdade, se os colegas de Gustave se parecem com ele, então ele deixou de reconhecê-los em parte e, com isso, não se *situou* em relação a eles. E isso significa necessariamente que escapou a si mesmo. Não entenderemos de todo o que era o Rapaz como atividade coletiva e, portanto, o que era, naquele estágio, o movimento personalizante de seu principal criador, se não tentarmos reconstituir a temporalização totalizante que arrasta todos esses adolescentes para a revolução de 1848 e o golpe de Estado de 2 de dezembro, em suma, para o destino que os espera. O que era então um colegial de Rouen entre 1830 e 1840? Não se trata de retratar um a um os colegas de Flaubert, mas de lhes dar, com uma narrativa baseada nos arquivos do colégio, uma dimensão que o colega deles não soube ou não quis ver: a historicidade.

Quando Gustave entra no colégio, algo acaba de acontecer: na primavera de 1831, os alunos provocaram um acontecimento e este, em contrapartida, os lançou numa longa empreitada que redundou num fracasso: eles descobriram seu *Fatum* próprio, seu ser-em--perigo-na-história; nunca mais deixarão de travar juntos batalhas de retaguarda contra a Administração, que representa as "forças da ordem" e contra um inimigo invisível – logo voltaremos a falar dele – que quer atomizá-los. Março de 1831: expulsão do aluno Clouet; dezembro de 1839: expulsão do aluno Flaubert; entre os dois, oito anos de luta, uma impiedosa involução do grupo que interioriza e singulariza a história da sociedade francesa.* Se assim é, Gustave não viu que estava entrando para uma comunidade instituída pelo ódio e pela determinação de resistir até o fim ao inimigo vencedor. Tendo olhos apenas para retornos cíclicos, ele não quis observar a aventura que, passando através de círculos de repetição, os torce e transforma em uma *única espiral*, símbolo da temporalização histórica. Por isso mesmo, não faz justiça aos colegas que fazem e sofrem sua própria história; o que ele descreve como características naturais nos indivíduos são os momentos de um recuo coletivo. Se assim é, será preciso *temporalizar* o Rapaz enquanto criação coletiva. Quem sabe se ele não apareceu no exato momento em que os colegiais de Rouen precisavam dele? Quem sabe se aqueles jovens, condicionados pelo conjunto de sua história, não se encarnaram no fim numa personagem imaginária para, pela intermediação do irreal, operarem uma tomada de consciência impossível e necessária. Vejamos os fatos.

---

* Na verdade, por falta de relação com as forças reais do país, aquelas crianças que se acreditaram por um momento sujeitos da história nunca passaram de seus objetos.

B. A HISTÓRIA (O PSICODRAMA)

Até 1830, o colégio não tem história interna. Remanejado a cada mudança de regime, mas sempre *a partir de fora*, permaneceu como puro objeto da história nacional, continente inerte, mau condutor, incapaz de transmitir aos alunos os grandes movimentos que agitam a sociedade francesa. Não que nada passe por ele: o que passa é deformado, as crianças recebem de vez em quando sacudidelas violentas e bruscas, de modo inexplicável. A história que se faz eles aprendem na família ou, às vezes, na rua. O estabelecimento, aliás, não conhece o tempo histórico, e ali se vive na segura monotonia cíclica, recebendo uma educação que o *Almanach Royale* definia da seguinte maneira: "O regime, a modalidade e os objetos do ensino recebidos pelos alunos são os mesmos em todos os colégios. Ensina-se religião, línguas antigas e modernas, belas-letras, filosofia, matemática, física, química, história natural, geografia... etc.". Religião vem em primeiro lugar – entenda-se: a católica. *Ela é ensinada*: por acaso não é a religião da imensa maioria dos franceses? E como ensiná-la sem obrigar o aluno a praticá-la? Ninguém compreenderá a doação divina que Cristo nos fez sem receber seu corpo e seu sangue: como a comunhão faz parte dos trabalhos práticos, todos os *alumni* são mandados semanalmente à confissão. Portanto, a Igreja reina no colégio, impõe seus dogmas e seus ritos aos filhos dos liberais, tenta aliciar os corações deles, e os pais de família, antigos jacobinos, não se constrangem de chamá-la na vida privada de "ladra de crianças". Os filhos cumprem seus deveres religiosos, mas muitos, fechando o espírito aos discursos insidiosos do "padralhada", têm consciência de que continuam fiéis à sua origem burguesa.

A Revolução de Julho no início lhes pareceu uma tremenda confirmação de seus pontos de vista: o liberalismo no poder era o fim da religião de Estado; o rei-cidadão consagrado por Fayette, plebiscitado pela multidão, não podia ser o primogênito da Igreja. Isso significava que não mais seria visto pelas ruas o arrogante desfile de padres e beatos portando ídolos, e, ao mesmo tempo, que as práticas religiosas, no colégio, apesar de não proibidas, se tornariam facultativas. A primeira parte do programa realizou-se sem dificuldade: as ruas e as esquinas foram limpas; a Congregação, estupefata, voltou ao subterrâneo. Mas os colegiais, ao voltarem às aulas em outubro de

1830, ficaram desencantados: era a teocracia na escola, como antes, e o capelão conservava a onipotência sobre as almas. Os jovens não entendiam patavina: a equipe dos liberais tomara o poder, os pais triunfavam; por que deixavam os filhos mofar no obscurantismo? Esquecimento? Traição? Aquelas crianças viveram o primeiro trimestre em desassossego: interrogavam as famílias, estas se furtavam, aconselhavam-lhes paciência; por um triz, não suspeitavam dos pais, o que lhes teria partido o coração. Felizmente, após um trimestre enfadonho, em dezembro La Fayette caiu. No último dia do ano, um menino que ainda não saiu da casa da família escreve a um colega dezoito meses mais velho que ele, já colegial: "Meu amigo, acabam de derrubar o bravo dos bravos, La Fayette de cabelos brancos, a liberdade dos dois mundos; amigo, eu te enviarei alguns de meus discursos políticos e constitucionais liberais". Se esse acontecimento perturba a tal ponto o pequeno Gustave, comumente mobilizado por seus problemas pessoais, pode-se imaginar o efeito produzido sobre os colegiais. Para a maioria daqueles adolescentes já politizados, La Fayette, o "fazedor de reis", mostra-se como campeão do liberalismo e representante qualificado de seus pais. Tudo fica claro – ou pelo menos eles acham: os pais não traíram, o único traidor é o rei-cidadão. Ao demitir seu benfeitor, aquele monarca ataca suas próprias famílias; finge adotar a doutrina liberal, mas, agora que está no trono, vai abolir as liberdades conquistadas pelo povo, uma a uma. Agora cabe aos filhos descer para a arena e correr em auxílio da Revolução.

Sobre essas bases errôneas, o aluno Clouet, geniozinho político, traça um plano de ação. Como os liberais estão adormecidos, é preciso acordá-los com um escândalo. As liberdades são indivisíveis: não é possível abafar uma sem que todas as outras asfixiem. Para trazer à tona os perigos que ameaçam a imprensa e os direitos políticos, bastará denunciar a operação fraudulenta que, em alguns setores, privou futuros cidadãos da liberdade de pensar; a Igreja já não está nas ruas, mas ainda não deixou de dominar na Instrução Pública. Os colegiais vão pendurar o guizo no pescoço do rato ao se revoltarem contra ela, porque são eles os primeiros a sofrerem com aquilo. Clouet entende-se com quatro ou cinco colegas: eles se recusarão publicamente a confessar-se. O que pode fazer um capelão quando os colegiais lhe dizem não? Provocar sua expulsão do colégio? Ótimo: cairia na cilada armada pelos conspiradores. Obter a expulsão de quatro meninos que recusam os ritos do catolicismo é proclamar que a liberdade religiosa não existe nos estabelecimentos do Estado. Uma provocação, afinal. E a mais maliciosa: se os garotos teimarem, o capelão e o diretor *precisarão* expulsá-los ou ficarão desacreditados. Clouet e os amigos contam com essa ação desastrada e com a agitação decorrente para despertar os liberais sonolentos nas duas Câmaras e até no âmago do governo: interpelações, campanha de imprensa, queda do ministério... A partir daí os meninos se retiram dizendo aos pais: "Cabe a vocês entrar em ação! Tomem o poder em suas mãos frágeis".

A primeira parte do programa é executada sem dificuldade. No início de março, os conspiradores recusam-se a confessar. O capelão adverte o diretor, que convoca os rebeldes; estes mantêm a recusa. Eis que o diretor está em maus lençóis. Resigna-se a excluir os culpados, mas o que mostra que o cálculo de Clouet não era tão tolo são as razões por ele mencionadas em seu relatório ao reitor para justificar sua decisão: escreve ele que os alunos se tornaram culpados de um "ato de insubordinação", de um "complô tendente a comprometer a ordem". O aspecto religioso do delito, mencionado rapidamente, não figura entre os considerandos: pois bem! – parece dizer o coitado – esses infelizes ultrajaram o capelão e contestaram a autoridade sagrada dele. Mas eu, o sagrado, não tenho nada com isso, não sei de nada, não tomo partido, apenas constato que a ordem *laica* foi perturbada na exata medida em que esse padre faz parte do pessoal e, como tal, tem poderes que devem ser respeitados: não fui eu que enchi este estabelecimento de batinas, mas, já que elas estão aí, preciso cuidar para que continuem, a menos que o governo as retire e me dê autorização para impedi-las de voltar. Tão próximo no tempo dos *"Três Dias Gloriosos"*, teria sido temerário expressar-se de outro modo: o governo, fazia alguns meses, parecia orientar-se para um comportado conservadorismo, mas os liberais continuavam no poder.

A segunda fase da operação vai além das mais audazes esperanças: o colégio se insurge em solidariedade a Clouet. Represálias: a classe de retórica vaia o capelão, a quarta série faz baderna na aula do professor de inglês; o professor de filosofia, o abade Denize, é duramente tratado vários dias seguidos pelo motivo de ser da Igreja e cúmplice do partido dos padres. Pouco depois, os internos da quarta série voltam à carga e bombardeiam o censor com ovos; este, desnorteado, perde as estribeiras e chega a bater em dois alunos: o tumulto redobra; as duas vítimas acusam publicamente o adversário: agressões e ferimentos! Decide-se apressadamente que a culpa é das vítimas, que haviam atirado os ovos com suas próprias mãos e apenas com elas. Expulsão imediata. Cresce a tensão. Na manhã de 6 de março, os externos da quarta série se reúnem e declaram-se solidários com os internos: dão sua palavra de honra de que obterão a reintegração dos dois colegas ou se farão expulsar com eles. Nas primeiras horas do dia 7, entram em ação com uma determinação que toma os administradores de surpresa; greve com permanência no local, ocupação do prédio; reúnem-se com os internos no dormitório, recusam-se a ir para a classe e armam barricadas. O diretor trata do que é mais urgente: "vai voando falar com os adultos", segundo suas próprias palavras, parlamenta três horas, obtém apertadamente a neutralidade deles; enquanto isso, os grevistas se entregam com frieza a depredações criminosas: todos os ladrilhos são arrancados; através das janelas sem vidros, bombardeiam o prédio onde delibera o augusto Conselho Acadêmico, convocado em regime de urgência – dele fazem parte os "orgulhos" de Rouen, em especial o doutor Flaubert. Apoiada por esse corpo constituído, a administração reivindica a ajuda das forças da ordem. Polícia não: os policiais não devem entrar no colégio nem surrar os rebentos da classe ascendente. Foram chamados os bombeiros da Guarda Nacional. As Guardas Nacionais eram compostas pelos pais e irmãos mais velhos dos rebeldes. Eis então que os pais estão contra os filhos – e em péssimos lençóis: se atacassem, iam ter de surrar a própria prole, o que na época teria parecido bárbaro. Mas o que fazer sem bater? O local é cercado, as tropas se apinham nos corredores, bloqueando as saídas – e depois tentam negociar. Em vão. Os insurgentes limitam-se a expor suas condições: os dois expulsos deverão ser reintegrados, nenhuma punição será imposta àqueles que lhes dão apoio. Como a administração declarara que não cederia a chantagens, prossegue a ocupação do prédio.

Que confusão! Da oitava série à classe de filosofia não há um aluno que não esteja de tocaia, prendendo a respiração: eles ousaram! Insurgem-se contra os adultos e lhes impõem respeito, desmascarando a fraqueza da autoridade. Naquele dia todos acreditam com firmeza na reversibilidade dos méritos: os grevistas, lá em cima, estão em vias de mudar a vida; se ganharem a partida, todos os alunos serão sujeitos, e os administradores e professores se tornarão seus objetos favoritos. Crianças no poder!

Não ganharão a partida: nesse terceiro momento de negociação, começam as dificuldades. Todos se perguntam se os Adultos têm remorso do que fizeram, eles que naquela mesma manhã admiraram os Pequenos, mas não os seguiram. Retóricos e filósofos, acaso imaginam o que poderia ter acontecido se o colégio tivesse sido ocupado por todos os colegiais juntos? Se imaginaram, não foi sem mal-estar: naquela manhã, por um triz eles não se uniram aos rebeldes, e o diretor os levou na lábia; agora sabem que o objetivo não era tanto convencê-los quanto ganhar tempo para que os guardas nacionais chegassem ao local.

Cai a noite. Os grevistas fazem um exame da situação e constatam que estão isolados: fechados no gueto que eles mesmos escolheram, não podem esperar nada de fora. Render-se, jamais! Portanto, negocia-se: exigem a reintegração dos dois internos expulsos e imunidade para si mesmos. Das duas exigências, as autoridades só aceitam a segunda: contra os grevistas não será adotada nenhuma punição. Será preciso contentar-se com aquele acordo capenga. De certa maneira, fracassaram: os colegas continuam no exílio, e a classe de quarta série inteira não conseguiu unir-se a eles lá. Mas, tomando-se as coisas do ponto de vista *político*, a ação atingiu objetivos muito mais importantes, ainda que não os visasse: eles mostraram aos colegas que no colégio era possível uma insurreição geral. A classe de quarta série ridicularizou os tiranos: para enfrentarem aquele punhado de adolescentes, eles não encontraram outro meio senão trazer a Guarda Nacional para dentro de um templo da cultura; o diretor – que se mantém em contato constante com a reitoria –, a despeito do apoio maciço dos lojistas fardados, afinal só consegue firmar um mau armistício, e é como se gritasse aos quatro ventos: "Não passo de um tigre de papel". Quando a administração expulsou Clouet por "ter sido a alma de uma espécie de complô que tendia a comprometer gravemente a ordem", e dois internos da quarta série, por terem jogado uns ovos na casaca do sr. Censor, estava delimitando as fronteiras do que é tolerável e do que não é. Os grevistas, em decorrência do juramento que fizeram, transpuseram deliberadamente essas fronteiras e instalaram-se desde o primeiro minuto do lado do intolerável: complô não tendente a "comprometer gravemente" a ordem estabelecida, mas a destruí-la radicalmente em proveito de uma desordem espetacular, prelúdio de uma ordem desconhecida e temível, motim premeditado, recusa ruidosa à obediência, depredações, vandalismo e bombardeio, não mais do censor, mas do Conselho Acadêmico inteiro; motivos para justificar vinte vezes a expulsão do menos culpado. Ora, eles se retiram com as honras da guerra, impunes, invictos. Portanto, a administração falhou: "Ou errou ao punir nossos colegas, ou errou em não nos punir". Revolta exemplar: mostrava que o poder é frágil quando injusto. Isso não é verdade, está claro, e o poder, seja qual for, é injusto na exata medida em que é ele quem define sua justiça; mas isso choca aqueles jovens burgueses necessitados de idealismo: a causa dos colegiais é justa; que se unam, e ela triunfará. Não há um único grevista que queira parar no meio do caminho: isto é só o começo, continuemos a luta. E por que não a continuariam? No dia seguinte, quando voltam ao colégio, os colegas arrebatados os carregam em triunfo. A agitação persiste e espalha-se. Conquista os moderados; os Adultos querem assumir o domínio das coisas e restabelecer a autoridade com proezas. E o diretor nem pense em levá-los de novo na conversa! Vai ver com quantos paus se faz uma canoa.

Já está vendo; desde as primeiras horas tudo era visível: sua magnanimidade, em vez de aplacar os rebeldes, os encorajara mais; ele percorreu as classes, em todos os lugares viu olhares brilhantes, voltou ao gabinete para redigir com urgência um relatório ao reitor: se não houvesse uma ação rápida e decisiva, tudo explodiria, era uma questão de horas. O Conselho Acadêmico e ele não tinham demorado muito para compreender. Os pais foram informados. Descobriram, enfurecidos, que sua progênie os punha em perigo. Idas e vindas, correspondências confidenciais, reuniões clandestinas: agora são os adultos que conspiram contra as crianças. O resultado desses conchavos contrarrevolucionários será reconhecido pelos colegiais logo de manhãzinha, em 10 de março, por meio de cartazes colados nas portas fechadas do colégio: esse estabelecimento está "com as atividades temporariamente suspensas".

Era preciso pensar no caso! Expulsar todos "temporariamente" é não expulsar ninguém, a promessa é cumprida; ao mesmo tempo, com um esvaziamento brusco, atomiza-se tudo e envia-se cada pequeno átomo para sua respectiva família, que se encarrega da lavagem cerebral. A reabertura tem data marcada, mas não é comunicada: aproxima-se a Páscoa, os feriados desmobilizam, as aulas poderão ser reiniciadas a partir de abril sem perigo. E se, após consulta da documentação, conciliábulos, intervenções discretas de autoridades junto aos pais, alguns alunos não voltarem, ninguém poderá dizer que é por culpa da administração.

Depois da Páscoa, os colegiais voltam, embasbacados. Não perderam nem um pouco da cólera, mas, desnorteados pela confusão, já nem sabem onde está o inimigo. Lutarão sem entenderem, sem distinguirem bem contra quem; para o grupo que por um momento eles constituíram, é o fim do Apocalipse e o começo do refluxo. Eles passarão por diversas fases defensivas que tentarei descrever e, após 1835, quando tiverem entendido e for tarde demais, darão gargalhadas; então o Rapaz, convocado por um novo desespero para a história, virá atender aos seus últimos desejos.

Contrarrevolução: o que causou estupor aos amotinados de março foi a acolhida que tiveram em suas respectivas famílias: acreditavam que estavam lutando por elas e ficaram sabendo que eram traídos por elas. Os pais indignados gabam-se de terem provocado a suspensão das aulas; sermões, ira, lágrimas maternas, castigos, de nada são poupados os meninos durante aqueles sombrios feriados; eles tentaram explicar o problema: será possível tolerar uma religião de Estado no colégio? E os pais fizeram ouvidos de mercador: disciplina primeiro, nenhuma liberdade sem ordem rigorosa e consentida. No entanto, eram os mesmos que dois anos antes liam Voltaire para os filhos e sussurravam-lhes sorrindo: *écrasez l'infâme*.[33] Os mesmos que professavam que a principal virtude do liberal deve ser a tolerância religiosa. Os jovens não acreditam no que estão ouvindo: os pais terão mudado? Ou será que os filhos entenderam mal o que eles ensinaram? Bem cedo aprenderão, de qualquer modo, que naquele caso os pais são seus verdadeiros inimigos. Durante quatro anos estes se enfurecem: querem um homem forte no colégio para pôr a prole na linha. E, como isso não pode ser feito sem antes acabar com os administradores que estão no poder, dificultam a vida do diretor e do censor. Durante quatro anos, queixas e abaixo-assinados afluem para a reitoria, para o ministério: eles não se cansam de deixar claro que a administração perdeu a confiança dos bons burgueses de Rouen; tanto fazem, que um inspetor sai expressamente de Paris para investigar junto aos pais de alunos. Ele relata que o diretor, apesar de ser "homem bom, mas fraco", é criticado por ter "arruinado a disciplina, permitido o enfraquecimento dos estudos... e não ter impedido a corrupção dos costumes". Os sicofantas exageram: sua prole tem mau comportamento? Eles não hesitam em atribuir-lhe maus costumes. Todos ladrões? Todos homossexuais? Ninguém tem muita certeza: o fato é que aqueles adolescentes estão corrompidos. É verdade que fazem bagunça no colégio; mas veremos que se trata de lutas de retaguarda, lutas desesperadas. Agressor é o pai, sem a menor dúvida. No Conselho Acadêmico, Achille-Cléophas se encarrega pessoalmente de conseguir a remoção do censor: exige sua cabeça ao reitor, por julgá-lo responsável – segundo suas próprias palavras – "pela decadência do colégio". Nem ele, como se vê, poupa palavras; disciplina em ruínas, costumes corrompidos, decadência de um templo da cultura: as humanidades burguesas estão em perigo. Pobre Clouet: queria um escândalo, agora o tem. Mas não o escândalo que queria: os jornais se calam, as Assembleias estão mudas e, se os liberais de Rouen pressionam o governo, é para obterem dele sanções administrativas. Paris não se comove muito, parece, com aquelas desordens provincianas; esperará quatro anos antes de intervir.

Como entender os Ogros rotômagos, tão ávidos de devorar a progênie? No entanto, é verdade que detestam a Igreja e é verdade que são liberais. A explicação é dada por algumas datas: 1830, a revolução é uma vitória do povo que a burguesia surrupiou com grande dificuldade; ela não ignora que a agitação persiste nas ruas: a solução orleanista parece-lhe frágil; tem medo. De La Fayette faz pouco caso: em julho ele serviu; agora, que vá embora; Luís Filipe é o homem de que ela precisa. 1831: Revolta dos Trabalhadores da Seda, que praticamente tomarão conta de Lyon durante 48 horas, Saint-Marc Girardin descobre com estupor "novos bárbaros" e traduz ingenuamente o pânico dos abastados no *Journal des Débats* de 8 de dezembro de 1831: "A sedição de Lyon revelou um grave segredo, da luta interna que ocorre na sociedade entre a classe que possui e a classe que não possui... Não há fábrica sem operários, e com uma população de operários crescente e cada vez mais necessitada, não há sossego para a sociedade. Retire-se o comércio, a sociedade definha, imobiliza-se e morre... Multiplique-se o comércio e ao mesmo tempo se multiplicará uma população proletária que vive do dia a dia e, diante do menor incidente, pode perder seus meios de subsistência... Cada fabricante vive em sua fábrica como os plantadores das colônias vivem no meio dos escravos, um contra cem, e a sedição de Lyon é uma espécie de insurreição de São Domingos... É preciso que a classe média conheça bem sua posição: abaixo dela há uma população de proletários que se agita e freme sem saber o que quer, sem saber para onde vai; que lhe importa? Ela não vai bem. Quer mudar. É daí que podem sair os bárbaros que a destruirão". O artigo termina com uma conclamação à união sagrada: monarquistas, republicanos, todos amigos! Esquecei vossas dissensões políticas: classe contra classe!

Esse texto, ingênuo e cínico, equivale a uma conscientização. Saint-Marc Girardin admite de bom grado que "o comércio" (em outras palavras, o lucro) exige a multiplicação dos proletários e engendra *por si mesmo* a miséria deles. Reconhece ademais que os operários são o segredo da classe burguesa e não teme chamar a luta de classes pelo próprio nome. Melhor: a comparação entre trabalhadores braçais e bárbaros é significativa: o triunfo destes decorreu da decadência do Império Romano; além disso, qualquer que tenha sido a trágica agonia do mundo antigo, foram eles que deram origem às nações modernas. Girardin sabe muito bem que a palavra "bárbaro" sugere *ao mesmo tempo* decomposição, caos de uma sociedade e penosa gestação de uma sociedade nova. Dezoito anos depois, quase nos mesmos termos, Tocqueville preveria calmamente o fim da dominação burguesa. É exatamente o que se sugeriu, já em 1831, no artigo do *Journal des Débats*. A conclusão de Girardin é clara: uma vez que a burguesia há de ser um dia derrubada, devemos nos dar as mãos, aliar-nos a todos os abastados, *manter-nos pela força* o maior tempo possível e, depois de nós, o dilúvio. Seus leitores concordam; concordam com Metternich, que escreve na mesma data*: "Na Alemanha temos também um forte ataque da classe média contra o trono e as classes superiores; na França, onde esses dois elementos quase desapareceram, a população agora se revolta contra a classe média. Isso é lógico...". A "classe média" entendeu: corria o risco de perder, como diz Marx, sua "coberta"; ela a puxa para si e se esconde embaixo. Restauremos as classes superiores!

 1832: reinício das conturbações sociais, funerais do general Lamarque, "caso" do claustro Saint-Merri. 1833: greve dos alfaiates. 1834: recrudescência da agitação social e política, em Paris e Lyon. Entrementes, o rei se desfez de seus ministros liberais: o governo espera a primeira oportunidade para empregar a força. Em Lyon, a repressão é dura; em Paris, capital, não poderá haver nada menos que um massacre: ele ocorrerá na Rue Transnonain. 1835: as forças da ordem ganharam o jogo; prosseguindo em sua vantagem, o executivo desorganiza os republicanos por meio dos processos de abril de 1845 e obtém a votação das leis criminosas que restabelecem a censura. Naquele mesmo ano, como veremos, os pais de família de Rouen terão a cabeça do diretor e do censor.

 Tais homens de bem não temem tanto o socialismo quanto a República. É verdade que em 1830 a grande maioria dos franceses não

---

* Carta de 10 de dezembro de 1831.

participou da primeira Revolução; os menores de trinta anos nasceram sob o Consulado ou o Império; os quadragenários não tinham muito mais de cinco anos no tempo do Terror. No entanto, as memórias estão sobrecarregadas de lembranças, verdadeiras ou falsas. Ademais, os testemunhos ainda são numerosos: um sexagenário de 1830 já tinha atingido a maioridade em 1789. Os adultos não ignoram nada dos erros de seus pais, principalmente porque estes, se ainda vivos, não se fazem de rogados para contar sua própria vida. Os burgueses detestam 1793; em outras palavras, a Revolução inteira. Napoleão eles adoram; só um defeito: custava caro demais. Tiram lições da experiência paterna e a aproveitam para evitar repeti-la. Têm o poder, é verdade, mas não serão tolos a ponto de compartilhá-lo com as classes desfavorecidas; por esse motivo, o melhor é esconder que o têm. De que adianta expulsar a aristocracia se for para substituí-la por uma plutocracia ostensiva que cedo ou tarde engendrará a aberração democrática em meio a perturbações? A burguesia censitária sabe que, se não for extremamente cautelosa, correrá o risco de parir a República. Sabe disso porque isso já ocorreu. Mais vale associar os nobres ao exercício do poder. Após julho de 1830, a necessidade de uma composição salta aos olhos. Por isso, antes mesmo de adotar uma Constituição, a burguesia vitoriosa vai se esconder atrás de uma nobreza vencida: "Nada mudou – diz ela. O princípio monárquico é conservado; os aristocratas terão uma Câmara só para eles, excetuando-se um punhado de plebeus que honraram a França e serão escolhidos pelo rei". Aqueles banqueiros e industriais que seguram os cordões do fantoche real, filho de um regicida que assinava Igualdade, querem levar a crer que as duas fontes da soberania residem nele, harmoniosamente casadas, pois ele é o *herdeiro*, fadado a reinar por linha de sangue e pela vontade de Deus, o *eleito*, soberano que a nação adotou livremente. Esse rei defende a burguesia contra ela mesma ou, digamos, o liberal contra a tentação republicana; é também o ouro em pó que o Banco e a Indústria jogam nos olhos dos cidadãos passivos, ouro que conserva certo brilho fulvo e sagrado.

Nobres e abastados têm um privilégio em comum: são os únicos que votam, portanto são cúmplices. Mas essa solidariedade de fato não basta. Se a burguesia quiser ganhar a nobreza, deverá evitar amedrontá-la, atentar contra suas respeitáveis crenças, sua Fé; aliás, como finge reconhecer a primazia da aristocracia, convém que esta também seja reconhecida na ideologia, o que significa, *em primeiríssimo lugar*: no ensino. Os vencedores de julho consideram político não tocar no currículo. Os professores ensinarão, como dantes, as verdades conquistadas, e os capelães, as reveladas; as crianças se confessarão e comungarão como dantes. Os estudos secundários continuarão sendo chamados de "humanidades", e todos se limitarão a dar alguns retoques em seu objeto, o Homem. Essas ligeiras adaptações que se iniciavam já por volta de 1825, quando as duas classes dominantes pareciam equilibrar-se, entrariam para a História com o nome bem merecido de ecletismo. Nesse curioso *pot-pourri* que é a ideologia à Luís Filipe em seus primórdios, o velho pensamento monarquista e o liberalismo se interpenetraram frouxamente sem que fosse tentada nenhuma síntese: passa-se sem transição do poder carismático à soberania popular, da generosidade feudal ao utilitarismo, da qualidade à quantidade, dos direitos de sangue aos direitos do cidadão. Os filantropos da composição conciliam sem esforço dois otimismos: o naturalismo supranatural da aristocracia, particularismo do sangue, e o universalismo burguês do século anterior. De qualquer maneira, o Homem é bom: por natureza ou por direito divino, dá na mesma, pois Natureza é outro nome para Criação.

A burguesia está mais disposta a aceitar esse humanismo--miscelânea sobretudo porque, ao longo do processo, perdeu uma ilusão considerável: em 1789, achava que era classe universal, agora começa a compreender que é uma classe em particular, com interesses próprios. Precisando muito de uma coberta para esconder sua nudez, toma com gratidão a que lhe é estendida pelo orleanismo e nela se enrola. Imaginem-se o espanto e a indignação das famílias ao perceberem que o logro não convenceu ninguém. Nem a aristocracia legitimista, nem os republicanos, nem o povo, *nem seus próprios filhos*. Quando os filhos declaram, em março de 1831: "Não participamos desse conchavo", os pais entendem que aqueles baderneiros estão vendo o rei nu*, e passam mal só de pensar que de um dia para

---

* Gustave, que, como vimos, guarda uma lembrança deslumbrada do encontro com a duquesa de Berry, traduz muito bem, aos onze anos, o desprezo geral que a nova geração tinha por aquele soberano: "Luís Filipe agora está com a família na cidade natal de Corneille. Como os homens são tolos, como o povo é obtuso...! Correr por um rei, destinar trinta mil francos aos festejos... ter tanto trabalho por quem? Por um rei!... Ah!!! Como o mundo é tolo. Quanto a mim, não vi nada, nem revista, nem chegada do rei, nem princesas, nem príncipes. Só saí ontem à noite para ver a iluminação porque me apoquentaram". Já nessa época o pequeno Flaubert está apartado da política: zomba dos reis, mas também da república, pois o povo é tolo e servil o suficiente para abrir alas quando seus senhores passam. (cont.)

outro a hedionda República pode vir a ser a principal exigência da carne de sua carne.
Têm motivos de sentir medo os burgueses de Rouen? Sim e não. Flaubert dá indícios – mas sem maiores precisões – de que havia republicanos entre os colegas. Mas os heróis de março de 1831, ao contrário, só pensavam em acudir os pais, pulverizando a composição eclética que – não podiam duvidar – era obra da própria burguesia. O fato é que eles tinham aderido à bandeira do Homem universal e bom dos "filósofos" – pela simples razão de que os pais, quando estavam na oposição, haviam cometido a imprudência de mencionar em família o velho mito igualitário de 1789, contra a arrogância dos nobres. O ponto fraco do liberalismo é a instabilidade: se não for freado por nada, chegará por si mesmo a reivindicar o sufrágio universal. Portanto, ao lutarem pela ascensão do Homem (burguês), os filhos seriam levados cedo ou tarde a exigir igualdade de direitos para todos os cidadãos. Eles mesmos não sabiam muito disso; mas os pais sabiam e detestavam ver nos filhos os precursores de um novo Terror. Durante as rudes jornadas de março, os adolescentes haviam provado a democracia direta; durante os tumultos que se seguiram à expulsão de Clouet, nasceu algo que se mostrou com clareza no juramento de 6 de março: uma prática insurrecional que tinha em vista substituir a autoridade hierárquica pela soberania do grupo com base no juramento de cada um de seus membros. Aqueles jovens burgueses, evidentemente, inspiravam-se no juramento burguês do Jogo da Pela. Mas, com a brusca explosão daquela fraternidade-terror, que é a ditadura da liberdade, eles haviam demonstrado, pura e simplesmente, que é possível e legítima uma ordem revolucionária, seja qual for a unidade social considerada, desde que permaneça como produto vivo e íntimo do grupo, em outras palavras, desde que seja a totalização das relações humanas produzidas nessa comunidade e vividas – todas em cada uma, cada uma em todas – *interiormente*. Os colegiais não souberam decifrar sua experiência: não souberam que durante 36 horas – desde o Juramento até o armistício – haviam produzido, exercido, mantido

---

(cont.) De qualquer modo, foi no colégio que lhe ensinaram a desprezar o monarca. Sua cólera e as últimas palavras: "só porque me apoquentaram" provam que Achille-Cléophas, mais conciliador, o exortou pessoalmente a misturar-se aos curiosos e, como de costume, zombou dos ares de importância do filho. Pode-se ver nesse incidente uma imagem muito atenuada – nem o pai nem o filho se interessavam realmente por política – do conflito latente que opunha aquelas duas gerações.

contra todos um inalienável poder que só foi abolido com a dispersão. Mais que a abolição do censo, os pais temiam o poder popular; quando o viram ressuscitar entre as quatro paredes de um dormitório coletivo, tomaram a resolução de esmagá-lo. É um dos aspectos mais engraçados do mal-entendido: os pais repreendiam os filhos por se terem constituído sem mandantes, e os filhos, espantados, respondiam que tinham mandato dos pais. Diálogo de surdos que termina com dupla acusação: os pais acusavam os filhos de traírem a família e a classe a que pertenciam; os filhos criticavam os pais por se renegarem e, por via de consequência direta, traírem os filhos. Os filhos tinham razão: eles não tinham traído ninguém, e os pais, em alguns meses, os desmoralizaram para sempre.

Está na hora de abandonar os Moisés canalhas da burguesia e voltar às suas pequenas vítimas: entre 1831 e 1835 aqueles rapazes acham que vão enlouquecer, e isto por duas razões que se intercomunicam.

1. Refluxo – Durante o último trimestre escolar, eles se consultam uns aos outros. Os orgulhosos lutadores estão empenhados em conservar – voluntarismo, fidelidade? – a convicção de que são os eleitos da história, de que estão servindo à mais justa das causas. Só perderam uma batalha, não a guerra: são jovens, o futuro é deles, aquilo era só o início... Talvez tracem planos para a volta às aulas em outubro. As férias de verão os dispersam: sozinhos, são invadidos pela dúvida, ou melhor, interiorizam em forma de dúvida as certezas triunfais ostentadas por um meio social hostil: e se tivéssemos perdido a guerra? Ou talvez não: nada está perdido; eles continuarão lutando. O que ocorre neles é mais profundo, mais obscuro, indizível. Não posso lembrar aquela derrota sem pensar no drama original descrito por Mallarmé: "Ele joga os dados, o lance se consuma... quem criou se reencontra matéria, pedras, dados".* Entre julho e outubro os colegiais viveram, cada um por sua conta, o instante mallarmeano, coágulo de eternidade, *paradoxo*; aquelas crianças acreditaram-se agentes históricos, jogaram os dados, fizeram seu lance – quem criou se reencontra matéria – e eis que aqueles sujeitos, com o necessário fracasso de sua empreitada, voltaram a ser objetos da história, inertes tonéis sacudidos por suas vagas. Acreditaram que as causas justas sempre acabavam triunfando (não se pode ser revolucionário sem otimismo: a ascensão do Homem está próxima, será o fim da história, a virtude, a felicidade; isso será feito por suas mãos). No entanto, descobrem a derrota: a História continua *sem eles*; o que eles tomavam pelo fim *dela* era só o fim deles

---

* Pléiade: *Igitur*, escólio IV, p. 451.

como sujeitos históricos; caíram num buraco, ou porque seus erros arruinaram a iniciativa, ou porque o objetivo visado estava fora de alcance. Neste último caso, o Homem, objetivo supremo dos homens, escolheu aqueles baderneiros para manifestar sua impossibilidade de princípio: apareceu no colégio só para desabar sob os golpes de um inimigo todo-poderoso. Cruel alternativa: ou o Homem se fará mais tarde, alhures, *sem eles*, ou é uma quimera, e seu reinado não ocorrerá. De qualquer maneira, está sangrando, agonizando no chão do pátio, real e irreal, crepuscular espantalho, morto e vivo; perdidos, os meninos entreveem, além do esmagamento de sua insurreição, o triunfo de uma ordem desumana. O pior é que eles começam a não se reconhecer mais totalmente. Para se lembrarem do que eram em março, seria preciso guardar o entendimento daquilo que fizeram. Ora, a inércia dos vencidos reduzidos à impotência apaga neles, progressivamente, o pensamento prático. Eles precisam interiorizar a passividade que lhes é imposta. Principalmente porque, nas famílias, ninguém deixa de lhes apresentar a Ação soberana que os orgulha como produto irracional de suas paixões: a juventude é impaciente, não sabe esperar, eles foram vítimas da impetuosidade e do estouvamento etc. etc. Esse discurso pernicioso sempre termina com esta promessa: você vai fazer política *quando crescer*. Mas como, do início ao fim da descompostura, se tomou o cuidado de falar do *agir* em termos de *padecer*, eles perderam os meios de sequer conceber uma práxis futura: futuro e passado escapam-lhes juntos; desencadearam neles, deliberadamente, aquilo que os psiquiatras às vezes chamam de crise de identidade. Quando se reencontram, na volta às aulas de outubro, é um pandemônio entre quatro paredes. A violência cresceu, mas perdeu o sentido.

É nessa época – ou, talvez, três meses depois, não mais – que Gustave entra no colégio. O que vê lá? Rebeldes desesperados? Nada disso: em lugar algum, nem em sua obra nem em sua correspondência, se encontra a menor alusão aos acontecimentos de março. Ora, é *absolutamente impossível* que os ignore: o pai participou da contrarrevolução; Ernest, testemunha ocular, não deixou de lhe falar a respeito; por fim, as gloriosas quartas sérias tinham virado terceiras, o colégio estava repleto de antigos combatentes a contarem suas façanhas. Não importa: àqueles meninos acossados ele nega uma história, a história *deles*. "Lá vi uma súmula do mundo, seus vícios em miniatura, seus germes de ridículos... seus conventículos, suas crueldadezinhas; vi o triunfo da força, misterioso emblema do poder de Deus; vi defeitos

que mais tarde seriam vícios, vícios que seriam crimes e crianças que seriam homens." Isso é apresentar as reações dos condiscípulos como traços eternos da natureza humana, ainda pouco desenvolvidos, mas que chegarão à plenitude graças à maturação inevitável: o peixe pequeno vai ficar grande, só isso; a agitação dos colegiais, em vez de ter origem na aventura que viveram em comum, é explicada pelos caracteres universais e imutáveis da espécie, não passa de esboço em miniatura dos absurdos cataclismos que destroem cidades e derrubam tronos; aqueles filhotes de homem são homens em potencial, infelizes, tolos e maus. Gustave assume sobre os colegas o ponto de vista dos adultos: "mais tarde... quando cresceres... quando estiveres acabado...".
Com uma única diferença: para o humanismo eclético, o adulto – se proprietário – realiza em si o harmonioso equilíbrio entre paixões e Razão; para o caçula Flaubert, é um monstro acabado. O fato é que seu fixismo preconcebido o impede de compreender que acaba de sair do tempo cruel e doce da repetição para entrar na aventura alheia: ele se encontra numa casa de loucos, seus condiscípulos são animais doentes da história, desvairados, despersonalizados, sem estribeiras. Não sabem o que querem nem o que são, não reconhecem mais os colegas: os que estão do mesmo lado chegam-lhes como seus reflexos indecifráveis; com os outros, os certinhos, é conflito: estes criticam os briguentos por tê-los feito perder um trimestre, enquanto os heróis de março replicam que teriam saído vitoriosos não fosse a traição da Planície[34] que não se unira a eles; entre os rebeldes, alguns extremistas, por provocação, por angústia, fogem para o futuro e juram que vão "consertar a coisa" assim que tiverem oportunidade. Um conflito permanente os opõe à maioria já desanimada, ainda orgulhosa de seu papel, que se recusa a renegar a revolução, mas não a recomeçaria por preço algum, *pelo menos daquela forma*: refluxo, tempo de discórdia, de igrejinhas. Os fortes atormentam os fracos, e os adultos, os pequenos. É óbvio: quando a fraternidade-terror se rompe, algumas de suas migalhas se transformam em tiranetes que impõem o reino do terror sem fraternidade: esmagando e escravizando o próximo, ressuscitam por um momento a alegria perdida, têm a ilusão de agirem e de exercerem ainda a soberania de que têm saudade: sufocam de raiva, morrem se não encontram sacos de pancadas. Não espanta que esses meninos, vítimas dos adultos, façam outras crianças pagarem o pato; não se trata de um traço da natureza humana, mas de um momento da revolta: quando o opressor é ou parece invencível, os oprimidos se entrematam.

No entanto, Gustave deve ter *vivido* essa interminável derrota coletiva, passado junto com os outros pelas mesmas fases do mesmo processo de degradação e sofrido a pressão exercida sobre cada um de seus membros por uma comunidade revolucionária que, tendo perdido todas as esperanças, obstinava-se em não morrer, deve ter participado da resistência aberrante e corajosa daquela geração perdida contra um inimigo vitorioso. Contudo, embora relate com exatidão os momentos da luta, descreve-os sem os situar no movimento global e sem nem mesmo tentar interligá-los, em suma, como uma sucessão de quadros vivos. Em lugar do ódio histórico que os colegiais sentem por um adversário ainda inapreensível, sua misantropia já inveterada lhe mostra a animosidade intemporal e universal de todos contra todos que – ele está convencido – constitui a raiz das relações humanas.

Mas a principal razão desse não reconhecimento é que ele entra no colégio como aristocrata para ocupar o lugar que lhe cabe por direito. Filho de uma grande personagem daquele mundo, ele vê na igualdade, como Auguste Comte, nada mais que "ignóbil mentira", donde sua indiferença pela malfadada iniciativa de março de 1831: o que tem ele em comum com os pequenos Brutus do liberalismo e como poderia deixar de achar detestável que todos os homens fossem iguais àquele que traz no coração o acerbo desejo frustrado por uma sociedade feudal na qual seu pai seria rei? Ele ainda prefere sofrer no inferno *injustamente* a desfazer-se de seu mal, a confessar que viveu no erro e que entre os homens não há primeiros nem últimos. Como não desconfiar daqueles agitadores de colégio, campeões de um universalismo abstrato, que, se saíssem vitoriosos, lhe subtrairiam até suas nobres infelicidades, sinais irrefutáveis de sua qualidade? Ocorre, justamente, que, em classe, o caçula Flaubert não faz boa figura: os filhos de burgueses o tratam como um dos seus, ou seja, como filho de burguês. Se se deixar apreciar de acordo com as regras deles, estará perdido: Achille-Cléophas terá tido razão de expulsá-lo do Paraíso. Assim, paradoxalmente, o que o impede de compreender o verdadeiro problema deles é que este é dele também, mas vivido de outro modo; para ele como para os outros, está em causa o fundamental: a relação com o pai. Mas a infelicidade do caçula Flaubert é considerar-se filho de nobre; a dos antigos insurgentes é ter descoberto que são filhos de burgueses.

2. A impossível tomada de consciência – Ao ouvirem os sermões sem grandeza que lhes foram feitos em família no verão anterior, nasceu neles uma terrível suspeita: e se a burguesia *não fosse* aquela classe universal que se gabava de ser? E se fosse uma casta particular, ambiciosa, mesquinha e feroz? O que deveriam fazer nesse caso aqueles que nasceram nela para deixarem de pertencer a ela? À luz da derrota, perceberam que o inimigo do Homem, aquele inimigo que eles juraram odiar, poderia muito bem ser o pai deles. Com isso, o ódio derrapa e patina; como, no reinado de Luís Filipe, os *juniores* da classe dominante poderiam condenar os *seniores* sem, ao mesmo tempo, proferirem uma sentença sobre si mesmos? Acham que a burguesia é odiosa; mais ainda, *dizem* isso mas não *sentem*, pois são incapazes de vê-la. Ninguém pode ser contestador ou simplesmente observador sem *se situar* em relação ao objeto considerado. E justamente isso é vedado àqueles adolescentes produzidos e reproduzidos incessantemente por um ambiente infinito de não-saber e de não-contestação, que outro não é senão o próprio objeto de sua vã busca, a burguesia que os alimentou pelos seios de suas mães, que os plasmou pelas mãos delas, que penetrou neles com seus primeiros comportamentos, seus primeiros brinquedos de montar, as primeiros palavras que aprenderam. As coisas que se erguem diante de nós, gigantescas, visíveis, oferecidas, também estão atrás de nós e em nós, manobrando-nos e condicionando-nos até nos juízos que fazemos sobre a face iluminada que elas nos permitem ver. Era o que ocorria com as instituições burguesas para os colegiais de Rouen: elas lhes parecem de início determinações objetivas do mundo exterior; eles podem olhá-las, o funcionamento delas lhes é mostrado, mas, assim que querem *apreciá-las* recolocando-as no contexto social, a visão deles se embaralha, de repente elas lhes parecem tão naturais, evidentes e familiares, contudo tão estranhas por não lhes serem estranhas, que eles já não sabem o que dizer: isto porque, quando têm a ideia de interrogá-las como realidades externas, já faz tempo que as ingeriram e digeriram na forma mais assimilável; a interiorização do exterior, quando ocorre na primeira infância, transforma em quase-objeto este último quando ele se manifesta em sua exterioridade objetiva. Por que se espantariam com a propriedade aqueles jovens legatários que tinham ouvido dos pais, assim que começaram a entender: és meu herdeiro e te dei a vida para que tomes o patrimônio e o transmitas a teus filhos? Já observamos a respeito de Gustave: aqueles herdeiros interiorizaram a propriedade como elo fundamental com seu criador; de cima para baixo é *doação*, generosidade, amor; de baixo para cima, amor, reconhecimento. Antes de possuir qualquer coisa, antes mesmo de nascer, um colegial de Rouen é proprietário constituído; *ter* define seu ser e seu dever-ser; ele vive para herdar, por submissão, por gratidão tanto quanto por interesse: é a expectativa amorosa do destino que seu genitor providenciou para ele. Como poderia ele erguer-se diante do sistema e julgá-lo, ele que é o sistema *em pessoa*, o sistema-sujeito? Quanto ao utilitarismo, parece que têm visão mais clara: eles *discernem* a sovinice dos pais. Isto porque o trabalho das classes "desfavorecidas" e as economias das famílias modificaram o ambiente. A tarefa predominante durante muito tempo continuará sendo a acumulação, mas os serviços improdutivos aumentam em número. Os pais nem sequer percebem a ligeira mudança que afeta suas opções orçamentárias; os filhos entreveem possibilidades novas: administrarão mais racionalmente o patrimônio, com métodos modernos, e, com isso, os gastos improdutivos crescerão, eles viverão melhor. Esse prenúncio obscuro é feito pelas próprias coisas cuja profecia inerte eles interiorizaram: descortina-se no horizonte a ideia de conforto, especificamente burguesa, mas ainda desconhecida pelos burgueses. Os *juniores* se irritam com a avareza paterna – sem verem que ela não é um traço de caráter, mas um produto da época – e com a ética utilitarista que a justifica.* No entanto, a indignação deles nunca irá

---

* Há mais: em virtude da idade, eles são provisoriamente uma despesa para a família; só mais tarde renderão; enquanto isso, custam; aqueles aprendizes de burgueses não atingirão a idade adulta sem que antes sua fragilidade seja protegida com investimentos pesadíssimos, provisoriamente improdutivos e que talvez assim continuem para sempre – para tanto bastará um mau jeito, uma gripe malvada, uma má sorte; investimentos medíocres, portanto, e pouco seguros; ainda vá lá se os sacrifícios parecerem necessários a quem os faz; não é o caso: em última análise, é possível calcular com justeza de forma abstrata o preço que é preciso pagar para que a empresa se torne rentável e a criança seja amortecida, mas como não é próprio da existência a necessidade, e sim a necessidade da contingência, todos os desembolsos são contingentes mesmo quando inevitáveis; a partir do momento em que se manifesta a varíola, torna-se necessário curar a criança doente, mas, quaisquer que sejam as esperanças que os pais depositem no filho, a despesa continuará eivada de inutilidade, pois não era útil nem, sobretudo, inevitável que a criança pegasse aquele mal contagioso (o vizinho de dormitório não teve nada). Na qualidade de indivíduo de classe, o filho pode ser objeto de um orçamento racional e calculado. Na qualidade de singularidade (transtornos mentais, invalidez, distúrbios do desenvolvimento físico e mental etc.), definida por certa ancoragem, ele é constituído pelo pai como oportunidade permanente de incorrer em despesas supérfluas. Isso não é dito, é sentido; ademais, a mãe não hesita em "fazer comentários" cujo sentido é bem claro: você custa os olhos da cara, nós damos o sangue por você; por meio dos esforços constantes do Genitor para enxugar o orçamento familiar e reduzir os custos da progênie, o rebento, o futuro herdeiro, é levado a interiorizar como culpa sua condição objetiva: por definição, mesmo sentindo que é amado, ele é o homem a mais.

muito longe. Em primeiro lugar, em vez de questionarem o objetivo que os *seniores* adotam, ou seja, o lucro, eles nem sequer consideram que a produção possa ter outro objetivo. O desacordo, portanto, fica limitado, pois incide sobre os meios, e não sobre o fim. Mas, principalmente, essa contradição não opõe tanto o filho ao pai quanto o filho a si mesmo, pelo motivo de que ele foi feito utilitarista desde o berço: para uma criança, o "estilo de vida" utilitarista em lugar nenhum se manifesta melhor que na economia doméstica, ou seja, por meio da práxis materna; gostar de restrições, austeridade, privações, contas, da preocupação permanente em conservar e restaurar pelo menor custo, isso é amar a mãe; é amar o pai considerar o princípio da utilidade como norma absoluta. Nada disso é dito nem pensado, mas gravado, é a matriz que produz sentimentos e ideias. Quando mais tarde o adolescente lê o texto do mundo à sua maneira, sob a influência de pulsões perdulárias ligadas à jovem virulência de uma sexualidade insatisfeita, nem por isso deixa de "pensar útil", pois é feito desse modo. O futuro e o passado entendem-se para ludibriar o jovem encolerizado: ele gostaria de condenar a avareza ostensiva da família, mas como é possível tomar consciência e livrar-se da infecção que se introduziu em seu sangue, da disposição de enxugar custos para conservar preços competitivos? Ainda não passa de uma receita de família, de uma visão normativa do mundo e da sociedade: "*Leve a vida a sério*", triste conselho que, perdendo às vezes, na aparência, o aspecto normativo, é apresentado como resumo da experiência universal, como o próprio gosto da vida: "vida não é romance". Mas, na verdade, é a máxima da alienação burguesa e significa: age sempre de tal modo que sacrifiques em ti o homem ao proprietário, ou seja, à coisa possuída. Infectados, esses adolescentes não podem sequer desejar introduzir o gasto e a gratuidade num mundo que não deixaram em nenhum instante de levar a sério: a generosidade não passa de vã loucura, pois as leis naturais são de bronze. Com isso, tudo naufraga numa bruma incerta: em nome de impulsos pródigos, eles gostariam de denunciar o avaro puritanismo calculista dos pais, mas ei-los sentenciando, em nome desse puritanismo que os possui, seus sonhos irresponsáveis e frenéticos de prodigalidade; a mesquinharia dos pais se apaga, não passa de uma resposta de adulto à seriedade da vida, os filhos aderem a ela na exata medida em que aderem a si, com o risco de condenar-se com ela, um pouco mais tarde, num lampejo de furor, quando exigirem mesada e ela lhes for recusada:

não sairão dessa enrascada antes de ajustarem seus gostos perdulários ao ofício de poupadores, o que ocorrerá muito mais tarde, sob o Segundo Império. Portanto, está claro: ainda que queiram, nunca odiarão suficientemente os pais; não está excluída a possibilidade de alguns deles detestarem o casal de indivíduos que os pôs no mundo: essa aversão, quando existe, tem raízes mais distantes e profundas que a revolta de março; é preciso buscá-las na infância, na origem da aventura idiossincrásica. Mas, quanto a nutrir pelos chefes de família um ódio *comum* e *socializado* dirigido apenas a seu ser-de-classe, disso são incapazes. No entanto, o conceito de "burguesia" existe há muito tempo: no tempo da Restauração ganhou sentido pejorativo, sabem disso, mas para eles continua desprovido de conteúdo. Para preenchê-lo, precisariam ser de outra classe ou olhar seus pais com os olhos dos *outros* – nobres ou deserdados. Ora, além de não poderem tomar de empréstimo o olhar destes, não têm contato algum com eles: o colégio e a família são dois vasos comunicantes, vai-se de um ao outro e *vice-versa*, mas deles não se sai.*

Seria errôneo acreditar, porém, que nada aconteceu de março a outubro e que nada acontecerá nos anos seguintes: entre as duas gerações ocorreu a ruptura às vezes latente, sempre mascarada, irreparável. Os pais a agravam: foram eles que desencadearam a repressão; a inquisição mesquinha e as vexações de que os colegiais serão objeto até a catástrofe de 1835 apenas os exasperam. Mistura-se um rancor amoroso, eles reprovam os adultos que tanto amaram por

---

* O espetáculo da miséria não parece perturbá-los: ricos e pobres sempre houve, sempre haverá. Não é a Sociedade, mas a Natureza madrasta a origem da desigualdade entre os homens. Mendigo é uma chance maravilhosa, uma oportunidade para o rico ser bom, logo um objeto de generosidade. Aqueles meninos sentem-se exaltados ao darem esmolas; têm a caridade no sangue. O pequeno Gustave fez a respeito confidências preciosas: "Lembro-me de que, bem pequeno, gostava de esvaziar os bolsos nos bolsos dos pobres. Com que sorriso eles acolhiam minha passagem e que prazer também eu tinha em fazer-lhes o bem" *(Memórias de um louco)*. Cabe notar a ordem dos motivos: ele dá esmola para ser acolhido como benfeitor e *"também"* (essa palavra é reveladora) pelo prazer de lhes fazer o bem. Na época em que escreve essas linhas, já confiou a Ernest que o móbil mais poderoso da caridade nada mais é que o orgulho. Confidência raivosa, gosto pela autodestruição; ele se encoleriza com as velhas alegrias e as arruína. Mas, *no passado,* quando lembra a primeira infância, elas conservam uma "pureza" de que ele tem saudade. Acaso não é o melhor dos mundos o mundo em que as leis da Natureza suscitam filantropos que lhes temperam o rigor?

terem tomado a iniciativa de romper. Têm o sentimento – dificilmente suportável – de que o círculo familiar os considera ovelhas negras; não faz muito tempo, a esses por quem demonstram desconfiança e às vezes desprezo irritado eles atribuíam autoridade plena, direito de decidir irrecorrivelmente sobre o Bem e o Mal pelo grupo familiar inteiro: ninguém muda tão depressa costumes tão antigos, sobretudo porque, reconhecido ou contestado, o poder paterno continua inabalável. Com isso, o filho não pode evitar a interiorização da censura e tornar-se suspeito a seus próprios olhos; e se não passasse de filho transviado de boa família? Essa interrogação permanente não facilita a tarefa que ele assume: como um réu poderia julgar seu juiz quando este tem assento no tribunal em toda a majestade? O adolescente é obcecado pelo temor de ser sacrílego. Mas esse temor o irrita com aqueles que o provocam. Acima de tudo, acarreta profundas perturbações que os genitores não haviam previsto: quando o adolescente, em dúvida, se pergunta se traiu, não pode se abster de formular simultaneamente a questão preliminar: sou traidor *de quem, de quê*? Os adultos têm resposta pronta: traíste tua classe de origem, desleal! Preferiste o Homem, abstração funesta, aos pais que se sacrificaram para fazer de ti um perfeito burguês; envergonha-te! De fato, o filho pródigo morre de vergonha; mas, ao meditar sobre o anátema paterno, acaba por inverter seus termos: não enrubesce por ser infiel à sua classe, mas por ter saído dela e de lhe pertencer ainda. Debaixo das repreensões que o acabrunham e o sensibilizam sem que queira, aquele humanista se fecha: se sou afetado por suas admoestações, se em segredo lhes dou razão, é porque sou farinha do mesmo saco, um burguês inimigo do Homem exatamente como eles. Ei-lo portanto à beira da tomada de consciência: o que é um burguês? Ou melhor: eu, burguês, quem sou? Infelizmente não irá muito mais longe, pela mesma razão que o impede de perceber o "indivíduo de classe" em seu pai. Para *se ver* burguês tanto quanto para desmascarar o burguês que se esconde debaixo da pele dos adultos, seria preciso ter outros olhos: é que os pais estruturaram até sua visão reflexiva; aquilo que a reflexão quer captar no refletido já está nela, decidindo sobre o que ela pode ver e a maneira como vê.* Uma obscura, mas constante, adesão a si o impede de descobrir em si mesmo a sua ancoragem. Na

---

* Pelo motivo de que a consciência reflexiva não é uma *outra* consciência, e que ela nasce de uma cissiparidade da consciência imediata (ou irrefletida).

ausência de uma mediação estranha, seu ser-de-classe permanecerá um "irrealizável" para ele.*

Ei-lo, pois, *em xeque*. Traidor da classe ou inimigo do Homem? É preciso escolher. Não! Por que ele não seria uma coisa *e* outra? Se a traição não deu certo, é porque ele não a queria o *suficiente*? Como responder sem se *reencontrar* e se *reconhecer*? Como se reencontrar sem sair de si? Ele permanecerá nessa inquietação dubitativa; a vergonha não o abandonará: esse sentimento revolucionário é origem daquilo que se chama frequentemente de "segundo Mal do século". O primeiro – voltaremos a ele – começa com um dilúvio de lágrimas: jovens monarquistas financiados choram as provações dos Bourbon. O segundo terminará com uma gargalhada preocupante: é a própria burguesia descobrindo-se pelos olhos de seus filhos mais jovens como uma doença vergonhosa e inapreensível. Vergonha sem razão, abstrata convicção de que não podem condenar o inimigo sem se abaterem, de que, aliás, sua culpa – como a deles –, embora evidente, permanece indemonstrável, ódio sem trégua mas sem objeto definido, desejo permanente de extirpar-se de si, de fugir de si para a algazarra e o alarido; seria suficiente para desvairar os corações mais endurecidos. Em todas as voltas às aulas, durante quatro anos, o colégio se enche de furiosos que já nem estão mais a par de sua loucura e não descansarão enquanto não quebrarem tudo. Eis o que são na verdade os condiscípulos de Gustave: convulsionários; é nesse estado que ele os encontrou.

Seu testemunho será precioso – especialmente algumas lembranças pessoais encontradas em "Esboços e fragmentos" de *Madame Bovary*** – desde que lhe seja dada dimensão histórica.***

---

* É óbvio que lhe é possível, pelo menos em princípio, ter alguma ideia de sua realidade objetiva; mas é uma ideia truncada porque só tem em vista sua objetividade *dentro da classe* para outros indivíduos que também fazem parte dela ou para organizações, conjuntos socioprofissionais, corpos constituídos etc. que a classe como tal produziu.

** Coligidos por srta. Leleu. Ed. Conard.

*** Ele quis acreditar que a violência desenfreada e maníaca daqueles meninos perdidos nada tinha de anormal, e que seria encontrada em todos os colégios da França. Num ponto lhe dou razão: é possível contar nos dedos da mão, imagino, os estabelecimentos escolares nos quais a notícia da demissão de La Fayette tenha sido recebida com indiferença; em vários deles, ao contrário, essa notícia provocou sérias agitações; em alguns, os alunos *talvez* tenham levado a indignação a ponto de amotinar-se: afinal, foi preciso esperar mais de um século para que Labracherie restabelecesse a verdade dos acontecimentos de março de 1831; assim mesmo, (cont.)

No primeiro capítulo, Flaubert fez uma tentativa curiosa, logo abandonada, de esboçar aquilo que se deve chamar de "retrato negativo" de Charles Bovary: tenta pintá-lo, durante os anos de escola, não pelo que ele é ou pelo que faz, mas pelo que não é e não faz. O autor, que ainda fala na primeira pessoa do plural, quer mostrar o isolamento daquele caipira no meio de meninos citadinos, que, apesar de não o excluírem totalmente, não procuram entrosá-lo: ei-lo então levado a nos expor em detalhes costumes de colégio, para mostrar até que ponto eles são estranhos a Charles. Isso nos vale um notabilíssimo quadro da vida dos internos após 1830 em Rouen. "Como ele se assemelhava pouco *a todos nós**: não queria incendiar o colégio... Não sonhava com Paris, não via... como nós..., assim como no fundo de uma avenida fúnebre em que cada classe seria um cipreste, resplender com magnificências inexplicáveis algum grande sol de liberdade com irradiação de amor". Eis o que fica claro: para aqueles meninos "de cérebros comprimidos pelo ambiente provinciano" a única esperança é terminar os estudos na Capital – já que Rouen não tem faculdades. Então serão integralmente homens. Seja como for, os dois textos são preocupantes: fogo, morte, morte pelo fogo. O segundo, metafórico, é esclarecido pelo primeiro que nos revela que os meninos estão unidos pelo desejo real e, aliás, permanente, de botar fogo na escola: de fato, para expressar o desejo daqueles piromaníacos, Flaubert usa o imperfeito do indicativo que em sua pluma assume valor frequentativo. É seu "tempo" favorito, o que traduz melhor a duração cíclica da repetição. Além disso, ele costuma ter o cuidado de deixar claro, com um advérbio (amiúde, às vezes), a frequência dos retornos. Aqui não há nada disso, o que equivale a escrever: nós o desejávamos *o tempo todo*. Flaubert entendeu que os colegiais – entre os quais ele – nutrem pelo colégio um ódio suicida cuja vigilância nunca falha: que ele queime, ainda que eles tivessem de queimar juntos. Encontra-se esse desejo, mascarado porém reco-

---

(cont.) só o fez para esclarecer um período bastante obscuro da adolescência de Flaubert. Nem todos os colégios tiveram a felicidade de viver uma infância ilustre, e a quem fizer questão nada impede de supor que certo número deles tenha tido sua semana de glória, hoje perdida para sempre. Não é de se duvidar, em todo caso, que o segundo Mal do século tenha nascido em todos os lugares. Mas, por essa mesma razão, é preciso ver nele um produto da história, e não um fato da natureza. Onde encontraríamos pais perseguindo os filhos com tanta sanha, senão nos períodos de contrarrevolução – por exemplo, em 1970?

* Grifo meu.

nhecível, na metáfora seguinte, um pouco adiante: o sonho explosivo e sombrio do interno percorrendo como sonâmbulo aquela aleia fúnebre e espreitando no horizonte a elevação de um sol, isso é um sonho do ódio. O astro é Paris, que seja; mas é também *a conflagração*, língua de fogo a lamber os ciprestes e os túmulos antes de devorar o mundo inteiro. Esses devaneios incendiários, por trás de ambições afinal modestas – queimar *um* colégio, o que é? –, dissimulam um orgulhoso niilismo que exige a abolição do Ser numa conflagração universal. A imagem, se vista de perto, mostra-se sobressignificante ou, digamos, *saturada* de significados. Não é de espantar que Gustave compare implicitamente seus anos de escola a uma via-crúcis cujas estações seriam marcadas por ciprestes; a frase, evidentemente, é governada à distância por uma frase pronta: "Foi um calvário!", antiga metáfora, desgastada por ter servido demais, que tenta aí ser parafraseada na esperança de rejuvenescer. Para os provérbios envelhecidos e as imagens mortas, Gustave, como veremos, é uma verdadeira fonte da juventude: gosta de tomá-los como tema de extensas e coloridas composições. Portanto, à primeira vista, não há nada de "sentido" no "portento" que acaba de retratar e que continua tão abstrato quanto a locução proverbial da qual este, afinal, não passa de explicitação. Mas, olhando-se melhor este quadro aplicado, causam impressão algumas palavras que não podem ser explicadas pela retórica e, sem dúvida alguma, se impuseram ao autor: essa via-crúcis, por que é margeada de ciprestes e, conforme sugerido pelo adjetivo "fúnebre", de túmulos? O "grande sol de liberdade" brilha ao longe, só para ele, e não ilumina: é a "cidade-luz" que pilha a província e a deixa estagnar na sombra. O colégio é um cemitério provinciano ao cair da noite; os meninos perdidos consomem neles seus melhores anos sob uma luz crepuscular. A imagem acaba por se impor em seu misterioso absurdo: quem são aqueles mortos? Será que todos os colegiais do mundo consideram seus anos de escola um passeio sepulcral entre túmulos? Claro que não: alguns internos não suportam a reclusão, outros não se habituam sem grande dificuldade, mas a vida conventual não deixa de ter encantos, pelo menos para alguns que se adaptam no primeiro dia; a maioria passa mais ou menos rapidamente da resignação ao costume. Com a metáfora do cemitério, sem querer, Gustave se torna intérprete fiel de seus condiscípulos: são eles os mortos-vivos que, divididos entre rancor, fastio de viver, desvario furibundo e tédio, caminham pela penumbra, interminavelmente, rumo às duas únicas saídas que lhes restam, Paris, chamejante de amor e liberdade*, ou o suicídio. É o grupo jurado de 1831, que, derrubado por um punho de ferro, entrou em agonia dolorosa, com delírios, estertores e sobressaltos.

---

* Quando Gustave escreve *Madame Bovary*, faz pouco tempo que se desenganou: Paris não passa de um mito da burrice provinciana e burguesa; se não tiver cem mil francos de renda como os jovens Cavalheiros que jantam no Tortoni, o estudante só encontrará fealdade e desconforto, coisas inseparáveis, um trabalho repulsivo, um saber concedido por aulas proferidas *ex cathedra* que ele deverá aprender de cor, a parvoíce das costureirinhas e a sífilis das putas. Porque de 1842 a 1844 ele passou dois anos "mortais" na Capital, e foi esse período que o precipitou na neurose. Mas ele não condena o sonho indomável dos meninos, sequestrados no colégio: o que ele escarnece são os rotômagos, jovens ou velhos, que "fizeram a vida" no Quartier Latin e, por vaidade, apesar da experiência sinistra, se obstinam a alimentar nos colegiais a esperança de que *se encontrarão* num café, num bulevar da "moderna Babilônia".

No outono de 1842, ele escrevera de Paris, onde estava se instalando, ao amigo Alfred: "Se Lengliné ou Baudry soubessem de minha emoção, que ideia fariam de mim". Alfred responde em 15 de novembro: "Na verdade adivinhaste: provocaste a piedade de Lengliné... Minha mãe (comentara a tua tristeza) no jantar. Lengliné estava presente. Ele riu de piedade, mas de uma piedade benevolente, como um pai de família ri das pequenas tristezas de seu rebento. Previu que Paris te consolaria depressa; isso durante o jantar; depois me disse ao ouvido, confidencialmente, que as *garotas* te curariam. Ria muito zombando de ti, mas eu ria mais, com um riso esquisito, aparentemente, pois... ele cortou o dele". Em *Alfred Le Poittevin*, de René Descharmes, p. 169. Flaubert não era homem de esquecer as ofensas. Vai lembrar-se disso em *Madame Bovary* quando descrever os sonhos tolos em Léon e de sua partida para Paris. Confiará o papel de Lengliné a Homais: "Pobre rapaz! – repetia o oficial com ar tristonho... Não o lamente – disse o boticário... Mas ele vai se divertir lá... Aos poucos vai fazer como os outros. O senhor não sabe como os doidivanas se esbaldam no Quartier Latin! Às vezes até vão longe demais. Aliás, em Paris, os estudantes são muito bem-vistos por causa da alegria. Contanto que pertençam a uma boa família... o que mais se quer é admiti-los nas melhores sociedades". *Ébauches et fragments*, p. 481. Seguem-se as conhecidas alusões às relações lisonjeiras que são estabelecidas ali e às "oportunidades de fazer riquíssimos casamentos". Homais acrescenta, aliás, que "ali ficamos cercados de todas as espécies de armadilhas: é o reverso da medalha".

Deu para entender: as troças e traquinices a que Homais reduz a alegre vida parisiense dos estudantes nada têm em comum com a esperança dos colegiais, que só querem viver – o que para eles significa: conhecer a liberdade e o amor nas formas mais elevadas – e também as garotas de Lengliné com aquele sol a percorrer o céu na ponta da aleia de ciprestes. Mas o que impressiona – e voltaremos a isso – é que, pelo menos em Gustave, o ardente desejo de escapar da província é substituído, no momento em que se realiza, pela angústia de deixar a família. Em breve voltaremos a essa ambiguidade.

O que morreu, para eles, foi a Revolução, a esperança, o otimismo: na repressão que se instala eles veem o assassinato premeditado de sua juventude. Não podendo condenar os verdadeiros culpados, que são seus pais, transferem o ódio para dois objetos: o colégio e a província.

O primeiro, com suas instituições autoritárias, sua ordem moral, seu saber outorgado, seu humanismo mentiroso, suas estruturas competitivas e o destino que confere às futuras elites burguesas, o que é ele senão a reificação de seus pais transformados em inerte prisão? Eles poderão detestá-los ainda mais nessa forma petrificada *porque compreendem*, mas não *conhecem* a intenção que rege a transferência: não é de espantar se a primeira defesa deles é fadar à morte *na qualidade de coisas* (fogo, depredações, estragos de todas as espécies) aqueles cruéis genitores que eles não conseguem odiar na qualidade de homens e menos ainda na de burgueses. A segunda os define num nível de objetividade que lhes é acessível: há mediação em virtude da centralização e da proximidade da Capital; os terceiros mediadores são os primos de Paris – que *os veem* nas férias, quando os rotômagos desembarcam da diligência para visitar o ramo parisiense da família – e os governantes que os constituem como franceses de segunda classe por meio da drenagem dos melhores homens e dos melhores produtos da Normandia. Assim, enquanto os órgãos centrais da "cidade tentacular" os despojam e emburrecem, em suma, os *provincianizam*, os beneficiários parisienses da operação constatam o resultado zombando dos normandos. Os colegiais de Rouen aproveitam a ocasião; novo deslocamento do ódio: em lugar da burguesia decididamente inapreensível, o que eles odiarão em seus pais e em si mesmos é o provincianismo, tara *demasiado* manifesta* (o

---

* Gustave está perfeitamente consciente de seu provincianismo. Quando parte para Paris, tem certeza de que está levando na bagagem a sua inextirpável vulgaridade de alto-normando, e esse sentimento é em parte origem do personagem truculento e dominador que ele encena nos salões parisienses. Se soubesse que os seus "Cachorrinhos", que seus bons amigos Goncourt o chamavam em seu diário de "grande homem de província", imagino que teria ficado ofendido, mas teria concordado com o julgamento. Bem cedo Achille-Cléophas, ao recriminar Dupuytren, o convencera de que a província é um exílio. Portanto, ei-lo frustrado, dupla e injustamente: nascido no exílio, vítima também do carrasco de seu pai, ele achava que não era suficientemente rico para ir morar na Capital e levar um nível de vida conveniente. Depois do 4 de setembro de 1870, sua animosidade em relação a Paris vai beirar o ódio: ele chegará a ponto de desejar que um incêndio devore a cidade. Fogo de novo! O mesmo fogo, talvez, que ele via voltear, como sol de amor, 35 anos antes acima da Cidade. Sem dúvida, ele também detesta os rotômagos: estes lhe devolvem a sua imagem e, como diz Genet, seu (cont.)

amor que, como contrapartida, nutrirão pela Capital nunca será isento de rancor: eles sabem que ela os despoja e os escarnece cinicamente).*
A transposição do ser-de-classe para ser-de-província é uma genialidade que devolve a esperança: como burgueses, estão condenados, não se sai da classe; como provincianos, eles têm uma chance de sair da província. Assim, podem se comprazer em odiar a vulgaridade dos pais sem a condenarem em si mesmos: no adulto, é bestificação; no menino, simples disposição que ele tem meios de eliminar. Talvez se diga que os jovens provincianos, nessas condições, estariam errados em odiar o colégio, pois este lhes aparece como a única via de acesso à Capital. Na verdade, eles dão um jeito: aquela escola infecta é um estabelecimento de segunda classe, seu ensino é medíocre; tão logo demonstre algum talento, um professor é chamado para Paris, vai parar em Versalhes como Gourgaud, na Sorbonne como Chéruel. Ficam os velhos pedantes e os imbecis. Aquela prisão oferece aos colegiais a imagem de tudo o que detestam na província: suspeição, espionagem, escândalos, violência repressiva, saber insano sem relação com suas verdadeiras aspirações. Assim, o colégio, como província exasperada, na exata medida em que encaminha os alunos para a vida parisiense, empenha-se em torná--los incapazes para sempre de viver essa vida, provincianizando-os. Lá estão em perigo; ele é duplamente inimigo: encarna os pais como burgueses e como provincianos. É o colégio que eles atacarão em primeiro lugar. Dão um jeito de manter uma algazarra perpétua que não pode deixar de chegar aos ouvidos dos pais; na falta de exterminarem

---

(cont.) "mau cheiro". Mas Rouen, lugar de seu exílio, é também refúgio: donde a ambivalência de seus sentimentos pela sua cidade natal.

* Percebe-se a metamorfose e a degradação sofridas pelos objetivos que Clouet tinha em vista. Para ele o Homem se definia pela Liberdade e pelo Amor. Mas precisava *ser feito* ou, pelo menos, conquistado por escravos mistificados por seus tiranos. O otimismo dele baseava-se num mito burguês que mal começava sua brilhante carreira, a ideia de Progresso. Mas, embora o Homem lhe aparecesse como o fim necessário da temporalização histórica, o jovem líder não negava que o seu advento não ocorreria sem combates encarniçados. Durante o refluxo, o pensamento dos colegiais se confunde: o Ideal já não está no futuro; o espaço substituiu o tempo; o amor e a liberdade estão a 110 quilômetros de Rouen. Por certo estão separados deles por alguma duração, mas os poucos anos que precisam arrastar serão suportados passivamente ou – como veremos – com uma revolta inútil. Após cinco anos, quatro anos, três anos de espera, será sua vez de ser *Homem* – o que significa estudantes, parisienses, adultos. E, sem dúvida, não há nada de rasteiro na concepção dele de liberdade, exceto que, para eles, ela é *dada*.

o estabelecimento régio com um incêndio que não ousam atear, tentam arruiná-lo no dia a dia, desconsiderando professores e a administração. Sobre isso também Flaubert dá testemunho: "Dizia senhor ao falar do bedel e não se queixava continuamente da comida... Embora não se misturasse às nossas traquinagens de todos os dias e até se recusasse a nos ajudar nas circunstâncias importantes em que era preciso ter audácia, é verdade que nunca denunciou ninguém, chegava a emprestar a lição em caso de necessidade e não abusava da força que tinha para tiranizar os menores".* O caráter intencionalmente destrutivo daquelas "traquinagens" não precisa ser demonstrado; contestava-se tudo com violência: a ordem estabelecida, o poder e o saber. Entre os arruaceiros e a administração a luta era sem trégua: aqueles sentiam prazer nas depredações, miniabolições simbólicas; esta enchia suas gangues de alcaguetes – Gustave concorda e se dá o trabalho de cumprimentar Charles porque não "entregou" ninguém. Às vezes a agitação tende a tornar-se insurrecional: exige "audácia". Um verdadeiro ataque de surpresa. Por ter participado de um ato coletivo dessa espécie, veremos que Flaubert *Júnior* será expulso em 1839. Essa turbulência sem freio nem trégua não será vã, pois em 1835 os colegiais acabarão por obter a cabeça do diretor e do censor. Vitória de Pirro seguida por uma contrarrevolução que instaura o Terror Branco. Mas, embora tenham jurado que iriam até o fim da ação, embora tenham assumido como nos tempos heroicos o risco de serem expulsos, aqueles meninos não sabem o que estão fazendo: por não terem um objetivo, como Clouet, ou reivindicações precisas, esgotam-se na manutenção da desordem, e o sentido de sua iniciativa lhes escapa, eles já não são capazes de realizar juntos uma ação combinada. Assim que uma revolta chega ao fim, começa outra em outra lugar, sem que nenhum plano as una; subsistem duas motivações: furor cego e emulação. No refeitório, conforme conta Flaubert, o aparecimento três vezes na semana de "pedaço de bacalhau nadando num molho amarelado" desencadeia uma arruaça. Mas será que eles querem realmente a melhoria da ração? De jeito nenhum: eles perderiam uma oportunidade de esbravejar. O resultado é que as arruaças acabam por fartá-los: *antes*, esperam o infinito – suicídio, homicídio, conflagração do Universo –, eles serão Sansão, farão desabar as colunas do templo sobre suas próprias cabeças para esmagarem os filisteus; *depois* percebem, desencantados, que nada acontece, a não ser a repetição de um pequeno escândalo cotidiano: uma parede é manchada de tinta, uma

* *Ébauches et fragments*, p. 25.

cadeira é derrubada, um ladrilho é quebrado, chovem castigos e depois? Depois só resta recomeçar. De qualquer maneira, a ação deles não tem nenhum sentido *político*: de política o fracasso de 1831 os fartou. É a selva. Esse pessimismo não os abandonará mais, e as notícias que lhes chegam de Paris não são de molde a reconfortá-los. Aqueles desvairados têm dois objetivos: manter, com uma guerrilha perpétua, a unidade do grupo histórico contra as forças que tentam atomizá-lo e perpetrar simbolicamente o assassinato do pai por meio do desmantelamento do colégio. Infelizmente, este é simbolizado: é preciso repetir a cada dia, com ataques de surpresa, a *gesta* da destruição radical.

Como saco de pancadas, conta-se que elegeram o professor de história natural: em princípio a bagunça é dirigida contra o sistema através da pessoa de um de seus representantes. É uma boa escolha? Não haverá dominadores mais temíveis, mais cotados pelos inspetores, bem-vistos pelas famílias? Há, mas esses tiranetes intimidam, os amotinados os admiram, aprovam secretamente sua severidade; além disso, apesar de tudo, a competição entra em jogo: é raro perturbarem a aula dos professores principais. Salta aos olhos então que eles não decidiram atormentar o porta-voz qualificado do regime, mas que, ao contrário, a vítima é um homem sozinho, desprezado pelos colegas e pela administração, inadaptado como eles, um rebotalho que eles criticam por não ter autoridade. Por que se dar o trabalho de partir seu coração? Porque é fácil. O mal-estar daqueles meninos pestilentos, postos no lazareto pelos próprios pais, encontra uma saída nos tormentos que infligem a professores desconsiderados ou a bedéis necessitados que os vigiam em troca de um salário de fome. Com isso, sua agitação torna-se suspeita, mesmo a seus próprios olhos: *quem* são eles? *Quem* desprezam? E por quê? Deverão eles ser vistos como náufragos do liberalismo que marcam com um carnaval permanente o profundo desdém que têm pelo humanismo de peruca à Voltaire temperado com molho eclético? Ou serão filhinhos de papai, herdeiros, altivos rebentos da classe dominante que manifestam descontentamento não com o saber burguês, mas com os pés-rapados insuficientemente qualificados que são pagos para dispensar-lhes o conhecimento? Para dizer a verdade – veremos isso melhor –, são ambas as coisas e, para infelicidade deles, *eles desconfiam*.

De resto, se é difícil considerar aqueles pobres-diabos como representantes do corpo docente ou da administração, mais complicado ainda é ver esta última como mandatária dos pais a partir de 1831: os genitores não param de atacá-la, de denunciá-la ao reitor, de vilipendiá-la diante dos filhos, de criticar suas condenáveis fraquezas. Com o resultado de que os "baderneiros", no colégio, consideram o diretor e o censor como inimigos, mas em casa se acham na obrigação de defendê-los, quando eles são atacados. Isso é comprovado por uma história interessante, cujos protagonistas são Gustave e Achille-Cléophas.* Vimos que o doutor Flaubert aderira à campanha frequentemente caluniadora que os pais de alunos promoveram a toque de caixa contra os administradores. Acatou sem prudência um boato cuja origem se ignora: o censor não cumpria seus deveres, deixando de cuidar dos trabalhos escritos dos alunos e de verificar seus conhecimentos com sabatinas diárias. O médico-filósofo não teve escrúpulos em comunicar a coisa ao reitor. O censor corria sério risco: a advertência tinha mais peso porque assumida por alguém que era motivo do orgulho de Rouen. Gustave o salvou: protestou junto ao *pater familias*, dizendo que tudo ia às mil maravilhas, e que o senhor censor levava a peito cumprir todas as suas obrigações. O médico-chefe, convencido, escreveu ao reitor uma carta de retratação que transpira constrangimento: sua boa-fé fora ludibriada, seu filho, interrogado, lhe provara que suas acusações eram desprovidas de fundamento. Terá interrogado Gustave como alega? Não acredito. Se tivesse de proceder à audição daquela testemunha, aquele homem arrebatado, mas honesto, não o teria feito *antes* de transmitir às autoridades uma calúnia colhida a esmo? Escreveu cego de cólera, sem consultar; o filho interveio por iniciativa própria e falou com tanta clareza que o convenceu. Por quê? Por bondade? Ele não é bondoso. Por amor à verdade? Ele a detesta. Por simpatia pelo censor? Não tem a menor simpatia por ele: na época, redige com Ernest um "jornal literário" no qual ataca virulentamente, pelo que se diz, certos professores e suas respectivas famílias; houve até quem perguntasse se, depois da apreensão da gazeta, ele não se esquivara da expulsão por um triz. Passivo e rancoroso, na maior parte do tempo ele evita imiscuir-se nos assuntos alheios e não acha detestável a punição de inocentes. A única razão concebível para sua intervenção é que o censor, a partir do momento em que é perseguido por Achille-Cléophas, deixa de se mostrar investido do poder do *pater familias* e passa à categoria de vítima dele – e entre suas vítimas a mais ilustre e lastimável é o próprio Gustave. Por estarem sobrecarregados ou por pretenderem ser humanos, o diretor e o censor não reprimiam as agitações com a ferocidade que as famílias exigiam deles; e o episódio que acabo de contar mostra que em 1835, quando todos pressentiam que o drama se aproximava do desfecho, os colegiais – apesar de não interromperem a baderna – chegaram ao ponto

---

* Relatada por Labracherie.

de defender *seu* diretor e *seu* censor contra os inimigos do Homem. Prova de que já não sabiam o que estavam fazendo. Os meninos travavam batalha em mau terreno. Ou melhor, já não se batiam, mas se debatiam, e seus sobressaltos desordenados legitimavam a repressão. 1835: as forças da ordem passam ao ataque em toda a França; o governo, que está acabando com os republicanos, cede finalmente às instâncias das famílias de Rouen: diretor e censor são removidos; seus substitutos, homens fortes, impõem uma disciplina de ferro, esmagam os rebeldes de surpresa. Algumas semanas depois um inspetor geral se esconde num dormitório coletivo para assistir ao despertar dos internos; em seu relatório, declara-se encantado com "aquela metamorfose do colégio em menos de um mês...". Ele os vira pular da cama, fazer a higiene, vestir-se, ficar em fila; era uma maravilha: "Só posso comparar a dimensão e a precisão do movimento à manobra de um regimento de soldados". Era isso o que queriam para os filhos os bons burgueses de Rouen: caserna. Estão exultantes. Segundo esse mesmo inspetor, os colegiais já não estão descontentes: "O espírito dessa juventude é bom, ela só quer ser bem governada". As badernas se espaçaram: o coração já não estava lá. Vencida mas indomada, ardendo de raiva e ódio, "aquela juventude" vai transportar a luta para outro terreno: seu espírito é bom, mas suas leituras são más.

Passagem ao imaginário. No *Prefácio às últimas canções*, Gustave chegou a reconhecer que seus colegas estavam permanentemente submetidos a fortes pressões. Não se limita, como de ordinário, a constatar o fato; tenta dar-lhe uma explicação. "As expansões derradeiras do romantismo que chegavam até nós... (e) comprimidas pelo ambiente provinciano, criavam estranhas efervescências em nossos cérebros". É dar a entender que o romantismo, elaborado na Capital, não foi vivenciado em nenhum lugar com tanta violência como nas províncias.* Certas palavras, porém, nos põem de sobreaviso: em primeiro lugar, o movimento está agonizando em Paris quando chega a Rouen; essa defasagem implica necessariamente uma alteração da "mensagem": tocados por suas "expansões *derradeiras*", os colegiais rotômagos começam pelo fim; reagem primeiramente ao baixo romantismo. Depois, a "estranheza" de suas reações provém do fato de que estas não são puro efeito de concepções novas sobre espíritos

---

* Escusado dizer que não pretendemos falar aqui do romantismo como tal: essa imensa subversão não pode ser descrita em algumas páginas. Examinamos apenas o modo como ele pode ter sido recebido, na província, pela primeira geração "pós-romântica".

desprevenidos: as efervescências são estranhas *em relação ao próprio romantismo*; este, penetrando num meio fortemente estruturado, logo é desviado, refratado, polarizado. As "expansões" fecham-se, concentram-se assim que entram naqueles espíritos estreitos, apertados, esmagados, afligidos por contração permanente, por um tétano provocado pela peçonha provinciana. Os colegiais, diz Flaubert, absorveram um concentrado de romantismo que os tornou totalmente loucos. Sem dúvida. Com a diferença, porém, de que mais uma vez ele se recusa à interpretação histórica. Ou melhor, não: a história existe, pelo menos como sucessão irreversível, mas se faz *alhures*, em Paris. Em Paris, o movimento nasceu, evoluiu, envelheceu, vai morrer. Em Rouen, vai bater em matrizes inertes, subprodutos passivos do ambiente social, que o deformarão em função de sua constituição *recebida*. Não podemos aceitar essa concepção puramente estrutural do fenômeno: sem dúvida, os colegiais estão bem longe de serem sujeitos da história, e vimos que lutam em vão para não se tornarem seus objetos; não importa: fazem aquilo a que estão submetidos na medida em que estão submetidos ao que fazem. Seu provincianismo, como vimos, foi por eles construído e afirmado como sucedâneo de seu inapreensível ser-de-classe, na exata medida em que ele lhes foi impingido por terceiros mediadores – agentes e testemunhas. Aliás, a admitir-se a interpretação de Flaubert, seria cabível perguntar-lhe por que o acontecimento capital que agita os colegiais deve ser o baixo romantismo e não a revolução de Julho. Sobre a rebelião de 1831, como sabemos, Gustave silencia. Ora, ela é indispensável à compreensão dos acontecimentos subsequentes. Por que as obras de uma Escola são acolhidas com esses arroubos, se não por serem compreendidas com base nas circunstâncias anteriores? São os ex-combatentes de março que adotam o discurso romântico e acreditam encontrar nele a solução de seus problemas.

"Jamais, no clarão amarelo do candeeiro fumegante... (Charles) passou as horas das noites de inverno a devorar, imóvel, algum romance ensebado de um gabinete de leitura, que nos devastava o coração. Melancolia dos dormitórios coletivos do colégio, ele não te conheceu".*
Essas linhas inéditas confirmam o famoso trecho do *Prefácio às últimas canções*: "Terminados os castigos, começava a literatura, e a gente queimava as pestanas a ler romances no dormitório". Esse "a gente", aliás, não designa o conjunto dos colegiais, mas – como esclarece Flaubert no início do parágrafo seguinte – "um pequeno grupo de exaltados".

* *Ébauches et fragments*, p. 24.

O "nos" do retrato negativo de Charles parece mais amplo: o círculo dos amantes de leitura parece ter-se estreitado na memória de Gustave, com os anos; a menos que seu tema – a apologia de Bouilhet – o tenha levado a apresentar como "vício impune" de uma elite o que foi de fato uma prática muito mais difundida. Seja qual for a maneira como se deva entender, o texto indica nitidamente que a nova defensiva não tinha a amplitude dos contra-ataques anteriores. A intervenção de 1835 abatera os ânimos: muitos se submeteram; destes não teremos mais ocasião de voltar a falar. Outros, mais aguerridos ou mais afetados, continuaram a história colegial: ler à noite, às escondidas, autores proibidos e contestadores significava acumular transgressões, dar prosseguimento à guerra quando os vencedores acreditavam ter-lhes subtraído os meios para tanto. "Terminados os castigos, começava a literatura". Castigo era *tudo*: o dia, o sol, a vigília, as necessidades naturais que não se acabavam de satisfazer, o ensino clássico, Tito Lívio, Ovídio, La Fontaine, Fénelon, Bossuet, Massillon, era a competição, o melancólico tédio burguês. Literatura era a noite, a solidão e a hipnose, era o imaginário. Eles vão construir um tremendo estratagema que, como dizem, porá os inimigos em fuga. Mas, para penetrar melhor em suas intenções, convém fazer a pergunta preliminar: o que leem? Para dizer a verdade, eles não responderão. Gustave, porém, mais uma vez, responderá por eles: faremos com ele o inventário de sua biblioteca. Precisaremos reconhecer que o romantismo não irrompeu no colégio quando já agonizava em Paris, mas, ao contrário, que se insinuou aos poucos, a partir de 1832 e provavelmente *antes* dessa data.

O texto do *Prefácio* só contém um nome: Victor Hugo. A Correspondência confirma ser ele, de fato, o primeiro "romântico" que Gustave e Ernest descobriram. Flaubert, homem de teatro, conheceu-o primeiro por seus dramas. Durante as férias de verão de 1833, escreve ao amigo: "Em Nangis vimos o velho castelo... é o castelo que pertencia ao marquês de Nangis de que se fala em *Marion Delorme*".* Não tem doze anos ainda e já fala de Hugo como *fã*. Aliás, não é o único: Ernest também estava nessa, é claro; ficará alegre como convém ao saber que Gustave viu um castelo que o magnífico bardo se dignou nomear. Outros, podemos estar certos, muitos outros compartilhavam sua admiração. Sem dúvida Ernest e Gustave se mostravam mais precoces, mas o romantismo se instalara ao mesmo tempo entre os "adultos". *Marion Delorme* lhes oferecia um sortimento seleto de personagens

---

* *Correspondance*, t. I, p. 9.

hugoanos: a cortesã de coração de ouro, o louco bonachão e sensato, o rei sombrio que se entedia e "o homem vermelho que passa" – Richelieu, futuro Torquemada. O que os impressionou primeiro foi a grandeza de alma de que aqueles heróis dão mostras – inclusive os maus – e a força de suas paixões. Assistiram estupefatos ao casamento de gêneros, diante de seus olhos o cômico conjugou-se ao dramático, e o grotesco ao sublime: os meninos não se conformavam. Nem de verem passar no palco, carregada por 24 guardas a pé e cercados por "outros vinte guardas com alabardas e tochas", "escarlate" e "gigantesca", a liteira do Cardeal. Mas, sobretudo, pela primeira vez, aqueles meninos sentiam que falavam com *eles*: abrindo passagem entre os pais indignos, um irmão mais velho entrava em cena e se debruçava para os irmãos mais novos, dirigia-se diretamente a eles: "Estaria na hora – diz o prefácio de *Marion Delorme* – de aquele, a quem Deus tivesse dado gênio, criar todo um teatro, um teatro vasto e simples, uno e variado, nacional pela história, popular pela verdade, humano, natural, universal pela paixão. Poetas dramáticos, mãos à obra!". Os adolescentes ficavam sabendo que a peça, escrita em junho de 1829, fora proibida pela censura, por intervenção pessoal de Carlos X. O autor falava sem rebuços de seu liberalismo e acrescentava: "a censura era parte integrante da Restauração. Uma não podia desaparecer sem a outra. Portanto, era preciso que a revolução social se completasse para que a revolução da arte pudesse concluir-se. Algum dia, Julho de 1830 será uma data tão literária quanto política". Essa era justamente a linguagem que convinha àqueles adolescentes furiosos e em vias de despolitização: para devolver brilho às lembranças que eles tinham dos três dias gloriosos que tanto amavam, era preciso salvá--los por meio de suas consequências e fazer da revolução política um instrumento da revolução literária. Hugo não diz isso totalmente e pode-se também compreender que a convulsão política e social de 1830, segundo ele, é um imenso acontecimento que vai transformar simultaneamente todos os setores da atividade nacional. Mas sabe-se como os pequenos rotômagos receberam essa frase ambígua: "Era *preciso* que a revolução social se completasse *para que* a revolução da arte pudesse concluir-se", e o partido que tiraram dela. "Era-se acima de tudo artista; terminados os castigos, começava a literatura". Agora entendemos melhor aqueles "*castigos*": é a *vida ativa*, que começa com o dia e termina com ele. O que os "exaltados" põem na boca de Victor Hugo é que a ação não é tolerável, a não ser quando se pode provar que ela se pôs a serviço do sonho. Os soldados de março de 31 recobraram algum orgulho: sua empreitada, abominada de modo tão geral que eles tinham preferido esquecê-la, voltava à tona, deslumbrante sob o sol, *legitimada pela Arte*.

Será difícil considerar *Marion Delorme* – peça escrita pouco tempo antes de *Hernani* e representada pouco depois dele – uma das "expansões derradeiras" do romantismo. De resto, Rouen não era assim tão provinciana para que um menino de onze anos não pudesse falar com familiaridade – como de um velho conhecido – de um drama da nova escola menos de dois anos depois de ter sido apresentado pela primeira vez ao público parisiense. *Hernani*, curiosamente, precisará esperar até 1845 para ser mencionado em sua Correspondência. Mas naquele ano, em 2 de abril, ele lembra a Alfred que estava lendo "*Hernani* ou *René*" para as irmãs Collier: o que ele fazia então era levar as jovens inglesas a compartilhar seus antiquíssimos entusiasmos. Seja como for, Hernani, grande de Espanha e bandido honrado, conspirador que sempre erra o alvo e a cada vez deve a vida apenas ao extremo obséquio de seus inimigos, herói passivo e apaixonado, que de seus fracassos extrai eloquência inesgotável, sublime e sem efeito, proscrito a vagar – montanhas de Aragão, Galícia, Estremadura, oh! causo desgraça a tudo o que me cerca –, Hernani foi, sem dúvida alguma, um prestigioso modelo para o inerte Flaubert e a juventude asfixiada que o cercava, como demonstram as seguintes palavras, na segunda carta a Louise: "Minha doença pega! Ai de quem me toque!".

Já em 1833, aliás, Gustave conhece o termo "romantismo" e o usa quando escreve a Ernest, certo de que será entendido pelo destinatário. Durante uma viagem, os cavalos disparam, a carruagem dos Flaubert fica desgovernada; felizmente, o sota agarra as rédeas... "é assim que termina a aventura grotesca e romântica". Um pouco depois, ele cita uma peça de Delamier intitulada: *Le romantisme empêche tout* [*O romantismo impede tudo*], o que mostra que estava a par das polêmicas provocadas pela Doutrina. Em julho de 1835, dois anos depois, escreve a Chevalier: "Meu pseudônimo poético e produtivo é... Gustave Antuoskothi (*sic*) Koclott.... É um romantismo até que bonitinho". Sem dúvida percebe-se certa falta de jeito por trás da segurança, e a palavra nunca é totalmente levada a sério: mas a ironia, sempre superficial, nada mais é que uma atitude de pudor; Flaubert assume certa distância; nem mesmo a Ernest ele quer se mostrar sem reservas. A falta de jeito, por sua vez, não o impede de *sentir certo*: um purista poderia fazer reparos, por exemplo, à conjugação "grotesco e romântico", pois o romantismo, justamente, contém ao mesmo tempo o grotesco e o dramático. Mas é verdadeira e profunda a intuição que mostra a Gustave o lado bufo da aventura (animais desvairados, estalidos do prático-inerte sacudido, todas aquelas coisas que ele descreverá mais tarde na cena do fiacre de Rouen) e seu aspecto propriamente romântico (animais irracionais a tornarem-se o *Fatum* das pessoas humanas e a arrastá-las, *passivas*, para a morte), entrevisto num instante através do medo e da impotência, apesar da recusa ostentada por seu orgulho.

Em suma, não houve *invasão*, mas *infiltração*, e esta começou já em 1830. O que ocorreu em 1835, depois da militarização do colégio e em razão dela, é que o discurso romântico – de que o velho estabelecimento já está impregnado – foi definitivamente escolhido pelos colegiais como *seu próprio* discurso; isso significa que este deixa de ser um comentário discreto da luta contra os burgueses para tornar-se a *própria luta*, contra-ataque dos vencidos *enquanto tais*, que acreditam extrair dele os meios para pensar a derrota; com isso, esse discurso tende ao negro. Em Paris, ele é negro e branco e nunca deixou de sê-lo: se em Rouen é exclusivamente *noturno*, isso decorre de uma seleção deliberada: os meninos, vítimas de um golpe militar que nunca aceitarão, escolhem suas leituras em função da cólera e dos rancores: exigem que lhes mostrem o mundo desumano que os esmaga e que o denunciem ao firmamento. De fato, a partir do ano fatal, as leituras de Gustave multiplicam-se e ensombrecem-se: compra *Antony* em 2 de julho, *Catherine Howard* em 23; em 14 de agosto anuncia a Ernest que acaba de ler *La Tour de Nesle* [*A Torre de Nesle*[35]], melodrama sombrio em que todos são maus. Na mesma carta, informa que está "ocupadíssimo com o velho Shakespeare" e começou a leitura de *Otelo*. Mas, ao lado das obras dramáticas, começam a aparecer estudos históricos. De Walter Scott, ele "leva na viagem" os três volumes da *História da Escócia*. Será preciso esperar o dia 24 de março de 1837 para que ele mencione Byron, de quem dirá, em setembro do mesmo ano: "Estimo realmente apenas dois homens no mundo, Byron e Rabelais". Mas está claro que esse poeta lhe é familiar faz muito tempo: "Não conheço quase ninguém que tenha um Byron. É verdade que eu poderia pegar o de Alfred...". É totalmente verossímil que Flaubert tenha chegado a *Childe Harold* por influência de Le Poittevin em 1835, o mais tardar: Alfred, que adora aquele que em 1835-1836 Gustave chama de "o filho do século"*, na época acaba de escrever *Satan*, cuja inspiração byroniana não deixa dúvidas, publicado na *Revue de Rouen et de Normandie* durante o primeiro semestre de 1836. Com Byron, Gustave descobre outro aspecto do romantismo – o mais importante, talvez, para ele e para os colegas –, digamos: o tema da recusa altiva e da revolta contra a Criação, o desafio a Deus. Perceberemos com mais clareza a inversão dos motivos e dos sinais se nos remetermos a *Memórias de um louco*, que ele escreve aos dezesseis anos. Aí o jovem nos apresenta uma amostragem de suas leituras. Essa seleção é do maior interesse, pois foi feita por ele mesmo, considerando apenas as obras que alimentaram suas "acerbas paixões": três homens, cinco obras. Byron, Goethe, Shakespeare; *Childe Harold* e *Le Giaour*, *Werther*, *Hamlet* e *Romeu e Julieta*. Por que essa escolha? Porque, dizem, "um caráter de paixão tão candente, unido a tão profunda ironia, devia agir vigorosamente sobre uma natureza ardente e virgem... aquela poesia gigante... o faz cair na voragem sem fundo do infinito". Pode ser. Voltaremos a isso. Mas alguém terá notado que Victor Hugo, seu primeiro amor, não é sequer mencionado? Porque o infinito majestoso desse poeta não é uma voragem**: nele é preciso ver Deus em sua *presença*. Ora, a partir de 1835, o que Flaubert pede ao romantismo é que consagre suntuosamente sua derrota saciando seu rancor. *Childe Harold*: revolta contra o Ser. *Werther*: suicídio por fastio de viver. *Hamlet*: um bom moço enlouquecido por sórdidas questões familiares, maldotado para agir, incapaz de revoltar-se, vinga-se monologando, rumina indefinidamente o assassinato impossível e necessário de um usurpador, que lhe roubou o amor da puta de sua mãe, e, finalmente, o mata por acaso. *Romeu e Julieta*: mais uma história de famílias; são

---

* Num "Retrato de Lord Byron" que ele escreve naquele ano. Bruneau diz, com certa leviandade em minha opinião, que Flaubert o esboçou sem ter lido uma linha sequer de Byron. Concordo com ele que, tomando-se o texto em si, nada prova que o caçula da família conhecesse na época a obra do homem que retratava. Mas, quando ele acrescenta que Gustave não apresentou o título de nenhuma obra, não posso me abster de responder: mesmo que as tivesse citado todas, o que isso provaria? Sugere-se que ele pode ter copiado alguma nota biográfica: tomando-se as coisas abstratamente, por que não? Mas nesse caso, para completar seu trabalho, ele poderia copiar ainda por cima uma bibliografia. E como esse adolescente, que se acha poeta, cujas únicas alegrias estão na leitura e que é fascinado por Byron, poderia resistir ao prazer de o ler, já que Alfred possui uma coletânea de seus poemas e acaba de escrever *Satan*?

** Ainda que as palavras "voragem" e "abismo" se encontrem constantemente sob sua pluma.

duas, dessa vez, que só pensam em matar-se, e o ódio estúpido que um dos pais nutre pelo outro só terá como resultado levar à morte os mais belos de seus filhos. Impotência mortal e sublime da beleza, do amor, dos nobres desejos: os filhos são anjos malditos porque vivem no mundo dos pais.

Teatro e poesia, nisso consiste a trajetória própria a Gustave, mas, para ter acesso à Nova Arte há outros caminhos. E, especialmente, a prosa. Quando fala em nome dos "exaltados", Flaubert diz: "*Nós* líamos romances". Nada mais: nem em *Memórias* nem no *Prefácio*. Mas não é impossível citar alguns nomes. Essas obras em geral são muito sombrias; às vezes, a noite é total. De resto, no fragmento inédito de *Madame Bovary*, Gustave não esconde que elas "devastavam corações". Veremos adiante o sentido exato dessa frase: em todo caso está claro que os jovens leitores buscavam essas devastações. Muito depois, Flaubert, irritado com Hennique, que pretendeu "gozar do romantismo", assume a defesa dos homens de 1830. "Note que você fala coisas que conheço pessoalmente". A palavra "pessoalmente" aí só pode ter um sentido: estou falando de minha juventude, das obras que descobri então e que me revelaram a mim mesmo, quando ainda conservavam sua virulenta novidade. E eis o que ele acrescenta: "Leia Petrus Borel, os primeiros dramas de Alexandre Dumas e de Anicet Bourgeois, os romances de Lassailly e de Eugène Sue, *Trialph* e *La Salamandre*. Como paródia desse gênero, ver *Les Jeune-France* de Théo, um romance de Charles de Bernard, *Gerfaut* e nas *Mémoires du Diable* de Soulié, o artista".* Petrus Borel, Charles Lassailly: romantismo negro, caveiras "ainda encardidas com uma espécie de ferrugem humana".** Soulié: romantismo cínico, um Diabo que revela a uma alma danada todas as torpezas da sociedade contemporânea. Inferno e danação, risos de danados, dilúvio de lágrimas, solidão, desprezo de ferro. Seu ressentimento sacia-se com essas leituras: elas desnudam os poderosos e os ricos, arrancam a coberta à burguesia: os pais andarão nus sob os olhares gracejadores dos filhos. Nem por isso os filhos deixarão de ser suas vítimas: há os crápulas e os danados; Gustave descobre com deleite, claramente formulados finalmente, seu pessimismo, seu ceticismo e sua misantropia. Bruneau estabelece engenhosamente

---

* *Correspondance*, t. VIII, p. 369-370.
** *Trialph*, p. 57.

que em julho de 1835 ele devia estar sob influência de uma recentíssima leitura de *Notre-Dame de Paris*, e eu não consigo imaginar que aquele rato de biblioteca não tenha conhecido os romances anteriores de Victor Hugo, *Han d'Islande* e *Bug-Jargal*: nesses universos sinistros e barrocos, não é agradável viver. Nem no de Balzac, e ele dirá mais tarde que "seus heróis perversos (Rastignac e Rubempré) viraram a cabeça de muita gente". Eugène Sue, em *Les Mystères de Paris*, retomando o mito da Grande Cidade, esboçado por Restif de la Bretonne, confirma seus leitores na admiração da Capital e, simultaneamente, na repulsa raivosa à província. Até mesmo Musset e Vigny acomodam-se ao gosto da época. Do primeiro, Flaubert gostou de *Confissão de um filho do século*, como mostram suas obras autobiográficas, em especial *Memórias de um louco*: nela ele quis ver sobretudo o desamparo do homem sem Deus e as longas repreensões dirigidas pelo jovem irmão mais velho à burguesia jacobina que o descristianizou. Dir-se-á que é o antídoto de Byron. Mas não: na verdade, o desespero do agnóstico é o complemento necessário à revolta dos anjos: já sabemos disso. Do segundo ele registra *Chatterton*: o naufrágio total desse poeta assassinado pela sociedade burguesa só pode afagá-lo em seu masoquismo sádico.

Sei que alguém objetará: com que direito você considera *representativas* as leituras de Gustave? Está fazendo o inventário da biblioteca *dele*: seus condiscípulos não tinham vontade nem capacidade de digerir tantas e tão diversas obras. Além disso, as escolhas do caçula Flaubert foram-lhe ditadas por um impulso personalizador que assume e ultrapassa uma constituição cujas origens são anteriores – e muito – à insurreição de março de 1831, da qual, aliás, ele não participou, pois entrou no colégio em outubro. Se, como você afirma, as opções de seus colegas foram condicionadas pela derrota, como poderiam coincidir com as dele e, sobretudo, provir das mesmas intenções? Em 1835, Gustave considera-se tão pouco membro do grupo vencido que não diz palavra *em lugar nenhum* sobre a repressão exercida pelo novo diretor.

Concordo. Não pretendo que a lista das obras que ele "devorou" represente outra coisa além de um *máximo de leituras possíveis* para um colegial de Rouen em 1835. Seja lá como for, as obras essenciais foram todas lidas pelo *exaltado médio*; os livros circulam, são emprestados; Gustave não conhece ninguém que tenha um Byron, mas Ernest acha naturalíssimo que seu amigo lhe peça emprestadas as poesias desse autor e as deixa com ele. E como acreditar que os internos de um mesmo dormitório coletivo não troquem entre si os "romances ensebados" dos gabinetes de leitura? Gustave descobre por si mesmo, ou graças a Le Poittevin, alguns romancistas e poetas, porém outros lhe foram revelados, sem dúvida alguma, pelos colegas que, como ele, queimavam com a febre romântica.

É verdade: a aventura individual de Gustave e a história da comunidade colegial são profundamente dessemelhantes. Mas, apesar de cego para a sua historicidade, o caçula Flaubert não deixa de ser arrastado pelo refluxo geral. Outros, que em razão da juventude não puderam participar da rebelião, não deixam de ficar literalmente enlouquecidos pela extrema tensão de que sofrem os mais velhos e, por sua vez, tornam-se convulsionários sem saberem por quê. Acima de tudo, embora Gustave e os ex-combatentes de março tenham seguido caminhos diferentes, suas opções na época são idênticas.

A passividade do jovem Flaubert, constituída já na primeira infância, estrutura sua visão de mundo e sua autoconsciência, impede-lhe de se afirmar, negar, mais geralmente agir e compreender a ação dos outros. Nenhum dos colegas talvez sinta nos músculos a súbita paralisia que abate Gustave assim que é preciso adotar uma conduta prática (embora seja provável que o colégio contenha uma proporção definida de ativos e passivos). Mas, na qualidade de membros de um grupo jurado que, ao cabo da degradação, acabará por se esmigalhar, eles estão de mãos e pés atados, reduzidos à impotência. Assim como no grupo em fusão cada indivíduo serializado se acerca dele como atividade social – uma vez que cada membro acerca de cada membro como o mesmo, e não como um Outro – e se subtrai da serialidade *em toda parte*, assim também no grupo desmantelado que reincide no estado de série cada um volta a ser progressivamente *Outro* para cada um – por ora, *o mesmo na qualidade de outro*; o indivíduo sente no vizinho a impotência comum para lutar contra a serialização e a perda da soberania; após a contrarrevolução de 1835, os colegiais se sentem *pacientes da história*. Quiseram negar a agonia do grupo organizando badernas, mas sentiram que essa negação, em vez de lhes parecer uma contestação limitada e prática de um estado de fato que *poderia ser mudado*, se transformava em recusa da realidade, a despeito dos esforços deles. Suas violências agora só têm o objetivo de retardar o instante da abdicação: ainda não são sonhos, mas já não são atos. Lá estão eles despojados de sua transcendência: não que ela tenha sido atingida em seu princípio; os fins comuns deles foram simplesmente escamoteados, e o campo de seus possíveis coletivos, arrasado. Passivos, já não reconhecem seus objetivos anteriores, mas conservam deles aquilo que Delay chama de memória autística, no que se deve entender que esses objetivos, não reconhecidos e irreconhecíveis, os obcecam como aquilo que não foi e nunca será atingido, determinando neles uma consciência permanente de impotência e uma recusa permanente de todos os fins que lhes são propostos. Será realmente uma recusa? Por acaso esses fins não lhes parecerão estranhos: aprender grego e latim, casar-se, suceder aos pais são possibilidades, sem dúvida, mas não as possibilidades *deles*; como poderiam eles projetar-se para aquilo que não lhes diz respeito: são *acontecimentos* exteriores que talvez lhes ocorram, tais como uma doença, um acidente, a morte, mas que eles não farão advir. Portanto, não há projetos, não há superação, a não ser no imediato; a revolta permanece neles, sufocante, incompreensível desvario, que gira em círculos e não pode sequer ser nomeada por não se exteriorizar em ação.

O pensamento racional é forjado na ação, ou melhor, é a própria ação a produzir suas próprias luzes. Portanto, se houver um pensamento da inação, da impotência, ele só pode ser sonho. No autismo, forma extrema da passividade, o desejo, por não se superar em direção ao real, volta-se para si mesmo como autoimagem, ou seja, como saciação imaginária ou, digamos, como transcendência fechada na imanência, assim como as retas, num espaço curvo, se torcem sobre si mesmas e se encaracolam. Gustave, como vimos, faz tempo é um menino imaginativo; nele, o sonho é o espaço vazio e aberto da impossível práxis. Entende-se por que a leitura é um verdadeiro enfeitiçamento para essa alma pitiática: ele se deixa possuir pelo sonho de outro, no qual ele figura com traços e nome de herói sinistro e principesco que se vingará das humilhações rebaixando o gênero humano. Mas os colegas, apesar de terem uma passividade provisória e circunstancial, não deixam de ser também sonhadores em potencial. Com isso se entenda que a amargura, o ressentimento, o "ideal" deles não podem sair de si nem expressar-se, giram em círculos e, consequentemente, terminam em imagens confusas, cuja chave eles não têm; assim, nem mesmo sabem o que sonham nem com que sonham; atravessados por baforadas oníricas que se esgarçam na mesma hora e cuja obscura intenção é suprir a falta da mediação prática apresentando o desejo através de sua saciação imaginária, aqueles meninos são impressionados pela incoerência aparente e pela pobreza de suas fantasias, que, no entanto, quando se dissipam, os deixam num estranho mal-estar. Serão presa do primeiro *sonho outro*, do onirismo dirigido que os fará conhecer suas exigências profundas pelo simples fato de atendê-las. Depois da Queda, Gustave teve todo o tempo para ruminar a vergonha, conhece um pouco suas necessidades, sabe de modo geral o que espera da literatura. Os outros, tomados de surpresa, não perceberam nada: como não ignorariam que estão à espera de um sonho no qual possam reconhecer aquela parte de si mesmos que seu revés tornou irreconhecível e que a certa altura lhes deu orgulho: para reconhecer melhor o sentido de sua *"leitura"*, vamos tentar aqui descrever a postulação onírica que eles trazem em si e que, para cristalizar-se em sonhos, só espera entrar em contato com cristais exteriores.

O "ideal" deles, como se diz na época, foi o Homem e é ainda, na penumbra. Clouet e os amigos queriam apressar seu advento com uma ação política que obrigasse os adultos a cumprir as promessas de Julho. Eles não se consideravam exemplares acabados da Humanidade, pois a Cidade dos fins ainda não estava edificada, mas construtores; a dignidade de Homem, se um dia tivesse de lhes ser conferida, não viria recompensar seus méritos, mas seria por eles recebida, como fazem todos, na qualidade de membro integral da sociedade com cuja construção eles teriam contribuído. Nada mais realista, como se vê: aqueles jovens políticos queriam *realizar* o ideal da Revolução Francesa. A tentativa deles teve o sucesso que se sabe: como o Homem só apareceu nas portas do colégio para desmoronar, revelando sua impossibilidade, os colegiais, privados de Clouet e de seus líderes mais conscientes, tinham-se convencido de que ele não estava feito nem por fazer. Em suma, renunciaram a *realizá-lo*. Esse irrealizável, porém, permanecia neles como uma exigência fixa, um remorso, um amargo pesar. O que fazer, a não ser irrealizar-se nele? A impotência leva ao autismo, que tem como um dos caracteres essenciais o fato de que o pensamento autista, tendo perdido as categorias práticas, confunde fins e meios, o agente com os fins ou com os instrumentos que possibilitam atingi-lo. Um doente que *sonhe* fugir não tem meios para montar um plano racional. O objetivo é abrir a porta e fugir para o campo? Muito bem: os meios e os fins se aglutinam, formam uma massa pastosa e sem contornos. Uma locução proverbial francesa facilita essa interpenetração: "pegar a chave dos campos".[36] Na falta de uma estruturação pela práxis, a chave e os campos constituem, na indistinção, um único e mesmo objetivo: a chave dá os campos, ela *é* os campos, basta segurá-la para possuir eminentemente todo o campo encerrado numa única mão. O campo que *é* a liberdade. Em outros termos, a operação simplificou-se: a chave já não é um meio, é um fim absoluto; o doente só precisa ter o trabalho de roubar a chave do hospital psiquiátrico, mas, se conseguir, por que usá-la? Pode escondê-la debaixo do colchão e voltar a sonhar. Ainda assim é preciso roubá-la; isso significa: reorganizar o campo prático, calcular as chances e os riscos; ora, o sonhador é incapaz não só de levar a bom termo as suas iniciativas, mas até de concebê-las. O desejo está lá, porém, e não diminuiu. Por sorte o pensamento autista, na exata medida em que impede a sua saciação *real*, propicia-lhe uma satisfação simbólica: ao substituir o "fazer" e o "ter" pela inerte categoria do "ser", tão bem adaptada à sua impotência, ele lhe permite tornar-se irrealmente a própria chave, em virtude de uma fusão gelatinosa entre fins e meios: "*Sou* a chave" – diz o doente –, Ele *é* a chave que *é* a porta aberta que *é* o campo que *é* a liberdade.

Os colegiais são menos atingidos: estudam – mais ou menos – e atarefam-se, absortos por mil manobras diárias. Seu autismo é *social*; nascida da crise de identidade, há no fundo deles uma relação com o Homem que não parou de modificar-se: era originalmente uma exigência prática e comum, eles precisavam *fazê-lo*. Como a unidade do grupo se rompeu, as categorias da práxis coletiva estão liquidadas; eles não podem sequer conceber o sentido da inerte postulação que permanece neles; o sentido de seu sonho autista, incompreensível e vago, sempre dilacerado, ilusão que nunca "pega" – eles são empurrados pelas tarefas práticas –, é que eles *são* irrealmente o Homem que não podem *realizar* na objetividade. Já não se trata de construir em comum uma sociedade humana, mas, ao contrário, de identificar-se magicamente com a grande imagem solitária e oca que eles conservam em si, e isso à noite, cada um por si, durante o sono da mais desumana das sociedades. Esses meninos estão totalmente dispostos a transportar sua resistência *para o terreno do imaginário*. Mas, como não têm a sorte de ser loucos, não operarão *sozinhos* a mutação das categorias: assim que tivessem tentado, recairiam na insípida inconsistência de sua intimidade subjetiva. Precisam da mediação de um terceiro que por hipnose provoque um autismo artificial; em outras palavras, a atitude autista deve ser-lhes apresentada simultaneamente como movimento subjetivo de sua imaginação e como determinação temporal da objetividade – o que só é possível se *outra pessoa* se puser a sonhar o Homem neles e para eles. Portanto, o que eles esperam sem saberem é de fato a *ficção* – romanesca, dramática ou poética. Ela vem, entra de contrabando no colégio. Eles pegam nas mãos esse objeto material, o livro, abrem-no e descobrem na materialidade da página branca estrias bem reais e impenetráveis a riscá-la. Convencidos de que a obra é uma realidade, pois ela se dá através da opacidade das coisas, eles *leem:* é ressuscitar uma intenção desaparecida, reescrever, reunir, vivificar aquele ajuntamento de inércias, dar um futuro àquela presença projetando-se de antemão no fim do livro, no fim do capítulo, nos últimos instantes do doente, no último dia do condenado; é emprestar seu próprio futuro à aventura fictícia para iluminar o presente com luzes vindouras, é esperar. Espera de duas faces: o futuro e a espera do leitor, captados pelas palavras, são também a fatalidade a encarniçar-se sobre as personagens, a angústia e a impaciência destas, o inesperado, o acontecimento que frustra a expectativa delas e a nossa. Em suma, o leitor romântico temporaliza-se emprestando sua temporalidade aos protagonistas; estes, inversamente, impõem ao onirismo dele regras singulares mas inflexíveis: ritmo e orientação da duração, rapidez do fluxo, desacelerações, mudanças de marcha, tudo isso ele suporta, porquanto foi ele mesmo que as despertou num objeto inanimado; está preso. Por acaso é o sonho de outra pessoa que ele é obrigado a interiorizar e a pôr no lugar de sua subjetividade? Ou não será seu próprio sonho a exteriorizar-se e a impor-se leis rigorosas para impô-las ao mundo? Dessa vez, a ilusão aguenta firme; o colegial é vampirizado por esse monstro: uma imagem que seria a realidade.

Eis o Momento da *encarnação*. Há obras romanescas que não a exigem: elas enfeitiçam, mas apenas *mostram*, e o leitor, prisioneiro de um mundo fictício, continua como pura testemunha daquilo que nela se passa. Os românticos, porém, exigem sua cumplicidade: ele está comprometido; empurrado pelos acontecimentos imaginários que sua leitura constitui, eles saltam sobre ele inopinadamente, derrubando-o, esmagando-o, é ele que salva uma bela dama numa diligência, ele que sofre, que se deixa matar ou que mata. Os colegiais de Rouen, deslumbrados e estupefatos, nem sequer terminaram de instalar o cenário, uma estrada espanhola ao anoitecer, quando nessa estrada se apresenta uma personagem que nunca viram, de quem nunca ninguém lhes falou, mas eis que de repente eles sabem seu nome, sua idade, o lugar de onde vem e para onde vai, que sequência de circunstâncias a levou àquele lugar. À primeira vista, não se parece muito com eles: vive no século XVI, é um castelhano de olhos duros, que está à procura de outro castelhano para mergulhar a espada em seu peito e vingar uma irmã desonrada. De resto, fala-se dele na terceira pessoa, como que para deixar bem claro que se trata de um estrangeiro que leva a vida como bem entende, um ser sólido e opaco, absorto na meditação, que nem sequer percebeu a presença deles e não tem necessidade alguma deles. Pouco importa: esse indivíduo acaba por se impor, eles entram na cabeça dele, descobrem seus sentimentos e pensamentos; eles são obrigados a ver o que ele vê e como vê, a conhecer do mundo o que ele conhece, a compartilhar suas preocupações e seus desejos; de repente compreendem, deslumbrados, que aquele estranho não é outro senão eles mesmos, e que também é o Homem em sua plenitude, e que o único meio de *ser* plenamente um homem é projetar o próprio Ego nele. E quando leem "ele", essa palavra assume um sentido novo e complexo, pois, sem perder o poder de distanciamento, aparece como "Eus" ou "eus" que não ousam dizer o próprio nome: para os leitores, o vingador castelhano é ao mesmo tempo objeto de uma percepção imaginativa e Ego, quase-objeto da reflexão. Ou melhor, a leitura mostra-se como reflexão imaginativa cujo refletido seria o *vivenciado* do castelhano e que, levando ao extremo a dicotomia reflexiva, faria do Ego *seu objeto* sem que a consciência refletida fosse por isso privada de transparência. Para o colegial que queima as pestanas lendo, o castelhano é ele mesmo aparecendo finalmente para si como o objeto que é no mundo e, ao mesmo tempo, é sua própria subjetividade tal como apareceria *em si* para um observador imparcial e onisciente. Em suma, é o em-si--para-si finalmente bem-sucedido.*

Encarnados! Sentem-se deliciosamente livres, pois são eles que recompõem aquele mundo imaginário, juntando letras e palavras, despertando significados, perdendo-se para que um sentido advenha àquela matéria; mas essa plena liberdade tem por efeito constituir para eles um destino rigoroso: eles seguirão as pegadas do castelhano, irão

---

* Como se entendeu, é a ilusão própria às encarnações.

aonde ele vai, nunca a outro lugar, sofrerão seus sofrimentos, sangrarão em suas chagas, serão submetidos às consequências dos atos dele e inflexivelmente arrastados através de mil episódios em direção ao dia 16 de junho de 1567, dia de sua morte e do tristonho despertar deles. O pleno emprego da imaginação absorve todo e qualquer poder de imaginar: a vida real é viscosa mas mole, é possível subtrair-se a ela durante o tempo de uma imagem; da ficção romanesca ninguém pode fugir, a não ser jogando fora o livro para reencontrar a realidade que espreita; o leitor já não está disponível para formar sozinho uma única imagem: ele se imobilizou a produzir aquelas que lhe são propostas, e apenas elas; em suma, o imaginário *escrito*, tórrido, impiedoso, é uma imagem total, virulenta de ponta a ponta, que exclui a liberdade de conceber outra coisa que não seja ela, ao mesmo tempo que exige uma liberdade plena que desligue do real e a mantenha fora do não-ser por meio da criação contínua. É como se o sonho abolisse o devaneio: tal como se enxerga nos sonhos noturnos em que é vedada toda e qualquer deliberação sobre os possíveis, pois a possibilidade neles não existe – o que significa que toda conjectura logo se transforma em crença. Nesse sentido, o onirismo poderia ser definido como a vitória do compromisso imaginário sobre o livre jogo da imaginação. Também assim é a leitura, e é isso o que ilude nossos colegiais: impressionados pelo abismo que separa a pobreza e a evanescência das imagens mentais da organização, da riqueza, da imprevisibilidade e da indestrutibilidade do imaginário escrito – o duelo da página 112 é um *fato*, pois ele será encontrado, irrefutavelmente o mesmo, toda vez que o livro for aberto naquela página –, eles se convencem de que perderam a própria imaginação, de que ler é *perceber eminentemente*. Imaginarão que estão avistando os duelistas? Não é tão simples: mas a morte de um deles, inopinada e inevitável, *salta-lhes aos olhos* como um acontecimento do mundo real; se não afirmam que veem essa morte, pelo menos jurariam que assistem a ela e que têm dela alguma intuição. Donde a certeza – indizível, pois a linguagem também está totalmente mobilizada – de que, se a imagem mental é um irreal, a imagem romanesca está *do lado* da realidade. Na verdade, esse erro é inevitável: quem não o comete não consegue começar a sua leitura. No entanto, é confundir real com necessário. Ora, o nexo de necessidade une proposições abstratas; quanto mais nos aproximamos do concreto, mais essa ligação tende a desaparecer: no nível do vivenciado – que é também o nível da ficção romântica – ela se dissolve. De fato, não se trata tanto dos acontecimentos de nossa vida, mas do modo como eles se dão e como nós os acolhemos. Ocorre que eles aparecem no imediato como consequências sem premissas, e isso é óbvio, pois a contingência do visível nos remete à nossa contingência de videntes. Além disso, o pensamento em vigília é prático, nasce da ação e explicita-se quando a ação já está lá, arrastando-o e suscitando-o como sua autorregulação; portanto, participa do desafio da práxis que, superando a situação em direção às transformações *possíveis,* afirma que toda situação é superável por princípio: o desafio frequentemente é perdido, mas não deve ser considerado um erro, uma "ilusão transcendental"; é, na verdade, a própria estrutura do projeto existencial. Assim, facticidade e transcendência – que, aliás, estão ligadas dialeticamente – têm por efeito desvendar o acontecimento que desaba sobre nós como aquilo que poderia ter ocorrido de outro modo ou não ter ocorrido e, sobretudo, como aquilo que poderíamos ter evitado se tivéssemos sido mais vigilantes ou mais hábeis. Em suma, é a contingência do fato a melhor marca de sua realidade.*

O pensamento autista, ao contrário, é inflexível porque o sonhador está imbuído de impotência: não há possíveis, como disse, não há liberdade, nem meio, nem fim; esmagamento do sonhador pelo sonho, as imagens lhe advêm e se afirmam através dele. É ele que as faz, evidentemente, mas, não distinguindo o que é daquilo que pode ser, ele as sofre tais quais brotam, confusas, de um desejo e de uma angústia enrodilhados em si mesmos. Do mesmo modo, quando o autismo é provocado pela leitura, o que marca inegavelmente a irrealidade do objeto romanesco é a necessidade de ferro que se impõe à nossa liberdade e a obriga a produzir o sonho de outro numa ordem preestabelecida, na qual o menor dos detalhes não pode ser modificado. Ora, essa necessidade, justamente, aparece para os adolescentes de 1835 como um critério de verdade. O erro era inevitável: antes de tudo pelo motivo de que eles precisavam cometê-lo.

Ei-los, portanto, rigorosamente condicionados pelas palavras que eles mesmos despertam. Ao mesmo tempo que sofrem o domínio delas, têm consciência – como eu mencionava acima – de que sua liberdade se presta a tanto; esta, em vez de ser, como no autismo patológico, um servo-arbítrio consciente de sua servidão e por esta aterrorizado, não perde o sentimento de que pode cancelar seus compromissos: sempre lhes é possível – pelo menos em princípio – rejeitar o livro, despertar – ainda que a aventura os apaixone. Essa relação dupla – submissão,

---

* Acaso não se diz quando alguém relata um incidente que afirma ter testemunhado: "Está bem construído demais, certinho demais, não acredito"?

desbragamento – do leitor romântico com o romance cativa ainda mais: ela o tranquiliza e orgulha; acima de tudo, ele tem o inegável gozo de ser, inseparavelmente, demiurgo cruel e criatura cujo destino organiza, que o viverá até morrer por isso. Com essa inflexibilidade demiúrgica, ele escapa de seu verdadeiro Genitor, da contingência que lhe advém do fato de lhe terem dado o ser sem lhe pedirem a opinião; ele se faz fundamento de sua própria existência e de seu ser-no-mundo. De resto, a narrativa ficcional não elimina os possíveis: o herói frequentemente se pergunta se tomará esta ou aquela medida, qual será mais proveitosa a seus desígnios. Assim – salvo em alguns contos fantásticos nos quais tudo é possível, o que desqualifica e elimina qualquer possibilidade –, o mundo romanesco é menos apavorante que o do sonho: o leitor sabe que não será invadido por horríveis fantasias que nasceriam de suas próprias trevas.* Quando leem, enfeitiçados, os colegiais escapam dos adultos, dos pais, do universo mole e inexorável no qual foram confinados: recriam-se *na objetividade*, engendrando-se como Manfred ou Roula. Acham que estão fazendo aquilo de verdade? Sim: nas missas negras e blasfematórias que celebram contra todos e contra tudo, estão convencidos, noite após noite, de que algo finalmente lhes aconteceu.

Portanto, é preciso distinguir três níveis de consciência na leitura romântica – interligados dialeticamente e condicionados pela forma e pelo conteúdo do grafema. Na superfície o leitor toma uma consciência quase reflexiva de um Ego imaginário que, na forma de Alter Ego, se apresenta como seu *Fatum* e sua necessidade. Por debaixo da pele ele está consciente de que se entrega intencionalmente à passividade para produzir o sonho de outrem como sonho *seu*, em outras palavras, de que se mantém sem cessar em certo estado pitiático que é a condição necessária de todo onirismo dirigido; nesse nível, porém, o que se dá à intuição não é tanto o consentimento para a impotência quanto a

---

* O resultado, porém, é o mesmo: no onirismo patológico ou no sonho noturno, o possível é pura e simplesmente eliminado. Na leitura, os possíveis existem e são numerosos, mas se impõem tanto quanto os acontecimentos narrados: são os possíveis que o autor deu a seu personagem no *sonho outro* com que ele infectou os leitores; eles são fixados de antemão: eles ou nada. A coerção, nesse ponto, é tão nítida quanto no autismo, simplesmente se faz no segundo grau: concedem-nos possíveis, mas nos cativam com eles e neles. Ao leitor é vedado possibilizar outros possíveis que seriam *seus,* é vedado sonhar com o que *poderia* ter ocorrido com o cavaleiro castelhano caso o autor não tivesse decretado sua morte. Fechado o livro, faremos o que quisermos, mas, enquanto estivermos lendo, despiremos todas as nossas possibilidades para nos insinuarmos nus dentro da pele do personagem, que nos imporá suas possibilidades imutáveis.

própria impotência, reconhecida pelo colegial como *sua* impotência (aquela que o afeta surda e incessantemente). Na profundidade (no nível da consciência não-tética) ele se atinge como liberdade *que se empresta* e se faz demiúrgica, deixando-se demiurgizar. Essa triplicidade tem consequências que devemos ressaltar: é por meio dela que o Homem, ressuscitado pela primeira vez após o desmoronamento de 1831, é constituído como *romântico* e torna-se o ser imaginário dos pequenos leitores rotômatos. Realmente, seria difícil reconhecer em Hernani, Didier, Antony, Manfred e outros furiosos o cidadão livre que Clouet queria soltar de sua crisálida. No entanto, é o Homem que eles encarnam, uma vez que os meninos atados, despolitizados, reduzidos ao autismo reivindicam que valorizem ao mesmo tempo sua liberdade fundamental e a impotência à qual o contra-ataque dos pais os reduziu; em outros termos, o herói romântico é o Homem na medida em que o leitor, projetando-se nele, nele encontra sua facticidade na forma de necessidade, e seu ser na forma de dever-ser. Não se trata nem de um ser futuro que se desse como fim de uma empreitada premeditada, nem de um simples *espécime* da espécie humana, mas, de fato, de um existente cujas condutas espontâneas são por si mesmas normas, produzem valores no qual o *vivenciado* é imediatamente ético.

Será possível valorizar a impotência, estado permanente dos colegiais vencidos? Sim. Em primeiro lugar, no nível da escrita: o poeta inspirado imbui-se de inércia para produzir o poema que fará seus filhos chorarem. Acaso ele mesmo não chora? Seu delírio criador – flexibilidade cérea do escritor – e os fastos noturnos que ele provoca no colégio – flexibilidade cérea do leitor – procedem de um mesmo fundo de passividade de que todos os feitiços e todas as "possessões" não passam de determinações particulares. Escritor e leitor encontram-se no nível da personagem que eles suscitam com seus esforços conjugados: para cada um deles, o sonho que o ocupa – o *mesmo* sonho – é o de outro. O primeiro – será sincero? – em todo caso não cessa de afirmá-lo: "Ali, dentro de sua cabeça em brasa, forma-se e cresce algo semelhante a um vulcão. O fogo incuba surda e lentamente naquela cratera e deixa escapar lavas harmoniosas que, por sua vez, são lançadas na divina forma dos versos. Mas saberá ele qual é o dia da erupção? Parece que assiste como estranho àquilo que ocorre em si mesmo, a tal ponto tudo isso é imprevisto e celestial!... Ele ouve os acordes que se formam lentamente em sua alma".* No momento da

---

* Vigny, Prefácio *a Chatterton*, Pléiade, t. I, p. 817.

criação, Eu é um outro. O segundo é cordialmente convidado a encontrar a alteridade profunda de seu ser para que as "lavas harmoniosas" lhe pareçam brotar de si mesmo. A leitura é uma "escuta", aquele que a ela se entrega terá a brusca revelação de seu sonho selvagem: se ele pode *ser sonhado*, é porque, mais profundamente, *é pensado* e, no nível do fundamental, *existido*; seus desejos e sonhos só se colocam para si na superfície, pois ainda guardam a marca dos estratos subterrâneos onde o ser e o sentido lhe advêm. Eis, pois, a primeira glorificação da passividade: é o fundamento de todo onirismo e, por conseguinte, de toda poesia. Mas ainda se trata apenas de um aspecto formal da obra romântica: ela será *patética* ou não será; o imaginário é *padecido*. O conteúdo do poema ou do romance redobra a passivização do leitor: o adolescente se encarna em figuras sombrias que captam sua inércia *consentida* e a devolvem como se fosse a lei do ser deles; entenda-se: como se à posse da criança pelo sonho alheio correspondesse a posse do herói por seu *ser-outro*. Este padece sua vida como seu criador afirma padecer sua criação; sua regra é o *páthos* no sentido hegeliano do termo, ou seja, um direito vivenciado como paixão. Ele não tem o meio de afirmar sua exigência ética nem de obrigar os outros a satisfazê-la: ele a *padece*, ele a *suporta*, é seu mártir. Por definição, portanto, é um *proscrito*; melhor ainda, é o filho de um banido, banido também, *nascido no exílio*, cujos furores ou cuja melancolia são modos de viver seu direito antenatal de recobrar os bens de seu pai ou – quem sabe? – sua coroa; arrastando seu incurável tédio pela terra estrangeira, ele suporta sem fim as consequências de uma partida que perdeu sem jogar, antes mesmo de nascer. Tudo o que percebe, tudo o que sente, tudo o que faz dentro da moldura do mundo do exílio e necessariamente contra esse direito original – que é uno com ele e, no entanto, é outro que não ele (seu título de duque, por exemplo, é *herdado*) –, o vivenciado para ele só pode ser um *padecer*: ele assiste, estrangeiro, ao transcorrer de sua vida tal como o poeta-*vates*, seu criador, assiste à lenta formação do vulcão do qual sairão as "lavas harmoniosas". De fato, a ação exige adesão a si mesmo – é por essa razão que se pôde dizer que ela é maniqueísta. Mas o sombrio herói a rejeita *a priori* ou, se tenta algum lance, malogra. Portanto, legitimará suas exigências ao mesmo tempo pela violência furiosa de sua paixão e pela certeza profunda de que deverá morrer em consequência dela. É essa morte vã, destino certo da viagem passional, sentido do processo inteiro, que ronda o amor, a ambição, o ódio como uma profecia a revelar a verdadeira natureza deles: ser-para-morrer. Sobre esse ponto temos o testemunho de Flaubert, que na segunda *Educação** escreve: "Frédéric nos últimos tempos não tinha escrito nada, suas opiniões literárias tinham mudado: ele apreciava acima de tudo a paixão; Werther, René, Frank, Lara, Lélia e outros mais medíocres o entusiasmavam quase da mesma forma...".** Há alguma malevolência em apresentar o romantismo como moda, objeto de entusiasmo passageiro. Mas os dois verbos, cuidadosamente escolhidos, como sempre, dão conta daquilo que era o *páthos* para os colegiais de Rouen: como *apreciar* a paixão, se ela não for um compromisso ético? Como se entusiasmar com Werther, se essa personagem, com um suicídio exemplar, não se oferece como modelo de moralidade? Do ponto de vista do senso comum e do utilitarismo, nada é mais absurdo que essa morte, se ela nada mais for que o consentimento de todos esses desvairados a um processo que eles tornam inflexível e fatal por se recusarem a tentar qualquer coisa para detê-lo. De fato, às vezes é de se crer que, mais que a passividade, esses personagens *escolheram o fracasso*. Veja-se Hernani: que desastrado! Não é possível ser tão burro: só pode ser de propósito. Quando, de derrota em derrota, acaba por cair nas mãos do inimigo, supera-se. Ele tem uma missão: a vingança,

...que vigia,
Com ele sempre está e ao ouvido cicia.

Ora, ele é preso sem ser reconhecido, portanto lhe resta uma chance de se safar e tornar-se um dia o vingador que jurou ser. O que faz, então? Adianta-se e declina seus títulos e qualidades:

Sou João de Aragão, rei, carrascos, lacaios,
Se vosso cadafalso é pequeno, aumentai-o.

Perfeito: marcando uma solidariedade desdenhosa com os conspiradores, tornou sua execução inevitável. Portanto, colocou-se pessoalmente na incapacidade de cumprir sua missão; traiu a honra para obter uma gloríola: será possível imaginar um comportamento de fracasso mais típico? Mas Victor Hugo vai mais longe; essa bela

---

* Segundo o contexto, essa mudança teria ocorrido entre 1836 e 1837. Segundo a *Correspondência* e as obras da juventude, ela deve ser situada um pouco mais cedo.
** Pléiade, *Oeuvres*, t. II, p. 46-47.

declaração é ineficaz: quando João de Aragão lhe oferece a cabeça, Dom Carlos já decidiu perdoar os conjurados. Pobre Hernani: morto, teria levado o ódio para o túmulo, sem saciá-lo; vivo, é desarmado pelo rival, que lhe devolve os títulos e Doña Solo: é soprar sobre o ódio e apagá-lo. "Oh! – diz o infeliz – meu ódio se vai!" Joga fora o punhal e, pela segunda vez, torna-se traidor de seu pai.

Isso pelo menos é o que dizem os burgueses voltairianos de 1830. Seus filhos veem as coisas de outra maneira: Hernani não fez seu destino: este lhe foi prescrito por *uma vontade alheia* – a vontade de seu pai morto; ao exigir ser executado, ele o *assume*: com palavras grandiloquentes e sentimentos grandiosos, dissolve o ser-outro do *Fatum* e o transforma em livre escolha; ao revelar nome e posição social, ele impõe seu direito de sangue, pela primeira e última vez, reivindicando o direito de *morrer como Grande de Espanha*. Hernani, objeto da história, torna-se *objeto*-sublime ao dar corpo *verbal* a seu sonho de ser sujeito dela. Quer que sua morte atroz manifeste com estrépito que ele merece o status que exige, mas que ela o ponha, simultaneamente, na impossibilidade de desfrutar de sua dignidade recobrada. Ora, aí está justamente o que "entusiasma" Frédéric, Gustave e os colegas: fechadas as contas em partida dobrada, *débito* e *crédito*, o apaixonado nada tem, nada deve, é uma tocha, uma solidão pública que arde diante de todos até morrer. Nesse sentido a paixão opõe-se às virtudes burguesas tal como se opõe o *gasto* à *poupança*: o que os *desdichados* exigem é o direito de serem puros consumidores numa sociedade que se erige sobre a produção de bens e o acúmulo do capital; e o que têm para consumir aqueles proscritos senão sua própria vida, única coisa que lhes resta? Isso significa que eles a *dão*: a todos, ao mundo, ao Céu, a ninguém; eles a dão *gratuitamente* para afirmar a perfeita gratuidade de seu sacrifício: a *"conspicuous consumption"* deve ocorrer diante da multidão; mas que ninguém tente tirar disso qualquer benefício – a não ser o conselho de ir queimar no fogo-de--santo-Antão –, caso contrário essa autodestruição espetacular poderia ser *útil* a alguém ou a algo, e o utilitarismo poderia cooptá-la. Para o Romantismo, a paixão – inútil, ineficaz processo de aniquilamento, fogueira cujo clarão abrasa o céu e a terra e da qual escapam, como centelhas, frases crepitantes e grandiosas que não se dirigem a ninguém, a não ser talvez a um Deus surdo – é a *própria generosidade*: extravagante e barroca, hiperbólica, ela extrapola incessantemente, embriaga-se de dores, que ela *encena* para senti-las ao extremo, vive acima de seus meios, tensão perpétua do vivenciado, obstinação maníaca em não se afastar da rota prescrita, é a vida desperdiçada em nome da morte, é o amor devorador do existente pelo não-ser, é a realização do nada pondo-se para si como fim supremo do ser. Eis por que Lara, Rolla e vários outros "mais medíocres" entusiasmam seus jovens leitores: no apaixonado romântico a generosidade não se mostra de modo algum como práxis, ou seja, como ato soberano que ponha o agente acima da natureza: ela é natureza também; e natureza naturada, pois o Homem autêntico é generoso por fatalidade; mas essa natureza mesma é supranatural pois, ao contrário de todas as essências afirmativas que se manifestam através da tendência do ser a perseverar em seu ser, ela se mostra como relação negativa com o futuro, ou seja, como tendência do ser a pôr sua plenitude na abolição de seu ser. Em suma, em vez de um dever-ser, é um dever-não-ser, espécie de escolha inteligível que escapa enquanto tal e se reflete, porém, no caráter empírico do generoso, através do rigor orientado do acorrentamento passional, como marca e selo da liberdade. Em outros termos, ao determinismo egocêntrico dos sub-homens, alienados a seu ser – ou seja, à manutenção da sua particularidade em relação a tudo e contra tudo –, opõe-se no Homem a Paixão ou o *conatus* para a morte, que o define como esforço de uma obscura liberdade, obstinada em negar qualquer determinação singular: o Homem põe seu ser para destruí-lo e só se afirma em sua plenitude no próprio instante de sua abolição; vive a soberana decisão de seu livre-arbítrio oculto como uma pulsão irresistível que o lança em direção à morte; esse "ser-para-morrer" é natural no sentido de que é possível apreendê-lo, na interioridade do processo involutivo ou a partir de fora, como simples fato observado, e no sentido de que ele aparece como uma realidade, no meio do mundo, mas permanece inexplicável sem se recorrer à supranatureza, pois, em sua essência, opõe-se à lei natural. Com a consequência inevitável de que o "passional" é a realidade profunda do homem, ao passo que a Razão é apenas um fato superficial, uma exploração metódica das forças humanas, a mobilização e a canalização de nossos afetos para o saque da Natureza. Para Frédéric e para os colegiais de Rouen, Razão e Paixão já não se opõem como o faziam nos séculos clássicos, quando uma representava o pensamento puro, a parte de nossa alma que não está na dependência do corpo, e a outra representava a imaginação, lugar onde corpo e alma se unem; ao contrário: a razão, desmascarada por essa conversão à passividade, perde seus direitos em vez de lhe ser concedido o governo das almas, desvenda-se seu caráter puramente utilitário: é um instrumento. Com isso ela se degrada: os românticos de 1830 ostentam pelas empreitadas utilitárias o mesmo desprezo que os barões da Idade Média tinham pelo trabalho: quem quiser ganhar a vida a perderá.

Portanto, o que é assumir o "padecer" sem restrições, entregar-se a ele, exaltá-lo e exasperá-lo, senão construir uma ontologia e uma ética sobre a passividade? O herói romântico considera sua vida como a Paixão do Cristo recomeçada: ele é Jesus, que voltou à terra, condenado pela vontade do Outro (um Outro que é ele mesmo e seu pai ao mesmo tempo) a expiar um pecado que não cometeu; sabe disso, conhece antecipadamente as estações de sua via-crúcis, as minúcias de seus sofrimentos: nascido no exílio, Deus ultrajado, ele *suporta sua humanidade provisória* e deixa-se flagelar e mortificar por aqueles mesmos que ele veio salvar. A Paixão, sentido proclamado de toda vida romântica, é o consentimento com o fracasso, é a passividade sagrada. Na verdade, a subversão corrói um pouco o mito: entre os Cristos da época, encontram-se numerosos perversos e alguns Anticristos; Melmoth é um deles. Pouco importa: todos são danados e redentores; a menos que – o que dá na mesma – se danem para arrastar o gênero humano em sua queda e fadá-lo com mais certeza ao inferno.

É, pois, a seguinte mensagem que os colegiais recebem quando estão à beira do desespero: aprendem, estupefatos, que o fracasso da revolta, o triunfo da ordem e a impotência deles são as marcas de sua própria eleição. Alguns anjos lhes cochicham que eles estão no bom caminho: deixem-se ir a pique, a grandeza humana começa com a derrota, e a vida bem-aventurada não passa de interminável naufrágio. O Homem nunca advirá: sua própria perfeição o impede de existir; mas deixa adivinhar sua presença no último desafio de um condenado à morte, no invencível e vão orgulho de um vencido, no desprezo que a vítima ofegante tem por seus carrascos. Eles caem com mais facilidade na esparrela porque são leitores e têm consciência de despertar o sentido oculto sob a inércia dos signos: demiurgos, sua liberdade se empresta para que Lara exista e os encarne; a presença do Humano que eles adivinham entre as linhas do discurso recomposto é a presença deles; eles são, ao mesmo tempo, a encarnação fascinada que desespera e o criador benevolente que a impede de aniquilar-se e lhe sorri com amor. Quando o herói acredita estar perdido, eles sabem que está salvo: que morra, pensam, nós recolheremos sua última mensagem para fazer dela a regra de ouro de nossa vida. É o Homem, ele não sabe disso, mas nós, que nos encarnamos nele, não temos dúvidas: por meio do fracasso consentido, da divina passividade, do furioso amor pela morte de que nos imbuímos *nele e por ele*, livremente, nós nos unimos a nosso *páthos* de vencidos: sim senhor! É verdade, nascemos no exílio; nosso fracasso, vivido na violência convulsionária, é o Fracasso; o novo diretor não passa de agente do destino; ao nos esmagar com seu punho de ferro, ele nos revelou nosso ser-para-morrer.

Os anjos maus ouvem, satisfeitos, os solilóquios daqueles baderneiros pilhados na ratoeira e lhes sopram: "Vocês, que não conseguem *ver* seus pais em sua objetividade terrível e que não ousam julgá-los para não se condenarem junto com eles, nada temam! Escorreguem para dentro de Chatterton, olhem-no com os olhos dele, ressuscitem sua impotência e seu desespero, emprestem-lhes seu ódio fervilhante mas sem objeto, ele o concentrará no único ser odioso, o pai de vocês, o burguês; encarnado nesse poeta assassinado, vocês descobrirão esse monstro em toda a sua baixeza e o julgarão sem a menor preocupação, pois, embora tenham saído da carne dele, vocês não são da espécie dele; à imagem de Cristo, vítima inocente e suntuosa cujo fracasso livremente consentido foi o de, sendo Deus, ter sido gerado por um ventre humano, vocês amargaram já ao nascerem essa derrota fundamental que está na origem de sua Paixão: vocês, Homens, foram gerados por ventres burgueses".

Que festa maravilhosa eles propõem àqueles colegiais! Está tudo aí: os meninos ganham impulso, dão um salto e saem voando, rolando por um campo de estrelas. Têm a impressão de que a encarnação pôs fim à crise de identidade que os perturbava. A leitura romântica é uma terapia: ela lhes deu a posse de um Ego e daquela virtude cardeal, a generosidade. Opera-se uma transubstanciação que revela a norma sob o fato e, para além do princípio do prazer e do princípio do interesse, inicia o leitor nos mistérios majestosos do desejo da morte. Ler, na época e para aqueles jovens, é celebrar um rito de passagem (da criança ao adulto, do burguês ao Homem, do cotidiano ao sublime, do ser ao dever-ser, da inércia como interiorização de uma impotência provocada à paixão como escolha soberana do *páthos*, do objeto real ao sujeito imaginário etc.), é rejuvenescer o mito cristão da encarnação; na solidão eles celebram uma festa sagrada, uma missa negra, trêmulos de frio e entusiasmo, tensos e sonolentos, extralúcidos e espreitados por alucinações marginais; negra, sim, pois, erigida atrás do altar, reverenciada como um símbolo de poder e de vida, a Cruz, par de tábuas sagradas, é na realidade o emblema do castigo, dos sofrimentos físicos, do sangue derramado, da maldade humana, da renúncia dos mártires, da morte, enfim, sentido e objetivo supremo da vida. É uma vida inteira, a vida breve e fastosa de Chatterton, Werther, que se empresta ao adolescente a cada noite e se faz viver de ponta a ponta, estando a morte presente desde o nascimento, lúgubre e magnífica consagração de todos os instantes, e não estando o nascimento ausente da morte, se não na qualidade de via de acesso à vida eterna, pelo menos como abertura para o imaginário. A leitura é o assassinato do pai; é, ao mesmo tempo, a *"repetição"*: eles deram a vida para alimentar os universos romanescos, ela lhes é devolvida em cêntuplo, trabalhada, modelada, comprimida, desembaraçada das escórias, pura como só pode ser um imaginário e bela de lhes apertar o coração; é a Aventura, previsível por inteiro até em sua imprevisibilidade, que se decifra começando pelo fim e cujo menor acontecimento, produto rigoroso do futuro e do passado, é ao mesmo tempo reminiscência e profecia como as notas de uma melodia; é, enfim, a interiorização magnificada da gratuidade infantil; põe termo ao mal-estar deles ensinando-lhes que *é preciso* ser supranumerário, e que esse é o seu mais belo título de glória: que depenem os pais, que lhes arranquem todo o dinheiro que puderem para irem esbanjar em qualquer lugar, de qualquer jeito, pelo prazer de serem, em si mesmos e por si mesmos, os anjos da burguesia. "Destruirei tudo", pensa o leitor noturno, reencontrando na exaltação seus velhos sonhos de pirômano: "Esta grande chama ao longe era *eu*? Eu, o Grande Gasto, a parcela maldita, eu, último sol lançado pelos pirotécnicos, rodopiando antes de explodir, eu que não sou nem quero ser nada mais que a destruição de meu corpo, de minha alma e dos bens deste mundo pelo abuso frenético e mortal dos prazeres".

A vingança dos aristocratas. Eles correm atrás do prejuízo: a máquina não está girando macio, vai explodir, os estragos serão consideráveis; como não percebem? Não é por falta de sinais de alerta. Em primeiro lugar, será que são *deles* mesmos as ideias preconcebidas que lhes são impostas, a rejeição altiva ao discursivo, os encadeamentos lógicos, a condenação irrecorrível ao pensamento utilitarista, a Razão, o desprezo ao conceito que detém o movimento da alma, a inação sistemática que pretende libertar a substância pensante das estruturas que lhe são impostas pela práxis? Não se surpreenderão os colegiais de Rouen quando se encarnam em Lara, Didier, Hernani, por nunca terem *ideias* no sentido próprio do termo, mas apenas sentimentos que pretendem pensar ou pensamentos que sofrem? A *ideia* romântica é um êxtase ou uma angústia, mas nunca é uma determinação do discurso: é preciso delimitá-la com uma multiplicidade de imagens, nenhuma das quais convém completamente; ninguém se digna raciocinar e, na verdade, todos são incapazes disso. O pensamento onírico é *ocupado*, *manipulado* na sombra, vai de intuição a intuição por um deslizamento ou uma deriva que lhe advêm sob um *impulso outro*. Aí o pensamento frequentemente não passa de sonho escolhido como ideologia vivenciada do não-poder e da desconexão; o livro sonha em seus leitores, produz *imagens de ideias* impensáveis. E, quando a imagem se toma por um pensamento, todos os pensamentos se tomam por imagens, e as imagens que têm um conteúdo válido só se manifestam – tanto no autor como no leitor – por símbolos extraídos do mundo exterior, que os deformam necessariamente: o "texto" romântico não passa de uma imensa metáfora porque aquilo que nele se exprime é um pensamento que se sonha ou um sonho que acredita pensar-se.

Isso não significa que esse onirismo não seja nitidamente estruturado; a leitura romântica pode impor-se com imperiosa evidência *desde que* se tenha adotado seu sistema de referências, que outro não é senão o sistema diurno invertido: o espelho romântico oferece àqueles adolescentes um mundo semelhante ao nosso, com a diferença de que em todos os lugares o Sim é substituído pelo Não, e o Não, pelo Sim. O pensamento onírico é noturno: nos romances tenebrosos que os hipnotizam, nossas jovens corujas encontram um pouco de tudo, até mesmo paisagens ridentes, mas tudo só se deixa ver – o sol, a deslumbrante beleza das mulheres – através dos vidros esfumaçados da noite. É o mundo ao inverso: tomam-se os olhos da Morte para olhar a Vida, os da Loucura para observar a Razão, o Não-Saber envolve e transpassa o Saber, a Ação não passa de cintilação na superfície da universal Paixão, talvez nada mais seja que uma paixão que se ignore, assim como o Saber não passa de Ignorância que não se conhece, perde-se antes de jogar e nada se pode fazer além de arrastar fastios de cipreste em cipreste, ao longo de uma aleia funerária, buscando desvairadamente cardos e sarças para neles se dilacerar e sangrar. Ah! Sangrar ainda mais, pois a vitória é trivial e só pertence ao Outro; ela só se oferece ao Homem para recusar-se e levá-lo a conhecer o amargo esplendor do Fracasso. Não fazer nada, exceto destruir e destruir-se, sonhar com um abrasamento que nos reduziria a cinzas, assim é a Generosidade, valor supremo do mundo noturno em que o Homem, rei da Criação, aparece, na última página, apenas para se abolir com o sonho que o engendrou. Como não percebem aqueles colegiais que essa ética oferece o exemplo mais manifesto da perversão? Que ela não teria nenhum sentido se *antes* não existisse um mundo solar no qual a vida aparece como o bem supremo, e a morte como o mal absoluto? Respondo que percebem. Se não o tempo todo, pelo menos com muita frequência, mas *justamente* nesses momentos eles renovam o juramento de fidelidade ao romantismo, por vontade de serem perversos. Sabem que a burguesia reina e que estão vencidos: *portanto*, suas ideias são verdadeiras, seus valores são justos, seus atos são eficazes; é ela o sujeito da História, a *realidade*. O que fazer, senão submeter-se ou *irrealizar-se*? Eles se irrealizarão; após uma falsa submissão, quando os pais, tranquilizados e triunfantes, tiverem adormecido achando que "aquela juventude só espera ser bem governada", eles irão passear em outro mundo, num cenário ilusório, miragem fixa, inscrita nos livros, cujo sentido profundo e blasfematório é negar o real com conhecimento de causa e dar ao Nada prioridade ontológica sobre o Ser. Lendo, afirmam sua liberdade de dizer não *no imaginário*; optam pelo falso, pelo ilusório e pelo inconsistente, ganhando pelo fato de que o real nada pode contra a irrealidade. Assumindo o próprio fracasso – que é um não-ser –, encarnam-se em fantasmas que os vampirizam, regozijando-se por *serem* em Lara e Childe Harold aquele não-ser do ser a que foram reduzidos. "Obstinados a não estenderem a mão", como o Velho de Mallarmé, eles afundam, orgulhosos de serem o erro, o pecado, a morte, e de condenarem o mundo inteiro. Lara e Frank não passam de prepostos: a encarnação cardinal, única digna deles, é Satã. Nunca esteve tanto na moda esse Príncipe das Trevas, que nunca deixará de cair e de desesperar, de estar infinitamente danado – depois de tentar em vão danar o infinito –, de reivindicar no orgulho seu crime e sua revolta, de zombar da criação enganando os homens com fantasias cuja consistência provém do Ser que eles renegam. Eles se farão íncubos, colegiais danados; sentem com delícia que a leitura é escandalosa pela simples razão de que escandaliza às vezes o burguês que há neles; ler é todas as noites cometer o pecado inexpiável do desespero, é dar a alma ao Diabo e condenar a obra divina, preferindo-lhe deliberadamente o incriado, a noite, o impossível, em suma, o imaginário.

O Homem seria o Diabo? – dirá alguém. Não era Jesus, agora há pouco? Admito que seja ora um, ora outro, e às vezes os dois simultaneamente. Isso depende da profundidade do sono pitiático: se o jovem leitor estiver a tal ponto fascinado que quase se esqueça do que faz, o sonho escrito fecha-se sobre ele; ele guarda consciência de encarnar-se num herói perseguido, mas considera essa encarnação marca suprema da generosidade; demiurgo feito homem, vive a Paixão de Jesus. Mesmo que o interesse enfraqueça, que um paradoxo o desconcerte ou escandalize, o que exige imediatamente sua atenção é o ato passivo de perder-se e danar-se para que Rolla, ressuscitado, maldiga os burgueses em seu nome. Nesse momento, lendo e ao mesmo tempo refletindo sobre a leitura – que, como vimos, é uma quase-reflexão –, o Homem-Cristo percebe-se subitamente pelo que é: uma peça pregada pelo Demônio. Despertará completamente? Não: ao contrário, é então que se rejubila de malfazer e de ter-se votado ao Maligno para aprender com ele as escamoteações que contestam o real em sua totalidade. Entre o sono total e a lucidez pode-se conceber uma infinidade de níveis, e é próprio da leitura romântica passar-se incessantemente de uns a outros. Assim, o Homem-Cristo nunca é completamente católico, e o Homem-Satã nunca é completamente indigno. É um tanto quanto peçonhento esse Jesus de pesadelo; e, no Maldito, quanta grandeza! De qualquer modo, os dorminhocos logo acordariam caso seus sonhos mais extravagantes não fossem caucionados por seres de carne e osso, pelos irmãos mais velhos, leões soberbos e generosos que escrevem como vivem, à beira do túmulo, e que lhes dão a honra de dirigir-se a eles. O Homem existe, isso é certo: que outro nome dar ao poeta que foi morrer em Missolonghi por generosidade? E a tantos outros que, no auge da riqueza ou nos fastos do poder, não pararam de sonhar? Sim, Byron é digno de Lara; Chateaubriand, de René: o aventureiro da Grécia e o das Américas não têm o que invejar aos heróis deles; o Homem, esse impossível, está ao alcance da mão, à espera dos caçulas provincianos, no ano seguinte ou daqui a cinco anos, a algumas léguas de Rouen, na Capital. Pela pluma de *seus* escritores, acenam para eles: um romance é uma mensagem que só diz respeito a eles: vocês são eleitos, entrarão na carreira quando os mais velhos já não estiverem lá, viverão como eles vivem, conhecerão o luxo e o dinheiro para avaliarem melhor sua vanidade, terão poder e glória para sofrerem mais impiedosamente a solidão, sentirão os dolorosos êxtases do amor, viajarão, alcançarão o inalcançável, primeiramente porque são dignos, depois para desenvolverem em si a qualidade propriamente humana, o desejo infinito que a posse de Tudo não basta para saciar. Os meninos tinham requintadas impaciências: com a encarnação, tinham o prazer de unir-se no imaginário a seus autores favoritos. Na verdade, estes, um pouco antes, tinham encarnado também na criatura dolorosa e nobre produzida por suas tristezas, paixões e soberba nostalgia; e aqueles não podiam suscitá-la sem lhe emprestarem suas próprias tristezas e paixões, sem a alimentarem com sua própria temporalidade, e não podiam compreendê-la sem projetarem nela sua própria nostalgia. Sonhando o *sonho outro* que se impusera a Vigny, o jovem leitor, sem deixar de ser Chatterton, reencontrava em si a generosidade criadora do autor, sentia-se um Vigny naturado, modelado por um Vigny naturante: tornava-se, *contra* ele, sua criatura imaginária – entenda-se que ele se fechava como Chatterton em si mesmo com a hostilidade da criatura *determinada* contra seu criador – e ao mesmo tempo identificava-se com o poeta deixando-se *ocupar* pela imagética que, um pouco antes, invadira este último. A leitura romântica, por ser atividade passiva, faz-se, na qualidade de passividade, irrealização provocada e consentida; na qualidade de atividade, faz do leitor uma hipóstase do autor.

Além disso, para que a operação tenha sucesso, é preciso amar realmente o que se sabe sobre o escritor, o que se adivinha do homem através de sua obra. Se os pequenos Rolla de Rouen viessem a perceber um dia que Musset os enganara conscientemente, que os irmãos mais velhos, "doces como anjos maus", os levavam pela mão em direção a um precipício dissimulado, a ilusão se romperia, uma nuvem de vampiros irados e assustados levantaria voo, os filhos de burgueses voltariam a ser burgueses e trocariam uma desesperança requintada, cheia de promessas e boas lágrimas, por um desespero seco, mais próximo do riso que do pranto. É o que acontecerá entre 1835 e 1840. Mas compreenderemos melhor a amplitude do mal-entendido se compararmos o que os adolescentes acreditavam receber do romantismo com aquilo que Gustave lhe pedia e com os objetivos que os autores realmente se tinham fixado.

O que Flaubert pede a suas leituras corresponde exatamente àquilo que ele tenta obter com seus exercícios espirituais: que elas o arranquem do mundo igualitário da quantidade, onde todas as unidades se equivalem, que lhe restituam no imaginário sua supremacia *qualitativa*; a vida já não seria vivível se Gustave, na falta de outros títulos, não pudesse se considerar o eleito da Injustiça. O *único* Eleito: o único a quem Deus se recusa, o único que conhece o peso da maldição de Adão, o único proscrito, fidalgo de ciência no exílio entre campônios, em resumo, a única vítima de uma sociedade em ordem, de uma monarquia onde reina seu pai, príncipe amável para todos, perseguidor impiedoso do único filho caçula; como se vê, ele adota todos os temas românticos: já de saída, o fracasso, obscura sentença antenatal que ele é obrigado a executar em toda a sua iniquidade, dia após dia, *padecendo* a vida e gemendo com Byron: "Nasci filho da cólera" e também: "Sou meu próprio inferno"; impotente, desamparado, condenado à insatisfação perpétua, essa nostalgia orgulhosa e sombria fornece a prova da *qualidade* que todos se obstinam em vão a recusar-lhe: ele é o primeiro de uma hierarquia secreta e, assumindo sua condição de colegial humilhado, empenhando-se em vivê-la como uma Paixão, está muito próximo de Cristo, outra vítima anuente da vontade de outro Pai, sofre por todos – em vão, pois tudo é vanidade, soberbamente, pois resgata tudo com ímpetos sublimes – e doa-se, denunciando, por pura generosidade, o Escândalo da Criação. Por isso mesmo, ele é também Satã; fará os homens saltarem na frigideira do estilo e será o Grande Desmoralizador na pura gratuidade da arte. Essa é, pois, a imagem de si mesmo que ele quer surpreender ao se debruçar sobre o espelho romântico. Ela foi reconhecida: é o retrato de Gustave como jovem aristocrata. Ele não aprenderá nada naqueles "romances ensebados" que devora; sua personagem já está totalmente construída; mas, enquanto lê, sua figura imaginária beneficia-se com o rigor objetivo que confere aparência de realidade aos protagonistas: diferentemente dos colegas, o que pede ao outro é sonhar seu próprio sonho para que os sonhos, voltando *outros* para ocupá-lo, o obriguem a observar-se, aguardar-se, compreender-se, num espanto alegre, como se fosse um estranho. Ele só existia concretamente para si na exata medida em que era objeto para outrem. Por meio da rara alegria da leitura, Gustave torna-se objeto para outrem mas sem deixar de aderir a si; observa-se, mas conhece-se, aguarda-se, mas prevê-se; tudo o que faz, sente e declara, no romance que lê, é sempre aquilo que desejava dizer, fazer, sentir. Reconhece seu nascimento e seu sangue, sua raça: para ele a leitura é um certificado de nobreza; ela lhe permite ao mesmo tempo afirmar seu implacável desprezo pela burguesia; não que ele queira subtrair-se à sua classe ou que pretenda condenar Achille-Cléophas por seus costumes burgueses: pai e filho são Fidalgos. Não:

o adolescente, quando proclama seu fastio pelos burgueses calculistas, utilitaristas, avaros e burramente sentenciosos, vinga-se dos colegas e de seus pais, estigmatizando a plebeidade deles do alto de sua nobre generosidade; é o plebeu Louis Bouilhet que ele denuncia morrendo todas as noites na miséria, enquanto o plebeu, carreirista e ardiloso acumula coroas de louros.

Assim, quando um menino, convencido de que é "*bem-nascido*", pede aos românticos que o assegurem em sua crença, estes apressam-se a satisfazê-lo: no espelho mágico que lhe oferecem, aparece uma figura majestosa, a dele, a de um super-homem que sobrevoa o mundo e só tem relação visual com nossa espécie. Como uma mesma personagem pode provocar entusiasmo em Flaubert, preocupado em encarnar-se num herói aristocrático que lhe reflita seu sangue azul, e também nos seus colegas, que há pouco reivindicavam, com Clouet, o advento do Homem universal? Como a mesma ficção pode exaltar ao mesmo tempo o humanismo de uns e a misantropia do outro? É o que não se compreenderá sem interrogar os próprios românticos. Estes, de fato, apresentam suas criaturas de maneira muito ambígua: eles não procederiam de outro modo, ao que parece, se tivessem premeditado criar e manter o mal-entendido de que falamos. Gostam de falar do Homem, deus decaído que se lembra dos céus, e seus protagonistas aparecem ao mesmo tempo como representantes qualificados da espécie e como manifestação empírica do Homem-tal-qual-deveria-ser. Daí, algo de corneliano em suas obras – com uma ressalva capital, que veremos. Mas o que impressiona neles, assim como no velho trágico, é que "o Homem-tal-qual-deveria-ser" outro não é senão o aristocrata. Digamos que Corneille e os românticos pintam a nobreza e suas aspirações em dois momentos de sua involução.

O primeiro, para lutar contra a ascensão de *sua* classe, a burguesia mercantilista, logo associada pelo monarca ao governo da coisa pública, descreve-nos, como em sonho, o maravilhoso equilíbrio que seria produzido pela união do trono com a aristocracia: a sabedoria do monarca temperaria a loucura cavaleiresca de seus grandes vassalos, enquanto a exigência feroz destes – "respeitem nossos direitos" – refrearia, se necessário, as ambições do rei. Seu herói, como se sabe, caracteriza-se pela generosidade, virtude institucional da nobreza. Com efeito, o nobre dá a vida para defender a honra de sua Casa, seu senhor, seu rei e seu Deus. É um militar cuja função é matar, deixar--se matar, se necessário, definindo-se como o Dissipador supremo por seu projeto permanente de superar seu campo prático rumo à morte violenta – dada ou recebida. O desprezo que esse soldado de carreira nutre pelos trabalhadores provém da seguinte ideia preconcebida: estes se esfalfam para reproduzir a vida para si mesmos e para os outros, sua labuta é por essência recusa a morrer; como se definem em relação a ele, não podem ter mais valor do que o bem tão vil e comum que escolheram como fim absoluto. Por outro lado, aquele que dá a vida sem nada esperar em troca, aquele cujo nascimento é um direito e uma obrigação – pois nasce-para-morrer –, aquele, na qualidade de Dissipador, deve ser o Grande Consumidor: à luz de sua morte futura, o Consumo, desde que gratuito, parece-lhe uma cerimônia sagrada; a destruição sistemática dos bens simboliza a imposição da morte ao homem até nas coisas que ele possui ou produz; no incêndio de uma cidade inimiga, no empanzinamento ou na dilapidação de uma herança, o princípio é o mesmo: os bens deste mundo são devolvidos à sua materialidade selvagem, apagando-se os vestígios do trabalho humano. Ao Generoso, anjo exterminador que explode levando pelos ares a terra, pertencem eminentemente todas as riquezas mundanas – quer lhes sejam dadas, quer ele as tome –, pois ele não as usa para reproduzir sua vida, mas para reproduzir sua morte e a do inimigo por meio uma abolição simbólica. Quando se alimenta, é para conservar a força que lhe permitirá fazer a guerra e lá deixar a pele. Sem dúvida, ele também se bate para conservar e aumentar seu patrimônio, mas porque o recebeu dos mortos e o destina ao primogênito, morto adiado. Fecha-se o círculo: por meio da classe dominante, é a Morte que governa todas as relações humanas; à reificação que as caracteriza nas sociedades burguesas corresponde a sacralização funerária nos regimes feudais. Através da etiqueta e das cerimônias, através dos gestos e do estilo de vida próprios aos aristocratas, a morte se *dá a ver* como o sentido e o objetivo de toda práxis, como a relação hierárquica entre o superior e o inferior, como fundamento de todos os poderes e como majestade de todas as atitudes: toda pompa é fúnebre.*

---

* Depois disso, os nobres podem ser avarentos, calculistas, sequiosos de honrarias ou ganhos, folgazões, concupiscentes e lúbricos: descrevo aqui a ideologia deles, ou melhor, aquilo que às vezes se chama falsa consciência de classe. Com isso se deve entender que eles se pensam e se vivenciam segundo a Morte, e que seus apetites mais egoístas só podem aparecer-lhes sob o disfarce da generosidade. (cont.)

Na época feudal e nas tragédias de Corneille, os grandes vassalos, ligados ao monarca por juramento de fidelidade, são generosos *ativos*: consideram-se agentes da História e, em grande medida, não estão errados; também é preciso reconhecer que eles dão a vida *efetivamente*, que a arriscam, em todo caso, durante cometimentos planejados. Por isso, para restabelecer uma ideologia em vias de extinção, Corneille visa ao sublime *prático*: admiráveis são os atos, e as palavras só exaltam quando se referem a atos. Em 1830, ao contrário, o sublime é verbal: atinge o paroxismo quando a situação torna qualquer práxis impossível ou – o que dá na mesma – inútil. Nem por isso o Homem--tal-qual-deveria-ser, depois da queda de Carlos X, deixa de se opor à burguesia triunfante tal como o herói corneliano à burguesia ascendente; condenado à passividade pelo fracasso, sua essência continua sendo a generosidade, como vimos: ele não dá nada a ninguém, só pode ser uma paixão inútil e se conhece como tal. Apesar disso, sua qualidade fundamental, ainda que amputada de tudo aquilo que lhe conferia eficácia, continua sendo a superação gratuita da vida rumo à morte. Nascidos para morrer, esses proscritos assumem o ponto de vista da morte sobre a vida; a paixão que os destrói sem proveito é justamente o consumo puro. Eles se consideram os Grandes Dissipadores banidos por uma sociedade de poupadores. Substituíram a morte no campo de honra pelo suicídio, mas o suicídio é sua honra; cada instante de sua vida só vale por sua abolição futura, ou seja, pela morte que os totaliza nesse mesmo instante. A fé jurada, neles, é o juramento de morrer por nada. Ela perdeu o significado institucional: Hernani não morre *pelo rei*; envenena-se para cumprir a palavra que um velho ciumento e cruel lhe extorquiu, o que significa que ele ceifa a própria vida estupidamente no momento em que atingia a felicidade, para provar que, por natureza – entenda-se: pelo sangue régio, pela opção antenatal –, é superior a qualquer satisfação, a qualquer felicidade. O herói romântico é um soldado perdido que quer fazer da própria vida uma epopeia de solidão como lembrança das vitórias que os ancestrais

---

(cont.) Impossível compreender as Cruzadas sem captar, nos cruzados, uma ambição conquistadora que se faz passar pelo nobre desejo para libertar o Santo Sepulcro. A decisão, em cada caso, da medida em que esse devotamento religioso é pura aparência e em que medida comporta *realidade* é coisa que só pode ser feita com o exame dos atos. Não é de se duvidar, porém, que a generosidade como interpretação – mais ou menos falsa, mais ou menos verdadeira – das pulsões não pode deixar de exercer ação real sobre estas e, por conseguinte, modificá-las.

obtiveram de verdade nos campos de batalha; é um nobre exilado na sociedade dos burgueses que mataram o seu rei. Nada há de espantoso nisso: o *Desdichado*, personagem coletiva pela qual se apaixonam os colegiais de Rouen, foi especialmente concebido por autores monarquistas para um público monarquista e, de preferência, com título de nobreza. Os mestres chamavam-se Chateaubriand e Lamartine. Os caçulas tinham começado a carreira nos anos 20, decididos a unirem sua fortuna ao regime.

Tudo os induzia a isso; em primeiro lugar, o nascimento: a maioria deles pertencia à nobreza; isso quer dizer que, ao abrirem os olhos, tinham visto o trono derrubado, o poder usurpado por um "corso de cabelos lisos", a religião ultrajada, sua casta dispersa: eram – pensavam eles durante a adolescência – os perdedores de um jogo que outros tinham jogado; fadados ao fracasso antenatal desde o dia em que a cabeça de Luís XVI rolara, exilados não em alguma Coblence, mas em seu próprio país, no meio dos regicidas, filhos de irreparável desastre, tinham crescido com ódio aos burgueses que os haviam despojado do futuro e da fidelidade ao rei morto. Para eles, a Restauração foi uma divina surpresa: a monarquia voltou quando já não acreditavam nisso; recobraram uma tarefa, uma missão, um futuro: iriam servi-la.

Os confrades e amigos que não são bem-nascidos julgam que deveriam sê-lo e, tal como Victor Hugo, acrescentam a partícula *de* ao nome; monarquistas, são também imperiais*; Napoleão alimentou-os de glória; para eles, não houve fracasso antenatal: o desastre veio depois, num dia em que a águia planava no firmamento eterno e um golpe de vento lhe quebrou as asas. Eles também consideram que a grandeza é militar; a morte, a vitória, o sol sobre os campos de cadáveres: "A própria morte era tão bela, então, tão grande, tão magnífica em sua púrpura fumegante... já não havia... velhos, só havia cadáveres e semideuses...".** Na época bastava ser francês, ou seja, filho de um morto ou de um "*moriturus*", para ser nobre: "todos (os) filhos eram gotas de um sangue fervente que inundara a terra". Filho de um general do Império, conde de Siguenza, e de uma vandeana, Victor Hugo ama duas nobrezas ao mesmo tempo, ambas obtidas nos campos de batalha, e por parte de pai se julga igual aos filhos e netos de emigrados. De

---

* Em alguns jovens nobres, também se encontra essa dupla fidelidade: em Musset, por exemplo; este, mais sensível aos sucessos militares que à usurpação, escreve: "Nunca houve sóis tão puros quanto os que secaram todo aquele sangue. Dizia-se que Deus os fazia para aquele homem".

** Alfred de Musset: *Confissão de um filho do século*.

qualquer modo, o Imperador está morto, viva el-Rei: aqueles jovens burgueses amarão com fervor o velho gotoso que reina por direito divino. Victor Hugo se fará bardo da nobreza. Seus amigos e confrades burgueses apressam-se a acreditar na religião revelada: protegidos pelo monarca e pela Igreja, eles solicitam e lhes é concedido o direito divino da genialidade. Esses predestinados nada mais têm em comum com a arraia-miúda que lhes deu vida: Deus lhes fala ao ouvido. Eles só aspiram a frequentar, nos salões da alta sociedade, aqueles outros predestinados, os aristocratas. Quem mais – pensam eles – poderia compreendê-los? A quem mais falar de morte e generosidade?

Essas elevadas considerações mascaram ambições mais realistas para os leitores e, provavelmente, para os próprios autores: o século XVIII era ouro puro, os déspotas esclarecidos, príncipes de sangue e duques apreciavam a literatura e transformavam os escritores em seus familiares; cobertos de honras, grandes atenções, presentes caros, embriagados pela privança dos poderosos, eles tinham de retribuir com uma obrigação bem amena: cantar louvores a suas benfeitorias. A barbárie revolucionária pusera fim a isso, mas, como a monarquia legítima tinha sido restaurada, será que não era possível esperar que aquele mecenato fabuloso ressuscitasse? Se como contrapartida só era preciso fazer um pouco de propaganda, que mal haveria nisso? Afinal, Voltaire não ignorava que Frederico II e Catarina da Rússia se valiam dele para sua própria publicidade, o que talvez o impedisse de escrever tudo que o pensava, mas não certamente de pensar tudo o que escrevia.

Logo após o assassinato do duque de Berry, o marquês de Fontanes, o marquês d'Herbouville e Chateaubriand, sentindo a necessidade de intensificar a propaganda monarquista e de ganhar os intelectuais para a causa deles, fundam a *Société royale des bonnes lettres* [Sociedade Régia das Boas Letras], cujo nome é um programa: Victor e Abel Hugo têm o prazer de lá recitar seus poemas; gostavam de chamá-los de "filhos das Musas monarquistas". Por isso, quando Victor Hugo, Vigny e outros fundam *La Muse française* [A Musa francesa], Henri de Latouche recusa-se a "alistar-se numa falange de monarquistas". As *Odes* estão compenetradas de espírito cristão, casando sentimento poético e sentimento religioso; o prefácio lembra "a cruz erigida por Chateaubriand sobre todas as obras da inteligência humana". Lamartine julga oportuno "inserir-se na ordem estabelecida"; como contrapartida, o rei lê as *Meditações* e o cumprimenta; incentivado, o poeta se aproxima do *Conservateur*, periódico que reúne os líderes do partido monarquista; aceita substituir, nas *Novas meditações*, os últimos versos – bem anódinos, porém – de "Bonaparte" por uma conclusão mais insípida e severa para o Imperador. A jovem poesia pretende remontar às "fontes nacionais da inspiração francesa"; é uma manobra um tanto grosseira: trata-se de lutar contra o universalismo do século XVIII burguês e de identificar a personalidade da França com a Monarquia da Restauração. Com uma forma mais pitoresca e publicitária, dá-se início a um "retorno à Idade Média", oficialmente patrocinada pela duquesa de Berry, que usa isso como tema de seus bailes a fantasia. A operação realizou-se *nas costas da burguesia*; cansada e vencida, fechada em si mesma, esta se contenta com um acordo precário com os aristocratas: se for possível viver no regime, ela o aceitará. Para os jovens arrivistas da Restauração, essa canalha criminosa não seria digna de constituir um público caso eles não se julgassem obrigados a confirmá-la em seu sentimento de culpa, a fazê--la botar o dedo na sua incurável ignomínia e a mantê-la no respeito ao rei e no temor a Deus. Esses autores só escrevem com prazer para a aristocracia.

O problema é que a aristocracia não lê. Ou lê pouco. A partir de 1789, ela vê os intelectuais como gente suspeita.* Afinal, foram eles que prepararam e fomentaram desde longa data as conturbações revolucionárias: "É culpa de Voltaire, é culpa de Rousseau".[37] Começam as decepções: depois de alguns pequenos favores, os colaboradores da *Muse française* compreendem que não receberão prebendas do regime. Sem dúvida, em 1825, Carlos X confere a medalha da Legião de Honra a Lamartine e a Hugo, que tinha 23 anos. Mas Chateaubriand, o ídolo, não se acalma: depois da estrepitosa queda, ele deixa a cena política e se encerra num silêncio desdenhoso, entregando-se à solidão de René, o Desdichado, ainda que demonstre continuar fiel, como vassalo sublime, aos reis que o abandonam. Vigny, que durante muito tempo acreditou poder conciliar literatura e ofício das armas, renuncia em 1827, desgostoso com a ingratidão do soberano e com os erros políticos do governo. A censura proíbe *Marion Delorme*, Victor Hugo solicita uma audiência ao rei, que a concede com boa vontade, pede a peça para ler, mantém a proibição e comete o imperdoável erro de deixar claro o que pensa sobre os escritores em geral e sobre Victor Hugo em particular: concede a este uma pensão de duas mil libras.

---

* O duque de Richelieu pôs "a jovem nobreza" em alerta: "Desconfiem da inteligência".

Pensão é coisa que Hugo nunca recusa quando pode ser convencido de que ela recompensa seu mérito, prova é que já recebe uma. Mas esta pretende comprá-lo: ele não aceita. Essas contrariedades enfrentadas pelos filhos monarquistas das Musas trazem-lhes à memória o fracasso antenatal; graças aos primeiros sucessos, eles acreditaram que o retorno dos Bourbon apagara aquele fracasso, mas não: os velhos que governam não têm nada em comum com os soberbos monarcas dos séculos anteriores, a não ser o nome. Os escritores nobres, porém, permanecerão fiéis a eles porque a fé jurada faz parte do projeto fundamental que constitui a fonte de sua *qualidade* aristocrática; mas eles começam a entender que aquela fidelidade – como no tempo de sua adolescência – se dirige a *nada* ou talvez a velhos mortos que eles não conheceram, desaparecidos sem deixarem herdeiros nem herança. A Morte os petrifica: até morrerem eles serão leais àquelas mortas vontades. Hugo, porém, volta a Napoleão, outro defunto: a partir de então não esconderá sua admiração por ele.

Nesse ínterim, as jornadas de julho, sacudindo os Bourbon, dão o poder à canalha burguesa que esses escritores tanto desprezaram e que se lembra disso. Estes descobrem que sua adolescência profetizava: o destino deles era realmente o exílio; viverão e morrerão como nasceram, no meio daquele Terceiro Estado sacrílego que por duas vezes renegou seus soberanos legítimos, matando um e derrubando o outro, e, invertendo a seu favor a hierarquia natural, despojou a "jovem nobreza" de sua herança. Aqueles fidalgos perderam toda a esperança de sair das dificuldades: Vigny, oficial demissionário, precisará se contentar com magras rendas fundiárias; Musset, brilhante cadete, alistado há pouco tempo na falange dos primogênitos, aos vinte anos está enfurecido porque não passa de escriturário.* Mas isso não é o pior: eles sofrem antes de tudo de perda de substância, o desmoronamento do "ramo primogênito" impede-os de entregar--se ao usurpador – nada de dupla vassalagem –, mas sua fidelidade a um velho monarca em fuga não passa de birra absurda e ineficaz. Na nova sociedade, seus valores já não vigoram e se congelam; privados de sentido, passam à categoria de vãs postulações; no entanto, eles não podem mudá-los, porque esses valores expressam seu ser-de--classe. É assim que Vigny, mesmo não exercendo o ofício das armas,

---

* Mesmo assim, essa profissão o mantém ligado ao ofício das armas. Os srs. Féburel e Cia., seus patrões, tinham uma empresa dedicada ao aquecimento de instalações militares.

permanece o militar que era de nascença, mas a partir de então será apenas uma abstração de soldado: sua majestade fúnebre fede a morte. Morte gratuita, pois seu soberano, infelizmente, já não precisa de seus serviços; morte com a qual ele quer obsedar as testemunhas de sua vida, principalmente porque já não tem em vista dá-la nem recebê-la; morte que foi projeto concreto até 1827 e até mesmo 1830 (enquanto reinava um Bourbon, o poeta, em caso de perigo para a nação, podia retomar a farda) e que depois, sem que ele tivesse nada com isso, se transformava numa sinistra comédia que o obrigava, qual lobo ferido, a sofrer-e-morrer-em-público-sem-falar. Como não sentiria que sua generosidade passava para o imaginário e em nada diferia da generosidade de um ator a interpretar o papel de um príncipe? No entanto, é bem verdade que ele nasceu para morrer e está encenando o que é: irreal pela simples razão de que a nova sociedade, ao remanejar suas estruturas e instituições, o irrealizou. Ele viu sua *práxis* transformar-se numa *gesta* e morre de não morrer. Em compensação, considera-se permanentemente como representante da nobreza "sacrificada": será fácil convencer-se disso a quem leia *Stello*: "Nobreza... enganada, minada por seus maiores reis, que saíram dela... perseguida, exilada, mais que dizimada e sempre devotada, ora ao príncipe que a arruína... ora ao povo que não a reconhece... sempre ensanguentada e sorridente, como os mártires, raça hoje riscada do livro e olhada de soslaio como a raça judia".* Agora percebemos: o *Desdichado* encarna a nobreza inteira; e seu fracasso singular resume nele o drama de uma classe moribunda, ou melhor – como diz ele, como disse Boulainvilliers, como dirá Gobineau –, de uma *raça*. Reduzida à impotência, fiel a seus juramentos, ela prodigaliza seu sangue com uma louca generosidade que só terá como efeito riscá-la da história.

Loucamente generosa, vá lá. Mas não a ponto de perdoar a burguesia. Tais militares nutrem ódio feroz pela classe inimiga que os transformou em literatos. Não seja por isso: a literatura se fará militante; como a espada continua na bainha, a pluma se transformará em espada; as palavras dilacerarão; a espiritualidade altiva e acadêmica da Musa régia será substituída – fel, bile, horror, Deuses de minha vida – pelas vociferações do desespero e do furor. Os infortúnios dos românticos são proveitosos ao romantismo: por volta de 1830 ele se ensombrece. Visível ou invisível, o Terceiro Estado está presente em suas obras. Não é belo. O retrato do burguês que vai se impor no

---
* Vigny. Pléiade, *Oeuvres*, t. II, p. 797-798.

século XIX, que se encontrará na pluma de Henri Monnier e de Émile Augier, foi traçado primeiro pelos escritores nobres e legitimistas vencidos, e os que depois o retomaram não acrescentaram mais nada. Em *Chatterton*, especialmente, descrevem-se os costumes e o caráter de certo John Bell, ancestral dos srs. Poirier e Perrichon, tanto quanto de Isidore Lechat. Para dimensionar a amplitude do mal-entendido que separa os românticos soturnos de seus leitores de Rouen, não é supérfluo voltar um pouco para esse drama sombrio, publicado em fevereiro de 1835.

Flaubert parece só tê-lo lido em 1836, no mínimo, e, sem dúvida, em 1837. O fato é que, dezessete ou dezoito anos depois, ele ainda guarda uma lembrança admirada: "Sou reconhecido (a Vigny) pelo entusiasmo que senti outrora ao ler *Chatterton* (o assunto contava muito)".* O assunto é o assassinato de um poeta pela burguesia. Na época, Gustave considera-se mais poeta que ficcionista. Ora, o prefácio de Vigny, que ele deve ter devorado, faz uma distinção entre homem de ação, grande escritor e poeta: neste, o adolescente acredita descobrir seu retrato; inábil para tudo o que não seja obra divina, ele nasce para viver à custa dos outros e ser inteiramente devorado pela imaginação. Esse possesso assiste como estranho aos movimentos de sua alma; suas relações humanas se deterioram e acabam por romper--se; é indispensável "que ele não faça nada de útil nem cotidiano", que lhe seja poupado o "ruído grosseiro de um trabalho positivo e regular". Flaubert aplaude com entusiasmo esta indagação: "A única ciência do espírito será a ciência dos números?". Não será ele, justamente, "um espiritualista asfixiado por uma sociedade materialista na qual o calculista avarento explora sem piedade a inteligência e o trabalho"? É grato ao poeta por ter sacrificado a partícula de nobreza de seu nome e por ter-se feito representar por um jovem plebeu sublime: na família de Achille-Cléophas todos têm sangue azul, mas nenhum título; hereditário é o gênio. Em suma, ele se entusiasma, e sua exaltação ingênua o carrega cem léguas além das verdadeiras intenções do autor. Sem dúvida, é compreensível: ele tem quinze ou dezesseis anos, Chatterton tem dezoito, ambos nasceram com o desejo de morrer; o primogênito mata-se no fim do último ato; o caçula fica para o dia seguinte, no máximo para a outra semana; ambos, enquanto vivem, morrem de medo de desaparecer sem estarem completos. Com que alegria rancorosa o pequeno colegial, reconhecendo no destino

---

* A Louise Colet, 7 de abril de 1854. *Correspondance*, t. IV, p. 53.

de seu confrade suas próprias fatalidades, morre com ele, inacabado, vítima de suas doações funestas, de um amor impossível, da maldade dos burgueses. Do que se disse acima, compreende-se que a leitura noturna é o elo profundo que une Gustave e os colegas: ele rumina um fracasso individual que o tornou o que é; eles vivem, com febre e amargor, um fracasso coletivo que fragmentou o grupo; ávidos por compensar o infortúnio, o dirigente "individual" e a equipe fragmentada, lendo os mesmos romances, encontram um denominador comum no fracasso histórico da antiga classe dominante; entenda-se com isso que todos eles o vivem *como se fosse seu*. Ou, se preferirmos, pretendem apreender através *deste* a sua derrota como Paixão, destino, única fonte de grandeza. É óbvio que não ignoram que Vigny encarnou em Chatterton. Mas nem pensam em formular a pergunta preliminar: por que esse Senhor de 38 anos, no auge da glória, porém amargurado, se interessa pela sorte de uma criança malnascida que se aniquila sem ter realizado sua obra? Por que esse futuro acadêmico*, esse cavaleiro da Legião de Honra**, optou por encarnar-se num garoto azarado que os adultos tratam de inútil e a Sociedade não quer reconhecer? Será de se crer que ele pensou em "sua vida errante e militar", no jovem poeta de farda que foi nos anos 1820? Ou – como ele tem o descaramento de afirmar – que, como escritor "bem-sucedido", quis aproveitar o crédito que tinha para "dirigir à França inteira uma defesa dos infelizes jovens (que ele) estava pesaroso por não poder socorrer pessoalmente, (que ele) via à beira de sucumbir"? Se refletissem nisso, os coitados compreenderiam que o Senhor de Vigny, legitimista, está em vias de juntar-se, sorrateiramente, ao ramo caçula e, para mascarar a operação com uma cortina de fumaça literária, quer gritar "à França inteira" sua aversão pela ralé impiedosa que arrancou o poder à nobreza e luta para acabar com ela. Sua "defesa pelos jovens que sucumbem" é, na verdade, um libelo contra os perigosos orleanistas que mataram

---

* Suas primeiras "visitas" acadêmicas serão feitas em 1841. Será de se crer que seis anos antes ele era avesso a tornar-se "imortal"? Em dezoito meses – quem diz é Gustave –, os dados estão lançados: *já* se optou pelas honras e pela vergonha ou pela desonra e pela glória. Vigny é um policial. Hugo, conforme Guillemin mostrou, foi tentado a tornar-se policial por volta de 1845. Sua formidável "constituição" e o golpe de 2 dezembro trouxeram-lhe à memória seu orgulho louco.

** Em 1833, Vigny não cuspiu na cruz timidamente oferecida pelo Usurpador. Foi condecorado pelo ministro do Comércio e das Obras Públicas, o que teria espantado muitíssimo Chatterton, alérgico a "qualquer trabalho positivo e regular", inimigo do comércio e do lucro.

as virtudes cavaleirescas e a generosidade da fidalguia francesa. Esse aristocrata assume a defesa dos pobretões: Chatterton é povo tanto quanto príncipe. Sem dúvida não é o caçula Flaubert, jovem burguês que vive abastadamente e no colégio recebe as lições das virtudes de sua classe. O conde Alfred de Vigny, *desdichado* nº 1, não nutre nenhuma simpatia pelos herdeiros plebeus. No momento de se vender por um punhado de honrarias a seu representante qualificado, ele encarna espetacularmente em Thomas Chatterton; não em sua singularidade, e sim por considerar que recebeu (ninguém lhe deu) o temível privilégio de personificar a nobreza legitimista, toda reunida num único mártir, numa única "vítima inocente" da sociedade burguesa, num poeta assassinado. Mostrei alhures que se fazem santos com heróis malogrados. É o que ocorre também com essa espécie de santo às vezes repugnante, sempre suspeita que vemos pulular na literatura depois da Revolução de Julho: pelo menos em Vigny, já em 1818, o poeta é engendrado pelas desilusões do militar; as ambições literárias sucedem às derrotadas ambições de classe, e o orgulho aristocrático se irrealiza no momento em que a aristocracia perde seus privilégios. Para Vigny, para o jovem Musset, um aristocrata consciente de seu naufrágio só pode ser poeta, um poeta só pode nascer de um aristocrata naufragado. Este, de fato, sabe que sua generosidade lhe conferia *qualidade* para "ler nos astros a rota que nos é mostrada pelo dedo do Senhor"; "imolado" de antemão, vivendo na companhia da morte, sua abnegação o coloca acima de todos os interesses particulares, de todos os egoísmos: em nome da morte consentida, ele pretende exercer a bela função de "piloto"; praticou-a, denominou as estrelas e a rota, ninguém prestou atenção, e seu sacrifício extrai da angustiante gratuidade uma qualificação nova: inútil, imotivado, perseguido incansavelmente sob o céu "mudo, cego e surdo aos gritos das criaturas", esse puro testemunho de que o Nobre era possível transforma em beleza sua eficácia perdida. A partir daí é possível compreender as origens aristocráticas de uma doutrina literária que, nascendo por volta de 1830, sobreviverá ao século XIX: a Arte não tem outro fim senão ela mesma porque, desde os primeiros tempos do romantismo francês, sua única missão é tornar baldado o sacrifício do Homem – ou seja, do militar. O gênio do poeta e o sangue do nobre são uma e mesma coisa: sua predestinação. Fadados ambos ao desespero, à morte, eles são igualmente banidos por uma burguesia feroz. Chatterton é o Grande Dissipador: consome a vida porque é preciso morrer para saber falar da morte, vocação do soldado; com isso se explica seu desprezo pelo "trabalho útil"; para ele, assim como para os barões do século XIII, a labuta só tem em vista reproduzir a vida, o útil só pode basear-se no egoísmo e no medo covarde de malograr; o jovem poeta não pode sequer compreender do que se trata: morto adiado, tudo lhe é inútil, o inútil é sua vocação, ele não pode criar nada sem se prejudicar, sem ressuscitar suas obsessões fúnebres e apressar a hora de sua abolição.

Canto do cisne legitimista, exaltação da fidelidade que encobre uma adesão birrenta, o drama é escrito com a única intenção de reabilitar seu autor aos olhos dos partidários do ramo primogênito: o bardo tem o coração podre de rancor, quer arrastar a burguesia para a merda; e nesse ponto é sincero. Ou quase. Sua peça é uma máquina de guerra: a razão analítica e seu produto, o mecanicismo, eram armas perigosas nas mãos dos filósofos e dos Enciclopedistas; o determinismo, o atomismo social e psicológico, o princípio do prazer e o utilitarismo serviam-lhes para negar a liberdade, a generosidade, o heroísmo e, com isso, recusar aos fidalgos a "*qualidade*", esse algo que justificava os privilégios. Vigny vira o argumento: há *homens de qualidade*, como Chatterton, portanto a burguesia toma por caráter universal da natureza humana uma baixeza que na verdade lhe pertence. Se o método analítico e o "cálculo materialista" tiveram tanto êxito, é porque os burgueses os usaram de início para se conhecerem. Objeto e método são uma coisa só.

Vigny vai mais longe; com a clarividência do ódio, em John Bell, rico industrial, ele mostra o explorador impiedoso, do mesmo modo como os sulistas, na época da guerra de Secessão, denunciarão a exploração do homem pelo homem nas fábricas do Norte: seja qual for a ferocidade de um proprietário, ele está em boa posição para perceber a "reificação" das relações humanas na sociedade burguesa; entre o fidalgote de província e os camponeses, a relação permanece direta enquanto a inércia mecânica e a atomização não vierem para alterá-la. Na cena II do I ato, Vigny, o rendeiro, acusa o proprietário *real* de sacrificar os trabalhadores e vender-se ao seu único Deus: o lucro, em outras palavras, à Coisa humana.* Caberá acreditar que ele

---

* Cf., especialmente, Vigny, Pléiade, *Œuvres*, t. I, p. 832:
    JOHN BELL
    A terra é minha porque a comprei; as casas, porque as construí; os habitantes, porque lhes dou moradia; e o trabalho deles, porque pago. Sou justo de acordo com a lei. (cont.)

entendeu realmente os vínculos que a produção, as estruturas institucionais e a práxis têm com os interesses, o pensamento analítico, a *exis* e a ética da classe burguesa? Certamente não: para ele, John Bell não é puro produto das contradições sociais; sem dúvida esse proprietário é mau porque é industrial, mas se ele é esse industrial, senhor absoluto de sua empresa, egoísta e duro, justo de acordo com a lei votada por seus semelhantes para proteger seus interesses, é porque é mau *por natureza* ou, se preferirmos, por pertencer ao Terceiro Estado. Pois o egoísmo, o apetite pelo ganho, a dureza de coração, a economia levada ao ponto da avareza e o instinto de dominação são próprios da plebe quando esta não é contida pela autoridade de um monarca, pela generosidade da aristocracia, pelos mandamentos da religião. A burguesia não *se tornou* má, pela simples razão de que sempre o foi: todo o mal proveio do fato de a terem deixado tomar o poder. Em suma, Vigny a considera uma raça. O resultado – desastroso para nossos colegiais – é que seus livros, tenha ele desejado ou não, são um pega-trouxa: se o gênio é uma forma de generosidade, e se a casta nobre é a única generosa, aqueles filhos de burgueses vão ver com quantos paus se faz uma canoa, derramando doces lágrimas enquanto murmuram: "Eu também sou poeta!". A raça burguesa produz comerciantes, banqueiros, industriais, médicos, topógrafos e – por que não? – prosadores.* Está proibida de produzir poetas, porque se define por seu apetite de viver e pela vontade de poder, e porque sua baixeza a torna perfeitamente incapaz de compreender a autodoação, o ser-para-morrer e o fracasso consentido. Esse racismo é absorvido pelos colegiais como um veneno mortal, desperta neles, curiosamente, o jansenismo de seus ancestrais: todos os burgueses são danados *por*

(cont.) Seu interlocutor observa com ironia:
"Tu és o barão absoluto de tua fábrica feudal".
(Entenda-se: valia a pena substituíres os aristocratas, visto que és mais duro que os mais ferozes barões dos séculos feudais?)

* Nas primeiras páginas de *Souvenirs...* – ou seja, em 1839, o mais tardar – Flaubert opõe Poeta a Artista. Esse trecho é diretamente inspirado no prefácio de *Chatterton*: Artista corresponde com todas as características ao prosador que Vigny chama de grande escritor. "O julgamento (do grande escritor) é são, isento de outras perturbações que não as que ele busca... ele é estudioso e calmo. Seu gênio é a atenção, elevada ao mais alto grau, é o bom senso em sua mais magnífica expressão... Ele tem sobretudo necessidade de ordem e clareza..." (Vigny, Pléiade, p. 815-816). "Entre artista e poeta uma imensa diferença; um sente e o outro fala, um é o coração e o outro a cabeça" (Flaubert, *Souvenirs*, p. 52).

natureza e por culpa deles – pois eles só têm liberdade para escolher o Mal. Se, uma vez a cada século, um deles escapa a esse servo-arbítrio inflexível, sua mãe, assustada e cheia de blasfêmias, crispa os punhos em direção a Deus, gritando: antes tivesse parido um punhado de cobras que ter de alimentar essa coisa ridícula, esse monstro raquítico! Em outros termos, só o Todo-Poderoso, em Sua incompreensível e infinita Bondade, pode optar por conceder a um filho da plebe uma salvação perfeitamente imerecida: *só pode ser milagre*; a anunciação feita a alguma Maria-vai-com-as-Outras, esposa de vendeiro – "Darás à luz *um nobre*" – soa para ela como maldição. Quanto ao monstro eleito, suas desditas ultrapassarão a imaginação mais sádica, até que a burguesia, enojada por ter dado à luz um inimigo de classe, põe fim à sua existência com um linchamento.

Aqui começa a famosa mistificação chamada de segundo Mal do Século. Àqueles colegiais mortificados pela animosidade dos pais, um autor prestigioso mostra um pobre sem título de nobreza, mas sublime, e os convida a encarnarem-se nele: não passa de uma pobre criança como vocês! Mas, assim que entram na pele do protagonista, o êxtase é perturbado por um inexplicável mal-estar: alguma coisa lhes diz que eles "não são a personagem", que a escolha foi malfeita, que o de John Bell lhes cairia como luva. Já sofreram um golpe: vejam Hernani, salteador de estradas, filho do povo; reconheciam-se nele sem desconfiar, lisonjeados, de qualquer modo, por encontrarem tamanho senso de honra, palavras tão magnânimas naquele plebeu que consideravam seu porta-voz, por meio do qual enfrentavam reis e imperadores. Infelizmente para eles, há aquele golpe de cena do quarto ato; o bandido tira a máscara: João de Aragão! Está tudo explicado; já não é de espantar que ele saiba responder para os Poderosos na língua deles: é um deles. A voz do sangue. É da raça deles, o traidor pertence à casta militar. Por direito de nascença. Com isso, o pequeno leitor, que não é *bem-nascido*, solta-se e precipita-se na plebe: aquelas palavras sublimes não foram pronunciadas por ele, não foram ditas por ninguém *em nome dele*. Ele entendeu o aviso: se quiser, que assista da plateia ao drama sagrado que opõe um Grande de Espanha ao herdeiro do trono, mas que não lhe passe pela cabeça meter-se; os nobres sentimentos não são coisa para ele (o que sabe ele de honra? e como poderia praticar a clemência?); já será bom se conseguir compreendê-las de modo aproximado, mas não pode participar delas. Por quais descaminhos se meteu o infeliz! Lara e Manfred são filhos de lorde; Rolla, Chatterton, filhos de conde; foi um visconde que engendrou Abencérage, último da estirpe. Ninguém deixa um filhote de burguês brincar com os filhos de um castelão. João de Aragão, se o encontrasse, provavelmente não teria nada a lhe dizer, e, ruminando sua vingança e seu amor, nem sequer o notaria. Outros, mais cruéis, lhe cuspiriam na cara. Pela simples razão – ele não pode ignorar – de que os pais dele desprezam e detestam o seu. Para os srs. de Vigny e de Chateaubriand, o jovem herdou a culpa dos revolucionários; o regicídio, crime inexpiável, maculará a classe infame até a última geração. Que terrível infortúnio amar tanto René e ser tão pouco amado por ele.*

Os colegiais de Rouen acreditavam-se vítimas de um conflito de gerações: os pais tinham começado bem, mas parado no meio do caminho; os filhos tinham tentado continuar a marcha, levar o liberalismo até o fim; censuraram os pais em nome do Homem, do modo como ele deveria ter sido e como eles queriam fazê-lo. Ora, eis que um discurso especioso os induz a transformar sua luta em conflito de classes e a irrealizar-se como aristocratas para baixar sobre a burguesia o olhar desdenhoso da casta superior, daquela casta que os seus avós tinham combatido, que seus pais, vencidos, detestavam em silêncio, que os Três Dias Gloriosos haviam derrubado, que Clouet e os amigos queriam exterminar, que os insurgentes de março reprovavam aos pais terem poupado.

O mais grave, de fato, é que são cúmplices do golpe baixo que lhes estão aplicando. Em 1830, a atitude da burguesia em relação à nobreza é muito ambígua. Ela precisa desta, como vimos. Mas não é só isso: o burguês "frui" um complexo de inferioridade. A industrialização mal começa: não há necessidade de buscar novos mercados nos países subdesenvolvidos; o nacionalismo ainda não nasceu: os fiéis súditos do rei-cidadão são decididamente pacifistas; a guerra – acreditam – deve ceder lugar ao comércio exterior. No entanto, não escondem que admiram as virtudes militares de "sua" aristocracia. Para eles, o exército é luxo, ideal, generosidade, prestígio: eles o mantêm a fundo perdido de seu próprio bolso. Digamos que este representa a "parte maldita" de seus ganhos. Além disso, muitos deles gostariam de ter um título de nobreza: sempre que pôde trair sua classe no passado, o plebeu o fez, e foi possível dizer – explicação incompleta, mas não falsa – que os

---

* Se bem que há Ruy Blas. Esse personagem, ao que parece, é concebido para mostrar que o valor não depende do nascimento. Infelizmente, o que se depreende da peça é que um lacaio *pode ter coração de nobre*. Mais um disfarçado.

notáveis do Terceiro Estado, em 1789, se insurgiram contra a nobreza porque ela se recusava a integrá-los. Resultado: na segunda metade do século XVIII, o Terceiro Estado, oprimido, considerava-se *com razão* a verdade da Nobreza; na primeira metade do século XIX, vencedor, parece-lhe *sem razão* que os papéis se inverteram: a classe vencida apresenta-se como verdade da classe triunfante e esta, ao mesmo tempo que contesta os juízos formulados sobre ela por seus antigos senhores, só reconhece como seu o direito de julgá-la. Impossível engano maior: a verdade da burguesia está sendo descoberta por outros olhos em Lyon, Rouen, Paris, e explodirá em junho de 1848; é o próprio proletariado. Mas os abastados nem sequer imaginam que os "novos bárbaros", que não sabem ler nem escrever e se vendem todas as manhãs como mercadorias, possam erguer a cabeça e olhar de frente para eles.

Os filhos interiorizaram a atitude dos pais; mas neles a ambivalência é mais marcada: usando a terminologia freudiana, diremos que para eles há a nobreza real, beata e tacanha, que eles detestam, e a nobreza simbólica, que admiram, sem poderem separar uma da outra nem decidirem totalmente se querem abolir todos os privilégios ou se lamentam não ser fidalgos. Ora, eis que lhes é proposto encarnar-se, durante o tempo de um sonho, como verdadeiros aristocratas, dignos desse nome. Evidentemente, é uma armadilha: mas quem disse que eles não têm obscura consciência disso, e que em suas leituras não viram, mesmo sem confessarem, uma oportunidade de enobrecimento temporário e secreto? De qualquer maneira, vítimas ou cúmplices, ou ambos – o que é mais verossímil –, os pequenos Judas serão terrivelmente punidos.

Como vimos, nos primeiros tempos – um ano ou dois, talvez –, eles puderam enganar-se sem muita dificuldade: a descoberta da leitura-hipnose era imprevista demais para deixar de enchê-los de satisfação. Mas a frustração, quando a sentiram, instalou-se neles como uma *exis* permanente; no entanto, deram prosseguimento às suas sessões de onirismo dirigido, apesar da decepção que, conforme já sabiam, os esperava não só quando despertassem, mas no próprio cerne do sonho, náufragos devorados pela sede que não podem abster--se de beber água do mar, mesmo sabendo que ela lhes incendiará a garganta. Há um fragmento já citado de *Madame Bovary* em que Flaubert dá testemunho disso: "Sentados na cama, cabeça baixa, costas curvadas, passando as noites de inverno a devorar, imóveis, algum romance ensebado *que lhes devastava o coração*". Impossível enganar-se, todos sabem do cuidado com que Gustave escolhe as palavras: devastação é estrago irreparável. No *Prefácio às últimas canções*, ele falava dos grandes abalos provocados pelo romantismo nos cérebros supercomprimidos: sabemos agora que aquelas ondas de choque fissurantes produziram catástrofes, ao racharem a dura matéria pela qual se propagavam; abalos sísmicos, desabamentos. Depois da passagem dos Átilas românticos pela boa cidade de Rouen, nada será como antes, os corações devastados nunca mais reverdecerão. Isso só pode ter um sentido: a ilusão esplêndida e decepcionante deixava-os desencantados consigo, sem que pudessem curar-se da necessidade que tinham dela. Os meninos da noite experimentarão à sua própria custa aquilo que Flaubert chama, mais ou menos na mesma época, de "desmoralização".

Tomemos um condiscípulo de Flaubert, um daqueles que com ele vão criar a franco-maçonaria do Rapaz: Pagnerre, por exemplo, que em 1863 encontramos como "acionista da nova sociedade proprietária dos teatros de bulevar". Suponhamos que leia *Chatterton* e tentemos descrever os efeitos dessa leitura sobre sua vida cotidiana. Em outras palavras, como se comporta ele *durante a vigília após* uma noite de orgias imaginárias, *antes da* próxima orgia noturna? O que se tornou para ele e nele o poeta que ontem o encarnava e que à noite o encarnará? A resposta é simples: durante a leitura, Pagnerre, ressuscitando os signos, *estava em* Chatterton na exata medida em que significava este e seu meio ambiente inglês. Agora é Chatterton que reside em Pagnerre, inacessível transcendência no cerne da imanência, inassimilável núcleo de exterioridade, remanência de um discurso que ninguém mais profere; *estar em Pagnerre* não pode significar encarnar-se nele; ao contrário, é fazer-se nele o Outro inacessível *que o significa* como ser mundano, como organismo, como suspeito, em suma, como aquele que *não é* Chatterton, aquele que Chatterton não pode ser e se limita a designar, tanto a título de imperativo que lhe mostra o caminho por seguir quanto de magistrado supremo que o julgará naquilo que faz.

Na verdade, assim que o leitor sai da hipnose romântica, o *Desdichado* recebe outro estatuto ontológico: mesmo sem se tornar *real,* perde a dimensão de imaginaridade. Evidentemente, no imaginário, Chatterton continua sofrendo: o livro está lá, nele dormita o drama, qualquer um pode despertá-lo. Mas, para Pagnerre, que, no momento, *se realiza*, querendo ou não, aquele imaginário já não é imaginado, salvo *alhures*: alhures, em outros dormitórios coletivos, outros colegiais exaltados talvez se sacrifiquem para instituí-lo. Essa certeza tem o efeito de substituir o imaginário perdido por uma dimensão coletiva que se mostra a Pagnerre como *o ser objetivo* de Chatterton: este pode aparecer em todos os lugares, *menos* aqui, neste espírito que se rememora mas provisoriamente não pode imaginar; em suma, para o menino decaído, o ser de Chatterton é sua ubiquidade virtual, ele está em Pagnerre como ausência inumerável. Para seu nobre leitor a personagem se torna aquilo que chamei de *coletivo*, ou seja, um objeto social que haure seu ser no não-ser, na distância, na não-comunicação dos agentes sociais que a ele se referem; para estes, mostra-se em sua inflexível inércia como *índice de separação* que caracteriza o conjunto serial do qual eles fazem parte – ou, se preferirem, como a razão da série. Pouco importa, depois disso, se ele é real ou imaginário; seu ser lhe advém do fato de transbordar infinitamente de toda e qualquer consciência, ainda que só possa existir por meio dela. Na verdade, essa relação com os outros leitores – passados, presentes, futuros – já estava obscuramente presente durante a hipnose. Mas a consciência implícita de que são possíveis outras "leituras" para outros leitores, leituras idênticas no fundo, mas diferenciadas nos detalhes, só podia aumentar a volúpia de ler, consolidando o imaginário e emprestando--lhe profundezas inexploradas, uma riqueza inapreensível, uma "verdade", ou seja, um acordo exigido *a priori* de todos os bons intelectos em torno do fundo e da firme intenção de denunciar como "inimigos da Verdade", convencionais e filisteus todos os leitores que não aderissem a essa opinião comum. Ao despertarem, ao contrário, a relação serial só pode aumentar a angústia do colegial ao convencê-lo de sua queda: enquanto ele lia, *os outros* eram os que se irrealizavam *como ele* em Chatterton; agora, os outros são aqueles que, com um sacrifício consentido, perpetuam a encarnação radiante e emprestam cem mil corpos ao Deserdado. Este, por meio daqueles ausentes, é *instituído em Pagnerre* como Alteridade, em sua abstração eleva-se à categoria de Alter Ego – melhor seria dizer: Superego – impiedoso e sagrado. Essa estrutura coletiva, aliás, na Personagem está ligada a seu caráter de aparição temporalizada: ele se apresenta ao nobre leitor como um ser também no sentido de que o ser do existente é o passado superado: a encarnação *ocorreu*, ela é e sempre será, pelo menos como tendo sido, como acontecimento indestrutível. Assim, o *páthos* foi *vivenciado* na imaginação, e as *normas* do romantismo foram imaginariamente aplicadas*; estas, assim como aquele, têm acesso portanto

---

* Pagnerre, herói imaginário, adequou suas condutas à tábua de valores aos quais Vigny se refere implicitamente; tribunal imaginário, ele se uniu ao *quaker* para condenar John Bell.

à dignidade de arquétipo, ou seja, de experiência primeira e sagrada que pode ser reproduzida, mas não alterada e muito menos superada. Acresce que a memória, compenetrada de não-ser e encontrando-se por isso em relação de homogeneidade com a imaginação, não possui por si só – ou seja, sem um sistema complexo de mediações – meios de fazer a distinção entre o passado que foi realmente vivido e aquele que foi simplesmente imaginado, na mesma época; é o que cada um pode comprovar remetendo-se à sua própria experiência: quem de nós não ficou hesitante diante de uma lembrança esgarçada, não datada, inclassificável, e, não conseguindo integrá-la na experiência transcorrida, deixou-a fugir sem decidir se era a ressurreição de um sonho ou de um acontecimento real? Quantas pessoas, traídas em sonho por um parente, por um amigo íntimo, acordando de manhã com a perfeita certeza de terem sonhado, não conseguem abster-se de várias vezes durante o dia sentir pelo "traidor" uma desconfiança rancorosa de que elas mesmas se espantam? Nesse caso a convicção racional de que se trata de uma fantasia onírica continua na superfície e, apesar dos leais esforços, não consegue ir para o nível profundo no qual são forjadas as crenças.* A essas três raízes de seu estatuto ontológico – ser coletivo, ser passado, ser rememorado – a encarnação desencarnada acrescenta a estrutura ek-stática e futura do ser esperado. O que faz o pobre Pagnerre durante os "castigos" do dia, senão *depositar esperanças* na noite? A noite é a pele de leão na qual ele se enfiará. Assim, Chatterton está lá, em sua pura abstração, sem palavra, sem imagem, como uma tensão da alma, como um imperativo singular: ressuscita-me na realidade tal como sou na eternidade de uma obra, *realiza* o Homem que sou, morre incessantemente e profere em meu nome a sentença sobre os burgueses assassinos, a começar por teu pai. Que não mais o sonho te arrebate à tua classe, mas sim o veredicto inflexível e real que proferes contra ela.

O menino assume a missão, mas deixaram de preveni-lo que o veredicto, teoricamente possível, na verdade só pode ser proferido no imaginário e com a mediação da leitura. A ratoeira fecha-se atrás dele:

---

* De nada adiantaria alguém objetar que o conteúdo desse sonho dá provas de uma hostilidade secreta em relação ao amigo que é forçado a trair pela pessoa que sonha: isso é evidente. E também é verdade que essa hostilidade, na manhã seguinte, revelada a si mesma por um sonho, usa-o como pretexto para perseverar durante a vigília, dissimulando sua verdadeira natureza. O que impressiona é o fato de ela poder se autoenganar e continuar tomando por realidade uma fantasia *denunciada como tal*.

a missão imperativa de condenar os hominianos em nome dos homens imaginários não passa de falsa aparência; Pagnerre toma por comando real aquilo que na verdade não passa de incitação perpétua a *ler*; como se, diante de algum burguês de carne e osso, uma voz lhe sussurrasse: "Retoma teu livro, volta a adormecer, volta a ser Chatterton em sonho para poderes condenar o imaginário John Bell". Infelizmente, a dignidade ontológica da nobre encarnação e sua universalidade serial de *coletivo* conferem consistência abstrata e enganosa aos valores professados. O *ser-alhures* e a universal ausência do *Desdichado* manifestam-se para Pagnerre como o dever-ser das normas românticas. Ser-alhures, dever-ser: duas maneiras de apresentar-se como irrealizáveis por realizar. Como o caráter comum da ética imaginária e da ética real é o seu ser-para-além-do-ser, aquela se deixa confundir facilmente com esta. O erro é inevitável e redunda necessariamente no "Deves, portanto não podes!" que já encontramos e que, entre 1830 e 1840, caracteriza a situação histórica de um filho de burguês. Mesmo que quisesse trair e ter sobre a família o ponto de vista que os militares têm sobre os paisanos, como Pagnerre poderia fazê-lo, se não foi posto no mundo nem criado para tornar-se soldado? Filho de burgueses, a burguesia é sua ancoragem, o ambiente de sua vida; sua cumplicidade tácita com as pessoas de sua classe é um costume que se tornou natureza, sua realidade mais íntima e mais oculta; é o daltonismo que o torna cego para a burguesia dos outros, é um conjunto de princípios que se apresentam como evidências. Ele foi modelado com a *práxis* dos adultos e tornou-se seu cúmplice ao se remodelar; interiorizou as modificações sofridas por meio de uma transformação proprioceptiva que as converte em *habitus*, em *exis*: ele é o retorno das estações, das férias, dos feriados, das cerimônias familiares, da volta às aulas em outubro, dos estudos vigiados, das competições, dos castigos e, através do tempo repetitivo, das irresistíveis fugas para a morte do pai e a herança. Da segunda-feira ao sábado, todas as noites, um romance se apodera dele e o obriga a contestar a burguesia, mas, no domingo à noite, depois de passar 24 horas "em casa", é um filho de família que volta ao dormitório coletivo, com a cabeça cheia de lembranças burguesas. Gustave anotou muito bem isso no mesmo fragmento de *Madame Bovary*: "Quando voltávamos... falávamos do que tínhamos ouvido... em nossa família, das novidades da cidade, do espetáculo ao qual tínhamos ido, da cantora que tínhamos visto e, sobretudo, do bailinho ao som do piano, do qual chegávamos, ainda no dia seguinte, com os cabelos frisados".* Amenidade burguesa, pequenas alegrias burguesas, poesia burguesa dos arrasta-pés em família, conforto aconchegante, segurança: é disso que tem saudade a sonhadora burguesia ao reintegrar-se no colégio, disso terá tristes saudades Gustave na hora de deixar Rouen para ir a Paris. De perto, não é fácil odiar um pai, sobretudo se ele sorri; os encantos da vida sedentária são uma tentação permanente para aqueles adolescentes enclausurados, porque tais encantos se confundem com os da liberdade e dos namoricos. Por que viajar? Por que não ficar a vida inteira na cidade natal, na casa onde já morava o avô do pai? Mais tarde retomariam o negócio da família, se casariam com a prima que na véspera dançava com eles, teriam filhos... Tais são os sonhos dominicais que os pequenos cavalheiros levam para o dormitório coletivo. Sonhos? Nada disso: pois *é o quinhão deles*, e sabem disso; estão espicaçando o próprio destino e *fazendo-se* burgueses com condescendência. Onde foram parar Lara, Fra Diavolo, Hernani? Não há o que temer: eles voltarão com força total no dia seguinte. Mas estarão completamente adormecidos no domingo, quando os jovens cavalheiros dão mostras de inclinações tão caseiras? Não: mantêm-se à distância, na sombra, mas vigiam, atentos, para lembrar aos meninos os nômades ferozes que eram anteontem, para terem mais certeza de estragar seu prazer. Os filhos do século eram "gotas de sangue ardente que tinham regado a terra"; "criados nos colégios com rufos de tambores", "treinavam os músculos mirrados" "mirando-se com um olhar sombrio". É porque seus pais viviam, voltando de vez em quando para "erguê-los sobre seus peitos recamados de ouro"; é porque César reinava, destino de todos os pais e de todos os filhos: quando, "ardentes, pálidos, nervosos", estes sonhavam "com as neves de Moscou ou com o sol das Pirâmides", na verdade nada mais faziam que profetizar seu destino; tal como seus genitores ensanguentados, "eles sabiam que estavam destinados às hecatombes", e o desejavam. A morte estava neles, eles a chamavam de "sol de Austerlitz". Mas os filhos daqueles filhos foram realmente *feitos para viver*; com exceção de Gustave e de alguns outros excêntricos, eles se lançaram com todas as suas jovens forças à conquista da felicidade. A derrota de 1831, os combates da retaguarda, o Terror branco que se seguiu levou-os a sonhar com homicídios e, também com frequência, com suicídios; eles são assombrados pela ideia da Morte, presas fáceis para os

---

* *Ébauches et fragments*, p. 25.

demônios da nova Arte. Mas, na maioria deles, o ser-para-morrer, alto e bom som proclamado, nada mais é que um ser de empréstimo, resposta ocasional e periférica para as dificuldades da adolescência, para os acontecimentos da pequena história colegial, ao passo que o ser-para-viver é uma postulação profunda que pode ser considerada sua verdade prática. Quando eles leem seus romances ensebados, não têm nenhuma dificuldade para irrealizar-se como o soldado morto, tomando como *analogon* seu querer-morrer de superfície, nem para olhar com seus próprios olhos já corroídos o desprezível mundinho da vida. Nada funciona quando, cedendo a pérfidas incitações, eles tentam *realizar*, durante a vigília, no colégio ou em família, a personagem fúnebre que os vampiriza. Pois eles tentaram fazê-lo mil vezes, não duvidemos. O sol está brilhando, Pagnerre afasta a fábula: chega de piratas, chega de índios e de "Senhores das virtualidades"; no pátio do colégio agora só há o filho legítimo e plenamente plebeu do senhor e da sra. Pagnerre, procurando, como tal, praticar as virtudes de um Grande da Espanha, de um bandido de honra, de um proscrito. Poderá ele, nesse viveiro de solidões, dar mostras de uma generosidade adorável e terrível por ocasião dos acontecimentozinhos diários? Renunciar à vida, à felicidade pela honra do nome, para cumprir a palavra dada, para nada? Não! Ele não pode: aqueles meninos têm todas as razões de se *sonharem* pródigos, não têm razão nenhuma de serem pródigos de verdade; dissipadores ao máximo – visto que cada um deles é objeto de gastos, de investimentos com retorno a longo prazo –, mas com a condição de que a própria prodigalidade seja uma intensificação da vida, e não uma oferenda à morte. Eles doam, mas contêm sua doação em limites "razoáveis": isso significa que aceitam privar-se, mas não perder-se. Com dezesseis anos Gustave comunica a Ernest sua penosa descoberta: o egoísmo e a vaidade estão na origem das ações mais belas; certo de que entendeu, não hesita um só instante em escolher a esmola como exemplo. É também a esmola que menciona em *Memórias de um louco* quando lamenta sua bondade perdida. Esmola, sábia loucura burguesa: não devo nada aos pobres, mas faço a gentileza de lhes garantir o necessário cedendo-lhes uma parte calculada de meu supérfluo. Essas doações medidas, que têm o objetivo de preservar a dominação da classe burguesa, não podem em caso algum ser feitas em nome da generosidade: o desinteresse do burguês é fundamentalmente interesseiro; ele quer salvar sua vida, o aristocrata birrento e vencido pretende perder a sua. Assim, toda vez que Pagnerre ou Flaubert, depois de terem procurado em vão uma oportunidade de esplêndida prodigalidade, resolvem fazer caridade em desespero de causa, é inevitável que descubram móbeis egoístas nesse gasto comedido: isso não significa que toda generosidade seja interesseira, mas simplesmente que a morte não é destino deles, e que a autodissipação radical não constitui o projeto fundamental e a possibilidade permanente deles; se assim fosse, em vez de se explicar por móbeis quaisquer, o ato generoso se remeteria diretamente à estrutura original, ao ser-para-morrer, como matriz de toda prodigalidade, e os móbeis, ao contrário, se mostrariam como singularizações concretas e históricas do autossuperação em direção à morte. A decepção de Flaubert – voltaremos logo à sua evolução pessoal – seria encontrada em todos aqueles colegiais quiméricos; numa forma ou noutra, isso equivale a dizer: para doar, para me doar, preciso de motivos, portanto jamais conhecerei a gratuidade do ato militar; jamais abandonarei o mundo do utilitarismo. Embriagados por suas esplêndidas encarnações noturnas, eles querem afirmar-se contra o utilitarismo familiar por meio do puro gasto improdutivo; ainda é demais: a generosidade, mesmo que não tenha outro móbil além do ódio ao "cálculo avarento", encontra-se fundamentada por visões egocêntricas, os dados rolam, o ato se cumpre e, exatamente por ter sido concebido a partir do utilitarismo original e como sua negação, *acaba sendo utilitário*. Eles não escaparão: é seu quinhão; a generosidade não é virtude, é uma instituição, uma relação *instituída*, em certos regimes, para dar e receber. Ademais, tente praticá-la no colégio: no meio competitivo, ninguém dá presentes, é preciso ganhar para sobreviver, os fracos são devorados, como Gustave viu. De resto, o aparato escolar isola e serializa, rompe a relação propriamente humana: o prático-inerte, aí, rejeita a autodoação. Para eles, o Homem se definia pelo seguinte imperativo: "Não construas tua vida, queima-a".* Ora, em seu mal--estar, aqueles futuros construtores – fadados a construírem muito antes de nascerem – compreendem que esse dever-ser, *imaginário* para eles, faz do Homem a impossibilidade mais íntima deles, que os esclarece privativamente e, em relação aos militares titulares, os constitui como *seres relativos*, larvas criadas à semelhança da espécie humana, mas privadas de dignidade ontológica, sem outro fim que não o de vestir e alimentar a casta superior. Desse ponto de vista, mesmo o seu louco desejo de mostrarem-se generosos nada tem de

---

* Essa fórmula de Camus define bem o imperativo romântico e aristocrático.

estimável: o lacaio inveja seu senhor. No instante em que Pagnerre ia alegremente condenar o pai por crime de sub-humanidade, eis senão que recua de repente: por engano o confundiram com um juiz; que vá unir-se ao grosso dos réus. É proferido um estranho veredicto, não cabe dúvida: tal sentença flutuante e evanescente assombra-o e apavora-o e, mesmo não podendo ser aplicada aos detalhes de sua vida subjetiva, não deixa de apresentar-se como a verdade de seu ser. De onde vem esse inerte veredicto inverificável? De onde vem, por exemplo, essa repreensão fixa "pensas vilmente", que seus pensamentos reais, mesmo perscrutados sem complacência, não conseguem confirmar nem desmentir? É preciso que *outro*, transcendente ao cerne da imanência, tenha o inconcebível poder de julgá-lo. E quem é essa impiedosa testemunha de sua vida, senão Chatterton, irredutível poeta com o qual ele acreditara fundir-se e que nele permanece como figura inerte e fechada, lembrança dolorosa e cruel de um sonho? Na verdade, Chatterton não diz nada, não faz nada: permanece, invisível, em seu posto de observação; é Pagnerre que, já não podendo se encarnar em seu poeta nem comunicar-se com ele, tenta olhá-lo como este o olha, conhecer-se e apreciar-se como o Outro o conhece e o julga; é Pagnerre que, em presença de seu Alter Ego, não consegue sentir, conceber e imaginar nada sem formular inúmeras conjecturas sobre *o objeto outro* que ele é naquele momento mesmo para o Outro, sem ressuscitar o desprezo que sua encarnação manifestava por John Bell e sem tentar em vão acabrunhar-se com isso. Em vão: a inutilidade desses esforços lança-o no desvario. O desprezo está lá, ele tem certeza; pode *pensá-lo* – lembra-se ainda da aversão que lhe inspirava o industrial de Londres – mas não *senti-lo*: desprezível sem dúvida, ele não pode desprezar-se (seria interiorizar ativamente o desprezo do outro e assumi-lo) nem se sentir desprezado (seria interiorizá-lo passivamente pela vergonha). Precisa render-se à evidência: Chatterton é seu pior inimigo; o mal é que esse poeta defunto que o contempla com os olhos fixos da Morte é o finado Homem, baixado em Pagnerre, que, por sua vez, declara-o culpado de lesa-humanidade. Com isso tudo se inverte mais uma vez; o colegial irrita-se com a danação que lhe vem do nascimento: será justo carregar, sem nada ter feito, o peso esmagador do pecado original? Para os filhos de Adão Deus despachou um Redentor. Ao pessoal do Terceiro Estado quem pregou a triste peça de apresentar um Salvador cuja louca generosidade os resgataria, de convidá-los a encarnar-se nele para viver sua

Paixão depois, de instalá-los neles como chama divina, guia e diretor de consciência, para lhes revelar em seguida, quando já não havia tempo de defender-se, que eles abriram a porta para o anjo exterminador? Os tormentos que este lhes inflige deverão ser tomados por doações graciosas? Antes da vinda do Senhor adorável que os habita, os colegiais, desenganados por seus fracassos, tinham adquirido a convicção de que o Homem era impossível: por que contrariá-los se, no auge da exaltação, era para lhes revelar que ele é impossível *para eles*? Acaso se fala de provações que deverão ser superadas? Não, pois elas mesmas se apresentam como insuperáveis. E então? Esse Cristo que os habita não parece muito católico: e se fosse o Anticristo? Perguntando-se porventura *quem* o enviou a eles, remontam sem dificuldade aos novos autores. O sr. de Vigny, ao escrever sua peça num dilúvio de lágrimas, declarou, afinal, que era homem de direito divino, e que Pagnerre não o era, não o seria nunca: por quê? Quando se fazem a pergunta, esses meninos não estão longe de descobrir a verdade. "Em que ele difere de nós? Pergunta-se Pagnerre. O que o qualifica para arvorar-se em juiz? Por que ele é *meu* juiz quando se me é vedado, *a priori* e faça ele o que fizer, tornar-me juiz dele? Por ser poeta? Mas quem afinal decidiu que eu não serei poeta? Se é Deus que o inspira, por que não me inspira? Se o autor declara que deve essa graça divina a seu mérito eminente e, singularmente, a essa generosidade que ele possui de nascença e que me é recusada, o Homem, esse autodenominado universal, só pode ser um feixe de privilégios que, por definição, só podem pertencer a alguns se forem recusados a todos os outros". Nesse caso, é preciso voltar a nosso ponto de partida: se a condição humana é inacessível a quase todo o gênero humano, o Homem é, por essência, um irrealizável: é o sonho impossível de toda a espécie ou o título que se atribuem, abusivamente, alguns privilegiados. Terão entendido, aqueles pobres meninos, que o poeta-*vates* do romantismo pretendia expressar as queixas de uma nobreza racista e suicida? Talvez tenham desconfiado algumas vezes, mas não podem admitir que o sr. de Vigny tenha se dado o trabalho de, num dilúvio de lágrimas, escrever obras que eles ainda admiram, com a intenção confessa de desalentar os filhos de seus vencedores. Preferem achar que aquele oficial demissionário e a maioria de seus confrades tentaram criar uma cavalaria do coração, da qual os filhos de burgueses estão inexplicavelmente excluídos; eu disse que os colegiais de Rouen são vítimas e cúmplices; é por essa razão que eles não vão até o fim de sua conscientização: a postulação aristocrática que fazem os predispõe a achar natural que o Homem seja, por definição, aristocrata. Eles simplesmente se indignam, de maneira bem ilógica, com o fato de que quase a totalidade da espécie humana – e em especial os futuros cidadãos de Rouen – esteja excluída dessa nova cavalaria. Os românticos, se não tiveram o propósito de construir máquinas de guerra contra Pagnerre e seus condiscípulos, só podem ter desejado esconder-se da hediondez do século envolvendo-se na mortalha magnífica da Ilusão. Só insistindo no caráter puramente onírico do *cosmos* romântico aqueles adolescentes escapam do horror de sentirem-se odiados por seus poetas prediletos. Apesar disso, sentem muito bem que estes, com seu permanente convite ao sonho, os conduzem, intencionalmente ou não, para a perversão.

Os pais estão lá para terminar o trabalho: matarão o novilho cevado desde que o filho pródigo queira reconhecer seu erro e que tenha procurado a virtude no fim do mundo quando seu humilde dever o esperava em casa, sob o teto paterno. Visto que é preciso viver e reproduzir a vida, os genitores têm razão de acumular riquezas. Cortar gastos para aumentar os ganhos, esse é o verdadeiro altruísmo, devotamento à família. Que responder? Se o Homem é um sonho pernicioso, e a generosidade, uma fantasia do orgulho e a imbecil revolta contra as leis naturais da economia, a única ética praticável e sensata é o puritanismo utilitarista. Os adolescentes continuam atônitos: vão emendar-se? Vão enterrar sua cólera e seu belo desespero – que não os socorreu? Por acaso vão dizer: "Meu pai tem razão"? De repente eles têm a impressão de que os escritores entraram em acordo com suas famílias; Vigny e o sr. Pagnerre dizem ambos a Pagnerre *Júnior*: "Nunca serás super-homem nem mesmo um homem por inteiro; não farás a história avançar e não restaurarás os fastos do Antigo Regime, és o digno filho de teu pai e não tens outra tarefa nessa vida senão a de te resignares humildemente a ser um burguês como ele". Aceitarão essa aliança monstruosa? Não: os pais lhes enfiariam um livro de contabilidade na cabeça e os poetas insinuariam terríveis arrependimentos. E já que todos estão de acordo para destruí-los, eles lutarão em duas frentes ao mesmo tempo.

Os raivosos. A tática deles consiste em assumir como finalidade absoluta aquilo que era apenas um momento da leitura: a irrealização. Na verdade, como vimos, esse momento tendia a pôr-se para si; no entanto, o leitor o superava, o *ser-homem* autista era seu objetivo. Ele buscava a encarnação *apesar* da irrealidade desta; vai buscá-la agora *por causa* dela. Voltando contra os românticos suas próprias armas, ele desvaloriza o Ser em proveito do Nada. Os poetas parisienses acreditam na realidade das normas aristocráticas, no Bem, no Belo, no Verdadeiro: limitam-se a declarar que os burgueses não entendem bulhufas do assunto. Recusando ao mesmo tempo o utilitarismo familiar ao qual querem condená-los e a ética da casta privilegiada, os colegiais vão decidir que o Bem e o Belo não passam de miragens; encontram a universalidade no negativo, decretando que, visto que a Generosidade e a Paixão não são deste mundo, os valores são inacessíveis tanto para o oficial demissionário que verseja quanto para um filho de dono de fiação. Essa nova opção tem todas as características de uma *conversão*, com a diferença de que a maioria dos convertidos pretende passar do menor ser ao ser, ao passo que os colegiais, desertando do real – o ser que eles podem perceber, provar, conhecer e modificar na prática –, pedem ao sonho praticado deliberadamente que os faça ter acesso ao não-ser, uma vez que nada é belo, nada é bom, a não ser o que não existe. É a prova ontológica ao inverso. Eles prosseguirão suas leituras noturnas, mas, em vez de lhes pedirem a prefiguração daquilo que serão um dia, exigem que elas lhes deem a intuição imaginária de um mundo ético-estético ao qual nenhum homem *real* pode ter acesso. Chatterton é uma miragem, que seja, mas não só para eles: para o conde Alfred de Vigny – que é um sujeito safado como todos eles – e até para o pobre menino de Londres que se tomava por Chatterton e morreu por isso.

O sentido dessa atitude é complexo. Nela é preciso ver em primeiro lugar um desafio: não podendo dar-se ao luxo de um ato gratuito que seja real, eles optarão – contra os burgueses que não fazem nada em troca de nada e contra os românticos que são vítimas de sua própria manobra e se acreditam sublimes de verdade – pela *absoluta gratuidade*: *perder* deliberadamente o tempo a imaginar o impossível e deixar-se devorar pelo sonho não a despeito de sua perfeita inanidade, mas para provocar o mundo e sua própria pessoa a abolirem-se juntos. Visto que a generosidade é doação militar e destruidora, a atitude deles é ao mesmo tempo sua reafirmação e sua caricatura; tomando o real como *analogon* de uma imagem infinita e sombria, eles doam o Ser em sua totalidade *a nada* ou, digamos, sacrificam o mundo para que o Nada se nadifique: será possível conceber dádiva mais régia? Deve-se notar que a ética do romantismo é conservada – porque aquelas pobres crianças traídas ainda a amam –, mas sendo objeto de uma radicalização irônica e desesperada: "Dá um jeito de perder-te sob um céu vazio para dares testemunho do impossível". Toda consciência imagética desliga-se do real porque visa ausências. O desafio situa-se no nível do desligamento. Este, aliás, é também uma evasão. Os bagunceiros estão feridos, sofrem por saberem que são burgueses e continuarão burgueses até a morte em seus pensamentos, afeições e condutas reais: melhor fugir para o nada, pois eles têm horror de si mesmos. Param de enxergar, de *se* enxergar, e põem todas as faculdades da alma a serviço de um absenteísmo que se mantém mais facilmente porque os "retornos desanimadores" à realidade lhes dão medo.

Mas há outro aspecto do ato imagético: o desligamento ocorre *para formar uma imagem*. Nesse nível a conversão é sentida pelos próprios convertidos como uma *perversão* intencional: é que ela conserva em si o desalento que a provocou. Enquanto pôde acreditar que a fábula era testemunho da existência do Homem em algum lugar da terra, em Paris, em Missolonghi, o pequeno leitor mantinha com os autores uma relação *branca*, feita de entrega amorosa e confiança maravilhada: o Livro era a Bíblia, Evangelho no sentido próprio do termo, pois anunciava a Boa Nova. Agora, ele sabe que lhe anunciam "*nada*"; ler é drogar-se; sua relação com o autor torna-se *negra*: contra os pais vencedores, ele extrai daquele os seus poderes satânicos; faz um pacto com o Diabo. Mas, no mesmo momento, empenha-se em lograr o Maligno: "Desta vez o enganador não me enganará, sei muito bem que as moedas na bolsa que me estende nada mais são que aparências de moedas, e que se transformarão em folhas mortas. Mas, se as pego, é justamente porque amo as falsas aparências, os pega-trouxas, os engana-vista, e gosto deles pela parcela de nada que contêm em si". No prazer sulfuroso e acrimonioso que extrai da leitura, entra forte dose de ressentimento: na verdade não é o Nada puro que lhe agrada, é o Não-Ser na medida em que ele vampiriza o Ser, ou seja, na medida em que a aparência se faz ao mesmo tempo Ser do Não-Ser (*Ser de empréstimo ao Ser*) e Não-Ser do Ser (negação da folha morta, que é apagada pelo falso brilho do falso ouro). Parece-lhe estar pregando uma boa peça à realidade quando se submete à irrealidade. Sainte--Beuve, que na década de 1820 foi fascinado por Chateaubriand, escreverá um pouco depois, não sem rancor, que "René", retrato do artista por ele mesmo, é "uma espécie de íncubo de funestos abraços".

Eis precisamente o que pedem os colegiais: um íncubo, uma gota de esperma derramada por alguém que dorme; um não-ser maligno apodera-se dessa gota, alimenta-se de seu ser e, desviando-a de seus fins naturais, usa-a para fecundar uma inocente adormecida a mil léguas de lá. Chateaubriand e Vigny são adormecidos, seus heróis são íncubos que possuirão jovens adormecidos do sexo masculino e os engravidarão com um sonho. Estes se entregam: amam esse abraço bufo porque ele é antinatural. É por aí que chegam ao satanismo de seus autores favoritos: sonhar *por sonhar*, conceder-se na solidão do onanismo uma satisfação que lhes é negada, estão convencidos de que aquilo é *malfazer*; a ética rigorosa dessa conversão, afinal, nada mais é que um sistema *de antivalores*. Está claro que aqueles meninos se entregam todas as noites ao genocídio mais radical: em nome do Homem impossível, eles exterminam o gênero sub-humano que povoa o planeta.

A modificação do leitor é o momento inicial da conversão, mas não o mais importante: esta, com efeito, transborda da noite e estende-se pelo mundo diurno. Os bagunceiros ouvem o professor, gozadores e distraídos, aprendem bem ou mal suas lições, fazem o que é preciso para serem jubilados, não mais, e assim que podem refugiam-se na ausência: Gustave não é o único, pense o que pensar, a "afogar-se" no infinito; nesses momentos, eles já não são ninguém: mal e mal uma abstrata negação crispada, um desligamento suicida, sem sua contrapartida, a encarnação. Mas, quando o sino ou o tambor os chama de volta à vida, eles se apressam a ressuscitar em pleno dia os vampiros engendrados pelo onirismo noturno. Sem texto escrito, sem palavras, encarnam-se publicamente. Pagnerre agora sabe que nunca será João de Aragão, Grande de Espanha. Nem o Homem. Azar: mais vale *encenar* Hernani *do que ser* Pagnerre, filho de Pagnerre. Assumem-se poses; cada um pede a seu corpo que reanime suas convicções noturnas com posturas apropriadas; aos colegas, que consolidem aquele fantasma de crença com seu assentimento. Nova encarnação, menos convincente que a leitura – pois não é acompanhada por hipnose –, porém mais radical: ela vai buscar o indivíduo em plena vigília e o desrealiza no âmago da realidade, impedindo-o de dar respostas adequadas às exigências do mundo exterior; não podendo abolir-se, aqueles comediantes trágicos substituem atos por gestos; é condenar-se à distração permanente, nunca mais experimentar sentimentos reais, nada mais serem que "comissionados em seus papéis", como se diz que alguém é "comissionado numa repartição". Mas com isso não estão preocupados: assombrados pelo medo de atualizar com suas condutas e afeições o burguês que são em potência, tomaram a decisão de nunca fazerem nem sentirem nada de verdade. Dá para entender: interiorizando o Não que lhes é oposto em todos os lugares, eles se apropriam do niilismo implícito dos românticos e o levam ao extremo para fazerem dele a sua *exis* permanente; eles serão a negação de tudo; significa dizer que entraram no pós-romantismo e que seus velhos ódios decuplicados, mas desviados, estão tornando-os completamente raivosos.

De *quem* você está falando? – alguém perguntará. De *todos* os colegiais? Não. Está na hora de esclarecer: existe a planície dos meninos comportados, que nada leem e pouco se atormentam; além disso, nos postos de honra, os bons sujeitos, orgulhosos de seus sucessos escolares: "Os alunos fortes olhavam (Charles) como se estivesse abaixo deles, e ele era um sujeito bom demais para andar com os bagunceiros". Os alunos fortes: aqueles que roubaram a Gustave as honras que lhe cabiam de direito. Seguros de si, desdenhosos, formam uma casta, são eleitos que não se dignam andar com os medíocres. Bouilhet era um deles: ele ainda não perdera a fé e zombava de ser burguês desde que convivesse com os nobres; aos energúmenos que o chocavam não tanto por seu niilismo ostensivo quanto por sua trivialidade, ele preferia calmos e piedosos aristocratas que importunavam a Musa. Os bagunceiros, por outro lado, alunos medíocres ou passáveis, sonhadores sublimes, esses eram doidos varridos. Aqueles rapazes não se rebaixavam a quebrar vidros, a fazer bagunça na sala, a não ser por solidariedade: isso não impedia que gozassem de um prestígio fúnebre aos olhos dos colegas; eram eles, os "jovens folgazões" cujas "soberbas extravagâncias" Flaubert gabaria. Quem são eles? Vingadores. Pela primeira vez, nessa lenta evolução, dão mostras da misantropia que é uma das principais características do século XIX burguês. Com eles, o Homem vai ter um novo avatar: realizável, com Clouet; depois impossível, aristocrático, em seguida; e para terminar, imaginário, torna-se profundamente odioso; afinal, é dele que os Raivosos querem vingar-se. Releiamos o *Prefácio às últimas canções*: ele delineia as figuras de um balé quimérico cujo significado único é o ódio homicida e suicida: "Os corações entusiastas – escreve Gustave – teriam desejado amores dramáticos com gôndolas, máscaras negras e grandes damas desmaiadas nas diligências em plena Calábria, alguns caracteres mais sombrios... ambicionavam o estrépito da imprensa ou da tribuna, a glória dos conspiradores. Um retórico compôs uma *Apologia de Robespierre* que, difundida fora do colégio, escandalizou um cavalheiro de tal modo que se seguiu uma troca de cartas com convite a um duelo, no qual o cavalheiro não se saiu bem... Um boa-praça (andava) sempre de barrete vermelho; outro jurava que ainda viveria como moicano; um dos meus amigos mais íntimos queria tornar-se renegado para ir servir Abdelkader... carregava-se um punhal no bolso como Antony... por fastio à vida Bar... estourou os miolos... And... enforcou-se".

A gradação é evidente: Gustave começa com "entusiastas": é Léon, o escrevente do tabelião, é Ernest Chevalier. Quando nos relata os sonhos do amigo de infância, faz muito tempo que Flaubert o considera um rematado burguês. Apesar disso, ele o põe na lista dos melhores; isto porque o absenteísmo nunca é desprezível: por maior que fosse a necedade de seus sonhos, Ernest valia mais ausente de si do que Chevalier procurador e presente para si. Ótimo – dirão alguns – mas por que falar de extravagância? Aos quinze anos o sangue ferve, é normal sonhar com mulheres. Com mulheres, sim. Com mulheres ricas, mais exatamente, sobretudo se o sonhador for pobre. Com grandes damas, não. Esses sonhos amorosos são datados: mais ou menos na mesma época Julien, o camponesinho de Verrières, depois de ter seduzido uma mãe de família com título de nobreza, casa-se com a filha de um duque. Assim, nos bons tempos do colonialismo, os colonizados desejavam às vezes vingar-se dos colonos tomando-lhes as mulheres: essas ruminações de erotismo odiento são uma etapa do caminho que leva à organização armada. Se em 1835, *após* a vitória burguesa, essas fantasias exaltam os "corações entusiastas", é porque os privilegiados conservam quase todos os seus privilégios, e sua arrogância de vencidos exaspera os vencedores. Nossos colegiais ofendidos ardem de desejo de vingar o ultraje romântico pondo chifres em fidalgos.

Há mais: como lhes é vedado ser João de Aragão, eles provarão que valem tanto quanto ele, arrebatando uma nobre mulher aos bandidos, no fogo da luta; é roubar aos militares suas virtudes congênitas: generosidade, marcialidade, virilidade; enganadas por esse comportamento, as princesas se abrem, o jovem burguês as penetra: não podendo sair de uma família principesca pelo sexo, entra nela pelo sexo; a penetração substituirá o parto. Onirismo estúpido, dirão. Não: eles matam dois coelhos com uma cajadada, renegando a burguesia e ridicularizando a nobreza. Desconfia-se que Gustave não aprecia muito essas bobagens. Se as cita, porém, é porque vê algum encanto em sua perversidade: parecem-lhe cômicos e preocupantes aqueles burgueses ingênuos, arrancados à sua classe pela loucura, prosseguindo numa interminável ruminação esquizofrênica em que a nobreza de espada lhes é conferida pelo uso oportuno de uma arma de fogo, ou seja, de seu falo, e pela impudicícia de uma princesa traidora. Os inocentes justificam a sua misantropia e são eles mesmos misantropos: sonhando com seu impossível heroísmo (alguém vai conquistar princesas na Calábria?) e conscientes de sua impossibilidade, eles manifestam em sua própria pessoa que o Homem é uma fanfarronada de bicho-de-conta.

Em seguida vêm os ambiciosos; Gustave os examina sem entusiasmo: pretendem ser políticos ou jornalistas, duas profissões que ele detestará toda a vida. No entanto, valem mais que os salvadores de duquesas: o colega lhes concede um caráter "mais sombrio", e isso significa que a paixão os queima, que seu insaciável orgulho nunca será satisfeito, que eles não se dignarão ascender à glória e ao poder a não ser pelos caminhos perigosos da contestação. Acima de tudo, detestam os homens e desejam "rebaixá-los", como fez Corneille, ou dominá-los, como Nero ou Tamerlão, segundo Flaubert, *por pura misantropia*. Gustave insiste que eles estão sob a influência de Armand Carrel, e que seu mais acalentado desejo é estigmatizar o regime, denunciar em todos os lugares abusos e crimes, alcançar, finalmente, fama e fortuna tornando-se censores titulares da sociedade francesa. Não precisam de mais nada para curar-se do mal romântico: humilhados pelos aristocratas, envergonhados de serem malnascidos, pretendem acima de tudo criticar o poder burguês; em primeiro lugar, o poder de papai. Mas que a nobreza não tenha esperança de que eles puxarão as castanhas do fogo em seu lugar: contra os pais e contra a casta privilegiada, eles chegarão, se necessário, até a declarar-se revolucionários, até a preconizar a República. Serão discípulos de Clouet? Continuadores de sua obra? * De modo nenhum: Clouet não era sombrio, acreditava que o Homem era possível e queria obrigar os concidadãos a realizá-lo. A amargura dos condiscípulos de Flaubert, ao contrário, explica-se pelo ceticismo: o Homem é uma impostura. Clouet acreditara cometer um *ato* político; se malogrou, não foi por sua culpa; seus sucessores têm *opiniões* politicamente escandalosas e as adotaram *para escandalizar*: convencidos de sua própria impotência,

---

* Nada impede de acreditar, porém, que muitos deles – em especial o apologista de Robespierre – tenham participado das jornadas de março de 1831. Eram otimistas então. Mas mostramos que sucessão de derrotas os conduziu à misantropia.

passaram a abominar a ação. Caberá dizer, pelo menos, que agem *nos sonhos*? Nem isso: o pessimismo deles os afasta da possibilidade de bancarem os reformadores. Eles se veem mais com os traços de um Savonarola, descobrindo chagas, abscessos, gangrena, mas sem os curar: mergulharão seus contemporâneos na vergonha, lhes darão nojo de si mesmos. Políticos, jamais: desmoralizadores. Assim que tiverem idade, conspirarão como os carbonários, ou melhor, como aqueles personagens misteriosos que dão medo aos burgueses – é certeza que existem? –, que, conforme se diz, se organizam em sociedades secretas e querem derrubar a monarquia com o apoio dos operários. Mas os colegiais de Rouen não têm meios nem vontade de organizar-se: *estão organizados* desde o começo do sonho. República, para eles, é insurreição: eles dão o sinal, o povo subleva-se, o rei foge, nossos jovens revolucionários saem da sombra, heroicos e vencedores, para desancar as instituições de julho; elas arriam, eles torcem nas mãos de ferro a ideologia burguesa e a ideologia do Antigo Regime e restabelecem o sufrágio universal. O mundo ficará melhor? Eles duvidam muito, pois nossa espécie não é perfectível. De resto, a nova ordem não é da conta deles: esses homens da desordem não se preocupam em construir; sonham com demolições, violências perpétuas: Revolução, para eles, é 1793. Não foi por acaso que esses filhos de girondinos optaram por glorificar, entre todos, o montanhês Robespierre. Morto, este conservou a grande honra de ser o inimigo nº 1 para a burguesia inteira – a começar por Michelet – e, simultaneamente, para a aristocracia; em suma, ele realiza a união sagrada dos inimigos do Homem: como o Homem não passa de quimera, seus pequenos adoradores são incapazes de apreciar contra ele a sua política revolucionária. O que admiram então? O Terror. Ignorando a dialética complexa que a ele levou e o papel capital que as massas desempenharam, atribuem todo o mérito ao Incorruptível. Quanto sangue! O sangue sai de todas as veias, vermelho e azul, as cabeças burguesas confraternizam no saco de farelo[38] com as cabeças dos aristocratas. Por ordem de Robespierre, a burguesia começa a exterminar-se, os jacobinos se assassinam uns aos outros. Por que pararam no meio do caminho? Viva o Terror, e que ele volte o mais depressa possível: com um pouco de sorte, os filhos verão saltar como rolhas as veneráveis cabeças dos pais e, tal como a noiva do pirata, dirão: Hop-lá![39] No entanto, vejam como são esses pequenos republicanos: se alguém tiver a ideia de protestar, se algum "cavalheiro" criticar o ídolo deles, eles puxarão aristocraticamente a espada e convidarão ao duelo. Portanto, no fundo do coração, continuam fiéis aos grandiosos sonhos militares do período romântico: em suas novas fábulas, matam e se deixam matar, narram-se mil vezes sua própria morte, sempre nobre; quando encenam um papel, é a mesma coisa: como altivos espadachins, não hesitam em oferecer a vida para tomar a vida dos cavalheiros que os tenham olhado de soslaio e que, evidentemente, mostrem a sua baixeza burguesa ao se recusarem a duelar. O apologista de Robespierre atinge dois objetivos: escrevendo, fez o gesto de escrever e encenou a personagem do hagiógrafo apaixonado (também talvez o do herói que pretendeu ressuscitar); no entanto, essa comédia exigiu que ele traçasse algumas palavras sobre sua família, e essas palavras tiveram a oportunidade de escandalizar um adulto: este, assim que faz menção de protestar, é convidado de repente a demonstrar que prefere a honra à vida, e que é daqueles que--nascem-para-morrer; caindo fora, ridiculariza-se, demonstra que é da plebe e, com isso, dá destaque à *qualidade* do adversário. O jovem espadachim, ao contrário, manifestou que o mistério de seu nascimento está longe de ser esclarecido: será ele de fato o filho do burguês que afirma ser seu pai? Não seria ele, ao contrário, um aristocrata que por generosidade se tornou republicano? Nada mais ocorreu além de um tumulto no colégio, no entanto o pequeno ator encontrou o meio de subir no tablado e insurgir-se ao mesmo tempo contra a classe que o rejeita e contra a classe que o produz.

Não há necessidade, aliás, de fazer tanto, de inventar a cada dia um folhetim do qual se é herói, nem de atravessar, irreal, o mundo secular atulhando-o com sua gesta: para aqueles adolescentes, trata-se de imbuir-se no irreal e, se possível, permanentemente, do ser que lhes cabe *de jure* e se recusa *de facto*. Eles achavam que estavam agindo bem, até então, encarnando-se numa personagem *lida* ou *encenada* cujas façanhas revelavam a *natureza*; desperdiçavam esforços: de que servem os detalhes, as referências, as intrigas complexas, de que servem o *dramático* ou o *romanesco* se só for para produzir-se a si mesmo como imagem calma e fixa de uma violência desenfreada? Uma economia sensata possibilita a alguns irrealizar-se com menos custos. Como não desejam nada mais além de *ser o Terror*, *habitus* invariante, hipoteca inerte sobre o futuro, pretensão ameaçadora sobre o futuro do mundo, como entendem que essa estrutura ontológica se dá irrealmente, "explosiva-fixa", ao sentido íntimo deles como *seu* *próprio ser*, significando-se para eles como presença intemporal e instantânea, será fácil para eles simplificar os ritos de encarnação e fazer-se designar pela inércia de um acessório *ne varietur*, do mesmo modo que os reis são indicados em seu poder pela coroa e pelo cetro. Eliminando esse intermediário, a personagem, eles se manifestam a si mesmos pela simples mediação de uma coisa inanimada: "Carregava--se um punhal no bolso, como Antony". O anonimato desejado desse "se" nos faz entender que era um hábito bastante disseminado.* Além disso ele continha – último resíduo da leitura romântica – uma referência a uma Personagem específica. Mas veja-se esse "boa-praça" ali, ele se contenta modestamente com um barrete vermelho: tranquilo, correto com os professores, certamente é um daqueles alunos médios que, conforme diz o censor, "poderiam fazer melhor", o que, no caso dele, é sem dúvida alguma verdade, porque, literalmente, ele nada faz a não ser usar um barrete, pensar que o usa e, quando o tira, que o usará assim que for possível. Não há extravagância em usar melancolicamente um barrete frígio para dar a entender que se é fiel a certos princípios políticos cujo símbolo admitido é esse tipo de boné; há, ao contrário, quem ponha o Terror na cabeça como signo e símbolo de si mesmo. Outrora deve ter sonhado com belos massacres, com um genocídio até, do qual seria organizador, com um dilúvio de lágrimas e sangue, em suma, contava para si mesmo histórias com palavras, com imagens. Já não sonha: para quê, se no seu cocuruto o vermelho está posto uma vez por todas? Mais um esquizofrênico – dirão –, e admito que o pensamento autista oferece poucas performances mais bem-sucedidas. Que economia de meios, que elegância: em vez de *fazer reinar* o Terror todas as noites, o rapazinho boa-praça preferiu *sê-lo*; ele *se* resume naquele barrete na exata medida em que barrete resume o terror, condensa-o numa qualidade única, o *sangue derramado*. Aquele que ele derramou? Sim. E aquele que ele derramará amanhã e aquele que ele derrama no próprio instante e na eternidade: através do tecido fetichizado, o sangue, bebido pela terra e seco, inerte brasão, designa-o para si mesmo, *em seu ser*, como *Coisa humana*; através da ligeira pressão do barrete em suas têmporas, suave como uma carícia amorosa, ele vem a si mesmo de fora, vazio e sagrado, interioriza

---

* A carta de 15 de dezembro de 1850 informa que Ernest "carregava um punhal". Mas as duas observações: "*Ele também* quis ser artista" e "seguiu... a marcha normal" (passando da exaltação romântica à "Seriedade cômica" do burguês) bastam para mostrar que ele obedecia à moda carregando seu punhal no bolso.

seu projeto fundamental que, no seio da imanência, conserva a consistência *ne varietur*, a opacidade, a impenetrabilidade do *em-si*, ele é seu próprio fetiche; tempestade provisoriamente recolhida sempre no instante de desdobrar seus raios, bonança terrível no centro de um ciclone, esse símbolo o extirpa do gênero humano: o dilúvio ocorreu, ocorrerá, não para de ocorrer, ele viu, ele vê, ele verá as lâminas escarlates no assalto do monte Ararat, ele sobrevoa um massacre que é simultaneamente objeto de uma lembrança, de uma percepção e de um oráculo, porque o boa-praça tirou *um tempo para a coisa* e, com isso, os ek-stases da temporalidade humana esmagam-se na homogeneidade e na continuidade da duração física; com esse extermínio memorável, cujo autor ele alegremente virá a ser e terá sido, e que é sua vocação intemporal, ele se dá, numa indistinção cuidadosamente mantida, o presente estúpido do átomo e a eternidade do anjo. Enquanto isso, o melhor filho do mundo.

Dito isto, não nos apressemos a tomá-lo por louco. Talvez o seja: o que sabemos dele? Mas sua atitude, em vez de se opor às condutas socializadas da época como o singular se opõe ao universal, e o extraordinário ao particular, apenas retoma o sentido do rito de apropriação mais comum: fundamentar o *ser* no *ter* acaso não é alienar o proprietário à sua propriedade e, consequentemente, o homem à coisa? O burguês, como sabemos, anuncia o que é pelo que possui; e seu "interesse" está em perigo no mundo exterior: assim, o bagunceiro esperto, quando pede a *seu* barrete que lhe revele *sua* essência em termos de exterioridade, põe fé na matéria manufaturada por ele adquirida, porque, sendo dele, ela só pode ser ele, portanto não poderia enganá-lo; assim, sua fé no oráculo prático-inerte é sustentada pela confiança que sua classe deposita na Coisa humana, confiança de que ela representa, em suma, apenas um momento particular. Como aqueles jovens estão inseguros de si! Vítimas de um Gênio Maligno, são suas próprias armadilhas, e tudo neles é miragem: cada um deles está decidido a matar os pais e os castelões da região, indistintamente, mas vimos que um deles se tornou Incorruptível para guilhotinar os nobres e depois, desembainhando a espada na primeira ocasião, ficar contra os burgueses na pele de um nobre destituído. Agora é o inverso: para setembrizar[40] a classe infame que lhe deu vida, um Justiceiro não encontra nada melhor do que aburguesar-se ao extremo, alienando-se de seu boné. Por essa razão, nossos raivosos, semelhantes a seus inimigos, os românticos, embora por razões opostas, nada mais fazem que morrer e ruminar sua morte. Morrer: mineralizar a vida, levar a negação ao extremo da autodestruição radical. Os dois bagunceiros que vêm depois na lista, não podendo subtrair-se ao domínio familiar, vão pelo menos vitriolar-se diante de nossos olhos para que fique bem claro que eles "já não têm figura humana".

O primeiro prefere a sociedade dos selvagens à dos abastados* que encontra no salão dos pais: freia sua vida com um juramento; fará o exame de *baccalauréat*, talvez tire um diploma de direito, e depois se tornará moicano; nada de positivo nesse compromisso solene: esse moicano não deseja a companhia dos homens, nem que fossem moicanos por filiação; sonhou com Rousseau, mas não acredita no bom selvagem: o coração já não está lá. Em Connecticut ele não irá buscar a espécie humana em sua pureza original, mas o deserto e a desumanidade. Odeia os burgueses, os europeus, os civilizados: como não pode aniquilar a horrenda cultura que eles secretam incendiando colégios, bibliotecas e museus, ele destruirá minuciosamente seus vestígios no pensamento e no coração. Como inveja aqueles indígenas que não sabem ler, escrever nem contar; em contato com eles, esquecerá tudo; talvez, com um pouco de sorte, desaprenda a falar: então encontrará a natureza que lhe esconderam. Não a natureza do homem, que é um produto de cultura, um artifício, mas a do animal feroz, a solidão analfabética dos ancestrais paternos de Djalioh. Gustave pelo menos dotava seu antropopiteco de uma sensibilidade pouco comum. Não há nada disso nesse sonho seco e furioso; tudo nele é negativo: juro que, quando amanhecer, vou me agredir ferozmente, vou me mutilar, furar--me os olhos, derramar chumbo fundido sobre minhas chagas pela única razão de que o homem é detestável, de que o odeio e quero aboli-lo em minha pessoa; juro que, terminada a operação, não restará nada mais desse eu que me destes e que me repugna porque se assemelha demais aos vossos, juro que farei de tudo para me tornar imbecil e gagá.

O juramento que mais me impressiona, porém, é o outro, aquele que foi feito diante dele mesmo por "um dos íntimos" de Flaubert. Na verdade, que íntimo? O frenesi não é costumeiro em Alfred, que,

---

* Este colegial talvez seja o próprio Gustave, que tinha orgulho de seu sangue indígena e dirá, muito tempo depois, aos Goncourt, que se sentia mais próximo dos selvagens do que das multidões parisienses. Note-se, porém, que a atitude devia ser muito difundida: o nome "moicano" marca claramente a influência de Fenimore Cooper.

aliás, saiu do colégio; muito menos em Ernest. Talvez Gustave nos conte a "história de uma de suas loucuras". Pouco importa, aliás: eles emprestavam sonhos uns aos outros. Essa segunda opção não parece de início muito diferente da primeira: é o mesmo futuro barrado pela fé jurada, o mesmo exílio voluntário, o mesmo abandono da velha Europa: em outro deserto, outros moicanos esperam o viajante. Mas o ódio exasperou-se, é o que conta: é nesse ponto que o emigrante, não contente em renegar a pátria, vai buscar no interior a oportunidade de traí-la. Traição gratuita e perfeita que não tem outro fim senão ela mesma. Sem dúvida, as vitórias de Abdelkader obrigavam os franceses a admirá-lo, mas o que entusiasma o jovem traidor não é a tenaz resistência dos argelinos à colonização: ele não irá para Maghreb a fim de dar apoio a uma causa justa, uma vez que para os misantropos do colégio não existem causas justas. O que o fascina é acreditar que vai encontrar ali a oportunidade de massacrar compatriotas. E por que os massacrá-los? *Porque é feio.* Quem sabe como terminou esse jovem renegado? Tabelião, talvez, ou fabricante de tecidos. De qualquer modo, por volta de 1835, ele tinha sede no aerópago dos malditos imaginativos e lá se mostrava o mais radical: não eram apenas as vidas francesas que ele contava destruir atirando nos soldados de Bugeaud, era sua própria pureza. O Homem lhe inspira tanto horror que ele nem sequer se dignaria a matá-lo, a não ser *à traição*; ele o dana em sua própria pessoa com um ato inexpiável; depois disso, esse Melmoth não apaziguado irá arder nos infernos, de cabeça erguida, sem nenhuma queixa, embriagado de orgulho: esse burguês tornou-se um traidor *militar*; para realizar seus crimes, precisou doar sua própria vida: *por nada*. Quando em sonho, só pelo prazer de afirmar sua liberdade-para-o-Mal, ele montava emboscadas para os compatriotas, em lugares onde ele mesmo tinha grandes probabilidades de perder a vida, o que fazia senão manifestar sua generosidade plena e, simultaneamente, *enobrecer-se* diante dos olhos benevolentes do *nobre emir* Abdelkader? Eis o sentido oculto: a traição com que ele sonha é a mudança de classe. No entanto, não cabe acreditar que ele só renegue os pais: no exército francês a maioria dos oficiais tem título de nobreza; ele conhecerá essa suprema alegria: criar uma cavalaria negra da qual ele será o único membro usando os aristocratas para treinar tiro ao alvo.

A morte é a chave. Para todos. O *Prefácio às últimas canções* ensina como se passa do sonho à arte e ao suicídio: "Era-se acima de tudo artista; terminados os castigos, começava a literatura; queimavam-se as pestanas lendo romances no dormitório; carregava-se um punhal no bolso, como Antony... *fazia-se mais*: por fastio pela vida Bar... estourou os miolos... *And*... enforcou-se". Fui eu que grifei essa estranha conexão; ela é significativa: ler, como sabemos, é morrer um pouco; encenar uma personagem é morrer muito; pode-se *fazer mais* e enforcar-se, para morrer completamente. O que surpreende aí é que Flaubert nos apresenta como uma *gradação* aquilo que na verdade dá um salto qualitativo, rompe uma continuidade. É certo que a leitura para aqueles jovens é um convite a morrer: aqueles que leem ainda mais e adormecem devastados por volta de meia-noite – o que é morrer de tristeza – acordam mortos; durante o dia eles se veem do ponto de vista da noite; outros param de ler: o punhal que pesa no bolso vale vinte romances. Sua bela morte, porém, continua imaginária: por que Gustave apresenta a autodestruição real e deliberada como o grau mais alto da irrealização? Se basta carregar um punhal para mergulhar num nada feroz que, ainda por cima, tem a felicidade de ser autoconsciente, por que tirá-lo do bolso e voltá-lo contra si mesmo?

Para começar respondo que nem Bar... nem And... deram a conhecer suas verdadeiras razões; talvez nem eles mesmos as conhecessem. Em todo caso, não foram conservadas, e quem decide soberanamente é Gustave, mais de trinta anos depois, que eles se mataram "por fastio pela vida"; de resto, mesmo que isso fosse verdade, nada prova que, como se afirma, eles passaram da morte imaginária ao suicídio: este, está claro, é a recusa à realidade, mas, justamente, é uma resposta a *estímulos* reais, o que supõe, em geral, que ao desesperado foi vedado, por seu caráter constituído ou pela situação, o recurso às técnicas de desrealização. Pode-se até considerar que a fuga-para-um-papel* e a morte voluntária são duas reações possíveis para o desespero, mas que se opõem, portanto são incompatíveis. Por outro lado, desperta especial interesse a interpretação dos fatos dada *por Gustave*: não há dúvida de que ela reflete a opinião vigente na época entre os malandros. Estes admiravam no suicídio dos colegas a radicalização de sua própria escolha de dormir em pé e, afinal, *sua verdade*.

O absenteísmo, como pensam os adolescentes, é uma etapa no caminho direto para a morte voluntária. Em todo caso há um ponto comum entre moicanos, incorruptíveis, vingadores, justiceiros e os

---

* Ou seja, tomada rigorosamente, a doença mental.

colegas que eles se preparam para canonizar: a recusa a viver. Todos acham grandeza no fastio pela vida, ou seja, por si mesmo em primeiro lugar. Pois eles *se* enfastiam: durante um tempo, viram na desrealização a resistência extrema mas eficaz: acossados, saltaram para o não--ser, deixando seus despojos para as forças da ordem. Agora entenderam: em vez de ser uma verdadeira negação, o onirismo dirigido pressupõe um consentimento com a derrota. Como sabemos, reduzido à impotência, reificado, *o objeto* humano só pode sonhar; mas, inversamente, ele só sonhará se submetido à sua condição de coisa humana. A recusa *real* com certeza não basta para subtrair-se: em todo caso, ela veda qualquer evasão para fora da humanidade e obriga a procurar sem descanso uma saída *prática* para uma situação *definida*, ainda que desesperada, com o risco de, afinal, precipitar-se nas convulsões que outro objetivo não têm senão o de retardar o maior tempo possível o instante em que a vítima aceitará sua sorte. Entre 1831 e 1835, as absurdas violências convulsionárias dos colegiais pelo menos dão prova da perseverança deles em dizer não. Não à impotência, não ao seu ser de classe, não a seu destino pré-fabricado, não à Autoridade. A própria leitura foi a continuação de sua revolta, enquanto eles puderam acreditar que ela lhes ensinava a verdade sobre a condição humana. Mas agora, depois de entenderem a perfeita irrealidade de suas encarnações, eles sabem que estão em busca do imaginário por ele mesmo; repelidos pela História, esses agentes se transformaram em atores: acabou-se a resistência deles. É evidente que ainda têm belos arroubos, furores, mas é tudo encenado. Eles ostentam o mesmo furor para contestar, mas no fundo se resignam; acaso não optaram por desqualificar *toda* a realidade por meio de um salto imaginário no Nada? Recusar tudo, aceitar tudo: uma única e mesma coisa. Em ambos os casos, abdica-se, renuncia-se à práxis que reconhece alguns dados e apoia-se neles para modificar outros. Eles se identificam com o *Desdichado* sem acreditarem nele e proclamam que é o Homem *em pessoa*, mas que é irrealizável, e que seu reino nunca chegará: isso é confessar tacitamente que o determinismo mecanicista, o atomismo social e a teoria molecular da sociedade falam a verdade, que o egoísmo é a motivação fundamental de todos os comportamentos, portanto de suas próprias ações – inclusive as práticas desrealizantes –, em suma, é aliar-se à ideologia paterna. Evidentemente, ganham com isso, pois dão o troco a Vigny: nobres e burgueses desaparecem juntos, restam partículas solitárias; mas é justamente isso que o pensamento liberal afirma; e a igualdade dessas moléculas intercambiáveis reside em sua incurável mediocridade. Se a condição humana não pode ser melhorada, se, como dirá Flaubert mais tarde, ninguém pode fazer nada por ninguém e se, de qualquer maneira, a humanidade, uniformemente vil, não vale uma hora de trabalho, é preciso condenar irrecorrivelmente as vãs agitações, ou seja, a autodenominada práxis em todas as suas formas: esses adolescentes se comprometem tacitamente a desautorizar os Clouet futuros e, se participaram da rebelião de março de 1831, desautorizam a si mesmos; desmobilizados pelo onirismo, renunciam para sempre a "mudar de vida"; apolíticos, *deixarão fazer*[41]: é o mesmo que dizer que eles delegam aos pais o cuidado de gerir os Negócios Públicos; refugiados no comodíssimo álibi do sonho, declaram alto e bom som que o secular não lhes interessa. Portanto, deixarão tudo como está: não tocarão nas regras imbecis do colégio, no poder abusivo da Igreja, na monarquia, no censo; a ausência encenada deles permite-lhes ignorar o que ocorre em torno de si e lavar as mãos. Não podem negar que é um álibi de poltrão: ficam absortos a encenar o que sabem não ser, para evitarem ver o que são de verdade. No entanto, guardam lembranças que não reconhecem e angustiam-se por não mais entenderem seu próprio passado: como esses inativos do imaginário caberiam nas visões dos pequenos lutadores que foram? O resultado é que eles às vezes, com terror, se perguntam se seu suntuoso onirismo não seria simplesmente o meio mais seguro de tornarem-se os burgueses que são. No colégio e em casa são preparados para gerir um patrimônio: as leituras e as peças de teatro serviriam para compensar seus estudos austeros; essas válvulas de escape seriam toleradas pelos próprios adultos se estes viessem a conhecê-las. Como os meninos são obrigados pelas circunstâncias a aprender, com vergonha, o seu ser-de-classe, em horas marcadas têm permissão para serem Lara, Manfred, Fausto, ou seja, um grande senhor coxo, incestuoso, magnífico, ou o primeiro-ministro olímpico de um principado alemão: enquanto se ausentam, o processo de aburguesamento prossegue em suas almas desertas sem encontrar a mínima resistência; quando voltarem a si eles se encontrarão um pouco mais burgueses que antes. Não será esse o começo de um retorno à ordem? Não estarão eles em vias de tornarem-se adultos indignos dos adolescentes que são? Essa preocupação é compartilhada por Gustave – pelo menos no que se refere aos outros – e vimos que bem cedo ele profetiza, com raiva e terror, o aburguesamento de Alfred. Contra essa lenta e segura metamorfose, há um único remédio: abolir ao mesmo tempo o burguês sonhador e seu sonho deteriorante. Eles tinham optado por passar para o imaginário, um ou dois anos antes, porque este lhes dava meios de irrealizar-se como grandes personagens agitados por grandes paixões e grandes sentimentos; agora, decepcionados, veem apenas seu interesse negativo: a imaginação era a ausência do mundo, a desrealização. Infelizmente, a experiência lhes ensina que as ausências se dão intermitentemente, e que é preciso recair o tempo todo na lama do real; ora, a evasão nada é, se for provisória; pior: é uma forma de cumplicidade; e como só a morte é capaz de fixá-la para a eternidade, eles veem com clareza que o suicídio é o sentido profundo da irrealização, sua exigência e justificação. Sonhar é *comprometer-se a morrer*: eles sonham, portanto estão comprometidos com isso; como Santo And... e São Bar... eles têm a morte na alma; a única diferença é que a mantêm lá e esperam uma ocasião para fazê-la passar para o corpo. Sabem agora que é preciso optar entre a abjeta resignação e o suicídio, e que quem não se matou não é digno de viver. Como assim? Eles *se mataram*: "é como se tivesse sido feito". Seguiram o conselho de Camus um século antes de este tê-lo dado: "Só há um problema realmente sério. Julgar que a vida vale ou não vale a pena ser vivida é responder à pergunta fundamental da filosofia. O resto... vem depois. São jogos; primeiro é preciso responder". Eles responderam. Ou melhor, são gratos aos dois santos por terem respondido em lugar deles, um com um revólver, outro com os suspensórios. Os dois decidiram que, *para aquela geração de filhos burgueses,* nascidos em torno de 1820, a vida não era vivível. Reconheço que tinham razão. Matando-se, estruturaram os "anos mortais" do colégio para todos. Veremos na terceira parte desta obra que a resposta continuará válida até quando aqueles meninos se tornarem adultos. No entanto, há um meio de escapar ao dilema de submeter-se ou desistir da vida: com dezesseis anos, Gustave o pressente; quando escrever, já adulto, um prefácio para a obra de um poeta morto *naturalmente*, ele já conhece esse meio há muito tempo: é a Literatura. Não aquela que se lê: mas aquela que se faz. O artista perpetua a desrealização; abrindo um ciclo de imagens eternas, ele *institui* e *sagra* o imaginário; por essa razão, tem direito a sobreviver. Veremos, aliás, que a Arte segundo Flaubert exige que seus ministros se submetam à prova da morte – ele mesmo se submeterá em janeiro de 1844 – para poderem olhar o mundo com os olhos alucinados de quem volta do além. Em 1837, isso não estava tão claro: todos artistas? Por quê? E como tornar-se artista? Essa é a *sua* questão faz tempo e por razões pessoais; é difícil admitir que a Arte, substituta do suicídio, seja a mesma de todos os seus condiscípulos. And... e Bar... põem a maioria deles diante da morte como possibilidade fundamental, sem mediação.

Esse é o penúltimo avatar da comunidade colegial: o tempo do humanismo já não existe, nem o do romantismo; começa o da santidade. A morte até então não passava da mais suntuosa das quimeras; acabou: já não se morre contestador no cadafalso, trucidado pela sociedade; é preciso matar-se de verdade, sozinho, num quarto fechado, com bala ou estrangulamento. Pobres rapazes! É verdade que eles não pediram para nascer, e que é atroz um filhote de homem ser *parido burguês*. Mas, como foram feitos para viver, como são injungidos a reproduzir a vida por apetites de moços, eles se disfarçam mais uma vez e recusam-se a decidir se devem considerar And... e Bar... como exemplos por *imitar* ou como redentores que se ofereceram ao martírio para resgatar os colegas. Segundo esta última hipótese, os finados mataram-se *em lugar* de seus colegas e para eles; a comunhão dos Santos possibilita despejar sobre todas as cabeças os méritos adquiridos pelo gesto fatal: com isso, para os baguncceiros – todos mortos de honra –, o suicídio torna-se facultativo. Conservando em si, na indiferenciação sincrética, essas duas interpretações, eles podem atribuir-se a importância fúnebre de jovens eleitos habilitados pela morte deles, na medida em que outro já a realizou, e condenados a sobreviver para dar testemunho. Tramaram-se de tal forma que deveriam poder integrar a morte voluntária em seu sonho e superá-la, ao interpretar essa nova personagem, o *suicida*, que seria designado permanentemente por um revólver carregado e mergulhado num bolso.

Infelizmente e pela primeira vez, a má-fé não compensa. A largada é boa, porém. Mas, assim que largam, a ilusão explode e os põe diante de um ato por cometer. Pela única razão de que *o revólver é de verdade*. Até então o onirismo deles estava protegido pela decisão de só sonhar o impossível: impossível para Pagnerre e Baudry ser João de Aragão ou Ruy Blas, tornar-se moicano, juntar-se a Abdelkader para trair o duque de Aumale e a pátria, simplesmente impossível tornar-se oficial de cavalaria. Mas o suicídio, ao contrário, é possível: se a arma está no bolso, eles podem matar-se a qualquer momento. Ao impossível ninguém se obriga: eles não podem ser censurados por se recusarem à resignação, a manter seus direitos eminentes, a obstinar-se a encenar a personagem que nunca serão. Mas seriam ridículos se *encenassem* suicidas, pois têm sempre a possibilidade de "*quitar-se* com a ponta de um punhal". Se proclamam o fastio pela vida, o possível torna-se fundamento de um imperativo rigoroso: podes, logo deves transformar tua morte imaginária em óbito real e irreversível. Os infelizes descobrem sua impostura não no abstrato e de modo reflexivo – o que seria menos penoso –, mas enquanto estão absortos em encenar a nova personagem: uma percepção concreta faz ir pelos ares toda a comédia. De fato ninguém é suicida se não tiver se surpreendido com frequência a ruminar o modo como agirá para pôr termo a seus dias. Portanto, os candidatos dão um jeito de se encontrarem debruçados sobre uma navalha, a meditar; os mais conscienciosos empurram até o fundo da garganta o cano de uma arma de fogo e a deixam lá uns segundos: se mudam de ideia e a retiram, fica entendido que sua resolução continua inabalável, mas que ainda não decidiram totalmente em que momento a executarão. Infelizmente para eles, no jogo da morte voluntária, os acessórios não são simulacros, mas engenhos reais e ameaçadores: quem maneja um revólver carregado de balas para ter por um momento a ilusão de que vai usá-lo, como poderia evitar que a indubitável realidade do instrumento transformasse, contra sua própria vontade, suas fingidas tentações em exigências do prático-inerte, como impediria que a arma o designasse, o *visasse* – em todos os sentidos da palavra –, que atos reais, mas *por cumprir*, se anunciassem através de seus gestos e que ele fosse o significado desse significante? Está contra a parede; sob o indicador prudente, o gatilho, importunado, se faz interrogação: decidiu, afinal? É só aumentar a pressão do dedo. Literalmente, nada separa o ator do "instante fatal", tudo o convida a dar o passo, é intolerável: desvairado, ele abre a mão, o revólver cai. O menino teve medo de si mesmo, ou melhor, não: o Sancho Pança que o habita, seu Ego verdadeiro, temeu de repente que seu Alter Ego, o célebre comediante da Mancha, acabasse por ficar preso ao próprio jogo ou, o que é pior, que sua Personagem se tornasse sua verdade. Apoia-se na mesa, transpira, tirita: teria bastado uma inabilidade... dessa vez acreditei que ia passar desta para melhor. O que o aterroriza também é a vertigem adocicada que não o abandonou: a arma está a seus pés, bastaria abaixar-se... Nesse instante a Personagem estoura, os bagunceiros têm todos a mesma reação: ao descobrirem suas pessoas reais, gargalham. Quem se alegra é Sancho, sinistro e liberto, diante do desaparecimento do velho patife que o aterrorizava; o escudeiro, chorando de rir, saboreia a acerba volúpia de sentir-se ignóbil e rejubila-se por ter encontrado uma solução válida ao quebra-cabeça que o obceca há cinco anos.

Seriedade do cômico. Naqueles anos de mudanças, surge a contestação pela risada e coexiste por algum tempo com a contestação pelo sonho, da qual é resultado, acabando por substituí-la. Por volta de 1837, detecta-se no colégio a existência de um grupo de adolescentes negligentes, cínicos, vividos sem terem vivido, enojados da Criação, que tomaram a decisão de rir em vez de chorar: batizaram-se *Blasés*.[42] Quase nada se sabe deles, a não ser que estavam unidos por elos bastante frouxos – afinidades, semelhanças – e não pela fraternidade-terror que se forja nos combates (que combate travariam? nenhuma finalidade humana vale uma hora sequer de trabalho) ou pelo juramento comum que fundamenta as sociedades secretas. Uma lucidez pretensamente implacável e um imobilismo niilista constituem a *exis* deles – que se expressa ordinariamente pelo humor negro acompanhado pelo sorriso amarelo. Esse sorriso, que se manifesta como um ponto de vista totalitário sobre o mundo, é na verdade a relação particular da jovem geração burguesa consigo mesma. É o primeiro momento da tomada de consciência desviada, trucada, que conduzirá tais adolescentes renitentes a aceitar-se plenamente como burgueses e, mais tarde, como pais de família. Dessa fase derradeira da involução, que começou em março de 1831 e terminará em 1840, Flaubert dá uma boa definição em sua carta de 15 de março de 1850: resumindo sem indulgência a vida do pobre Ernest, ex-franco-maçom da Garçonnerie, de cujo casamento a sra. Flaubert acaba de saber, Flaubert escreve que ele "seguiu a marcha normal" e passou "da seriedade do cômico ao cômico da seriedade". Vamos tentar acompanhá-los em sua "marcha normal": durante esse novo episódio, os ex-Raivosos, que se tornaram *Blasés*, vão encontrar Gustave: desse encontro nascerá o Rapaz.

O que faz esses adolescentes rir? O mundo ou seu suicídio malogrado? Ambos: digamos que o fracasso desvendou sua impostura; seu ser-no-mundo-para-morrer era uma comédia: estão nele *para viver*. Essa desgraça torna-os *cômicos* a seus próprios olhos. Não risíveis: a risibilidade, como vimos, é um caráter imediato que pode vincular-se a qualquer indivíduo a partir de uma reação defensiva e espontânea dos que o cercam. O cômico, ao contrário, tem caráter mediato, elaborado. Digamos que seja encontrado como o trágico, seu contrário, na forma de produto acabado. Ambos aparecem como sistemas de relações organizados com tanto rigor que se apresentam à intuição intelectual como a verdade da vida humana finalmente desembaraçada da selva de aparências que é a facticidade, e considerada no nível em que as premissas engendram suas consequências segundo normas imperativas. Para excluir melhor desses "modelos" tudo o que possa lembrar contingência, autores cômicos e trágicos precisam abster-se de recorrer às categorias do possível e do real; as únicas que eles utilizam são as do impossível e as do necessário, como fazem os geômetras. Tanto para uns como para outros, o indivíduo, nunca sendo necessário, revela-se como uma impossibilidade ou, digamos, seu desaparecimento é uma necessidade. Cada uma de suas obras é um sistema em que a vida humana só aparece para suprimir-se, cada intriga é um exemplo da inflexível contradição que opõe o macrocosmo ao microscosmo, bem como os microcosmos entre si. A diferença que separa os dois gêneros está no fato de que num – salvo intervenção de um mediador, *deus ex machina*, monarca, colocado acima do gênero humano – a impossibilidade de ser acarreta inelutavelmente a abolição do herói, representante qualificado do Homem, ao passo que no outro essa mesma impossibilidade produz com o mesmo rigor a consequência inversa: é ela que mantém viva a personagem cômica, representante, aliás, de qualquer um de nossa espécie. O herói trágico supera a contradição ao morrer – ainda que a morte lhe seja infligida por outro, ele é responsável por ela. O cômico está encerrado numa contradição insuperável que se manifesta como circularidade viciosa, pois cada termo produz o termo oposto. Em *Tempos modernos*, Chaplin, no alto de um andaime, avista uma caixa que está depositada sobre a plataforma de um monta-cargas *invisível*; dobrando os joelhos, tensionando as nádegas, ele se dispõe a sentar-se quando o monta-cargas entra em atividade: caixa e plataforma desaparecem; no lugar deles, um buraco negro. A morte *dá-se a ver*, inelutável. Não: alguém grita por ele, ele se levanta, salvo pelo acaso. Mas, depois de uma breve conversa, ei-lo de novo com a mesma ideia. Dessa vez, nada pode salvá-lo: a morte é *necessária*, nós o *vemos* já perder o equilíbrio e cair de vinte andares. Ora, no instante em que ele vai pender para o vazio, a caixa reaparece, sobe ao encontro dele e acaba parando debaixo de seu traseiro, bem em tempo de ele sentar-se sem se aperceber do perigo mortal que o ameaçava. A gague repete-se várias vezes; o mesmo objeto que *deve causar sua perdição*, por razões perfeitamente estranhas à personagem, é levado a salvá-lo: há um sincronismo fortuito entre o ritmo do monta-cargas (ele vai e vem segundo as necessidades do trabalho) e as iniciativas de Chaplin (ele se senta, se levanta, senta-se de novo por razões sempre evidentes). Mas esse sincronismo *prenuncia a morte* em sua própria perfeição: se a caixa voltasse a subir com o atraso de uma fração de segundo, o infeliz, levando um choque um tanto quanto rude, perceberia o perigo. A maliciosa precisão do mecanismo, mantendo-o na ignorância, conserva até o fim a situação dele de condenado à morte: *desta vez ele* escapou, *nada* garante que o mesmo ocorra da próxima vez. Inversamente, é preciso reconhecer que, na circunstância, essa ignorância que *deve causar sua perdição* o protege: se, com os joelhos já dobrados, ele tivesse dado uma olhadinha para trás, não há dúvida de que o susto o teria feito cair no buraco.*

Onde está o rigor?, dirão alguns; são apenas jogos de azar. Concordo. Mas o acaso, excluído da tragédia, aparece nas construções cômicas como o princípio negativo por excelência: é ele que profere a sentença e decreta que o homem é impossível. Não é por acaso que tudo acontece por acaso. A pessoa humana afirma-se em primeiro lugar como soberana, com a convicção de agir sobre o mundo e de governar sua própria vida. O acaso vem depois, denunciando essa ilusão: o mundo é alérgico ao homem, o *cômico* nos torna testemunhas de um processo de rejeição. É necessária a liquidação física da personagem: ele só é poupado quando substituído por sua liquidação moral; se o acaso reina, o homem está perdido de antemão, a menos que seja salvo pelo acaso. No monta-cargas de *Tempos modernos* essas duas características opostas manifestam uma unidade profunda: quer o Macrocosmo apreendido como pura *exterioridade* esmague determinado microcosmo, quer uma conjunção fortuita de circunstâncias exteriores ocorra em tempo de poupá-lo sem que ele desconfie, o homem *está morto*: sai desumanizado da aventura porque seus fins lhe foram roubados e restituídos no último momento pelas coisas. Pode sobreviver

---

* Esse é um tema que se encontra com frequência nos filmes de Chaplin. Em *O circo*, por exemplo, ele deslumbra ao dançar na corda como funâmbulo improvisado enquanto acredita que está preso à abóbada por um fio (que, na verdade, já faz algum tempo se rompeu) e quase se mata quando percebe que não está sendo sustentado por mais nada.

algum tempo como objeto do mundo, mas está demonstrado que as ideias de práxis e interioridade são o sonho de um sonho, e que o *objeto humano*, montagem casual que um acaso conserva e que outro desmontará, é exterior a si mesmo. Ele foi urdido inteligentemente de tal maneira que nos mostra os encadeamentos inflexíveis que são a *verdade* daquilo que ele acredita serem suas decisões livres. O monta-cargas de Chaplin precisa nos convencer pelo riso de que não podemos nem mesmo nos sentar sem uma inacreditável sorte. Como o possível e o real estão excluídos, o acaso representa aí a necessidade; o cômico aparece portanto como a decisão de fazer a Razão analítica triunfar sobre o idealismo sincrético da aristocracia, por redução do interior ao exterior, do subjetivo ao objetivo, da *doxa* à ciência, da temporalização histórica à temporalidade física. Essa redução não é dissolução: permanece a ilusão, limitamo-nos a desqualificá-la incessantemente.

Tomei o exemplo mais abstrato, mais simples, aquele em que a morte é diretamente *visível*.* É escusado dizer que na maioria dos casos a impossibilidade de viver está velada. Seja como for, cômico de situação ou cômico de caráter remetem ambos à contradição fundamental ou cômico ontológico; autor, atores e espectadores referem-se a ele explicitamente: uma iniciativa e um amor fadados ao fracasso por sua natureza arriscada triunfam por acaso (os apaixonados têm a sorte de casar-se, o trapaceado, a de encontrar seu dinheiro), mas, com isso, são desvalorizados. A impossibilidade de agir ou de amar (de comprometer a vida com um juramento) manifesta a impossibilidade de ser homem.** Percebe-se o caminho percorrido desde a *risibilidade*: o riso espontâneo denuncia que *aquele* indivíduo – que se leva a sério – não passa de sub-homem. O riso provocado (pelo cômico) pretende revelar-nos que *todo homem* é um sub-homem que se leva a sério.

Desse ponto de vista, os colegiais de Rouen não têm sorte: estão diretamente ligados ao cômico do ser como se um encenador invisível os tivesse manipulado. And... e Bar... concluíram: "A vida é impossível, logo morro", e o Homem afirmou-se na memória dos sobreviventes como o sentido permanente dos suicídios deles: ele

---

* Simplifiquei. O cômico de Charles Chaplin nunca é um cômico puro: há um "humanismo" em seus filmes que nos mostra o vagabundo lutando humildemente contra os acasos para afirmar, apesar de tudo, a possibilidade de ser homem. Mas não temos necessidade de examinar aqui as formas complexas do cômico.

** Entende-se: o cômico é um *parti pris*. Salta aos olhos sua parte de verdade, cujo caráter parcial e partidário só pode ser superado no nível da Razão dialética.

surgiu antes do "instante fatal", quando eles, assumindo sua própria impossibilidade, aderiram ao ser-impossível do Homem. Mas com isso aqueles falsos Santos, em vez de transferirem seus méritos para aqueles que não se mataram, os denunciam; seus colegas vivem porque o Homem é impossível para eles; entendam: porque eles são covardes demais para matar-se. Percebe-se que o torniquete se delineia: não há Homem senão trágico, ilusório para além da abolição deliberada dos sub-homens conscientes de sua sub-humanidade. Ora, os colegas de And... e de Bar... são realmente sub-homens, e o que os define como tais é seu infame apetite de viver. Cômicos porque lhes é impossível tanto continuar sua vida escrota quanto tirar-se a vida, e por isso eles se tomam por Homens em razão mesmo de sua sub-humanidade, imbuindo-se no irreal de grandes sentimentos que não têm os meios de provar realmente, de um ser-para-morrer imaginário que lhes mascara seu consentimento com o mundo desumano da Razão analítica. Incapazes de optar pelo Nada, escolheram o não-real, seu símbolo, e *bancam* os militares para levarem a esquecer que são da espécie burguesa. Os militares seriam homens? Não: o cômico é universal; aqueles mata-mouros também *encenam*; são uns covardes, a menos que sua pretensa coragem seja apenas ignorância do perigo – tal como se falássemos de heroísmo, quando Chaplin, arriscando-se no vazio, se arrisca a morrer sem saber. *É preciso* que assim seja: o sincretismo aristocrático é uma ilusão fúnebre mantida por má-fé e incessantemente posta em xeque pela Razão analítica; os nobres são burgueses que se ignoram. Atomismo, determinismo, mecanicismo, essa é a verdade. Restam And... e Bar... O que são eles? A exceção que confirma a regra? O torniquete não deixa esperanças; mortos, indicaram inicialmente a única escolha possível: matar-se ou rir de tudo e, em primeiro lugar, de si mesmo. Mas a amarga descoberta que provocaram volta-se contra eles: seu gesto não podia ser a realização de seu ser-para-morrer porque esse ser não passa de um sonho, portanto é preciso que ele seja explicado por algum desapontamento *burguês*. A menos que, bancando os suicidas, eles tenham tirado a própria vida por inadvertência: seria gozado, seria possível rir do próprio suicídio. A roda continua girando: os adolescentes riem mais à vontade mas de sua própria ignomínia; acaso não são cães rindo de dois leões mortos? A ideia de que tudo é vil, mesmo os mártires, acaso não lhes propicia abjeto alívio? Reabilitou-se a primeira dignidade de And... e Bar..., mas nem por isso o movimento circular se detém; em um instante os

Blasés se verão rindo desses dois imbecis que, de uma maneira ou de outra, se mataram *por erro* etc.

Ei-los de volta à ilusão dos avós, que viam a burguesia como classe universal; estes vão até mais longe, pois a confundem com a espécie humana; a única diferença – que é de porte – é que os burgueses de 1789 baseavam nesse erro um humanismo otimista, ao passo que seus netos, invertendo os sinais, fazem dele a base de sua misantropia e de um pessimismo universal. O riso deles vinga-os primeiramente dos *românticos*, esses impostores: foi Werther, e não Goethe, que se estourou os miolos; foi Chatterton, e não Vigny, que se envenenou. Os cavalheiros de Paris gostariam de levar a crer que se morre de amor ou de *spleen*, mas é mentira: eles mesmos *vivem* dos grandes sentimentos, ou melhor, vivem de escrever sobre eles, pois essas paixões fatais não existem. Flaubert retorna ao riso dos *Blasés* quando escreve sobre *Graziella*: "Seria possível fazer um belo livro com essa história, mostrando-nos o que provavelmente ocorreu: um jovem, em Nápoles, em meio a outras distrações, deita-se por acaso com a filha de um pescador e lhe dá o fora em seguida; ela não morre, mas se consola, o que é mais comum e mais amargo".* É também o *Blasé* que, na mesma carta, tenta desmistificar o amor romântico. "Em primeiro lugar, falando claro, ele se deita com ela ou não se deita com ela? Não são seres humanos, mas manequins. Muito bonitas essas histórias de amor em que a coisa principal está tão cercada de mistério que a gente não sabe o que pensar, pois a união sexual é relegada à sombra, sistematicamente, tal como beber, comer, mijar etc.!"** Os românticos, como as mulheres, estão errados "quando acham que têm o coração no meio das pernas"; esses "hipócritas" sentem todas as necessidades humanas, pois são organismos impelidos por um *conatus* profundo a produzir e reproduzir a vida, e não a morte; portanto, como todo mundo, são interesseiros, ávidos, egoístas, calculistas. São ridículos quando contam que caíram dos céus e ainda se lembram: a natureza deles é limitada, sem dúvida, mas, por consequência direta, seus desejos também o são. Fazem de conta que aspiram ao infinito, esse inconcebível, para mascarar seus verdadeiros desejos que são medíocres, mínimos, relativamente fáceis de satisfazer: se lhes derem dinheiro, aplausos, uma bela puta, boa saúde, não terão mais nada que

---

* *Correspondance*, 24 de abril de 1852, p. 393.

** *Correspondance*, 24 de abril de 1852, p. 393.

pedir. Evidentemente, é ofício deles encenar a insaciabilidade, mas é nisso que são cômicos. Fizeram do Homem, ilusão transcendental dos homens, o seu ganha-pão: se fossem cínicos, seriam apenas odiosos; como são logrados por sua própria mentira, são objeto de riso. Nisso, são representantes creditados da espécie humana, risível por inteiro, pois ela nem consegue se livrar dessa ilusão constitucional nem se ajustar a esse pretenso modelo.

Mas o Burguês continuava sendo o alvo principal. Os colegiais não esqueceram as perseguições dos anos anteriores, e seu feroz rancor aumentou a partir do momento em que passaram a temer assemelhar--se ao próprio pai. Enquanto puderam acreditar que a generosidade e o ser-para-morrer os subtraíam à família, à classe, criticaram os pais por não reconhecerem a grandeza deles e por persegui-los; agora lhes querem mal porque os puseram no mundo: aqueles monstros não entenderam em tempo ou não quiseram entender que fariam filhos *à sua imagem*; monstros, engendraram monstros que não pediam para nascer e lhes prescreveram um destino monstruoso. O riso vinga: o Burguês é cômico porque tem sua maneira própria de levar-se a sério; o puritanismo utilitarista esconde os ignóbeis apetites e a rapacidade de John Bell; fetichista, ele rejeita o cristianismo e o substitui pela religião da propriedade. Haverão de rir desse pedante solene, desse filisteu e de suas pretensões humanistas.

Além disso, aqueles meninos haverão de rir de si mesmos em dobro: foram logrados pelos românticos, acreditavam-se filhos do Homem e não passavam de falsos aristocratas – a única desculpa é que não existem verdadeiros aristocratas; filhos de burgueses, herdarão a seriedade do pai, pedantismo que Flaubert chamará de "cômico da seriedade". Esses burgueses de província foram vítimas dos burgueses parisienses: rindo de sua própria tolice, percebem que estão rindo burguesamente, em nome da baixeza paterna, e eis que se põem à rir das pomposas asnices do Joseph Prudhomme que eles têm debaixo da pele. Riso de malditos, diria Gustave. E, na verdade, é o ponto de chegada do desespero. Mas cabe lembrar que é também uma conduta intencional por meio da qual quem ri se distancia do objeto do qual ri. Pedem a essa hilaridade – que exercem contra si mesmos – que seja *catártica*, que os livre de si mesmos. Ela é o *ersatz* de um suicídio, no sentido de que os adolescentes se recusam a levar a sério sua própria seriedade e até mesmo a desesperança da qual ela saiu, bem como, aliás, qualquer esperança que pudesse renascer. Assim, ei-los a retirarem-se de si mesmos e a pretenderem mais uma vez escapar a seu ser-de-classe, mas dessa vez adjurando e zombando da ignomínia de seus próprios sonhos e de sua dor, que não teve sequer força suficiente para fazê-los morrer. Serão suicidas e "juízes-penitentes"*, pois, enquanto procuram tirar, senão a própria vida, pelo menos *o ser*, também tentam punir-se por proferir sentença contra os outros. A derrisão, como vimos, é um linchamento menor. Cada um treina o autolinchamento para poder linchar os outros.

    Mas – perguntará alguém com razão – *quem* ri? Em outros termos, escarnecedor e escarnecido poderão ser uma única pessoa? Respondo que não, a menos que ela interiorize à força uma derrisão coletiva da qual está sendo objeto – o que não é o caso aí, pois cada um ri dos outros enquanto ri de si. Sem dúvida, como todo *outro* é visado, e cada um é ele mesmo e outro ao mesmo tempo, há aí um esboço de serialidade. Mas a série não chega a constituir-se, pois não se trata de interiorizar inicialmente o ser-outro (é o que faz um grande magistrado quando um tombo e a imensa gargalhada da multidão o obrigam a adotar a visão que os outros têm dele), e sim de instituir o riso como relação de si consigo. Ora, como a derrisão é uma relação serial com o Outro, ninguém pode rir sozinho de si mesmo, nem cada um de cada um. Escarnecer os pais eles podem, teoricamente, mas, a partir do momento em que tiram as lentes de aristocratas, não os enxergam melhor que antes, pois a burguesia vivenciada na intersubjetividade é apenas o daltonismo que impede de perceber a burguesia dos outros. Detalhes, sim, anedotas: pode-se dar a avareza de um pai como pasto à coletividade. Mas ninguém verá o Burguês como tipo sem incidir nos slogans do romantismo – John Bell, Prudhomme – ou nos clichês da misantropia abstrata. Por conseguinte, ninguém ri de verdade entre os *Blasés*. Aqueles pobres meninos ainda estão enrascados: *encenam o riso* e não percebem que transpuseram mais uma vez a linha que separa o real do imaginário. Ei-los de novo a irrealizar-se: secos e sinistros, apesar das falsas gargalhadas, optaram por não ser *nada* mais que a *impossibilidade fetichizada de viver*, escarnecendo *do ponto de vista da morte*, em si mesmos e em todos, o querer-viver da espécie humana. Isso é voltar ao ponto de partida. Eles girarão incessantemente do niilismo do Raivoso ao do *Blasé* e vice-versa, ora morrendo de raiva, ora morrendo de rir, sem realizar jamais a catarse de que tanto precisam.

---

* As palavras são de Camus. Cf. *A queda*.

Psicodrama. O Rapaz nasce de um mal-entendido memorável, prefiguração do mal-entendido que constituirá o sucesso de *Madame Bovary*. Já delineamos a involução colegial desde seu início; portanto agora é possível encontrar as razões desse quiproquó e seu significado.

Gustave não ignora que tem origem burguesa, e no próximo capítulo veremos que seu ser-de-classe logo vai horrorizá-lo. Na década de 1830, é a mais nova de suas preocupações. Filho de um príncipe da ciência, ele entra no colégio orgulhoso de seu nascimento; os colegas, quando sonham, tomam-se por burgueses-fidalgos; Gustave está convencido de ser um fidalgo-burguês. Depois da Queda e, principalmente, após seus desenganos escolares, ele substituiu a aristocracia dos cientistas – a única *real*, a seu ver – pela aristocracia dos poetas, baseada no fracasso. De qualquer maneira, trata-se de provar para si mesmo que ele é de outra espécie, que não a dos filhos de burgueses que o cercam. A ruminação de seus problemas – que são exclusivamente de ordem familiar – colocou-o em estado de distração permanente e o impede de compreender a história colegial que acabamos de contar. Na época das leituras noturnas, ele se irrealizou furiosamente, como os outros, mais que os outros, porém por motivos opostos: em Chatterton, encarnação de Pagnerre, este procura fugir de sua classe de origem; Flaubert, certo de ser "bem-nascido", procura reencontrar a sua. Chatterton é ele: poeta assassinado, morre, vítima da competição burguesa, toda vez que o professor, diante dos John Bell da segunda divisão, corrige as composições trimestrais. Ele é vítima do próprio pai tanto quanto os colegas, com a única diferença (segundo ele) de que aqueles filhos de burgueses também são burgueses, e os conflitos familiares deles se reduzem a histórias sem importância, ao passo que Achille-Cléophas, genitor *nobre*, exilou aquele filho maldito, mas ainda nobre, entre as feras da plebe. Ele pode adotar com boa-fé a tirada de Stello sobre a nobreza "acossada, exilada... sempre devotada ao príncipe que a arruína..."; depois da leitura ou do devaneio, ele conhece a raiva e a angústia dos despertares, mas não o descoroçoamento da desilusão, pois se acha mártir. Se ele tivesse conquistado o primeiro lugar em todas as matérias, o Rapaz nunca teria vindo ao mundo. Este nasceu quando Gustave, oferecendo-se à derrisão de seus ferozes condiscípulos, aplicou-lhes o golpe de Chatterton: Vigny tomou providências

VI. DA GESTA À ENCENAÇÃO: O RAPAZ   1451

para que eles, acreditando-se poetas, se achassem na pele de John Bell visto pelos olhos desdenhosos da nobreza; o pequeno Flaubert toma providência para que eles, rindo *com razão* de um menino morto de vergonha, percebam de repente que seu próprio bom senso, seu realismo, suas pretensões, sua importância estão transidos pelo vento glacial do riso universal. Aquilo que o soldado perdido talvez tenha conseguido sem saber, Gustave quer recomeçar deliberadamente e por conta própria: vai desmoralizar os colegas.

O problema é que eles *já* estão desmoralizados. No começo acreditaram que a burguesia recebera o mandato histórico de fazer o Homem; depois, que ela era seu inimigo mortal, mas que seus filhos, insurgindo-se contra ela, podiam contribuir para o advento do reino humano; repelidos, encarnaram o Homem em sonho; depois, conscientes da impostura, convenceram-se de que o burguês é ignóbil por constituição. Atualmente, não podendo olhar sua classe com os olhos dos "novos bárbaros" que conhecem o segredo, chegaram ao ponto de considerar a burguesia como uma espécie natural; isso significa que não sairão dela e que, por bem ou por mal, perpetuarão sua ignomínia específica com seus pensamentos e condutas. O que Gustave não entende é que eles precisam desta última evasão, que é o riso, mas não conseguirão *sozinhos* rir de si mesmos: acreditando que os mata, ele os sacia.

Só escarnecerão de si mesmos se apareceram para si como objetos, ou seja, como outros para outros. Ora, a armadilha montada por Gustave implica que ele apresente o Rapaz como sua própria caricatura. Seus colegas terão reconhecido o modelo? Pouco importa: reconheceram suas próprias contradições exteriorizadas. O Mesmo avança em direção deles, risível, sob a máscara do Outro. Melhor ainda se diferir de Pagnerre ou de Baudry em detalhes do caráter: a conduta de dissociação será assim facilitada. Além disso, representando um *indivíduo*, a Personagem não se manifesta como um *tipo* – diferentemente de Joseph Prudhomme, por exemplo –, ou seja, como unidade facilmente solúvel de defeitos e vícios gerais, mas como uma singularidade mítica, pouco decifrável e por isso mais fascinante: acham que, quando o interpretarem, não terão a coerção de regras precisas e abstratas (as que são impostas ao autor e ao ator quando querem "tipificar" um avarento); será o livre jogo da imaginação. Na história de sua vida (ele começa poeta e acaba gerente de hotel), encontram a história colegial deles: eles também começaram com o sonho e acabaram ou acabarão tal como os pais, no comércio ou na indústria. Todas as fases de sua lastimável revolta estão dadas na unidade de uma temporalização imaginária. No Rapaz, Gustave se mostra poeta gorado a vingar-se, tornando-se o cínico organizador das festas da Merda. Somos nós – dizem suas vítimas, "rolando de rir" –, de fato somos nós; e, de acordo com o humor, comerão aquele alimento eminentemente burguês ou farão com que seus pais o comam. Caíram na armadilha – pensa Gustave: lance de gênio! Mas não! O riso cósmico, em vez de gelar os sentidos deles, entusiasma-os e lhes dá segurança: eles acreditavam que a baixeza é própria da espécie *burguesa*; portanto, mesmo *blasés*, estavam mais que seguros de que os grandes sentimentos não existem em outros lugares, em outros homens de outra espécie. Ora, em sua raiva, Flaubert foi longe demais: para tornar mais completo o desalento deles, quis estigmatizar a espécie *humana* na pessoa do Rapaz. Que alívio! O ignóbil está em toda parte, a baixeza é a coisa mais compartilhada do mundo: rir de si mesmo é rir dos homens, da criação, de Deus, se Ele existir, da própria matéria; é denunciar a perpetuação da vida pela impossibilidade declarada de viver.

Gustave rejubila-se em fazer aqueles *realistas* caírem na cilada do imaginário. Mas o que lhe importa? O que conta para eles é que o riso deles seja finalmente *real*. Além disso, ele não viu ou não quis ver o papel do sonho naquelas pobres cabeças. Antony é um papel. E Robespierre também. E o Terror de barrete frígio. É proposto um outro papel. Eles não se enganam: trata-se de encenar o microcosmo nas garras do macrocosmo hílare. Será pantagruélico. Perfeito! Evidentemente, não é *bem assim* na realidade. Mas o Rapaz os atrai; não *apesar* de sua irrealidade: mas por causa dela.

Com efeito, aqueles juízes-penitentes exigem encarnar-se nele um por vez para que cada um, por meio de uma Paixão negra e nova, faça rir de si mesmo na qualidade de Outro e possa adquirir assim o direito de se dissociar da espécie humana quando, no instante seguinte, outro tenha a ideia de interpretar a Personagem. Por essa mesma razão, *é preciso* que o Rapaz seja uma ficção. O autor precisa levar ao extremo a baixeza e a asneira, *inventar-se ignóbil*, forçar a hipérbole até o "sublime de baixo"; só encenará bem se sentir prazer no lixo, pois a nova cerimônia comporta *ao mesmo tempo* um assassinato simbólico do Pai, o castigo dos românticos – por execução capital – e a confissão pública de um herdeiro horrível. A dificuldade para o intérprete é que ele se inventa tal como é: o ignóbil está nele (como em todos nós, só que ele tomou a decisão de privilegiá-lo); portanto, convém tranquilizá-los. Coisa que o pesado ídolo, caixeiro-viajante feroz e gigantesco, consegue às mil maravilhas; esse colosso os hipnotiza com sua soberana leveza: dize tudo o que te passar pela cabeça, faze qualquer coisa, *é para rir*; tuas invenções não te comprometem, se te der prazer escolher-te como coprófago, sou eu, o Rapaz, que comerei merda. O jovem intérprete sabe, aliás, que a Personagem não é *sua* criatura: é um bem coletivo, e daquilo com que cada um contribui nada ficará, a menos que haja consentimento unânime. Ao encarná-lo, o ator do dia ou da hora faz o juramento de sujar-se ao extremo para que seu sacrifício possibilite aos colegas salvar-se pela gargalhada; ele encena *sob controle*, e o caráter sagrado da representação o liberta e justifica. Assim, a irrealidade do Rapaz e seu caráter coletivo vencem censuras e inibições – não todas, está claro –, desbridam os tumores internos; desejos desconhecidos revelam-se e saciam-se ficticiamente; impulsos nascidos nas "profundezas assustadoras" ousam afirmar-se em plena luz do dia (o intérprete declina de toda e qualquer responsabilidade); o inarticulável articula-se; o ator desabafa no anonimato, acrescentando seu toque pessoal ao Ego *comum* da Persona.

Se essas representações tivessem um público de verdade, separadas dos intérpretes por uma ribalta, se uns estivessem fadados incansavelmente à autocrítica e ao parricídio e outros olhassem e julgassem sem tomar parte da ação, poderiam resultar graves transtornos: no melhor dos casos, a ilusão não conseguiria "pegar"; no pior, ela devastaria os corações – os dos espectadores, excluídos da cerimônia pela dureza adamantina do imaginário, e sobretudo os dos atores, fadados a representar indefinidamente a ignomínia do gênero humano para os outros, sem nunca poderem livrar-se dela pelo riso. Por essa razão – e por muitas outras que não cabem aqui –, os psicodramas terapêuticos ocorrem sem público: todos os presentes são atores em potencial. Mas, precisamente, é o caso de nosso psicodrama selvagem: os espectadores são Rapazes em pendência; a Personagem é *representada* por uma única pessoa e inventada por todas, pois aqueles que a controlam permanentemente esperam o momento de representá-la por sua vez. Nesse grupo juramentado, o Outro não existe, pois cada um em relação a cada um *é o mesmo*; ou melhor, o Outro, *para todos, outro não é* senão a Personagem, lugar geométrico de todas as alteridades. Sem dúvida, o riso continua serial, mas, para além do riso, há sua "franco-maçonaria" vivenciada por todos como um elo de interioridade, ou seja, como a relação humana que lhes é indispensável se quiserem levar a bom termo a empreitada comum de representar para si mesmos o seu ser-em-exterioridade, para reconhecê--lo e recusá-lo. Observamos num capítulo anterior que o riso, ao mesmo tempo que serializava os que riem, remete a uma sociedade integrada que, aliás, não existe. Isto porque se tratava do risível fortuito. Aqui, a produção comum do cômico *realiza* a integração dos atores-espectadores. A invenção catártica, portanto, tem a dupla virtude de ser genocida e integradora, pois cada um, contra o fundo dessa comunidade jurada, produz seu ser específico (ou aquilo que ele toma como tal) para dele libertar os outros, *com a condição da contrapartida*, num movimento de improvisação que lhe parece emanar da espontaneidade coletiva: ora o movimento do grupo carrega Pagnerre como um tsunami, ora é ele que, superando o mar na altura de uma vaga, se apropria da organização do espetáculo. Isso não ocorre sem atritos, pois esses horríveis trabalhadores revolvem a merda com os próprios braços: mas é para se desfazerem dela. E renasce a alegria que eles acreditavam morta desde março de 1831: *fazer-se* de Rapaz, dar-lhe a réplica ou controlar as invenções é superar a misantropia que ostentam, instituindo sem saberem verdadeiras relações humanas. Nesses momentos inspirados, já não é do ponto de vista do nada que eles escarnecem a criação: zombam do liberalismo, do humanismo, do mecanicismo e do romantismo do ponto de vista de uma sociedade real, integrada e *livre*, que existe *em ato* e por meio deles.

    Caberá dizer que a catarse pôs fim ao seu desalento? Profundamente, não. Essa evasão para a comédia não poderia subtraí-los ao seu destino de classe real. Uma cadeira espera Baudry no Institut de France, um mandato de deputado conservador está reservado para Ernest, Pagnerre está destinado a receber um portfólio cheio de ações judiciosamente escolhidas, quando nascerem as Sociedades Anônimas. Por enquanto, eles se divertem recusando seu ser-de-classe porque ainda não estão suficientemente resignados para aceitá-lo. Mas essa recusa imaginária e, a despeito das aparências, idealista só encontra motivações na própria ideologia da classe burguesa. O fato é que a "classe ascendente" está em plena mutação. Os condiscípulos de Flaubert, tais como os filhos de Noé, incitados pelo romantismo a descobrir a nudez do pai, ficam escandalizados com a vulgaridade que veem. Enquanto dão risada do ventre e do baixo-ventre dele, têm a impressão de que a hilaridade vingadora elimina seus próprios intestinos e seus órgãos urogenitais. Na verdade, eles simplesmente se dispõem a ocultá-los com a hipocrisia puritana que é a *distinção*, virtude burguesa, se é que isso existiu. O Rapaz é a própria vulgaridade;

arrota, peida, caga debaixo do busto de Luís Filipe: seus intérpretes se comprazem em reinventar essa trivialidade coprológica tanto porque ela é *deles* por direito de nascença, quanto para dissociar-se dela. Em vão: esses novos Cavalheiros querem dar à sua classe um verniz que corresponde a seu recente poder, mas se relevam pela própria maneira como denunciam suas taras: vulgaridade e distinção, como mostrei alhures, são dois aspectos de uma mesma realidade.* O burguês do

---

* Gustave é o primeiro que incide nisso. O uso que ele faz da palavra "vulgar" mereceria por si só todo um estudo. Sobre o colega Hamard, diz ele: "(Emile) é a própria vulgaridade". Essa apreciação não pode nos surpreender: para o aristocrata Flaubert, um burguês *há de ser* vulgar. Mas, por um justo retorno das coisas – no entanto ele se indigna com isso –, eis que em 1871-72 *La Gironde* o trata de "Prudhomme", e Barbey d'Aurevilly escreve sobre *A educação sentimental*: "A principal característica desse romance é, acima de tudo, a vulgaridade". Sua própria pessoa agastava os Goncourt com "seu lado caixeiro-viajante", seu gosto "pelo desleixado, pelo relaxado nas roupas e nas ideias". "Grosseira, decididamente, bem grosseira natureza". A alacridade de Flaubert, como observa pertinentemente Jean-Pierre Richard [*Littérature et sensation*], conserva (algo) de grosseiro e até de fundamentalmente vulgar". Ele saboreia no mesmo tom a refeição que vai fazer (com Chevalier): "A gente vai encher a pança", a viagem dos seus sonhos: "Prometo que vou tomar um porre de Grécia e Sicília". Com os poetas latinos, "ele se empanturra". Com as cores, "faz uma pançada" etc. No entanto, trata-se de uma grosseria desejada, de uma busca malsucedida da truculência. Mas, no próprio momento em que condena Hamard tão severamente, acaso não inclui toda a "comida" em sua concepção *distinta* da vida de "Artista"? "Que lindo seria um pequeno cenáculo de bons rapazes, tudo gente da arte, vivendo juntos e reunindo-se duas ou três vezes por semana para comer um bom bocado regado por um bom vinho enquanto se degustasse algum suculento poeta." [A Louis de Cormenin, 7 de junho de 1844]. Há algo de fecal nesse uso alimentar da poesia: o sonho se realizará naqueles famosos jantares Magny nos quais Taine vomitava na própria barba e George Sand, aos pés da cadeira.

Inversamente, ele odeia as necessidades e obstina-se a negá-las, ficando vários dias sem comer, sonhando em se castrar. Sua aversão pelo corpo – por seu próprio corpo –, sejam quais forem as motivações idiossincrásicas, é uma maneira de *fazer-se burguês* por meio da recusa puritana de sua própria natureza. Percebe--se o torniquete: distinto, ele descobre e condena a vulgaridade nos outros, mas esta o remete à sua, que lhe causa horror. Com isso, fica exasperado com a sua distinção e por isso mesmo *aburguesado*. Assim, quando acredita debruçar-se bem alto sobre sua própria classe, é firmemente acorrentado por seu desprezo, burguês, a seu banco de galé. Donde o salto para o imaginário; o Rapaz aparece como triunfo da necessidade sobre a distinção: Gustave encena os Gargântuas e imita a violência cósmica para enobrecer suas funções naturais e, ao mesmo tempo, ridicularizá-las.

século XIX não pensa em se distinguir *por sua própria natureza* dos operários que explora (diferentemente do nobre, que tem certeza de ser "bem-nascido"); portanto, precisa distinguir-se dissimulando o próprio corpo, apagando suas necessidades, negando a Natureza em sua própria pessoa. Em suma, a classe dos exploradores recusa-se a compartilhar a materialidade dos explorados: a Distinção cria a vulgaridade – assim como a lei, segundo São Paulo, criou o pecado –, mas, visto que as necessidades podem ser condenadas e encobertas mas não eliminadas, a vulgaridade, voltando-se para a distinção, obriga o burguês a procurar incessantemente ajustes com o próprio corpo, e o que aparece então é a vulgaridade da distinção. Na época de que falamos, o torniquete acaba de ser implantado; ele é resultado da ligeira defasagem cultural que separa as duas gerações: os pais são "natureza"; os filhos, descobrindo a vulgaridade paterna, inventam o Rapaz para espojar-se em sua própria vulgaridade e, ao mesmo tempo, dissociar-se dela.

Não deixa de ser verdade que, no momento em que encenam, a unidade do grupo, *no nível do vivenciado*, se dá contra a classe e é sentida *realmente*. O valor do Rapaz é que ele permite àqueles jovens amarem-se reciprocamente. A consequência terá sido adivinhada: as relações de Gustave com os *Blasés* são subvertidas por isso. Mais exatamente, já não há *blasés*: simplesmente uma trupe delirante de atores-espectadores que não pôde criar-se *sem integrá-lo*. O solitário, excluído, poeta assassinado, torna-se o Grande Feiticeiro de um grupo jurado. Sem dúvida, ao se apropriar de sua criação, a pequena sociedade o despojou de seus direitos autorais; em troca, ele recebeu apenas o direito de encarnar o Rapaz *como os outros*: na sua vez ou por prioridade, nos momentos de inspiração. Os jovens franco-maçons logo esqueceram que ele lhes doou a Personagem. O que eles *reconhecem* é que ele o cauciona permanentemente. Para começar, tem físico para o papel. Alguns dos atores deviam ficar desanimados por antecipação: baixinhos, voz pequena; resignavam-se com papéis secundários; outros, mais bem-dotados, arriscavam-se a desempenhar o papel principal, mas precisavam encher a voz, estufar o peito, *simbolizar* o gigantismo que não podiam *mostrar*; *aguentavam firme*, mas logo perdiam o fôlego e, mesmo em suas melhores apresentações, não resistiam à comparação com Gustave. Além disso, sem dúvida alguma, é ele que encena melhor: tem prática (pôde treinar no "bilhar" do Hospital Central) e ardor. Como contestar sua imaginação, se é ele mesmo que inventa? Ninguém ousaria encarnar a *Persona* coletiva se Gustave não estivesse lá para guiar o improvisador, enriquecer a "sátira", corrigi-la se necessário e, como último recurso, retomar o papel de suas mãos inseguras e, de um só golpe, levá-lo ao sublime por radicalização hiperbólica. Por esse motivo, embora a trupe não lhe atribua um direito particular sobre o bem coletivo, ele continua sendo o representante virtual do Rapaz, seja quem for o seu intérprete *atual*. Digamos que ele é o seu Guardião; serve de modelo e garantia para todos. Uma vez que a "pesada brincadeira heroica" contém algo de sagrado, ele funciona como sacerdote ou Grande Feiticeiro: aceita-se que ele exerça um controle mal e mal visível, porém ditatorial, sobre os inventores convulsionários em nome de sua convivência estranha, mas reconhecida, com o Não-Ser. Ele é respeitado agora, *amado*: no Rapaz, evidentemente, assim como os cristãos se amam em Deus; mas essa afeição que lhe dedicam ele sente ser especial, sente que o grupo se ama nele, consciente de que o grupo se desintegraria, caso Gustave viesse a desaparecer. Nesse sentido, o jovem *doou sua pessoa* aos colegas reconhecidos. Não é o que ele queria? Senhor generoso, acaso não restabeleceu a justa hierarquia? Nela ele acaso não ocupa o lugar que lhe cabe e que seus professores se obstinam a recusar-lhe? A amizade inesperada de seus súditos deveria ser um bálsamo para as chagas do Mal-Amado. Pelo menos será que ele está contente?

Menos descontente talvez, com algumas repentinas alegrias motivadas por orgulho, às vezes. Contente, não. É que as coisas são menos simples do que parecem de início. Para começar, não há rei nem senhor, salvo no imaginário. Recusando-lhe o primeiro lugar, os professores causaram-lhe um prejuízo *real*; eles o tornaram *realmente* inferior a Bouilhet. Para compensar essa inferioridade, ele precisaria exercer sobre os colegas, no pátio e no refeitório, um poder real e secular como qualquer outro que, sendo chefe de gangue, organizasse badernas, lançasse seus homens ao ataque das cozinhas e lhes ordenasse o rapto de um vigilante. Ora, Gustave é religiosamente ouvido, imitado e seguido, desde que não tenha pretensões a comandar: inspirar e animar, pode ser. Mas que nunca faça exigências; de resto, sua autoridade, mesmo sendo tacitamente reconhecida, só incide sobre gestos. Sobre atos, jamais. Ele é um grande senhor do imaginário desde que também seja imaginário: para impor, orientar e controlar, ele precisa primeiro irrealizar-se ou, no mínimo, ser considerado uma virtualidade permanente de imagem. Imagem, ele só comanda imagens. Não Pagnerre, filho de Pagnerre, mas o Rapaz, Monsieur Loyal, na medida em que vampirizam Pagnerre, aliás, *analogon* qualquer, sempre substituível.

Sua autoridade, de resto, é sempre limitada pela livre inspiração dos parceiros, tanto quanto pelo *habitus* do Rapaz, ou seja, pelas invenções passadas, ultrapassadas, aprovadas e retidas pelo grupo inteiro (ainda que essas invenções venham dele). Devemos com isso entender que ele se encontra na mesma situação em que estava no "bilhar", como animador de uma pequena trupe composta por Caroline e Ernest, escravo de um script, fosse qual fosse seu autor (podia ser ele mesmo) e às vezes sobrepujado pelas iniciativas da irmã e do amigo. A diferença é em primeiro lugar quantitativa: os atores, no tempo do Rapaz, são mais numerosos. Disso resultam às vezes modificações qualitativas, em especial a de que eles não estão ligados a Gustave pelo sangue ou por amizade de infância; alguns até nem são seus conhecidos, pois, vindos do fora, postularam e obtiveram a integração no grupo: nesse sentido, a autoridade do jovem *estendeu-se*. Em contrapartida, como todos os intérpretes são em teoria intercambiáveis, Flaubert participa dessa intercambiabilidade: seu poder de controle é superior ao de qualquer outro ator-espectador, mas nem por isso ele escapa à vigilância coletiva; em outros termos, ele precisa provar o tempo todo que é digno dos privilégios tacitamente concedidos; para ele, assim como para os outros, a possibilidade de "fazer fiasco" acompanha qualquer improvisação. Em suma, o menino imaginário continua imaginário em sua nova função: ele é rei no tablado, e sua coroa é de papelão. Precisa ir mais longe: essa nova função aumenta sua irrealidade; desde que entrou no colégio, ele só se irrealizava na solidão. Curador do Rapaz, sua irrealidade assume uma dimensão nova: ela é pública, instituída; sua relação profunda e íntima com o Não-Ser, reconhecida por seus pares, faz dele uma determinação *objetiva* da imaginação coletiva, algo que, guardadas as devidas proporções, o aproxima dos grandes mitos populares, como Dom Quixote ou Don Juan. Digamos, mais precisamente, que o grupo só o integra a título de possibilidade permanente de se transformar em mito. E, como ele só existe para seus próprios olhos como o Outro visto pelos outros, é como se seu ser-instituído (ou, digamos, seu ser absoluto) viesse a ele "das lonjuras" como ser imaginário. A reinteriorização desse ser exterior representa uma nova espiral no movimento da personalização, pois tende a fazer da realidade cotidiana (estudos do colégio, relações familiares) uma materialidade sem ser, objeto inconsistente da *doxa* e muito próximo da *hylé* platônica, e a situar seu ser verdadeiro no jogo brilhante e rigoroso de aparências interligadas por regras produzidas e conservadas por uma comunidade.

O fato é que – como observamos de passagem – a atividade lúdica dos pequenos atores tem um objetivo profundo, a catarse, que representa o "sério do cômico", e essa empreitada criou entre eles elos de fraternidade real. Gustave, ainda que integrado a título de técnico do imaginário, acaso não deveria sentir com alegria a realidade de sua integração no grupo? Isso significa voltar à pergunta fundamental: ele estimou os colegas? Os membros de sua trupe lhe parecem burgueses de "cérebros estreitos" ou jovens folgazões com extravagâncias soberbas? Mas, dessa vez, temos todos os elementos para responder: basta articulá-los.

A situação inverteu-se a favor dele: evidentemente, ele não pode deixar de percebê-lo. Mas essa mudança deixa-o desconcertado, mesmo porque nela ele descobre o mal-entendido que lhe deu origem e é sua própria contradição. Na verdade, de início ele tinha dois objetivos opostos: reivindicava a integração com a mais profunda humildade; impelido pelo orgulho e pelo ressentimento, pretendia encarecer seu exílio. Acaso não era um excluído ontem ainda, quando aqueles imbecis riam dele? Voltou em direção aos outros para lhes retribuir o riso e entregá-los ao monstro Rapaz. Isso pressupõe plantar-se *diante deles* e fasciná-los como passarinhos, até lhes insuflar uma tara irreal, sua própria anomalia hiperbolizada. Quando Baudry e Pagnerre, sólidos burgueses, futuros senhores da terra, possuídos pelos sonhos dele, se tornarem os personagens alucinados de uma peça de sua autoria, ele vai rir na cara deles, como Byron e Rabelais riram na cara da humanidade. Isso é prejudicar: portanto, ele não pode estar entre eles nem com eles; o exilado vinga-se sem sair do exílio. Mas seu desejo profundo, viciado pelo rancor, é tornar-se Senhor negro deles, doando-lhes sua pessoa e seu mal. Ora, eles se divertem, rejubilam-se, adotam Gustave e o instituem como Grande Feiticeiro. Assim que eles o integram, ele percebe atônito que suas duas postulações se opõem: o malvado está *fora*, o Senhor está *dentro*, no ápice da hierarquia, mas *nela*. Será que entende completamente o mal-entendido? Não: continua convencido, pelo menos durante algum tempo, de que está prejudicando os colegas, de que estes só aceitam com tanta alegria ser coprófagos por simples burrice, que o riso deles é superficial e dissimula o verdadeiro horror que sentem da imagem devoradora que os envolve, como túnica de Nesso. Visto que amam seu atormentador, que o introduziram em suas assembleias, que Gustave utiliza esse amor para levá-los à perdição, o malvado considera-se, não sem prazer, um *traidor*. Trair, realmente, implica exterioridade no âmago da interioridade: é empregar poderes que só são instituídos e eficazes dentro do grupo – em suma, a própria liberdade deste –, para fazê-lo cair numa cilada externa da qual o traidor *tem conhecimento*. Este, portanto, é ao mesmo tempo cúmplice do exterior (esse conhecimento é conivência) e detentor do livre poder que o grupo produz na imanência: conduzindo-o à perdição, ele se torna sua liberdade-para-alienar-se. Mas a contradição do traidor, mesmo assumida por ele, nunca perde sua virulência nem é ultrapassada, no mínimo pela perfídia de entregar a comunidade ao inimigo: na verdade, ele comumente expressa um esboço de desintegração da coletividade e vive esse conflito nascente no amor (unidade mantida) e no ódio (discórdia, fissura que só aparece sobre o fundo sintético da interioridade). Entendo que ele odeia o que ama na medida em que ama o que odeia. Isso significa – pelo menos em princípio – que ele nasceu na comunidade – ou que só entrou nela com a intenção de perpetuá-la, e que o amor (fraternidade-terror ou juramento) precedeu o ódio. Ora, no caso de Gustave, o que ocorre é o inverso: o ódio – se a palavra não for forte demais – precedeu o amor; foi ele que, a partir do exterior, condicionou a transformação dos *Blasés* em trupe de atores--espectadores, e que, com isso, se integrou naquela pequena sociedade. Mas, a partir daí, ele perdeu qualquer privança com a exterioridade: isso quer dizer que ele não pode ser ligado aos inimigos do grupo, pois nesse caso a transcendência inimiga era ele mesmo. Entrando na imanência, essa transcendência dificilmente pode manter-se, pois já não tem relação com o de fora. Certamente Gustave leva consigo o olhar desdenhoso de Vigny. Mas, como vimos, esse é um ponto de vista imaginário e abstrato. Ademais, o pequeno bando, apesar de expressar a contradição profunda e insuperável entre a jovem geração burguesa e as gerações anteriores – vivenciada por cada um como sua contradição íntima –, não é dividido interiormente por nenhum conflito *real* que possibilite a Gustave pôr uns contra os outros. Talvez exista alguma tensão entre aqueles que são intérpretes reconhecidos do Rapaz e os fracotes que se restringem aos papéis secundários. Mas o desprezo dos primeiros pelos segundos é temperado pela necessidade de dispor de "figurantes"; e o ciúme destes, pelo fato de que todos reconhecem em princípio o direito deles de desempenhar o grande papel principal, mas eles são impedidos de fazê-lo apenas por desgraças físicas ou mentais. Entre 1835 e 1839, a *Persona*, em vez de se esclerosar, de reduzir--se a cerimônias estereotipadas que reflitam dissensões internas e a desafeição crescente de alguns, não para de enriquecer-se e radicalizar--se, o que supõe perfeito entendimento entre os atores: Gustave só pode continuar participando plenamente, pois precisa daquilo para prosseguir sua empreitada. Isso pressupõe que o Grande Animador e sua trupe se entendem com meia palavra e até sem palavra nenhuma: todos, assim que o jogo começa, são unidos por uma compreensão prospectiva das intenções de quem fará o papel do Rapaz, seja quem for. Essa expectativa divinatória da "palavra genial" que em breve dará sentido à cena improvisada é uma das mais elevadas formas de *empatia* que une cada um a todos e, especialmente, Gustave a seus atores: ele precisa dela quando encena e a sente quando não encena ou quando desempenha o papel secundário. Em suma, não é traidor quem quer: ele é amado, precisa amar; não pode adotar pessoalmente as aspirações e as previsões implícitas do grupo, nem atendê-las, sem estar de pleno acordo íntimo com os colegas. Gustave, o traidor, sustentado pela amizade de todos, faz da passagem ao imaginário uma Doação graciosa de amizade. Ele só pode perceber isso: não traiu, a alegria dos outros mostra que ele lhes deu de presente aquilo que eles desejavam. Se aquele misantropo alguma vez teve um sentimento profundo e caloroso por uma comunidade de Iguais, certamente não foi nos jantares Magny, não foi em casa de Mathilde nem no Boulevard du Temple, mas durante esses quatro anos, nos momentos de glória e de amor nos quais ele se inventava, ignóbil e sublime, para dar uma resposta à indagação difusa de seus pares. Disso ele nunca esquecerá: ocorreu algo, instituiu-se uma ordem, nasceu uma cavalaria negra que ele tentará em vão ressuscitar nos salões parisienses.

Seu ódio foi por isso desarmado? O amor por acaso apaga o ressentimento do Mal-Amado? Certamente não. Prova disso é que ele persiste em sua raiva do colégio, e na volta às aulas de 1838 dá um jeito de retornar na qualidade de externo livre e consegue ser expulso do ano escolar 1839-40.* A partir de 1841, o Rapaz não passa de lembrança. Sem hesitar, o Grande Feiticeiro sacrificou o grupo por ele animado em favor do isolamento familiar. Outro indício: quando

---

* Talvez seja nessa data, caso os Goncourt não se tenham enganado, que seus parceiros vão ao Hospital Central, aos feriados, e tentam prolongar a agonia do personagem no "bilhar" ressuscitado. O próximo capítulo mostrará por que não é possível explicar com razões fortuitas (problemas de saúde, escândalo não premeditado) a passagem ao externato e depois a expulsão de Gustave e que se trata de fato de uma verdadeira *estratégia*.

escreve as *Memórias de um louco*, os ditos e jogos do Rapaz estão no auge; o caçula Flaubert, portanto, está gozando plenamente da amizade dos cúmplices; é nessa obra, porém, que ele denuncia a imbecilidade dos colegas *sem estabelecer exceção*. Ora, em 1838, como creio ter demonstrado, fazia muito tempo que ninguém zombava dele: o jovem autor evoca lembranças já antigas, mas ainda dolorosas; não esqueceu nada, não perdoou nada, os folgazões extravagantes e os "cérebros estreitos" *são os mesmos*: de um instante para o outro, a óptica muda, ao sabor das circunstâncias e de seu humor.

Isto porque, em primeiro lugar, ele *padece* a amizade que têm por ele; mostrei que ele é vítima de um escamoteamento: preso em sua própria armadilha, ele cria o grupo, integra-se nele, e sua cólera se frustra; vai recuperá-la assim que puder, ou seja, assim que as tarefas cotidianas dispersarem a pequena comunidade, em suma: cem vezes por dia, durante os estudos, as composições etc. Seus amigos então se tornam rivais, a solidariedade cede lugar à competição. Não que os "extravagantes" sejam concorrentes muito temíveis: vimos que eles eram recrutados entre os "bagunceiros", mais raramente entre os "crânios". Seja como for, mesmo que as notas deles fossem inferiores às dele, de modo geral nada permite afirmar que, *desta vez*, eles não serão melhores; descrevemos acima o antagonismo circular criado pelo sistema competitivo; todos contra todos; e, ainda que ele tenha certeza de vencê-los, eles no mínimo serão testemunhas de sua derrota; verão Ícaro, que voava alto em direção ao sol, de repente picar de nariz e desabar na lama burguesa: primeiro, Louis Bouilhet.

Há coisa pior: o Rapaz, como disse, é para cada um dos atores aquele *Ele* que todos renegam, mas, por verdadeiro sacrifício humano, encarnam um por vez para que o grupo inteiro dele se dissocie. Digamos que essa personagem coletiva seja catártica pelo fato de representar o ser-na-exterioridade do grupo: pode-se dizer que aquele que a interpreta aceita ser provisória e ficticiamente excluído da comunidade. Ao mesmo tempo que seu desempenho é estimado e talvez admirado, ele provoca um escândalo menor e é objeto de linchamento simbólico. Quanto àqueles que nunca sofreram um exílio, não faz mal: eles se prestam ao ostracismo imaginário para adquirir o direito de proferir sentença, por sua vez, sobre a próxima encarnação; aliás, também para eles, enquanto encenam, o Rapaz existe na terceira pessoa: eles o animam com suas paixões, emprestam-lhe suas inclinações secretas, mas como a *Outro*. Alteridade por todos os lados: esse Ele não tem espessura subjetiva. A não ser para Gustave: em primeiro lugar, quando interpreta, o que ele representa é seu antigo exílio; em segundo, ele é o único que sabe estar exibindo *sua própria anomalia*, sem dúvida hiperbolizada e grotesca, mas *sua*; por fim, como vimos, por mais que ele insista no caráter coletivo da personagem, quando abaixa a guarda confessa que sempre considerou o monstro como obra e propriedade sua. O resultado é que o Rapaz para ele não é tanto um outro que deva ser animado quanto um Alter Ego com o qual ele se sente solidário. Se está incessantemente em alerta, sempre pronto a corrigir, emendar, orientar, é porque, mesmo como espectador, nunca deixa de ter consciência de ser o mártir do qual a multidão se dissocia: Pagnerre ignora que está encenando Gustave, entregando Gustave aos escarnecedores; Gustave, por sua vez, sabe disso e sofre por isso, reconhece sua solidão, sua singularidade inexpiável, sua ferocidade impotente, sua maldade ressentida. Muitas vezes, à semelhança do fotógrafo de Cocteau – "como esses mistérios nos superam, vamos fingir que somos seus organizadores" –, parece-lhe não estar fazendo nada além de fingir que organiza a caçada e sua própria execução capital. O Rapaz – sua criação – *não ri*: seu riso – mecânico e gutural – "não é um riso", é uma representação hiperbólica e fria da hilaridade coletiva. Por isso, seu intérprete do momento é o único que não ri. O único *com Gustave*, mesmo quando este não encena ou encena como "figurante". O caçula Flaubert está a todo momento absorto a representar ou a controlar os que representam *o ser na exterioridade* do grupo, identifica-se com esse ser objetivo; repelido pelo riso, ele se julga seu responsável, é acima de tudo limite exterior, assume-se como o objeto cômico instigador da hilaridade e, por isso mesmo, obriga-se o tempo todo a ser a *seriedade do cômico*. No que lhe diz respeito, é a secreta fissura da imanência: no âmago da comunidade, ele finge rir, faz rir, seus colegas lhe são gratos pelo riso provocado, ele sente isso, em alguns momentos se exalta: sua solidão provém do fato de que ele nunca ri; quando o outro encena o Rapaz, ele vigia preocupado e, na comunidade dos que riem, *finge* hilaridade para parecer *um deles*, nada mais. Mas sua mímica aplicada – ele faz mais barulho do que todos os outros juntos – o distancia de seus pares: ao mesmo tempo *superior* – porque provoca ou dirige o riso – e hipócrita – pois finge sentir o que eles sentem –, ele está *com eles* quando inventam em comunidade a Personagem, e separado deles quando, unanimemente, extraem benefícios de suas invenções. Por isso sua instabilidade; nada impede que, diante do menor incidente, ele se isole inteiramente do grupo e considere os que riem tanto como logrados quanto como arremedadores que zombam de um homem: o Rapaz é o avesso cômico de seus dolorosos êxtases, de seu gigantesco desprezo por aqueles liliputianos; assim, mesmo quando encena, ele pode se indignar com seu público: eles, imbecis, rindo de mim! No instante seguinte, evidentemente, o júbilo dos atores-espectadores o satisfaz, os cumprimentos o comovem: todos reconhecem sua superioridade, ele está no ápice da hierarquia, *por dentro*, amado, amando – como um senhor pode amar seus vassalos –, esquecendo, no sucesso, o mal--entendido que o separa deles, pronto para creditar-lhes extravagâncias soberbas – mas alimentando o rancor por eles serem vassalos apenas no imaginário. Quando ele sai, estupidificado, de uma "brincadeira heroica pesada", compreende na mesma hora que a farsa do Rapaz não o reparou de nada: Achille continua inigualado, inigualável. Gustave é um sonhador que reina sobre devaneadores. No entanto, amanhã, daqui a pouco, retomará as rédeas do imaginário: é mais forte que ele, é mais forte que eles; o Rapaz apoderou-se da trupe inteira e de seu animador, ele os possui e os condena a reproduzi-lo incessantemente; aqueles trabalhadores forçados do ignóbil parecem excitados-maníacos: nunca mais se libertarão daquela alegria de pesadelo.

O consentimento ou cômico da seriedade. Nem Gustave nem seus colegas têm ideia de que seu riso, último avatar da involução colegial, recusa desesperada da condição burguesa, é ao mesmo tempo a derradeira etapa do processo inflexível que os conduz ao *consentimento*. Como vimos, quando eles fugiam de sua classe burguesa para o sonho, o absenteísmo implicava uma abdicação velada: ao darem um salto para o campo de estrelas, eles abandonavam o real aos cuidados dos pais. A passagem do romantismo à hilaridade cínica nada mudou nisso: eles inverteram os sinais, mas não largaram o imaginário. Enquanto eles riem do Rapaz, ou seja, de uma humanidade *inventada*, a burguesia conservadora consolida seu poder, a repressão se instala, o partido republicano, desmantelado, passa para a clandestinidade, os operários, desorientados, surrados, parecem "em xeque-mate". O riso universal, provocado por uma sombra gigantesca, equivale a uma carta branca. Mas há algo mais grave: não se pode negar que a misantropia que constitui sua fonte marca um esboço de cumplicidade com a ordem estabelecida. Como os grandes sentimentos são imposturas que dissimulam sórdidos interesses, como todos os homens, ricos ou pobres, são feras, como, por via de consequência direta, nenhum regime é bom, e a plebe, se por hipótese tomasse o poder, somente oprimiria seus opressores da véspera, enquanto seus dirigentes se dilacerariam entre si, qual a necessidade de mudar o mundo? A ordem burguesa equivale a qualquer outra, o essencial sem dúvida seria que uma lei de bronze, imposta a partir de fora, impusesse respeito aos selvagens apetites do populacho. Para aqueles adolescentes reduzidos ao cinismo, não há causa justa; eles não terão a ingenuidade de defender a viúva e o órfão: uma é aproveitadora, e o outro, nada inocente, seja qual for sua idade, tem "defeitos que se tornarão vícios", pois é "uma criança que se tornará homem". Quem são, aliás, aqueles zombadores, senão homens futuros? E do que se dissociam, senão *de si mesmos*? Do que zombam, senão de seus vãos esforços para escapar ao burguês que têm debaixo da pele? Sem dúvida, o burguês também, e sobretudo, talvez seja risível. Mas o que se deve entender com isso? No fato de rirem de uma personagem fictícia e hiperbólica encarregada de representá-lo não estará a prova de que eles não poderiam ridicularizá-lo em *sua realidade*, pela razão de que ele nada mais é que *eles mesmos*? Rir de um fantasma é adiar a aceitação inevitável e prevista de seu ser-de--classe. A franco-maçonaria do Rapaz, derradeiro refúgio deles, por certo reproduz em sua interioridade o grupo jurado dos revoltados de março de 1831; difere dele no fato de que sua revolta é imaginária e não tem inimigos nem base real; por isso sua fragilidade. Ela os protege, mas não os modifica; quando é abolida, o que eles encontram? Os encantos do domingo burguês, do baile onde cortejaram a prima, a poesia do conforto familiar, todas as tentações da burguesia. O riso torna-se um álibi: eles se deixarão levar por seu ser-de-classe, complacentemente, seguros de purificar-se no dia seguinte *encenando o Rapaz*. Não se levar a sério, escarnecer, praticar restrição mental, desqualificar de antemão todos os compromissos com uma piscada dirigida a si mesmos, à franco-maçonaria de ontem, à de depois de amanhã e, protegidos por essa conivência imaginária ("Se estivessem aí, ririam muito!"), comprometer-se até o pescoço, espojar-se no lodo familiar, consentir com o cômico do sério referindo-se mentalmente ao sério do cômico, fazer com displicência e leviandade tudo o que o pai faria, a pretexto de que estão desenganados com tudo e que, saídos desse longo engano, para não serem logrados querem limitar-se a cultivar o jardim: é essa, nos pós-românticos, a maneira de vestir seu ser-de-classe, compensada por um absenteísmo moderado. Solução provisória: não se passarão mais de três anos e aderirão inteiramente a ela; Paris concluirá a metamorfose: ali serão estudantes galhofeiros e voltarão ajuizados.

Essa história lastimável, iniciada em 1831 com a expulsão de Clouet, termina em 1839 com a de Gustave. Entre as duas revoltas, que diferença! Conhecemos a primeira e temos a segunda. Quando o caçula Flaubert entra na aula de filosofia, o professor principal, Mallet, mestre estimado, reconhece seu mérito. Por azar, aquele excelente pedagogo tem saúde delicada: já no primeiro semestre precisa sair de licença. Seu substituto, Bezont, não tem seus títulos nem sua cultura; os alunos ficam indignados: os pais pagam um preço bastante alto para que aos filhos não seja dispensado um ensino ordinário. Darão àquele Bezont demonstrações do desprezo que têm por ele: "Os alunos entraram fazendo barulho, falando alto, e só depois de ter conseguido a muito custo obter silêncio é que pude começar a aula, que foi interrompida três vezes pelos alunos Flaubert, Sartreuil e Poitevin*, e fui obrigado a puni-los em separado. Como a desordem continuava, os alunos chegaram a sapatear e reclamar, e como eu era obrigado a seguir uma explicação bastante difícil foi totalmente impossível para mim distinguir os culpados. Então me vi obrigado, mesmo a contragosto, a infligir uma punição geral... Durante muito tempo hesitei e foi só na terceira advertência que dei mil versos a toda a classe... Como a desordem continuou, precisei manter a punição".**

Os Cavalheirozinhos não se deixarão punir por um vulgar bedel abusivamente elevado à categoria de professor. Enviam uma carta à administração para protestar contra Bezont: "Os alunos abaixo assinados recusam-se a ficar de castigo...".*** O censor escolhe três "insubmissos" – Flaubert, Piédelièvre e Dumont – e os ameaça de expulsão. Nova carta – treze signatários, entre os quais Bouilhet – enviada ao diretor; alguns trechos abaixo:

"Disseram que somos crianças, que agimos como crianças; vamos tentar, com moderação e lealdade, convencê-los do contrário. Enviamos ao Senhor Censor uma carta de todos os alunos que se recusaram a cumprir o castigo. Sem considerar a lista, o Senhor Censor (escolheu) três alunos e os ameaçou de nada mais nada menos

---

* Esse aluno, evidentemente, não tem nenhuma relação com Alfred.
** Relatório ao censor: 11 de dezembro de 39. *Bulletin des amis de Flaubert*, 10.
*** Trinta e um signatários, entre os quais Bouilhet.

que exclusão total do colégio, o que significa barrar-lhes o futuro e impedir para sempre a carreira que poderiam abraçar... Assinamos aqui de novo, Senhor Diretor, declarando, em primeiro lugar, que estamos prontos para lhe expor as razões que hoje nos fazem agir e, em segundo, que, se a classe continuar sendo dizimada, não obstante essas razões, reivindicamos para todos os abaixo assinados o castigo, se houver, e a expulsão, se houver... Quem pode impor mil versos a toda a classe pode perfeitamente também expulsar toda a classe de filosofia... Recorremos... à sua justiça e imparcialidade que, como sabemos, o senhor gosta de exercer a favor de alunos que o mereçam, alunos de filosofia que não agem irrefletidamente como crianças de sexta série, mas que refletiram e meditaram profundamente antes de tomarem uma medida que lhes parece justa e que eles estão decididos a executar até o fim".

Não adianta: Flaubert, Piédelièvre e Dumont são expulsos. Mas não é isso que nos interessa, pelo menos por ora. Importa mais o exame do protesto coletivo: ele possibilita dimensionar o caminho percorrido em oito anos. Em 1831, Clouet lutava contra a Igreja; em dezembro de 1839, os alunos de filosofia querem a pele de um pobre-diabo que não tem diplomas suficientes para merecer seu respeito e não lhes parece digno de ensinar aos filhos da burguesia rotômaga. O objetivo não é tanto fazer bagunça em sua aula quanto deixar bem claro, com insolência, que ele não tem o direito de falar. Encobrem sua voz, assim que ele entra na classe, conversando como se ele não existisse. Restabelecida a calma com grande dificuldade, assim que ele abre a boca, Flaubert e alguns outros o interrompem, provavelmente gozando de sua dicção e das bobagens que ele diz. O pobre-coitado enreda-se, como reconhece candidamente, e perde-se numa "explicação bastante difícil". Dessa vez os alunos sapateiam. Advertências. Depois o sr. Bezont perde a cabeça e pune a classe inteira; amedrontado, implora: se ficarem quietos eu retiro a punição. Em vão: os jovens Cavalheiros, percebendo sua fraqueza e desorientação, tiram vantagem, querem vencê-lo pelo cansaço. Salvo pelo gongo. Isso é jogo de ricos: a caça é um pobre-coitado que se quer esfalfar. Os revoltosos de março, traídos pelos pais, os combateram corajosamente. Os insubmissos de dezembro estão orgulhosos de serem filhos de família. Filhos de ricos, querem as vantagens do dinheiro; em nome da burguesia ascendente, quando já não acreditam no homem, exigem estudar "humanidades".

Aqueles meninos desesperados, que se acreditam suicidas, de repente têm um "futuro" – o que é provado por sua carta –, um *belo* futuro que acusam o censor de querer barrar. Competição e seleção eles aceitam, exigem: por que então estudar se não for para *fazer carreira* e obter o verniz que convém à sua posição social? Utilitarismo e gosto pelo prestígio, estes são os móveis que os levaram à insubmissão. Aliás, pouco se aventuram: toda a classe assinou o primeiro abaixo-assinado, mas o censor se mantém inflexível e eles murcham; nove alunos apenas se declaram solidários aos três ameaçados de expulsão: já estão longe as loucuras dos "desordeiros" de 1831. Veja-se como eles, ao contrário, estão imbuídos de dignidade, leia-se essa frase que não citei há pouco: "Antes de tomar uma medida tão grave e decisiva, talvez tivesse sido bom ele pesar numa balança imparcial a equidade ou a injustiça de um castigo que hoje nos é exigido tão imperiosamente". É um estilo empolado, empertigado, de Royer-Collard.[43] Fazem questão de mostrar que são adultos, eles que detestavam os adultos: "(Não agimos) irrefletidamente como crianças de sexta série, mas refletimos e meditamos profundamente antes de tomarmos uma medida que (nos) parece justa...". Afinal, onde foi parar a paixão romântica? As loucas extravagâncias, onde estão? Dessa vez estão imitando o próprio pai. O sr. Flaubert, antes de comprar terras, o sr. Le Poittevin, ao fazer um investimento ou ao decidir comprar uma máquina inglesa, sem dúvida usam a mesma linguagem: decisão refletida, amadurecida, ponderação dos prós e dos contras, resolução inabalável, essa é a linguagem da Razão. Os adolescentes loucos tornaram-se racionalistas, essas vítimas desgarradas da injustiça paterna agora são justas, prudentes, falam publicamente em nome das virtudes familiares e apresentam suas desordens como o início de um retorno à ordem. A longa involução está chegando ao termo: começa o pós-romantismo, aqueles meninos aceitam a aventura burguesa; Melmoth reconciliado aproxima-se de Joseph Prudhomme, viverá como todos, protegendo o sentimento de valor mais que à própria vida, salvando-se da abjeção com a ironia constante, imponderável, alimentando o horror a si mesmo. Pobres crianças, quem poderia criticá-las por essa implacável derrota? Eu disse por quais razões eles, separados das classes trabalhadores – que, aliás, pouco conheciam –, começavam como perdedores. Seu atroz destino – quer abdiquem completamente, quer persistam em desejar-se republicanos – será o de abafar a revolta popular de 1848. Alguns deles farão parte daquelas guardas nacionais que invadirão Paris em junho para "apagar" alguns operários; outros tirarão proveito do sufrágio universal para enviar à Capital deputados reacionários, precursores de Napoleão III. Fadados inelutavelmente ao crime, serão culpados, sem circunstâncias atenuantes. Mais tarde os veremos, sinistros e fúteis, sob o Império. Enquanto isso, não percamos tempo a lastimá--los; fizeram o que puderam, é verdade, mas não podemos ajudar: a História condena antecipadamente.

E o Rapaz? Acredito que ele riria muito se visse aqueles franco--maçons do riso se levarem tanto a sério. Mas, de fato, o que é dele? E como é possível que seu representante qualificado, Sumo Sacerdote de seu culto, seja um dos signatários e talvez o inspirador da homilia burguesa endereçada pelos "filósofos" ao Diretor? Pois bem, eu disse: o Rapaz está agonizando, seu tempo passou, o cômico do sério instaura--se em todos os lugares. Quanto ao caçula de Achille-Cléophas, teve início a crise que fará dele o neurótico de 1844, o solitário de Croisset e, por fim, Gustave Flaubert, autor escandaloso de *Madame Bovary*. Ele começa muito mal: por diversas razões, esse príncipe de sangue, esse "aristocrata de Deus" que nunca aceitará seu ser-de-classe e se considerava um Chatterton de verdade, sob a influência de diferentes fatores acaba de descobrir o burguês que tem debaixo da pele e o destino burguês que seu pai lhe reserva. Que abalo! Dele o poeta morrerá. Agora precisamos traçar a longa marcha que conduzirá o sobrevivente, homem sem qualidades, à condição de artista.

Livro III

Pré-neurose

VII

Do poeta ao artista (continuação)

Entre 1838 e o ataque de Pont-l'Évêque, Flaubert é sacudido e depois derrubado por uma crise que, na falta de denominações precisas por ora, chamarei de psicossomática. Muitos autores admitem que durante aquele período Gustave esteve sujeito a transtornos mal definidos que preocuparam sua família, mas neles só veem manifestações descontínuas, separadas umas das outras por anos "normais". Tentaremos provar que se trata de um único e inflexível processo que não para de se organizar, enriquecer e aprofundar até que se torne inevitável a explosão de janeiro de 1844. Direi até que essa crise – que não lhe dá trégua – é um organismo temporal, um movimento orientado que não para de amalgamar, de pôr e repor em perspectiva as contradições de Gustave, até que ele, caindo aos pés do irmão, revela para si mesmo e para nós a intencionalidade fundamental de sua neurose. Proponho-me também demonstrar que esse mal-estar, em vez de ser simplesmente suportado, é o objeto de uma opção passiva, e que Flaubert se faz na exata medida em que é feito pela situação e pelos acontecimentos.

Nessa unidade organizacional cuja finalidade se afirma aos poucos como implantação daquilo que Flaubert chamará mais tarde de "sistema válido para um único homem", distinguiremos, porém, para maior clareza, dois períodos: o primeiro vai dos últimos meses de 1837 a 1840; o segundo, de 1840 a janeiro de 1844. É certo que essa divisão é abstrata, pois todos os temas estão presentes já no início. Mas, por outro lado, no primeiro momento, o tema da "escolha de uma profissão" e o da "decepção literária" estão inegavelmente desenvolvidos: é depois do inverno de 1842 que aquele atingirá pleno desenvolvimento no contexto deste. Assim, mesmo chamando a atenção para a indissolúvel unidade vetorial do processo, podemos considerar que a divisão – feita para atender à necessidade de uma exposição compreensível – não é inteiramente arbitrária, desde que considerada em relação ao objeto descrito.

A. DECEPÇÃO LITERÁRIA (1838-1840)

Se examinarmos esses anos de acordo com os testemunhos de Flaubert, com o número e a natureza das obras que ele produz e com os acontecimentos que os marcam, ficaremos impressionados com a concordância do exterior com o interior, ou seja, com evidentes "correspondências" e com a reciprocidade das simbolizações, como se uma mesma realidade em vias de constituição se exprimisse simultaneamente em linguagens diversas. Tentarei restabelecer esses "discursos" antes de buscar seu sentido implícito e fundamental.

1. Testemunhos de Flaubert

Uns são retrospectivos; outros, contemporâneos à crise. Há acordo entre eles.

Em 17 de setembro de 1846, Flaubert escreve a Louise (texto já citado): "Com quinze anos sem dúvida eu tinha mais imaginação que agora. À medida que avanço, vou perdendo em verve e originalidade o que adquiro, talvez, em crítica e gosto. Temo chegar a não ousar escrever mais nenhuma linha. A paixão pela perfeição nos faz até mesmo detestar o que dela se aproxima".

Com dezessete anos, em 24 de fevereiro de 1839, ele declara a Chevalier que provavelmente não escreverá mais, e que não será publicado. E na mesma carta lemos: "No entanto, sinto, mas de modo confuso, algo se agitar em mim, estou agora num período de transição e curioso para ver o que resultará dele, como sairei dele". Os *Souvenirs*, publicados pouco antes, raramente contêm datas precisas. Sabemos, porém, que foram iniciados em 1838. Ora, já nas primeiras páginas, encontramos as seguintes palavras: "Não é suficiente ter gosto, é preciso ter paladar para ele. Boileau... tinha gosto. Racine tinha paladar". O que se segue imediatamente é datado: "28 de fevereiro de 1840: acabo de reler este caderno e tive pena de mim mesmo...". Essa releitura permite supor que Flaubert abandonara seu caderno fazia algum tempo: portanto, é preciso situar essa primeira alusão ao "gosto" artístico entre o fim de 1838 e o fim de 1839. A partir daí ele não para de se atormentar, e em 8 de fevereiro de 1841 – tem dezenove anos – lemos: "O que me falta acima de tudo é gosto, quero dizer, tudo".

As datas concordam, com poucas diferenças: em 1846, Flaubert dá a palavra à memória, e ela, como é de regra, simplifica. Em 1839, fala no presente: mas faz alusão a uma "mudança" que, evidentemente, é um processo em desenvolvimento do qual ele deve ter tomado consciência *antes* de falar a respeito ao amigo. Assim, grosso modo, pode-se situar a tomada de consciência do "gosto" como exigência nova e fundamental entre os dezesseis e os dezessete anos. Haveremos de dizer que há contradição entre as queixas de 1841 e as declarações de 1846? Ao contrário, direi que estas confirmam aquelas. De fato, ambas nos *dizem* que a espontaneidade criadora de Gustave foi freada no fim da adolescência por uma concepção nova de literatura.* Entre 1838 e 1841, Flaubert se entristece por escrever *menos*: é também o que constata em 1846 – em tom rigorosamente objetivo. Mas, embora apresente então de maneira razoavelmente positiva a sua relação com a obra de arte, a força negativa do gosto e seu poder de inibição são manifestos: o jovem autor nota, impassível, que perdeu verve, originalidade, imaginação. Como fez já em 1838, menciona a possibilidade de nunca mais escrever. E, se quisermos saber quanto de angústia e amargor se escondem por trás dessa impassibilidade de superfície, bastará que nos reportemos a uma carta posterior. Em 4 de setembro de 1850, Flaubert escreve a Louis Bouilhet: "Há uma coisa que nos põe a perder, veja só, uma coisa estúpida que nos entrava: é o 'gosto', o bom gosto. Temos gosto demais, quero dizer que nos preocupamos com ele mais do que é preciso. O terror ao mau gosto nos invade como um nevoeiro... De modo que, não ousando avançar, ficamos imóveis. Acaso sentes como nos tornamos críticos...? O que nos falta é audácia... Não nos preocupemos tanto com o resultado".

Esse trecho deve ser lido em vários níveis: Flaubert escreve de Damasco, em pleno desalento. Mordido pelo fracasso do primeiro

---

* Vimos o papel que sua amizade por Alfred desempenhou nessa crise. Aqui estudamos as razões objetivas.

Santo Antão, ele se volta contra o gosto em nome do qual Maxime e Louis o condenaram. Aproveita uma depressão passageira do amigo para criticar a atitude crítica: "Se tivesses menos gosto e mais audácia, serias menos infeliz". Mas, ao mesmo tempo, não pode deixar de questionar sua própria atitude: não terá sido em nome do "gosto" que ele se submeteu ao julgamento dos dois amigos? E, sobretudo, nessas poucas linhas, que manifestam uma espécie de inversão de perspectiva em relação à carta de 1846, lemos o que foram com frequência os sentimentos de Flaubert em seus períodos de desânimo; nelas o "gosto" aparece como uma ditadura esterilizante, que impede de avançar; a ele se opõe a audaciosa espontaneidade – que talvez constitua o gênio e que Louis, Maxime e Gustave podem ter perdido. Não será essa contradição entre espontâneo e refletido que descobrimos já em 1838 no jovem autor de *Souvenirs*? E nesses mesmos *Souvenirs* acaso não encontramos, com alguns meses de distância, a afirmação de que o gosto, na coisa literária, é *tudo*, bem como veementes ataques à crítica literária, "coisa muito burra... seja ela boa ou ruim"?*

Em suma, todos esses textos se confirmam mutuamente: até o fim de 1837, Flaubert, sob influência romântica e em razão de suas inclinações pessoais, concebe a literatura como produto da inspiração. Escreve a Ernest mais ou menos nessa época: "Oh, prefiro muito mais a poesia pura, os clamores da alma, os súbitos arroubos e, depois, os suspiros profundos, as vozes da alma, os pensamentos do coração". É o que também afirma na primeiríssima página de *Souvenirs*: "Prefiro a improvisação à reflexão, o sentimento à razão...". Mas quase em seguida essa tendência é combatida por uma nova concepção da Arte que se manifesta na forma de terrorismo: adolescente, era um escritor lírico; entre dezesseis e dezessete anos, concebe bruscamente uma ideia reflexiva e crítica da literatura. E o aparecimento dessa ideia apresenta-se menos como enriquecimento que como catástrofe: entre a eloquência inspirada e os rigores da censura, tem início uma guerra de vinte anos, caracterizada em seu primeiro período por uma debandada da inspiração.

Haverá, pois, uma indagação fundamental por fazer nesse campo. Flaubert, tão pouco afeito a *se ver* ou a examinar os produtos de sua retórica apaixonada, é bruscamente acometido, em pleno

---

* *Souvenirs*, p. 97.

romantismo, por uma doença nova: a concepção da Beleza como produto de uma Arte *refletida*. Para dizer a verdade, no início ele fica um tanto hesitante, e o gosto, tal como o gênio, parece ser apenas um dom – "Racine tinha paladar" –, mas aos poucos o que ganha a preferência é o controle reflexivo, e isso significa que a reflexão do escritor sobre a obra não se distingue de sua reflexão sobre si mesmo. Realmente, é fato histórico e social do século XIX que a impotência do criador acompanhou manifestamente o advento de uma "poesia crítica". Depois de Victor Hugo, o inesgotável, vieram Baudelaire e Mallarmé. Precisaremos buscar mais tarde as razões gerais desses fenômenos. Mas cabe notar, por ora, que a metamorfose da literatura ocorreu *antes* no jovem Flaubert, numa época em que ele não tinha os instrumentos intelectuais que lhe possibilitariam depois compreendê--la totalmente nem os meios estéticos que ela exigia. A indagação, portanto, é a seguinte: por quais razões *particulares* o mais irrefletido dos homens passa à atitude reflexiva por volta dos dezesseis anos? E quais serão as consequências dessa tomada de posição para ele e para sua obra?

2. *Transformação objetiva dos escritos entre 1837 e 1843*

Seus escritos da época, de fato, manifestam essa subversão íntima tanto no conteúdo objetivo quanto numericamente.

Qualidade, em primeiro lugar. Com isso não entendo *valor*, quero dizer que ele abandona – ou quase – alguns gêneros para exercitar-se em outros. "Com quinze anos sem dúvida eu tinha mais imaginação..." Na verdade, nem mais nem menos que aos trinta. Afinal, conhecem-se as fontes das primeiras obras: de 1835 a 1838, Flaubert imita tanto quanto inventa; mais precisamente, sua originalidade reside na maneira de tratar um conteúdo tomado de empréstimo; ao contrário, os melhores trechos de *Smarh* valerão pela abundância de "imagens", assim como, mais tarde, os do primeiro *Santo Antão*.

A imaginação não é uma faculdade do espírito nem uma fonte esgotável: é uma atitude complexa em relação ao real – que, em Flaubert, não mudará por toda a vida, uma vez que a criança imaginária de 1835-1837 passa de todo para o homem imaginário que se forja depois de 1844. O que fica claro, por outro lado, é que as obras de ficção pura (narrativas, contos etc.) tendem a desaparecer. *Paixão e virtude* é terminado em 10 de dezembro de 1837.

A partir daí, até 1842, só haverá duas "novelas": *Ivre et mort*, em junho de 1838, e *Os funerais do doutor Mathurin*, em agosto de 1839. Mesmo assim, na segunda narrativa, a fabulação está inteiramente submetida ao projeto geral, conscientemente filosófico. Dois em cinco anos. Nesse mesmo período, por outro lado, Flaubert produz um drama e alguns ensaios históricos (*Luís XI*, março de 1838; *Roma e os césares*, agosto de 1839), algumas críticas breves (*Rabelais, Mademoiselle Rachel*), "pensamentos céticos" (*Agonias*, abril de 1838), alegorias (*A dança dos mortos*, maio de 1838), escritos autobiográficos *Memórias de um louco*, terminado por certo antes do outono de 1838; *Souvenirs*, notas e pensamentos intimistas, de 1838 a 1841, cuja existência prova a preocupação de Gustave perante si mesmo e a intenção deliberada de se conhecer, em todo caso de se situar. Essa enumeração mostra com clareza que o objeto literário tornou-se *outro* para ele.

Número. Para convencer-se de que essa transformação é causa e efeito de uma crise profunda, basta considerar *quantitativamente* a produção de Gustave: *antes* do fim de 1837, ela é impressionante; apesar dos estudos no colégio, quase não se passa um mês sem que Gustave apresente alguma narrativa. As obras são curtas, é verdade, mas em geral acabadas.* A partir de abril de 1838 *(Smarh* está terminado) até setembro de 1842, ou seja, em quatro anos e meio, Gustave não produz mais nada, exceto *Os funerais*, dois breves ensaios, a narrativa da *Viagem à Córsega* e algumas notas "reflexivas" lançadas à pressa no caderno *Souvenirs*. Com certeza não é *vontade* de escrever que lhe falta. Já em 1837 ele escreve em *Agonias*: "Estarei por toda a vida condenado a ser como um mudo que quer falar e espuma de raiva?"; e, em 21 de maio de 1841, curiosamente, retoma a mesma fórmula: "...é uma necessidade escrever, expandir-se, e eu não sei o que escrever nem o que pensar. No entanto, é sempre isso o que ocorre com instintos confusos; sou um mudo que quer falar". Mas ora – como em *Agonias* – ele acredita ter muito o que dizer e insiste nas dificuldades da passagem à expressão, ora – como nesse texto de *Souvenirs* – fala da pura necessidade de expandir-se: o que falta então é a ideia. Precisaremos achar uma explicação para essas variações. Veremos então

---

* Salvo *A derradeira hora*, *A mão de ferro* e *Agonias*, por razões que veremos adiante.

que não passam de aspectos complementares daquele "terror" que ele denunciará mais tarde a Bouilhet e que o enche de "nevoeiro" no momento em que a atitude reflexiva deveria lançar alguma luz em seus "instintos confusos".

3. Vivência

Essa subversão de suas concepções literárias e a quase impotência resultante são sentidas por ele, profundamente, como uma catástrofe íntima. Já em 1837, como vimos, ele sente horror por seu trabalho e planta narrativas mal e mal esboçadas; no mesmo ano, em *Agonias*, conta que escreve com "fastio" e, algumas páginas depois, desiste. Esse "fastio" se acentua aos poucos. Voltaremos ao "posfácio" que ele acrescenta a *Smarh* em 1840, depois de o reler: ali ele se recomenda, pura e simplesmente, nunca mais escrever. A partir daí, silêncio e desalento: é o que ele chama de preguiça e, em 1841, de "doença moral intermitente". Que a palavra "doença" não foi escolhida a esmo é o que parecem provar algumas linhas de *Souvenirs*, escritas no início do mesmo ano: "Há quanto tempo isto está escrito, meu Deus! Era uma tarde de domingo, numa hora de tédio e cólera; desgastado tanto pelos remédios quanto pela doença, larguei a pluma e saí". A construção da frase prova que não se trata de indisposição acidental. Sem dúvida o texto é um tanto elíptico, como ocorre quando alguém fala a si mesmo, mas precisamente isso demonstra que Gustave menciona sua "doença" como uma conhecida familiar, como uma afeição íntima que se impõe com muita indiscrição e há tanto tempo o desgasta. Sem dúvida se entrega um pouco a ela, acomoda-se nela, talvez, mas de vez em quando se revolta, sai. Que pelo menos seu estado não o impeça de lançar-se para fora do quarto e palmilhar as ruas da cidade. Em outras palavras, Gustave está se isolando voluntariamente, mas não está de cama. No entanto, a alusão aos "remédios" confirma a existência de distúrbios físicos. Quais? Aventaremos algumas hipóteses adiante. O que importa é a dupla face da "doença" que precisa ser cuidada pelo corpo e que se apresenta ao mesmo tempo como "doença moral". Não será isso justamente o que se chama "psicossomático"? Essa conjectura pareceria ousada se não fosse a única capaz de explicar alguns fatos com frequência mencionados sem que se repare em sua importância.

Quando Gustave começa o último ano de colégio, Ernest e Alfred já estão há muito tempo em Paris; ele conta ir ter com eles no ano seguinte, após fazer o exame de bacharelado. Ora, tendo passado nesse exame em agosto de 1840, só parte para Paris em junho de 1842, ou seja, dois anos depois do planejado. Durante esses dois anos, é pouco dizer que ele não escreve: na verdade, não faz nada ou quase, e sabemos pela Correspondência que não abriu livros de direito antes de março de 1842. É de se acreditar que o doutor Flaubert teria tolerado que o filho, cheio de saúde, vadiasse dois anos em Rouen na ociosidade total? A preocupação de Achille-Cléophas, mencionada por alguns biógrafos, transparece em várias ocasiões. Por que tira o filho do internato em outubro de 1838? Haverá alguma relação entre essa decisão (indicada por uma carta a Ernest de 11 de outubro de 1838) e o mal-estar de que Gustave fala em 28 de outubro do mesmo ano: "Aqui estou por fim recobrado e sentado à mesa, à mesma mesa que fui obrigado a abandonar durante algum tempo... Você sabe que nada perdi – a não ser tempo... Juro que me vingo dessa brincadeira do céu que me deixou tão abestalhado".*
Por que o doutor Flaubert aceitou sem pestanejar que o filho – depois da expulsão do colégio (dezembro de 1839), um tanto quanto provocada – continuasse sozinho e no seio da família a preparação para o exame? Será verdade, como afirma Bruneau, que a viagem à Córsega foi só para recompensar o sucesso de Gustave no exame de bacharelado? Ou caberá ver nisso – como acredita Dumesnil e como me inclino a crer – uma tentativa de natureza médica para prevenir ou curar um mal que desconhecemos? Gustave volta da Córsega – onde se divertiu bastante – ainda mais sombrio e irritável: será essa a razão pela qual Achille-Cléophas demora a mandá-lo a Paris para fazer direito? E o que significa a história contada mais tarde por Flaubert: por volta de 1841-42, ele estava imitando um mendigo epiléptico, e o pai, preocupado e furioso, manda parar com aquilo; por quê? Em breve tentaremos responder a essas perguntas. Por enquanto nos limitamos a fazê-las: era preciso indicar que o mal de Gustave não escapou ao pai. Isso quer dizer que seu drama, embora manifestado inicialmente por uma crise da inspiração criadora, vai muito além disso: o jovem autor já não se pertence totalmente, assusta os que o cercam com a violência de seus "transtornos nervosos". Portanto,

---

* A "brincadeira": Flaubert ficou doente (ou sua doença se agravou) na época escolhida por Ernest para visitá-lo em Rouen antes de voltar a Paris.

VII. Do poeta ao artista 1481

é preciso compreender que ele vive o mal-estar em todos os níveis ao mesmo tempo. É com essa perspectiva que retomaremos nossa pesquisa e tentaremos traçar a evolução desse processo psicossomático e interpretá-lo.

Morte do poeta

Como vimos na primeira parte desta obra e destacamos no capítulo anterior, Gustave não consegue perceber em si o *indivíduo de classe*: ignora a realidade da burguesia, ou seja, sua função na sociedade de 1830, e não consegue descobrir em si mesmo o *habitus* burguês. Diferentemente dos colegas, que têm uma consciência de classe rudimentar e só se fazem de aristocratas nas fugas noturnas, certos de que reencontrarão sua condição ao despertarem, ele manteve por muito tempo – digamos, até 1837 – a ilusão tenaz de ser "bem-nascido". Ora, eis senão que de uma vez só ele descobre sua classe e "perde" a imaginação. Essa concomitância será efeito do acaso? Não decidiremos sem estabelecermos *como* ele pode ter descoberto seu ser-burguês e – visto que ele é incapaz de apreendê-lo em sua realidade objetiva e em sua interiorização como *exis* – de que forma esse ser se lhe manifestou.

Cabe lembrar que, nessa mesma época, suas relações com Alfred se aprofundam e intensificam: pouco falta para que sejam recompensados seus esforços de construir uma amizade vivenciada, que lhe possibilitaria uma *comunhão* com o homem que ele põe acima de todos. Infelizmente, ele se sente perpetuamente refreado nessa tentativa de *participação*: por causa da *seriedade* familiar, do utilitarismo que interiorizou a contragosto, em suma, do espírito Flaubert; a atitude de Alfred é inimitável, marca o limiar intransponível que separa as "capacidades" (estrato superior das classes médias) da burguesia capitalista. Gustave, como um ludião, aflora à superfície de sua classe e volta a descer para as profundezas da pequena-burguesia; esse movimento indefinidamente repetido possibilita-lhe descobrir dentro e fora de si mesmo o que chamamos homem dos meios ou homem-meio. Mas desconfiamos que essa apercepção seria confusa se outros fatores não viessem esclarecê-la: suas esperanças e desilusões têm um caráter pessoal demais (trata-se, acima de tudo, de um amor frustrado) para que ele possa extrair dela uma visão precisa do corpo social que, simultaneamente, o envolve, condiciona e rejeita.

Digamos que ele se enfurece diante da aparente gratuidade das condutas que o amigo lhe propõe, com o risco de logo depois se arrepender da fúria. Compreende, em suas resistências profundas, que tem propensão a servir, a entregar-se a uma causa, a uma empreitada, que não será nunca um fim para si mesmo, mas sempre o meio para um fim alheio; não adianta ficar com raiva, é mais forte que ele: só podem ter-lhe injetado esse veneno desde o nascimento. Ele não iria mais longe se, mais ou menos no mesmo momento, não percebesse que sua seriedade subjetiva corresponde exatamente à sua destinação objetiva: ele se quer meio porque o fizeram meio de uma ação singular. Toma consciência de ter sido esperado, procriado, criado para cumprir uma missão que o espreita do fundo do futuro e o espreitava antes mesmo que os pais o concebessem. Foi feito, afinal, para *fazer--se* burguês *abraçando uma profissão*. Entenda-se: escolhendo uma carreira daquelas reservadas aos filhos da burguesia. Ou melhor – para ele dá na mesma, mas convém deixar claro –, daquelas reservadas aos filhos das classes médias.

Por que ele percebeu isso de repente? Pois bem, em primeiro lugar por causa da idade. O pai deve ter manifestado dúvidas durante muito tempo sobre o futuro dos filhos em presença de Gustave; este não prestava muita atenção: tinha tempo para pensar no assunto. Depois, de repente, faltou tempo; 1837-1838: está na segunda série; daí a dois anos vai precisar escolher uma profissão; não gosta muito dos estudos, estes ainda são suportáveis enquanto lhe parecem desinteressados: depois de fazer o exame de bacharelado, eles se tornarão utilitários. A duração cíclica torna-se vetorial, a irreversibilidade e a iminência vão estruturá-la. Mas há outra coisa: em outubro de 1838, seus dois melhores amigos o deixam para irem fazer direito em Paris. Ele aspira a ir ter com eles, mas, ao mesmo tempo, não pode se abster de ver nas atuais ocupações deles uma prefiguração daquilo que o espera: prova disso é que, numa carta de 24 de fevereiro de 1839, ele fala *pela primeira vez* – e com angústia – do futuro*; ele não vai abraçar profissão nenhuma, diz. Mas essas denegações raivosas mal escondem sua preocupação: como resistir à vontade paterna? Não estará vencido de antemão?

O que é uma profissão? Direi que é uma realidade de duas faces. O governo, a administração ou a indústria privada criam ou

---

* A ideia lhe nasce de considerações sobre o futuro de Ernest.

eliminam empregos em função das necessidades sociais (interpretadas – é escusado dizer – segundo certa óptica). A determinação do número de postos, sem dúvida alguma, é uma decisão *prática*. Mas – enquanto a estabilidade social não é contestada pelo crescimento demográfico ou por qualquer outro fato histórico – o momento decisório se reduz à sua mais simples expressão: falam os números, transcrevem-se suas exigências; por rotina, na maioria das vezes. É difícil discernir aqui fato e direito; prova disso é que se pode dizer indiferentemente: *deveremos* aprovar doze candidatos no concurso de professor titular este ano, ou haverá doze aprovados.*
Mesmo quando se trata de uma necessidade difusa – por sua vez proveniente de uma evolução que conduz a certa conjuntura – ela é interpretada, quantificada e definida a partir de pressuposições definidas, por grupos mais ou menos constituídos. No século XIX, certo número de fatores – em especial a possibilidade de as classes dirigentes reinvestirem uma proporção mínima da mais-valia na empresa – facilita o aparecimento de uma necessidade até então mascarada: a demanda por médicos será maior. Mas é uma política (da Ordem dos Médicos, dos administradores – municipalidades, conselhos gerais, deputados etc.) que fixará a possibilidade de abrir um consultório nesta ou naquela localidade.

Por outro lado, para o adolescente que escolhe uma carreira, as decisões de fato – que certos órgãos tomam independentemente dele – mostram-se como determinação do campo de suas possibilidades (ampliação, redução, transformações qualitativas etc.). Sendo burguês, seu ser-burguês é definido pela totalidade das carreiras que representam ao mesmo tempo suas chances e seu dever de tornar-se o burguês que é. Esse conjunto é complexo: há equivalências e hierarquias. Ele varia em função da posição que determinada família ocupa na classe burguesa: algumas profissões são acessíveis, outras, barradas (mesmo pertencendo às classes médias, um casal de "pequena renda" não pode pensar em ter um filho médico). Os preconceitos do meio têm o efeito de limitar as possibilidades, tanto quanto a vontade tenaz de *subir* tem de ampliá-las. Por todas essas razões – e muitas outras ainda que não

---

* Em toda atividade humana fato e direito estão inseparavelmente unidos. A estrutura fundamental continua sendo o imperativo hipotético, porém é mais ou menos vivenciado, mais ou menos reduzido a simples determinação lógica.

nos interessam aqui –, uma criança, bem antes de nascer, é designada por certo campo de possíveis bastante restrito e nitidamente organizado que lhe reflete as necessidades sociais definidas por sua classe, através das opções de grupos decisórios e, por fim, através da vontade de seu pai. Pode-se dizer que este se determina como indivíduo acidental pelo conjunto das carreiras que julga acessíveis ao filho. Mas o filho, por sua vez, posto no mundo em certo momento da evolução social, através das escolhas do pai apreende esse conjunto estruturado como *sua realidade futura*. E essa realidade apresenta-se, ao mesmo tempo, como limite de seu horizonte e como expectativa, exigência inerte que o chama do fundo do futuro, como imperativo categórico, enfim. Ei-lo, portanto, provido de um *ser* que se apresenta ao mesmo tempo como realidade de fato e como valor. Ele é burguês porque foi posto no mundo para se fazer burguês, adquirindo os conhecimentos necessários ao exercício desta ou daquela profissão. Para ele, é como se um fim, atuando do fundo dos anos futuros, o tivesse criado num ventre de mulher expressamente para que ele pudesse cumpri-lo. Aqui o ponto de partida e o ponto de chegada se confundem. E em nenhum lugar isso é mais visível que na família Flaubert: um posto de cirurgião-chefe no hospital de Rouen – que já existia na infância de Achille-Cléophas – realmente fez nascer certo Achille – para ser ocupado por ele nos anos 1850 (a morte prematura do pai precipitou as coisas). Esse posto, conjunto de obrigações inertes enquanto não são exercidas, é anterior a Achille e sobreviverá a ele: isso significa que, em relação a esse mortal, ele é uma determinação da eternidade. E que o ser-burguês de Achille se interioriza nele como seu dever-ser-médico. Para o primogênito Flaubert, essa identificação antenatal de seu ser e de seu destino, de sua existência de fato e de seu valor, permanece oculta: a razão dessa cegueira provém de sua identificação com o pai. Não que ignore seu destino, mas é que o apreende de outro modo, com orgulho, como sua sorte e seu mérito, como o testemunho vivo do amor de um pai adorado; para ele, é o *Mana* do sangue Flaubert. Ele acredita fazer o futuro quando apenas mantém o presente na medida em que este foi feito pelo futuro. Assim são os politécnicos nas famosas famílias que só se dignam produzir politécnicos.

 Mas e o caçula? Frustrado, seu olhar logo capta o inerte objetivo que o espera no caminho. Ele vai precisar *abraçar uma profissão*.

VII. Do poeta ao artista 1485

Médico, promotor, advogado, procurador, tabelião, subgovernador[44], juiz*: é *seu* campo de possibilidades, mas é também o fim complexo que define seu dever-ser e seu destino, ou seja, seu ser. Certamente se trata de um jogo de opções diferenciadas, e certos trechos de *Souvenirs* parecem indicar que Gustave discerne nele uma aparência de hierarquia. Medicina e advocacia ocupam o escalão superior. O tabelionato lhe parece estar no nível mais baixo. Quanto a julgar, é grotesco: "Serei... *juiz*, tal e qual". Apesar dessa perspectiva – aliás, vaga e variável –, essas profissões são intercambiáveis. Em primeiro lugar, "vai ser preciso ser alguma coisa de tudo isso, e não há meio-termo".** De qualquer maneira, eles representam o mesmo dever-ser, o mesmo destino. Contudo, o que mais o impressiona é sua equivalência: escolhendo um ou outro, ele se tornará burguês de qualquer maneira. E burguês de segunda classe: a primeira é a dos ricos e poderosos (Achille será um deles; usurpando a glória legítima do pai, reinará sobre Rouen). Em suma, na idade em que descobre a burguesia pelos olhos de Vigny e profere uma sentença sobre ela, a obrigação de escolher uma profissão – ou seja, o conjunto estruturado dos objetos que se impõem à sua opção – revela-lhe mais que qualquer outra experiência a fatalidade de seu *ser-burguês*. O indivíduo acidental nele é apenas o meio de realizar o indivíduo de classe. Essa "diferença" que constitui sua infelicidade, sua vergonha, às vezes seu orgulho, mas que considera sua realidade íntima, não passa de verdade superficial que se dissolverá quando ele se tornar o que deve ser, o que *é*, em profundidade. Ele sabe que vão metamorfoseá-lo em bicho-de-conta ou aranha, e que tudo o que hoje constitui sua vida será abafado, esmagado pela inerte função que o espreita, da qual se fará órgão. Sobre *o* burguês sabemos que Gustave não tem muito o que dizer. E com razão. Sobre *o* tabelião, por outro lado, tem uma visão menos esquemática: pela simples razão de que este representa uma determinação *outra* do mesmo ser-de-classe; outra função, outro *habitus*, outro ambiente; o jovem "vê" o tabelionato com os olhos de um filho de médico. Em relação àqueles que exercem uma profissão *não-científica* – redigir documentos, julgar o próximo –, um desprezo de cientista e médico. Distinguirá neles o indivíduo de classe? É claro que não. Mas acha que os apreende em suas deformações

---

* São as profissões que ele enumera na carta a E. de 23 de julho de 1839, *Correspondance*, t. I, p. 54.
** *Correspondance*, t. I, p. 54.

profissionais: em outros termos, acha que é capaz de escrever uma fisiologia do tabelião, do magistrado ou do advogado com base no modelo da *Fisiologia do caixeiro-viajante* que terminou faz pouco. A burguesia é uma espécie, e o caixeiro-viajante, o juiz e o procurador representam famílias. Ora, quer-se impor a esse jovem – que se sente infinito, na falta de ser totalmente definido – uma determinação que o encerrará numa ganga; é como dizer que ele se conhece *finito-no--futuro*. E não é só essa queda na finitude que lhe causa horror; ele não consegue suportar a ideia de que essa função e o *habitus* dela resultante sejam sua verdade futura e, por isso, sua *vocação* presente: é uma nova forma da maldição paterna. Gustave se tornará *o* tabelião: isto porque *já é tabelião*, em virtude de uma predestinação que nada mais é que a vontade de Achille-Cléophas. Desse ponto de vista, suas impressões íntimas, suas desesperanças e até suas recusas são desqualificadas *no presente* pela inelutabilidade do processo que o obriga a *tornar-se o que é*, como se o cirurgião-chefe, certa noite, tivesse dito à mulher: "Venha cá, que vou fazer um tabelião em você". Os furores de sua alma conturbada são, na melhor das hipóteses, lamúrias sem consequência; na pior, atitudes de álibi que lhe ocultam um consentimento vergonhoso ou os meios escolhidos pelo fim para realizar-se com mais certeza. Sob a forte luz de seu ser futuro, descobre em si, com angústia, o tecido de cumplicidades cerradas que ele se extenua em vão a recusar e que o modelam, para lhe possibilitar, mais tarde, coincidir estritamente com a função imposta. Trata-se de fato de uma conivência de *classe*? Sim e não. Objetivamente, é impossível a um jovem burguês, nos anos 1830, *ser privado de sua classe*: nem para cima, como sabemos, nem para baixo; a solução proposta hoje aos filhos de família – largar os estudos, "ir para a fábrica" – era quase inconcebível. Quando sonha em fugir a seu destino burguês, Gustave nem sequer imagina integrar-se às classes trabalhadoras: será mendigo ou cameleiro nos países quentes; é fazer voto de pobreza, nada mais: *lazzarone* em Nápoles, ficará sozinho no meio da multidão, como um eremita; não se trata de solidarizar-se com outros seres humanos, oriundos de outros meios, que tenham interesses diferentes dos de sua classe de origem, mas de se deixar escorrer para fora da humanidade, para o nível do sub-homem ou do santo. A inconsistência desses devaneios deixa bem claro que eles representam a interiorização de uma situação de fato. Mas outro adolescente a vivenciaria de outro modo: se Gustave se irrealiza como mendigo, é porque sua passividade constituída lhe veda a revolta, o que não quer dizer que ele seja anuente. Em suma, ele não desemaranha bem em si mesmo a parte da necessidade histórica, a da resignação conivente e a da constituição singular. É a era da suspeita: ele espreita em Chevalier e mesmo em Alfred os progressos do aburguesamento. Se evita falar do seu, é por ter medo demais. Deverá tornar-se um "homem casado, ajuizado, de moral"? Então os "pensamentos de um pobre menino de dezesseis anos" não passam de epifenômenos. Mas o que fazer para escapar à sua destinação se até mesmo as atitudes que a recusam contêm em si o ser-de-classe que pretendem superar? Se sua seriedade de homem-meio o leva a tornar-se o meio de uma classe que ele rejeita?

Podemos compreender agora por que a confusa descoberta de seu ser-de-classe nele é acompanhada pela morte do poeta. Ele se tomava por Chatterton, que, nascido de um ventre burguês, fora elevado por seu gênio acima de todas as classes; parecia-lhe então que a burguesia era apenas um lugar de nascimento: afinal, Jesus, que falava para todos, nascera de uma judia; o antissemitismo de Flaubert punha enorme peso nesse estranho argumento. Ainda era preciso que os êmulos do jovem inglês tivessem um coração totalmente puro como ele, e que uma graça providencial lhes permitisse escapar aos caracteres específicos da espécie, bem como aos danos da educação. Para Gustave, a coisa então era óbvia: os pensamentos imediatamente formados em sua alma virgem não refletiam nada mais que a majestade do infinito. Em suma, antes de 1838, ele estava o mais distante possível daqueles que, hoje, consideram a poesia uma atividade verbal fundamentada por uma relação original com a linguagem: para ele, tratava-se de uma atitude mental próxima da elevação mística. Esses "estados d'alma" tinham uma qualidade específica e irredutível; sem dúvida, ele sabia que era incapaz de expressá-los com palavras, mas não era muito afetado por isso: "... Eu sabia o que é ser poeta, era poeta por dentro, pelo menos, na alma, como todos os grandes corações o são... toda a minha obra estava em mim, e nunca escrevi uma linha do belo poema que me deleitava".* Que importa se a poesia nunca ultrapassa o estágio da determinação subjetiva, se essa determinação é *o essencial*, se, na plenitude do imediato, ela se manifesta como a relação fundamental de uma natureza aristocrática com o infinito?

---

* *Souvenirs*, p. 56-57.

Não há nada melhor. Mas, de repente, ele tem a infelicidade de descobrir que os filhos de burgueses participam da condição burguesa, que suas reações espontâneas são condicionadas em primeiro lugar pela classe da qual se originaram. O que ocorre com a poesia se ela já não é a pureza do imediato? Nada mais que um processo de desrealização que quase sempre se manifesta como tática defensiva contra o aburguesamento. Gustave não demora a compreender: claro, continua orgulhoso daqueles "estados d'alma" que o elevam acima do vulgo; não faz mal: são fugas para o imaginário, o "belo poema" não é a quintessência de sua *realidade*; em vez de proceder dela, ele se sonha contra ela e como sua negação sistemática. Melhor ainda: quem sabe se a evasão não oculta uma aquiescência. Como se sabe, Flaubert nem pensa em reprovar a imaginação por sua irrealidade; mas, nessa ocasião, a questão não é essa: ele gostaria que suas óperas fabulosas, por mais fictícias que fossem e até a despeito de sua inconsistência, expressassem a *realidade* daquele que as produziu; ele seria feliz demais se pudesse dizer: para forjar belos mitos, é preciso ser bem-nascido. Mas é o contrário que ele acaba de descobrir; de duas, uma: se o poeta é um burguês que sonha, a poesia não salva, talvez até seja a maneira mais segura de perder-se, para reencontrar-se, aos trinta anos, na pele de um tabelião versejador; se, para ser Chatterton, é preciso ser aristocrata, então a poesia se nega às almas burguesas. Cabe escolher: o êxtase poético é um engodo ou os êxtases do caçula Flaubert não são poéticos. Sentidos por si mesmos, estes representam a morte requintada do burguês; mas é uma farsa: o burguês é feito para viver e reproduzir a vida; ele *encena* o ser-para-morrer, único fundamento – supondo-se que realmente vivenciado – da poesia romântica, e, com essa comédia, termina por se instituir burguês. Que fazer, então, para escapar ao destino de "bicho-de-conta" que o espera? Nada, sem dúvida alguma, a não ser que mude de ser.

A crise terrível que sacode Flaubert entre 1837 e 1844 não tem outra origem senão a tentativa espantosa, rigorosa e, por fim, malograda de mudar de ser. Isso significa mudar de fim. Como o fim imposto, o fim *outro*, o estrutura em seu ser-de-classe, e como o "mudar de classe" para cima – ou seja, o acesso à aristocracia – é impossível, o problema é assim formulado: como mudar de fim sem voltar simplesmente a substituir os objetivos rigorosos do indivíduo de classe (ou da classe no indivíduo) pelos caprichos do indivíduo acidental? Em outros termos, para Flaubert não se trata de se propor deliberadamente outro objetivo, mas de descobrir no futuro a *verdadeira* exigência inerte que o suscitou. A ideologia da burguesia, naquela primeira metade do século XIX, comportava o individualismo (como consequência teórica e ética do liberalismo econômico) –, coisa que Flaubert *nunca* nota; certo número de jovens burgueses encontrou na mesma época, no próprio ser-de-classe, um recurso contra os objetivos de classe. Serei tabelião, que seja, mas, pela vida interior, o mais incomparável dos seres. Para Gustave falta esse antídoto: eu disse acima por qual razão a estrutura do meio familiar e suas primeiras relações com a mãe lhe vedaram para sempre o egotismo de um Stendhal, o narcisismo de um Amiel; ele não se gosta muito, e sua passividade o impede de valorizar os movimentos de sua vida, de mascarar para si mesmo seu *fim outro*, revelando *seus* próprios objetivos, ou seja, conferindo valor absoluto a suas pulsões pela simples razão de elas serem suas: espontâneas, isentas (pelo menos de saída) de qualquer alienação. Muito pelo contrário, só pelo fato de ser seu, um desejo revela inconsistência; a espontaneidade, ao ser *reconhecida*, o desvaloriza; seu gigantismo, desse ponto de vista, é uma maneira de combater a insignificância que ele tende demais a encontrar em toda parte, sempre que se tratar de sua vida "pessoal". Essa desvalorização permanente que há nele do *si* pelo *outro* permite-lhe evitar as ciladas idealistas da vida interior: nem mesmo o Grande Desejo, como vimos, o arranca de sua condição de *homem-meio*; ele sabe que *encena* a insatisfação fundamental – e em vão. Do mesmo modo, a simples recusa interior a seu ser burguês não poderia salvá-lo: ele pode recusar quanto quiser, mas ao mesmo tempo tem consciência de que forças irresistíveis, com a cumplicidade de sua atividade passiva, o arrastam a realizá-lo. Mas, ao mesmo tempo, essa lucidez o aliena mais: ele só pode substituir esse fim semialheio que o condiciona em seu ser descobrindo *outra expectativa inerte* que o designe como seu meio. Engrenagem inessencial da maquinaria social, homem subalterno e imolado como homem à boa marcha do conjunto, ele se subtrairá a seu estatuto se se alienar e se imolar a outro fim da mesma natureza – ou seja, semialheio, que se apresente como um exterior por interiorizar – que o tenha suscitado no próprio ventre materno como *meio essencial* de sua realização. Em outros termos, o menino escapará – acredita – à sua classe (ou seja, à sua criação pela ação retroativa de um fim futuro) se descobrir o único meio eleito por um fim que escape a qualquer condicionamento de classe e até – como veremos – que transcenda a espécie em seu conjunto. Se ficar provado que esse fim existe e que se dirige a ele pessoalmente, exigindo-lhe sofrimentos, ardor prático e sacrifício, ele escapará à alienação burguesa vivendo em dolorosa felicidade uma outra alienação, mais fundamental, que o valorize ao destruí-lo.

Até os dezesseis anos, Gustave prefere a "improvisação" a qualquer outra coisa.* Depois, de repente, hesita: o que então lhe *inspirou* seus escritos? Se era Deus que lhe falava ao ouvido, que bom: mas Gustave não consegue crer em Deus; se a inspiração veio de um movimento passional, não vale mais que a agitação subjetiva que a produziu: ei-la desqualificada, não era tanto a exigência de um fim sempre futuro quanto uma exuberância instantânea, logo sem estatuto. A transubstanciação se dará por eleição retroativa, se anunciará por um imperativo categórico; a vocação já não se baseia nas riquezas aleatórias de uma natureza contingente, mas, ao contrário – como a santidade –, na miséria interior: Senhor, como poderia eu, fraco e nulo, com os pobres meios de que disponho, satisfazer Vossa exigência? O poeta morreu, viva o Artista.

NASCIMENTO DO ARTISTA

Gustave limita-se de início a opor esse recém-chegado a seu velho amigo, o poeta: "Entre artista e poeta, uma imensa diferença: um sente, o outro fala; um é coração, o outro, cabeça".** Essa máxima, inspirada em Vigny, marca claramente que suas preferências ainda recaem no poeta. Mas, com frequência cada vez maior, na Correspondência, a palavra Arte tende a substituir poesia: "A Arte é mais útil que a indústria". Em 1837 é "antiprosa, antirrasão, antiverdade", e troca "a tola erudição de detalhistas, dissecadores, filósofos, romancistas etc." por dois versos de Lamartine. Mas, já em fins de 1838, a Arte torna-se sua única preocupação. "Arte, Arte, amarga decepção, fantasma sem nome que brilha e nos põe a perder", e em 15 de abril de 1839: "Façamos tristeza em Arte, pois sentimos melhor

---

* *Souvenirs*, p. 54.
** *Souvenirs*, p. 52.

desse lado... etc." Sem dúvida, a ideia está no ar. Gustave não tinha nascido quando Victor Cousin, futuro mantenedor da Musa, escrevia: "É preciso religião pela religião, moral pela moral, arte pela arte".* O "Filósofo" só queria marcar a autonomia dos três setores: "O Bem e o Santo não podem ser o caminho... para o Belo". Mas essa fórmula, se bem que anterior às grandes obras do romantismo francês, já prenuncia o pós-romantismo: tomada com todo o rigor, denuncia a confusão lamartiniana entre religião e poesia; esta, perdendo seu caráter "extático", é classificada entre as obras de arte e pertence apenas à categoria do Belo: passará a ser apreciada em função de normas estéticas, e não em proporção às efusões místicas que poderia provocar. Sabe-se que proveito Théophile Gautier tirará disso: "Só é realmente belo o que não pode servir para nada".** Mas as verdadeiras razões dessa nova terminologia só aparecem plenamente quando ela é retomada pela geração de Flaubert: é preciso escapar ao ser-burguês; a poesia "inspirada" é apenas uma constatação de fracasso; só o Artista *institui*.

Gustave é o primeiro, talvez, a apreender as implicações ontológicas da doutrina: "fazer Arte" é *ser* Artista. E o que é um Artista? Em primeiro lugar o poeta negado, renegado. Pelo menos na medida em que ele afirma a primazia do subjetivo. Gustave recusa-se a julgar-se em função de seus estados d'alma; estes, em todo caso, são *suspeitos* em razão de sua própria espontaneidade. Ademais, o sujeito é juiz e parte: sendo burguês, como discerniria o que há de burguês em sua intimidade vivenciada? Com uma inversão radical, ele põe a primazia do objetivo acima da subjetividade. Sendo poeta, o poema escrito, vago reflexo de suas exaltações, tinha apenas importância secundária, era uma "repercussão". Sendo artista, só a obra conta: "operário da arte" – como gostará de se denominar mais tarde –, torna-se um trabalhador cujos esforços visam a transformar um material, a linguagem, para produzir um objeto. Caberá dizer que ele *se objetiva* neste? Sim e não. Não, se, como o poeta lírico, pretender exteriorizar sua interioridade, expressar o que sente, o que é *para-si*. Sim, se entendermos que ele se objetiva em seu produto *enquanto artista*, ou seja, enquanto técnico do Verbo, pondo sua sensibilidade e, de maneira geral, o conjunto de sua experiência a serviço da obra *por fazer*: a subjetividade só é levada

---

* Aula de 1818.

** Prefácio a *Mademoiselle de Maupin*.

em consideração na medida em que é inteiramente mobilizada como *puro meio de lavrar*; é encontrada no produto acabado, mas este não a *traduz*: explora-a, submete-a e, de certa maneira, nega-a porque lhe recusa qualquer possibilidade de existir por si mesma. Esse é o primeiro passo em direção ao que Flaubert chamará depois de seu "impessoalismo". Examinaremos essa teoria e teremos de nos perguntar se ela realmente dá conta de suas intenções profundas e se ele de fato observa as regras que adota. O que se deve notar, por ora, é que ele passa do imediato ao mediato, do irrefletido à reflexão, do espontâneo à atitude crítica. Reconhecendo, de algum modo, que lhe é impossível discernir o indivíduo acidental de seu indivíduo de classe, ele usa os dados imediatos de sua consciência como *material* para usinar; já não adere a eles, observa-os de cima e procura o proveito que pode tirar. Suas paixões já não são *suas*: nesse sentido, se por acaso descobre que são burguesas, já não tem necessidade de envergonhar-se; fará delas objetos de estudo e, se valer a pena, as *analoga* e através delas imaginará a figura de um burguês imortal. A imaginação, aí, nada mais tem de comum com a fuga do poeta para o imaginário: é uma técnica exata que encontra justificação na obra. O Artista escapa ao burguês que tem debaixo da pele uma vez que, empoleirado acima de si mesmo, nada mais é que uma *reflexão prática*, preocupada apenas em atingir certo fim.

Que fim? Eis a questão essencial. Sobre isso, Gustave hesita certo tempo: o objeto de arte será *mais útil* que tudo o que sai de nossas mãos ou fugirá radicalmente à categoria utilidade? Encontram-se nele ambas as ideias. Em 1838, escreve com alguns dias de distância: "Prefiro o belo ao útil"* e "a arte é mais útil que a indústria, o belo é mais útil que o bom".** Mas na estranha demonstração que se segue à segunda afirmação lemos que "os primeiros governos... são artistas, poetas, constroem coisas *inúteis* como pirâmides, catedrais...". E, de outras vezes, ele faz comparações entre obra de arte e utensílios que levariam a supor que estes pertencem a um mesmo gênero: "O que há de superior a tudo é a Arte. Um livro de poesia vale mais que uma estrada de ferro". Mas aos poucos seu pensamento se consolida. Em janeiro de 1839, escreve *Les Arts et le Commerce*, e então compreendemos o sentido de suas oscilações: "Acaso a alma também não tem necessidades e apetites...

---

* *Souvenirs*, p. 46.
** *Ibid.*, p. 48-49.

os senhores não sentem em si mesmos esse instinto que pede... que satisfaçam essa alma que tem uma sede imensa de infinito, que carece de devaneios, versos, melodias, êxtases...?" etc. A obra de arte vem satisfazer uma necessidade da alma: pode-se dizer também que ela é útil para essa alma faminta ou inútil à satisfação das necessidades materiais. O pior é que Flaubert nessa época está trabalhando em *Smarh*, e o mínimo que se pode dizer é que essa obra amarga, acerba, niilista não se assemelha em nada aos "devaneios, versos, melodias, êxtases" que deveriam saciar nossa fome de infinito. Nela, sem dúvida, o infinito nos é apresentado: mas ele não se distingue do Nada, do Vazio em que Smarh acaba por rolar eternamente. Sem dúvida Smarh faz poesias, mas já vimos qual o seu sentido. Essas observações nos possibilitam compreender que Flaubert não é inteiramente sincero ao afirmar que a finalidade da obra é satisfazer as necessidades da alma, ou melhor, ele não está inteiramente desvinculado de sua paixão "antiprosa". De fato, quando pretende pôr o poeta a serviço da humanidade, ele esquece que quatro meses antes considerava "que dois homens, Rabelais e Byron, eram os únicos que escreveram com a intenção de prejudicar o gênero humano...". Contudo, não mudou de opinião entrementes, pois em 24 de fevereiro de 1839 se propõe "participar ativamente do mundo... como desmoralizador". De fato, à medida que ele se aprofunda, a Arte, a seu ver, vai perdendo qualquer utilidade, mesmo que espiritual; embora superior a todos os meios, a obra ainda seria meio, e o homem seria o fim. O que Gustave afirma agora – ou seja, durante o ano de 1839 – é que o produto do Artista não é meio de nenhum fim. Isso é extrair consequências extremas de sua misantropia e libertar o Belo de seus vínculos humanistas. Para ele, a partir de então, a Arte não tem outro fim senão ela mesma, e cabe aos homens servi-la. O produto acabado se impõe a eles, é uma fonte de obrigações indefinidas. Diante dela, *exige-se* admiração estética. E é nesse sentido, em primeiro lugar, que o Artista institui: uma obra-prima "abre um ciclo do futuro"*; o escritor é legislador, pois seu escrito, se belo, mostra-se como um complexo de leis singulares que se impõem "com a autoridade do instituído". Já se terá compreendido o interesse despertado por essa nova concepção: há muito tempo, Gustave, recusa-se a participar dos fins humanos – que, na maioria das vezes, ele confunde com os da burguesia. Mas, se quiser fugir a seu meio, não bastará a recusa:

---

* Merleau-Ponty, *Signes*.

precisará descobrir que seu fim próprio é inumano; exige-se isso para alienar os homens a criações que os superem e, em certos casos, sejam capazes de prejudicá-los; e essa exigência o subtrai às classes médias: ele continua sendo homem-meio, mas escapa ao círculo infernal dos meios-fins e dos fins-meios; um fim absoluto o escolhe como seu meio único e essencial; o Belo, alienação dos homens a um fim inumano, é em primeiro lugar alienação do Artista à sua Arte. Essa alienação rígida, segundo pensa Gustave, é sua libertação do ser-de-classe. Não que ela o faça desembocar na superação anárquica de sua condição, mas porque substitui a alienação relativa do burguês à burguesia por uma alienação radical e absoluta.

Mas é preciso saber o que lhe pedem: o que deve ele instituir? E como? Nessa época, Flaubert já não está hesitante: a atitude *poética* não passava de fuga do real para o imaginário; a atividade *artística* consiste em desvalorizar o real realizando o imaginário. Na poesia--estado-d'alma, a fuga deixava a realidade intacta: a evasão era para o não-real; a negação incidia sobre o ser-no-mundo de Gustave, e não sobre o próprio mundo. Agora o movimento se inverte: Flaubert volta para o mundo a fim de aniquilá-lo, e isso só pode ser feito totalizando-o.

Aos quinze anos ele relê suas primeiras obras, escritas a esmo, e descobre o sentido delas: contam, invariavelmente, a história de um fracasso, do triunfo da multidão sobre uma singularidade. Em suma, refletem com maior ou menor clareza sua própria anomalia. Não como valor positivo, mas como maldição. Mas, assim que Gustave vê em plena luz esse assunto constante e velado, sente horror por ele: é descobrir sua "diferença" – que, por outro lado, ele esconde com tanto cuidado –, é designar-se já de saída como vítima, o que repugna a seu orgulho. A transformação que se impõe é a de generalizar o "caso" Flaubert, fazer dele a verdade de nossa espécie. Do que tratam essas breves novelas? Uma vítima morria opondo vã recusa a seus carrascos. E, por maior que fosse sua vanidade, essa recusa marcava algum tipo de superioridade: era o inapreensível "perfume por sentir" de Marguerite. Ao universalizar, Flaubert faz da *vã recusa* a iluminação do mundo e da condição humana. Ele a instituirá com palavras e, mesmo conservando toda a sua impotência, a inscreverá na materialidade como um imperativo irredutível: esmagado pelo mundo, o homem põe sua dignidade na recusa ao destino que o Universo lhe impõe. A literatura é feita para que o protesto humano sobreviva eternamente aos naufrágios individuais.

Mas de que maneira utilizar o naufrágio e a recusa como princípios da totalização? Ou, digamos, como mostrar *esteticamente* que "o mundo é o Inferno"? Há três procedimentos que Flaubert depreenderá aos poucos, de 1838 a 1842, e utilizará a cada vez. Pode-se, primeiramente, totalizar o Universo na interioridade: é mostrar o naufrágio e a morte de um sujeito universal que resuma em si a experiência humana e morra da totalização sem deixar de dizer *não*. Mas o sujeito universal, erigido acima do mundo e de seu Ego empírico, pode assistir na impassibilidade – que é uma recusa estoica – ao aniquilamento desse Universo e de sua própria pessoa: é totalizar na exterioridade, por meio de um sobrevoo explícito. Por fim, o autor pode exercer, no interior de uma singularidade concreta, o trabalho paciente de roedor, revelar a vanidade de nossas ilusões, as contradições explosivas do Ser e, por meio da desmoralização sistemática, postular a crença no Nada como imperativo estético, ou seja, explicitar nos leitores a *vã recusa* que eles em geral só vivem implicitamente. Esses três procedimentos correspondem a três *atitudes mentais* que já conhecemos: atividade passiva, orgulho e ressentimento. Nós os estudaremos em relação a essas atitudes, que veremos depreenderem-se de um sincretismo original e depois afirmarem-se umas contra as outras; tentaremos então descobrir em cada uma as razões fundamentais que a levam ao fracasso e poderemos determinar as questões essenciais que a "arte de escrever" apresenta ao jovem Flaubert. De qualquer maneira, a Arte, pelo menos para Gustave, só tem um *assunto*, que é total: totalizar a criação para mostrar sua vanidade, seu nada. Veremos neste capítulo e na terceira parte desta obra que ele permaneceu fiel a seu propósito, e que seus romances, de *Smarh* a *Bouvard e Pécuchet*, não têm outro sentido.

SINCRETISMO ORIGINAL

Quando escreve *Agonias, pensamentos céticos*, Gustave já está consciente de seu objetivo literário e até afirma, em breve introdução, que começou um ano antes "aquele trabalho... muitas vezes rejeitado, muitas vezes retomado". Contudo, no parágrafo I, que vem logo a seguir, lemos: "Portanto, retomo esse trabalho, iniciado dois anos atrás". Haverá contradição? Não necessariamente; a Introdução pode ter sido escrita um ano *depois* de certos trechos, um ano *antes* de outros. O parágrafo XXV prova, *em todo caso*, que essa obra interrompida contém páginas remanejadas que, na primeira versão, remontam a 1835 – trata-se, com efeito, de uma nova versão de *Viagem ao inferno*. É claro que, quando, aos treze anos, escreveu para a gazeta do colégio esse texto capital, o jovem escritor não se propunha reunir em livro seus "pensamentos céticos": apresentava então a *Viagem* como um todo que se bastava. No entanto, não cabe acreditar que está procurando mentir: com quinze anos, relendo *A viagem*, compreendeu seu movimento e seu significado; já aos catorze anos, quis realizar uma totalização, mostrar o mal e a infelicidade em todos os lugares, para concluir, no fim dessa enumeração exaustiva, que a vida humana equivale exatamente à danação. Ele permanece fiel a seu projeto inicial porque inclui *A viagem* em *Agonias*. Mas decerto julga que essa totalização alegórica é, por si só, incapaz de convencer, pois acrescenta uma série de "pensamentos", cada um dos quais – ou quase – é por si mesmo uma *totalização exaustiva*. A dedicatória ("Tu os viste eclodir, meu caro Alfred") prova que eles nasceram um após o outro – numa ordem que, aliás, não podemos recuperar – como reações desesperadas do jovem ao pessimismo distinto do mais velho. Nesse sentido, não há progressão real de um pensamento ao outro: tudo está dito, por exemplo, no parágrafo IV, que nos informa que "a vida do homem é uma maldição...". Os parágrafos XVI ("Oh, sim, a miséria e a infelicidade reinam sobre o homem...") e o XIX ("O que é infelicidade? A vida") nada acrescentam. No entanto, o autor mantém a ideia progressiva; pondo essas máximas, essas alegorias, essas confidências uma após outra, está perseguindo um objetivo preciso por ele definido duas vezes em sua introdução: pretende pôr à nossa disposição "todo um imenso resumo de uma vida moral bem hedionda e tenebrosa" ou – como declara um pouco adiante – "reunir em algumas páginas um abismo imenso de ceticismo e desespero". As duas fórmulas são equivalentes? Para decidir é preciso voltar ao parágrafo XXV e compará-lo à *Viagem*: as correções feitas pelo autor no primeiro texto talvez nos permitam perceber sua reflexão em ação e encontrar a intuição embrionária da qual saiu toda a orientação da obra.

VII. Do poeta ao artista

A *Viagem* é contada na primeira pessoa. Alguém diz: Eu. Quem? Na verdade, esse Memnon é apenas um sujeito abstrato. Já no início, o autor o põe acima do gênero humano. O que faz ele? Nada. Medita. Sem chegar a nenhuma conclusão. Satã aparece e o rapta: Memnon vê as falsas virtudes, os vícios, as desgraças do homem. Ouve a conclusão, que Satã, por sua vez, não se priva de tirar dessas coisas. Ele sofre com isso? Não sabemos. Tampouco nos dizem se ele está convencido. Por que então é necessário esse sujeito kantiano, inumano, sem convicção nem vício? Por que escrever: "(Na Europa) ele *me* mostrou cientistas... esses eram os mais loucos", em vez de: "os cientistas são os mais loucos"? A razão é clara: é que a totalização puramente objetiva seria um ato intemporal, que faria de seu autor o simples poder sintético de unir e ligar. Mesmo uma pura e fria constatação ao fim de um inventário seria uma determinação do tempo: inventário é coisa que se faz pouco a pouco. Satã, sozinho e falando sozinho, *sabe* desde a Queda que a terra é seu reino. Essa certeza pode e deve expressar-se por um mínimo de palavras: ela resume um inventário *já feito*. A expressão da verdade assente pode comportar, evidentemente, uma relação com o sujeito: "O mundo é *minha* propriedade". Mas o sujeito, aqui, é alegórico: é o Diabo. Por isso a expressão mais correta será rigorosamente impessoal: ficará constatado que o universo natural e social está corroído pelo Mal radical.

Se o jovem Gustave introduz a primeira pessoa do singular é porque quer temporalizar essa certeza imediata, transformá-la em *experiência*. O conhecimento que Satã pode evocar num instante precisa ser transmitido aos poucos a alguém que o ignore. Tomada como intuição intemporal, a ligação do Universo ao mal corre o risco de aparecer como uma máxima ou como uma "teoria", ou seja, como uma síntese de conceitos. Mas Gustave desconfia de conceitos: no juízo sintético, essa "natureza passiva" discerne algum ativismo que ela recusa com toda a sua passividade. Ele aprende a experiência como uma *progressão padecida* e acredita que a força de uma conclusão provém do fato de que ela se faz, no sujeito, sem ele e contra ele; ela só haure sua evidência na impossibilidade em que se está de subtrair-se a ela. Em uma palavra, o "pensamento cético" é uma verdade que veio a ser: seu perfazimento tem como conteúdo real e concreto o desenvolvimento temporal. Ele dirá mais tarde*: "Minha vida é um pensamento". Em 1835, não vê as coisas de modo tão claro,

---

* *Memórias de um louco.*

mas já entrevê que a conclusão totalizante – caso se queira evitar fazer dela uma teoria – deve ser o sentido progressivamente desvendado da vivência. Mas, como esse desvendamento, a seus olhos, nunca é objeto de uma tentativa *prática*, como a busca heurística está tão distante quanto possível de suas possibilidades e de suas preocupações, ele nos mostra o trabalho de totalização como que efetuado no meio da subjetividade pela mão forte *de Outro*. Satã é precisamente *esse Outro absoluto* (o Pai, Alfred e – como veremos em breve – o próprio Gustave em outro nível de existência) que realiza por meio da violência a unidade sintética das experiências subjetivas até que o sentido transcendente da vivência ("O mundo é o Inferno") se revele e se imponha. A diferença entre esse desespero metódico e a dúvida metódica de Descartes é que esta é uma empreitada do sujeito contra o "Gênio Maligno", ao passo que aquele é uma empreitada do Gênio Maligno no próprio sujeito. Satã "mostra", *dá a ver*, é ao mesmo tempo *a unidade outra* dos momentos sucessivos da subjetividade, a *orientação-outra* do vivenciado e o conteúdo imposto das experiências. Portanto, encontramos aí a estranha junção de uma totalização na exterioridade – simples saber objetivo referente ao mundo – e da lenta realização dessa mesma síntese através da "vivência" de um sujeito convenientemente guiado. Uma verdade intemporal só pode impor seu vir-a-ser-verdade temporalizando-se numa alma manipulada.

Em 1835, porém, a criança escreve a esmo. O movimento subjetivo da experiência dirigida ainda não passa de aparência inconsistente que mal dissimula um vasto recenseamento objetivo de nossas taras. A partir desse momento, há nessa totalização exterointerior, secreta ainda, os princípios de um divórcio radical a separar o interior do exterior. O "Eu" abstrato não é o Ego de Gustave, uma vez que permanece sem caracteres; no entanto, na qualidade de sujeito universal, designa o jovem autor tanto quanto qualquer um: bastaria conferir-lhe um conteúdo subjetivo para que ele se encarnasse e se relacionasse com a experiência própria de Flaubert. Mas, nesse caso, a vida subjetiva corre o risco de fechar-se em si mesma, de dissolver a atividade do Outro em sua própria intimidade; em última análise, passar-se-ia da filosofia à autobiografia. Mas, inversamente, em sendo *outra*, a atividade satânica tende a pôr-se para si, a tornar-se um saber teórico manifestado por um conjunto de juízos. Na *Viagem* Flaubert exercita-se a revelar por meio de uma alegoria aquilo que poderia ser chamado de *universal singular*. A tarefa é difícil: ao universalizar-se, a totalização pode incidir em generalidades abstratas; ao singularizar-se, a vivência pode perder a universalidade.

Agonias marca, ao mesmo tempo, o aprofundamento reflexivo da intuição original e as oscilações daí resultantes. Quando Gustave relê a *Viagem* em 1837 ou 1838, o sentido de sua iniciativa se mostra com mais clareza: trata-se sempre de revelar o Mal radical ao cabo de uma totalização exterointerior. Mas ele vê os defeitos de sua primeira tentativa e já não se satisfaz com aquela pseudotemporalização do intemporal. De fato, quando a integrar em *Agonias*, não deixará de modificá-la profundamente. E a mudança essencial incide sobre o Ego do narrador*:

"E no tempo em que eu era jovem e puro, quando acreditava em Deus, no amor, na felicidade, no futuro, na pátria; no tempo em que meu coração palpitava quando ouvia a palavra: liberdade!, então – oh! que Deus seja maldito por suas criaturas! – então Satã me apareceu e disse: Vem, vem a mim; tens ambição no coração e poesia na alma, vem, que te mostrarei meu mundo, o reino que é meu."

O colosso desceu do Atlas, perdeu a soberba que o elevava acima de nossa espécie: atualmente é um filhote de homem, uma criança cheia de ilusões. Como faz parte do gênero humano, não pode ficar indiferente às surpresas preparadas por Satã; é sua própria danação que ele deve aprender com o diabo: "O mundo é o inferno" agora significa: és súdito de meu reino e te farei sofrer como todos os teus congêneres. Duas palavras, aliás, deixam claro que esse menino seduzido está bem próximo de Gustave: como ele, é poeta e ambicioso.** Não há dúvida de que Flaubert decidiu daná-lo *por suas virtudes*: ele sofreria em sua pureza conspurcada, em sua ambição frustrada. Em suma, o que se esboçava no início do versículo XXII era o cruel movimento da desilusão. O sujeito passa da fé ao desespero: não foi isso o que fizeram Djalioh e Mazza? A revelação do mal onipresente no mundo não será ao mesmo tempo o desvendamento de sua própria natureza subjetiva? Se a virtude não passa de aparência, ele não se enganava apenas em relação aos outros, mas também em relação a si

---

* Há outro: o texto já não é escrito na forma de versículos. Isso quer dizer que Flaubert se afasta da poesia.

** Cf. *Souvenirs*, p. 66: "Oh, meu Deus... por que me fizestes nascer com tanta ambição?".

mesmo: sua pureza não passava de aparência a dissimular um orgulho infernal. Está tudo pronto dessa vez para que as últimas palavras de Satã "reúnam todo um abismo de ceticismo e desespero".

Contudo, estas últimas palavras não serão escritas. Flaubert transcreve umas vinte linhas e depois abandona tudo. Isto porque dimensiona o abismo que separa esse Ego, mesmo enriquecido, de sua própria pessoa.

De fato, nos parágrafos anteriores, desenvolveu seu pensamento ora numa, ora noutra das duas direções opostas que sua intuição original esboçava.

Encontramos totalizações exteriores e abstratas como esta:
" – Como? Não crês em nada?
" – Não.
" – Na Glória?
" – Olha a inveja.
" – Na generosidade?
" – E a avareza.
" – Na liberdade?
" – Então não percebe o despotismo que faz o povo curvar a cabeça?
" – No amor?
" – E a prostituição?
" – Na imortalidade?
" – Em menos de um ano os vermes dilaceram um cadáver, depois é pó, depois nada; depois do nada... o nada, e isso é tudo o que resta dele."

Aqui, o diálogo ainda existe, mas reduzido à mais simples expressão. Pode-se em última análise discernir um embrião de temporalidade na sucessão de réplicas e, querendo-se, reconhecer na primeira voz a do crente e, na segunda, a do "espírito que sempre nega". Mas, na verdade, o que se faz é enumerar os bens deste mundo e mostrar em cada um o ácido secreto que o corrói. Mais "exteriores" ainda são as considerações sobre a miséria e a infelicidade, ou a alegoria do viajante perdido "dilacerado pelos tigres"; o jovem escritor se situa fora do mundo e aponta para as chagas deste. A conta é feita diante de nossos olhos sem contador, e o saldo é sempre negativo.

No entanto, em outros parágrafos, a totalização se desenvolve na interioridade, no tempo vivenciado de um sujeito, e se apresenta como a aventura de uma pessoa singular, inflexivelmente conduzida a desesperar pelo desenrolar da vida. Gustave hesita: escreverá na terceira pessoa, como na introdução, ou na primeira, como nos parágrafos que a seguem? Só tem certeza de uma coisa: primeira ou terceira, essa pessoa será ele. E, apesar da agressividade intemporal das máximas que insere na trama da obra, a introdução nos revela em termos precisos sua preferência pelas sínteses subjetivas: "logo fará um ano que o autor (desta obra) escreveu sua primeira página e depois esse trabalho penoso foi várias vezes rejeitado, várias vezes retomado... A cada vez que ocorria uma morte em sua alma... a cada vez... que algo de penoso e agitado ocorria por trás de sua vida exterior calma e tranquila, então, digo eu, ele lançava alguns gritos e derramava algumas lágrimas...". Sua tarefa, portanto, será mostrar a impessoal verdade através das dolorosas aventuras de uma pessoa, ou seja, pelo modo como uma alma se destruiu ao interiorizá-la pouco a pouco. Em suma, só se pode falar do mundo falando de si mesmo e, inversamente, só se pode falar de si falando do mundo. É que, entre este e o Ego, há reciprocidade de perspectiva. O Ego encontra seu destino no mundo, o mundo encontra sua unidade temporalizante de totalização no devir do Ego. O que Flaubert chama na época de "crença em nada" – o que quer dizer que ele *não crê em* nada e, ao mesmo tempo, que *crê* no nada como verdade universal –, para não ser ilusão e loucura, deve basear-se na realidade objetiva do Nada; mas, por outro lado, o Nada, como fundamento da realidade, só tomará consciência de si através dos tormentos de um sujeito que ele totaliza por meio da desilusão. Flaubert, na introdução de *Agonias*, põe a tônica no movimento interior, nos gritos, nas lágrimas. Mas, embora o sujeito fale de sua experiência, dessa morte que aos poucos se estende para sua alma inteira, a escrita deve ser como uma contabilidade em partidas dobradas, cada frase tem duplo sentido e duplo alcance, pois remete simultaneamente ao vivenciado e àquilo que se faz vivenciar. O sujeito então é um mártir, no pleno sentido do termo. Os tormentos do autor são testemunhos de que ele sabe nos convidar a generalizá-los: cada confissão do sujeito tem duas mãos; uma queixa de amor deve ser recebida pelo leitor como confidência individual, mas, assim que recebida, deve transformar-se em denúncia objetiva das taras do amor. O ideal seria que a subjetividade radical convidasse a apreender o mal sofrido por uma única pessoa como a mágoa de todas, ou seja, a passar espontaneamente para o campo da objetividade absoluta.

Nesse nível, convém que a confidência literária seja *construída*, que o escritor imagine incidentes singulares que tenham universalidade potencial, e que sua narrativa, mesmo permanecendo subjetiva, contenha os caminhos que nos levem inflexivelmente à objetividade. Essa construção Gustave descobre, por meio da reflexão, que é tarefa sua. Na verdade, veremos que é apenas uma de suas três dimensões. O que haverá de mais embriagador? Partir da experiência vivenciada e reconstruí-la por meio da arte de escrever, para que ela se transmude em generalidade no leitor, sem perder o áspero gosto singular, não é o que de melhor um artista pode se propor?

Mas, já sabemos, o universal singular pode corroer sua singularidade, incidir na universalidade pura, tornar-se máxima, axioma ou simples arroubo retórico. A conceitualização se fez às expensas do devir e da temporalização: o jovem autor lança-se à declamação sobre a miséria. Inversamente, a confidência pode permanecer subjetiva: ela retrata o indivíduo que fala, e não o mundo. Quando pretende "reunir todo um abismo de ceticismo e desespero", Gustave oferece a fórmula do universal singular: desespero e ceticismo são atitudes subjetivas, mas, ao defini-las como *abismo*, ele deseja dar ao leitor a vertigem na qual ele se abismará. Em compensação, quando, na mesma introdução, o autor se propõe dar-nos a ler "um imenso resumo de uma vida moral bem horrenda e tenebrosa", as próprias palavras que emprega levam a pressentir o risco de que essa vida continue sendo *a dele* e de que não nos ensine nada sobre a nossa:

§ I

Retomo, pois, este trabalho iniciado há dois anos, trabalho triste e demorado, símbolo da vida: tristeza e demora.

Por que o interrompi por tanto tempo? Por que tenho tanta aversão a realizá-lo? Sei lá!

§ II

Por que tudo me enfada neste mundo? etc.

§ IX

Enfado-me, queria estar morto, bêbado ou ser Deus para pregar peças...
Ó merda!

Esses três parágrafos – há muitos outros – estão entre os mais interessantes: de fato, o sujeito que fala é o próprio Gustave; ele nos confia sua particularidade e não nos dá meios de sair dela. Sem dúvida, no parágrafo I ele faz certo esforço para generalizar, mas *comparando* seu trabalho de escritor à vida. Comparação não é razão. E, quando se pergunta "Por que tenho tanta aversão (a trabalhar)?", ele nos apresenta uma determinação singular de sua "vivência", sem que haja possibilidade de nos reconhecermos nela, pois talvez escrevamos sem aversão ou simplesmente não escrevamos. E o parágrafo IX parece traduzir uma impressão imediata, jogada na mesma hora ao papel, em suma, a singularidade de um humor no que ele tem de menos transmissível. Em uma palavra, Flaubert, já aos dezesseis anos, concebeu a ideia *crítica* de construir um universal singular: páginas inteiras de *Agonias* o demonstram. Mas em muitas outras páginas o conteúdo tende a desvincular-se da forma e a apresentar-se, por meio da totalização objetiva, como pessimismo universal; e, em contrapartida, o vivenciado em sua idiossincrasia se insinua no "eu" do narrador, esse novo conteúdo transforma um testemunho universalizável num "grito", numa "lágrima" que não testemunham nada. Em suma, Gustave oscila sem cessar entre duas totalizações em exterioridade – uma que é puramente objetiva e se efetua por si mesma, outra que mantém em si o "eu", formal e rudimentar, do totalizador – e duas singularidades concretas – uma construída com vistas à comunicação, outra perfeitamente verdadeira, espontânea, mas que só designa o sujeito concreto. A tal ponto que ele se perde e larga tudo; como não ficaria chocado com a releitura, em vista da diversidade dos níveis em que se situa, da heterogeneidade dos "Egos" que nos falam: quando, por exemplo, interrompe o parágrafo XXV, não terá sido por descobrir que o "eu" concreto que dizia: "Enfado-me, gostaria de estar morto... Ó merda!" é irredutível ao sujeito abstrato que o diabo coxo leva a passear pela Europa? Não é a mesma pessoa que inclina o leitor a concluir e que entrega conclusões prontas, não é a mesma que *conhece* o mundo ou que se submete ao curso das coisas. Esse aspecto díspar o apavora. Na introdução, ao descrever sua obra, sem querer ele informa as razões que o levarão a abandoná-la: "...É menos que poesia, é prosa; menos que prosa, gritos; mas os há desafinados, agudos, penetrantes, surdos, sempre verdadeiros, raramente felizes. É uma obra bizarra e indefinível como máscaras grotescas que amedrontam". Em suma, ele se reprova por não ter atingido seu objetivo: a obra não pertence a gênero algum, carece de unidade, são gritos, lágrimas, "falsos" às vezes, mas "sempre verdadeiros".*[45] O "eu" que aí se expressa é ora abstrato, a ponto de esvanecer-se no universal, ora tão concreto que escapa a qualquer generalidade. Ora o movimento de temporalização é real, ora é simplesmente o da retórica ou da eloquência, ora se apaga de todo em proveito da máxima intemporal. Essas rupturas e mudanças de velocidade conferem à obra o caráter de "máscara grotesca". Isso "amedronta", mas, acima de tudo, Gustave está chocado com a falta de unidade. Está tão consciente de suas oscilações entre o exterior e o interior que decide de repente largar essa obra heteróclita a favor de uma *totalização na exterioridade*. De fato, menos de um mês depois de dedicar *Agonias* a Alfred, em 18 de maio de 1838, ele termina uma alegoria a que dá o nome de *Dança dos mortos*, da qual tenta banir confidências, alusões ao autor. Os personagens são abstratos e simbólicos: há o "Pobre", os "Danados", as "Almas que sobem ao céu", a "História". A alma que – por um momento, aliás – realiza em si o movimento da desilusão e do desespero é Cristo. A totalização efetua-se por meio de Satã e da morte. Ou melhor, há duas totalizações que se contradizem, pois a morte pretende sobreviver a Satã ("Quando este mundo não mais existir, poderás descansar como ele e dormir no vazio; e eu, que vivi tanto... será preciso durar"), e Satã, sobreviver à morte ("Morrerás, pois o mundo precisa acabar; tudo, exceto eu"). De qualquer maneira, o ponto de vista da exterioridade é explicitamente associado ao do *Outro*. Teoria e prática são uma e mesma coisa: não nos é dito que tudo – homem ou império – acaba por ruir no Nada, mas a morte fala e nos diz que mata; não nos

---

* A contradição é apenas aparente. Flaubert relaciona "falso" ao *conteúdo*; por "verdadeiros" ele entende "sinceros". Em breve ele se perguntará se não exagera suas infelicidades.

falam do mal radical como determinação do Ser, mostram-nos Satã "soltando... um riso de alegria e orgulho" que "se abate sobre a terra, estendendo sobre ela suas duas asas de morcego que a envolvem como mortalha negra". Se Flaubert gosta dessas figuras simbólicas, não é apenas porque seus diálogos, enfrentamentos e atos conservem a aparência de progressão temporal da totalização na exterioridade; é também, como sabemos, porque o mal radical não lhe aparece na simples forma do absurdo objetivo de nossa condição: ele vê nele o efeito de uma vontade maligna e inflexível que impõe os destinos para realizar no tempo a maldição original.

Está satisfeito? Não. Sem dúvida alguma, fez uma obra homogênea e mais eloquente que *Agonias*, só isso e mais nada. Mas, a despeito da presença de um Cristo coitadinho, faz falta o mártir. As alegorias podem agitar-se, vociferar; elas podem ser mostradas em ação, absortas em seu gigantesco trabalho de demolição: nunca substituirão o terráqueo cuja decepção progressiva realiza o mal como realidade vinda-a-ser. Por isso – depois de terminar *Ivre et mort*, sua última ficção* (que também tenta uma totalização pelo exterior) – ele retorna francamente à totalização na interioridade com *Memórias de um louco*: entendeu dessa vez e tenta conservar a unidade subjetiva descrevendo os progressos do desespero num sujeito concreto. Em suma, a partir de 1838, os dois tipos de síntese se isolam, e Flaubert oscila entre um e outro, não mais numa mesma obra – ainda que se encontre lirismo subjetivo em *Smarh* e máximas nas *Memórias* –, mas de uma obra à outra: depois de *A dança*, *Memórias*; depois de *Memórias*, *Smarh*, no qual encontramos todos os personagens simbólicos da *Dança*; depois de *Smarh*, *Novembro* e a primeira *Educação*; depois dessas obras "autobiográficas", a primeira *Tentação*, que totaliza o mundo na exterioridade. Tentaremos mostrar, em breve, que essas oscilações não traduzem apenas as hesitações do *artista* em Flaubert, mas correspondem a duas opções fundamentais do *homem*. Por ora seguiremos a linha "subjetivista" e veremos o que lhe ocorre em *Memórias de um louco*, primeira tentativa rigorosa de totalizar pelo interior.

---

* Pois *Funerais do doutor Mathurin* mal é uma ficção.

TOTALIZAÇÃO NA INTERIORIDADE

Essa obra – dirão – ele levou inteiramente a cabo: portanto, não sentiu aversão por ela. Não tenho tanta certeza. Para dizer a verdade, ela não parece nem acabada nem interrompida. Os capítulos XXII e XXIII, sem a menor dúvida, representam uma conclusão. Mas os anteriores – movimentos oratórios e máximas – parecem interpolados.

Gustave poderia acrescentar ou retirar dez: eles pouco se apoiam na história de seus amores; o desespero manifestado não é consequência do desaparecimento de Maria; as considerações sobre a arte, o infinito e a liberdade não têm, em suma, nenhuma relação com o restante das *Memórias*: parece que Flaubert se entregou ao trabalho para, apesar de tudo, terminar uma obra que algumas dificuldades internas o impediam de continuar. Aliás, cabe observar que ele quase parou no meio do caminho. No fim do capítulo IX ele nota:

"*Depois de três semanas de interrupção*.

"Estou tão cansado que sinto profunda aversão a continuar, depois de reler o que precede..."

É verdade que, retomando a pluma, ele acrescenta: "Aqui começam realmente as *Memórias*".

Ainda retomou o manuscrito e – como o deu a Alfred em janeiro de 1839 – *decidiu* que o terminara. Tentemos, porém, a partir da Correspondência e da dedicatória, estabelecer a atitude que ele adota em relação a essa obra.

Em junho de 1837, ele escreve a Ernest que se recusa a "analisar o coração humano para nele encontrar egoísmo e a compreender o mundo para nele só ver infelicidade". E acrescenta: "Oh, prefiro muito mais a poesia pura, os clamores da alma, os súbitos arroubos e, depois, os suspiros profundos...". Trocaria então toda a ciência "por dois versos de Lamartine ou de Victor Hugo". Se excetuarmos a curta missiva de 22 de setembro de 1837, nada mais há na Correspondência antes de 13 de setembro de 1838. Esse silêncio de catorze meses se explica em parte: os dois amigos viam-se quase todos os dias; quando as férias os separam, voltam a corresponder-se. Mas durante esses catorze meses Flaubert escreveu *Agonias* e *Memórias* – que se parecem bem pouco com *Meditações poéticas*. Em 13 de setembro, *Agonias* está abandonada há muito tempo. Mas não faz muito tempo que terminou

Memórias de um louco: decerto é o início do verão, pois ele escreve em 11 de outubro a Ernest: "Preguicei bastante nestas férias...".* Ora, o bilhete de 13 de setembro nos mostra Gustave exasperado e resmungão por trás de um estoicismo afetado e dado à grandiloquência. Responde agressivamente a Chevalier, quando este ousa dar-lhe uma opinião sobre Victor Hugo: "Tuas reflexões sobre V. Hugo são tão verdadeiras quanto são tuas", e termina com soberba: "Que me importa o mundo? Bem pouco me importunarei com ele, vou deixar-me levar pela corrente do coração e da imaginação, e, se gritarem alto demais, talvez me volte como Fócion, para dizer: que barulho é esse de gralhas?". Quem ler nas entrelinhas poderá encontrar o voo de orgulho que o empoleira nos cumes depois de cada ressentimento. Mas o que mais manifesta seu azedume e sua "maldade" são as novas preferências que ostenta: "De fato, estimo profundamente apenas dois homens, Rabelais e Byron, os únicos que escreveram com a intenção de prejudicar o gênero humano...". Ainda não se propõe adotar "a imensa posição deles *diante do*** o mundo"; como acabamos de ver, prefere dar-lhe as costas. Mas pensa nisso, como veremos em breve. O que nos interessa aqui é que ele não se sente bem dentro da própria pele, que sua irritação chega à exasperação: o mal-estar não tem outra origem senão o descontentamento consigo; significa que Gustave está descontente com as *Memórias*. Decepcionou-se consigo; terminado o trabalho, depois da releitura, deixa-o de lado, "preguiça", não escreve nem mais uma linha. Em meados de outubro Ernest, que está de partida para Paris, vai visitar os Flaubert e encontra Gustave na cama. Sobre essa doença ou esse mal-estar Gustave não diz nada, a não ser: "Juro que me vingo dessa brincadeira do céu que me deixou tão abestalhado". Restabelecido, não escreve mais. Em 30 de novembro, lemos: "Quanto a escrever, pouco ou nada escrevo, limito-me a construir planos, criar cenas, sonhar com situações desalinhavadas, imaginárias, para as quais me transporto e nas quais mergulho. Mundo esquisito essa minha cabeça!". É nessa mesma carta que declara: "Continuo sempre o mesmo, mais bufão que alegre, mais inchado que grande". Veremos adiante o sentido preciso dessa observação amarga: transcrevo-a aqui porque ela marca com clareza que sua exasperação do mês de setembro, apesar de voltada contra ele mesmo, não diminuiu.

---

* Quinta-feira, 11 de outubro de 1838: Ernest e Gustave ainda não se reencontraram.
** Grifo meu.

Durará até meados de dezembro, quando ele muda de repente de humor e se sente "no melhor estado do mundo"; é que finalmente acaba de interligar os devaneios e as ruminações de outubro e novembro: concebeu *Smarh*. Em suma, as *Memórias*, esboço de totalização na interioridade, foram seguidas por preguiça, morosidade e desânimo, que só largaram Gustave no dia em que ele se voltou inteiramente para um novo ensaio de totalização exterior.

No entanto, ele não renega inteiramente sua obra de 1838, pois em 4 de janeiro de 1839 a dedica a Le Poittevin. Convém refletir sobre essa dedicatória. Já nas primeiras linhas Flaubert escreve: "A ti, meu caro Alfred, estas páginas são dedicadas e *dadas*".* Gustave não se limita a registrar um nome como cabeçalho de sua obra: ele dá ao amigo – fato único em sua vida – o único manuscrito que possui e que – conforme testemunha Louis Le Poittevin – nunca voltou para suas mãos; depois da morte de Alfred, pelo menos, ele poderia tê-lo recuperado, no mínimo para mandar fazer uma cópia: nem pensou nisso. Não há presente mais completo: a obra só terá um leitor, seu dono, e poderá desaparecer com ele. Já em *Agonias* encontramos uma espécie de ensaio dessa generosidade insana: "Nunca (o autor) fez isso com a intenção de publicar mais tarde; pôs demasiada verdade e boa-fé na crença em nada para dizê-la aos homens. Ele o fez para mostrá-lo a um, a dois no máximo...".** Esse texto mostra claramente a ambivalência de Gustave no que se refere à publicação: de um lado, está a glória por conquistar, o que pressupõe grande número de leitores; de outro, aquela originalidade de *avis rara*, que o fez sofrer tanto e que ele vivencia ora com vergonha, ora com orgulho: aquela é preciso esconder a qualquer custo; o isolamento doméstico é acompanhado pelo isolamento literário. Portanto, se em 1839 ele *dá* as *Memórias* a "um único", é porque nelas pôs mais de si mesmo que em *Agonias*. No entanto, não escreveu *para* Alfred: já nas primeiras linhas, somos informados por um *Vous* [vós, os senhores] agressivo, que retorna incessantemente ao longo das páginas seguintes para depois se tornar mais raro, mas sem nunca desaparecer de todo, que o livro foi concebido para dirigir-se a um *público*. É o que ressalta, por exemplo, da última frase do capítulo I: "E os senhores leitores acabam talvez de casar-se ou de pagar suas dívidas?". Essa frase – como tantas outras

---

* Grifo meu.

** Alfred primeiro, Ernest talvez.

– não *pode* dirigir-se a Alfred. A única explicação para essa dupla atitude contraditória (escreve para todos, *dá* o manuscrito a uma só pessoa) é que a obra se transformou aos poucos e não é aquela que Gustave projetava fazer. Descontente, livra-se dela, e seu gesto liberal se assemelha, em certos aspectos, a um abandono de criança. Dá-la para sempre ao melhor amigo é melhor que rasgá-la: com um gesto de fidelidade, Flaubert oferece-se pessoalmente àquele que ele ainda ama acima de tudo*); mas essa oferenda é também um aniquilamento: leve embora minha cria e faça dela o que quiser, não posso eliminá-la nem ficar com ela.

A dedicatória informa o que ocorreu: nela Flaubert confessa não ter feito o que queria; a obra transformou-se sob sua pluma, compromete-o e revela-o a tal ponto que ele decidiu confiá-la como um segredo a seu único amigo: "Inicialmente quis fazer um romance intimista em que o ceticismo fosse levado aos últimos limites do desespero; mas aos poucos, escrevendo, a impressão pessoal transpareceu através da fábula".

Na verdade, já sabemos o que ele quer: a única coisa que, segundo crê, lhe impede de adequar-se rigorosamente ao próprio destino é sua "anomalia"; é ela que, com vigorosa recusa, lhe permitirá constituir--se *artista* no imaginário. Mas ao mesmo tempo tem vergonha dela: não passa de tara, de simples fissura em seu ser-burguês. Em relação à densidade ontológica da terrível família Flaubert, ele a vive como um menor-ser. Não quer recusá-la, pois ela deve servir de base para o desvendamento totalizador do "macrocosmo", nem assumi-la, pois ela lhe é censurada, e ele precisaria então aceitar a maldição paterna com todas as suas consequências. Com o aparecimento da reflexão, a escrita-saciação perde o caráter onírico e torna-se escrita-arrazoado: a totalização na interioridade absorve sua singularidade, que se universaliza, tornando-se a apercepção adequada da realidade. Em nome dessa apercepção, ele condena sua classe sem apelação: todo mundo tem consciência da impossibilidade de ser homem; ele chamará de burgueses os que evitam sistematicamente pensar nisso. Todas as dificuldades das obras "autobiográficas" decorrem desse posicionamento inicial que pretende dar ao homem universal, como seu imperativo

---

* No entanto, a dedicatória hostiliza – vimos acima: Alfred está em Paris; Gustave não pode suportar que ele se encontre com Ernest a sós: trata-se de um presente de rompimento.

genérico, a estreita "visão de mundo" do monstro incomparável que Gustave acredita, quer e não quer ser. Veremos como a transposição estética da anomalia exige e recusa ao mesmo tempo, em Gustave, um desenvolvimento do autoconhecimento.

Seu objetivo é erigir como imperativo categórico sua "crença em nada". Portanto, ele precisa mostrar a consunção de uma alma que parte da fé e, sob os golpes de desapontamentos sucessivos, chega ao ceticismo absoluto. Seu herói precisa lançar-se ingenuamente na vida, e cada um de seus ímpetos deve ser compensado com um rechaço. A experiência deve totalizar: a cada dia ele acredita ter chegado ao fundo e a cada dia seguinte sofre um pouco mais, a morte se espalha por sua alma, devastando regiões cada vez mais vastas. Em suma, é preciso substituir as repetições – que são a negação da história – por um processo orientado, ou seja, forjar uma subjetividade histórica que, ao mesmo tempo, seja particularizada pelos detalhes e se revele como *esse* universal: a história de toda subjetividade.

Portanto, ele *construirá*: é preciso individuar por meio dos detalhes, sob pena de ver-se em plena totalização do exterior; mas é preciso escolhê-los e trabalhá-los de tal modo que eles sejam veículos da universalidade. Isso significa que Gustave deve inventar *uma vida* – ou seja, uma temporalização subjetiva da desilusão – que seja *todas as vidas*. Seria preciso que ele pudesse dizer de seu "romance intimista" o que dirá mais tarde de *Madame Bovary*: "Tudo o que se inventa é verdadeiro, pode ter certeza. A poesia é algo tão preciso quanto a geometria. A indução equivale à dedução, e depois, quando chegamos a certo ponto, já não nos enganamos quanto a tudo o que diz respeito à alma. Minha pobre *Bovary* decerto está sofrendo e chorando em vinte aldeias da França ao mesmo tempo, neste exato momento".

Há, pois, segundo ele, um rigor da ficção que a torna profética. Será isso criar um "tipo"? Com certeza não: prova disso é que *Madame Bovary* permanece até o fim como indivíduo incomparável. Mas seu trabalho visa, justamente, a criar um *universal singular*. A singularidade começa por dar segurança ao leitor, depois o fascina até que ele, por fim, perceba tarde demais que ela continha o universal, e que esse destino que lhe contavam, apesar das inúmeras e irredutíveis diferenças, é seu próprio destino. Para obter esse resultado, adivinha-se o rigor da dosagem e até que ponto a particularidade do detalhe imaginado deve ser ao mesmo tempo resistente e solúvel. Isso Flaubert entendeu já em 1838: se falar de si mesmo e desvendar a proto-história que produziu nele o desespero como certeza subjetiva, eliminará a generalidade deste. O que provaria? Apenas que existe pelo menos *uma* vida infeliz, e que outras são *possíveis*; mas não o que quer demonstrar: "que o pior é sempre certo". Os erros de *Agonias* o ensinaram. Ali se via, por exemplo, o próprio autor, atormentado pela dúvida e pelo desejo de crer, indo finalmente procurar um padre cuja fealdade e glutonia o punham em fuga. Flaubert concluía: "Digam agora, de quem é a culpa? Vim aqui para esclarecer minhas dúvidas, e o homem que deveria me instruir eu achei bem ridículo. A culpa é minha, é...? Claro que não, pois entrei aqui com bons sentimentos. No entanto, também não é culpa desse pobre-coitado se o nariz dele é malfeito e se ele gosta de batatas; a culpa é toda de quem fez narizes aduncos e batatas". Essas poucas linhas provam a hesitação do autor diante da anedota que conta. A culpa não é minha, diz ele. Nem do padre. Bom: é preciso desistir de concluir. Trata-se de um acaso: outros acasos teriam sido possíveis, eis tudo. A menos que se decida tranquilamente que todos os padres são glutões de nariz curvo. Mas de repente o autor, recusando-se a aceitar a derrota, põe-se a generalizar: a culpa é de Deus (ou de Satã). Não nos convence e pouco se convence: pois Aquele (Deus, Diabo ou Natureza, o jovem não decide) que fez nariz tortos e gente gulosa também fez narizes retos e ascetas. Gustave *conheceu* esse sacerdote: admitimos isso e, como ele faz questão de acreditar, diremos que esse conhecimento funesto constitui seu infortúnio pessoal. Impossível concluir, como faz ele um pouco adiante: "Você espera que alguém o ajude. Mas ninguém virá. Oh! Não. E os tigres... o dilacerarão". Que lição ele tira desse fracasso? Que só a invenção minuciosa e a organização inflexível de uma vida fictícia possibilitarão transmitir verdades *a priori* sob o manto de uma falsa contingência.

O "romance intimista" é a forma escolhida. Não poderia encontrar melhor. Em 1838, tende-se a apresentá-lo como moda literária. Na verdade, é um gênero. *Le Colibri* publica em 16 de julho de 1837 um artigo sem assinatura em que se pode ler: "Segundo certos intrujões, o romance intimista é uma análise conscienciosa, minuciosa e microscopicamente detalhada de todos os movimentos do coração, uma fisiologia do pensamento; mas eles não se limitam à descoberta do sentimento: levam a exploração até a fisiologia do mobiliário. Daí decorrem... abundantes lágrimas derramadas sobre um pedaço de pão com geleia, adultérios que brotam de uma perna de carneiro cozida demais, separações causadas por maionese desandada".*

Apesar da ironia do panfletista, o gênero está perfeitamente definido, e de imediato entendemos o que leva Gustave a adotá-lo: depois de *A dança dos mortos*, ele se conformou com a totalização na interioridade. Mas capta melhor seu sentido: se o desespero há de ser uma realidade concreta, é preciso mostrar sua progressão através de encontros familiares e incidentes familiares. Nesse sentido *A derradeira hora* já se anunciava como "romance intimista", mas o herói era forçado ao suicídio por um acontecimento extraordinário: a morte prematura de sua irmã. Excesso de pompa ainda e excesso de tragédia exterior: afinal, a irmã podia não morrer, e seu óbito depende unicamente do capricho do autor. O que Flaubert deseja é, de fato, "derramar lágrimas sobre um pedaço de pão com geleia e arrancar adultérios de uma perna de carneiro cozida demais". Em outras palavras, se o Nada é a verdade de tudo, não é preciso que se revele através de grandes catástrofes – que também poderiam não ocorrer –, mas que seja captado na matéria das coisas mais insignificantes, portanto mais universais; é simplesmente o gosto do vivenciado enquanto tal. Flaubert, quando faz a barba, não consegue olhar-se no espelho sem rir: é isso o que se deve mostrar, pois todos os homens fazem a barba todos os dias. Só ficaremos convencidos se o autor nos mostrar nossa danação através da qualidade íntima de nossas sensações, do absurdo de nossos comportamentos mais elementares, da grotesca asneira das coisas ditas, sejam elas quais forem, ou seja, da linguagem.

Inventar uma sucessão regrada de cenas familiares nas quais os leitores possam reconhecer-se, que se dissolvam no espírito dele, deixando um gosto de nada, esse é o objetivo. Escusado dizer que Gustave ainda não é capaz de atingi-lo: falta-lhe o instrumento. Será por isso que, depois de setembro de 1838, quando deixou a obra para trás, nós o encontramos tão exasperado, tão acrimonioso, tão perdido? Qual a origem de seu desvario, do cruel sentimento de ter amargado um fracasso? Será por não ter encontrado a forma conveniente para a totalização na interioridade? Não acredito: a exigência de um escritor aprendiz não vai muito além das possibilidades dos instrumentos por

---

* *Apud* Jean Bruneau, *op. cit.*

ele mesmo forjados. É preciso procurar em outro lugar a causa profunda dessa primeira crise. Ele mesmo mostra o caminho no prefácio escrito posteriormente: "a impressão pessoal transparece através da fábula". Em outros termos, o romance intimista, construído para arrancar Gustave à sua anomalia, o mergulha nela e tende a converter-se em autobiografia.

Um adolescente, para fugir de sua particularidade, torna-se sujeito universal. Tem a ideia de escrever na primeira pessoa, precisamente pela razão (pressentida na introdução de *Agonias*, inteiramente desvendada nas últimas páginas de *Novembro*) de que o *Ele* singulariza: a terceira pessoa é o objeto de pesquisa, é vista, examinada, é o Outro para Outro que com seu olhar a reduz à idiossincrasia de exterioridade. O pequeno Flaubert é acima de tudo um *Ele* para si mesmo porque os outros se instalaram nele de imediato, e porque a linguagem deles nele o designa; sua anomalia lhe chegou pelos outros: *ele* é o idiota da família; um ceticismo integral reduz os ímpetos de sua subjetividade, tudo, até seu pensamento, à categoria de epifenômenos, simples consequências de condicionamentos objetivos. Curiosamente, o *Eu* o liberta: *sujeito*, ele pode pensar o universal e apreender-se como fonte original de suas afecções e de seus princípios. O *Eu* de Flaubert é uma conquista, porque ele se afirma como o espaço da experiência. É uma recusa a aprender-se pela mediação dos outros e a intenção fundamental de conservar um único elo com o exterior: o elo sintético entre microcosmo e macrocosmo. Assim, o Eu de *Agonias*, *Novembro* e *Memórias de um louco* é o momento da retomada de si mesmo. Havia o monstro, ele desabrocha em subjetividade generalizada. Ainda é preciso marcar os limites dessa transformação: diferentemente do "Eu penso" kantiano, o sujeito aí não se descobre como o princípio unificador da experiência; Gustave não muda nada em suas estruturas profundas; nesse nível, continua sendo o que sempre foi: uma atividade passiva. O monstro era objeto da família; o pseudossujeito torna-se objeto do cosmos: este – é a hipótese do Gênio Maligno – opta por se produzir em sua totalidade como determinações ligadas dessa subjetividade.

É a própria experiência que se unifica e se totaliza na intimidade de uma alma, e o sujeito assiste, em si mesmo, ao fluxo de sínteses passivas – ou seja, produzidas por uma *atividade-outra*. Pelo menos essa atividade nunca é mediada: o mundo *se faz sofrer* nessa subjetividade apreendida como meio universal até a conflagração final que destrói mutuamente microcosmo e macrocosmo.

Seja como for, o recurso ao Eu aparece, de saída, como uma tentativa de não-personalização do sujeito. Este só é qualificado pelo conteúdo que se unifica através dele, ou seja, pelo cosmos sofrido. Sem dúvida é preciso dar a essa totalidade uma *falsa particularidade*: com efeito, ela só pode temporalizar-se como *uma* história particular. Para tanto, serão usadas histórias disfarçadas. Mas, uma vez que estas precisam ser inventadas, o sujeito só se particulariza irrealizando-se. Já não se trata nem não pode tratar-se do eu (*moi*) do autor: Gustave não se entregou. Em compensação, está perfeitamente consciente de que atrai o leitor para uma cilada: este, para realizar as operações mais simples da leitura, é obrigado a identificar-se com aquele Eu, sujeito de todas as orações, e a tornar-se a alma ulcerada e consumida pela vida, que se transforma em cinzas no fim da totalização. Flaubert vinga-se: os outros, com aquele *Ele* que não pôde ser absorvido, o designavam como um monstro; com o Eu reflexivo, ele os obriga a autodesignarem-se e a descobrirem seu destino de danados. Ao construir seu romance, Gustave nos impinge sua "anomalia", com a condição de a transformarmos neste universal: a "condição humana". Pelo menos é o que ele deseja. Para azar dele, as coisas são feitas de tal modo que ele vai cair de cabeça na cilada que arma para seu público.

Para começar, se quiser fascinar seus leitores com esse Ego despersonalizado, manda a prudência que ele nunca se dirija a eles. Mas não se renuncia tão facilmente à espontaneidade. Desde que escreve, o jovem se deixa levar por raivas, indignações que o expressam *de verdade*: contra seu mal-estar, contra o ser-de-classe que o define a contragosto, ele se defende frequentemente com ímpetos oratórios. Com falsa agressividade, aponta o dedo para nós: "Os senhores que leem este livro..." e, no mais das vezes, é para nos injuriar ou nos acabrunhar de seu desprezo. As *Memórias* não são exceção à regra: já no começo, levamos uma bronca: "Quem é o senhor, leitor? Em que categoria se inclui? Na dos tolos ou na dos loucos?". De chofre nos vemos postos para fora, a ilusão desmorona: há *nós outros* e há *ele*. Não só para o público: sem perceber, Gustave passa do Eu (*Je*) formal a um eu (*Moi*) já personalizado; quando investe contra nós, é *ele* para si mesmo. Não ainda o Ego das profundezas, porém mais totalmente o sujeito universal; sua raiva o define confrontando-o: é um jovem burguês encolerizado. Encolerizado com os outros burgueses. Essa cólera é verdadeira, é singular; ele não a inventa, mas a vive e, nesse instante, contra todos, ele se faz ser Gustave Flaubert; a solidão o espreita, o "monstro" não está longe. Direi o mesmo dos "clamores da alma", das interjeições, interrogações veementes: todos esses movimentos de pluma levam o sujeito impessoal de volta à sua singularidade de autor. Assim o Eu do escritor e o Eu do personagem se separam, o escritor se revela como o Ego real do herói fictício.

Isso não seria nada. Mas ele só pode atingir seus objetivos dando as costas para a verdade de sua experiência e de sua vida. Na realidade, o que ele encontra em si não é uma lenta progressão da infelicidade, um acúmulo de desgostos, mas, ao contrário, um *a priori* afetivo que acompanha todas as suas percepções e altera de modo sistemático o sentido delas. Tão logo sente despontar um prazer ou um entusiasmo, ele profetiza que será decepcionado, criando a decepção por força de esperá-la. Nesse sentido, o movimento do vivenciado se dá às avessas do movimento que ele quer descrever. Faz tempo que a *Vanitas vanitatum* constitui o gabarito pré-fabricado que lhe permite decifrar o mundo. E é justamente o aparecimento tão precoce desse gabarito que constitui a anomalia por dissolver: o menino já "está sentido antes de ter sentido"; em outras palavras, a desilusão precede a ilusão e a impede de ocorrer, mas sem deixar de se dar como desilusão. Quando ele diz a Louise que muito jovem teve o pressentimento completo da vida, quer falar de uma intuição brusca, ofuscante; o desespero chegou de repente. Aliás, isso é confirmado por suas primeiras narrativas: Djalioh passa imediatamente da felicidade às agonias do ciúme; quanto a Mazza, a partida de Ernest arruína de repente suas esperanças e sua vida; ou melhor ainda: Garcia sempre foi infeliz e malvado; Marguerite, sempre condenada pela fealdade. Conhecemos os motivos que Flaubert tem para se projetar no outro como *desiludido de antemão*: com oito anos, para ele, tudo está determinado; o desespero já está lá, com suas duas faces: a que se volta para o exterior, a *crença em nada*, e a que assume e interioriza a maldição paterna, a *aversão por si mesmo*. A vida do colégio reforçou essas disposições, não as criou. Na verdade, o pessimismo de Gustave não é produto de sua história, mas de sua *proto-história*: ele aparece por volta dos oito anos não como totalização do cosmos, mas como totalização de sua vida familiar e das consequências que esta teve em relação a seu caráter: por exemplo, as atenções maternas, desde o primeiro ano de vida, constituíram-no como atividade passiva, e esta, já de início, contém implicitamente uma falta de apetite que se explicitará cedo como fastio de viver*, tédio, "crença em nada".** Assim Gustave é *feito*, mas não por uma experiência consciente, e sim por um conjunto de processos que precedem e condicionam a experiência.

Mesmo que feita *a priori*, a afirmação do nada deve temporalizar--se. Em *Agonias,* ele se surpreende a ruminar sonhos de glória e logo se censura: "(É) uma mentira. Tola espécie essa nossa". A recusa precede o desejo, mas este é necessário para que aquela se manifeste como inibição. Cada experiência nova comporta, por si mesma, um mínimo de fé e esperança que o princípio negativo vem destruir na casca. Flaubert, a propósito das "ideias", deu uma boa descrição de seu comportamento: "De início a gente adota as coisas com entusiasmo, depois pensa, duvida e fica por isso mesmo".*** É escusado dizer que essas reações são próprias dele: outros adotam as ideias e se mantêm nelas; para outros a dúvida precede e fundamenta a convicção; outros, por fim, são agnósticos por constituição e dificilmente aderem às suas opiniões antes de as submeterem à contestação. Para Flaubert, é claro, preexiste a dúvida, não formulada, mas consciente; é *contra ele* que as pessoas se põem a crer, na esperança de que o *gesto* apaixonado da fé poderá desarmá-lo. Mas não: esse entusiasmo não leva a nada, o adolescente sabe que está vencido por antecipação; prova disso é essa máxima que prevê a trajetória de seu pensamento. Em outros termos, em Flaubert a fé encena a vivacidade para mascarar sua verdadeira natureza: na verdade, é uma atitude derrotista e que se conhece como tal. Essa temporalização prevista, destino colhido num momento, caracteriza todos os movimentos de sua alma. Por exemplo, seus raros instantes de felicidade. Há gente feita de molde a ficar com medo quando se sente feliz. Essas pessoas dizem: "Isso prova que o pior vai me acontecer". Com isso, dão-se razão: a alegria transforma-se em angústia. Flaubert é um desses: com quinze anos, não pode abster-se de acordar feliz; mas, como o pior é sempre certo, esse prazer não passa de brincadeira de mau gosto do Gênio Maligno. Nem bem foi sentido, já está arruinado. Pelo menos é preciso senti-lo antes. Em outras palavras, embora nesses anos o movimento geral de sua vida seja a

---

* "Nasci com desejo de morrer."
** O gosto de viver baseia-se no desenvolvimento proto-histórico da atividade (ou da agressividade).
*** *Souvenirs*, p. 96.

pura e simples repetição – o que equivale a uma permanência –, cada figura singular do vivenciado se temporaliza: a novidade empírica – *a posteriori* – ressuscita a negação *a priori* em cada caso; o que é dado antes da experiência só se concretiza durante a experiência. Gustave, em certo sentido, não se engana: o gosto de nada lhe é dado desde o início do processo como o sentido final da temporalização. Por outro lado, essa inversão aparente dos termos (o aparecimento do *a posteriori* antes da concretização do *a priori*) está na origem de sua concepção do romance intimista: neste, a experiência é dada de início; amizade, amor e glória manifestam-se como fascinantes realidades. E são essas joias brilhantes que, por si mesmas, se convertem em folhas mortas para, de decepção em decepção, produzirem a dúvida universal como totalização da experiência na subjetividade generalizada.

Portanto, quando começa *Memórias de um louco*, Gustave está numa encruzilhada: ou escreverá de verdade o romance intimista que tem na cabeça e mostrará a ascensão inflexível do desespero numa alma que toma consciência da condição humana, ou descreverá como pré-concepção permanente aquilo que o romance intimista pretende dar como último resultado de uma vida. No primeiro caso, a verdade o incomodará sem cessar: ela estrutura o imaginário que visa a superá-la, ele dificilmente se encontrará no menino cheio de ilusões (ele totaliza *todas* as ilusões possíveis porque, no momento da morte, precisará totalizar *todas* as desilusões) que, em virtude do tema principal de seu livro, ele precisa construir já nas primeiras páginas. Em outras palavras, o imaginário já não é transposição mítica, passa a ser mentira sistemática. E o sujeito já não é um Alter Ego do autor, ele é francamente sua negação. Mas, embora opte por dizer o que é – ainda que no movimento de uma totalização estética –, ele não faz outra coisa senão revelar a todos a anomalia que quer esconder. Quem escreve "Nasci com desejo de morrer", não é a condição humana que ele aponta, é o seu condicionamento pessoal. Pois ele sabe muito bem – e como! – que o desejo de morte costuma ser compensado por pulsões violentas que nos impelem a viver. De uma só vez ele deixa entrever o *monstro* e perde toda e qualquer possibilidade de generalizar. Faz o contrário do que quer: pretende subtrair-se à sua facticidade e nos prender na armadilha, e recai em suas cadeias e nos liberta ao mostrar-se.

Entre essas duas possibilidades Gustave não escolhe. Tratava-se de pôr o desespero no fim (romance intimista) ou no começo (estudo sobre si mesmo). Ora, em *Memórias*, ele se enreda e o põe nas duas pontas: é um *a priori* e é uma conclusão. No capítulo II, escreve: "Minha vida não é feita de fatos; minha vida é um pensamento... Oh! Como foi longo esse pensamento! Tal como uma hidra ele me devora em todas as suas faces. Pensamento de luto e amargura, pensamento de bufão que chora, pensamento de filósofo que medita". Leia-se: não é a experiência que produz esse pensamento, é esse pensamento pré-fabricado que devora a vida. Um pensamento: desencanto, pressentimento completo da existência, percepção intuitiva de nossa danação, enfim contradição ao ser burguês e recusa burguesa à burguesia. É o "louco" que fala e ora maldiz os filisteus, seus leitores, ora se oferece ao riso deles por masoquismo, ora tenta apiedá-los. E, como não pode nem quer procurar as razões profundas de sua hipocondria, ele nos obriga a considerá-la congênita. Que razão teríamos para nos identificar com esse garoto desmoralizado de nascença? Os jogos estão feitos por antecipação, o "pensamento" corrói a vida já de saída. Com isso, a *historicidade* de Flaubert é negada, o romance desaba.

Mas, no mesmo capítulo, logo depois do parágrafo que acabamos de citar, o autor retoma a narração *histórica*: "Oh! Como minha infância foi sonhadora... Eu era alegre e sorridente, amante da vida e de minha mãe. Pobre mãe!". Aqui a ficção se mistura à lembrança: Flaubert finge que sua mãe morreu. Provavelmente se trata de uma reminiscência de *A derradeira hora* em que o herói acabava de perder uma irmã adorada e revia sua vida inteira à luz negra desse luto. Mas é significativo que esse tema, em *Memórias de um louco*, não tenha sido desenvolvido – salvo na narrativa de um pesadelo em que o autor vê a mãe afogar-se diante de seus olhos. Esse motivo abortado nos revela em Gustave uma contradição impressionante: ele ainda tem a intenção de inventar, mas, ao mesmo tempo, repugna-lhe construir. O desaparecimento da mãe – concebido no contexto do romance intimista como um acontecimento banal e trágico que podia dar ao herói uma primeira intuição da morte – é precisamente posto de lado *por ser um acontecimento*, e porque as primeiras relações de Gustave com a morte são muito anteriores e de outra natureza. No entanto, a progressão negativa é esboçada pela primeira vez: "Criança, eu gostava do que se vê; adolescente, do que se sente; adulto, não gosto de mais nada". Mas, no momento em que acreditamos que vai apresentar as razões profundas dessa involução, Flaubert dá uma guinada, e o desespero reaparece como seu quinhão individual: "Por que, tão jovem, tanta

VII. Do poeta ao artista 1519

amargura? Como saber? Talvez fosse meu destino viver assim, cansado antes de carregar o fardo, ofegante antes de correr".

Essa frase dá mostras de rara lucidez: impossível expressar melhor que o pessimismo de Flaubert é um *a priori*. Dessa vez, quem fala é Gustave – e fala *de si*: expressa liricamente seu estupor diante de si mesmo, de seu "estranhamento". Já não há romance: o monstro, exausto, se confessa. Mas é para desaparecer logo e ceder lugar a uma primeira totalização: escreveu, mas, *descobrindo* que as palavras o traem, meditou, mas, *reconhecendo* a vanidade do conhecimento, chegou ao ponto de duvidar de Deus, hesitou antes de "abraçar essa fé no nada", depois se lançou no abismo para rolar "num vazio incomensurável". E, como se um não implicasse o outro de antemão, da dúvida sobre Deus ele passa à "dúvida sobre a virtude". Esse breve inventário, aliás, só tem aparência de totalização na interioridade: na verdade passamos em revista *a partir de fora* – como logo fará o doutor Mathurin – os grandes valores aos quais o homem, "pobre inseto de frágeis patas, quer segurar-se": Arte, Ciência, Religião, Virtude. Flaubert, aliás, está consciente disso, pois escreve: "Eu lhes contarei mais tarde todas as fases desta vida tristonha e meditativa... vocês conhecerão as aventuras desta vida tão pacata e banal, tão cheia de sentimentos, tão vazia de fatos. E me dirão em seguida se tudo não passa de derrisão e zombaria". *Mais tarde*: portanto, ele sabe que não *está contando*, que está resumindo; e volta à ideia de realizar diante de nós, em detalhes, uma totalização na interioridade, ou seja, contar *a história* de uma vida. O capítulo para aí: o autor não deixou de oscilar entre a ideia de que o desespero é sua singularidade e a ideia de que sua experiência tem valor universal, entre a recusa à história em nome de sua própria permanência e a historicidade – como construção edificante. Curiosamente, é no anti-historicismo que o autor se revela; é na narrativa e na temporalização que ele se irrealiza e oculta de si mesmo a sua singularidade.

No entanto, de certa maneira, alguns poderosíssimos motivos o inclinam *a contar-se*. Não há dúvida de que, em *Memórias de um louco*, ele foi tentado a totalizar sua própria memória e recompor sua vida passada. Esse desejo não o abandonará durante muito tempo: em *Souvenirs*, em 21 de maio de 1841, ele escreve: "(A época do colégio) foi um tempo de inconcebível tédio e de tristeza estúpida misturada a espasmos de bufonaria; escreverei essa história algum dia, pois estou ávido de me contar a mim mesmo; tudo o que faço é para me dar prazer". É o que ele tentará de novo em *Novembro*. Mas sem maior sucesso, pois declara mais de uma vez a Louise Colet que desejaria escrever sua vida dos sete aos 25 anos. Assim, o uso do *Eu* implica, no âmbito da impessoalidade subjetiva, a tentação permanente de personalizar a narrativa. Mas por quê? Por gosto pela verdade? E haverá tanto prazer em descrever "o tédio, a tristeza estúpida e os espasmos da bufonaria"? Na verdade, o verdadeiro motivo é o rancor. Garcia, Marguerite, Djalioh, Mazza são aquilo que os outros lhes fizeram: não estavam destinados em si mesmos pela infelicidade e pela maldade; foram transformados pela maldição original, pelo desprezo, pelos sarcasmos e pela injustiça. Narrar-se, para Gustave, é enumerar os sofrimentos e acusar seus carrascos.

É que há duas táticas para dissolver *a anomalia*: uma, como vimos, é apresentá-la no imaginário como a condição humana, e generalizá-la infectando o leitor. A outra é fazer dela um simples produto da crueldade dos outros, em suma, lançar toda a responsabilidade sobre pessoas bem-definidas. A autobiografia que tenta o jovem Gustave é uma exposição de amargura. Já no capítulo III instaura-se uma nova narrativa; o autor tem dez anos, entra no colégio, primeira decepção: "tinha sido rebaixado ao nível mais inferior pela (sua) própria superioridade". Mas, é bom ter cuidado: Flaubert tem medo, sabe que está a descoberto. Não esperemos dele a ousadia de descrever a verdadeira anomalia que o define já na primeira infância nem de dar nome aos verdadeiros responsáveis, seus pais. Já não se trata de Garcia, o invejoso, de Mazza, a criminosa, nem da hedionda Marguerite. Como diz "Eu", o autor permanece na superfície de si mesmo: não veremos aquele mártir odiento, o idiota da família, mas um ser "superior", um adolescente desesperado. Secura, tédio, desolação: essas qualidades negativas têm a função de *indicar* a monstruosidade assim como um alfaiate discreto indica a moda para cavalheiros maduros sem se dobrar a ela. "Eu era bom então... agora tenho o coração ressequido, as lágrimas secaram. Mas ai daqueles que me tornaram corrompido e malvado, de bom e puro que eu era." Aqueles de que ele fala são seus colegas e seus professores. "Entrei no colégio com dez anos de idade e bem cedo ali contraí profunda aversão pelos homens." Ele repete no capítulo V: "O colégio me era antipático. Seria interessante o estudo da profunda aversão que as almas nobres e elevadas manifestam imediatamente após o contato e o atrito com os homens".

VII. Do poeta ao artista

Como se vê, temos uma *história*, um acontecimento que temporaliza, o encontro prenhe de consequências entre o herói e a sociedade. Dessa vez não há por que se admirar diante do "pensamento" que corrói a vida do narrador; sabemos como ele lhe chegou: por meio do trato com os homens, a partir dos dez anos. Essa explicação está à altura do modo de ver de Gustave: é totalizadora, pois o gênero humano está inteiramente implicado nesse caso doloroso; ao mesmo tempo, ela reduz a anomalia original a uma simples superioridade: o menino era simplesmente melhor e mais sensível; caiu de mais alto, só isso, e alguma coisa nele se quebrou. Diremos que mente? Claro que não: em primeiro lugar, é verdade realmente que Gustave sofreu no colégio. Além disso, *saberá ele* que suas infelicidades têm origem mais remota? Que essa pretensa "superioridade" não passava de tensa defesa contra um profundo sentimento de inferioridade? Não há dúvida alguma, em todo caso, de que o medo o retém: durante todo esse período as reminiscências do colégio funcionam como lembranças encobridoras e possibilitam uma transferência de responsabilidades.

No entanto, a narrativa está em contradição formal com o "romance intimista". O propósito deste é encarnar a condição humana num sujeito; aquela, ao contrário, tem em vista colocar o narrador acima de sua espécie. Donde dois tipos de narração que se chocam. No primeiro, insincero, mas não fictício, Gustave, por cólera e vergonha, atribui sua infelicidade à maldade dos outros. No segundo, que é forjado, ele explica seu desespero por meio da fraqueza humana: "Li, estudei no ardor do entusiasmo, escrevi... Aí também decepção... Cansado da poesia, lancei-me no campo da meditação... E fui tomado pela exaustão, cheguei a duvidar de tudo..." etc. Como se vê, o que está em causa é a natureza humana. Nele e fora dele. Curiosamente, aliás, é preciso ver antes dessa narrativa – que deve mostrar as etapas sucessivas de seu calvário – uma máxima geral que as resume *no intemporal*: "Homem, pobre inseto de frágeis patas que à beira do abismo quer se segurar a todos os ramos, que se apega à virtude, ao amor..., à ambição..., que se agarra a Deus e sempre solta as mãos e cai". Basta comparar essas linhas às do parágrafo seguinte: "...Cheguei a duvidar de tudo... da vida, do amor, da glória, de Deus... No entanto, senti um horror natural antes de abraçar essa fé no nada; à beira do abismo, fechei os olhos; caí", para percebermos que o *Eu* só é introduzido para dar aparência de temporalidade ao universal.

Seja como for, a tímida veleidade de narrar-se, opondo-se à sucessão fictícia que tem o objetivo de temporalizar o intemporal, provoca no mesmo capítulo o aparecimento de dois Egos contraditórios, um dos quais deve sua infelicidade à baixeza dos outros, e o outro, à natureza humana em geral. Aquele é profundamente condicionado pelas ações concretas de indivíduos bem particulares, ao passo que este nada mais é que o ambiente da subjetividade e só se determina pelas relações imediatas entre microcosmo e cosmos.

Se a oposição entre esses dois *eus* não impressiona de início, é porque a verdadeira história, amedrontada diante de si mesma, assim que aparece se dissimula sob o véu das generalizações. A infelicidade do aluno Flaubert, de repente, perde a sua dura realidade: "Seria interessante o estudo da profunda aversão que as almas nobres e elevadas..." etc. Em suma, trata-se apenas de um *exemplo*; o conceito ficou atrás. A maldade *prática* das pessoas singulares apaga-se: fica um contato que provoca uma reação universal nas "almas nobres", que de repente representam a subjetividade ideal. Essa passagem ao *eidos* nos engana e tende a nos levar a crer que os dois sujeitos são apenas um. Na verdade confundimos a fuga da idiossincrasia temporalizada para a ideia e a historialização fictícia de um conceito atemporal.

E Gustave? Não resta a menor dúvida de que ele faz a mesma confusão, com má-fé. Esse adolescente considera-se ao mesmo tempo histórico e eterno. Isto porque ele está na idade em que ninguém tem história. Sem dúvida, foi lançado pelo nascimento numa aventura singular que deve terminar com a morte, cujo estilo e figura foram modelados nos primeiros anos. Mas, se fica na superfície, precisa reconhecer *que nada lhe acontece*, que sua vida – no colégio e no Hospital Central – é uma "existência calma e tranquila". E acrescenta: "Sou jovem, não tenho rugas no rosto nem paixões no coração... Mal vivi... não conheci o mundo... Não entrei, como se diz, na sociedade... minha vida não são fatos... minha vida é um pensamento". Isso significa que pode confundir, sem dificuldade, a indeterminação superficial de uma existência sem história com a determinação de universalidade. Quando olha ao redor de si e em si, o que encontra? O eterno retorno dos trabalhos e dos dias. Mas seus trabalhos nada mais são que o trato com as ideias, ou seja, a interiorização de uma forma abstrata e quintessenciada da cultura. Ele não precisa reproduzir sua vida – outros se encarregam disso por ele. Não conhece paixões em si, precisamente por nada mais ser que uma terrível paixão oculta. Em suma, é um *jovem burguês*: isso quer dizer que sua realidade social (sem necessidades, mantido pelo pai) e sua realidade profunda (estruturada pelas estruturas particulares e gerais de sua família) são *latentes*; na superfície, por outro lado, ele é tudo e não é nada, toma-se por inteligente e, bocejando, joga com as teorias dos outros e as considera movimentos de seu próprio pensamento. Em 1842, em Novembro, escreverá a seguinte frase, resumo daquilo que considera a verdade de seu ser há pelo menos cinco anos: "Portanto, eu era aquilo que são todos vocês, certo homem que vive, dorme, come, bebe, chora, ri, bem fechado em si mesmo e encontrando em si, em todos os lugares para os quais se transporta, as mesmas ruínas de esperanças... as mesmas trilhas mil vezes percorridas, as mesmas profundidades inexploradas, assustadoras e enfadonhas". Nessas poucas linhas encontramos todo o seu programa; antes de tudo, generalizar: "Eu era o que todos vocês são". Mas, nessa definição de "*certo* homem" parecido com todos, percebe-se o que falta: tanto a necessidade* e o trabalho quanto a sombria ambição. Ele descreve um filho de boa família quando acredita falar do homem em geral: o erro é tomar pelo universal o que é apenas abstrato por não ter sido ainda explicitamente determinado. Com isso, atribui a todos os membros da espécie humana o seu próprio desespero que, aliás, ele não hesita em definir mais como repetição do que como progresso: as mesmas trilhas percorridas mil vezes simbolizam a monotonia de suas ruminações. É de se notar a habilidade das últimas palavras da enumeração: o monstro está lá, agachado nas profundezas "assustadoras" de sua alma. Mas, embora reconheça honestamente que não quer explorá-las, dá um jeito de nos levar a admitir que somos todos monstros na profundidade. Os abismos são comuns, comum também a recusa à autoanálise. A própria idiossincrasia ele impinge à espécie e generaliza sem querer aprofundar. Nada do que diz é falso: ou melhor, tudo está dito. Exceto que ele não vê que sua indeterminação real – tanto quanto suas infraestruturas – é uma determinação particularizante. Assim, a realidade cotidiana, suportada com passividade e intencionalmente vivenciada, representa o ambiente permanente no qual a singularidade do Ego histórico e a universalidade do *Eu* da subjetividade substituem-se mutuamente sem cessar e se fazem tomar uma pela outra. De modo

---

* Ele "dorme... come... bebe...". Mas seus comportamentos dissimulam a fome, a sede e o cansaço, prevenindo-os.

que Flaubert pode dizer no mesmo parágrafo: eis o que me fizeram e eis como uma alma nobre vive a condição humana. Essas substituições perpétuas, porém, são efeito e causa de um mal-estar que se acentua de página em página. Prova disso é que, subitamente, a narração (inautêntica, mas verídica em certo sentido) dá uma guinada. Os capítulos VI e VII são totalizações na exterioridade ou, mais simplesmente, tiradas sem vínculo com a história que nos era contada: "Quando terminará afinal essa sociedade abastardada por todas essas devassidões...?" Nada há de autêntico nessa frase: quanto à devassidão, o jovem Gustave dá mostras de que não a detesta; sabe muito bem, em todo caso, que, se a sociedade burguesa lhe repugna, é pelo utilitarismo puritano, e não por suas orgias. Mas eis que o capítulo VIII, sem transição, revela-nos o próprio Gustave: "E há dias em que tenho uma exaustão imensa, e um tédio sombrio me envolve como uma mortalha em todos os lugares aonde eu vá". A Correspondência e os *Souvenirs* confirmam isso: essa observação é *verdadeira*. E Gustave a quis como tal, a ponto de renunciar às costumeiras hipérboles: essa melancolia, conforme explica, não é constante; acabrunha-o em alguns dias; em outros seu humor é menos sombrio e, quem sabe, até alegre às vezes. Ao lado de grandes movimentos oratórios, esse capítulo contém anotações preciosas sobre os sentimentos do adolescente. Qual a origem disso? Parece que aqui, pela primeira vez, "a alma movimenta a pluma". O que ele nos apresenta não é uma evolução nem a eternidade de um conceito, mas simplesmente o presente. Parece que, de repente, o autor já não consegue resistir ao desejo lírico de *lamentar-se*. De qualquer maneira, essas frases lhe escapam porque ele sente a súbita vontade de escapar ao seu "estranhamento" demasiado subjetivo, à sua ruminação silenciosa, para "deitar-se no papel" e ver-se de frente. Não que ele queira conhecer suas penas pelas causas. Deseja simplesmente dar-lhes a objetividade da coisa escrita. Mas de repente o monstro reaparece: "Tão logo vi a vida houve um imenso fastio em minha alma... Sim, estou morrendo, pois será vida contemplar o passado como água que correu para o mar, o presente como uma gaiola, o futuro como uma mortalha?". O próprio Flaubert se põe contra a parede: é preciso renunciar a escrever ou a explicar esse imenso fastio *prematuro* que sua existência "calma e tranquila" é incapaz de justificar. Em suma, esse lamento lírico, esse "momento de verdade" coage o autor a rejeitar o Ego da ficção e o da insinceridade para se lançar na empreitada perigosa de *conhecer-se*, ou seja, de explorar suas "profundezas assustadoras".

Isso ele não quer de modo algum. E eis que, no capítulo IX, recomeça a evocar lembranças: "Há coisas insignificantes que me impressionaram fortemente". Descreve uma "espécie de castelo" e a velha que nele morava, para terminar com as seguintes palavras: "Há quanto tempo tudo isso! A dona morreu... o castelo funciona como fábrica".

É girar em círculos: o castelo e a velha morta nada mais fazem que ilustrar com um exemplo o "transcurso do passado" do qual ele se lamentava na página anterior. Sente que está patinhando, boceja, enfada-se a escrever e, por conseguinte, a viver. Já não entende sua iniciativa: esse "romance intimista" entrega-o demais e de menos; o *Eu* sujeito é ora ele mesmo, ora outro. Ele advinha que precisa escolher: escapar da anomalia atribuindo-se um Ego irreal ou tentar dissolvê-la com aquilo que cabe chamar de autoanálise. Mas não pode nem quer decidir: no momento, forjar-se o atordoa, aprofundar-se o apavora. Abandona o manuscrito e, depois de três semanas, o relê com aversão. Vai rasgá-lo? Não. Encontra uma saída, decide relatar um episódio real de sua vida, seu amor por Élisa Schlésinger, que ele conheceu durante o verão de 1836 ou, mais provavelmente, durante o verão de 1837. Tudo mudou, como se pode ver: já não se trata de totalizar uma existência por meio da memória, mas de evocar um conjunto preciso e datado de lembranças. E esse conjunto o jovem autor já não vai buscar na primeira infância, mas sim no passado mais recente: escreve aos dezesseis anos, e seu primeiro encontro com a sra. Schlésinger ocorreu quando ele tinha catorze, ou melhor, quinze anos.*

Caberá dizer que as *Memórias de um louco* deveriam, já em sua concepção, comportar o episódio de Trouville? Tudo indica que não. Em primeiro lugar, ele contraria o propósito principal: como é preciso duvidar de tudo, o amor, tal como a virtude, deveria não passar de um nada. Ora, o jovem autor não fala sem prazer de sua afeição; ao contrário, ele dá destaque à sua força e à sua pureza. Então, consegue amar? Onde estaria a secura de coração em tudo isso? Onde o ceticismo e o tédio? Decerto seu sentimento não é correspondido.

---

* Gérard-Gailly acredita que o encontro ocorreu em 1836. Sergio Cigada situa o encontro em 1837. Pessoalmente, eu me inclinaria a aceitar esta solução. O "Voltei a isso dois anos depois" não é nada conclusivo – pois de qualquer maneira ele contradiz o "Eu tinha quinze anos então". Se a viu em 1836, Flaubert só tinha catorze anos.

Mas ele se queixa tanto assim? Em todo caso, essa aventura amorosa e melancólica nada tem que justifique um pessimismo absoluto. Ele sabe disso tão bem que conclui a história com as seguintes palavras: "Adeus! No entanto, quando te vi, se tivesse quatro anos a mais e fosse mais ousado... talvez... Oh! Não, eu enrubescia a cada vez que me olhavas. Adeus!". Em outros termos, se o seu amor não foi feliz, isso se deveu à sua excessiva juventude e timidez. Há aí apenas duas razões casuais: só a diferença de idade conta de fato. Se fosse mais velho, teria sido mais ousado; até parece acreditar, ao interpretar não sei qual atitude de Maria, que, se pelo menos tivesse ousado, ela não o teria tratado mal. Será possível basear-se nessa falta de sorte para afirmar que o amor correspondido não é possível? Ao enunciar mais tarde esse axioma, Flaubert o apoiará com mais solidez e se esforçará por mostrar que, num casal, os amantes nunca se amam com o mesmo amor ao mesmo tempo. Em *Memórias de um louco*, não há nada disso. Por certo há uma queda: Gustave, voltando a Rouen, perde a virgindade com uma camareira. Por isso se recrimina asperamente e chega até a censurar-se por ter seduzido sistematicamente aquela pessoa tão afável. "Quase todos (os outros homens) obedeceram como o cão ao instinto da natureza; mas há bem mais degradação em fazê-lo com calculismo, em excitar-se com a corrupção, em ir jogar-se nos braços de uma mulher... para se levantar e mostrar sua sujeira." Mas confessa em termos pomposos e mais claros que se livrou da virgindade por orgulho, para imitar os colegas mais velhos e mais espertos: "Como que por dever eu tinha caído no vício e depois me gabava. Tinha quinze anos, falava de mulheres e amantes". Não há nada de muito glorioso para um burguês em deitar-se com uma doméstica ou uma prostituta para entrar no círculo dos "libertos", mas também nada de muito culposo. De resto, será que ele tem tantos remorsos? Não, porque um ano depois, ao voltar a Trouville, onde Maria já não está, ele rememora essa lembrança e começa a "amá-la realmente". Se tivesse sentido culpa em relação a ela, ele a teria perdido ou pelo menos não a teria "reencontrado" com a mesma tranquila espontaneidade. Só se recrimina com tanta veemência para reintroduzir o tema da fraqueza humana e da vanidade de todas as coisas. Mas a conclusão não se ajusta bem às premissas, e Flaubert sabe disso perfeitamente, pois escreve: "Querido anjo de minha juventude, tu que eu vi no frescor de meus sentimentos, tu que amei com um amor tão doce, tão cheio de perfumes, de ternos devaneios...". Apesar de tudo, isso é dar à aventura um fim muito otimista: tudo ocorreu no espírito do jovem;

mas é exatamente isso que o entusiasma: "Ah! minha alma delicia-se com todas as loucuras que meu amor inventa". Será mesmo infernal esse mundo onde pelo menos se pode amar? Não, a crer-se no capítulo XXII do qual foram tiradas essas citações; sim, se nos fiarmos no capítulo XXIII e no último, em que o autor, esquecendo Maria, retorna ao tom das primeiras páginas.

Aliás, se desde a *concepção* tivesse decidido expressamente pôr a narrativa de seu primeiro amor no centro de suas *Memórias*, Gustave teria posto *antes* do episódio de Maria o fragmento – escrito anteriormente – que conta o "terno sentimento mesclado de parvoíce" que sentiu por volta dos catorze anos por uma jovem inglesa. Tanto porque os acontecimentos relatados precederam o encontro de Trouville quanto porque esse namorico sem importância não sobreviveu àquele encontro. Se interrompe desajeitadamente o fio da narrativa para nele introduzir essas poucas páginas, é porque se lançou à escrita das "verdadeiras" *Memórias* sem traçar nenhum plano, de forma espontânea, recolhendo aos poucos o material bruto do coração: de repente, quando decide, começa pelo primeiro verão na praia; no meio do caminho, percebe que teve outras "palpitações", considera necessário informá-las ao público – no mínimo para marcar melhor com essa comparação a importância de sua nova afeição –, lembra-se de que, outrora, esboçou a relação com um de seus namoricos, retoma de qualquer jeito esse esboço no capítulo XIV e volta a Maria com estas palavras: "(seu) olhar fez desvanecer-se a lembrança daquela pálida menina". Nada melhor que essa desordem para mostrar a trajetória de seu pensamento.

O que quer dizer então essa brusca mudança? Para sabermos, basta olhar de perto as palavras com as quais ela nos é anunciada: "As obras de um homem entediado poderão divertir o público? Vou agora esforçar-me por divertir mais a ambos. Aqui começam realmente as *Memórias*". Note-se que é o próprio autor que fala. E sua fala é *datada*: ele tomou a pluma certo dia do verão em 1838 "após três semanas de interrupção". É a irrupção do presente absoluto *nessas Memórias* que ele até então escrevia no passado, coincidência entre narrador e personagem.

O que diz ele? Que os primeiros nove capítulos das *Memórias* o repugnam: é a obra de um homem entediado. Com isso, ele exclui tanto o seu esforço para explicitar o *a priori* por ele chamado de "seu pensamento" quanto a tentativa de temporalizar seu pessimismo no imaginário, apresentando-o como a totalização na interioridade da experiência humana. Renuncia tanto a tornar cósmico o nada quanto a conhecer-se. Em suma, abandona ao mesmo tempo os dois projetos divergentes que mantinham a tensão das primeiras páginas. A razão dada é que, retratando o vazio universal ou o vazio de seu coração, ele entediará e se entediará. Portanto, deixará de lado essas ruminações monótonas para nos relatar um *acontecimento verídico*. Terá ele percebido que mudou radicalmente seu projeto? Talvez. Digamos que sabe, mas não quer dar a mão à palmatória. Se o fizesse, a primeira coisa seria abandonar os nove primeiros capítulos e começar uma nova obra cujo primeiro capítulo seria o número dez das *Memórias*. Não faz nada disso. Melhor: nas últimas páginas retomará amplas totalizações exterointeriores sem relação com seu pequeno romance de amor. Assim lhe servem de introdução as primeiras, embora contraditadas pelas seguintes. Uma palavra nos dá a entender que o autor não está inconsciente daquilo que faz: "divertir", que devemos tomar com seu ressaibo pascaliano. Cabe lembrar os adjetivos de *Novembro*, "assustadoras, enfadonhas": para Gustave o susto se vive com *enfado*. Vai *divertir-se* dele – ou seja, fugir dele de modo deliberado –, optando, contra o eterno retorno da dúvida, por relatar a verdade aparente, o que é *visto, ouvido, sentido*. Em suma, contando-se, Gustave optou por renegar-se. No entanto – dirá alguém –, é o mesmo homem que sente a vida "corroída" por um pensamento e em Trouville experimenta seu primeiro amor. Na verdade, não: para que *compreendêssemos* que é o mesmo, seria preciso recolocar o sentimento em seu contexto, na situação familiar de Gustave, precisaríamos fazer parte das mediações afetivas que o produziram e o mantêm existindo a partir das "profundezas assustadoras". O autor não esconde que Élisa Schlésinger é uma jovem mãe, mais velha que ele, que ele surpreende amamentando: chegaríamos à verdade de sua inclinação por ela se Gustave pudesse e quisesse elucidar suas relações com a própria mãe. Não mostrando a gênese de seu amor, este fica no ar, não é verdadeiro nem falso, nem *seu* nem outro. De modo semelhante, ele nos relata com franqueza e bastante crueza os efeitos de seu ciúme: "(ela) inspirou-me pensamentos obscenos e grotescos; então conspurquei os dois, reuni sobre eles os ridículos mais amargos e, das imagens que me haviam feito chorar de inveja, tentei sorrir de piedade". Mas ele não busca as razões para essa atitude; ela lhe é própria, nós a encontramos transposta para todas as esferas, e os *Souvenirs* nos informam na mesma época que ele rebusca as pequenezas dos grandes homens por despeito de não

VII. Do poeta ao artista

poder igualá-los. Já sabemos que o ciúme de Djalioh representa ao mesmo tempo o ciúme que lhe é inspirado por Élisa e seu velho rancor contra o irmão usurpador. Ele tampouco estabelece uma aproximação entre seus esforços para conspurcar o casal e sua inclinação pelo ignóbil e o obsceno, cuja origem está em sua aversão pela carne. No entanto, fala dessa aversão nas próprias *Memórias*: mas é o horror de uma alma nobre pelos instintos baixos. Nenhum elo é estabelecido entre essas declamações contra o amor físico e a alusão às imagens obscenas que o atormentam – provavelmente a ponto de masturbar-se – e o enchem de uma perturbação simultaneamente sádica e masoquista. Ora, pelo menos disso ele está plenamente consciente, de sua "maldade", desse "sentimento que leva o homem a apaixonar-se pelo que há de horrendo e amargamente grotesco". Por que não diz ele nenhuma palavra a respeito?

Na verdade, recusando o dilema que se lhe impõe, ele sai da enrascada brincando com as palavras. Sua decisão é simples: escrevia uma obra híbrida – semificção, semiconfissão – com o nome de *Memórias*; alega ceder ao gosto pela verdade, renunciar à ficção e optar pela autobiografia. "Aqui começam *realmente* as *Memórias*." Isso quer dizer: meu erro foi não ter sido de todo veraz, eu devia falar apenas de mim... E, é claro, é acusando-se de insinceridade que ele é mais profundamente insincero, pois não se trata de decidirmos apenas que diremos a verdade, mas em que nível nos colocaremos para dizê-la. Seu propósito inicial era "levar o ceticismo aos últimos limites do desespero"; essas palavras mesmas indicam a intenção da hipérbole. Não importa: ele queria atingir pela ficção aquilo que chamei de sobreverdade do mundo, ou seja, seu caráter infernal. Ele precisa abandonar essa sobreverdade (o mundo, produto do Gênio Maligno, que se faz viver pela subjetividade humana até o desespero absoluto): se os fatos que ele quer relatar forem verdadeiros – e o são – não serão *solúveis*, ou seja, não terão sido construídos para que sua particularidade aparente se desvaneça desvendando sua universalidade. Enfim, ele finge que esquece seu projeto primitivo. Mas não em proveito de *sua* verdade: ele também não quer se lembrar das aparições intermitentes do "monstro incomparável" que ele tentou nos indicar alusivamente. Seu "romance intimista" tinha em vista produzir um universal singular; sua verdade anomalística anunciava-se como uma singularidade não universalizável (em todo caso, não imediatamente), mas de uma "profundidade assustadora". Recusando-se ao mesmo tempo a forjar um e a descobrir o outro, Gustave, em nome da verdade, escolhe seu nível de verdade: será o da anedota; com um impulso de ancas ele sobe de volta à tona de si mesmo. Os acontecimentos que vai contar não podem ter pretensões à universalidade porque são singularizados por irredutíveis acasos; mas também não podem vincular-se *ao monstro*: isto porque são *relatados* em vez de *analisados*. Um primeiro amor, contado como foi vivido, permanece intermediário entre o generalizável e a idiossincrasia. Prova disso é que essa narrativa provoca *ressonâncias* nos leitores: eles se encontram nela sem nela se encontrarem. Não podem suprimir seus detalhes porque, na autobiografia, o detalhe é o essencial. Mas, por outro lado, através dos incidentes que diferem em tudo de suas próprias lembranças, eles revivem vagamente um outro amor de todo dessemelhante que teve outro início, outras peripécias, outro fim, mais feliz ou mais lógico, que talvez tivesse por alvo uma meninota ou uma adolescente de sua própria idade, mas que tem em comum com o sentimento narrado o fato de ter sido também o primeiro. O resultado é que a *ressonância* impede o *reconhecimento* e muito mais o *conhecimento*: o leitor não conhecerá o autor nem a si mesmo porque o autor optou por contar-se para *não se conhecer* e ater-se apenas às descrições da psicologia superficial que sempre expõem "consequências sem premissas", ou seja, fatos sem interpretação, condutas *significantes e desprovidas de sentido*. O cosmos, a subjetividade universal e a anomalia, em suma, as fantasias e a realidade pessoal desvanecem-se juntos: resta certo adolescente particularizado de modo insuficiente.

Aliás, ele hesita: não quanto ao sujeito que sente esse amor, mas quanto ao *Eu* que conta. E, por certo, narrador e herói são uma unidade, mas caberá reforçar essa unidade ou quebrá-la, introduzindo nela um "distanciamento" temporal? Em suma, o autor que diz "eu tinha quinze anos" terá dezesseis ou sessenta? No capítulo II ele escrevia: "Sou jovem" e, embora falasse de sua vida como se ela logo fosse terminar, ele coincidia consigo mesmo. Mas, quando as "verdadeiras" *Memórias* começam, no capítulo X: "Dizer o ano exato (em que conheci Maria) seria impossível, mas na época eu era muito jovem, acredito que tinha quinze anos". Quinze anos: foi no ano passado. Mas ele finge ser tão velho que já nem está certo da idade que tinha. E algumas páginas adiante: "Detenho-me aqui, pois a zombaria do velho não deve turvar a virgindade dos sentimentos do jovem; eu ficaria indignado tanto quanto o senhor, leitor, se então tivessem usado comigo de linguagem tão cruel". Como sabemos, desde os catorze anos Gustave considerava-se um velho. Mas as palavras que usa para falar a seus *jovens* leitores provam que aqui ele não encara a velhice como uma qualidade da alma, mas como idade da vida. No entanto, no capítulo XXII reencontramos a identificação dos dois *Eus*: é o próprio Flaubert que se lamenta: "...Sempre pensarei em ti, vou ser lançado no turbilhão do mundo... Aonde vou? Gostaria de ser velho, ter cabelos brancos". O que concluiremos, senão que a *intenção* de Gustave foi transformar-se no Outro de sua própria vida contando-a com a ironia desenganada de um homem experiente e *já desiludido* de tudo, mas, quando é preciso concluir, ele se vê como o jovem que era no início. Com a diferença de que ele já não medita sobre uma vida quase acabada; mas, de repente, quase contrariando sua vontade, uma das verdadeiras razões de seus tormentos nos é exposta: a preocupação que sente quando pensa no futuro. Futuro ele não tinha nos primeiros capítulos, pois seu "pensamento" corroera sua jovem vida; *também não o tem* quando, velho encanecido, conta seu amor por Maria. E eis que, bem no fim da obra, esse futuro renegado se revela: trata-se do número de anos que o separam daquela velhice que ele alegava ter atingido e que aparece aqui como a idade abençoada em que as paixões se extinguem. Mais ou menos na mesma época, as cartas a Ernest e os *Souvenirs* mostram que seu destino futuro é objeto de sua principal preocupação: será ele gênio (portanto fora de série) ou abraçará uma profissão? Voltaremos com tempo a essa angústia. Aqui basta indicar que as *Memórias* fazem menção *de passagem*, quase com negligência, e que essa alusão basta para destruir seus dois propósitos: ora de mostrar sua vida do ponto de vista da morte iminente – nessas primeiras páginas a dúvida consumiu tudo, todas as tentativas, todas as tentações foram passadas em revista, todas as ilusões se desvaneceram, portanto já não há mais nada que fazer muito menos que esperar –, ora contar um episódio da juventude tal como ele se mostraria a um velho cínico. De qualquer maneira, o jovem não está à vontade em seu papel de narrador: sua vontade de suprimir o futuro coincide com a iniciativa de distanciamento que o obriga a instalar-se na velhice real para contar um episódio que mal acaba de acontecer. Em suma, mesmo quando se conta, Gustave continua insincero: elimina uma das dimensões temporais e alega só ter um *passado*, quando na verdade o futuro é seu verdadeiro tormento. Disso resulta a estranha iniciativa de reconstituir sua vida real do ponto de vista de um outro fictício (o velho que ele não é) e, por conseguinte, conferir caráter de ficção às suas lembranças, mesmo precisas. É como se o jovem romancista só conseguisse apresentar a realidade irrealizando-se para torná-la pelo menos *formalmente imaginária*.

Conhecemos a motivação negativa dessa atitude: ele quer fugir de si e esconder-se; o monstro presente e o burguês futuro causam-lhe o mesmo horror. Mas, olhando melhor, também encontraremos razões positivas. Vimos que Flaubert abandona as *Memórias* ao cabo de umas quarenta páginas*, e que ele se relê com fastio três semanas depois. No entanto, retorna à tarefa. Só pode ter descoberto durante a releitura razões precisas para superar seu "esgotamento" e continuar escrevendo, transformando seu projeto inicial. Será por acaso que o capítulo IX – que, do ponto de vista do conjunto, não passa de repetição – acaba por ser o primeiro que contém lembranças *concretas*? Nele Gustave descreve o "castelo" da maneira mais precisa, diverte-se a mostrar os móveis "de seda bordada", o parque onde "passa uma cabra", os jogos de sombra e luz ("Nos dias bonitos havia raios de sol a passarem entre os ramos e a dourarem o musgo aqui e ali"). A "velha castelã" nos é apresentada inteiramente através dos objetos que usa: "Ainda vejo sua tabaqueira de ouro cheia do melhor tabaco da Espanha, seu buldogue francês de pelos brancos e seu pezinho bonito envolvido num lindo sapato de salto alto ornamentado com uma rosa negra". É impressionante ver o surgimento do tema do calçado, tão importante na vida e na obra de Gustave.** Assim, não nos enganaríamos demais se considerássemos o capítulo IX como a charneira que une a primeira empreitada de Flaubert ("um romance intimista no qual o ceticismo fosse levado até os últimos limites do desespero") à segunda ("aqui começam realmente as *Memórias*"). Escrevendo, ele encontrou as razões para deixar a obra em suspenso: nada mais faz além de repetir-se, não avança; mas, relendo-se, também encontra as razões para retomá-la: restabelecer o tempo perdido, isso é "divertido". Enquanto o percorria, não deixou de ser marcado por um novo tom, pela vontade ainda inábil de encontrar palavras para traduzir coisas desaparecidas. Como já vimos, ele se sente fascinado pelos objetos de sua percepção, quer ele "entre neles", quer eles "entrem nele". Mas

---

* Vinte páginas impressas na edição Charpentier.
** Ele acrescenta: "Há quanto tempo isso! A castelã morreu... e o pobre sapato foi jogado no rio".

até aqui essas fascinações quase não influenciaram seus exercícios literários. No capítulo IX de *Memórias*, elas enfim aparecem no curso da narrativa. Não elas, aliás, mas as lembranças que elas lhe deixaram: "Há coisas insignificantes que me impressionaram fortemente e que sempre guardarei como a marca de um ferrete, embora sejam banais e tolas". Com essas palavras que começam o capítulo, Gustave dá direito de acesso à obra literária às suas reminiscências concretas e materiais, à singularidade de um ruído, de uma cor, de uma forma. Nesse sentido, apesar da conclusão postiça ("a castelã morreu" etc.) que tem em vista vincular essa descrição ao conjunto, esta fica isolada numa espécie de gratuidade. E, quando ele a reencontra, após as recriminações do início, sente nela prazer suficiente para modificar seu projeto: o sabor irredutível do passado é o que ele precisa dar a sentir. E o objetivo principal não é contar-*se*, mas encontrar as palavras que restituam o imediato.

Mas convém deter-nos um pouco nessa nova orientação. Gustave quererá ressuscitar o passado em razão de sua *realidade* ou porque este *deixou de ser real*? Na verdade, lembrança é coisa ambígua: lembramos o que *foi* e *já não é*. Nesse sentido, toda evocação do tempo passado fica na encruzilhada entre o real e o imaginário. Ora, basta ler com atenção as *Memórias* para compreender o que seduz Gustave. De fato, ele escreve no capítulo XV: "De todos os sonhos do passado, das lembranças de outrora e de minhas reminiscências da juventude, conservei um número bem pequeno, com o qual me divirto nas horas de tédio. Ao evocar um nome, todos os personagens voltam, com seus trajes e sua linguagem, para desempenharem seus papéis tal como o desempenharam em minha vida, e vejo-os agir diante de mim *como se eu fosse um Deus divertindo-se a olhar seus mundos criados*".* Como se vê, a tônica recai na criação (ou recriação) que caracteriza em parte cada um de nossos atos de memória. Flaubert evita manipular abertamente demais suas imagens ("desempenharem seus papéis tal como o desempenharam em minha vida"), mas está consciente do nada fundamental delas: não só a lembrança existe apenas no estado latente em sua memória pessoal, como também a evocação só ganha vida graças à vontade do Demiurgo. Lembrar-se do passado, para Gustave, é irrealizar-se. Prova de que essa intenção irrealizante constitui a origem de seu novo projeto está clara num

---

* Grifo meu.

curioso trecho das *Memórias*. Gustave falou demoradamente de seu amor por Maria, das agonias do ciúme, da separação. Escreveu, naquele mesmo capítulo: "Se eu dissesse que amei outras mulheres, mentiria como um infame". Ora, depois de dois anos, ei-lo de novo em Trouville, Maria não voltou, ele está passeando, sozinho, à beira-mar. É então que exclama: "Como poderia ela... ter percebido que eu a amava (dois anos antes), se eu então não a amava e menti em tudo o que lhes disse; era agora que eu a amava, que a desejava; agora que, sozinho na praia, nos bosques ou nos campos, eu a criava ali para mim, andando ao meu lado, falando comigo, olhando-me. Quando me deitava na relva... pensava nela e reconstruía em meu coração todas as cenas nas quais ela agira, falara. Essas lembranças eram uma paixão".

Poucas vezes um visionário descreveu com mais profundidade o processo de irrealização. A presença incomoda os que escolheram o imaginário: a riqueza da realidade os submerge, eles perdem pé, sentem-se coagidos pela força das coisas e por seu curso inflexível; superados pela proliferação dos detalhes, eles esmorecem e entediam-se. Ademais, no caso de Gustave, a presença de um indesejável – o marido – desperta o antigo ciúme que o atormenta e, ressuscitando a cena primitiva, transforma-o em Djalioh.* Mas, assim que o presente transcorre, que alegria: ele se felicita de sua relativa pobreza e de sua docilidade: *"Eu a criava ali para mim"*, diz Flaubert. Em outros termos: só de mim o passado receberá seu ser – pois é um não-ser evocado – e, como esse passado sou eu, eu me receberei apenas de mim. Com essa irrealização, Gustave realiza no imaginário a extirpação do seu ser-de-classe que ele gostaria de conseguir de verdade por meio da arte: torna-se seu próprio criador. Com que habilidade ele sabe manipular-se e passar-se insensivelmente da "reconstrução das cenas em que (Maria) agiu, falou..." à invenção alucinatória. Com efeito, ele prossegue: "Um dia... estava andando depressa, ouvindo apenas o ruído de meus passos a machucar a relva, estava de cabeça baixa, olhando para o chão. Esse movimento regular adormeceu-me,

---

* Flaubert, como vimos, conhece a sra. Schlésinger no verão de 1836 ou no de 1837. *Quidquid volueris* é escrito em outubro de 1837. É provável que essa descrição das agonias do ciúme tenha sido feita *a quente*, ou seja, já na volta ao colégio, logo depois da separação. Isso tende a confirmar que o encontro ocorreu em 1837.

por assim dizer, e acreditei ouvir Maria andando atrás de mim; ela segurava meu braço... era ela que andava na relva. *Eu sabia muito bem que era uma alucinação de que gostava, mas não podia abster-me de sorrir dela e de me sentir feliz*".*

Na verdade, ele se sente feliz não *apesar da* translucidez da imagem – que se apresenta por ficção –, mas *por causa* dela. Sorri porque sente que "anima" a fantasmagoria. Tudo ocorre nos nervos: ele está ao mesmo tempo tenso e descontraído. Mas o que predomina é a tensão: o machucar da relva servirá de *analogon*; por meio desse ruído contínuo será evocada uma outra pessoa ou, mais simplesmente, pés que pisam o prado. Mas, sobretudo, é o próprio Gustave que se irrealiza em Maria: o movimento de suas pernas torna-se o movimento das pernas da jovem: ele não a *vê*, pois está de cabeça baixa; encena-a numa espécie de desdobramento e torna-se mulher imaginária (reencontramos aqui seu desejo de ser carne feminina) sem deixar de ser ele. Ou melhor: ele vira a cabeça para ver. O jovem se vale de sua passividade – seu estar-aí, digamos – em todo um lado de si mesmo como *analogon* de um *ser-olhado* (e isso nos remete à necessidade de ser visto que já descrevemos anteriormente). Assim, ela está fora dele – pois esse olhar *sentido* o mantém à distância – e nele – pois ela é o andar dele, o ruído dos seus passos. A consistência irreal da jovem – nesse instante ele não evoca nenhum traço físico dela – provém justo dessa contradição cuja existência ele se esforça por sustentar. Ao mesmo tempo, ele afeta *sonolência*: isso quer dizer que recusa toda e qualquer atividade perceptiva; todos os sinais enviados por seu corpo são por ele elaborados como imagem; os ruídos de seus passos lhe chegam como falsos ruídos dos passos de outro. Amargo prazer: ele se entrega ao vazio pela alegria de manter ao seu lado e até em sua própria carne uma presença impalpável, invisível. Mas é exatamente o que quer: não a *persona* que é o Outro irredutível, mas a *imago* que é outra e sua, ele mesmo como outro e outro nele mesmo. Ora, é nesse instante, quando se torna criador imaginário da imaginária Maria, que ele declara amá-la. O sentido profundo, a força e os limites desse amor não nos importa aqui esclarecer. Mas convém notar que não se trata de um amor platônico: Gustave *desejou* a sra. Schlésinger e não esconde isso de si mesmo. Caberia mais falar de um esquema

---

* Grifo meu.

masturbatório. Nesse caso, como se sabe, a imagem é a mediação diáfana entre o masturbador e o masturbado. O certo é que ele só fala de amor no momento em que a memória se transforma em imaginação: nesse momento, como mostrei alhures, os próprios sentimentos se irrealizam. Em outros termos, para Gustave o amor verdadeiro só pode ser um sentimento imaginário.*

Quando Gustave decide contar o episódio de Trouville, nem por isso abandona a ficção, pois, contra o futuro que o preocupa, ele se põe a *imaginar seu passado*. Assim, quando "a impressão pessoal irrompe através da fábula" não é tanto porque suas paixões presentes o inclinam a mostrar suas chagas (como ele dá a entender), mas sim porque sua vida transcorrida fascina-o pela ausência: esse não-ser requer uma recomposição inicial por exercícios intelectuais e depois por palavras. Ele viveu essa vida como a vida de outro: ao restituí-la semiverdadeira, semiforjada, apropria-se dela. Narrar-se para ele nesse primeiro momento não é conhecer-se, mas produzir-se e fixar-se como lacuna eterna em palavras escritas. Daí podemos concluir que o autor de *Memórias de um louco*, mesmo quando diz a verdade, quase nunca sai da fabulação. Podemos marcar melhor agora o caráter híbrido dessa obra. Nela Flaubert quer e não quer falar de si. Concebidas na origem como um "*Erziehungsroman*", essas falsas confissões deviam arrancá-lo de sua "anomalia", apresentando esta última como resultado derradeiro da totalização na interioridade: neste nível o Eu reflexivo já é *outro*, pois aparece no horizonte de uma experiência fictícia e representa a unidade da subjetividade generalizada; no entanto, de outro ponto de vista, é o Eu do autor, pois acompanha a iniciativa individual de mostrar que sua infelicidade pessoal é compartilhada por todos e, em consequência, de *fundamentar* sua anomalia apresentando-a como uma consciência mais lúcida do Mal universal. Mas o resultado dessa generalização parece-lhe decepcionante, uma vez que só conduz a repetições oratórias que reproduzem em cada página o mesmo inventário, às vezes nos mesmos termos. Por isso, ele com frequência cai na tentação de apresentar sua anomalia como ponto de partida e não mais como ponto de chegada. Mas, nesse nível mesmo, ele continua insincero: em primeiro lugar fica na superfície e nos dissimula suas

---

* O mesmo ocorre nele com o desejo propriamente dito: ele preferirá masturbar-se pensando nos chinelos de Louise e lembrando o belo corpo da Musa a se deitar com ela de verdade. E é *também* desse modo que se deve explicar o perpétuo adiamento de seus encontros.

"profundezas assustadoras", ou seja, sua proto-história; em segundo, descreve seu "pensamento" como um ácido que corrói o momento presente, ao passo que, como sabemos, o objeto de sua maior preocupação é o futuro. O *Eu* que fala é trucado, truncado: embora seja do autor, continua *outro*. Diante dessas dificuldades, Flaubert sente a necessidade de aprofundar-se, mas furta-se de novo, lançando-se numa narrativa autobiográfica que contradiz seu primeiro projeto. Assim que penetra nesse terreno, sente de novo a necessidade de passar ao imaginário: os fatos são verídicos, mas o Eu do narrador já não é dele; ele desempenha o papel de um velho e, com isso, mente dizendo a verdade. Como vimos, aliás, sua verdade é um exercício espiritual que tem em vista irrealizar o conteúdo de sua memória. Por isso, o Eu do narrador irrealiza-se por sua vez, visto que se torna o Criador imaginário de sua vida. Essa tentativa é bastante particular. Proust, por exemplo, que, como diz, conta "uma história simbólica de sua vida", modifica todos os seus detalhes. De modo que a história, sendo de todo imaginária, define o próprio Narrador como personagem fictício: portanto, há homogeneidade entre o Eu forjado que se conta e os acontecimentos fictícios que ele relata. Com isso, o Ego real do autor depreende-se e define-se no horizonte de uma reflexão criadora sobre um objeto totalmente irreal no qual a ficção se fecha sobre o personagem que a apresenta ao leitor como sua verdade.*
Em Flaubert, ao contrário, a invenção incide sobre a identidade do Narrador, e os acontecimentos, embora irrealizados, estão em conformidade com a verdade. De modo que a história recusa-se a absorver aquele que a conta e assim fica flutuante, nem fora, nem dentro. No entanto, intermitentemente, aparece um Eu verdadeiro, o do presente, que confessa, por exemplo, que o futuro lhe dá medo – ou que nos insulta e nos "desmoraliza". Mas esses momentos de verdade destoam do resto, precisamente porque revelam um presente raivoso e turvo dentro de um discurso que, por diversos meios, tende a apresentar-se como reconstrução de um passado. Assim, Gustave é ora o *louco* (ou seja, o monstro que contra-ataca dizendo: louco é o mundo, e minha anomalia nada mais é que minha lucidez), ora o *Homem*, ora o *Velho*, ora o *Adolescente*, mas, salvo em raras ocasiões e como que por descuido, nunca é *ele mesmo*. O resultado é o fracasso total da empreitada;

---

* Naturalmente, o problema é mais complexo: Proust não mente para se esconder, mas para falar *mais verdade* que a verdade.

evidentemente, não para nós: para ele; não fez o que queria, não sabe o que está fazendo. Já provamos a existência desse sentimento de fracasso com o exame das cartas do outono de 1838: tédio, melancolia, desânimo. Mas aparece já nos últimos capítulos das *Memórias* porque Flaubert volta de repente a generalizações pessimistas que o episódio anteriormente contado não consegue justificar. Ele força o tom para mostrar a vanidade do ato sexual, da arte, da vida humana. Com isso, o "Eu" cede lugar a um "tu" oratório: "Abre os olhos, homem fraco e cheio de orgulho... (E) em primeiro lugar, por que nasceste? Foste tu que o quiseste..." etc. etc. Quem é esse homem tão vivamente interpelado? Qualquer um, Flaubert tanto quanto outro, com a diferença de que ele mesmo afirma manter os olhos abertos. Mas isso basta para que ele crie distância em relação ao interlocutor e acabe recaindo na totalização em exterioridade: de novo, Satã-Flaubert descreve a condição humana para um leitor inocente ou de má-fé.

Esse trecho, que tem uma objetividade de sobrevoo, pressupõe que Gustave "se coloca diante do mundo" com a intenção de "rir no rosto do gênero humano". Acaso isso não é reconhecer que malogrou em sua empreitada? No entanto, essas longas tiradas tampouco o satisfazem: em primeiro lugar, é preciso concluir e despedir-se de Maria. Voltaremos a ela nos capítulos XXI e XXII. Mas a ruptura de tom está clara – a tal ponto que é provável que a apóstrofe ao "homem" tenha sido redigida anteriormente e inserida entre dois momentos da narrativa. Por fim, para fechar o círculo, Gustave retoma a síntese na interioridade: sinos tocam, "(sua) alma voa em direção à eternidade e ao infinito e plana no oceano da dúvida ao som daquela voz que anuncia a morte". Com efeito, só cabia terminar com a morte: a totalização da experiência subjetiva revela o nada do mundo e a necessidade de morrer. Contudo, ele não ousa ainda *matar-se*, como fará em *Novembro*: evoca a morte como seu destino e nada mais. Portanto, eis que após o "tu" de sobrevoo, reaparece o "Eu" da dúvida, aquele cuja vida é destruída por um "longo pensamento". Essas oscilações amplas e bruscas mostram o desnorteamento do autor: ele perdeu-se no caminho.

O que nos mostra isso ainda melhor é a dedicatória a Alfred, escrita um pouco depois. Gustave escrevia as *Memórias de um louco* para não ter de se interrogar sobre si mesmo; interroga-se agora porque já não reconhece em sua obra as intenções originais: "(Essas páginas) encerram uma alma inteira. É a minha? É a de outro?". Isso nos esclarece sobre sua inquietação profunda. Recai no *estranhamento* de que queria fugir por meio da generalização quando se relê: fui *eu* realmente que produzi *isso* a partir do âmago de "minha existência calma e tranquila"? Com isso se formulam novas interrogações: *acredito* nisso? E *quem sou eu* para acreditar? A obra pronta desorienta-o e torna-se um problema.

Evidentemente, pode-se alegar que se trata de uma pergunta retórica. E que a frase: "Prefiro... deixar isso no mistério das conjecturas; mas tu não as farás" dá a resposta sem rodeios: os outros continuam ignorando, mas tu, Alfred, tu *sabes* que sou *eu* falando de *mim*. Mas essa interpretação não me satisfaz. Ou, digamos, ela não é falsa em certo nível de significação: essas palavras ambíguas lembram de maneira educada a Alfred que Gustave não tem segredos para ele. Mas, no momento em que escreve a dedicatória, Flaubert decidiu só ter um leitor, Alfred, a quem "essas páginas... são dedicadas". De que adianta então falar de "conjecturas misteriosas" se logo se acrescenta que o único leitor do manuscrito não as fará? Na verdade, não será o próprio autor que, olhando sua obra de fora, só pode interpretá-la conjecturalmente e, não ousando decidir entre as hipóteses, deixa por conta do melhor amigo o trabalho de concluir? Iremos mais longe: "tu não farás conjecturas" não passa de pura cortesia porque, na linha seguinte, lemos: "Somente tu acharás, talvez, que em muitos lugares a expressão é forçada, e o quadro está demasiado ensombrecido". Em outros termos, o autor teme justamente que seu único leitor não o reconheça em sua obra. E é obrigado a acrescentar: *"lembra-te* que um louco escreveu estas páginas". Em suma: não serás *tu*, Alfred, que me tomarás *por outro*, esquecendo que sou louco? Mas o que quer dizer "louco" aí? E a loucura não é uma escapatória? O que aparece quando se reflete sobre esse texto obscuro é que Gustave não tem certeza nem sobre Alfred nem sobre si mesmo. Prevê que o ceticismo indolente do amigo se admirará com essa virulência: "Exageras". Fica ainda mais irritado porque nem ele mesmo tem certeza de que não se excedeu no pessimismo.

De fato, já no outono de 1838 – logo depois de terminar as *Memórias* – escreve a Ernest: "Continuo o mesmo, mais inchado que grande, mais bufão que alegre". Em suma, acusa-se de insinceridade. E a bufonaria, para ele, caracteriza seus comportamentos cotidianos. Mas e o inchaço? Flaubert, tanto na época como em toda a vida, não concebe outra grandeza que não seja a dos escritores. O inchaço provém do fato de que ele força e "contraria a verdade".*

Compreenderemos melhor seu sentimento se nos reportarmos a uma anotação sem data feita por ele num caderno entre o fim de 1838 e o de 1839: "Já escrevi muito e talvez tivesse escrito bem se, em vez de guindar meus sentimentos para levá-los ao ideal e em vez de pôr meus pensamentos num palco, eu os tivesse deixado correr pelos campos como são, frescos, róseos".** Os dois adjetivos, no fim da frase, surpreenderão: Flaubert quererá dizer que, se tivesse se deixado levar pela espontaneidade, teria encontrado algum otimismo que fosse sua Verdade? Sim e não. Acredito que ele oponha a *saúde* dos sentimentos e dos pensamentos verdadeiros ao raquitismo rebuscado das ideias rígidas demais, que querem provar demais, seja qual for seu conteúdo. Na verdade, em seu projeto de escrever um romance intimista, já estava contida a ideia de familiaridade, de cotidiano sem afetação: intimismo exige sussurros, e não gritos. E a contradição provinha do fato de que ele atribuía a esse gênero modesto objetivos desmesurados. Seja como for, está formulada a questão da sinceridade. Ele chega até a perguntar-se se o pessimismo realmente expressa sua verdade; um ano depois, de fato, escreve: "há um pouco de afetação... no que faço; estou sempre encenando uma tragédia ou uma comédia", frase de que se encontra um eco até em *Novembro*: "Era um homem dado ao falso, ao anfigúrico, que abusava muito de epítetos".

Tragédia, comédia: não se trata apenas de suas obras; faz tempo Gustave sabe que é um ator até nos menores gestos e sobretudo quando tem público. Mas são justamente suas obras – em primeiro lugar as *Memórias* – que o levam a perguntar-se se acaso não se lançou a uma

---

* Essas três palavras são extraídas de uma página de *Souvenirs* escrita dois anos e meio depois e que certamente faz alusão às suas tentativas de totalização – ou seja, a *Memórias* e a *Smarh*: "Se começamos nosso livro dizendo que ele precisa provar isto ou aquilo, que dele o leitor deve sair religioso, ímpio ou erótico – faremos um mau livro, porque, ao escrevê-lo, teremos contrariado a verdade, falseado os fatos. As ideias decorrem de si mesmas por um pendor fatal e natural. Se, com um objetivo qualquer, quisermos que elas tomem um rumo que não é delas, tudo andará mal, será preciso deixar que os caracteres se desenhem em suas consequências, que os fatos se engendrem por si mesmos...". E cita exemplos: "*Les Martyrs, Gil Blas*, Béranger". Mas foi ele mesmo que quis levar o ceticismo ao ponto do desespero. É ele – como veremos – que, em *Smarh*, sonha em escrever uma página ardente para impelir os animais humanos ao cio universal, ele também que quis engendrar em seu leitor, se não a impiedade, pelo menos a crença no nada.

** *Souvenirs*, p. 66.

amplificação desvairada de seus sentimentos. E, de certa maneira, a seu ver a questão só tem urgência quando diz respeito à Arte, ou seja, à literatura: pouco importa se ele se faz de bufão em sociedade, mas, se o pessimismo absoluto deixar de ser sua mensagem, então ele nada terá para dizer. Note-se que ele faz essas indagações em plena depressão, e que o medo de exagerar, conduzindo-o a duvidar de si, apenas o leva mais para o desespero. Seja como for, faz tanto tempo que ele está acostumado a ver-se com os olhos dos outros, a perceber-se como outro *primeiramente*, que chega a perguntar-se se não está desesperado na qualidade de outro, se o desespero de um outro não se insinuou em sua alma para assombrá-la. Na verdade, seu "pensamento" está ali, irredutível e inexplicável: Flaubert é habitado e corroído por ele, mas, para manter-se à altura deste, precisa guindar seus sentimentos. Ou, se preferirmos, ele só pode sentir seu pensamento encenando-o, seja por meio do pessimismo trágico de suas peças de eloquência, seja por meio da bufonaria cínica do Rapaz. Sua infelicidade é estar condenado a encenar a infelicidade e a só reencontrar em si, quando o ator retoma o fôlego, uma existência familiar tediosa e pacata. É o que ele anota em 8 de fevereiro de 1841 em seu caderno de *Souvenirs*: "Eu precisaria apegar-me mais profundamente a tudo o que me cerca, à família, ao estudo do mundo, *todas as coisas de que me afasto e que, não sei por quê, gostaria de me obrigar a não amar* (o mundo está sobrando na frase)".* Eliminado o "mundo", resta o estudo, *no ambiente familiar*; e, precisamente, é desse ambiente que ele sente necessidade e é dele que um motivo desconhecido o afasta: ele só pode sentir aversão pela família encenando-a, ou seja, *violentando-se para produzi-la*; no entanto, a ambivalência está aí, claramente observada – rejeição e necessidade –, com as duas pulsões: uma, bem real, em direção ao isolamento na casa paterna, e outra irreal, mas invencível, em direção à fuga e à negação odienta de toda a parentela. Isso o adolescente já sente em 1838. Ele se pergunta, fascinado, por qual motivo só pode vivenciar suas tendências mais íntimas na insinceridade e no cabotinismo.

Duas cartas a Ernest (29 de fevereiro e 15 de abril de 1839), unidas a uma nota mais ou menos contemporânea, marcam muito bem o seu mal-estar. Na primeira carta, lamentou-se. Ernest cai na cilada e responde lamentando-o também. Gustave tem uma reação de orgulho: causar pena a Ernest, seu inferior? Jamais. E responde com estas linhas interessantes, nas quais tenta restabelecer a verdade

---

* *Souvenirs*, p. 100. Grifo meu.

em sua ambiguidade: "Tu me lastimas, caro Ernest, no entanto, serei eu de lastimar, terei eu algum motivo para blasfemar contra Deus? Ao contrário, quando olho ao meu redor, para o passado, o presente, minha família, meus amigos, minhas afeições, eu deveria dar-Lhe graças, com poucas ressalvas. As circunstâncias que me cercam são mais favoráveis que nocivas. E com tudo isso, não estou contente; proferimos lamúrias sem fim, criamos para nós males imaginários (Ai! Esses são os piores);... nós mesmos semeamos espinheiros em nosso caminho e depois os dias se passam, chegam os males reais, e nós morremos sem termos tido em nossa alma um único raio de sol puro, um único dia calmo, um céu sem nuvens. Não, sou feliz. E por que não? O que me aflige? O futuro talvez seja negro? Bebamos antes da borrasca; azar se a tempestade nos vergar, o mar agora está calmo".

Raramente se opõe com mais veemência a "felicidade objetiva" às infelicidades que vêm de nossa compleição. Gustave procura esclarecer a realidade íntima de seus tormentos – com insinceridade, porque precisa manter Ernest numa distância respeitosa, mas com indubitável vontade de verdade. Ou melhor, ele a questiona e gostaria de tomar uma decisão sem incidir no trágico nem no bufo: com honestidade. *Não tenho razão* para ser se infeliz – diz ele. E é verdade, no nível em que ele se coloca. Mas, se é assim, por que não tenta agir sobre si mesmo e afugentar seus fantasmas? Pois bem, é o que faz. No entanto, a única ostentação é uma filosofia de momento que não deixa de conter certo estouvamento. Com Ernest ele se limita a isso. Mas, no caderno que mantém para si mesmo, anota com profundidade que o "*Carpe diem*" é impossível. "O segredo para ser feliz é saber ter prazer à mesa, na cama, por estar em pé, por estar sentado, ter prazer com o mais próximo raio de sol, com a mais sutil paisagem, ou seja, amar tudo: de modo que, para ser feliz, é preciso já ser feliz...".*

Em outros termos, para combater os males imaginários, seria preciso gozar do momento; mas como fazê-lo, se eles são exatamente o empecilho? É um círculo vicioso: denunciar o caráter subjetivo de nossas infelicidades é desvalorizá-las, não é curá-las. Nós as encenamos? E daí? Que importa, se somos obrigados a encená-las! "Ator, que seja – dizia Gide mais ou menos –, mas o que enceno sou eu mesmo." Assim, os males subjetivos são reais porque imaginários.

De um adolescente imaginário não podemos esperar mais. Mas Gustave, por sua vez, não se satisfaz com tão pouco: o fracasso das

---
* *Souvenirs*, p. 54.

Memórias deu-lhe a sanha de conhecer-se; sanha literária, mas verdadeira. Saber *o que é*, para ele, é descobrir o que tem para *expressar*. Se não há nada, não será nada: um "mudo que quer falar" e não sabe o que dizer, um "grande homem gorado". A investigação que ele inicia parece-lhe fundamental: dela depende a sua salvação.

Não é de se duvidar que ele tenha estado consciente disso desde o começo. Já no outono de 1838 – ou seja, um ou dois meses depois de "terminar" as *Memórias* –, começa a pensar sobre si e transcreve cuidadosamente as observações no caderno íntimo que a sra. Franklin--Grout intitulará mais tarde: *Souvenirs, notes et pensées* [*Lembranças, notas e pensamentos*]. Em 26 de dezembro de 1838 escreve a Ernest as seguintes palavras – que só podem referir-se à sua nova empreitada: "Pois desde que tu e Alfred não estão comigo analiso-me mais, a mim e aos outros. Disseco sem parar; isso me diverte e, quando por fim descubro a corrupção em algo que se acredita puro e descubro gangrena em belos lugares, ergo a cabeça e sorrio". Esse trecho requer uma interpretação atenta, pois, sozinho, representa um intrincado ao qual voltaremos. Mas devemos notar, para começar, que ele possibilita datar o início da análise em Gustave: outubro de 1838, quando Ernest partiu para Paris e a ele se juntou Alfred antes de 19 de novembro. Pode ser que a partida deles tenha incitado Flaubert a praticar mais a dissecação. Mas o motivo principal é outro: ele já sabia que não iria mais longe na interiorização totalizadora sem antes avançar no autoconhecimento. Mas isso não será feito sem dilacerações, pois, justamente, ele escreve para fugir de si ou irrealizar-se. Portanto, perguntemos se ele consegue realmente conhecer-se e se o quer.

O único instrumento de que dispõe é a análise reflexiva. É preciso reduzir o objeto a seus elementos. Mas, quando se trata de fatos psíquicos, essa redução é uma quimera. O que ele chama de dissecação reduz-se necessariamente à observação passiva e à indução, quando esta parece ser justificada pelo retorno de certas sequências. Com esse método não se vai muito longe. Além disso, Flaubert para no meio do caminho: o que descobre em si ele logo quer generalizar. Pois é atenazado pelo terror de sua "diferença" e, tão logo descobre alguma particularidade, transforma-a num traço da natureza humana. Assim, ao buscar Gustave, esse Édipo sempre dá um jeito de encontrar em si apenas o homem. Nada é mais significativo nesse aspecto do que sua relação reflexiva com aquilo que ele chama ora de sua vaidade, ora de seu orgulho.

Na verdade, há muito tempo ele sabe que é orgulhoso. Garcia é atormentado pelo orgulho; Mazza orgulha-se de seus sofrimentos. Mas, nessa época, é difícil estabelecer aquilo que ele dá em plena consciência de si mesmo a seus personagens e aquilo que passa dele para outro sem que ele desconfie. A primeira menção que faz a seu amor-próprio, com conhecimento de causa, é encontrada no parágrafo VI de *Agonias*, escrito entre março e abril de 1838, ou talvez antes. Portanto, ele tem dezesseis anos, talvez quinze*: "A meu ver, a vaidade é o fundo de todas as ações humanas. Depois de falar, agir ou cometer qualquer ato de minha vida, quando analisava minhas palavras e minhas ações, sempre encontrava essa velha louca aninhada em meu coração ou em minha mente. Muitos homens são como eu, poucos têm a mesma franqueza. Esta última reflexão pode ser verdadeira, foi a vaidade que me fez escrevê-la, a vaidade de não parecer vaidoso talvez me fizesse retirá-la".

É de se notar que ele começa com o universal: não teme pôr a vaidade no fundo de *todas* as ações. E, quando introduz a prova, só fala de sua experiência pessoal. Essa máxima baseia-se na introspecção. Aliás, nós o veremos em ação no fim do parágrafo: "Muitos homens... poucos... Esta última reflexão pode ser verdadeira, foi a vaidade que me fez escrevê-la...". A tinta ainda não está seca quando, na própria frase ou no movimento de sua subjetividade, ele redescobre o amor-próprio que denuncia. Haverá *análise*, tal como afirma? Sim e não: é verdade que ele assume uma atitude reflexiva para considerar tanto a vivência quanto o significado intencional de seus próprios produtos; verdade também que essa atitude é imediata e duplamente indutiva: todos os meus atos... todos os homens. Há uma intenção *a priori* de considerar a singularidade apenas como um exemplo do conceito. Mas basta que ele se atenha para que os motivos reais de sua ação se separem por si mesmos daqueles que ele se atribuiu com má-fé. "Essa reflexão pode ser verdadeira." Isso quer dizer: mesmo que seja verdadeira, "a vaidade me fez escrevê-la"; ao traçar as palavras, ele percebe o verdadeiro sentido de seu ato. Em outras palavras, para esse indivíduo *prevenido*, a seleção ocorre imediatamente. Não há nisso esforço metódico, mas constatação passiva a partir de uma reflexão condicionada que não busca, mas sabe o que deve encontrar.

---

* Escreve na introdução: "logo vai fazer um ano que o autor escreveu a primeira página [deste trabalho]". Em seguida: "Este trabalho começou há dois anos". O parágrafo VI está contido na "primeira página"?

No exemplo citado, aliás, está evidente para nós assim como para ele que a frase considerada expressa sua vaidade, entre outras coisas, porque tem em vista classificá-lo já de saída numa elite. Mas o que lhe escapa e nos parece claro é que ele tenta aceitar sua "diferença" e desarmá-la, colocando-a no nível da reflexão. O refletido é igual em todos; em mim – pensa ele – diferente é o olhar reflexivo: mais lúcido e mais franco; em suma, ele não consegue descobrir o orgulho em si mesmo sem acrescentar que essa é uma característica de nossa espécie.

Do mesmo modo, em *Memórias de um louco*, quando ele se interroga – de modo vago, aliás, e sem chegar a uma conclusão – "Será de novo por vaidade? Ah! O amor não passaria de orgulho?", não é *sua* queda por Maria que ele pretende "analisar", mas o Amor, entidade platônica. A passagem prematura ao universal impede qualquer exame de consciência. No capítulo sobre o orgulho ele não avançará muito. Em sua carta de 26 de dezembro de 1838, onde afirma "ter chegado à convicção de que a vaidade está na base de tudo", em consequência de "dissecações" realizadas após a partida de Alfred e Ernest, o que faz é apenas retomar o essencial das reflexões de *Agonias*. É verdade que, dessa vez, ele se põe primeiramente em xeque: "É a amizade que te engana e te faz ver em minhas ações uma excelsa grandeza onde só há inesgotável orgulho". Mas a generalização é imediata: "Pois desde que vocês não estão comigo... analiso-me mais, *a mim e aos outros...* Pois bem, acredito ter chegado à convicção de que a vaidade está na base de tudo...". E imediatamente usa um "tu" vingador que é em parte generalizador, mas que lhe permite também designar Ernest: "Sim, quando dás esmola..." e negar mais concretamente sua diferença, pois a compartilha com Chevalier, entre outros. Resta compreender por que ele apresenta como novíssima descoberta um "pensamento" que o atormenta há pelo menos um ano e que ele já expressou em 1837 com toda a clareza. Ernest, portanto, não lera *Agonias*? Talvez não.* Mas essa não é a questão. No fim da carta, algumas linhas provam que para Gustave essa preocupação continua viva: "Essa teoria te parece cruel e a mim mesmo incomoda. De início ela parece falsa, mas, atentando mais, sinto que é verdadeira". Portanto, ele também se interroga sobre a validade de suas análises. A cada vez, suas conclusões

---

* Flaubert pensava mostrar-lhe esse texto *em último caso*. Segundo escreve, "Fez o texto para mostrar a um, a dois, no máximo". Talvez tenha desistido logo em seguida.

o incomodam; a cada vez, ele passa adiante, força as resistências e conclui que o orgulho é fundamental. O que ele apresenta aí como teoria nova é justamente uma decisão nova e provisória de sustentar e assumir uma teoria abandonada ou a ponto de ser abandonada. E o motivo que o incita é, a cada vez, o reaparecimento de *sua* vaidade como experiência original diante do olhar passivo da reflexão conivente. Imediatamente, ele quer subtrair-se à idiossincrasia, às formas concretas do vivenciado e elevar-se às abstrações, à espécie humana. Está claro que lhe ocorre começar pela espécie. Num trecho de *Souvenirs*, contemporâneo à carta a Ernest – ou que pode ter sido escrito algumas semanas antes, no outono de 1838 –, ele começa por distinguir duas espécies de vaidade: "a vaidade pública e a vaidade privada, chamada de boa consciência, respeito humano, autoestima, tanto é verdade que há em cada homem dois homens, aquele que age e aquele que critica. A vida íntima é o perpétuo ludíbrio daquele que critica por parte daquele que age..." etc. Mas essas reflexões, depois de longos desenvolvimentos, concluem-se com um brusco retorno a si mesmo por parte do autor: "Posso falar do orgulho como grande mestre...". Em outras palavras, é *sua* vida reflexiva que ele acaba de descrever como a "vida íntima" da espécie inteira. O movimento generalizador é *defensivo*.

Isso fica mais perceptível quando se relê a carta a Ernest: diferentemente de La Rochefoucauld, Gustave não tenta absolutamente reduzir a aparente variedade de nossas motivações a uma única pulsão fundamental que se manifestaria sob diversos disfarces. Ao contrário, ele reconhece a existência de afetos irredutíveis à vaidade – acrescentando simplesmente que esta desempenha um papel predominante nos móbeis de nossas ações: "Sim, quando dás esmola, há talvez um impulso de simpatia, um movimento de piedade, horror à fealdade do sofrimento, egoísmo até; porém, mais que tudo isso, tu o fazes para... poderes olhar-te como superior pelo coração, teres enfim tua própria estima, que preferes a todas as outras". Essa dosagem das motivações transforma o analista no cozinheiro que dá uma receita. Curiosamente, encontramos a receita, inalterada, introduzida pelo mesmo exemplo, em *Souvenirs* na data de 28 de fevereiro de 1840: "...Digo que, quando damos um vintém a um pobre e dizemos que somos felizes, na verdade somos impostores, enganamo-nos. Há mais de três quartos de orgulho em toda boa ação, sobra um quarto para o interesse, para o movimento animal fatal, para a necessidade de fartar, para o apetite real". A comparação dos dois textos requer duas observações. Em primeiro lugar é que ambos parecem apresentar a tese de Flaubert com o máximo de *concessões*. O primeiro poderia ser escrito da seguinte maneira: "Tu me dirás, caro Ernest, que há em nós muitas outras motivações, impulsos de simpatia etc. Concordo. Mas de todos os móbeis o orgulho é o mais forte". Sem dúvida, pode-se afirmar que ele apresenta sua ideia nessa forma absurda para convencer sem assustar aquele que ele já considera um jovem "burguês". A virtude existe, concordo, além de outros sentimentos: mas a sua parcela nas opções cotidianas é reduzida. No entanto, será mesmo a Chevalier que ele concede aquilo que, afinal, deve provocar a destruição de sua doutrina?* Bastará lermos a nota dos *Souvenirs* – escritos, conforme ele esclarece, para si mesmo: como ela reproduz a receita (parece que o objetivo é fazer um "quatro-quartos": um quarto de manteiga, três quartos de orgulho), é porque a atitude defensiva e concessiva lhe é espontânea. Em suma, ele tem medo de sua própria teoria. Ela é tão terrível assim? Não, em princípio: o pessimismo do adolescente encontra satisfação. Desde que seja estendido a toda a espécie. Mas a regressão analítica, se fosse por ele realmente praticada, poderia levá-lo muito mais longe: afirmar seu orgulho e generalizá-lo ao mesmo tempo não é grave; o homem é uma fraude, eis tudo: mas, quando se tenta reduzir esta ou aquela pulsão e encontrar o orgulho em seu fundo, quem sabe onde vai parar a regressão; quem sabe se a vaidade descoberta não se apresentará como produto singular de uma situação particular?

Essa primeira observação implica outra: é que nossa análise está patinhando. O primeiro dos textos citados é de março de 1838; o segundo, de dezembro do mesmo ano; o terceiro, de fevereiro de

---

* É teoricamente possível, pela análise (atomismo psicológico), reduzir a elementos (desejo, prazer) todos os estados compostos, mas por que não o orgulho? Além disso, por meio de uma progressão dialética e genética, seria possível mostrar o orgulho como infraestrutura a produzir os pretensos irredutíveis como suas emanações (ou, inversamente, ele poderia ser despojado de suas máscaras por meio de uma "análise" regressiva). Mas esses métodos, embora logicamente possíveis, excluem *a priori* as dosagens de Flaubert. Se não fiz a gênese progressiva, a redução regressiva ou a análise atomística, o que me permitirá afirmar que o impulso de simpatia (que figura no rol dos móbeis) é *sempre* inferior ao orgulho? Como medir essas forças independentes? E em que basear a indução? Aliás, se admitir a irredutibilidade qualitativa, Gustave arruinará ao mesmo tempo o atomismo e o geneticismo em nome de um ecletismo idealista que, por definição, admite *todas* as dosagens, ou seja, concebe conjuntos psíquicos nos quais o impulso fundamental possa ser dado por qualquer dos componentes.

1840. Em suma, entrementes transcorreram mais de dois anos. No entanto, com poucas diferenças, o segundo reproduz o primeiro. O mesmo "vintém do pobre", o mesmo ecletismo da dosagem. É de se notar que essa dosagem abstratamente esboçada nem sequer reproduz a experiência de Gustave. Esta nos é alusivamente revelada em *Souvenirs* (fim de 1838 ou início de 1839): com o nome de homem "crítico", ele descreve a reflexividade e mostra o refletido a subornar a reflexão para torná-la conivente. Por que parar no meio do caminho? Porque a "vida íntima", se for por ele descrita como solidão, pode reconduzi-lo a seu próprio desamparo, à sua própria particularidade. Na verdade, quando ele escreve na mesma nota: "quantos poetas... sozinhos se põem no alto, encontram gênio em seus olhos, em sua fronte; quanta gente... sorri para ver-se sorrir – fala mirando-se... Quem dos senhores nunca foi tão criança a ponto de buscar poses que lhes caíssem bem, tão apaixonados por si mesmos a ponto de beijar-se a mão...?", nada, a não ser a vontade de generalizar, lhe garante que essa experiência não faz parte apenas de sua singularidade: por definição, tudo o que ocorre aqui – como relação permanente entre o refletido e o reflexivo – só pode ocorrer na ausência de qualquer testemunha. Ora, essa descrição vai mais longe que a doutrina do autor: o orgulho torna-se uma empreitada geral, uma estratégia defensiva para substituir, no sujeito, a estima dos outros – que falta – pela sua própria estima, que ele finge pôr acima de tudo. O pendor é perigoso: pode-se escorregar e assim acabar por descobrir que o orgulho é a reação solitária do "Idiota da família", que ele é mais encenado que sentido (ele fala mirando-se) e que está de mãos dadas com a opção imposta de preferir-se (ele se beija a mão) na exata medida em que se é "mal-amado". A criança que se olha no espelho, que nele vai perscrutar seus olhos e sua testa para encontrar sinais de genialidade, que se acaricia e beija para compensar o desamparo com práticas onanistas, essa nós já conhecemos, é Gustave e só ele. Com isso entendo que é possível fazer generalizações, mas, quando elas ocorrem, serão realizadas *por outros* (será, mais tarde, a experiência psicanalítica), que compararão de fora essa "vida íntima" *com outras*; e o fundamental já não será o orgulho, mas a interiorização da proto-história. Nesse caso será possível voltar ao pessimismo, mas em outro nível e por outras razões. Sozinho e mesmo que lhe fosse possível aquilo que hoje se chama autoanálise, Gustave, mergulhando em si mesmo, só poderia encerrar-se na singularidade de que quer fugir. É por isso que se repete: esse teórico do orgulho, que pretende falar do assunto como "grande mestre", pouco avança. Contrariando sua experiência pessoal e no abstrato, ele aceita que as outras pulsões sejam irredutíveis, *para manter*, contra qualquer tentação de aprofundamento, a irredutibilidade do orgulho, dado genérico. Congelou seu saber com a vontade de apresentar qualquer descoberta introspectiva como um pensamento que se bifurca: uma das saídas desemboca no particular, e a outra, no universal. Mal e mal ele consente em marcar sua diferença individual dizendo ora que é mais orgulhoso que os outros, ora que está mais consciente de seu orgulho – o que dá na mesma, quer se queira compreender: se minha consciência reflexiva desse móbil é mais desenvolvida, é porque esse afeto em mim é mais acentuado; ou quer se entenda: graças à minha lucidez torno-me o Orgulhoso, ou seja, aquele que se descobre ocupado pelo Orgulho e relaciona tudo com essa pulsão irredutível.

Na verdade, ele sente que se escapa: sua teoria continua a "incomodá-lo". Em 21 de maio de 1841, escreve em seu caderno: "Ah! Meu orgulho, meu orgulho, ninguém te conhece, nem minha família nem meus amigos nem eu mesmo. Afinal, relaciono tudo a ele e talvez me engane". Nem mesmo é indubitável que esse orgulho, cujas raízes mergulham na noite, seja sua motivação fundamental. Além disso, o autoconhecimento não será um engodo por natureza: "Quando comecei isto, queria fazer uma cópia fiel do que pensava e sentia, e isso não aconteceu uma única vez, a tal ponto o homem mente para si mesmo; a gente se olha no espelho, mas o rosto está invertido, em suma, é impossível dizer a verdade quando se escreve. Nós nos tocamos, dirigimos a nós mesmos sorrisos e requebros, às vezes ocorrem pensamentos opostos enquanto escrevemos a mesma frase. Quem se apressa trunca; quem se detém alambica e afrouxa?".

Na visão de si mesmo há já um jogo de reflexos; e conhecer-se é *encenar-se*: a introspecção deveria pôr um termo na comédia, mas ao contrário ela a desenvolve, e a sinceridade reflexiva não é possível. Não seria isso pôr em xeque o valor de todo autoconhecimento? O que o adolescente nos diz é que a reflexão se contesta a si mesma, que o experimentador, com seus hábitos, desejos e preconceitos, faz parte da experiência reflexiva e só pode falseá-la *a priori*. Na verdade, o conhecido é um *objeto*: como então alguém poderia conhecer-*se* a não ser como objeto que é para os outros? Mas o "*Gnôthi seauton*"[46] de Flaubert tem justamente a finalidade de subtrair-se aos outros, de recusar a objetividade com que eles o afetaram de modo prematuro e colocar-se como *sujeito* cognoscente e conhecido – o que é propriamente impossível. As observações que acabamos de citar, portanto, visam mostrar de novo a impossibilidade de qualquer conhecimento reflexivo. O fastio de Flaubert é tão grande na época, que ele chega, aliás, a contestar o método analítico: "As ciências procedem pela análise – acreditam que isso constitui sua glória, mas é sua lástima. A natureza é uma síntese e, para estudá-la, cortamos, separamos, dissecamos e, quando queremos fazer um todo com todas essas partes, o todo é artificial, fazemos a síntese depois de tê-la deflorado, os nexos já não existem: os nossos são imaginários e, ouso dizer, hipotéticos". Tais trechos, cabe dizer, são raros na obra de Flaubert. Neste, que ataca deliberadamente o *pater familias* e contém em embrião *Bouvard e Pécuchet*, sem dúvida há uma oposição implícita entre ciência e Arte, em que só esta pode fornecer diretamente a síntese viva, a relação entre microcosmo e macrocosmo. Mas o que impressiona ainda mais é a secreta denegação da psicologia analítica. Uma *Erlebnis* é um todo que não se reduz à soma de seus elementos. Portanto, o trabalho que Gustave pretende fazer não passa de logro. Sua reflexão permitiu-lhe entrever sínteses deslizantes, que lhe escapam quando ele quer agarrá-las ou que se oferecem e se desagregam diante de seu olhar, mas lhe parecem a verdade do vivenciado. Sua crítica à análise termina com uma frase inacabada: "A ciência das relações das coisas, a ciência da passagem da causa ao efeito, a ciência do movimento, da embriologia, da articulação...". O sentido é claro: essa disciplina ainda está por se criar, mas é a única que mereceria o nome de ciência, pois nos possibilitaria compreender o nascimento e o desenvolvimento de seu objeto. Aplicada ao autoconhecimento, essa exigência se define: é preciso uma psicologia genética que trace a progressão dialética de um conjunto psíquico e nos descreva suas articulações.

Na época, ele compreende tão bem que o conhecimento exige um objeto por conhecer, que a redução sistemática de um todo a seus elementos invariantes falseia a realidade concreta, em suma, está tão consciente dos defeitos de seu método e de sua posição, que por duas vezes tenta conhecer-se *como outro*. Ele será outro em relação a si mesmo na exata medida em que o tempo fará de seu pensamento de anteontem o objeto do pensamento de hoje. Em janeiro de 1841, a conselho do doutor Cloquet, tenta "pôr por escrito na forma de aforismos todas as minhas ideias". O objetivo é "lacrar o papel e abri-lo depois de quinze anos". O que o tenta é a seguinte frase dita pelo médico: "O senhor encontrará outro homem". Depois de passar dos trinta anos, a defasagem e as mudanças lhe permitirão trazer para diante de seus olhos o jovem que ele era. Ele o verá como uma realidade estranha que se lhe apresentará em toda a sua complexidade. Contudo, dessa forma a tentativa é desesperada: é a si mesmo que ele quer conhecer hoje, com dezenove anos. Precisará esperar quinze anos para decidir o que é? Entrega-se à tarefa com certa pressa; depois, percebe-se que o seu fervor esmorece e, por fim, os cadernos de *Pensamentos íntimos* são abandonados. Dessa tentativa sobrará certa preocupação em observar-se de fora, em olhar-se na terceira pessoa, como objeto de uma investigação, cujos vestígios encontramos em *Novembro*, com o desdobramento *Eu-Ele*. Mas logo ele percebe que falseia todos os dados, e que o *Ele* não é realmente um objeto (ainda que ele tenha forjado uma testemunha fictícia – que é também ele mesmo). E, já na primeira *Educação sentimental*, buscará o distanciamento na invenção romanesca. Jules, de novo, *é ele na exata medida em que não é ele*.

Em suma, Gustave está coagido a conhecer-se, mas o método analítico não lhe serve bem em sua empreitada, e a passagem prematura ao universal é um verdadeiro truque. Como contrapartida do impossível *autoconhecimento*, ele possui uma *compreensão* excepcional de seus movimentos íntimos. Nem é preciso insistir no abismo que separa esta daquele. A compreensão é um acompanhamento mudo do vivenciado, a familiaridade que a empreitada subjetiva tem consigo mesma, a perspectivação dos componentes e dos momentos, mas sem explicação; é uma apreensão obscura do sentido de um processo para além de suas significações; em outros termos, ela mesma é vivenciada, e eu a chamarei de *pré-reflexiva* (e não irrefletida) porque aparece como uma reduplicação, sem distância, da interiorização. Intermediária entre a consciência não-tética e a tematização reflexiva, é a aurora de uma reflexão, mas esta, quando surge, com seus instrumentos verbais, frequentemente falseia o "compreendido": entram em jogo outras forças (por exemplo, em Flaubert, a recusa ao singular) que a desviarão ou a obrigarão a substituir o sentido por um conjunto coerente de significações, e as profundezas vislumbradas por generalidades verbais e superficiais.

Flaubert, com dezesseis anos, está perfeitamente consciente dessa diferença. Escreve no capítulo XIII das *Memórias*: "*Como* traduzir com palavras essas coisas para as quais não há linguagem, essas impressões do coração, esses mistérios da alma que ela mesma desconhece?".* Mas ele faz muito mais do que a mencionar de passagem. Entre dois movimentos de eloquência ou duas análises viciadas, surgem em suas obras estranhas reflexões que procedem da *compreensão*, mas mesmo à luz meridiana permanecem obscuras: alusões sugestivas a um sentido que escapa. Tomo como exemplo apenas dois sonhos que ele relata no capítulo IV de *Memórias*. Caso substituíssemos o relato dos dois sonhos do fim do capítulo III por "Eu tinha horríveis pesadelos", este se concatenaria perfeitamente ao capítulo V: "À noite, eu ouvia por muito tempo o vento soprar lugubremente... adormecia... metade nos sonhos, metade no pranto, e eu tinha horríveis pesadelos. Eis como eu era" etc. Nessa época o sonho, como tal, não tem direito de acesso à literatura, a menos que sirva à intriga e nela se integre na forma, por exemplo, de visões premonitórias.** Então, o que levou Gustave a confiar ao papel dois pesadelos evidentemente escolhidos, sem a menor preocupação com o rompimento da trama da narrativa? Provavelmente eles se assemelham, em suas sinistras cores, à tristeza da vida no colégio, ao pessimismo geral das *Memórias*. Mas isso não bastaria, pois – segundo as premissas literárias da época – eles não fazem a história avançar. Sem dúvida alguma, o jovem autor só pode ter pressentido sua importância secreta. Um deles se refere às suas relações com a mãe; o outro, às suas relações com o pai: este, incontestavelmente – observação esta feita com frequência –, é o primeiro sonho de

---

* Cabe notar que o pensamento de Flaubert, como lhe ocorre com frequência, logo se perde. Com efeito, ele acrescenta: "Como direi tudo o que senti, tudo o que pensei, todas as coisas que fruí naquela noite... Poderia eu dizer jamais todas as melodias de sua voz" etc. Há dois temas, em suma: o primeiro é o dos "mistérios da alma que ela mesma desconhece", o segundo, bem diferente, é a insuficiência das palavras para traduzir a sensação ou o sentimento, mesmo quando eles são objeto de clara consciência reflexiva.

** Ou se for apresentado, como nos românticos alemães e em *Louis Lambert*, como sinal de nossa dupla natureza. Com efeito, Balzac escreve: "Como os homens refletiram pouco até agora nos acidentes do sono que denunciam uma vida dupla no homem... Não haveria uma ciência dupla nesse fenômeno?... Ele anuncia pelo menos a frequente desunião de nossas duas naturezas". Mas não se deve buscar nesse texto algum tipo de pressentimento da *Traumdeutung* freudiana, pois ele acrescenta: "Portanto, enfim encontrei um testemunho da superioridade que distingue nossos sentidos latentes de nossos sentidos aparentes". Na verdade, para Louis Lambert, o sonho é um caminho de acesso para o Supranatural. Ao contrário, os pesadelos descritos por Flaubert são amargamente realistas e explicitamente apresentados como efeitos de seus transtornos nervosos e de suas angústias.

castração contado de modo intencional na literatura francesa.* É como se Gustave, não podendo nem querendo falar da família – não diz uma só palavra a respeito quando conta seus amores de Trouville, quando todos os Flaubert estavam presentes –, encarregasse dois sonhos de expressar suas relações com o casal que o engendrou, numa forma simultaneamente incognoscível e compreensível.

Entenda-se: em primeiro lugar, o incognoscível torna-se objeto de conhecimento a partir do momento em que se possua um método de interpretação; *para nós*, leitores do século XX, os sonhos de Flaubert são decifráveis. Mas não resta dúvida de que o incognoscível – sempre provisório – aparecia-lhe como definitivo. Por outro lado, não se deve imaginar Flaubert optando com determinação lúcida por nos expor informações sem o código que nos permita decifrá-las. Esse código não é conhecido por ele. Simplesmente, a intenção onírica prolonga-se no autor por um sentimento confuso da *importância* autobiográfica dos dois pesadelos. Ignoramos o que o impressionou: talvez eles fossem recorrentes, e ele se emocionou com a sua repetição. Talvez tenha bastado uma vez para que ele vislumbrasse "abismos". O que conta é o acerto da apreciação espontânea, mas sem intelecção: isso quer dizer que a avaliação não é transparente por si mesma e decerto se apresenta como uma opção literária ou, mais provavelmente, como uma necessidade sentida: *é preciso* escrever *isso*. Mais tarde, quando começa a repetir incessantemente que ninguém escreve o que quer, Gustave faz alusão a esse tipo de opção que é vivenciada como coerção, por não ser reconhecida como opção. Meio século antes da *Traumdeutung*, quando os psicólogos ainda viam na vida onírica uma simples revivescência das impressões da véspera, deformadas pela vida orgânica do adormecido, Flaubert, emparelhando dois sonhos (pai, mãe), mostra que a percebeu obscuramente como via de acesso para si mesmo. No entanto, imediatamente o mergulhador se preocupa e, com um impulso das ancas, sobe à tona: *Novembro* e a Correspondência informam que as suas noites, depois do internato e até o "ataque", são muito agitadas, mas o jovem, embora indique seus transtornos noturnos, já nem pensa em descrevê-los; a ostra se fechou.

As cartas e os *Souvenirs* estão cheios de indicações que, apesar de rápidas, nos possibilitam entender que Gustave vivia sua "estranhez" diante de si mesmo como uma compreensão que não pode e não quer

---

* Acrescento que a palavra "castração" para mim é apenas a expressão dos fatos *em certo discurso*.

transformar-se em intelecção. Se esses sonhos o assombram é porque neles ele vê o eco de inclinações e pensamentos *despertos*, mas também indecifráveis. Sabe-se que ele escreverá a Louise dizendo que seu coração está debilitado pela "frequentação de coisas malsãs", e que ele se comparará a uma lagoa de fundo lodoso, que não deve ser agitada para que o limo malcheiroso não suba à superfície: portanto, ele tem alguma noção da psicologia das profundezas. Mas bem antes, em 1841, escreve em *Souvenirs*:

"Se tenho suaves desejos de amor, tenho-os também ardentes, sangrentos, horríveis. O homem mais virtuoso tem no coração lampejos de coisas assustadoras. Há pensamentos ou ações que não confessamos a ninguém, nem mesmo a nosso cúmplice, nem mesmo a nosso amigo, coisas que não repetimos em voz alta. O senhor alguma vez enrubesceu com secretos e ignóbeis movimentos que lhe subiam por dentro e depois desciam, deixando-o admirado, surpreendido por os ter?".* Esses secretos movimentos são os de seu sadismo e de seu masoquismo, são seus furores ciumentos, suas relações negras com a família. Estamos no terreno da compreensão: ele *vivencia* sua anomalia, esta lhe causa espanto, mas ele adere a ela; entretanto, no instante em que vai entreabrir-se e enxergar, na profundeza, a maldição do pai, ele imediatamente se fecha. À compreensão, assim como ao conhecimento, ele escapa por meio da generalização: "*O homem mais virtuoso...* não *confessamos* a ninguém... *O senhor* alguma vez?...". Seja como for, esses pensamentos são "lampejos"; em outras palavras, não são apenas vivenciados em si mesmos, mas iluminam vagamente a pessoa para si mesma.

Resumindo: Gustave vivenciou sua idiossincrasia com mal-estar; uma íntima participação em si mesmo permitiu-lhe compreender-se desde muito tempo, ou seja, aderir aos movimentos de sua vida e até mesmo orientá-los, em certa medida. A passagem para a reflexão, facilitada pela influência de Alfred, leva-o a esquematizar e generalizar algumas determinações da vivência: ele escapará à maldição burguesa se seus humores sombrios se lhe apresentarem como a justa e ingênua apreciação da condição humana. A primeira intenção do jovem autor, quando escreve *Memórias de um louco*, não é avançar no autoconhecimento, mas realizar a morte da alma em geral por meio de uma totalização na interioridade. As dificuldades da obra e, afinal, seu fracasso total provocam a necessidade de utilizar a reflexão para conhecer-se. Mas a natureza de seu projeto – escapar a *si* como

---

* *Souvenirs*, p. 108.

VII. Do poeta ao artista

anomalia –, seu intuito de generalizar-se e a insuficiência de seus instrumentos levam-no a contestar toda e qualquer possibilidade de conhecimento introspectivo. Portanto, ele se ignorará. Mas, ao mesmo tempo, o aprofundamento da compreensão compenetra-o do sentimento de que há nele, apesar de tudo, *alguém* que precisa ser conhecido. Esse *alguém* ele entrevê intermitentemente, mas sente medo diante do que advinha; além disso, a intermitência da compreensão, na ausência de um método ou de uma testemunha, não pode converter-se em intelecção. Gustave pode *vivenciar-se*, mas não construir um *modelo do vivenciado*. De resto, ele está fascinado por esse "ele mesmo" que o assombra, mas teme-o e recusa-se a *confessar-se a si mesmo*. Portanto, viverá num mal-estar crescente: nunca esteve mais presente em sua vida subjetiva do que desde esse momento em que o autoconhecimento lhe parece impossível. Os "lampejos" o preocupam, desvendam-lhe tudo e o cegam ao mesmo tempo: ele se vê incessantemente e não enxerga nada. O desconforto provém do fato de que a compreensão desvaloriza para sempre o conhecimento, ao mesmo tempo que o exige, de certa maneira. Assim que para de pensar no assunto, é invadido pelo monstro que não quer ser e, quando ousa enfim olhar para ele, a besta imunda desapareceu. Tem-se a impressão de que os mecanismos de censura, em seu nível habitual, não funcionam bem, e que o recalque se faz no próprio nível da reflexão. Ele se explicará um pouco depois numa carta à irmã que parecia uma conclusão dessa longa aventura. Estamos em 1845, Caroline casou-se com Hamard. Voltam da viagem de núpcias e ficam em Paris "para arranjar casa e mobília". Flaubert admira-se de não estar triste e reconhece que não sabe prever-se. Para não estar com ciúme – diz ele hipocritamente – só pode "gostar muito do tal Emile". Nada mais falso, e ele sabe: ele detesta e despreza o cunhado, sobre quem escrevia em 1840: "é burro de dar dó".*

A verdade ele nos expõe sem saber e a contragosto – como é frequente – com uma simples construção frasal: "Se você gosta de mim, é justo, pois eu gostei muito de você". Em outros termos, ele percebe ou acredita perceber que já não gosta de Caroline – o rancor abafou ou mascarou o amor – e espanta-se com isso. Conclui: "Sou um sujeito muito esquisito, como dizia Chéruel; durante algum tempo achei que me conhecia, mas, de tanto me analisar, já não sei mais quem sou; por isso, perdi a tola pretensão de querer me guiar tateando nesse quarto escuro do coração que de vez em quando é iluminado por um

---

* *Souvenirs*, p. 63.

relâmpago fugaz que revela tudo, é verdade, mas em compensação nos deixa cegos durante muito tempo. A gente se diz: vi isto, vi aquilo, oh! Vou reconhecer muito bem meu caminho, e nos pomos em marcha chocando-nos em todas as quinas, machucando-nos em todas as arestas. Se eu souber com qual propósito essa comparação me ocorreu, quero que o diabo me carregue. É porque faz tempo que não escrevo e de vez em quando preciso fazer um pouco de estilo...".*

Esse texto é fundamental. Primeiro porque descreve os momentos dessa evolução. Gustave analisou-se demais; perdeu a tola pretensão de construir o autoconhecimento com base nas fulgurações mudas da compreensão. Agora já não se conhece, não sabe o que é, e suas reações sempre o surpreendem. O momento no qual ele "acreditou conhecer-se" corresponde aos primeiros tempos da reflexão: nessa época – 1837-1838 –, ele reuniu algumas descobertas "introspectivas", flagrou-se com a boca na botija em reações de orgulho exasperado. Pensa então em aplicar o método analítico: é o fracasso. Sua intenção, na verdade, está eivada de moralismo: trata-se de separar o joio do trigo; nesse sentido, a análise é o movimento da desilusão: eu achava que era bom (quando criança), não sou; o que se expressa também – sob as luzes do ressentimento – nos seguintes termos: eu *era* bom, os outros me tornaram mau. Mas a análise o desorienta, uma vez que, por definição, ela deve reduzir um conjunto particular a seus elementos universais. Os pressupostos do método servem bem demais a seu principal objetivo, que é universalizar-se por meio do conhecimento reflexivo. Assim, o que ele descreve é sua busca inquieta durante os anos 1838-42. O que ele entende aí por *abusos* da análise é, na verdade, o seu mau emprego. Nas entrelinhas descobrimos que é seu *emprego pura e simplesmente*: o atomismo psicológico falseia a autocompreensão pela vontade universalizante de reduzir a irredutibilidade a elementos invariantes cuja variação está apenas na combinação. Essa análise o fascina (é o olhar do pai), horroriza-o (é a dissecação), serve-lhe muito bem (justificação) e afinal não dá resultado. Portanto, é preciso renunciar a ela? A palavra "demais" mostra aí toda a ambiguidade do pensamento de Flaubert. Na verdade, ele não pode condenar inteiramente a análise porque vê nela um método científico. No entanto, os pretensos conhecimentos analíticos que possui escondem sua verdadeira *existência*, e ele percebe isso: essas abstrações, que ficam no fundo da proveta, nada têm em comum com

---

* *Correspondance*, Supplément I, p. 49.

VII. DO POETA AO ARTISTA

o sincretismo do vivenciado. Vai condenar a análise? Não. No último momento recua e prefere condenar o seu abuso. Isso é resvalar de uma ideia para outra e, no fundo, condenar – como o faz o senso comum – o uso da reflexão: observei-me demais a viver; era preciso viver espontaneamente. Mas ele sabe que essa vida espontânea, irrefletida ou pré-refletida, que envolve sua própria compreensão, não dá por si mesma os instrumentos que possibilitariam conhecê-la. Portanto, em vez de refutar a análise como método psicológico, ele prefere declarar que o autoconhecimento é *impossível* porque a compreensão é irredutível ao saber. Mas é escusado dizer que essa irredutibilidade torna o método analítico (no sentido que lhe é dado no século XVIII) perfeitamente inaplicável.

O que impressiona nessa carta, apesar da ênfase – aliás suportável – do estilo, é a extraordinária consciência que Flaubert tem da autocompreensão. Evidentemente, é, em primeiro lugar, a intuição oposta ao discursivo, o deleite brusco e horrorizado consigo mesmo na busca metódica. De onde provém essa apercepção da pessoa inteira? Ninguém o diz. Suponho que ela apareça em certos estados de *estranhez* nos quais Flaubert é surpreendido por seus comportamentos: então ele se rasga de alto a baixo e se vê. Em geral, carecemos de fatos para respaldar essa conjectura: Gustave nos expõe suas experiências alusivamente, fala de pensamentos de que se vergonha, que ele não contaria nem mesmo a Alfred, "nem a si mesmo". Mas esconde-nos seu conteúdo. Dois trechos de *Souvenirs*, porém, possibilitam-nos imaginar o que pode ocasionar essas fulgurações reveladoras.

O primeiro é o seguinte: Flaubert tem dezoito anos. Hamard, cujo irmão está à beira da morte, acaba de "anunciar-lhe essa agonia": "Ele me apertava a mão afetuosamente, e eu deixava que ele a apertasse, puxei-a rindo com uma cara de bobo, como teria sorrido num salão. Isso me desagradou imediatamente; aquele homem me humilhava. Porque ele estava cheio de um sentimento do qual eu estava vazio – eu o vi de novo ontem –, no entanto ele é burro de dar dó, mas eu me lembro bem que me odiei e me achei detestável naquele momento". E o outro: "Tenho inveja da vida dos grandes artistas, da alegria do dinheiro, da alegria da arte, da alegria da opulência, tudo deles...", completado por esta observação: "(Se eu fizesse) um livro, seria sobre as torpezas dos grandes homens – fico contente que os grandes homens as tenham".

Nos dois casos, Flaubert se espanta. Sente vergonha por ter inveja dos grandes homens: surpreende-se a procurar de modo mesquinho suas pequenezas porque está convencido de ser um "grande homem gordo". Mas o que o deixa atônito, principalmente, é chegar a invejar a grande dor de um imbecil. Evidente que ele não se censura por não sofrer nessa circunstância tanto quanto o amigo: não, mas compara aquela infelicidade transtornadora ao seu próprio "vazio", pressente sua secura, pressente que em caso semelhante seria incapaz de se encher de uma dor tão densa e profunda. Odeia-se: isso quer dizer que vai bem além desse comportamento singular e que o considera a expressão de sua realidade íntima, de suas relações concretas com os diversos membros da família. Não há dúvida alguma de que as coisas são assim: o fato de ele se dar o trabalho de notar essa reação particular e *datada* – coisa tão rara nele – mostra bem a importância que ele lhe dá; direi até que, entre muitas outras reações, talvez mais importantes, mas, como dirá ele depois, brincando com a palavra, *indizáveis* –, essa é a única que ousou escrever e que, em seu espírito, vale por todas aquelas que deve ter calado, por temor de ser lido.

Mas a fulgurante dilaceração que veio logo a seguir terá ensinado alguma coisa? Não. E é aí que Gustave – na carta a Caroline – mostra perspicácia: esse relâmpago fugaz "revela tudo, é verdade, mas em compensação nos deixa cegos durante muito tempo". Em primeiro lugar, é de se notar que a evidência íntima *invade* Gustave. A intuição nunca é preparada e não pode ser reproduzida; reencontramos a passividade fundamental do jovem: trata-se de visitações. Ele também ressalta a indivisibilidade sincrética dessa visão totalizadora. Há mais, porém: ela ofusca. Isso quer dizer que essa visão *enceguece* a compreensão: não é simplesmente irredutível; entre ela e o saber não há apenas incomensurabilidade de princípio. A *ofuscação* manifesta que é *recusa de conhecer-se*: refreamentos e inibições logo se desencadeiam – dir-se-á até que fazem parte dela – e a tornam indecifrável, tudo se mostra e se oculta ao mesmo tempo. A atividade passiva do jovem limita-se a recusar o que lhe é dado. De qualquer maneira, quando a luz se apaga, Flaubert tem a impressão de que pode tirar proveito do que obteve. O trabalho que ele empreende, contra si mesmo, com angústia e fastio, e com a intenção – insincera, mas profunda – de saber *com o que está lidando*, assemelha-se de modo curioso a uma *autoanálise* (no sentido com que os analistas contemporâneos tomam essa palavra). Dessa vez não se trata de dissecação, mas de reconstituição progressiva: procura-se pôr em perspectiva o conjunto desaparecido, quer-se descobrir suas articulações e fixá-las por meio do discurso. Nessa noite escura, acredita-se andar, busca-se a lembrança de um caminho que, na verdade, nunca existiu, que é preciso inventar. Tenta-se a orientação, como que pelas estrelas, com base em impressões visuais que esse relâmpago deixou na memória, mas que se desvanecem tão logo se encontram os referenciais; encontrões, ferimentos: isso significa que no íntimo se encontram resistências e dores indefiníveis, asperezas *inomináveis*, vergonhas cujo objeto não se pode identificar. Esse texto notável parece confirmar por antecipação as prevenções dos freudianos contra a autoanálise. Ele rejeita ao mesmo tempo o atomismo psicológico com suas dissecações e a possibilidade de reencontrar as articulações dessa totalidade subjetiva que às vezes se apresenta de repente no temor e no tremor. O que mais impressiona é que Flaubert, ao traçar essas linhas, tem uma consciência muito confusa de sua importância, tal como nos trechos mais reveladores de sua Correspondência: ele se admira *a posteriori* de tê-las escrito e, imediatamente, por meio de um erro semi-intencional, explica-as como um desejo de "fazer um pouco de estilo". Assim, tudo está obscuro, inclusive a impressão de ser obscuro. Só a conclusão não o é: *é preciso desistir de conhecer-se*.

No entanto, não se deve tomar ao pé da letra o esboço histórico traçado por Gustave na carta a Caroline, que parte do abuso da análise para chegar à resignação. *Grosso modo*, a orientação é exata: por volta dos dezesseis anos ele tenta conhecer-se; com 24, sabe que nunca se conhecerá. Mas, na verdade, tudo é sempre dado ao mesmo tempo a cada momento do processo: conhecimento e sua negação, análise e compreensão; somente a *ênfase* varia. Isto porque ele quer e não quer desvendar-se para si mesmo. Ou melhor, ele é levado a querê-lo sobre o fundo de uma recusa imutável. Assim, a insinceridade reconhecida das *Memórias* impele-o a abrir um novo caderno para tentar registrar nele observações introspectivas. Mas, assim que vira a primeira página, parece desistir da empreitada. Com efeito, ele escreve, depois de uma tirada vingativa contra os homens ("Nada de bom espero da parte [deles]"): "Tenho em mim todas as contradições, todos os absurdos, todas as tolices". E acrescenta – o que revela seus temores e prova que ele não se julga ainda terminado, portanto determinado: "Nem sequer conto comigo, serei talvez uma pessoa vil... malvada e covarde, que sei eu?" Retoma-se logo em seguida para tranquilizar-se: "Creio, porém,

que terei mais virtude que os outros porque tenho mais orgulho".*
E esse pressuposto agnosticista se expressará oito anos depois *nos mesmos termos* quando disser à Musa: "Sou um pobre homem bem simples, bem fácil e *bem homem*, 'flutuante e mutável'[47], formado por retalhos e pedaços costurados, *cheio de contraditórios e absurdos*. Se não compreendes nada de mim, eu mesmo não compreendo muito".**

Enquanto isso, de 1838 a 1842, como ele vive esse perpétuo jogo de oscilações? Há mal-estar. Ele *padece* passivamente seu pessimismo e ao mesmo tempo se surpreende o tempo todo de encená-lo – o que o conduzirá mais tarde à seguinte confissão: "Diga-se o que disser, o fundo de minha natureza é o saltimbanco". Esse exagero perpétuo o desconcerta e irrita: donde a "deplorável mania de análise", ou seja, uma tendência tristonha a espiar-se sem parar, para separar o burlesco do sincero. Mas o que *sabe ele* sobre si? Nada, a não ser que é perigoso e está em perigo. Em vão quer fugir de si mesmo e olhar-se de cima: ele é ao mesmo tempo a calma superfície e o fundo limoso da lagoa; a menor irregularidade nessa água uniforme tem origem nos obscuros movimentos do lodo e, inversamente, perpetua essas agitações profundas. Sua compreensão sobre si mesmo sussurra-lhe incessantemente que ele está caminhando para uma grande desgraça, correndo para ela e, de certa maneira, buscando-a. Que fazer? Assestar faróis para esse destino que o aterroriza? Ele não encontraria mais ninguém. Esquecer esse "horrível trabalhador"? Mas isso é deixá-lo agir: sabe Deus que suicídio está preparando. Com mal-estar, sente presa de um desconhecido que o leva para a perdição. Um desconhecido mais próximo e mais distante que um irmão gêmeo, que quer o pior, que já matou sua alma projetando nela um absurdo "pensamento", uma evidência pessimista que o corrói e esgota para justificar-se. Gustave, presa de si mesmo, está mais desesperado porque *não se ama*. Os *Souvenirs* estão cheios de amargura e de lamúrias acerbas contra si mesmo: "(Apesar) de um imenso orgulho, duvido cada vez mais. Se você soubesse o que é essa angústia! Se soubesse o que é minha vaidade. Que abutre

---

* *Souvenirs*, p. 46.

** *Correspondance*, t. I, p. 405, 23 de novembro de 1846. É de se notar a oposição flagrante entre esse trecho e outros da mesma época: por exemplo o de 9 de agosto de 1846 (*Correspondance*, t. I, p. 231): "Vi com clareza dentro das coisas e de mim mesmo... Tinha entendido tudo em mim, separado, classificado (antes de te ver – portanto, antes do mês de agosto de 1846)". É que Flaubert nunca decide completamente conhecer-se nem ignorar-se.

selvagem, como me morde o coração – como estou sozinho, isolado, desconfiado, rebaixado, enciumado, egoísta, feroz!" É preciso tomar ao pé da letra o seu pessimismo: miserável e malvado, tem vergonha de sua miséria, e sua malvadez lhe causa repugnância; instalou-se nele um cinismo que ele deplora e cujas causas não quer conhecer, e ele fica atônito quando entrevê a origem dessa ruminação abstrata e desesperada, não a situação objetiva nem a experiência cotidiana, mas a intenção secreta de um invisível inimigo que ninguém é senão ele mesmo. Na superfície, enfastia-se; na profundeza, apavora-se.

Mas é de se registrar sobretudo que em 1838 o terror desse rapaz assombrado, a luta incessante, nele, entre as determinações de sua ipseidade – ser-de-classe, Ego da intenção fundamental, o Alter Ego que os outros denunciam, Quase-objeto da introspecção e Sujeito reflexivo do conhecimento – não são separáveis de seu fracasso literário. Com um único e mesmo movimento, no início desse outono ele abandona (provisoriamente) a totalização na interioridade em favor da obra de arte e, com tédio e recusa velada, em suma, com má-fé, tenta anotar num caderno, sem preparativos, sem estilo, portanto – acha ele – sem comédia, os resultados de sua análise introspectiva. Literariamente, o resultado é que o "Artista" perde a confiança em si: para escrever, é preciso ser sincero; para dissipar a insinceridade espontânea do saltimbanco, é preciso conhecer-se; ora, o autoconhecimento revela-se a ele como uma impossibilidade de princípio, porque na realidade ele não o quer. A consequência é que ele flutua, separado de suas raízes. Mas, ao mesmo tempo, prepara-se para "saltar de ricochete". Os devaneios, os planos que esboça, as cenas que imagina, tudo o leva a *Smarh*: isso quer dizer que ele volta, mais decidido que nunca, à totalização na exterioridade.

Retorno ao infinito

Após o fracasso das *Memórias*, Gustave sonha durante muito tempo. Como é costume seu, inventa a esmo cenas individuais, fixa-se em imagens que depois faz variar a seu talante; esses trabalhos desalinhavados levam-no a descobrir de repente o conjunto. O tédio então dá lugar a um repentino entusiasmo. Em 26 de dezembro de 1838, escreve a Ernest: "...há quinze dias eu estava na melhor disposição do mundo".* Há quinze dias: no momento da *concepção*;

---

* *Correspondance*, t. I, p. 37. O contexto indica – voltaremos a isso – que desde então ele reincidiu no marasmo, por causa das dificuldades de *execução*.

no início do mês, houve essa breve fulguração: ele duvidava de si mesmo e depois, de repente, o "Mistério" organizou-se. Nunca teve tanta ambição: quer escrever "algo inaudito, gigantesco, absurdo, ininteligível para mim e para os outros"; será um "trabalho de louco" no qual "(seu) espírito (será) tensionado em toda a sua extensão", que se realizará "nas mais altas regiões do céu". O posfácio que acrescenta em 1840 informa-nos que ele "considerava-se um pequeno Goethe". Em suma, tudo concorre para provar que ele quer tentar uma grande ação. Não devemos tratar essas aspirações com leviandade. Desde que tomou consciência do "pensamento" que o corrói, desde que assumiu por objetivo comunicá-lo por meio de seus escritos, o jovem foi de fracasso em fracasso. Duvida de seu gênio: nada sairá de seu fastio, a não ser uma desforra clamorosa que lhe permita considerar suas obras anteriores como *estudos*, trabalhos insatisfatórios, mas *preliminares*, de uma obra finalmente "bem-sucedida". Durante o outono de 1838, ele se sentiu despeitado e amargurado, seu "imenso orgulho" sofreu. Mas, de repente, o mesmo Orgulho, consciente de si mesmo, vai salvá-lo. Para entender essa inversão, é preciso explicar o broto pelo fruto; vamos nos antecipar e acompanhar os desenvolvimentos desse exercício espiritual nos anos posteriores: nós o veremos tornar-se mais consciente e sistemático. Será mais fácil, então, voltar ao Mistério de 1839 e elucidar as intenções de seu autor, ou seja, elucidar a relação entre o orgulho e a totalização na exterioridade.

Em 23 de maio de 1852, ele escreve à Musa: "Nós nos salvamos de tudo pelo orgulho. De cada desgraça é preciso tirar uma lição e *saltar de ricochete depois do tombo*". É que ele acaba justamente de aplicar a técnica do salto de ricochete. Nos dias 20 e 21 de março de 1852, Flaubert, que entregara a Louise Colet o manuscrito de *La Bretagne*, pede-lhe que o dê a Théophile Gautier para que este o leia: "Quanto a *La Bretagne*, eu não ficaria zangado se Gautier o lesse agora. Mas, se estás inteiramente dedicada à tua peça, fica aí, é mais importante... Em todo caso, só envia *La Bretagne* a Gautier quando o tiveres lido e avisa-me. Mando-te um bilhetinho para incluir no pacote". Ele voltou de Paris faz alguns dias, é sua primeira alusão a Gautier, portanto não temos certeza se Louise não foi quem *primeiro* propôs desempenhar o papel de intermediária. O certo, em todo caso, é que ele levou a oferta a sério: estima Gautier e está ansioso por lhe submeter a obra. Esse desejo num jovem que nada publicou é mais do que normal. Mas Louise, que entrementes tomou conhecimento do manuscrito, recusa-se peremptoriamente a enviá-lo a "Théo". Em 3 de abril, Flaubert lhe *agradece* por isso: nesse dia, porém, ele reconhece ingenuamente que está "prodigiosamente mal-humorado... com raiva, sem saber de quê". Evidentemente, o julgamento de Louise, que acha que em *La Bretagne* "abundam pilhérias e vulgaridades", nada tem com o caso. Ao contrário, ele tem o prazer de lhe dizer: "O que observaste em *La Bretagne* é também o de que mais gosto". E, de repente: "Quero abraçar-te com força e beijar-te as bochechas, o coração por algo que proferiste e me lisonjeou profundamente. Achas que *La Bretagne* não é uma coisa tão excepcional para ser mostrada a Gautier e gostarias que a primeira impressão que ele tivesse de mim fosse fortíssima. É melhor ficar quieto. Tu me metes em brios. Obrigado. Ando cheio de pudores com o bom Gautier. Faz muito tempo que ele me pede que lhe mostre alguma coisa, e eu sempre prometo. É espantoso como sou pudico nesse assunto... Querer agradar é rebaixar-se. A partir do momento em que publicamos, descemos de nossa obra. O pensamento de ficar a vida inteira completamente desconhecido nada tem que me entristeça... O problema é que eu precisaria de um túmulo grande demais; mandaria enterrar (meus manuscritos) comigo, como faz o selvagem com seu cavalo".

Maravilhosa inversão! Afinal de contas é Gautier que suplica e Flaubert que recusa: tem pudores. E ei-lo que começa a sonhar com seu caráter talvez demasiado arredio: "É espantoso como sou pudico com esse assunto...". O primeiro impulso era um ato de fé ingênuo em sua obra: queria mostrá-la a Gautier para impressioná-lo. As críticas e a recusa de Louise são o tombo. O salto de ricochete vem logo em seguida: Gustave interioriza a recusa e apresenta-a como sua própria decisão. Renegando seu desejo legítimo de ser lido, ele o considera uma fraqueza absurda. E, visto que até agora só mostrou seus textos aos íntimos, liga essa conduta passada à atitude presente de Louise; é *sua* reserva altiva que se expressou pela pluma da Musa: "Tu me metes em brios!". Ou seja, em sua verdade profunda. Ele levantou voo e agora está planando acima de Gautier, do "bom" Gautier, recriminando-se por não ser muito amável com ele. Também acima de Louise, a quem explica os motivos do Não implacável que ela opôs *por ordem sua* aos pedidos de Théo: "Querer agradar é rebaixar-se". Mas ainda não é bastante: com um novo bater de asas, Gustave ganha altura; sua negação universaliza-se: agora ele esconderá seus textos de todo o gênero humano: "A partir do momento em que publicamos, descemos de nossa obra". Essa passagem ao absoluto possibilita-lhe julgar com severidade *La Bretagne* e condenar a miserável fraqueza de seu eu constituído. O Ego empírico de Flaubert e os de Louise e Gautier, vistos de cima, confundem-se e desaparecem no espaço. O sujeito real está acima deles, escapou deles e só tem uma relação negativa com o gênero humano. Resta dar valor subjetivo à obra cujo valor objetivo acaba de ser contestado. Gustave trata isso já no parágrafo seguinte: "Foram essas pobres páginas que me ajudaram a atravessar a longa planície... Com elas, enfrentei tempestades, gritando sozinho ao vento e atravessando, sem molhar os pés, pântanos nos quais os pedestres comuns ficam atolados até a boca". O golpe dá certo: o talento literário foi substituído pela grandeza moral; seja lá como for, *La Bretagne* é um talismã que permitiu a Gustave evitar emboscadas e continuar sem rebaixar-se seu caminho de peregrino solitário.* Note-se que "essas pobres páginas" foram escritas de setembro a dezembro de 1847. Uma rusga com Louise e, depois, a viagem ao Oriente impediram que ele as mostrasse à Musa. Três ou quatro meses, no máximo: e não é que essa obra ligeira carregou-o através das planícies e dos charcos como se fosse um corcel? É que também aí Flaubert amplifica e recapitula: ele passa de *La Bretagne* à sua obra inteira graças à simples metáfora do selvagem enterrado com o seu cavalo. O cavalo é a totalidade dos manuscritos. Será que Gustave percebe que, com essa comparação, está fazendo da Arte um meio de passar a vida? Sem dúvida alguma, mas esse meio torna-se sagrado quando protege Flaubert dos erros e dos vícios; e, principalmente, o jovem autor confere valor *ético* a suas obras na exata medida em que outros contestam seu valor estético: pobres páginas, vá lá; mas a elas devo minha dignidade de aristocrata.

De acordo com esse exemplo, como definiremos a técnica do salto de ricochete? Note-se, para começar, que ela é usada depois dos "tombos". Mas os "tombos" são exatamente feridas do orgulho – e podemos estar certos de que Flaubert rugiu de furor ao receber a carta de Louise. Em suma, a cura das chagas do orgulho passivo ocorre quando se encarece o orgulho ativo. E, num primeiro momento, o salto

---

* O "salto de ricochete" vai acalmar sua raiva, mas não seus rancores. Na primeira carta e na seguinte, Louise pagará: ela lhe enviara uma peça, que ele rasga. Quanto a Gautier, não perde por esperar. No dia 24 de abril do mesmo ano Flaubert escreve a Louise: "No entanto, o bom Gautier era um homem bem-nascido, feito para ser artista consumado. Mas o jornalismo, o andamento comum das coisas, a miséria (não, não vamos caluniar este pão dos fortes), a prostituição intelectual – pois é isso – rebaixaram-no frequentemente ao nível dos seus confrades".

de ricochete aparece como passagem intencional do irrefletido à vida reflexiva: humilhado, Gustave empoleira-se e torna-se testemunha pura de sua humilhação. Vai utilizar a cissiparidade reflexiva para desdobrar-se: abandonando seu eu-objeto, vítima passiva, nas mãos de seus atormentadores, ele se faz sujeito contemplativo e olha com indiferença o objeto íntimo abismar-se a seus pés. Evidentemente, engana-se: o sujeito da reflexão, assim que aparece, participa das intenções do refletido do qual nasceu; o sofrimento e a vergonha, quando queremos vê-los em nós, *já* estão na consciência reflexiva que os capta ao mesmo tempo diante de si como um quase-objeto, unidade provisória do vivenciado. Seja como for, é comum a passagem à reflexão ter como motivo a intenção de subtrair-se a si mesmo, de manter à distância afetos ou inclinações recusadas. O objetivo de Gustave – dissociar-se de si empoleirando-se, testemunha de aço, acima de sua vida – é o mesmo de todos os que, por exemplo, acreditam escapar à culpa reconhecendo-se culpados.

Mas a operação só pode ter sucesso por um momento se for acompanhada por outra que permita a Gustave diminuir os carrascos junto com a vítima; esse procedimento, mais antigo, já é nosso conhecido: bem novo, nos bancos do colégio, Gustave perdia-se no infinito para escapar às zombarias de professores e colegas. Depois de 1836, compreendeu que recorrer ao infinito negativo é uma tática. Assumindo o ponto de vista de cima sobre a espécie da qual faz parte, ele subtrai ao eu (*Moi*) empírico, unidade do vivenciado, o sujeito super-humano que este supostamente contém; é com esse sujeito que o jovem se identifica então. Em outras palavras, ele equipara a simples *reflexão* à *ascensão* vertical, conferindo a esta última a aparência de realidade por meio daquilo que chamarei de práticas de *de-situação*. Sem negar seu enraizamento nem sua facticidade, ele tenta contestar a importância destes e escapar a qualquer condicionamento, apreendendo a consciência reflexiva como *analogon* de uma imaginária "consciência de sobrevoo".

Para se de-situar, é preciso quebrar as cadeias do espaço e do tempo. Primeiro o lugar: ele minimizará o *estar-aí* até transformá-lo num ponto de inserção desprezível, o dedo do elefante ao qual se enrola o longo cordão que segura o balão vermelho. Balão cativo, mas que plana, que os ventos do céu agitam em todos os sentidos. Para obter esse descondicionamento relativo, Flaubert usa dois procedimentos complementares que estudamos acima: a comédia do Grande Desejo e a substituição do real pelo imaginário. Onde quer que esteja, ele exige estar *alhures* e afinal está. Seus sonhos de viagem, tão frequentemente declarados, são sinceros pela metade: o objetivo deles é deixar claro para ele que sua facticidade não expressa de modo algum sua verdade, que sua presença em Rouen não passa de lastimável contingência, e que de certa maneira ela deve ser vivenciada *como uma ausência*; na verdade, se o imaginário é uma surrealidade, é na Ásia e no Egito que ele se encontra realmente no momento em que descreve o que lá quer encontrar. Para convencer-se disso, construiu uma curiosa teoria: em nossa época de Arte crítica e consciente, a imaginação bem guiada torna-se visionária, desvenda as verdadeiras estruturas de coisas nunca vistas; a percepção, mais tarde, nada mais faz que reconhecer. Nas cartas do Oriente ele afirmará que *reencontrou* monumentos e paisagens tais como tinha *inventado* em seu quarto do Hospital Central.

Mas, inversamente, essa teoria lhe serve para desconsiderar as viagens enquanto elas são feitas: no essencial, são *confirmações*, elas não ensinam nada a quem as sonhou antecipadamente; de resto, nelas só cabe ver experiências confusas. Uma carta de Atenas, que ele escreve à mãe em janeiro de 1851, informa-nos daquilo que ele sente: "Não adianta viajar, ver paisagens e fustes de colunas, isso não alegra. Vive-se num torpor perfumado, numa espécie de estado sonolento, enquanto diante de nossos olhos vão passando mudanças de cenário... Mas não ficamos alegres; devaneamos demais para isso. Nada dispõe mais ao silêncio e à preguiça. Maxime e eu passamos às vezes dias inteiros sem sentir necessidade de abrir a boca... A cavalo o nosso espírito... vai recuando nas lembranças... pisando folhas mortas...".*
Um vago cenário vai passando, cercando sua sonolência; e, como ele *está* no Oriente, dele se evade pela indiferença. Outro recurso contra sua presença nesses locais tão desejados é a busca do tempo perdido. Ele se entrega à saudade da infância, evoca diante de uma fazenda do Bósforo: "nos dias de inverno em que eu ia com meu pai visitar doentes no campo". Onde quer que esteja, o essencial é não estar lá.

Quando tem certeza de que vai retornar a Rouen, o desejo dos "alhures" volta a tomar conta dele e a exasperá-lo. De Roma, onde se entediava, escreve a Bouilhet: "Estou ficando louco com desejos 'desenfreados', um livro que li em Nápoles sobre o Saara deu-me vontade de ir ao Sudão com os tuaregues, que sempre têm o rosto velado como

---

* *Correspondance*, t. II, p. 285.

mulheres, para ver a caça aos negros e aos elefantes".* E numa carta a Ernest confirma: "Bem, sim, vi o Oriente, e não avancei muito, pois tenho vontade de voltar para lá".** Ora, ele acabava de recusar a Du Camp a continuação da viagem (pela Pérsia): terá sido pelo dinheiro, conforme diz a Bouilhet? Ou por medo de magoar a mãe, como diz a ela? Ou pela sublevação de Bagdá – explicação dada a Ernest? Ou por causa da "sífilis", que pegou no Egito? A multiplicidade dos motivos e o fato de que ele sempre apresenta apenas um a cada correspondência tornam suspeitos todos os motivos. Além disso, do que ele tem saudade? Do Oriente e da Pérsia (Ernest) ou do Saara e do Sudão (Bouilhet)? Na verdade, está se preparando para voltar à França e retomar seu sonho entre as paredes de Croisset, sempre de-situado, mesmo sabendo muito bem, no momento, que todos os "alhures" se assemelham para o turista que sobrevoa os monumentos e as paisagens sem nunca entrar na vida verdadeira do país. A viagem de Flaubert ao Oriente demonstra que seu desejo de estar alhures é a contestação radical de todo e qualquer deslocamento e só pode ser acompanhado da mais estrita imobilidade: essa totalização é a negação permanente e rotativa de uma residência invariável na qual mal nos mexemos para não sentirmos os liames que a ela nos prendem. Flaubert não quer que Croisset seja uma perspectiva particular; rejeita a extensão material e humana dos trabalhos e dos dias, e seu "ponto de vista do absoluto" torna-se a afirmação de sua presença *de direito* em todo o espaço infinito e abstrato da equivalência.

    A técnica da de-situação aparece com mais clareza ainda em seus devaneios sobre o tempo. Sabemos que ele tem razões bem pessoais para se voltar para o passado. É que o futuro lhe causa horror (voltaremos a isso) e nele ele vê ao mesmo tempo a conclusão miserável de seu destino e a vitória de uma burguesia voltairiana e cientificista sobre uma ordem social que ele poderia ter "venerado", sobre crenças que o teriam consolado. Mas o orgulho de sobrevoo vai generalizar essa relação com o passado: ele o transforma na negação sistemática dos elos que o unem a seus contemporâneos. Escreve, por exemplo, a Louise Colet: "Não tenho mais pena da sorte das classes operárias atuais do que dos escravos antigos que giravam a mó; não mais, a mesma". Estas últimas palavras são postas aí para evitar que a Musa lhe repreenda a insensibilidade. Flaubert, como de hábito, não rasura

---

* *Correspondance*, t. II, p. 304.

** *Ibid.*, p. 309.

nada: corrige com um acréscimo feito de qualquer jeito. Pouco importa, o verdadeiro pensamento está manifesto; é a negação que conta: *não mais*, e a frase positiva nada mais é que o negativo disfarçado. Pois estamos sem elos com o escravo antigo. Nem se fala de lembrar seus sofrimentos: é preciso reinventá-los. Com isso, piedade e indignação tornam-se sentimentos imaginários. Ao equiparar os proletários de Rouen, seres vivos explorados enquanto *vivos*, a escravos defuntos, ele contamina de modo sistemático os vivos com os mortos e, de uma só vez, põe a humanidade inteira no túmulo. Mas seu objetivo principal não é mascarar a exploração ou acalmar um mal-estar – que de qualquer maneira ele não sente –, e sim, acima de tudo, recusar a solidariedade que o situaria na História. Por isso, conclui o parágrafo que acabamos de citar declarando: "Não sou nem moderno nem antigo". Para respaldar esses pressupostos, ele recorre com frequência à metempsicose: "Às vezes me ocorrem revelações históricas, tão claras me surgem certas coisas – talvez a metempsicose seja verdadeira – que às vezes creio ter vivido em diferentes épocas; de fato, tenho lembranças delas".* Para se de-situar no espaço ele inventara a imaginação profética que transpõe distâncias e entrega antes da experiência as estruturas essenciais das coisas: a mesma operação, no tempo, dá a memória visionária que se abre para um passado vivido antes do nascimento e deixa escapar lembranças concretas de Roma ou Cartago. Em ambos os casos, na verdade se trata *de imagens*, nascidas de uma cultura (saber, representações gráficas ou plásticas), mas, em virtude de uma intenção subterrânea, ele decidiu que as *padeceu* em vez de produzi-las. Sua passividade serve-lhe nesse caso exato: sendo outro que não ele, capta-as como *lembranças outras*, como *pré-percepções* do Outro que se manifestam nele como expressão de uma espontaneidade alheia. Pelo simples efeito dessa dupla negação que relega toda a sua vida real ao inessencial, Flaubert se sente eterno, onipresente, pode assumir sobre o mundo o "ponto de vista do Absoluto".

O objetivo fundamental dessa técnica da de-situação é subtrair-se como sujeito puro à espécie, mas deixando-lhe seu despojo humano. A recusa a toda e qualquer localização espaço-temporal encontra unidade na recusa total ao homem: "Não sou nem moderno nem antigo, não sou nem francês nem chinês, e a ideia de pátria, ou seja, a obrigação... de viver num rincão de terra marcada de vermelho ou azul no mapa e

---
* *Souvenirs*, p. 51.

de detestar os outros rincões... sempre me pareceu estreita, limitada e de uma estupidez feroz. Sou irmão em Deus de tudo o que vive, da girafa e do crocodilo, assim como do homem, e concidadão de tudo o que habita o grande hotel do Universo".* Bastará que se desloque um pouco mais, recuse o antropomorfismo, relembre que a Criação não é feita para o homem – ideia *científica*, precisamente, e burguesa porque não é acompanhada pela consciência social – e eis que está em condições de identificar-se com o furacão, com o ciclone: o ponto de vista do absoluto torna-se o ponto de vista da negação radical do humano: "Nós nos fazemos centro da natureza, objetivo da criação e sua razão suprema... Mais um orgulho nosso!... No (terremoto de Livorno) há um sentido oculto que não compreendemos e uma utilidade superior sem dúvida... quem sabe se a ventania que derruba um teto não dilata toda uma floresta?...".** A partir daí o orgulho de Flaubert pode satisfazer-se de duas maneiras: engolindo na negação absoluta a realidade inteira ou constituindo-se, diante dessa realidade posta entre parênteses, como uma totalidade a transcender todas as barreiras. Mas essas duas atitudes estão muito próximas; a segunda mascara com palavras sua negatividade radical: é verdade que Flaubert gosta de falar de "identificar-se com a natureza ou com a história"***, é verdade também que com frequência se declara "panteísta". Ei-lo portanto totalidade do mundo, totalidade da aventura humana, totalidade da matéria. Mas nem por isso deixou de obstinar-se em sua negação formal e absoluta, pois a história, para ele, é a impossível ressurreição do passado a contestar a realidade do presente****, porque a Natureza (voltaremos a isso), é a negação sistemática do antropomorfismo e da preeminência do humano. Escreve num dia de orgulho (ou seja, de "salto de ricochete depois de um tombo"): "O único meio de viver em paz é colocar-se, num salto, acima da humanidade... e não ter com ela nada de comum, além da relação visual".***** De modo que, afinal, a

---

* *Correspondance*, t. I, p. 270.
** *Ibid.*
*** *Correspondance*, t. I, p. 166, 1845.
**** O texto citado mostra claramente o que o jovem Flaubert entende por grandes êxtases. Ele acaba de rever as Arenas de Nîmes: "Subi até às últimas arquibancadas pensando em todos aqueles que lá urraram e aplaudiram e depois foi preciso deixar tudo aquilo. Quando começamos a identificar-nos com a natureza ou com a história, somos arrancados de repente...". *(Correspondance*, t. I, p. 166).
***** *Correspondance*, t. III, p. 178.

negação retoma todo o sentido: é negação ativa, negação do homem nele, negação do homem no mundo por meio do desprezo e da morte. Dois textos de sua Correspondência são impressionantes, sobretudo se aproximados: no primeiro, ele se limita a mostrar que o amor pela humanidade substituiu o amor pela pátria e desaparecerá como ele; então virá uma civilização platônica na qual se amará o Justo pelo Justo, o Belo pelo Belo etc., ou seja, as Ideias como transcendências arquetípicas, e não como elo entre os homens. Ora, ele retoma o mesmo tema um ano depois, mas para lhe dar uma conclusão completamente diferente: "Devemos ser alma o máximo possível e é por meio desse desapego que a imensa simpatia das coisas e dos seres nos chegará com mais abundância. A França foi constituída no dia em que as províncias morreram, e o sentimento humanitário começa a nascer sobre as ruínas da pátria. Chegará um tempo em que algo mais amplo e mais alto o substituirá, e *o homem então amará o próprio nada*, a tal ponto se sentirá participante dele". Ou seja, a universalização progressiva que possibilita ao homem (segundo ele) escapar à sua condição sexual*, à sua condição social e até, para terminar, à sua condição humana, é afinal a universalidade do nada.

A de-situação não passará de procedimento verbal? Caberá reduzir a ascensão vertical a um voo oratório? Às vezes. Mas, quando as circunstâncias favorecem, descobrimos por trás das palavras que a "relação visual" baseia-se numa *atitude*, e que, embora ela se expresse logo em seguida pela palavra, pode ser vivenciada silenciosamente e com uma espécie de alegria, como se realizasse em Flaubert um desejo fundamental. Prova disso é um trecho interessante das *Notas de viagem*. É o deserto: "Cruzamos com uma caravana; os homens cercados de *kafias* (mulheres muito cobertas) debruçam-se sobre o pescoço dos dromedários; passam bem perto de nós, ninguém diz nada; é como um fantasma nas nuvens. Sinto algo como um furioso sentimento de terror e admiração correr ao longo de minhas vértebras; sorrio nervoso, devia estar muito pálido e sentia um prazer inaudito".** Por que esse apático que viu todo o Egito sem se comover sente tanto prazer na passagem de uma caravana? É que ela lhe *apresenta* justamente a realidade como ele deseja, e a verdadeira relação que ele sonha com

---

* Nessa carta, como nas outras cinquenta, ele exorta Louise Colet a *escapar à sua condição de mulher*. Negar nela o "elemento feminino", pois ela "*está do lado dos homens!*".

** *Notes*, t. I, p. 242. Édition du Centenaire.

o Ser. Esse encontro se dá na forma de simples coexistência. Não é esboçado nem possível nenhum contato com os homens que não compartilham nenhuma das preocupações de Flaubert e não falam a sua língua. Nessa caravana, a humanidade se lhe apresenta como uma espécie de cujos *fins* ele não compartilha, cujos verdadeiros objetivos lhe são estranhos. Ao mesmo tempo, o silêncio e a estranheza do grupo e o seu desaparecimento progressivo conferem-lhe o aspecto de um "fantasma nas nuvens"; ou seja, essa sociedade humana em movimento, com a ajuda do cenário, apresenta-se como uma *realidade irreal*; o homem *fora de alcance*, deslizando e desaparecendo no nada, o ser como aparição, aparição reduzida a aparência, a essência da comunicação revelando-se como não-comunicação absoluta, imaginário e real confundidos, eis o que, de repente, faz Flaubert tremer de terror e alegria. Já deu para entender que essa alegria é a alegria do *esteta*: ela lhe é dada quando se reúnem as condições para que o acontecimento *realize a desrealização do real* e lhe mostre a espécie humana como um produto de sua imaginação.

Assim, o orgulho fúnebre de Flaubert impõe-lhe o dever de considerar a vida dos outros e a sua própria do ponto de vista da morte. Flaubert está perfeitamente consciente de que essa posição é um imperativo ético que só pode dirigir-se à imaginação; escreve a Louise: "*A poesia obriga*.[48] Obriga a nos olharmos sempre como num trono e a nunca pensarmos que somos da multidão e que dela participamos". Para terminar, a de-situação, conforme confessa o próprio Gustave, constitui uma unidade com a desrealização. Assumir "o ponto de vista do absoluto" é *eleger-se imaginário*.

Agora podemos voltar a *Smarh*. Pois o movimento que leva Gustave a concebê-lo é precisamente o do salto de ricochete. Na medida em que *Memórias de um louco* é um romance intimista que vai virando autobiografia, Gustave se mostra como mártir: tem o seu abutre – esse Pensamento que o corrói – e é esmagado pelo mundo, cuja carga ele suporta; enfim, é uma vítima passiva, um ser *de baixo* fadado à destruição progressiva pelas forças do Mal. O fracasso – somente a seu ver – das *Memórias* deixa-o desconcertado e, por isso, humilhado: não se sente contrariado apenas com a obra, mas também com sua passividade, sua dependência e sua inferioridade. Tem vergonha de lamentar-se ao mesmo tempo *no livro e na realidade*. Eis o ponto da queda: o livro, malogrado, desvenda-lhe seu masoquismo que lhe causa horror, tudo está perdido. Não: o Rapaz o salva. Faz vários anos que esse personagem existe, nascido de um ricochete de orgulho. Ao mesmo tempo, Gustave compreende o significado do papel desempenhado: como o mundo é o Inferno onde padecemos tormentos infinitos, por que não se identificar com o atormentador em vez de com sua tola vítima? Basta dar a pluma ao Gigante, que zomba da criatura humana. Até então o Caixeiro-Viajante pantagruélico e bufão aparecia quando Gustave lidava com os outros; os escritos de sua solidão, ao contrário, sinistros e desesperados, nada mais eram que os gritos dolorosos de um mártir; mesmo quando tentava totalizar o mundo na exterioridade, o jovem autor continuava deploravelmente triste. A ideia geradora de *Smarh* é reunir numa mesma obra o mártir e o bufão, fazer daquele a vítima deste e, sem negar seus elos com o primeiro, tornar-se acima de tudo cúmplice do segundo por meio do riso. As primeiras obras intimistas (*A derradeira hora, Memórias*) não comportavam distância em relação a ele mesmo; as primeiras totalizações a partir de fora não implicam totalização na interioridade: sujeito da *Viagem*, Memnon debruçado sobre os homens, é *já* um ser sobrenatural; em *A dança* a subjetividade se dispersa entre o coro dos mortos tirados do túmulo e Cristo, triste meditador passivo. Segundo pensa Gustave, *Smarh* será a síntese cósmica das totalizações. O assunto é exposto no início da obra em quatro linhas. Satã diz a Deus: "...Sou um homem santo... que vive como uma relíquia; verás como em poucas horas vou mergulhar aquele homem ali no mal e depois me dirá se há ainda virtude na terra, e se meu inferno não derreteu há muito tempo o antigo gelo que a esfriava". Essa Aposta inspira-se na de Fausto, mas o que está em jogo não é a mesma coisa: trata-se de fazer *Smarh* cometer o pecado da desesperança, o único inexpiável que leva diretamente ao Inferno. Ora, não se deve duvidar de que Smarh representa Gustave – ou seja, Marguerite, Garcia, Djalioh, Mazza e o jovem herói das *Memórias*. Mas o autor teve o cuidado de dissociar-se de sua encarnação: ele a considera com frieza, sem a menor piedade; as lamentações mais eloquentes do Santo Homem (ora místico, ora Poeta) estão "distanciadas": Flaubert as propõe, quer que a beleza dessas tiradas arranque admiração, mas, ao contrário do que fazia em seus contos, nunca procura suscitar nossa piedade. Na verdade Smarh é um *objeto*: mesmo quando lamenta, é manobrado, guiado por Yuk e Satã. E, evidentemente, o contador pretende relatar impassivelmente fatos objetivos; mas, como é ele que os inventa, sentimos a cada linha que esse criador malicioso é o verdadeiro tentador do eremita, sentimos que ele *se diverte* fazendo-o sofrer a experiência progressiva do Nada por intermédio de personagens: se ele se encarna, é em Yuk, Rapaz hiperbolizado. De resto, tudo é transposto, generalizado. A ternura de Smarh, sua bondade original ("Obrigado, meu Deus! Por ter-me feito uma alma como a vossa, capaz de amar") são expressamente mencionadas para lembrar o estado de inocência que Flaubert pretende ter conhecido em seus primeiros anos de vida. Mas elas indicam também que o esquema temporal de *Viagem ao inferno* é retomado deliberadamente*: Smarh é o homem captado de início no momento da ilusão e lentamente conduzido ao ceticismo absoluto menos pelo desenrolar "natural" da vida do que por uma vontade maligna que o mistifica. Para o Santo Homem a totalização é feita na interioridade; mas essa interiorização, vista do alto, apresenta-se como um elemento da exterioridade cósmica, em que Yuk-Gustave e Gustave-Satã, os únicos ativos, apresentam uma aula magistral diante de Smarh. Este, pura passividade – tal como o primeiro *Santo Antão* –, limita-se a registrar. Esse objeto manipulado de modo incessante nos é apresentado como a subjetividade humana na qualidade de determinação – entre uma infinidade de outras – da objetividade cósmica. Flaubert mantém o movimento de alma que apresentara antes como seu, mas subtrai-se a ele ao mesmo tempo por um ricochete reflexivo a fim de olhá-lo "de seu trono" com indiferente serenidade. Melhor: para zombar dele. É ao mesmo tempo a atitude estoica e – na medida em que Smarh representa *todo* o homem – uma conduta sádica. Pois o próprio tipo do sadismo flaubertiano é a totalização na exterioridade quando ela transforma sujeito em objeto. Nesse sentido, *Smarh*, malogrado em 1839, encontrará sua consecução na famosa cena do fiacre, quando o Rapaz transformar um casal, na sua intimidade carnal, em matéria inanimada.

No entanto, não é esse esquema formal que "deslumbra" Gustave quando ele concebe seu "Mistério". A razão de seu terror e de seu júbilo deve ser vista mais na descoberta que está na origem dessa nova empreitada: no momento do ricochete, ele percebe que o orgulho é um *método ético-estético*: a obra de arte não pode ser realizada sem que o criador pratique uma moral rigorosa em relação a si mesmo e, reciprocamente, essa moral encontre justificativa na obra por ela possibilitada. O movimento do Orgulho subtrai o indivíduo a seu ser

---

* Em *Dança dos mortos*, Gustave o abandonara: disso resultou certa confusão que aqui ele quer evitar.

e, simultaneamente, dá-lhe a visão artística (totalização na exterioridade). Ao se subtrair à subjetividade masoquista e burguesa na qual acreditava se engolfar, Gustave acredita que se *fez outro*: escapou à sua alienação *finita* alienando-se ao infinito. Como vimos: é o sentido de seus êxtases, é também a estrutura própria do Rapaz. O que ele acredita compreender em dezembro de 1838 é que essa ascese orgulhosa define com precisão o Artista, desde que seja constantemente repetida. O artista "estende seu espírito em todo o comprimento" para fazer-se ao mesmo tempo grão de areia entre grãos de areia e representante qualificado do Infinito; ele se deixa habitar pela Realidade absoluta e se apreende, sujeito puro, como encarnação finita do pensamento infinito; a irrupção deste em sua inteligência limitada faz tudo explodir: não há medida comum entre seus fracos recursos intelectuais, seus encadeamentos de ideias, seu minúsculo saber *de homem* e esta explosão ilimitada do ser; assim, ao invés de elevá-lo a um grau superior de intelecção, a ascensão vertical o subtrai a todas as formas de intelecção humana: nele se desenvolve "outra coisa que pensa, e não essa inteligência, outra coisa que se convence, e não nossa razão"*, coisa que, justamente, pensa *na qualidade de outro* o Saber e a Razão. Dizia Hegel que a Razão não é um osso. Ora, é isso justamente que ela deve ser para o Artista que a vê *de fora* e a integra na totalização objetiva: perdendo sua translucidez, princípios e evidências, ela se torna uma mecânica para o sujeito noturno que não compartilha nenhum dos fins humanos. É por esse motivo que, traduzindo em palavras o que é o gênero humano aos olhos do absoluto, ele escreverá "coisas inauditas, gigantescas, absurdas, ininteligíveis para ele e para os outros". Tal como uma Sibila, ele é habitado; o homem que segura a pluma não compreende o que o Infinito lhe dita.

Tarefa difícil: nenhum Deus o ajuda, ele precisa elevar-se *sozinho* acima de si mesmo, manter-se em contato com nossa espécie por meio da facticidade que o mergulhou nela – em suma, compreendê-la de dentro – e, ao mesmo tempo, descobri-la como uma espécie estranha, desprezá-la em si e fora de si, desprezar-se nela. Ele não deixará de viver, ou seja, de sofrer, mas, erguendo-se acima do vivenciado por meio de altiva renúncia, ele recusará reconhecer-se e não quererá mais ver nos sobressaltos de sua vaidade torturada nada mais que velhas

---

* *Souvenirs*, p. 62.

dores mesquinhas e cotidianas que são o quinhão comum; em suma, ele se recusa a avalizar sua subjetividade a não ser como fonte de informações *gerais*; sujeito reflexivo, surgido do Orgulho, o Artista deve em todas as ocasiões comportar-se como se se tivesse produzido a si mesmo como Ego constituído no fluxo do vivenciado para dar matéria à sua Arte.

Gustave não esqueceu que sua ascese é irrealizante. É *no imaginário* que se faz lugar-tenente do Infinito. O próprio Absoluto é visado *no vazio* por meio de uma intenção transcendente, nunca atingida. Nesse sentido, ele pode dizer que o Artista *é um papel*. Mas, que importa, se a *epoché*[49] orgulhosa lhe permite escapar a seu ser-burguês e, sobretudo, se ela encontra confirmação e conclusão na obra? Ora, é essa a descoberta fulgurante de dezembro de 1838: o trabalho ético que ele exerce sobre si mesmo o conduz necessariamente à *Weltanschauung* do Artista, ou seja, a considerar a realidade do ponto de vista do irreal, a ver o mundo como o pior dos mundos possíveis, portanto, a apreendê-lo em sua finitude, sendo a imaginação por definição o Infinito (o lugar dos possíveis não realizados); com isso, está em condições de produzir o que considera o objetivo essencial de toda literatura: um "discurso sobre o mundo". Mas, quando põe mãos à obra, *Smarh* não lhe aparece como simples transcrição de um conteúdo intuitivo já adquirido. Ao contrário, o que o exalta é a ideia de realizar, simultânea e mutuamente, a obra e a ascese; o plano de *Smarh* é um plano de vida e vice-versa. Para elevar-se ao "ponto de vista do Absoluto", ele se valerá das palavras: dirá mais do que pensa, mais do que sente para que esses exageros o levem além de si mesmo e lhe sirvam de trampolim. De modo inverso, a cada degrau da escalada, o Infinito lhe enviará mensagens "ininteligíveis" cujo sentido ele adivinhará bem antes de decifrar as palavras que o expressam. Para acabar, as cartas de crédito sobre o Absoluto e as obscuras mensagens captadas por sua pluma encontrarão – pensa ele – um harmonioso equilíbrio na unidade de uma obra de Arte. *Smarh* será produto e expressão de uma metamorfose: mudando sua relação consigo mesmo (com o Ego constituído) e com todos os seres finitos, o jovem se integrará no Infinito e transformará sua intuição imediata do Universo. A prova de sua metamorfose existencial deve ser fornecida pela modificação do conteúdo material da intuição, e essa modificação só se declarará expressando-se por meio de um discurso novo. Quando Gustave entrevê sua obra futura, a amplidão desta o deixa exaltado e pasmado. Será

O Livro, pois nele dirá tudo; e, se puder realmente dizer tudo, provará que é capaz de colocar-se acima de tudo e lá se manter com orgulho. O subtítulo "Mistério" marca o sentido profundo que Gustave quer dar à sua tentativa: ver o finito do ponto de vista do infinito e traduzir a visão com palavras, é uma empreitada *sagrada*.

Arte e sagrado em Smarh

Estamos "ancorados" – disso Gustave tem profunda consciência –, e, visto que o ser-no-mundo é totalização, essa totalização surda é implícita, é de fato uma perspectivação, e o cosmos nada mais é que um horizonte; com isso, o próprio totalizador é totalizado: é o que Leibniz quer dar a entender em sua *Monadologia*. O mundo está diante de nós, mas também atrás; e, como diz Merleau-Ponty, não podemos ser "videntes" sem sermos também "visíveis". "O corpo está preso ao tecido do mundo, mas o mundo é feito do pano de meu corpo". Ora, o movimento do Artista, no sentido entendido por Flaubert, começa com a de-situação. Isso significa que ele se constitui como *consciência de sobrevoo*. Ele se subtrai ao mundo *ficticiamente* nele deixando seus despojos e finge totalizar explicitamente o infinito das coisas e dos homens sem se integrar, como sujeito, na totalização. Essa recusa de toda e qualquer perspectiva, essa passagem ao absoluto do olhar só pode ser uma atitude imaginária. Gustave se irrealiza como sujeito onisciente. Ele se sonha a planar acima dos seres e a envolvê-los todos na unidade da vidência, mas essa fantasmagoria na verdade não é acompanhada por nenhum deslocamento *real*. Ou melhor, considerada objetivamente, ela contribui para situá-lo com mais precisão; é realmente ele, Gustave, o caçula Flaubert, que se entedia em seu quarto e cuja evasão fictícia é condicionada por seu passado, por seus vínculos, por aquele quarto mesmo que o aprisiona em sua paisagem demasiado familiar; *para nós* ele se faz mais ele mesmo por meio de sua maneira de se querer sujeito universal.

Mas, se o sujeito é imaginário, o objeto de sua contemplação deve sê-lo também. O mundo que se entrega a esse pseudo-olhar contém, sem dúvida, terras, mares, céu, animais e homens, seres e acontecimentos, mas são miragens, decerto extraídas da memória, porém deformadas pela nova curvatura que Gustave lhes impõe e pela necessidade de sempre aparecerem apenas como partes de um todo que pretende dar-se a ver inicialmente.

Essa totalização de sobrevoo foi tentada por Gustave já aos treze anos de idade. Nós o vimos, agarrado ao manto de Satã, sobrevoar acima dos continentes e concluir que "este mundo é o Inferno". Tomada com rigor, sua conclusão não era verdadeira nem falsa. O mundo em que estou enviscado talvez seja *meu* inferno ou – o que dá na mesma – pode ser que *meu* mundo seja o inferno, mas esses dois juízos só serão aceitáveis caso se apliquem exclusivamente ao meu social objetivo e à minha ancoragem ou, digamos, a uma situação e a uma pessoa. Mesmo assim, para resumir, eles escapam às categorias do verdadeiro e do falso: a palavra *inferno*, quando unida pelo verbo de ligação à palavra mundo, não pode remeter-nos a um conceito preciso. No sistema do pensamento cristão e medieval, "inferno" designa um objeto definido cujo significado provém do conjunto estruturado dos mitos e ritos religiosos. Não há Mal sem Bem, não há Demônio sem Deus, não há Inferno sem Paraíso, não há sofrimento ou volúpia eternos sem uma justiça retributiva, que, por sua vez, não teria sentido sem essa provação do réu, a vida. Se for preciso retirar a justiça divina, na qual Flaubert não pode acreditar, para instalar a punição da vida não no pós-morte, mas já no crescimento e no tempo da inocência, o saber conceitual se confundirá, seus elementos se deteriorarão ou bloquearão: o Mal ficará completamente desconcertado por reinar sobre seu compadre, o Bem, a sobrevida se admirará de começar com a existência para acabar na morte, o juiz supremo se escandalizará de punir sem motivo. Assim, a conclusão do primeiro sobrevoo de Gustave é, no sentido estrito da palavra, não-significante.

No entanto, é ela que servirá de ponto de largada para os esforços conscientes que a partir dos quinze anos ele fará para se transformar em artista. Em outros termos, essa proposta será o ponto de partida e o ponto de chegada de seus novos sobrevoos. Ela se torna a Ideia geradora do mundo imaginário que se constitui diante dos olhos do sujeito irreal: isso quer dizer que ela será a matriz da imaginação criadora que produzirá esse universo; ela lhe fornecerá suas regras: em *Smarh*, Flaubert retoma a fabulação de Fausto; há uma aposta entre Deus e Satã, e o objeto da aposta é Smarh, o eremita; o Diabo vai tentá-lo. Mas Deus aí só aparece para ser ultrajado: é preciso que o Bem exista para que o Mal possa triunfar sobre ele a cada instante. De fato, levada ao extremo, a ideia diretriz de sua cosmogonia é a hipótese do Gênio Maligno. Em Descartes, porém, essa hipótese é uma ficção lógica: é considerada como um *possível* até que, por um processo dialético, conduza ao *cogito* que revelará sua impossibilidade; limitada, é um momento irreal de um verdadeiro pensamento, momento que se elimina por si mesmo quando aparece a verdade para cuja produção ele concorreu. Mas Gustave jamais usa o *cogito* redutor: irrealizado num sujeito contemplativo, ele não comete o ato reflexivo que dissiparia o pesadelo ou, se produz reflexões, elas mesmas serão imaginárias e incidirão sob a lei do espírito maligno. Assim, o mundo continua sendo um sonho, mas é um sonho ruim do qual ele não acorda. *Dança dos mortos* é um pesadelo dirigido, e o mesmo ocorre com *Smarh* e a primeira *Tentação*. Assim, de quinze aos vinte e sete anos, Gustave recria incessantemente a mesma totalidade segundo as mesmas regras.

Se quisermos compreender a essência do "Artista" segundo o jovem Flaubert, precisaremos formular a indagação crucial: que relação ele estabelece entre o mundo imaginário do sobrevoo e o universo real que o esmaga? Devemos notar, para começar, que *essa* indagação – formulada *nesses* termos – só diz respeito a Gustave. Não haveria por que fazer essa pergunta, por exemplo, aos escritores das gerações seguintes que, sendo naturalistas ou simbolistas, também falam em seu nome. O romancista naturalista, embora pretenda ser sujeito criador, não pretende sair do mundo, mas restituir um conjunto social (acontecimentos e estruturas) *em certa perspectiva*. E essa perspectiva traduz, apesar de tudo, *a ancoragem* do escritor: Zola fala de cortesãs, grandes burgueses, camponeses, operários, nunca do *Homem*. Isto porque ele é *de seu tempo*, vê as coisas a partir de *seu meio*. O que ele totaliza, por exemplo, é o destino temporal de uma família. Por isso, o problema do naturalismo – e também do realismo – é o problema da veridicidade da ficção. "Mente-se para dizer melhor a verdade: o que quer dizer isso?" Inversamente, os simbolistas – muitos deles, em todo caso – valorizam o imaginário por *não ser* o real. É a estrutura de irrealidade pura que os fascina: "só é belo aquilo que não é". Seu "mundo" é na verdade um não-mundo, que com frequência eles chamam de "sonho", e, se fosse preciso perguntar que relação eles estabelecem entre o imaginário e a realidade, a maioria responderia: nenhuma. De modo que a pergunta que lhes deve ser feita é outra: que elementos reais se introduzem de fato no "sonho" para condicioná-lo, a partir do exterior e do interior, como um acontecimento semirreal? Mas, para Flaubert, a ambiguidade de sua posição – que possibilitou tanto a estes como àqueles ver-se nele – provém do fato de que ele conhece perfeitamente a irrealidade do mundo sobrevoado, sem cessar, porém, de afirmar a identidade deste e do mundo real no qual ele está enraizado.

VII. Do poeta ao artista

Que ele é lúcido, não há a menor dúvida. Jamais, ao criar, ele se toma por um filósofo em busca de verdades novas: suas cartas e seus *Souvenirs* nos mostram, aliás, que na época ele despreza a filosofia. Por certo o "Artista" também produz *ideias* que se manifestam na obra; mas, sujeito imaginativo, suas ideias têm apenas a simples *aparência* de ideias reais. Forjadas à semelhança das concepções intelectuais, cada uma delas nada mais é que a unidade totalizadora de certa categoria de miragem e, com isso, tornam-se também miragens. Fazer Satã ter como duplo Yuk, deus do Grotesco, é criar uma ideia fogo de palha que se desvanece assim que se queira pensá-la. Não iremos pensar que se trata de metáforas no sentido preciso do termo. Metáfora é tradução; pode-se, pois, retraduzi-la. Mas, quando a bela Verdade perece asfixiada nos braços do Deus grotesco, o que traduziremos? Por trás desse *acontecimento* arquetípico não se deve buscar, como dissemos, um daqueles "axiomas" que Flaubert adora. Vimos que a alegoria faz parte de uma hermenêutica que desvenda nela uma pluralidade de sentidos independentes uns dos outros. Tomada ao pé da letra e com boa lógica, ela não *significa* nada: isso quer dizer que ela só remete a falsos conceitos, a um pensamento-miragem. A Verdade, por exemplo: Gustave às vezes é tentado a declará-la grotesca, porém com mais frequência ainda lhe ocorre pensá-la como algo atroz e desesperador. O doutor Mathurin morre de rir; mas Mazza, quando se mata, Flaubert não acha risível. De outras vezes, o verdadeiro lhe parece atraente (não será ele filho de cientista, acaso ele não se gaba de ter "olho clínico"?). E, em outras ocasiões, ele se declara "antiverdade", o que significa ora que a recusa deliberadamente, preferindo a iridescência do erro, ora que ela não existe ("não há nem ideias verdadeiras, nem ideias falsas"). De maneira que nada permaneceria da fábula caso ela fosse despojada de seu antropomorfismo e, sobretudo, de sua *temporalidade*. De fato, essas diferentes concepções da Verdade – nenhuma das quais é *inteligível* – não têm, ainda por cima, nenhum elo rigoroso que as una. O que decide é a temporalização: uma ou outra será a forma e se erguerá sobre o fundo constituído pela interpenetração de cada uma e de todas, segundo a maneira variável, mas sempre justificada, com que o jovem vive suas contradições. Por conseguinte, a única unificação possível dessa multiplicidade deve ser temporal: a função dos mitos de Platão era reintroduzir o tempo num universo imóvel; de modo semelhante, a narrativa forjada por Gustave reintroduz a temporalidade como única síntese admissível. Ele pura e simplesmente a objetiva; essa duração interior que transcorre e carreia vinte concepções diferentes da verdade é por ele convertida em tempo objetivo de uma *história*. Está consciente disso? Mais ou menos: a historieta aparece como metáfora. Mas é uma metáfora-miragem. Na verdade, Flaubert tem necessidade de contar: a simples ligação lógica entre o grotesco e o verdadeiro não o satisfaz; nesse universo forjado em que as ideias são criaturas humanas, é preciso dar a cada uma o tempo de *fazer uma escolha*, ou seja, o tempo da decadência. Mas, precisamente por isso, a temporalidade estilhaça os conceitos. A unificação móvel dessa diversidade ondulante e heteróclita só pode ser *artística*. Flaubert não o ignora: o "Artista" brinca de ter ideias. No entanto, um ano depois de terminar *Smarh*, ele o relê e escreve como posfácio: "A ilusão não é pequena, é preciso começar tendo ideias, e seu famoso mistério está viúvo delas". Caberá compreender que ele "se iludia" quando trabalhava o texto? Sim e não. Note-se em primeiro lugar que Flaubert se recrimina por um erro de método: é preciso *começar* tendo ideias. Portanto, ele não começou por aí? Não: lembremos que em dezembro de 1838 ele considera seu mistério uma obra gigantesca, "ininteligível para mim mesmo e para os outros". Isso significa que ele optou por começar pela obscuridade: escreve expressamente para ser superado por aquilo que escreve; no que sai de sua pluma, ele se reconhece por uma espécie de simpatia, e não pelo entendimento. Quando se queixa das dificuldades encontradas então, sempre se trata da *expressão* artística ("Ó Arte, Arte, amarga decepção"), e não – como seria o caso de um filósofo – de dificuldades do pensamento. Fala de um "face a face com o infinito" que ele logo descreve como uma "subversão da alma": de fato, vimos que é certa *atitude* – e não uma intuição significante – que o leva a esse confronto. E imediatamente: "...Paro de chofre, não sei como explicar (esse face a face)". Um pouco depois, é verdade, relendo o que escreve – 24 de fevereiro de 1839 –, ele declara com severidade: "O que fiz com isso é absurdo; não há a menor ideia". Mas aquilo de que ele se recrimina então é característico: "Meus pensamentos são confusos, não consigo realizar nenhum trabalho de imaginação". Aqui ele equipara com bastante clareza função ideativa e faculdade de imaginar. E, evidentemente, a imaginação é um momento necessário de todo pensamento heurístico, mesmo do matemático. Mas com esse momento transitório Flaubert faz o essencial; procura deliberadamente a encarnação simbólica sem a preocupação de estabelecer previamente o que deve encarnar-se: isto porque conta com a densidade do símbolo para sugerir *a posteriori*, aos outros e a si mesmo, um sentido irrealizável e longínquo, inseparável dos acontecimentos fictícios que o expressam, ou seja, impossível de traduzir com outro discurso. Ele tem consciência de produzir grandes conjuntos imaginários, ou seja, não a Ideia, mas imagens da Ideia para que esta venha cair na cilada de seu reflexo. Desse ponto de vista, esse universo não é a cópia do nosso; Flaubert sabe disso: de resto, o mundo de sobrevoo está enfeitiçado; espectros, fantasmas, mortos que falam, Deuses, todos têm direito de cidadania, assim como os homens, e a relação que liga estes e aqueles é uma relação de interioridade. Em outras palavras, Gustave produz intencionalmente um universo *sagrado* que não pode ser um "modelo" do universo profano que habitamos.

Contudo, não é *outro* universo que Gustave deseja inventar: o pai do simbolismo é nisso muito diferente de seus filhos espirituais. Para ele, a questão não é construir, por ódio ao real, um possível leibniziano que até então tivesse permanecido no estado de possível e ganhasse em suas mãos consistência e formato, sem sair do terreno da pura possibilidade. Na verdade, quando o sujeito fictício sobrevoa, sabemos que um sujeito real cria ao mesmo tempo o contemplador imaginário e o objeto contemplado. Isso significa que ele os estrutura em função de suas próprias determinações. A hipótese do Gênio Maligno corresponde à *dominação pelo Outro*, à maldição paterna; se o *cogito* não intervém, não é porque Flaubert não possa efetuá-lo a cada instante, mas porque sua passividade lhe veda seu uso metódico. Nas próprias fontes de sua imaginação encontramos o pessimismo, a misantropia e a misoginia que são determinações intencionais de sua sensibilidade. E, se alguns seres míticos, em geral malfazejos, povoam a terra fictícia que ele descreve, é porque esse criador projeta de modo intencional em sua criação seu "instinto religioso", seu misticismo, sua fé vilipendiada, esmagada, a renascer sem cessar, suas superstições, seu profundo gosto pelo fetichismo e pelos ídolos. Quanto ao triunfo do Mal radical, conclusão inevitável de suas obras, é o próprio sentido e a orientação que nele há do vivenciado, é sua certeza real de que cada homem tem um *destino*, sempre insuportável, e é o voto da maldade. Tudo isso junto, estruturado ao lado de outras pulsões que descrevemos ou descreveremos – servindo de matriz à ópera fabulosa que é o mundo do sobrevoo, ou seja, produzindo, selecionando, deformando sistematicamente as imagens que o constituem –, apresenta-se no sincretismo como princípio gerador do objeto imaginário ou, digamos, como a lei de sua natureza. E, é claro, essas tendências confusas, misturadas, às vezes contraditórias não podem projetar-se nesse objeto como um sistema de leis coerentes e hierarquizadas, como um conjunto de elos inteligíveis, em suma, como significações articuladas. De que modo o entendimento poderia admitir essa natureza na qual tudo é *analisável* – ou seja, redutível a invariantes – e, ao mesmo tempo, *sagrado* –, ou seja, irredutível? De que modo uma ética racional poderia acomodar-se com um sistema negativo de valores, ou seja, com um Mal radical que *sempre* vence o Bem? O Mal radical, em Kant, no nível da escolha inteligível, só é concebido em relação a um Bem absoluto que negamos livremente quando optamos pela sensibilidade, mas do qual nossos progressos, após esta vida, permitirão que nos aproximemos devagar. Aqui não há nada disso, mas apenas a afirmação insustentável de que o Bem é o instrumento privilegiado do Mal. Mas, além das significações – não as há, ou elas são incorretas, inacabadas e imprecisas, ou então se destroem umas às outras –, surge um *sentido*, estrutura *poética* desse imaginário, que supera as palavras e as imagens de Flaubert e não poderíamos traduzir com palavras. Na verdade, é a totalidade interiorizada do poeta a exteriorizar-se como totalização objetiva. Ou, digamos, a *perspectiva* que lhe é dada por seu enraizamento particular no seu meio social real (aquilo que os alemães chamam de *Umwelt*) é extrapolada para sua ambiguidade como princípio objetivo da totalização imaginária. A irrealização, portanto, não ocorre no nível do *sentido*: este simplesmente é vivenciado no interior do mundo real pelo sujeito real; no nível da realidade cotidiana, trata-se no ser-no-mundo de Flaubert, confirmado e contraditado ao mesmo tempo por cada percepção e cada acontecimento: tudo é insuportável e nada é *tão terrível*; a vida é invivível e deixa-se viver, a contingência do fato não dá razão nem deixa de dá-la a seu "pressentimento" do Mal radical porquanto esse inflexível prejulgamento participa de outra ordem e postula a necessidade absoluta; o ser-no-mundo de Flaubert, portanto, é uma relação situada com o horizonte mundano, uma vez que é vivenciada como superação permanente de uma experiência ambígua. Em suma, o *sentido* do mundo é objeto de uma postulação ardente que continua sendo da esfera da fé, pois só poderia ser verificada ao cabo de uma busca infinita. Esse sentido, porém, lança sobre os fatos uma luz estranha que desliza sobre ele e não os ilumina. O momento do imaginário é a passagem ao infinito pelo qual,

supondo terminada a busca, Flaubert toma esse sentido sincrético como a lei de organização de suas imagens: em outros termos, ele não imagina o sentido; ele imagina que o sentido – em vez de ser objeto de um pressentimento sem confirmação nem infirmação – é imediatamente dado à intuição como princípio de Unificação totalizadora. Mas essa intuição só pode ser *prática*: só apreendo com certeza a razão constituinte de uma construção se eu mesmo tiver construído. Portanto, segundo o jovem Flaubert, a *Arte* consiste em objetivar sua *Weltanschauung* percebendo-a como esquema diretivo de sua construção de um mundo como imagem. Assim, o mundo vivenciado de Gustave e seu mundo imaginário têm o *sentido* em comum. Mas este não desempenha o mesmo papel num e noutro. No primeiro, unifica *a posteriori* e bem ou mal os fenômenos na qualidade de hipótese afetiva; no outro, os *produz*. Adivinha-se o resultado: os fatos imaginários serão menos ricos e mais rigorosos que os fatos reais. Por certo não se trata de rigor lógico: mas, visto que cada um se produz como parte de um todo preexistente e expõe esse todo à sua maneira, fatos e seres, comprimidos, condensados, ligados por relações de interioridade, trocarão a contingência e a ambiguidade por uma inflexível necessidade *estética*. Quanto a definir aqui as leis dessa necessidade, não pensaremos nisso ainda: entre quinze e dezoito anos, Flaubert está muito longe de formular as regras de sua arte. Digamos simplesmente, como ele faz então, que "escreve para *deleitar-se*".*
Com isso não se deve entender que ele queira proporcionar-se um prazer contingente e ligado ao encanto do assunto narrado; com efeito, o conteúdo da narrativa que ele se propõe é sua vida no colégio, "tempo de inconcebível tédio e de uma tristeza imbecil misturada a espasmos de bufonaria ".** Nada sedutor, como se vê, a menos que o prazer esteja na *forma*. Mas essa forma mesma nada mais é que o *sentido* tomado como princípio de totalização. Trata-se, assim, de produzir um objeto irreal em que cada parte, engendrada pela unidade sincrética de um sentido, anuncia o todo em si mesma e em sua relação com todas as outras partes. Contra a análise – que, para ele, é a Verdade – Gustave concebe a Beleza como síntese quase dialética. Aqui aparece o órgão de controle, o gosto, que outro não é senão o próprio *sentido* apreendido como exigência crítica e capaz de confirmar

---

* *Souvenirs*, p. 103: "Tudo o que faço é para me dar prazer. Se escrevo é para me ler" etc.

** *Souvenirs*, p. 103.

que a parte, em sua singularidade, se apresenta como expressão do todo, que ela não é nada mais nada menos que uma visão do todo sobre si mesmo, sincrônica e diacronicamente particularizada por sua relação com todas as outras visões que ele pode ter sobre si. E, como cada parte tende a impor-se por si, é preciso exercer vigilância constante para evitar o rebuscamento, o exagero, a singularização excessiva: qualquer complacência é necessariamente *falta de gosto*. Gustave teme esses erros mais que qualquer coisa, pelo motivo de que ainda escreve segundo o humor e com espontaneidade, ao sabor da inspiração, nem sempre preocupado em interligar a página do dia à página da véspera. Haverá, desde o início – ou seja, desde os quinze anos –, uma luta renhida entre *a improvisação* (fonte de amplos movimentos retóricos que se isolam, se apartam da construção global ou se repetem) e o controle crítico; em suma, entre a atividade passiva e essa atividade sintética que o adolescente sonha exercer no imaginário e que é tão contrária à natureza que lhe fizeram. Assim, o gosto só tem como regras as que ele adota, pois é o próprio *sentido*; e essas regras não podem ser codificadas, pois seria preciso *conhecer* o sentido por meio de conceitos, mas ele é negação de todos os elos conceituais e judicativos: é uma "multiplicidade de interpenetração" que só se torna unidade produtiva ao se objetivar num mundo imaginário.

Nesse nível, o que é então o mundo criado por Flaubert? É o nosso mundo, tal como ele seria caso se tornasse de verdade o que tenta ser sem grande sucesso, em outras palavras, caso os acontecimentos e os seres se limitassem a ser as consequências dos princípios e, em sua própria substância, se empenhassem em demonstrá-los. Como, *grosso modo*, o *sentido* é o Mal radical – ou seja, a impossível positividade do negativo –, para que o mundo seja perfeito é preciso que tudo seja radicalizado, que cada indivíduo demonstre em si mesmo (por meio de sua maldade e de suas desgraças) e nas relações com outrem (que o tortura e é por ele torturado) o triunfo do Gênio Maligno. Em suma, a cada momento é preciso que o Mundo se denuncie como *mundo outro* ou *mundo pelo avesso*. Se o universo real se manifestasse assim em seu austero rigor, nem por isso seria melhor: seria Belo. É a época em que Flaubert anota em seu caderno de *Souvenirs*: "o belo é mais útil que o bom". À parte essa leve falha do pensamento – que ainda conserva a palavra "utilidade" rejeitada pouco depois por Flaubert –, temos a impressão de ler um aforismo de Wilde. E, de fato, agora distinguimos melhor o compromisso estético encerrado na proposição: o Mundo é o inferno. Como não é bom, o Mundo será feio – ou seja, disforme, ambíguo, instável e negro em sua desordem –, a menos que seja *absolutamente* ruim. Mas essa estética, em certos aspectos, é platônica: de fato, para Flaubert, o real não está em conformidade com seu Eidos; participa dele, nada mais. A complementaridade rigorosa entre Mal e Beleza só existe no céu; nosso universo é o da *hylé*[50], cuja dispersão espaço-temporal e cuja estúpida inércia refletem de modo vago estruturas eidéticas que elas não podem realizar inteiramente. É o mesmo que dizer que ele tem e não tem verdade: *se tivesse alguma*, seria a de ser o lugar suntuoso do Mal. Assim, segundo Flaubert, o papel do Artista é *instituir* o que o Mundo deveria ser e não é, não porque seja *outro* mas simplesmente *por falta*. *Instituir*: com efeito, ao produzir a obra a partir do sentido, ele dá ao mundo um *modelo* e o intima a reconhecer no objeto imaginário o universal singular que deveria *ser*. A Beleza como totalização rigorosa torna-se uma *exigência ontológica*; com sua estrutura exemplar ela exige a contração e a ativação da materialidade mundana, desclassifica e desmascara a análise: esta se fundamenta apenas na insuficiência essencial da realidade; os elementos só existem porque a Natureza está na impossibilidade de totalizar. Nessa época Gustave não diria, como Wilde, que a Natureza imita a Arte, mas que ela *deve* imitá-la para tornar-se ela mesma. Percebem-se claramente aí as satisfações que o ressentimento se dá: produto de um universo medíocre e, com certeza, ruim em vez de bom, o adolescente exige que este seja pior ainda, ou seja, ruim até a perfeição. Significa ao mesmo tempo denunciar duplamente a realidade – ela é tão viciada no princípio, que nem sequer consegue produzir o Mal radical ao qual está fadada – e desejar torturas requintadas para a espécie humana: as novas obras retomarão os desejos "malvados" de Mazza ou Marguerite, mas para lhes dar a estrutura de imperativos categóricos. A Beleza exige o sofrimento universal. E esses imperativos – diferentemente dos imperativos kantianos – não inspiram respeito, mas vergonha. Os da Razão prática – ainda que jamais sejam executados – são acompanhados por um "Deves, logo podes", que estabelece pelo menos sua possibilidade. O imperativo estético é o tormento da matéria e seu impossível fermento: à Natureza real a Outra Natureza declara: "Deves, mas não podes". Encontramos aqui, em toda a profundidade, a relação dialética que no "Artista" une Belo e Maldade.

Que o artista seja o malvado por excelência é coisa de que Flaubert ainda duvidava antes de dezembro de 1838. Pode-se dizer que ele recebe essa revelação em toda a sua plenitude quando decide tomar por objeto da arte a totalização na exterioridade. Evidentemente, descobertas dessa espécie são *preparadas*. A ideia é simples: como se escreve por ressentimento, o fim da atividade literária só pode ser o de prejudicar a espécie. Ela data de longe, mas ele não tomou consciência dela logo de início e, nas primeiras novelas, sua intenção era mais a de expressar o pessimismo que a de infectar o leitor com ele.

Bem cedo, apesar de tudo, ele começa a desconfiar do veneno que destila em suas obras, pois nelas com frequência acrescenta posfácios ou introduções para dissuadir de sua leitura. Em geral, por desprezo ao público, mas também por uma atitude de prudência. Com quinze anos, ainda está hesitante, pois em 24 de junho de 1837 declara a Ernest que à ciência do coração prefere "poesia pura, gritos da alma" etc. Como na época já escreveu a maioria dos contos *noirs*, pode-se deduzir que ele não se compreende de todo. No entanto, a carta, raivosa, demonstra um humor atrabiliário e a excessiva irritabilidade que nunca o abandonarão. Um ano depois, após o fracasso das *Memórias,* a decisão está tomada: "...estimo profundamente apenas dois homens, Rabelais e Byron, os únicos que escreveram com a intenção de prejudicar o gênero humano e de rir na cara dele. Que imensa posição a de um homem assim colocado diante do mundo!".*
Por certo ele não diz que pretende assumir essa imensa posição: seria mostrar orgulho demais e, além de tudo, ele desconfia de Ernest. Mas, enfim, é a posição de Isambart diante de Marguerite e será o objetivo da consciência de-situada que em *Smarh* opera uma totalização de sobrevoo. Cinco meses depois, em 24 de fevereiro de 1839, ele escreve estas três frases *na mesma carta*: "...desprezo demais os homens para fazer-lhes bem ou mal...", "Jamais advogarei, a menos que se trate de defender algum criminoso famoso, a menos que seja numa causa hedionda..." e "Se alguma vez eu tiver participação ativa no mundo, será como pensador e... desmoralizador". A sucessão dessas declarações nos dá maravilhosas informações sobre seu estado de espírito: superficialmente, o imobilismo, o mesmo que ele afeta em 1838. "Agora cheguei ao ponto de olhar o mundo como um espetáculo e de rir dele. Que tem o mundo a ver comigo? Vou me importunar pouco

---

* A Ernest, 13 de setembro de 1838, *Correspondance*, t. I, p. 29.

com ele..." Mas dessa vez insiste em seu aspecto negativo. De fato, esse imobilismo seria mais bem compreendido se nascesse de uma soberba indiferença. E não devemos subestimar o componente de agressividade contido na palavra *desprezo*. Pouco depois, porém, ele nos informa que defenderá os criminosos famosos e só estes: para "fazer-lhes bem"? Não, com certeza, mas para *desmoralizar* o tribunal e o público, arrancando uma absolvição: seria o escândalo supremo. E, caso não se pudesse sequer sonhar em chegar a tanto, ele já faria bonito em salvar a cabeça do culpado. De fato, é o Mal que ele deseja defender contra as pessoas de bem. Desforra-se daqueles que querem obrigá-lo a estudar direito: estudará, sim, virá a ser advogado, mas utilizará o cargo para mistificar os jurados e "rir na cara deles". Após isso, ele confessa seu desejo profundo: "Agir como pensador e desmoralizador". E acrescenta: "Apenas direi a verdade, mas ela será horrível, cruel e nua". Como sempre, Flaubert se trai pelas palavras: o futuro que ele emprega para designar a Verdade mostra que ele hesita entre o real e o imaginário. Decerto esse futuro é provocado pelo tempo do primeiro verbo, "Farei", que, por sua vez, está perfeitamente justificado pois se trata de um projeto. Seja como for, o "será" não é obrigatório. Pois a Verdade de que Gustave fala deve ser horrível *no presente*: para nosso autor, trata-se de revelar o Mundo, a Vida, a Morte, o Homem etc., tais quais foram, são e sempre serão. Só o presente convém, porquanto expressa também o intemporal. Portanto, seria preciso escrever: "Direi a Verdade tal qual ela *é*: horrível, cruel e nua". Se Gustave usa o futuro, é porque essa Verdade ainda não existe, e seu horror e crueldade dependerão no mínimo de uma seleção realizada pelo "pensador", se não da invenção pura. E é exatamente assim que ele a encara, pois – como mostra com clareza esse trecho – ele se interessa menos pela Ciência e pela *comunicação* que ela exige do que pelo pavor que provocará em seu leitor. Como se vê, trata-se de condensar as relações intramundanas e, ao cabo dessa operação complexa, produzir um objeto de beleza hedionda que outro não é senão o Mundo transformado em Inferno. Mas dessa vez a ênfase recai sobre o efeito desmoralizador que Gustave espera produzir no outro.

O futuro, aliás, tem aí outro sentido. Em fevereiro, Gustave continua trabalhando em seu "Mistério". Está muito descontente com o que faz. Terminará? A carta seguinte (18 de março) informa que ele o abandonou por algum tempo.* Portanto, cabe ler a frase acima citada levando-se em conta a seguinte incerteza: se eu conseguir terminar *Smarh* e se decidir publicá-lo, garanto que essa obra será cruel para o leitor – ou seja, ela satisfará *minha* crueldade.

Essa crueldade, aliás, manifesta-se com mais clareza numa carta de julho de 1839 (na época *Smarh* está terminado): "...Lacenaire... fazia filosofia... à sua maneira, e uma filosofia tremenda, profunda, amarga! Que lição ele dava à moral! Como castigava em público essa pobre puritana ressequida! Quantas boas pancadas lhe deu! Como a arrastou para a lama, para o sangue! Gosto muito de ver homens assim, como Nero, como o marquês de Sade... Esses monstros para mim explicam a história... Pode crer, são grandes homens, imortais também. Nero viverá tanto tempo quanto Vespasiano, Satã, tanto quanto Jesus Cristo".

Três nomes, três criaturas "satânicas" pelas quais Flaubert nutre admiração ilimitada. Durante algum tempo Lacenaire foi o símbolo da desmoralização social: por meio dele, o crime fascinava gente de bem. Já na adolescência, Gustave sonhou em *ser* Nero. Em *Dança dos mortos*, Satã chama esse imperador: "dileto do meu coração, o maior poeta que a terra já teve". Aqui, a poesia não tem ligação com a linguagem, reside no ato destruidor: o maior poeta do mundo é o incendiário de Roma; aliás, ei-lo a erguer-se em sua tumba; fala conosco: "Quero morrer de amor, volúpia e embriaguez! E, enquanto eu estiver comendo manjares que só eu como, enquanto houver cantares e jovens nuas da cintura para cima a me servirem pratos de ouro, debruçando-se para me ver, alguém estará sendo morto, pois gosto – é um prazer de Deus – de misturar os perfumes do sangue com os das iguarias de carne, e essas vozes da morte me farão adormecer à mesa".** Afinal de contas, esse imperador é um precursor do *happening*: graças a ele, a poesia se torna um evento provocado e destruidor. Desmoralizador acima de tudo, pois a beleza de Roma a incendiar-se está a serviço da

---

* Na verdade, ela contradiz um pouco a anterior. Esta dizia: "Comecei um mistério... talvez eu pare por aí". E aquela: "Retomei um trabalho abandonado há muito tempo, um mistério...". Se estava trabalhando ainda em 24 de fevereiro, como pode tê-lo abandonado *há muito tempo* em 18 de março? É verdade que já em 26 de dezembro de 1838 ele declara (quinze dias após a concepção): "Não sei se devo continuar meu trabalho". Haverá uma parada efetiva e depois uma retomada? Em todo caso, é certo que a partir de 26 de dezembro ele sofreu a contínua tentação de deixar tudo de lado.

** *Dança dos mortos*.

morte, pois a volúpia é mais requintada quando acompanhada pelo assassinato. Afinal, ele ainda não conhece Sade pelas suas obras, pois pede a Ernest que as obtenha para ele: um artigo de Janin o pôs a par da *vida* do Marquês. Esses três homens ultrajam o gênero humano *com seus atos*. Pouco importa se eles fazem correr rios e valas de sangue: o essencial é que os crimes manifestam a identidade profunda entre Mal e Beleza.

Ora, Gustave só pode sonhar em imitá-los, ou melhor, só os imita em sonho. Alegava desprezar demais os homens para fazer-lhes bem ou mal. Mas sabemos muito bem que não é o desprezo que o retém, e sim a impotência. Ele sabe disso, contudo não pode abster-se de desejar o poder supremo. Nesse aspecto, um trecho de *Souvenirs* é bastante instrutivo.* Gustave finalmente encontrou uma obra de Sade, lê, é uma revelação; compenetra-se dela e anota em seu caderno: "Depois de lermos o *Marquês de Sade* e recobrarmo-nos do deslumbramento, surpreendemo-nos a perguntar se tudo não seria verdade, se a verdade não seria tudo o que ele ensina – e isso porque não podemos resistir à hipótese com a qual ele nos faz sonhar, de um poder sem limites e de poderes magníficos". Ele adivinhou, com profundidade, que o tema principal do divino Marquês é o das relações humanas, e acredita ter compreendido que, na falta de qualquer comunicação verdadeira, a relação fundamental entre os homens é uma relação de *poder*, ou seja, o direito que alguns se arrogam de tratar os outros, *com a cumplicidade destes*, como simples meios de saciar-se. Um ser humano tomado em si mesmo é um absoluto: o absoluto poder será fazer dele um termo relativo e dependente. É uma liberdade também: a absoluta liberdade será levá-lo a renegar-se livremente. Numa palavra, o único elo concebível é o elo entre o carrasco e sua vítima.

Pouco importa aqui o significado real das obras de Sade. Flaubert apenas redescobriu nelas suas próprias fantasias. Com efeito, o "Pastiche"** é apenas uma segunda versão das lembranças de orgia que ele atribui a Nero em *Dança dos mortos*, escrita dois anos antes. Aliás, trata-se de uma radicalização *noire* do vínculo feudal. O que conta é que, sob essas fortes luzes, captamos outro sentido da Arte flaubertiana: a onipotência do Sádico, que o embriaga e lhe é recusada, precisa ser obtida *por meio do discurso*. A liberdade do outro será submetida

---

* Anterior a 1841, p. 70.
** Provavelmente inspirado por *A filosofia na alcova*.

com certeza se ele for inclinado a desesperar por meio das palavras. Gustave precisa dos grandes "imortais" do Vício como caução: são os Santos e os Mártires de seu calendário; falará deles e os citará como exemplo. Mas o trabalho do Artista, embora situado em outro plano, equivale ao deles e persegue um mesmo fim. "Prejudicar o gênero humano" é o que Gustave se propõe quando concebe *Smarh* – ou, melhor ainda, quer incitar o gênero humano a prejudicar-*se* na pessoa de seus leitores. Faz pouquíssimo tempo, em *Agonias*, ele afirmava temer que "aquelas linhas queimassem e ressequissem a mão que as tocasse, cansassem os olhos que as lessem, assassinassem a alma que as compreendesse"; e acrescentava: "Não! Se alguém vier a descobrir isto, que se abstenha de ler!". Mas, já em dezembro de 1838, enquanto concebe *Smarh*, seus temores transformam-se em esperanças: que sua obra consiga queimar e ressequir a mão que a folhear! Que consiga *desesperar* e *degradar* o leitor.

Escolhi esses dois infinitivos para marcar a ambiguidade do projeto desmoralizador. Pois afinal, caso só se tratasse de empurrar os seres humanos para o desespero absoluto, Flaubert, segundo os próprios princípios de seu dolorismo, só os melhoraria, à custa de penosa ascese. Acaso ele não repete desde a adolescência que a dor é própria às grandes almas? Não escreverá em 1841 em seus *Souvenirs*: "Creio que a humanidade só tem um objetivo, que é sofrer"? Infectando os leitores com seu próprio sofrimento, pode-se dizer que Flaubert os aproxima de si, torna-os mais lúcidos, autênticos e corajosos. Mas não: tudo isso seria verdadeiro se Flaubert não odiasse de antemão o seu público, ou seja, sua classe. Ele não acredita que um livro, por mais sublime que seja, possa arrancar os burgueses à burguesia. Eles continuarão a fazer o que fazem porque é o quinhão deles. E, caso fosse possível revelar-lhes por escrito seus fartuns secretos e a fragilidade dos princípios aos quais se agarram, nem por isso eles seriam melhorados: a alma deles, ao contrário, se tornaria ainda mais feia, pois eles tomariam consciência de sua baixeza sem poderem escapar a ela e manteriam seus princípios, mas a partir daí sem acreditar neles. Desmoralizar não é desmistificar: acossado, o burguês se defenderia refugiando-se na má-fé, fingindo não ver essas novas evidências. E, de fato, ele não as *veria*, mas sua vida estaria estragada. É exatamente o que Gustave quer fazer: a palavra "desmoralização" não foi escolhida por acaso; *significa* ao mesmo

VII. Do poeta ao artista

tempo corromper os costumes e fazer perder o moral. Flaubert, se puder, matará dois coelhos com uma cajadada: retirará o sustentáculo da moral a homens que não podem substituir por nada esse feixe de interditos e mandamentos, mas, diferentemente do autor, são dotados de naturezas pequenas demais para saberem sofrer. De modo que o primeiro momento da operação, bom em si – é bom contestar falsos valores e falsos imperativos –, é expressamente concebido para ser seguido pelo segundo, ou seja, essa contestação, insuportável para os fracos, deve mergulhá-los na abjeção. O bem é feito com vistas a obter o Mal. Acaso Gustave não espera jamais encontrar um leitor digno dele? Espera, sim: *um*, Alfred. Assim mesmo teme que ele se aburguese. E cabe notar que *Smarh*, a mais ambiciosa das obras de Flaubert, não lhe é dedicada. Mas, supondo-se que haja vários Alfreds no mundo, Gustave não imagina que sua obra possa esclarecê-los: se a compreenderem, é porque *já* estão desesperados. Não: o "mistério" dirige-se de fato ao burguês: é a narrativa desmoralizadora de uma empreitada de desmoralização. Ao leitor se solicita que se identifique ao piedoso eremita que acabará por rodopiar no vazio. E, naturalmente, essa conclusão na exterioridade assemelha-se como duas gotas d'água àquela que se encontra nas *Memórias* e é extraída do ponto de vista da interioridade: "à beira do abismo fechei os olhos; caí nele". Mas é que o *Artista* saltou de ricochete após a queda: sua consciência de sobrevoo paira acima do mundo e, para infectar os outros membros da espécie, ele se vale de seus próprios despojos, da carniça que deixou na terra. Na verdade, *Smarh* é o resultado desse salto de ricochete: não pode sequer ser concebido sem que o autor das *Memórias,* decepcionado, se transforme a partir de dentro, assuma *a atitude* do orgulho e do desprezo e se empoleire nos cumes. E a totalização na exterioridade deve ser feita *rindo* "na cara do gênero humano": é por essa razão que o dueto Homem e Diabo, que corre o risco de ser dramático demais, é transformado em trio com o acréscimo do Deus do Grotesco. Não há piedade por nossa espécie: mesmo que ela se contorcesse na desgraça, seus gritos de sofrimento só teriam o efeito de provocar a hilaridade do Artista que os tivesse provocado. Trata-se de fato de *perverter* e, curiosamente, é o tema de *A filosofia na alcova*, que Gustave ainda ignora em dezembro de 1838, mas na qual reconhecerá, em 1840, "deslumbrado", seu próprio projeto. Ao *se fazer* Artista, Flaubert passa do sonho ao ato: a escrita será seu "poder absoluto"; aos burgueses ele arranca a linguagem e volta-a contra eles. Desmoralizando, o pequeno vassalo, embriagado com sua onipotência, será o Senhor negro das palavras. Mas não se trata apenas de insuflar a dúvida nas almas. Flaubert, num trecho curioso, afirma que a Beleza tem o poder mágico e direto de *degradá-las*. No meio de sua empreitada, ele abandona por um momento Yuk e Satã e fala em seu próprio nome*: "Um dia, quando eu tiver imaginação, pensarei em Nero sobre as ruínas de Roma e nas baladeiras às margens do Ganges, intercalarei a mais bela página que já se fez; mas advirto desde já que será soberba, monstruosa, espantosamente impudica, que produzirá o efeito de uma torta de cantáridas, e que quem for virgem aprenderá coisas incríveis, e quem for velho voltará a ser jovem; será uma página... que, afixada nos muros, excitaria até os próprios muros e faria o povo correr para os lupanares, que se tornariam então pequenos demais, forçaria homens e mulheres a acasalar-se nas ruas ao modo dos cães, dos porcos, raça muito inferior à humana, convenho, que é a mais meiga e inofensiva de todas". Gustave certamente não acredita que o porco seja inferior ao homem: em *Sonho de inferno* ele escrevia que somos "um pouco menos que os cães, um pouco mais que as árvores". Mas está seguro de que, reduzindo seus congêneres a simples "bestas humanas", ele os rebaixa ao nível mais inferior da animalidade: eles se acasalarão como porcos, mas sem inocência, ou seja, com obscenidade. É de se notar que, dessa vez, Flaubert já nem sequer finge que o aviltamento sucede à revelação de uma "cruel" verdade: a "mais bela página do mundo" age como afrodisíaco; transforma o homem naquele que ele *pode ser*, sem dúvida, mas que nunca será sem ela. Em suma, a Beleza *desumaniza*. Está claro que o autor reconhece que ainda não escreveu essas linhas de fogo: porém faz mais que desejar ser um dia capaz de escrevê-las; promete-se isso desafiando seus leitores. Aqui, portanto, desaparece a ambiguidade: ao dizer a verdade sobre nossa condição, Flaubert podia ainda dar a ilusão de impelir os confrades a uma revolta saudável; mas, quando impele homens e mulheres a acasalar-se como porcos, desvenda seu ódio ao homem e seu desejo de degradá-lo. Sua arte quer ser o filtro de Circe. Percebe-se o caminho percorrido: primeiramente útil à alma

---

* No fim da quarta parte.

depois inútil aos homens, a Arte, com a totalização na exterioridade, torna-se nociva para eles.*

Contudo, não se deve crer que Flaubert reduza a Arte a Nocividade. Esta é ao mesmo tempo um objetivo e uma consequência. De fato, notamos que Gustave, ao conceber, com *Smarh*, a totalização na exterioridade, tenta operar uma dupla desclassificação: a do finito pelo infinito – que é misticismo – e a do real pelo imaginário, que é criação artística. Que elo caberá encontrar entre essas duas empreitadas? Diremos que elas são inseparáveis e que passam de modo incessante uma para a outra. E essa interpenetração define o sincretismo flaubertiano.

Primeiramente, o infinito só poderá desclassificar o finito com sua presença se se encarnar numa realidade finita. Caso contrário, será objeto de um pensamento "recorrente", ou então se mostrará a um ser situado como seu horizonte. No misticismo religioso é a interioridade do místico que, por meio de uma série de contestações e asceses, explode sua finitude. Mas, quando a totalização se faz na exterioridade, o infinito só pode introduzir-se no meio dos objetos que ele totaliza com a mediação da arte, que produz no meio do real um centro finito de irrealização; isso quer dizer que o objeto belo, para Flaubert, é um *transfinito*, uma totalização imaginária do infinito por um objeto finito e elaborado: eis o que deverá ser *Smarh* – pensa Gustave – se eu tiver sucesso. Mas, inversamente, em Flaubert a atitude mística é imaginária: sua consciência quase religiosa do infinito estrutura-se como consciência de sobrevoo, princípio e consequência de um trabalho de de-situação. E, como vimos, essa de-situação só pode ser obtida pela desrealização. Ora, toda consciência imagética é consciente (de) si. Portanto, a opção mística aí implica a consciência não tética de ser uma escolha do imaginário. Quando decide escrever *Smarh* para fazer-se mediação entre finito e infinito, Gustave afunda no imaginário fingindo de-situar-se; mas com isso se torna mediação real entre o imaginário e a realidade, pois com o trabalho ele produz objetos desrealizantes. Se o misticismo é um *papel***, a Arte é uma atividade que tem em vista

---

* Ele nunca abandonará essa ideia. Em novembro de 1851 escreve a Louise: "É bonito ser um grande escritor, manter os homens na frigideira de sua frase e fazê-los saltar como castanhas. Deve haver delirantes orgulhos em alguém sentir que pesa sobre a humanidade com todo o peso de sua ideia".

** Essa descrição evidentemente visa apenas Flaubert, e não os "verdadeiros" místicos; Teresa de Ávila ou João da Cruz vivem sua não-integração numa comunidade *religiosa*. Isso significa que a fé existe *no ponto de partida*, como dado fundamental.

inserir esse papel em nosso mundo. Trata-se de constituir um objeto real com instrumentos reais, em suma, de produzir pelo trabalho uma determinação do mundo que seja uma porta aberta para o Não-Ser. Contudo, como esse irreal nada mais é que a unidade comprimida do Ser e, afinal, o pleno desenvolvimento ontológico que lhe é atribuído e ao mesmo tempo proibido, a Arte é intimada pelo Ser impossível a *informar* o imaginário, a fixá-lo no mundo com uma matéria (signos, cores, mármore etc.) e, mesmo conservando seu caráter de irreal, fazer dele – na qualidade de obra bela – um conjunto instituído de prescrições irrealizáveis; em suma, ele manifesta o perfazimento de nosso mundo, ou seja, o Ser profundo, como um dever-ser intramundano. Donde sua verdadeira missão: fazer o real passar para o irreal produzindo o irreal no cerne da realidade; denunciar ao cabo da "poiêsis"[51] a totalidade, em sua plenitude, como nada de ser (ou puro jorro de aparências desordenadas) instaurando com o objeto de arte (macrocosmo *informado*) uma comparação perpétua entre o real que não é *por falta* e o ser absoluto que não é *por excesso* (no sentido em que se diz: belo demais para ser verdade).

Mas, se Gustave reconhece que a mensagem do infinito – aquela que ele deve transmitir aos homens para atormentá-los mais – não passa de imaginário, o que será da Predestinação? De onde ele extrairá seu mandato? Se à difícil busca da verdade ele opuser puras ficções de Artista, não será desqualificado de antemão? E, em Gustave mesmo, o homem-meio não estará exposto ao risco de denunciar a irrealidade de seu fim?

De fato, ocorre a Gustave hesitar: se tem de enumerar todas as "pequenezas" humanas, por que a Arte escaparia à sua ironia? Já em *Memórias* ele escrevia: "Arte, Arte! Que bela coisa essa vanidade!... E que pequenez... Se já senti momentos de entusiasmo, devo-os à Arte; no entanto, que vanidade a arte! Querer retratar o homem num bloco de pedra ou a alma com palavras, os sentimentos com sons e a natureza com uma tela pintada... Se há na terra e entre todos os nadas uma crença que se adora, se há algo santo, puro e sublime, algo que se dirija a esse desejo imoderado de infinito ou de vagueza que chamamos alma, esse algo é a arte. E que pequeneza! Uma pedra, uma palavra, um som, a disposição de tudo isso que chamamos de sublime... O homem, com seu gênio e sua arte, não passa de mísero bugio de algo mais elevado. Eu gostaria de encontrar o belo no infinito e só encontro a dúvida".* Nesse trecho complexo, Flaubert reduz a criação estética a pura "macaquice" de uma Criação – o belo no infinito – que, por outro lado, não se manifesta e, com certeza, não ocorre. Essa macaquice mesma é um fracasso: como retratar a Natureza numa tela pintada? Para que seja contida por esta, precisa ser mutilada. Assim, a inconsistência da arte faz dela uma imitação vã daquilo que deveria ser e não se revela. Sem negar que essa "vanidade" o entusiasma, Flaubert não a distingue, em sua natureza, dos outros produtos da *práxis* humana. O gênio existe, mas de suas mãos sai um nada. A ênfase é posta na heterogeneidade do objeto que deve ser produzido ou reproduzido e do material empregado. A inércia, imobilidade compacta, e a impenetrabilidade da pedra desqualificam de antemão toda e qualquer tentativa de com ela traduzir a vida do organismo humano. Do mesmo modo – voltaremos a isso –, as palavras são em sua constituição inaptas para materializar a coisa que designam. Nesses momentos, Flaubert, mesmo reconhecendo a existência dos "gênios", duvida da *vocação* deles. É a constituição que os faz como são, em suma, o acaso do nascimento. Para dizer a verdade, há ressentimento nessa atitude: Gustave duvida da predestinação dos outros quando, ao comparar os escritos deles aos seus, acredita compreender que jamais será um deles. "Convencido de minha impotência e de minha esterilidade, fui tomado por um ódio invejoso: eu me dizia que não era nada, que só o acaso ditara aquelas palavras"** e: "Faria um livro, seria sobre as torpezas dos grandes homens – estou contente com o fato de que eles as tiveram".*** Mas, seja qual for a motivação, o fato é que ele descobre então que sua atitude é insustentável. A predestinação, caráter essencial do Artista, revela-se pelo que é: determinação imaginária; mesmo que escreva uma obra-prima, Gustave não mudará seu ser. Quem sabe se não é esse ser mesmo, seu ser burguês (rendas, cultura) que lhe dá facilidades para escrever. Mais tarde, nos momentos de desânimo, ele às vezes se resignará a considerar a Arte como apenas um *passatempo*. Por exemplo, escreve a Alfred: "Juro que não penso na glória e não penso muito na Arte. Procuro passar meu tempo da maneira menos tediosa, e descobri como". E a Maxime: "Sou um burguês que vive retirado no campo ocupando-se de literatura".

---

* *Memórias de um louco*, cap. XVIII.
** *Ibid.*
*** *Souvenirs*, p. 64.

Mas na maior parte do tempo ele aguenta graças ao seu sincretismo: é porque não quer largar nem a verdade nem a desrealização; nem o olho clínico nem a fuga lírica; nem o poder absoluto nem o dolorismo da impotência. No exato momento em que enfatiza a irrealidade da imagem, ele tem duas maneiras contraditórias e com frequência simultâneas de afirmar a veridicidade da Arte e, portanto, a autenticidade de sua missão.

Na origem da primeira, há a intenção de vencer os cientistas em seu próprio terreno: bem cedo Flaubert reconheceu em si a faculdade de *imaginar a verdade*. Agora ele a atribui ao Artista: desde que seja engendrada de forma metódica, a imagem se antecipa à realidade ou ressuscita um passado que não foi vivido: "Às vezes me ocorrem revelações históricas e a tal ponto certas coisas me surgem com clareza – a metempsicose talvez seja verdade – que acredito às vezes ter vivido em diferentes épocas; na verdade, tenho lembranças delas".* Evidentemente, o sentido profundo dessa atitude é o *bruxedo*: não negaremos que há em Gustave uma tendência a superar o estatuto da imaginariedade, a conferir às forças imaginativas um poder de enfeitiçar, de criação indireta, à distância, que compensaria em parte a irrealidade da obra. Porém há mais, pois para ele, como já vimos, a totalização pelo exterior engendra uma sobreverdade. Quando mais tarde declara que "sua Bovary" sofre e chora em vinte aldeias, ele não está afirmando que sua Emma *enquanto tal* é reproduzida em vinte exemplares. Tomada desse modo, essa frase poderia ter sido pronunciada por Duranty: ora, não esqueçamos que Flaubert condenou mil vezes o "realismo" em literatura, e que sua ambição totalitária não tem por objetivo descrever corretamente uma generalidade tão particular. Se Emma não passasse de uma provinciana decadente e malcasada, na opinião do autor *Madame Bovary* não valeria uma hora de trabalho. Na verdade, as chorosas aldeãs têm um *menor-ser* que a aldeã que ele concebeu, elas são *menos* Bovary que sua Emma, expressam mais obscuramente o elo entre microcosmo e macrocosmo. Pois, para Flaubert, o mundo real é quase totalizado segundo o esquema do Mal radical e, como só os acasos e a dispersão o destotalizam, a única totalização rigorosa é a imaginária; por conseguinte, ela

---

* *Souvenirs*, p. 51. Essa nota é contemporânea à redação de *Smarh* ou pouco posterior.

produz imagens arquetípicas engendradas – a partir do princípio e dos arquétipos já concebidos – como manifestações singulares do Todo. Como tais, essas imagens abarcam um setor da quase-criação e alguns existentes parecem manifestá-las em maior ou menor grau, à medida que o ser-na-exterioridade delas (contingência, acidentes) o permita. Emma, criação da Arte, é em primeiro lugar bela, ou seja, exprime um macrocosmo imaginário que foi objeto de livre criação. Mas, uma vez que a Natureza deveria imitar a arte, mulheres reais podem encontrar em Bovary a exigência suprema e irrealizável de tornar-se de todo o que são. Há em Flaubert um platonismo da imaginação: as Bovary reais *participam do eidos* singular "Emma" assim como, para Platão, os objetos contingentes do mundo sensível participam das Ideias inteligíveis. O imperativo do irreal – ou seja, o Belo como exigência impossível – dirige-se primeiro ao real em sua universalidade, mas, nos leitores ou nos espectadores, interioriza-se e torna-se um imperativo íntimo: procura sempre perceber o mundo em ti e fora de ti como se ele tivesse sido objeto de uma criação premeditada. Com uma obra bela, Flaubert dará ordens àqueles que sempre mandaram nele, instalar-se-á neles *como Outro*, impondo--lhes o dever de captar o mundo *deles* através da visão de outro. Em suma, ele lhes devolverá o que eles lhe emprestaram. Mas o que eles verão não será o erro: será a Sobreverdade – cruel, horrível etc. – que é imaginária. As imagens arquetípicas desrealizam a percepção porquanto levam seu "sentido" à incandescência. Essa concepção, por mais confusa que ainda seja, será tão falsa? Na medida em que utilizamos as criações dos romancistas como chaves para decifrar indivíduos reais, desrealizamos esses indivíduos ao considerá-los *criaturas*. E, quando mais tarde se disser que uma mulher "é uma Bovary", nem por isso se estará avançando no conhecimento de seu caráter, mas ela estará sendo vista a partir das intuições totalizantes de um demiurgo que outro não é senão Flaubert. Aí está a cilada: num personagem de romance acreditamos nos *reconhecer*, ao passo que apenas instalamos em nós a impossível exigência de ser produto sintético de uma totalização divina. Mas *é só uma cilada*? Não: pois esse imperativo nos leva a nos trabalhar e a nos aprofundar.

Mas, simultaneamente, Flaubert continua afirmando que a criação artística é por essência imaginária, uma "macaquice". Somos criadores de imagens por não podermos criar o *ser*. Há em *Memórias* um trecho curioso e revelador: depois de denunciar a vanidade da arte, ele prossegue: "Eu desejaria algo que não tivesse necessidade de expressão nem de forma, algo puro como um perfume, forte como pedra, inapreensível como um cantar, que fosse ao mesmo tempo tudo isso e nenhuma dessas coisas". Em suma, aqui abandona a ideia de Sobreverdade e de totalização: o objeto criado não expressaria nada, não expressaria o sentido do mundo; simplesmente *seria*, de modo diferente da imagem que é nada. Mas é curioso que da "vanidade da Arte" ele extrai na maior parte das vezes uma confirmação de sua missão. A existência, no homem, da imaginação, desse nada de ser, tem para ele o aspecto de *cifra* no sentido que Jaspers dá a essa palavra. Esta, pelo simples fato de dissociar-se do Ser e de preencher ilusoriamente com o não-ser a nossa não-satisfação, desvenda de modo obscuro *algo* de inarticulável e inconcebível. Ou, digamos, graças a essa faculdade, o problema da Criação ontológica permanece no estado de mistério. Com efeito, se o mundo fosse não criado, só haveria ser e nós mesmos estaríamos de todo condicionados por nossa facticidade; mas se, pela imagem, somos capazes de pôr o real a serviço do Nada, é porque não nos limitamos àquilo que somos, e esse nada que produzimos exige uma explicação que não pode ser dada. A verdade dos cientistas é o mecanicismo: o Universo sempre existiu, nada se perde e nada se cria. Mas a imaginação, como imperativo do Não-Ser – ou seja, do impossível Ser-Absoluto –, propõe à Ciência do Ser um enigma que esta não pode resolver: o Ser não pode produzir o nada. Ora, *há* Nada, e a Arte é testemunha disso. Nesse nível, o próprio Artista é uma cifra: por que esse ser é inquietado pelas imagens? Por que esse empenho em arremedar a Criação que não ocorreu ou que se oculta, em produzir não-ser? De onde lhe vem esse gosto? De onde lhe vem esse poder? O que Flaubert sugere é que o Artista é suscitado pela ausência de Deus. Diante da carência do invisível Onipotente, ele se encarrega dessa exigência do mundo: ser criado, ou seja, ser produzido na unidade sintética de uma atividade livre; seu empenho em reproduzir o ato criador – mesmo sabendo que isso não passa de gesto, e que ele só substitui Deus no irreal – demonstra ao mesmo tempo a necessidade e a impossibilidade de ser *criatura* para si mesmo e para os outros. Mas essa inútil paixão – de fazer-se criador de mentirinha por não ser criatura real – é, por sua vez, inexplicável sem a estranha solicitação daquilo que é pelo que não é. No âmbito do utilitarismo – passagem do ser ao ser que se opera no ambiente do Ser –, o mandato do Artista revela-se pela presença nele do não-ser *como cuidado* [souci]. Mais tarde Mallarmé – ao mesmo tempo mais aristocrata e, por decisão, mais plebeu – julgará ter recebido mandato do *ser de baixo*, daquilo que Merleau-Ponty chama "estratos de ser em estado bruto", para dar mostras da aspiração universal do mundo a libertar-se do acaso. Tratar--se-á também de uma impossível exigência, mas o que ele pretenderá expressar em seu cantar é a necessidade selvagem de toda realidade, necessidade que, aliás, ele sabe ser incapaz de satisfazer, a não ser pelo fracasso total e consciente do poeta. Flaubert, por sua vez, ainda impregnado da ideologia teológica, considera que o apelo – se existisse – viria do alto. Beleza é Sobreverdade: a Verdade diz o que é, a saber, que o mundo é um não-sentido não criado; a Beleza, exigência do alto, revela o sentido desse Não-Sentido ou, digamos, o Absoluto se faz realizar *por falta*, ou seja, por sua própria irrealidade, como sentido do relativo; o Infinito, como sentido do finito; o Nada, como sentido do Ser. O Artista é o homem que abandona o século para dar testemunho de que Deus *deveria ser* e que – por meio dessa *inexplicável* ocupação – dá testemunho de si mesmo, ou seja, da irredutível autenticidade de sua vocação.

Flaubert não é o único que formula o problema nesses termos. Toda a sua geração lamenta a Fé perdida; morto Deus, esses incréus involuntários tornam-se artistas por terem compreendido – mais ou menos obscuramente – que a imaginação é uma relação fundamental e constitutiva entre o existente e a realidade que ele supera. É como se para eles a função imaginativa se tornasse prova da grandeza e da fraqueza do Homem sem Deus. Grandeza, porque ele substitui o Ser eterno e cria o mundo em lugar deste, mostrando-o tal qual ele seria contra o fundo de uma liberdade intencional. Fraqueza porque sua criação só pode ser imaginária, porque ele se conhece ao mesmo tempo como demiurgo derrisório de um cosmos que *não é*. Não importa: o Artista inverte a relação que o cristão dos séculos anteriores estabeleceu entre o Ser e o Não-Ser. Para este, como Deus é o Ser por excelência, estamos ligados a ele por participarmos do Ser; o erro ou o pecado só existe para dar testemunho do Não-Ser que há em nós; para aquele, é o contrário: como Deus não é, pelo nada que há em nós damos testemunho de nossa recusa vã e inconsolável de sua Não-Existência; é fazendo-nos imaginários que nos tornamos mais semelhantes a ele.

A originalidade de Flaubert reside em seu sadomasoquismo: como o Belo é o Mal, o Demiurgo que ele atesta em vão é o Gênio Maligno; o Artista, em sua totalização na exterioridade, faz-se irrealmente possuir e guiar por Satã.

Como se vê, Gustave comprova seu mandato a um só tempo por meio do Ser e do Não-Ser: a imaginação é profética, capta a Verdade, ou seja, o Ser, *antes* da Ciência e *melhor* que ela; a imaginação é o Nada no cerne do Ser, é a negação e o Fracasso como vão testemunho de um Alhures inencontrável. Essa contradição não é insuperável: é *verdade* que a imagem é nada, mas também é verdade que, como diz Merleau-Ponty, ela é "computador de ser". Mas não devemos tentar aqui essa difícil síntese, pois na época de *Smarh* Gustave nada mais fez que manter juntas a tese e a antítese num sincretismo de interpenetração.

Quando Gustave descobre, no início de dezembro de 1838, as linhas mestras de *Smarh*, sua melancolia de outono desvanece-se e dá lugar a um verdadeiro *deslumbramento*. Isto porque a escolha do assunto não é separável da metamorfose subjetiva da atitude. Ele só pode começar essa *outra* obra tornando-se *outro* homem. As *Memórias* fracassaram por causa das verdades que contêm: estas, por suas contradições, incitavam Gustave a praticar a autoanálise, o que ele não pode nem quer fazer; além disso, a totalização na interioridade, ainda que tivesse sido operada no ambiente da subjetividade universal, por causa do pessimismo do autor reveste um caráter nitidamente masoquista. *Smarh* é a recusa alegre do masoquismo e do conhecimento reflexivo, é o orgulhoso e autoritário "salto de ricochete" para o imaginário, a escolha deliberada do sadismo, a substituição do dolorismo pelo riso, é o anti-humanismo da consciência de sobrevoo que arranca Flaubert à sua espécie, obrigando-o a trabalhar contra ela, é o "face a face" irreal com o infinito que esclarece a própria noção de Artista, fazendo deste um mediador entre o imaginário e a vivência; é, ao mesmo tempo, a descoberta do mandato satânico, esse não-ser radioativo que volta o filho de burgueses contra as finalidades de sua classe e substitui a inspiração pelo altivo cuidado do nada, em suma, é a escolha simultânea de um tema e de uma atitude que se condicionam reciprocamente. No inverno de 1838-1839, o adolescente ressentido *se assume*, a esperança nasce de uma tomada de posição que renega radicalmente aquela que presidira à feitura das *Memórias*: a recusa desdenhosa da subjetividade leva Gustave a definir a Arte como objetividade total e irreal. Ele escapa à família, ao ambiente, à sua espécie, escapa a si mesmo e, decidindo alegremente ignorar-se, afunda no imaginário. Ao mesmo tempo, acredita apreender o significado fundamental da Literatura: ela é *sagrada* e ora é uma magia negra cujo feiticeiro é o Artista, ora uma religião mais negra ainda, em cujo sacerdote ele se transforma. Com efeito, o "*numen*" em sua forma mais primitiva, manifesta-se nas coisas como um esboroamento do ser que desvenda um dever-ser; produzindo a exigência estética a partir do desmoronamento do material verbal, o Artista participa do numinoso: a partir de elementos dispersos de nossa experiência, ele produz de modo irreal o pior dos mundos possíveis; o fato é que esse mundo é *criado*, que ele totaliza a maior cerimônia religiosa da Criação divina, que o curso das coisas nele se revela como uma providência ao inverso, e que a cada criatura é atribuído um lugar por uma intenção especial. Para depreender o sentido do não-sentido de nosso mundo, Flaubert se fará vítima e sacrificador, não cessará de considerar o trabalho estético como um culto. Reencontraremos essa ideia ao longo de sua Correspondência, porém nunca tão bem expressa como em 1876, numa carta a George Sand: "A senhora me acusa de não me deixar levar 'pela natureza'. Pois bem, e essa disciplina? Essa virtude? O que faremos dela? Admiro o sr. de Buffon usar punhos de renda para escrever. Esse luxo é um símbolo". Sim. Símbolo como a tonsura. Já aos quinze anos a escrita tende a tornar-se um sacerdócio; o "natural" e a improvisação que reinam ainda em 1837 são até certo ponto recusados; escrever torna-se um *exercício espiritual*: como o objeto de arte contesta a natureza – ou seja, a realidade cotidiana –, o criador deve recusar a espontaneidade; furta-se a ela, *condiciona-se* para entrar em contato com o imaginário. Instado pelo fim absoluto a ancorar o Impossível no Real subtraindo-se ao mundo, o próprio ser do Mediador é um dever-ser. Não por acaso Gustave se empenhará durante toda a vida para confundir Artista e Santo, a ponto de encarnar-se em Smarh, o eremita, em santo Antão, de obrigar seus amigos a festejar seu aniversário no dia de São Policarpo. A partir de *Smarh* ele encontra em si uma espécie de imperativo religioso – "Escreve! Subordina tudo em tua vida a esse fim absoluto!" –, imperativo estético que ele deseja impor aos outros com sua obra. É o sadomasoquismo levado à incandescência: "Martiriza-te para poderes martirizar os outros obrigando-os a admirar tua obra, ou seja, a apresentação do mundo incriado *como se ele tivesse sido criado* por Satã".

Até o outono 1838, o jovem não se consolava por não ter sido objeto de um decreto especial da Providência. Engendrado por uma Vontade absoluta, ele teria sido absoluto. Além de um trecho das obras de juventude, ele vocifera por ser produto do acaso: "Portanto nasceste fatalmente porque teu pai, um dia, terá voltado de uma orgia, inflamado pelo vinho e por frases obscenas, e tua mãe terá tirado proveito disso e posto em jogo todos os ardis femininos, impelida por seus instintos da carne e da bestialidade...".* Essa descrição não convém muito às conjunções racionais e calculadas dos pais de Flaubert. Mas deixa bem claro o rancor de Gustave contra o casal que o fez caçula. Acima de tudo, nela sentimos o ressentimento de não ter sido *chamado*. O trecho, tomado de forma integral, descreve o ser humano tal qual pode ser visto por Achille-Cléophas, ou seja, como um sistema em movimento cuja posição atual é definida com rigor por sua posição imediata anterior. Ao eliminar com raiva os fins, Gustave retira qualquer sentido humano ao Universo e ao homem. Mas, com isso, entrevê a salvação: no cerne das trevas, pressente o salto de ricochete de *Smarh*. É exatamente isso que descobre em dezembro do mesmo ano: ainda que se conceda aos homens a existência de uma teleologia particular à nossa espécie, essa finalidade, condicionada pelas necessidades mais elementares e pelo interesse particular, nada mais é que o efeito de nossa complexão; o homem, enquanto ser, não escapa às leis do ser, ou seja, ao determinismo mais rigoroso. O que salva o Artista é que seu fim é um não-ser; exterior a nosso gênero, esse fim não se identifica – muito pelo contrário – com a perpetuação da vida, nem mesmo com a tendência do ser a perseverar em seu ser: já de saída ele subtrai seu servidor ao mundo dos possíveis porque lhe pede que sacrifique sua própria existência a uma pura e simples impossibilidade. Esse fim o universo dos "entes" nunca pôde engendrar. Ele só pode ter sido produzido por si mesmo como pura exigência e ter feito sair da terra o homem inumano que deve e não pode cumpri-lo. A partir de *Smarh*, Flaubert quer ver-se como tal: ele é aquele que leva no coração a exigência do impossível. Ela o suscitou, mas ele, com seus tormentos, lhe dá presença no mundo. Do fundo do futuro, ou seja, de seu não-ser sempre futuro, ela o condiciona até em seus

---

* *Memórias de um louco*, cap. XX.

VII. Do poeta ao artista 1603

menores movimentos. Nessa relação fundamental e sagrada, a partir de *Smarh* Flaubert vê o que se poderia chamar de predestinação cotidiana, ou seja, uma inversão do tempo mecanicista: suas próprias necessidades – que nem por isso ele deixa de detestar – tornam-se fins secundários; para escrever é preciso viver. Por certo a faculdade de imaginar pertence a todos – ainda que, segundo Flaubert, o merceeiro não a use. Mas só no Artista ela aparece como um imperativo categórico: ao contrário do senso comum, Gustave não a considera um dom, mas uma carência; por certo o Artista fervilha em imagens, mas a espontaneidade não tem grande participação: seu fermento é a Beleza, essa ausência amargamente sentida. A partir daí esse mediador do impossível arrancará os homens à sua condição humana, obrigando-os com suas obras a receber a mensagem imaginária e a desenvolver sua própria imaginação.

Essa concepção pode parecer um catarismo, um jansenismo completamente *noir*. Com razão. Mas o que se deve ver agora não é uma libertação, mas uma contra-alienação. Determinado, bem antes de nascer, pelo bel-prazer de um pai que o quis burguês e caçula, constituído pelos cuidados de uma mãe como atividade passiva, Flaubert não pode, do modo como esta o fez, combater com eficácia a maldição daquele. Durante toda a sua vida ele jamais se sentirá livre; jamais sua vontade escapará à heteronomia. No entanto, é preciso salvar-se. Mas, como a revolta é vedada, ele só escapará à alienação alienando-se a outro objeto. Só pode substituir o ser-burguês por um ser-para--a-Arte, e só pode substituir a *profissão*, futuro fatal e definido pelo Pai, por outra fatalidade. Assim, a salvação lhe aparece como *outra*, ou seja, como *outra* danação: para opor-se retroativamente e já antes do nascimento de Gustave à vontade do Pai, a Arte deve ser destino e heteronomia, em suma, *outra* vontade. As forças que lutarão entre si são exigências futuras – "Seja tabelião", "Seja escritor" – e a sorte do jovem se regrará pela vitória de uma sobre a outra sem que ele participe de nada. O Artista é posto no mundo para fazer uma obra--prima – ou seja, uma imagem derrisória da inconcebível Criação. Se ele conseguir, todos os dados de sua proto-história serão remanejados de uma só vez: a intenção paterna se converterá em ilusão; crendo engendrar um burguês, esse burguês caiu numa cilada da história, produziu com exatidão aquilo que um imperativo futuro exigia dele. Em suma, o Artista é o filho de sua obra-prima. Foi posto no mundo para sacrificar-se ao objeto que deve ser construído. Isso é alienar o homem a seu produto, sem dúvida, mas Gustave não tinha outra saída. Na família Flaubert, de pai para filho, *trabalha-se*. Permanecer poeta – no sentido com que Gustave entende isso – é cair numa inatividade suspeita que o *pater familias* só aceitará se vir nisso um sintoma de doença que, mesmo tolerado, será de modo imediato desqualificado pela incessante atividade dos dois doutores Flaubert. Mas, se a Arte é uma prática, se a obra exige que o Artista trave dia a dia uma luta duvidosa, se a obra se faz realizar por uma labuta ainda mais dura e ingrata que a dos médicos, Gustave poderá tranquilizar-se: com boa consciência, ele aplicará à sua atividade extra-humana as normas familiares, a moral dessa classe que ele renega sem poder contestar suas virtudes; é seu trabalho que deve objetivar-se e cristalizar-se no material escolhido.

Ao mesmo tempo, o imperativo estético o valoriza porque se dirige à sua singularidade: se alguém deve tornar-se tabelião, o que conta é o ambiente do qual ele saiu, o nível de vida e as ambições dos pais; quando essas condições exteriores estão reunidas, os indivíduos podem ser até medíocres; só lhes será solicitada uma inteligência mediana, que é a coisa mais difundida no mundo. Assim, a certeza vivenciada sobre si mesmo transforma-se em pura ilusão, no mínimo em epifenômeno, e a verdade da pessoa reside no tabelionato. Mas, quando a exigência da Arte elege o Artista futuro, o que comanda é a obra como universal singular, e não a generalidade da profissão: singular, ela exige o sacrifício de uma singularidade definida. Dom Quixote requer Cervantes; Ricardo II, Shakespeare. Assim, o trabalhador, na Arte, permanece como meio da arte, e lhe é vedado dar-se preferência ou pôr-se para si, mas seu sacrifício permanente exige que ele tenha certeza sobre si e que a transmude em unidade apodíctica da obra-prima. Meio único, o Artista é eleito pela obra que será feita como seu instrumento *essencial*. Essa concepção de Arte dá a Gustave se não a oportunidade de aceitar-se, pelo menos a de cooptar-se, encarando seus traços particulares e até sua origem burguesa como instrumentos por utilizar sem paixão, sem complacência e sem piedade para produzir a insubstituível desintegração da matéria pelo imaginário em tempo e lugares definidos. Tudo nele se torna necessário, pois o objeto-vampiro se alimentará de tudo. Orgulho, inveja, maldade, raivas e desesperos servirão; a anomalia de que ele se envergonha e que o afasta dos seres humanos pode ser um sinal de sua eleição, pois a obra-prima por fazer nunca escolhe um trabalhador *substituível*.

Contudo, não se deverá confundir Flaubert com os individualistas que o precederam e seguiram. Seu eu (*Moi*) o importuna e, aliás, mesmo na certeza vivenciada, só lhe pertence pela metade. Por isso, ele não vê na obra o reflexo de sua pessoa: jamais. Totalizador na exterioridade, ele não tem em vista expressar-se realmente. A obra alimenta-se da singularidade do autor, mas não a restitui, transforma-a em si mesma. Não é o rosto do Artista, esse microcosmo, que aflora em cada página lida, é a figura do macrocosmo tal como ele seria se tivesse sido criado. O sujeito que sobrevoa, sozinho, pode ver um mundo sobrevoado: assim, ele pode guiar o escritor real que escolhe signos reais para expressar o que seu eu imaginado descobre e, ao mesmo tempo, produz. Esse desdobramento do sujeito em vidente fictício e trabalhador verdadeiro é peculiar a Flaubert; e, com essa necessidade de irrealizar-se, ele compreende que irrealiza seu caráter: o sujeito de sobrevoo, personagem abstrato que no fundo só expressa a intenção totalizadora, confunde-se com os desmoralizadores de *Smarh*, ora com Yuk, ora com Satã; por outro lado, o autor constitui uma unidade com o mundo sobrevoado, pois *o sentido* do macrocosmo criado resume a *Weltanschauung* de Gustave. Assim, o trabalhador perde-se por inteiro na obra e nela fica irreconhecível. Flaubert, um pouco depois, insistirá na objetividade da Arte. Mas os textos são claros: ele julga indispensável que o Artista se introduza em seu objeto, o que ele lhe veda é *mostrar-se* nele. O Universal singular não pode reduzir-se à singularidade de seu autor; o imaginário não é feito para reproduzir o real, o que, aliás, lhe seria impossível. Eis então Gustave desembaraçado de si mesmo: sua anomalia é justificada porque faz dele o meio essencial da obra; mas, ao mesmo tempo, seu peso diminui: o fim absoluto a consome, e não se fala mais nisso. Nem por isso essa austera concepção deixa de visar sacrificar o homem à obra. Não seria possível fazer outra coisa no universo do pessimismo absoluto: nele a alienação é total, pois nele os homens são produto de seus produtos, a tal ponto que estes são os fins absolutos pelos quais aqueles nascem e se perdem. O Artista sacrifica sua pessoa à sua obra para que esta reine sobre os homens e lhes imponha seus imperativos estéticos.

O fracasso de Smarh

É essa, pois, a revelação que o transtorna em dezembro de 1838: sou o Artista, pensa ele. Assim como Jean Genet dirá: sou o *Ladrão*. Acredita nisso totalmente? Acredita em sua predestinação? Cabe observar que bem depressa ele muda de tom, porque duas semanas depois exclama: "Ó Arte, Arte, amarga decepção, fantasma sem nome que brilha e nos leva à perdição!". As cartas ulteriores informam que ele recaiu em pesada melancolia. O que quer dizer isso? Que desiste de sua concepção sobre os Artistas? Ou que continua com ela, mas perdeu a esperança de ser um deles?

Na predestinação – que está no alicerce e no topo de todo edifício – ele acredita sem a menor dúvida *em se tratando dos outros*. Nada é mais especioso que a ilusão retrospectiva. E do fato de Shakespeare ter criado obras-primas logo nos inclinamos a concluir que ele nasceu para escrevê-las. Em suma, lemos sua vida de trás para a frente, o que é fácil porque ela está encerrada e só nós decidimos sobre o sentido da leitura. O respeito também conta; nessa exigência inerte que nos requer assim que assistimos às suas peças não temos dificuldade em ver o próprio imperativo que, outrora, exigiu dele que as escrevesse. Não há a menor dúvida de que Flaubert foi vítima dessa ilusão: ele lê os grandes autores, admira-os e acredita que desde a infância eles tinham um mandato; o que ele afirma em seu entusiasmo do início de dezembro é que ele também recebeu o mandato de escrever. No exato momento em que é fascinado por seu assunto – a totalização do infinito –, a afirmação não é muito difícil. Mas poderá sustentá-la por muito tempo? Ele precisaria captar em si mesmo o apelo do Não-Ser como um imperativo categórico singular. Será possível? Para outros, certamente, seja qual for o valor daquilo que escreverão: contei em outro lugar como um mal-entendido, aos oito anos, me levou a acreditar que meu venerável avô me ordenava que escrevesse. Não demorou muito para que eu me acreditasse encarregado de uma missão. Além disso, havia ali uma situação especial, uma família, um patriarca que me indicava o caminho por seguir. Não há dúvida de que isso ocorreu com muitos escritores. Mas com Flaubert? Ao invés de lhe mostrarem o caminho, seus pais o desencorajavam de segui-lo, se não com palavras, pelo menos com a indiferença absoluta. Que fizesse carreira, abraçasse uma profissão, essa era a ordem; depois disso, ninguém lhe impediria de importunar as musas, mas essa tolerância bastava para desacreditar a seus olhos a vocação literária. Não: se ele se tornasse artista, seria contra eles. Alfred, por certo, lhe aconselhava a escrever, mas com displicência, sem jamais acreditar de fato que a Arte fosse uma salvação, nem sequer uma justificação. No entanto, é impossível confundir uma decisão espontânea com um imperativo: aquela só reflete nossa subjetividade; este é uma voz estranha, é o Outro em nós, irredutível. Não é necessário que relacionemos o comando que nos habita com um rosto particular: ele pode vir de *todos* ou ficar em nós, abstrato, sem data e sem ligação com aquele que o enunciou outrora. Além disso, são necessários os *Outros* para justificar a qualidade particular da ordem que é a *alteridade*. Ora, neste caso específico, faltam estes, pois é contra eles que Flaubert optou por essa saída. Ele está tremendamente só e, desta vez, reduzido à pura interioridade. Sem dúvida sua decisão está marcada por extrema gravidade: ele sabe disso e, se não ganhar nessa frente, perderá em todas. Mas sua vontade só a ele compromete: ninguém lhe pediu nem prometeu nada. Como encontrar em si esse "tu deves" cuja rudeza possibilitaria esperar um "tu podes"? Gustave sem dúvida chega a tomar sua paixão e a urgência dos perigos como uma ordem; mas nesse campo ninguém pode se enganar durante muito tempo nem sem extremo cansaço. Tudo o que se pode dizer é que a Maldição paterna ajuda-o nesses passes de mágica: Flaubert, afora toda e qualquer vocação artística, percebe-se predestinado; ele se vê a resvalar para essa "profissão" que o espera desde sempre, a carreira de advogado, médico, procurador; sente *em seu ser* uma cumplicidade profunda com o dever-ser que seu pai lhe impõe, e que sua *existência* recusa. Essa subjetividade, assombrada por imperativos, está, portanto, habilitada a tomar *como imperativo* o suposto apelo que a livrará deles. Ocupada pelo Outro, a consciência de Flaubert está estruturada como alteridade, e seus próprios desejos podem mostrar-se a ele como *outros*. Não há dúvida de que o jovem, quando concebia *Smarh*, viu-se de fora como um dos artistas que admirava e acreditava terem um mandato: isto porque ele ainda não tomara da pluma nem tentara interiorizar aquele esquema exterior.

Mas começa a escrever. O que ocorre? Bem, *Souvenirs, Novembro* e a Correspondência nos informam que está entusiasmado no momento da concepção, tristonho e desiludido já no início da execução. Isto porque o Ego de Flaubert é triplamente estruturado; a atividade real do escritor é condicionada por dois imaginários: o sujeito totalizante que sobrevoa o Universo e, abaixo, o sujeito predestinado que dá seu sentido à escrita. O Artista é um papel. Ou melhor, Flaubert, durante algum tempo, consegue escrever de verdade, mesmo *encenando que escreve*; dá sentido imaginário à sua prática real: ela é provocada por uma finalidade *outra* e futura; ele vivencia a espontaneidade como alienação. Sujeito real de uma empreitada arriscada, ele se considera, de modo profundo mas irreal, como o meio essencial de uma finalidade imperativa e indubitável. É evidente que não ignora que se entrega a fantasias. Mas acredita no seu papel – como os atores profissionais, nem mais, nem menos –, e seu grau de crença é variável: considerável, quando a pluma corre com facilidade sobre a folha, tendendo ao zero toda vez que ela tropeça numa dificuldade, e nesse instante, a *práxis* revela seus verdadeiros caracteres; a heteronomia desaparece diante de uma autonomia hesitante; o destino, o imperativo e as promessas se desvanecem juntos para dar lugar à tristonha melodia do vivenciado, do acaso, às ruminações e invenções tateantes e sempre recomeçadas, às decisões contestáveis e sempre contestadas. É então que Gustave se afasta da mesa e recai na melancolia; gratuita, profana e contingente, sua atividade não pode satisfazê-lo: não se fundamenta em nada, não é exigida por nada, então ele julga que é um *passatempo*. Um pouco mais tarde, quando *não está escrevendo*, volta à encenação e consegue acreditar nela, referindo-se àquilo que *escreverá*. Por isso ele pode anotar: "o futuro me entusiasma, o presente é pouca coisa, o passado me desespera e não ganho experiência. Gosto de pensar no futuro... e nunca se realizou nem um único fato que eu previsse, esperasse, temesse".* O passado é a obra abandonada, o último fracasso; o presente é a desilusão: o homem que escreve *não é escritor* e, para resumir, só pode escrever renunciando a sê-lo; a escrita, mesmo quando se mente, é um momento de verdade porque é *prática*, e os punhos de renda de Buffon não a transformarão em cerimônia, donde *o tédio de escrever*; o futuro, por outro lado, é a obra que espera para ser composta; quando Gustave sonha, imóvel, na finalidade futura que o governa, estabelecem-se relações complexas na imaginação entre o sujeito de sobrevoo e o artista; sem que um se identifique de todo com o outro, estabelece-se entre eles uma verdadeira unidade dialética, e os limites são abolidos no âmago de um movimento de

---

* *Souvenirs*, p. 103-104. Escrito em 1840. Evidentemente, o texto não se refere apenas à literatura. Contudo, foi introduzido por observações literárias. Cabe notar que se opõe aos numerosos trechos da Correspondência em que Gustave se declara *profeta*. Não há nada de surpreendente aí: o trecho de *Souvenirs* foi escrito em plena depressão.

confirmação recíproca: na verdade, trata-se de dois momentos negativos e irreais, mas a projeção dessas negações num futuro real (o Artista *realizará* a visão de sobrevoo e proporá aos leitores o mundo como centro de irrealização) tende a facilitar a confusão entre o Ser (como determinação prático-inerte e real do presente pelo futuro) e o Não-Ser (como projeção imaginária de si mesmo e determinação irreal do momento futuro).

Caberá dizer que Gustave escreve unicamente para *ser escritor*? Não: prova disso é que ele compôs todo um livro de narrativas *antes* de ter descoberto que estava aprisionado em seu ser-burguês. Mas, sem dúvida alguma, já em *Memórias* e sobretudo a partir de *Smarh*, ele quis utilizar sua inclinação para a escrita* com outros fins, ou seja, para sua justificação, sua salvação e sua transubstanciação. É isso o que nos explica sua crescente inquietação: ele tenta em vão combater um ser real com um ser de imaginação. É *verdade* que ele *é* burguês, e isso significa apenas que a sociedade, através de sua família, deu-lhe já antes de nascer um estatuto material e um imperativo inerte que o definem em sua generalidade. Depois disso, é preciso que *exista seu ser*, ou seja, que ele se produza a partir dessas coordenadas como uma existência sujeita a predeterminações e perfeitamente incomensurável com elas. Portanto, se há uma possibilidade de combater sua pré-fabricação original, ele a encontrará em sua pura existência – ou nadificação do ser. Escrever tornar-se-á então a práxis de um existente, e a produção livre de uma obra intelectual – *que não é esperada por ninguém nem por nada* – não voltará para ele como uma determinação ontológica. A literatura, na melhor das hipóteses, poderá talvez dispensá-lo de abraçar uma profissão ou, se já o fez, permitirá que ele a abandone; não mudará nada em seu ser-de-classe. Ele será um burguês que escreve. Com efeito, se for possível chamar de escritor o homem que faz da literatura sua finalidade primordial, e se assim lhe for atribuído um ser, isso ocorrerá na medida em que a soma de seus livros, o interesse ideológico que estes representam, a necessidade de defender *suas* posições estéticas, filosóficas e políticas etc., fizerem crescer nele o peso do prático-inerte e poderem esboçar algumas exigências fixas em seu futuro. O enorme peso das coisas feitas e ditas faz do passado um imperativo futuro e ressalta negativamente a finitude: escritor quando ele já não pode fazer mais nada além de escrever aquilo que aos poucos ele se condenou a escrever. Isso será

---

* Cujas motivações demos acima.

Flaubert após *Madame Bovary*: a cartada foi jogada, ele se definiu e classificou numa pequena "elite" em que todos os membros se chamam Artistas. Mas, em 1838, por certo não é o que ele deseja e, aliás, é aquilo que ele não pode obter; pois essa dignidade ontológica em geral se adquire com mais idade: é a vitória da morte, o aspecto social do envelhecimento. Portanto, ele só pode *encenar*, mas tem consciência disso – com insinceridade, está claro – e sente medo. Donde a sanha com que compara sua jovem vida à dos mortos célebres: quando e como eles se sentiram chamados? Com mais idade, talvez, como Rousseau: então há esperança. Pois bem, se foi antes dos quinze anos, ele está perdido. Eu disse que ele procurava as pequenezas dos grandes homens: ele nos contou que foi por inveja, e certamente tem razão. Mas também para aproximá-los de si: ao descobrir suas fraquezas, também desvenda a contingência da vida deles, que, como a sua, ia no vai-da-valsa. Alguns talvez tenham ignorado os desígnios secretos da Beleza: artistas sem saberem. Não importa: esse jogo cansativo o atormenta; sempre decepcionado, ele procura agarrar um fantasma. Essa é a origem de sua angústia: a transubstanciação é necessária e impossível. Para conseguir o que deseja, seria preciso deixar-se devorar inteiro pelo imaginário, em suma, enlouquecer. Quem sabe se o futuro autor da *A espiral* não sonha com isso?

Mesmo assim, essa é apenas uma impossibilidade de princípio: o que se desagrega é a própria ideia de vocação; quando Gustave a contesta, contrariando a si mesmo, está na melhor forma, em outras palavras, duvida dela e não de si. Mas, quando está descontente com o que escreve – como ocorreu no verão anterior em relação às *Memórias de um louco* –, a situação se inverte: vocação e predestinação existem, mas estão reservadas para outros; se Gustave não ouviu nada, talvez não tenha sido chamado. Reconhece-se o *Sou eu Abraão?* de Kierkegaard. Flaubert atribui importância capital à resposta; em jogo está mais que sua vida: a Salvação e a danação. Se o mundo é regido pelo Gênio Maligno, o louco amor que o jovem sente pela Beleza talvez tenha sido posto nele apenas para enganá-lo mais. No universo sádico de Gustave, a virtude é sempre punida, e a infelicidade é rigorosamente proporcional à grandeza de alma: como Gustave morre de vontade de escrever, não será lógico que ele não tenha meios para tanto? Ou melhor, *o* meio, pois só há um a seu ver: o gênio. E como provar que se tem gênio, a não ser com uma obra-prima? Com catorze anos, Gustave escrevia sem se preocupar muito com o resultado. A partir dos dezesseis, quer tentar o grande lance. Se não tiver gênio, *merecerá* o futuro que seu pai lhe reserva. Somente a obra-prima *instituirá* outro futuro. Portanto, é preciso produzir uma. *O mais depressa possível*: o ciclo dos estudos secundários está chegando ao fim, daí a três anos é o direito, Paris e depois a advocacia ou o tabelionato. A partir de 1838, o adolescente é agitado pela mais alta ambição; quando concebe *Smarh*, visa à obra-prima, *conscientemente*. Prova disso é que nesse texto ele quer dizer tudo sobre tudo. Para avaliar suas obras, ele não hesitará em compará-la às *Confissões*, a Fausto: elas precisarão resistir à comparação. Caso contrário, adeus, Artista: fica um pequeno-burguês desadaptado, de fato inferior ao Grande Irmão Achille. Haverão de gostar da orgulhosa austeridade, da ingenuidade profunda dessa atitude; convém apenas observar que ela o transvia, ao obrigá-lo a escolher um tema cósmico que ele ainda não tem meios para tratar, e que nela se insinua a insinceridade: escrever *para* fazer uma obra-prima é falsear o sentido da escrita. Escreve-se *para escrever*, fazendo o melhor possível; e, é claro, mesmo para produzir uma obra medíocre é preciso ter a certeza de que se levará a empreitada a bom termo. É até possível, sem trair a Literatura, que um jovem, enquanto trabalha em seu livro, acredite que ele *será* uma obra-prima. Essa ideia então não passa de elemento marginal que acompanha a empreitada sem governá-la. Flaubert, ao contrário, em *Smarh* sente que "trabalha com gênio" e que exige que suas frases não só digam o que ele pretende dizer, mas o digam com genialidade. Seria possível fazer ao autor de *Smarh* a crítica que Cocteau fazia a Barrès e a "suas frases antecipadamente imortais", caso não sentíssemos nele a necessidade ansiosa e quase desesperada de construir sua salvação.

De fato, naquele outono ele não está muito preocupado com a glória e nunca se pergunta como uma obra-prima se faz reconhecer. O tempo urge: se for preciso esperar o julgamento de seus sobrinhos-netos, será tarde demais; de resto, uma vez que, para ele, a obra de arte é feita contra os homens, a aprovação destes não é necessária. Durante toda a vida, Gustave considerou o público inessencial. Os sufrágios de Alfred e Ernest lhe serão suficientes. Mesmo assim, não passarão de contraprova. Ele conta com a evidência interna de *Smarh*, em outros termos, consigo mesmo. Isto porque a obra-prima, ao mesmo tempo que faz aparecer um centro de irrealização no meio do real, lhe parece um evento metafísico: imagem invertida da Criação divina, ela é *index sui*, tal como a Verdade de Espinosa. A mesma pessoa produz e julga a obra de arte. Gustave está convencido de que poderá discernir por si mesmo, através do "gosto", a validade de sua obra, e que, se a aprovar irrestritamente, a operação estará terminada. Resultado: a partir de 1838, ele vive em angústia perpétua; a cada palavra que escreve, põe seu *ser* em questão. Anota naquele ano em seus *Souvenirs*: "Passo da expectativa à ansiedade, da louca esperança à triste negação, é chuva e sol, mas um sol de cartolina dourada e uma chuva salgada sem tempestades". Isto porque ele não para de *julgar Smarh* à medida que vai escrevendo. E o julgamento é severo.

Após o entusiasmo da concepção, em 26 de dezembro, começa a desilusão: faz quinze dias que ele passou à execução. "Não sei se devo continuar meu trabalho, que só me apresenta dificuldades insuperáveis e quedas assim que começo a avançar". A Arte é uma "amarga decepção". Segundo diz, Flaubert sente "todas as coisas que são fracas em mim tanto para o coração quanto para o espírito". Escreve justamente: "Há trechos nos quais simplesmente paro: isso foi bem penoso para mim, ainda recentemente, na composição de meu mistério, quando me encontrava sempre diante do infinito; eu não sabia como expressar aquilo que perturbava minha alma". Em fevereiro de 1839 ele se queixa de sua impotência literária: "Outrora eu meditava... lançava... no papel a verve que tinha no coração; agora já não penso, não medito, escrevo ainda menos". Ele perdeu o segredo daquelas grandes elevações místicas a que dava outrora o nome de poesia: "A poesia talvez se tenha retirado por tédio e me abandonou". Portanto, escreve: *Smarh* continua em construção. Mas, mesmo tendo matado o Poeta, nele o Artista não passa melhor que sua vítima: "Não posso fazer nenhum trabalho de imaginação, tudo o que produzo é seco, penoso, forçado, arrancado com dor... O que fiz (de meu mistério) é absurdo, sem a menor ideia. Talvez pare por aqui". As frases que seguem marcam claramente a importância de sua decepção: "Minha existência, que eu sonhara tão bela, poética, larga, amorosa, será como as outras, monótona, sensata, estúpida, *estudarei direito, passarei nos exames* e depois, para acabar com dignidade, irei viver numa cidadezinha de província... com um posto de subprocurador do rei". Em suma, *Smarh* nada tem de obra-prima, *portanto* Gustave não passa de pequeno-burguês. Com essa carta (ou talvez antes), abandona o trabalho: de que adianta continuá-lo, se *sabe* agora que já não é um gênio. Em março, porém, volta-lhe a esperança, e ele se põe de novo a trabalhar. Isto porque está fascinado com a Ideia que quis apresentar no momento da concepção; expõe o assunto a Ernest e conclui: "Esse é um plano simpático e um tanto quanto escabroso". Isso reaviva seu interesse, é também o aspecto "desmoralizador" de sua obra. Escreve com orgulho: "Faço obras que não ganharão o prêmio Montyon e que *a mãe não deixará a filha ler*; terei o cuidado de pôr essa bela frase como epígrafe".* Mas em abril muda de tom: "Acabei um mistério que exige três horas de leitura. Praticamente só o assunto é estimável. A mãe deixará a filha ler". Isso significa em primeiro lugar que já está decepcionado até em sua ambição desmoralizadora: agora sabe que a obra não escandalizará ninguém. Mas, acima de tudo, ficamos sabendo que nunca pôs em dúvida o valor de sua *concepção*. Já na primeira carta (de 26 de dezembro), ele declarava que se elevara "às altas regiões do céu", concebera "algo inaudito, gigantesco, absurdo"; em seguida expõe a Ernest um "plano simpático e um tanto quanto escabroso"; por fim, depois de retomar e terminar o trabalho, conclui: "Praticamente só o assunto é estimável".

Terá lido para os dois amigos? Duvido: eles não iam com frequência a Rouen. Em todo caso, tranca-o quase de imediato em uma gaveta e não cuida mais do assunto. Imagino que conserve uma lembrança ambígua a respeito. Na verdade, ele nunca foi totalmente sincero, nem em sua amarga lucidez. Mesmo quando abandonava o trabalho, mesmo quando o tratava de "salada russa", mantinha confiança, apesar de tudo, nas forças obscuras que guiavam sua pluma: duvidava, mas, ao mesmo tempo, encenava a comédia da dúvida porque o gênio deve duvidar de si, e o verdadeiro artista nunca deve estar satisfeito com seu labor. Apostando no ininteligível, ele tentava surpreender-se, lançava as palavras a esmo, achando que elas se poriam em ordem no papel e ele descobriria o sentido de suas frases quando as relesse. Alegorias, símbolos e mitos eram tomados tal como lhe chegavam, acreditando ele que surgiam de suas "profundezas assustadoras", e que, à luz do dia, conservariam alguma espécie de opacidade tenebrosa; em suma, no momento em que realçava com severidade suas "fraquezas", apostava na "parte do Diabo", contando com ela para provar *a posteriori* a sua predestinação. De qualquer maneira, bem-sucedida ou gorada, a obra impressionaria pela originalidade. Seria "inaudita, gigantesca, ininteligível" ou pelo menos restariam os *disjecta membra*[52] de um

---

* *Correspondance*, t. I, p. 45. Grifo de Flaubert. Houve quem quisesse ver nessa citação a prova de que ele já conhecia a obra de Sade. Mas pode tê-la tomado em Laclos, de quem Sade a retirou.

gigante. Virada a última página, fechado o caderno, ele conserva um pouco dessa esperança: talvez não tenha provado que é o Artista, mas, em todo caso, parece-lhe não ter dado mostras do contrário. Na pior das hipóteses, precisará refazer tudo.

Mas seu mal-estar aumenta durante o verão e o outono 1839. Não escreve mais, exceto, no mês de agosto, *Roma e os césares*, breve ensaio histórico*, e *Os funerais do doutor Mathurin*. Parece ter pensado então: não posso dizer *outra coisa* porque já disse *tudo*, resta-me dizê-lo *de outro modo* porque o disse mal. De outro modo: *Os funerais* têm o mesmo tema de *Smarh*, trata-se da totalização na exterioridade. Mas Flaubert, inspirado em Rabelais ou no que acreditou ver nesse autor, abandona a eloquência romântica por uma espécie de humor negro: afinal de contas não é preciso "rir na cara do gênero humano"? Talvez a falha de *Smarh*, apesar da presença do deus Yuk, seja a de levar-se a sério. A ironia talvez seja o melhor meio de desmoralizar. Mas, embora tenha conservado o manuscrito de *Funerais*, ele não parece ter ficado satisfeito: um pouco depois, após a releitura de seu "mistério", veremos que decide largar a pluma para sempre: *Mathurin* não salvou *Smarh*. Em suma, está descontente, vazio, sem inspiração, atormentado pela dúvida. Ao cabo de alguns meses, não aguenta mais e faz de novo a pergunta: "O que valho?", ou seja, "o que vale minha obra?" Em 28 de fevereiro de 1840, escreve em *Souvenirs*: "Acabo de reler este caderno e tenho pena de mim mesmo". *Smarh* será melhor? Nessa mesma data ou um pouco depois, ele ousa reabrir seu manuscrito. O que sentiu é dito com crueza no posfácio que ele acrescenta: "É lícito fazer coisas lastimáveis, mas não desse tipo". Dessa vez é uma *descoberta*, e sua sinceridade não deixa dúvidas: depois desses doze meses, sua criação se encerrou, está diante dele, que já entra nela e pode observá-la, julgá-la como

---

* Ou melhor, uma peça retórica em que o tema da totalização e da morte são desenvolvidos juntos. No todo, esse texto é nulo. Estrondeia, as metáforas são preciosas, inexiste sentido. Cabe apenas notar aqui como a totalização se torna poder absoluto e conduz ao sadismo e ao aniquilamento: "O poder é tão elevado que a vertigem sobe à cabeça dos que o tomam, e destes se apodera uma mania insensata; o mundo, sendo de um único homem, como um escravo, podia ser por ele torturado para lhe dar prazer, e foi de fato torturado até a última fibra". Eis o inevitável Nero: "Ele dizia aos carrascos: 'Fazei-os sentir que estão morrendo' e, debruçado sobre os peitos abertos das vítimas... nos últimos gemidos de um ser que abandona a vida encontrava delícias desconhecidas, volúpias supremas, como quando uma mulher, enlouquecida sob o olhar do imperador, caía em seus braços e morria sob seus beijos".

um objeto estranho; com isso, enxerga sua pobreza. Curiosamente, afirma que, durante o inverno de 1839 estava perfeitamente satisfeito com ela. "O que admiravas há um ano hoje é péssimo". Acabamos de ver que, ao contrário, Flaubert era duríssimo com seu "mistério" enquanto o escrevia. Mas o que o jovem de 1840 não perdoa ao jovem autor de 1839 é que este *encenava a escrever**: "Eu te outorgara o nome de grande homem futuro, e tu te olhavas como um pequeno Goethe; o ilusão não é pequena". Gustave iludia-se conscientemente quando encenava o papel de Artista. Na verdade não foi de modo algum feito para a Arte: "O melhor conselho que posso dar-te é deixar de escrever".

Essa frase teria exprimido apenas um estado de humor se tivesse sido precedida e seguida por longo silêncio. Flaubert acaba de passar cinco ou seis meses sem tomar a pluma, vai ficar seis meses sem escrever antes de redigir suas notas de viagem, a não ser em seu caderno de *Souvenirs*. Basta abri-lo, aliás, para compreender o choque sofrido quando ele releu *Smarh*. Até 28 de fevereiro de 1840, suas *Notas e pensamentos íntimos* têm um tom sereno e, embora também fale de si, uma espécie de objetividade. O pessimismo não está isento de alacridade: é porque a maior parte data do fim de 1838. E, de repente, depois da releitura, o tom muda: "Não escrevo mais – antigamente escrevia, apaixonava-me por minhas ideias, sabia o que é ser poeta... quem soubesse como eu me admirava riria de mim... e agora, embora ainda tenha a convicção de minha vocação ou a plenitude de um imenso orgulho, tenho dúvidas cada vez maiores. Se soubessem o que é essa angústia! Se soubessem o que é minha vaidade – que abutre selvagem, como me morde o coração!... Amor, genialidade, esse é o Céu que... entrevi, do qual recebi emanações e visões de enlouquecer, e que se fechou para sempre, quem vai querer saber de mim... Sou pretensioso, dizem – e por que então essa dúvida que tenho sobre cada uma de minhas ações, esse vazio que me dá medo, todas essas ilusões mortas?... Oh, o mesmo homem que escreveu isto é o que poderia ser um gênio, ter o nome gravado no futuro. Ah! Sou bem miserável... Ah! Que pena, que pena pensar nisso, que pena maior alguém escrever tudo isso para si mesmo,

---

* Com efeito, ele escreve no posfácio, apostrofando-se: "O que admiravas há um ano...". Mas, como Flaubert começou *Smarh* um ano e quatro meses antes, não sabemos a que momento – enquanto escrevia? no dia em que terminou? – esse "há um ano" se refere.

dizê-lo a si mesmo. – Sim, sou um grande homem gorado, de uma espécie comum hoje em dia. Quando penso em tudo o que fiz e no que poderia fazer, digo que é pouco – contudo, quanta força tenho em mim, se soubessem de todos os lampejos que me iluminam. Ai! Ai! Digo-me que aos vinte anos já poderia ter feito obras-primas – vaiei-me, humilhei-me, degradei-me e já não sei nem mesmo o que espero, o que quero e o que tenho – nunca passarei de escrevinhador abominado, vaidoso miserável" etc.

Esses lamentos, sem data, espalham-se entre fevereiro e agosto de 1840. Terá escrito cartas nessa época? Não nos restou nenhuma: parece que quis fechar-se, evitar contatos epistolares com Ernest – que o irrita faz muito tempo – e até com Alfred. E, como se tudo isso não bastasse para nos mostrar a profundidade de sua mágoa, uma nota ulterior e já citada permite entender que ele está fisicamente afetado, a ponto de seu nervosismo preocupar o pai, que lhe prescreve calmantes.* Em dezembro, foi expulso do liceu, e o processo de isolamento começou. Para acabar logo com aquilo, Achille-Cléophas manda-o para os Pireneus, Marselha e Córsega com o doutor Cloquet. Assim que chega a Paris, vai visitar Gourgaud. Lemos em *Souvenirs*: "Visita a Gourgaud... comunico-lhe minhas dúvidas sobre minha vocação literária, ele me reconforta". É impressionante que não tenha pedido "reconforto" a Alfred, a quem *Os funerais* ainda estão dedicados: é porque não tem muita confiança no amigo mais velho ou este não tem muita confiança na vocação do mais novo. Desamparado, Gustave volta à infância, ao juveníssimo professor que o fizera entrever um futuro feliz. Isso mostra no autor de *Smarh*, solitário que desafia o mundo e recusa o julgamento do público, uma brusca e surpreendente humildade. Passeou com Gourgaud, disse-lhe: "Não fiz nada de bom, tenho medo de escrever, vale a pena continuar?" Foi certamente Gourgaud que o aconselhou a desistir por um tempo dos temas ambiciosos demais e, visto que Gustave começava uma viagem, a praticar no relato de suas impressões. Mas Flaubert, se aceita o conselho, é porque não tem mais nada para dizer, como acabamos de ver, e a vontade de escrever o atenaza, apesar de tudo. Em suma, afasta-se durante algum tempo do imaginário e se

---

* 2 de janeiro de 1841: "Há quanto tempo isto foi escrito, meu Deus! Era uma tarde de domingo... tão derreado pelos remédios quanto pela doença" etc.

esforça por descrever simplesmente o que viu e sentiu de verdade.* Quase se poderia dizer que, no momento, a totalização cósmica lhe causa horror, embora ele continue a considerá-la o único assunto de sua arte. Mas os incentivos de Gourgaud não lhe bastam: ele leva a humildade a ponto de ler suas notas para os companheiros de viagem: "Em Pau, sinto frio – leio minhas notas para o sr. Cloquet e a srta. Lise, pouca aprovação e pouco entendimento de parte deles; estou envergonhado, à noite escrevo à minha mãe, estou triste; à mesa, mal consigo segurar as lágrimas". Sua desorientação é tamanha, na época, que, em suma, aceitaria qualquer apoio. Pois não gosta muito do doutor Cloquet, que, "embora inteligente", diz muitas banalidades, e Flaubert dirá mais tarde a Alfred que ele o fez viajar *burguesamente*. Mesmo assim está à espreita de sua opinião e, diante de sua frieza polida, sente-se à beira do pranto: porque sua "vocação" continua em xeque. Redigirá as notas no outono de 1840 e voltará a ficar em silêncio até 1842.

Estranho silêncio, feito de recusa e impotência. Continua fiel à decisão de abril de 1840: não escrever nada caso não seja possível fazer uma obra-prima, mas, ao mesmo tempo, coça-lhe a mão. Às vezes lança sobre o papel algumas notas, algumas linhas, mas a esmo, sem cuidado; no entanto, de outras vezes, a necessidade de escrever é mais forte que a recusa. Em 21 de maio de 1841, por exemplo, escreve: "Dia de lassidão e angústia – é uma necessidade escrever, desabafar, e não sei o que escrever nem o que pensar. Mas é sempre isso o que acontece com instintos confusos; sou um mudo que quer falar". A predestinação não passa de "instinto confuso"; também a ambição desmoronou: "tudo o que faço é para ter prazer – se escrevo, é para ler-me". Só resta isso: um princípio hedonista afirmado com excessiva frequência, uma relação com o instinto que decerto dissimula um clarão de otimismo, mas bem fraco. E sobretudo o vazio: escrever o quê? No mesmo trecho, Flaubert pensa em contar sua vida no colégio: que decadência desde a totalização na exterioridade! Mas nem por isso põe mãos à obra: diz que escreverá "algum dia", o que é um modo de desistir de escrever, pois é hoje mesmo que o mudo quer falar; em outros termos, ele tem medo de recomeçar – mesmo em nível mais

---

* Ainda que, como mostrou Bruneau (*Débuts littéraires de Gustave Flaubert*), a viagem real fosse acompanhada por uma "viagem imaginária": "uma palmeira, para nós, é toda a Índia".

modesto – uma atividade fadada ao fracasso. Contar a "história de sua vida no colégio" seria talvez voltar ao romance intimista, à totalização na interioridade, à tentação de conhecer-se (recomeça a senti-la, pois se pergunta constantemente o que *vale*, e isso, é claro, implica entrar nos domínios do que *é*). Mas ele se deixou levar por tudo isso, no tempo das *Memórias*, e afinal disse tudo e tudo terminou num naufrágio. A pluma lhe cai das mãos. É o que ele chama de "doença moral intermitente". E acrescenta: "Ontem eu tinha soberbos projetos de trabalho. Hoje, não consigo continuar". Tudo isso é *padecido,* não *decidido*: é impressionante que Gustave não pense em reprovar em si – como fez antes – a preguiça, ou seja, uma falha de caráter que pode ser combatida, mas sim que denuncie com objetividade uma doença provavelmente incurável. Um pouco antes, no mesmo caderno, anotava: "Não estudei nada este mês de janeiro (1841); não sei por quê – preguiça inconcebível – não tenho ossos (morais), há dias em que iria parar nas nuvens, outros em que não tenho forças para folhear um livro". Encontraremos essa alternância de humor, acentuada, em *Novembro*: na verdade, ela corresponde a duas visões bem distintas sobre seu Ego; há o momento em que lhe volta o velho sonho de *dizer tudo*: como ele mesmo nota, é sempre a partir de cenas específicas que ele inventa, com que se diverte e cujo sentido totalizador acredita pressentir; depois, de repente, se olha de frente, a totalização separa-se do episódio que a exprimia: ele precisa *saber claramente* o que quer dizer; reincide nos esquemas frustrantes de *Smarh* ou das *Memórias*. Ou então pensa em contar uma história pela história, como por exemplo seus anos de colégio, entusiasma-se com a ideia de ter enfim "alguma coisa para dizer". E no dia seguinte, percebe o abismo que separa aquela historieta singular das altas ambições passadas de seu orgulho. Está claro que a rotatividade desses humores não representa apenas a simples circularidade entre o brusco lampejo literário – ele vê um "tema" – e o pessimismo que o segue – isso não vale nada, ou então ele não será capaz de tratá-lo: tudo é vivenciado *fisicamente*, a tal ponto que muitas vezes o *abatimento* precede a simples decepção de autor ou a lucidez pessimista. A *carne* está triste. Mas o que, por sua vez, condiciona essas manifestações orgânicas é, nas profundezas, a luta entre a singularidade anômala e o ser-de-classe. Tudo está aí: gênio ou pequeno-burguês. Ele passa de um a outro e, pensando no fracasso de *Smarh*, desacredita de seus grandes voos; as palavras "grande homem gorado" são escolhidas com muita pertinência para definir a ideia que tem de si então: nem grande homem nem burguês; tem momentos de genialidade, mas a impotência predomina; portanto, precisará resignar-se a tornar-se procurador ou tabelião, se bem que, mesmo desse ponto de vista, é um fracassado, por não poder adaptar--se à função em tranquila mediocridade. "Há dias em que eu gostaria de brilhar nos salões, ouvir meu nome pronunciado com ênfase; e outras vezes em que gostaria de me degradar e rebaixar, ser tabelião nos cafundós da Bretanha". Degradar-se, rebaixar-se: aparar os cotos de asas que lhe restam, *perder-se*, *cair*: note-se de passagem essa fascinação pela queda; quando acredita não passar de um fracassado, tem vertigem: nos cafundós da Bretanha, ele talvez esquecesse de si e encontrasse uma paz amarga na resignação. Na verdade, é sonhar com a morte; só a morte pode resolver as contradições de uma alma demasiado ambiciosa para os dons que recebeu.

Essa descrição bastará, acredito, para mostrar a crueldade dos tormentos que Gustave se inflige: sofre, seus nervos não lhe dão trégua. Sente sua infelicidade com extrema seriedade e violência, como pode ter sentido um cristão daquele sombrio século XV, quando tantos duvidavam da salvação de sua alma. E, ao mesmo tempo, adolescente imaginário, para cúmulo da infelicidade, ele tem dúvidas sobre a autenticidade de seus sofrimentos: "Estou sempre encenando uma comédia ou uma tragédia". Mas, como por ora só quisemos mostrar as perturbações produzidas nele pelo fracasso de *Smarh*, para melhor compreendê-las cabe voltar ao próprio *Smarh* e tentar determinar as razões a que o próprio autor atribui sua decepção.

"Nem a mínima ideia." "É preciso começar tendo ideias." Como vimos, essa crítica não tem em vista a concepção, mas a execução. É preciso tomar essa palavra no mesmo sentido com que um roteirista diria aos colaboradores: "Tive uma ideia: e se Françoise tivesse um filho?", ou seja, trata-se de esquemas organizacionais no nível da invenção artística, e não de conceitos filosóficos. No âmbito da totalização, Flaubert se recrimina por não ter concebido episódios e personagens que fizessem sentir melhor e com mais variedade de detalhes aquilo que ele considera a *Ideia* geradora de *Smarh*. Quando Gustave escreve, mais tarde: "Alfred tinha ideias, eu não", tem em vista determinações do pensamento; aqui, ao contrário, o que está em xeque é a imaginação.* Sabemos, pelo próprio Flaubert, que essa preocupação é nova: por volta dos quinze anos, conforme nos diz, esgotou-se nele a imaginação. No entanto, o que mais impressiona é sobretudo que o jovem autor, na época e sobretudo em *Smarh*, quer atribuir função nova à imaginação. Ou, digamos, a imagem até então não passava de fim; agora se torna fim *e meio* ao mesmo tempo. O que ocorreu? Simplesmente que a insuficiência da linguagem leva o jovem autor a ver na obra de arte a expressão *indireta* da Ideia.

Essa insuficiência ele já sentiu na infância: nele a linguagem é *outra*, como vimos; nela, ele não enxerga o flexível instrumento de seu pensamento, mas um sistema material introduzido nele a partir de fora e manipulado pelos outros, que ele precisa ouvir e quase *observar*; é nesse ponto que Flaubert crê pensar sem palavras e traduzir em seguida esse silêncio, combinando as palavras como as flores de um buquê. Assim que seus primeiros alheamentos, trabalhados, se transformam em elevações, assim que salta em ricochete para o infinito a fim de fugir das humilhações, ele constata a inadequação radical entre Verbo e Ideia. Na verdade, o que lhe agrada nessas fugas poéticas é, como ele mesmo diz, o "vago", e o discurso o importuna porque o obriga a precisar, a estruturar seus êxtases: em suma, eles são indizíveis ou, como diz ele, "indizáveis", porque não resistem ao duro tratamento da *expressão*. Mas, num primeiro momento, essa incomensurabilidade não o incomoda muito: isto porque, para o jovem, a poesia é uma atitude mental que se basta. É poeta aquele que se supera em direção ao infinito, ou melhor, que supera a finitude dos fenômenos reais em direção à irreal infinidade do imaginário. Nessas condições, o ato de transascendência se basta e basta para marcar a superioridade da alma. Está livre o poeta para *expressar-se* em seguida: ele se trairá, mas essa transigência não tem importância. De resto, na época, ele não estava escrevendo *seu* poema, mas contos filosóficos, novelas; em suma, obras em prosa. No nível de abstração em que se mantinha então, os personagens esquemáticos que imaginou mantêm-se em perfeita homogeneidade com o vocabulário restrito e abstrato de que ele dispõe – e de que, segundo ele, dispomos todos. De *Viagem ao*

---

* Na verdade, não há tanta oposição entre essas duas acepções do termo: no que Alfred apresentava como Ideias – por exemplo, sua teoria da metempsicose –, ele só acreditava pela metade, encantando-se mais com a beleza de suas teorias. E o próprio Gustave, quando as recebia, não as considerava tanto como especulações filosóficas quanto como belas e aterrorizantes conjecturas.

inferno a *Paixão e virtude*, invenção e expressão são uma e mesma coisa: a espessura e a opacidade de Mazza e de Marguerite provêm do discurso, e dá na mesma atribuir a esta a qualidade real de fealdade ou chamá-la de feia, àquela a beleza ou chamá-la de bela. É o tempo da improvisação, ou seja, do discurso espontaneamente eloquente, dos altos voos, dos grandes ímpetos oratórios, das metáforas.

Já em *Memórias de um louco*, porém, começam as dificuldades. Sem dúvida, ele denuncia a inadequação da palavra a suas concepções sublimes: "pois a palavra não passa de eco distante e atenuado do pensamento", mas isso bem no início, com melancolia, sem paixão, e com a intenção geral de mostrar o nada em todo empreendimento. Nova é a raiva, num dos últimos capítulos, diante da impossibilidade de traduzir *mesmo o finito*. "Será possível dizer uma lágrima e retratar seu cristal úmido... dizer tudo o que se sente num dia?" Ainda se trata apenas de *sentimentos*. Mas ele vai adiante. Como vimos, no capítulo anterior, ele tem dois tipos de alheamento: com um, o mais antigo, ele foge para o "vago"; com o outro, um pouco mais recente, ele se fascina diante do detalhe das coisas: "na infância, eu gostava do *que se vê*"; a tal ponto que muitas vezes tem a impressão de trocar de identidade com a da coisa investida. Trata-se de uma transubstanciação: é a própria matéria da coisa que ele gostaria de instalar em si e, ao mesmo tempo, é algo com que gostaria de se fundir. Essa relação de substância a substância e esse reconhecimento de nosso ser no ser exterior e do ser exterior em nosso ser são muito mais radicais que a "relação visual", que é a observação; esta, contudo, nunca é mais rica do que quando se baseia naqueles: porque então procura reter o grão do Ser, sua trama mais ainda que sua configuração superficial. Flaubert é observador porque a impossível fusão de sua realidade íntima com a materialidade das coisas o leva a manter distância do objeto, ao mesmo tempo que, num último esforço, tenta reter a essência singular dele; e isso só pode ser feito, justamente, *por meio das palavras*. Estas *deveriam poder* traduzir a singularidade de uma coisa, sua forma, sua trama e sua textura; isso significa que, para Flaubert, a operação verbal – em que subjetivo e objetivo se confundem – deveria ser um sucedâneo da operação ontológica que se furta. E é isso o que quer dizer quando escreve, no fim do capítulo XXI de *Memórias*: "Pobre fraqueza humana! Com tuas palavras... falas e balbucias; defines Deus, céu e terra, química e filosofia e não podes expressar, com tua língua, toda a alegria que te causa uma mulher nua... ou um pudim de ameixas!".

Não nos enganemos: embora fale de nossa alegria, Gustave saiu do mundo subjetivo, já não se trata de Maria – cuja nudez ele nunca viu –, e os dois exemplos são inventados; o certo, ao contrário, é que não se pode exprimir o estado criado pela visão de um corpo feminino ou de um doce, para quem é guloso, sem *dar a ver e a sentir* esse corpo ou essa iguaria. É o que se entenderá melhor depois de ler o seguinte trecho de *Souvenirs* – escrito em 1840:

"Quando escrevemos sentimos o que deve ser, compreendemos que em dado lugar é preciso isto, em outro aquilo, compomos quadros e os vemos, temos, de algum modo, a sensação que vamos fazer desabrochar – sentimos isso no coração como o eco longínquo de todas as paixões que vamos trazer à luz –, e essa impotência para traduzir tudo isso é o desespero eterno dos que escrevem, a miséria das línguas que têm mal e mal uma palavra para cem pensamentos, a fraqueza do homem que não sabe encontrar o equivalente e para mim, em particular, uma eterna angústia".

Essa página sucede, é claro, à releitura de *Smarh* e traduz a decepção de Gustave. Ora, cabe notar que o Verbo é acusado de insuficiência *em relação a quadros visuais e a sensações*. Diz Flaubert que é essa sua eterna angústia. Eterna, não: ela não surge antes de 1838, e sabemos, ao contrário, que Flaubert, músico genial, estava mais preocupado com a melodia que levava na cabeça do que com o arrabil no qual a tocava.

Isto porque o Poeta cedeu lugar ao Artista. E, neste, a linguagem ganha importância capital. Flaubert anotava em 1838: "Entre artista e poeta há uma imensa diferença; um sente e o outro *fala*". O coração é o álibi do poeta: a palavra, para ele, é inessencial. O artista, ao contrário, é um trabalhador: precisa atuar sobre um material definido para produzir um objeto. Este pode perfeitamente ser um centro de irrealização: isso só o fará exigir mais imperiosamente ser constituído por técnicas rigorosas. Se a obra é o objetivo, a linguagem, de uma maneira ou de outra, deve ser adequada. Em suma, a questão da expressão se apresenta com urgência em todos os níveis da obra. E compreendemos melhor a amargura de Flaubert quando ele escreve a Ernest, enquanto trabalha em *Smarh*: "Há trechos nos quais simplesmente paro: isso foi bem penoso para mim há pouco tempo, ainda na composição de meu mistério. Eu estava sempre face a face com o infinito; não sabia como expressar o que me conturbava a alma". O infinito não mudou muito: o de *Smarh* permaneceu tal qual era no tempo dos altos voos místicos que levavam o colegial "aos limites da Criação". A tarefa já não é a mesma: ontem bastava "afogar-se nele"; agora é preciso criar. Dizer. A quase-criação artística – diferentemente da Criação divina – não se dá *ex nihilo*. Ela parte desses seres ambíguos, já cheios de não-ser, as palavras, cuja tênue materialidade é uma opacidade bem real, mas a transcendem com uma intenção vazia, visando uma ausência. O problema é, com sua combinação, fabricar uma totalidade irreal, uma desrealização permanente; é, utilizando o nada que há nelas, produzir nosso mundo, que se torna belo por meio do estreitamento de seus elos interiores, como uma ausência permanente. Mas a regra do jogo, para Flaubert, é que as palavras não se inventam: são escolhidas nesse grande conjunto prático-inerte que é a linguagem constituída, ou seja, para ele, a linguagem dos *outros*. Pois, se ele começou afirmando que o pensamento do poeta é uma idiossincrasia, como vertê-lo sem quebrá-lo nos moldes socializados de uma língua? Ele se torna coletivo e é encontrado, banalizado e desqualificado, na forma de lugar-comum. Gustave embirra com a palavra: "Há um axioma bem estúpido, segundo o qual a palavra traduz o pensamento – seria mais verdadeiro dizer que o desfigura. Alguém alguma vez enuncia uma frase como a pensa? Escreverá um romance tal como o concebeu?". Por um lado, há as intuições inefáveis e belas; por outro, a linguagem dos médicos, cientistas, filósofos e da vida cotidiana. Entre elas, não há medida comum. Ou, digamos, em relação ao "pensamento" do Artista, a linguagem inteira é *não-significante*. A tarefa do criador, portanto, é impossível em princípio, pois os materiais fornecidos são refratários a seu projeto. Isso Flaubert não vê claramente de imediato. Ora acusa a língua, ora a si mesmo, ao longo dos anos 1840-1842. Ora é a palavra que falta, em razão da pobreza essencial de um conjunto que não foi feito para a Arte, mas para a utilidade, ora as palavras existem – com raiva e inveja Gustave reconhece que há grandes escritores, gênios –, mas é Flaubert que não sabe encontrá-las.

Mas, ao longo dessa busca desesperada, vê-se uma ideia nascer, crescer e finalmente se impor. O caderno *Souvenirs* termina com esta descoberta capital: "Se as frases produzissem os pensamentos...* eu lhes contaria todos os meus devaneios, e vocês não sabem nada de

---

* Entenda-se, o contexto comprova: se minhas frases *reproduzissem* meus pensamentos na mente do leitor.

tudo isso porque não há palavras para dizê-lo – a arte outra coisa não é senão a estranha tradução do pensamento pela forma".*

O sentido é claro: não é o *dizer* que manifesta o pensamento do Artista, mas a *maneira de dizer*. Da expressão direta passamos à expressão *indireta*. Ocorreu que a linguagem, separada da significação, recaiu sobre si mesma e pôs-se para si. É só então que ele descobre suas riquezas. A partir do momento em que não nos preocupamos mais em utilizá-las, as palavras são belos objetos profundos que podemos admirar por si mesmos; sua materialidade visual e, sobretudo, sonora mergulha Gustave no êxtase; e que plenitude: em cada uma há a interpenetração de uma multiplicidade de significados, desde que nenhum deles seja privilegiado para fins práticos de comunicação. Nem mesmo a sintaxe deixa de aparecer em suas contradições como uma fina estruturação do Verbo. Como é bela a palavra quando gratuita, ou seja, quando diante dela adotamos uma atitude estética, quando a roubamos aos burgueses. Não seria possível trabalhar essas belezas selvagens para fazê-las traduzir a Beleza? "Estranha tradução" – diz Gustave, admirado com sua descoberta. De fato, a situação inverteu-se paradoxalmente: para todas as pessoas as palavras *significam*, desde que se siga a intenção verbal, negligenciando a materialidade não-significante que é seu suporte; para o Artista, desde que consideradas como signos, elas são não-significantes, só traduzirão seu pensamento se ele utilizar nelas a materialidade não-significante para traduzir exaustivamente o *sentido* que ele queira transmitir. Nenhuma *oração* pode traduzir os "devaneios" de Flaubert, mas cabe ao *estilo* comunicá-los. O estilo, estranha mescla de materiais e intenções, não negligencia o *dizer*, mas, para preencher as significações abstratas que então só servem de referenciais, ele desperta em cada termo, por meio de todos os outros, a multiplicidade de significações que se interpenetram e as utiliza juntas – as que remetem às trevas da infância e as que designam os objetos exteriores – para captar na realidade visada um pouco de sua opacidade secreta; em suma, é o pleno emprego da linguagem, tudo serve, tudo significa, e a significação direta é apenas uma das funções de um objeto sobressignificante. Mas, ao mesmo tempo, é sua irrealização: a materialidade não significante pode fornecer sentidos só no imaginário. Percebe-se o caminho percorrido: antes de 1838, Gustave vê na forma apenas um *acabamento*; o estilo,

---

* *Souvenirs*, p. 110.

aliás com frequência confundido com beleza e ousadia de imagens e metáforas, é o último tratamento de uma história comovente e patética, a forma se põe por si: é preciso contar *e* que seja belo. Há dois fins inseparáveis, mas que não se determinam mutuamente. Por volta de 1840, há, em suma, duas belezas: a do tema (totalização na exterioridade) e a do estilo; não há obra de arte que não alie uma à outra, mas seu elo dialético ainda não foi percebido. O fracasso de *Smarh* tem o efeito de aprofundar o pensamento de Flaubert: a beleza da escrita torna-se o *meio* de expressão absoluto. A forma é uma linguagem que se poderia dizer parasitária, pois se constitui às expensas da linguagem real e sem parar de explorá-la, sujeitando-a a expressar o que ela não é feita para nos dizer.

Mas, nessa operação, será possível manter a diferença que Gustave estabelece entre a linguagem prática e seu pensamento? Este, ao mesmo tempo, é o esquema diretor do estilo, tomado como sua expressão indireta, e constitui-se em sua riqueza por meio do estilo. Este desvenda o pensamento para si mesmo e o cria. Ao restabelecer no segundo grau a adequação entre expressão e Ideia, Flaubert converge para a tese que recusava no primeiro grau: a linguagem *produz o pensamento* e não se distingue dele. A superexploração da linguagem por estreitamento de todos os elos materiais entre as palavras não pode ter outro efeito senão o de criar a sobressignificação que é o Belo, ou seja, o estreitamento dos elos intramundanos ou, digamos, a radicalização do Mal. Isso Flaubert já entrevia em 1839, pois previa o efeito desmoralizador da *página mais bela*: era o próprio estilo que degradava os homens ao provocar neles violentas pulsões sexuais. Agora, tudo se esclarece: um único tema, o Mal radical, uma única expressão, o estilo. Mais tarde, essa ideia será levada tão longe, que Gustave chegará a dizer que a busca do Estilo, afora qualquer outra intenção prévia, produz seu próprio conteúdo. A beleza da escrita é signo indireto e símbolo da irreal Beleza do Mundo – seja qual for o tema tratado, e mesmo que não haja tema algum. Todos conhecem o famoso trecho de sua carta a Louise de 16 de janeiro de 1852: "Não há temas belos nem feios, e quase seria possível estabelecer como axioma, a partir do ponto de vista da Arte pura, que não existe tema, e que *o estilo é por si só uma maneira absoluta de ver as coisas*".*
O estilo, maneira de ver absoluta: ou seja, de ver as coisas do ponto

---

* Grifo meu.

de vista do Absoluto (consciência de sobrevoo), como se elas fossem produzidas pelo Absoluto (Criação em vista do Mal radical). São as frases que, com sua construção, testemunharão alusivamente esse duplo *como se*: não há necessidade (como fazia Gustave ainda em *Smarh*) de propor como *significação direta* os resultados do sobrevoo, de *dizer*, por exemplo: o mundo é o Inferno; essa ideia, embora constitua o conteúdo do "*lecton*", não é aceitável pela razão, e sua abstração a impede de ser sentida pelo coração. Na verdade, no nível da linguagem de informação, é um *inarticulável*. Mas que, ao contrário, se escreva como artista, e ei-la parasita dos lexemas, a assombrar cada oração, cada palavra: essa é sua verdadeira dimensão, só essa; no imaginário esplendor de um estilo, ela encontra sua encarnação; de fato, o estilo é justamente a imagem pura da Criação: ele dá a ver a linguagem, conjunto prático-inerte que se impõe ao homem, como se fosse produto de uma liberdade. Na carta de janeiro de 1852, Flaubert o diz expressamente: "A forma, ao tornar-se hábil, atenua-se; abandona a liturgia, a regra, a medida... não conhece mais ortodoxia e é livre como cada vontade que a produz". Quem traça essas linhas, como sabemos, é o mesmo que repete sem parar: "Não me sinto livre", e declara só escrever seguindo o pendor de suas fatalidades. Mas não há contradição: a vontade do criador, aqui, só é livre à medida que, por meio da técnica, submete a si a linguagem e a apresenta aos homens contra o fundo da liberdade criadora. Ele diz, em suma: roubem a linguagem aos homens, desviem-na de seus fins práticos, sujeitem sua matéria a traduzir por si mesma imaginários inarticuláveis e terão encarnado em suas frases o polo de toda a imaginação, o Belo ou o Mal radical, fazendo sentir a propósito da linguagem que o mundo é produzido e sustentado por uma liberdade maligna. O estilo é o silêncio do discurso, o silêncio no discurso, o objetivo imaginário e secreto da palavra escrita. Donde esta outra famosa declaração, na mesma carta: "O que me parece belo, o que eu gostaria de fazer, é um livro sobre nada, um livro sem vínculo externo, que se manteria por si mesmo graças à força interna de seu estilo, como a terra, sem ser sustentada, se mantém no ar, um livro que quase não tivesse assunto ou pelo menos em que o assunto fosse quase invisível, se isso for possível".*

---

* Não esqueçamos que ele está fazendo esse livro: é *Madame Bovary*. Louise acaba de lhe escrever dizendo que gosta da primeira *Tentação*. Ele responde que aquilo foi apenas um ensaio. Mais tarde, quando virmos *Madame Bovary*, deveremos lembrar que é justamente a obra cujo assunto seria quase invisível.

Para resumir, o contexto prova que Flaubert não está totalmente seguro de seu pensamento. Ou melhor, este oscila – como em geral – entre duas afirmações que parecem opor-se. Por um lado, ele nos mostra o estilo como algo que produz o pensamento ("ele é *por si só uma* maneira absoluta de ver as coisas"); por outro lado, escreve num mesmo jato: "quanto mais a expressão se aproxima do pensamento, mais a palavra cola e desaparece, mais bonito é". Essa afirmação – bem banal – parece indicar, em suma, que o pensamento precede sua expressão, conforme ele declarava outrora. Temos a impressão de ouvir Boileau:

*Quem muito bem concebe expressa claramente,
E a palavra que o diz lhe chega facilmente.*

Mas na verdade se trata de um pensamento estético, e não conceitualizável, de um pensamento que Flaubert só concebe bem quando o estilo o reflete. Aqui ele quer apenas dizer que a palavra deve apagar-se diante da ordem totalitária da frase ou do parágrafo. O fato é que, nessas cerca de vinte linhas, ora nos parece que o pensamento cria a ordem suntuosa que o sobressignifica, ora que essa ordem é o próprio pensamento ou que ela o produz nele quando se compõe. Mas Flaubert, embora pareça atrapalhar-se um pouco, marca firmemente os limites de suas oscilações (nós sabemos, e ele mesmo admite: cada uma de suas ideias é um pêndulo); precedendo ou sendo criado, o pensamento estético só existe de fato no e pelo estilo. Em outras palavras, ele repete dez anos depois o que anotava na última página de seu caderno; a forma traduz o pensamento, ou seja, as informações são da esfera dos signos, mas o *sentido* de uma obra nos é comunicado de modo indireto por sua beleza formal.

Voltaremos, bem adiante, a essa estética. O que importa é que ela foi se constituindo lentamente durante os anos sombrios, na dúvida, no desespero e como consequência direta do fracasso de *Smarh*. Para Flaubert, já em 1840, *Smarh* é um conjunto lógico de significações, uma sequência de exposições e demonstrações: o que falta é a invenção na intriga e na linguagem; era preciso nos "fazer pular na frigideira das belas frases"; então, a angústia nos teria apertado o coração. Em suma, esse Artista descobre em negativo as terríveis exigências da Arte. Aos dezoito anos como aos trinta, ele poderia escrever as seguintes palavras insinceras e profundamente sentidas: "A Arte me assusta". Isto porque se trata de um trabalho terrível: roubar os instrumentos, usá-los segundo leis inventadas e rigorosas, verter o pensamento no estilo, conhecer pelo estilo seu pensamento sem nunca poder dizê-lo, nem mesmo para *si*, buscar sempre o efeito indireto, ou seja, produzir um conjunto lógico de significados *para que* os vocábulos que pretendem comunicá-los se ordenem de fato de tal modo que nos encha de um sentido indizível, visar sempre dois objetivos: a coerência de um discurso orientado e a irrealização desse discurso pela beleza formal, sem nunca perder de vista nenhuma das duas, sob pena de incidir na incoerência ou na informação pura; acima de tudo, *compor*: ir do conjunto ao detalhe e do detalhe ao conjunto, de modo que o todo esteja presente em cada parte, e que a sucessão das partes reproduza o todo; vigiar-se sem cessar, ser mais vigilante porque "a forma abandonou a regra, a medida" e é preciso inventar as regras e julgar o tempo todo o resultado; em suma, refrear a inspiração e submetê-la sem cessar à crítica; tudo isso é exigido de um jovem orador hiperbólico. Compreendemos, agora, a razão pela qual aparece bruscamente, nas anotações de Flaubert, esta noção tão pouco romântica: o *gosto*. No fim de 1839, ele escreve: "Não é suficiente ter gosto, é preciso ter paladar para ele. Boileau, sem dúvida, tinha gosto, um belo gosto ático, delicado... Mas Racine tinha o paladar: compreendia seu sabor, a fina flor, o âmbar do perfume, a essência mais pura de não sei que encanto, que afaga e faz sorrir. Esse sentido, para quem o tem, é mais infalível do que dois e dois são quatro". Se Racine tem mais gosto que Boileau, não é por saber apreciar melhor que ele uma obra de La Fontaine: é por ter gosto *criador*. A nota imediatamente anterior explica esta, que ela sem dúvida engendrou*: "Há... algo que julga melhor que o juízo, é o tato, que outra coisa não é senão a inspiração dada para as coisas físicas, para a vida ativa". O tato dirige as ações; o gosto dirige a imaginação criadora. Flaubert volta ao classicismo, mas apenas para lhe tomar de empréstimo uma ideia que ele transforma e moderniza. No século XVII, o gosto com certeza está do lado do "espírito de fineza", tal como descrito por Pascal: ele aprecia a obra a partir de uma multiplicidade de princípios encobertos que nunca se explicitam; mas *em todo caso* esses princípios, por mais numerosos

---

* Percebe-se o paralelismo dos dois movimentos: "há algo que julga melhor que o juízo", "há algo mais fino que o gosto".

e sutis que sejam, não são intrínsecos à obra julgada: pertencem à cultura do *honnête homme*[53] e definem, em resumo, estruturas do espírito objetivo. Evidentemente, o criador sempre vai *mais longe* que esses esquemas diretivos, e, em última análise, a obra é a superação destes. Portanto, na ponta extrema do gosto – ou seja, da apreciação daquilo que faz – o escritor julga na solidão, aventura-se. Não importa, pois os esquemas o sustentam ou lhe servem de trampolim; ao mesmo tempo, até na invenção, ele permanece homem de sociedade, cortesão: julga o que vai agradar; o outro está presente e é consultado: autor e leitor superam juntos os princípios e dizem um ao outro "até onde se deve ir longe demais".

Mas Gustave, ao contrário, sente-se associal: nenhuma cumplicidade com sua classe ou com a classe dirigente; ele recusaria *a priori* a estética dos burgueses se, por acaso, eles tivessem alguma. Portanto, ele não pode apoiar-se em determinações objetivas nem nas regras adivinhadas nas obras-primas passadas: cada um faz sua obra na solidão e, se há progresso na forma, é porque esta se desvincula dos *a priori* para engendrar-se segundo a lei que ela mesma se impõe. Quanto a aferir-se pondo-se no lugar do leitor, Flaubert nem sequer pensa nisso: o leitor precisa sofrer como desorientação interior a beleza inesperada e imprevisível de uma obra que se impõe através da degradação de quem a lê. Cada artista tem *seu* tema, *sua* maneira de todo nova de tratá-lo – as duas coisas são uma só – e, com isso, cada um está perfeitamente abandonado: por todos e, em especial, por Deus. Para inventar a regra, engendrar o objeto a partir dela e julgar ao mesmo tempo o objeto em relação à lei e a lei singular, capricho subjetivo que só vale uma vez, como se fosse uma determinação universal da natureza objetiva, tudo isso rapidamente, sem palavras, sem explicitação, seria preciso dispor daquela "intuição inteligível" de que falava Kant e que, dizia ele, nos é recusada por princípio. Ou seja, deveríamos poder confundir, em nós, criação e conhecimento. Conceber uma lei genética seria ao mesmo tempo criar um ser e possuir sua chave; inversamente, a criação não se distinguiria da visão translúcida de si e do ser em devir. O que Flaubert sente em sua inquietação é que não há rede de proteção: portanto, o autor é ao mesmo tempo o sujeito que inventa e o único juiz objetivo que ele pode aceitar. Mas esse juiz não se refere a nenhum código: é o ato que produz a lei em nome da qual cabe julgá-lo. Como conciliar esses contrários: a total objetividade que se afirma *em nome de nada*, uma subjetividade profunda que inventa *em nome do Todo*? Depois de *Smarh*, o jovem é tentado a conceber essa atividade difícil do artista moderno como o exercício de um *dom*. É recair, claro, do lado de Deus e de Seus presentes tão mal distribuídos. Mas cumpre lembrar que, naquela época, só dois homens – os dois muito jovens – pressentiam e forjavam a literatura moderna: Baudelaire e Flaubert. Dirão que não cabe apoiar-se em nada; e, para dizê-lo, justamente, só podem ter sentido profundamente que não têm nenhum apoio. A recaída no coisismo é fatal – pelo menos nos primeiros tempos. É o medo que faz Flaubert falar do Gosto como de um *sentido*. Ao compará-lo com o tato – objeto da máxima anterior –, que ele chama de "inspiração dada para a vida ativa", percebemos o fundo de seu pensamento: o gosto é inspiração dada para a criação poética (no sentido de "poiêsis"). A inspiração, dom divino, é recusada no nível da invenção espontânea: Deus já não fala ao ouvido. Mas ela só está deslocada: torna-se faculdade de aferição especialmente destinada a reger o inaferível, ou seja, o único. Num movimento que reconhecemos bem, no entanto, tão logo se tranquiliza, Gustave desespera: esse "sentido infalível existe", é verdade, mas *em outros*: esse dom lhe foi negado para sempre. Porque ele não se limita a reler suas próprias obras: lê as dos grandes escritores; nelas encontra a cada dia, diz ele, novas belezas que o deixam estupefato. Ou seja, aos poucos a multiplicidade das relações que numa obra unem a parte ao todo e a todas as outras partes se revela para ele, que se sente Boileau, mas não Racine; percebe na obra feita sua lei singular e seu desenvolvimento totalizador; mas, quando se trata de escrever, falta-lhe o *paladar*. Com isso, é atormentado pela inveja: "Tenho inveja da vida dos grandes artistas, da alegria do dinheiro, da alegria da arte, da alegria da opulência, tudo deles". Esforça-se, segundo diz, por lhes subtrair todo o mérito, reduzindo os mais belos efeitos de estilo a achados fortuitos. Em vão: também nos diz que não consegue. Resta o medíocre prazer de colecionar as asneiras que lhes escaparam: ele não falha. Mas esse asneirológio laborioso não destrói a beleza das obras: ele prova que todo homem é asno em certas horas assim como todo homem é mortal. O fato é que o gosto parece a Gustave um poder mais real na proporção em que ele crê descobri-lo *no objeto*. E veremos que,

VII. Do poeta ao artista 1631

no fim de 1841 ou no início de 1842, ele conclui com as seguintes linhas desesperadas*: "O que me falta acima de tudo é o gosto; quero dizer: tudo. Apreendo e sinto em bloco, em síntese, sem me aperceber do detalhe; os tules me servem, tudo o que forma bossa me serve, afora isso, nada. A trama, a textura me escapam; tenho mãos rudes e não sinto bem a maciez do tecido, mas sou impressionado por seu brilho – os semitons não me servem – por isso, gosto do condimentado... mas não do delicado ponto – cor, imagem acima de tudo, careço de... e mais ainda de precisão – nada de unidade, movimento mas nada de...**, de invenção, mas sem o menor senso de ritmo, é isso o que falta mais – e sobretudo um estilo prolixo, cheio de pretensão". Citei esse texto por inteiro porque ele é surpreendente: se o tomarmos de forma direta como um conjunto de críticas que Gustave faz a si mesmo, veremos que ele enuncia com clareza os considerandos da sentença que proferiu contra *Smarh*. Se, porém, o considerarmos como definição *a contrario* do que para ele deveria ser uma obra-prima, poderemos ver aí um pressentimento daquilo que ele vai querer fazer – e fará – em *Madame Bovary*. Maciez do tecido, semitons, delicadezas, precisão, ritmo, estilo sucinto, unidade: não são essas as qualidades que todos concordam em reconhecer nesse romance? E acaso não sabemos que elas são *conquistadas*? E que Flaubert, a cada novo livro, deverá reconquistá-las – com maior ou menor felicidade? Essa página desolada é como uma charneira entre duas concepções de Arte. Dessa vez a improvisação e a espontaneidade parecem bem mortas. Quem não *tiver* gosto não pode entregar-se à escrita.

Mas deixemos de lado por ora as obras da maturidade. O que importa é que Flaubert sente sua descoberta como uma frustração suplementar: está perdido se não escreve. Ora, depois de uma tentativa ambiciosa, conclui: o que me falta é gosto, quero dizer, tudo. E é verdade: ele apreendeu e sentiu *Smarh* "em bloco, em síntese"; era a feliz época da "concepção". Depois, quando chegou a hora da execução, ele não percebeu o detalhe, careceu de invenções rigorosas, de ideias. Procura "exceder-se", "escrever rijo", como dirá mais tarde: é a eloquência, o abuso das metáforas, a pretensão que caracterizam a escrita de seu "velho mistério". O que ele compreende, hoje, é que a

---

* *Souvenirs*, p. 105.
** Faltam algumas palavras.

sobressignificação não pode nascer de um estilo forçado, "esforçado", levado às raias da gritaria, mas que, ao contrário, se constitui com a exploração judiciosa dos semitons e, sobretudo, no "tecido" verbal, na "textura macia" das frases; em suma, que o estilo aparece quando se põe para falar a parte muda da linguagem. É o que ele chamará, alguns dias depois, de "estranha tradução do pensamento pela forma".

Por que motivo, então, ele sente sua descoberta como uma nova danação? Não poderá condenar *Smarh* e rejubilar-se por ter compreendido seus defeitos? Principalmente porque estes provêm de uma concepção errônea da obra: *Smarh* buscava a sobressignificação por meio da eloquência direta e do abuso das metáforas; agora o jovem precisa dedicar seus esforços a construir uma técnica de iluminação indireta. O que está esperando para começar? Não é entusiasmante enveredar por um caminho novo, aberto só para ele?

Na verdade, Gustave se aflige porque sua concepção de forma, nascida da constatação do fracasso, continua puramente teórica em 1842 e vai contra sua "pessoa", ou seja, contra *o ser-constituído* que ele se atribuiu aos poucos no movimento personalizador, trabalhando naquilo que os outros fizeram dele. Em outras palavras, concebe a verdadeira Arte em negativo através dos defeitos e das carências que verifica não só em seu ser passado, mas também no presente. Denuncia sua incapacidade de *compor* – ou seja, de passar dialeticamente do todo à parte e desta a todas as outras partes concebidas ao mesmo tempo como sucessão de momentos e como realização temporal do todo. Essa denúncia não basta para lhe dar de repente o poder que lhe faz falta: *Smarh* é prolixo, desordenado, nele abundam repetições – como abundavam em *Memórias* ou em *Agonias* –, mas *Novembro*, escrito em 1842, tombará sob os golpes das mesmas críticas; a primeira *Educação* só escapará em parte, e reencontraremos Flaubert, na primeira *Tentação*, de plena posse de seus defeitos. Há algo mais grave: ele condena seu estilo "prolixo, cheio de pretensão", mas isso não basta para que ele deixe de *amar* os movimentos oratórios, os voos líricos, a profusão de imagens e metáforas, pois essa exuberância descontrolada, esse deixar-se levar, essa *espontaneidade cultivada* lhe são naturais – no sentido de que o hábito é uma segunda natureza –, refletem sua atividade passiva, constituída já em sua proto-história, assim como o personagem que ele se fez, intérprete gigantesco das grandes forças telúricas: quando escrevia *Smarh*, era, entre outros vampiros, um Gargântua do mal a segurar a pluma. Portanto, ele precisará escrever *contra si,* contra tudo o que lhe agrada; a "alegria da arte" lhe está vedada para sempre, pois pressupõe certa cumplicidade consigo mesmo, que ele não pode se permitir. E, sem dúvida, nenhum escritor pode ficar preso à sua espontaneidade; o "primeiro jato" precisa ser corrigido, essa mesma correção será corrigida, e assim por diante. Mas para os autores felizes a correção apresenta-se como uma melhoria progressiva. Ele abraça o movimento, conserva a forma: simplesmente, muda as palavras, corta uma frase, inverte a ordem das orações, acentua, ressalta uma ideia, intercala outra que valorize a anterior. Todas essas modificações são produzidas de acordo com o primeiro esboço e em conformidade com certos esquemas que se tornaram habituais: o trabalho literário, embora dialético, não rompe necessariamente o acordo do autor consigo mesmo. Para Gustave, ao contrário, é ele que está em xeque. O que ele escreve de modo espontâneo se transforma diante de seus olhos num exemplo do que não se deve escrever, cada linha lhe demonstra que ele carece de gosto, ou seja, de talento. Ora ele se lança envergonhado na improvisação, se compraz com os grandes movimentos que o arrastam e fica contrariado quando se relê; ora, acabrunhado a cada palavra pela convicção de estar fazendo o contrário do que é preciso, encomprida o texto a bocejar. Assim como cada escrita, cada estilo de principiante tem seus modelos; os de Flaubert todos conhecem: os discursos dos grandes Revolucionários, o lirismo dos românticos. Se os aceitasse, poderia fazer juízos diferenciais sobre seu trabalho, contestando detalhes, em nome de certos ideais, sem o renegar no conjunto. Mas, depois do fracasso de *Smarh,* ambos os modelos são recusados; mas nem por isso deixam de condicionar sua escrita, e a tarefa que se impõe a Flaubert é fazê-los explodir em nome de outro modelo por ele concebido na teoria e no abstrato, mas do qual ele não tem o menor pressentimento prático – o que é normal, pois esse sistema de regras ainda não existe. Portanto, escreve com a consciência pesada, por *necessidade,* mas estraga o próprio prazer de escrever condenando sua prosa do ponto de vista de uma simples aspiração sem rosto que se torna o gosto *que ele não tem,* ou seja, a inspiração dos outros. E, para falar como seu mestre Buffon, o estilo é o homem: é a si mesmo que condena; não só porque *reconhece* que lhe falta o dom, mas também porque, através de cada frase, se irrita com sua *exis* pessoal; tão logo traça uma linha, ela lhe reflete o provinciano gritão e grosseiro ou o lírico masoquista que ele escolheu ser, mas que lhe causam horror. Surpreende-se a encenar enquanto escreve e se entristece com sua insinceridade, sem poder, está claro, curar-se. Se pelo menos ele soubesse o que deve fazer e ser: teria novos modelos e tentaria aproximar-se deles. Mas não: ainda está balbuciando, e a concepção cujas linhas mestras mostrei só lhe aparece em seu aspecto negativo. Ele sabe precisamente o que não deve fazer: é *o que faz espontaneamente*; sabe também muito bem o que não deve ser: *é o que é* – não só o burguês, mas o escritor insincero. O cúmulo da infelicidade, na época, é que ele não pode fazer-*se* artista sem se desagradar; mas, se optar por se calar, recairá no ser-burguês que lhe causa mais horror ainda.

Nesse caso, o que sobrou de sua vocação? Nada. "Um instinto confuso." E acrescenta: "É uma necessidade escrever, desabafar, e não sei o que escrever nem o que pensar".* Incessantemente atormentado pela vontade de retomar a pluma, ele não tem um assunto porque *Smarh*, malogrado, continha o tema absoluto, o Mundo; e, aliás, quando a pulsão o leva a traçar uma linha, ele percebe que sua linguagem o trai e desvia sua primeira intenção, que o desabafo se torna informação pura. Queria roubar a linguagem, e é a linguagem que lhe rouba os vagos desejos. O fato é que há *essa necessidade*, esse divino tormento, esse sonho de um Verbo que não seja totalmente o nosso, mas sem dele diferir totalmente. É surpreendente o paralelismo entre essa anotação e as observações com tanta frequência repetidas sobre o instinto religioso. Sobre este, o que diz ele, em suma? Que é a grandeza e a miséria do homem; sejam quais forem os dogmas e os ritos que visem a satisfazer essa exigência nua e crua, não passarão de fábulas e carolices, pois nossa invenção religiosa não está à altura de nossa necessidade de infinito. Toda pretensa "revelação", para Flaubert, merece dois tipos de apreciação: é uma mentira, uma imagem *finita* que pretende em vão saciar nossa fome; mas, por outro lado, é *sagrada* porque testemunha em nós essa sobrenatureza – a insatisfação – que a natureza nunca poderá satisfazer. O mesmo ocorre com o instinto artístico, na época: ele também é uma exigência infinita, insaciável; qualquer tentativa de satisfazê-lo com uma obra está – em todo caso para Flaubert – fadada de antemão ao fracasso; não será sequer a caricatura grosseira do que *poderia ter sido*, pois o jovem

---
* *Souvenirs*, p. 102.

artista nem mesmo entrevê o que desejaria fazer; será *outra coisa*: uma determinação da linguagem corrente, uma significação entre outras. No entanto, esses detestáveis esboços também têm, secretamente, um caráter sagrado, uma vez que testemunham um "instinto confuso" a renascer incessantemente das cinzas. Um mudo *não pode* falar, mas seus grotescos esforços e os sons monstruosos que produz acaso não são testemunhos de um pressentimento da linguagem? Nessa época, se quiser conservar alguma esperança metafísica, Gustave precisará colocá-la numa insatisfação inarticulável (caso se articule, torna-se ninharia), e, se ainda tiver forças para crer na própria dignidade de artista, irá encontrá-la na incomensurabilidade entre sua necessidade de escrever e os míseros produtos que ele fez de forma atabalhoada para satisfazê-la. Em ambos os casos, a Ausência é uma cifra: como nenhum Deus e nenhuma de suas obras podem *a priori* satisfazer Flaubert, resta enfatizar um indizível e insaciável desejo. Nada marca melhor que esse paralelismo o profundo parentesco que nele há entre Arte e Fé.

De fato, entre 1840 e 1842, é a única marca de uma escolha *possível*: o fracasso. Se ele deveria morrer sem ter feito nada, de onde lhe vem essa obstinação invencível? Ela talvez o distinga melhor do que um talento fácil: não teria ele nascido para viver na carne a Impossibilidade da Arte? Não lhe teriam negado de propósito o sentido das nuances, dos semitons, das texturas macias? Cabe notar, de fato, a ambiguidade das palavras que Flaubert usa para se definir, no mais profundo desespero: "Sou um grande homem gorado". Pois, afinal, quem quiser a todo custo introduzir uma hierarquia entre os homens, precisará, é lógico, dizer que os há muito grandes, bastante grandes e pequenos.* E um homem pequeno não poderia ser um grande gorado: é o que é, nada mais, nada menos. A menos – dirão – que ele tenha tentado arrolar-se no clube dos grandes homens e não tenha conseguido. Com certeza, mas a rã que quer ser do tamanho do boi não é um boi gorado, é uma rã maluca. Sem dúvida, Gustave *também* toma sua fórmula nesse sentido; diz ele: fiz-me uma promessa que não soube cumprir; não estou à altura de minha ambição. Mas, de imediato, essa ambição se torna sua essência singular: de onde ela lhe vem? A rã era louca quando desejava alçar-se à dignidade de mamífero? As outras rãs não têm a reputação de serem assim. E, por esse intermédio, é

---

* Escusado dizer que essas concepções me são totalmente alheias.

introduzido o outro sentido dessa frase ambígua: para desejar ser um grande homem, é preciso ter a obscura intuição da grandeza; e acaso isso é possível sem que tenhamos recebido – mesmo que imperfeitamente e para nossa infelicidade – algum meio de vir a sê-lo? Os medíocres, em geral, estão perfeitamente à vontade: é porque julgam tudo como medíocres e não veem nada acima da mediocridade. Conceber o grande é dar mostras de uma abertura de mente, de uma largueza de imaginação que nos põem a dois dedos de realizá-lo. A dois dedos: algumas qualidades indispensáveis – o gosto, por exemplo – podem justamente nos faltar. Mas se, ainda por cima, nos damos conta de sua ausência, não teremos definido de vez o espaço vazio que o trabalho – quem sabe? – pode preencher?

Um grande homem gorado, para Gustave, não é um pequeno homem. É um homem *já grande* que o Destino condena a gorar. Eis a única esperança de Flaubert, nesse período. É bem pequena: a vocação não é um dom, uma plenitude, é uma carência, um tormento inextinguível; é ingrata e feia, é uma forma de danação particular. Ao contrário dos outros animais – diz mais ou menos Merleau-Ponty –, o homem nasce sem equipamento. Assim é o gênio, segundo Flaubert: diferentemente dos outros homens, que têm o instrumental necessário para serem médicos ou procuradores, ele não está equipado. Há uma única probabilidade, mas bem aleatória – "Não nos prometeram nada"*: forjar seu próprio instrumental por meio do trabalho, partindo, no sentido literal da palavra, de *nada*.

A partir de *Smarh*, a ideia de gênio, para Gustave, vai passar por uma inversão radical: era um dom divino, agora é uma luta duvidosa que travamos, de modo confuso, contra nossas próprias fatalidades. Não está longe o momento em que escreverá a Louise: "As palavras de Buffon são uma grande blasfêmia: o gênio não é uma longa paciência. Mas há algo de verdade nisso, mais do que se crê, sobretudo hoje em dia".** E, pouco depois: "As palavras de Buffon são uma blasfêmia, mas foram excessivamente negadas; as obras modernas estão aí para dizer". Nessa época – pouco antes dos 26 anos – ele mantém a antiga concepção e a justapõe à nova: reduzindo inspiração a trabalho, Buffon *blasfema*; isso quer dizer que ele ataca a concepção sagrada de gênio, dom divino. Contudo, essa blasfêmia contém uma parte de verdade. Qual? Será simplesmente esta constatação simples: não

---
* As palavras são de Alain.
** 15 de agosto de 1846, *Correspondance*, t. I, p. 255.

basta ser dotado, também é preciso trabalhar? Sem dúvida, truísmo é coisa que nunca assustou Flaubert; no entanto, é difícil acreditar que sua insistência em repetir as palavras de Buffon não signifique *outra coisa*. Com efeito, o que Buffon quer dizer? Ele não está tratando das qualidades subjetivas do erudito ou do artista: está voltado para o objeto, para o *achado* (hipótese nova, invenção de uma "palavra" cômica ou sublime, de uma frase bem-sucedida) que indiretamente possibilitaria tratar o inventor como gênio – e contesta que o achado possa ser fruto do acaso ou de inspiração divina. Tal como a verdade hegeliana, ele *vem a ser*: o que escorre facilmente da pluma só pode ser uma banalidade; ter-se-á sucesso ao cabo de uma série de negações, ou melhor, *nunca* se terá sucesso; a primeira concepção nasce para exercitar a liberdade negativa, que se encarniça contra ela, com mal-estar e irritação, para não conservar *quase* nada dela; e assim por diante; de modo que a espontaneidade é uma faculdade boba, que está sempre pondo ovos detestáveis, imediatamente quebrados. O trabalho, tal como entendido por Buffon, é *crítico*: quer dizer que é *exercido contra a vivência*, denuncia o imediato de que somos feitos em nome do que não é ainda; o artista ou o cientista estão em situação reflexiva, e a qualidade dessa reflexão deve ser o descontentamento. Eis aí um primeiro traço que entusiasma Gustave: não será ele o perpétuo descontente? Sem dúvida, não é condição suficiente para tornar-se o grande homem que ele quer ser, mas, a crer-se em Buffon, é, em todo caso, necessária. Do necessário ao suficiente, aliás, há só um passo, logo transposto pela má-fé. Principalmente porque as palavras de Buffon podem ser tomadas com uma acepção muito otimista: basta esperar, ou seja, examinar e rejeitar; depois de cem combinações falsas, a inspiração, mais ou menos orientada, dará a ideia verdadeira. Buffon certamente não diz que *toda* longa paciência é gênio, mas não está muito distante de pensar. Em todo caso, é assim que Flaubert o entende, e temos prova disso porque ele escreve: "Quisera Deus que as palavras ímpias de Buffon fossem verdadeiras! Eu estaria seguro de ser um dos primeiros".* Frase repetida *nos mesmos termos* dois anos depois: "Quisera Deus que as palavras ímpias de Buffon fossem verdadeiras! Pois acho que ninguém tem paciência como eu".** Aliás, disse com mais clareza: "Quando falta gênio, a vontade o substitui

---

* 20-21 de março de 1852. *Correspondance*, t. II, p. 373.
** 1º de março de 1854, *Correspondance*, t. IV, p. 49.

dentro de certos limites... Depois dessa demonstração de modéstia (de minha parte), despeço-me...".* Substitui mesmo? O exemplo que ele dá é surpreendente: "Napoleão III não deixa de ser tão imperador como seu tio". Ora, naquele ele só vê então a caricatura, o reflexo satânico e nulo deste; não faz muito tempo admirava nele apenas o desmoralizador. Desmoralizador medíocre, aliás, e pela força, pois "rebaixa a França sob suas botas". Pouco importam os meios, contanto que se chegue à onipotência e ao Mal radical.

No entanto, essa concepção lhe parece blasfematória, ímpia. É porque expõe ao risco de deixar a Arte ao alcance de todos, de dessacralizá-la. Nesse caso, mesmo que Gustave chegue a fazer uma obra-prima com um trabalho incessante, acabou-se sua vocação. "Consegue-se fazer belas coisas à força de paciência e muita energia". Quem? Essa é a questão. Gustave parece oscilar entre duas concepções, ambas desesperadas: ou basta paciência, então não há *predestinado*, e a Arte é uma atividade entre outras, que *não salva*; ou ela só consegue produzir obras de segunda classe, que estão para as obras-primas como Napoleão III está para Napoleão I, e então há predestinados, mas Flaubert não é um deles: "Tudo o que peço é continuar podendo admirar os mestres... Mas quanto a conseguir tornar-me um deles, jamais; estou certo disso. Faltam-me muitíssimas coisas: congenialidade, em primeiro lugar, e depois perseverança no trabalho". Nesta segunda hipótese, a salvação é possível, mas para outros: a danação de Gustave é mais atroz porque há eleitos. Uma carta de 1846 nos informa que ele se inclina para a segunda ideia: depois de *Smarh*, acautelou-se e constatou sua mediocridade: "Os maiores, os raros, os verdadeiros mestres resumem a humanidade... reproduzem o Universo, que se reflete em suas obras... Há outros que só precisam gritar para serem harmoniosos..., cuidar de si mesmos para continuarem eternos. Talvez não conseguissem ir mais longe fazendo outra coisa; mas, na falta da amplidão, têm ardor e verve... Byron era dessa família; Shakespeare da outra... Não me vi elevado o suficiente para criar verdadeiras obras de arte nem excêntrico o suficiente para poder enchê-las só de mim... condenei-me a escrever só para mim... como se fuma e como se monta a cavalo".** Essas linhas resumem claramente a posição de Flaubert, depois de *Smarh*:

---

* *Correspondance*, t. III, p. 180.
** A Louise Colet, 23 de outubro de 1846.

o objetivo supremo continua sendo a totalização na exterioridade: "O que me dirá... o que Shakespeare amou, o que odiou, o que sentiu? É um colosso que assusta". O fracasso do *Velho mistério* convenceu Gustave de que ele é incapaz de captar o Universo e apresentá-lo aos homens. Resta a totalização na interioridade. Mas nem *Memórias* nem *Novembro* o satisfazem: seria preciso ser "original". Ele compreendeu que o sujeito universal que devia padecer o Mundo não passa de abstração; ao contrário, é preciso particularizar. A conclusão é óbvia: "O primeiro que aparecesse, sabendo escrever com correção, faria um livro soberbo escrevendo suas Memórias, caso as escrevesse sinceramente, completamente". Portanto, a originalidade está *na profundeza*: então, por que não tenta escrever as suas? Ele não diz, mas nós sabemos: recusa-se a conhecer-se *nesse nível* e fica num plano superficial em que só encontra banalidade. Em suma, tudo desmoronou: para ele, de qualquer maneira, a arte não passa de ocupação.

Está sendo *totalmente* sincero? Não, certamente. Quando escreve essa carta, já viu o quadro de Brueghel e concebeu o *Santo Antão*, que será sua nova tentativa de totalizar pelo exterior. Mas é verdade também que quase não escreve: de janeiro de 1845 a maio de 1848, só leu ou releu os "Mestres". Não há dúvida de que sua melancolia de 1842 não subsiste – veremos, porém, como a crise de 1844 o transformou radicalmente. Mas, sobretudo, duas considerações vêm lançar luzes singulares no sentido que ele dá às palavras de Buffon. Durante mais de três anos, ele fica inativo: depois, em dezoito meses, escreve *A tentação* com "lirismo, movimento, desordenamentos... desvarios de estilo". "Eu só tinha de ir" – dirá. Onde, pois, está a grande paciência? Ele divaga, depois acelera, nada há de mais contrário ao *labor improbus* de que se gaba tanto. No entanto, é nessa época que repete a "blasfêmia" de seu mestre. Não significará que ele a toma ao inverso? A paciência, ao invés de substituir o gênio, não seria *sinal* dele? É uma espera, portanto uma fé. Ela se manifesta sobretudo no trabalho, evidentemente, mas, em si mesma, é a graça eficaz que, em seu absurdo, dá testemunho ao artista de sua eleição.

B. ABRAÇAR UMA PROFISSÃO

Como observei acima, o tema do fracasso literário e o da profissão estão inseparavelmente ligados, e não foi sem alguma arbitrariedade que distinguimos dois períodos no grande movimento que leva Flaubert rumo à crise de janeiro de 1844. Já em 30 de novembro de 1838 – ele não tem dezessete anos – fala em ir unir-se a Ernest e Alfred em Paris depois de fazer o exame do bacharelado. Inversamente, termina em 1842, depois do primeiro fracasso na faculdade de direito, sua última tentativa de totalização na interioridade, *Novembro*, que ele não renegará. Contudo, a partir de 1840, a tônica se desloca: ele faz o exame do bacharelado em 23 de agosto de 1840; isso significa que terminou os estudos "desinteressados"; nada mais o separa dos estudos superiores, da especialização, da necessidade de escolher uma profissão; por outro lado, durante o mesmo período, escreve pouco, duvida de sua vocação e rumina o "fracasso" de *Smarh*. Ora, aqui não se trata apenas de passar uma borracha em seus sonhos de glória: a profissão que lhe destinam é em si mesma medíocre. Quando escreve em 1840: "Oh meu Deus, meu Deus, por que me fizestes nascer com tanta ambição?", com certeza é no gênio que está pensando explicitamente. Mas, pouco depois*, ousa reconhecer: "Há dias em que gostaria de brilhar nos salões, ouvir meu nome pronunciado com ênfase". Estamos bem distantes, aqui, das puras alegrias solitárias que a Arte deve proporcionar a um escritor que não deseje outro sufrágio além do seu e de, talvez, um ou dois amigos íntimos. "Brilhar nos salões": nenhuma ambição pode ser mais tola, e devemos ser gratos a Gustave por ter tido a franqueza de no-la revelar. Aliás, ele brilhará ou acreditará brilhar depois, nos salões da princesa Mathilde. Mas o direito, por si só, pode permitir-lhe isso? Ele sabe muito bem que não e acrescenta: "outras vezes gostaria de me degradar e rebaixar, ser tabelião nos cafundós da Bretanha...". É direito, porém, que ele vai "fazer": por quê?

Segundo Caroline Commanville, foi Achille-Cléophas quem decidiu. E bem tarde... "Chegou a época feliz de deixar o colégio, mas a terrível questão de escolher uma profissão, de abraçar uma carreira, envenenou sua alegria... Meu avô desejaria que o filho fosse cientista e médico... Homem de caráter eminentemente forte, de hábitos ativos, era-lhe difícil compreender o lado nervoso e um pouco feminino que caracteriza todas as constituições artísticas. Junto à mãe, meu tio teria encontrado mais incentivo, mas ela se apegava à ideia de que se deve

---

* *Souvenirs*, p. 100, anotação de 8 de fevereiro de 1841.

obedecer ao pai, e ficou decidido que Gustave estudaria direito em Paris. Ele partiu, triste por deixar os seus, principalmente a irmã".*
Essa interpretação é desmentida pela Correspondência. Sem dúvida, em 30 de novembro de 1838, Flaubert não especifica a faculdade escolhida, mas não há muita possibilidade de hesitar: "Quem me dera estar com vocês, meus caros amigos! Que bela trindade formaremos! Como aspiro ao momento de ir ao encontro de vocês! Passaremos bons momentos... a filosofar e pantagruelizar". A trindade mencionada parece unida demais para que seus membros se dediquem a estudos diferentes. Três meses depois, em todo caso, a escolha está feita, pois em 24 de fevereiro de 1839 ele escreve: "Não creias, porém, que estou indeciso quanto à escolha de uma profissão. Estou decidido a não fazer nenhuma, pois desprezo demais os homens para lhes fazer bem ou mal. Em todo caso, vou fazer direito, vou me tornar advogado, até mesmo doutor, para preguiçar mais um ano. É muitíssimo provável que eu nunca advogue...". E está bem longe de terminar os estudos secundários, pois só se apresentará para o exame de bacharelado dezoito meses depois.

Mas caberá concluir, como Dumesnil, que o *pater familias* destinou o caçula *desde sempre* à carreira jurídica? Seria muito ousado. Em primeiro lugar, não se entende por que esse homem "eminentemente forte", apaixonado pela exatidão científica, teria engendrado um segundo filho especialmente para fazê-lo advogado ou procurador: sem dúvida alguma Achille-Cléophas não estimava tanto assim o direito, no qual não via nem o melhor método para formar um espírito rigoroso nem o caminho mais direto para ter acesso às carreiras respeitáveis. Será possível imaginar que tenha desejado dar à advocacia um rabulão a mais? Sendo médico, não há dúvida de que desejaria fundar uma família de médicos.

Aliás, é bom notar que Gustave *informa* duas vezes a Ernest, durante o ano de 1839, a decisão que afirma ter tomado. "Em todo caso, vou fazer direito" – diz em fevereiro. E em 23 de julho: "eis-me prestes a *escolher uma profissão*... Portanto, vou ser tapa-buraco na Sociedade, ocupar meu lugar, serei um homem honesto, sério e todo o resto que quiseres; serei como outro qualquer, como se deve, como todos, advogado, médico, vice-governador, tabelião, procurador, *juiz*, tal e qual,... um homem do mundo ou de gabinete... Pois é mesmo preciso ser alguma coisa de tudo isso e não há meio-termo. Pois bem,

---
* *Souvenirs intimes* (*Correspondance*, t. I, p. XXII, XXIII).

escolhi, decidi: vou fazer direito, que, em vez de dar acesso a tudo, não dá acesso a nada...". Se Flaubert soubesse desde a infância que estava destinado à advocacia ou à magistratura, como admitir que tivesse esperado até 1839 para informar o amigo? E por que lhe escrever *duas vezes* em seis meses? Não terá sido por prever, em fevereiro, que a opção não era definitiva? Não terá sido porque uma luta surda o opunha à sua família – a mesma luta cujos ecos se encontram em Caroline? A carta de julho é mais peremptória que a de fevereiro: "Pois bem, escolhi, decidi...". Escusado dizer que não decidiu coisa nenhuma: no máximo, vencido pelo cansaço, aceita a profissão que lhe é imposta. Prova disso é a observação que acrescenta, entre parênteses: "direito, que, em vez de dar acesso a tudo, não dá acesso a nada...". Essa crítica, introduzida sub-repticiamente, não pode ser dirigida a *ele*, mas a uma vontade alheia: a decisão é absurda, contraria as intenções de quem a tomou, mas ele se resigna. Há algo mais curioso: o exercício de *todas* as profissões examinadas – inclusive a de vice-governador – é possibilitado pela carreira jurídica. Todas, *menos* uma: a de médico. Por que citar justamente essa, se está assente que ele não entrará na Escola de Medicina? Para dizer a verdade, a frase é ambígua; poderia ser lida: "Vou ser um homem como os outros, como os que são advogados, médicos" etc. *Poderia*, e em parte é o que Flaubert tencionou. Mas não é o que ele escreveu: interpretando ao pé da letra, *é ele*, ele mesmo, que, apesar de ter decidido entrar na Faculdade onde Ernest e Alfred o precederam, talvez venha a ser médico. De onde vem essa afirmação que acaba sendo anulada pelo desenvolvimento do parágrafo? Parece até que, contra tudo e contra todos, ele quer manter uma velha certeza: "Meu pai me fez para ser médico", e desacreditar a profissão médica mencionando-a em seu inventário de funções ridículas. Sem dúvida alguma, as duas intenções estão presentes ao mesmo tempo. Ele deve ter dito mil vezes a Ernest que queria ser ator ou escritor, mas que o pai o destinava à medicina: conflito *nobre* – pois admirava Achille-Cléophas. O que ele não dizia, então, é que o cirurgião-chefe, desde o primeiro dia, tinha o mais velho como preferido, e que, como consequência, ele seria um médico de segunda classe. Mostrava, em suma, a decisão paterna em seu aspecto lisonjeiro: tu, Ernest, serás procurador; eu serei cientista, terei olho clínico. Se introduz a palavra na enumeração, é porque não consegue se resolver a confirmar a nova vontade paterna no que ela tem de definitivo: *nunca* serás médico. Mas ao mesmo tempo, vinga-se, rebaixando a profissão da qual o afastaram.

De resto, apesar de suas declarações peremptórias, ele ainda acha que nem todas as cartas estão na mesa; Ernest deve ter essa mesma opinião, pois em janeiro de 1841 lhe pergunta quais são seus projetos para o futuro. Gustave responde em 14 de janeiro: "Queres que te diga quais são meus sonhos? Nenhum. Meus projetos para o futuro? Não há. O que quero ser? Nada... Mas, como o asno mais pelado, mais escorchado ainda tem algum pelo no couro... vou lhe dizer, meu caro amigo, que no ano que vem estudarei a nobre profissão que logo vais exercer: vou fazer direito, com o acréscimo de um quarto ano para reluzir com o título de Doutor...".

Como interpretar esses textos e a atitude de Flaubert? Na falta de certezas, será possível fazer algumas suposições, se lembrarmos que a primeira carta é escrita pouco tempo depois da data em que Achille-Cléophas o tirou do internato. Decisão cujos motivos ignoramos, mas que – se conhecermos um pouco o bom doutor – só pode ser explicada pelas preocupações que ele tinha com a saúde de Gustave. É o que possibilitaria interpretar o trecho citado dos *Souvenirs* de Caroline. Examinando-se melhor, de fato, suas obscuridades escondem um sentido secreto. O que diz ela? Que o *pater familias* queria que o filho fizesse "carreira" e, como ele, se tornasse um cientista, um profissional recompensado por seus serviços sociais, em suma um médico. A profissão de engenheiro também teria resolvido, mas, como mostrei acima, a burguesia liberal ainda não percebera a importância da indústria. Commanville chama a atenção para o fato de que o cirurgião, em seus projetos, não leva em conta a compleição nervosa e feminina própria aos artistas. E logo depois nos mostra que a avó se negou a intervir em favor de seu tio. A conclusão deveria ser: "ficou decidido que Gustave faria medicina em Paris". Nada disso: vai fazer direito. Visto que a sra. Flaubert declina do papel de intermediária e, como Achille-Cléophas não leva em consideração os desejos de Gustave ou – quem sabe? – nem mesmo tem conhecimento deles, qual o motivo da mudança de opção? Por que o futuro cientista se torna um futuro advogado? Tudo está dito no texto, desde que se saiba ler: é o "lado nervoso" do caçula a razão profunda da mudança: mas Achille-Cléophas enxerga seu verdadeiro sentido, pois "devotar-se à busca única e exclusiva do belo... parece-lhe quase loucura"; para ele, o nervosismo de Gustave não vem da vocação contrariada; é o contrário: nisso ele só vê uma inferioridade *natural*, ou seja, puramente fisiológica, que lhe veda realizar grandes esforços contínuos. Por conseguinte, se o cirurgião-chefe decide matricular o filho na faculdade de direito, é só para conciliar de modo precário seus desejos e os de Gustave: em todo caso, recusa a "vocação literária" do filho; está apenas impressionado com a *fragilidade* dele: o caçula não se parece com o mais velho, que não tem nervos; quando bem novo, era uma criança retardada, cujos alheamentos pareciam avisos à luz dos fatos que se seguiram. Para Achille-Cléophas, seu segundo filho foi estudante medíocre; deve ter sido informado da apatia, do extremo nervosismo, talvez dos pesadelos do pequeno colegial. Os mestres e os explicadores devem ter dito: o internato não lhe serve de nada. De onde vêm estas duas decisões: em 1838-39, o *pater familias* vai buscar o filho: faz dele um externo livre para vigiar melhor sua saúde; mais ou menos na mesma época, desiste da medicina e procura uma profissão menos rude: direito serve, Gustave será procurador ou advogado. Essa guinada ocorre no fim do verão de 1838. Achille-Cléophas não deixou de reparar no humor sombrio de Gustave ("Não, a visão do mar não é feita para alegrar"*) e no extremo nervosismo que o acompanha. Mas ignora que esses transtornos têm como razão profunda a situação familiar do jovem e o fracasso de *Memórias de um louco*. Para ele, é uma questão de constituição. Sua decisão, aliás, chega tarde demais, pois já na segunda quinzena de outubro um mal desconhecido toma conta do pequeno Flaubert e o obriga a guardar o leito.** Decerto faz muito tempo que o pai se preocupa, portanto não é inesperada sua nova decisão: é uma *conclusão* que os acontecimentos apenas apressaram.

Parece que Flaubert não foi de imediato hostil à vontade paterna. Para usar de linguagem moderna, diziam-lhe afinal: "Você não é das exatas, é das humanas", e propunham-lhe usar da melhor maneira possível as capacidades que nele reconheciam. Os estudos jurídicos, aliás, pareciam-lhe fáceis: Alfred e Ernest iam bem sem muito esforço. Além disso, o *pater familias* deve ter-lhe dito mais de uma vez na época: "O direito dá acesso a tudo". A tudo: a altos postos administrativos e, quem sabe, à deputação, ao pariato. Em 30 de novembro de 1838, o jovem ainda chega a se regozijar por logo ir ao encontro de Ernest

---

* *Correspondance*, t. I, p. 29, quinta-feira, 13 de setembro de 1838.

** *Ibid.*, p. 32, 28 de outubro de 1838.

e Alfred em Paris: "Como aspiro ao momento de ir ao encontro de vocês!". Tudo lhe parece claro: está estudando retórica, dois anos o separam daquele momento feliz. Mais tarde, ele com frequência zomba com amargura do jovem provinciano que deixa sua cidade natal com entusiasmo para ir terminar os estudos na capital. Decerto porque ele mesmo foi mistificado: enfastiado de Rouen, exasperado com a vida em família, encara a partida como libertação. Em fevereiro de 1839* ainda, numa carta ambígua (começou o processo de desmistificação), ele felicita Ernest por levar "vida boa e alegre". E acrescenta: "...viver o dia a dia, sem cuidados com o dia seguinte, sem preocupações com o futuro,... sem temores, sem esperança, sem sonhos; viver uma vida de amores folgazões e cálices de Kirschenwasser, vida impudica, fantástica, artística,... que pula e salta, uma vida que sorve sua própria fumaça e se embriaga... Vais viver assim durante três anos, e esses decerto serão teus mais belos anos, aqueles de que sentimos saudades mesmo depois de ficarmos sérios e velhos..." Para dizer a verdade, ele já afirma sua superioridade em relação a Ernest: é que ele, pelo menos, é corroído pela preocupação com o futuro. Mas, se julga o *carpe diem* insatisfatório, pelo menos não duvida de que o amigo leva uma vida alegre. Além disso, do outono de 1838 ao fim do inverno de 1839, predomina nele a preocupação *literária*: há o fracasso ruminado das *Memórias*, a queda e o salto de ricochete, a concepção de *Smarh*.

Contudo, no mesmo período, um trabalho desagradável se desenrola nele: ao lhe designar essa nova profissão, o pai – aos poucos ele vai compreendendo – nada mais fez que confirmar sua inferioridade. Na verdade, foi o próprio Gustave que o levou a isso: com suas atitudes de fracassado; de fato, ele não queria ser um sub-Achille, ou seja, um médico de segunda classe. Mas o resultado vai além de suas expectativas: o pai conclui que o caçula *não será mesmo médico*.

A situação, porém, não é tão simples, e eis Gustave em meio a um de seus costumeiros torniquetes. Não deixou de invejar em Achille o irmão mais velho vencedor, o preferido do pai, o privilegiado. No entanto, um longo trabalho, cujas etapas ignoramos, levou-o da admiração odienta ao desprezo. Em *Peste em Florença* ele se humilhava com raiva perante o irmão e, a contragosto, reconhecia todas as suas qualidades "pois era o mais velho". Algumas linhas de sua Correspondência, em 1839, mostram que ele mudou bastante: "Achille está em Paris, defende tese e compra móveis. Vai virar homem sério

---

* *Ibid.*, p. 40, 24 de fevereiro de 1839.

e ficar parecendo um polipeiro preso aos rochedos".* E, em 31 de maio**: "É amanhã o casamento... Vivo uma atmosfera de jantares. Quarta-feira passada Achille pagou seu jantar de despedida no Jay... E apesar de tudo isso estou entediado, de saco cheio!". O resultado é curioso: no irmão mais velho, bem colocado, casado – coisa que ele mais detesta no mundo –, que logo terá "a mais bela posição de médico da Normandia"***, ele descobre a mediocridade da profissão que ainda o fascina quando é Achille-Cléophas que a exerce. Mas ele "investiu" tanto nesse negócio que sempre sofre demais com essa "usurpação": assim, o ofício desqualificado desqualifica todos os outros. Um médico não vale nada, nada vale um médico. Não cabe imaginar que com isso Gustave se sinta aliviado: muito pelo contrário. Quando imagina que o pai o *condenou* ao direito, convence-se de que Achille-Cléophas levou ao extremo a sua maldade ao reconhecer publicamente o menor-ser com que imbuíra o caçula já de saída. Portanto, sofre, é Garcia. Mas, desde que Achille perdeu seu prestígio, basta que Flaubert pense nele para que todas as profissões tombem sob os golpes de seu desprezo: "Vou ser advogado, médico... (ou seja) vou ser tapa-buraco na Sociedade".**** No momento, está numa situação estranha e pouco tolerável: sem deixar de sentir dolorosamente sua frustração – ao contrário, pois agora sabe que não será nem mesmo um médico de bairro –, percebe a futilidade de *todas* as profissões, inclusive a exercida pelo pai. De qualquer maneira, trata-se de *colocar-se*, de ser útil, em suma, de se definir dentro de sua classe, por meio de sua função. Para obedecer ao pai, ele precisa deixar-se absorver pelo "trabalho social" ao qual o destinam e encontrar nele sua própria verdade essencial: ele é conclamado à sua essência de homem-meio, ou seja, de meio de meios.

Essa redescoberta seria menos penosa se ele tivesse a certeza de ser acima de tudo o Artista, ou seja, o meio privilegiado de um fim absoluto e trans-humano. Mas escreve *Smarh*, com pressa, a fim de comprovar sua genialidade para si mesmo, e, precisamente, a prova falha. Se, na mesma época, seu horror pela profissão, seja ela qual

---
* *Correspondance*, t. I, p. 46, 15 de abril de 1839.
** É de Achille "o casamento". Algumas linhas foram saltadas. Os dois textos por certo eram seguidos por comentários grosseiros e violentos que o casto Ernest infelizmente eliminou (31 de maio, *Correspondance*, t. I, p. 47).
*** *Correspondance*, t. I, p. 207.
**** *Correspondance*, t. I, p. 54.

VII. Do poeta ao artista

for, se afirma com tanta veemência, é porque – como demonstram as cartas a Ernest – está diretamente ligado à preocupação literária; sobre esse ponto, a carta de 23 de julho de 1839 nos dá ótimas informações: Gustave se insurge contra a necessidade de "abraçar uma profissão" não porque teme ver sua genialidade ser estragada ou destruída pelas futuras atividades profissionais, mas, ao contrário, porque *lhe falta genialidade*, e a profissão lhe parece afinal sua *verdade* inelutável: "Devastei meu coração com um monte de coisas artificiais e bufonadas infinitas: não brotará messe alguma sobre ele! Melhor! Quanto a escrever, desisti totalmente, e estou certo de que nunca se verá meu nome impresso; já não tenho forças para isso, já não me sinto capaz, essa é a verdade, feliz ou infelizmente. Eu teria me tornado infeliz e entristecido todos os que me cercam. Querendo subir tão alto, eu teria ferido os pés nas pedras do caminho. Ainda me restam as grandes estradas, *as vias já prontas**,... os postos, os mil buracos que são tapados com imbecis. Portanto, serei tapa-buraco na Sociedade... serei como outro qualquer, como se deve, como todos, advogado, médico,..." etc. Em suma: como não posso ser o meio único de um fim supremo, serei, como todos os membros da classe média, um meio da roda dos meios. Acaso isso quer dizer que ele estudaria direito sem repugnância se tivesse firme consciência de seu talento? Não, claro: a frustração permaneceria e – não devemos esquecer – a pressa que ele tem em se afirmar como Artista tem por origem sua recusa à burguesia, nele e fora dele. Mas, afinal, ele talvez se diga que é preciso dar a César o que é de César, dar algumas horas à Sociedade para pagar o direito de escrever. Nessa época o estudo de direito – do qual ele ignora tudo – parece-lhe coisa fácil. Fácil também o ofício de advogado: tem voz forte e braços compridos, para os efeitos gesticulatórios. Talvez se resignasse a considerar suas atividades práticas como aparência, e seu trabalho de artista como sua realidade. De qualquer jeito, ficaria uma invencível repugnância: como diz ele em *Novembro*, o dinheiro não é feito para ser ganho; é preciso *tê-lo*. É um sonho que ele afaga há muito tempo e do qual nos fala em *Souvenirs*: ter dinheiro para não pensar mais nele.** No fundo, como sabemos, está obcecado pelo desejo de ser um herdeiro, ou seja, de receber riqueza do Pai como uma dádiva que compensasse a inexplicável ressurreição do direito de

---

* Grifo meu.
** *Souvenirs*, p. 53. O texto, sem data, parece ter sido escrito em 1839, o mais tardar.

primogenitura na família Flaubert. Mas, ao mesmo tempo, aceitaria, na *época*, adquirir fortuna com o exercício de uma Arte secundária, na sua opinião. Com efeito, escreve: "Tenho inveja da vida dos grandes artistas, da alegria do dinheiro, da alegria da arte, da alegria da opulência, tudo deles. Só gostaria de ser uma bela dançarina ou um violinista".* É de se notar que ele inveja *em primeiro lugar* os sucessos pecuniários. Enquadrada pela alegria do dinheiro e da opulência – que só o dinheiro proporciona –, a alegria da arte parece secundária. Mas, na verdade, o que Flaubert inveja neles é a possibilidade de dedicar-se a suas atividades de intérpretes ou dançarinos e o fato de a riqueza lhes chegar por acréscimo, sinal e recompensa de um talento inútil.** O horror de Gustave pelas profissões liberais provém antes de tudo do fato de ver na mediocridade delas um reflexo da sua própria mediocridade. Ser advogado, depois do fracasso de *Smarh*, é abandonar o imaginário para coincidir consigo, ou seja, com sua individualidade de classe, visto que o indivíduo acidental não passa de pobre criança pouco dotada que, na falta de genialidade, não tem nem mesmo as brilhantes e desprezíveis capacidades do irmão mais velho.

O futuro

Entre 1838 e 1844, a relação de Flaubert com o futuro é fundamental: *ele tem medo*. Nas últimas páginas de *Memórias de um louco*, já escreve: "Vou ser lançado no turbilhão do mundo, nele morrerei, talvez, esmagado sob os pés da multidão, retalhado. Aonde vou? Que serei? Gostaria de estar velho, ter cabelos brancos; não, gostaria de ser bonito..., ter gênio..., e não tenho nada disso".

Esse trecho é bem claro: no momento Gustave não é nada, ou melhor, é um menino irresponsável cuja "vida é reproduzida"; gostaria de limitar-se àquela subjetividade ainda indeterminada que às vezes assume para ele a aparência de universalidade. Mas o Pai decidiu: o filho precisa abraçar uma profissão. Profissão é *o ser* futuro, a subjetividade absorvida por uma realidade objetiva. Um tabelião, para Flaubert, é um objeto, pois se define em primeiro lugar como

---

* *Ibid.*, p. 69; escrito em 1840.
** O artista faz Arte *pela Arte*, mesmo assim é pago. Essa ausência de relação visível entre atividade e ganho iguala-o aos aristocratas.

VII. Do poeta ao artista

um conjunto de exigências prático-inertes. Mas esse objeto começa desde já a governar o sujeito que deve atender a essas exigências: a subjetividade de Gustave nada mais é que o meio para ser tabelião. O futuro para o caçula Flaubert sempre foi um itinerário pré-fabricado. O "pressentimento completo da vida" só se mostra a uma consciência preocupada em apreender a existência em sua totalidade e decifrá-la a partir do naufrágio final. Em toda vida – poderia dizer Gustave, parodiando Auguste Comte –, "o progresso é o desenvolvimento da ordem". E a ordem é a interiorização de um plano alheio. O temor do futuro agora se *determinou*, pois este, recentemente, se apresenta como uma carga *singular*, conclusão fatal dos estudos jurídicos: torna-se a verdade do presente, a luz que o ilumina e a força que o modela. Uma única esperança: cumprir seu tempo e aposentar-se; livre das atividades à custa de certas degradações físicas e mentais, o aposentado finalmente pode viver de rendimentos, assemelha-se a um adolescente mantido pela família: entre um colegial de dezesseis anos e um velho, há um deserto, a vida ativa, verdadeiro terror que Gustave já gostaria de ter superado para, irresponsável e por fim calmo, ver-se como uma criança de cabelos brancos.

Certamente há outro futuro: o que ele se daria alienando-se à obra. Mas, depois de *Smarh*, Gustave se pergunta se não será uma armadilha mortal. Quer acreditar ainda em seu gênio, pois durante o inverno de 1840 escreve: "Lembro que antes dos dez anos já escrevia composições – sonhava com os esplendores do gênio, uma sala iluminada, aplausos, coroas – e agora, ainda que esteja convicto de minha vocação ou tenha a plenitude de um imenso orgulho, duvido cada vez mais".* Mas, como se vê, essa convicção é corroída pela dúvida, e a vocação pode não passar de vã exigência do orgulho. Em suma, o gênio talvez só seja imaginário. Com isso, o futuro real, que é a "chaga do presente", fica coberto por um futuro sonhado que o mascara. Mas essa fantasia "sempre futura" não será um inocente devaneio? Ele já escrevia, em 26 de dezembro de 1838**: "A Arte,... fantasma sem nome que brilha e *nos perde*". Desenvolverá seu pensamento em janeiro de 1840***: "O futuro, horizonte róseo de formas soberbas, com nuvens de

---

* *Souvenirs*, p. 57.
** *Correspondance*, t. I, p. 38.
*** *Correspondance*, t. I, p. 65.

ouro, em que nosso pensamento nos acaricia, em que o coração entra em êxtase e, à medida que avançamos, como o horizonte de fato – pois a comparação é justa –, recua, recua e se vai! Há momentos em que acreditamos que ele toca o céu e que vamos tocá-lo com a mão – zás, uma planície, um vale em descida, e a gente sai correndo, levado por si mesmo, para ir quebrar o nariz numa pedra, enfiar os pés na merda ou cair numa fossa".

O futuro sonhado, ardil do Destino, está a serviço do futuro real; enquanto fugimos deste para aquele, renunciamos a modificá--lo e damos-lhe todas as probabilidades de tornar-se nossa verdade. Revolta e suicídio seriam atos. Mas, correndo atrás da glória, Gustave literalmente não faz *nada*: perde todas as oportunidades de escapar realmente à *vontade outra* do *pater familias*; "*levado por si mesmo, corre para*... cair numa fossa"; o falso escritor é cúmplice do homem--meio que está se tornando: banca o avestruz e, com isso, perde todas as oportunidades de escapar à sua sorte. Cabe ressaltar a importância desse trecho: Flaubert, adolescente imaginário, volta-se contra sua tentativa de irrealização, precisamente porque ela é irreal. Adivinha-se nas entrelinhas uma exigência contraditória que servirá de esquema diretivo para sua evolução futura: ele precisa *adotar um estatuto irreal com um ato* e, como não pode ser a escrita, encontrar o meio radical de fazer *sua irrealidade ser instituída por todos*.

Ainda não chegou lá: por ora, quando duvida de si, só vê uma solução: suprimir *ao mesmo tempo* os dois futuros, o que o engoda e o que o atormenta. Numa palavra, deter o tempo. Não escrever mais e resistir quanto puder ao transcorrer real do tempo. Sente-se essa resistência quase física, experimentada até nos músculos, quando, em 18 de dezembro de 1839, o vemos formular o seguinte desejo: "Se meus anos pudessem cair de mansinho como as penas da pomba que voam tranquilamente ao vento, e sem se quebrarem, de mansinho, de mansinho!".* Ainda se trata apenas de *retardar.* Nas outras cartas, a negação é radical. Ela se manifesta de dois modos bem diferentes para não dizer opostos, mas o primeiro fica na superfície, enquanto o outro está na profundeza.

---

* Cabe notar a defasagem dos termos na comparação: Flaubert quer "*cair*" (veremos a importância do esquema da queda) dia a dia como as penas que "*voam*". Não há contradição: o vento – em turbilhão ascendente – deve fazer, de uma maneira ou de outra, que as penas se elevem, para que a gravidade em seguida as faça cair. São simplesmente dois momentos diferentes de um mesmo movimento. Há, por trás dessa dissimetria, como que uma equivalência oculta entre voo e queda. Voltaremos a isso.

1º O primeiro, sem dúvida alguma, tem origens literárias; é uma atitude *cultural*. Tem em vista encontrar, na base do utilitarismo e contra ele, por meio da análise, o hedonismo do qual nasceu. É o *carpe diem* oposto ao cuidado. Flaubert inspira-se também em Rousseau, cujas *Confissões* lia no verão de 1838: esse autor repreende os homens por não saberem viver o presente em sua plenitude; movidos pela ambição ou pelo temor, estão sempre à frente de si mesmos nos anos futuros e negligenciam a fusão panteísta com a Natureza, que não exige nada mais, nada menos que a supressão do tempo. Numa palavra, a primeira reação de Gustave não é *original*; toma de empréstimo aos outros sua primeira defesa. Em 15 de abril de 1839, por exemplo, escreve a Ernest: "As circunstâncias que me cercam são mais favoráveis que nocivas. E, com tudo isso, não estou contente; proferimos lamúrias sem fim, criamos para nós males imaginários (Ai! Esses são os piores);... nós mesmos semeamos espinheiros em nosso caminho e depois os dias se passam, chegam os males reais, e nós morremos sem termos tido em nossa alma um único raio de sol puro, um único dia calmo, um céu sem nuvens. Não, sou feliz. E por que não? O que me aflige? O futuro talvez seja negro? Bebamos antes da borrasca; azar se a tempestade nos vergar, o mar agora está calmo".

Aqui os dois futuros são confundidos: construímos ilusões (é o futuro irreal da glória); criamos males imaginários (é o medo do futuro real, da profissão). Note-se que Gustave insiste na irrealidade de sua condição futura, ao passo que em outro lugar a opõe a seus sonhos como a verdade às fantasias. Aqui também sua reação é *cultural*: para grande número de autores – sobretudo no século XVIII – o futuro *não existe*. A realidade é definida *a priori* pelo presente, ou seja, pelas impressões vivas e fortes que se nos impõem no instante e – pelo menos para alguns – pelas realidades materiais que agem sobre nós através de nosso corpo. Não será difícil ver nessa concepção um resultado do pensamento analítico: "disseca-se" a duração para reduzi-la a pura sucessão de invariantes temporais; substitui-se a temporalidade *interior* dos processos psíquicos pelo tempo de exterioridade da mecânica. Já não se pensa, nesse caso, em denunciar a irrealidade do conteúdo dos instantes futuros; ao contrário. Condillac, Hume, Berkeley, cada um em seu sistema, tentaram dar fundamento racional à previsão científica e estabelecer o grau de sua probabilidade para dada conjectura. Eles insistem simplesmente no fato de que o futuro não passa de um presente por vir, e que só haverá realidade concreta no momento de seu aparecimento. Assim, para Gustave, há "males reais", ou seja, males que se realizarão como determinação concreta de um instante vivido; mas, ainda que possam ser previstos corretamente, a previsão é *imaginária*, pois se relaciona com algum coisa *que não existe*. Se o presente é a condição fundamental da existência, o estado futuro (advogado, procurador, tabelião), no momento atual, é um nada de ser, e Gustave se atormenta *por nada*, o que quer dizer que seu mal-estar é imaginário, que é um vazio no meio da plenitude presente. A conclusão é automática: gozemos o instante. "Que a rolha salte, que o cachimbo se encha, que a puta fique nua, caramba!" A antecipação inquieta do futuro é o mal da "nova geração". "Antigamente ela era mais esperta, preocupava-se com mulheres, espadadas, orgias."

Essa atitude não passa de uma reação artificial e voluntarista de Gustave contra sua intuição pessoal da temporalidade. Dois meses antes, vimos que ele afirmava a Ernest a prioridade fundamental do futuro nos ek-stases temporais: "Que farás? Que esperas tornar-te? Onde está o futuro? Às vezes te fazes essas perguntas? Não, que te importa? E fazes bem. O futuro é o que há de pior no presente. Essa pergunta, *que serás?*, lançada diante do homem, é um abismo aberto à sua frente, que vai avançando à medida que ele anda". A condescendência do tom não deve passar despercebida: o estouvamento de Ernest, seus "amores folgazões" e os cálices de Kirschenwasser é que o protegem e o desviam provisoriamente de descobrir que o futuro é uma estrutura do presente. E conhecemos Gustave o suficiente para perceber o desprezo: "Não, que te importa? E fazes bem". Aliás, ele não ignora que Ernest se entrega a devassidões comedidas, e que o futuro procurador prefere costureirinhas a prostitutas. Na verdade, o que desaprova no amigo não é tanto esquecer seu próprio futuro quanto aceitá-lo e contentar-se com ele. De fato, Ernest é um caxias, estuda muito e com facilidade: em suma, leva a sério sua futura profissão e prepara-se com zelo para a procuradoria. Por isso, sua carreira, aceita, ou melhor, *desejada*, não o preocupa muito: o futuro não lhe causa cuidados e, precisamente por isso, depois de um dia de estudos, pode beber e divertir-se. A superioridade de Gustave lhe advém, em sua própria opinião, do fato de recusar o destino que Ernest acha bastante bom para si; o caçula dos Flaubert não coincide com seu futuro, sabe que este é inevitável, mas ninguém o impedirá de condenar em silêncio a fatalidade que o arrasta. A partir daí, não está em condições de gozar o presente. De onde lhe viria o gosto, se o "abismo" futuro se abre diante dele? Ele sabe disso tão bem que, como vimos, declara numa nota redigida na mesma época*: "para ser feliz, é preciso já sê-lo". Não se luta com prazeres contra o Cuidado pois é próprio do Cuidado estragar o prazer.

No entanto, dois meses depois, ei-lo a adotar a atitude que atribuía a Ernest. Qual a causa disso? Adivinhamos sem dificuldade as causas ocasionais: "Tu me lastimas, caro Ernest, no entanto, serei eu de lastimar?... E tu também! Achava que tinhas mais bom senso que eu, caro amigo. Tu também, soluças aos berros!". Chevalier *ousou* lastimá-lo: isso Gustave não pode aguentar. E que pretensão: os soluços que solta aos berros o futuro procurador compara à nobre angústia do colega? Flaubert logo o põe de volta no seu lugar: "Façamos tristeza na Arte.... mas façamos alegria na vida". O Nobre, tenso, recusa-se a essa promiscuidade: para pôr o Vassalo no devido lugar, subverte suas teorias. Mas, assim que torna mais preciso seu pensamento, começam as dificuldades: como preencher o momento? Parece que ele hesita entre dois conteúdos: "orgia desbragada" com espadadas, prostitutas e, ao contrário, *calma*, "céu sem nuvens", "família, amigos, afeições". Lendo-se melhor, percebe-se que ele exorta Ernest a desinibir-se** e reivindica para si apenas um uso melhor dos bens que lhe couberam: pela mesma razão, em *Souvenirs* ele se recriminará por ter-se afastado da família sem motivo válido, ao passo que deveria ter-se agarrado a ela. Contudo, a transição é "Bebamos antes da borrasca". É como se, não podendo gozar sua felicidade objetiva, ele sonhasse em atordoar-se com álcool, com uma vã agitação. As prostitutas, aliás, são convocadas principalmente para chocar Ernest. Um pouco depois, em 19 de novembro de 1839, ele revela seus verdadeiros sentimentos: "Ir a Paris sozinho... e decerto me oferecerás, para me divertir, um café nas Colonnades douradas ou alguma puta suja da Chaumière. Obrigado! O vício me enfada tanto quanto a virtude". Na verdade, o que conta

---

* *Souvenirs*, p. 54.

** É depois de descompor o amigo ("Tu também soluças aos berros") que ele introduz o tema da "alegria na vida". Em suma, aconselha Chevalier a aproveitar melhor a permanência em Paris.

para ele – veremos isso melhor em *Novembro* – é beber. Mas o que ele busca no vinho não é a alegria, é o estupor: bêbado, o futuro o atormenta com menos crueldade.

Para concluir, cabe ver nesse trecho o sinal de um esforço desesperado para *matar o tempo*. Gustave, a contragosto, contrariando sua intuição mais profunda, seus pressentimentos e o áspero gosto de fatalidade que o impele a totalizar por antecipação sua vida, começa por se inspirar no realismo analítico para, com a mais rematada má--fé, confundir futuro e imaginário. Mas não consegue se convencer e busca o melhor meio de desestruturar em si mesmo o que Husserl chama de "consciência interna da temporalidade". Na verdade, ele sabe muito bem que o que será é uma determinação necessária do que é. Esse adolescente não pode ignorar que está atenazado pelo medo de tornar-se adulto, e que – faça o que fizer – seu estado de colegial irresponsável é precário por definição. O que ele precisa anular, indubitavelmente, é sua própria lucidez. Não o futuro objetivo – que não depende dele –, mas sua intuição subjetiva; e é o que só pode ser feito à custa de uma mutilação. O alheamento, quando vem espontaneamente, pode trazer-lhe uma trégua. Mas não basta, e, sobretudo, a vontade não pode reproduzi-la. O álcool, em compensação, terá a vantagem de mergulhá-lo num alheamento provocado. Em 1839, na verdade, o jovem – no colégio e em família – não tem muitos meios de se embebedar sistematicamente: mas sonha com isso. E, como veremos, em 1842, sozinho em seu quarto parisiense, ele se manterá casto, mas praticará deliberadamente o etilismo solitário. Em suma, por trás do hedonismo analítico – que é tomado de empréstimo – descobrimos já em 1839 a vontade de decair abaixo da condição humana, de reduzir ao máximo o seu campo de consciência para escapar aos ek-stases temporais; ele sabe que o instante não é nada e, para coincidir com esse nada, tenta anular-se ou, pelo menos, mergulhar artificialmente no torpor da vida vegetativa: não evitará seu destino – ninguém pode fazê-lo, segundo ele –, mas não verá o que lhe ocorre, não sentirá o transcorrer das horas, o acontecimento saltará por cima dele sem que ele tenha degustado por antecipação seu amargor. Porém, mais profundamente ainda, não haverá uma intenção mais radical? Gustave não desejará parecer o camponês que amputa um dedo da mão direita para escapar ao recrutamento? Se ele se embrutecer a ponto de tornar-se sub-homem, adquirirá a incapacidade de cumprir o futuro de homem que o espera. Bêbado, embrutecido, *não poderá* "fazer direito";

torna-se, de verdade, o idiota da família, o filho retardado que os pais guardam em casa. Evidentemente, ainda se trata apenas de uma opção de pesadelo. Não importa, pois o que Gustave pressente é que há uma única maneira de fazer o tempo explodir e reduzir-se à pura sucessão de instantes: essa maneira é reduzir-se ao embrutecimento sonolento de um sistema mecânico. Não se trata de revolta nem de escolher outro fim: é de deixar-se levar, inanimado, mas abolindo o futuro por meio da anulação do homem. Tudo ou nada.

2º Essas observações podem servir de introdução à segunda negação. Esta, se bem que ineficaz ainda, é mais precisa, mais espontânea, pessoal: não depende de um saber livresco, não se apresenta de saída como meditação sobre a temporalidade, mas como decisão concreta, tomada em função da situação familiar e do conhecimento que Gustave tem de seu caráter. Nós a vimos despontar, há pouco, na forma de desejo resignado; ele dizia nas *Memórias*: "Gostaria de ser velho". Velho, como sabemos, quer dizer viver de renda. Entre 1839 e 1840, o desejo se torna decisão e, com isso, se transforma. Em 24 de fevereiro de 1839, ele escreve a Ernest: "Vou fazer direito, tornar-me advogado e depois, para acabar com dignidade, vou morar em alguma cidadezinha de província, como Yvetot ou Dieppe, com um posto de subprocurador do rei". Em 23 de julho do mesmo ano: "Pois bem, escolhi, decidi: vou fazer direito, que, em vez de dar acesso a tudo, não dá acesso a nada. Fico três anos em Paris, pegando sífilis e depois? Tenho um único desejo: ir passar toda uma vida num velho castelo em ruínas, à beira-mar". Em 14 de janeiro de 1841: "vou fazer direito, com o acréscimo de um quarto ano... Depois pode muito bem me ocorrer virar turco na Turquia, almocreve na Espanha ou condutor de camelos no Egito". 22 de janeiro de 1842: "...Ainda não sou advogado, não tenho beca nem jabô. Pensamos em coisa melhor que isso para quando tivermos idade: é dar no pé e ir despreocupadamente, com quatro mil libras de renda, para a Sicília ou para Nápoles, onde vou viver como em Paris com vinte".

"*Acabar* com dignidade em Yvetot...": esse desejo encontra eco nos *Souvenirs* (janeiro de 1841): "Há dias... em que gostaria de me degradar e rebaixar, ser tabelião nos cafundós da Bretanha". É *perder-se* na obscuridade. Da mesma maneira, *depois de terminar* os estudos, escolhe não ser nada: andrajos ao sol, ofício de mendigo; ou então solidão e esquecimento: vai morar, sem escrever, num velho castelo à beira- mar – como Almaroës. De outra vez, mais indulgente para consigo, vê-se em Nápoles, vivendo de rendimentos. À luz dessas confidências, compreende-se melhor a pergunta de Alfred, bem posterior*: "Tenho vontade de ver como vai acabar a coisa e como *o pai* vai encarar a resolução que anuncias de encerrares tua vida ativa com o diploma...". Trata-se de uma determinação constante de Flaubert. Naturalmente, esse é apenas um dos fatores do complexo processo que o levará ao "ataque" de Pont-l'Évêque. Mas encontramos a mesma tendência de 1839 a 1844. Às vezes Gustave lhe dá um tom mais positivo: isto quando recobra coragem e quando renasce nele a esperança de fazer uma obra válida. Em 22 de janeiro de 1842, por exemplo, ou seja, no mesmo dia em que declara a Ernest a intenção de "dar no pé e ir viver... com quatro mil libras de renda na Sicília ou em Nápoles...", escreve a Gourgaud-Dugazon: "Cheguei a um momento decisivo: preciso recuar ou avançar, para mim está tudo aí. É uma questão de vida ou morte. Quando tomar a decisão, nada me deterá, nem que eu venha a ser vaiado e apupado por todos. O senhor conhece muito bem minha teimosia e meu estoicismo para se convencer disso. Vou ser advogado, mas acho difícil algum dia arrazoar em juízo por uma parede-meia ou algum infeliz pai de família... Não me sinto feito para toda essa vida material e trivial... Veja, pois, o que resolvi: tenho em mente três romances... É o suficiente para poder provar a mim mesmo se tenho talento, sim ou não... No mês de abril espero mostrar-lhe alguma coisa. É aquela salada-russa sentimental e amorosa de que lhe falei". Trata-se de *Novembro*: Flaubert o começou. Vai deixá-lo de lado para só retomar em agosto de 1842, depois da primeira reprovação em direito. Tem dúvidas, mas o próprio fato de escrever prova que recobrou alguma confiança em sua vocação de artista. É notável que não diga uma só palavra a Ernest, visto ter falado com ele longamente, três anos antes, sobre *Smarh*. Agora ele se esconde para escrever: é um segredo que conta apenas a Gourgaud. Para Ernest, vai viver de rendas em Nápoles, o que – à luz das cartas anteriores – significa não fazer nada, nem mesmo um livro. Ao antigo professor, dá a entender que, se tiver talento, se retirará da vida ativa (quando tomar a decisão nada não me deterá...). Mas, entre a formulação positiva e a negativa, o que há em comum é que *em primeiro lugar* ele não quer fazer nada e não ser nada. Já terá compreendido claramente que precisa não ser nada *para* escrever? Não. O desejo de anulação vale de início por si

---

* 25 de julho de 1843.

mesmo, e seu significado mais evidente é expressar ressentimento e passividade. Em nenhum momento, nos trechos acima, ele considera a possibilidade de interromper os estudos: ao contrário, declara-se *decidido* a levá-los até o doutorado. Portanto, aceita o *Fatum* que o arrasta, mesmo protestando no íntimo contra a *Vontade outra* que decidiu sua sorte. Mas, como o direito "não dá acesso *a nada*", ou seja, como a maldição paterna continua inexorável e escolhe para ele a anulação, Gustave levará ao extremo seu fervor rancoroso: feito o último exame, ele se anulará, e o cirurgião-chefe descobrirá, com remorsos, a verdade de sua intenção maligna. Quanto à natureza dessa anulação, o jovem está hesitante. Uma coisa é certa: *nunca advogará*. Mas vai ser o quê? Pois bem, em seu ressentimento masoquista, ele deseja levar o aviltamento ao extremo: vai se esconder nos cafundós da Bretanha – que, na época, não é considerada um dos lugares "com vida inteligente"; nunca mais vai rever a família e os compatriotas; será esquecido; assoberbado de trabalhos ignóbeis, ele mesmo espera esquecer-se e virar robô, tabelião. Melhor seria – haverá quem diga – fazer como Frédéric, que sonha ser um grande advogado. Na verdade, Gustave às vezes tem essa tentação. Esse adolescente, que deseja "brilhar nos salões", por que não acalentaria, de vez em quando, a ambição de "brilhar nos tribunais"? Não: é tudo ou nada. Na família Flaubert, o orador mais insigne não passa, afinal, de um rabulão, inferior por natureza ao último dos cientistas ou dos médicos. Não podendo ser cirurgião-chefe nem gênio, Gustave quer decair até o fundo, cair para o nível mais baixo da escala social. Tabelião na Bretanha: o último dos ofícios burgueses. Ou então – por que não? – descer *abaixo* de sua classe, ser almocreve, cameleiro: sol, cabeça vazia, subproletariado. Isso pressupõe que ele fuja, roubando o dinheiro da viagem, e realize a maldição paterna, virando a vergonha da família. De outras vezes seu niilismo é mais maneiro: vai ser rendeiro napolitano. Não escreve, vive, ignorado, no meio de desconhecidos cuja língua não conhece, e passa os dias a fascinar-se com seu vazio interior. As quatro mil libras de renda de onde vêm? Da herança Flaubert, não duvidemos. Esse detalhe nos dá a seguinte informação: de maneira mais ou menos lúcida, Gustave se convenceu de que só realizará o projeto de "encerrar a vida ativa" com a morte do pai. É essa a razão pela qual ele "*a previu tantas vezes*" na adolescência. Previu e *temeu*, claro: mas o temor dissimula sabe-se lá que impaciência. Tudo é ambíguo, aliás; e

Flaubert também deseja que o *pater familias* sobreviva à decadência do caçula para saborear os frutos amargos da desonra que ele lhe preparou. Simplesmente – e é sua contradição – ele não ignora que o pai, em vida, se oporá às decisões radicais do filho: Achille-Cléophas não entende que ele está jogando em *"Tudo ou Nada"*; condenou-o à mediocridade – que é pior que o nada – e cuidará de fazê-lo ali ficar. De resto, a renda não é obrigatória: pode-se passar a vida num velho castelo em ruínas. O essencial é estar vazio – ou cheio de uma ignóbil asneira material – e ter consciência disso. Serviços reles, ou serviço nenhum. Um morto vivo. Num primeiro momento, Gustave sonhava em chegar o mais depressa possível à velhice que "encerra a vida ativa" *naturalmente*: em suma, queria obedecer até o fim. À medida que a ameaça ganha precisão, o tom muda: vai obedecer, mas depois do doutorado vai ver o que fazer.

Não ser nada é negar o tempo, dissolver o futuro. Há pouco ele reduzia a duração ao instante intemporal; agora, substitui a fatalidade – orientação do devir – por uma eternidade repetitiva. Nada mudará, nada ocorrerá: tudo recomeçará todos os dias. A vontade de decair terá destroçado a ambição de Gustave e suas paixões invejosas. Ambas as soluções são suicidas: como o futuro é parte integrante de sua constituição, o jovem deve matar-se para matar o tempo. Morto de bebedeira ou tabelião em Yvetot – ou talvez tabelião morto de bêbado –, Flaubert, depois do direito, não passará de morto-vivo: o futuro nada é porque neste ele figurará como um nada.

A terceira recusa do tempo

Por trás dessas declarações de Gustave, que são simultaneamente desejos, considerações teóricas e decisões abstratas sem alcance, travou-se uma luta surda e real: contra o pai e contra o relógio; perder tempo para ele é *ganhar tempo*. No exato momento em que sonha com a decadência birrenta que deve ocorrer no fim dos estudos, o jovem empenha-se em recuar. Está sendo devastado por transtornos cuja natureza desconhecemos hoje – mas que tentaremos descrever quando estudarmos *Novembro* –, enchendo o *pater familias* de preocupação. Gustave revela ao doutor Flaubert (ou deixa que ele descubra) sua "constituição nervosa". Achille-Cléophas é induzido de modo sorrateiro a manter o filho caçula mais algum tempo no meio familiar. Os fatos falam por si: em outubro de 1838 o jovem é autorizado a assistir às aulas de seus professores na qualidade de externo livre; em dezembro de 1839, é expulso e prepara o exame de bacharelado *em casa*. Nessa época ainda espera unir-se a Ernest e Alfred em Paris logo no fim das férias, portanto em outubro de 1840. "Mas o que vou fazer ao sair do colégio? Ir para Paris sozinho?" Em seguida, nada mais. O cirurgião-chefe, para lhe acalmar os nervos, confia-o ao doutor Cloquet, que está de partida para os Pirineus e de lá deve ir para Marselha e para a Córsega. Gustave volta a Rouen, feliz com a viagem, por isso mesmo mais triste por estar de novo na Normandia. Seria de se esperar sua partida próxima para a Capital. Mas não é o que ocorre. Nenhuma explicação é dada, e é preciso esperar o dia 14 de janeiro de 1841 para ler, numa carta a Ernest: "no ano que vem, faço direito". No ano que vem quer dizer do outono de 1841 ao verão de 1842. Portanto, por esses silêncios, parece estar decidido há muito tempo e, provavelmente, desde o verão de 40, que Gustave ficaria *de qualquer modo* em casa.* Uma melhora sensível em seu estado, no fim de 1840, deve ter permitido que os pais tivessem a esperança de que ele não perdesse mais de um ano letivo. Mas, quase de imediato, essa esperança parece ter sido desmentida. É pelo menos o que leva a pensar a brusca resolução que ele comunica a Ernest. Este precisa voltar a Andelys para os feriados de Páscoa, convida Gustave a passá-los com ele, Gustave fica feliz e, em 29 de março, escreve ao amigo: "Verás que continuo o mesmo... transcendente na quilotagem de cachimbos...". E acrescenta, em 6 de abril: "Chego (a Andelys)... com um monte de boquilhas, charutos, fósforos... para uso de fumante; levo sacos de tabaco e pitos de diversos tamanhos para te cachimbar".

---

* Cabe notar que o texto de *Souvenirs* – "tão derreado pelos remédios quanto pela doença", escrito em 2 de janeiro de 1841, se refere a uma época anterior *em pelo menos seis a sete meses*: "Como vivi desde então e quantas coisas há no intervalo que vai da linha que termina ali e começa aqui! Os estudos para o exame, finalmente passei. Vou tentar resumir essa vida de *cinco meses*...". E começa a narrativa: "Passei no bacharelado numa segunda-feira pela manhã." Em suma, houve a "doença", os "estudos para o exame", depois, em agosto, o sucesso no exame e a partida para sua "querida viagem". Podemos, portanto, considerar que os transtornos aos quais ele alude ocorreram *o mais tardar* durante o mês de julho (se a expressão "estudos para o exame" designar o último período de preparação, em que se "repassam" as lições) ou talvez muito antes (se entendermos "estudos" em sentido mais amplo).

Ora, dois dias depois, em 8 de abril, anuncia a chegada para o sábado seguinte e acrescenta: "Talvez te leve um cigarro de senhora; quanto a mim, não fumo mais, pois abandonei todos os maus hábitos. Talvez um ou dois cachimbos, de vez em quando, e daí?". Teria tomado essa decisão no dia 7 e a anunciaria a Ernest sem nenhum comentário. Não é muito do seu costume: quando é ele realmente que decide, comenta bastante suas resoluções. Aqui, ao contrário, parece embaraçado e é breve demais. Parece que dá a notícia para que Ernest fique a par antes do encontro e não se fale mais do assunto depois. E então? Caberá crer que teve uma recaída no dia 7 de abril? É pouco provável. Mas, relendo-se a carta anterior, observa-se que ela é muito ambígua: os charutos são para quem? Gustave não diz. Quanto aos cachimbos, em compensação, o texto é claro: leva-os "para te cachimbar", em primeiro lugar, só para Ernest. Parece até que Gustave, embaraçado, temendo caçoadas ou, pior, piedade, ainda bravateia acerca de seus "maus hábitos", quando já os abandonou. A carta de 29 de março, em contrapartida, parece sincera: "...transcendente na quilotagem de cachimbos...". Em outros termos, a menos que se admita essa perfeita improbabilidade de Gustave ter decidido no dia 7 largar o tabaco – coisa que ele nunca mais fará, a não ser obrigado e forçado por seu "ataque", em 1844, e temporariamente – e comunique o fato ao amigo sem sequer acrescentar: "explico os motivos em Andelys", convém recorrer à hipótese mais simples e provável: Achille-Cléophas teme que a nicotina tenha efeitos nocivos sobre o sistema nervoso, já debilitado, de seu filho caçula. Pediu-lhe várias vezes que fumasse menos. Entre 29 de março e 6 de abril, uma recaída de Gustave, com o reaparecimento de sintomas preocupantes, levam o médico-filósofo à decisão de pura e simplesmente lhe proibir o uso do tabaco. Irritado, Flaubert se vale de meios oblíquos para pôr o amigo a par (bem que podia dizer-lhe, pois em Andelys ele vai perceber mesmo).* O que há de certo, em todo caso – e é a única coisa que nos importa –, é que em abril de 1841 o médico-chefe nem pensa em considerar o filho curado: os transtornos persistem, é preciso mantê-lo em observação. De fato, quando chega o mês de outubro de 1841, em vez de partir para Paris, Flaubert fica em casa. Escreve, de Rouen, a Gourgaud-

---

* Reconhecem-se os métodos de Gustave. Em dezembro de 1839 ele não escreve a Ernest: "Fui expulso" ou "Expulsaram-me", mas simplesmente: "Já não estou no colégio", acrescentando que está cansado de contar a mesma história, e que ele "se dirija a Alfred para ouvir o relato".

VII. Do poeta ao artista 1661

-Dugazon, em janeiro de 1842: "Portanto, estudo direito, ou seja, comprei livros de direito e fiz matrícula". E, no mesmo dia, a Ernest: "Ainda não abri meus livros de direito. Isso vai acontecer lá pelo mês de abril ou maio". De fato, desde fevereiro a preocupação o impele a abri-los, mas logo volta a fechá-los e depois os retoma em meados de março "com extremo enfado". Só em julho de 1842 se instalará em Paris para fazer o primeiro exame no mês de agosto. Em suma, de dezembro de 1839 a julho de 1842, *rouba* dois anos e meio (os primeiros seis meses ao colégio e os outros 24 ao direito) para passá--los em família. Além disso, em mais de trinta meses, só estuda um ano letivo: de dezembro de 1839 a agosto de 1840, prepara o exame de bacharelado; de março ou, com mais certeza, de abril a agosto de 1842, estuda "o Código e as *Institutas*". Restam dezoito meses inteiros (agosto de 1840 a março-abril de 1842), durante os quais ele nada faz, a não ser, com bastante moleza, grego e latim, sob os olhares tolerantes do terrível médico-filósofo.

Quer dizer que está trapaceando? Que está se trapaceando? Que a doença é fingida? É claro que não. A questão não está em saber se essa resistência passiva tem conhecimento de si mesma, e sim se ela comporta ou não uma estrutura intencional. Para decidir, é preciso voltar à sua Correspondência e aos *Souvenirs* de 1840 a 1842. Escreve ele em 14 de novembro de 1840: "Tenho o espírito seco e cansado... Nada mais tenho senão desejos imensos e insaciáveis, um tédio atroz e bocejos contínuos". Em 14 de janeiro de 1841: "Estou cansado de sonhos, farto de projetos, saturado de pensar no futuro, e, quanto a ser *alguma coisa*, serei o menos possível". 29 de março de 1841: "Estudo grego e latim, como sabes, nada mais, nada menos; sou um homem bastante triste". 7 de julho de 1841: "Quanto a mim, estou ficando colossal, monumental, sou boi, esfinge, abetouro, elefante, baleia, tudo o que há de mais enorme, balofo e pesado, no moral e no físico. Se tivesse sapatos com cadarços, seria incapaz de amarrá-los. Não faço outra coisa, só fungar, arfar, suar e babar; sou uma máquina de fazer quilo, um aparelho que produz o sangue que bate e me açoita o rosto". 21 de setembro: "... Estou entediado, entediado, entediado... estou burro, bobo, inerte... não tenho o vigor necessário para preencher três folhas de papel. Faz um mês que estou em Trouville, não faço absolutamente nada, a não ser comer, beber, dormir e fumar". 31 de dezembro de 1841: "Não vou a lugar nenhum, não vejo ninguém e não sou visto por ninguém... Como diz o sábio antigo: 'Esconde tua vida e abstém-te'." 23 de fevereiro de 1842: "Para mim, há seis semanas, é impossível construir qualquer coisa no que quer que seja". Os *Souvenirs* são mais explícitos ainda; em janeiro de 1841 lemos: "Que faço, que farei – qual é meu futuro? Aliás, pouco importa – gostaria muito de ter estudado este ano, mas não tive ânimo, estou bem aborrecido com isso; poderia saber latim, grego, inglês, mil coisas me arrancam o livro das mãos e me perco em devaneios mais longos que as mais longas noites de crepúsculo". E, no fim do mesmo mês: "Não estudei nada este mês de janeiro (1841); não sei por quê – preguiça inconcebível – não tenho ossos (morais), há dias em que iria parar nas nuvens, outros em que não tenho forças para folhear um livro". E acrescenta em 8 de fevereiro: "Tenho uma doença moral intermitente, ontem tinha soberbos projetos de estudo. Hoje não consigo continuar. Li cinco páginas de inglês sem entender nada; é mais ou menos só isso o que fiz, e escrevi uma carta de amor, só por escrever e não porque ame... Durante alguns dias estive firmemente decidido a agir de tal modo que ao cabo de seis meses, por volta de julho, soubesse inglês e latim, conseguisse ler grego no fim desta semana. Devia saber de cor o IV canto da *Eneida*. Não leio grande coisa".

Depois de lermos os textos acima, temos certeza de uma coisa pelo menos: a apatia de Gustave é realmente sentida, ou seja, padecida. Mostra-se, aliás, como intensificação e generalização de uma característica que ele notava ao sair da infância: cabe lembrar Djalioh, incapaz de *manter* um projeto, um sentimento, cujas exaltações se esboroam no momento em que chegam ao paroxismo. É como se, por trás dessa abulia crescente, houvesse uma constante do vivenciado; nós conhecemos essa constante: é a atividade passiva, constituída já na proto-história de Gustave. Se bem que, por mais constituída que seja, ela também precisa ser vivenciada e temporalizada, em suma, constituir-*se* no próprio movimento da vida. Padecida, ela se carrega de intenções; intencionalizada, torna-se um *meio* de viver, ou seja, transforma-se em passividade ativa: ela não põe seus fins diante de si, mas absorve-os, faz deles seu sentido imanente. Esse sentido salta-nos aos olhos: deixar desenrolar-se em si a passividade como resultado de uma *força outra* é não fazer nada, aqui e agora, *para* não ser nada. A impossível plenitude do presente – que ele opunha em teoria à irrealidade do futuro – é substituída de fato pelo vazio da inatividade total. A vã negação daquilo que ele deve ser torna-se recusa *existida* de qualquer projeto: o futuro, que na época ele vê como um futuro presente, não será nada se o presente atual não for nada. Nega-se a estrutura ek-stática do tempo recusando-se qualquer *atividade*, ou seja, Gustave explora sua passividade original e tenta fazer dela uma invalidez, uma negação sofrida e descoberta de toda e qualquer práxis. Isso é esvaziar a pessoa de si. Ele se adestra nisso, pondo em operação, afinal, aquilo que um pensamento fortemente orientado chama hoje de "descentramento do sujeito". E, como é seu costume, Flaubert ora apresenta o descentramento como característica fundamental de sua idiossincrasia, ora como um caráter permanente da espécie. Em 2 de janeiro de 1841, ele anota nos *Souvenirs*: "Mesmo em estado calmo, meu temperamento físico e moral é um ecletismo conduzido a toque de caixa pela fantasia e pela fantasia das coisas". E, num trecho da primeira *Educação sentimental*, escrita durante o verão ou o outono 1843, ele declara: "...O homem parece feito para ser regido pelo acaso; todo acontecimento que dependa de sua vontade o assusta, o perturba como uma tarefa grande demais para ele; ele conclama sua vinda com desejos ardentes e, de repente, o conjura a retroceder, como um fantasma invocado que lhe dá medo". Trata-se, no caso, de Henry, que deseja e teme partir para a América com Émilie. Mas Flaubert – que, como sabemos, nunca quis realmente sair do seu meio – transpõe sua experiência: o que ele deseja e teme, ao mesmo tempo, é a decisão que precisa tomar *depois de* fazer direito: "questão de vida ou morte". Enquanto isso, entrega-se ao acaso – ou seja, ele *vai sendo vivido* – ou à imaginação, brusco rasgo na trama monótona da realidade. Se for verdade que o sujeito se constitui e se descobre por meio da práxis, Flaubert, nessa época, se vê como uma subjetividade sem sujeito: "advém-lhe sentido" pelas circunstâncias e, certamente, por aquelas camadas subterrâneas de ser que ele chama de "profundezas assustadoras e enfadonhas" (assustadoras porque as considera suas, sem nelas se reconhecer; enfadonhas porque elas se manifestam em repetições monótonas que não redundam em nenhuma iniciativa). Em suma, ele se ausenta. Essa atitude do jovem nunca será totalmente renegada pelo adulto.*

---

* Nas cartas a Louise e depois também, ocorre-lhe colocar-se *acima* da ação, por desprezo: a seu ver, ele seria perfeitamente capaz de agir, teria dado demonstrações de valor, teria se mostrado mais eficiente até do que os chamados "homens de ação", mas teria renunciado a essa vã agitação para se dedicar à Arte. Contudo, deve-se notar que essas declarações – quando ocorrem – se referem a situações bem definidas. Por exemplo, Gustave, depois da morte do pai, se convence de que Achille deve a ele o cargo no Hospital, mais ainda que ao *pater familias* (*Correspondance*, t. III, p. 110; t. IV, p. 98). Sabe-se, de fato, que o primogênito não obteve sem dificuldade (cont.)

Por certo a Arte exige certa forma de atividade, um trabalho que adapte os meios aos fins, que traduza "indiretamente" o pensamento pela forma. Mas – ele voltará a isso com frequência depois – "ninguém faz o que quer". Em outras palavras, os temas profundos *se impõem*. A atividade artística é exercida na direção definida pela passividade habitada pelo vivenciado, por intenções que *aprendemos* mais que constituímos. De qualquer modo, de *Smarh* a *Novembro*, o problema do trabalho na Arte não o preocupa muito, pois ele decidiu não escrever e continua mais ou menos fiel a esse compromisso. Nessa época, como se vê, o "tudo ou nada" do orgulho se integra numa atitude mais complexa; evidentemente, não escrever é escolher o nada em vez da mediocridade, em suma, é um suicídio literário em que só ele se compromete. Mas essa recusa a ser um escritor mediano e sem genialidade – em suma, a se alienar em vão ao fim sobre-humano e anti-humano que é a Beleza – deve ser decifrada também como a justificação de uma empreitada mais oculta: a realização, por meio da doença, de uma anulação social *no imediato*; ele vive de modo indistinto ambas as recusas: visto que, por falta de genialidade, quero realizar o nada em mim, proibindo-me de escrever apesar da vontade de fazê-lo que não me abandona, só posso escapar ao outro termo da alternativa, à "profissão", sofrendo *no presente* a impossibilidade de me preparar para ela. A doença nada mais é que essa impossibilidade *vivenciada*. E, sem dúvida, a terrível decepção do escritor é uma das principais razões de seus transtornos nervosos; ela os provoca e, ao mesmo tempo, leva para a interioridade uma quase

(cont.) o direito de ser sucessor do pai. Gustave tomou algumas providências? É provável. Mas o jovem recluso não tinha nenhum poder real: as coisas se acertaram em outro lugar e por meio de outras transações. Ocorre que a providência que o caçula tentava tomar era assumir em seu nome a vontade paterna. Levando ao extremo, como sempre, a obediência rancorosa, ele recuperava seu destino: fui eu, só eu que, depois que a morte reduziu meu pai à impotência, pus com minhas próprias mãos Achille, o usurpador, no trono que cabia a mim. 'Fiz' meu irmão e sou o único e altivo artífice de minha infelicidade. O que, em outros trechos, não o impede de afirmar que Achille deve *tudo* ao cirurgião-chefe: isto porque então se trata de mostrar o primogênito como um anão montado nos ombros de um gigante. A atitude de Gustave em relação à ação depende então de uma atitude mais geral em relação à sua família e a seu passado: ele se logra para sofrer menos, para escapar às mordidas da inveja. Mais tarde, porém, depois de mais de vinte anos de vida monacal, abandona sua tática defensiva nesse aspecto e faz confissões significativas: fui covarde na juventude, diz a George Sand. E é preciso vê-lo em ação, quando, por exemplo, se trata de encenar *Aïssé* (Cf. *Correspondance*, t. VI, p. 327, 343, 349, 353, 363). Que impotência *reconhecida*, que desgosto!

exterioridade (o fracasso *se interioriza* como transtornos, mas esses transtornos, em si mesmos e nesse nível de interpretação, *não significam* o fracasso); no entanto, recebem uma significação intencional pelo fato de realizarem *no cotidiano* a impossibilidade de preparar os exames de direito. O presente agora tem duas funções: produzir *no instante* – por meio da agitação nervosa, da instabilidade, do cansaço esmagador e sem causa aparente – um vazio interior, que é o próprio símbolo e a antecipação do nada futuro, e, por outro lado, preparar a longo prazo a anulação desejada (ou seja, a recusa do *Fatum* e do futuro), extraindo de Gustave as forças necessárias ao prosseguimento dos estudos. A doença é um resultado padecido mas intencionalmente estruturado como meio. Uma vez apreendida essa orientação do vivenciado, é fácil aprofundar seu sentido.

1º A luta contra o relógio implica necessariamente a negação da mudança. Quando Flaubert escreve a Ernest, não sem certa condescendência: "Sinto... confusamente, algo se agitar em mim, estou agora numa época de transição, curioso para ver o que vai resultar disso...", ainda está trabalhando em *Smarh*, e o que acredita sentir é a lenta maturação de seu gênio. Mas, depois do pungente fracasso, o que predomina em suas cartas é o tema da *imutabilidade*. Transformar-se, com efeito, é então aproximar-se da "profissão". Na verdade, esse motivo é iniciado já no outono de 1838: "Continuo o mesmo, mais bufão que alegre, mais inchado que grande"*, mas porque está descontente com *Memórias de um louco*. Ele se mostrará mais explícito em 29 de março de 1841: "Tu verás que continuo o mesmo, pouco preocupado com o futuro da humanidade, transcendente na quilotagem dos cachimbos". Nesse dia, acrescenta em referência a Ernest, que o irrita: "Quanto a ti, parece que estás mudando, coisa de que não te felicito... (temo) que, em pouco tempo te tornes um homem ajuizado, admirado pelos pais de família, racional, moral, parvo, homem de bem, muito tolo". É dessa evolução – prevista muito cedo *nos outros*: todos se lembram do prefácio de *Agonias* – que ele se defende por meio do imobilismo. Em julho de 1841, ele se descreve como "colossal, monumental... um boi... tudo o que há de mais enorme, balofo e pesado, no moral e no físico". Contra o movimento ele introduz em si o pesadume pastoso da gordura; substitui a temporalidade orientada pela da repetição orgânica: "sou uma máquina de fazer quilo, um aparelho que produz sangue". Mas a imagem não o satisfaz inteiramente: ele pretende pessoalmente escapar ao vivenciado,

---

* A Ernest, 30 de novembro de 1838, *Correspondance*, t. I, p. 36.

à duração fisiológica; o que ele deseja é a materialidade inorganizada, o estar-aí puro e inerte, sem qualidade. Já, na carta seguinte, ele identifica *preguiça* e *inércia*.* A ideia fica mais precisa, e um trecho de *Novembro*, redigido três ou quatro meses depois, nos informa que ele começou a ter inveja das imagens jacentes, "essas longas estátuas de pedra deitadas sobre os túmulos... parece... que saboreiam a morte". Deseja então "que a morte se repaste de si mesma e se admire; vida suficiente apenas para sentir que já não se é".** O nada se identifica aí não tanto com a morte quanto com uma mineralidade inerte e consciente de si. No entanto, ele sabe que está mudando, mas essa mudança o apavora: sente que está no limiar desse "algo que não tem nome, a vida de um homem de vinte anos, que (sobretudo em minha natureza) não é nem juventude nem maturidade nem caducidade; é tudo isso ao mesmo tempo, coisa que se agarra por todas as proeminências, saliências".*** Em outras palavras, a recusa do tempo se confunde com o horror puro e simples de tornar--se adulto. Perseverar em seu ser, para ele, é aferrar-se à adolescência. Encher-se de matéria inerte, esvaziar-se: duas imagens contrárias para exprimir a mesma intenção; pois vazio é imobilidade, passividade nua, e a matéria só recebe movimento do exterior. De qualquer maneira, não se deve sequer mover um dedo: o menor movimento espontâneo o aproxima do momento em que deverá ganhar o pão, assumir respon-sabilidades. Está assim tão apegado à juventude? Não. Sem dúvida, se só bastasse amadurecer para tornar-se um grande Artista, ele não teria descanso enquanto não se livrasse dela. Aliás, ele não se *sente jovem*: repetiu-o várias vezes! Mas, como está desiludido, conhece o destino que o espera e vê nas mudanças de Ernest uma prefiguração da própria metamorfose que tanto teme, aferra-se à adolescência. Que ela fique eternamente ou seja suspensa pela morte ou redunde de imediato em senilidade! Já não há mais tempo: ele sabe que a "vida de um homem de vinte anos" é apenas um período transitório. Pouco importa, com a inatividade absoluta, ele eternizará a transição: tudo, menos chegar à vida adulta. Ele se contrai; crispados, tensos, seus músculos se cansam na luta contra o tempo, na produção de uma imagem da inércia por meio de um trabalho exaustivo. Mesmo imóvel, porém, ele sente o im-placável deslizamento que o carrega, passivo, para o destino recusado.

---

* 21 de setembro de 1841. Trouville, *Correspondance*, t. I, p. 85: "Deves maldizer minha crassa preguiça... é que sou burro, bobo, inerte...".
** *Novembro*.
*** *Souvenirs*, p. 77-78, escrito em 2 de janeiro de 1841.

Que resistência opor? Sua inútil tensão só acaba por provocar dores de cabeça de origem psíquica, das quais certamente se queixa ao doutor Flaubert*: um sintoma a mais, padecido e explorado.

2º O imobilismo, vivenciado com vergonha, implica a negação radical dos elos sociais. De 1840 a 1842, Gustave está doente, não é segredo de família; sua "anomalia", embora ele brinque, lhe causa vergonha por causa da virulência crescente. Já não quer se mostrar aos rotômagos. Não faz nada, *portanto* não vê ninguém para escapar à situação social (doente, desajustado, o segundo filho dos Flaubert não dá orgulho ao pai etc.). Em outras palavras, ele só quer conhecer sua tentativa de anulação em sua realidade subjetiva: da forma como ele a vive, e não na forma como ela faz dele para *outrem* certo objeto real e radicalmente diferente daquele que ele tenta ser por meio de sua empreitada interior. Essa tendência está manifesta na carta escrita a Ernest em 31 de dezembro de 1841: "Amanhã ficarei sozinho, totalmente sozinho; e, como não quero começar o ano vendo brinquedos, fazendo votos e visitas, vou me levantar como de costume às quatro horas, estudar Horácio e fumar à janela... não vou sair o dia inteiro!!! E não vou fazer *uma única* visita. Azar de quem se zangar! Não vou a lugar nenhum, não vejo ninguém e não sou visto por ninguém. O comissário de polícia ignora minha existência; gostaria que ela fosse ainda mais ignorada. Como diz o sábio antigo: 'Esconde tua vida e abstém-te'. Por isso acham que estou errado... que sou um originalão, um urso, um rapaz como poucos há; certamente tenho costumes infames e não saio de bares e botequins etc. – essa é a opinião dos burgueses a meu respeito".**

Essa *não é certamente* a opinião dos burgueses – ou seja, dos conhecidos da família Flaubert. Sabe-se que o jovem não deu início aos

---

* Isso é mencionado já em 20 de outubro de 1839 (período de marasmo que sucede às *Memórias de um louco*: "Estava com dor de cabeça quando tua carta chegou, há quinze minutos, e a dor de cabeça passou; estou jubiloso, contente, encantado". Impossível ser mais claro: sofre porque está totalmente tenso na negação da duração, e essa negação interior não impede o transcorrer do tempo social. Ernest lhe dá uma boa notícia: dentro de quinze dias se verão (nessa época a amizade dos dois ainda é intensa); é um motivo para relaxar, ou seja, aceitar um futuro de curto prazo, fazer coincidir, na medida do possível, o transcorrer social do tempo e a duração interior. Nos dias que passam, ele não verá mais uma violência intolerável a arrastá-lo para um destino maldito, mas, por algum tempo, os contará com impaciência, porque só quer ver neles uma sequência regrada que o aproxima de Ernest. De imediato desaparecem as dores de cabeça de origem psíquica.

** A Ernest. *Correspondance*, t. I, p. 89.

estudos superiores, que fica recluso na toca como um animal ferido: é o que basta para falar de saúde frágil, transtornos mentais ou preguiça. Na opinião daqueles homens práticos, o filho Flaubert é um indesejável, um débil; felizmente, o pai pode se orgulhar de Achille: é um sujeito de futuro que honra a família. Gustave prefere *imaginar* que é visto como um bordeleiro, um monstro, mas, para alimentar essa ilusão, precisa ficar no quarto e evitar com atenção os olhares dos outros (*"não sou visto* por ninguém") e a benevolência apiedada deles. Escandalizar, tudo bem; ser lastimado, jamais. Mas o isolamento não é voluntário – embora intencional. O que o provoca é a vergonha, sentida com horror. Mais ou menos na mesma época, Flaubert ainda está sonhando em "brilhar nos salões". Ora, é justamente isso que ele consegue fazer: ninguém brilha apenas pela verve, pela inteligência, pela grandeza de visões; é preciso uma situação social que crie confiança nos interlocutores, que dê o direito de deslumbrar: um cirurgião-chefe, um advogado da moda ou o bom sujeito que está terminando com facilidade seu estudo de medicina, essas são pessoas que brilham, e qualquer pequena palavra que digam ganha profundidade pela importância objetiva que tais pessoas têm. As frases de um moleque doente e sem futuro serão consideradas *a priori* como paradoxos fúteis.

Com muita frequência, os reclusos adoram a "vida social", sua sociabilidade não está em questão: eles se isolam porque não conseguem desempenhar o papel que se atribuíram e porque estão originalmente alienados à opinião dos outros; esse é o caso de Flaubert*: na verdade, ele tem medo que seus semelhantes o considerem *a priori* como inferior, vejam sua "abstenção" estoica como prova de incapacidade. O Outro já o venceu: após a derrota do Artista, ele é tentado a acreditar que o pai tem razão em ver nele uma natureza medíocre fadada a tornar-se "tapa-buraco" da Sociedade.

3º No entanto, o resultado do isolamento está claro: integra-o mais no meio familiar. A partir do outono 1839, como externo livre,

---

* No entanto, não cabe exagerar a sua vontade de ficar só: às vezes ele vai ao baile – por exemplo, em 2 de janeiro de 1841, três dias após a carta que acabo de citar. Mas não se sente à vontade: "como são tristes as alegrias do mundo e são ainda mais imbecis do que tristes...estava cercado por um monte de gente mais vazia que o som da bota no calçamento e era obrigado a ser igual a eles, com as mesmas palavras na boca, o mesmo trajar; as pessoas me cercavam com perguntas tolas, às quais eu dava respostas análogas. Quiseram que eu dançasse! Coitadinhos! Como são amáveis! Eu bem que gostaria de me divertir como eles!". Despeito, desprezo, sobressalto compensador do orgulho negativo, vergonha e orgulho de ser um "jovem diferente dos outros": está tudo aí.

expulso do liceu, depois doente, o que faz ele a não ser ficar cada dia um pouco mais na dependência do *pater familias*? Não só porque se condena a não mais sair daquilo que em *Memórias de um louco* ele chama, curiosamente, de "casa de meu pai", mas também porque impinge ao cirurgião-chefe todas as responsabilidades, em primeiro lugar a de fazê-lo viver. Caso tivesse partido para Paris já no outono de 1840, teria vivido vários anos ainda dos subsídios paternos: pelo menos teria dado mostras de que os aceitava *provisoriamente* como único meio capaz de lhe possibilitar um dia recusá-los definitivamente e bastar-se a si mesmo. Obstinando-se na resistência passiva, ou morre ou vive do dinheiro alheio. Caberá dizer que essa minoridade prolongada é a simples *consequência* de sua apatia dirigida? Não: como ocorre com todos os nossos comportamentos, a compreensão precisa ser *circular*. Como lhe repugna ganhar a vida, ele só pode tomar dinheiro do pai. Mas, de modo inverso e mais profundo, ele está incessantemente adiando o momento de abraçar uma profissão *porque assim põe o pai na obrigação de sustentá-lo*. Contra Achille, o usurpador que logo terá clientes, rendimentos, "a mais bela posição médica da Normandia", ele só tem um meio de defesa: continuar a qualquer custo como pequeno vassalo que se beneficia da Doação de seu Senhor. A partir do momento em que vive do próprio trabalho, Achille sai da família, ou melhor, transforma-se ele mesmo na família Flaubert *exterior*; seu casamento, em 1º de junho de 1839, nada mais faz que acentuar esse "distanciamento". Gustave, ao contrário, graças à doença permanece no aconchego familiar, sustentado, tratado, alimentado pelos pais: de certo modo, ganha vantagem sobre o primogênito. A superioridade deste, vista de longe, é abstrata; aliás, já não tem grande sentido: Achille não passa de "homem sensato", "burguês"; embora ainda seja alvo da predileção paterna, esse sentimento desagradável tem cada vez menos oportunidade de manifestar-se; evidentemente, há a "posição na medicina" – que o pai de modo deliberado lhe legará –, mas é para o futuro. Para o futuro que Gustave se obstina em recusar. No presente, ao contrário, a superproteção que ele exige e que lhe é dada, a preocupação dos pais – que decerto se manifesta por meio de severidades, mas também como valorização constante –, toda essa vida familiar recuperada, em suma, oferece-lhe mil privilégios concretos, superioridades vivenciadas, uma desforra contra Achille. Desse ponto de vista, é como se esse malnascido, não podendo ter renascido por meio da Arte, tentasse viver a infância mimada que nunca teve, de que sentiu tão cruel carência. E, visto que para Flaubert o dinheiro não deve ser ganho, visto que para ele o dinheiro deve ser doado ou transmitido por herança, o filho caçula do cirurgião-chefe, ao afirmar sua incapacidade de trabalhar, faz-se herdeiro e rendeiro por antecipação (enquanto espera as "quatro mil libras por ano", com as quais sonha, conforme sabemos). Em suma, a vida familiar acaba sendo o melhor meio de nada fazer e – ao lhe fornecer compensação afetiva – uma finalidade buscada por si mesma.

    Exatamente com isso, ele realiza o ser-burguês de que quer fugir. Vejamos de que maneira ele encara a vida cotidiana que deverá levar em Paris, afora sua principal preocupação. Em 1838, quando Ernest e Alfred acabam de deixá-lo, certo de que ainda está separado deles por longos anos de colégio, ele se alegra porque um dia compartilhará com eles a vida parisiense: é só imaginação. Mas, quando se aproxima o fim do curso secundário, o tom muda: "Ir para Paris, *sozinho*... perdido com arrombadores e mulheres da vida".* Do que, afinal, tem medo? Em primeiro lugar, da pobreza: os estudantes vivem às custas da família, ele sabe disso. Mas acha que sabe também que o sustento é parcimonioso. Prostitutas: essas serão as mulheres a que terá acesso. Estamos distantes dos velhos sonhos e do "amor filosófico" que ele pretendia devotar-lhes quando não se falava em ter comércio com elas.** É que faltam alguns meses para o exame de bacharelado. E por que os arrombadores? É pouco provável que em 1839 eles fossem companhia comum de estudantes bem de vida. Mas Gustave leva tudo para o lado pior: rameiras e vigaristas, ele não verá nada mais. Entenda-se que, por economia, ele precisará frequentar os mesmos lugares públicos que a pequena-burguesia frequenta. De fato, ele acrescenta: "...e decerto me oferecerás, para me divertir, um café nas Colonnades douradas ou alguma puta suja da Chaumière. Obrigado! O vício me enfada tanto quanto a virtude". Vício? Entrar num hotel com uma prostituta, satisfazer apressada e miseramente uma necessidade, será sucumbir ao vício? Na verdade, é a necessidade que lhe causa horror; ao contrário, não lhe repugnaria buscar para um belo e luxuoso vício uma satisfação

---

* 19 de novembro de 1839: ele sairá do colégio no fim do ano letivo.
** 18 de março de 1839, a Ernest. *Correspondance*, t. I, p. 43. "Quanto a seu horror por *essas senhoras*... confio a Alfred o cuidado de transformá-lo logicamente em amor filosófico... Sim, e cem mil vezes sim, prefiro uma prostituta a uma costureirinha... Prefiro o ignóbil pelo ignóbil... Eu amaria com todo o coração uma mulher bonita e ardente e prostituta na alma...". Note-se que está sendo sincero, e que depois conservará essas preferências: só que as prostitutas de que ele gosta precisam ser *caras*.

cara. E tomar café nas Colonnades douradas será uma depravação? Ou o que repugna Flaubert é de fato o preço módico, a longa noitada passada diante das xícaras vazias sem repetir os pedidos, enquanto no Tortoni a juventude dourada despeja rios de vinho de Tokay? Além disso, independência é solidão. Ele pode optar entre dois desamparos: sozinho a bocejar no próprio quarto, sozinho no meio da multidão. A multidão ele teme até a medula: ela sentencia, lincha, foi ela que obrigou Marguerite a se jogar no Sena; os milhares de olhos dessa hidra vão perscrutar o pobre moço e descobrir sua anomalia: então ele estará perdido. Quanto ao quarto, vai alugar um mobiliado numa casa de cômodos: e sua repugnância é reveladora. Ele a explicará no verão de 1842, no fim de *Novembro*: "Ele foi morar num quarto mobiliado, onde os móveis tinham sido comprados para outros, usados por outros; tinha a impressão de que habitava ruínas". Comprada para outros, usada e emporcalhada pelos outros, a mobília – aliás, acanhada – não o designa como um proprietário, mas como um outro entre outros, um passante; ele se sente digerido, vivendo no estômago de um estranho. Essa promiscuidade o enoja a tal ponto que em novembro de 1842, com a ajuda de Hamard, ele dá um jeito de encontrar um local vazio e comprar móveis. Mas, dessa vez, é a impessoalidade do quarto que o horroriza: a cama e a mesa, é evidente, não são dos outros, mas tampouco dele; é a própria impessoalidade, e ele está despersonalizado: é preciso tempo para possuir. É o que ele escreve com os devidos termos a Caroline: "Prefiro o meu velho quarto de Rouen, onde passei horas tão tranquilas e agradáveis... Para se ter prazer em algum lugar, é preciso viver nele durante muito tempo. Não é em um dia que aquecemos o ninho e nos sentimos bem nele". Em família o ato de apropriação comporta uma cessão: os móveis do hospital são de Gustave porque antes são de Achille-Cléophas, que os dá ao filho a cada dia ou pelo menos lhe concede o usufruto; a mobília o designa então como filho de Flaubert: são presenças mudas e benevolentes que o cercam, simbolizando a doação paterna, a reprodução contínua de sua vida por obra de seu Senhor; o gozo tem duplo significado: basta-lhe abrir o armário, e com esse gesto ele se constitui vassalo e agrupa em torno de si, numa síntese prática, a família *reificada*. Está cercado por uma família de madeira, designado por vinte braços inertes; cada objeto, com suas virtudes transitivas, o qualifica em seu *ser-Flaubert*. Em 1840, sobretudo numa família semidoméstica, a propriedade *real* conserva características feudais. A relação já não é de homem para homem, mas os bens são coisas humanas. O que apavora Gustave, quando está com móveis novos, é sobretudo a relação *real* ou burguesa do ser humano com a coisa animada. Ela sem dúvida lhe confere uma espécie de independência: atrás da mercadoria nada há além do trabalho humano – do qual ele escarnece – e do preço pago. Mas é precisamente essa independência que o apavora: ele é designado no universal como o sujeito qualquer de atividades elementares: sentar-se, vestir-se, deitar-se. Um individualista talvez gostasse disso; nada de preconceitos, hipotecas sobre sua pessoa. Mas Gustave se sente leve demais, perdido; tem medo de esvair-se em fumaça. Em suma, enquanto sonha com a "chave dos campos", isola-se no quarto que o lastra com todo o peso familiar. Esse jovem e fiel servidor sabe que é preciso *depender* de um senhor. A vida interior não é adquirida pela liberdade, mas pelas repugnâncias vividas, superadas, incessantemente renascidas de um escravo que adora e detesta a mão que o acorrenta, açoita e alimenta. Veja-se a angústia que toma conta dele assim que lhe propõem uma viagem: "Vou me sentir muito embaraçado se precisar fazer essa viagem aos Pirineus. Sou incitado a fazê-la pela razão e pelo interesse, mas não pelo instinto...". *Razão e interesse*: é preciso sarar e, além disso, as viagens formam a juventude. Tristes motivações para um adolescente louco pela liberdade. Por outro lado, o que lhe diz exatamente o instinto, que deveria impeli-lo a aproveitar a oportunidade com entusiasmo? Que o doutor Cloquet poderá não ser bom companheiro. Será que aos dezoito anos as pessoas hesitam por motivos tão frágeis? Na verdade, sua preocupação não passa de pretexto: instinto, aí, é medo; essa natureza passiva, já aterrorizada pela aparência de atividade que se espera dela, teme deixar Rouen; ademais, se o doutor Cloquet, "excelente pelo caráter e pelo humor", não estiver à altura, Gustave se encontrará, só e insignificante, diante da natureza e dos monumentos, o que quer dizer que, para conhecê-los, lhe faltará a mediação dos pais. E, evidentemente, em Gênova e Milão, em 1845, quando essa mediação lhe for oferecida, ele a recusará: isto porque é, ao mesmo tempo, necessária e insuficiente.

  Mas, se a verdade de seu isolamento nada mais é que o prolongamento da tutela familiar, ele, cujas imprecações, na mesma época, lembram o famoso clamor de Gide ("Famílias, eu vos odeio!"), ele, que critica Achille por ser um "polipeiro preso aos rochedos", acaso não se dispõe a levar uma vida mais sedentária ainda? No outono de 1840, volta de viagem. Em Marselha, na Córsega, parecia curado. Mas o retorno é seguido de imediato por uma recaída grave: "Quando me transporto em pensamento à minha querida viagem e me vejo aqui, pergunto se de fato sou o mesmo homem – será o mesmo homem que ia à beira do golfo de Sagona e que está escrevendo aqui nesta mesa, numa noite de inverno sossegada e chuvosa, úmida e cheia de bruma?".* Durante muito tempo se lembrará da decepção do outono de 1840, pois escreve a Ernest em 21 de outubro de 1842**: "Tens razão de temer os enfados do retorno... Aprendi à própria custa o que é amar o sol durante os longos crepúsculos do inverno. Desejo que os teus sejam mais leves que os meus; o *spleen* ocidental não é divertido...". De fato, o ano letivo de 1840-41 será pior que os anteriores. Cinco anos depois, ele se lembrará com horror: "Na volta (da viagem à Itália) não senti a tristeza que tive cinco anos atrás. Lembras-te do estado em que fiquei durante todo o inverno... Passei realmente uma juventude amarga, à qual não gostaria de voltar".***

Ora, no fundo desse horror há a consciência lúcida de sua contradição. No fim de janeiro de 1841, ele anota: "Gosto do celibato dos padres – embora eu não seja pior que qualquer outro, a família me parece algo bem estreito e miserável; a poesia ao pé do fogo é poesia de vendeiros: francamente, a despeito dos poetas que nos engodam tanto com isso, não há nela nada de realmente grandioso".**** Mas em 8 de fevereiro ele se recrimina pelo desdém: se não faz nada, se sofre de uma "doença moral intermitente", é porque não se integra o bastante em seu meio; "Eu precisaria prender-me mais profundamente a tudo o que me cerca, à família, ao estudo do mundo, a todas as coisas de que me afasto não sei por quê, que gostaria de me forçar a não amar (o mundo está sobrando na frase). Eu os tomo e os abandono apenas em meu coração". Estudo do mundo: convivência humana, olho clínico, psicologia. Um ano depois dirá*****: "Precisamos nos acostumar a não ver nas pessoas que nos cercam apenas livros. O homem de bom senso as estuda e compara, fazendo de tudo isso uma síntese para seu uso. O mundo é um instrumento musical para o verdadeiro artista...". Em suma, para conhecer as pessoas, o artista precisa decidir conviver

---

* *Souvenirs*, 2 de janeiro de 1841, p. 78.
** *Correspondance*, t. I, p. 117. Ernest estava de viagem no Sul.
*** A Alfred. Junho-julho de 1845. *Correspondance*, t. I, p. 185.
**** *Souvenirs*, p. 94-95.
***** Carta a Ernest, 23 de fevereiro de 1842.

com elas. Em outros termos, ele denuncia o isolamento que o priva da experiência necessária aos artistas e depois, decididamente, volta ao assunto: "o mundo está sobrando na frase". Resta a família. Ele deixa clara a ambivalência de seus sentimentos por esta, mas não põe o negativo e o positivo no mesmo plano. Afasta-se dos seus *sem saber por quê*: a origem desse comportamento lhe escapa, mas ele o julga *forçado* e, aliás, pouco eficaz: "*Gostaria* de me forçar...". *Gostaria*: não consegue? E, afinal, essa tentativa contraria sua *necessidade*. Quando então está com a razão? Quando condena a família ou quando confessa que precisa – a palavra deve ser entendida em toda a sua força, é dita por um adolescente perdido – *prender-se* a ela? Pois bem, no que lhe diz respeito, as duas observações são verdadeiras: à dependência real e intencionalmente realizada opõe-se de modo constante uma independência sonhada, ou melhor, o desejo sonhado de ser independente; essas atitudes estão em níveis diferentes, mas se condicionam uma à outra e são como duas faces complementares do terrível trabalho empreendido. À medida que se manipula sorrateiramente para prender-se "como um polipeiro" nas rochas familiares, ele precisa mascarar *para si* sua intenção profunda por meio de uma de-situação imaginária. É o que confessa a Louise com muita lucidez, num dia de sinceridade: ele não passa de uma planta; quanto mais profundamente se enraíza, mais violentos são os ventos que agitam sua corola – entendamos os desejos de estar *em outro lugar*. O enraizamento é a lenta atividade passiva, mas obstinada, a orientação da vida vegetativa: a espessura do vivenciado encerra uma intenção inflexível; esta *deve* permanecer na escuridão: iluminada, não poderia subsistir; acaso não se vê Gustave confessando que seus transtornos físicos estão a serviço de uma tentativa premeditada de ser sustentado pelo pai? Seria preciso então que ele pusesse às claras os seus comportamentos: em primeiro lugar, as dores de cabeça ou a "doença moral intermitente", se não forem *padecidas,* se *não se constituírem como tais*, não poderão sequer existir e se transformarão de imediato em comédia; Gustave encenará um papel e não *sentirá* nada – como os soldados que, na guerra, fingem estar loucos para serem retirados da primeira linha.* E isso justamente é impossível para ele: semelhante atitude implicaria uma agressividade

---

* Curiosamente, muitos desses fingidores são de fato neuróticos. É o caso inverso: eles dizem a verdade sobre si mesmos acreditando mentir; Gustave mente acreditando dizer a verdade.

VII. Do poeta ao artista

que não é compatível com a submissão passiva, característica comum de todos os seus movimentos íntimos. Mas, sobretudo, a finalidade do "enraizamento" não pode ser confessada sem se despedaçar: acaso ele pode assumir conscientemente o objetivo de justificar o desprezo do pai? Ele desejava não ser nada: acaso pode reconhecer sem rodeios que a realidade de sua anulação é simplesmente *diminuí-lo*, e que, em todo caso, dele restará *alguma coisa*: um medíocre que não saiu do terreno dos homens-meios, mas aceita tornar-se um fim marginal, ex-meio--futuro que a família sustentava para lhe dar a eficiência exigida de todos os membros da classe média, que ela continua sustentando não como um luxo (diferentemente dos pais de Alfred), mas por dever e como um refúgio? Acaso ele pode querer, com conhecimento de causa, que sua anomalia seja pura e simples inferioridade? De modo mais direto, acaso ele pode se propor como único objetivo isolar-se naquele sinistro hospital que ele abomina? Em certo sentido, está claro, ele se apegou brutalmente ao hospital na exata medida em que o direito de primogenitura o transformou em feudo de Achille: está "preso" a ele porque sabe que cedo ou tarde será expulso. Mas essa atitude é também *inarticulável*; o que poderia querer seria entrar lá de cabeça erguida, como sucessor do cirurgião-chefe: como ele suportaria a verdade, ou seja, a certeza de que *já* está expulso, de que *já* deveria estar em Paris, estudando direito, e que desde o outono de 1840 só deve a seus infortúnios físicos o fato de ser lá *tolerado*? Como poderia *querer* as horas precárias, ganhas uma a uma contra a vontade de um pai que se impacienta? Cada uma delas, roubada ou concedida sem boa predisposição, contém em si mesma a repetição da cena primitiva, ou seja, da frustração; cada uma delas lhe dá a entender que ele deveria estar em outro lugar, e que se eterniza como visitante indiscreto.

Para enraizar-se, em outros termos, Gustave precisa agir – ou melhor, deixar-se agir – sem o seu próprio conhecimento; a consistência da intenção provém da escuridão; peixe abissal, ela se despedaçaria se tivesse de ser exibida ao ar livre, à luz do dia. Mas os sonhos do adolescente imaginativo não têm apenas a função de desviar sua atenção dessa intenção: também conservam sua coesão, dando solução irreal às realíssimas contrariedades e às contradições que ela engendra. Gustave poderá continuar afundando de modo inflexível no horror da doença, da mediocridade familiar, do triste hospital onde outros doentes lhe refletem sua penosa condição, desde que, nos momentos em que a repugnância é forte demais, ele se dedique a condenar a vida em família, a preconizar o celibato dos padres, a sonhar com viagens fabulosas. Essas agitações são preciosas para ele, porque justificadas com rigor e, ao mesmo tempo, de todo inúteis. Ele está ansioso, amargurado, e "vinga-se com o monólogo"; mas, justamente, o monólogo é um derivativo, um escape; gritando, maldizendo, delirando: as raízes afundam. O fato é que o trabalho subterrâneo o enoja, que ele já não gosta muito do pai, visto que o rancor matou o amor, que está morrendo de tédio no quarto, e que a *aurea mediocritas* dos Flaubert com frequência lhe dá náuseas. Se fosse um menino real, é provável que abandonaria seu repugnante labor: pois precisaria olhar de frente para suas aversões. Sendo imaginário, assim que se sente enojar, pula para o irreal, para a Itália, o Oriente: é nesse nível que detesta a dependência. Voltemos à sua "querida viagem". Seu prazer foi incontestável. Mas que angústia, na partida: não é o grande desejo romântico de estar *em outro lugar* que o impele, mas exatamente a "razão" e o cálculo: seu *interesse* é deixar Rouen e a família, ambiente patogênico, para curar-se de seu mal. Em suma, se parte, é por utilitarismo. Por outro lado, o *instinto*, usando como pretexto os defeitos de Cloquet, recusa com violência esse "desligamento". Ele parte angustiado (como fará mais tarde, quando Maxime o arrancar das mãos da mãe para arrastá-lo, semimorto, ao Oriente). Quando volta, "será o mesmo homem que ia à beira do golfo de Sagona... Ó Itália, Espanha, Turquia. Hoje, sábado – era também sábado, certo dia... num quarto como o meu, baixo e com pavimento vermelho, à mesma hora, pois acabo de ouvir soar duas e meia, alguém disse que o tempo foge como uma sombra. Ele ora é fantasma a escorregar de nossas mãos, ora espectro a nos pesar no peito". O passado contesta o presente: este foge como sombra, e o vivenciado transformado em lembrança "pesa no peito". O pesar, sem dúvida alguma, é sincero, mas a intenção profunda é destruir o futuro deixando-se arrastar às arrecuas, com o olhar dirigido para o passado, ou seja, para uma ausência dolorosa e fixa. Mas o que nos importa aqui não é essa atitude, tão familiar em Gustave: é o fato de que a passagem de uma lembrança (o golfo de Sagona, o homem que ele era então) para outra (o quarto de Eulalie) tenha ocorrido com a intermediação do imaginário puro. Com efeito, ele exclama de repente: "Ó Itália, Espanha, Turquia!...", ou seja, a partir de lugares visitados, ele sonha com os que nunca viu. Por que a lembrança não carreou diretamente a lembrança? Porque a viagem, em parte imaginária enquanto ocorria (cada paisagem mediterrânea era captada como símbolo de outras paisagens mais românticas, Sierra Madre, Abruzos, Atlas etc.), irrealizou-se de todo (por idealização deliberada) agora que está acabada. Em muitos aspectos, de fato, Gustave não ficou satisfeito: uma anotação, posterior ao retorno, informa-nos que não mudou de opinião sobre o doutor Cloquet: "...que, apesar de inteligente, diz muitas banalidades". Em Sagona, o jovem *sentiu-se livre*, mas de maneira irreal: como poderia sê-lo realmente se o chefe da expedição era um guia escolhido por seu pai e representava a família Flaubert? Ademais, algumas linhas indicam que ele reconstruiu a viagem a partir do retorno. Escreve que o tempo "ora é fantasma a escorregar de nossas mãos, ora espectro a nos pesar no peito". Não é dar a entender que sua noite de amor com Eulalie só ganhou plenitude ao deslizar para o passado? Enquanto vivenciava essa noite, ele não pôde *fixar* suas riquezas: precisou suspender o tempo, subtrair-se às "garras do futuro". Transcorrida, longínqua, ela se congela, se contrai, elimina seus venenos, seus acasos: mas é para tornar-se *lacuna*, ausência no âmago do presente. Reencontramos aqui a passagem para o imaginário que notávamos a propósito do "fantasma de Trouville" ou, digamos, a irrealização da lembrança. Ele apagou tudo o que o chocou no dia o dia. Por essa razão, pode-se compreender como sua "querida viagem", já em 1845, se transformará em "viagem de merceeiro": depois do ataque, o objetivo foi atingido; ele já não precisa de álibi. Em 1840, quando retoma seu trabalho de enraizamento, precisa de um: lá longe, em Sagona, com Eulalie, pude ser livre, "inteiro, completo"; o que não faria se não estivesse preso *aqui*, à minha família. No momento de afundar de novo na doença, ele precisa convencer-se de que em Marselha, na Córsega, sob o sol meridional, deixou *outro* homem, o *verdadeiro* Gustave. Pois o que lhe causa horror não são apenas as brumas de Rouen, a urgência da capitulação (o pai o julga curado: no outono – diz o doutor Flaubert – ele fará matrícula), as relações burguesas de sua família, é também a angústia de prever – sem poder formular – que os transtornos psicossomáticos vão recomeçar, de pressentir sua intenção profunda, de compreender que a solução para seu problema familiar só pode ser encontrada no seio de sua família.

De fato, dores de cabeça, pesadelos, apatia alternada com agitações febris, angústia, resistência de toda a sua pessoa ao tempo que transcorre e o arrasta: tudo recomeça como em 1839 – e a ideia fixa de morrer sem se ter afirmado alijou as veleidades de suicídio. A viagem à Córsega, reconstruída, fornece material bastante rico aos sonhos de fuga. Mas, na verdade, o que são esses sonhos, senão o desejo louco e irreal de receber a graça de *gozar*, quando as preocupações o subtraem a toda e qualquer volúpia presente? Assim, às escondidas, ele segue seu caminho, dissimulando os esforços com um onirismo dirigido, com o desejo irreal de ser *outro*, homem do instante e de lugar algum, ser "dos alhures".

Mas o refúgio na doença só pode ser *provisório*. Não em si – há males que duram uma vida toda –, mas por ser expressamente vivenciado *como tal*. Os transtornos, embora intencionalizados, não são assumidos. Causam preocupação, sem dúvida, mas, naquele nervosismo difuso que se dispersa em agitações sem elos, Achille-Cléophas não consegue ver sintomas; Gustave, por sua vez, ainda não poderia enxergá-los como símbolos corporais: em suma, ninguém lhe dá um *sentido*, e isso quer dizer que o próprio Flaubert não os vivencia como meio de subtrair-se em definitivo à necessidade de assumir uma carreira; ele se limita a adiar o momento em que deverá deixar a família para ir a Paris estudar. Diante daquela irritação constante, mas superficial, dos nervos, erige-se como barreira a inflexível decisão do pai: Gustave ficará mais *um ano* em Rouen, para se acalmar, descansar, recobrar um equilíbrio comprometido. Depois disso, começará os estudos superiores.

O ano letivo de 1841-42 mostra claramente que não era fácil demover o pai de suas intenções; por mais que os transtornos persistam, Gustave só obtém uma concessão: vai passar vários meses em casa, só irá a Paris *o mais tarde possível*, mas vai fazer a matrícula, estudar sozinho em Rouen (depois da expulsão do colégio ele provou que era capaz disso, é o que convence Achille-Cléophas) e prometer de maneira mais ou menos solene que fará o primeiro exame de direito durante o verão de 1842. Para vencer a teimosia paterna, o jovem precisa dar um sentido *radical* a seus transtornos; deverá deixar de pensar *estou doente* e passar a pensar *sou* doente: em suma, no nível psicossomático a passividade deverá fazer-se juramento, hipoteca para o futuro. Gustave será tentado a transformar essa operação de retardamento em incapacidade permanente de trabalho? Ainda não. O orgulho Flaubert se insurgiria: um inválido é tara familiar tanto quanto um fracassado. É um sub-homem; e, é evidente, os sub-homens já o fascinam: desde a adolescência *reconhece-se neles*, mas o que ele busca é a *animalidade*.

Ainda não pretende rebaixar-se ao nível dos idiotas. Veremos essa tentação nascer em 1842. Por enquanto, submisso, Gustave não imagina, nem no fundo, que poderia escapar à "carreira" por meio da desobediência. Como vimos, sua autoafirmação mais explícita – repetida com frequência, mas puramente irreal – situa a conquista da independência *depois do* curso de direito. Ele será almocreve, cameleiro, rendeiro napolitano, mas *antes* fará quatro anos de direito, como o pai exige. Em suma, ele adia a revolta – se é que é revolta – para as calendas e não considera um só instante a possibilidade de se opor ao pai *no presente*. Ao contrário, a doença traduz a impossibilidade da recusa. Uma vez que o vivenciado é estruturado por uma intenção profunda, a questão é só *ganhar tempo*. E por que ganhar tempo? O que ele conseguirá, além de tornar-se um *estudante velhinho*?

Em certo sentido, de fato, esses transtornos provisórios não levam a nada, e por isso mesmo a intenção que os anima não pode ser clara: nesse caso, Gustave perceberia que o tempo trabalha contra ele. Ficando no escuro, ao contrário, e absorvendo-se na realidade presente, ela mascara o futuro e, ao mesmo tempo, adia seu aparecimento: Gustave não está em busca de solução, o que quer é trégua, nada mais, porque não tem os meios para enfrentar o destino no momento e não se sente com forças para se submeter *de imediato* à vontade do pai, às exigências do meio e da classe. Se os nervos dominam, Gustave, irascível ou prostrado, *pode* sentir o encadeamento dos transtornos presentes como uma espessura intransponível. É o psicossomático – e não a champanhe, as prostitutas e as orgias – que faz de cada instante um presente consolidado. Depois – quem sabe? –, se ganhar tempo, o gênio pode aparecer de repente. Não escrever, na época, é também *esperar*.

Só isso? Não. Mais tarde ele declarará a Louise* que "assistira ao enterro do pai" muito tempo antes que ele morresse. E acrescentará: "Quando o acontecimento chegou, eu o conhecia. Alguns burgueses talvez tenham dito que eu parecia pouco comovido ou que não estava absolutamente comovido". Ele apresenta o retorno desses pressentimentos fúnebres e do cortejo de imagens que os acompanham como um exercício espiritual: "Eu me acostumei a suportar o vinho, as vigílias... Com o sentimento, ocorreu-me a mesma história". Em outros termos, ele não sofria no enterro do pai, mas os burgueses estavam errados em recriminá-lo: ele havia treinado, convocando com frequência aquelas imagens, em suma, sofreu no detalhe, por antecipação e no imaginário,

---

* 21 de outubro de 1846, *Correspondance*, t. I, p. 384.

de modo que o luto não o pegou desprevenido. Essas linhas nos fazem meditar: será de se crer de verdade numa ascese voluntária? Mas, nesse caso, por que Gustave escreveu: "ocorreu-me...", o que implica que ele *padeceu* o retorno daquelas evocações desagradáveis? Não se tratará, antes, de um desejo irreprimível, de um daqueles "secretos movimentos ignóbeis que sobem por nós e depois descem, deixando-nos espantados..."? Suponho que Gustave se surpreendeu vinte vezes a *imaginar a cena*. Mas o rancor não é suficiente para explicar esse desejo "ignóbil" que o apanha desprevenido. É preciso um motivo mais forte, e eu só vejo um: para Gustave, Achille-Cléophas representa a perfeita identidade entre pai simbólico e pai real, concreto. Enquanto estiver vivo, nem pensar em se opor à sua vontade; a doença não passa de vã tergiversação. Mas *e se ele morresse*? Nesse caso, *ganhar tempo* seria uma operação rentável. Ora, o médico-filósofo está passando muito bem; só o acaso pode pôr fim de modo prematuro a seus dias. O mais provável é que ele viva mais vinte anos e se despeça de Gustave quadragenário, procurador na Bretanha ou em Yvetot. Assim, seu desaparecimento é apenas uma fantasia convocada com frequência, conferindo eficácia imaginária aos transtornos do filho. Se Moisés deixasse de existir, Gustave abandonaria o direito antes de começar. É o sentido deste desejo: "Viver em Nápoles com quatro mil libras de renda". Podemos estar certos de que se deu o trabalho de avaliar a herança. É preciso *aguentar* até lá.

Logo lhe aparece a outra consequência desse acontecimento: é o triunfo do usurpador*; expulso do hospital, ele precisará enterrar-se em Nápoles, na Sicília, vegetar. É a anulação desejada, claro: mas esse "vir-a-ser-nada" apenas realiza o Destino pré-fabricado pela injusta predileção paterna. O desejo está podre: a morte do pai tem consequências contraditórias; Gustave alcançaria a independência, mas seria expulso da cálida intimidade familiar; acabaram-se as raízes; ele seria conectado a um mundo hostil e frio, em ligação direta, sem a indispensável mediação do grupo original. Ademais, esse desejo

---

* É de se notar que a cena mencionada com frequência por Gustave não é a agonia do pai Flaubert, mas seu enterro. Ele salta o fato biológico e vai para o fato social. O carro fúnebre chega, a família segue, de luto. O que dizem os curiosos? O que diz a burguesia rotômaga? E os confrades do cirurgião-chefe? Eles estão lá, olhando Achille de soslaio, pensando: "Esse é o sucessor". A morte propriamente dita, a que tem por cena uma cama de doente, essa tem como acompanhamento a dor dos sobreviventes. Mas o enterro – ou recuperação do morto pela sociedade – é uma etapa em direção à outra socialização do óbito: a herança.

maldoso lhe causa horror; em se tratando da família, o caçula raivoso é conformista: teu pai, tua mãe... De resto, Alfred e Achille-Cléophas são os únicos homens que ele amou: o ressentimento pode matar o amor, mas um amor morto não se transforma tão depressa em indiferença; se não se transformar em ódio – o que não é o caso –, deixará atrás de si algo desconfortável e árduo que não tem nome, recusa os extremos e é vivenciado com um mal-estar desalentador. Em suma, o jovem se espanta consigo. Autocensura: a fantasia ambígua se desvanece, a doença volta a ser o que era, consequência real de uma desilusão, transformada em *expediente provisório*, combate perdido de antemão contra o tempo, último e vão esforço para prender-se à família e à irresponsabilidade da adolescência.

No entanto, não devemos acreditar que esse desejo "criminoso" permaneça sem eficácia. Em primeiro lugar, enquanto existir ou enquanto subsistir sua lembrança, ele terá o efeito de transformar as atitudes patológicas de Gustave em comportamentos imaginários e teleológicos; em suma, é preciso esquecê-lo ou tomar consciência da própria irrealização para esperar uma libertação irreal por um acontecimento exterior e de modo algum previsível, exceto em sua abstrata generalidade (um dia o pai vai morrer). Portanto, por alguns instantes, a afecção de Gustave deixa de ser padecida para lhe aparecer no imaginário como uma obra maldosa. Ele *não acredita nela* (com razão, aliás), pois a própria interpretação se apresenta como fictícia. Na verdade, é a doença que, em sua confusão, assume um fim rigoroso e inventado. Não importa: por alguns momentos esse optativo forjado basta para irrealizar o conjunto a seus próprios olhos; o que é *realmente* padecido (e simplesmente explorado) aparece-lhe como algo encenado. Tudo afunda de imediato no esquecimento, fica a incerteza quanto ao conjunto do processo. Essa incerteza não é sequer o começo de um *conhecimento*, pois se baseia na atribuição (frequente, porém muitas vezes esquecida) de um objetivo fictício que transforma erroneamente o processo em práxis. O fato é que o processo *é também* ação passiva, e está orientado para fins inarticuláveis, cujo objetivo irreal pode mostrar-se como racionalização e radicalização totais: os transtornos psicossomáticos só seriam uma práxis racional *caso se organizassem para adiar a partida de Flaubert até que a morte do pai a tornasse inútil*. Daí a encará-los como provavelmente organizados é só um passo. Isso significa que o jovem continua ambíguo em relação à sua doença: não deixa de padecê-la nem de entrever *por razões falsas* que ela é intencional. Pelo fato de ser às vezes explicada – falsamente – pela expectativa de uma morte, ela *cheira a enxofre*, e Gustave, inseguro, considera-se ao mesmo tempo sua vítima e seu organizador diabólico. E nem tudo é irreal em sua interpretação: é evidente que, não é o desejo parricida que provoca a doença, mas é esta que o explora para racionalizar-se. Por um lado, essa racionalização só pode ocorrer nos momentos em que Gustave desconfia que alguma obscura intenção unifica e perpetua sua agitação: essa é, digamos, outra maneira de mascarar seus verdadeiros fins, que são "indizáveis"; por outro lado, a morte do pai, embora optativo imaginário, nasce de uma *cólera verdadeira*. Como se sabe, toda raiva desestrutura uma situação invivível: é uma simplificação do problema por meio da supressão de certos dados. Quando o adolescente se sente preso na tenaz de uma alternativa insustentável (mediocridade da profissão ou sub-humanidade vivida em família), sua cólera, induzida por verdadeiro ressentimento, tem em vista destruir as duas hastes com uma explosão devastadora. Ou deseja o aniquilamento do Universo: "Quisera Deus que um raio esmagasse Rouen e todos os imbecis que aqui habitam, inclusive eu"*, ou então sua raiva, menos retórica, se limita a eliminar em segredo a principal dificuldade com um optativo parricida. Assim, o desejo, em ambos os casos, embora perfeitamente irreal, tem motivações *reais* (explosão mascarada pelo rancor que tem em vista eliminar o mal-estar de fato vivenciado) e, com isso, ela se torna "um clarão fugaz que revela tudo..., mas em compensação deixa cego durante muito tempo".** Esse texto – já citado – será mais entendido nesta nova perspectiva: o clarão – aqui, explosão de furor – revela tudo e deixa cego porque é falso e verdadeiro ao mesmo tempo. As imprecações de Gustave – por irrealizarem a vivência real – revelam-lhe o *stress* que depois deverá ser chamado de neurose, que, como veremos, ele acabará por *compreender*; mas, ao mesmo tempo, não revelam nada porque não correspondem a uma verdadeira intenção assassina. Ele achou que enxergava e não viu nada: no entanto, alguma coisa devia haver. Ele se volta para si, tenta observar-se, restabelecer a atitude tão inopinadamente iluminada, mas só encontra sua doença, acontecimento padecido, cujo sentido teleológico lhe escapa. No entanto,

---

* 31 de dezembro de 1841, *Correspondance*, t. I, p. 91. É a primeira manifestação de um tema que logo reencontraremos.

** *Correspondance*, Suplemento, t. I, p. 49-50.

ele já não duvida de que ela é intencional. Mas será preciso esperar mais de meio século para que um método novo possibilite decifrar o real através dos produtos da irrealização. Dada como irreal, a imagem parricida denuncia toda a empreitada como algo desprovido de fim "articulável". É como se, ao mesmo tempo, Gustave dissesse: "Estou esperando a morte de meu pai" e "A menos que um acaso imprevisível me livre dele, estou me falseando sem objetivo válido, por nada". Com isso, ele cai numa nova irrealização: para que sua atividade passiva ganhe sentido, para que a intenção profunda de fazer sua vida ser reproduzida pelos outros se torne um verdadeiro direito de que ele possa usufruir com sossego em troca da aceitação de sua dependência, será preciso um outro status. Há, nele, profundamente enraizado, o desejo de *mudar de sexo*. Na origem dessa exigência há múltiplas motivações, das quais as sexuais são as mais profundas. Mas a passividade adquirida, se o faz sonhar em desfalecer sob as carícias, naqueles anos 1840 o incita a realizar sua irresponsabilidade de adolescente sustentado pela família não como uma fase da vida, mas como um status permanente. Como homem jovem, é por um tempo sustentado enquanto aprende uma profissão; como mulher, seria sustentado *para sempre* no âmago da vida doméstica, na família, sem outra responsabilidade além da "casa". Tem inveja da irmã Caroline, que não faz nada o dia inteiro, a não ser esperar um marido e cultivar algumas artes de passatempo: "Tens uma vida menos reles que a minha e que cheira mais a fidalguia" – é o que ele lhe escreve de Paris em 1842. Aliás, gosta da convivência com ela, que o transforma em moça. Ele falará das saudades: "Prefiro o velho quarto de Rouen, onde passei horas tão tranquilas e amenas... quando ias às quatro horas estudar história e inglês, e, em vez de história ou inglês, conversavas comigo até a hora do jantar". Duas mocinhas bisbilhotando: ele largou seu papel de senhor, de educador, para ficar ao alcance da adolescente, e nessas conversas ela é reflexo de sua própria imagem feminizada (ou, digamos, ele descobre nela sua feminilidade imaginária). A condição feminina, aí, é apenas a permanência da juventude sonhada por meio da passividade. Não elimina a ambivalência das relações familiares; nos projetos de romances que ele esboçou muito depois, encontram-se essas preocupações: aquela mulher malcasada, que detesta o marido, mas fica com ele por covardia e por amor ao luxo, ao mesmo tempo que "se vinga monologando", é ele; ele transpôs o problema de sua juventude.

Um leve ruído denuncia sua presença: a malandra tem escrúpulos demais; uma esposa burguesa pode amar joias e não amar o marido que as dá, mas, *na época*, acostumada desde a infância ao destino de seu sexo, ela acha perfeitamente *normal* ser sustentada. Essa aceitação da condição feminina – concebida como natureza e fatalidade – falta à criatura de Flaubert: ela se sente covarde, *como se* pudesse agir de outro modo. Ora, isso lhe é impossível; é o que *sempre* foi possível a Gustave: em 1840, ele *podia* partir para Paris, trabalhar, ganhar a vida etc. Esse roteiro tardio, em que ele se descreve sem perceber muito bem, mostra-nos que sua segunda fantasia, destruída e reformulada sem cessar, não está mais qualificada que a primeira para dar sentido aos transtornos intencionais de que ele se afeta: como moça, ele teria o direito de ficar com a família, pelo menos até o casamento; como rapaz, é obrigado a contestar esse direito ao mesmo tempo que sonha possuí-lo: "fui covarde na juventude...".

A morte do pai e a feminilidade são dois meios irreais e incessantemente mencionados de perpetuar e legitimar a inatividade precária que ele deve à sua doença. Os terrores de Gustave decorrem do fato de que o desaparecimento de Achille-Cléophas e a mudança de sexo são imaginários. Um é objeto de um desejo intensamente censurado e metamorfoseado em angústia, e em todo caso parece improvável: o pai passa bem. A outra nada mais é que um papel desempenhado por baixo da pele, que não pode sequer ser nomeado. Ei-lo, pois, mulher e parricida na imaginação, viajante imaginário, que contesta a família em nome de uma independência que não quer, polipeiro real, preso a seu rochedo, mas sentindo que uma vaga bastará para desprendê-lo. A doença não vale nada: ele a *sente*, mas o pai se cansou. A matrícula é feita, os livros são comprados. Gustave está *coagido a viver*. O que fará?

Comportamento de fracasso (janeiro de 1842-dezembro de 1843)

Para compreender melhor o comportamento de Flaubert, tomemos um termo de comparação: Ernest Chevalier. No colégio, os dezesseis meses a mais que este tem na idade transformam-se em dois anos de adiantamento escolar. Normalmente, Flaubert deveria apresentar-se para o primeiro exame de direito dois anos depois do amigo. Na verdade, Ernest faz o primeiro ano de novembro de 1838 a agosto de 1839. Depois de quatro anos sem nenhuma reprovação, fará o doutorado em junho de 1842, antes de Flaubert ir morar em Paris. Os dois anos adiantados tornam-se quatro. Defende tese em 1843, quando Gustave é reprovado no exame do segundo ano. Os quatro anos tornam-se cinco. Na primavera de 1845, finalmente, Ernest "assume um cargo": é nomeado subprocurador em Calvi: é o começo de uma carreira "brilhante" coroada por sua eleição para o Senado. Nessa época, Gustave mal se recobra de suas crises de janeiro de 1844; seja como for, terá prestado o exame de primeiro ano, fazendo duas tentativas. Ernest, pelo menos, *queria* vencer. Mas Alfred, o negligente, partindo para Paris em 1838, volta já em 1841 com o diploma de licenciatura, obtido sem grande esforço. O exemplo dos dois amigos devia – com razão – convencer Gustave de que o estudo do direito era fácil. De fato, durante a "doença", ele fala do assunto com arrogância, nem sequer considerando a possibilidade de fracasso onde os outros dois haviam obtido sucesso tão fácil. "Vou fazer direito... Fico três anos em Paris, pegando sífilis e depois?" "Vou fazer direito, com o acréscimo de um quarto ano para reluzir com o título de Doutor." Nessa época, está claro que o estudo vai ser brincadeira: é uma ocupação secundária, seria possível dizer. Suas duas preocupações principais estão em outro lugar: como viver em Paris, só e miseravelmente, *enquanto* estuda; o que fazer *depois*? Não está errado: no colégio, sem sobressair, ele se mantém claramente abaixo da média; pode esperar tornar-se um estudante razoável; ainda que, por azar, amargue uma ou duas reprovações, quatro anos deveriam ser mais que suficientes para fazer dele doutor. No entanto, o que acontecerá? Contrariando todas as expectativas, de outubro de 1841 a janeiro de 1844, ele mal e mal consegue passar em *um* exame. Assim como ele, não podemos considerar esse resultado normal; portanto, é preciso procurar as razões do fracasso: tentaremos reconstruir a história desses três anos e, depois, interpretá-la.

Do outono de 1841 ao outono de 1842 – os fatos

Na volta às aulas, ele faz matrícula, compra o código civil e as *Institutas*. Mas, no fim de novembro de 1841, ainda não pôs mãos à obra. Zomba da aplicação de Ernest, que já voltou para Paris: "Está rachando? É um pouco humilhante: é o trabalho que rebaixa o homem"; e na mesma carta acrescenta: "Como eu trocaria meus cartões de Direito por cardápios de restaurante! Como acenderia charutos de dez soldos com um Código! etc. Ainda não laboro na nobre ciência cujos degraus escalas com jarretes tão robustos...". Isto porque, provavelmente, ele começou ou retomou *Novembro*. É difícil fornecer datas exatas: o episódio de Marie é uma transposição de sua aventura com Eulalie Foucaud. Portanto, ele pode ter pensado em contar esse breve amor já no outono de 1840. Mas, durante o inverno de 1840-41, queixa-se de "não saber o que escrever nem o que pensar". E acrescenta: "Sou um mudo que quer falar". Em março de 1841, estuda "grego e latim", "nada mais, nada menos". Em julho, "só faz fungar, arfar, suar e babar". Em 21 de setembro: "Faz um mês que estou em Trouville, não faço absolutamente nada, a não ser comer, beber, dormir e fumar". No entanto, *falou* com Gourgaud-Dugazon sobre uma "salada-russa sentimental e amorosa". Quando? Certamente não em 1840, pois quando viu o ex-professor ainda não havia conhecido Eulalie. Deve ter sido no início do outono, quando fez uma breve viagem a Paris para matricular-se. De qualquer maneira – ainda que a concepção seja bem remota –, a composição tem início em novembro, como o título indica. Talvez existissem alguns esboços antes, mas foi em novembro de 1841 que Gustave tomou a decisão de empreender uma nova totalização na interioridade – ou, digamos, de recomeçar o romance intimista malogrado na época das *Memórias de um louco*. Em suma, é como se, até então, ele tivesse carecido de audácia: a lembrança dos fracassos ainda o desalentava, ele não ousava romper o juramento de não escrever mais. A matrícula, o Código e as *Institutas* mostraram-se como desafios: a ameaça se torna nítida, ele é *aguardado* inexoravelmente por uma carreira. Contra isso, decide mais uma vez provar sua vocação literária, e os livros de direito ficam fechados. Quando escreve a Ernest, em 22 de janeiro, ainda não os abriu. Diz: "Isso vai acontecer lá pelo mês de abril ou maio". Ora, no mesmo dia ele diz a Gourgaud-Dugazon: "No mês de abril espero mostrar-lhe alguma coisa. É aquela salada-russa sentimental...". Deve-se, então, concluir que ele está em plena atividade literária, que espera terminar sua obra em abril, e que resolve não começar o estudo de direito antes do término dela.

Um mês depois, porém, em 23 de fevereiro de 1842, ele foi mais uma vez dominado pelo desânimo: "Não faço nada, não concluo nada, não leio e não escrevo nada, não dou para nada". *Novembro* é abandonado: não trabalhou nele mais de três meses. Bruneau notou com pertinência que a obra tem vestígios de desalentos sucessivos (como *Memórias de um louco*), e que foi várias vezes largada e retomada. Onde terá parado na época? Não sabemos: mas sua correspondência, até o mês de agosto, é marcada pela consciência de impotência e pelo desespero (voltaremos a isso). Impossível imaginar que durante aquele período ele tenha trabalhado na obra a não ser por breves repentes seguidos de torpor. Portanto, eu me inclinaria a acreditar que ele escreveu de um único jato o que se poderia chamar de duas primeiras partes (até a ruptura com Marie), e que só a última ele compôs em setembro de 1842, depois da reprovação no exame. Adiante apoiarei essa conjectura em outras razões. A carta a Ernest de 22 de janeiro mostra que Gustave vê claramente as hastes da tenaz que o apertam: "(ou) serei reprovado e tratarei meus examinadores de papalvos... ou serei aprovado... os burgueses me olharão como homem forte e destinado a ilustrar a advocacia de Rouen e a defender paredes-meias, gente que sacode tapete às janelas" etc. Fracasso ou sucesso: o primeiro é ridículo e não resolve nada, é preciso recomeçar; o segundo conduz à ignomínia, ao "cargo". Não há outra saída, a menos que ele tenha gênio: é o que diz no mesmo dia a Gourgaud-Dugazon: "Minha posição moral é crítica; o senhor a entendeu quando nos encontramos da última vez... Vou, portanto, estudar direito... começo daqui a algum tempo e espero prestar exame em julho... Mas o que me volta a cada minuto, o que me tira a pena da mão se vou fazer anotações, o que me surrupia o livro se estou lendo* é meu velho amor, é a mesma ideia fixa: escrever!... Cheguei a um momento decisivo: recuar ou avançar para mim, tudo se resume nisso. É uma questão de vida ou morte. Quando tiver tomado a decisão, nada me deterá... Vou ser advogado, mas custa-me acreditar que advogarei algum dia... Não me sinto feito para toda essa vida material e trivial... Eis o que resolvi: tenho em mente três romances, três contos de gêneros completamente diferentes, que exigem uma maneira toda especial de escrita. É o bastante para poder provar a mim mesmo se tenho talento, sim ou não. Neles porei tudo o que puder de estilo, paixão, espírito, e depois veremos...". Mais uma vez ele se entrega à literatura para provar a si mesmo que é o meio designado por um Fim absoluto; escreve contra o ser-burguês que o ameaça, para elevar-se à aristocracia dos gênios;

---

* O contexto indica com clareza que não se trata do Código, mas de obras literárias (gregas e latinas).

em suma – e essa é a atitude mais infeliz e decepcionante –, ele não considera sua obra como produto seu puro e simples, mas procura nela, à medida que avança, o sinal de sua eleição. Uma prova solicitada demais esquiva-se: *Novembro* continua mudo; nele Gustave encontra apenas a si mesmo e o larga. É fácil imaginar seu estado de espírito. "Não faço nada, não leio, não escrevo nada... para mim, há seis semanas, é impossível construir qualquer coisa no que quer que seja..."* Assim, é tomado pela angústia: e se for reprovado? Abre os livros de direito antes do que previra, em meados de fevereiro: "Comecei o código civil lendo o título preliminar, que não entendi, e as *Institutas*, lendo os três primeiros artigos, de que já não me lembro; cômico! Daqui a alguns dias talvez me volte o furor e eu ponha mãos à obra às três da madrugada". O furor não volta. Em 15 de março ele volta ao trabalho, mas com repugnância: "Não conheço nada mais imbecil que o direito, salvo o estudo do direito; dedico-me a ele com extremo fastio, e isso me rouba coragem e ânimo para o resto. O exame começa a me preocupar um pouco, um pouco, não mais que um pouco, e não vou me esfalfar mais por isso". Estuda, mas não entende nem guarda nada: começa a preocupar-se – muito mais do que confessa a Ernest. Portanto, aí está o torniquete: para desprezar o direito, é preciso passar sem esforço, virar doutor como que de supetão; *só então* é possível negar-se a advogar, não ser *nada* ou virar Artista; mas, naqueles dias difíceis em que Gustave duvida de seu talento, passar nos exames é já uma concessão que pode levá-lo ao instante maldito em que a vontade do pai o obrigará a assumir um cargo. No mês de abril ele passa uma quinzena em Paris sem estudar. Volta a Rouen, reencontra os livros e o fastio: "Estou num estado de prodigioso tédio... Estou no título XIV do II livro das *Institutas* e ainda tenho todo o código civil e não sei um único artigo dele. Santo Deus de merda... estou meio morto. Feliz de quem acha isso curioso, interessante, instrutivo, quem vê relações disso com a filosofia e a história e outras coisas! Eu só vejo tédio em dose cavalar... Axioma sobre o estudo e a profissão de advogado: o estudo é enfadonho, e a profissão, ignóbil". A recusa é clara: em Flaubert o direito não desperta *interesse algum*, não está ligado de maneira nenhuma aos grandes

---

* Carta de 23 de fevereiro de 1842, *Correspondance*, t. I, p. 96. Portanto, quando escreve a Gourgaud-Dugazon, em 22 de janeiro, *já* abandonou *Novembro* ou continua a escrever com indolência e fastio.

problemas da história e da vida; é uma algaravia sem sentido que se deve decorar. Negando-lhe assim qualquer significado, Flaubert torna esse estudo ainda mais enfadonho, e não é de espantar que escreva um mês depois*: "O Direito me mata, embrutece, desagrega, é impossível estudá-lo. Depois de ficar três horas com o nariz enfiado no Código e não entender nada, não consigo ir além: seria um suicídio... No dia seguinte preciso recomeçar o que fiz na véspera e, nesse passo, pouco se avança". A memória se recusa a gravar. Resultado: "... Acho que seria melhor desistir de prestar exame em agosto: não sei quase nada, ou melhor, não sei nada. Ainda vou precisar de bem uns quinze dias para o direito romano, e, quanto ao direito francês, estou no artigo 100; mas ia levar uma bela bomba se alguém me perguntasse um único desses cem". No entanto, vai para Paris na quinta-feira, 30 de junho de 1842, e instala-se no apartamento de Ernest que, tendo passado no exame, descansa em Andelys. Escreve à irmã**: "... todas as manhãs passo duas horas e meia na Escola de Direito e dedico a tarde a estudar os *belos trabalhos* que aqueles senhores fizeram sobre o que preconizam de manhã". Ostenta um pouco mais de confiança: "Agora acho que poderei me apresentar no fim de agosto com alguma chance, as coisas começam a ficar um pouco mais claras. Mas são sempre barbaramente obscuras". Não devemos esquecer, porém, que a carta endereçada a Caroline destina-se a ser lida em família. Na verdade, a partir de 21 de julho ele se assusta: "Bem que eu poderia ir me encontrar com vocês daqui a alguns dias. Eis como: temos até o dia 28 para a consignação, mas só se pode consignar mediante um certificado de assiduidade entregue pelo cretino a cujas aulas supostamente se assistiu. O sr. Oudot, meu professor de código civil, só entrega esse certificado se lhe apresentamos cadernos com anotações de suas aulas... Já pintei o sete para ver se arranjo um. É bem difícil, mas vou entregá-los tais e quais. Se ele perceber que não são meus ou se eu não conseguir uns ajeitados, meu exame vai ser adiado para o mês de novembro ou dezembro, o que me aborreceria muito, pois prefiro acabar logo com isso. No outro dia fui assistir a uns exames, e teria respondido perfeitamente a quase todas as perguntas feitas". Em 22 de julho, é a Ernest que ele escreve: "Na outra noite sonhei com direito. Para honra dos sonhos, digo que me senti humilhado.

---

* 23 de junho de 1842, *Correspondance*, t. I, p. 106.
** À Caroline, 9 de julho de 1842. *Supplément à la Correspondance*, t. I, p. 10.

Estou suando sangue, mas, se não conseguir encontrar cadernos de Oudot, estou frito, não passo de ano". Ainda estuda, apesar de tudo. A Caroline, em 26 de julho: "O estudo do direito azeda meu caráter ao máximo; estou sempre resmungando, rezingando, amaldiçoando, grunhindo até contra mim mesmo e sozinho". E a Ernest, em 1º de agosto: "O direito me põe num estado de castração moral estranho de se conceber". Em 5 de agosto, o assunto não está resolvido: "Eu ficaria bem feliz se meu exame fosse feito, bem ou mal, não importa, mas que eu pelo menos me livrasse". Curioso desejo: se for "reprovado em novembro", é certo que não estará livre. Mas também não estará se conseguir apresentar-se para o exame e se este "transcorrer mal", ou seja, se ele levar bomba. De resto, como vimos, a consignação tinha de ser feita em 28 de julho. E outro trecho da mesma carta parece indicar que sua candidatura foi aceita: "sábado que vem vão me dizer o dia certo para fazer o exame. Logo lhes escreverei...". De acordo com essas linhas, ele não está à espera de que lhe digam *se*, mas *quando* lhe será permitido apresentar-se para o exame. Seja como for, Gustave volta a Trouville no fim de agosto de 1842 sem ter passado. Terá sido reprovado ou, como afirma Dumesnil, não tendo conseguido "cadernos de anotações", terá desistido de se apresentar? É impossível ter certeza. Mas as duas hipóteses traduzem o mesmo mal-estar. Consideremos a segunda: tenha ele desistido ou tenha sua candidatura sido rejeitada, qual a origem desse contratempo? Do fato de ter descoberto as exigências de Oudot, que ele ignorava até então. Mas essa ignorância é suspeita. Como Ernest e Alfred não o informaram? Como este último, que estava em Rouen e se encontrava com Gustave com frequência, não lhe falou daqueles certificados de assiduidade? E, admitindo-se até – o que é muito inverossímil – que a negligência de Le Poittevin o tenha tornado perfeitamente indiferente aos riscos a que o amigo se expunha, será possível imaginar que Ernest, o caxias, o estudante "sério", não o tenha avisado? Ele viu Gustave no início de abril, em Paris: se o tivesse posto a par desse costume, talvez tivesse sido menos difícil encontrar os cadernos de Oudot. Gustave, em todo caso, poderia ter avisado o pai e ido logo para Paris assistir às aulas de direito civil. O certo é que Gustave não disse nada ao *pater familias*. A carta de 21 de julho é endereçada a Caroline, mas subentende-se que o pai e a mãe tomarão conhecimento; ora, Gustave *informa* a seus correspondentes as razões que possibilitam seu adiamento: "Bem que eu poderia ir me encontrar com *vocês... Eis como...*" etc. Talvez tenha achado que seria fácil – quem sabe pagando? – arranjar os cadernos de anotações de outro estudante. Talvez Alfred, cuja assiduidade devia deixar a desejar, lhe tenha garantido isso. Nesse caso, ele teria se deixado convencer um pouco depressa. Não quis – imagino – avisar Achille-Cléophas para não ser despachado de imediato para Paris. Muita leviandade, portanto, despreocupação um tanto suspeita, mentira por omissão; além disso, esses famigerados cadernos seriam tão difíceis de achar? Ele diz que "pintou o sete" para encontrá-los. Será verdade? Lemos aquela frase estranha: "Eu ficaria bem feliz se meu exame fosse feito, bem ou mal" etc. E notamos sua contradição interna. Não será por ter sido escrita expressamente para levar os pais a crer que Gustave está de fato contrariado com essa nova desventura? E acaso é a *partir do momento em que teme que sua candidatura seja adiada* que ele começa a assistir aos exames dos outros e, de repente, alega estar seguro ("teria respondido perfeitamente a quase todas as perguntas feitas")? É o que diz à família. Com Ernest ele é mais sério: "Ontem fui assistir a uns exames, acho que é o melhor que tenho para fazer". Nada mais. Leia--se: larguei a revisão das matérias (ou dedico menos tempo a isso) e vou assistir aos exames dos outros porque já não estou seguro de que eu mesmo me apresentarei. Em suma, a história do certificado de assiduidade – seja qual for o resultado –, sem ter sido *planejada*, foi vivenciada de modo complacente: eu não diria que Gustave, convencido de que seria reprovado, *viu* aí a possibilidade de uma solução alternativa; simplesmente deixou que se abrisse uma porta, mas nós o conhecemos de longa data e sabemos o que significa esse seu modo de "planar"; ele nunca escolhe a corrente que o levará; apenas, quando lhe convém, deixa passar sem ver todas as possibilidades de escolher outra corrente.*

---

* O que parece suspeito, também – como vimos –, é a contradição nas datas. O dia 28 era a data da consignação. No dia 5, ele espera que no sábado seguinte seja marcado o dia de seu exame. Normalmente deveríamos esperar informações mais precisas. Por que não escreveu, por exemplo: "Finalmente achei um caderno", "Fiz a consignação". Ou, ao contrário: "A data da consignação foi adiada para sábado: nesse dia me dirão se e quando me apresentarei". Nada. Talvez não tenhamos todas as cartas. Em todo caso, é bem o jeito dele. Ele poderia muito bem alimentar a esperança dos pais, sem realmente mentir, sabendo com pertinência que sua sorte estava selada. Nos "se e quando" basta-lhe dizer o "quando" sem o "se".

Sua leviandade dirigida deixou-o até o fim de julho à mercê de um acaso. Se, no último momento, encontrou o tal caderno, é porque o procurava mesmo (ou alguém procurava para ele), mas eu não disse que ele *não queria* arranjá-lo: a intenção vivenciada tinha simplesmente em vista dificultar a busca. Em outras palavras: se teve autorização para apresentar-se, foi graças a um acaso *que ele não podia deixar de aproveitar* a partir do momento em que, a despeito dele, as circunstâncias lhe eram favoráveis. Ou, digamos, porque ele não pôde evitar o minuto da verdade.

Seja como for, é preciso recomeçar em novembro. De Trouville, em 6 de setembro ele escreve a Ernest uma carta solene. Percebe-se que o fracasso o exasperou demais. Nenhuma alusão direta ao que ocorreu em agosto. No entanto, com certeza não viu Chevalier desde o exame, voltou direto para Trouville e lá ficou sem fazer nada: "Minha vida é assim: ...fumo, deito-me ao sol, janto, fumo de novo e me deito de novo para jantar de novo, fumar de novo, almoçar de novo". Ainda não retomou *Novembro*: "Há muito tempo que não tomo a pluma, por isso minha mão treme. Tenho rígidas as articulações dos dedos; pareço um velho". Lê – mas "pouco e raramente" – "Ronsard, Rabelais, Horácio". Depois, no fim da carta, volta de repente a obsessão pelo direito: "Ó usufruto! ó servidão! Agora os mando à merda! Mas logo serão vocês que me mandarão de novo à merda".

De fato, retorna a Paris por volta de 10 de novembro (portanto, foi entre 6 de setembro e 10 de novembro que retomou e terminou o manuscrito) e as queixas quase de imediato recomeçam. No entanto, arranjou bastante tempo livre: levanta-se às oito, vai às aulas, volta, almoça, estuda até as cinco, janta "numa bodega do bairro". Antes das seis está de volta ao quarto, "onde me divirto até meia-noite ou uma hora da madrugada". Fazendo o quê? Provavelmente lê ou escreve. Mas logo entra em pânico: o exame está chegando, vai ser preciso estudar de verdade. Oportunamente, uma dor de dentes vem atormentá-lo.* Escreve: "Ao mesmo tempo que sofro, fico aborrecido com o tempo que perco por isso: a dor volta quando estou em atividade e me obriga a parar. Com isso, não avanço, recuo, falta-me aprender

---

* *Em todo caso*, ele exagera nos sofrimentos e nos riscos que corre. Ao pai: "Eu precisaria arrancar três ou quatro dentes". A Caroline, pouco depois: "Ontem de manhã fui ao dentista. Ele pôs nitrato de prata num dente". Gustave acrescenta: "Volto lá se continuar doendo". Mas essa única consulta deve ter bastado: não se fala mais de dentes nas cartas seguintes.

tudo. Não sei para que lado me virar. Tenho vontade de mandar a Escola de Direito às favas de uma vez por todas e nunca mais voltar a pôr os pés ali. Às vezes tenho uns suores frios de matar". Mesmo bordão em dezembro: "Vou acabar caindo num estado de idiotia ou furor. Esta noite, por exemplo, estou sentindo ao mesmo tempo esses dois... estados de espírito. Estou com tanta raiva, tão impaciente por fazer esse exame que tenho vontade de chorar. Acho que até ficaria contente se fosse reprovado, a tal ponto me pesa sobre os ombros a vida que levo há seis semanas". Mesmo tema do início do verão: acabar com tudo, ainda que com um fracasso. Sem dúvida precisará apresentar-se de novo, mas terá ganhado tempo. Em meados do mês parece mais seguro de si, mas a exasperação continua: "Vejo minhas coisas como mal e porcamente feitas... Estou, por exemplo, sempre tenso e pronto a dar um tabefe e dois ou três pontapés a propósito de nada, no primeiro que me aparecer". É aprovado em 28 de dezembro e parte de imediato para Rouen, fica um mês com a família, volta a Paris no fim de janeiro e de novo se deixa estar sem fazer nada: "Desde o mês de janeiro estou vivendo bem tranquilo, dando a impressão de estudar grego, traçando aqui e ali algumas linhas de latim para não ler francês, dizendo que vou à Escola de Direito e não pondo os pés ali".

Tais são os fatos. O que concluir deles? Que Gustave não estudava? Por certo é o que acham os pais: a mãe pensava em recorrer à intervenção de conhecidos; o pai, no fim de julho de 1843, ao lhe mandar dinheiro para que ele possa acertar suas dívidas, repreende-o e convida-o a estudar, sem muitas ilusões. Mas nada é tão simples: é verdade que Gustave passa longos meses sem abrir os livros, que mente um pouco nas cartas a Caroline, que suas cartas a Ernest têm um tom bem diferente; mas também é verdade que nunca se "dissipou", que vive na castidade – voltaremos a isso –, que, à parte alguns breves períodos "mundanos", raramente sai mais de uma vez por semana e leva uma vida relativamente austera; verdade também que, quando para de matar o tempo, passa longas horas à escrivaninha, diante do Código, das *Institutas* ou de obras de direito processual. É impossível entender alguma coisa dessa atitude caso se veja nela apenas preguiça: examinando melhor, ao contrário, nela distinguiremos um aspecto quase patológico, e o estudo de *Novembro* nos mostrará que esse aspecto não escapou nem ao próprio Gustave.

Tentativa de interpretação dos fatos

Assim que ele enfia o nariz no Código, nota-se que nasce a angústia. Achava que ia resolver tudo numa "arrancada" e, de repente, percebe que sua mente se recusa a funcionar: bloqueio da inteligência e da memória. Não entende nada e não memoriza nada. Ou melhor, não memoriza nada porque não entende nada. Sua cabeça é uma confusão; retornam com força total os seus velhos hábitos, mas sem disfarces: nada de elevação mística nem de sobrevoo satânico, o estupor puro e simples como antigamente diante do alfabeto. Em quase todas as suas cartas, retornam as mesmas palavras: o estudo do direito é burro, torna burro: "emburreço", não avanço, recuo; vou acabar caindo num estado de idiotia. Achava que ia estudar quinze horas por dia e concordo que ele exagerava as próprias capacidades: mas o que ele descobre com preocupação é que não consegue estudar mais de duas ou três horas seguidas sem que o Código lhe caia das mãos. Entendemos seu espanto. É compreensível que alguém não goste dos estudos jurídicos, que não seja sensível à estranha combinação de empirismo e apriorismo que se encontra nos raciocínios dos juristas; é verdade que em certo nível de exigência o direito não é inteligível, a menos que seja estudado como estrutura e história ao mesmo tempo. Mas, nos dois primeiras anos, para ter sucesso, basta ter um pouco de maleabilidade – e isso não falta a Gustave – e de boa vontade. É evidente que, certos temperamentos foram forjados de modo especial para se comprazer com as *Institutas*, mas na Faculdade de Direito, havia muito tempo, pululavam semigazeteiros postos lá porque não conseguiam achar vaga em outros lugares e que, com um mínimo de estudo e assiduidade, passavam nos exames. Ora, justamente, Gustave não é desses: não gosta muito de *raciocinar*, sabemos disso, mas não é isso o que lhe pedem; basta que compreenda os textos de modo superficial, que conheça o significado de certas palavras e, sobretudo, que decore certo número de artigos; com dezenove anos, a memória é excelente; a de Gustave, em certos aspectos, parece excepcional. Como imaginar que ele fracasse tão miseravelmente?

Será que faz de propósito? De jeito nenhum. Teria tanto medo assim? Se não se obrigasse a ler e a tomar notas, clamaria tão alto seu fastio e seu "emburrecimento"? Poderia *odiar* os professores? Parece um forçado falando de seus guardas: numa de suas cartas, sonha em ter a onipotência de lhes infligir os males que eles o fazem suportar e em condenar o sr. Oudot aos *trabalhos forçados*. Um *trabalho forçado*: é exatamente isso, é o que lhe impõem. Contudo, por mais forçado que seja, ele precisa assumir o trabalho; e o que faz ele em Paris, mais ou menos casto e sozinho, senão trabalhar? Examinando-se bem, a quantidade de trabalho é suficiente: inferior é a qualidade – e quase nulo o rendimento. Mas ele lastima, não para de lastimar. *Precisa* ser aprovado. Em primeiro lugar, é um procedimento dilatório: se ele imitasse Ernest e "escalasse lepidamente os degraus da nobre Ciência", retardaria até o doutorado – em todo caso até o diploma – o momento de sua impossível e necessária revolta; ser obediente durante três ou quatro anos e depois se voltar para o pai e dizer-lhe: não! Esse era o sonho dele. Mas, para comunicar aos seus "a decisão de encerrar a vida ativa", é preciso que esta comece. Que força teria sua posição, se ele pudesse dizer-lhes: pronto; fui brilhante como queriam, agora, no limiar de uma carreira que se prenuncia estrondosa, declaro que me recuso a ingressar nela. Ademais, a "comparação" subsiste: naquele ramo inferior do saber a que o capricho de Achille-Cléophas o relegou, é preciso triunfar sem esforço para punir o *pater familias*, demonstrando que o caçula vale o mesmo que o primogênito, ou que teria valido sem a injusta decisão que o afastou da medicina. Por fim, há os colegas, os amigos: é preciso igualar-se a eles. Zombou bastante de Ernest quando o via "rachar"! O sucesso de Chevalier o convencera então de que ganharia seus diplomas sem deixar de "preguiçar". Agora, é preciso cumprir a palavra ou perder a dignidade. E, justamente, logo de início já depara com dificuldades insuperáveis. Como conceber que seu orgulho exasperado possa não sofrer com isso? Não estará sendo obrigado a se matar de estudar? De fato, faz o máximo, e certos trechos de suas cartas nos permitem compreender que ele sente a resistência do Código como uma força física que se opõe a seus esforços: "Pareço um nadador na correnteza: não adianta dar uma braçada, a rapidez da correnteza me faz descer duas". Em suma, ele tem todas as razões para "rachar". Mas os fracassos terão o efeito de prolongar seu suplício: perdem-se meses em vão, é preciso fazer outro exame.

Infelizmente, desde o início, ele também tem todas as razões para fracassar. Abrir o Código é pôr o dedo na engrenagem, estar em vias de exercer o "ignóbil" ofício de advogado sem saber como se chegou lá. É evidente que, ao terminar os estudos, ele deverá rebelar-se contra o pai e insurgir-se finalmente contra a Vontade outra: mas *começa-se por obedecer*; quando declama e prediz sua revolta futura, vive na obediência, ela é seu único porvir, remete a si mesma, e o "não" que dirá em quatro anos denuncia por si só sua ridícula inconsistência: precisará nascer do nada, pois nada o prepara no presente e no futuro próximo. O pior é que todos o felicitam por ter os meios exigidos por sua condição futura; ele tem costas largas: seus efeitos gesticulatórios serão amplos; a voz é forte: consegue projetar-se. O pai de Alfred repete com prazer que Gustave, "esse maroto", tem tudo para alcançar a glória na advocacia. Gustave é investido por essas imagens: para ele a Verdade é sempre o discurso do Outro. Às vezes sonha com prazer: sendo bom ator, com o seu soberbo "gogó" acaso não poderia (Oh! Raramente, só em causas bem terríveis!) arrancar de um júri a absolvição de um monstro? Essa tentação Flaubert conheceu, vimos acima em suas cartas; e, em *A educação sentimental*, Frédéric, seu dublê atenuado, desejará, de modo mais banal, tornar-se um grande advogado. Mas esses sonhos, tão logo ganham contornos definidos, são abominados por Flaubert: isso é *consentir*. Quando quer "brilhar nos salões" como mestre da eloquência, sabe que está transgredindo e traindo sua mais alta ambição. Não será essa a melhor prova de que ele não é digno dela? De imediato, num movimento de perfeito rigor lógico, ele espezinha sua vaidade, obriga-se a querer a mediocridade: será tabelião na Bretanha. Mas isso também é consentir: chega-se ao tabelionato pelo direito. Ameaças ou tentações insidiosas, Gustave rejeita tudo: não serei *nada*. Mas então é preciso abandonar tudo na hora. Impossível: seria desobedecer. Abre então o Código e o que se abre é o futuro, seu futuro inflexível e legível até a morte. Aquele livro *fala-lhe dele mesmo*: através das palavras bárbaras, ele entrevê um destino que lhe causa repugnância.

Fazia tempo que ele conhecia esse destino; queixou-se dele de mil maneiras. No entanto, parece-lhe novo. Em que mudou? Para sabê-lo é preciso voltar à noção de atividade passiva. Dessa vez não trataremos dela como algo constituído, mas como algo que Gustave retomou e assumiu por meio de uma nova espiral de sua personalização. Lembro que os outros e a linguagem como outra, instalados nele, orientam o transcorrer da vivência, e ele o sente. Isso não quer dizer que ele seja inércia pura ou exterioridade: a interiorização é tão necessária em seu caso quanto no caso de um agente prático. Ocorre que ela se faz de outro modo: sua espontaneidade unifica a sucessão das experiências, conferindo-lhes caráter de realidades impostas. É evidente que essas sínteses passivas são compenetradas por intenções que vêm do próprio Gustave, mas essas intenções só podem modificar o curso do vivenciado desde que não sejam *reconhecidas*, ou seja, desde que sua finalidade real e seu significado fiquem encobertos. Elas ficam envelopadas na espessura do vivenciado e se dão à consciência como se fossem produzidas por este, ao passo que se produzem a propósito deste; ao invés de exporem seu objetivo à plena luz – como quando se trata de intenções práticas –, elas nunca o explicitam ou o apresentam como fatalidade. É claro que, se definirmos a ação por seus resultados, a passividade de Gustave é ação: como eu disse acima, ele plana; utiliza as correntes da interioridade e, quando acredita entregar-se, governa-se. Mas esse tipo de atividade, em outro sentido, é o contrário da práxis metódica: esta mantém seus fins à distância, define-os e, com isso, determina um campo de possibilidades entre as quais precisa *escolher* o meio mais econômico. Há dupla decisão, pois o objetivo é *assumido*, elegendo-se os instrumentos que possibilitarão atingi-lo. A atividade passiva só atinge seus fins ocultando-os de si mesma, ou seja, vivenciando-os na escuridão como estruturas internas da passividade; se, por infelicidade, esses fins precisassem afastar-se dela e colocar-se por si mesmos – operação necessária para garanti-los ("o que é exatamente que eu *quero*?") –, em primeiro lugar o agente passivo precisaria *confessá--los a si mesmo*. Ora, eles são justamente inconfessáveis, uma vez que ele se governa alegando ser carregado. Ou melhor, é verdade que o carregam, mas, justamente por causa disso, ele precisa acatar o movimento exterior e transformá-lo em sua única verdade. Estabelecer seus fins é afirmar sua autonomia, ao passo que seu paciente trabalho só tem sentido *pela* heteronomia proclamada e vivenciada de modo consciente de sua vontade. Mas, tão logo estabelecidos, esses fins precisariam ser adotados como sentido de uma empreitada: essa decisão é impossível para a atividade passiva que se revela imbuída pelo Outro de irresponsabilidade. A passividade precisaria negar-se a si mesma, o que não é concebível quando ela é *constituída*. Por essa razão, não se pode sequer imaginar que ela defina um campo de possíveis e se lance numa empreitada caracterizada por uma série de opções sucessivas. O agente passivo, embora alienado, não deixa de ser livre, ou seja, ele conserva a iniciativa das mudanças de direção; mas só consegue orientar o processo de interiorização e o de reexteriorização manipulando-se nas trevas. No entanto, se lhe ocorre que seus próprios fins se lhe revelem, é porque se dão como *imaginários*. E são mesmo, pois ele não pode *desejá-los*, mas apenas sonhá-los. Cabe lembrar o embaraço de Gustave quando, em *Peste em Florença*, é obrigado a descrever um crime *premeditado*: a vingança de Garcia deve ser uma empreitada; ele precisou traçar planos. Cálculos, avaliação de riscos, invenção, decisão: tudo precisou ser feito de plena consciência, como no estabelecimento de um orçamento. Mas esse momento de verdade e o *Fiat* que o segue nos são ocultados por Gustave: as passividades manipuladas são tudo, menos cínicas; quando devem cometer um crime, precisam dar um jeito para que a paixão seja a sua mola, o que implica que se deixam arrastar com uma inocência premeditada. O feitio de Gustave é tal que *a atitude prática* lhe é estranha. Querem obrigá-lo a manifestar a soberania do homem sobre as coisas, mas antes não deveriam tê-lo alienado: essa soberania lhe escapa, ele não tem experiência dela; ao contrário, tem experiência da coerção; seu modo de agir consiste em manipular-se para influenciar o curso das coisas por meio da vontade do Outro; é o que ele acaba de fazer com sucesso durante dois anos, imbuindo-se de uma doença nervosa que só pode sentir *padecendo-a*: o que lhe pedem é o oposto dessas turvas manobras; ele é incapaz de se determinar em função de um fim transcendente – ainda que se trate de fazer um exame de direito – pela simples razão de que seus fins são imanentes, e de que ele não tem o hábito da práxis nem os instrumentos mentais que lhe permitiriam inventá-lo.

Vejamos agora o movimento compensador e personalizador: em 1842, Gustave tem vinte anos; conhece-se. Sua repugnância pela ação não é apenas expressão vivenciada de sua incapacidade de agir: é objeto de uma reflexão conivente que a assume, sustenta e justifica fundamentando-a numa ética. Ele *condena* a ação em nome do imobilismo. Aliás, isso não é novo nele: intuição normativa é coisa que ele teve já aos quinze anos – e talvez bem antes. Agora ele sistematiza. Mas, se relermos *Quidquid volueris*, veremos que ele dava a Djalioh a sensibilidade mais requintada e vibrante, mas lhe recusava qualquer possibilidade de agir, sobretudo – o que expressava suas humilhações de criança "retardada", mas, em relação a seus vinte anos, pode parecer premonitório – a capacidade intelectual de decompor e recompor um conjunto. Ele se identificava sem reservas à sua encarnação e, num sobressalto de orgulho ferido, adotava os valores do romantismo: para que saber ler se temos paixões. Evidentemente, a paixão é explosiva, conduz o pobre homem-macaco a um estupro seguido de assassinato e suicídio. Mas esses delitos não são atos: Djalioh não deliberou cometê-los. Sem dúvida saíram dele e, produzindo dor e morte, gravaram num mundo exterior a violência desenfreada de seu autor. Houve exteriorização da interioridade. No entanto, Djalioh não consegue reconhecer-se nele: prova disso é que o assassinato de Adèle o leva ao suicídio (não que ele queira punir-se matando-se, mas porque um mesmo furor, não saciado pelo assassinato, *reflete-se* e elimina-se, eliminando-o); mal se pode dizer que ele está consciente do que faz: virgem, o estupro nasce do instinto, não de um saber; o assassinato é ao mesmo tempo necessário e acidental etc. Isto porque essa objetivação não define um *sujeito*: ela é a exteriorização de uma subjetividade que se constituiu sem o Ego ou contra ele. O homem, para o jovem Flaubert, é um barril de pólvora: às vezes basta um pouco de calor para fazê-lo explodir; a explosão o expressa por inteiro, de modo adequado, mas *exatamente na medida* em que a vontade não entra em jogo. Por essa mesma razão, o *patético*, a não ser que seja um acúmulo de sofrimentos e contrariedades, com frequência não tem nenhuma "eficácia": as emoções do pobre Djalioh o dominam, fazem-no tremer da cabeça aos pés, mas com frequência desaparecem com a mesma rapidez com que apareceram; isto porque dependem do Universo: ele não as "segura" o suficiente para apropriar-se delas, para capitalizá-las e, iluminando-as com o futuro, transformá-las em motivações de um ato elaborado.

Será que Gustave se lembrou do monstro fabricado pela Ciência, sua antiga encarnação, quando escreveu – desta vez sobre si mesmo – em janeiro de 1841: "Mesmo em estado calmo, meu temperamento físico e moral é um ecletismo conduzido a toque de caixa pela fantasia e pela fantasia das coisas"? Impossível definir melhor a *paixão* do modo como clássicos e românticos concordam em descrever; causas objetivas mantêm um equilíbrio precário entre o indivíduo e o mundo exterior: então o vão desejo se manifesta e se traduz pelo devaneio, é o reino da fantasia; uma mudança do Universo provoca a ruptura desse equilíbrio: disso resultam movimentos desatinados do indivíduo (orgânico e psíquico), que tenta às cegas restabelecer a estabilidade perdida – e, é evidente, só agrava seu caso. Mas Gustave, diferentemente dos clássicos, *valoriza* a paixão e, diferentemente dos românticos, tem como valor fundamental não tanto a violência quanto a passividade.

Três anos depois, em todo caso, num trecho capital da primeira *Educação sentimental*, ele expressa com clareza sua ética da afetividade. Henry e a sra. Émilie sonharam muitas vezes, entre dois abraços, em fugir às coerções de seu ambiente e viver juntos abertamente, sozinhos e livres: de início isso não sai da esfera da fantasia; as palavras, porém, vão aos poucos dando contornos mais precisos ao sonho dos dois: eles partirão para a América. Ainda é um jogo; começam os preparativos, mas, em suma, tudo não passa de gestos. É a "fantasia das coisas" que os carrega: "tudo foi feito com facilidade, sem empecilhos, sem obstáculos – dizem que há um Deus para os vigaristas; o que dizer então quando o amor lhe presta ajuda?... Eles mesmos estavam surpresos com o pouco obstáculo que encontravam e viam isso como bom augúrio".* Em suma, não sabem se estão brincando de viajar ou se alguma viagem memorável e futura os elegeu para realizar-se por meio deles. O amor é propício a essas ambiguidades. Chega o dia da partida, tudo está pronto, o lugar deles está reservado nas *Messageries* com nome falso. Nada mais fácil que ir embora. Nada mais fácil que ficar: ninguém está a par de suas intenções; se lhes desse vontade de desistir da fuga ou de adiá-la, a vida continuaria como no passado, o marido de Émilie continuaria com sua confiança cega, os dois amantes se veriam todas as noites, sem grandes riscos. É o momento instável do equilíbrio: por um lado, um sonho apaixonado de liberdade, de amor sem entraves numa terra virgem; por outro, a força dos hábitos, o medo da novidade unido à certeza de que a relação deles, mesmo que permaneçam em Paris, continuará sem empecilhos. Portanto, é preciso *decidir*, ou seja, dar origem *a sangue-frio* a acontecimentos irreversíveis. As circunstâncias, de repente, dotam os dois apaixonados de um poder do qual não desconfiavam e que não reivindicavam. O que ocorreu? Nada, senão que a "fantasia das coisas", que os conduzia

---

* Reconhecemos aqui a cumplicidade suspeita do mundo, que havíamos notado em *Peste em Florença*.

a toque de caixa e sem deixá-los respirar, bloqueou-se de repente. Quando ocorre, assim, de as forças contrárias se equilibrarem fora de nós e em nós, nada ocorrerá se não dermos o empurrãozinho que fará o fiel da balança pender para um lado ou para o outro. Liberdade de indiferença? Não: digamos que, nesses momentos de pausa, todo o negativo e todo o positivo nos são dados ao mesmo tempo, nossas paixões não desapareceram, mas se mantêm respeitosas, está excluída a possibilidade de explosão. Nesse instante a situação objetiva e subjetiva exige de nós um *Fiat* cuja força só pode advir de uma afetividade dividida. Essa capacidade decisória, para Flaubert, seria a vontade. Mas, justamente, ele não acredita nela: lendo-se, tem-se mais a impressão de que ela é desenhada pelas coisas de modo subjacente em nossa subjetividade. Como tê-la, se só o acaso rege nossas opções? Acaso: o curso do mundo interiorizado como paixão. Em tempo ordinário, não escolho; deslizando para o futuro, sinto com terror ou delícia que sou escolhido; não penso, sou pensado; o sentido me advém, como diz o outro, também me advêm os caprichos e as obstinações. E eis que, de repente, cabe *a mim* atuar. A mim? Mas quem sou eu? Um fantasma, criado para as necessidades da causa, que só aparece para carregar-se de insustentáveis responsabilidades: ao sabor da conjuntura, eu era contra depois eu era a favor; agora, no silêncio das paixões, nessa estabilidade que nada mais é que outro rosto do acaso, preciso pesar o pró e o contra, combinar, escolher o fim, selecionar os meios para o objetivo em vista. O que pode nascer então em meu coração tranquilo demais, a não ser a angústia? E o que significa essa angústia, senão que a subjetividade, assombrada pelo Ego fantasma, sente ao mesmo tempo a realidade objetiva da exigência e sua incapacidade para atendê-la? Uma bela manhã, Henry acorda, é o dia da partida: "À medida que a noite se aproximava, ele desejava que ela recuasse indefinidamente ou que chegasse de imediato, de maneira inesperada, a tal ponto é verdade que o homem parece feito para ser regido pelo acaso; todo acontecimento que dependa de sua vontade assusta-o, perturba-o como tarefa grande demais para ele". Como se vê, Henry deseja que o mundo decida em seu lugar: se o sol não se pusesse, ele ficaria sempre aquém do irreparável; se anoitecesse de repente, ele já estaria na diligência, o momento da decisão teria passado, sua vontade lhe apareceria como uma *vontade outra*, e as consequências dessa escolha *anterior* (a fuga de Émilie já descoberta etc.) o obrigariam a continuar a empreitada. Na verdade, ele será oprimido pela angústia até a saída do navio, ou seja, enquanto restar a mínima possibilidade de voltar atrás, portanto enquanto ele *fizer* o acontecimento e puder *desfazê-lo*. Em seguida, levantam-se as âncoras e de repente "na alma de Henry um movimento de imensa esperança, quando, *sozinho* no navio que leva todo o seu coração e todo o seu amor, *ele se sente partir para uma terra nova*".* Grifei o verbo: esperança, alegria e até mesmo – algumas linhas abaixo – orgulho voltam a todo vapor assim que a "fantasia das coisas" retoma as rédeas e o jovem redescobre, através do doce embalo marítimo, a impossibilidade de anular sua decisão, a passividade libertadora, a obrigação de viver as consequências de um *Fiat* já petrificado como destino, o poder reafirmado do acaso, o inflexível curso do mundo que o leva para um futuro novo, porém já feito.

"O homem parece feito para ser regido pelo acaso." Mais uma generalização abusiva: já vimos que a passagem para o universal é defensiva em Flaubert e que equivale à recusa de conhecer-se. Se, no entanto, ele estendesse para o gênero humano as características que sua experiência reflexiva lhe mostra, estaria mentindo em sã consciência: o homem de sua vida, seu Senhor adorável e seu carrasco, que ele tem de modo constante diante dos olhos, é evidente que não é feito do mesmo barro. Se o cirurgião-chefe pecou, foi por voluntarismo, e Gustave sabe disso: conhece o ativismo paterno porque sofreu com ele. Caberá achar que ele suspeita de que este se assemelha secretamente com Henry? Não. E a universalização aí assume um tom especial. É o que indica o emprego do verbo "*parecer*", que à primeira vista dá a impressão de estar deslocado, porque manifesta uma hesitação da qual Flaubert está bem distante. Aqui, como em toda a sua obra, o exemplo é concebido para introduzir o "axioma" que começa com "o homem é...". Mas, na verdade, ele não quis nos mostrar uma incerteza que não sente, e o fragmento de frase "*parece feito para ser*" desvenda sua verdadeira intenção: a generalização não se refere a fatos, mas a valores. "Parece" marca apenas o agnosticismo do autor: se há um Deus – coisa que não decido –, ele fez o homem *para* ser regido pelo acaso. E, se não houver, se a Criação for uma mentira, o resultado é que nos identificaremos melhor com nossa

---

* Note-se de passagem esta fórmula curiosa: Henry e Émilie estão no convés lado a lado. Seria de se esperar: "no navio que os levava". Mas não: esse "os" ainda o carregaria de excessiva responsabilidade. Ele está *sozinho* no navio que leva seu amor. Émilie torna-se um objeto precioso, e é o navio que Henry encarrega de levá-la a bom porto.

essência se nos deixarmos guiar de modo mais constante pelo curso das coisas. Em outros termos, a ação é condenável porque nos priva de *autenticidade*. Na verdade, em seus romances encontramos homens *ativos* em número bastante grande. Mas essas pessoas – apresentadas às vezes como "monstruosos produtos da civilização" – têm o grave defeito de viverem na superfície de si mesmas, sem jamais coincidirem com o lento e sombrio transcorrer de sua vida. Nada mais seco, para Flaubert, que esse Ego que se afirma no silêncio das paixões: se só aparecer nos raros momentos em que as pulsões contrárias se equilibram, para desaparecer quando o equilíbrio é rompido, o mal não será grande. Mas, se persistir durante uma existência inteira, é porque as paixões não existem em seu dono, ou porque ele as recusou, abafou talvez. Combinar, arranjar, decidir – ainda que o objetivo final seja uma satisfação subjetiva – é criar distância em relação à subjetividade e, de certo modo, até mesmo eliminá-la, em todo caso suprimir sua eficácia própria para ser apenas um mediador abstrato e frio entre o custo e a utilidade de uma iniciativa. Em outras palavras, o Ego da práxis, para ele, é a unidade de movimentos calculados em função da situação *objetiva* e apenas dela. Percebe-se aí, num relance, uma constelação cujos termos – ação, utilitarismo, burguesia, profissão, reino dos meios, civilização – condicionam-se mutuamente sem jamais se integrarem numa síntese ideativa. A vida prática – pensa ele – não é ganha por nada: estabelece-se, autônoma, na negação da vida profunda. Pois a profundidade e a riqueza interior nos *advêm*: é a própria vivência na qualidade de algo *padecido*. *Padecer*, esse é o valor fundamental, a verdadeira grandeza humana: para Gustave, criança frustrada, vítima da maldição paterna, é ao mesmo tempo receber o imediato como doação – entenda-se: viver a própria espontaneidade na qualidade de outra – e justificar para si o que se é *sofrendo-o* como realidade imposta. Ele urra quando "se sente partir" rumo a seu destino. Mas até em seu terror de tornar-se tabelião adivinha-se uma espécie de complacência: ele sente o irresistível poder do resvalar que o arrasta para o tabelionato, mas mesmo esse "arrastamento" torna o *Fatum* menos insustentável. Sob essas luzes, o famoso dolorismo de Flaubert ganha significado singular: a dor vivida é a vã recusa, consciente de sua perfeita vanidade; pelo próprio fato de se saber ineficaz, essa recusa sentida, encenada, proclamada envolve uma aceitação secreta. É preciso gritar *não*: é fazer o que é preciso para tirar o corpo fora; incapaz de revolta e de negação armada, o jovem dá seu testemunho diante de um Deus oculto; uma das funções de seu masoquismo é dar-lhe o amargo prazer de manifestar que ele não é responsável por seus males. Mas, no momento em que declina de toda responsabilidade, adere a si mesmo como Outro – como impotência – em virtude dessa mesma recusa. Pode-se dizer que a dor para ele é a maneira ideal de saborear sua inércia. Isto porque o destino que lhe arranjam (atroz, a seu ver) encobre outro que não lhe desagrada: escarnecido, aviltado, repelido por todos, conduzido de modo sistemático para a ruína pela força das coisas e pela vontade paterna, ele será *mártir*, essa é sua vocação profunda.* O grande desejo insatisfeito não passa de meio: graças a ele, o vivenciado ganha seu verdadeiro valor, Gustave goza de sua própria nobreza através e por intermédio de sua frustração, que o designa como um eleito. Sem dúvida, teria valido mais acabar num circo pagão, nas garras de um leão, cercado pelos anjos, mas não é assim tão ruim o calvário de uma grande alma mutilada, supliciada, que com seu pranto dá testemunho de que Deus *deveria* existir. Ele jamais confessa a si mesmo, mas a aceitação dolorosa e confortável da impotência é nele o próprio gosto do vivenciado, estrutura fundamental de sua existência. Ele não sente sua passividade como simples estar-aí de uma coisa, mas como impotência de um prisioneiro levado, de pés e mãos atados, para o local da execução capital, e essa sorte miserável significa muito mais para ele do que a simples inércia, determinação material sem relação com a atividade humana: ele a vive como destruição nele, pelo outro e pelo mundo, de suas capacidades práticas: é um homem amarrado; justamente por isso, compenetra-se de sua inocência; ele não tem sequer a responsabilidade por seu imobilismo – porque este lhe é imposto – nem vergonha de ser um paralítico, um inválido mental. Com isso, sua atividade passiva se reconhece e se aprova, aprovando-se como injustiça suportada com nobreza: na dor não só a aceitação de um futuro pré-fabricado se oculta, e sim a humilde aceitação de si mesmo. Em outros níveis, ele se encoleriza de ser o que é, grita que se odeia e, sem dúvida alguma, não se gosta muito. Mas no plano do irrefletido, do imediato, sua passividade constituída *adota-se* e justifica-o. Traduzido em palavras, o sentimento "indizível" de Gustave poderia ser assim expresso: "Neste universo de pessoas ativas e responsáveis, retiraram-me todos os poderes e todas as responsabilidades, inclusive aquelas que os outros têm em relação a si mesmos. Minha liberdade

---

* Cf. *Souvenirs*, p. 60-61: "Eu gostaria de morrer mártir".

total e plena consiste em não ser de modo algum culpado daquilo que fazem de mim. *Não devo* porque *não posso*". Este estranho gozo consigo que o realiza através das atrozes mordidas do orgulho é coisa que a maioria das pessoas não desejaria; por isso não podem senti-la. Para buscá-la e obtê-la, é preciso ser *já* passivo e constituir-se a cada instante, na heteronomia da espontaneidade, como um fluxo orientado de sínteses passivas. O páthos é fato e direito ao mesmo tempo: assim, cada estrutura mental só pode ser vivida como opção ética. Passivo, Flaubert não para de produzir uma ética da passividade; isso é *fazer-se* passivo, não há outro meio de *sê-lo* mesmo quando uma situação primitiva nos tenha assim constituído. Ele não explicitou com clareza esse sistema de valores, que, no entanto, é encontrado em toda parte, em suas cartas e em suas obras: dolorismo, vocação do homem para o martírio, predominância ética da afetividade sobre a vontade, do instinto sobre a inteligência, superioridade reconhecida da ideia que se impõe e que obceca às ideias que são inventadas, da escuridão sobre a transparência, recusa desdenhosa a *concluir*, ou seja, a decidir, eis aí o que basta para definir uma atitude moral. Ainda faltam palavras, mas o que ele preconiza, sendo nisso único na época, é o descentramento do sujeito, a recusa à meditação consciente, a entrega à espontaneidade concebida e sentida como *outra*, ou seja, ao inconsciente. Assim, enquanto, doente e resmungando, se vê empurrado para o direito pela mão do pai, Gustave não passa de mártir: sua infelicidade é ao mesmo tempo total e suportável. Ele não é responsável pela carreira que lhe impõem nem por aquela doença que, retardando as decisões paternas, lhe oferece uma miraculosa suspensão da pena. A jovem vítima acomoda-se muito bem com a situação *desde que sofra dela*.

Nesse quadro e nessa perspectiva, ele *age* sem nem mesmo perceber: lava-se e barbeia-se, veste-se, come e bebe, estuda no colégio, faz o exame de bacharelado, escolhe durante a "querida viagem" o itinerário de seus passeios, trava relações com Eulalie Foucaud. Para estabelecer objetivos de curto prazo, precisa sentir que o objetivo de longo prazo lhe escapa; o sentimento de coerção é a base necessária de suas escolhas espontâneas. Por essa razão, o estilo de seus "atos" é bem característico dele: em si mesmos e na maneira como se desenvolvem eles comportam uma passividade fundamental. Com que fastio ele se veste e se barbeia; não pode tomar consciência de suas condutas sem dar amargas gargalhadas; isto porque a repetição prova a impotência;

ei-lo todas as manhãs tentando livrar-se de uma vegetação que se obstina a renascer; que faz ele com aquela navalha, senão obedecer mecanicamente às coerções sociais? Com certeza ele vai e vem, escolhe a meta de seus passeios ou de suas visitas: mas no âmbito daquilo que lhe é designado pela *vontade outra*; a vontade do pai ou do doutor Cloquet, pouco importa: quando ele opta pelo caminho da esquerda ou pelo da direita, o fato é que a opção é *insignificante* (a não ser para o presente imediato), que ela não mudará o futuro próximo (ou seja, o desenrolar geral da viagem) definido pelos planos de Cloquet, nem o futuro remoto (o direito, que remete às opções paternas). De resto, ele só pode usufruir as belezas da Córsega se começar reclamando, condenando a organização das jornadas, sofrendo para convencer-se de que *lhe impõem* uma "viagem de merceeiro". Graças a essa precaução, a esse enervamento mantido com cuidado, durante uma manhã ou uma tarde, enquanto espera a hora da diligência, ele terá o sentimento de estar indo aonde quer. Mas *quer*? Não será levado pela paixão? Não será o acaso que decide em última instância o seu caminho? Todo viajante experimenta a "fantasia das coisas": nada é conhecido de antemão, portanto as escolhas são fortuitas ou ocorrem às cegas. É a beleza do local que leva Gustave, a caminhada é condicionada pela passividade contemplativa do olhar, e, aliás, o que ele procura – e encontra, como mostrou Bruneau – é o êxtase panteísta, o momento em que a paisagem entra nele e se torna estado de alma, enquanto ele se esquece de si mesmo e se perde na paisagem. E quanta angústia – vimos isso – quando foi preciso abandonar a vida sedentária pelo nomadismo regrado do turista. No entanto, ele não tinha necessidade de *decidir*: tudo tinha sido acertado pelo pai. Mas causa-lhe horror a simples mudança – na medida restrita em que ele de fato precisava ser *relativamente* agente, subindo nas diligências, entrando nas hospedarias etc. Eulalie? Mas ele não seduziu essa mulher experiente, dezessete anos mais velha que ele. Isso ele confessa sem rebuços aos Goncourt, que anotam em seu Diário: "Ele lhe lança um daqueles beijos no qual lançamos a alma. A mulher vem à noite ao seu quarto e começa...". O beijo lhe é arrancado pela emoção: neste ele lança sua alma. A decisão vem da sra. Foucaud: ela vai naquela mesma noite encontrar-se com ele e desde a entrada já se mostra bem ativa. É disso que dá testemunho o próprio Gustave no surpreendente trecho de *Novembro*, em que conta a primeira noite de amor dos dois: "De repente, ela se soltou de mim... e pulou na cama com a presteza de uma gata... puxou bruscamente...

as cortinas e deitou-se, estendeu-me os braços, *tomou-me*".* A essas linhas fazem eco, um pouco adiante, as seguintes linhas reveladoras: "De repente, ouvia (Marie) dizendo o seguinte: 'No esquecimento de teus sentidos, se te tornasses mãe' e depois não me lembro de mais nada que se seguia". Lemos muito bem: Marie não quer dizer: "Se, em tua emoção, fizesses um filho em mim?" – o que poderia ser traduzido em suma com a frase costumeira: "Cuidado" –, mas perfeitamente: "Se teu enlevo terminasse em metamorfose, se te tornasses mulher, e eu, ativo como um homem, te engravidasse!". Em outras palavras, *tudo lhe chega*, e suas decisões menores são condicionadas pela fantasia dos outros e pela emoção do momento. O fato é que ele terminou os estudos, mas se estudou no colégio – muito menos do que poderia ter feito e com raiva, refugiando-se mil vezes no alheamento e no imaginário –, é porque um jovem aluno é *levado*: as aulas retornam com a necessidade imutável das estações, os currículos são fixados, os deveres são obrigações que se revelam uma após outra; por essa razão muitos alunos regulares dos liceus se perdem quando chegam ao ensino superior: não reencontram aquela vontade objetiva que lhes impunham um futuro fixo e quase natural. Os cursos magistrais são raros, o professor fala sozinho e vai embora: o currículo existe, mas é preciso inventar pessoalmente a ordem das matérias; a liberdade de súbito concedida transforma-se em angústia, a responsabilidade das opções recai sobre o estudante. De resto, mesmo tendo diante de si mestres que *decidiam em seu lugar* e atrás de si a terrível vontade paterna, Gustave nunca parou de odiar a aparência de atividade que o colégio exigia dele. E, pouco antes de deixar a província, quando se roía de despeito ao reler *Smarh*, ele nos revelou a razão de seu fracasso literário: para passar da poesia vivenciada à obra composta, é preciso subtrair-se à ruminação, encontrar um estilo, decidir, agir. A descoberta que o aterrorizou por volta de 1840 é que o artista é um homem de ação à sua maneira.

    Pois bem, num dia de fevereiro de 1842 ele abre o Código. Isso ainda é obedecer. Mas, nesse momento paradoxal, a obediência transforma-se em práxis; para atingir o cúmulo da submissão, a atividade passiva e seu cortejo de atos menores precisam transformar-se numa empreitada; é preciso subtrair-se à intimidade aconchegante da vã recusa e viver na superfície de si mesmo, sem complacência, no árido deserto do mundo objetivo. No entanto, a incapacidade de

---
* Grifo meu.

agir permanece; o jovem redescobre seus hábitos passivos sob novas luzes: tais hábitos eram apenas o seu estilo de vida, sua maneira de vivenciar seu martírio; à medida que ele é induzido a querer fazer os exames com brilhantismo, tais hábitos tornam-se obstáculos por superar. É preciso desvincular-se do imobilismo ou submeter-se a ele com vergonha, como uma invalidez. Mas, ao mesmo tempo que ele condena essas resistências de fato, sua tentativa prática é condenada por sua ética da passividade. Na verdade, os mais elevados valores da práxis são a decisão e a responsabilidade que se fundamentam em outras normas: percepção clara dos fins, recenseamento metódico dos meios, recalque do inútil desejo do impossível, firme determinação de pautar as opções pelas possibilidades dadas etc. Esse conjunto de exigências apresenta-se a Flaubert como um sistema de antivalores. Para ele, a ação não é somente a dificuldade suprema, é o Mal. Recusa ao páthos e à entrega, secura utilitarista, cálculo de interesses, rejeição sistemática à poesia, tola pretensão de governar o mundo quando, na verdade, é o mundo que nos governa, brusco surgimento de um Ego abstrato acima das ondas sombrias da vivência, o "eu quero" que ousa aplacar as tempestades do instinto: estará aí realmente o que caracteriza o novo Gustave em vias de vir a ser? Nesse caso é a decadência radical. Ele podia desculpar os piores desvarios quando estes eram ditados pela "fantasia ou pela fantasia das coisas": deleitava-se em entregar-se a eles e de não ser responsável por eles. Mas agora se trata de outra coisa: pois, para se tornar *merceeiro*, ele precisa *assumir responsabilidades*, decidindo decidir. Mas de fato *ele quer* ou *querem-no*? Quem decide que ele decidirá? Isso ultrapassa seu entendimento. Sua submissão às vontades paternas estava em conformidade com as normas de sua moral; ora, levando-a ao extremo, ele se vê lançado na ação: para continuar a submeter-se, precisa agir, mas a ação arranca-o à passividade e obriga-o a combatê-la; ou melhor: ele era moldado pelas mãos dos outros, inocente de sua essência: essa inocência transforma-se por si mesma em culpa. Isto porque a partir do instante em que Gustave, sozinho e entregue a si mesmo, abre o Código ou as *Institutas*, o fim por ele perseguido se lhe revela: ele está aprendendo para *ser* juiz ou para *julgar*, para *ser* advogado ou para *advogar*. Ele não pode ler nenhuma linha e compreendê-la, gravar nenhum artigo na memória, sem se aproximar de modo deliberado de seu futuro "estado": ele *se faz* burguês laboriosamente, com premeditação, sem a menor circunstância atenuante. Com isso, sua ética explode em contradições: como julgar essa *obediência ativa*, como apreciar uma submissão voluntária? O que dizer quando a heteronomia, sem perder o conteúdo, se metamorfoseia em autonomia? E como conceber que essa autonomia, surgida tão bruscamente, retome com liberdade as leis da heteronomia? O que impressiona Gustave é que o mesmo destino muda radicalmente de sentido conforme lhe seja imposto ou conscientemente forjado. O fim que se desenha no horizonte continua sendo a decadência, o ofício "ignóbil, trivial" que o aprisionará para sempre na mediocridade das classes médias. Mas, quando ele era levado ao suplício, pelo menos podia gozar seu martírio discretamente: agora, é ele, ele mesmo que se faz executor da sentença paterna. Impotente, gritava: vejam meu sofrimento, sou inocente do Mal que me fazem. Seus laços foram desfeitos, os guardas se afastaram, ele caminha sem coerção para o suplício. Mártir, não. Mas cúmplice de seus carrascos. Portanto, culpado. Mas de quê? Pois bem, no fundo sabe, mas não confessará: sua culpa é justamente ter levado longe demais a passividade; para escapar a esse destino que lhe arranjaram, era preciso um ato negativo, a revolta; por não ter ousado cometê-lo, ele adotou por sua conta as decisões do Outro e viu-se *assumindo* responsabilidades alheias. Em outras palavras, a inércia manipulada era apenas provisória; para torná-la permanente Gustave era obrigado em primeiro lugar a renegá-la. E, se não a renegasse, esse estado provisório – que, em suma, nada mais era que a adolescência – devia encontrar prolongamento normal numa iniciativa. Enfim, ele descobre horrorizado que substituiu o martírio por uma tentativa sistemática de aburguesamento. Sente-o irremediavelmente e sem palavras na atividade de seu olhar a percorrer as páginas impressas, na de sua mão a fazer anotações, até nos esforços de seu entendimento. As piores dores são aquelas que nos infligimos: podemos suportar as dores de cabeça mais terríveis, mas nada é menos suportável, na pleurisia purulenta, do que dilacerarmos os brônquios a cada respiração; no entanto, é preciso respirar – e essa conduta automática transforma-se em iniciativa: queremos evitar ao mesmo tempo os sofrimentos extremos e a asfixia, e com isso acabamos por nos infligir *nós mesmos* um pouco daqueles e um pouco desta. É o que ocorre com Gustave: cada minuto de seu dia torna-se um meio deliberadamente escolhido para fazer-se mais mal, ou seja, para realizar uma empreitada que continua a repugná-lo. A cada minuto é preciso que um Ego abstrato supere suas aversões, ou seja, negue sua subjetividade verdadeira. A vida dele continua sendo o processo orientado, mas é ele que está no leme. Assim, a vontade outra tornou-se vontade dele. Mas essa vontade surgida do nada preocupa-o em dobro. *Primeiro porque é vontade*; Gustave não sabia que tinha uma vontade; agora ainda não tem certeza de que não se trata de falsa aparência. *Em segundo lugar, porque é dele*: de fato, embora suas decisões só dependam dele, nem por isso ela deixa de perseguir um fim *outro*, pois põe tudo em ação para realizar a maldição paterna. Assim, a vontade outra prolonga-se em vontade sua na exata medida em que essa vontade sua conserva inexplicável alteridade no âmago da transparência. Estranha condição dessa alma escura e atormentada: quando as exigências da situação a arrancam da passividade, ela considera a autonomia e a translucidez de sua consciência prática como um engodo perigoso ou um rebento estranho.

No fim do outono de 1841 ele se matricula na faculdade, compra livros e toma sua primeira decisão, que é de adiar a ação. Será para abril, ou melhor, para maio. "Então estudarei quinze horas". Entenda-se: quinze horas por dia; será o Gargântua do estudo. Nessa época ele ainda encara a práxis como um esforço gigantesco e violento, mas de curta duração. Para simplesmente aceitar a ideia de práxis, ele precisa aproximá-la das paixões, imaginá-la, como estas, brutal, explosiva, efêmera: ela absorve seu homem por inteiro, sacode-o dos pés à cabeça e passa. Nada de metódico nem premeditado, sobretudo; mal e mal se pode falar de empreitada: é um frenesi de infelicidade, um prurido no qual Gustave se esgotará dois meses para em seguida desabar na cama como vencedor e anular-se no sono.

Mas, logo depois, nasce a preocupação. Curiosamente, ela vem de um fracasso literário – bem provisório, aliás. Está descontente com *Novembro* e para de dedicar-se a ele. Tinha-o começado *contra* as fatalidades burguesas que o espreitam e, como sempre, não obtendo a prova de sua vocação, é remetido em desespero à necessidade de abraçar uma profissão. Mas dessa vez a dúvida se alastrou como mancha de óleo: como se, reconhecendo sua incapacidade de compor, ou seja, *de agir como artista*, ele também se interrogasse sobre sua capacidade *de estudar*, da qual não duvidava até então. Abre o Código dois meses mais cedo do que havia previsto: não tanto para começar realmente a estudar quanto para provar a si mesmo que poderá estudar. O livro lhe cai das mãos. Ele o retoma um pouco depois, trabalho perdido: não entende nada, não grava nada. Por quê? Porque a ação, já de saída, revela-se em sua verdade. Ela *o* designa

VII. Do poeta ao artista

como agente, designa-*se* como iniciativa e designa seu fim que outro não é senão a liquidação do indivíduo acidental em proveito do indivíduo de classe. Impossível prestar-se a ela. No entanto, impossível é recusá-la. Adivinha-se o que vem em seguida: o ato, por não poder negar-se, transforma-se em gesto. Em outras palavras, Gustave faz os movimentos necessários: vira as páginas, seu olhar percorre as linhas uma após outra, ele chega até a fazer anotações, ou seja, sua pena copiará artigos do Código. Em suma, ele *desempenhará o papel de estudante*, ficará duas horas à escrivaninha e ninguém que o olhe duvidará de que o agente não passa de ator. Mas por que essa comédia? Para convencer os outros? Por certo não: Gustave se entrega a ela por falta de coisa melhor; é como um eco das palavras de Pascal: "Ajoelha-te e crerás". Faze os gestos da ação, e a atividade virá dar-lhes um sentido prático: ele espera que *isso* ocorra. Isso o quê? Pois bem, o Ego abstrato que assumirá o encargo da empreitada. Esse Ego ele incita por meio de uma pantomima. Note-se, aliás, que essa pantomima lhe custa. De fato, ele gosta mesmo é da sátira cômica (o Rapaz) ou da resignação: no primeiro caso ele sacia seus rancores; no segundo, reproduz seu próprio estilo de vida, amplificando-o com paixões imaginárias. Desempenhar o papel de agente prático é coisa que repugna a Flaubert: ele "não é o personagem"; precisa coagir-se, é um acerto. Nesse sentido a atividade irrealiza-se em gestos, mas os gestos, tanto pelo esforço que lhe custam quanto pelo objetivo que se propõem (incitar o Ego prático e prendê-lo na armadilha), são como a aurora de um ato. Ele detesta sua comédia e urra de cólera a cada vez que é preciso recomeçá-la – ou seja, todos os dias. Ele se coage minuto a minuto a prossegui-la, fixa de antemão sua duração – três horas, por exemplo – e não pode abster-se de olhar cem vezes para o relógio. Nesse sentido a ação imaginária baseia-se numa atividade real, mas passiva: é preciso *resistir*, forçar-se a ficar sentado, não levantar a cabeça, deixar o tempo passar, entregar-se a esse largo rio lodoso que deve carreá-lo sem pressa para essa nova etapa: três horas passadas. *Gestos* que imitam a práxis e são produto da atividade passiva, seus comportamentos não são apenas tentativas para captar o Ego prático, visam a convencer Gustave de que está estudando e, em certo sentido, de que está fazendo o melhor possível, de que, por conseguinte, não será responsável pelo fracasso: ele é o comediante louco que quer interpretar Hamlet de modo tão magistral que transporá o muro do imaginário e se tornará Hamlet de verdade. Mas, tão logo o livro é aberto, as tarefas propostas lhe revelam a inutilidade da tentativa, enquanto ele faz de tudo para se convencer de que o estudo nada mais é que aquela presença cega em sua escrivaninha.

Isso porque o objeto o designa e lhe dita a sua tarefa. O que ele reprova *em primeiro lugar* nos textos que precisa aprender, diga o que disser, não é o fato de serem uma "algaravia": eles se propõem como *instrumentos*, esperam ser *utilizados*, reivindicam uma práxis do entendimento; uma primeira síntese deve trazer à tona um sentido aproximativo; a decomposição metódica com base na totalidade – o livro inteiro ou o parágrafo – deve possibilitar detalhar o significado, descobrir suas nervuras e articulações; deve seguir-se uma recomposição que tenha por objetivo deixar que o conjunto estudado *se engendre livremente* como um todo que se produza produzindo suas partes. Ora, Gustave não só tem aversão a fazer isso como também não é autenticamente capaz de fazê-lo. Vimos que, nas cartas que são a própria expressão de seu pensamento, ele se coloca ora no plano da análise já feita (o que equivale a afirmar o princípio geral de que tudo pode ser analisado), ora no do sincretismo (ou seja, de uma síntese que continua sonhada e, não tendo sido precedida pela análise ou pela descrição fenomenológica, na verdade não passa de uma multiplicidade de interpenetração não estruturada). As operações, inscritas na objetividade, exigem dele um esforço que ele não quer nem pode fazer. Contudo, ele *lê*, mas há vários níveis de leitura, e ele se situa no mais baixo, no do revisor que, para descobrir melhor os erros tipográficos, se recusa a esclarecer a frase com o parágrafo ou com a demonstração em curso e limita-se a verificar a sintaxe e a ortografia. Essa verificação, apesar de tudo, pressupõe uma síntese – ou seja, certa intelecção –, mas continua quase passiva. O revisor reduz a prospecção ao mínimo, *não espera* quase nada: simplesmente o fim da frase em função de seu começo; seu poder unificador limita-se a deixar que as palavras se justaponham, ou seja, a incitar as forças de unificação que estão contidas na linguagem escrita. Em outras palavras, as orações se estruturam diante de seus olhos – mal ousaríamos dizer por seus olhos. Se ele se deixasse tentar, se se interessasse pelo conteúdo, os morfemas desapareceriam em proveito do significado, ele deixaria de vê-los e de vigiar as suas ligações elementares. Gustave estuda o Código como revisor. De qualquer maneira, ele tem tendência demais a isolar as palavras, a considerá--las por si mesmas como objetos exteriores, admirando sua beleza ou se aborrecendo com sua fealdade. Conhecemos as razões dessa atitude. Mas essa relação original com a linguagem não o impede – muito pelo contrário – de ser um leitor quando está em presença de Montaigne, Rabelais ou Shakespeare. Isto porque, nesses momentos, ele sabe explorar a fundo a atividade passiva e, deixando o discurso recompor-se nele em sua suntuosidade material, sabe penetrá-lo com uma intenção que o supera e nos remete precisamente a seu sentido.* A leitura de uma obra literária em Flaubert nunca é *agressiva*, não se reduz às significações abstratas: estas lhe chegam através da atividade de sua passividade, não sobre as ruínas do material verbal, mas como o além problemático dessa materialidade. Em suma, por meio de uma tensão que lhe é própria, ele sabe manter-se em dois níveis simultâneos de leitura, com o risco de fender-se – o que lhe ocorre com frequência – e cair numa espécie de alheamento que ele sente como estupor admirativo. Mas nesses casos os momentos são de cansaço decorrentes do esforço constante de adivinhar uma atividade *outra* para além das sínteses passivas da leitura material. Essa leitura material é a única que ele pratica quando se trata do Código.** No instante em que o abre, por não poder buscar nele um *sentido* poético ou artístico que não existe, ele se mantém num nível mais baixo, recusando a agressividade que supera a frase em direção a seu significado rigoroso. Viu-se com que violência ele protesta quando se pretende dar alguma profundidade ao direito encarando--o do ponto de vista histórico ou filosófico. Não: direito é direito, ou seja, é *letra*. Ele se esmera em descobrir a fealdade dos termos e dos signos: "Só pode ter sido condenado pelo Tribunal Penal quem faz literatura semelhante e diz palavras como *usucapião*, *agnados*, *cognados*!".*** Durante as aulas magistrais, ele assumirá a mesma atitude: comédia do estudo, passividade real: "Vou, sim, às aulas, porém não ouço mais, é tempo perdido. Estou farto, não aguento mais. Admiro as pessoas que ficam lá, pacientemente, fazendo anotações e não sentem um turbilhão de raiva e tédio subir-lhes à cabeça".**** Em suma, as motivações positivas levam-no a desempenhar um papel,

---

* Veremos o que acontece num próximo capítulo.

** É verdade que as *Institutas* são escritas em latim, o que exige dele um esforço suplementar. Ele traduz. Mas essa atividade quase automática (ele conhece a língua) não implica necessariamente intelecção.

*** A Ernest, 21 de maio de 1842.

**** A Caroline, junho de 1843.

esperando ser seduzido por ele; as motivações negativas têm como efeito tornar essas tentativas perfeitamente vãs.

Nos comportamentos que traduzem essa contradição caberá ver "condutas de fracasso"? Não de todo. Sem dúvida, no fundo ele recusa o sucesso, tanto porque não pode atingi-lo sem se metamorfosear em agente prático, quanto porque, se o obtiver, o sucesso dará prosseguimento à metamorfose, fazendo-o resvalar para o aburguesamento. Mas não se pode dizer que essa resistência passiva, simultaneamente engendrada e combatida pelo projeto consciente de fazer – se possível com brilhantismo – os exames de direito, tenha como finalidade o fracasso *enquanto tal*: ter repugnância pelos sucessos práticos é uma coisa, fazer-se "homem-fracasso" é outra. No entanto, existe uma intenção de fracassar: se não a encontramos, é porque ela é posterior às outras duas e provocada por estas. Alguns trechos de sua Correspondência transmitem a sensação de que, enquanto pretende combater suas repugnâncias com cerimônias e gestos, ele se compraz de algum modo em entregar-se a elas: vai às aulas, mas não ouve, é inteiramente absorvido pela raiva. Lendo-se sua diatribe violenta *demais*, somos tomados por uma dúvida: e se ele fosse lá *para* não ouvir? *Para* ser absorvido por um furor silencioso e vingativo? *Para* renovar e reforçar a cada dia sua convicção de fracasso e provar a si mesmo – com o horror que toma conta dele – que ele *não pode* ser aprovado?

As cartas que escreve a Ernest durante esses dois anos têm, de maneira mais geral, um tom insólito que precisamos interpretar. Nada há de normal no fato de ele se queixar à irmã, de querer chamar a atenção da família para sua vã obediência e para a implacável maldade do pai. Mas por que se obstina em profetizar seu fracasso quando se dirige a um antigo amigo que no momento ele considera um tolo e que fez com brilhantismo os mesmos exames quatro anos antes? Não faz parte de seus modos: terá perdido o orgulho? Não parece: duas cartas a Chevalier são exceção à regra, ou seja, a de 6 de setembro de 1842 e a de 2 de setembro de 1843 – cada uma delas escrita após uma reprovação. As duas se assemelham curiosamente: nelas encontramos seu orgulho exasperado. Nas duas Gustave omite o infortúnio previsto com tanta frequência só se refere a ele alusivamente; no entanto, estamos certos de que, pelo menos no primeiro caso, ele não vê o amigo há muito tempo. Portanto, conta com os outros para anunciar-lhe a má notícia: sua pluma recusa-se a tanto; ele se alça a atitudes grandiosas, dá mostras de soberba ou reivindica que Átila volte à frente de quatrocentos mil cavaleiros para incendiar a França, a começar por Rouen. Eis o verdadeiro Flaubert: humilhado, ostentando um orgulho de ricochete, não conseguindo resolver-se a dizer como reage àquilo que lhe ocorre, embora saiba que o amigo está a par, e mascarando seu silêncio com ruidosas imprecações. Será o mesmo que confessa sem rebuços: não estou avançando, estou recuando, não gravo nada, não entendo nada? Sim, é o mesmo. E, olhando melhor, verificamos que essas confissões não contêm nenhum vestígio de humildade. Ao contrário: se Gustave não pesca nada da "nobre Ciência", não é culpa dele, e sim do direito. Vai fracassar *por superioridade*. Em suma, trata-se de desvalorizar sub-repticiamente os sucessos de Ernest: "Não conheço nada mais imbecil que o direito". Entendemos: se o estudo do direito é imbecil, para se sair bem nele é preciso ser um tolo. E, como Chevalier espera fazer carreira na magistratura, desfecham-lhe os seguintes dardos: "A justiça humana é... o que há de mais bufo no mundo; um homem julgando o outro é um espetáculo que me faria morrer de rir... se agora eu não fosse obrigado a estudar a série de absurdos em virtude da qual ele o julga". Essas poucas palavras marcam bastante bem a linha de defesa que Gustave escolheu: ele não entende nada do Código porque, realmente, *não há nada para se entender*; o homem não tem direito nem meios de julgar seu semelhante – considerando-se que juiz e réu são ambos patifes e também que ninguém sonda os corações (é por isso que, numa anotação dos *Souvenirs*, escrita em 1841, ele condena a *crítica*, que sentencia as obras sem se preocupar com as intenções).*

Na verdade, é uma justificação *a posteriori* de sua incapacidade. No entanto, conforme veremos mais adiante, ela corresponde a convicções sinceras. Mas o que importa aqui é que ela possibilita perceber a terceira *intenção* de Flaubert. A inteligibilidade do direito lhe escapa. Não que se trate de uma disciplina que ultrapasse seu entendimento – como seria o caso da "matemática superior" –, mas simplesmente porque requer dele uma *práxis total* que teria como finalidade a carreira de advogado. Portanto, para seu orgulho, é preciso que o direito seja ininteligível. E como o provar, a não ser enfatizando a sua incompreensão, enchendo-a de desprezo e cólera, o que, em suma, permite caracterizá-la como recusa e condenação ao Código, ou seja, como

---

* Mais tarde, em vez de rejeitá-la globalmente, ele a aceitará quando for *compreensiva* e apreciar o resultado apenas função daquilo que o autor quis fazer.

atividade negativa? Mas o direito é tão *imbecil*? Reconheçamos com Flaubert que um "homem que julgue outro" é imbecil ou odioso. Mas isso num contexto histórico: há uma justiça de classe que desaparecerá se as classes desaparecerem. O Código não é tolo nem inteligente: ele traduz com clareza os interesses e a ideologia da classe dominante por meio de um sistema normativo que – *do ponto de vista dessa classe* – rege as relações humanas. O código civil, em especial, tenta definir e proteger o direito de propriedade real que Flaubert, como vimos, nem pensa em contestar. A única contestação possível, portanto, seria *social* e visaria o direito enquanto superestrutura da sociedade civil. Mas Flaubert, burguês a contragosto, não pode sequer conceber semelhante crítica: no fundo, ele admite as normas jurídicas de sua classe. O que fazer então para contestar? Há um único meio, de imediato adotado: para tornar o direito imbecil, ele se tornará imbecil perante o direito. Isso se torna mais fácil principalmente porque sua resistência passiva o impede de entender uma palavra sequer daquilo que lê. Trata-se agora de assumi-la, consolidá-la e ver nela a reação normal de um homem superior a uma tarefa absurda. Abrindo seus livros, assistindo a uma aula, ele se embota mentalmente, produz em si o alheamento e o vazio, de maneira sub-reptícia, volta a ser o inerte mártir que o tempo carrega para seu destino. É evidente que a operação não é cínica, pois assume como objetivo provar ao próprio Flaubert que *é o direito que cretiniza*. Se ele tem dificuldade para estudar, é porque está acima dessa "série de absurdos". Em suma, trata-se de objetivar sua própria imbecilidade, projetá-la no Código. Uma fórmula, tomada em uma de suas cartas, deixa bem claro o sentido dessa iniciativa: "Nada é mais imbecil que o estudo do direito...". Já nem é mesmo o objeto jurídico o que se visa diretamente*, e sim a própria atividade – metódica e objetiva – de estudá-lo: quem for a tal levado mergulhará de cabeça no abismo da tolice humana, essa realidade *coletiva* o submergirá e penetrará. Não é sua própria imbecilidade que Gustave sente diante das *Institutas*: é a dos outros. Em suma, é como se seus comportamentos fossem *discursos*, como se ele dissesse (ao pai, a Deus, a si mesmo): obedeço, vou ao limite de minhas forças, mas não conseguirei, pois, para conseguir nessas tolas matérias, é necessário ser um tolo.

---

* Ele será visado numa outra afirmação, podemos estar tranquilos.

VII. Do poeta ao artista

Haverá comportamento de fracasso? Sem dúvida alguma. Com duas ressalvas: a intenção é intermitente e superficial; não é radical.

1º Como vimos, é uma reação de orgulho a uma contradição mais profunda que ela pretende superar e que a condiciona; nesse sentido, ela é mais explícita que as duas anteriores e, com isso, vem à superfície. É o que explica sua intermitência. Ao longo do ano, quando ele boceja diante dos livros ou "vive bem tranquilo... dizendo que vou à Escola de Direito e não pondo os pés ali", o comportamento de fracasso não é duvidoso. Quando o exame está próximo, ele se esforça contra a vontade, com cólera e angústia, por fazer o que é preciso para prestá-lo: seus grandes furores explodem em julho-agosto de 1842 e em julho-agosto de 1843. A isso se deve acrescentar que ele se afobou depois do primeiro insucesso, estudou de 10 de novembro a 28 de dezembro e, choramingando e resmungando sem parar, acabou sendo aprovado. Isso prova que, pelo menos no início, a resistência – em seus dois níveis – não era tão forte que ele não conseguisse vencê-la. No entanto, esse medíocre sucesso, em vez de curar seu orgulho, acaba por esclarecê-lo: tudo recomeça *como no colégio*, ele foi mau aluno, será mau estudante; mais vale um grande desastre que um mísero sucesso após fracassos repetidos. Entre janeiro e março de 1843, ele buscou o pior com conhecimento de causa.

2º Será possível dizer, porém, que sua intenção de *falhar* tenha sido radical? Não, porque de abril a agosto ele volta a ser tomado pela angústia e pela raiva de ter de "rachar". O roteiro do ano anterior se reproduz neste ano sem a mínima mudança.* Portanto, convém deixar clara sua intenção e marcar seus limites. Direi que ele precisa fracassar dia após dia, minuto a minuto, aqui e agora, na iniciativa repugnante de *estudar* direito. É preciso que esse naufrágio permanente seja o naufrágio do homem inteiro: "O direito me mata!"; a castração "moral" de que ele fala a Ernest traduz a recusa birrenta que ele opõe aos prazeres fugazes que sua vida de estudante poderia comportar, e até mesmo ao onirismo dirigido. Ele constrói o vazio em si mesmo, priva-se da alegria de escrever e até da alegria de ler, não tolera em sua alma vacante e frustrada senão a obsessão pelo Código – chega a sonhar com ele à noite –, somada a uma tristonha "imbecilização" atravessada por longas cóleras e impulsos homicidas, aliás cuidadosamente controlados. Tudo isso *em vão*, está claro, pois uma força

---

* Ou melhor, assim seria se Gustave fizesse o exame durante o inverno de 1843-44.

estranha o paralisa assim que ele tenta estudar. Em suma, ele *agora* está afundando; *agora* sua iniciativa é suicida: seria ótimo se o direito o matasse de verdade. Mas a intenção de fracassar se estenderá aos exames de fim de ano? Em certos momentos, talvez, quando, desanimado, certo de ter feito tudo o que podia, ele põe os livros de lado e para de estudar. Em outros, não, claro. Se quisermos traduzir em palavras seu desejo contraditório e inconfesso, precisaremos fazê-lo dizer: quero provar inegavelmente de outubro a julho que sou *incapaz* de compreender as asnices que me ensinam – não por falta mas por excesso de inteligência – e, no fim do ano letivo, que posso recuperar o tempo perdido como sucesso retumbante e, num lampejo de gênio, dar sentido *àquilo* que não o tem, compreender o incompreensível e obrigar minha memória a regurgitar os artigos que ela se recusou a ingurgitar. Por trás dessa inconsequência, encontraremos dois "axiomas" que se opõem entre si. Um vem da família Flaubert e do senso comum: quem pode o mais pode o menos. Se queres mostrar-te superior à tarefa que te atribuem, começa por sobressair-se nelas: para desprezares o direito, precisarás antes elevar-te num único salto e sem contratempos até o doutorado. Vimos que esse princípio *positivo* guia os pensamentos de Gustave em 1840-41, quando ele achava "um pouco humilhante" que Ernest "rachasse" e, seguro de sua superioridade, esperava "preguiçar" durante quatro anos. O outro axioma, negativo, lhe chega do romantismo; criança solitária e ferida, adotou-o com entusiasmo: quem pode o mais *não pode* o menos. Uma alma nobre tem ideais puros demais, ambições altivas demais, uma visão penetrante demais para entrar nas preocupações liliputianas dos juristas. O tema do inadaptado magnífico – que lhe serviu de grande socorro no colégio – oferece-lhe de novo seus serviços: fracasso é sinal de eleição. Entre os dois princípios, Gustave é puxado ora para um, ora para outro. Durante o ano, é o segundo que predomina, mas o primeiro permanece, mascarado, ainda virulento, conforme o prova a angústia crescente do jovem; nos últimos meses tudo se inverte: o cirurgião-chefe nunca admitirá acreditar que o filho caçula fracassa por superioridade; com isso, este se lança ao estudo; tarde demais. E o segundo axioma nem por isso deixa de destilar sua peçonha: se conseguires, é porque és um homem de ação, prático, utilitarista, racional, sério, e mereces ser o burguês que serás. Assim, a intenção de fracasso durante o ano permanece bastante limitada: não só porque não se estende até o fim da empreitada, mas também porque visa sobretudo salvar a honra: Gustave valoriza a incompreensão para convencer-se de que ela é marca da nobreza de sua alma.

Mas, assim como no movimento geral de uma sociedade é preciso levar em conta certa circularidade, pois as superestruturas retornam para as infraestruturas das quais emanam dialeticamente, também numa subjetividade particular as intenções de superfície, provocadas pelas intenções profundas, têm incidências reais sobre estas. O fracasso sob medida com que Gustave consentiu corresponde, como vimos, à assunção parcial de suas resistências passivas e das normas de sua passividade constituída. Apesar de *parcial* e, em certa medida, *encenada*, essa assunção não deixa de determinar uma nova intencionalidade nas profundezas: a impressão é de que esse fenômeno de circularidade é interpretado pelos abismos como índice de reconciliação totalizadora dos estratos subterrâneos com os da superfície, ou melhor, que eles descobrem na determinação de cima o sentido vetorial de sua agitação e a adotam, levando-a ao extremo. Em outros termos, o fracasso limitado que Gustave se dá como objetivo restrito é vivenciado no subterrâneo como uma vertigem extremista: em algum lugar dele, os comportamentos antes descritos dão origem à tentação de perder-se num fracasso radical.

Caberá dizer que ele *sabe* disso ou apenas que o pressente? Não. Talvez às vezes ele seja atravessado por uma ideia singular fulminante: o cirurgião-chefe não se sentirá abalado enquanto o filho caçula não lhe tiver demonstrado que está *abaixo* da tarefa imposta. Mas logo fica com medo: seu orgulho não aceitará dever a salvação a uma inferioridade *real* – física e mental ao mesmo tempo. Nesses momentos, podemos ter certeza de que ele se agarra aos bons princípios familiares e jura que vai combater os tolos no terreno deles para depois poder desprezá-los. No entanto, a partir de 1841, fica preocupado: até então, sem se conhecer de fato, ele se compreendia bastante bem. Agora, algo lhe escapa. O que mais o preocupa não são tanto suas tergiversações nem sua passividade diante do Código. Não, mas, *na profundeza*, um sentido ainda obscuro advém à sua experiência, prepara certo futuro ainda mascarado que Flaubert não pode olhar de frente nem, sobretudo, assumir. Sobre isso ele não se abriu a Ernest, nem a Alfred, nem a Caroline. Se quisermos entrever esse *fundamental* tal como é vivenciado em 1842 pelo filho de Achille-Cléophas e perceber de dentro seus esforços para compreender e controlar os transtornos que começam a desorganizá-lo, precisaremos deixar de lado a leitura da Correspondência – que é um *discurso para os outros* – e reler o discurso que ele dirige a si mesmo, *Novembro*.

GUSTAVE E SEU DUPLO

Concebido durante o inverno de 1840-41, *Novembro* é várias vezes abandonado e retomado. Em janeiro de 1842, Gustave ainda está trabalhando nele. Em fevereiro, aborrece-se com ele, a pena lhe cai das mãos. Dessa vez a interrupção será longa. Uma carta de 15 de março nos informa que ele está estudando o Código "e isso me tira toda a coragem e toda a inteligência para o resto". Em 25 de junho, a mesma versão do fato. É mais ou menos certo que ele não tocou a sua "salada russa sentimental" entre o mês de fevereiro e o fim de agosto. Volta ao texto *depois da reprovação* e termina-o em 25 de outubro de 1842. Onde se situa a interrupção no texto? Uma coisa é clara: o projeto inicial era escrever na primeira pessoa um romance autobiográfico que evocasse a aventura do autor com Eulalie Foucaud. Para provar isso bastam as palavras "sentimental e amorosa", embora o adjetivo "sentimental", escolhido para qualificar as duas *Educações*, indique que Gustave, desde o início, pretendia mostrar o desenvolvimento geral de sua sensibilidade, ou seja, voltava à totalização na interioridade. A esse projeto ele permanece fiel durante as oitenta páginas iniciais*; desvia-se completamente dele nas últimas dez páginas. Já não se fala de Marie, a autobiografia é interrompida, aparece um desconhecido que declara: "o manuscrito se interrompe, mas conheci o seu autor", e substitui esse autor para contar com secura propositada a sequência e o fim dessa vida. Ora, não é de se crer que Gustave tenha começado a escrever na primeira pessoa com a intenção deliberada de terminar na terceira. É evidente que a passagem de uma à outra – com sua recíproca – aparece comumente no século XIX como procedimento de romancista: veja-se, por exemplo, *O rei das montanhas*.[54] Esse procedimento foi empregado por alguns autores já no início do século XVIII. Foe, no prefácio de *Moll Flanders*, declara que apenas tornou mais aprimorado e perfeito "um manuscrito... escrito na prisão de Newgate e... que foi parar (em suas) mãos".** Mas aí não se trata de

---

* Edição Charpentier.
** Hamilton, por sua vez, alega escrever o que o conde de Gramont lhe dita.

artifício retórico: Daniel de Foe, jornalista, pretende fazer que suas ficções sejam vistas como relatórios fiéis de acontecimentos vividos. Na verdade, foi o sucesso de *Werther* que depois transformou numa espécie de gênero literário aquilo que de início podia ser uma medida de precaução. Pode-se ver nessa obra – em que o amigo de Werther publica o diário e as cartas do infeliz jovem e depois se põe no lugar dele para contar seus últimos dias e sua morte – uma espécie de transição entre o romance epistolar e o romance-confissão que se afirma ter sido encontrado ou recebido por outra pessoa. A razão técnica da simpatia de que esse estratagema gozará entre os românticos pode ser adivinhada sem dificuldade: os personagens se matam muito nessas narrativas e, se alguém quiser contar os últimos instantes do herói, precisará entregar a pluma a uma testemunha de sua vida. Mas, se esse modo de narração tende a substituir o gênero "epistolar", é porque conserva deste tanto o subjetivismo quanto o "distanciamento". No século XVIII dizia-se: eis aqui toda uma correspondência, vou publicá-la, mas não sou seu autor; os correspondentes descrevem-se por si mesmos, são subjetividades que o leitor fará bem em observar. No século seguinte se diz: vou publicar um testemunho que não escrevi pessoalmente; eis os dados objetivos que consegui reunir sobre aquele que me entregou esse depoimento, e os leitores os compararão às certezas subjetivas que se expressam em sua narrativa. E assim grassam confidências esquecidas num celeiro, num chapéu, descobertas nos papéis de um defunto, entregues a um escritor profissional por um louco que foge correndo.

Mas, em todos esses casos, exige a técnica que a premeditação seja formalmente estabelecida: "Eu estava só naquela noite... alguém bateu à minha porta... vi uma pessoa esquisita com um manuscrito debaixo do braço... etc. etc.". Essas palavras são ditas logo nas primeiras linhas pelo escritor, que às vezes reaparece no fim para concluir. É uma lei do gênero: é preciso *introduzir* a confissão; para que cada frase do pseudomanuscrito possa nos parecer ao mesmo tempo mais distante e mais abandonada, é preciso que entre o texto e nós haja esse vidro, transparência e separação: o autor que o publica e afirma que não o escreveu. Ora, Flaubert tem 21 anos; não lhe faltam cultura nem técnica; faz tempo que leu entusiasmado *Os sofrimentos do jovem Werther* e aprendeu essa técnica "da moda": se, no momento da concepção, quisesse provocar em nós esse distanciamento e essa solidariedade, é de se acreditar que teria se distanciado já desde a primeira palavra. O segundo personagem é necessário, que seja;

representa o além-túmulo. Razão a mais para introduzi-lo já no início. Ora, ele entra arrombando a porta e perturba pela incongruência. Embora a orientação do manuscrito lírico seja muito pronunciada, o autor se expressa com tanta liberdade e, muitas vezes, com desordem, há tantas repetições desnecessárias enfim, que é possível descobrir nele o rigor interno de um resvalar quase orgânico que parte das primeiras experiências para redundar na morte, mas não o rigor de um plano, de uma construção estética que imponha sua evidência ao leitor. Parece que Flaubert se senta à mesa e escreve o que lhe passa pela cabeça sem se preocupar em saber se está se repetindo.* A ideia de suprimir o herói vai amadurecendo de uma página à outra, é verdade; é também verdade que esse amadurecimento é consciente: mas não pode ser confundido com uma iniciativa deliberada. Quando Flaubert começou *Novembro*, fazia algum tempo que voltara a ser tentado pela totalização na interioridade: há de início as anotações que faz de vez em quando num caderno, e que lhe manifestam de modo intermitente o desejo de retomar a atitude introspectiva tanto como meio de conhecer quanto como esforço de *presença para si*; além disso, houve a aventura de Marselha que, segundo ele nos diz, ganhou importância vários meses depois de ter ocorrido; por fim, Gustave ainda está sob a impressão do fracasso de *Smarh*: o movimento do pêndulo se acentua; é preciso voltar ao "romance intimista", ou seja, à história de um martírio. De fato, a estrutura de *Novembro* assemelha-se à das *Memórias*. Aqui como ali um véu de ficção transparente cobre por precaução confidências verídicas; nos dois casos o episódio central é fornecido por uma experiência amorosa: as *Memórias* nos contavam o primeiro amor de Flaubert; *Novembro* não relata a sua educação sexual, mas a revelação do prazer como realidade *total* (carnal e afetiva); quanto ao resto, o plano é o mesmo: infância e vida de colégio, depois o encontro amoroso, por fim a separação (nas *Memórias*, é a mulher que não volta a Trouville; em *Novembro*, é Gustave que se afasta) e, nos capítulos finais, o autor volta à efusão lírica. Diferença: muito mais que *Memórias*, *Novembro* é um tratado do vão desejo e das técnicas de irrealização. O resultado, sem dúvida alguma, é que neste segundo "romance intimista" o autor se introduz ainda mais que no anterior; tanto porque se aprofunda mais quanto porque adere a si com mais

---

* Por essa razão, o manuscrito lírico muitas vezes se parece com um diário íntimo. Aliás, ele retira trechos de *Souvenirs, notes et pensées intimes*, redigido entre 1838 e 1841.

complacência. Mas isso também nos dá informações: o projeto inicial de Gustave foi recomeçar as *Memórias* e, dessa vez, ter êxito. Deve ter pensado que um amor infeliz e solitário, como aquele que ele descrevia, não podia despertar interesse: tudo se passava numa única cabeça. O episódio de Eulalie – além do fato de ele fazer questão de traduzir em palavras o seu deslumbramento – dava-lhe a oportunidade de dialogar com *uma outra* (uma outra que, aliás, ele não pôde se abster de transformar em si mesmo). Ora, as *Memórias* se encerravam com o desaparecimento da sra. Schlésinger. A morte do herói só era considerada em seu aspecto de totalização: era um velho que contava uma existência que logo se concluiria com a morte, só isso. Além disso, vimos que Gustave nem sempre é fiel a seu propósito, e que o velho com frequência volta a ser adolescente. Portanto, no próprio interior do Eu há uma espécie de desdobramento: sem abandonar o ponto de vista do interessado, Gustave apresenta-se por si mesmo e por outro. Em *Novembro*, ao contrário, a ideia da morte se faz onipresente; "nasci com o desejo de morrer": não é uma descoberta propriamente dita, mas o fracasso de 1839, as tentativas malogradas que se seguiram, a urgência crescente de abraçar uma profissão, a resistência passiva vivenciada como doença, tudo conspira para acentuar esse desejo. Na mesma época, ele deseja não ser nada. Ser *nada*, em certo sentido, é estar morto. Mas, com isso, esse sol negro ilumina e dá destaque à singularidade do sujeito. Não que Gustave nos exponha aqui o aspecto profundo de sua "anomalia", mas porque uma vida que quer viver-se em seu "ser-para-morrer" se manifesta pela própria anulação que a espera, como aquilo que jamais se reproduzirá duas vezes. Não há dúvida alguma de que Gustave, sujeito mortal que deseja a morte, quis expor-se em sua universalidade singular. As primeiras palavras que ele traçou são decisivas: "Gosto do outono". Assim como as palavras que começam o segundo parágrafo: "Acabo de voltar de meu passeio pelos prados ermos". Gosto pessoal – acontecimento datado, irreversível, minuto individual de sua história. A partir daí, está tudo determinado: o jovem escritor traduzirá em palavras o gosto pela vida cotidiana. Não há o menor "distanciamento" na relação entre vivenciado e reflexivo; cada frase é um roçar de alguém contra si mesmo. Adesão total: o autor se *dá razão*, ou seja, aceita-se e quer-se como se sente. Na medida – sempre pequena em Gustave – em que escreve para um leitor, este desempenha o papel de um pai amoroso que teria a terna compreensão de uma mãe; há como que um eclipse da agressividade verbal que ainda se encontrava em *Smarh* – assim como da intenção desmoralizadora.

Ao mesmo tempo, nessas oitenta páginas, o autor, em vez de pensar em morrer, acredita na totalização *já feita*: a educação sentimental está terminada; ele sobrevive a si mesmo, está no final da aventura, ao mesmo tempo que continua de acordo com seus sentimentos finados: "Saboreei longamente minha vida perdida". Essa frase é a prova de que ele começou o trabalho com ingenuidade. Fala da morte, sonha com ela, mas essa ainda é uma maneira de viver: o desejo de morte é um traço de seu caráter. Por que seu herói morreria? Ele já é *todo o homem*, ou seja, um mártir completo. Sem dúvida, sentimos o nascimento e o crescimento de um mal-estar, mas a razão disso é puramente literária: ele sente que está patinhando e repetindo-se. Se alguma vez pensou em eliminar seu personagem – suicídio ou acidente –, essa eliminação lhe foi sugerida pela necessidade de concluir. Prova disso é que a parte autobiográfica se interrompe de modo inconveniente e brusco, no momento em que o herói recomeça seus exercícios de ginástica imaginária. Não, nada o prepara para tornar-se *objeto*, para se designar a nós como aquele Outro que ele é para os Outros. Ao contrário: no momento em que se aborrece de escrever – fevereiro de 1842 –, ele se surpreende a não mais se narrar, e sim a desposar complacentemente seus sonhos, a "fazer estilo", como diz. Sua situação não mudou muito desde as *Memórias*. Portanto, ele se interroga – de modo mais pomposo, porém da mesma maneira: "Aonde irei?... Se pelo menos eu fosse almocreve em Andaluzia... Porque não sou gondoleiro em Veneza...". Sabemos o que está por trás desses desejos: a saudade de sua "querida viagem", o vão desejo de não ser nada, a cupidez de conhecer tudo e o medo crescente inspirado pela vida de estudante, por Paris e pelo direito. Por que parou? Tanto porque não achava desejável a queda – como terminar com a exposição de seus vastos apetites uma obra iniciada com a célebre confidência: "Nasci com o desejo de morrer"? –, quanto porque, fazia quase um ano, ele condenara a eloquência: esses grandes movimentos oratórios são o oposto da nova estética que ele entrevê e que tem em vista traduzir indiretamente a ideia por intermédio da forma.

Durante o inverno 1842, os modelos de Gustave continuam sendo Rousseau e Musset: ele os leu. No fim do verão de 1839, portanto logo depois de terminar *Memórias de um louco*, ele comunica a Ernest seu entusiasmo pelas *Confissões*: isso quer dizer que dimensionou

VII. Do poeta ao artista

com amargura a distância que há entre seu esboço e sua obra-prima, mas também que não perdeu de todo a esperança de igualar-se a Jean-Jacques. Ao começar *Novembro*, ele estabeleceu um objetivo: aproximar-se de seu modelo obrigando-se a ser sincero, falando de fato *de si*. Infelizmente, o *Ego* de Gustave é um ser de ficção: se não for vasculhar nas trevas, ele nada terá a nos dizer, a não ser seus sonhos. E estes pouco se distinguem de uma forma de escrita que é profundamente sua e que, faz algum tempo, lhe causa repugnância. Se a pluma lhe cai das mãos em fevereiro de 1842, é porque ele se enfastiou ao mesmo tempo dessa retórica, de seu personagem e de si mesmo. Em suma, interrompeu-se no exato momento em que desaparece o primeiro narrador. Prova disso é que essa interrupção não corresponde em absoluto à morte do herói – que sobrevive ainda muito tempo –, mas à decisão que este tomou de *calar-se* (como nos informa o segundo narrador), decisão que corresponde com exatidão à de Flaubert naquele mês de fevereiro, como podemos nos convencer elucidando esse trecho com o posfácio de *Smarh*. Ele prometia a si mesmo não mais escrever. Ao começar *Novembro*, teve uma esperança. Agora, desespera e volta ao silêncio. A partir daí, "sofre mais", ou seja, começa o estudo fastidioso do direito. Mais uma vez se convenceu de que é um "grande homem gorado"; quando decide abrir as *Institutas*, ele o faz com o sentimento de um fracasso radical: não é apenas o medo, mas uma sanha de resignação que o obriga a antecipar-se ao programa.

Depois do fracasso de agosto de 1842, Flaubert volta a seu manuscrito. Mas toma uma estranha resolução: mudar de narrador. Sem se preocupar em terminar o parágrafo inacabado, abre um novo parágrafo e faz *outra pessoa* falar, um amigo do primeiro narrador. Do ponto de vista estético, essa mutação está tão pouco preparada, que incomoda: fissura brutal, o mal-estar em que ela nos mergulha não deixa de lembrar o mal-estar provocado no teatro pelos "cortes sangrentos". Mas é justamente isso que lhe dá valor: esse defeito da narração impressiona mais em profundidade na exata medida em que, na superfície, parece indesejado. Alguma coisa começa a viver diante de nossos olhos: um acontecimento real ocorrido ao autor, que lemos nas entrelinhas. A quem perguntar que acontecimento é esse diremos que Flaubert retomou seu manuscrito com a intenção de terminá-lo no momento em que percebeu que já *não conseguia* falar de si mesmo na primeira pessoa. O que pode levar-nos a entender melhor como

Flaubert sentiu, em profundidade, sua experiência dos dezoito meses anteriores é a ruptura da adesão à vivência, brusco distanciamento surgido na relação íntima de alguém consigo. Mas é preciso examinar tudo isso de perto, para não interpretarmos de maneira errada.

O que impressiona primeiro é que Flaubert *renega sem renegar* as duas primeiras partes de *Novembro*. Renega-as: as primeiras palavras do narrador nº 2 destinam-se a condenar o trabalho literário do nº 1: "Se alguém que, para chegar a essa página, tiver atravessado todas as metáforas, hipérboles e outras figuras que enchem as páginas anteriores...". Um pouco adiante, falando do amigo morto, acrescentará: "Era um homem dado ao falso, ao anfigúrico, que abusava muito de epítetos". Aliás, ele critica o jovem morto por ter frequentado maus ambientes literários, o que se percebia, diz ele, por seu estilo. Censuras discretas, mas rabugentas, condescendência: digamos que Flaubert é juiz de Gustave. Em abril de 1840, passara-se um ano desde o término de *Smarh*, ele não participava mais daquilo que escrevia, donde o posfácio e o tratamento por *tu* que ali o duplicavam. Em setembro de 1842, apenas oito meses haviam transcorrido desde o abandono de *Novembro*. No entanto, de modo muito mais radical que o "tu", a passagem para a terceira pessoa separa Gustave de si mesmo. O furor de 1840 era sinal de vida; o desespero rabugento que o impelia a detestar francamente aquilo que amara, a duplicar-se para insultar--se, era ainda a esperança. No fim do verão de 1842, quando volta a *Novembro*, ele não se zanga, nunca eleva o tom: apenas já não participa de sua obra, e o primeiro narrador lhe parece um estranho; fala dele – ou seja, de si – como *de outro*, de um conhecido mais que de um amigo, sem calor, sem cumplicidade, com a visível preocupação de não incidir no "anfigúrico". O estilo é tenso, endurecido, muitas vezes surpreendente, mas frio: pela primeira vez Gustave realiza uma obra que podia justificar aquilo que ele chamará de "impessoalismo" e – o que diz muito sobre o sentido dessa doutrina literária – é ele mesmo o objeto dessa narrativa impessoal. Aliás, mais que uma narrativa, é um relatório, um registro: um homem relata fatos e gestos de outro com um curioso misto de aplicação e indiferença; a única determinação afetiva revelada por esse discurso é um sentimento de superioridade agastada. Essa condescendência cria toda a ambiguidade – portanto, a espessura estética – dessas páginas: Gustave nos dá uma lição de anatomia e somos tentados a compartilhar seus sentimentos pela morte. Isso seria cair numa cilada que ele arma quase sem prestar atenção: o novo narrador, embora superior àquele morto, está também convencido de que aquele morto é superior a todos. Logo, alguém perguntará bem a propósito com que direito o segundo narrador – que ainda está vivo e comete a grande tolice de escrever – pretende valer mais do que o primeiro que se matou e, para terminar, cometeu este maravilhoso suicídio, "morrer pelo pensamento". Voltaremos a isso. Note-se, simplesmente, que o torniquete vem dar nova dimensão a essas páginas precisamente porque desnorteia o leitor e o põe numa posição insustentável. Desse ponto de vista, é como se a segunda narrativa de *Novembro* representasse a primeira tentativa de Flaubert de realizar "a estranha tradução do pensamento pela forma" que ele concebera já no fim de 1841. Pois, em primeiro lugar, forma não é uma "bela" frase, é a construção de uma cilada com os elementos do discurso. É o que Gustave parece querer nos levar a entender quando faz o segundo narrador dizer: "É preciso que os sentimentos tenham poucas palavras à sua disposição, senão o livro se conclui na primeira pessoa". É claro que reconhece o tema: há alguns anos esse escritor não para de condenar a linguagem. Há mais, porém: os sentimentos só se expressarão por palavras se o discurso for manipulado e transformado, por exemplo, num discurso sobre um discurso.

Contudo, Flaubert *não renega* o início de *Novembro*. A última parte é tão diferente das outras duas em termos de tom, intenções e conteúdo, que se poderia crer que bastariam algumas mudanças sem importância para criar-se um todo autônomo. Mas o autor não pensou nisso um único instante: por mais descontente que estivesse com o trabalho antigo, foi expressamente *para terminá-lo* que introduziu o segundo narrador. Ou melhor: tendo obtido a conclusão, parece-lhe que esse fim, por estranha retroação, transforma o começo sem tocar nele, converte defeitos em belezas e de algum modo salva as páginas escritas antes de fevereiro. De fato, como sabemos, Flaubert, que nunca pecou por excesso de autocomplacência, até o fim terá a "última obra de juventude" em elevada estima. Pedirá a Maxime, a Louise e, mais tarde, aos Goncourt que a leiam. E é verdade que o acréscimo do segundo narrador transfigura o romance inteiro. Em outras palavras, embora o inopinado da cesura nos surpreenda, parece claro que a conclusão não pode ser isolada nem apresentada por si mesma sem se enfraquecer, e que ela extrai suas riquezas precisamente das partes anteriores. Ou, digamos, o jovem do qual o segundo narrador fala mostra-se como a verdade vinda a ser do primeiro: no ambiente da objetividade os acontecimentos do período de fevereiro-setembro só podem nos dar o significado daquilo que foi vivenciado por Flaubert como simples certeza subjetiva. De modo inverso, por meio dessa segunda parte, a vivência subjetiva e a adesão sem distanciamento constituem-se retrospectivamente como algo *que requer* um desvendamento reflexivo e distanciado de sua dimensão objetiva. Aquele que diz complacentemente que nasceu com desejo de morrer é o mesmo que será desvendado como autor anfigúrico por um olhar sem crueldade, mas sem piedade. E isso não põe em dúvida sua sinceridade espontânea: é sobretudo uma tentativa deliberada de mostrar sua outra face. O trecho de *Novembro* que indicávamos acima ganha aqui todo o seu valor: "o livro teria terminado na primeira pessoa..." se o discurso, sem ser manipulado, pudesse traduzir o "sentimento" tal qual aparece para aquele que o vivencia; isso quer dizer que o páthos contém em seu próprio tecido – que é o acordo subjetivo consigo mesmo – um apelo à objetivação ou, digamos, o afeto é vivenciado ao mesmo tempo como o mesmo e como outro, ou seja, como aparece aos olhos dos outros. O discurso obriga a escolher *um* dos dois pontos de vista que existem ao mesmo tempo: se a cólera *se falar*, segundo Gustave, será preciso que ela se dê toda razão ou que se descreva friamente como reação impulsiva e singular. Portanto, a arte partirá a fala para provocar no leitor a apercepção dessas duas faces da realidade vivenciada. Manipulado desde a primeira infância pelos outros, Gustave, no acordo infinito de si consigo, sempre se sentiu um objeto finito para outrem. O emprego sucessivo de *eu* e de *ele* parece-lhe a melhor forma de se designar como objeto concreto – ou seja, como universal singular. De fato, o tema do duplo aparece já em suas primeiras obras: é a oposição entre Almaroës e Satã e é também a decisão birrenta de só participar pela metade dos ímpetos e dos sofrimentos de Marguerite, de Djalioh e de Garcia; é o próprio sentido de seu masoquismo sádico e da contradição que ele descobre bem cedo no artista, gênio universal que plana acima de todos e simples determinação particular do gênero humano. A fuga para o imaginário está consciente de ser definida de modo rigoroso por uma anomalia real que lhe prescreve seus limites, obrigando-o a repetir-se incessantemente com as mesmas formas. Em *Novembro* a genialidade está em explicitar o desdobramento.

Há mais: o aparecimento do duplo é um acontecimento na temporalização romanesca, precedido de outro acontecimento, a morte do primeiro narrador. Seja qual for a maneira pela qual se explique isso, o recém-chegado é póstumo: é alguém que *vem após*. Daí decorre o

VII. Do poeta ao artista 1729

paradoxo de o tema do desdobramento provocado por uma crise ser descoberto e explorado literariamente antes que a crise e a fissura ocorram de fato. Com efeito, depois de 1844, Gustave se sentirá *o mesmo* e *outro*. O ataque de Pont-l'Évêque terá liquidado certo indivíduo, e outro, nascido no momento, ficará com os despojos do primeiro; entre o defunto e o sobrevivente, uma única diferença, que é a idade *mental*: o segundo é o velho sem paixões, enquanto o primeiro, que tanto chorou e gritou, era jovem; seu cadáver embalsamado está à mercê de uma memória que se entorpece. Flaubert, quando tenta transmitir a Louise essa experiência pouco transmissível, escreve: sou dois. Afastando-se a folhagem retórica, fica algo e impressiona. De fato, o tema do duplo é familiar em certas neuroses; bons autores concluíram daí que Gustave recorreu a esse tema, *após a crise*, para significar seus transtornos a si mesmo e depois à Musa. Eles têm razão, salvo num ponto: a dicotomia – por mais patológica que seja – precedeu o ataque em catorze meses. O mais estranho é que o próprio Flaubert não parece perceber isso; quando escreve a Louise: "Minha vida ativa, emocionada, apaixonada... chegou ao fim aos 22 anos", refere-se de modo explícito à sua doença nervosa, ou seja, ao período que se seguiu à crise de janeiro de 1844. Ora, *já em 1842* ele descreveu a morte das paixões em seu coração calcinado e o aparecimento do *outro* Gustave. Terá esquecido? Certamente não: foi àquela mesma Louise que ele leu a "última obra de (sua) juventude"; aliás, ele faz alusões a essa última tentativa de autobiografia, ao "indizível" que ela sugere, até nas cartas que parecem contradizê-lo e recuar a data do *acontecimento*. Ele não se incomoda em situar o aparecimento do outro-no-mesmo ora no inverno de 1842, em Paris, ora – eu diria até ao mesmo tempo – em janeiro de 1844 em Pont-l'Évêque. Essas afirmações, para ele, são perfeitamente coerentes. Gustave é lúcido, tenta explicar-se *realmente* à amante (ainda que essa franqueza tenha o objetivo secreto de mantê-la à distância), sabe que ela conhece todo o processo; está em sua melhor fase, neurótico, é verdade – quem não o é? –, mas em vias de cura, liberto do Pai, tendo chegado – como veremos na próxima parte – a uma surpreendente compreensão de sua doença, animado de um desejo verdadeiro de comunicar sua experiência. Se as contradições que acabamos de ressaltar não existem para ele, é porque elas não existem pura e simplesmente. Para ele, a fissura de *Novembro* é a prefiguração daquela que ocorrerá de verdade em janeiro de 1844: dois homens para uma única vida, o brusco mutismo e a morte do primeiro provocam o discurso do segundo, surgido do nada para publicar e comentar a obra inacabada. O recém-chegado *possui* o jovem morto na memória, como dois anos depois Gustave-o-Velho se fará possuidor e guardião de Gustave-o-Jovem. Compreendemos que o "Eu" lírico e apaixonado, confiança de um miserável em sua intimidade subjetiva, estilhaçou-se: o tempo da desconfiança chegou. Um personagem sombrio e fechado vai contar, decifrar, explicar. Das duas subjetividades, a primeira se fecha e torna-se *objeto*; da outra – pois às vezes é mesmo necessário que a testemunha desconhecida diga *eu* ou *mim* – Flaubert pretende que não saibamos nada. Ela *se omite* e absorve-se a traçar os últimos anos do desaparecido. No entanto, o biógrafo se descreve em sua própria empreitada: suas frases despojadas denunciam a constante preocupação em recusar o páthos. Mas sob a aparência de imparcialidade, sob a ironia condescendente, descobrimos violência, um ritmo estranho, irregular, precipitado. Esse homem não é indiferente: nós o adivinhamos sinistro e angustiado. Na verdade, não podemos considerá-lo simples produto passivo da morte do herói: parece que o convocaram num caso de extrema urgência para lhe pedirem um diagnóstico. Daí provém em parte sua atitude estudada: é um médico ou um policial. Se se faz de imparcial, se bloqueia seus sentimentos, é porque está investigando: procurando entender os móbeis do réu ou do paciente, ele se abstém em primeiro lugar de compartilhá-los. Mas que indícios ou sintomas está buscando? De um assassinato, de uma doença? Dá na mesma. E, se lhe perguntarmos que acontecimento – interior ou exterior – está na origem da divisão e da investigação, direi que a resposta está na terceira parte de *Novembro*: no fim de agosto ou no início de setembro Gustave quis matar-se. É verdade: como autor, ele situa o episódio no inverno, mas é para desorientar; quando decide livrar-se de seu herói e o faz morrer de verdade em certo mês de dezembro*, o mês de outubro de 1842 não terminou e ele está firmemente decidido a passar no exame – que ocorrerá em dezembro próximo, ele sabe disso.

Como vimos, não é a primeira vez que ele namora o suicídio. O narrador nº 1 disse "Sempre amei a morte"; ele se aproximava "da lucarna de um celeiro para atirar(-se) lá embaixo". Depois, no último momento, uma força o retinha. Esse roteiro será reeditado sem variante em agosto-setembro de 1842: um dia ele quer rever uma

---
* Portanto, pelo menos um ano depois do suicídio malogrado.

aldeia à beira-mar "antes de morrer".* Chega lá, inclina-se à beira da falésia e "pensa por um instante se não deveria acabar com tudo; ninguém o veria, não seria de esperar socorro algum, em três minutos estaria morto". Não: "Logo em seguida, numa antítese comum nesses momentos, a existência veio lhe sorrir, sua vida em Paris pareceu-lhe atraente e cheia de futuro... No entanto, as vozes do abismo o chamavam, as ondas se abriam como um túmulo... Ele teve medo, voltou para casa e durante a noite toda ouviu com terror o vento soprar". Não há dúvida de que se trata de uma experiência real. O que o convence disso é o "terror" que se apodera do jovem diante das "ondas que se abrem". E foi tal terror que levou Gustave à decisão de relatar essa tentativa malograda: sim, ele se aproximou da beira da falésia como outrora fazia da lucarna do celeiro. Inclinou-se sobre o vazio e ficou a *imaginar* a queda: como outrora. Mas aí terminam as semelhanças: na infância, suas tendências suicidas permaneciam lúdicas, ele se irrealizava como suicida. Não sem pavor, concordo, mas isso fazia parte da festa: ele brincava de se amedrontar. Em 1842, a brincadeira acabou. Ou melhor, não: no início, ele recomeçou seus exercícios, imaginou tudo, até o "ploc" que ouviria quando afundasse no mar. Mas dessa vez o irreal tem outra consistência: Gustave *sente* que tem todos os motivos reais para matar-se. Com isso a imagem do mergulho transforma-se em vertigem: uma força o atrai, as ondas se abrem *para ele*, ele está se convencendo de que *vai* jogar-se na água. Isso basta para despertar seu poderoso querer-viver, que se manifesta em memorável paúra: ele foge. Mas, durante a noite, a angústia se mistura ao terror retrospectivo: ele acaba de aprender, ao mesmo tempo, que o suicídio é a única solução para seus problemas e que seu instinto de vida lhe veda matar-se. É o que se resume muito bem numa frase do segundo narrador, frase aliás anterior à narrativa dessa tentação: "Há dores... do alto das quais já não se é nada... Quando elas não nos matam, só o suicídio nos livra delas; ele não se matou". Sem comentário: uma constatação de fracasso, só isso.

Ei-lo então, nessa noite de Idumeia[55], fechado no quarto, onde "acende enorme fogueira que lhe assa as pernas". Este último detalhe – Gustave situou a cena no inverno – ocupa o lugar de outro que

---

* Não se trata de morte voluntária; o herói de Flaubert entrou numa agonia moral que, como veremos, redundará numa agonia física: morrerá "pelo pensamento".

nunca conheceremos.* Reflete; pergunta-se ao mesmo tempo: o que fazer, o que vir a ser se não posso morrer nem viver? E: *por que quis me matar?* As duas perguntas recebem uma única resposta: primeiro preciso me conhecer; tenho ao mesmo tempo necessidade e meios para tanto, pois não *me reconheço.* Neste momento de minha vida em que apareço como *outro* para mim, preciso observar-me e julgar-me *como um outro.*

Pouco faltou para que ele se precipitasse no mar. Será possível que tenha sido impelido pela vergonha da reprovação? Duvida disso. Mesmo os desgostos amargados no passado recente não lhe parecem explicar sua brusca violência. E se fosse *para evitar o pior*? Que "pior"? Essa é a questão. Durante essa noite e nos dias seguintes, Gustave tomou duas decisões: vai sair do torpor da passividade e fazer o exame; vai fazer um estudo de si mesmo porque está sendo ameaçado por um perigo que não vem de fora, mas *dele mesmo.* É preciso enxergar com clareza, "analisar-se", recompor-se, senão *alguma coisa vai lhe acontecer.* A conclusão humilhante, absurda e lógica de seus esforços, esse suicídio *malogrado,* mostra-lhe de repente, sob novas luzes, os dois anos que o antecederam; ele volta atrás e descobre o que estava se forçando para não enxergar: sua doença *psíquica* de 1841, as resistências insuperáveis, a suspeita calma de seus sentidos. Foi no fim desse período que começou *Novembro*; as duas primeiras partes foram escritas *antes* da partida para Paris; portanto, refletem seu doloroso mal-estar: ele as utilizará, tentará interpretá-las e dizer *hoje* qual era o homem que as escrevia. Serão os autos do processo que ele move contra si mesmo. Retomará seu romance e o terminará. Se pudesse dizer a verdade sobre si mesmo, mostrar ao mesmo tempo o sujeito Gustave na espontaneidade de sua vida íntima e o objeto Flaubert através de seus comportamentos e condicionamentos, se conseguisse mostrar seu sentido e orientação – até então ignorados por ele –, não teria ele se aproximado da obra-prima que não tinha mais esperanças de escrever? Nesse momento "paradoxal", cheio de temores e esperanças – e não no instante em que se inclinava sobre as águas –, sua vida lhe aparece "cheia de futuro". O corte de *Novembro* não é somente a prefiguração literária da crise ulterior: é o início de uma investigação sistemática, nascida de um pressentimento. Veremos nas últimas páginas do romance um último esforço – o mais intenso

---

* Talvez tenha havido duas tentativas. Sem a menor dúvida a segunda foi a mais grave. Gustave teria então amalgamado as duas.

– de Gustave para conhecer-se. Quando começa a investigação, caiu na *estranhez* mais profunda. Crises de estranhez nós sabemos que ele teve desde a infância. Mas nunca tão agudas. Pela razão de que ele se descobre *duas vezes outro*, contudo o mesmo.

1º O candidato infeliz de agosto de 1842, pretensioso, sinistro, inquieto, humilhado, que se recusa à intimidade, que exerce prudente autocontrole, olha para o jovem escritor de antes de fevereiro *como outro*: excesso de paixões, de exuberância nos desejos, de entusiasmo no sofrimento. Flaubert admira-se por ter sido aquele ingênuo fanfarrão desesperado. Sabe que então não mentia, que sentia e pensava de fato o que escrevia: portanto, é um documento válido sobre sua juventude desde que denuncie a miragem da subjetividade e mostre a realidade objetiva do primeiro narrador, ou seja, sua particularidade. O *Eu*, como vimos, é por si mesmo universalizante: todos os jovens devem poder reconhecer-se nas violentas pulsões do herói. Mas esse herói *quem* é? Flaubert se pergunta: "Quem era eu?". Pois o universal de fevereiro parece-lhe uma disposição *particular* e datada em setembro. Acaso não escrevia então: "Eu era o que sois todos, certo homem..." etc.? Significava recusar agressivamente a anomalia ou, em todo caso, afirmar que todos os homens, cada um à sua maneira, são afetados do mesmo modo por essa anomalia. Em setembro a anomalia torna-se *sua* propriedade. Os dois fracassos enfim o fazem confessar: "Não sou como os outros". Não diferente de todos como cada um difere de cada um, mas *absolutamente diferente*. É claro que, o "grande homem gorado" é uma espécie que ele diz ser "corrente" em suas *Notes et souvenirs*; seja como for, essa espécie representa a ínfima minoria no gênero; e, evidentemente, é feita apenas de "casos" que se prestam ao aprofundamento mais que à generalização. Em suma, em setembro trata-se de designar o devaneador de fevereiro por meio de sua idiossincrasia *tal como ela aparece para o olhar alheio*: o filho Flaubert, criança imaginária de aspirações infinitas é, *na realidade*, um fracassado. O aparecimento da testemunha marca a distância que separa o estudante de setembro do jovem autor do inverno anterior: esse aparecimento consagra se não o triunfo do *olhar-outro*, pelo menos a decisão furiosa e acerba de privilegiá-lo. Para Gustave, conhecer-se é começar *não se dando razão*. O sujeito do infinito desejo torna-se o seguinte objeto: um excêntrico da província cujos meios não estão à altura das ambições. As duas primeiras partes de *Novembro* poderiam chamar-se "Histórias dos meus sonhos", pois nelas a realidade só aparece para ser devorada pela imaginação. Na terceira, o processo de desrealização é interrompido: entrementes Gustave conheceu a realidade na forma de negação socializada de sua própria pessoa (solidão parisiense, reprovação do mês de agosto); o propósito da terceira parte é delimitar o imaginário e, por meio de seus limites intransponíveis, defini-lo tal como um agente prático define o campo real de suas possibilidades: *este* homem, em sua realidade objetiva, é condicionado por seu caráter e sua história a levar a fuga *até aqui*, e não além. O ator se pergunta: o que há por trás de meus papéis? O que me faz encenar estes – sempre os mesmos – e não outros? Pôr o imaginário em xeque é buscar por trás da desrealização permanente o real que a motiva e dirige. Por trás do "voo da águia", Flaubert, desenganado, quer encontrar o "pequeno fato verdadeiro".

Quem sou eu? Nesse nível da busca, isso quer dizer "o que posso eu?". Nessa terceira parte, Gustave se empenha em descobrir e fixar exatamente a relação entre suas ambições e suas capacidades: "Seu grande pesar era não ser pintor, ele dizia ter belíssimos quadros na imaginação. Consternava-se também por não ser músico... sinfonias sem fim ressoavam em sua cabeça. De resto, não entendia nada de pintura nem de música, eu o vi admirar autênticos mamarrachos e sair com enxaqueca da Ópera. Com um pouco mais de tempo, paciência, trabalho e, sobretudo, com um gosto mais delicado pela plástica das artes, ele teria chegado a fazer versos medíocres... Na primeira juventude, alimentara-se de péssimos autores, como foi possível ver por seu estilo; ao envelhecer, enfadou-se com eles, mas os excelentes já não lhe causavam o mesmo entusiasmo... Tinha a fatuidade de acreditar que as pessoas não gostavam dele: as pessoas não o conheciam... Tinha... gosto demais para se lançar na crítica; era poeta demais, talvez, para ter sucesso nas letras... Quando fazia sol, ia passear no Jardim de Luxemburgo, andava sobre as folhas caídas, lembrando-se de que no colégio fazia a mesma coisa; mas não teria desconfiado que, dez anos depois, estaria naquele ponto... Como não tinha energia para nada,... começou a beber... Não lia mais ou então lia livros que achava ruins, mas lhe davam certo prazer por causa da própria mediocridade... não será difícil imaginar que ele não tinha objetivo, e essa era sua desgraça. Quem poderia animá-lo, comovê--lo? (Nem o amor, nem o arrivismo.) Quanto ao dinheiro, sua cupidez era grande, mas a preguiça era maior... Seu orgulho era tal que ele só teria desejado o trono... Era um homem dado ao falso, ao anfigúrico, que abusava muito de epítetos..." etc.

Esse retrato ganha valor quando pensamos que é o do primeiro narrador; este nos é apresentado com clareza por aquilo que ele é: desmesuradamente orgulhoso, mediocremente dotado, essa é sua contradição. Sonha com sinfonias, tem quadros na cabeça, mas não entende nada de arte. Aliás, caso tivesse gosto, o que lhe faltaria seria genialidade. De resto, carece de energia e não tem objetivo. Nem de escrever? Não: após fevereiro de 1842, nem mesmo este. Suas deficiências – que vão conduzi-lo à morte – talvez sejam o avesso de qualidades secretas: ele é poeta demais para tornar-se artista. Mas poesia, afinal, é imaginação, e o que é o imaginário numa alma medíocre que não consegue sequer imprimi-lo no real? Vazio. Eis, pois, os ímpetos do jovem lírico reduzidos à sua amarga verdade. Prova disso – diz o narrador nº 2 – é que logo esses ímpetos o abandonarão. O que restará dele? Nada, senão a impossibilidade de viver.

Conhecemos esse retrato: é o mesmo que ele esboça nos Cadernos a partir de 1840. Tudo está lá, mas difere o ângulo: em *Notes et pensées*, Gustave se aflige. Aqui, nada mais há que um relatório de fracasso redigido por um oficial de diligências. O sujeito de *Novembro* transforma-se: a "história de minha imaginação" torna-se o "romance de um fracassado"; o leitor cai numa armadilha: indefinido que se toma por infinito, ele revivia sua juventude, mas eis que se vê preso na ganga de sua individualidade lastimável e excessivamente real. Só pode largar o livro ou detestar aquilo que antes o fizeram amar.

2º Não é apenas o sonhador dos anos 1840 que Gustave já não reconhece; é também o que vem *depois*, o estudante refratário de Rouen, de Paris, o candidato a contragosto ao curso de direito, que quer e não quer o fracasso e o padece por fim como um simples acaso e como imagem profunda de seu destino. Está perdido em si mesmo, vive às cegas, compreende-se demais e não o suficiente; *não o suficiente*: como vimos, tem bruscas iluminações que o ofuscam sem iluminar; *demais*: seu desnorteamento não seria nada se só se tratasse de um momento por viver, que se escoa dia a dia; mas nisso ele discerne uma profecia. Nada de espantoso: toda vida profetiza, a todo instante, pois se desenrola em espiral; assim, a premonição – cujo uso é irracional – baseia-se na razão, em seu puro aparecimento inutilizável, nas próprias estruturas da existência, em que toda mudança nova e irreversível é ao mesmo tempo repetição. E Flaubert, como já sabemos, é mais do que ninguém propenso a consultar a vivência como oráculo permanente. Mas, nesse caso preciso, há mais: o jovem teme discernir na premonição uma intenção secreta, sua e alheia ao mesmo tempo; em suma, está a dois palmos de compreender que o Destino de um homem nada mais é que *ele mesmo* vindo a si como um futuro estranho. Essa intenção cria a urgência da investigação: é preciso descobri-la para eliminá-la ou aceitá-la de modo consciente, de modo exato como se busca descobrir os projetos de um inimigo para frustrá-los ou voltá-los contra ele. Um único meio: pôr um policial no caso. E justamente esse policial foi achado: é o jovem reprovado que foi encontrar a família em Trouville; está de férias, suas paixões se calam. Paris está longe, *ele já está fora da jogada*. Mas não se deve confundir esse precário silêncio do coração com felicidade: é no máximo a ausência sinistra da infelicidade; ele ficou mais duro, carrancudo, passou a abominar os arroubos da alma e da pluma, seus aborrecimentos de Paris o tornaram desconfiado e cínico: ele olha sem simpatia para o futuro tabelião que empalideceu em vão, durante seis meses, sobre o Código. Pede emprestado ao pai Flaubert o olho clínico e, com uma curiosidade fria, começa a dissecar. Para adotar esse novo tom, esse objetivismo sombrio, ele não tem necessidade alguma de se violentar: ao contrário, basta-lhe deixar-se levar por sua rabugice ansiosa e fazer dela o principal instrumento da investigação. Antes não gostava de si; agora receia-se: condições necessárias e suficientes para operar o desdobramento. A narrativa do segundo narrador extrai força de um terror ofegante, confuso, universal, que mal dissimula o esforço contínuo para permanecer objetivo. A certeza do pior até aqui era um imaginário metafísico; ela servia de esquema operatório para sua ruminação confusa, para suas criações literárias. Agora ela é realmente vivenciada: o universal metafísico dissolve-se; fica a ansiedade de um jovem diante de sua aventura singular, que se diz ao mesmo tempo: "O que estou preparando para mim?" e "Isto deveria terminar assim". Quanto ao resultado da investigação, descobriremos seus sentidos múltiplos se tentarmos analisar seu relatório.

Aparecimento da pré-neurose

No fim do manuscrito lírico, somos chocados por uma dissonância: "Antigamente, antes de Maria, meu enfado tinha algo de belo, de grande; mas agora é estúpido, é o enfado de um homem cheio de aguardente ruim, sono de beberrão". Algumas linhas adiante, nova arremetida: "Ó! Sentir-se dobrar sobre o dorso dos camelos...". Seja como for, Gustave está transtornado – faz pouco tempo, provavelmente. O que ele chamava insatisfação agora é puro e simples embrutecimento. Álcool? Ele bebe, sem dúvida; ocorre-lhe embriagar-se para imitar Alfred; mas não devemos imaginar grandes excessos: o adolescente tem todos os defeitos e todas as virtudes que preservam do alcoolismo e, ademais, ele continua em residência vigiada. O que nos expõe aqui não é sua experiência de bêbado: digamos que ele esclarece com uma comparação a estupidez viscosa que o oprime *mesmo sóbrio*. O essencial da informação na verdade refere-se à sua *degradação*. Não tendo forças para reclamar um "além", um "alhures", sua insatisfação, esvaziada de exigências, transformou-se em alheamento, pura inadaptação padecida; o vão Desejo de Todo, determinação imaginária, apaga-se: fica a verdade de que ele não tem interesse por nada. Acabou-se a fuga: sua não-presença no mundo torna-se presença obtusa; inerte, sacudido pelo curso das coisas, ele cochila de olhos abertos. Essa decadência é expressamente datada: "Antes de Maria... agora...". Gustave se refere aos anos 1840-41, e aquilo que ele pretende descrever é essa "doença" que lhe permitiu isolar-se. De onde vem essa metamorfose? O autor admira-se com ela, mas não a explica, e nós não somos muito tentados a responsabilizar por ela a pobre Eulalie Foucaud. No entanto, a comparação de seu estado com a embriaguez é muito significativa: pois, afinal, a aguardente não se despeja sozinha nos copos, é preciso que alguém se embriague; portanto, há já nessa época em Gustave algum tipo de tentação para realçar o aspecto intencional de todo o processo.

De fato, sete meses depois, o segundo narrador descreve de fora os mesmos comportamentos, insistindo na intenção: "Ele começou a beber aguardente e a fumar ópio, passava... os dias deitado e meio bêbado, num estado intermediário entre a apatia e o pesadelo". Flaubert esteve em Paris, deve ter-se embriagado com mais frequência, com os colegas ou sozinho.* A bebedeira é explicitamente apresentada como causa de sua decadência: se ele passa os dias "deitado" e apático, é porque de manhã já está "meio bêbado". Na origem de seu estado, pretende colocar uma atividade. Observe-se, porém, que

---

* Não acredito em ópio. É o ouropel literário da época. Quem teria obtido ópio para ele?

é uma atividade passiva. É verdade que, para cada copo emborcado, é preciso certa opção; mas é verdade também que, *se alguém é dado à bebida*, significa que se entrega a ela. E é isso o que resume muito bem a expressão "começar a beber". Gustave está tão consciente disso que chega a nos dar a motivação imperiosa, embora negativa, que o impele a embriagar-se. A frase inteira é: "Como não tinha energia para nada, e o tempo, ao contrário da opinião dos filósofos, lhe parecia a riqueza menos prestadia do mundo, ele começou a beber". Três parágrafos adiante, lemos: "Não é difícil imaginar que não tinha objetivo". Flaubert, com efeito, mesmo em suas primeiríssimas narrativas, sempre apresentou seu imobilismo como círculo vicioso: ele não tem energia porque, por exigência do orgulho, colocou-se já de saída acima dos seres humanos; não tem objetivos precisos porque lhe falta energia, ou seja, acima de tudo, perseverança nas ideias. Com isso, *padece* o tempo. Em 1839, Gustave tentava escapar disso praticando o hedonismo. Era um belo sonho: para acreditar nele, era preciso imaginar que uma pessoa inteira, com todos os seus recursos e todas as suas paixões, pudesse resumir-se no prazer de um instante. Impossível: o homem é futuro. Para furtar-se à temporalização, é preciso separar-se da espécie: isso é conseguido graças ao álcool. É ele que, mergulhando-nos no alheamento, imitação do puro estar-aí das coisas, nos amputará de nosso futuro. Gustave sabe disso, aceita-o. Se o homem está por vir, sejamos sub-homens para vegetar num eterno presente.

Esses textos são claros: apresentam a decadência como intencional. O resultado não é brilhante: ele passa os dias "num estado intermediário entre o pesadelo e a apatia". Entenda-se que sua apatia desarma o pesadelo ao eliminar a angústia e é, ao mesmo tempo, da natureza do pesadelo porque ele a vive com horror como sistemática e, aliás, vã degradação de sua existência. Sem dúvida ele também tem momentos de ansiedade pura e outros em que o alheamento é total, em que enxerga com os mesmos olhos indiferentes vida, morte, genialidade, glória, fiasco e aburguesamento. Mas, de qualquer maneira, o que fica é a consciência mais ou menos obscurecida de ter *bebido para decair*. A operação aqui não tem por simples objetivo turvar a consciência, mas mutilá-la de modo duradouro. Ou, digamos, para Gustave tem duas funções: superficialmente, ele se embebeda numa noite para esquecer seu futuro aburguesamento; profundamente, ele realiza uma decadência que, se fosse permanente, o tornaria incapaz – por carência – de aburguesar-se.

Aqui nos ocorre uma suspeita: para se degradar de fato, é preciso embriagar-se *todos os dias*. Uma bebedeira isolada pode, em última instância, *simbolizar* a destruição irreparável: na verdade ela não destrói absolutamente nada. Ora, nem as cartas de Gustave nem os testemunhos dos que foram então seus condiscípulos permitem pensar que ele tenha tomado *realmente* a iniciativa de se destruir pela bebida. Desse ponto de vista, a afirmação "ele começou a beber" é falsa. No entanto, como o autor tenta aí dizer a verdade sobre si mesmo, ela só pode ser verdadeira de outro ponto de vista. Em suma, é uma *maneira de dizer* que tenta significar o "indizível". No primeiro texto o álcool já era apenas um termo de comparação. Neste que estudamos, a comparação é condensada, sincopada, velada por um ato imaginário: o que Gustave quer dizer é que ele tem a sensação de ter empreendido sua autodestruição sem vinho nem droga, sem instrumento exterior, apenas com os meios ao seu alcance. Os resultados do alcoolismo inveterado – degeneração neurológica ou *delirium tremens* – ele se acha capaz de produzir sozinho, sem ajuda externa, e apavora-se ao adivinhar em si a intenção eficaz de se perder. Prova disso é que depois não se fala mais de seu etilismo. Por outro lado, logo depois, após o trecho que acabamos de citar, procurando outro código para transmitir a mesma mensagem, ele insiste em sua crescente complacência com seus torpores: "Debilitado pelo tédio, hábito terrível, e achando até certo prazer no embrutecimento que é sua consequência, ele era como as pessoas que se veem morrer, já não abria a janela para respirar ar puro, já não lavava as mãos, vivia numa sujeira de pobre, a mesma camisa lhe servia uma semana, já não fazia a barba e não se penteava" etc. Dois trechos impressionam nesse texto:

1º O prazer que Gustave tem com a decadência é acompanhado por uma tentativa de *desculturação*. Em vez de tentar combater sua apatia com atividades sociais, ele a protege rejeitando a sociedade em sua totalidade, uma vez que ela é "cultura" em oposição à simples "natureza". Já não desempenha os papéis fundamentais, aqueles que lhe foram ensinados desde a infância e que lhe parecem definir basicamente o *humano*, ou seja, o burguês: de que serve lavar-se, fazer a barba, arejar o quarto? A partir daí ele se absterá de fazer essas coisas, ainda que ele mesmo tenha de suportar os inconvenientes desse negativismo: "Apesar de friorento, se tivesse saído de manhã e estivesse com os pés molhados, ficava... sem trocar de sapatos e sem acender o fogo". É de se notar que essas abstenções são apresentadas como conscientes e deliberadas: não parecem efeito nem expressão direta da apatia. Ao contrário, tem-se a impressão de que ele tira proveito da inércia vivenciada para destruir em si amplos setores socializados e voltar aos tempos nos quais os homens ainda não conheciam o uso do fogo. Mesmo esses desprazeres não lhe parecem motivos suficientes para empreender uma ação humana: ele precisa *padecer* as roupas úmidas, o quarto gelado, ao mesmo tempo em virtude de um ceticismo estoico que contesta todos os fins da espécie e de uma indolência aplicada que o torna incapaz de atingi-los. Há pouco o vimos ler "livros que acha ruins" com uma espécie de *Schadenfreude*[56] e com o amargo prazer de surpreender a literatura a ridicularizar-se. Agora ele vai mais longe: destrói em si o que lhe parece a essência humana, o pensamento. Não, claro, com a bebida, mas mantendo em si um estado de distração permanente com "fascinação auxiliar": "Ele de deitava vestido na cama e tentava adormecer; olhava as moscas correr no teto, fumava e acompanhava com o olhar as pequenas espirais azuis que saíam de seus lábios". Com uma estranha ascese o objetivo é manter "seu vazio", constituir o intelecto, purgado de ideias e palavras, como uma lacuna inerte. Para tornar-se inteiramente matéria, deixa penetrar em si apenas os fatos materiais; ainda assim, é preciso que estes sejam insignificantes: bastam manchas no teto. A percepção em Gustave – sobretudo nesse momento – é um *vir-a-ser-coisa* do sujeito percipiente: já não há Ego, é a libertação.

Essa ascese – retorno ao vazio total, figura do Nada, à plenitude total da Matéria, à impotência absoluta do primeiro homem, à vida vegetativa, à Natureza inumana, pela destruição sistemática do equipamento cultural – é consciente e quase deliberada. Nela cabe ver *a imitação* da apatia, uma conspiração para provocar seu retorno e, quando ela existe finalmente, um esforço para radicalizá-la. De qualquer forma, trata-se de "contra-atividades" secundárias que só podem desenvolver-se num terreno preparado. A realidade primária e fundamental é o "embrutecimento": à medida que *este se faz viver* sem ser explicitamente desejado, à medida que seus aparecimentos são padecidos, é ele que dá sentido aos comportamentos negativos que Gustave recenseou. Por que já não se lava, já não abre as janelas? Porque ele é "como as pessoas que se veem morrer". A agonia é um processo *suportado*. Note-se que, para Flaubert, é previsto o fim dessa involução – que é o fundamental; ou melhor, esse fim constitui o futuro próximo e concreto do presente vivenciado. Ou seja, um contrafuturo; esse fim qualifica cada momento em sua irreversibilidade como certeza de não ter mais futuro. Seja qual for o ato que se proponha, mesmo o de tirar as botas encharcadas, Gustave já não tem sequer necessidade de recusá-lo: ele já não sente a menor incitação a realizá-lo; entre ele e os fins mais urgentes rompeu-se o elo. A sensação de frio e o medo de pegar um resfriado já não são superados num ato que vise eliminá-los: eles são suportados e, ouso dizer, *vegetados*; é a ruptura vivenciada com o futuro mais imediato, é a equivalência espontaneamente sentida de todas as sensações – sejam elas agradáveis ou desagradáveis –, de todos os sentimentos, do pensamento do vazio e do vazio do pensamento. Quando, por fim, essa atitude é *padecida*, Gustave se assusta. "Estou exaurido" – pensa. "Exaurido": essa palavra deixa bem claro que a palavra *agonia* é apenas um termo de comparação, "decadência" é o que se deveria dizer. No trecho que citei, a decadência é vista como processo irreversível e como contrafuturo, ou seja, como possibilidade de não ter mais futuro *humano*. Digo "possibilidade" porque o "como" tem aqui duas funções: por um lado, introduz a imagem ("como as pessoas que se veem morrer"); por outro lado, deixa claro que os dois termos da comparação não são rigorosamente equivalentes, introduz a ideia de certa *aproximação*. Há profecia, sem dúvida. Mas é o corpo que profetiza: as pessoas que se veem morrer têm a certeza de sua morte próxima; por sua vez, Gustave só tem uma crença intermitente e de intensidade variável. Ele "se vê" resvalar para degeneração nervosa, para a demência senil, mas *não o tempo todo*. Não importa; o contrafuturo é o sentido de seus alheamentos: estes chegam cada vez mais amiúde, cada vez mais longos, cada vez mais profundos e depois desaparecem, mas, um dia, passarão a ser seu estado permanente. E é essa convicção que lhe permite *encenar* a apatia nas horas de lazer ou reforçá-la quando ela reaparece: *de que serve* comportar-me como um homem que possua um futuro humano, se meu futuro real é o retorno ao estado bruto, ao estado de bruto, à senilidade que nada mais é que a ressurreição da primeira infância. Quem se lava é quem está destinado a tornar-se tabelião; se somos espreitados pela degeneração nervosa precoce, de que servem a higiene e a limpeza?

Em suma, é um místico do embrutecimento: é visitado pelos alheamentos cujo sentido futuro é a queda definitiva na sub-humanidade. Mas – dirão – esses êxtases alheados ele teve desde a primeira infância. Justamente: é o sentido deles que mudou. Eram fugas; mais tarde ele viu neles a prova de sua genialidade. Agora são premonições: eles lhe *indicam* sua futura demência. Ora, é justo o que o preocupa: por que se *compraz neles*? O que se faz *com* prazer será que não é feito *por* prazer? No caso de Flaubert, o índice hedonístico é perturbador: seus êxtases apáticos não têm nenhum condicionamento *exterior*. É verdade que ele os padece, mas ninguém os impõe; sim, impõe: seu corpo. Gustave diz isso com precisão: "À noite não dormia, a insônia fazia-o virar na cama, ele sonhava e acordava, de modo que, pela manhã, estava mais cansado do que se tivesse velado". Como admirar-se, depois disso, de que ele não tenha mais forças para fazer nada durante o dia? Atrás dele, este amontoado obscuro: as fantasmagorias da insônia noturna. Diante dele, um futuro de demência obscuramente profetizado. No momento presente, uma lassidão de viver de que ele é inocente. Inocente? É aí que o sapato aperta. Trata-se realmente de transtornos nervosos. Mas é próprio dos nervos que seus males tenham duplo sentido: quem os padece os faz; frequentemente esses órgãos só nos impõem aquilo que antes lhes impusemos. Afinal de contas, aquelas insônias e pesadelos não terão, em certo nível, *a intenção* de prolongar-se na apatia do dia seguinte? De fato, na descrição que nos é feita pelo segundo narrador, fica claro que, durante os últimos meses do primeiro, o dia e a noite são indistintos. Embrutecimento, pesadelos acordado, sono à tarde; sono, embrutecimento, pesadelos do crepúsculo na aurora. Sobre certas insônias os hipnóticos têm pouco efeito: isto porque o insone, ainda que seus comportamentos superficiais pareçam desmentir, nas profundezas é possuído pela *intenção de não dormir*. Em suma, se a apatia é um prazer, quem a reproduz é Flaubert; em certo nível ela se tornou um fim. Diremos que ele sabe disso? Sim e não: pois, afinal, esse prazer lhe causa horror. Ele teme sua decadência. Evoca-a ou a mantém por meio de comportamentos imitativos, mas, ao mesmo tempo, está aterrorizado pela suspeita de que um dia ela possa ser definitiva. Isso não é dito com clareza em *Novembro*, mas o "prazer" de que se fala desvendará melhor sua natureza se fizermos um paralelo entre essas contra-atividades imitativas e outras imitações que Gustave gostava de fazer na mesma época, das quais falará quatro anos depois a Louise: "Meu pai, no fim, me proibira de imitar certas pessoas (convencido de que eu devia sofrer muito com aquilo, o que era verdade, embora eu o negasse), entre as quais um mendigo epiléptico que um dia eu encontrara à beira-mar. Ele me contara sua história; antes havia sido jornalista etc., era esplêndido. É certo que, quando eu imitava aquele sujeito, entrava na pele dele. Não havia nada mais medonho de se ver do que eu naquele momento. Você entende a satisfação que eu sentia? Tenho certeza que não".* As cartas de 1842-43 nos informam que esse "sujeito" vinha de Nevers, e que Flaubert o usara para criar o papel favorito de seu repertório. Por quê? Conhecemos a resposta de antemão: o que o atrai nesse infeliz é a idiotia. Conhecemos o refrão: os idiotas, as crianças e os animais o fascinam, ele fascina os animais, as crianças e os idiotas. Nestes últimos, a natureza selvagem se revela como negação violenta e radical do homem; ou melhor, ela o ridiculariza caricaturando-o: o idiota é o homem achincalhado.

    Há mais: "Era esplêndido". O que há de esplêndido nos relatos daquele infeliz? É que ele afirmava ter sido jornalista. Seria verdade? Seria mentira ou simplesmente fabulação? Flaubert zomba. O que lhe importa é que suas palavras dão mostras de uma dignidade destruída, seja porque a doença o tornou incapaz de exercer a profissão, seja porque ele inventou um passado brilhante para compensar o horror de seu presente. Decaindo abaixo do humano, o pobre coitado teima em respeitar os valores burgueses, em ornar-se com títulos que não tem ou que já não tem. O "esplêndido" é esse torniquete: os homens são desprezíveis, mas é possível aviltar-se mais decaindo abaixo deles, principalmente se – como nunca lhe deixa de ocorrer – nos sentimos humilhados e ainda valorizamos atividades sórdidas que já nem podemos desprezar, aliás, pois somos incapazes de exercê-las. Gustave fala daquele "sujeito" com um tom protetor e desprovido de indulgência: reprova nele o fato de ainda reverenciar os ídolos burgueses. Mas, ao mesmo tempo, reconhece-se no homem de Nevers, ou melhor, reconhece *seu próprio torniquete*: para não fazer direito, seria preciso que ele fosse afligido por sabe-se lá que miséria mental, mas, com isso, ele perderia o recurso de desprezar seus bons amigos e padeceria, com uma raiva impotente, o peso da justa piedade deles.

    Desse modo, põe-se a imitá-lo. Isso quer dizer que ele refaz os gestos para provocar os sentimentos e conhecer o gosto da abjeção:

---

* A Louise, 8 de outubro de 1846, *Correspondance*, t. I, p. 362.

trata-se de saciar *radicalmente*, no imaginário, o obscuro desejo de decair que ele adivinha no fundo de si mesmo; é preciso *saborear* a degradação. Esta, porém, permanecerá irreal até 1844. Gustave a procura a despeito de sua irrealidade ou por causa dela? Pelas duas razões. Em certo sentido, ele nunca perde a consciência de que está *encenando um papel*, e isso não lhe desagrada: o perigo continua limitado; com essa falsa decadência, ele pode desmascarar seu desejo proibido, vê-lo às claras, assumi-lo ou livrar-se dele. O que ele encena é menos o sujeito de Nevers do que ele mesmo, mas ele *se* encena como sujeito de Nevers. É nesse nível que está o prazer: ele se entrega à imitação, a passividade faz o resto; sente prazer em tartamudear, imbecilizar-se, jogar-se de costas, contorcer-se com espasmos. Por um momento está abaixo do humano, liberto do futuro graças à abjeção; para um momento seu implacável masoquismo encontra uma saída radical: diante dos olhos da família, Gustave se abisma na ignomínia, quer *fazer rir* de sua desgraça. Foge, descansa. Torna-se o mais desprezível *para os outros* e, se arremeda a abjeção, é *também* para forçar o pai a maldizê-lo mais uma vez: nesse sentido essa decadência repete a cena primitiva; mas Gustave, babando e delirando, logo se torna incômodo e sabe disso, sabe que preocupa o pai e alegra-se com isso: "Veja o que fez de mim". Assim, tal como sempre ocorre com ele, o masoquismo se converte em sadismo. A criança imaginária, agitada por convulsões fictícias, nesses momentos *completa-se*.

No entanto, o pai lhe diz: "Sofres com isso". "Era verdade", confessa Gustave ao cabo de quatro anos. Esse sofrimento eu chamaria de angústia. Uma vez que possui intenção catártica, a crise imitada preocupa: não seria premonitória? E se a decadência fictícia fosse apenas uma antecipação da decadência que ele prepara em si na surdina? O que o aterroriza é justamente sua "satisfação": esse enorme prazer só pode significar sua complacência para com as manobras de um Ego oculto. Seria então verdade? Haveria em algum lugar dele um juramento de decair? Se for assim, sem dúvida chegará o dia em que ele cumprirá a palavra. De certa maneira, ele encena para desvendar essa intenção. Mas não a encontra em lugar nenhum: há esse prazer medonho, só isso. Talvez – pensa ele – eu não me engane; em vez de ser o autor consciente e voluntário de meus comportamentos, são eles que me conduzem: quando rolo no chão, sou agido por um eu profundo que me escapa. Nesse caso o imaginário se aproximaria de modo perigoso do real: afinal, a verdadeira loucura é a imaginação.

VII. Do poeta ao artista

"Arremedo a loucura" significaria: "Estou ficando louco". É mais preocupante porque, quando encena seu papel favorito, o imaginário ganha uma consistência inabitual. Não tem mais nada em comum com o imaginário tênue e fugaz dos devaneios anteriores: ele *toma conta*, Gustave já não é senhor dele; sente dificuldade crescente em sair do papel, que tende a prolongar-se por si mesmo para além dos limites fixados pela decisão consciente. O que terá mudado? Alguma coisa na *crença*: seus gestos o *convencem*; não que ele *acredite ser* o jornalista de Nevers: ele acredita que, em última instância, poderia acreditar nisso de verdade. Em suma, pela primeira vez descobre, em toda a sua força, a autossugestionabilidade de que deveremos falar por um longo tempo na terceira parte desta obra. Aliás, seria preciso que o "arremedo" se parecesse muito com uma "possessão" para que o doutor Flaubert acabasse por proibi-lo ao filho. Aquele médico honesto conhecia nossa fragilidade mental: "(Ele) repetia sempre que nunca gostaria de ser médico de um hospital de loucos porque, quando se trabalha seriamente a loucura, acaba-se com perfeição por pegá-la". Era o que ele dizia ao filho, podemos estar certos disso. "Ora – respondia o outro –, é só para dar risada." Mas Achille-Cléophas, relacionando aquelas brincadeiras duvidosas com os transtornos nervosos que afetavam Gustave, perguntava-se se não haveria neles os sintomas de alguma doença mental. Apesar de suas negativas, Flaubert também fazia as mesmas perguntas. Em suma, é o que ele confessa a Louise. O que o pai e o filho têm em comum, em todo caso, é a ideia de que loucura *se pega*: o estudo da epilepsia e a imitação de um epiléptico provocam a mesma vertigem, fazem entrar na pele do doente com o risco de não se sair dela. Quando arremedava o jornalista de Nevers, Gustave convencia-se de que *estava fazendo o que era preciso* para ficar louco, que cada ensaio do arremedo o aproximava daquele termo fatal: se aquilo se tornasse *hábito*, ele estaria perdido.

2º "Debilitado pelo tédio, hábito terrível..." Essas cinco palavras iniciam o parágrafo e são dadas como explicação: diferentemente das frases que as seguem, não têm em vista descrever comportamentos, mas esclarecê-los. Em outros pontos, vimos mais dúvidas em Flaubert: aqui ele se mostra categórico. Comunica-nos uma certeza adquirida há pelo menos seis meses: *o tédio é um hábito*. Ora, um hábito começa por *ser adquirido*: de início é certo comportamento intencional que, repetido com frequência, acaba reproduzindo-se por si mesmo e, quando contrariado, torna-se uma necessidade. Gustave toma a palavra no sentido forte, pois acrescenta esse "terrível" que leva a pensar nos "funestos", "perniciosos" hábitos que Prudhomme censurava nos jovens dissolutos. Portanto, o tédio seria *de início* um comportamento?

Na verdade, Gustave não tem certeza de nada. Para uma passividade constituída, o tédio é acima de tudo matéria-prima: existe de início, é o sabor do vivenciado. Para radicalizá-lo, ainda é preciso ter comportamentos que *o agitem*: "a imbecilização que dois homens *puseram em efervescência*", escreve ele mais tarde a Bouilhet. Reconhece plenamente que exageraram a imbecilização primitiva, pois logo acrescenta: "Toma cuidado, porque é divertido imbecilizar-se, é um resvaladouro". Frase que não pode deixar de lembrar as cinco palavras de *Novembro*.

Assim, Gustave considera que, dos quinze aos vinte anos, pecou por complacência. Na mesma carta, a metáfora triplica-se sob sua pluma: esse líquido estagnado que ele "punha em efervescência" e cujo "peso ele sentia" passa a ser um "resvaladouro". Mas essas transformações são muito instrutivas: as três imagens, utilizadas ao mesmo tempo, podem introduzir aquilo que se poderia chamar de três dimensões do tédio. Com efeito, a gravidade o define em sua inércia original, em seu estar-aí; as efervescências provocadas manifestam a atividade de Gustave, os grandes gestos que ele faz para misturar o líquido, mas a comparação conserva certo caráter lúdico e gratuito nessa empreitada; estamos apenas no momento em que é *divertido* imbecilizar-se. A imagem mais banal do "resvaladouro" tem a vantagem de indicar a insidiosa atração que Flaubert sente pelo fundo do precipício onde é esperado pela vertiginosa imbecilização radical. No início o exercício do tédio não parecia mais que um meio de manter o mundo à distância: ele se empoleirava. Agora, ao contrário, rola até lá embaixo, o mundo se fecha sobre Gustave, que é engolido. O divertimento não passava de engodo, dissimulava uma perigosa fascinação, um feitiço à distância ou talvez um apelo: em todo caso, essa metáfora quebrada serve para introduzir a relação com o Outro – mesmo que esse Outro seja um Alter Ego. Há alguma alteridade que se insinuou na relação de si para si: o tédio que padecemos e fazemos aparece de repente como uma exigência das profundezas, como algo por *realizar*. Tornou-se um hábito e Gustave perdeu o seu controle; invadido, padece-o. Mas padece-o porquanto o fez: esse corpo estranho, nele, tem sua própria marca registrada; precisa reconhecê-lo como *seu* (como resultado de seus exercícios), como *outro* (como heteronomia presente de sua espontaneidade), como *seu enquanto outro*: tu o quiseste, Gustave Flaubert. É pelo menos o que se diz o autor de *Novembro, para tranquilizar-se*: a intenção *outra* seria apenas intenção *dele*, mas passada. Acredita nisso completamente? E se – tal como o embrutecimento que o precede e provoca – fosse o antessigno ou o símbolo de uma intenção mais profunda e totalmente estranha? A atividade passiva, sem dúvida, é em si mesma o ambiente da desistência; é ela, como tédio original, que possibilita a crise do tédio. Mas, se não houvesse nada para reforçá-la, Gustave poderia combatê--la e alcançar sucessos temporários sobre ela. Por qual motivo ela tem agora tanto poder? É como se alguém, em Flaubert, a usasse para atingir um fim monstruoso. Esse fim nós conhecemos: vimos Flaubert imitar o epiléptico de Nevers para ter *no imaginário* a experiência da sub--humanidade. Por mais irreal que fosse e assim permanecesse do começo ao fim, essa experiência já o aterrorizava. Agora ele se pergunta se a intenção profunda de um Ego desconhecido que ele abriga no fundo de si não seria a de fazê-lo cair *realmente* e *de modo definido* num estado de refugo humano. Quis combater a burguesia empoleirando-se acima dela: ótimo, mas teria precisado de genialidade. Como não a tinha, acaso não estará convencido de que só se sai do meio burguês caindo abaixo dele? Única saída: já não teria optado por tornar-se o idiota da família? Nesse caso o fracasso de agosto de 1842 manifestaria sua intenção profunda: perder tudo e, por meio de lento trabalho interior, constituir-se de verdade como homem-fracasso. A partir desse momento, Flaubert tem medo. Parece-lhe ter um cúmplice suspeito e oculto que executa com pressa, mas *mal*, a sentença que ele proferiu contra si mesmo, em suma, que dá realidade efetiva àquilo que até então permanecia no limiar do imaginário e do real.

Afinal, quem é esse Outro, nele, cujo peçonhento obséquio expõe ao risco de realizar o irreal? Um pouco depois, em Paris, uma estranha experiência leva-o a descobri-lo: é seu corpo. Com efeito, em *Novembro*, ele se demora várias vezes a tratar da continência. Ele a *quer*. E do modo mais radical. O estudante pobre deita-se com costureirinhas – como Ernest – ou com prostitutas. Gustave pretende prescindir destas e daquelas. E a abstenção não lhe basta: precisa da ausência total de desejos. Fazer um amor rapidinho por quatro soldos é satisfazer uma necessidade – e as necessidades, como sabemos, causam--lhe horror. Nos primeiros tempos, atormentado pelo sexo, sonha em cortar fora os testículos: "(Louis Lambert) quer castrar-se... Em meio a meus aborrecimentos de Paris, com dezenove anos, tive essa vontade (vou mostrar-lhe na Rue Vivienne uma loja diante da qual parei certa noite, tomado por essa ideia com uma intensidade imperiosa...)"*. Depois o desejo desaparece: isto porque, segundo diz Flaubert na época, o direito o mata: "O direito me põe num estado de castração moral estranha de se conceber". *Moral*, sem dúvida: impotência literária, indiferença por tudo o que outrora lhe dizia respeito, em primeiro lugar os livros. Mas o *físico* logo entra na jogada. Lemos no *Diário* dos Goncourt: "Ontem Flaubert me dizia: não transei dos vinte aos 22 anos porque prometera a mim mesmo não transar".** Isso é explicado e confirmado por uma carta a Louise: "Amei uma mulher... até os vinte anos sem lhe dizer isso, sem tocá-la; e passei quase três anos seguidos sem sentir meu sexo. Acreditei por um momento que morreria assim".*** Este último texto, ainda bem próximo da época em questão, insiste no aspecto vivenciado, padecido, dessa inapetência; Flaubert diz claramente a Louise: achava que não tinha mais desejo, tu o despertaste. A confidência aos Goncourt ressalta – talvez de modo um tanto pesado demais – o aspecto *voluntário* da abstenção: "prometera a mim mesmo não transar". Em 1863, Gustave desempenha um papel: quer provar que comanda suas necessidades. Seja como for, comparando-se as três citações, fica claro que sua impotência é *intencional*; no plano sexual, corresponde à imbecilidade que Gustave se inflige intencionalmente quando abre o Código. Ou melhor, há uma única intenção que – em dois campos diferentes – é retomada pelo corpo com a mesma docilidade: Flaubert, atividade passiva, não se revoltando, quer *dissipar-se*: por meio do alheamento provocado, recusa a condição "trivial" que lhe é imposta e, por meio da frigidez, a vida "mesquinha" que ele deveria levar, caso o desejo não passasse de uma necessidade. Sem necessidades, não há inteligência: não ser nada. O que ele desejava depois do fracasso de *Smarh* seu corpo realiza em 1842. De fato, considerando-se o plano da sexualidade, a empreitada negativa tem resultados imediatos, completos e duradouros. É como se o organismo, com um ligeiro atraso, se tivesse compenetrado dessas intenções castradoras, as tivesse assumido e realizado de modo espontâneo. Essas intenções Gustave reconhece explicitamente como suas: contudo, essa docilidade o preocupa. Em

---

* A Louise, 27 de dezembro de 1852.

** *Journal*, 2 de novembro de 1863.

*** A Louise, 8 de agosto de 1846.

1863 ele tenta racionalizar o acontecimento: fala aos Goncourt sobre castidade voluntária, e não inapetência. Mas as confidências a Louise ainda têm vestígios de sua perturbação. Filho de cirurgião, pode-se crer que ele está bem a par da anatomia e da fisiologia do sexo; sabe como se dá a ereção e como se dá a ejaculação, ou seja, conhece *também* esses fenômenos *exteriormente*, como *o inumano de que é feito o homem*: são reações em cadeia, nada mais; a excessiva castidade é um acúmulo de energia; ultrapassado o nível de alerta, ela vai dissipar-se em violenta descarga: eis a necessidade, as ejaculações noturnas e, com um pouco de sorte, o coito. Ora, na opinião de Gustave, esse processo rigoroso e não-significante transmuda-se em discurso. O silêncio "desse bravo órgão genital" é uma *fala*, a carne significa. Mas a significação, aqui, não é separável de um trabalho real: em seu monólogo interior, em suas cartas, Gustave fala de castrar-se; fala disso *para não o fazer*: é desarmar o ato futuro descrevendo-o como um *possível*. Ora, o corpo *não conhece possíveis*: a castração só se torna discurso corporal realizando-se como fatalidade. Por essa razão, é uma linguagem de oráculo, eficaz, mas maliciosamente indeterminada. A morte do sexo é um fato significante; é dito a Gustave: tu a desejavas, ela aqui está. E, com isso, ele percebe que não a desejava de todo, ou não assim. Em primeiro lugar, quem dirá se ela é transitória ou definitiva? Limitada a alguns anos, ela lhe quebraria o galho. Mas diz ele: "por um momento achei que morreria assim". Perder a virilidade para sempre é tornar-se um inválido, um sub-homem. Além disso, ele não gosta do modo como *o tomaram* ao pé da letra. Em que acreditar? Pergunta-se. Caberá ver no corpo um pensamento tenebroso e estabanado que nos escapa e prejudica porque toma nossos desejos conscientes ao pé da letra e, não os entendendo, os caricatura? Ou, ao contrário, será que é da materialidade orgânica que aprendemos nossas verdadeiras opções em seu radicalismo? Se a primeira hipótese preocupa, a segunda aterroriza: se for para ler minhas intenções nos comportamentos espontâneos de meu organismo – pensa Gustave –, então só posso ser habitado por um frenesi autodestruidor; quando eu sonhava com a castração diante da loja da Rue Vivienne, só a considerava um gesto capaz de aliviar minha raiva. Agora percebo que o pensamento não é a simples representação dos possíveis, mas que, por meio do jogo das mediações corporais, ele é permanentemente um ato. Em outras palavras, o corpo não tem imaginação, e nele minhas comédias tornam-se reais; minha verdade, a fuga para o imaginário, me é vedada, ou melhor, é uma aparência, pois mais cedo ou mais tarde sou organicamente condicionado por aquilo que eu imaginava. *Eu me emasculei*: para evitar aviltar-me com prostitutas de ocasião, optei, *contra mim*, por decair mais ainda em virtude de uma maldição que me põe abaixo dos homens. De qualquer maneira, a *linguagem corporal* dá mostras a Flaubert de um radicalismo negro que o atormenta; o processo é exatamente aquele que descrevíamos há pouco a propósito do tédio: é a política do pior. Alguém quer escapar ao desejo elevando-se acima dele e só se subtrai a ele decaindo abaixo do homem. Tenta não ser *nada* e, exatamente por isso, se faz ser *alguma coisa*: um homem-fracasso, ou seja, um hominídeo, um homúnculo feito para ascender à condição humana, mas é retido no estado de quase animalidade por uma anomalia monstruosa. Em ambos os casos, Flaubert recorre à Razão para proteger-se do horror: a castidade – diz ele aos Goncourt – era voluntária; o tédio – escreve ele em *Novembro* – é resultado de um ascetismo racional. Mas, ao mesmo tempo que, com suas interpretações, pretende manter-se dentro da *normalidade*, pressente que perdeu de antemão, que não é simplesmente anômalo, mas está em vias de tornar-se de fato anormal. Sua experiência de 1841-42 deixa-lhe um ressaibo nitidamente patológico: ele encenava o embrutecimento, sem dúvida, mas não era apenas o hábito que provocava bruscamente o tédio e a apatia "resultante dele": o corpo a produzia de modo espontâneo como certo estado que deveria ser degustado, que se instalava de modo imprevisível e desaparecia sem outra explicação. De repente, os braços, as pernas e a cabeça *punham-se por si mesmos* fora de uso. E isso, no exato momento em que ele decidira começar a "rachar" a sério. Assim, encontra-se em certos romances um leal servidor que parece não fazer nada além de obedecer. Mas, devagar e imperceptivelmente, por ódio ou perversidade, pelo modo como atende aos desejos do patrão com uma solicitude um tanto quanto exagerada, um bocadinho depressa demais ou às vezes com um ligeiro intervalo, executando as ordens da véspera no momento em que acabam de ser anuladas – mas ele tem todas as desculpas, *não pode* saber dessa brusca reviravolta –, o lacaio leva o jovem filho de família à ruína, ao vício, à degradação irreversível. O procedimento mais simples é *significar* ao patrão sua *malevolência* como sua natureza mais verdadeira, trazer-lhe um cálice de bebida alcoólica no momento em que ele acaba de largar de beber. É esse procedimento que o corpo de Gustave escolheu. E – o que é indubitável – alguma coisa não funciona direito, pois, por meio da apatia intermitente e da inapetência permanente, é o *soma* que significa, e a mente que se torna o significado.

Tal é, pois, o motivo profundo da investigação empreendida na terceira parte de *Novembro*: por trás dos comportamentos superficiais de fracasso que com frequência se transmudam em vontade – igualmente superficial – de ter sucesso, ele compreende que à sua experiência advém um sentido obscuro; ele está em perigo e é perigoso para si mesmo. Pois a silenciosa linguagem corporal significa o próprio espírito (ou a pessoa total), na medida em que é ameaçada ou – o que dá na mesma – estruturada por um futuro imprevisível e certo. O que o apavora, em todo caso, é a plasticidade de seu corpo. Veremos melhor, na terceira parte, como a atividade passiva, constituída pelas primeiras relações com o Outro, continua sendo sustentada pela *passividade ativa* do organismo. É no ponto de encontro de ambas que se produzem em algumas pessoas – entre as quais Gustave – os fenômenos da autossugestão. Gustave não ignora nada de seu pitiatismo; fará uma boa descrição dele a Louise: "Tu me dizes que amei seriamente essa mulher (Eulalie). Não é verdade. É que, quando eu lhe escrevia, com a faculdade que tenho de me comover com a pluma, levava o assunto a sério; mas *só enquanto escrevia*. Muitas coisas me deixam frio quando as vejo ou quando outras pessoas falam delas, mas me causam entusiasmo, irritação ou mágoa quando sou eu que falo delas e, sobretudo, quando escrevo. Esse é um dos efeitos de minha natureza de saltimbanco".* Segue-se o episódio do jornalista de Nevers. Evidentemente, essa confissão data de outubro de 1846, e Flaubert, na época, teve todo o tempo de refletir sobre a "doença nervosa" que se declarou em Pont-l'Évêque em 1844. Mas uma anotação de *Souvenirs*, datada de 8 de fevereiro de 1841, confirma o que ele diz sobre suas relações com Eulalie Foucaud: "Escrevi uma carta de amor por escrever, e não porque amo. No entanto, gostaria muito de convencer a mim mesmo disso; acho que amo escrevendo". À luz desse texto, podemos entender melhor o que há de autossugestão quase patológica na *Erlebnis* de Trouville, quando, um ano após a partida da sra. Schlésinger, Flaubert a suscita ao seu lado e concebe por ela o amor *imaginário* que em *Memórias de um louco* ele chamará de amor *finalmente verdadeiro*. Não há nenhuma dúvida: na época das *Memórias*, já, ele tem consciência de que se manipula. Só que não se teme: é a simples brincadeira feita por um menino saltimbanco. Sem

---

* Carta a Louise já citada, *Correspondance*, t. I, p. 362.

riscos, acha ele. É a afirmação prática da predominância do imaginário sobre o real, só isso. Em 1842, tudo muda: o que o fascina agora e o duplica é que o inimigo desconhecido cuja agressão ele teme, que o manobra através de sua materialidade, *só pode ser ele mesmo*. O rio da vivência está sendo *orientado*, ele sente isso. Mas o que o conduz não são os outros nem os acontecimentos exteriores: ele teme essa sua fúria, já detectável, que depois de amanhã poderá precipitá-lo na última categoria. Há um juramento? E qual foi o Ego que jurou decair? O pior é que, de vez em quando, essa decadência esboçada fascina sua consciência; não pode se abster de encená-la (desculturação sistemática, imitação dos idiotas, dos epilépticos). Esses comportamentos lúdicos – ele o sente – são reconstituições e invocações. Literalmente, ele é *tentado*; o corpo manipulado dos alheamentos e da impotência não se limita a deixar adivinhar um manipulador, mas, com a própria vontade lúcida, designa um obscuro núcleo de malevolência. A heteronomia do servo-arbítrio talvez seja apenas superficial; talvez só tenha a função de lhe mascarar uma paciente e monstruosa liberdade que se cerca de uma nuvem de tinta para mascarar operações precisas e rigorosas: nesse caso seu tédio e seu temor não passariam de comédias, na melhor das hipóteses de epifenômenos destinados a mascarar sua adesão profunda a si mesmo. Outras vezes é o contrário: ele é arrastado à perdição, urra, sente que vai afogar-se. Nesse Ego rodopiante que toma conta dele, Gustave já não tem meios de fazer a distinção entre miragem e realidade, pois o horror de tornar-se um monstro e o consentimento vertiginoso com a queda são ora reflexo, ora verdade. Dizer "sou dois" é tentar mais uma vez racionalizar com urgência. Nesse sentido, o aparecimento do segundo narrador corresponde a um reflexo de saúde. Gustave sente-se *enlouquecido*: alto lá: não irá mais longe; o narrador fende-se em dois: acima de tudo, nada de transigência; *eu* erige-se acima do *ele* buliçoso, com um voo de orgulho. É um esforço gigantesco para fugir ao pitiatismo, para *escolher* o seu eu (*Moi*). Nisso é ajudado pelo fato de que, naquele mês de setembro, *o fracasso*, pungente para sua vaidade, rasgou suas aderências: Gustave intima a comparecer diante de sua reflexão retrospectiva um passado do qual já se acredita dissociado. Seu objetivo não é tanto compreender-se quanto conhecer-se objetivamente para reaver-se. Por essa razão, vemos o segundo narrador fazer a análise clínica dos transtornos neuróticos do primeiro. O desdobramento é um *fiat*: agora chega! Gustave decreta que, como homem experiente, está no fim de um processo por ele descrito com severidade. Ele conserva os mesmos princípios e as mesmas paixões, mas está de fato decidido a distanciar-se destes, a pensá-los sem os vivenciar: quando retoma seu manuscrito, a vontade de curar-se e a de ter êxito em dezembro estão juntas. Assim, a invenção do segundo narrador não é tanto um procedimento quanto o início de uma terapêutica. Após o suicídio malogrado, Flaubert – crença e decisão – pensa encontrar-se *do outro lado* da prova; seco e rabugento, bem abrigado na família, totalmente ocupado a fazer o balanço, tendo optado – pelo menos por certo tempo – por um dos dois futuros contraditórios que o dividem (ele fará direito eficazmente), recusando os encantos da cumplicidade passiva e considerando-os do ponto de vista de uma atividade racional e desencantada, ele goza de indubitável remitência. O número dois continua sinistro, mas está sadio. Sem dúvida, em seu tempo, conheceu os desvarios do número um, mas está em vias de superá-los: rumo a quê, ninguém nos diz e, aliás, ninguém sabe. Falta livrar-se do número um: se conseguir liquidá-lo *na obra*, aquele jovem – acredita ele – nunca mais voltará a assombrá-lo na vida. Bastará escolher um meio radical e literariamente válido de eliminá-lo. Ora, ocorre que essa escolha não é tão simples: o autor hesita, e sua opção final prova que, a despeito de sua firme resolução de curar-se, no fundo ele está convencido de que o mal segue de modo inflexível o seu curso.

A solução mais saudável seria interná-lo no asilo de Charenton: esse será mais tarde o destino reservado ao pintor de a *Espiral*. Gustave o adotará depois do ataque de Pont-l'Évêque, ou seja, na época da neurose *consentida*. Mas a terceira parte de *Novembro* é a neurose recusada. O desdobramento é um sobressalto. Em cada detalhe da investigação, Flaubert tomou o cuidado de valorizar o aspecto neurótico de sua experiência, mas, a cada vez, no momento de concluir, ele muda de rumo e, por exemplo, traduz o psicossomático em termos de puro *soma*. Já não se lava, não abre as janelas, fica deitado o dia inteiro, vazio, encenando e padecendo, com um prazer duvidoso, um embrutecimento crescente que o degrada: eis os sintomas, e quem os expõe é o autor. Mas, no momento do diagnóstico, muda de rumo e desvia nossa atenção com uma comparação insinuada de modo casual: "Como as pessoas que se veem morrer". Não se diz que o herói faz parte desse tipo de gente. Ele é como essas pessoas, simplesmente. Onde está a diferença? Está em que – diz o autor mais adiante – "os órgãos estão sadios". Curiosamente, mais ou menos na mesma época, ele se empenha em tranquilizar Caroline – que não estava preocupada –, afirmando-lhe que goza de excelente saúde.* Como se quisesse dissipar suas próprias preocupações. Como? Se o organismo está sadio, será possível vivenciar a agonia? É claro que ele pode traduzir com uma metáfora o *desinteresse* crescente que sentia em 1841. Mas a comparação escolhida mostra que se trata de um processo orientado para um fim. Em outras palavras, a morte é invocada aqui como imagem-cobertura, chega na hora certa para mascarar o inflexível resvalar para a degeneração nervosa ou a loucura. É um fim nobre: Gustave consente em desejá-la, em explicar seus comportamentos pelo desejo que tem de morrer, mas, no momento em que investiga, recusa-se a descobrir o fim ignóbil visado por seu projeto de decair. Ou melhor, ele o descobriu, mas quer manter suas conclusões fora do discurso, no setor obscuro do *indizível*. É como uma daquelas Bélises[57] que nos conta em pormenores os comportamentos inexplicáveis de um amigo nosso para com ela – ele não para de olhá-las, vive fazendo gentilezas etc. etc. –, e quando concluímos por bondade: "Ah, é porque está apaixonado por você", ela exclama estupefata: "Está louco! Nunca! Estou contando fatos, só isso". Portanto, a verdadeira mensagem que ele dirige a si mesmo é ocultada por outra. Mas, como ocorre sempre em casos semelhantes, as palavras da segunda mensagem perdem o sentido original e o substituem pelo sentido das palavras da primeira mensagem. "Morte", no contexto, significa "neurose", como veremos.

O herói de Flaubert "nasceu com desejo de morrer". Ele acrescenta: "Nada me parecia mais tolo que a vida e mais vergonhoso que apegar-se a ela". Eis, portanto, a morte elevada à categoria de fim fundamental. E, de imediato, por generalização tática e defensiva, ele declara: "O homem ama a morte com um amor devorador". Sabemos que, para ele, esse amor se situa no nível das pulsões religiosas: caberá concluir daí que Freud, se tivesse lido *Novembro*, teria encontrado nele a prefiguração de seu "instinto de morte"? Deixemos que Flaubert fale: "quase todas as crianças fazem o mesmo e procuram suicidar-se em suas brincadeiras". Afirmação um tanto arbitrária, se o intuito for universalizá-la (embora o jovem tenha visto com profundidade que em todo o mundo existem jogos de morte), mas observação penetrante se for aplicada apenas a Gustave: já na infância ele brincava de morrer,

---

* Cabe lembrar as *Memórias de um louco*: "*Embora com excelente* saúde (eu sofria de) uma irritação nervosa...". E sua maneira, mais tarde, de gabar sua "robustidão". Sempre tentou dissimular os transtornos mentais por trás da sua saúde *física*.

mas a morte não passava de objetivo imaginário de uma brincadeira. Aliás, ele acrescenta: "Quando criança, eu a desejava apenas para conhecê-la". Isso, precisamente, elucida o lado lúdico de seus comportamentos suicidas: pois a morte é o incognoscível. Para conhecê-la, seria preciso sobreviver. Ora, é justo o que ele busca.

De fato, o jovem herói nos diz claramente o que espera do óbito: a cessação dos sofrimentos. Sua função, de todo negativa, é portanto eliminar o mal causado pelo nascimento: "É tão agradável imaginar que já não existimos! É tão calmo em todos os cemitérios! Lá, deitado e enrolado na mortalha... os séculos passam sem... nos acordar... Quantas vezes contemplei nas capelas das catedrais aquelas longas estátuas de pedra deitadas sobre os sepulcros!... parece que estão dormindo, saboreando a morte. Não precisar mais chorar, não mais sentir aqueles desfalecimentos em que parece tudo romper-se, como andaimes apodrecidos, essa é a felicidade acima de todas as felicidades... Além disso, vamos talvez para um mundo mais bonito... Ó! Não, não, prefiro acreditar que se morre de todo, que nada sai do ataúde: e, se ainda for preciso sentir alguma coisa, que seja nosso próprio nada, que a morte se alimente de si mesma e se admire; vida suficiente apenas para sentirmos que já não somos".

Não mais sofrer, mas também: ter consciência de que não se sofre mais. A evocação da vida eterna só aflorou para ser veementemente afastada. A morte deve ser saboreada: é a ataraxia. Mas, sobretudo, é a supressão da principal ek-stase temporal, da relação com o futuro. A atividade passiva diz seu desejo profundo de ser passividade pura. Fica na memória "vida suficiente apenas para sentirmos que já não somos". É manter a relação com o passado, a recriminação, mas esse nada que veio a ser só se lembra dos sofrimentos anteriores para rejubilar-se por não ser mais afetado por eles. Ninguém pode agir sobre ele: jazendo, é a matéria triunfante e consciente de si mesma em sua inflexível inércia. Portanto, não se trata de o número um realizar a abolição total de sua pessoa, mas de transformar-se em presente puro e vazio que tem o futuro atrás de si. Nessas condições, como não se lembrar do grito de *Memórias de um louco*: "Gostaria de ser velho, de ter cabelos brancos"? A morte aqui é sinônimo de velhice; Gustave lhe pede duas coisas: aposentadoria (ele *obedeceu*, está liberto de toda e qualquer obrigação) e ataraxia (chega de desejos, portanto chega de sofrimentos). Mas esse envelhecimento brusco e prematuro é também muito suspeito. Esse velho de vinte anos, insensível, decrépito, abúlico, que não faz nada além de ruminar o passado, parece-se muito com o idiota que Flaubert tem medo de querer vir a ser. O fato é que, nas cartas a Louise, escritas após o ataque de Pont-l'Évêque, Gustave usa de modo indiferente uma ou outra metáfora para fazê-la entender seu mal: "Não quiseste acreditar-me quando te disse que era velho. Ai, sim!... Se soubesses de todas as forças internas que me esgotaram...". E: "Era a um fantasma, e não a um homem, que te dirigias". "Aquele que vive agora e que sou eu apenas contempla o outro que está morto." Estará descrevendo a morte ou a senilidade? Calmo, sem paixões, sem remorsos, essa "lagoa tranquila" não terá "vida suficiente para sentir que já não é", assim como as figuras jacentes que ele invejava em 1842? E, quando fala de seu vazio, da paixão que põe em contemplá--lo, acaso não estará definindo o rendeiro que, depois de quarenta anos de trabalho, vive na ataraxia e na ociosidade? Na verdade não se trata de nenhum dos dois estados: as duas imagens – aliás, intercambiáveis – têm em vista *significar* a neurose.

O que mais impressiona é o tipo de fim que Flaubert inventa para seu personagem. Desistiu de lhe atribuir morte voluntária: por honestidade, depois do suicídio fracassado de setembro. No entanto, como lhe recusa a demência, não se livrará dele sem matá-lo. Bom, está na hora de encerrar a história. Não seja por isso:

"Por fim, em dezembro passado, ele morreu, mas devagar, pouco a pouco, apenas pela força do pensamento, sem que nenhum órgão estivesse doente, como se morre de tristeza".

É sonho, mais que afirmação, pois na linha seguinte ele reconhece que aquele fim parecerá "maravilhoso", sobretudo para as pessoas que sofreram muito. De fato, alguns anos depois, ele explicará a Louise que nossas paixões são medíocres demais para morrermos de tristeza. Seja como for, no instante em que grafa tais palavras na última página do manuscrito, ele ainda acredita que a coisa é possível. Pelo menos para certas pessoas que viveram até o extremo a condição humana. Pelo menos para ele. Ora, o "pensamento" de que se fala aí é o mesmo de que Gustave falava nas *Memórias*, quando declarava: "Minha vida é um pensamento". Não se trata apenas de uma ideia, mas de uma síntese totalitária dos processos ideativos e da afetividade: é a própria vivência, ao cabo de uma experiência rigorosa e desesperada em que ele compreende, ao mesmo tempo, o antigo desejo de morte e a certeza progressivamente adquirida de que o homem é impossível;

acrescente-se a isso certa lassitude da imaginação ("Que fazer? O que sonhar?"). Novidade, porém, é dar-se explicitamente *força física* a esse pensamento. De fato, ele substitui sem esforço um revólver ou um punhal. Melhor: surpreende o protagonista gozando de saúde plena e o mata sem lesar nenhum órgão: o coração para de bater, só isso. Esse trecho é elíptico – com riqueza proporcional à obscuridade. Pois, afinal, esse estranho poder será um caráter exterior do pensamento – ou seja, uma ação permanente deste sobre o organismo, um desgaste por ele produzido a partir do nascimento, que conduz à morte biológica? Ou, para que a "força" se manifeste, será preciso esperar que a totalização na interioridade esteja mais ou menos encerrada? E, nesse caso, qual é o papel exato do sujeito? Esta última indagação parecerá legítima se lembrarmos que, para Gustave, o "pensamento", ultrapassando amplamente o setor dos conceitos e dos juízos, identifica-se com a vivência. Pode-se então perguntar se a totalização termina com a sua própria anulação, sem que o herói tenha tido realmente a intenção de morrer, ou se, ao contrário, este concentra sua reflexão na impossibilidade de viver, com a intenção expressa de obrigar o corpo a extrair por si mesmo a inevitável consequência disso.

Gustave não responde. Ou melhor, essa ambiguidade foi por ele desejada. A comparação que faz não esclarece, ao contrário: "Como se morre de tristeza" – diz ele. E nos lembramos da morte de sra. De Rênal.* Mas esta, pelo menos, estava realmente triste: a morte do amante era por ela padecida como uma violência exterior, haviam-lhe arrancado o coração. O herói de *Novembro*, por outro lado, não está nem mesmo aflito, pois, para compreendermos seu óbito suspeito, este é *comparado* aos óbitos provocados pela tristeza. Trata-se de fato da realização rigorosa, mas indolor (depois de tantos pesares) da impossibilidade de viver. "Deixou de escrever e pensou mais" – é dito. Isso pressupõe forte concentração intencional, um exercício mental. É verdade que o narrador acrescenta: "Considerou conveniente deixar de queixar-se, prova talvez de que começou de fato a sofrer". Mas os transtornos que descreve em seguida não podem provocar dor física nem sofrimento moral naquele que os sente. Angústia, sem dúvida; e fastio de viver, nada mais.

Na verdade, a riqueza e a obscuridade desse parágrafo foram desejadas por Flaubert. E elas apenas traduzem suas próprias hesitações

---

* Flaubert não lerá *O vermelho e o negro* antes de 1845.

diante de uma experiência nova. De fato, o que poderá tê-lo incitado a essa invenção da "morte pelo pensamento", na qual, segundo ele diz, terão dificuldade de acreditar "as pessoas que sofreram muito"? Só pode haver um motivo: ele tenta menos imaginar um fim fictício para uma obra autobiográfica do que expressar com palavras e imagens uma intuição que o preocupa. O que impressiona, quando relemos esse trecho, é a incrível docilidade do corpo. Como assim? Nenhum órgão afetado, e, no entanto, quando o herói se convence da impossibilidade de viver, o organismo inteiro *realiza* essa convicção, suspendendo suas funções? Quando Gustave escreveu: "o que parecerá difícil... mas é preciso tolerar num romance, por amor ao maravilhoso", está brincando conosco: o maravilhoso não o atrai muito, e, aliás, destoaria totalmente no fim de um "romance intimista" e realista, ou seja, de uma autobiografia mal e mal disfarçada. Se finge ter sido seduzido pela estranheza dessa agonia dirigida, podemos estar certos de que quer nos desorientar e dar ao *verdadeiro* a cor do falso. Ele não morreu, é fato: mas *acredita* que se pode morrer assim – o que ele nem sequer imaginava na época de *Memórias de um louco* (caso contrário, teria lançado mão disso como um fim elegante e econômico). Essa flexibilidade do corpo ele conhece bem, sabe que o organismo, assumindo a ideia negativa, faz dela uma inerte negação material. Levando ao extremo essa docilidade, por que este não materializaria a negação radicalizada, abdicando pura e simplesmente de *todas* as suas funções? A partir daí, podemos compreender a ambiguidade intencional dessa conclusão. "A força do pensamento" não é, não pode ser a força do pensador. De nada adiantaria este dar ordens a seu organismo, pois só teria a obediência dos setores em que o sistema nervoso central comanda os músculos estriados. Mas a vida propriamente orgânica e vegetativa não seria modificada. O que Flaubert acreditou compreender, porém, nos últimos meses é que, se nos compenetrarmos de um pensamento e não pararmos de ruminá-lo, sem nunca sairmos dele e sem tentarmos realizá-lo por meio de um *Fiat* soberano, ele descerá para o corpo *sem o nosso conhecimento*, e, toldado mas reconhecível, passará a ser uma lei da vida orgânica. E isso é verdadeiro para ele, ou seja, para um agente passivo. Nesse caso, com efeito, a meditação é já *padecida*, instala-se, ocupa, e essa remanência logo é sustentada pela passividade ativa do organismo. Ou, digamos, nos casos de autossugestão, o "pensamento" tem duas faces: é conscientemente vivenciado como atividade passiva por ter-se realizado como passividade ativa nas funções da vida, e, ao contrário, o esforço consciente para *crer* nisso, ou seja, para fazer dele uma determinação vital da pessoa, acelera sua realização orgânica. Eu disse que tudo ocorre *sem o conhecimento* do pitiático; mas é preciso esclarecer: é um desconhecimento que não se ignora, um desconhecimento intencional *encenado* como condição necessária do processo. No fundo de sua intimidade reflexiva, o pensamento meditado *oculta-se* e, ao mesmo tempo, *pressente* que é *padecido*, que, sem a docilidade do corpo, permaneceria imaginário, e que encontra *seriedade* e realidade na maneira como o organismo o recebe e, moldando-se a ele, lhe confere dimensão de *não-pensamento*. Essas observações nos permitem compreender por qual razão Gustave escolheu esse fim "maravilhoso" para seu herói.

Não se sabe muito bem o fim que ele imaginava antes de fevereiro de 1842. Até porque o jovem "louco" das *Memórias* sobrevivera. Imagino que, no momento da concepção, Gustave desejava deixar-nos na ignorância: afinal, o autor, como o seu personagem, aspirava a morrer e vivia. Sua obra teria sido lida como um manuscrito introduzido numa garrafa lançada ao mar. Em todo caso, o primeiro narrador de *Novembro* é de início concebido para deixar clara a *impossibilidade de viver*. Gustave descreve muito bem a contradição que opõe o Grande Desejo e a atividade passiva; declara ao mesmo tempo: "Amei? Odiei? Busquei alguma coisa? Ainda duvido; vivi fora de qualquer movimento, qualquer ação, sem me mover nem pela glória nem pelo prazer, nem pela ciência nem pelo dinheiro" e "Gostaria de ser imperador pelo poder absoluto". O que o leva a concluir: "Não achava nada que fosse digno de mim, também não me achava apropriado para nada", admirável definição desse dilaceramento perpétuo que é o orgulho negativo. O propósito de Flaubert é simples: um grande homem gorado – pensa ele – pode fazer uma obra-prima caso exponha sem rebuços as razões de seu malogro. Isso será *Novembro*: "Para tudo eu não era bastante puro nem bastante forte". Alguém pensou *isso*, e ninguém sabe o que é dele. O mais provável é que ouvíamos uma voz morta, mas não é impossível que em seguida ele tenha se perdido na multidão, que ainda esteja vivo e, por exemplo, seja tabelião no sul da Bretanha. Em todo caso, Gustave via aí, expressamente, *seu* canto do cisne: único testemunho de um homem dividido entre a grandeza infinita de seus desejos e a pequenez de seus meios – o que somos ou *deveríamos ser* todos. De início, ele acreditava que poderia haurir talento de sua infelicidade e escrever um livro extraordinário, mas sem posteridade: a narrativa de um fracasso total escrito de modo genial pelo próprio fracassado. O grande homem gorado tornava-se um verdadeiro grande homem, no tempo de fazer o inventário daquilo em que malograra. Numa inversão costumeira de seu pensamento, pensava extrair positividade do próprio negativo. Mas, é claro, era um testamento literário: escrita a última folha, ele se punha a estudar e virava advogado ou juiz. Engolido, perdido na multidão provinciana, incapaz de elevar-se acima dela senão por meio da imaginação, ele continuaria vivendo, retrospectivamente justificado por uma obra-prima que, fizesse ele o que fizesse, o impediria de ser de todo definido pela profissão. Um gênio se afirma e desaparece, dizendo: "Sou pequeno demais para mim".

Seis meses depois, tudo muda; se convence *primeiro* de que sua nova obra malogrou, *em segundo lugar* percebe que a doença é *mental*: na terceira parte de *Novembro*, ele descreve em detalhes os progressos de sua neurose, mas os apresenta como sintomas de uma agonia real. Isto porque a morte é um fim nobre. Essa falsificação lhe é mais fácil porque o segundo narrador, no essencial, continua de acordo com o primeiro, convencido de que este não tem vontade nem possibilidade de viver, e, embora se queira definir em sua particularidade objetiva, insiste em achar que o mundo o fez inviável, que ele vive no Inferno. Nesse sentido, seus transtornos lhe aparecem ora como efeitos de suas próprias intenções, ora como o único modo justificável de existir num universo malvado. *Objetivamente* – é o ponto de vista do número dois – sua anomalia é a maneira neurótica com que ele vivencia a desproporção entre seus desejos e suas capacidades; ela ameaça estruturar-se como neurose, e a intenção neurótica é encerrar o processo com a demência. Mas, *subjetivamente* (apesar das aparências, a reflexão retrospectiva continua sendo uma reflexão conivente), os fins não são rejeitados: o segundo narrador, como vimos, deve tê-los para compreender o primeiro; desse ponto de vista, o "tudo ou nada" romântico, ou seja, a recusa a ser *alguma coisa* ou *alguém*, deve ser vivenciado como realização progressiva da morte. Assim, *subjetivamente*, a apatia é imitação da morte, ascese e momento real de uma agonia; *objetivamente*, é o momento real de uma neurose bem particular e estruturada como empreitada pela intenção de na demência fugir das tarefas insuportáveis. *Subjetivamente*, a ataraxia manifesta apenas o desaparecimento do desejo em face da mediocridade do desejável (era já uma das duas possíveis interpretações de Almaroës), e, como o desejo define o homem, ela precede de pouco o féretro; aliás, o pressentimento da morte nada mais é que a ataraxia presente a sonhar-se como consciência eterna do nada; *objetivamente*, por outro lado, a ataraxia nada mais é que inapetência, e essa inapetência apática é certo estado psicossomático que se reproduz espontânea e intencionalmente *em certo homem*. *Subjetivamente*, a corrida para a morte nada mais é que a relação necessária entre microcosmo e macrocosmo, sendo a abolição daquele a totalização e a solução das contradições deste; trata-se de uma atitude metafísica; *objetivamente*, a demência prevista e buscada não expressa em nada a relação do indivíduo com o mundo; é a solução que um indivíduo caracterizado por certa anomalia tenta dar às contradições que o atormentam. Reencontraremos mais tarde, em janeiro de 1844, esse duplo aspecto da vivência. Note-se aqui que a subjetividade e sua objetivação estão de modo indissolúvel ligadas na pessoa de Gustave, e que elas se interpenetram. É sua subjetividade que se introduz na tentativa de objetivar-se e no lugar do fim ignóbil põe o fim mais aristocrático. Mas, por outro lado, a tendência objetivante faz que o fim nobre, em sua estranheza, só possa ser dado como inútil disfarce do fim sórdido.

Houve um tempo em que sua glória era ser "louco"; isto porque sua anomalia, na época, estava insuficientemente determinada: loucura, gênio, quem decidiria? Já nas primeiras páginas de *Memórias de um louco*, mostrando que o microcosmo é ao mesmo tempo produto e imagem do macrocosmo, ele, de modo discreto, fazia do delírio expressão de genialidade. A partir de fevereiro de 1842, perde as ilusões: outros encontraram meios de dizer o mundo. Afundando na demência, ele não daria testemunho, sob um céu vazio, do inferno humano, mas apenas das contradições que lhe são próprias. Já não se trataria de um acontecimento específico que deixasse claro para o gênero humano que o homem é impossível, mas sim de um naufrágio singular, de um acidente não significante. Se este pelo menos decorresse de causas exteriores – uma meningite, um tombo –, mas o insuportável é a ideia vertiginosa de que uma intenção dissimulada está por trás do processo inteiro. A degeneração neurológica é uma queda; a morte também, mas é destino comum, além disso consagrada: mais aristocrática se aparecer como conclusão lógica da recusa de viver, imperativo categórico que deve impor-se a cada um. Ele se sente resvalar para uma transformação ignóbil, investiga, compreende e, no último momento, substitui neurose por necrose. Racionalizando, a intenção parecerá clara: em 1842, ele apreende a estrutura teleológica dos transtornos que o conduzem, devagar e sempre, para a imbecilidade, mas não quer ver nesta mais que um momento transitório; é preciso passar por esse marasmo para realizar a "morte pelo pensamento", verdade vinda a ser e radicalização de sua neurose. Mas, por outro lado, não pode impedir que esta lhe apareça como objetivo próximo e real, relegando a agonia ao compartimento das comparações. Escondendo de si a verdadeira natureza dos transtornos que detecta, considerando esse imaginário (a "morte pelo pensamento") como o caso extremo da autossugestão, ele admite ingenuamente que a estrutura fundamental de sua neurose é o pitiatismo, e, para curar-se, exagera na sua sugestionabilidade, afirmando *morrer de histeria* e, assim, favorecendo seu resvalar para a idiotia.

Ocorre lembrar a *Metamorfose* de Kafka. Gregor Samsa, transformado em inseto, corre para o teto: aquele ser imundo, sem nunca atingir o natural perfeito da barata, nada mais tem em comum com o burocrata de que é o último avatar, a não ser uma memória confusa, um pouco menos legível a cada dia. Ficam a vergonha e a infelicidade. Não escolhi o exemplo ao acaso: Kafka gostava de Flaubert e o cita com frequência; os dois escritores foram vítimas de um pai abusivo. Na narrativa de Kafka, remorso e ressentimento são inseparáveis. E, afinal, o que ele descreve? A *crise*. Aquela que ele teme, mas da qual nunca será vítima – por ter sido imunizado contra ela pela tuberculose, de que morrerá –, crise, justamente, que Flaubert arranja para si. A intenção de Gustave nós adivinhamos quando relemos *Metamorfose*: aquele bicho horrível que morre de vergonha e mergulha a família no opróbrio, culpado punido, inocente vítima dos seus e, de qualquer maneira, repugnante, é um excelente símbolo do medonho desconhecido que ele se prepara para tornar-se *com a crise*. Alguma coisa vai lhe acontecer, algo atroz – morte, velhice, que importa o nome que lhe impingem: o fundo da questão é que ele será *outro*. Outro e degradado. O fluxo lodoso de sua vida o faz rolar para essa inevitável queda: é esperado por um ser que ele deve vir a ser, que não será ele e que dirá: eu mesmo. Outro e nascido de Outro, a alteridade romperá sua nova existência. Gustave vê com horror aproximar-se o momento e o lugar de sua metamorfose em inseto; a certeza da derrocada final é maior porque a queda já começou. *Novembro*: uma vida iluminada de modo trágico pela evidente necessidade de uma morte próxima; uma morte inflexivelmente tecida na "*estranhez*" pela própria vida; um sobrevivente já previsto, esse fantasma: o nada que se tornou sujeito pela anulação da subjetividade; o não-ser confundido de modo deliberado com a consciência lúcida de já não ser; toda uma série de coisas rolando para essa derradeira confusão, a crise, em que a metamorfose irreversível de uma forma de vida em outra – a imbecilidade – se apresenta de antemão como a abolição do ser vivo. A insuportável verdade é a seguinte: o jovem não escapará às exigências da família sem se tornar para sempre incapaz de atendê-las; em outras palavras, a saída não está no Céu, mas no Inferno; é preciso mergulhar, ele mergulhará. Sabe disso, mas tenta pela última vez conferir brilho fúnebre à sua queda, batizando-a de morte. A partir de 1842, Gustave tem a certeza subjetiva de que está correndo para o pior, de que, se não deixar lá a pele, deixará pelo menos a integridade de seu ser: assombra-o a derradeira metamorfose, invisível mas inevitável, o que quer dizer que ele já mudou. Acima de tudo, ela já se apresenta como relação direta do sujeito consigo mesmo, da psique com o soma sem intervenção estranha; essa relação é totalizante e conclusiva: é uma experiência inteira que nela se realiza e cai em chamas. Em suma, a neurose está em ato, e a crise, em potência. Depois da incubação, é preciso que esta se atualize, por sua vez. Será Pont-l'Évêque. É claro que não haverá morte de nenhum homem: a impossibilidade de viver não matou Gustave. Seja como for, sua vida o arrasta para a decadência pública, seu único e rigoroso dever para consigo, seu insuportável destino.

1842-1843: REMITÊNCIA

O manuscrito está terminado, Gustave parece liberto, como depois de uma psicoterapia. O que aprendeu sobre si mesmo? Nada de claro, mas, no geral, esta verdade turva: não tenho vontade de viver nem de me matar; meus esforços hipócritas para me reduzir *a nada* não terão outro efeito senão o de me apequenar. Basta-lhe entrever essa eventualidade para recusá-la. A liquidação de seu herói *no papel* parece-lhe uma libertação simbólica: na escrita e na imaginação, ele foi até o extremo de si mesmo, até à degeneração senil sob o manto de uma morte "pelo pensamento". Essa saciação onírica é acompanhada por um sobressalto voluntário: chega de complacência melancólica, vou fazer o exame, quatro anos de direito e *só então* renuncio à vida ativa.

No começo, tudo vai às mil maravilhas. É claro que ele não perde a raiva do direito: "Tenho vontade de mandar às favas a Escola de Direito de uma vez por todas e de nunca mais pôr os pés lá. Às vezes tenho uns suores frios de matar. Pelo amor de Deus, como estou me divertindo em Paris, como é agradável a vida de rapaz que estou levando".* Pouco tempo antes do exame, ele, de modo curioso, equipara seus acessos de cólera a seus alheamentos: "...a coisa não pode durar muito tempo desse jeito. Eu acabaria caindo no estado de idiotismo e furor. Esta noite, por exemplo, estou sentindo ao mesmo tempo esses dois agradáveis estados de espírito".**

Seja como for, os próprios furores e as preocupações são a prova que ele tira de si mesmo e de que, com fervor talvez excessivo***, ele consegue violentar sua "natureza"; o orgulho de superfície triunfa, a atividade passiva se supera e produz um ativismo de furor. Os resultados são excelentes; pouco antes do exame ele escreve a Caroline: "Estou respirando um pouco mais agora e encaro meu caso como mais ou menos encerrado. Estou alegre, bem-humorado... já me vejo chegando a Rouen na terça-feira de manhã... Se não for aprovado, ninguém vai poder se gabar de ser, pois acho que sei o primeiro ano de direito tão bem quanto quem quer que seja...".**** De fato, é aprovado sem brilhantismo, mas sem dificuldade, e vai ter com a família. Como seu primeiro "ataque" ocorrerá em janeiro de 1844, pode-se dizer que desde suas angústias de setembro até o "resultado matemático" de sua neurose, ele gozará de modo *aparente* de uma trégua de catorze meses.

Foi o medo, sabemos, que represou a torrente que o arrastava para a decadência. Mas esse não é o único dique: há também e sobretudo o fato de que, pela primeira vez em cinco anos, ele não está descontente com uma obra nascida de sua pluma. É verdade que ela não será publicada***** enquanto ele viver, mas porque ele decidiu que um autor nunca deve falar de si. Como eu disse, ele já era quadragenário e ainda gostava de dá-las aos íntimos para ler. Se, na meia-idade, um adulto ainda sente tanta estima por essa autobiografia disfarçada, pode-se imaginar

---

* A Caroline, novembro de 1842, *Correspondance*, t. I, p. 122.
** A Caroline, dezembro de 1842, *Correspondance*, t. I, p. 123.
*** "Quarta-feira passada, não fui dormir, à força." É próprio das constituições passivas, em casos de urgência, só conceberem a atividade *"sob pressão"*.
**** A Caroline, dezembro de 1842, *Correspondance*, t. I, p. 126.
***** Escreve em 1853: "Ah! Que bom faro tive em não o publicar na juventude. Como me envergonharia agora!".

VII. Do poeta ao artista

o entusiasmo do adolescente que, em outubro de 1842, acabava de terminá-la. O desafio estava cumprido: o grande homem gorado fizera de seu malogro a fonte e o assunto de uma obra-prima. E, sem dúvida alguma, *Novembro* dá mostras de um imenso progresso em relação aos escritos anteriores; nele se encontra pela primeira vez, em toda a sua complexidade, o principal tema de Flaubert. Em *Memórias de um louco*, a ênfase estava na insuficiência do real; uma grande alma se reconhecia pela profundidade de sua insatisfação. Em 1841 Gustave está descontente consigo: queria ser *o Artista* e acha que não atingiu o objetivo; a partir de então parece-lhe que paixão não basta, é preciso também capacidade. Com isso, seu personagem ganha complexidade: é grande e pequeno ao mesmo tempo. Esse medíocre não é salvo pela força de seus desejos: ao contrário, ela o mata, fazendo-o sentir melhor sua incapacidade de saciá-los. Ou, digamos, a fuga para o imaginário é denunciada como um estratagema: ele tem sinfonias na cabeça, mas não entende nada de música, o que significa, em suma, que brinca de ser um homem que teria sinfonias na cabeça. Em certo sentido o irreal continua sendo o valor supremo, mas ele denuncia ao mesmo tempo a impotência do homem real que não é capaz de imprimi-lo na realidade. Na falta do ato artístico, o imaginário não passa de inconsistência. Quem julgará o infeliz herói dessa aventura? Ninguém, pois ele é tudo e nada ao mesmo tempo. E é exatamente isso o que Flaubert deseja: instruir seu processo, e que o tribunal dos homens, na hora do veredicto, reconheça sua incompetência. Talvez só os grandes artistas dos tempos passados, Shakespeare, Rabelais... Em suma, Gustave está radiante: retomando sua "salada-russa sentimental", reduzindo, com a invenção de um segundo narrador, o infinito desejo do primeiro a um traço de caráter objetivo e determinado, ele salvou *in extremis* sua obra. Deu-lhe até *uma forma*: a passagem do nº 1 ao nº 2 e a transformação brusca do sujeito em objeto, estrutura formal do romance, "*expressa indiretamente*" o pensamento do autor, ou seja, mostra-nos, sem dizer, a contradição daquela consciência infeliz.

Esse êxito tem o efeito de afastar a crise. Abraçar uma profissão, de fevereiro a agosto, era reconhecer que, à parte os sonhos, ele era do mesmo barro dos burgueses e não tinha outra missão senão a de ser útil à sociedade, ou seja, tornar-se um dos meios que ela exige para se perpetuar tal qual é. Contra esse destino perfeitamente merecido, ou seja, contra a rigorosa adequação de seus encargos futuros a seus méritos, ele tentava, de modo passivo, proteger-se tornando-se *nada*, e era nesse nível que começava a organização da neurose. No momento, ele é *artista*, tem a prova disso: escapa *por dentro* às suas fatalidades; isso significa que deixou de merecer um futuro "trivial" por suas insuficiências. É claro que o pai não arredou de suas decisões, mas estas, visto que já não são justificadas por uma tara original, só fazem deixar clara a obstinação lamentável de um adulto respeitado. Trata-se de uma determinação idiossincrática de Achille-Cléophas, que deixa de ser temível quando Gustave não a une à maldição paterna, quando, em outras palavras, ele já não sente essa maldição como a própria essência da vivência. Com isso, suas resistências neuróticas decrescem: é preciso primeiro ter sucesso e depois falar com o Pai; o Código – é escusado dizer – continua mortalmente enfadonho, mas já não é ininteligível, e a memória de Gustave já não se recusa a gravar os artigos.

Enterrada, no entanto, a neurose subsiste: a inapetência sexual reforçou-se. Ademais, em fins de novembro de 1842, surge uma dor de dentes suspeita, a mesma que voltará a afetá-lo, oportunamente, em julho de 1843: "Não é nada ter dor de dentes, e as lágrimas que me vêm aos olhos nos piores acessos não são comparáveis aos espasmos atrozes que me dá a agradável ciência que estudo".* Trecho muito significativo: essa comparação rigorosa de um sofrimento físico com um mal-estar psicológico nos inclina a pensar que a "nevralgia" dentária pertencia à categoria daquilo que hoje chamamos de "dores psíquicas". Aliás, ela só o tortura no período incerto em que ele recomeçou a estudar à força, às cegas e sem estar certo do resultado. Assim que o futuro se aclara, ela desaparece.

Depois do exame, ele está duplamente tranquilizado: atrás de si, tem *Novembro* e, além disso, provou a todos os Ernest da Faculdade, aos pais e a si mesmo que, na "vida ativa", ele podia ter êxito como os outros desde que se desse o trabalho. Desse modo, volta ao grego e ao latim, "mata" aulas e começa um novo romance: a primeira *Educação sentimental*. Para Gustave, é um momento de equilíbrio – um dos raros que conheceu até então. E, tão selvagem que era em 1842, chega até a ir "jantar na cidade", frequenta os Collier, Schlésinger, Pradiers, Vasses, o doutor Cloquet etc. É mais ou menos nessa época, também, que tem início sua amizade com Maxime. Mas essa aparente estabilidade não deixa de preocupar um pouco. "Desde o mês de janeiro estou vivendo

---

* *Correspondance*, t. I, p. 122.

bem tranquilo, dando a impressão de estudar grego, traçando aqui e ali algumas linhas de latim para não ler francês, dizendo que vou à Escola de Direito e não pondo os pés ali". Parece que a experiência do ano anterior não lhe ensinou nada. Será que não sabe que precisa de *muito tempo* e *assiduidade* para ter êxito nos estudos, exatamente por causa do fastio que eles lhe inspiram? No entanto, na mesma carta ele diz: "Antes de um mês, vai ser preciso pensar em outro exame". Mas está bem decidido a não prepará-lo antes dos primeiros dias de abril e descreve-se "fazendo literatura e arte a todas as horas do dia e da noite, bocejando, duvidando, matando o tempo e fantasticando". Sábado, 8 de abril, parte para Rouen, são os feriados da Páscoa. Na volta, reencontra o quarto da Rue de l'Est e, "sobre a mesa, os livros de direito que ali havia deixado". Mas precisa esperar até 11 de maio para anunciar à irmã que começou a estudar. Em suma, de dezembro a maio, ficou quatro meses "mandriando". Inconsciência? Não: o medo não o larga, envenena seu *"dolce far niente"*. Em fevereiro, do âmago de sua vidinha tranquila, ele se queixa de carregar a "Escola de Direito nos ombros". E em março: "...outro exame. É como as pancadas na bigorna; quando uma acaba, a outra começa. A bigorna sou eu". O futuro continua ali, ameaçando: parece que ele, simplesmente, se recusa a tirar partido da experiência e que, com um ano de distância, repete o golpe da resistência passiva.

Durante esse período de calmaria, aliás, ele não se acalma: sua fúria apenas encontrou outro alvo; ele se queixa com amargura da pobreza: "O alegre estudante come por 35 soldos no Barilhaut... esse despudorado *gosta* das empregadinhas de lojas que têm frieiras nas mãos... Depois de pagar alfaiate, sapateiro, locador, livreiro, a Escola de Direito, o porteiro, o dono do café, o restaurante... não lhe sobra mais nada, está com a mente atormentada".* Segundo Du Camp, o pai Flaubert pagava boa pensão ao filho. Mas "sozinho em seu quarto, com Ducaurroy, Lagrange e Boileux...", Gustave é torturado por seu carrasco habitual, a inveja: "Do outro lado do rio, há uma juventude de trinta mil francos que anda de carruagem, carruagem *dela*...". Tem vergonha de sua "sobrecasaca ensebada", de seu "paletó preto de três anos". Entre a mediocridade da vida que leva e a trivialidade dos estudos, ele estabelece uma reciprocidade de perspectiva.

---

* A Ernest, 10 de fevereiro, *Correspondance*, t. I, p. 129.

Na verdade, *Novembro* lhe deu uma trégua, mas não a cura. Embora, na época, possa considerá-lo uma obra-prima, Gustave também é obrigado, pelo próprio assunto, a ver nele o seu testamento. Como dissemos, é a história de um fiasco. Sua força provém do radicalismo: o fracassado morre de fracasso, mártir da impossibilidade de viver. E, embora sobreviva, Gustave, de certo modo, condenou-se à morte, pois mais tarde dirá a Louise que *Novembro* é a *última obra* de juventude. Alguma coisa acaba de terminar: com essa nova totalização na interioridade, ele disse tudo o que estava tentando dizer desde *Agonias*; numa palavra, esvaziou-se. É verdade que está esboçando a primeira *Educação*: trabalhou nela mais de um mês durante o inverno de 1843 e essa era, sem dúvida alguma, a razão profunda de sua "tranquilidade". Mas o que está pondo lá? No início – ou seja, naquela mesma época –, Henry era o herói: "De início eu tivera ideia só (do caráter) de Henry. A necessidade de uma contraposição me fez conceber o caráter de Jules". Teria já projetado o aburguesamento final de seu protagonista? Inclino-me a acreditar nisso, embora nada leve a prevê-lo durante os dois terços iniciais do romance, e o autor se encarne ora num, ora noutro personagem. Se a sorte de Henry já está traçada em fevereiro de 1843, é porque Flaubert quis exemplificar o seguinte "axioma": seja você quem for, sejam quais forem suas aptidões de partida, o sucesso matará sua alma, você se tornará burguês. Henry não é antipático, no início; ou melhor: ele tenta, à sua maneira, escapar do futuro que lhe destinaram. Ingênuo, inteligente, capaz de paixão, esse rapaz só tem um defeito: agradar; conquista o coração de sra. Émilie (*É* de Élisa, *LIE* de Eulalie), vive um belo romance de amor, tem depois a oportunidade de viajar e, de volta a Paris, a de encontrar uma boa posição, dinheiro; pronto, está perdido: é esse – pensa Gustave às vezes – o futuro que me aguarda; é assim que apanham adolescentes românticos para fabricar "gente da boa sociedade", gente culta, fria e cética. Jules, por sua vez – "grande homem gorado" –, só ganhou importância no verão de 1844, depois da crise, quando Gustave retomou o manuscrito. Em fevereiro de 1843, ele não tem importância, e a razão disso é clara; não faz muito mais de três meses que Gustave terminou *Novembro*; sobre o fracassado de grande coração ele disse *tudo*; para ir mais longe – como fará nos admiráveis capítulos que terminam a primeira *Educação* –, será preciso que sua neurose o transforme, radicalizando-se. Em *Novembro* a ênfase recaiu no fracasso; na época de sua concepção, *A educação sentimental* propõe-se ser sua contrapartida: dessa vez elimina-se a anomalia, é mostrado um homem *adaptado*, em quem a própria adaptação é a tara original e transforma-se em destino; acredito discernir, de início, em Gustave, uma reação orgulhosa e agressiva a suas próprias confissões: "Em *Novembro* eu disse que só servia para morrer, mas atenção: não vão vocês, ganhadores da loteria, acreditar que são melhores que eu; sejam quais tenham sido suas intenções, vocês acabarão comerciantes". Continua atormentado pela alternativa "ter sucesso e aviltar-se" ou "decair e perder a dignidade". Quando começa *A educação sentimental* sabe muito bem que não se renovou, que vai tratar do mesmo tema, mas tomando-o pelo outro lado. Sem dúvida, a severa investigação do segundo narrador desenvolveu em Flaubert o gosto pelo "pequeno fato verídico": o tempo do lirismo passou, chega o do detalhe; por meio das impressões de Henry, ele detalhará sua própria experiência da vida parisiense, mostrará minuciosamente o nascimento e o progresso de seu amor por sra. Émilie. Esse novo cuidado, essa nova escrita têm motivos para agradá-lo. Não devemos esquecer, porém, as lamúrias que ele emitirá mais tarde, na época de *Madame Bovary*, por causa da ignóbil trivialidade de seus heróis. Será de se acreditar que ele possa se interessar realmente por aquele filho de burgueses, amante de uma burguesa, que, depois de uma escapadela, volta para se aburguesar por sua vez? Admita-se que Henry é bem medíocre: nele quase não se veem defeitos; o que lhe falta é o *negativo*: raiva, ódio, inveja, infelicidade, comédias desvairadas, pitiatismo, tudo o que faz a pujante personalidade do autor – e que será reencontrado em Emma. Quando ele encarna Flaubert, é porque Flaubert optou por se parecer com todo mundo, por ter as reações de todos os jovens provincianos que vão estudar em Paris, de todos os donzéis enamorados. Ler essa vida causa certo tédio, deve ter sido tedioso escrevê-la. De fato, Gustave não encontrava muito prazer, como mostram os julgamentos objetivos, de fria severidade, que fez depois acerca de sua obra. Durante o inverno de 1843, um pouco tranquilizado com a qualidade de *Novembro*, mas atormentado pelo temor de não ter mais nada para dizer, ele continua escrevendo *no embalo*, por continuar, esperando o renascimento da inspiração, sem entusiasmo e sem excessiva confiança no que faz. A *Educação* é pouco mais que um exercício, mas certamente ele não vê nisso uma justificativa. E, quando as preocupações, as urgências, a iminência do segundo exame estão de volta, a obra em andamento – aliás, temporariamente abandonada – ainda está mirrada e leve demais para compensar sua angústia. Ele disse tudo no ano anterior, sente-se vazio e, tal como em 1842, encontra-se diante dos mesmos perigos.

Além disso, tão logo volta ao trabalho, tudo recomeça. Primeiro as reclamações: "Estou tão irritado, tão aborrecido, tão furioso que muitas vezes sou obrigado fazer das tripas coração para não me deixar derrubar pelo desânimo". Depois os alheamentos: "Montaigne dizia: 'Precisamos ficar estúpidos para ficar sábios'. Estou sempre tão estupidificado que isso pode passar por sabedoria e até por virtude". O tempo encurta inexoravelmente: Gustave tem a sensação de perdê-lo: "Às vezes, tenho vontade de esmurrar minha mesa e fazer tudo voar pelos ares; depois, quando o acesso passou, vejo no relógio de parede que perdi meia hora em reclamações e volto a escrever sem parar e a virar páginas mais depressa que nunca".* Em junho volta à carga: "Vou, sim, às aulas, porém não ouço mais, é *tempo perdido*. Estou farto, não aguento mais... o ódio que sinto pela ciência acho que se estila sobre quem a ensina, a menos que seja o contrário... Enquanto isso, estudo como um desesperado para fazer o exame o mais cedo e do modo mais infalível possível. Mas quem pudesse me ver sozinho a me inocular todo o francês do código civil no cérebro e a saborear a poesia do Código de Processo Civil, esse poderia se gabar de ter visto algo lamentavelmente grotesco".** Recusando, como no ano anterior, qualquer atividade sintética, ele se dispersa e se afoga em detalhes: "Comecei a estudar para o exame com excesso de detalhes, de modo que agora estou assoberbado". Até a dor de dentes, que "volta com força total", o obriga a dimensionar o "coeficiente de adversidade" do tempo, "impedindo-me de estudar durante o dia, impedindo-me de dormir durante a noite".*** Contudo: "Toirac acha que meus dentes estragados não são a causa da dor. Segundo ele, é uma nevralgia; de fato, tenho dentes inteiramente sadios que me dão dores terríveis".**** A dor de dentes é a resistência *sofrida* da temporalidade e sua própria incapacidade, vivenciada *dolorosamente*, de instrumentalizar a duração. E eis de novo, quase nos mesmos termos, a confissão de 1842: "Ah!

---

* A Caroline, 11 de maio de 1843, *Correspondance*, t. I, p. 137.
** *Idem*, junho de 1843, *Correspondance,* t. I, p. 141.
*** "Imagine com que cara eu fico quando sou atenazado por uma boa crise e preciso continuar estudando." Outra função dessas dores: deixar mais claro que ele é vítima; está sofrendo, uma resistência pela qual não é responsável torna-lhe o estudo quase impossível. No entanto – é ordem do Pai –, ele *precisa* estudar.
**** *Correspondance,* Suplemento, t. I, p. 33-34. Não se falará mais dessas dores até janeiro de 1844. Elas voltarão *depois da crise*, e ele acabará extraindo três dentes.

Está na hora de tudo isso acabar! Acho que, mesmo se for reprovado, vou ficar contente porque pelo menos estarei livre".*

Mas, enquanto se afoba, afirmando que se mata de trabalhar, dizendo-se inchado de um saber muito abundante, muito detalhado, eis que retorna, com forma nova, seu velho desejo de imutabilidade. É verdade que ele tem um reflexo de orgulho quando a mãe lhe propõe um modo de recomendá-lo aos examinadores: "Eu me sentiria muito humilhado, e todas essas traficâncias não fazem meu gênero... Aliás *homens como eu* não são feitos para serem reprovados em exames". Mas logo confessa que está tentando "fazer pose" e que não é "rígido". E, na carta seguinte, escreve que está quase sem forças: "Se o exame, em vez de ocorrer dentro de uma semana, ocorresse... daqui a dois meses, acho que mandaria tudo às favas. Começo a ficar exausto... Se, por infelicidade, eu fosse reprovado, dou-te minha palavra de homem que não faria mais nada para a segunda vez e me apresentaria sempre com o que já sei, até que me admitissem". Em suma, ele quer vencer os examinadores pelo cansaço. Nessa determinação vejo sobretudo um retorno à atividade passiva: ele se enrijece, bloqueia, volta a ser pedra ou velho precoce; não mudará mais: será – como gostava de repetir já em 1838 – "sempre o mesmo", o imutável Gustave que o tempo faz rolar *a partir de fora* para a morte.

É essa intenção que encontramos em nível psicossomático quando ele dorme como pedra – o que talvez se alterne com insônias decorrentes de suas "nevralgias" –, acordando tão cansado, tão "estupidificado" que, como sabemos, não hesitará mais tarde em considerar esses sonos como patológicos.** Esses comportamentos letárgicos negam a duração e, como ele não pode "morrer pelo pensamento", eles o aproximam da condição das figuras jacentes que ele inveja tanto, recusam o amanhã e as tarefas do mundo diurno. Isso é correr para o fracasso. De resto, palavras e imagens colhidas aqui e ali em suas cartas mostram que a estrutura binária da verticalidade (ascensão--derrocada) tende a modificar-se a favor do segundo termo que, aliás, se concretiza num esquema motor: a *queda* no sentido físico do termo. Já em fevereiro ele escrevia estas frases sugestivas: "sou uma tremenda mula... a carregar um peso que não me dá... orgulho... É a Escola

---

* A Caroline, julho de 1843, *Correspondance*, t. I, p. 142.
** "Duas ou três vezes por semana, durmo de catorze a dezesseis horas a fio, de tão exausto que estou, a ponto de estar cansado de dormir quando acordo."

de Direito que levo nos ombros. Talvez aches a metáfora ambiciosa; é verdade que, se eu a carregasse nos ombros, eu bem depressa me arrojaria ao chão para despedaçar meu fardo". Será possível dizer melhor? Para esmigalhar os imperativos burgueses que o amarram, ele se deixará cair. E nós o vimos "fazer das tripas coração" para não se *deixar derrubar* pelo desânimo". Em junho de 1843: "(em vez de) me inocular o código civil no cérebro... Pelo amor de Deus! Prefiro bancar o 'jornalista de Nevers'". O jornalista de Nevers, quando há prenúncio de uma crise epiléptica, começa caindo; rola a debater-se, tal como o asno carregador da Escola de Direito. Mais tarde, após o ataque, Gustave vai gostar de se comparar a uma lagoa, calma superfície plana, no nível no chão, que quer ignorar a lama de suas profundezas: é a horizontal absoluta.

"Segunda-feira, 21 de agosto, à uma hora da tarde", ele é reprovado. Era previsível, e o pai previa. A família Flaubert, que está então em Paris, leva-o de imediato para Nogent. O humor do candidato infeliz nos é mostrado pela carta a Ernest datada de 2 de setembro de 1843. Sobre o fracasso, nenhuma palavra – como no ano anterior. O que diz ele? Nada, literalmente. Que fuma – longa explanação sobre a fumaça. Que toma banho. Que voltará para Rouen dentro de oito dias. Mas, em cada parágrafo, algumas palavras o traem. É possível senti-lo exasperado pela cólera e pela humilhação. "Não há (nada) que me pareça tão cômico quanto um homem sério" – isso é para Ernest. Além disso, a propósito de Ronsard, veja-se o que diz de seus compatriotas: "Ó gosto, ó porcos, porcos de casaca, porcos de duas patas e paletó!". A tirada afinal está especialmente reservada para a sua cidade natal: "ela tem belas igrejas e habitantes estúpidos. Eu a execro, odeio, atraio para ela todas as imprecações do céu porque me viu nascer. Desgraçados dos muros que me abrigaram, dos burgueses que me conheceram fedelho, do calçamento onde comecei a endurecer os calcanhares! Ó Átila! Quando voltarás, amável humanitário... Para incendiar esta bela França...? E, peço-te, começa por Paris e por Rouen ao mesmo tempo". Mesmo se levando em conta o seu gosto pela hipérbole e o desejo odiento de escandalizar Ernest, homem sério, imbecil que passa nos exames, as imprecações de Gustave são preocupantes: ele quer aniquilar Rouen e os burgueses que o conheceram fedelho porque morre de vergonha da ideia de voltar, vencido, para seu meio*: o que ele teme acima de tudo é a piedade ou a ironia

---
* Ele ainda está em Nogent quando escreve.

que acreditará adivinhar por trás dos silêncios dos amigos da família. Seu sonho colérico: eliminar as memórias, apagar os vestígios de sua existência. Morrer? Talvez, mas não sozinho: deseja arrastar consigo o ambiente que o produziu e conheceu; já não se trata apenas de pôr termo à sua existência, mas de nunca ter existido. Não tendo salvado seu nascimento com uma verdadeira obra-prima, Gustave deseja não ter nascido. E, como a aventura humana é irreversível, ele só enxerga um meio: desfolhar-se da história abolindo todas as testemunhas de sua vida, os cavaleiros de Átila serão homens novos que começarão um mundo sobre as ruínas anônimas do mundo destruído. Para nenhum deles terá sentido o nome de Gustave, filho caçula do doutor Flaubert. Esse horror ao Outro e a seu julgamento é manifestamente patológico; a derrota de 21 de agosto é demais para o orgulho do jovem, e não é o bastante: suas imprecações nos dão a entender que ele adivinhou por trás dela a presença esquecida de seu juramento de decair.

Portanto, está perturbado. Mas o que faz quando volta ao Hospital Central? Não muita coisa. Em setembro e outubro, trabalha na *Educação sentimental*, mas sem muito fervor, pois abandona o manuscrito *antes mesmo* de voltar a Paris. No entanto, parece que essa ocupação o acalmou um pouco. O que impressiona, porém, quando ele retoma a vida de estudante na Rue de l'Est é o fato de que *cumpre a palavra*; dissera: "não vou fazer mais nada, vou me apresentar de novo com o que sei, até que me aprovem" e, precisamente, se obstina em vadiar. Os livros de Direito ficam na estante; pelo menos ele poderia retomar *A educação sentimental*, mas não. Sai muito, vai visitar Pradier, os Collier, janta às quartas-feiras à noite com os Schlésinger. No outono anterior pelo menos preparava para dezembro o exame do fim do ano que não pudera fazer em agosto. Em 1843, não há nada disso. Ele parece ter tido a ideia de se apresentar em fevereiro, pois escreve a Caroline: "Não ficarei muito tempo com vocês, uns doze dias no máximo. Em compensação, espero passar em Rouen todo o mês de março".* Mas, planejando sair de Paris em 1º de janeiro de 1844, ele tinha apenas trinta dias – talvez menos – para revisar suas anotações. Isso significa realmente que está bloqueado: revisar, refrescar os conhecimentos, vá lá; aprender, mudar de métodos, não. "Eles me aceitarão como sou." Esse bloqueio me parece estar a meio caminho entre uma revolta ativa contra os estudos que lhe impõem e a queda *padecida* na sub-humanidade. Depois da "doença" de 1840-41, dos

---

* *Correspondance*, Suplemento, t. I, p. 37.

fracassos de 1842 e 1843, para os rotômagos Gustave já é o filho caçula dos Flaubert que-não-é-digno-do-pai, pobre rapaz que escondem e isolam, que "não regula bem". Talvez o cirurgião-chefe desejasse ter um filho mais novo parecido com Ernest, sujeito brilhante que enche os pais de alegria. Tudo isso o jovem *se diz*, como demonstram as imprecações contra Rouen. Ou melhor: rumina, é o assunto perpétuo de seu monólogo. Não importa: ele não faz nada para prevenir um novo fracasso; pior: naquele outono nem mesmo tenta se afirmar pela Arte; fica borboleteando, vai à casa de uns e de outros, escreve à irmã cartas muito alegres, mas algo nele se congelou: seco e endurecido, parece que deixa o tempo trabalhar contra ele, como pedindo que prove lentamente sua decadência por meio de fracassos indefinidamente repetidos. Na superfície, não sente nada, a não ser uma excitação leve e alegre. Quase não fala de Paris nas cartas, mas se mostra muito curioso com as bisbilhotices de Rouen: "Espero Achille com impaciência para que ele me fale... de Bourlet; diga a este que me escreva, como me prometeu".* Incontestavelmente é uma tentativa de se subtrair-se da capital e voltar aos vínculos com Rouen. O doutor Flaubert comprara um terreno em Deauville e planejava ali construir um chalé. Nos últimos dias de dezembro, Gustave está obcecado por esse projeto: "Só penso nesse chalé, isso está me impedindo de estudar". Estudar, não: nada o impede, a não ser ele mesmo, pois há quatro meses não faz nada. Mas essas fugas, intensificadas pela aproximação das férias, ressuscitando objetos, rostos e destinos familiares ou obrigando-o a assumir com paixão os projetos paternos, têm a finalidade de convencê--lo de que sua presença na Rue de l'Est é acidental e talvez irreal, de que sua realidade só está no Hospital Central, sob o teto da família. Mas – dirão – ele odeia Rouen. Rouen, sim, mas não o isolamento familiar, não a dependência nem "o velho quarto onde passou horas tão tranquilas e amenas, quando ouvia em torno de (si) toda a casa em movimento". Por infeliz paradoxo, ele encontra em sua cidade natal ao mesmo tempo um tribunal e um asilo. Vai refugiar-se *na* "casa do pai", *na* adolescência amarga, porém fascinante, porque vivida na irresponsabilidade, *nas* amenas bisbilhotices com Caroline, irmã para

---

* Os três signatários da edição *Supplément à la Correspondance* observam que se trata de um amigo de Achille que aos 35 anos se apaixonara pela sua jovem prima. Caroline tinha contado a Gustave numa das cartas o modo como, em sua presença, Bourlet conversara com o sr. e a sra. Flaubert a respeito de seus problemas sentimentais. Cf. *Supplément à la Correspondance*, t. I, p. 36.

VII. Do poeta ao artista 1775

a qual, apesar de seus gracejos grosseiros, ele é mais uma irmã maior do que um irmão. Em suma, *na* sua feminilidade secreta, *no* seu ser relativo. É para *reencontrar sua verdade* que ele se prepara nos últimos dias de 1843; quer dizer: as fatalidades da atividade passiva. Trata--se de convencer-se de que não é "a bigorna", de que um imperativo inflexível não o espera em fevereiro, em Paris, de que está escapando para sempre à necessidade de *agir*.

Não consegue: "Já me aborreço ao pensar no retorno, pois não ficarei muito tempo com você". Não é a perspectiva da nova separação que o entristece, mas ele conhece por experiência o Inferno que o espreita, por ter mergulhado nele três vezes. Na primavera de 1842, achava que era capaz de suportá-lo. Agora sabe que não é; não esqueceu o pesadelo do verão: no fim de janeiro, precisará beber mais uma vez o cálice conhecido demais. Até o fundo, talvez, ou seja, até um terceiro fracasso. Tudo está acertado: ele sabe o que deve aprender, pois, precisamente, já aprendeu; imagina as torturas, os alheamentos, os sonhos letárgicos, o desespero; consegue afigurar-se o interrogatório final e até o mural onde procurará seu nome. Quando parte para Rouen – estará lá em 1º de janeiro, depois de ter passado o 31 de dezembro em Vernon –, sabe que *já não consegue* suportar aquela provação pela quarta vez, e sabe também que a *suportará*, que retornará docilmente por volta do dia 12 para recomeçar a estudar. Quis fugir do futuro. Agora o reencontra: atrozmente previsível, em todos os seus detalhes, *já vivenciado*, e de novo *por vivenciar*. Subtrai-se a ele rodando para o Hospital Central e a cada volta da roda aproxima-se mais. Assim que chega quer agarrar-se a cada minuto, mas estes desabam: a verdade dessa viagem *é o retorno*. Já nas primeiras horas ele entende isso, entende que já não pode obedecer e tampouco revoltar-se. Duas impossibilidades rigorosas e contraditórias: no entanto, há urgência. Não há decisão para tomar, no entanto *é preciso* tomar uma decisão. É então que "algo acontece, de um modo muito trágico, na caixa de (seu) cérebro".

Terceira parte

ELBENHON OU A ÚLTIMA ESPIRAL

Livro primeiro

*A "Queda" vista como resposta imediata,
negativa e tática a uma urgência*

I

O acontecimento

Numa noite de janeiro de 1844, Achille e Gustave voltam de Deauville, onde foram ver o chalé. Está escuro como breu, o próprio Gustave está guiando o cabriolé. De repente, nas cercanias de Pont-l'Évêque, enquanto um carreteiro passa à direita do cabriolé, Gustave larga as rédeas e cai fulminado aos pés do irmão. Diante de sua imobilidade de cadáver, Achille acredita que ele morreu ou está morrendo. Veem-se ao longe as luzes de uma casa, o irmão mais velho transporta para lá o mais novo e lhe dá atendimento de urgência. Gustave fica vários minutos naquele estado caraléptico; no entanto, continuou totalmente consciente. Quando volta a abrir os olhos, tem convulsões ou não? É difícil saber. Em todo o caso, o irmão o leva de volta a Rouen durante a noite.

Antes de ir adiante, é preciso *datar* esse ataque. Com efeito, numa carta de Caroline, de 17 de janeiro de 1844, endereçada à Rue de l'Est, lemos: "tua carta só nos chegou às cinco horas da tarde, temíamos que estivesses doente, enfim, se não tivéssemos recebido notícias tuas, poderias ter visto alguém da família chegar aí". Se os Flaubert estavam preocupados no dia 17, significa que Gustave tinha voltado havia pelo menos três dias. Portanto, em torno da data que ele marcara em dezembro. Por outro lado, mais ou menos no fim de janeiro e no início de fevereiro, ele escreve a Ernest: "Quase larguei a casca nas mãos da minha família (com quem fui passar dois ou três dias para me refazer das cenas horríveis que testemunhei em casa de Hamard)".

A maioria dos autores considera que a carta a Chevalier faz alusão à *primeira crise*, ou seja, à de Pont-l'Évêque. Gustave teria voltado a Paris nervoso, mas incólume, por volta do dia 15 de janeiro. A pedido de Caroline, ele teria ido visitar Hamard, que acabava de perder a mãe, *depois* de 17 de janeiro.* Abalado por "cenas horríveis", ele teria voltado à casa da família por volta do dia 20, para ali recobrar um pouco a calma antes de voltar ao estudo.

O incidente de Pont-l'Évêque teria ocorrido nos dois dias subsequentes à sua chegada a Rouen, pois ele escreve que tinha ido para lá "passar *dois ou três dias*". Portanto, sem grandes riscos, poderíamos situar o acontecimento entre os dias 20 e 25 de janeiro. Mais perto do dia 20, caso ele tenha saído de Paris sem aviso prévio numa espécie de debandada; mais perto do dia 25, caso ele tenha desejado antes prevenir os pais – com um bilhete que se tenha perdido.**

A essa tese comumente aceita Jean Bruneau opõe outra: a crise de Pont-l'Évêque teria ocorrido *antes* do dia 15, portanto durante a primeira estada de Flaubert em Rouen. Ela "não teria preocupado os dois doutores Flaubert", pois eles o deixam voltar a Paris. O ataque que o derruba e que na carta a Ernest ele chama de "miniapoplexia" seria, portanto, uma *segunda crise*, mais forte que a primeira, e que provavelmente teria ocorrido na própria cidade e talvez no Hospital Central. Em outros termos, a carta que descreve para Chevalier a sua "congestão" e a do dia 2 de setembro de 1853, na qual ele conta seu acidente de Pont-l'Évêque a Louise, não se refeririam ao mesmo acontecimento. Seria preciso admitir a seguinte cronologia: durante os feriados de Ano-Novo, uma primeira "apoplexia"; em seguida, do dia 15 ao 20, mais ou menos, Paris; depois, entre os dias 20 e 25 – aproximadamente – um segundo ataque sobre o qual só sabemos o que Flaubert diz a Ernest, ou seja, quase nada: ele não fala das circunstâncias, nem do momento, nem do lugar, nem da forma singular desse novo acidente.

Ninguém duvida de que Gustave *descobriu* seu mal em Pont-l'Évêque, quando foi acometido por seus primeiros ataques. A questão – e veremos que ela é importante – é determinar se essa descoberta ocorreu *antes* de seu retorno a Paris ou *durante* sua segunda permanência em Rouen. Nesse ponto, faltam-nos informações precisas. No entanto, a menos que Bruneau disponha de provas não fornecidas em seu livro, a hipótese das *duas* crises parece insuficientemente fundamentada.

---

* A carta de Caroline nos informa que a sra. Hamard naquela data ainda estava agonizante.

** Não seria o único. Por exemplo, a carta que Caroline diz ter recebido no dia 17 às cinco horas da tarde – que talvez possibilitasse compreender melhor o estado mental de Gustave nessa data – extraviou-se ou foi destruída.

I. O ACONTECIMENTO

O que depõe a seu favor é que Flaubert "foi acometido pelo "mal-caduco" num dia em que voltava de Deauville aonde fora com Achille examinar os trabalhos que o cirurgião-chefe mandara executar no terreno recém-adquirido. Será provável que Gustave não tenha desejado ver *imediatamente* aquele "chalé" que o "impedia de estudar"? É dia de Ano-Novo; ele desembarca; do que se fala em família: do chalé. Isso basta para que ele marque um encontro com Achille: irão inspecionar as obras em três dias ou no fim da semana, o mais tardar. Portanto, segundo Bruneau, a verossimilhança exige que essa desastrada viagem ocorra na primeira quinzena de janeiro e o mais próximo possível do dia 1º. A carta de Caroline provaria isso por si só; ela demonstra a preocupação da família: "se não tivéssemos recebido notícias tuas...". Isso não é comum nela: está claro que algo aconteceu. Procurando bem, não vejo outra coisa que possa respaldar essa conjectura, a não ser talvez o que Gustave fala em 1852, ao contar o primeiro acidente, quando menciona apenas "a casa onde meu irmão cuidou de mim"; contudo, na carta de 1844 a Ernest, ele escreve que lhe fizeram três sangrias simultâneas.

O que pensar dessas suposições? Pois bem, que elas se baseiam em pouca coisa. Sabemos que em 20 de dezembro Flaubert se alegrava ao pensar no chalé que o pai ia construir. Note-se, de passagem, que nas duas cartas em que fala sobre isso ele nem sequer diz que quer ver as obras. Estas, aliás, já tinham começado? Em 20 de dezembro parece que ainda se discutiam as plantas do arquiteto. Nada prova que Gustave quisesse ir a Deauville nem que houvesse alguma coisa para ver ali. Nada prova também que ele não tenha ido lá duas vezes: antes do dia 15, primeiro, e depois ao voltar de Paris. Pode ser até que Achille-Cléophas, por volta do dia 20, preocupado com o extremo nervosismo do filho, tenha tido a ideia de que uma viagem de cabriolé seguida por breve parada à beira-mar contribuísse para lhe devolver a calma. Assim, o ataque pode muito bem ter ocorrido depois do dia 15, durante um primeiro ou um segundo retorno Deauville-Rouen.

Resta a preocupação de Caroline. Mas ninguém duvida de que, durante os feriados do Ano-Novo, Flaubert tenha se mostrado atormentado, nem de que certos transtornos dos anos anteriores tenham sido repetidos em família. O *post-scriptum*, aliás, é curioso: "Papai leu tua carta e não me disse nada sobre teu braço, mas a minha receita é: descanso e sebo". Flaubert queixava-se de um braço: teria distendido um músculo? O pai pega a carta das mãos de Caroline, lê em silêncio e devolve sem nenhuma palavra: portanto, o mal de que Gustave falava era bem leve. Em todo caso, não é a atitude de um médico que temesse a recidiva de uma "miniapoplexia". Aliás, será admissível que os dois doutores Flaubert tivessem deixado Gustave viajar de volta, caso Achille o tivesse "acreditado morto durante dez minutos"? Maxime diz que este, em Pont-l'Évêque*, "tinha a esperança, sem acreditar muito, de que a crise não se repetisse", e o pai "estava desesperado". Sem dúvida, é uma testemunha duvidosa que começa por se enganar quando à data e ao lugar. Mas ele viu Flaubert durante o inverno de 1844, e essas informações vêm deste. Se os dois médicos o tivessem deixado viajar de volta após o ataque, Gustave não teria deixado de contar, por ressentimento, esse enorme equívoco a Maxime, que teria sentido prazer em relatá-lo: o testemunho de Du Camp, de fato, tem em vista desconsiderar Achille-Cléophas, apresentando-o como um discípulo de Broussais "que não sabe fazer nada além de sangrias".

Além disso, se em 17 de janeiro Gustave *já* teve sua crise, o diagnóstico do pai já estava feito: congestão cerebral. Nesse caso, a preocupação da família – como transparece pela carta de Caroline – parece bem pequena: se ele estivesse correndo risco de recaída, se para salvá-lo fosse preciso fazer uma sangria de urgência, não bastava mandar alguém a Paris, convinha não arredar pé de perto dele. As palavras "temíamos que estivesses doente... poderias ter visto alguém da família chegar aí" só se justificam em caso de *média urgência*. Se Flaubert de fato estivesse sujeito a crises de apoplexia, depois de uma longa viagem, esse "alguém da família" corria o risco de encontrar na Rue de l'Est apenas um cadáver já velho. Por outro lado, a frase ficará mais clara se supusermos que Gustave deixou a família sem nenhum incidente notável, mas num estado mental alarmante. Quando chega ao Hospital Central, acaba de passar um dia em Vernon com a família Schlésinger, certamente está relaxado e feliz. Mas, no dia seguinte, mudança de cenário: em Paris, Rouen era a esperança, a espera feliz, a fuga; agora a expectativa continua, mas expõe seu verdadeiro sentido: o que o espera é o trabalho forçado parisiense, a medonha repetição do já feito, do já visto. Ele não pensa em resistir, mas na inflexível temporalização que o arrasta para um futuro próximo e detestado, ele vê o símbolo de sua vida inteira, drenado por esse futuro-outro, a *profissão*. Dia a dia ele está mais nervoso, mais irritável, ora deprimido, ora superexcitado, sempre ansioso. Diremos que os transtornos que

---
* Ele escreve "Pont-Audemer".

o agitam são não-significantes, pois não são sintomas de uma doença definível, nem de uma empreitada ou de uma intenção oculta: eles revelam apenas que Flaubert vive numa exasperação crescente, numa contradição que não é suportável nem superável; se expressavam alguma coisa, seria o desnorteamento estruturado de um infeliz que não sabe o que fazer, que não tem sequer a ideia de inventar uma solução, que, ao mesmo tempo, vê com clareza o destino que o aguarda e não pode acreditar nele; em suma, apresentam-se exatamente pelo que são: agitações desprovidas de sentido que fazem as vezes de um comportamento impossível e mesmo inconcebível numa situação obsedante, mas irrealizável. A hiperexcitação alimenta-se de si mesma: ele dorme mal, imagino, come pouco e bebe muito. Tem explosões de raiva por qualquer coisa. Maxime afirma que elas são consequência de seu mal – identificado um tanto depressa com a epilepsia. "Diante do menor incidente que perturbasse a quietude extrema de sua existência, ele perdia a cabeça. Eu o vi gritando e correndo pelo seu apartamento porque não encontrava o canivete." Mas nós já convivemos bastante com as obras de juventude e com a correspondência para sabermos que essas raivas são muito anteriores: não é de ontem que Gustave grita, urra, quer quebrar tudo e é tomado de modo brusco pela vontade de se jogar sobre os transeuntes e massacrá-los. Parece indubitável que esses "pruridos" – como ele mesmo diz – ou esses descontroles no início de janeiro devem ter-se tornado mais frequentes e intensos. A tal ponto que a família acaba por percebê-los; para Achille-Cléophas, em todo caso, aquelas trepidações têm *uma* significação bem precisa: elas lhe lembram a "doença" que, de 1839 a 1842, o obrigou a manter Gustave por perto. Portanto, o filho não está curado? No entanto, deixa-o viajar de volta: mas nessa hipótese, seu comportamento é perfeitamente compreensível; além da teimosia paterna ele não quer "instalar" o filho num mal, levando a sério demais os sintomas confusos que o manifestam: acha ele que nada seria pior para Gustave do que interromper os estudos e ter mais uma vez autorização para isolar-se no quarto. Propõe-se vigiar de longe: de resto, o doutor Cloquet não está de olho nele? Mas, por enquanto, o *pater familias* não pretende mudar nada no programa. Gustave precisou partir extremamente abatido: por essa razão, a mãe e a irmã se preocupam com seu silêncio; e, se este tivesse durado, uma ou outra teria ido instalar-se na Rue de l'Est. Eis o sentido do "alguém da família". Uma mulher que o vigia, que cuida dele, se necessário, esperando as decisões do pai, e, *sobretudo*, que "levanta o seu moral". O que os Flaubert temem, em 17 de janeiro, não é o retorno de uma crise definida, mas os efeitos físicos da solidão e da angústia.

Na carta a Ernest de janeiro-fevereiro de 1844, encontramos uma confirmação de nossas conjecturas. Dessa vez ocorreu um *ataque*, e ele diz isso. É o primeiro? O segundo? O certo é que a descrição que ele faz pode ser aplicada de modo exato ao ataque de Pont-l'Évêque. Achille acreditou que eu estava morto durante dez minutos – escreve ele em 1852; e em 1844: "Quase larguei a casca nas mãos da minha família". Fizeram sangrias – conta ele a Louise. E a Ernest ele fala de três sangrias. Por fim, em ambas as cartas, diz que "voltou a abrir os olhos". Ambas mencionam os problemas nervosos que se seguiram à "ressurreição" etc. É evidente que não concluiremos disso que nos dois casos se trata da mesma crise: as primeiras, em todo caso, deviam se parecer muito. Mas, se o acidente que ele relata a Chevalier não é o primeiro, por que não lhe diz que foi antecedido por outro? Está claro que com o velho amigo ele nem sempre é sincero. Mas qual a necessidade de lhe esconder essa verdade? Em seguida, aliás, entre fevereiro e junho, ele lhe fala à vontade de *suas* crises: "Minha última grande crise..." etc. Por que não mencionar a que está na origem de todas? A mentira, além de não corresponder a certa atitude que Gustave assumiu em relação a seu mal e que descreveremos em breve, seria absurda porque não justificada. Esquecimento? Negligência? É o contrário, embora isso não seja dito em nenhum lugar: "É a primeira vez que isso me acontece"; tudo parece demonstrar que de fato é assim: Gustave ainda está imerso no espanto; conta sua aventura com a importância de alguém que esbarrou na morte. O mais significativo, porém, é que ele adota sem reservas o diagnóstico do pai, ainda que em menos de oito dias venha a contestá-lo radicalmente.* Para acreditar que tenha sido vítima de uma congestão cerebral, precisa ter sido apanhado desprevenido: isso só pode ser explicado por seu espanto diante de um acontecimento desconhecido, ou seja, não reconhecido, único. De fato, ele compreenderá bem depressa – veremos isso em breve. E se no fim de janeiro ele tivesse tido *duas* experiências da mesma natureza, separadas por um intervalo de quinze dias, ou seja, se, antes da segunda crise, ele tivesse contado com quinze dias

---

* 9 de fevereiro de 1844, ao mesmo Ernest: "(estou fazendo) um regime estúpido". Voltaremos a isso.

para refletir na primeira e para estudar-se, podemos ter certeza de que teria esclarecido aquela com esta, e que a teria interpretado de maneira bem diferente.

Ao cabo desta discussão, embora continue sendo impossível uma demonstração rigorosa por falta de documentos, as maiores probabilidades são de que certa noite, em Pont-l'Évêque, entre 20 e 25 de janeiro, Gustave tenha sido vítima de um mal-estar que nunca sentira antes. É a hipótese que consideraremos. Isto porque, se a crise de Pont-l'Évêque tivesse ocorrido *antes* de 15 de janeiro, e se os dois doutores Flaubert a tivessem tratado com pouco caso, eles estariam em contradição com o próprio paciente. Para eles, a segunda manifestação do mal teria sido decisiva. Mas, para Gustave, a única que conta é a primeira, aquela que dez anos depois ele ainda considera o acontecimento capital de sua vida. Segundo ele, foi em Pont-l'Évêque que sua juventude se "concluiu", foi lá que morreu um homem e nasceu outro. Nos "ataques" que se seguiram ele sempre viu apenas repetições enfraquecidas daquela fulguração arquetípica. Seria verossímil tal mal-entendido? Será de se crer que Achille-Cléophas só viu um incidente negligenciável naquilo que o filho vivenciou como o "momento fatal" que decide uma existência inteira? É verdade que o bom cirurgião não conhecia muito bem o filho. Mas nesse caso não se tratava de sondar um coração; os distúrbios somáticos eram manifestos e – para que Gustave tenha guardado essa lembrança alarmada – sua intensidade só podia ter sido extrema: ele caiu, segundo diz, em torrentes de fogo, fulminado. Em honra de Achille e Achille-Cléophas, nós nos recusamos a acreditar que eles possam ter-se enganado. Sobretudo porque, se houvesse *dois* acidentes – o primeiro em Pont-l'Évêque antes do dia 15 e o segundo depois do dia 20 –, e se eles tivessem sido semelhantes, a *repetição* devia incitá-los a mudar de diagnóstico. Depois da ocorrência em Pont-l'Évêque é que eles podiam concluir pela congestão cerebral, mas uma "miniapoplexia" não se repete com oito ou dez dias de intervalo, ou então a pessoa morre. Se a crise volta, e o doente escapa, é preciso orientar-se para outras interpretações. Foi exatamente o que fez Achille-Cléophas em fevereiro: diante do retorno cíclico dos transtornos, ele deixou de lado apoplexias e congestões para diagnosticar uma "doença nervosa" e, com mais precisão, talvez epilepsia. É preciso dar-lhe o crédito dessa mudança correta: se ele fez isso entre o fim de janeiro e o início de fevereiro, é porque era capaz de fazê-lo quinze dias antes: em suma, se o primeiro surgimento do mal se situa por volta do dia 20 ou do dia 25, ele é perfeitamente desculpável por ter concluído que se tratava de congestão e depois, diante das recidivas, que se tratava de um transtorno nervoso; ao contrário, se o acidente de Pont-l'Évêque tivesse ocorrido antes do dia 15, seria absurdo que ele começasse por diagnosticar uma doença nervosa para decidir, na recidiva, que se tratava de uma congestão cerebral. E é isso justamente o que não se pode criticar em Achille-Cléophas: uma razão a mais para situar em Pont-l'Évêque a primeira experiência patológica de Gustave e para datá-la do fim de janeiro de 1844.

Portanto, em meados do mês o jovem está em seu apartamento parisiense, profundamente perturbado, mas ainda incólume. Para que a neurose se estruturasse, foi necessário que durante o trajeto de volta ele descobrisse o verdadeiro sentido da atividade passiva: ele está fazendo o que lhe repugna por não encontrar em si mesmo a vontade de deixar de fazê-lo. Assim que volta a Paris, seu abatimento transforma-se em estupor: ele não *deveria estar* lá, é absurdo, pois não consegue suportar o fato de estar ali; no entanto, está; veio *de livre e espontânea vontade*, portanto *tem de estar*. Não há contingência aí: o necessário é justamente o impossível – e o inverso também é verdadeiro. Sua pura presença entre aquelas paredes se dá ao mesmo tempo como verdade objetiva e como pesadelo. A recusa é total, mas passiva e consciente de sê-lo; a obediência – passiva também, mas com aparência de atividade – mostra-se a ele, com evidência, como uma determinação profunda de sua vida: é ela que determinará seu futuro. Assim posta, a contradição pode encontrar solução precisa em suas profundezas: é preciso que sua passividade se encarregue de lhe retirar os meios de obedecer. Esse esquema se une de modo obscuro à sua tentação de decair, é ela que dará conteúdo a essa forma abstrata e rigorosa. Contudo, nada é dito, nada se sabe; no entanto, nada está escondido, nenhuma opção é feita: trata-se da instalação de um dispositivo que possa facilitar uma opção futura. Em compensação, o que está no cerne da consciência clara é, de um lado, o ressentimento (ele não encontrou forças para escrever logo em seguida à família que tinha chegado bem – *como* se quisesse gozar a preocupação deles e prolongá-la por algum tempo, *como* se quisesse obrigá-los a dizer: erramos em deixá-lo ir embora*), e, de outro, o desejo insensato de se

---

* Mas sua submissão o impede de prolongar o prazer: ao cabo de um dia, no máximo de dois, ele escreve algumas palavras a Caroline.

encontrar de repente no Hospital Central, em seu quarto, e de ali ficar para sempre. Mas esse desejo – além de ser contestado pelo rancor – só pode redundar no sonho: ele mesmo o dá como irrealizável, pois não tem nenhum meio concebível de satisfazê-lo. Gustave diz isso em sua carta de 20 de dezembro, sem dúvida alguma o repetiu ao pai: a partir de 15 de janeiro vai se preparar para o exame de fevereiro. É o que foi repetido no momento da despedida: "adeus, até logo, nós te esperamos em 1º de março". O jovem sabe que não encontrará pretexto para voltar atrás em seus compromissos. Encontrará, sim: a doença. Mas ele não está doente: apenas desesperado. A simulação seria revolta e demonstraria um cinismo do qual aquele fanfarrão de vício é perfeitamente incapaz. Além disso, está cansado de saber que não passaria de expediente. Durante aqueles poucos dias, entre as quatro paredes de seu quarto parisiense, Gustave sentiu-se como Baudelaire se sentiria mais tarde, "roçado pela asa da imbecilidade": o inconcebível se realiza e se impõe, mas não pode ser vivido nem pensado; só se pode cair no alheamento ou fugir para o imaginário. Nos livros de direito ele não toca: dessa vez não encontra sequer forças para levar a obediência ao ponto da cumplicidade ativa. Espera – *nada*; vegeta, hipernervoso, alheio a si mesmo, em plena crise de despersonalização.

É o momento que Caroline escolhe para aconselhá-lo a visitar Hamard; "A notícia da doença da sra. Hamard me causou pesar por causa do filho dela; em menos de dois anos o pobre Hamard terá perdido tudo que amava. Vai vê-lo, pois ele te estima muito e me falou com frequência de ti".* Esse tom é novo: alguns anos antes, Gustave, amigo de Hamard e irmão de Caroline, era o único elo entre eles. Agora é Caroline que faz a intermediação, que informa Flaubert sobre os sentimentos de Hamard e lhe dita comportamentos em relação ao colega. Isto porque, desde o início de junho de 1843, Hamard, que vai e vem entre Rouen e Paris, se encarregou de levar a correspondência de Caroline a Gustave. Ele vê a jovem com frequência e regularidade. Está claro que eles só anunciarão o noivado em novembro de 1844, mas já naquele início de ano há mais que amizade entre eles. Gustave, que fingirá espanto quando anunciar a Ernest a "grande novidade" no outono seguinte, talvez não saiba com exatidão que eles se amam: não pode ignorar que agora os dois têm relações pessoais, e que ele não faz parte delas. Já conhecemos os seus furores de ciúme e, como mostrei

---

* Carta de 17 de janeiro de 1844.

acima na análise de uma de suas cartas, ele romperá pura e simplesmente com a irmã, sem lhe dizer nada, a partir do dia em que os dois jovens anunciarem o compromisso. Portanto, está perfeitamente claro que já naquela época ele nutria forte rancor pessoal contra Caroline. Ciumento, está claro, ele não pode deixar de ser, mas há algo mais: a irmã mais nova era sua amiga fiel; ele vivia em sua dependência e era alvo – acreditava – de sua inesgotável generosidade. De repente, surge outro: compartilhar, nem pensar, é preciso que Gustave seja tudo para ela, ou que ela não seja mais nada para ele. A traição de uma vassala fiel é mais criminosa do que a de um amigo: é a renegação da *homenagem*. Acima de tudo, ela põe em questão o Senhor: ele percebe que seu "homem" era sua verdade objetiva; sem feudalidade, não há Senhor, resta um pobre-diabo. Vassalo do pai e de Alfred, repudiado por ambos, Gustave só era soberano para Caroline. Quebrando esses vínculos, ela o *destitui* e o faz rescindir na vassalagem negra e sem esperança; ela lhe devasta a memória, conspurcando a lembrança de sua infância comum; por meio dela, ele era *ele mesmo*, sujeito, agente da história: ela o devolve a seu ser-outro, a seu ser-relativo. Em suma, nesse momento de sua vida em que se acumulam fracassos, ele sente o namoro da irmã como um novo fracasso, mais profundo talvez que os outros. Não será difícil imaginar com que disposição ele lê a carta na qual ela, gentil mas peremptória, lhe dá a ordem de ir à casa do namorado. No entanto, ele vai, por um masoquismo de ressentimento; é como se dissesse à irmã: vou, nervoso e sombrio como estou, farei o que quero, mas verá em que estado essa visita me deixará.

  Há outro motivo. Segundo ele, Hamard é "burro de dar dó". Mas num dia, ao anunciar a Gustave a agonia do irmão, ele o fascinou. Vimos que Gustave anotou então: "Isso me desagradou de imediato; aquele homem me humilhava. Porque ele estava cheio de um sentimento do qual eu estava vazio... eu me lembro bem que me odiei e me achei detestável naquele momento". Desta vez será pior. Mal recomposto de seu primeiro luto, Hamard vê a mãe morrer e vai ficar totalmente sozinho. Sabe-se o efeito que esses choques repetidos produzirão naquele infeliz: após a morte de Caroline ele ficará totalmente louco. Já em 1844, junto à cabeceira da mãe moribunda ou já morta, a dor o faz cair no desvario. Gustave está desconfiado: meio louco, vai à casa de um louco; seco e miserável, vai contemplar um desespero sem medida comum com o dele. Não que a infelicidade de Hamard seja mais profunda: é que é *outra*. A de Gustave, na maior parte do tempo, é vivida no dia a dia: chama-se *tédio*, e às vezes ele precisa *convocá-la* com gestos para que venha instalar-se nele. A outra entrou em Hamard por arrombamento: impõe-se e faz-se viver. De novo – pensa Flaubert –, é a oposição entre vazio e cheio. Na verdade, está enganado: o luto é um vazio invivível mas que precisa ser vivido, não importa como, é um discurso que não pode deixar de ser dirigido ao outro, e que, continuando diálogo, conhece-se monólogo. Na falta de resposta, nesses momentos verdadeiros em que o vivo, amputado, sente a mutilação interiorizar-se, há uma espécie de fantasma de comédia fúnebre que transforma a pior dor em derrisão. É então que tresvariamos: pela irrealizável ruptura de uma relação recíproca, em que todos os comportamentos de luto mantêm no vazio a reciprocidade. Para realizar uma plenitude impossível, recorremos aos gestos mais insanos, ou então nos perderemos em convulsões não-significantes. Disso Flaubert não sabe: vazio e envergonhado de sê-lo, vai contemplar um vazio atroz, que ele toma por plenitude. Compreendeu por si mesmo que nossa infelicidade é sermos *lacunares*; de nada lhe adiantou generalizar, ele ignora que essa lacuna é uma característica de nossa condição, e que ela se encontra em todos os nossos sentimentos.*

Claro que a realidade ultrapassa as expectativas. Hamard está atônito, convulso e, suponho, lança-se sobre Gustave e o abraça; pode ser até que delire. Flaubert o detesta e *se* acha detestável. Está frio, empertigado, exasperado, "não entra na dele"; no entanto, aquela aparência de plenitude o fascina. Ele gostaria de instalar em si aquele belo sofrimento, aquele bloco opaco de infelicidade, para finalmente preencher sua lacuna, para *realizar* o inferno, no exato momento em que despreza o homem que se debate diante de seus olhos. Em suma, parece-lhe – o que o desconcerta – que Hamard não merece aquela dor, e que ele, Gustave, o único digno dela, está condenado a não a sentir. Ao mesmo tempo, ele é invadido pelo terror: aquele fascínio

---

* É escusado dizer que não pretendo negar a *verdade* desse sofrimento. Digo apenas que esse fato biologicamente *racional*, a morte de outrem, é *vivenciado* na irracionalidade porque é um irrealizável e, por essa razão, todos os nossos atos se transformam em gestos. Para só citar um exemplo, executar as últimas vontades de um morto pode levar a feitos reais e difíceis. Mas estes são desrealizados logo de saída porque nascem da vã decisão de mantê-lo em vida, de instituí-lo como vivo ao pretender que ele é origem de atos que, na verdade, nascem de nossas opções pessoais. Aliás, a execução é *por princípio* incomensurável com a *intenção* que pretendemos realizar; os resultados sempre serão *outros*, e não os que o morto previra, e não podemos nos impedir de senti-lo.

é uma tentação e já, talvez amanhã, uma tentativa. Como vimos, ele compreende de modo obscuro seu pitiatismo, tem medo de se autossugestionar, de se deixar levar por uma iniciativa cujas fontes são a inveja e a aversão por si mesmo, a uma violência irreparável que lhe trará a perdição. Sim, ele é hipnotizado por sua *perdição*: quer morrer e sobreviver a si mesmo, desempenhar ao mesmo tempo o papel da mãe e do filho, pois está seguro de que só pode prantear um único morto com aquela intensidade maravilhosa: ele mesmo. Já não consegue se desligar de Hamard; volta vários dias seguidos à casa mortuária: prova disso é que fala a Ernest sobre *as* cenas que lá se desenrolaram. Não é de espantar, se nos lembrarmos de que, já em abril de 1838, ele mencionava – com uma generalização precavida – o "sentimento natural que leva o homem a apaixonar-se pelo que há de hediondo e de amargamente grotesco". O que há de hediondo aí é a agonia e a morte. O que há de grotesco é aquele desespero que, errando o paciente, frustra Gustave e entrega-se, imerecido, a Hamard. Duas palavras provam que Flaubert sentiu tudo isso: "cenas horríveis". Poucas vezes ele é tão patético quando se trata de luto. Diz ele que aquelas cenas o abalaram tanto que ele precisou "recobrar-se" delas. No entanto, a palavra "horríveis" o trai: ela implica certa ideia de censura, repugnância que, por exemplo, não está contida em "terríveis". A terrível *dor* de Hamard *horrorizou* Gustave. Precisamente porque o atrai, lhe repugna. É preciso fugir dela, fugir daqueles dias de pesadelo que ele vive ora em casa do amigo, ora trancado no quarto, tremendo de medo. Eis que encontrou o pretexto para voltar à casa da família. Mas já é tarde demais. Pois está fugindo de si mesmo, é a opção que impõe a seus nervos debilitados. Em vão: a escolha está feita. Prova disso é que, dois ou três dias apenas após o retorno a Rouen, ele executará a sentença que proferiu contra si mesmo. De modo que é preciso também compreender que sua pressa é motivada por um pressentimento: se o pior tem de ocorrer, que ele seja fulminado em meio aos seus. Em primeiro lugar, porque a "sobrevida" será menos penosa; em segundo, porque ele tornará os familiares testemunhas oculares das catástrofes que eles mesmos provocaram. Pode-se dizer que ele foge desabaladamente dessa catástrofe ao mesmo tempo que corre para ela. Encontro marcado em Samarcanda. É isso o que dá sentido a essa frase da carta a Ernest: "quase larguei a casca *nas mãos da minha família*".

Antes de interpretarmos a crise de Pont-l'Évêque, precisamos nos perguntar o papel que ela desempenha nessa curiosa neurose de que

I. O ACONTECIMENTO

Gustave sofreu durante cerca de dez anos. Terá sido um sinal inicial, um sintoma, o primeiro aparecimento de um mal que prosseguirá seu curso, intensificando-se até certo *ponto máximo* a partir do qual começará a decrescer? Esse primeiro transtorno, original e definitivo, acaso será seguido por outros, igualmente definitivos, mas de natureza diferente, que serão irredutíveis ao primeiro, porque, embora sejam efeito e expressão da mesma entidade mórbida, a manifestam em diferentes momentos de sua evolução? Em suma, será o termo inicial de um desenvolvimento complexo e imprevisível ou resumirá a doença inteira na descarga de um raio? Essa doença vai enriquecer-se, invadir outros setores, ou, ao contrário, vai ficar patinhando, perdendo-se em repetições, repisamentos? Haverá, pelo menos durante alguns meses, alguma progressão da inventividade psicossomática ou será que a estruturação neurótica se fez em Pont-l'Évêque de uma vez por todas? Para responder a essas perguntas basta examinar as crises que seguiram a primeira.

Sobre as que ocorreram de janeiro a junho, temos poucas informações: Gustave nos diz apenas que elas foram numerosas no início e depois se espaçaram. Em 7 de junho escreve a Ernest: "quanto a teu servidor, está melhor sem exatamente estar bem. Não se passa um dia sem que eu veja, de vez em quando, passar diante de meus olhos como que montes de cabelo ou fogos de artifício. Isso dura um tempo maior ou menor. No entanto, minha última grande crise foi mais leve que as outras". Em suma, a frequência e a intensidade vão diminuindo; alguns anos depois, Flaubert escreverá a Louise que seus "ataques" se reproduzem mais ou menos a cada quatro meses.

Do ataque de Pont-l'Évêque, Maxime não foi testemunha ocular. Mas assistiu a vários dos que se seguiram, e não temos nenhuma razão para pôr seu testemunho em dúvida. "Ele ficava muito pálido... Esse estado prolongava-se às vezes... vários minutos... Ele ainda esperava que aquilo fosse apenas um alerta... Depois andava, corria para a cama, deitava-se, sombrio, sinistro, como se tivesse se deitado vivo num ataúde... Exclamava: 'Estou segurando as rédeas; o carreteiro vem chegando, estou ouvindo os guizos! Ah! Estou vendo a lanterna da hospedaria!' Então soltava um lamento! E era soerguido pela convulsão..., paroxismo no qual todo o ser entrava em trepidação (seguido) invariavelmente por um sono profundo e por uma curvatura que durava vários dias." Essa descrição suscita diversos comentários. Em primeiro lugar, o caráter fundamental dessas crises é que elas se constituem explicitamente como referências à primeira. De certa maneira, são como que uma ressurreição dela. Mas essas repetições estereotipadas do acontecimento arquetípico também são reproduções enfraquecidas dele. O de Pont-l'Évêque saltara sobre Gustave como um ladrão: agora o jovem é *avisado*. Um mal-estar indizível e o aparecimento de "fogos de artifício" diante de seus olhos assumem valor de advertência. *Consciente*, ele fica à espera do perigo que o ameaça e, em vez de cair fulminado, tem tempo de ir deitar-se no divã. A partir daí a cena primitiva é revivida no imaginário com base em alguns indícios, sempre os mesmos, fornecidos pela memória. "Vejo o carreteiro, as luzes" etc. Em certo sentido ela é *encenada* e sobretudo *falada*: a agressão psicopática que Flaubert sofreu é restituída por ele como uma *encenação*. Seu conteúdo, aliás, se degradou: Flaubert falou frequentemente de milhões de imagens e ideias que se apinhavam em sua consciência quando ele caiu aos pés do irmão; eram "todos os rojões acesos de um foguetório". Essa incomunicável riqueza de apercepção – enganosa, mas vivenciada – contrasta com a pobreza do discurso e, em consequência, dos pensamentos nas crises referenciais. O carro barulhento do carreteiro, as luzes ao longe etc., esse é o pobre feixe de imagens sonoras e visuais, ou melhor, essa é a coleção de *palavras* que se apoderam de sua consciência. Parece que se trata de uma conspiração mágica: o doente *invoca* e *convoca* a falsa morte que certa noite o abateu. Mas, precisamente, ela não vem: durante dez minutos Achille acreditou que ele estava morto; Maxime não acredita nisso nem por um instante: a imobilidade cataléptica é substituída por convulsões; a impressão é que esses movimentos desordenados nascem da vã busca de um estado anterior e da impossibilidade de reproduzi-lo. O "foguetório" dos pensamentos acaso se acendia naquele instante na cabeça de Flaubert? É pouco provável: ele disse e repetiu, sem dúvida, que nunca perdia consciência nessas ocasiões. Mas a "catalepsia" de Pont-l'Évêque era favorável à "fuga de ideias". Nas convulsões, os sobressaltos do corpo bastam para ocupar a consciência, é difícil imaginar que eles permitam a aceleração e a multiplicação de pensamentos. *Fisicamente* esgotado, o doente cai em sono pesado e aí tudo está acabado até a próxima vez.

Em alguns doentes são frequentes as crises referenciais. Janet citou, entre outros, o caso daquela jovem que *reproduzia* a noite terrível em que precisou velar a mãe morta ao lado do pai morto de bêbado. Trata-se de sistemas autônomos que se constituíram *de uma vez* e reaparecem enfraquecendo-se um pouco mais a cada vez e acabam por

I. O ACONTECIMENTO

se reduzir a um esqueleto simbólico, a alguns movimentos estereotipados. No caso de Flaubert é como se um instante único tivesse bastado para garantir a passagem do estado normal ao estado patológico. A criação mórbida e o *Fiat* (consentimento neurótico com a neurose) amontoaram-se num único momento de uma noite sem lua, em janeiro de 1844. Após essa noite, a neurose em Gustave nunca mais inventou nada: parece ter perdido alento. Com isso, nenhum outro transtorno veio juntar-se aos primeiros; a doença não se desenvolveu, não teve história, manteve-se no tempo circulatório da repetição: caberia falar de *involução* mais que de evolução. Isso é sentido por Flaubert, ele sente que seu mal *se desgasta*, que desde o dia seguinte àquela noite terrível seu mal começou a desgastar-se. Em suma, o único momento que conta é o do acontecimento arquetípico: nele a neurose escolheu-se, estruturou-se, realizou-se; nas profundezas ocorreu uma opção, preparada desde quatro anos, que se quis irreversível, ou melhor, que nada mais era que a irreversibilidade consentida. Depois, durante mais de dez anos, ocorrerão transtornos que já não terão o mesmo sentido, precisamente porque sua única finalidade é reproduzir – ou seja, manter através do transcorrer temporal – a opção original. As crises de convulsão são cerimônias padecidas, porém encenadas, que têm em vista comemorar o irreversível para confirmar o doente em sua opção neurótica. Precisamos explicar, sem dúvida, o sentido desse eterno retorno. E, de certa maneira, a crise original *visa* a reproduzir-se de modo simbólico. Seja como for, é ela que cria a irreversibilidade; é ela que, por conseguinte, será o objeto essencial de nosso estudo: a ela pediremos que esclareça a "doença" inteira.

II

O diagnóstico de Gustave

Apesar da demonstração – bem convincente – de Dumesnil, ainda se discute a natureza dos transtornos que afetaram Flaubert a partir de 1844. Serão eles histeriformes ou epilépticos? Mas hoje em dia se admite que certas epilepsias têm como origem a histeria. Então, para examinar os fatos mais de perto, seremos francamente nominalistas. Não procuraremos buscar um conceito que os subsuma, mas nos perguntaremos se eles têm ou não algum *sentido*. A tese mais comumente defendida – e, curiosamente, pelo próprio Dumesnil – que acredita no caráter histérico desses transtornos – é de que se trata de *acidentes*. Em suma, eles seriam originalmente não-significantes – como poderiam sê-lo uma coriza ou uma pleurisia purulenta –, e o próprio Gustave teria, *a posteriori*, lhes dado sentido, utilizando esses males casuais como meio de reorientar sua vida. Nas páginas anteriores, tentamos estabelecer a tese contrária: o mal se organizou em função de uma intenção original; sua estruturação fulminante em Pont-l'Évêque não é um fato acidental, mas uma necessidade *provida de sentido*. Antes de estabelecermos esse sentido profundo, por meio do exame detalhado e da interpretação das circunstâncias, precisamos respaldar nossa suposição interrogando a testemunha privilegiada que é o próprio Flaubert. O que ele pensa de seu "ataque"? Como o vê? Como padece o seu "retorno" ao longo dos anos e dos meses que se seguem? Acaso vê nele alguma finalidade? Perceberá o acontecimento arquetípico e as crises referenciais como um conjunto absurdo e mecânico que só compromete seu organismo ou como uma totalidade *compreensível*?

Talvez se diga que o paciente, sendo juiz e parte, é por definição uma testemunha falsa, que é preciso encarar seu discurso como um sintoma entre outros, e não como uma interpretação válida. Isso é verdade em certos casos, mas não neste de Flaubert: desde o início deste estudo, nós o compreendemos a partir do interior, ou seja, em cumplicidade com ele; embora nos tenha ocorrido transcrever suas confidências em outra linguagem – ou seja, fazer delas uma "leitura" que nos situa como pessoas que vivem *depois dele*, na segunda metade do século XX –, embora nosso método implique *recorrermos* ao discurso sem privilegiar nenhum momento dele, é certo, em todo caso, que nunca o tratamos na exterioridade, como puro objeto de saber conceitual: tudo o que soubemos dele foi por ele vivenciado e dito. Este livro não teria nenhum sentido se o seu propósito – pelo menos em suas primeiras partes* – não fosse manter-se sempre no nível em que a interiorização do exterior se transforma em exteriorização do interior. Nosso objetivo, em primeiro lugar, é enumerar e organizar as condições objetivas, mostrando que são mantidas e superadas em direção à objetivação pelo momento subjetivo, esse irredutível. A partir disso, precisamos convir que Flaubert não se engana em relação à sua doença. Em outros pacientes, as mensagens transmitidas podem encobrir outras mensagens, o que implica outra hermenêutica. Em Gustave, basta encontrar os códigos e aplicá-los: sem nenhuma ajuda exterior, ele foi aos poucos tão longe quanto possível na compreensão dessa nova provação; pode-se falar aqui – com todos os limites que essa noção comporta – de tentativa grosseira, mas eficaz, de autoanálise. A razão dessa singular perspicácia deve ser buscada no fato de que ele não gosta de si mesmo. O que em geral dificulta a compreensão de nossas intenções reais é nossa adesão a nós mesmos. Flaubert, até na reflexão conivente, tenta dissociar-se de si mesmo: seu ego, roubado pelos outros, é sempre um alter ego. Por essa razão, antes de interpretarmos sua "doença", precisamos perguntar que interpretação ele faz dela.

Na carta a Ernest, escrita logo após o acidente, ele vê ou alega ver sua crise pelos olhos do pai: derrubado por uma congestão cerebral, esteve à beira da morte. Queixa-se do sedenho, do "espectro mil vezes pior que as doenças do mundo, chamado *regime*". Mas aceita ambos como necessidade e não pensa em contestar a terapia paterna. Fala ao mesmo tempo da tranquilidade de espírito ("o moral é bom") e do hipernervosismo: "diante da menor sensação, meus nervos vibram

---

* Cf. Prefácio.

como cordas de violino, meus joelhos, meus ombros e meu ventre tremem como uma folha". Mas não parece ver nesses transtornos mais do que a consequência da miniapoplexia.

Já em 9 de fevereiro o tom muda: "se te perguntarem como estou passando, diz: muito mal, ele está seguindo um regime estúpido; quanto à doença propriamente dita, nem liga para ela". Ora, esse regime – sangrias, sedenho, tisanas, proibição de álcool e tabaco, repouso etc. – era na época, sobretudo para os discípulos de Broussais, a única coisa que convinha à congestão cerebral. Se parece estúpido a Gustave, não é porque ele imagine algum outro que fosse mais eficaz contra a miniapoplexia. Mas é que duvida, sem dizer de modo explícito, do diagnóstico de Achille-Cléophas. Sabemos por intermédio de Maxime que "na biblioteca do pai ele pegara as obras que tratam das doenças nervosas, e as lera...". Essa pesquisa, conforme indica o contexto, ocorreu durante a primeira fase da doença – aquela em que as crises, embora já referenciais, conservavam a violência e a subtaneidade da primeira. Gustave não precisou de muito tempo para fazer um contradiagnóstico; nada de congestão, e sim uma doença nervosa. De início, atordoado pela novidade de uma experiência que lhe parece irredutível a tudo o que já viu, ele se recobra – apesar dos transtornos que se seguem e talvez por causa deles –, tenta lembrar com detalhes, fixar suas características principais e, quando acredita ter conseguido, encontrar no seu passado acontecimentos que a anunciavam e que talvez a prefigurassem. Prova disso é que ele contou a Maxime que "três dias antes, acordara em Paris num estado de extraordinária lassidão, e que, sem causa aparente ela persistira durante uma semana inteira. Estava convencido de que seu ataque inicial ocorrera durante o sono, e ele provavelmente tinha razão...". Certo ou errado, ainda não chegamos ao momento de decidir: o que importa é que a primeira atitude de Gustave é relacionar o novo com o antigo; é preciso reduzir a espantosa singularidade dessa nova provação. De início ele não pensa em rememorar a lenta metamorfose que, de 1839 a 1843, instaurou o dispositivo fundamental: quer que o acontecimento arquetípico seja de fato a simples reprodução de um arquétipo anterior. E, como não encontra esse arquétipo em nenhum lugar das lembranças de sua vida consciente, vai localizá-lo nas trevas do inconsciente noturno. Vimos no capítulo anterior de que sono se trata: no mês de julho de 1843 Gustave preocupa-se com ele o bastante para falar a respeito com a irmã. Como Maxime cometeu o erro de situar o "acidente" de Pont-l'Évêque em outubro do mesmo ano, poderíamos crer que as estupidificantes letargias mencionadas na correspondência tenham ocorrido três meses antes. Na verdade, elas estão separadas do primeiro ataque por meio ano. O essencial não é isso: realmente, quando se preparava para o exame, Flaubert teve despertares estranhos, estafados, cuja natureza patológica talvez *já então* lhe fosse manifesta. Mas o que me impressiona, em especial, é o movimento de seu pensamento: ele vai vasculhar o passado como se, após o primeiro estupor, *reconhecesse* o acontecimento, apesar de sua novidade irredutível. Como se o espanto ensejasse alguma certeza fatalista, como se "o que está me acontecendo" fosse logo seguido por um "isso tinha de me acontecer", ou melhor, "isso já me aconteceu". Na verdade, a catástrofe de Pont-l'Évêque não seria nem mais aceitável nem mais inteligível se ele provasse que antes haviam ocorrido desastres obscuros e noturnos. Ele só teria recuado no tempo a origem do mal. Além disso, essa não é sua verdadeira preocupação; mas ele se engana quanto ao objeto da pesquisa: quando reflete sobre o acontecimento arquetípico, este o impressiona em decorrência de uma vaga familiaridade e, com isso, ele quer encontrar um antecedente; ora, não é a *repetição* que provoca esse reconhecimento: o que ocorre é que esse presente totalmente novo, por mais inesperado que seja, apresenta-se de modo misterioso como uma conclusão. "Conclusão" é a palavra que ele logo empregará para designar a crise. Na hora percebe esse caráter do já vivido, mas de imediato e sem ter ainda meios de dar-lhe nome. Por essa razão, desnorteia-se: tenta descobrir o que a *antecedeu*, quando sua verdadeira preocupação é determinar o que a *preparou*. O erro era inevitável: nós o vimos vivendo essa corrida para o abismo sem jamais explicar com clareza seu sentido. Mas, se ele se diz "convencido" de que os primeiros transtornos eram noturnos, é preciso ver também a parcela de simbolismo que entra nessa certeza: as trevas representam aqui o inconsciente, a noite do não-saber, remetem, aliás, *à noite escura* de janeiro de 1844. Quanto a essas crises primitivas que, em razão da menor intensidade, parecem representar o *terminus a quo* de uma progressão oculta cuja linha de chegada seria Pont-l'Évêque, ele acredita tê-las vivido sem as vivenciar, separado de si mesmo por uma sombra escura: não será assim, justamente, que esse agente passivo, manobrando-se sempre como se fosse manipulado por Outro, comportou-se em relação à *preparação* do cataclismo? Acaso não vivenciou essa lenta instauração *à distância* e numa cegueira interrompida por clarões? Essa mesma cegueira, bem simbolizada pelo sono, não terá comportado certa autoconsciência – não tética, pelo menos? Em outros termos, já em fevereiro Gustave está dilacerado por uma contradição que ele quer resolver: a novidade, para esse jovem imaginário, é o irreparável realizado, a passagem padecida das ruminações e dos gestos a uma determinação real de sua pessoa que é preciso vivenciar e que veda a volta atrás; o que é *reconhecido* é a profecia de *Novembro*, renovada, por certo, em certas apercepções instantâneas e no "monólogo" de julho-agosto de 1843. A obscuridade decorre do fato de que na época Gustave acreditava isolar-se na imaginação: via-se – embora dizendo a verdade – com os traços do herói *fictício* de *Novembro*; ou então desempenhava o papel do "jornalista de Nevers": em suma, antes de ter dimensionado o apavorante poder de seu corpo – ou seja, sua autossugestionabilidade –, ele pressentia apenas que aqueles espetáculos circenses tinham uma contrapartida temível, e que a prática do irreal o condicionava em sua realidade. No entanto, ele refletiu sobre suas inapetências e descobriu já em *Novembro* seu pitiatismo, meditou o juramento de decair, que temia fazer. Não importa: tudo era lúdico então; no momento em que sentia que resvalava para uma conclusão atroz, tinha a impressão de estar vivendo uma fantasmagoria, e de que podia a cada minuto acordar, cair fora. Gustave é um homem de crença. E a crença permanece no limiar entre a certeza e o jogo da fé: autoalimenta-se; por isso mesmo, permanece imaginária, a não ser que o corpo resolva assumi--la. Flaubert viveu como um leque de *possibilidades* aquilo que era também a organização progressiva de suas fatalidades. O raio que cai sobre ele é o aparecimento catastrófico do *real*: alguém estava sonhando: estou condenado à morte; ele acorda atônito: foi *condenado* de verdade, aquela é a alvorada de sua execução. Gustave é parecido com esse condenado, com a diferença de que tem o sentimento indizível de que o pesadelo não é apenas efeito da sentença, mas também em parte sua causa. Se ele não tivesse sonhado que estava no calabouço, talvez não se encontrasse numa cela de verdade. O escândalo é o seguinte: a realidade desaba sobre ele, ele sente seu peso pela primeira vez na vida; a crença torna-se evidência – e, no mesmo momento, ele reconhece nela seus devaneios dirigidos. Nesse primeiro momento, porém, incapaz de compreender a "finalidade do irreal" – precisamente porque ela é sua lei singular –, ele quer unir a realidade padecida de sua crise a realidades anteriores: os sonos de julho resolverão. Mas esse desvio de sua pesquisa contribui por si mesmo para levá-lo de volta ao caminho correto: pois o que é afinal esse arquétipo não vivenciado? Uma crise ou um sonho de crise? Na falta de qualquer prova válida, nada distingue esse acidente imaginado de um acontecimento imaginário. Buscando a verdade em seu passado, Flaubert percebe que sai do campo da certeza baseada na evidência para cair no campo da fé.

Seja como for, seu diagnóstico está feito: não há congestão, os nervos é que foram atingidos. A carta a Ernest de 7 de junho, sem denominar com precisão o mal de que ele sofre, só fala de transtornos nervosos: fogos de artifício diante dos olhos etc. Fala de sua "última grande crise", o que não poderia ser compreendido se ele ainda compartilhasse a opinião do pai. Naquele mesmo dia, a Louis de Cormenin: "Quanto a mim, tenho estes nervos que me dão pouco descanso". No mês de janeiro de 1845, em todo caso, um ano depois do acidente, ele sabe em que ponto estão as coisas, e o diz claramente a Vasse: "...a cura é tão lenta, nesses diabos de doenças nervosas, que é quase imperceptível". Para que ele tenha essa segurança – ele diz essas palavras de passagem, quase com displicência, como se Vasse estivesse a par –, a coisa só podia ter sido publicamente reconhecida. Em outros termos, entrementes o *pater familias* deve ter-se rendido à evidência e mudado o diagnóstico. Contudo, é impressionante que não tenha modificado o tratamento: em junho de 1844, Gustave ainda está com o seu sedenho; puseram-lhe sanguessugas na véspera, foi empanturrado de valeriana, índigo, castóreo. Subsistem as proibições: nada de vinho, café, tabaco. Por que tratar um neuropata como um apoplético? Parece que o orgulho Flaubert obrigava Achille-Cléophas a explicar as deficiências do filho por excesso de saúde: "excesso de pletora, força demais, vigor demais!" – dizia ele.* Gustave retorque que está seguindo um regime estúpido, e nós percebemos plenamente o que ele quer dizer. Maxime, de fato, nota que "a sangria ao extremo aumentava uma predominância nervosa, que era muitíssimo temível". Essa reflexão, sem dúvida, lhe era soprada pelo amigo. De fato, alguns anos depois – voltaremos a isso – Gustave atribui sua doença à fraqueza constitucional de seu sistema nervoso. Maxime diz que ele "nunca ouviu proferirem o verdadeiro nome de seu mal. Ele dizia: 'meus ataques de nervos', só isso". Isto porque está convencido de que Flaubert é epiléptico, sabe e quer esconder isso de si mesmo e

---

* Essas forças excessivas seriam para ele ainda *forças vitais*?

escondê-lo dos que o cercam, mas como, *justamente*, Du Camp se enganou, essa recusa a *dar nome* a um processo complexo, que, como toda neurose, escapa às classificações abstratas, parece-nos ser a prova de uma inteligente prudência e de uma vontade paciente: Flaubert quer compreender, aprofundar; se ele arrolasse seus transtornos sob alguma rubrica, acabaria num conceitualismo que refrearia suas investigações.

Cabe notar aqui uma relação curiosa de Gustave com sua doença que nos possibilitará penetrar melhor em sua "conscientização". Logo após a crise de Pont-l'Évêque, ele escreve que, "diante da menor sensação, meus nervos vibram como cordas de violino". Em suma, afora os ataques propriamente ditos, ele sofre de uma hiperemotividade permanente que não o largará durante muito tempo. Está "num estado terrível". Mas o que logo impressiona é que ele tem o cuidado de fazer a distinção entre sua afecção nervosa e seu estado moral: "o moral está bom, porque eu não sei o que é ficar perturbado". Em nove de fevereiro, insiste: "se te perguntarem como estou passando, dize: muito mal, ele está seguindo um regime estúpido; quanto à doença propriamente dita, nem liga para ela". Maxime afirma que ele teria dito na época – quando lia obras de neurologia: "Estou perdido". É possível perguntar se ele relata os termos exatos de Flaubert. Já na primeira carta a Ernest, este declara: "Já estou com as doenças dos velhos..." e, na segunda, "Sou um homem morto". Mas esses são temas familiares de Gustave: como não seria velho aos 22 anos se desde os catorze nunca deixou de ser? Ademais, evidentemente está morto – veremos que ele afirma morrer a cada uma de suas crises. Mas, acima de tudo, o contexto nos mostra que a intenção explícita do jovem é mais superficial e menos trágica: a boa mesa, o vinho, o cachimbo estão proibidos, ele é um homem morto. Não é seu corpo que o mata, é o regime que lhe é imposto. O mesmo ocorre com os sofrimentos aos quais faz alusão: "sofri horrivelmente desde que me viste"*; o que provocou tais sofrimentos foram o fracasso do mês de agosto, os tormentos do outono de 1843, o hipernervosismo do inverno de 1844 e, sobretudo, seu atual regime, que lhe veda tudo o que ele adora; de fato, em 7 de junho de 1844 ele escreve: "Privação do cachimbo, *sofrimento horrível* ao qual não foram condenados cristãos.** Também se queixa do sedenho, da mão que o pai lhe escaldou, em suma, dos tratamentos que ele lhe dá. De sua doença, jamais. Esse raivoso não

---

* *Correspondance*, t. I, p. 149.

** *Idem, ibid.*

tem sombra de raiva pelo acidente estúpido e imerecido que acaba de abatê-lo. Não será porque vê nele algo mais, diferente de um simples azar? O que aconteceu com a vergonha que o atormentava ainda no mês de dezembro de 1843?

Ele temia que um juramento obcuro o precipitasse na decadência. Ora, ei-lo de fato decaído: seus nervos se esfrangalharam, ele sabe que vai se tratar por longos meses, poderá algum dia compensar o atraso nos estudos? Já em fevereiro sabe que os abandonará *sine die*, por não *poder* continuá-los: isso é reconhecer-se um incapaz; dizia estar *acima* do direito, caiu *abaixo* dele; outros, Ernest, Alfred, Maxime, Vasse, todos vão continuar seus estudos e suas viagens, enquanto ele ficará enclausurado; ei-lo na situação fascinante e temida do "jornalista de Nevers": padece a compaixão dos pares e até a dos inferiores. Será vergonha? Nem por um instante. Mais tarde a mãe e a sobrinha acharão ser necessário lançar um véu sobre sua doença. Quanto a Gustave, não pensa nisso em absoluto. Maxime diz que ele "não gostava de falar da doença, mas falava dela sem reservas quando se sentia confiante". Isso é pouco: já em fevereiro de 1844 ele se expressa livremente nas cartas a Ernest, Vasse, Louis de Cormenin. Ou melhor, encarrega Chevalier de espalhar a notícia: "Apresenta meus respeitos, ou melhor, dize obscenidades de minha parte aos srs. Dumont Coutil, e se perguntarem como vou, dize, muito mal..." etc. Não chegaremos a dizer que ele exige publicidade: em todo caso, não a teme. De fato, não pode ignorar que os burgueses de Rouen e seus amigos parisienses estão a par de seu infortúnio, que a notícia circula em todos os meios que ele frequentava. Seis meses antes, humilhado por um fracasso de pouca importância, ele desejava que Átila viesse destruir Rouen, Paris, a França inteira, todas as possíveis testemunhas de sua desventura. Agora sabe que correm mexericos sobre o segundo filho de Flaubert, o originalão afetado por uma afecção suspeita, e não parece comovido com isso. Escreve resignado: "É a vida!"; bebe tisana de flor de laranjeira e diz com um sorriso: "É inferior ao vinho de Sauternes". Depois disso, não abandonará essa atitude: dirá tudo a Louise e a Bouilhet, é evidente. Mas, depois da publicação de *Madame Bovary*, ele se toma de afeição por uma correspondente desconhecida, srta. Leroyer de Chantepie e, sem razão aparente – não é simpatia –, conta-lhe de cabo a rabo que sofreu dez anos de transtornos nervosos. O mínimo que se pode dizer é que, pela primeira vez na vida, ele encara as coisas *com simplicidade*.

Sem dúvida o orgulho permanece e está um tanto deslocado. Ele não esconde de ninguém os seus aborrecimentos, mas faz questão de mostrar que não é afetado por eles: "Eu não sei o que é ficar perturbado". Sempre houve nele certa afetação de estoicismo, conforme demonstra a carta que escrevia já em janeiro de 1842 a Dugazon: era uma maneira de valorizar sua passividade. Agora ele insiste: "*Padeço o mal, mas não me preocupo com ele*". Como ousa gabar-se dessa serenidade diante de Ernest, que tem em mãos todas as suas cartas de 1839 a 1843, cheias de furores, gritos, angústia? Simplesmente porque está de fato sereno. Prova disso é que dirá a Alfred, invertendo os termos, um ano depois: "Tenho mesmo uma serenidade profunda, mas tudo me perturba na superfície".* Será possível ter "nervos que vibram como cordas de violino" e manter verdadeira tranquilidade de espírito sob as agitações permanentes do corpo? Decerto sim. E Gustave explica-se, quinze dias depois, numa carta datada de 13 de maio de 1845, dizendo a Alfred: "Quanto a mim, estou de fato bem desde que concordei em estar sempre mal". Essas palavras são reveladoras: tomadas na superfície, parece que Gustave quer mencionar apenas resignação orgulhosa, lúcida e reflexiva à enfermidade que o degrada. De fato ele escrevia a Vasse em janeiro de 1845: "Minha doença sempre terá tido a vantagem de terem permitido que eu me ocupe como bem entendo, o que é uma grande coisa na minha vida; não vejo nada no mundo que seja preferível a um bom quarto bem aquecido, com os livros que amo e todo o tempo livre que deseje".

Mas, olhando-se melhor, a frase da carta a Alfred parece mais misteriosa e mais densa: sem dúvida, os transtornos são o preço que é preciso pagar. Mas *e se o consentimento fosse a própria doença?* Ela então é que produziria profundamente a serenidade. De qualquer maneira, Gustave não pode escrever essas linhas ambíguas sem ter conhecido aqueles estranhos estados em que o *fazer* e o *padecer* são indiscerníveis, nos quais não se consegue decidir quando termina a *resistência* e quando começa a *complacência*.

A vergonha, aliás, não foi a única que o abandonou: de modo paradoxal, sua angústia nunca mais se manifesta, nem mesmo quando a situação parece justificá-la. De fato, se aceitarmos o esquema clássico – por exemplo, o diagnóstico de Maxime –, veremos que uma afecção imprevista, imprevisível e desconhecida lançou-se sobre ele; agora ela toma conta dele e nele leva uma vida estranha, cujos

---

* Fim de abril de 1845.

contragolpes ele padece como produtos de uma realidade exterior e invisível; isso significa que ele combate nas trevas com um inimigo nictalope que o fere de improviso: não haverá motivo para ter medo? Suas crises se repetem. Como saber se a próxima não o matará (ele achou que morreria em Pont-l'Évêque) ou se não o deixará demente ("a gente sente que está enlouquecendo")? Ao terminar *Novembro*, quando pressentia que um poder terrível ia precipitá-lo abaixo do gênero humano, a angústia aumentava com os perigos. Agora a queda ocorreu: é preciso viver até o fim as suas consequências; ele ainda não é homem, mas quem lhe garante que não o será amanhã? A morte e a loucura são probabilidades, mais ameaçadoras porque os doutores Flaubert se enganaram de início, e o novo diagnóstico permanece incerto. Gustave deveria repetir com horror aquelas palavras que disse uma vez – se é que disse – a Maxime: "Estou perdido!". Mas não: parece nunca ter temido que seu mal piorasse; como se no primeiro golpe tivesse atingido para sempre um limite que ele se fixara, como se a Queda tivesse parado em definitivo no próprio instante em que começara, como se em Pont-l'Évêque, ao "voltar a abrir os olhos" após a sangria, Gustave tivesse compreendido que o pior *já* estava para trás. Sem dúvida, Maxime declara que "essa doença rompeu sua vida". Em certo sentido, é verdade, mas veremos adiante como isso deve ser entendido. Sem dúvida também suas crises o "entristeciam": não é difícil imaginar que cada uma delas fosse um suplício que precisava ser vivido de ponta a ponta. Mas, quando Maxime nos informa que elas "determinavam nele verdadeiros acessos de misantropia", precisamos rir: misantropo Gustave é – conforme ele mesmo admite – desde que entrou no colégio, e vimos que é preciso ir mais longe ainda para explicar esse louco ódio ao gênero humano. Talvez ele esteja se abrindo mais a respeito com Maxime, que já começa a irritá-lo. Mas esse ódio não é maior nem menor do que no tempo de *Novembro* ou de *Quidquid volueris*. De fato, pode ser que uma vez ele "tenha sido atingido nos prados de Sotteville e depois tenha ficado vários dias sem querer sair": mas, afinal, quem gostaria de servir de espetáculo? No entanto, essa afecção nervosa terá tido como resultado "aumentar sua selvageria natural" ou, ao contrário, não teria o objetivo de servi-la? As cartas de Flaubert estão longe de corroborar nesse aspecto o testemunho de Maxime. Esse homem "entristecido" nem por isso deixa de escrever a respeito no dia 13 de agosto de 1845: "Nunca passei anos melhores do que os dois que acabam de transcorrer, porque eles foram mais livres, os menos tolhidos de todos.* E, falando de sua doença, define-a na mesma carta como um "sacrifício à liberdade"; aliás, acrescenta: "É demorado, bem demorado, *não para mim*, mas para os meus". É verdade que um mês depois diz que está "doente, irritado, vítima mil vezes por dia de momentos de angústia atroz". Mas, ao mesmo tempo, afirma sua serenidade: "Continuo minha obra lenta... Eu não era assim outrora. Essa mudança ocorreu naturalmente. Minha vontade também colaborou de algum modo. Ela me levará mais longe, espero". A morte do pai e da irmã o perturbam por um momento, mas ele escreve no dia seguinte ao enterro de Caroline: "Eu estava seco como uma lápide, mas horrivelmente irritado... Estou acabrunhado, estupidificado; bem que precisaria retomar minha vida calma, pois estou sufocando de tédio e exasperação. Quando reencontrarei minha pobre vida de arte tranquila e de meditação demorada!".** A profunda relação com Caroline foi cortada pelo casamento: o que Flaubert deplora é o *transtorno*. Quinze dias depois, escreve: "Talvez me considerasses um homem sem coração se eu te dissesse que não é a atual situação que eu considero a mais lastimável de todas. Nos tempos em que eu não tinha nada para me lamentar, eu me achava bem mais digno de lamentos".*** Assim, apesar dos mortos, ele sustenta que os anos que se seguiram à sua crise são mais felizes ou menos infelizes que os anos que a antecederam. E acrescenta, como se só tivesse esperado esses dois lutos: "Até que enfim! Vou começar a trabalhar! Até que enfim! Tenho vontade e esperança de trabalhar desmesuradamente e por muito tempo"****; e, de fato, alguns dias depois pode dizer: "Começo a ganhar o hábito do trabalho... leio e escrevo regularmente de oito a dez horas por dia".***** Em suma, à parte alguns dos breves retornos, não se encontra mais vestígio de suas angústias passadas: ele espera o próximo ataque e, no entanto, goza de modo incondicional a trégua que ele lhe proporciona, como se a crise fosse o meio, e sua tranquilidade de espírito, o fim essencial. Para estar assim tão seguro, ele só pode sentir-se a um só tempo vítima e sacrificador; porque apenas este pode dizer: só até aqui, não mais. Vive em tal familiaridade com seu mal,

---

* *Correspondance*, t. I, p. 187.
** *Ibid.*, p. 198.
*** *Ibid.*, p. 201-202.
**** *Ibid.*, p. 203.
***** *Ibid.*, p. 204.

entrega-se a ele de modo tão profundo que acaba por compreendê-lo e por adquirir a obscura consciência de dominá-lo. Vai mais longe, até pressentir que uma relação fundamental liga sua afecção nervosa à existência do *pater familias*. Pouco após a morte deste, ele faz esta extraordinária confissão: "Já faz quinze dias que tudo (ou seja, o enterro de Achille-Cléophas) terminou... Estou oprimido, integralmente acabrunhado... Caroline deu à luz uma menina. Mas (tem acessos) de febre perniciosa... Foi preciso lutar muito com os negócios de Achille... Mas consegui determinar seus rumos... Com tudo isso meus nervos foram tão horrivelmente sacudidos que já não os sinto. Talvez esteja curado: isso talvez tenha produzido em mim o efeito de uma queimadura que retirasse uma verruga".* E, sem dúvida alguma, ele passa então por uma longa remitência, pois em agosto de 1846 fala da "doença nervosa que me durou dois anos". Dois anos: de janeiro de 1844 (Pont-l'Évêque) à morte do pai (janeiro de 1846). Sete meses depois desta, ele continuava achando-se curado: isso significa que entrementes só sofrera transtornos sem gravidade. Na verdade, as coisas não são tão simples: os acessos voltarão, porém menos fortes e muito menos frequentes. Em dezembro de 1847 ele escreve a Louise: "Espero de um dia para outro ter algum ataque bem grave, pois já se passaram quatro meses sem que eu tivesse nenhum, e há um ano esse é o prazo habitual.** Portanto, ele teria tido apenas três crises em 1847 e algumas outras, mais numerosas por certo, entre o mês de agosto e o fim de 1846. A melhora não pode ser posta em dúvida. Flaubert só cometeu um erro leve: a morte de Achille-Cléophas não o curou, ela lhe deu a decisão de curar-se. De fato, ele acrescenta: "De resto, não estou nem ligando, como diria Fídias. Pela ação do tempo tudo se desgasta, as doenças como o resto, e desgastarei esta pela ação da paciência, sem remédio nem nada; sinto isso e tenho quase certeza".*** Esse tema é novo nele: parece acreditar que pode exercer um controle subterrâneo sobre seu mal. "Eu a desgastarei... *Sinto isso.*" A Louise ele só fala de "paciência", mas, já nessa época, devia ter de fato outra coisa em mente. Em 18 de maio de 1857 escreve à srta. Leroyer de Chantepie: "A senhora me pergunta como me curei das alucinações nervosas de que sofria antigamente. Com dois meios: primeiro, estudando-as cientificamente, ou seja, tentando percebê-las; segundo,

---

* A Ernest, fim de janeiro de 1846. *Correspondance*, Suplemento, t. I, p. 54-55.
** A Louise, *Correspondance*, t. II, p. 75.
*** *Ibid., loc. cit.*

pela força de vontade. Senti com frequência que a loucura chegava... Mas me agarrava à razão. Ela dominava tudo, embora sitiada e vencida. E de outras vezes, *pela força da imaginação*, tentava impor-me ficticiamente esses horríveis sofrimentos... Era sustentado por forte orgulho e venci o mal atracando-me com ele corpo a corpo.*

Assim, Flaubert está a par de sua intenção fundamental: depois do desaparecimento do cirurgião-chefe, da neurose ele só vê resquícios. Ela desempenhou seu papel, agora é preciso liquidá-la. E isso, é claro, não por meio de um *Fiat* voluntário – porque ela é *como outro* –, mas por meio de exercícios, ardis e subterfúgios; em especial por meio de um contrapitiatismo curioso (reproduzindo no imaginário os sofrimentos reais vivenciados para desmascarar *a posteriori* sua irrealidade ou para constituí-los como irreais). Será verdade que ele se curou "sozinho e sem remédios"? Veremos: o que cabia deixar claro aqui é que essa convicção – ilusória ou não – baseia-se na compreensão da doença nervosa como processo intencional que, na exata medida em que escapa ao controle direto e consciente, fixou seu próprio término, seus limites e, ao mesmo tempo, sua finalidade.

Aliás, quando fala a respeito a Louise, liberto de certas inibições pelo luto, apresenta a ruptura de Pont-l'Évêque como resultado lógico, expressão simbólica de sua vida, e como uma estranha ascese que o libertou das paixões: "Antes de te conhecer estava calmo, tornei-me calmo. Entrava num período viril de saúde moral. Minha juventude passou. A doença nervosa que me durou dois anos foi a conclusão dela, o fechamento, o resultado lógico. Para ter tido o que tive, foi preciso que algo, anteriormente, tivesse ocorrido de modo muito trágico na caixa do meu cérebro. Depois tudo se restabeleceu; enxerguei com clareza nas coisas e em mim mesmo, o que é mais raro. Andava com a retidão de um sistema particular feito para um caso especial. Tinha compreendido tudo em mim, separado, classificado tudo tão bem, que até então não houvera época em minha existência em que eu tivesse estado mais tranquilo, enquanto todos, ao contrário, achavam que então era que eu merecia ser mais lastimado".** O que ele compreendeu, acima de tudo, é dito na mesma carta, e veremos que, antes, ele havia desenvolvido isso no fim da primeira *Educação sentimental*: "Não

---

* *Correspondance*, t. IV, p. 180-181; grifo de Flaubert.
** A Louise, 9 de agosto de 1846, *Correspondance*, t. I, p. 230.

fui feito para gozar. Não se deve tomar essa frase em sentido terra a terra, mas apreender a sua intensidade metafísica".*

Assim, entre 1844 e 1846, ele "andava com a retidão de um sistema particular feito para um caso especial". É a própria definição da neurose: os mecanismos de autodefesa criaram uma estratégia rigorosa que nada mais é que a própria doença. O filho Flaubert organizou-se em profundidade para sofrer o menos possível. Nesse planejamento neurótico o encontro com Louise não estava previsto: Gustave se perturba por um instante, mas, como um robô, volta à sua marcha inflexivelmente retilínea. A crise de janeiro de 1844, para ele, é o início de uma ascese: "Minha vida ativa, apaixonada... chegou ao fim com 22 anos. Naquela época *fiz grandes progressos de repente*; e outra coisa chegou".

Não devemos acreditar que ele imagina ter aproveitado um acidente para reclassificar tudo, enxergar claro em si mesmo e reconhecer "que não foi feito para gozar". Nesse ponto ele é categórico: "Tive duas existências bem distintas: acontecimentos exteriores foram o símbolo do fim da primeira e do nascimento da segunda; tudo isso é matemático.**

1º A doença é conclusão e fechamento. A juventude resume-se, abolindo-se. Há totalização por meio da falsa morte com que ele sempre sonhou: "Isso (seus antigos amores, a sra. Schlésinger, Eulalie) é velho, bem velho, quase esquecido; mal e mal me lembro; parece até que aconteceu na alma de outro homem. Este que vive agora e que sou eu nada mais faz além de contemplar o outro que morreu. Tive duas existências bem distintas...". Em suma, a crise, resultado matemático, *morte pelo pensamento*, é expressamente percebida por Gustave como o momento em que uma vida se totaliza e realiza o destino que trazia em si.

2º É verdade que chama os primeiros acessos de seu mal de *acontecimentos exteriores*. Mas é para acrescentar imediatamente que eles *simbolizam* o fim de sua primeira existência. Exteriores, sim: não são produto de sua vontade; ele os *padece* como se padece o cólera-morbo; mas se situam no limite que separa a interiorização da exterioridade e a exteriorização do interior: como tais, constituem a *representação* simbólica daquilo que ocorre de fato em Flaubert. Isso significa para ele que o processo exterior (morte e transfiguração em Pont-l'Évêque, *vivenciadas* como acidente de exterioridade) é a

---

* *Correspondance*, t. I, p. 231.

** A Louise, 27 de agosto de 1846. *Correspondance* t. I, p. 277.

imagem, a *cifra* de um processo muito mais profundo e orientado que se produz no interior dele mesmo. A crise é definida ao mesmo tempo como necessidade rigorosa – é resultado de lenta totalização – e como acontecimento de superfície que *manifesta* um sentido intencional, em vez de ser o próprio sentido. "Anteriormente" a esse acidente exterior, "algo trágico" ocorreu no interior. É evidente que a "caixa do cérebro" não representa o órgão fisiológico, mas a subjetividade.* Assim, a crise é o resumo, a imagem e a manifestação exterior de uma tragédia, ou seja, de um conflito que só pode se resolvido pela anulação dos termos opostos. Por essa razão, podemos compreender por que Flaubert não teme mais nada: *antes* da noite de Pont-l'Évêque, os dados são lançados. O ataque é apenas uma *realização*, é a irreversibilidade finalmente vivenciada: nada mais; não acrescenta nada, conclui: portanto, ao contrário do que ele podia temer em janeiro de 1844, não se anuncia nenhuma *novidade*. Em outras palavras, a vida de Flaubert até os 22 anos parece-lhe um processo orientado do qual ele é vítima e agente, processo que o conduz por fim à tragédia final, pois ele não parou de preparar ao mesmo tempo sua morte e sua ressurreição ou, digamos, sua loucura e a instauração de um sistema particular feito para um caso especial. Diz ele a Louise: estava ficando louco, sucumbi *para* assumir o controle de meu mal e *para* transformá-lo em minha salvação, por meio do isolamento, da renúncia aos prazeres reais e da opção definitiva pelo imaginário.

Mas acaso ele sabe como esse desígnio se preparou nele? Terá desistido de procurar em seus pesadíssimos sonos de 1843 os antecedentes desses acessos? Terá tentado, depois do estupor de janeiro de 1844, recompor o lento processo organizador que o conduziu a seu primeiro acidente? A partir de 1846 encontramos com frequência em suas cartas ensaios de interpretação. Na superfície suas explicações nem sempre são muito coerentes; nas profundezas descobrimos sua unidade profunda.

A razão mais simples de seus males, a que ele apresenta com mais frequência, é que um longo sofrimento o debilitou, desequilibrando seu sistema nervoso.

"Imagine o que eu devo ter sofrido para, apesar da robusta saúde que se ostenta em meu porte, ter contraído uma doença nervosa que durou dois anos".**

---

* Mas, inversamente, para Flaubert, materialista, a subjetividade é resultado de processos cerebrais.

** A Louise, *Correspondance*, t. I, p. 301.

II. O DIAGNÓSTICO DE GUSTAVE

"Fiquei doente por estudar direito e me entediar".*

"...com vinte e um anos, quase morri de uma doença nervosa, provocada por uma série de irritações e tristezas, pela ação de vigílias e da raiva".**

Para ele, nesses trechos, não resta a menor dúvida de que o estudo do direito deu origem a tudo. Ele *sofreu* com aquilo a ponto de arruinar a saúde: estudava com irritação perpétua, ficava noites inteiras acordado e, sobretudo, entediava-se. Esse tédio, próximo do desvario, ele descreve em *Novembro*, e sabemos o que expressa: não só – nem sobretudo – seu fastio diante do trabalho estúpido que lhe propõem, mas principalmente a dor de ser "pequeno demais para si mesmo", de não poder mudar de ser por falta de gênio, e de sentir a cada instante a mordida do futuro, das fatalidades burguesas que o esperam.

Mas ocorre-lhe dar uma explicação muito diferente a seus transtornos: "A loucura e a luxúria são duas coisas que sondei a tal ponto, pelas quais naveguei tão bem por minha vontade, que jamais serei (espero) um alienado nem um Sade. Mas causou-me aborrecimentos, digamos. Minha doença nervosa foi a escumalha dessas pequenas facécias intelectuais. Cada ataque era como uma espécie de hemorragia da inervação. Eram perdas seminais da faculdade pitoresca do cérebro, cem mil imagens pulando ao mesmo tempo, em fogos de artifício".*** Na mesma carta ele nos informa o que entende por "sondar a loucura": a miséria humana – tal como se exibe em hospitais, manicômios, bordéis – tem "algo tão cru que provoca apetites de canibal no espírito. Ele arremete para devorá-las, assimilá-las. Com quantos devaneios fiquei com frequência em camas de prostituta, olhando os rasgões do leito. Quantos dramas ferozes construí no necrotério onde às vezes eu tinha a sanha de ir! Aliás, creio que nesse lugar eu tenho uma faculdade de percepção especial; na verdade, o malsão é algo de que entendo".

---

* *Ibid.*, t. II, p. 461.
** À srta. Leroyer de Chantepie, 30 de março de 1857, *Correspondance*, t. IV, t. I, p. 69. Deve-se notar que ele não desistiu de apresentar a sua queda de 1844 como uma morte à qual escapou por um triz. "Largar a casca nas mãos da minha família" torna-se "quase morrer de uma doença nervosa." Alguém pode morrer dessa doença? Não haverá contradição entre a maneira com que ele a apresenta agora e o velho tema da saída fatal? Na verdade, ele volta à conclusão de *Novembro*: "morrer pelo pensamento". Como veremos, ele quer manter todos os esquemas juntos.
*** A Louise, 7-8 de julho de 1853, *Correspondance*, t. III, p. 270.

Curioso que aquilo que ele apresenta a Louise como razão de sua doença é, ao contrário, apresentado à srta. Leroyer de Chantepie como meio de cura. Com efeito, a esta ele escreverá em 1857: "A senhora me pergunta como me curei das alucinações nervosas... Com dois meios: primeiro, estudando-as cientificamente... segundo, *pela força de vontade*... E de outras vezes, *pela força da imaginação*, tentava impor-me ficticiamente esses horríveis sofrimentos... Agi com a demência e o fantástico tal como Mitrídates com os venenos". Os dois textos são contraditórios apenas na aparência: sem dúvida ele escreve a Louise que se entregou a esses encantamentos masturbatórios e irrealizantes *antes* dos ataques que são sua "escumalha", mas também acrescenta que, por sondagens imaginárias, *vacinou-se* contra a loucura. Ele é *malsão* por constituição e também porque, por volta dos dezesseis anos, já tem atrozes lembranças: os cadáveres do Hospital Central, as loucas no asilo de Rouen.* Reconhece em si um gosto patológico pelo horrível e pelo ignóbil que, a seu ver, têm mais "densidade moral". Não havia nisso motivo para incliná-lo à loucura? Graças a suas *experiências para ver*, ele se lançou num universo demencial mas sem realidade. Em outros termos, saciou sem riscos seus desejos sádicos e sua necrofilia. Evidentemente, seu organismo se esgotava naquela tensão quase intolerável, e, no final, seus nervos ficaram combalidos; era o mal menor: ataques, hipernervosismo, mas nada de delírio; o delírio era *antes*, ele o realizou *pela força de sua vontade*; com isso, conhece suas molas profundas, não corre o risco de *acreditar* nele. As alucinações continuam "nervosas" e não podem tornar-se "mentais": ele penetrou demais nos mecanismos da imaginação para deixar-se prender em imagens. Por certo elas adquirem uma espécie de consistência, pelo fato de que se impõem. Mas, mesmo então, não podem engodar de todo um sonhador treinado. Era isso o que ele explicava a Louise um pouco antes: "Tu me falas de espécies de alucinações que tiveste; toma cuidado. Nós as temos inicialmente na cabeça, depois elas vêm para a frente de nossos olhos. O fantástico nos invade e essas dores são atrozes. Sentimos que estamos ficando louco. Estamos e temos consciência disso.**

O cultivo sistemático do "fantástico" pode levar até aí e mais longe; o irreal predomina, mas sem poder substituir totalmente a realidade: a pessoa sente que está ficando louca. Está *e tem consciência disso*. É essa consciência – que, nos piores momentos, Flaubert afirma

---

* Ele faz alusão a elas na carta citada de julho de 1853.
** A Louise, *Correspondance*, t. II, p. 51.

nunca ter perdido – e o sentimento atroz de "estar louco" que sempre o distinguirão – acredita ele – de um louco de verdade. Pois Gustave subentende, é claro, que um louco nunca tem consciência de sua loucura, erro que não vem dele, mas dos balbucios da psiquiatria da época. De qualquer maneira, essa interpretação um tanto fanfarrona de seu mal implica certa teoria da imaginação – a sua –, segundo a qual a imagem não é uma falta, indício de uma ausência, mas uma plenitude que se distingue do real por sua perfeição e por sua infinita leveza.

Portanto, *antes* de 1844, houve exercícios intelectuais que tiveram o duplo efeito de vacinar Gustave* e de arruinar seu sistema nervoso – ou melhor, de torná-lo ultrassensível e de constituir nele o *hábito* de produzir imagens de modo espontâneo. Vacinado e mitridatizado, isso significa: durante certo tempo arrisquei mais que qualquer outro o acidente mental; mas, por meio da organização sistemática de delírios conscientes, produzi em mim miniaturas de psicose que me imunizaram contra a loucura, familiarizando-me com ela. A partir daí, por que não acreditar nele, quando afirma à sra. Leroyer de Chantepie que se curou recriando por vontade própria "aqueles sofrimentos horríveis"? Convencido de que, com suas asceses anteriores, reduziu o perigo que o espreitava àquele *mal menor*, o transtorno nervoso, por que não teria ele tentado imitar voluntariamente suas próprias crises a partir de 1845, para substituí-las pouco a pouco por ataques imaginários e controlados? Fingindo obedecer, ele teria tentado o autocontrole. Talvez, no fundo, fascinado por seu estado como outrora pelo do jornalista de Nevers, ele desejasse fruir sem perigo daqueles momentos terríveis e vertiginosos em que sentia "a alma e o corpo separar-se". Portanto, é perfeitamente possível que Gustave, sozinho no quarto, e – quem sabe? – em público, tenha, entre duas crises referenciais, produzido acessos em tudo semelhantes, mas simulados.

O fato é que as duas interpretações que ele dá de seu mal parecem pouco conciliáveis: foi pelo horror de ter de abraçar uma profissão, pela dor de ser um grande homem gorado, pela exasperação sentida diante do Código que seus nervos ficaram combalidos? Ou será que a criança imaginária brincou durante tempo demais com a imaginação?

---

* Curiosamente, ele retoma essas palavras a propósito de Hamard, que, profundamente abalado pela morte de Caroline, encerrou-se num universo de sonho: "Não lhe inoculei minha vacina intelectual". Em outras palavras: ele começou a sonhar tarde demais, vai enlouquecer de verdade.

No primeiro caso, a origem dos transtornos é o Outro: Flaubert se esgota por obediência, fazendo um trabalho que lhe é imposto e que não lhe convém. No segundo, é o próprio jovem que os provoca com "facécias intelectuais". No entanto, se examinarmos ambas as hipóteses à luz de seus contextos, veremos que, apesar de não coincidirem, elas se completam.

Para começar, consideremos a primeira: "Fiquei doente por estudar direito e me entediar". Tentemos situá-la. Essa frase é extraída de uma carta na qual Flaubert se irrita com Musset e, através dele, com todo o romantismo: não, a dor não é fonte de inspiração. Para convencer melhor Louise, ele começa estabelecendo que a hipersensibilidade é uma fraqueza, e que a poesia não tem nada a ver com essas suscetibilidades nervosas. Diz ele: "Explico-me. Se eu tivesse um cérebro mais robusto, não teria ficado doente por estudar direito e me entediar. Teria extraído proveito disso, em vez de mal. A tristeza, em vez de ficar no meu crânio, escoou para os meus membros e os crispou em convulsões. Foi um *desvio*".* A tristeza, se fica no crânio, é a dor consciente e vivenciada como tal. Assim como a maioria de seus contemporâneos, Flaubert deve achar que as emoções e os sentimentos são afetos específicos, cuja sede fica no cérebro. A tristeza de que ele fala é determinada por uma apercepção totalizadora da situação (sou um medíocre, serei burguês etc.) e, por conseguinte, comporta uma dimensão reflexiva** que, justamente, possibilita mantê-la à distância e utilizá-la de maneira sistemática. É a oportunidade de nos lembramos daquelas "grandes dores" de que ele falava em *Novembro*, que são como cumes a partir dos quais tudo parece enfadonho e vão. Magnífica "posição": empoleirado acima das paixões humanas, Flaubert pode falar de nossas loucuras com desapego, como artista. No trecho acima citado, extrair proveito "não significa": "Eu deveria ter feito meus exames e me tornado um bom jurista", mas, ao contrário: "Eu deveria ter tomado minha dor não como fonte de inspiração, mas como instrumento de distanciamento".*** Sentida como uma determinação da

---

* *Correspondance*, t. II, p. 461. Grifo meu.

** Aliás, numa carta à qual voltaremos e em que descreve seu ataque, Gustave diz: "Eu estava consciente, caso contrário não teria havido dor".

*** Percebe-se a diferença sutil dos pontos de vista. Para Musset, "nada nos torna tão grandes quanto uma grande dor". Na época de *Novembro*, Flaubert, de modo geral, tinha essa opinião. Mas agora, que morreu e ressuscitou, confere à dor uma função desumanizante. Ela deve ser sentida como uma morte para o humano e superada em direção à ataraxia.

consciência, a dor tem serventia: possibilita uma "epoché" estética. É claro que, Flaubert não afirma que ela seja apenas a negação da vivência; sabe, por experiência, que essa sensação "cerebral" é acompanhada por um cortejo de distúrbios físicos. Só que, nos "fortes", ela deveria produzir esses distúrbios sem se deixar absorver por eles. Ao contrário, se a tristeza desce para os membros – isso quer dizer: se ela se encarna no organismo, se se deixa *expressar* por perturbações puramente fisiológicas –, em vez de ser o meio de "pôr entre parênteses", cai no nível da pura vivência. A distância em relação ao mundo anula-se, porque um objeto no-meio-do-mundo, o corpo, se encarrega de materializar essa ausência, essa fuga, ou seja, de torná-las determinações intramundanas, tais como uma crise de choro ou uma cólica. Ou ainda: toda dor é convulsiva, mas é *primeiramente* ódio ao mundo, ódio a si mesmo, fuga do mundo para si e de si para o mundo, subtração ao estar-aí, ou seja, à facticidade; mas, quando as convulsões, decuplicadas, absorvem as faculdades da alma, a facticidade triunfa, sorve a transcendência como um mata-borrão absorve a tinta, ao mesmo tempo que pretende encarná-la, e o mundo se fecha sobre o existente que pretendia fugir dele.

Flaubert torna mais precisa a sua ideia com outro exemplo: "Muitas vezes se veem crianças a quem a música faz mal; elas têm grandes disposições, retêm melodias assim que as ouvem, exaltam-se quando tocam piano, seu coração palpita, elas emagrecem, empalidecem, ficam doentes, e seus pobres nervos, como os dos cães, se contorcem de sofrimento ao som das notas. Não são os Mozart do futuro. A *vocação* foi deslocada; a ideia passou para a carne, onde fica estéril, e a carne perece: disso não resulta nem gênio nem saúde". Eis, portanto, o sentido do desvio: *a ideia passou para a carne*. A Ideia é transcendência, relação de um existente com esta ausência: uma totalidade musical por criar. Passando para o corpo, nunca mais sairá dele. Na verdade, cada nota ouvida permanece como apelo, mas já não se trata de *vocação*; é o sinal de mudas desordens, por meio das quais o organismo se esforça por *realizar* o que, por princípio, lhe escapa: a relação criadora com o não-ser futuro. A ideia feita carne fica estéril, a negação do real em nome de uma totalização irreal é vivenciada pelo corpo como agonia.

Esse texto requer algumas observações: é um dos raros textos em que Flaubert se expressa com clareza sobre sua doença nervosa.

Na origem de seus transtornos ele situa de modo resoluto o desvio, ou seja, a *vocação deslocada*. Significa voltar à sua certeza amarga e fundamental: "Sou um grande homem gorado". Mas ele não se limita a isso: explica o que, segundo ele, fez essa mistura explosiva de gênio e esterilidade: num corpo excessivamente sensível, os transtornos nervosos eliminam a transcendência da ideia, mas eles mesmos são providos de sentido, pois tentam encarnar essa mesma ideia na imanência. Assim, a doença de Flaubert, ideia que passou para o corpo, também é o vão esforço do corpo para se transformar em ideia, sua tentativa convulsionária de realizar uma situação irrealizável (ou seja, a superação como relação com o não-ser) e de totalizar o mundo por meio de uma anulação *padecida*. Está claro, portanto, a partir de agora, que Gustave não considera seu mal acidental ou não-significante em relação ao conjunto de sua vida: ao contrário, este lhe aparece como sua própria vida a se manifestar a si mesma como predestinação. Antes mesmo de ficar doente, Flaubert pertencia à categoria de crianças maldotadas: sofria de uma vocação deslocada; o que está em questão – diz ele – é a solidez de seu cérebro: mas ele não tem em vista aí a constituição química das células; o que ele incrimina é a relação entre o sistema cerebroespinal e o sistema neurovegetativo. Segundo Gustave, o papel do primeiro seria transmitir *sinais* ao segundo. Em vez disso, teria deixado a ideia escoar através dele, e o outro a teria assumido, estupidamente. De início, claro, a metamorfose não é total: a ideia é só em parte absorvida pelo corpo; o jovem define assim sua infância como um terreno pré-neurótico. A excessiva sensibilidade, já na sua proto-história, roubava-lhe uma parte de seus meios. Mozart é artista porque nele o imaginário é puro: ele não sofre *em sua arte*; capta a relação entre o incompleto (o real) e o completo (a totalidade como não-ser) e concebe as *imagens* musicais como figuração do irreal pela realidade; em seu caso, trata-se de vocação, ou seja, de um *apelo à atividade*; o irreal o insta a produzir centros de irrealização no real, por meio de um trabalho consciente. Em Gustave, como nas crianças melômanas, o imaginário é impuro: é *sentido* como mal-estar fisiológico; em vez de procurar fixar essa ausência, esse não-ser, elaborando um *analogon*, o sujeito deixa seu próprio corpo fazer-se denúncia da incompletude, ou seja, imitar e padecer com transtornos a impossibilidade e a necessidade de totalização. A transcendência *é então vivenciada* no terreno do imanente como um inerte "vício de estrutura" da própria imanência. Quando a ideia passa para a carne, o corpo se faz palavra, mas sua mensagem é indecifrável porque a *designação* se degrada como *afecção*. Há simbolização sem simbolismo, ou seja, sem código. O definhamento do organismo, ou seja, a negação da saúde, simboliza de modo obscuro a nadificação do real pelo gênio – ou, digamos, pela práxis. Assim, esse dado original – o desvio ou o deslocamento da vocação – é *já patológico*: profetiza uma doença mortal que nada mais é que a radicalização do símbolo por uma imanência exasperada por nem poder *dizer* a transcendência nem deixar da imitá-la. Os ataques de nervos, para Flaubert, não têm causa acidental: neles o vir-a-ser-carne da ideia atinge o limite extremo, a carne é sofrimento *expressivo*, mas sofrimento físico, ela sente a um só tempo a necessidade e a impossibilidade de significar; nela a transcendência se degrada em arroubos, e a convulsão nada mais é que a extirpação de si desempenhada pela facticidade – e, por isso mesmo, negada. Como se vê, essa primeira *explicação* das crises é muito mais complexa do que parece à primeira vista: quando escreve, em 1857, que sua doença foi "provocada por uma série de irritações e tristezas, pela ação de vigílias e da raiva", Flaubert está simplificando por ressentimento; mas sabe muito bem que essa exasperação, essas contrariedades, esses fastios o atormentam dentro do âmbito geral de seu pitiatismo. A seu ver mesmo, ele não foi apenas desgastado por um trabalho repugnante e imposto: ao contrário, ele carregava em si o seu destino desde a infância; desde a infância a excessiva docilidade de seu corpo o fadava ao fracasso: foi sua natureza sugestionável demais que o privou de gênio, pondo em seu lugar uma *somatização*.

Ora, o que se encontra no fundo da segunda interpretação ainda é pitiatismo. Aí também "a ideia passou para a carne": só que, em sua estúpida espontaneidade, o corpo assume os transtornos que o jovem teve gosto em infligir-se. Imaginários ainda, estes *se impõem*. Porque dessa vez já não se trata de convulsões, mas das "alucinações nervosas" que as acompanham. Um trecho de uma carta a Louise é significativo: "Quanto à minha saúde, com que te preocupas, fica convencida de uma vez por todas que, seja lá o que aconteça e eu sofra, ela é boa no sentido de que irá longe (tenho minhas razões para acreditar nisso). Mas viverei como vivo, sempre sofrendo dos nervos, essa porta de comunicação entre a alma e o corpo pela qual eu talvez tenha querido fazer passar coisas demais".* Nesse primeiro parágrafo, a tônica recai

---
* 11-12 de dezembro de 1847. *Correspondance*, t. II, p. 72-73.

na vontade: ele *quis* que seu corpo realizasse um número excessivo de devaneios. Devaneios negativos; os exemplos que ele cita (jejum voluntário aos quinze anos, castidade aos vinte) dizem respeito apenas à sua obstinação de negar as necessidades. Mas, tão logo fala de vontade, muda de ideia: "Minha *natureza*, como dizes, não sofre com o regime que observo porque lhe ensinei desde cedo a me deixar tranquilo. A gente se habitua a tudo, a tudo, repito... e o estranho de tudo isso é que não há aí nem preconceito nem teimosia. Isso ocorre não sei por quê, aparentemente porque é preciso que ocorra". Essa correção é importante, ressalta a ambiguidade de seu pensamento: ele *quis*; *ensinou sua natureza... habituou-se* a seu regime de vida. Mas, por outro lado, priva essa vontade de suas características principais: não há jejum nem abstinência sem algum voluntarismo. Ora, ele diz que não se valeu de ideias preconcebidas nem de teimosia: tudo aconteceu sozinho. O "não sei por quê" e o "aparentemente porque é preciso que ocorra" nos remetem à organização da vivência em profundidade: a vontade de Flaubert é uma inclinação superficial que não teria consequência se o corpo não a assumisse de modo espontâneo. Ele está doente, segundo diz, por ter desejado fazer coisas *demais* passar pelos nervos; mas logo se corrige: de fato, são os nervos que transmitiram sozinhos coisas demais ao organismo. Porque era preciso que aquilo ocorresse: por trás da estranha plasticidade de seu corpo, Flaubert adivinha uma intenção secreta. Não só reconhece sua autossugestionabilidade, como ainda pressente que ela é constituída, orientada para um fim. Assim, quando se absorvia em seus devaneios "malsãos", só precisava, de sua parte, levar ao extremo sua atenção ao imaginário: já sabia que podia contar com seu corpo para realizar uma intermediação entre a simples certeza de que só se tratava de imagens e a crença alucinatória. Alguém se faz louco, epiléptico (ou seja: desempenha um papel), concentra-se em imagens sádicas e, de repente, dá-se alguma coisa que não é de todo a realização do irreal, e sim a realidade de sua presença, seu poder de *aparecimento*. Mas, com isso, os fogos de artifício, o fluxo rápido das imagens, as alucinações "diante dos olhos" têm algo de grosseiro e indiferenciado: essas "torrentes de fogo" já não se parecem muito com os delírios cultivados. É que o corpo, docilmente, estupidamente, se pôs por si mesmo a produzir o fantástico, é uma "hemorragia da faculdade pitoresca do cérebro".

Assim, o desvio e a "hemorragia" explicam-se antes de tudo pela *somatização*: essa é a opinião profunda de Flaubert. O sofrimento não fica na caixa craniana: desliza para os membros e, assumido pelo corpo, torna-se convulsivo; do mesmo modo, os delírios dirigidos são logo seguidos por alucinações mais simples, mas que se impõem. Esse é, para Flaubert, o sentido da autossugestão. Aquilo que começamos por querer depois passamos de repente a padecer. E o que padecemos não é de todo o que queríamos: é sua reprodução e negação ao mesmo tempo; a translucidez da imagem transforma-se numa incontrolável opacidade; reconhecemos sem reconhecer. O que há de comum às duas interpretações é que ambas insistem na constituição pitiática de Flaubert: ambas veem nela a origem de seu mal, que pode ser definido como a substituição do irreal por um quase-real atrofiado. Entre as duas, Gustave não via muita diferença: a primeira insiste sobretudo na atividade passiva, fundamento da autossugestionabilidade, e a apresenta como traço de caráter, em suma, como uma *exis*; ela é mais *explicativa* que a outra e tenta compreender o mal pelas causas, ou seja, a partir do pitiatismo considerado como um dado de fato. A segunda, mais *interpretativa*, ressalta, ao contrário, o aspecto teleológico do processo: apresentando simultaneamente a supressão da necessidade como algo desejado e que "ocorre por si mesmo" porque "é preciso que ocorra assim", Flaubert relaciona seus transtornos com o pitiatismo, mostrando-nos uma somatização intencionalmente estruturada, que, ao mesmo tempo, vem substituir a vontade e a nega como poder autônomo de decisão prática. Nas duas concepções, em todo caso, o jovem se mostra perfeitamente consciente do caráter psicossomático de sua afecção; e, se fala desta em duas linguagens sem temer contradizer-se, é porque considera o causalismo e o finalismo como duas maneiras inseparáveis e complementares de exprimir a ambiguidade de sua experiência íntima.

O certo, em todo caso, é que ele vê em seu mal uma totalização simbólica dos anos de sofrimento e de exercícios intelectuais que precederam o surgimento deste. Já na primeira crise, sua juventude desceu para o corpo; ela se designou engolfando-se nele, e o corpo a restituiu, irreconhecível e reconhecida, na forma de transtornos nervosos; das insustentáveis paixões que a assolavam, o corpo liberta Flaubert assumindo-as, *figurando-as* como convulsões; para Gustave, estabeleceu-se uma simbolização somática em que o menos diferenciado visa ao mais diferenciado que desapareceu, ou seja, em que contrações e espasmos se encarregam de reduzir ao puro fisiológico os mal-estares da subjetividade. O "fechamento" da juventude é seu sepultamento no organismo e sua ressurreição na forma de doença *provida de sentido*. Flaubert não parou de considerar sua neurose como o fato mais altamente significativo de sua vida: em vez de ver um acidente naquela "morte e transfiguração", ele não a distingue de sua própria pessoa: é *ele*, que se tornou o que era; ele nunca achou – como acredita Dumesnil – que se adaptava ou que se adaptaria à doença, mas, ao contrário, que sua doença era por si mesma adaptação: em suma, ele a via como *resposta*, como *solução*. Prova disso é que sua Bovary, mais tarde, dará de modo explícito uma somatização-resposta: abandonada por Rodolphe, cai doente, e um terrível surto de febre parece pôr sua vida em perigo; depois, ao fim de algumas semanas, está curada da febre e do amor ao mesmo tempo. Ou, digamos, o amor *se fez* febre para liquidar-se por meio de distúrbios físicos.

Apesar dessa compreensão tão profunda, dessa íntima familiaridade, dessa firme convicção de que os distúrbios de seu corpo são unificados por um sentido, as afirmações de Flaubert continuam obscuras e imprecisas: ou porque ele não encontra termos para traduzir adequadamente sua intuição, ou porque a própria intuição permanece embrionária, ou porque ele quer calar uma parte do que pressente. Seja como for, essa "conscientização" é parte integrante da própria neurose; esta condiciona e define o alcance e os limites daquela, qualifica-se como algo que deve ser vivenciado assim e não de outro modo. Isso basta para nos dar o direito de interrogá-la e, sem abandonar o ponto de vista da interioridade, elucidar seu *sentido*.

III

A neurose como resposta

Assentamos que a invenção mórbida – ou, digamos, a opção neurótica – se situa em janeiro de 1844, em Pont-l'Évêque, e que as crises ulteriores têm caráter referencial. Sem dúvida, será preciso indagar a razão dessas repetições empobrecidas, mas, no essencial, nossa investigação incidirá no momento *vivo* da doença, ou seja, no primeiro ataque: é preciso interrogar-lhe o sentido e a função, ou seja, tentar a descrição de sua estrutura intencional. Veremos que, com uma investigação regressiva, é possível encontrar *níveis de intenção* cada vez mais profundos, cada um dos quais, mesmo conservando certa autonomia regional, simboliza o nível inferior e condiciona dialeticamente o nível superior. Assim, o sentido que traremos à tona escapa por princípio a uma determinação conceitual: ele só pode ser apreendido em sua complexidade como totalização e unidade viva das intenções contraditórias e complementares da neurose. Isso não significa que não possa ser pensado: precisaremos apenas esperar que ele seja objeto de uma abordagem nocional. E por noção entendo a compreensão global, mas estruturada, de uma realidade humana que faça a temporalização – como devir orientado – entrar na apercepção sintética que ela queira ter de seu objeto e, ao mesmo tempo, de si mesma.

A. A CRENÇA COMO RESOLUÇÃO PASSIVA

Quando parte para Rouen, Flaubert está bloqueado, perdido; é um homem-problema que, com a fuga, interioriza uma urgência, ou seja, uma contradição insuperável que ele é obrigado, pelo próprio fato de que ek-siste, a superar. Essa contradição nós encontramos nele já em *Novembro*; agora ela está endurecida: a obediência passiva lhe retira qualquer possibilidade de recusar a atividade que o pai lhe impõe, mas essa passividade cada vez mais difícil e sua aversão fundamental pelo futuro que lhe preparam acabam por torná-la impossível. Impossível obedecer, impossível negar obediência. Não há solução, ele sabe, mas sabe também que *haverá uma*. Sua fuga não resolve nada; é uma conduta mágica: dão-se as costas ao perigo para que ele se anule; a debandada de Flaubert tenta provocar magicamente essa anulação de Paris que ele reivindicava em vão de um novo Átila; mas, ao mesmo tempo, pressente que está correndo para *alguma coisa*. Nada é dito: sem dúvida alguma, durante a viagem, ele é absorvido por distúrbios fisiológicos – tremores, suores frios etc. –, cujo efeito é distrair seu pensamento. Simplesmente a diligência o leva para seu destino. É o *sentido vivenciado* de cada giro de roda, de cada passo dos cavalos. Ele persiste em dizer que vai passar "dois ou três dias" em família para recobrar-se das emoções: isso significa que *será levado ao pé da letra*, que ele mesmo *se levará ao pé da letra*, e que será, gentil e implacavelmente, devolvido aos trabalhos forçados parisienses, com seu pleno acordo. A fuga imaginária não passaria de escapada sem importância, se ele não tivesse a obscura convicção de que é *esperado*, acolá, por um acontecimento terrível e inelutável: uma queda se esboça no horizonte.

Esse pressentimento é apenas a interiorização da única solução objetiva do problema: como a recusa a agir é impossível e necessária, *é preciso* que ela se imponha à obediência passiva como rigorosa impossibilidade de obedecer; Flaubert tem de *padecê-la*, apesar de seu zelo, apesar de seu desvelo em fazer as vontades do pai; tem de *descobri-la* em si não como uma deficiência menor (cansaço, preguiça, alergia ao Código etc.), mas como uma incapacidade radical. Já não se trata de amargar fracassos passageiros e reparáveis, mas de revelar aos outros e a si mesmo que ele é um *homem-fracasso*. Com esse "é preciso", não pretendo definir um imperativo interior, mas simplesmente o conjunto objetivo das condições que tornam possível uma solução. Essas condições são abstratas; a partir daí, a solução ainda não está definida em sua singularidade; elas apenas constituem o quadro rigoroso no qual devemos encontrá-la: decair abaixo do homem, e que a catástrofe desabe sobre seus ombros de *improviso*.

III. A NEUROSE COMO RESPOSTA

A queda que se anuncia não pode ser objeto de decisão racional, e a simulação – revolta deliberada – é vedada a Flaubert. Com que meio ele vai se decidir a *padecer* o que *faz*? Já conhecemos a resposta: com a *crença*. Nele, como vimos, a relação com a verdade é embrionária. Ele definiu bem sua disposição de ânimo em *Notes et souvenirs*: "Não creio em nada e estou disposto a crer em tudo, a não ser nos sermões moralistas". A dúvida permanente que ele declara no primeiro membro da frase lhe vem de sua incapacidade de afirmar. A aptidão para crer em tudo, que menciona no segundo, nasce, ao contrário, da impossibilidade de negar: ele pode bradar seu fastio, vilipendiar, mas não *recusar* com um julgamento claro e preciso. Nesse sentido, sua "crença em nada" não é discernível de sua crença em tudo, *ingenuidade* que, segundo Caroline Commanville, ele conservou até o fim. E essa mesma ingenuidade é apenas outro nome para seu pitiatismo. De certa maneira, suas convicções se denunciam como sendo *apenas* crenças, mas, como ele ignora o sabor original da verdade – *verum index sui* – que se impõe ao livre consentimento, elas não terão muita dificuldade para desempenhar o papel das certezas que ele não tem. Uma ideia que o fascine, *em outra pessoa*, instala-se nele e, sem poder repetir as operações que fizeram dela uma verdade para o vizinho, ele *crê* nela, ou seja, ele a *vivencia pateticamente* e, em vez de fazer dela uma determinação do saber objetivo, faz uma estrutura indispensável da vivência. Em suma, a ideia "passa para o corpo", que se encarrega de substituir o poder irresistível e suave da evidência* pelo peso e pela seriedade de sua materialidade. Uma ideia que se degrada em necessidade física, mas sem se afirmar como verdade: isso é crença nua. Mas, embora caiba ver nela um início de somatização, de modo

---

* A evidência é um momento de uma práxis: suas características complementares e inseparáveis são a livre superação do objeto em direção a um fim definido e a inegável presença desse objeto "em carne e osso" no movimento que tenta fazer dele o meio daquele fim, como condição insuperável da empreitada inteira. Ele se revela como algo que deve ser transformado dentro do campo prático, mas também como algo que define as condições e os limites dessa transformação. A evidência é o real a revelar-se como regulação dos possíveis; é a contingência a constituir-se, em sua própria contingência, como necessidade à luz da liberdade. Essa ligação dialética entre o possível e o impossível, entre o contingente a tornar-se necessário e, para falar como Hegel, a necessidade a desvendar sua contingência, ainda que encontrada no nível das operações mentais (discurso, símbolos matemáticos etc.), tem como origem a relação do corpo (matéria prática) com o mundo, ou seja, a facticidade, como instrumentalização do organismo. Por princípio, portanto, o momento da evidência não pode pertencer à experiência de Flaubert.

inverso, todas as somatizações pitiáticas de Flaubert começam sendo apenas crenças. Nesse nível, sendo-lhe por princípio inacessível a *opção* – que descobre a liberdade através do desvendamento de seu condicionamento rigoroso pelo campo dos possíveis –, o irrealizável e necessário projeto volta-se para si como destino *acreditado*. E o destino, é claro, comporta uma escolha, mas, para Gustave, essa escolha, não podendo revelar-se na dialética da negação e da afirmação, constitui-se como anúncio de uma fatalidade e como *espera* subjetiva do que o espera no futuro objetivo. Em Flaubert a ideia de queda, simples fascinação num primeiro momento, começa a *ganhar corpo* quando ele a vivencia com *medo*. Pois o medo, aí, não é uma recusa, e sim uma repulsa *já resignada*. Sem dúvida, em um agente prático, ele se remete ao campo dos possíveis, definindo um possível por evitar. Mas o agente passivo não tem essa relação ativa com suas possibilidades: ou melhor, não executando uma empreitada, ele não distingue possível de real. Assim, quando dormimos, arrancados à ação pelas desconexões nervosas, a dimensão de *possibilidade* desaparece junto com nossa capacidade prática, e tudo o que concebemos durante a vigília, na forma de conjecturas e previsões mais ou menos prováveis, vivenciadas no cuidado, é por nós reencontrado no sono, através da *crença*, na forma de realização padecida. Desperto, um psiquiatra pode pensar enquanto espera a chegada de um paciente perigoso: "E se ele tivesse uma faca?". Essa interrogação nasce por certo do medo, mas é apenas uma maneira de encarar todos os possíveis – mesmo os menos prováveis – com a intenção prática e consciente de preparar-se para eles. Se sonho com um louco, não posso nem sequer *formular* a pergunta: se a ideia de faca nascer, será na forma de determinação "real"; só posso lhe pôr uma faca nas mãos ou, digamos, como estou em estado de *pura crença*, a hipótese – a forma mais elevada do pensamento experimental, estrutura indispensável de toda prática e do trabalho mais simples – degrada-se em fatalidade. O projeto, como transcendência, não pode desaparecer – pois é a própria existência –, mas reflui para o presente como futuro puramente padecido: não pode ser de outro modo, pois, adormecendo, perdemos a capacidade de *fazer* esse futuro feito e padecido da vigília. Ei-lo, então, encarnado pelos transtornos somáticos, *constituído* por descargas emocionais e extraindo sua consistência apenas dessas conturbações; ao mesmo tempo que o padeço, porém, e que me sinto condenado a ele, ele continua, para mim, um objeto de crença: com frequência nos ocorre dizer em

III. A NEUROSE COMO RESPOSTA

sonho que estamos sonhando; mas essa consciência não tética de estar sonhando não liberta do *mundo sem possibilidades* em que a *fé* nos mergulha: trata-se apenas de uma fluorescência própria a toda imagem e que não poderia substituir um ato libertador; quando me digo em sonho que estou sonhando, não reflito sobre meu sonho, mas sonho que reflito. Na vigília, é o aparecimento da faca que provocará meu pânico; dormindo, é meu pânico* que se encarrega de *encarnar* sem mediação a ideia de faca. Ou, digamos, o equivalente onírico de uma ameaça real é a impossibilidade provisória em que me encontro – na falta de redutor – de não acreditar nela tão logo a concebo.

É esse, levado ao extremo, o estado do jovem Flaubert por volta de 20 de janeiro de 1844. É claro que ele dispõe de redutores: atos menores (reservou lugar na carruagem, fez as bagagens, fechou o apartamento etc.), ambiente *real*. Mas, como vimos, o sentido irreal e mágico de sua escapada basta para transformar seus atos em gestos: aliás, ele mais se submete a essa fuga do que a decide; e, sem dúvida alguma, tem companheiros de viagem de verdade, vê, pela porta, árvores de verdade etc. Mas, na exata medida em que, como agente passivo, realiza o possível por meio da crença, não pode evitar *desrealizar um pouco o real*. Isso quer dizer que sua relação com a árvore que, na estrada, aparece e foge para trás da diligência, continua na essência como coexistência pacífica. A árvore desliza, inútil aparecimento, pois não se insere em nenhuma práxis.** E, visto que Gustave, como nos

---

* Provocado, está claro, por um conjunto latente de desejos e medos dialeticamente ligados.

** Evidentemente, essa pura coexistência também pode aparecer na relação de um agente prático com certos setores do real. Mas, nesse caso, isso provém do fato de que ele experimenta e desvenda a realidade (como instrumentalidade e como adversidade) a partir de certa empreitada que deixa fora dela – como inutilizáveis – os setores em questão. Toda ação despreza – em função de sua finalidade – certos objetos intramundanos que, por esse fato, permanecem *para o agente* a meio caminho entre o real e o irreal, pois são percebidos como determinações objetivas, mas nem por isso afirmados, negados, experimentados, superados. Tomando-os no imediato, trata-se de *aparições*. Mas, por outro lado, o campo prático, singularizado pela ação particular, apresenta-se em sua realidade radical e, concomitantemente, realiza o agente (ou seja, dissolve neste o que pode restar de imaginário e põe a imaginação a serviço da realização). E, nessa medida, as aparições desprezadas são afetadas de modo indireto por um índice de realidade: elas são ligadas aos fatos hoje desvendados pela empreitada porque, apesar de tudo, pertencem à unidade do campo dos possíveis; além de meus cuidados presentes, esboçam possibilidades e responsabilidades provisoriamente não-significantes, (cont.)

sonhos, parece ter perdido seu poder de possibilização, o ambiente real, presente puro, pode, em última instância, alimentar sua crença e profetizar com símbolos seu destino, o futuro cativo que o espera: ele nunca lhe proporá possibilidades alternativas.

E como se deve compreender esse pressentimento, esquema organizador da somatização futura? Terá nascido do medo ou do desejo? Direi que de ambos: a queda abaixo do humano é, na verdade, um fim, mas um fim horrível, e o horror que Flaubert sente tanto perante este quanto perante surdos manejos íntimos que parecem prepará-lo para isso, contribui para convencê-lo de que ele será vítima irresponsável de suas fatalidades. Mas, para entender melhor seu pitiatismo, é

(cont.) mas que nem por isso deixam de remeter ao conjunto concreto de minhas atividades passadas, presentes e futuras, reais e virtuais, uma vez que estas se manifestam como variações indefinidas, mas rigorosamente limitadas, *de uma* práxis, a minha, a partir *desta* ancoragem, aqui e agora. Em outros termos, o projeto cria os possíveis desvendando o real, mas os possíveis não utilizados devolvem à própria práxis essa estrutura de possibilidade anunciando-lhe que outros meios a esperam, caso ela escolha outros fins: com isso, esses objetos omitidos, que se limitam a me designar em minha liberdade, desvendam-se em sua verdade; integrados no campo prático, portanto indiretamente ligados aos meios que estou empregando, contudo nem reais nem irreais *para mim*, eles se dão permanentemente como *realizáveis*. É o que mostra bem o tipo de atenção descrito por Revault d'Allonnes com o nome de "reflexão com fascinação auxiliar": um homem – que, por exemplo, busca a solução de um problema prático ou científico, tentando, mentalmente, enunciar todos os seus termos – tem, no mesmo momento, os olhos voltados para um relógio que está sobre a escrivaninha. Será possível dizer que o *olha*? Não: o olhar é prático, decifra, analisa, classifica com uma intenção sempre definida. Será que o enxerga? Sim e não: para ser de fato enxergado, o relógio precisaria destacar-se, como forma, sobre um fundo; portanto, chega-se à seleção pelo olhar. Contudo, ele *fascina*: impõe-se como pura aparição que, *como tal*, ajuda o esforço reflexivo; retendo os olhos sem solicitar o olhar, ele é um *meio de não olhar para outro lugar*. Mas, ao mesmo tempo, o pesquisador não pode fazer que o relógio deixe de se dar como um *realizável* – é seu coeficiente de adversidade –, ou seja, como uma possibilidade, própria à práxis, de mudar de opção. De fato, por alguns momentos, a atenção se desfaz por completo, e, não conseguindo encontrar a palavra ou a ideia que buscava, o homem *realiza* o relógio: este emerge do limbo com sua natureza própria, suas resistências; por exemplo, ele lhe *recusa a hora*, porque parou, e o realizável passa para o real quando seu dono, abandonando por um instante as reflexões, trata de lhe dar corda. Mas, como vimos, Flaubert *incuba uma crença*, como se incuba uma doença; as aparições marginais, ainda que balizem sua viagem, não são *realizáveis* para seus olhos: ele não está lançado em nenhuma empreitada prática, está fugindo da realidade, e aqueles fantasmas, por conseguinte, não podem sequer desvendar-lhe seu poder permanente de mudar de atividade.

III. A NEUROSE COMO RESPOSTA

preciso lembrar que a relação entre a intenção teleológica e o fim que a define, num agente prático, caracteriza-se como *transcendência*, é o ser-fora-de-si fundamental que extrai qualificação de um futuro no qual ele se engolfará realizando-se; ao mesmo tempo, essa relação é *distanciamento*: o fim é *prorrogação*, ele é adiado, e esse adiamento é constitutivo da intenção, é a posição do não-ser por realizar como termo *mediado* de uma temporalização orientada. Se a possibilização dos possíveis for suprimida – como ocorre com os agentes passivos nos casos extremos –, a intenção teleológica permanecerá – pois é suscitada pela necessidade, pelo desejo ou pelo medo –, mas se *desestruturará:* o fim já não é *mediado* nem posto em questão a partir dos possíveis ("será que vale a pena?"), nem mesmo explicitado como termo de uma temporalização; por conseguinte, o distanciamento não ocorre: ele já não brota da intenção para se pôr fora de si e se definir, desvendando o presente. Ao contrário, fica nesta, implícito, confuso, sem nome como sua característica *presente*. Impossível, porém, que perca sua determinação de objetivo futuro. Simplesmente o futuro fica cativo do presente; implícito e atrofiado, o fundamento de toda transcendência se fecha na imanência: é seu limite *interno* – como a morte é limite interno da vida. É o que diz a Antígona de Anouilh – que, é claro, não é passiva, mas apenas negativa, por meio da qual o autor nos dá a entender que o radicalismo da juventude é a própria expressão de sua impotência: "Quero tudo, e já". Assim, no agente passivo, a realização imediata, e sem meio, do fim torna-se a determinação essencial da intenção teleológica. Além disso, visto que o *fazer* está ausente ou é mal e mal pressentido como possibilidade nos outros, o que ela visa é o *ser*. Nesse sentido, o agente passivo identifica-se *em seu ser* com o fim visado. Isso significa que ele crê que o padece como padece seu ser e sua vida. Aqui, como no sonho, há realização imediata e fictícia do futuro, ainda que este, mesmo em cativeiro, conserve uma referência alusiva à temporalização futura: isso significa que o fim se dá a crer como algo em vias de realização e, ao mesmo tempo, já realizado. Assim, para a passividade constituída, em razão de sua incapacidade de possibilizar um fim, a crença é o retorno para si de um desejo que não pode desabrochar e, assim, não se compreende como desejo, mas como presciência oracular. De modo inverso, a crença tem uma estrutura teleológica, pois é somatização do fim visado e assunção da opção por parte do corpo *sem responsabilidade*. Nesse sentido, o pitiático *só pode crer*, mas suas crenças são sempre manipuladas.

Assim, Gustave, quando falava daqueles jovens melômanos que "não serão os Mozarts do futuro", percebeu bem a origem de seu mal. Só que o exemplo – intencional, por certo – foi mal escolhido. São os *seus projetos*, que, perdendo a transcendência, "descem para seu corpo" e se deixam viver na imanência como *espera* de um acontecimento, quando, na realidade, preparam este último tornando-se crença. No entanto, mesmo no agente passivo, a intenção teleológica não se transforma em crença sozinha e todas as vezes: ela pode conservar a forma de projeto ou desviar-se, esgotar-se em transtornos emocionais, desaparecer. Para que – em circunstâncias definidas pela proto-história – uma crença possa aparecer e desenvolver-se, é preciso que ela se manifeste contra o fundo de uma crença original da qual será apenas atualização numa forma específica. E essa crença primitiva – meio, matriz e fundamento de todas as outras – é em suma o acontecimento singular, datado, inesquecível, pelo qual o sujeito foi *constituído crente*. Esse acontecimento, que o pôs em relação com um objeto por princípio inapreensível*, só pode ser a irrupção nele de certo discurso do Outro, na medida em que esse Outro prestigioso representa uma autoridade sagrada. Esse momento do discurso o afeta com crença, uma vez que um discurso autoritário que designe o irrealizável comporta, em si mesmo, a exigência de ser acreditado. A afirmação é do *Outro*, a síntese ativa e judicativa é operada pelo Outro: o agente passivo a recebe como um juízo pétreo. E, visto que, por princípio, ela diz respeito a uma ausência radical, essa morte-síntese lhe veda por natureza qualquer operação mental que possa verificá-la. Assim, o primeiro indutor de crença, na proto-história, o primeiro discurso que constituirá a criança como crente é aquele que a visa na qualidade de objeto para seus pais. A crença é a impossível interiorização desse discurso. Entenda-se que não se trata apenas de uma organização da linguagem articulada por parte do Outro, mas de determinações que dizem respeito à semântica geral: os cuidados maternos *também* são signos; a crença aparece no próprio nível em que nos descobrimos ao descobrirmos os outros, ou, digamos, a constituição do Ego engendra em cada um a primeira crença, fonte de todas as outras. E, sem dúvida, no agente prático essa crença original é limitada, contida e, às vezes, em parte dissolvida pela atividade. Mas, naquele que foi constituído como agente passivo pelas circunstâncias de sua proto-história, a crença original – seja ela qual for –, invadindo a subjetividade inteira, reproduzindo-se em formas diversas, torna-se o *meio* de viver e de

---

* Acredita-se no que não se vê.

III. A NEUROSE COMO RESPOSTA

adaptar-se às condições exteriores na ausência da possibilização, ou seja, da relação prática entre o sujeito e o ambiente.

Essas observações aplicam-se diretamente a Gustave. De fato não desapareceu a sua antiga crença na maldição paterna; ela nunca deixou de condicioná-lo. No início de 1844, faz quase quinze anos que ele a carrega, e que ela lhe estrutura a imaginação e a afetividade: visto que me desagradaste ou decepcionaste, que sondei tuas vísceras e descobri tua viciosa nulidade, condeno-te à morte ou – segundo o humor de Gustave – afasto-me de ti e retiro minha proteção. De qualquer maneira, o caçula Flaubert é um fracasso, um monstro, um furo na água, um fiasco do genitor. Pode-se considerar prudente liquidá-lo na hora: assim, a morte imediata é a consequência lógica de sua infâmia, mas, se o deixarem vivo, dá na mesma: entregue apenas aos recursos da atividade passiva, Gustave rolará até o fim da ladeira e se esborrachará; seu destino será apenas a temporalização padecida do fracasso original; a fissura que o torna inutilizável somente aumentará; máquina desgovernada, ele ficará cada dia mais avariado até o desmantelamento final. Não há dúvida de que sua nova crença é uma reativação dessa fé original. Entre uma e outra, que diferença há? A primeira era vivida de modo sombrio, mas, de certa maneira, aconchegante: a relação com o mundo passava pela relação com o pai e, enquanto Gustave vivia no seio da família, gozava de um longo adiamento, ainda que no desespero, aliás mais suposto que sentido. A queda, em todo caso, começava lentamente, freada pela seguinte contracrença compensatória: ele escaparia do inferno por meio da glória. Mas no fim de 1839, até o início de 1842, é afetado por duas mudanças fundamentais: seus fracassos literários o desiludem; ele já não será o maldito genial a testemunhar para todos a maldição comum. Ao mesmo tempo, o pai revela suas verdadeiras intenções: não está pensando em matar o filho maldito e muito menos em fadá-lo à ignomínia; a sentença atenuou-se com o tempo: condenado à simples mediocridade burguesa, Gustave será um homem-meio, fará carreira, tristemente. Ora, ocorre justo que essa comutação da pena lhe é mais insuportável que a punição primitiva: mais vale voltar à sua antiga condição de monstro sonhador e passivo do que padecer a nova condição e tornar-se um trabalhador forçado e ativista. Como evitá-lo, sem recorrer – contra o capricho de Achille-Cléophas – à antiga severidade do Pai simbólico? Gustave se apaga: nele o *pater familias* anulará a decisão do cirurgião-chefe. É preciso pôr o doutor Flaubert contra si mesmo, e que a antiga sentença seja executada de imediato, tornando inaplicável a outra. Com isso, a crença primitiva ganha uma virulência que nunca tivera. Ou melhor, torna-se *urgência*: esse destino, que ele ia vivendo aos poucos e se estendia ao longo de toda a sua vida, de repente se amontoa no futuro imediato; quando entra no Hospital Central por volta de 20 de janeiro, Flaubert acredita que está correndo ao encontro de si mesmo, e que vai por fim se achar face a face com o idiota ou o cadáver que é sua verdade. A queda o espera: é sua anomalia a fazer-se viver como uma catástrofe. E, visto que desde 1842 o estudo lhe parece uma comédia, pois ele *desempenha o papel* do estudante de direito, o brusco reaparecimento de sua passividade, para além das fantasias de morte ou demência que o assombram, apresenta-se a seus olhos como um retorno ao real.

B. AS CIRCUNSTÂNCIAS DA QUEDA

Gustave "sente-se esquisito". É que começou a *instauração*: a somatização sustenta e extrapola a crença, a *estranhez* estende-se às modificações corporais das quais ele tem consciência. Nos primeiros dias, no Hospital Central, ainda não há muita coisa, exceto que um nervosismo inusitado, somado a percepções íntimas de deslizamentos e contrações (sinais de uma reestruturação padecida e feita às cegas) e a alheamentos, talvez, confirma o seu sentimento de que está exposto a perder o controle de si mesmo a qualquer momento. E esse sentimento, por sua vez, contribui para precipitar o momento em que Gustave padecerá com escândalo e horror a assombrosa manifestação de suas incapacidades. Caberá dizer que o ataque – ou somatização radical – deve decorrer dessa longa preparação como conclusão lógica e arremate, sem a participação de circunstâncias exteriores? Para decidirmos, precisamos acompanhar os dois irmãos na estrada de Deauville em Pont-l'Évêque e tentar descrever a *situação* na qual se encontra o caçula quando ocorre a crise.

Gustave está voltando a Rouen, segura as rédeas, é noite, Achille está a seu lado: várias circunstâncias para examinar. A primeira é fundamental: Gustave caiu *no caminho de volta*. Refugiara-se no Hospital Central e, decerto para acalmá-lo, enviaram-no a Deauville, acompanhado pelo irmão mais velho, Achille, que provavelmente se encarregou de exercer discreta vigilância médica sobre ele. Deauville, limite de sua evasão: para além, é o mar, é preciso embarcar para a América, como fez Chateaubriand, como fará Henry no fim da primeira *Educação sentimental**, ou então voltar. Até aí, não mais além: ele deve ter sonhado

---

* Como fizeram M. Paul e Ernest.

com o novo mundo à beira-mar. Ao mesmo tempo, durante as 24 ou 48 horas que passa fora de Rouen, conheceu um período de equilíbrio. O Hospital Central é um refúgio ambíguo: ali ele reencontrou a solidão irônica ou os sermões do *pater familias* e, depois, com Caroline, alguma coisa se rompeu. Deauville lhe oferece uma oportunidade inaudita: a família sem a família. Afora Achille, nenhum de seus membros está ali, mas há aquele terreno que lhes pertence e que os designa como uma sociedade de coproprietários. É isso o que Gustave, misantropo, mais ama: as suas coisas indicam o homem e o afetam com sua inércia; portanto, ele está cercado pela ausência tão presente dos seus: eles habitam, petrificados e mudos, em cada torrão de terra. Ele mesmo é designado por aquela propriedade como um *herdeiro*. Não que esteja seguro de herdar aquela. Mas, seja qual for a partilha dos bens, alguns destes haverão de lhe caber: as terras de Deauville são símbolo dessa transmissão. Ele pensa nisso há muito tempo, como sabemos. O que o fascina nesse momento é o processo de apropriação por herança. Em particular porque o "terreno" liberta-o por um tempo da obrigação de abraçar uma carreira, indicando-lhe outro futuro, puramente familiar: estão construindo, têm planos, Gustave foi consultado. Sem dúvida, o chalé não será muito mais que um pouso de verão; não importa: a implantação, as primeiras obras revelam-lhe ao mesmo tempo o futuro da família – ela está enriquecendo, prosperando – e a família como seu futuro verdadeiro de proprietário. Nem tudo é tão simples, ele sabe: antes de chegar lá vai passar pelo buraco da agulha. Paris e o direito o esperam. Mas, naquele instante de equilíbrio, tão raro nele, ele descobre – mais uma vez – a conformidade entre viver de renda e sua atividade passiva e, iludindo-se sem muita dificuldade – as terras estão lá, diante de seus olhos –, ele acredita tocar sua verdade futura.

Fica tarde, é preciso voltar para casa. Isso quer dizer dar as costas à sua realidade vislumbrada, reencontrar a família *viva* e, sobretudo, retornar a Paris. Rouen não passa de etapa no caminho que o leva de volta à capital: não devemos esquecer que ele foi lá passar "dois ou três dias". Ainda dispõe de uma prorrogação de 24 horas, não mais. Portanto, quando sobe no cabriolé *é para Paris que vai*; não pode duvidar disso: o retorno a Rouen será vivenciado como um calvário. Vista da Rue de l'Est, a família é o refúgio; quando deixa Deauville, ela lhe parece o antessala da escravidão. Vão enxotá-lo, devolvê-lo a seus estudos; ele os detesta; a cada giro da roda, sente que o medo e a aversão aumentam, sente fisicamente a necessidade e a impossibilidade daquele retorno.

No entanto, devemos abster-nos de ver nessas disposições uma simples determinação passageira de sua subjetividade; elas não foram suscitadas naquele instante por uma criação *ex nihilo*. No simples fato objetivo de dirigir um cabriolé e de voltar aos trabalhos forçados, não há nada que possa *em si* inclinar um indivíduo qualquer – ou seja, abstrato – a desatar num ataque de nervos. Mas o indivíduo, aí, é singularizado por 22 anos de vida. Em outros termos, a situação, vivenciada, já está estruturada pela totalidade do passado. Em especial pela maneira semissimbólica com que Gustave sempre sentiu os trajetos em veículos. Nesse aspecto, uma carta escrita quatro anos antes da Queda, em 21 de abril de 1840, é muito significativa. Ele passou os feriados de Páscoa em Andelys e dirige-se a Ernest três dias depois do retorno: "Estava sentado na imperial, silencioso, cabeça ao vento, embalado pelo balanço do galope; sentia a estrada fugir debaixo de mim e com ela todos os meus jovens anos; pensei em todas as minhas outras viagens a Andelys; mergulhei até o pescoço em todas aquelas lembranças... À medida que me aproximava de Rouen sentia a vida positiva e o presente tomando conta de mim e, com eles, o estudo de cada dia, a vida minuciosa..., as horas malditas... O que se deve fazer é não pensar no passado... É olhar o futuro, esticar o pescoço para ver o horizonte, lançar-se para a frente, abaixar a cabeça e avançar depressa, sem ouvir a voz lamentosa das ternas lembranças que querem nos chamar de volta a si no vale da eterna angústia. Não se deve olhar a voragem, pois no fundo há um sortilégio inexprimível que nos atrai.* Tudo está aí: a transposição da extensão para a duração, a estrada que "foge" equiparada "aos jovens anos" que transcorrem, motivando com sua fuga uma procura do tempo perdido, a necessidade de totalizar que faz dessa viagem em especial uma singularizarão de "*todas* as viagens a Andelys", que estão nesta como sua profundeza, tal como um todo reside em cada uma de suas partes, a repugnância por Rouen, pelas horas malditas e, de imediato, a tentação – olhar a voragem vertiginosa, sentir sua atração, deixar-se cair –, combater sem muita convicção, por meio do recurso ao futuro e da decisão ética de avançar depressa, fugindo às lembranças e domando a angústia. Encontraríamos observações e descrições análogas folheando suas cartas de 1849-51 ou sua *viagem* ao Oriente: um percurso a cavalo ou de carro, desde que tenha alguma consequência, incita-o a atualizar

---

* *Correspondance*, t. I, p. 68.

III. A NEUROSE COMO RESPOSTA

sua vida inteira; o trajeto propriamente dito torna-se seu *analogon*, e através deste Flaubert degusta o sabor do *tempo padecido*: "imóvel e em silêncio", ele é carregado, seu ponto de partida e seu ponto de chegada recuam, um até seu nascimento, o outro para o futuro, até a morte. Ao deixar Deauville, não há dúvida alguma de que seu humor sombrio e sua angústia o levaram a totalizar: aliás, que mais faz ele desde o mês de janeiro? Mas a totalização se fez de acordo com aquele esquema profundamente enraizado que estruturou a "situação" de abril de 1840. Ela é patogênica pelo fato de que ele não pode vivenciá-la sem que ela lhe apresente a unidade contraditória de todas as suas intenções, do impossível e do necessário, da práxis e da inércia. A voragem está lá como na volta de Andelys, mas a atração quase agradável que exercia então sobre ele transformou-se em vertigem.

Se pelo menos ele *padecesse* como até 1842 *padeceu* sua vida... Mas não: é ele que está dirigindo o veículo. Achille estava cansado? Tinham decidido guiar um de cada vez? Ou o demônio do masoquismo terá impelido Gustave a tomar as rédeas? O fato é que ele não se limita a deixar-se transportar, como inútil fardo reclamão; exigiu ou, pelo menos, aceitou uma cumplicidade ativa: do retorno abominado ele quer assumir a responsabilidade. Em geral, gosta de guiar como gosta de nadar: é um jogo, um esporte, emprega suas forças pelo prazer gratuito de empregá-las. Mas o prazer nessa noite sombria perdeu-se quase de imediato: não foi preciso muito tempo para que ele *realizasse* o fim sério, prático, inelutável daquela viagem, para que ele visse a própria imagem de sua vida e daquela atividade tão contrária à sua "natureza", que, nascida da própria passividade, o arrasta para seu *destino* com seu consentimento. Guiando o cavalo na noite escura, ele se constitui como agente prático, com horror: parece-lhe estar assumindo a condução de sua vida não como ele desejaria que fosse, mas, ao contrário, tal como ela lhe é imposta. Com esse truque ele *reconstitui* sua existência parisiense de modo integral, encontra-se no momento fixo – passado, futuro, cem vezes recomeçado – no qual a obediência passiva (com a qual ele se acomodaria), ao se radicalizar, transforma-se em atividade. Guiar o cavalo, estudar o Código, dá tudo na mesma. A primeira dessas ações não é apenas o símbolo da outra, leva a ela de maneira lógica, é seu início necessário. Não é difícil imaginar o resultado: à medida que instrumentaliza seu corpo numa empreitada voluntária, ele delega a resistência passiva à parte obscura e visceral do organismo que não lhe obedece, ou seja, que não obedece à sua obediência. Com isso, a atividade de Gustave se irrealiza em parte: ele desempenha um papel, ele *se faz* eficaz e decidido, encena que está dirigindo, sabendo que a comédia terá consequências insuportáveis e verdadeiras. Masoquismo e ressentimento, esses são os fatores que o inclinam a levar até o fim uma atividade absurda, a punir o outro em si mesmo, ao mesmo tempo que continua leal e irrepreensível feudatário (Achille poderá ser testemunha), a recusar a revolta do *soma*, em nome da Autoridade paterna, a ver nela apenas (com a aplicação dos critérios do pensamento clássico, como faria Achille-Cléophas: razão, paixões) reações de um animal vicioso que acabará por ser domado, ao passo que, no mesmo momento, a *crença*, endurecida, profetiza o pior, ou seja, a iminência da queda. Essa crença ele reconheceria, caso a olhasse de frente: há dois anos ela o habita e possui. Se ele prestasse atenção aos distúrbios físicos que anunciam a derrocada, talvez não fosse tarde demais para acalmá-los. Talvez bastasse passar as rédeas ao irmão ou parar à beira do caminho. Justamente, é o que ele não fará: se tiver de ser derrubado com plena consciência, que a mão direita ignore o que faz a mão esquerda; em relação à somatização ameaçadora, ele precisa estar *em estado de distração*. Mas a distração não seria sequer possível se tivesse de ser objeto de uma decisão; na verdade, ela é simplesmente produto da ação real e simbólica na qual ele está absorto, ação que exige toda a sua atenção: guiar à noite. As lanternas mal e mal iluminam: é preciso olhar em frente; mal-começada, a empreitada de Gustave, imagem das atividades que lhe são impostas, arranca-o de suas profundezas, obriga-o a ficar na superfície de si mesmo, a perscrutar de modo incessante as trevas exteriores, enquanto, nas trevas interiores, *algo* está ocorrendo – que ele ignora na exata medida em que seu *papel* de agente prático se faz encenar contra sua passividade constituída e como a cega negação desta. Está querendo mostrar serviço – dirão –, está zeloso demais? Sim, claro, mas, como vimos, ele não pode *agir* sem querer mostrar serviço, sem *se refugiar no desvelo*. A todos ocorre esperar que o trabalho dê esquecimento: mas isto porque, para os agentes práticos, a ação se fecha sobre eles, que se tornam os meios de seus próprios fins. O caso de Flaubert é mais complexo: suas atividades, contradizendo sua passividade constituída, em vez de lhe *trazerem* o esquecimento, *exigem-no*; sempre a ponto de abandonar sua empreitada, ele nunca aproveita por completo o impulso adquirido; precisa estar o tempo todo mantendo a atenção no objeto instrumental por meio de uma espécie de criação contínua, para que ela não se desfaça: o resultado é que ele exagera; ele *encena* a atenção e, por conseguinte, encena o esquecimento. Isso não significa que o esquecimento de sua crença e dos sinais de alarme que tocam o tempo todo em seus órgãos seja mentira ou simulação: simplesmente, no âmago do real e da adaptação calculada das opções aos possíveis objetivos, a atenção e a distração, que é seu complemento, têm dimensão de irrealidade. Ele brinca que esquece das profecias mudas de seu corpo para guiar e precisa brincar de guiar para esquecê-las. Nesse nível pode acreditar-se sincero, pois, nele, a ação exige ser lúdica; mas como, de qualquer maneira, ele precisa encenar – com má-fé e boa consciência –, nada impede de acreditar que o papel de condutor do veículo comporta outra intenção teleológica: a de obscurecer pelo ativismo a consciência que ele conserva, marginalmente, da escalada dos perigos, para permitir-lhe padecer a catástrofe *com toda a inocência*, para convencer-se, em outras palavras, de que *não a viu chegar*. Só nesse ponto Gustave parece suspeito: isto porque está claro que os transtornos que o agitam decorrem de sua crença, ou seja, de sua autossugestionabilidade, ponto de encontro e coprodução da atividade passiva e da passividade ativa em seu corpo. Mas, como a característica geral de seus comportamentos é aquilo que chamamos de "voo de planador", não se pode afastar a desconfiança de que sua vã pretensão de dominar a revolta esteja acompanhada por uma intenção mais secreta: aproveitar-se dela. De fato, como vimos, a tática por ele adotada, como domador desvairado – domar o cavalo que puxa o cabriolé, domar seus nervos –, é a pior que se possa imaginar: se ainda houvesse esperança, seria preciso voltar-se para si, recobrar-se, acalmar-se, em suma, substituir a ação irrefletida por uma reflexão. É o que ele fez mil vezes, não devemos ignorar, ele não pode ignorá-lo. Nesse sentido, sejam quais tenham sido suas intenções quando ele tomou as rédeas, podemos estar certos de que logo se empenha na ação não *apesar* do perigo crescente, mas *por causa* dele. Uma única ambiguidade: será que ele se obstina em guiar para *deixar* o perigo crescer ou para *fazê-lo* crescer? Será que se absorve em seu papel de agente prático com a única intenção *de não intervir*, de não perturbar com a reflexão o processo que se inicia nele? Ou será que, sentindo que o ativismo suscita e reforça sua crença no pior, faz da obediência um meio de precipitar a catástrofe? Na minha opinião, as duas intenções coexistem, mas a segunda é mais profunda e mais secreta que a primeira. Assim, indo do mais claro ao mais complexo, poderíamos discernir, na raiz de sua atividade, vários níveis intencionais: 1º Obedecer ao pai, custe o que custar. 2º Fazer-se, com raiva, artífice de seu destino burguês em cumplicidade com aqueles que lho atribuíram. 3º Domar a revolta obscura que brame, na impossibilidade de assumi-la numa ação negativa. 4º Refugiar-se nesse papel de agente que o absorve para esquecer a resistência que se organiza e para deixar o campo livre à crença, em suma, correr para a morte inocentemente. 5º Exasperar essa resistência passiva na exata medida em que o papel de agente – aqui, condução do veículo – simboliza a atividade geral que lhe é imposta e que ele não pode suportar. 6º De modo mais profundo ainda: favorecido pelas circunstâncias propícias, reconstituir a situação global na qual ele se debate desde a adolescência, condensando-a num momento tão curto que seja possível vivenciá-la por inteiro de tal maneira que provoque nele uma resposta global para seus problemas; em suma, pôr frente a frente, *por meio da submissão absoluta e parcialmente encenada*, as duas vontades contraditórias do Outro – a do burguês Achille-Cléophas, que lhe atribui um destino burguês, a do Pai simbólico que o condenou ao nada – e deixá-las (ou fazê-las) devorar-se mutuamente.

A partir daí, não há circunstância objetiva que ele não interprete como sua *designação*. A noite está escura como breu, ele dirige às cegas. A totalização pelo movimento (carregado, ele conduz) ganha significado especial pelo simples fato de que ela *adota a noite como sua matéria*; essa viagem nas trevas, vivenciada como uma existência inteira, torna-se símbolo de uma *vida* noturna. É evidente, para outras pessoas – para Novalis – que a noite pode servir de suporte material para outras obsessões, outros temas: basta que a unidade totalizante seja operada a partir de outras intenções. Por ela mesma não *quer* dizer nada, mas, quando alguém quer *fazê-la falar*, ela responde com suas estruturas próprias, com suas relações com o agente prático (modificação do campo dos possíveis etc.), a uma pluralidade de interrogações inconciliáveis – que, aliás, ela sempre ultrapassa com seu simples estar-aí, impenetrável, irredutível, que cerca suas "respostas" com um halo de questões embaralhadas, inertes, como se a matéria interrogada interrogasse o homem por sua vez. Mas essa pluralidade de interpretações possíveis, embora numericamente indeterminada, não deixa de ter seus limites internos: ninguém a faz falar como quer; ela nunca dirá o que dirá o dia, e se o perguntador tentar unificá-la com esquemas diurnos, ela esquivará suas perguntas.* Mas, quando as preocupações do perguntador tiverem algum aparentamento com as estruturas do objeto, este se deixará constituir do ponto de vista daquele como resposta-interrogação incompleta, inerte e de certa maneira indecifrável, porque os outros caracteres objetivos – que se manifestariam em outra perspectiva – permanecem no estado implícito como conteúdo ao mesmo tempo opaco e fugaz dessa totalização singular. É isso mesmo o que acontece a Flaubert: pode haver afinidade entre sua determinação interior e o ambiente. E a objetividade questionada reflete-lhe, desviada, impenetrável, a *figura* de sua subjetividade. Entre a escuridão externa e a escuridão interna há reciprocidade de simbolização. As trevas opacas opõem um *futuro indiferenciado* ao futuro miserável, mas solar, que lhe é imposto por Achille-Cléophas.

Para Gustave, sua atividade de condutor representa submissão, trabalhos forçados consentidos, futuro burguês. Mas a noite *resiste*: é preciso guiar com prudência; dessa opacidade indecifrável *qualquer coisa* pode surgir de repente. É preciso *esperar* o acidente. E, sem dúvida, *para evitá-lo*. Não importa: esperado, ele se insere na densidade impenetrável do Ser. Não como uma *possibilidade*: desde a infância foi rompida em Gustave a faculdade de possibilizar; tampouco como uma fatalidade: mais como realidade já constituída e que, no último momento, decidirá ou não se lhe vai pular à garganta. Esse outro futuro, quase imediato, que envolve Flaubert e se confunde atrás dele com seu passado recente, é o Ser, uma vez que para Gustave ele se dá como negação radical do homem; a escuridão denuncia o

---

* Hoje em dia, diferentes correntes de pensamento (Deus provado por sua ausência, o Mal concebido como o positivo ético para além de qualquer negação) inclinaram certos poetas a falar em termos solares, a não enunciar seu nome sem qualificá-lo com adjetivos que evoquem a luz. Mas mostrei alhures que esse procedimento – aliás, perfeitamente legítimo – só tem em vista *chocar* o leitor por meio do acoplamento de palavras contraditórias, a fim de sugerir, para além da impossível síntese, a irrealizável superação de toda e qualquer contradição (em certo lugar, o Mal nada mais é que o Bem absoluto, a ausência é a mais elevada manifestação da existência etc.). Portanto, na verdade, trata-se de simples determinações da linguagem: aproximam-se palavras que se incendeiam, e é o seu abrasamento que *significa*, para além de qualquer significação. Mas essas sínteses verbais – cuja origem está no fato de que a nominação não é apenas a visada intencional da coisa, mas também a negação da coisa visada – nada têm em comum com as sínteses vivenciadas que têm por matéria a própria coisa – o ser-diurno, o ser-noturno –, estando o agente humano *em situação* relativamente a ela. Aquelas, muito mais variadas, só encontram limites nas estruturas da linguagem; estas, na própria coisa.

absurdo de qualquer empreitada, o esmagamento dos projetos pela ordem desumana das causas e dos efeitos reflete-lhe o surdo desejo de sua passividade constituída ao revelar que a práxis é por princípio impossível, que só há agitações e gestos. O campo prático invertido da atividade passiva designa Flaubert como um morto em suspenso, seu mísero zelo é desqualificado pelas trevas, é um epifenômeno, uma ilusão que será destruída quando finalmente a escuridão, coincidindo com ele, o esmagar. Assim, o sentido do campo prático é a abolição, mas de início é apenas uma tensão, um conjunto de potencialidades que designam Gustave como homem perdido, recusado pelo mundo; o macrocosmo em sua inumanidade reflete para o microcosmo o desejo de morte, Flaubert o constituiu como universo impiedosamente destruidor, ao superá-lo em direção a seu próprio fim que é o nada. Eis por fim a substância infinita: é a noite do não-saber a envolver com sua inumanidade os pequenos futuros franzinos e claros que nossa espécie construiu para si, roubando--lhe seus fins para enterrá-los em sua opacidade. Nesse sentido, o jovem, mais uma vez, percebe aí a indistinção entre o Ser e o Nada: ela profetiza a morte – imediata ou não, de qualquer maneira certa –, faz-se imagem dela (acaso não era com essa fusão no todo por meio do estilhaçamento da diferença individual que ele sonhava em *Novembro* e sonhará até a última versão de *Santo Antão*?). Ora, eis o todo: a opaca materialidade, a Unidade de Parmênides a revelar-se pelo engolfamento das aparências e também a mostrar o que encerra: um convite obscuro à autodestruição do modo finito. Assim, a *crença* interna na queda encontra seu reflexo objetivo na proposta ameaçadora da substância noturna. Não de todo, porém, pois a noite de dentro é uma meditação pitiática da *decadência*, ao passo que a noite de fora é uma oferta de *morte*. Mas logo veremos que essa defasagem entre o fim profundo de Gustave e a imagem esbo-çada no vitral negro, em vez de atrapalhar o processo que se organiza, é de índole a acelerá-lo: se a loucura se olhar no espelho e tomar-se pela morte, terá menos medo de si mesma.

Cabe mencionar, finalmente um fator essencial da situação, que encerra seus elementos e exalta seu sentido: a presença de Achille. Em geral, ela perturba Gustave, exaspera-o; mesmo quando parecem entender-se, o caçula não pode se abster de ver no mais velho o principal responsável por sua frustração, e, como se pode ver em *Peste em Florença*, este lhe fala com uma condescendência benevolente (será verdade ou Gustave o imagina assim?) que lhe dá raiva. Essa relação de Gustave com o irmão, nesse nível de abstração, é intencional, mas não teleológica; sem dúvida Achille age como catalisador, modifica as relações do irmão com o ambiente, mas essa modificação é resultado e não objetivo por atingir: quando o usurpador aparece, o mal-amado acha que vai perder a cabeça, tudo se torna *mais difícil* para ele, só isso. Essas coisas continuam sendo verdadeiras na noite de Pont-l'Évêque, mas outras intenções – teleológicas – vêm enxertar-se na primeira.

Deve-se notar em primeiro lugar que, faz alguns dias, sem decidir a data nem a forma que o acontecimento terá, Gustave se prepara para *padecer* uma decadência irreversível. Ora, essa opção ainda onírica *exige* que o acidente ocorra *diante de testemunhas*. Com isso não quero dizer que Flaubert tenha cinicamente decidido que cairia em público: ele não sabe nem quer saber o que se prepara. A publicidade do futuro desastre é uma estrutura implícita de sua opção; imaginemos que ele desabe no quarto, enquanto todos dormem: seria trabalho perdido. Ele sempre poderia repetir o lance, calar a decadência e, mesmo que falasse dela, a notícia, *contada*, perderia a virulência: até que ponto acreditariam nele? Ele precisa de uma constatação: alguém precisa poder testemunhar sob juramento que o mal o derrubou em plena atividade, quando ele se apressava para voltar aos estudos, a Paris. Em princípio – pois é *ao pai* que a crise se dirige, pois ela precisa ser um momento capital do diálogo de surdos-mudos dos dois –, a testemunha *designada* é Achille-Cléophas. Na verdade, sua presença inibiria os transtornos: estes poderiam não ocorrer ou transformar-se em simples nervosismo. Isto porque para Gustave o médico-chefe continuou sendo o "demônio" cujo olhar clínico transpassa as mentiras mais secretas, ou melhor, reduz a crença pitiática a simples mentira. Um franco ceticismo, nascido da convivência com os doentes, do conhecimento empírico de seus pobres ardis e da firme vontade de frustrá-los, de levar o menos possível em consideração a apreciação subjetiva que eles têm de sua doença, de limitar-se aos sintomas objetivos, em suma, toda a organização mental daquele médico talvez o tivesse impedido de levar a sério o acontecimento que deve dividir a vida do filho: este teve com demasiada frequência a experiência disso. Além disso, era diante dele que Flaubert se empenhava em imitar o jornalista de Nevers: sabe Deus que comparação poderia formar-se na mente do médico-filósofo entre aquelas comédias um tanto exageradas e as convulsões que vão agitar de verdade o filho. Entenda-se bem: Gustave não simula, mas *acredita*. Contudo, a crença pitiática tem seus limites, comporta a consciência não tética de ser um ersatz de uma certeza impossível, inconcebível, porém pressentida em outrem: as secas e rigorosas evidências que habitam o doutor Flaubert, lidas em seus olhos, são redutores externos, mas poderosos, da autossugestão. Apesar de certa bazófia por motivo de familiaridade, diante do pai Gustave fica transido de timidez: ele irrita o pai com suas palhaçadas grosseiras – e sabe que elas o exasperam, Caroline não lhe ocultou isso, e não pode impedir-se de prolongá-las além do suportável –, mas mesmo essa é uma maneira de fugir, de não se entregar, de esconder de si mesmo que não é realizável uma relação verdadeira entre pai e filho. Por *preço algum* o jovem dará mostras de sua *crença* ao médico--filósofo. Há anos ele lhe esconde essa irrealidade íntima que revela o que ele é através daquilo que ele não é, a infelicidade fascinante e sem consistência que toma conta dele de modo incessante, em suma, sua sugestionabilidade. A "relação objetal" – para falar como os analistas – que liga o filho ao pai é, em profundidade, patogênica, é até mesmo a principal fonte de sua neurose. Mas, paradoxalmente, na superfície ela é pouco propícia ao desenvolvimento desta.

Achille é o contrário: secretamente desprezado, não incomoda. Além disso, está claro, não conhece Gustave muito bem: separado deste por nove anos, pelos estudos, pelo casamento, pela clientela, não teve tempo de estudá-lo nem, é provável, a preocupação de compreendê-lo. Ora, é ele, naquela noite escura, que representa a Autoridade: o pai lhe delegou seus poderes. Autoridade degradada, que não intimida, é esse simplório que registrará o ataque e o instituirá; o *pater familias*, infelizmente, verá por meio dos olhos dele: o depoimento terá força de lei. Essas considerações, sem dúvida, Flaubert *não faz*; afinal, não foi ele que pediu a companhia de Achille; *padece-a*, assim como tudo o que lhe é imposto pelo pai: em nenhum momento pensa em *explorar* a situação. Ao contrário, é esta que, com suas estruturas objetivas, se *faz tentação*: Achille, pelo que representa para o irmão caçula – ou seja, em grande parte, pelo que é –, aparece-lhe como uma incitação permanente e externa a decair. É isso o que fascina Gustave: sem nenhuma palavra, sem explicitação reflexiva; a tentação confunde-se com a grande massa pacata do mais velho, meio carcomida pelas trevas, com sua imobilidade, com seu silêncio. Acima de tudo porque esse irmão abusivo se deixa conduzir pelo mais novo: a este, o trabalho, infamante atividade; o outro se refestela no veículo. O sentido dessa não-reciprocidade é complexo: ela marca em primeiro lugar que o mais velho faz tempo terminou os estudos, enquanto Gustave ainda está

III. A NEUROSE COMO RESPOSTA

nos trabalhos forçados; mas também que Achille é o eleito, e o outro, trabalhando para levá-lo de volta ao lar da família, amplifica a injustiça que constituiu sua infelicidade, aceita-a com submissão e – pior ainda – assume-a, fazendo-se, com aquele trabalho servil, o *meio inessencial* cujo fim é o usurpador. No entanto, ele escolheu dirigir – dirão. Mais uma razão: é em seu próprio coração que ele descobre um arroubo de servilismo. Essa descoberta alimenta sua crença, enriquece-o com uma pulsão masoquista: levar ao extremo a ignóbil aquiescência, cair aqui e agora aos pés de Achille, como numa prosternação, rolar para fora do humano diante dos olhos do mais brilhante dos filhos Flaubert e, por meio dessa irreversível decadência, reconhecer com humildade que o usurpador era de fato o único herdeiro válido, o único capaz de dar prosseguimento à obra do pai. Assim, aquele companheiro silencioso suscita em Gustave duas inclinações contrárias que se reforçam mutuamente: Achille é a única testemunha válida de sua degradação, mas é também o rival diante do qual o jovem tem a maior vergonha de decair; não seja por isso: a Queda por si mesma lhe causa horror, portanto ele a faz hiperbólica; isso quer dizer que o horror, levado ao cúmulo pela postulação masoquista, converte-se numa medonha atração pelo pior. Pois o pior é exatamente isso: realizar e proclamar sua inferioridade radical diante do irmão inimigo ao qual ele se acreditava tão superior, reconhecer que a escolha do pai era a correta, confirmá-la produzindo-se sub-homem e, para terminar, entregar-se nas mãos de Achille, depender de sua boa vontade, de sua ciência médica, de seu diagnóstico e de suas capacidades terapêuticas, em suma, de tudo o que se negava nele *a priori* ou em todo caso daquilo que se considerava secundário. Há anos que Flaubert, sem dizer – a não ser em suas novelas –, considera que os médicos são charlatões; que tentação vertiginosa ficar sob a absoluta dependência deles, obrigá-los a mostrar sua própria impostura ao deixarem de curá-lo ou, pior ainda, obrigá-los a desmenti-lo, a esmagar o desprezo que ele sentia por eles, a mostrar que este não passava de disfarce da inveja naquele pobre-diabo, *curando-o*. Se ele cair, a Arte se esmigalhará, o universo da ciência e da prática se fechará sobre ele. O fracassado acreditava compensar seu fracasso por meio da imaginação. E eis que a imaginação, nele, confessa que não passava de sintomas do fracasso, ou seja, de sua doença. Achille, por sua vez, não imagina nada, jamais; sua faculdade de inventar só lhe serve para diagnosticar. A seus pés, o cabeça de vento, vítima da louca da casa[58], confessará que fez mau uso de seu poder criativo: era preciso submetê-lo à prática como simples auxiliar de uma empreitada real. Eis que se esboça o mais atroz dos pesadelos, e que Gustave o reconhece: Garcia *desmaiado* pede o socorro de François: meu irmão, salva-me da morte ou da imbecilidade, serás meu Senhor. E tudo volta à Ordem.

Tentei descrever a situação, ou seja, a interiorização de estruturas objetivas através de certa constituição – objetivamente discernível, mas antes de tudo vivenciada como interiorização permanente, no cuidado – de certo *passado insuperável*, em todo caso, assim considerado. O conjunto objetivo (retorno detestável de Deauville a Rouen, numa noite escura, num cabriolé por ele guiado, na presença do irmão) é interiorizado por uma simples totalização, que não é obra da razão, mas da angústia e da infelicidade, e que expulsa o acaso, recusando-se a ver nele a pura coexistência de acontecimentos fortuitos (a noite podia ser clara, o céu estrelado, Achille podia querer dirigir etc.), para, ao contrário, conferir-lhes a unidade rigorosa e necessária que só às obras de arte pertence. É evidente que a operação não ocorre sem o desprezo de alguns decimais, sem que ela deixe de conhecer-se e se faça passar por simples apercepção do mundo como totalidade produzida (naquele instante, naquele lugar, para Gustave) por atroz providência. De fato, a transformação da contingência dispersa em unidade estruturada, em que cada elemento é expressão necessária do todo, em que cada parte, ao invés de coexistir de modo passivo com as outras, é definida por todas as outras e não existiria sem elas, é obra de sua apercepção, comandada por sua crença. Mas como? Isso é perceber. Com maior ou menor força, é isso o que todo ser humano faz o tempo todo. Com efeito, o que é um campo prático, senão o ambiente real de um agente a revelar-se a partir de projetos condicionados por uma ancoragem (aventura de ter sido posto no mundo por certo ventre, em certo lugar, em certo momento, necessidades específicas desnaturadas como desejos por uma história singular etc.) como conjunto de meios e obstáculos cuja unidade profunda corresponde ao estilo pessoal da empreitada de viver e reflete para o sujeito a sua objetivação – ou seja, ele mesmo como superação de sua facticidade em direção ao mundo – na forma de destino? Nesse sentido, o campo prático é uma linguagem: é o agente que se anuncia a si mesmo através da exterioridade. Ao mesmo tempo, é uma tensão múltipla, um conjunto totalitário de potencialidades que

III. A NEUROSE COMO RESPOSTA

cerca e condiciona a práxis real e presente do sujeito, ou melhor, que a carrega de sentido à medida que ela expressa à sua maneira – por mais superficial e parcial que possa ser – a reciprocidade fundamental entre mundo e empreitada de viver.* Nessas condições, todo acontecimento que *ocorre* (ainda que pouco depois ele deva explodir as estruturas do campo, revelando-se como impossibilidade de continuar a empreitada de viver) dá-se primeiro por fala singular (compreendida através da totalidade da linguagem *mundana* como aparição diferencial, como expressão totalizante e totalizada da totalização em curso) e por *atualização* de uma potencialidade conforme à unidade potencial do mundo vivenciado. A irrupção do imprevisível é, assim, um esperado inesperado; o fato contingente, material, irredutível lança-me a vida ao rosto e anuncia-me o meu destino. Ainda que ele me parta, começo por me reconhecer nele: a aparição, no momento em que se produz, já está designada pelo discurso que me é feito pelas coisas; eu o compreendo de imediato porque esse discurso é permanente e profético. A diferença está no fato de que, para a maioria, trata-se de descobrir no exterior a ação possível do corpo – instrumento da instrumentalização – sobre o campo unificado do ambiente, o que possibilita interpretar a relação entre o agente e o mundo como um diálogo no qual os dois interlocutores são significantes-significados; ao passo que Gustave produz essa unificação na qualidade de agente passivo para que se organize um campo prático *invertido* cuja unidade reside na ação que o mundo deve exercer, por meio de anúncio profético, fascinação e vertigem, sobre seu corpo. Flaubert *não tem nada pra dizer* ao macrocosmo; ao contrário, ele faz do ambiente unificado um *sujeito significante* do qual ele é *objeto significado*: a noite lhe fala e lhe ensina o que ele será, o que ele é. Todas as modificações que afetam o campo prático invertido, em vez de se apresentarem a ele como meios para atingir um fim transcendente (ou como dificuldades por resolver), manifestam-no a seus próprios olhos como o meio escolhido pelo campo para atingir seus próprios fins, portanto, no caso presente, pela noite para recuperar sua pureza por meio da eliminação do estorvo.

Sem dúvida, foi preciso a reunião de todas essas condições – algumas das quais decorriam necessariamente de seu projeto (ele voltava

---

* Produto do mundo, minha empreitada fundamental o expressa em sua totalidade através de minha ancoragem: totalização em curso de meus meios e de meus fins, o mundo me anuncia a mim mesmo como conjunto prático-inerte de minhas realizações, qualificado de modo sistemático a partir do horizonte do realizável, do irrealizável e do inevitável.

de Deauville, exigiu ou aceitou dirigir) e outras eram mais ou menos fortuitas – para que ele pudesse interiorizá-las como ocasião única de *arriscar-se*. Significa que, se uma delas tivesse faltado, a ocasião nunca teria sido encontrada? Tudo o que se pode afirmar é que ele tinha então disposição permanente para unificar seu campo prático na forma de convite a decair, ou seja, a fazer dele uma fala que somente a ele era dirigida. O mais provável é que tivesse encontrado outra conjunção, mesmo diurna, também propícia à sua queda – ou talvez um pouco menos, com certeza não mais. Sem isso, a neurose teria tomado um curso diferente, ter-se-ia manifestado de outro modo, ainda que permanecesse a mesma: os resultados profundos não teriam mudado.

C. O ESTÍMULO

O que se deve observar, no entanto, é que essa reciprocidade de perspectivas entre o mundo e o homem – aquele anunciando a crença deste, que só pode ser percebida fora, em sua reexteriorização – não chega a suscitar por si só uma *disposição*. A crença se fortalece de um momento para o outro e torna-se inclinação, *pendor*. Mas, para que a Queda se realize, para que ela se torne um acontecimento irreversível que parta a vida de Gustave em dois, é preciso uma determinação a mais, algo que se assemelhe a um *Fiat*. Mas esse *Fiat* é impossível: em primeiro lugar, porque o poder de decisão não pertence aos agentes passivos, sobretudo em se tratando de opção capital. Em segundo lugar, porque tudo é feito na sombra e para Gustave trata-se de *padecer*, e não de simular. Caberá admitir que ele tenha sido desequilibrado por uma pulsão brutal que o lançou aos pés de Achille? Não: essa crise não pode ser cega; ela será *conclusiva* e deverá dar-se como momento da totalização. O que Gustave quis fazer, literariamente, em *Smarh* e em *Novembro* será por ele realizado aqui em seu corpo: ele faz o total na e pela sua anulação. Portanto, não se pode conceber que um empurrãozinho não significante esteja na origem dessa síntese destrutiva. Contudo, é preciso um disparador; não se trata da conclusão de uma longa evolução – ainda que nos últimos anos tenha havido um amadurecimento de sua crença –, mas de uma faísca: no *instante anterior*, havia aquele estudante, no *instante seguinte* há aquele doente. O que pode ter provocado esta metamorfose? Sabemos disso por meio

III. A NEUROSE COMO RESPOSTA

do próprio Gustave: às nove horas da noite, ao sair de Pont-l'Évêque, "numa escuridão tão grande que não se enxergavam as orelhas do cavalo", um carreteiro surge das sombras, e sua pesada carroça passa à direita de Gustave. Não há nenhum perigo de acidente: uma aparição, apenas isso. Fulminado, o jovem desaba. Eis então a provocação e a resposta: como as entender?

Foi proposta uma explicação que não rejeito de todo: para aqueles nervos "tensos como cordas de violino", o choque emocional deve ter sido terrível; seguiram-se, no organismo, transtornos indiferenciados que, substituindo as reações aprendidas, as montagens cotidianas, transbordaram do circuito ordinário do adulto para alcançarem o circuito da primeira infância; favorecido por esse pânico, o esquema motor da Queda, implantado havia muito tempo e consolidado por exercícios, substituiu as respostas adaptadas; torna-se a ordem dessas desordens, agrupa-as, impõem-lhes por um tempo sua unidade, integra-as e transforma o pânico em resposta intencional, ou seja, dá um sentido vivenciado àquilo que não tinha sentido de início. Eu disse que não rejeitava por completo essa interpretação: de fato, parece que, durante muito tempo após a crise, o desarranjo nervoso persistiu, como se os transtornos provocados por aquele trauma e canalizados um instante pelo comportamento de decadência tivessem recomeçado quando Gustave reabriu os olhos e, libertos de qualquer unidade intencional, se prolongassem como perturbações não significantes do organismo; é isso, pelo menos, o que se pode concluir da carta a Ernest que já citamos: alguns dias após a crise, todos os seus nervos vibravam como cordas de violino, seus joelhos, ombros e ventre tremem como folha. Tem-se a impressão de que a qualquer agressão exterior – por menor que seja – seu sistema nervoso reage, reproduzindo o pânico de Pont-l'Évêque. É muito frequente que um trauma psíquico provoque um delírio onírico que dá lugar a acidentes histéricos. Gustave, por meio de sua reação de imediato histérica, teria poupado a confusão mental, mas não poderia ter evitado o eretismo nervoso que a acompanha.

Esses esclarecimentos, porém, não satisfazem: em primeiro lugar, são inspirados numa psicologia mecanicista. Em segundo, o essencial ficou de lado: gostaríamos de saber, por exemplo, como o esquema motor de decadência pode ter substituído as respostas habituais do organismo. Mas o que há de mais grave é que não é possível adotar essa interpretação sem *deformar* a ocorrência que se pretende explicar. De fato, essa interpretação se baseia na hipótese de que Gustave sentiu primeiro uma emoção-choque, ou seja, a surpresa e o medo provocaram nele uma *debandada orgânica* sem qualificação especial, que depois a *Queda* veio *informar*, transformar em comportamento qualificado. Mas Maxime e Gustave estão de acordo num ponto: não houve emoção-choque. Como nenhuma desordem emocional precedeu a Queda, esta não pode ter agrupado e orientado agitações esparsas que não existiam. A carroça passa, essa é a agressão; Gustave desaba, é a resposta. Não há a menor surpresa: a rapidez e a precisão de seu comportamento tenderiam mais a levar a crer que ele esperava o acontecimento que o provocou. Em vão se objetaria que o medo passivo, quando levado ao extremo, produz o desmaio: é verdade que Gustave, agente passivo, responde passivamente à transformação súbita de seu campo perceptivo. Mas, para começar, sabemos que não houve desmaio: durante toda a duração da crise, Gustave se manteve consciente. Em segundo lugar, de onde se tirou a ideia de que ele teve medo? Ele ouve, vê e cai de cara no chão: nem sequer houve tempo de compreender o que está acontecendo. Passivo ou não, o medo implica certa consciência do perigo que ameaça: ninguém desmaia de horror antes de ter "realizado" o horrível, pelo menos até certo ponto; ora, Gustave não só relata que sua queda se seguiu à agressão sem intermediário, como também insiste nas "torrentes de fogo", nos "fogos de artifício de imagens" que *na hora* lhe atravessaram a mente: em outros termos, a passagem da carroça desencadeia um processo ideativo sem relação com a natureza aparente do estímulo que o produziu. No mesmo momento em que cai no soalho do veículo, Flaubert *está em outro lugar*, e seu pensamento é invadido por uma fantasmagoria que o afasta da realidade presente: isso quer dizer que ele se torna *totalmente imaginário*; voltaremos com tempo a esse ponto. Gostaria simplesmente de indicar que Gustave responde à excitação exterior com um comportamento estruturado do qual o medo não participa. A rapidez e a unidade intencional de sua reação levam a crer que ela é um *consentimento*.

Mas, com o que ele pode consentir? Em outras palavras, o que ele pode ter captado do acontecimento e o que viu nele? Disse mais tarde, *depois* que Achille contou em sua presença as circunstâncias da crise: "Um carreteiro passou pela minha direita". Mas nessa ocasião adotou o discurso do Outro: a carroça do carreteiro é a realidade objetiva, despojada de todo e qualquer "campo prático individual" e restituída pelo discurso como determinação rigorosa do espaço-tempo

III. A NEUROSE COMO RESPOSTA

abstrato. Em outras palavras, o fato perde todas as suas qualificações dramáticas: ele não é *meio possível* para ninguém, a ninguém ele revela seu *coeficiente de adversidade possível*. Foi mais ou menos assim que se mostrou a Achille: um acidente marginal e quase neutro, um bólido sem consequência atravessando o ambiente para abismar--se na noite. Só retrospectivamente ganha importância aos olhos do jovem doutor Flaubert: desempenhou – talvez – o papel de uma causa ocasional; por essa razão é bom mencioná-lo. Mas, quanto a nós, se quisermos compreender, precisamos desfazer o trabalho de Achille e recolocar esse acontecimento meteórico no campo prático invertido de Gustave. Ora, este não teve o tempo nem o sangue-frio necessários para identificar o carreteiro como tal e para captá-lo em sua realidade de meteoro inofensivo, que aparece para desaparecer. Por outro lado, submergindo *no mesmo instante* – como se obedecesse a um sinal esperado –, ele captou o carreteiro e seu veículo como uma presença real e total, para ele mais rica e mais íntima que um simples risco de colisão (nenhum gesto para se proteger, visto que sabe guiar, conhece o caminho e normalmente deveria ter calculado os riscos para se preparar): portanto, ele só pode ter tido a intuição imediata, porém completa, de uma "*questão que lhe dizia respeito*"; se capta instantaneamente e sem esforço esse pequeno estilhaço luminoso e sonoro como algo *dotado de sentido*, ao passo que nem sequer está em condições de defini-lo em sua realidade objetiva, é porque o sente e vivencia como modificação interna do campo prático invertido.

Flaubert, como vimos, faz-se anunciar a morte por meio da noite profunda, identidade entre Ser e Nada. Mas, como agente passivo, não se matará; espera que a noite se responsabilize por essa morte, que ela a *realize* com espontaneidade. Essa espera é polivalente: por enquanto a impenetrabilidade noturna manifesta a homogeneidade da substância e o designa simplesmente como indesejável; enquanto permanecer esse equilíbrio nada o ameaçará de fato; mas a promessa latente do campo prático invertido é de que ocorrerá algo que o fulminará; e o raio pode vir de *todos os lugares*, em virtude dessa mesma homogeneidade. O jovem acredita nisso, já instalou a morte em seu corpo; seu organismo, passivo e resignado, dispõe-se a cair sob um golpe de maça: só é preciso um *Fiat* que venha *de fora*. A *crença* aparece aqui como inclinação a estruturar em acidente mortal a primeira ruptura brusca do equilíbrio exterior. Assim, o acontecimento de Pont-l'Évêque não é captado pelo que é em si: Gustave não compreende que um carreteiro está a ultrapassá-lo pela direita, mas apreende essa modificação do campo prático a partir do sentido geral que a opacidade homogênea do ambiente não cessou de lhe refletir e a constitui de imediato como espontaneidade assassina. Não há necessidade de observar para decidir: desde que seja súbito e imprevisto, desde que se mostre como materialização local da hostilidade noturna, desde que diga respeito a Gustave e lhe salte em cima como um ladrão, esse acontecimento, aliás, pode ser qualquer um, o que não impedirá que seja *reconhecido*. A passagem do carreteiro preenche todas as condições necessárias: Gustave o reconhece de imediato. Mas o que vê nele precisamente? Uma ordem? A aventura de morrer a desabar sobre ele a partir de fora? Um signo? Um sinal? Um pouco de tudo isso.

Em primeiro lugar, esse imprevisível tão esperado tem necessariamente uma estrutura imperativa. No campo de um agente prático, o acontecimento, seja qual for sua instrumentalidade e seu coeficiente de adversidade, aparece como dado de fato ou, em última instância, pode ser apreendido através do conjunto da empreitada – em que ele se aloja necessariamente – como indicação, instigação, convite à invenção; se a instrumentalidade sobrepujar a adversidade, ele poderá até apresentar-se como o equivalente inerte da própria invenção, o meio surgido na hora certa, ou seja, uma produção humana, uma criação do campo prático como tal.* Mas, no agente passivo, a relação com o acontecimento inverte-se: como falta o poder de decidir, a coisa que *se* produz no exterior se dá como *decisão tomada*, e esse antropomorfismo profundo provém do fato de que o agente passivo, em seu meio social, sempre apreendeu as decisões como uma determinação *outra* e produzida pelos outros. E essa decisão, produzindo-se em *seu* campo prático, necessariamente lhe diz respeito: em outras palavras, no campo de um agente passivo, o acontecimento pode receber da totalidade significante a estrutura de um imperativo: ele será interiorizado como uma ordem *a-brotar-inerte* do mundo. Se fosse preciso fazer uma comparação para ser mais bem entendido, eu lembraria o modo como um motorista (agente prático, mas marginalmente passivo no nível

---

* Pouco importa, está claro, se em outro nível a razão atribui esse meio fornecido pelo exterior ao encadeamento rigoroso e não teleológico dos fenômenos. A chuva, tão esperada – por uma ou outra razão – será *em primeiro lugar uma dádiva* para o agente prático, mesmo racional. Por outro lado, o impedimento é mais facilmente reduzido a uma determinação não-significante da matéria: isto porque a atitude geral do agente prático baseia-se na superação do dado, seja ele qual for, o que corresponde à certeza profunda de que o sentido vem à matéria por meio do homem.

das injunções de segurança) *realiza* por meio de um comportamento o conteúdo imperativo do seguinte acontecimento: o surgimento de uma placa de sinalização anunciando uma curva perigosa ou a proximidade de uma escola. É claro que, para além dessa aparição, há uma relação com Outro, com uma sociedade; mas o que é dado em *primeiro lugar* ao animal autodomesticado é o objeto-injunção. Para o agente passivo o mundo está cheio de objetos-injunção que não foram forjados pela sociedade, mas lhe refletem o *impacto* dos outros sobre ele. O que Flaubert esperava e o que acaba de ocorrer é o acidente mortal como injunção de morrer. A decisão por fim tomada como "questão que lhe diz respeito" é a sentença arcaica, a maldição do pai que de repente se torna executória: não há mais suspensão condicional da pena; aqui e agora é preciso morrer. Com essa sentença, Gustave, num relâmpago, é remetido à sua finitude: condenado de antemão, um monstro nascera para 21 anos de vida, nem mais nem menos. Dessa vez a totalização é feita por coerção: ele se anula *obedecendo a uma ordem*.

Mas no mesmo momento o acontecimento revela sua materialidade selvagem e irredutível: os ruídos sinistros à sua direita, os guizos, as luzes, tudo isso é uma concreção local das trevas, é a noite eterna a temporalizar-se de modo brusco e por inteiro como um murro, é a atualização bruta de uma potencialidade permanente – a cruel indiferença do universo – fazendo-se, *à sua maneira*, executor da maldição paterna (assim como o corpo de Gustave executa à sua maneira os impossíveis desejos deste), o que equivale a despojá-la de qualquer significação humana. Mas, sobretudo, a vítima é que é plenamente *significada* pela violência das coisas: nascimento fortuito, morte acidental; o que é Gustave senão um sonho absurdo e breve da matéria? O signo contradiz o imperativo: será Abraão que lhe ordena morrer? Ou será que a noite, pondo termo às suas maquinações e lembrando-lhe sua condição de matéria inanimada, não vem subtraí-lo às vontades paternas? Ele não decide: não deixou de desejar ambas as saídas. Se o pai for assassino, melhor: os remorsos de Achille-Cléophas lhe corroerão o fígado. E, se a razão de seu óbito não passar do imprevisível encontro de duas séries causais, o jovem defunto terá dado até o fim provas de seu zelo filial, a morte o terá surpreendido em plena obediência. Em ambos os casos ele declina de toda e qualquer responsabilidade.

Erroneamente. Esse tumulto à sua direita lhe grita: "considere-se morto!". Será que isso quer dizer: "trate de encenar"? Não será um *sinal*? Um convite? Ou a permissão finalmente dada para desempenhar seu papel? Será que, para além de seu desejo de anular-se, esse sinal não se dirigiria também à tentação de decair: "Está na hora, aproveita o fato de acreditares cair no nada para te precipitares na doença, na demência, em suma, na sub-humanidade". Repetimos que não se trata de simulação. Mas, finalmente, a morte e a loucura são dois irreversíveis, e a intenção profunda de Gustave é de separar-se de seu ser futuro por um instante de irreversibilidade. Ora, o que ocorreu? Há alguns anos Gustave vem sendo habitado pela horrível tentação de decair abaixo do humano para escapar a seu ser-de-classe: essa é a intenção profunda que ele disfarçou frequentemente como pulsão suicida. O fato é que ele não pode nem quer se matar. Mas sua verdadeira determinação lhe é insuportável: ela dá alento a seu masoquismo e a seu sadismo de ressentimento, terrifica-lhe o orgulho no retorno de Deauville, os dados estão lançados, ele o sente; tudo, menos recomeçar; súbito, ele acredita estar tomado pela imbecilidade, mas seu horror é tal, que jamais ousará *arriscar-se* sem se manipular, sem mascarar o trabalho profundo que se opera nele por meio de uma *crença de encobrimento*. A noite a fornece, designando-o como futuro cadáver: ela o refuga, pretende aboli-lo; a partir daí, ele se prepara para morrer: isso significa que dispôs seu corpo a imitar o desmoronamento resignado, o que equivale a instalar nele o comportamento de decadência, convencendo-se pitiaticamente de que ela é comportamento de morte. Entre necrose e neurose, vimos que Gustave hesita com frequência e deixamos claro acima a ambiguidade da solução por ele adotada em *Novembro*: morrer pelo pensamento. Assim, dos dois irreversíveis, o acontecimento selvagem que se lança sobre ele em Pont-l'Évêque parece-lhe impor *um*, a morte; mas, graças a essa crença de superfície, seu corpo, em sua docilidade suspeita, aproveita a ocasião para realizar o *Outro*. *Ser* cadáver é a solução perfeita: ele está livre de suas obrigações de homem sem cair na sub-humanidade. *Fazer-se* cadáver é afetar-se de transtornos mentais e, vivo, renunciar à dignidade humana. Ora, embora ele caia *para se abolir*, não pode deixar de compreender, obscuramente, que ninguém se mata "pelo pensamento", e que seu "estou morrendo" tem a seguinte significação mais profunda: "estou me tornando publicamente o monstro que eu era". Assim, ele *também* recebe a agressão noturna como um *sinal* dirigido à sua intenção de decair. Mas esse sinal teria sido inoperante caso Gustave não tivesse recebido da noite uma mensagem de morte e uma ordem de morrer. Com o aparecimento do carreteiro ele viu chegar a si a sua morte como um processo já começado, saindo já objetivo das trevas exteriores para fazer-se interiorizar radicalmente: ele só precisava deixar-se levar, na pseudoignorância daquilo que se seguiria. E veremos que a crise e os transtornos ulteriores se farão viver de modo simultâneo segundo esses dois sistemas de referência.

D. NEUROSE E NECROSE

Examinaremos desses dois pontos de vista as interpretações dele sobre a crise, depois que ela ocorreu, e veremos que, para ele, morte e loucura são dois aspectos inseparáveis de sua doença.

Gustave insiste no primeiro já em janeiro de 1844. Escreve a Ernest: "Quase larguei a casca nas mãos de minha família". E, se então acata o diagnóstico do pai, se *acredita* nele, é porque isso lhe convém; "congestão cerebral, miniapoplexia", isso quer dizer: a morte entrou em mim e, por uma alguma razão que ignoro, parou em tempo. Em suma, é um *verdadeiro* começo de agonia. Uma *experiência do morrer*. Ele voltará com frequência a essa experiência; parece-lhe mesmo tê-la vivenciado até o fim: "Tenho a convicção de ter morrido várias vezes".* Casual é a sobrevida; no que lhe diz respeito, Gustave fez tudo o que pôde. Entende-se melhor o sentido das palavras que escreve a Ernest: "Sou um homem morto". É porque alimenta a convicção de estar *além da aniquilação*. No entanto, sua hesitação é manifesta: terá "quase deixado a casca" ou terá realmente "falecido e perecido"? Seu corpo apresenta um comportamento histérico de *falsa morte*: na carta de 2 de setembro de 1853, ele indica o aspecto *imitativo* de seu comportamento. A apoplexia já não passa de metáfora: ele caiu "como que atingido por apoplexia". Isso significa que perdeu a motricidade; ele explica: seus olhos se fecharam, não conseguia falar nem fazer gesto algum; parecia uma contratura histérica generalizada. Não há a menor convulsão durante os dez primeiros minutos: o organismo arremeda a imobilidade do cadáver. O que conta acima de tudo é que essa paralisia é vivenciada como ruptura de comunicação. O importante para ele – isso ele nos revela ao voltar ao fato quase dez anos depois – é que "durante dez minutos o irmão acreditou que ele estava morto". Como se, de certa maneira, essa crença reforçasse a sua, como se a intenção

---
* *Correspondance*, t. III, p. 270.

subjacente fosse convencer o Outro. Tratado, ele descerra os olhos; mas, como essa medicação improvisada não tinha relação com o seu mal, não se pode imaginar que ela o tenha curado: digamos que ela o convenceu a abrir os olhos. Como se lhe desse a prova *de que ele foi até o fim*, de que foi salvo *in extremis*. Seguiram-se convulsões? Ele não fala disso, apenas menciona a Ernest: "problemas nervosos" que *acompanham* a congestão (tremor nervoso, hiperestesia, alucinações visuais, mas pouco diferenciadas – chamas, mechas de cabelos etc.). De resto, se elas tivessem ocorrido em Pont-l'Évêque, Achille não teria diagnosticado congestão cerebral. Em outros termos, ao cair, ele foi afetado por uma paralisia histérica que imita o estado cadavérico e é vivenciada como crença pitiática: ele morreu e não quer abrir mão disso, o corpo fez o que pôde para lhe dar satisfação.

Isso é ótimo. Mas Garcia, por sua vez, desmaiava de verdade. Essa perda de consciência configurava a mais perfeita imitação de um falecimento. Assim, alguns anos antes, quando imaginava profeticamente a queda de Pont-l'Évêque, Gustave a radicalizava: ainda que tivesse de sobreviver (Garcia volta a si), queria que ela fosse acompanhada por catalepsia. Em janeiro de 1844, nada disso acontece: em nenhum instante – dirá ele – deixa de estar consciente: "Eu continuava consciente, ainda que não pudesse falar".* Durante a Queda, ele é "carregado de repente para uma torrente de chamas".** Em seguida, "cem mil imagens saltam ao mesmo tempo como fogos de artifício. No intervalo de um segundo, ele sente um milhão de pensamentos, imagens, combinações de todos os tipos...". Dirá mais tarde***: "Tudo o que há em Santa Tereza, Hoffmann e Edgar Poe eu senti, *eu vi*, para mim as alucinações são muito compreensíveis". Na verdade, está exagerando: vários anos antes da crise ele já faz menção a seu poder imaginativo, "ou seja, segundo eles, uma exaltação do cérebro, próxima da loucura".**** No início de *Novembro* ele esclareceu: "Às vezes, não aguentando mais, devorado por paixões ilimitadas, cheio da lava ardente que escoava de minha alma, amando com um amor furioso coisas sem nome, com saudade dos sonhos magníficos,

---

* 7-8 de julho de 1853. *Correspondance*, t. III, p. 270.

** *Ibid., loc. cit.*

*** 30 de março de 1857. *Correspondance*, t. IV, p. 169. Evidentemente, está falando do conjunto das crises, e não apenas da primeira.

**** *Memórias de um louco*.

tentado por todas as volúpias do pensamento, aspirando a todas as poesias, a todas as harmonias e esmagado sob o peso de meu coração e de meu orgulho, *eu caía aniquilado num abismo de dores*, o sangue açoitava meu rosto, minhas artérias me punham aturdido, meu peito parecia estourar, *eu não enxergava mais nada, não sentia mais nada*, estava bêbado, louco, imaginava-me grande, imaginava-me contendo uma encarnação suprema cuja revelação teria maravilhado o mundo, e essas dilacerações eram a própria vida do deus que eu carregava em minhas entranhas". Não parece um ensaio geral? Está tudo aí. Em vários outros textos, ele menciona essas explosões de imagens inapreensíveis, ligadas a algum tema vago e amplo de ordem geralmente afetiva. Assim, as "torrentes de fogo" em Pont-l'Évêque encontram precedentes nesses êxtases e enraízam-se na proto-história de Gustave. O que as distingue das fantasmagorias anteriores? Flaubert o disse numa carta a Louise: "Elas começam na cabeça e depois vêm para a frente dos olhos". Em outras palavras, em janeiro de 1844, as imagens mentais teriam passado a ser alucinações. Será exato isso? Observe-se primeiro que ele mesmo faz ressalvas e se obstina a falar de *alucinações nervosas*. Como se quisesse distingui-las de outros fatos alucinatórios nos quais o doente interpreta suas visões como realidade. Elas estariam *fora*, como se fossem afecções do nervo óptico (pouco importa se o estímulo é externo ou se provém do eretismo nervoso), e ele *não acreditaria nelas*.

Na verdade, embora costume usar a *palavra*, o que ele descreve não é a *coisa*. Edgar Poe e Hoffman não são alucinados. A experiência mística de Santa Teresa é completamente interior: se a de Gustave pode parecer-se com ela, é muito de longe, com aquelas alternâncias de secura, langor e plenitude que tantas vezes vimos nele. Mas o místico não sente a presença alucinatória do divino antes de estar – ou acreditar estar – já despojado das percepções sensórias, das imagens que lhes correspondem e da linguagem. Acima de tudo, a experiência do místico, seja qual for o modo como seja denominada, tem um *sentido*, ocorre no âmbito de uma religião instituída, ao passo que os "fogos de artifício" de 1844 não são apresentados em nenhum lugar como fatos significantes. Nunca conheceremos seu conteúdo detalhado: pela simples razão de que ele não diz uma só palavra a respeito. Não que ele queira escondê-los, mas como descrever "cem mil imagens saltando ao mesmo tempo", "um milhão de pensamentos, imagens e combinações"? Na verdade, trata-se de uma multiplicidade de "rojões" sem interconexão. Essas apercepções, que não se intercomunicam e são incomunicáveis para outrem, são vivenciadas por Flaubert como uma dissociação de sua pessoa.

O fato pode ser "normal" ou pelo menos subpatológico: em certos momentos de fragilidade mental, uma situação, uma palavra que impressione os ouvidos, um estímulo qualquer, em vez de provocarem a reação apropriada, suscitam um conjunto abundante de imagens sem relação discernível com a proposição do mundo exterior e sem estruturação interna. A frase ouvida ressoa, absurda, incompreendida, em meio a um bulício de impressões que pretendem ao mesmo tempo relacionar-se com ela e nos afastam dela, mas sem nos remeterem de modo explícito a nossas verdadeiras preocupações. Esses momentos duram pouco: nós nos readaptamos. O importante é que eles às vezes são vivenciados como um enriquecimento e uma aceleração da fuga de ideias, quando correspondem, na verdade, a uma brusca *desaceleração* da atividade ideativa. As estruturas do entendimento explodiram: a análise e a síntese, temporariamente impossíveis, deram lugar a um sincretismo de interpenetração. É o que vemos em Gustave: sua inclinação tão pronunciada à metáfora exaspera-se, ou melhor, os dois termos da construção metafórica perdem seus contornos e se aglutinam; o pensamento não "saiu", continua imanente às imagens; e outras imagens se impõem, como se fossem ideias*; aquelas remanescem numa cor e numa sonoridade imaginadas, como sentido presente, mas inapreensível, delas; estas se pretendem significantes, se dão como expressão vivaz e elíptica de uma ideia, mas isso não passa de engodo: não oferecem nenhuma significação legível. O conjunto dessas iluminações falsas e dessas obscuras claridades permanece vagamente regido pelos grandes temas afetivos próprios a Flaubert. Mas já não são nem enunciado nem símbolo deles: ora se apresentam como súmulas vertiginosas, porém indecifráveis (porque na verdade são súmulas *de nada*); ora remetem a eles com precisão, mas, na vacância do intelecto, a remissão se faz sem se conhecer e passa despercebida, de modo que a representação se isola e se põe para si como pura restituição imaginária da materialidade; e ora, não podendo afirmar-se e *possibilizar-se*, o tema torna-se presença nua e vertiginosa: atrai *de baixo*, informulado, e incita Gustave, por uma adesão artística, a precipitar-se nele e confundir-se com ele.

---

* De fato, ele diz: "um milhão de imagens, *de combinações*, *de pensamentos*".

III. A NEUROSE COMO RESPOSTA

O fogo de artifício é *ilusório*: os rojões não são tão numerosos nem tão brilhantes nem tão rápidos, é o olhar interior de Flaubert que se tornou lento demais para segui-los ou contá-los. Sem dúvida alguma, esse conjunto de manifestações permanece no âmbito do imaginário. Elas não *ganham corpo*, não se impõem como determinações reais do campo visual e sonoro; tampouco se organizam em cenas e situações, não se integram em nenhum todo estruturado. Daí provém justamente sua aparente diversidade: um pensamento sintético é complexo assim, mas integra seus elementos na unidade de uma totalização em andamento; aqui, os elementos estão em liberdade, e sua multiplicidade não tem outra razão além da paralisia da apercepção sintética e dos poderes de seleção. A imaginação de Gustave não está *mais rica*: é Gustave que, nesse instante, se deixa transbordar pela imaginação como se, incapaz de subordiná-la à invenção criativa, ele a padecesse como uma invasão de parasitas; como se esse fluxo de aparições sem nexo só tivesse um papel: convencê-lo de que é vítima de uma dissociação de sua pessoa. Ele mesmo admite isso numa carta de 18 de maio de 1857: "Havia em meu pobre cérebro um turbilhão de ideias e imagens no qual me parecia que minha consciência, que meu *eu* naufragava como uma nau na tempestade". Esse texto mostra com clareza que em suas crises Flaubert não era em absoluto tentado a interpretar essas aparições desordenadas como realidades exteriores, mas sim que temia "naufragar nesse turbilhão", ou seja, permanecer perpetuamente como espaço de agitações insanas, com o seu *eu* engolfado. Em suma – contrariamente às conclusões da interpretação mecanicista que criticamos acima –, Flaubert não se poupou da *confusão mental*: sem dúvida ele não chegou ao "delírio onírico", mas é de fato um estado de confusão o que ele descreve quando conta a primeira queda, e esse estado parece ter-se reproduzido durante as crises seguintes, pelo menos até julho de 1844.

É aí que se manifesta com toda a clareza a relação entre neurose e necrose. O turbilhão de imagens, em vez de contradizer a intenção suicida, é, ao contrário, seu produto imediato. A paralisia histérica é uma imitação da morte; ora, essa repentina desconexão dos centros nervosos, ao afetar seu corpo com a passividade que Gustave inveja nas imagens jacentes, entorpece-lhe ao mesmo tempo a mente: a atividade mental só pode ser exercida com base numa tensão orgânica garantida por um mínimo de atividade física. Essa "morte" mergulha-o num estado semelhante ao adormecimento; antes de submergir no sono, alguns indivíduos de repente se sentem impotentes, têm a impressão de que perderam o uso dos braços, das pernas, de que não podem sequer mexer o dedinho; é então que as imagens hipnagógicas os invadem. Eles estão acordados, porém, e sabem que essas aparições são fantasias sem consistência, com brilho e precisão proporcionais à paralisia que se estende do corpo ao pensamento. O mesmo ocorre com Gustave, mas a diferença é que essas imagens, desenvolvendo-se em meio à crença no pai, se fazem vivenciar por ele como primeiro sintoma de uma psicose: ele não acredita na realidade presente das fantasias, acredita na realidade futura delas; isso quer dizer que a consistência delas é temporal, e que elas se manterão nele até o fim, ou melhor, que elas vão se multiplicar, pulular, invadi-lo por inteiro. As palavras "parecia-me que minha consciência... naufragava" poderiam ser ditas por qualquer pessoa que passasse da vigília ao sono; e é exatamente isso que Gustave teme e profetiza; ele espera o minuto no qual, por uma modificação de sua crença, esses desfiles de imagens se tornarão *sonhos*. Assim, o momento propriamente pitiático é a queda e a falsa catalepsia que a seguiu; a demência, objeto de sua intenção profunda, aproveita-se dessa impotência vivenciada para instalar-se nele: de certa maneira, embora ela seja mais profundamente esperada, pode ser considerada parasitária; ela se manifesta *no lugar* do impossível aniquilamento.

Desde que estudamos as relações de Gustave com sua "faculdade pitoresca", descobrimos nele a constante que chamo de "opção passiva" e se caracteriza pela intenção (inútil) de padecer sua imaginação. Em janeiro de 1844, em decorrência de sua *falsa morte*, a opção passiva radicalizou-se, e a intenção de *padecer* parece ter atingido o objetivo: o imaginário se impõe em sua pureza selvagem, ou seja, em sua desordem. Assim, Gustave, deitado de costas, inerte nas mãos do irmão, realiza seu velho sonho: tornar-se de todo imaginário. Dois anos antes, porém, esse desejo não formulado correspondia ao desejo insano de ser *outro*, Nero, Tamerlão, ou seja, viver *imaginariamente* a experiência singular de um morto importante: essa experiência se lhe mostrava então como a *unidade de um papel*, implicava a contração da vida real – sempre atulhada demais, inútil e frouxamente complicada – por parte da arte. Tornar-se *imaginário*, para Gustave, só podia significar uma coisa: cair de cabeça num papel de potência e glória, tão rigoroso quando se tivesse sido concebido por algum dramaturgo, ser tomado pelo personagem, não conseguir fazer outra coisa senão encarná-lo, apreender em si mesmo cada um de seus gestos e até de suas percepções, como *representações* do vampiro que se alimentava dele, mas sem se identificar realmente com esse ocupante suntuoso. E esta última ressalva implicava, evidentemente, que ele queria permanecer mentalmente sadio, mas, sobretudo, que, contrariando todas as dificuldades, mantinha a superioridade do Não-Ser, da ineficácia e das volúpias não sentidas sobre o ignóbil sabor do Ser e a vulgaridade das sensações realmente experimentadas.

Ora, na noite de Pont-l'Évêque, o *tornar-se-imaginário* é vivenciado *como fracasso*: trata-se de fato ainda de cair no irreal. Mas a irrealidade adquire sentido bem diferente: ela se manifesta como decomposição, e a irrupção espasmódica desses materiais brutos tem como primeiro resultado suspender todas as operações racionais. Irrealizar-se de verdade não é *encenar Nero*, é cair na demência. O homem tomado pelas imagens é sub-homem: ele jamais se tornará tabelião, isso é certo, mas já não tem nenhuma chance de tornar-se artista. Essas fantasias absurdas nem por isso deixam de revelar seu próprio não-ser, no exato momento em que aparecerem; Gustave *não acredita* nesse enxame díspar de vampiros. O que, ao contrário, é objeto de uma crença vivenciada de modo explícito é a sentença cruel que o aliena às imagens perpetuamente. Ele o dirá dezenas de vezes, depois: está sendo punido por onde pecou; à força de espicaçar o imaginário, este acabou por se impor como força estranha e radicalizou-se. Ora, o domínio do homem por um não-ser não-significante é o Mal. Ele *esperava* essa decadência ainda nobre na qual a abjeção exterior – alheamento, hiperestesia, transtornos nervosos – seria o avesso de uma exuberância monstruosa e desordenada da vida interior. Esse belo fracasso é a punição de Prometeu. Chegado o momento, ele o *reconheceu*. Com terror, mas não com vergonha: ele é castigado por ter brincado com fogo; vítima de sua ambição magnífica, seus nervos cedem porque ele quis subtrair-se à baixeza do gênero humano e elevar-se, desnaturando-se, até a sobre-humanidade; o que ocorre quando o carreteiro sai da sombra é, desse ponto de vista, uma brusca suspensão das faculdades superiores, uma espécie de *desfalecimento consciente* acompanhado por uma dispersão de imagens; aqui intervém a crença, Gustave *identifica-se* com essa dispersão, uma vez que se trata ao mesmo tempo da dissociação de sua pessoa, do anúncio de seu novo destino, da radicalização de seu fracasso e, no âmago deste, a afirmação de um humilde sucesso: o grande homem gorado, apesar de tudo, conseguiu transpor o muro do real, tornar-se de todo imaginário. Azar dele se o imaginário não é o que ele esperava.

Mas Gustave não é tão simples: acima de tudo, ele precisa ser inocente. De modo que, se a falsa morte se faz viver como psicose, ao contrário, a psicose lhe aparece como verdadeira morte sempre que fala dela, naquela noite e depois. Escreve ele em 1847: "O fantástico nos invade, e são atrozes essas dores. Sentimos que estamos ficando loucos. Estamos loucos e temos consciência disso. Sentimos a alma escapar-nos e todas as forças físicas gritam atrás dela para chamá-la de volta. *A morte deve ser algo semelhante* quando se tem consciência dela".* E, seis anos depois: "Cem mil imagens saltando ao mesmo tempo... A alma era extirpada do corpo, atroz (tenho a convicção de ter morrido várias vezes), mas aquilo que constitui a personalidade, o ser-razão, ia até o fim; sem isso o sofrimento teria sido nulo, pois eu teria sido puramente passivo, mas continuava com *consciência*, mesmo quando já não conseguia falar. A alma fechou-se por inteiro em si mesma, como um ouriço que se machucasse com seus próprios espinhos".** No primeiro texto a equivalência entre as duas interpretações está ressaltada: "Sentimos que estamos ficando loucos, a morte deve ser algo semelhante". O segundo trecho é um pouco diferente: Flaubert acaba de explicar a Louise que nunca vai perder o juízo porque "sondou demais a loucura". Entenda-se: na imaginação. Assim, a "psicose" que ele profetizava em janeiro de 1844 passa à categoria de imaginário. Só que ele ganhou uma doença nervosa: a "faculdade pitoresca" sofre de uma hemorragia de imagens. Mas esta é vivenciada como agonia. E ele acrescenta: morri várias vezes. Isso quer dizer: a cada crise. Essa divergência se explica: em 1847, Gustave está mal curado, tem recaídas; ainda não é certo que ele não afundará na demência. Em 1853, já se safou – ou pouco falta para tanto*** –, o caráter pitiático de seus transtornos psíquicos está totalmente manifesto. Sobretudo porque ele tem o orgulho de ter-se curado sozinho. Resta a lembrança dos sofrimentos intoleráveis que sentiu. É de se notar que a palavra "atroz", com seis anos de intervalo, encontra-se duas vezes em sua pluma. Assim, temos acesso a uma nova dimensão

---

* A Louise, julho de 1847, *Correspondance*, t. II, p 51. Grifo meu.
** A Louise, 7-8 de julho de 1853, *Correspondance*, t. III, p. 270.
*** "Uma doença nervosa que durou dez anos."

de suas crises: a *dor*. Esta é mental ou física? Não podemos decidir sem examinarmos de perto esses dois textos nos quais a neurose, mais uma vez, se mascara e se dá a vivenciar como necrose. Na crise – diz ele em 1847 – sentimos que estamos ficando loucos, estamos loucos e temos consciência disso: em suma, ele descreve o momento no qual, conforme dirá mais tarde, "sua consciência parecia estar naufragando"; mas de imediato a consciência se torna substância pensante: aquele clarão prestes a *extinguir-se* transforma-se em *alma* e, com esse nome, tenta *escapar* do corpo. Isso significa que o adormecimento histérico, esse resvalar iniciado pela queda e nunca terminado, se apresenta de repente como uma *extirpação*, ou seja, como um desmembramento físico em vias de ocorrer sob o efeito de uma força centrífuga bruscamente surgida. Será uma simples metáfora substancialista? Sem dúvida não, pois ele acrescenta "todas as forças físicas gritam atrás dela para chamá-la de volta" e conclui: a morte, *quando consciente*, deve ser assim. A agonia da consciência transforma-se em consciência da agonia, mas, olhando-se melhor, será surpreendente que, de outro ponto de vista, essa consciência se desdobrou: é ela, com efeito, que deveria ter consciência-de-escapar-de-si – ou seja, de extinguir-se; mas, como "sentimos a alma nos escapar", é preciso que uma *consciência* outra sinta que a primeira está abandonando o corpo. E essa *outra* consciência *outra não é* senão o próprio corpo, pois ele "grita atrás da alma" para alcançá-la. Gustave, no momento em que sente que está ficando louco, faz-se puro organismo físico para apreender, *fisicamente,* sua loucura como uma recessão da alma; ele se refugia num obscuro pensamento selvagem e animal que seria o pressentimento de um corpo que está sendo abandonado. Sem dúvida, esse pensamento orgânico não existe – pelo menos nesta forma; é Flaubert que o produz por meio de uma dicotomia ilusória de sua consciência: a mesma que se sente naufragar tenta em vão *ser outra* para se alcançar e, com isso, apresenta-se ao mesmo tempo como alma a escapar e como corpo que se sente morrer. Ou, digamos, Gustave manipula-se para sentir com horror sua paralisia histérica como *efeito* de seus transtornos mentais, ao passo que, como vimos, ela é sua condição indispensável. Mas, em razão dessa atitude, seu terror de naufragar na loucura torna-se um *sofrimento físico*. Como este se manifesta? Se não houve convulsões em Pont-l'Évêque, as crises referenciais, em seguida, terminaram com frequência, senão sempre, com sobressaltos violentos: Maxime, que as relata, foi sua testemunha ocular. Portanto, parece que

Gustave reagiu bem depressa à necrose com espasmos convulsivos que o arrancavam à paralisia pitiática. Espasmos padecidos, é evidente, contrações musculares aleatórias que o deixavam machucado durante vários dias: o influxo nervoso, desbaratado, passava pelos circuitos arcaicos; aquelas sacudidas dolorosas eram fisicamente sentidas, mas o *sentido* delas era materializar o sofrimento moral.

Em sua carta de julho de 1853, por outro lado, Gustave não menciona as "forças físicas". Ao contrário, a propósito da "alma atrozmente extirpada do corpo", ele declara: "Eu nunca estava puramente passivo e guardava a consciência, ainda que não pudesse falar". A única *atividade* aí é da consciência: "ainda que eu não pudesse falar" nos remete à paralisia histérica. Em outras palavras, mesmo quando ele está reduzido à impotência, mesmo quando seu corpo padece de modo passivo essa *extirpação* da alma", há sofrimento: em Pont-l'Évêque, durante a crise *sem convulsão* que o derrubou, Gustave sentia dores *atrozes*. Essas dores são *originais*. As outras, as convulsivas, apenas as seguem: emanam delas e as reproduzem em outro terreno. Ora, nesse texto, Gustave indica com clareza que esse primeiro sofrimento é *moral*: "o ser-razão ia até o fim; sem isso o sofrimento teria sido nulo, pois eu teria sido puramente passivo, e guardava a *consciência*...". Em 1857, dirá: "meu *eu* naufragava... Mas eu me agarrava à minha razão. Ela dominava tudo, embora sitiada e vencida". Esses dois textos dão informações: *ir* até o fim é *aguentar* até o fim. *Sitiada e vencida*, o que pode ser a razão, senão a seguinte reafirmação, vacilante, mas constante: "Essas são imagens, eu sou eu"? Mas, no momento em que faz essa afirmação, Gustave, já pouco dotado para os juízos assertóricos, privou-se dos meios de sustentá-la, desaparecidas que estavam a vontade e as funções mentais de integração. Por esse motivo, a razão está "vencida"; não é ela – pelo menos no começo – que pode restituir a verdade e dissipar o erro por meio de operações mentais; ela, portanto, é apenas *postulada*, durante a crise; Flaubert remete-se a ela como a algo que existiu, que pode sempre reaparecer sobre as ruínas das fantasias; ele a visa de modo intencional, mas não a encontra; a única prova de que ela existe é o apelo que se eleva de uma memória já obscurecida. De certo modo, "agarrar-se ao ser-razão" é *acreditar* nele, acreditar que ele pode renascer e dissipar as nuvens como o sol – pois o ser-razão, em Gustave, é *ser-outro*: é o grande olho do doutor Flaubert. Em suma, a crença na morte e na loucura é combatida por uma contracrença: nesse nível aparece o sofrimento, que nada mais é que essa contradição *vivenciada*. Será *realmente* atroz? Sem dúvida, Gustave *tem medo* de naufragar. Mas, *afinal*, é ele que se determinou devagar a produzir esse começo de naufrágio. Essa invasão de parasitas, para ele, não é comparável a um perigo inesperado, embora ela se manifeste a partir de um estímulo exterior: por mais preocupante que seja, a seus olhos ela apresenta certo ar de familiaridade. Alguém dirá que nem por isso ela é mais tranquilizadora, e concordo. Mas Flaubert padece um adormecimento provocado: será ainda capaz de sofrer *de verdade*? Nossos terrores sonhados fazem parte de nossos sonhos: são sentimentos cuja raiz é real, mas que se irrealizam e são vivenciados *no imaginário*. Tão logo o desejo que se sacia irrealmente – ou seja, oniricamente – deixa à mostra a sua natureza, os interditos reaparecem, e o sonho torna-se pesadelo. Mas acaso ele não se estruturou de modo espontâneo como a saciação irreal *que deve ser vivenciada à custa de um pesadelo*? O pesadelo não estará com frequência contido em potência e consentido como aquilo que restabelecerá o equilíbrio, manifestando que o sonhado recusa seus desejos? Um analista relata o seguinte sonho: o indivíduo está com o pai e um granadeiro do Grande Exército no meio de uma vasta planície coberta de neve; ele percebe *com horror* que o soldado faz mira em seu pai, ele se atira sobre o soldado para lhe arrancar o fuzil, mas é tarde demais: o tiro é disparado, o velho cai, o indivíduo sente *sua atroz* impotência. Dá para perceber como uma obscura intenção teleológica combinou tudo? O pai morrerá, o filho deseja isso com ardor, mas ele será morto *por outro*, que o indivíduo tentará reter sincera e inutilmente; no entanto, isso não basta para que o sonhador se exima*: é preciso* que sinta *com horror* sua impotência. Caso contrário, como diz Gustave de si mesmo, "ele seria puramente passivo". Evidentemente, o fundamento desse horror é real: é o interdito. Mas esse horror é desviado, irrealizado, já não é horror a si mesmo, é horror ao outro-que-comete-o-ato-desejado. Em resumo, não é apenas uma consequência da saciação onírica: dentro do sonho foi-lhe atribuída uma função pela intenção que produz e estrutura o próprio sonho como totalização; é um meio de *atenuá-lo* (a aversão por si mesmo é vivenciada com repugnância diante do gesto do outro) e de colocá-lo a serviço da empreitada onírica: por meio dessa torção do sentimento, o indivíduo constitui seu ato fictício como *ato outro*; o horror é vivenciado como vã recusa a um acontecimento objetivo.

Pouco importa se ele acorda tremendo e banhado de suor: isso mesmo demonstra sua inocência e seu amor filial.

Há, pois, uma finalidade para a atrocidade nos pesadelos, e, por essa finalidade, a angústia e o medo, tornando-se partes constituintes do sonho, transformam-se em determinações sonhadas da afetividade, com base em interditos reais. É o que ocorre com Gustave no momento da primeira crise. É evidente, ele teme decair, mas acaso não compreenderá de modo obscuro que nunca irá *longe demais* nesse caminho? E não dará um jeito de converter essa demência esboçada em agonia – visto que a morte lhe dá menos medo que a loucura? Seu orgulho sofre, não duvidemos. Mas estará em *situação de orgulho* essa figura jacente submetida a três sangrias? Por outro lado, o sofrimento lhe é *imposto* pela intenção que estrutura sua neurose: se ele não tivesse sofrido, como diz a Louise, é porque teria sido *puramente passivo*. Mas essa passividade não teria diferido da perfeita indiferença. Com isso, a obediência teria sido desqualificada: o pai obriga-o a agir, ele se submete; a crise o priva do meio de obedecer, ele a aceita com a mesma tranquilidade: ou ele não passa de cera maleável que suporta com inércia todas as modelagens (nesse caso, onde estaria o mérito?), ou sua obediência é suspeita. A única maneira de renegar a crise, de ver nela uma totalidade que o destrói contra a sua vontade e contraria para sempre suas aspirações mais profundas, é *transformá-la em pesadelo*. Submeter-se não basta: é preciso a renegação, o horror. Este se integra no conjunto pré-onírico e torna-se também pré-onírico. Não é de todo sofrido nem de todo sonhado: sua base é um medo real. Mas ele o irrealiza, levando-o ao extremo: *atroz*, o horror se torna uma alucinação hipnagógica. Isso significa que ele é *parte constituinte* da crise e que, em vez de ser seu efeito real, *desempenha um papel nela*. O turbilhão das fantasias é sustentado e qualificado – como acidente desconhecido e renegado – por um terror fantasmático. Assim, pode-se dizer que a atmosfera de pesadelo da crise, do mesmo modo que os "fogos de artifício", é um produto imaginário da intenção fundamental – cuja estrutura é teleológica, mas que surge como determinação renegada da atividade passiva –, e que, nas crises posteriores, as convulsões terão a finalidade de realizá-la como *dor física*, uma vez que não é realmente vivenciada como sofrimento moral. A simples inércia não basta para fazer dele a vítima inocente de um golpe do destino: para não ser suspeito de cumplicidade (pelos Outros, ou seja, primeiramente por ele mesmo), ele precisa *recusar* o mal que o abate. E, para permanecer ineficaz, essa recusa não deve ser uma negação prática, mas uma determinação irrealizante da afetividade. Nada mais fácil para esse agente passivo em quem se atrofiou a faculdade do *sim* e do *não*. E a função desse "sofrimento" é dupla, pois, ao mesmo tempo que o inocenta, denuncia a extrema gravidade do perigo: *atroz*, torna-se pressentimento do pior.

A releitura da carta de 1853 confirma nossa interpretação. Não só pelo estranho "eu teria sido puramente passivo" – que exige o seguinte complemento: "e isso eu não deveria ser de modo nenhum; portanto, precisava me estruturar de tal maneira que pudesse sofrer" –, mas também pelas imagens contraditórias que Flaubert utiliza. Há, por um lado, a "a alma extirpada do corpo" – o que é definido de maneira explícita por Flaubert como *morte*, parecendo indicar que o princípio vital *se vai*, e que o organismo está prestes a tornar-se cadáver – e, por outro lado, esse fechamento da alma em si mesma "como um ouriço que se machucasse com seus próprios espinhos", que parece marcar uma espécie de *introversão* da vivência. Com certeza se poderia afirmar que ela se extirpa do corpo *na imanência*, sem sair dele, abdicando de suas funções de vigilância e direção, para entregar-se às desordens de um sistema nervoso descontrolado. Mas, neste caso, o que dizer da equiparação das crises a mortes sucessivas? Há morte se a "alma" se vai. E, sobretudo, *quem* sofre? Na primeira metáfora, é o corpo (em 1847 ele gritava para chamar a alma de volta) ou, em última instância, *a alma e o corpo juntos*. Na segunda, é só a alma. Já não se fala em hemorragia, ou seja, num mal *em expansão*, mas um fechamento, um mal *em retração*. Os espinhos do ouriço sem dúvida são as saliências pelas quais a alma penetra no sistema nervoso. Ela os volta contra si mesma: acaso isso significa que ela assume a responsabilidade de romper as comunicações? Mas de que dor psíquica ela se afeta então afora qualquer modificação real do organismo? Essa descrição obscura e contraditória demonstra uma experiência patológica em Flaubert que não pode ser traduzida pelo discurso. Digamos que ele precisa dessas duas abordagens opostas para levar a adivinhar, por meio de sua oposição e por causa dela, a indizível qualidade afetiva da vivência – ou seja, justamente, esse "*atroz*" não localizável profundamente, mas sentido de modo irreal como certeza de que o *compromisso* histérico é realmente *padecido*. De modo geral, porém, pode-se afirmar que a imagem da extirpação representa a necrose, ao passo que a do ouriço, em vista da intenção implícita que pressupõe (a alma *se* volta para si mesma, *toma a iniciativa* de romper as comunicações com o exterior e até mesmo com o corpo que, por isso, se paralisa), evoca a neurose como crença pitiática.

E. COMPROMISSO HISTÉRICO

Se quisermos penetrar mais na neurose de Gustave, será preciso totalizar a "ocorrência" de Pont-l'Évêque e, afastando por um tempo os dois sistemas de referência, encará-la em sua realidade concreta. Houve *queda* seguida de paralisia temporária. Agora devemos descrever essa queda *enquanto tal*. Ora, constatamos que, além e aquém da demência e da morte (morrer e enlouquecer não é obrigatoriamente cair), ela apresenta um sentido imediato que lhe é próprio: cair é primeiro de-cair. Observo de imediato que aqui se trata de uma metáfora "popular": entendo com isso que ela foi interiorizada por Flaubert, mas não lhe pertence propriamente. Embora o alto e o baixo sejam determinações capitais de seu espaço, ele interiorizou um esquema social. O que lhe pertence, por outro lado, é o significado profundo que ele atribui à queda. Esta, como símbolo comum, marca acima de tudo a passagem de um escalão superior da hierarquia admitida para um escalão inferior. Gustave vê mais coisas: cair é ceder à gravidade, portanto voltar à passividade original pelo menos por um instante. De fato, um homem que cai faz que o mundo o signifique como temporariamente desumanizado: não passa de um objeto inerte sobre o qual são exercidas as grandes forças físicas, em primeiro lugar a atração terrestre. Enquanto não tocar o chão, de nada lhe serve ser um organismo, ele não passa de massa. Além disso, na maioria das vezes o acidente se deve à perda de equilíbrio. Em Flaubert, em janeiro de 1844, a queda – ou seja, o retorno ao estado de materialidade inorgânica – é consequência de uma resolução muscular, ou seja, de uma redução brusca do tônus dos músculos que garantem a posição ereta.

Adianto-me um pouco; não se pode decidir se o que há é uma hipotonia generalizada, e não a brusca tensão dos músculos antagonistas. Gustave terá sido "traído" pelo próprio corpo ou terá desabado aos pés do irmão imitando a derrocada *padecida*? Nesta última hipótese, estaríamos diante de um comportamento aparentemente mais próximo da simulação. Na primeira, porém, não se deve esquecer que a resolução muscular, nesse caso em especial, só pode resultar de uma modificação do influxo nervoso. Assim, de qualquer maneira, o fenômeno é de origem central. Do mesmo modo, quando está no chão, a impossibilidade em que se vê de fazer algum gesto ou mesmo de abrir os olhos pode ser concebida como resultado tanto de uma tetania dos músculos estriados, quanto de uma desconexão nervosa, tal como a que experimentamos durante o adormecimento, quando nos sentimos literalmente incapazes de mexer sequer um dedo. Pessoalmente, inclino-me a esta última interpretação, sem excluir de todo a primeira: Gustave, fascinado pelo metal frio e polido da noite, parece que se colocou paulatinamente em estado de sonolência hipnótica; portanto, ele não teria imitado a passividade, mas teria se aproximado de modo lento de um estado neurovegetativo. De fato, como vimos, foi a crença que decidiu, e não a revolta ou a afirmação.

    De qualquer maneira, esse problema desperta pouco nosso interesse. De fato, embora os comportamentos de Gustave, mesmo resultando de bruscas contrações musculares (como serão os espasmos nas crises referenciais), *pareçam* encerrar alguma simulação, podemos facilmente ter a certeza de que não se trata disso: seja qual for a maneira de interpretar, os transtornos de Pont-l'Évêque organizam-se sob a direção de um esquema autônomo e vigoroso que podemos chamar de psicomotor porque se impõe há vários anos ao corpo e à sensibilidade de Flaubert. Desde que começamos este estudo, não nos faltaram ocasiões de ressaltar o condicionamento da criança e, depois, do adolescente pelo esquema da verticalidade. Ele se eleva ou se precipita. Com muita frequência, por trás da descrição de suas ascensões, distinguimos verdadeiras quedas. De resto, na maior parte do tempo não é verdade que ele sobe sozinho aos céus: ele é levado, e quem o rapta é o diabo, que pode deixá-lo cair num nada, como Smarh, no qual ele ficará girando sem parar. Em suma, a verticalidade negativa, ou seja, a descida passiva, a entrega à gravidade, é tema dominante, e as pseudoascensões, também passivas, transformam-se por si mesmas em derrocadas. Ou melhor: a derrocada futura está inscrita nelas de antemão como sentido profundo e como objetivo;

desde a decolagem ela é marcada pela vertigem e pelo medo. Smarh, agarrado ao manto de satã, é a massa aterrorizada que se sente objeto da gravitação universal. Não seria possível imaginar nada disso caso se tratasse de uma verdadeira Assunção.

Nos capítulos anteriores, o tema da verticalidade negativa se nos mostrou como organização do imaginário. E assim deve ser, pois o identificamos sobretudo nas obras romanescas de Gustave. No entanto, sem que ele perdesse a irrealidade, nós o vimos ora em sua função simbólica – é a queda de Smarh, ascensão invertida, ou a falsa elevação do colegial que acaba por *afogar-se* no limiar dos mundos possíveis –, ora em seu aspecto mais material, embora ainda simbólico – é o desfalecimento de Garcia, é o do bibliômano, que manifesta sua dor e impotência esborrachando-se no chão. Essa fascinação pela passividade absoluta não lhe veio de fora: ela é e continuará sempre sendo a tentação de uma atividade passiva que quer resolver sua contradição profunda (necessidade da práxis e passividade constituída da vivência) forçando um dos termos, procurando através dele realizar o elemento patético como um absoluto. Assim, as imagens jacentes (cuja situação ele inveja) caíram tomadas pela morte e, com isso, sua carne perecível deu lugar à pedra; é essa petrificação, e não a morte real, que o jovem autor de *Novembro* cobiça. Queda e mineralização são uma e mesma coisa.

Sem dúvida são sonhos. Mas, primeiro, esses sonhos repetidos com tanta frequência dão mostras de uma *exis* da imaginação. Isso significa que, ao ser excitada, ela construirá todas as imagens concretas que lhe pedem no âmbito da verticalidade negativa concebida como retorno ao estado mineral. Todos temos esquemas diretores e os superamos com invenções singulares que eles estruturam. Mas raramente um escritor dispôs de regras tão pobres e coercitivas. A lei de bronze que o coage a encenar seu ser com os meios improvisados, ou seja, a determinar-se no irreal vivenciado segundo a verticalidade negativa e a passividade, pode ser considerada constitutiva de sua irrealidade.

Além do mais, tudo prova que essa nervura do ser extrapola as ficções e é vivenciada também como pulsão real de sua existência cotidiana. Na origem, há o alheamento de um miserável fascinado pelo mundo, mas há também aquelas quedas bem reais que, na infância, o precipitavam de cabeça ao chão, quando ele se apaixonava por suas leituras, como se, incapaz de cuidar da compostura com uma vigilância

III. A NEUROSE COMO RESPOSTA

marginal, ele deixasse de reagir como organismo e se transformasse num sistema puramente mecânico. Também não são *apenas* imaginárias aquelas veleidades de suicídio que o impelem a se atirar pela janela, a se precipitar do alto de uma falésia para as ondas negras que "detonam como cem canhões". Esse esquema suicida é tão imperioso nele que, muito depois, em 1875, quando contar a vida de São Julião Hospitaleiro, escreverá: "Ele resolveu morrer. E um dia, quando se encontrava à beira de uma fonte, ao se debruçar acima dela para avaliar a profundidade da água...".* Era de se esperar que esse impetuoso capitão, caçador violento e sanguinário, fosse transpassado por uma espada. Mas, por amor, o autor escolhe para ele a mais feminina de todas as mortes: o afogamento. Ele se inclina, se inclina e, sem um acontecimento imprevisto do qual voltaremos a falar, ter-se-ia deixado cair de cabeça, carregado pelo próprio peso, até alcançar seu reflexo e nele se engolfar.

Essas observações têm em vista provar que, na crise de Pont-l'Évêque e nesse nível, a *invenção mórbida* reduziu-se a pouquíssima coisa. Ele caiu, é verdade; ele se fez massa inerte, o irmão e os vizinhos tiveram de transportá-lo num saco de cereais até a casa vizinha e depositá-lo, estendido, na mesa onde Achille cuidaria dele. Mas essa conduta integral ele carregava em si desde a infância: sonho de abdicação, vontade de cair, de se unir à terra e à água, à passividade original da matéria, à mineralidade, esse tema capital, organizador de sua vida, sabor imediato de sua consciência, temido na existência real, amplamente explorado no imaginário, isso ele conhece e reconhece. Desde 1838 sua neurose vai se organizando em torno dessa tentação. Estou certo de que Flaubert se permitia cair incessantemente: em Paris ele se deixava estatelar na cama, de olhos abertos e calçado; talvez tenha gozado o prazer de cair no chão como Garcia. Eram festas solitárias: ele se oferecia tais festas com todas as portas fechadas durante pouco tempo. Isso não impedia que, de modo implícito, pelo menos a título de *experiência para ver*, elas tivessem o significado radical da crise que o derrubará em Pont-l'Évêque: tratava-se realmente de *abdicação* figurada por uma perda de equilíbrio e de queda na passividade. A queda, mesmo da maneira mais grosseira, sempre significou para Flaubert a recusa ao humano, papel difícil demais de desempenhar, uma vez que o estatuto de humanidade lhe parecia

---

* G. Flaubert, Pléiade, t. II, p. 644. Note-se que ele já procurou a morte "salvando... crianças do fundo das voragens. O abismo o rejeitava...".

coincidir com a posição ereta, símbolo da atividade. Mas, ainda que essa decadência apresentasse um sentido pleno – e, por isso mesmo, se consolidasse como *exis* e pulsão ao mesmo tempo –, Gustave estava consciente todas as vezes, desde o início, de que poderia voltar o jogo. Levantado, poeira sacudida, sem ser visto, sem ser surpreendido, ele recuperava a dignidade humana. Ou melhor, se se permitia esses giros pelo inumano, é porque tinha certeza de que deles voltaria. Quando se atirava na cama da Rue de l'Est ou quando, de pernas para o ar, se empenhava em arremedar as crises do jornalista de Nevers, ele não sentia que se *comprometia* realmente.

Por essa razão, o acidente de Pont-l'Évêque incita a um nominalismo. Em si mesmo, parece atípico: partindo-se do universal, não é possível entendê-lo. Em compensação, para quem acompanha Gustave desde a primeira infância está claro que, de certa maneira, a crise reproduz uma experiência singular, repetida centenas de vezes, ora fulminante e padecida, ora encenada, ora imaginada e atribuída a um personagem fictício: trata-se de um comportamento proteiforme que é arremedado, vivenciado ou dito, mas aos poucos se torna um esquema orientador da espontaneidade flaubertiana. A única diferença – mas ela é fundamental – é que a queda de janeiro comporta uma intenção deliberada de irreversibilidade. Com isso, a intenção teleológica se inverte: comumente, ele *realiza* a queda (ou se irrealiza nela, se a tomar como um papel por desempenhar), para através dela gozar sua passividade. Mas, na verdade, outra intenção pouco decifrável e ambígua deixa-se ler através dessa desistência: a de constituir a queda como revelação de sua verdadeira natureza que, segundo ele, é a inércia absoluta. É essa intenção implícita que se torna fundamental na crise: já não se trata de gozar sua "natureza" por um instante, em ato ou ilusoriamente, mas, ao contrário, de obedecer-lhe; é ela que *produz* a queda: é a *verdade* de Flaubert, que algumas influências externas, ignorantes ou mal-intencionadas, tentaram em vão mascarar durante mais de vinte anos, imprimindo a Gustave, de fora, movimentos que ele não podia *sustentar*, e que se perpetuavam nele havia algum tempo em decorrência de sua própria inércia. A queda, em certo nível de significação, como vimos, parece provocada pela obediência levada ao extremo: Flaubert fez *demais*, o que supõe que ele admite em si certa potência de atividade – mas restrita e caracterizada por fins singulares –, que foi vergada porque forçada, levada de modo artificial para fora de seus limites e desviada quando seus objetivos próprios foram substituídos por objetivos que

III. A NEUROSE COMO RESPOSTA 1869

lhe são estranhos. Mas, por baixo, a contestação é muito mais radical, já não se trata de doença, ou seja, de reação anormal, mas do brusco aparecimento, fulminante iluminação vivenciada, da verdade absoluta; nesse nível, Gustave goza amarga e plenamente sua passividade no âmago de um naufrágio total, passividade concebida aqui como poder negativo, resistência passiva ou força de inércia. A despeito das más intenções dos outros e de suas próprias ilusões – alimentadas por obediência –, a verdade se desmascara de modo fulminante e denuncia publicamente os maus pastores. A passividade triunfante se faz queda: e Gustave, que tantas vezes desempenhou esse papel, massa inerte, *reconhece-se* justamente nessa "coisa" que *cai como massa*, ou seja, que se revela simples gravidade, definida por suas relações múltiplas com as grandes forças cósmicas. Portanto, a queda, única resposta possível ao destino singular que lhe atribuem, preparada há vinte anos por exercícios variados, dá-se num relâmpago como retorno à verdade. Prova disso é que pouco depois Gustave dirá com orgulho: precisamos viver *segundo nossa natureza*. Acrescentará: as circunstâncias me permitiram isso, mas minha vontade também participou de algum modo. Isso significa: a crise era a rebelião de minha verdadeira natureza (não sou feito para a ação nem, principalmente, para o gozo), meu mérito é ter sabido compreender isso e limitar-me agora a ser apenas aquilo que sou.

Exatamente por essas razões a crise de Pont-l'Évêque, apesar de ter caráter público, se tomada em si mesma e encerrada em sua instantaneidade, seria mais simbólica que eficaz. Como dissemos, cair é decair: que seja; mas isso não passa de imagem humorística: a decadência real acomoda-se maravilhosamente à posição ereta. Sem dúvida, pode-se marcar o grau pela altitude. Mas há outros signos (galões, medalhas, traje etc.) que possibilitam aos dignitários distinguir-se do vulgo mesmo ficando no mesmo nível do homem da rua. De resto, quando Gustave cai de nariz e desaba aos pés do irmão, duas imagens interferem e misturam-se: ele se torna infame ou coincide com sua essência? Nem uma coisa, nem outra: cair não passa de símbolo de infâmia, só decifrável para ele; e, embora ele seja de fato um agente passivo, a inércia não é seu estatuto, a não ser metaforicamente. Sei bem que ele desaba convicto de abolir-se ou de voltar a ser idiota. Como assim? Ele se reerguerá extenuado, ansioso, em frangalhos, *mentalmente são*; estará com as pernas tremendo, mas ficará em pé e, sozinho ou amparado pelo irmão, voltará ao cabriolé *andando*. Em suma, a crise, se fosse só *ela mesma*, deveria ser considerada uma totalização metafórica e pontual por meio da qual Gustave aglomerou num só instante afrontas, contrariedades, angústias e ressentimentos, assumindo características (louco, morto, inorgânico) que ele não tem de fato. Eu disse, ademais, que ela seria ineficaz: de fato, como vimos, Gustave será tabelião ou advogado, a menos que um acontecimento independente de sua vontade o prive da possibilidade de obedecer ao pai. Ora, o acidente de Pont-l'Évêque, por si só, não pode bastar para retirá-lo da vida prática: se ele não viesse a repetir-se, o jovem ficaria alguns meses em observação no Hospital Central e depois retomaria o caminho de Paris. Esse é o sentido da frase de Maxime: "(Achille) tinha a esperança, sem acreditar muito, de que tinha acabado de testemunhar um ato que não se repetiria". O irmão mais velho, que vê o ataque *de fora*, ainda pode supor que se trata de um acontecimento isolado. No entanto, a violência e a força das manifestações já o impressionam, mas ele só vê naquilo um sinal da possibilidade – rigorosamente, da probabilidade – de que se repitam, nada mais: isto porque o irmão não sabe *do que* se trata. Gustave, por sua vez, tem certa compreensão do que vivenciou, no nível da consciência não-tética: um sentimento de coisa já vista, de familiaridade, lhe dá a obscura certeza de que a crise *não irá mais longe*, de que ele "não largará a casca" nas mãos de Achille nem ficará demente. Em suma, seria um furo na água se, como contrapartida dessa ineficácia reconhecida, não houvesse na própria queda uma hipoteca neurótica do futuro, o compromisso de não ir de imediato até o pior, mas de repetir-se indefinidamente. Nada é tão claro, evidentemente: digamos que ela é vivida como um *começo*. Não como uma ruptura imediata e decisiva, mas como o início de uma doença *que se temporaliza*. E nesse instante atroz em que Gustave é incapaz de formar um único pensamento, o que pode ela prever a não ser *a si mesma*, ou seja, seu eterno retorno? Essa previsão não-formulada, em si, não passa de certa densidade temporal da vivência. Trata-se de um *compromisso histórico*, é escusado dizer: o velho juramento de decair está presente em meio àqueles distúrbios como intenção teleológica, mas acima vimos a forma assumida pelas intenções nos agentes passivos: elas se tornam *crenças proféticas*. Flaubert, na superfície, acredita que *nessa crise mesmo* ele irá até o fim, mas *abaixo* dessa crença há o conhecimento implícito de limites insuperáveis (ela não pode produzir a morte nem se estruturar por si mesma como demência), de modo que sua verdadeira crença pitiática, na profundidade, é que os transtornos se manterão por tempo indefinido, o que equivale ao

III. A NEUROSE COMO RESPOSTA

compromisso de repeti-los com a frequência que for necessária. Agora compreenderemos melhor os terrores de Gustave e sua sensação de naufragar na atrocidade: o que o aterroriza não é de fato a convicção de que *desta vez* vai soçobrar, é seu compromisso-crença, em suma, sua convicção de que os transtornos presentes também são futuros, e de que ele está vivendo por antecipação a totalidade de seu porvir. A queda *devia* levar Gustave até o ponto sem retorno, e é com efeito o que ela faz: não no mesmo instante – em que ela não passa de metáfora –, mas significando-lhe, por não sei que sabor atroz da vivência, que o não-retorno reside na estrutura repetitiva do acontecimento padecido. O futuro imediato (estou morrendo, estou naufragando) torna-se símbolo cru e sonhado do futuro remoto, com um terror também imaginário: a vida inteira de Gustave será mudada no dia a dia pelo ressurgimento intermitente de transtornos sempre semelhantes a si mesmos, cujo caráter referencial está presente até na crise-mãe, ainda que velado pela pressa desesperada e sadomasoquista de radicalizar tudo de imediato. Nesse sentido, das duas metáforas radicalizadoras a morte levará agora a melhor: ela se mostrará a Flaubert, no plano da reflexão metafórica e à luz dos transtornos referenciais, como o símbolo mais apropriado a seu estado. Porque, depois de janeiro de 1844, o jovem já não poderá duvidar: *não está louco*; afora algumas crises passageiras, ele conservou todo o juízo e, agora, irá repetindo que chegou perto da loucura, mas, graças a Deus, estava imunizado. O que morreu – Gustave volta mil vezes a esse assunto nas cartas a Louise e na primeira *Educação sentimental* – é um jovem ainda são, mas atormentado pela maldição paterna. O que ressuscita e se deixa definir pela repetição das crises é um jovem doente dos *nervos*, cuja sensibilidade, como veremos, passou por uma modificação radical, e que deve renunciar para sempre à "vida ativa e apaixonada" da juventude. Assim, a decadência – inegável *do ponto de vista dos outros* –, em vez de se realizar de modo fulminante como irreversibilidade radical, será vivenciada e padecida aos poucos: as crises, o vazio afetivo que elas provocam, que é ao mesmo tempo o ambiente no qual elas podem engendrar-se, a doença como definição objetiva do estado de Gustave pelo *pater familias*, o isolamento, tudo decorre do compromisso secreto e aterrorizante de *manter* esse estado com transtornos padecidos diante do testemunho mais perspicaz, aquele que corta as mentiras com bisturi e as faz cair aos pedaços a seus pés.

Aqui o objetivo da empreitada passiva nos aparece de modo patente: aquilo a que Flaubert não pôde chegar em 1841-42 por não se decidir a *lhe dar fé* agora tem a sua crença e por isso o atinge de verdade: ao aceitar ser a vergonha da família, ele consegue permanecer nela por tempo indefinido, realizando por fim o modo de viver ao qual aspirava em vão havia vários anos: o semi-isolamento.

F. NEUROSE COMO REGRESSÃO

Vimos que Flaubert, assim que se sentiu ameaçado, saiu apressado de Paris e refugiou-se no Hospital Central. Não para evitar um desastre que ele acredita inevitável, mas para que a mãe, o pai, o irmão e a irmã sejam testemunhas dele. Essa reação comporta uma intenção explícita e de imediato reconhecível: muitos, quando podem, fogem da solidão para irem morrer em meio aos seus; não é tanto por procurarem socorro físico; o que desejam é "não acabar como rato num buraco"; em suma, querem cooptar a própria morte fazendo-a socializar-se como aventura comum ao grupo do qual eles saíram e que lhes sobreviverá. Ela já não será a pura abolição de uma existência: retomada e, se possível, transmitida de geração a geração, ela se tornará um acontecimento datado da história familiar, ou seja, uma determinação da vida comum, superada, mas conservada, *instituída* a título de imperativo da sensibilidade e de cerimonial repetitivo. O moribundo deseja viver sua morte como uma passagem para a eternidade, descobrindo-a nos olhos de seus parentes como um acontecimento arquetípico, que se manterá agora na forma de eterno retorno celebrado. Flaubert sente o peso de uma ameaça terrível, mas hesita quanto à natureza do perigo: em todo caso, vai ter com os seus. E, como quis que o grupo instituísse a catástrofe que vai derrubá-lo, a proximidade imediata do meio familiar é uma solicitação direta: a crise o abate *aqui e agora*, com urgência, porque em breve *a hora terá passado*, pois só lhe restam dois ou três dias e, transcorrido este último prazo, ele deverá padecê-la na solidão. Em suma, entrega-se a ela em Pont-l'Évêque para não ser sua vítima em Paris.

Por trás dessa primeira intenção – tão comum que não permite interpretar o mal dele em sua singularidade –, não temos dificuldade em descobrir outra que lhe é mais pessoal: ele alimenta o desejo de mergulhar os familiares no remorso, pois eles ficarão horrorizados

III. A NEUROSE COMO RESPOSTA

se o virem cair a seus pés. Mas essa intenção negativa visa de certa forma um imaginário: Flaubert tende a sentir a satisfação *irreal* de afetar Achille-Cléophas com um arrependimento que, de qualquer maneira, este não sentirá. Esse prazer amargo e sem consistência só pode ser vivenciado na mais atroz solidão, à custa de uma difícil *desrealização*: no limiar do autismo e da loucura. Ele tomará essa decisão, como mostrarei neste mesmo capítulo. Mas conhecemos a ambivalência de seus sentimentos filiais. Por isso, não deveremos nos surpreender se encontrarmos primeiro nele uma outra camada intencional, mais positiva. De fato, se relermos a carta a Ernest, uma frase nos impressionará de repente, à maneira de uma fisionomia; nela percebemos certa fatuidade feliz, bem fora de lugar na triste enumeração das infelicidades de Gustave: "quase larguei a casca nas mãos de minha família". Para comunicar a simples notícia de sua "congestão", bastariam duas palavras: "quase morri". Mas – tenha ele ou não sua consciência explícita – essa informação seca não poderia satisfazer Gustave, ela não daria conta do acontecimento concreto em sua unidade sintética, seria uma abstração. A originalidade da crise se expressa nos seguintes termos rigorosamente inseparáveis, que devemos ler num único movimento: "largar-a-casca-nas-mãos-de-minha-família". Sua falsa morte é familiar, é uma *reconstituição* do grupo Flaubert pelo sacrifício do caçula: isto porque até então se poderia dizer que o estudante, maior e emancipado, que estava passando alguns dias com a família, vivia *com* eles ou mesmo, rigorosamente, vivia deles. Mas ia embora de novo, fazer exames, assumir uma profissão que lhe permitisse reproduzir sua vida por meio do trabalho. Ora, eis que a catástrofe o pôs de novo em suas mãos. Essas palavras sugerem de início a preocupada solicitude de *todos* os Flaubert reunidos à sua cabeceira, oito mãos agarradas a seu corpo para arrancá-lo à morte. Desse ponto de vista, a intenção está clara: os filhos mal-amados se ferem ou se queimam para ressuscitar o amor. É o que acontece com Gustave: sabemos que ele sonha em fazer o pai chorar, aí está a oportunidade. Quando Maxime vai visitá-lo, Achille-Cléophas ainda estava atormentado, mas já não se temia pela vida nem pela sanidade mental do caçula. Portanto, é o próprio Flaubert que informa ao amigo que o *pater familias* "estava desesperado". O que confere estranho sabor à narrativa de Du Camp – mesmo sem levar em conta as intenções malévolas desse autor – é a justaposição de informações contraditórias e fornecidas, é claro, apenas por Gustave: "Ele não via outro remédio além da sangria radical", é o que satisfaz o *ressentimento* do caçula. O "desespero do pai" é o que satisfaz seu antigo desejo frustrado de vassalo afeiçoado. O pai chora, e o doente imóvel e mudo pensa com êxtase: "então ele me amava!". Isso é confirmado pela carta a Ernest: o tom de alguns trechos não engana: "Meu pai quer me manter aqui por muito tempo e cuidar de mim com desvelo, *embora o moral esteja bom*".* É exatamente o que foi lido: Gustave, caso desse ouvidos a si mesmo, ficaria algumas semanas de repouso e voltaria em boa forma a Paris. Porém é o pai que *quer* mantê-lo ali: precaução supérflua, decerto, mas que Gustave aceita como ato de amor. Que sonso! Como inverteu a situação: agora é o pai que lhe dá ordem de interromper os estudos, e é ele que *consente, por obediência*, para não mergulhar a família na angústia, em não voltar para o tão querido quarto da Rue de l'Est e interromper *sine die* a apaixonante leitura do código civil. E o pior é que é verdade: com o sacrifício de Pont-l'Évêque, ele criou para o chefe da família a necessidade de retirá-lo do mundo e da vida ativa. Com que prazer ele se submete à decisão de seu senhor!

Mas o que o enche de satisfação é a promessa que acompanha essa decisão: "Meu pai quer... cuidar de mim com desvelo". Não se trata apenas de mantê-lo em casa: Achille-Cléophas compromete-se a cuidar dele constantemente; o médico ocupadíssimo, que só tinha olhos para o irmãozão Achille, de repente encontra tempo para cuidar com atenção do caçula, para cuidar dele com *desvelo*. O triunfo – discreto, mas visível – de Gustave nos esclarece sobre um dos principais significados de sua decadência: quando ele cai aos pés do irmão, não o faz apenas por masoquismo. A morte e a demência, por certo, o transformam *em objeto*. Ele é *manejável* e, se "quase largou a casca", foi nas mãos do rival, do usurpador detestado. Mas, se se torna objeto, é para *tornar-se objeto de cuidados*. Como não vai até o extremo da morte nem da demência, os dois doutores Flaubert só podem tentar curá-lo. Sem dúvida, é com vergonha que ele confia destino e vida ao irmão inimigo, e a queda é uma prosternação. Mas, por outro lado, ele obriga o representante de Achille-Cléophas a comportar-se como o pai, a debruçar-se sobre o caçula, a temer o pior, a tentar de tudo para salvá-lo. Em suma, ele o reintegra em sua função de irmãozão

---

* Grifo meu.

benevolente. Adulto, casado e pai, Achille, enquanto espera herdar os cargos do médico-chefe, vai levando a *própria* vida; sempre ligado de modo profundo a Achille-Cléophas, ele se distanciou dos outros Flaubert. Com os cuidados que seu estado exige, Gustave o obriga a voltar para o círculo familiar do qual o caçula se torna o centro de repente, com a queda imprevista. O rosto atormentado do jovem doutor Flaubert prefigura nesse instante o rosto do *pater familias* – até então severo demais, irônico e frequentemente irritado –, o da mãe – austero, um tanto desorientado e, com demasiada frequência, glacial –, o da traidora Caroline – que o esquece por um Hamard – rostos que dentro de algumas horas vão se voltar para Gustave, ansiosos ou implorantes. Objeto, sem dúvida, porque mudo, cego e paralisado, ele imita a inércia do objeto: mas objeto de amor *finalmente*; espera a leve amenidade dos sussurros à sua cabeceira, os silêncios respeitosos, os olhares úmidos de ternura. Vai mais longe ainda e, se se deixa levar até a falsa morte, não é para "largar a casca", mas para abdicar "nas mãos" da família. Sente algum prazer em escrever: "logo no começo do ano *vão me mandar* gozar dos ares marítimos, *vão me mandar* fazer muitos exercícios e, sobretudo, ter muito sossego". Eis aí o que nos revela o sentido profundo de sua opção passiva: nu, frágil e sem defesa, sua impotência de doente deve restituir-lhe a impotência do bebê. Por meio da morte e da loucura ele tem em vista *regredir* até sua proto-história. Prepara-se para receber os primeiros cuidados médicos que espera *como os primeiros cuidados maternos*. Sabemos que essas práticas, conscienciosas, exímias e sem calor, afetaram-no com uma passividade constitucional. Mas, precisamente por essa razão, é à pura passividade que ele aspira. Não é por acaso que a crise assumiu a forma de *queda* seguida de paralisia: ele perdeu o uso de todos os gestos aprendidos, já não sabe falar, andar, nem mesmo ficar em pé; é um recém-nascido que Achille leva de volta ao Hospital Central. Nesse "instante fatal", será acaso contra o *pater familias* (que o condenou à atividade) que Gustave volta à primeira infância? Será a firme autoridade da mãe que ele busca reencontrar, percorrendo ao contrário o curso do tempo para reencontrar a idade de ouro, antes do reinado do pai? Não, ou melhor, não só: então ela estava encarregada dele, é verdade; mas agora os cuidados que Gustave exige, também íntimos (ele é "socratizado"[59] com a seringa"), só o pai pode dar. Desse modo, uma das intenções da queda – bem ambivalente, como veremos, mas aqui só examinamos seu aspecto positivo – é obrigar esse pai esquecido e injusto, esse Moisés terrível e viril a tornar-se *maternal*, a tratar o filho manualmente, como fazia a sra. Flaubert, a *re*-constituir aquele corpo derreado, decomposto, que ela constituíra em 1821, em suma, a deixar diante da porta de Gustave sua autoridade senhorial e masculina para entrar de saias no quarto e manipulá-lo ou socratizá-lo com uma doçura feminina.* Transformar um genitor em genetriz não é pouca coisa: é nisso, porém, que Gustave se empenha desde o momento da crise, e devemos reconhecer que a operação, executada expeditamente, será coroada de sucesso, pelo menos até o fim do verão de 1844. Acima de tudo, ele tenta recomeçar e melhorar sua proto-história, formando em torno de si um afetuoso ambiente intersubjetivo, cuja meta principal seria ele, e que em seu lugar e por amor tomaria *todas as decisões*.

Não há dúvida alguma que nesse nível ele busca dois objetivos complementares: semeando a preocupação com uma regressão fulminante, tornar-se o bem-amado que nunca foi; impingir à comunidade Flaubert todas as responsabilidades que o esmagam, inclusive a obrigação de lavar-se, barbear-se, defecar etc. Este segundo objetivo talvez seja o mais importante, pois diz respeito ao modo de *existência* de Gustave, em outras palavras, às suas relações ontológicas com a temporalização e a localização.

Seria errôneo acreditar que ele aspira à condição de objeto como um mal menor ou apenas para despertar amor. Na verdade, ele também a procura por ela mesma, vimos que em Paris padecia sua própria atividade como força estranha que ele não reconhecia, mas devia assumir. Não decidia nada por si mesmo, porém devia interiorizar as decisões dos outros e assumi-las, porque os outros precisavam que, na heteronomia de sua espontaneidade, ele se fizesse instrumento consciente das iniciativas deles: assim, a intimidade subjetiva era sua danação, porque se reduzia à interiorização das ordens, que logo se tornavam responsabilidades livremente consentidas. A partir daí é concebível que, debruçado à beira do abismo, em Pont-l'Évêque, ele tenha sido tomado pela vertigem da irresponsabilidade. Se acaba por cair estatelado, é também para se livrar da intimidade subjetiva e, por conseguinte, do trabalho forçado da interiorização. Que os outros decidam em seu lugar, como sempre fizeram, mas que sejam seus próprios executantes. Gustave ficará exterior a si mesmo, nem sequer terá mais um si-mesmo, tornar-se-á a encarnação provisória do

---

* Que certamente a sra. Flaubert não tivera em 1821.

ser-em-exterioridade; receberá de fora impulsos motores que se prolongarão como movimentos, se nada do exterior vier opor-se a isso. Mas esse corpo móvel já não terá "dentro" para responsabilizar-se por esses impulsos. Que façam dele o que quiserem, que o purguem, que o levantem ou deitem, que o depositem ou carreguem: Gustave não lhes oporá nenhuma resistência – a não ser a da gravidade –, e não está em condições de lhes dar ajuda. Que calma mortuária: ele perde ao mesmo tempo a possibilidade de obedecer e o sonho da impossível revolta; o poste declina de toda a responsabilidade. Não sendo poste, o estado cadavérico será mais útil à sua intenção do que a demência. Não só porque ele representa o retorno do Para-si ao Em-si, mas também porque o tema do homem vindo-a-ser-coisa sempre rondou Gustave; Marguerite acaba numa mesa de dissecção, e em Charles Bovary será feita uma autópsia. Entrementes, quantos mortos conspurcados, profanados: o grande homem que virou carniça e é manipulado pelos coveiros diante da multidão; Djalioh empalhado; Mazza nua, morta e violentada pelo olhar obsceno do comissário etc. Esse motivo tem um sentido masoquista que lhe possibilita interligar tentação de morte e juramento de decair. Mas nele também encontramos uma significação arcaica, nascida nos tempos em que Gustave e Caroline, erguendo-se, podiam surpreender Achille-Cléophas em seus trabalhos de dissecção: o cadáver é coisa eminentemente *manejável*; é desvestido, deitado numa mesa, seu ventre é aberto. Essa visão primitiva certamente desempenhou algum papel na crise: a intenção de morte não tinha tanto em vista a abolição da consciência quanto a sobrevida cadavérica *na exterioridade*, durante a qual Gustave, entregue aos pais, seria o objeto inocente de todas as iniciativas deles. A partir daí, o sincretismo da crise mostra-se com clareza, pois o demente, o cadáver e o lactente afiguram em graus diversos uma irresponsabilidade manipulável, mas *ainda humana*. Na própria morte, mantém-se o laço familiar – relação *constitutiva* de Gustave: o corpo é no mínimo determinado como objeto de cerimônias. É claro que as coisas não irão tão longe: Gustave sobreviverá, não recairá na infância. O essencial é que tenha tido a intenção radical de abdicar de sua humanidade: só precisava disso para ficar *simplesmente doente*, para que suas crises de manutenção fossem sempre padecidas e nunca simuladas; mas, ao mesmo tempo, o resultado obtido – doença incurável que desafia o diagnóstico de Achille-Cléophas –, apesar de muito inferior ao esperado, lhe é homogêneo: como o cadáver ou o idiota representam a *irresponsabilidade em família*, sua afecção nervosa é uma maneira de *vivenciar* essa responsabilidade. Embora não vá até a proto-história, como ele desejava, a regressão não deixa ser eficaz: leva-o de volta à adolescência. Esse doente crônico é mantido pelo seu mal em estado de extrema dependência, foi reduzido por um acidente à condição de eterno menor, em outros termos, à condição feminina.

Nesse sentido, o ataque de Pont-l'Évêque é o episódio capital de sua luta contra a temporalização. Nós vimos que faz alguns anos ele se obstina em destruir o futuro – *seu futuro* –, quer se subtraindo à duração humana para se fazer consciência de sobrevoo e instalar--se no Eterno, quer mergulhando no presente puro pelo hedonismo ("o futuro será negro, vamos beber") ou pelo alheamento. Em vão. A Eternidade não lhe é acessível e, até na embriaguez, seu presente é estruturado por sua condição futura, sua vida é implacavelmente orientada; ele pode *esquecer* o Futuro, mas não eliminá-lo e, nos momentos em que o esquece, só se deixa levar às cegas para o ignóbil fim que o espera. Isto porque, feita e padecida, a temporalização é a trama da vivência, sua lei. Resta-lhe um único meio: é o que ele escolheu em Pont-l'Évêque. Matar um rapaz que tem futuro e, ao mesmo, fazer nascer um homem sem futuro. Este contempla aquele; não tem nem sequer outra razão de ser que não seja contemplá-lo: vazio, sem paixão, sem caráter, sem interesses, ele não passa de feixe de luz a explorar uma memória. A sua? Não, e isso ele diz com clareza: a memória de outro. Nada lhe acontecerá jamais porque ele se fez de tal modo que nada – a não ser a morte – lhe pode acontecer. Em outros termos, na crise trata-se de constituir toda uma vida de paixão, esperanças, raiva e horror como um *antes* para que o outro, sobrevivente incumbido de contemplá-la, só tenha como determinação temporal ser o seu *depois*. É evidente que Gustave está cansado de saber que todo momento presentemente vivenciado é dialeticamente constituído como um *antes*, na exata medida em que é vivido como um *depois*. Mas, como dirá ele mais tarde, com soberba: "não somos feitos para viver". Nós quem? E o que entende ele por viver? Veremos em breve. Basta notar, por enquanto, que um *depois* sem *antes* só pode ser uma abstração, e Gustave está convencido disso, mas, com a catástrofe de Pont-l'Évêque, visa constituir um *antes* absoluto (sua juventude finada que nunca mais terá *depois*, exatamente porque ele se aniquila, ao totalizá-la) e, ao mesmo tempo, um *puro depois* que, reduzido a pura consciência rememorante, não pode em caso algum ser o *antes* de alguma coisa ou de alguém. É a dicotomia de *Novembro* realizada pela falsa morte de janeiro de 1844. Para que a operação desse certo, era preciso que ele acreditasse, com paixão, que morre e que, nessa crença, fosse dada a intenção de ressuscitar como *outro*, esvaziado de suas riquezas e até mesmo de sua personalidade, puro Ego transcendental, a recensear e unificar os destroços de uma experiência totalizada de modo fulminante e depois dispersada por motivo de óbito. Mas que ninguém se engane; não é o jovem morto que interessa Gustave: é o outro, seu arqueólogo; ele mata o primeiro para salvar o segundo. E este, claro, quem poderá ser, senão um velho? Já na carta de janeiro de 1844, a primeira em que fala da "congestão", reaparece com toda a força o tema da velhice, familiar na adolescência: "Devo te aborrecer tremendamente, não é, com o relato de minhas dores; mas que queres? Se já tenho as doenças dos velhos, tenho o direito de arengar como eles". Vimos que esse *leitmotiv* tem em Flaubert uma multiplicidade de funções e sentidos. Mas, aqui, lembra o "Gostaria de já ser velho" de *Memórias de um louco*, e sua principal função é estourar as estruturas da temporalização: velho é aquele que se volta para o passado e não tem mais nenhum futuro. Tudo estava preparado, como se vê, pois já no dia seguinte à crise que deve privá-lo do futuro, Gustave sabe que papel deve desempenhar para não perder seus benefícios: ele vivenciará a doença como uma senilidade precoce. Isso não lhe será difícil: costuma-se dizer, das pessoas que sofreram ou ainda sofrem de uma afecção física, que envelheceram antes do tempo. E suas outras fantasias se adaptarão bastante bem a essa nova metáfora: os velhos voltam à infância e, como as crianças, são o objeto irresponsável de cuidados e preocupações, tudo se decide *pelo seu bem* e sem que lhes peçam opinião.

Portanto, ele está imutável. De verdade. Logo, ganhou do mundo. Sabemos que esse tema nele não é novo; e é com ar de triunfo que o retoma e acentua, depois da crise! "Quanto a teu servo, é sempre a mesma história: nem melhor nem pior, nem pior nem melhor; tal como o conheces, conheceste e conhecerás, sempre o mesmo *guri* enfadonho para os outros e ainda mais para si mesmo, embora tenha tido bons momentos em sociedade, sobretudo em sociedade liberta e de ouvidos pouco pudicos.* Repetirá um pouco depois a Maxime, após ter perdido o pai e a irmã: "Parece que estou... num estado inalterável. Provavelmente é ilusão, mas só tenho esta, se é que é ilusão. Quando penso em tudo o que pode acontecer, não percebo o que poderia me modificar; quero dizer o fundo, a vida, o andamento ordinário dos dias".** O sentido superficial deste segundo trecho é bem claro: *depois desses dois lutos*, caí num desespero lúcido e permanente que nada poderá aumentar nem diminuir. Sem dúvida, é isso o que acaba de dar a entender a Maxime: mas sabemos muito bem que ele não lamentou de fato a perda de Achille-Cléophas e Caroline. Aliás, no fim da mesma frase, ele acrescenta: "além disso, começo a adquirir um hábito de trabalho que agradeço aos céus"; imutabilidade é coisa que ele quis, contrariando seu destino burguês, desde a adolescência e não lhe foi dada pela morte dos outros, mas por sua própria morte em janeiro de 1844. A partir daí, ele não muda mais, e os dias que passam se assemelham: "Cada dia se assemelha ao outro. Não há um só que possa se destacar em minha lembrança" – escreve a Alfred em setembro de 1845. Não está se queixando, muito pelo contrário, pois acrescenta: "Não é sensato?"Aliás, o conjunto da carta é dedicado a explicar as razões de sua serenidade. Dez anos depois, voltando de uma viagem a Trouville, ele escreve com prazer: "Assim recomeça outra série de dias parecidos com os outros dias...", e um pouco adiante: "Nada prova mais o *caráter limitado* de nossa vida humana do que o *deslocamento*. Quanto mais a sacudimos, mais oco é seu som. Porque depois de nos mexermos precisamos repousar; como nossa atividade não passa de repetição contínua, por mais diversificada que pareça, nunca nos convencemos mais da estreiteza de nossa alma do que quando nosso corpo se expande.*** Essa observação adquire pleno valor quando pensamos que foi feita *após* sua viagem ao Oriente. O que impressiona é que, voltando numa noite escura a Pont-l'Évêque, dez anos após a crise, ele diga: há dez anos eu estava aqui. "E quando estamos aí, pensamos as mesmas coisas, e todo o intervalo é esquecido. Depois esse intervalo se mostra como um imenso precipício no qual rodopia o nada. Algo indefinido nos separa de nossa própria pessoa".**** É indefinido porque

---

* A Ernest, 11 de novembro de 1844, *Correspondance*, t. I, p.157.
** A Maxime, abril de 1846, *Correspondance*, t. I, p. 204.
*** A Louise, 2 de setembro de 1853, 9 horas. *Correspondance*, t. III, p. 331.
**** A Louise, 2 de setembro de 1853.

vazio: um único e mesmo dia, sem cor, incessantemente recomeçado. O que o separa de si mesmo é o tempo puro, isento de qualquer conteúdo. Nem os lutos, nem a traição de Alfred, nem o conhecimento de Louise, nem a viagem preencheram *sua* duração. Tudo deslizou sem alterar esse "caráter limitado" que ele adotou em janeiro de 1844. Refere-se de modo explícito à noite de Pont-l'Évêque, pois foi lá que ele adotou a imutabilidade. Está consciente disso já em 1844. Para nos convencermos disso basta reler o fim da *Educação sentimental*, escrita a partir de julho. Jules, sem dúvida, não teve crise. No entanto, mesmo sem conhecermos exatamente a razão, nele ocorreu uma ruptura: "A calma em que quis viver... afastou-o... de modo brusco da juventude... ele quase petrificou seu coração". Voltando ao passado, ou seja, à vida que levou *antes* da ruptura, fica "espantado com a fidelidade de suas lembranças, que se tornaram mais vivazes ainda com a presença daqueles locais nos quais elas tinham sido fatos e sentimentos; ele se pergunta se todas pertencem ao mesmo homem, se uma só vida pode ter bastado para isso". Isto porque então ele não era o "esqueleto" que se tornou: naquela época, *estava mudando*. "Olha para si mesmo com espanto, pensando em todas aquelas ideias diferentes que lhe tinham ocorrido". Contudo, um pouco adiante – passaram-se alguns anos –, falando da vida presente de seu herói, Flaubert escreve: "Sua vida é obscura. Na superfície, triste para os outros e para ele mesmo, ela transcorre na monotonia dos mesmos trabalhos e das mesmas contemplações... nada a recria nem a sustenta".*

A imutabilidade, desejada e proclamada desde a adolescência, realizada em Pont-l'Évêque, de certo modo é a irrupção da eternidade no tempo e, com isso, o estilhaçamento da temporalização. Gustave se escolheu: ser *só isso*, mas ser *para sempre*; definir-se – em grande parte por negação –, mas, com esse mínimo de traços distintivos, assumir uma carapaça grosseira, tão rude que resista a tudo. Como se vê, o esforço de Gustave é para *mudar o tempo*, pelo menos naquilo que lhe diz respeito pessoalmente. Se ele não passar de sistema mecânico dado uma vez por todas, se for afetado pelo ser-em-si das coisas e do passado, a irreversibilidade da temporalização feita e padecida cederá lugar ao ambiente homogêneo da sucessão, ou seja, ao tempo da mecânica newtoniana. O tempo da História é abolido; é substituído pelo da matemática, simples recipiente indefinidamente divisível que em

---

* *Na superfície*: na profundidade há uma contrapartida à qual voltaremos.

si mesmo não possui nenhuma eficácia, não pode exercer nenhuma ação sobre seu conteúdo. Nessa perspectiva do futuro, o presente e o passado não são "existenciais" estruturados de maneira diferente: já se sabe que o instante futuro – considerado em sua *forma* temporal – será idêntico ao instante presente e aos instantes transcorridos. Flaubert vai ainda mais longe: imutável, afirma, no que lhe diz respeito, que o conteúdo futuro outro não será senão o próprio conteúdo presente. Como se vê, a morte e a inércia constituem o único meio de destruir o primado do futuro e de afirmar a perfeita homogeneidade do "continente" temporal. Gustave entendeu muito bem que o tempo era *ele mesmo*; ele desaba, congela-se e, com isso, desinterioriza a temporalidade. Também a desumaniza, visto que ela já não passa de ambiente universal e totalmente inerte. Escolher o instante, ínfima suspensão, em que o antes e o depois se neutralizam, imagem temporal da Eternidade, é agarrar-se ao presente, afirmar que além do momento vivenciado não haverá nada mais que a restituição desse mesmo momento. É recusar à sua vida esse sentido atroz, mas humano, que ele reconhecia com o nome de Destino. O Destino está morto: tanto aquele sonhado, de artista genial, quanto aquele temido, de grande homem gorado, tabelião em Yvetot. A existência de Flaubert já não é *vetorial*, perdeu irreversivelmente a sua irreversibilidade. Ou melhor, é uma sucessão de presentes vazios, pois o velho sobrevivente só pode definir-se em si mesmo como inerte lacuna. O que o caracteriza é a contemplação do jovem morto que, precisamente, *ele não é*. Assim, não sendo *nada*, nada pode atingi-lo; e, quanto ao defunto, apesar de toda a sua riqueza, o tempo não tem poder sobre ele, pois, precisamente, ele já não é, ou, o que dá na mesma, ele é-em-si. Essa escolha do instante só podia realizar-se como escolha de *um* instante: era preciso que um *instante fatal* manifestasse a loucura de todas as atividades humanas, destruindo com seu raio instantâneo todas as empreitadas do filho Flaubert; era preciso que, com sua súbita irrupção, a Eternidade provocasse no momento uma degradação em cadeia de nossa miserável duração. De fato, se a temporalização é a trama da práxis, as opções instantâneas, por definição, são destruidoras. Assim, em Pont-l'Évêque, Gustave opta por privilegiar um instante, ou seja, a negação intratemporal da temporalidade: *algo lhe acontece* (o instante é também o tempo do acontecimento padecido) *para que mais nada lhe aconteça jamais*. A crise nasceu naquela noite, naquela hora, de uma fascinação pitiática de Gustave pelo instante: ele levou a autossugestão ao ponto de se destemporalizar, ou seja, de nem sequer compreender mais as razões dessa postergação perpétua que é própria da realidade humana, e ao ponto de encontrar o absoluto nas exigências do imediato. Essa opção passiva não visa tanto à morte quanto ao ponto de vista da morte sobre a vida. Seja como for, para atingir seu objetivo Flaubert precisaria morrer de verdade. Se aceita sobreviver, é porque atrás dessa visada radical do impossível há outra, mais modesta e realizável: substituir o tempo vetorial da história pelo tempo rural e doméstico da circularidade. De fato, a repetição também é uma boa imagem da Eternidade, conforme mostra bem o mito do eterno retorno; o que retorna em data fixa, indefinidamente, é um equivalente temporal da imutabilidade. Ora, ao se mutilar para incrustar-se no ambiente familiar, Flaubert mergulhava no universo da repetição (refeições feitas em horas fixas, em comum, brincadeiras rituais, hábitos coletivos, festas, aniversários etc.). E essa repetição – com a ambivalência que ressaltamos – era o profundo objeto de seu desejo porque representava um retorno à infância. Por essa razão, como vimos, a primeira crise comportava, como estrutura essencial de seu *sentido*, o compromisso íntimo, *orgânico*, de se repetir. De fato, as crises seguintes são o exato recomeço dela. O que dizer, a não ser que cada uma delas é uma reprodução da Eternidade ou, digamos, da desagregação do tempo prático pelo presente vivenciado como instantâneo? Seus retornos imprevisíveis, mas frequentes*, mantêm, de alguma maneira, a predominância do tempo cíclico, da reversibilidade e, afinal, da permanência sobre tempo orientado do Ato. Elas reaparecem, sempre semelhantes, como as festas do calendário e, afinal, elas *são* festas,

---

* É pouco provável que as crises referenciais nasçam por si mesmas e sem agressão exterior, à maneira de certos distúrbios orgânicos que se reproduzem periodicamente. É de se supor, ao contrário, que Gustave, mesmo mantendo em si uma disposição histérica a repetir o ataque de Pont-l'Évêque, não entre em convulsões sem que acontecimentos familiares reconstituam com maior ou menor fidelidade a situação de janeiro de 1844, ou, pelo menos, o predisponham a revivê-la. É fácil adivinhar que não faltam tais ocasiões: o ativismo do *pater familias* é uma agressão perpétua, assim como, em menor grau, a presença ou as palavras dos "Achilles", quando eles vão ao Hospital Central, os projetos que fazem, o futuro que imaginam; também é preciso levar em conta a "traição de Caroline" e seu noivado, as visitas de Hamard, a amizade que Flaubert é obrigado a demonstrar por ele. Quando todos esses dados estão reunidos de uma maneira ou de outra, quando seu estado presente é *questionado*, quando ele se sente observado, espionado, quando alusões aos colegas e à sua vida futura despertam frustrações adormecidas, em suma, quando a lagoa é revolvida e o lodo sobe à superfície, ele reage com convulsões.

horríveis sem dúvida – se bem que cada vez menos aterrorizantes –, mas tais fastos têm o objetivo de manter Flaubert no ambiente da repetição e *simbolizam* a repetição familiar. De fato, como ele padece os usos familiares com dependência e inatividade, o reaparecimento intermitente de uma prática coletiva o *afeta* – com ou sem prazer por parte dele – como uma crise. E, inversamente, essas crises referenciais, "pró-memórias", só terão sentido para ele se ocorrerem em ambiente cíclico; a partir do momento em que Achille-Cléophas se sente um pouco tranquilizado, em que se sabe – ou se acredita saber – o que é preciso fazer para enfrentá-las, elas mesmas se tornam hábitos coletivos que mobilizam a família inteira, cadenciam a lenta vida vegetativa de Flaubert e a dos seus pais, tal como os aniversários e as festas com data marcada. Gustave entendeu muito bem que o tempo cíclico é a imagem degradada da eternidade, pois escreve a Louise numa carta que já citei: "nossa atividade não passa de repetição contínua, por mais diversificada que dê a impressão de ser", o que equivale, dessa vez, a atacar diretamente os atos, a denunciá-los como ilusões e a mostrar a velha circularidade das rotinas e dos hábitos por trás de pretensão destes a *inventar* soluções para problemas novos.

É verdade: ele não mudará mais. Essa escolha do imutável em janeiro de 1844 não tinha sido sonhada: produziu uma metamorfose real, um bloqueio definitivo de todas as forças vivas em Gustave. Maxime escreve em seus *Souvenirs Littéraires*: "o modo como o encontrei em fevereiro de 1843 (*sic*) no Hospital Central de Rouen é o modo como ele seria durante toda a sua existência. Dez, vinte anos depois... ele admirava os mesmos versos, buscava os mesmos efeitos cômicos, tinha os mesmos entusiasmos e, apesar da castidade real de sua vida, comprazia-se em leituras cuja tolice obscena nunca conseguiu repugná-lo... parece que ele teve todas as suas concepções por volta dos vinte anos e gastou a vida inteira dando-lhes corpo". O objetivo do autor está claro; ele parece lastimar Gustave e só o avilta, para concluir por fim: "Minha convicção é inabalável: Gustave Flaubert foi um escritor de raro talento; sem a doença nervosa que o acometeu, ele teria sido um homem de gênio". Ou, como diz ele em outro lugar: as "faculdades criativas" do amigo foram "atadas". Por outro lado, no imobilismo de Gustave ele vê o efeito rigoroso e não-significante de uma afecção do sistema nervoso, totalmente padecida, portanto exterior à *pessoa* de Flaubert. Nos dois pontos ele se engana. Se Gustave se imobilizou, foi de modo intencional, como acabamos de ver; e essa recusa a mudar só existe no nível da vida cotidiana: as mesmas leituras, as mesmas brincadeiras etc. Sua sobrinha sentiu, já na primeira infância, a vida de Croisset como um retorno regrado das mesmas cerimônias cotidianas. Mas daí não se deve concluir que suas faculdades criativas foram afetadas: veremos no próximo capítulo que é exatamente o contrário. É verdade: Gustave dá mostras de rara precocidade, mas não é aos vinte anos que ele possui "todas as suas concepções"; é aos quinze. E a doença não o *deteve*, pois seu objetivo não era encontrar outras, mas usar aquelas para produzir obras *belas*; se houve quem dissesse sobre Victor Hugo que ele era uma forma em busca de um conteúdo, vimos que desde 1841 Gustave é um conteúdo em busca de uma forma. O fato é que o testemunho de Du Camp, por mais "tendencioso" que seja, confirma o que Flaubert nos informa em sua correspondência. Fazia muitos anos ele recusava a vida adulta e suas obrigações, desejando uma infância prolongada ou a brusca senilidade: contudo, o tempo transcorria e levava-o para o adulto que ele não queria ser. Em 1844, ele se manipula para continuar eternamente sendo o que é, e sua falsa morte simboliza e realiza, ao mesmo tempo, sua escolha passiva de *viver ao mínimo* para mudar o mínimo possível.

Essa recusa à temporalidade precisa ser vivenciada ao mesmo tempo como escolha de uma localização nova ou como restauração de um antigo *situs*: isto porque a inércia é uma determinação temporal. A opção pelo *ser-em-si* é uma recusa passiva a realizar a vida como aventura, para que ela não se torne um destino, portanto deve manifestar-se também como tentativa pitiática de substituir o "ser-no--mundo", que define a transcendência, pelo ser-no-meio-do-mundo, que é o caráter próprio das coisas: a facticidade – ancoragem –, contingência perpetuamente superada e conservada pelo projeto, precisará degradar-se a *ser-situado* material, se o projeto tender a negar-se. Na verdade, o objeto nunca está situado por si mesmo: *é o projeto* que lhe confere uma situação em nosso campo prático.* Mas, precisamente, a transcendência, quando se inverte e quer fazer da facticidade uma

---

* É escusado dizer que *situar* as coisas não é equivalente a uma atribuição idealista: elas não são reveladas como são e em suas relações reais, mas do modo como esse conjunto de relações é apreendido como ambiente prático pelo agente. A descoberta de um lençol petrolífero é de imediato *situação* dessa jazida em relação às outras jazidas (possuídas por outros), aos meios de transporte, aos instrumentos de perfuração, aos custos de exploração (em grande parte resultantes das determinações acima), aos capitais disponíveis, à conjuntura econômica etc. Apesar disso, a jazida não esperou essa revelação para *estar-aí*.

inércia*, precisa defini-la com um *situs* imprescritível. Daí resultarão duas confusões: a interioridade será vivenciada como exterioridade e vice-versa.

É precisamente o sentido *espacial* da escolha passiva que examinamos. Na verdade, a decadência e a doença têm em vista a integração de Gustave no meio familiar. As motivações, em certo nível, devem ser buscadas nas relações com o pai e com o irmão mais velho: Achille, o predileto, já não está *dentro* da família; fundou sua própria família e ganha a vida; Gustave, contra o usurpador, desforra-se escolhendo por *situs* o centro secreto do templo: com sua fraqueza, fragilidade, dependência, recupera um lugar iminente *no interior* do grupo e assim se vinga do herdeiro futuro que, com inteligência, força de caráter etc., se saiu bem. Mas, em outro nível, o processo de integração adquire um sentido mais profundo e radical: ele só pode ser vivenciado até o fim na forma de *isolamento*. Não só porque Gustave, ao voltar para o seio da família em virtude da crise espetacular de 1844, se comprometa tacitamente a *não sair mais de lá*, mas também porque a decadência, aceita, exaspera sua misantropia e torna insuportável para ele qualquer convivência com outrem, exceto a família. Nesse sentido, ele não só se refugia no Hospital Central para pedir aos seus que tratem dele e o protejam contra novos acessos, mas também *se esconde lá*. A partir daí, o *lugar* assume importância capital: contra os homens, é preciso paredes; sem dúvida, em primeiro lugar é a família que *serve de muralha*: mas as paredes, muralhas autênticas e inertes, tornam-se a objetivação da família. E sobretudo a objetivação de Gustave: sua carapaça exterior. Mais tarde Gustave insistirá com frequência naquilo

---

* Nada disso pode ser entendido se esquecermos que a práxis comporta necessariamente um momento no qual o homem (e o animal) se volta para a sua própria inércia (pois o vivo é inércia superada, mas conservada) para fazer dela o único meio de trabalhar o inerte (descrevi esse momento da práxis em *Crítica da razão dialética*). A inércia é certa estrutura do vivo e, em consequência, da ação. Assim, a inversão da transcendência – momento típico, mas aberrante, da opção pitiática em Flaubert – não tem de *inventar* o inerte. Limita-se a fazer dele um fim, quando ele é apenas meio. Também veremos adiante que Flaubert *usa* essa inércia. Não para pressionar uma alavanca ou para suportar um peso sobre os ombros, mas – esse é o aspecto positivo da opção – para libertar o imaginário de sua ganga prática e construir a aventura irreal do artista. O que quero enfatizar aqui é que, embora a crise de 1844 seja em si mesma desrealização, seus elementos reais são dados na própria estrutura da práxis. Gustave, sendo agente passivo, explora sua inércia para outros fins, só isso.

que uma tradição burguesa chama de "impenetrabilidade dos seres", por ele comparado – depois e antes de muitos outros – à insularidade de um grupo de arquipélagos. Mas a ilha pode simbolizar ainda melhor o *domínio* e as altas muralhas que o cercam. Nem o homem nem as coisas são impenetráveis, mas a impenetrabilidade vem pelas coisas ao homem, quando este usa a exterioridade delas a fim de criar para si uma interioridade da qual ele exclui os outros homens. Com o ato de apropriação da casa e do solo, o proprietário une numa relação mágica de pertencimento um conjunto de elementos materiais cuja verdadeira relação é a exterioridade recíproca; num mesmo ato, ele pressiona essas partículas umas contra as outras, rechaça os outros homens para fora e fecha-se no pedaço de espaço assim delimitado. Desse modo, o homem particulariza a coisa possuída; mas, inversamente, a singularidade volta da coisa para o homem. Gustave, ao realizar *com gestos* a unificação sintética do quarto e da casa como unidade de sua propriedade, transforma-se em *proprietário daquela coisa*; isso significa que ele tem sua essência fora de si, no objeto possuído. Ao conferir interioridade à matéria (cada parte da casa, transformada em um todo humano pelo ato de apropriação, é *interior* ao todo), ele se confere exterioridade; e, em se tornando essa casa seu exterior, ele se dá a interioridade como interiorização dessa exterioridade. Ele tem um "interior" que é apenas a face interior do exterior; ele tem uma "vida interior" que não se desenrola no interior de sua cabeça, mas em seu interior, por ligação sintética dos objetos possuídos. A vida de interior de Flaubert será o fundamento e a realidade de sua vida interior. Ela se definirá por sua singularidade, ou seja, pela singularidade do "interior" no qual ela se desenrola; será defendida dos olhares por paredes, a luz penetrará nela por aberturas feitas expressamente para esse fim, e o presente, como em Bergson, só estará no vértice de um cone invertido cujo volume total é ocupado pelas lembranças, porque o objeto possuído emerge do passado familiar histórico para deixar-se ver no nível do presente. Essa vida interior terá sua "profundidade", seu "mistério", que representam simplesmente a pura e simples opacidade de seus "conteúdos" (ou seja, das paredes internas e dos móveis). Alienado a seu quarto, Flaubert opta por *ser* em vez de *existir* e por *ter* em vez de *fazer*. Ao mesmo tempo, exige que um pacto familiar e um contrato social o reconheçam em seu quarto como "em sua casa", ou seja, que os outros assumam a impenetrabilidade das paredes – símbolo de sua própria impenetrabilidade; de modo recíproco, seu desejo de eternidade – ou seja, sua opção passiva pela inércia, sua escolha de *ser* – não se manifesta apenas pela decomposição do tempo em moléculas idênticas, mas é *materializada* pela assimilação vivenciada de sua existência com o ser-inerte da coisa. De modo que a extrema solidão do fracassado, realizada pela doença, nada mais é que a realização extrema da *apropriação* apreendida como movimento de isolamento que engendra o solipsismo, sua manifestação ideológica mais radical. A falsa morte de Pont-l'Évêque é a transformação de Flaubert em *domus* (ou seja, ao mesmo tempo féretro e domínio), é o ato proprioceptivo (ou melhor, sua imitação) na medida em que realiza a propriedade como coisa enfeitiçada que se torna a objetivação de um homem. De fato, é a apropriação do domínio que constitui a infraestrutura do sonho de *Novembro*: quando inveja as figuras jacentes e deseja ser apenas matéria, conservando a consciência de não mais ser, Gustave define a condição do rendeiro, cuja vida, reproduzida pelo trabalho dos outros e cadenciada pelo retorno eterno da renda, cai fora da práxis e faz com que se lhe anuncie aquilo que ela veio a ser por meio dos bens imobiliários cuja unidade sintética ela é, o que equivale a dizer que o desejo do proprietário, levado ao extremo, é tornar-se pura consciência sintética de suas propriedades (de seus *limites* internos-externos, da inércia inorgânica do solo, da vida vegetativa dos grãos, da temporalidade cíclica das estações e dos trabalhos). Reconheceu-se o velho desejo de Gustave: ele se retira do mundo, da atividade e da produção para vincular-se à forma feudal de sociedade, na qual a ênfase recai no consumo, e o trabalho é desqualificado ou silenciado. Ele consente em fazer-se grande homem gordo e, pior, *burguês gordo* para transformar-se em proprietário fundiário. Com o tempo, sua doença se identificará com a casa Croisset; quando ela se manifesta, é a conversão de um burguês ao parasitismo feudal dentro do âmbito da propriedade burguesa. De fato, Achille-Cléophas *não vive* de rendas – embora as suas sejam bem vultosas –, vive acima de tudo do seu trabalho. Quando compra terras e constrói casas, só está seguindo a corrente geral dos investimentos. Se "incrementa" seus domínios, não é por herança, por casamento, nem por doação senhorial: compra a terra com o dinheiro que ganha exercendo sua profissão. Esse dinheiro, tão logo investido, apaga até mesmo as lembranças dos antigos proprietários, e nada subsiste das relações complexas de família ou de vassalidade que, de certo ponto de vista, "humanizavam" a apropriação feudal. Esse homem sensato faz investimentos, só isso. Desse modo, seus bens imóveis são sua propriedade *real*: o vínculo que o une à coisa possuída – *utendi et abutendi* – é imediato e absoluto.

III. A NEUROSE COMO RESPOSTA

Com Gustave tudo é diferente: doente, não vive de suas rendas, mas das de outra pessoa, a crise obriga seu senhor e pai a sustentá-lo por tempo indefinido; ele tem a alegria – em oposição a Achille – de herdar por antecipação; sustentando-o, o pai adianta-lhe a herança; o jovem é rendeiro por procuração, por *doação*, o que reconstitui entre ele e os bens que usa a relação humana de vassalidade. As coisas vão ainda mais longe: ele sabe que o quarto do Hospital Central, onde quer se isolar, não ficará com ele. Um dia, com a morte do pai, o casal Achille Flaubert irá morar ali. Assim, o movimento de apropriação é um esforço de incrustação que se sabe vão. É verdade que, já em junho de 1844, o cirugião-chefe adquiriu Croisset – onde a família só se instalará em definitivo no ano seguinte –, mas Gustave, quando se muda para lá, com certeza já sabe que não herdará a propriedade: será quinhão da irmã Caroline, e, depois de sua morte, passará à filha dela. Isso não quer dizer que ele não tenha se apropriado de *seu* quarto do Hospital Central nem, sobretudo, do de Croisset. Na verdade, essa posse de bens possuídos por outros, cujo uso lhe é concedido provisoriamente ou até o fim da vida, em virtude de sua ambiguidade lhe facilitará a ampla oscilação que fará desse burguês ora um aristocrata, ora um santo. Teremos a oportunidade de voltar a isso. Por ora, basta notar o seguinte: Flaubert, quando se sente mantido entre as quatro paredes de sua prisão voluntária pelas intenções expressas de outros membros da família ("meu pai *quer* manter-me perto dele"; mais tarde a última vontade da mãe será que o usufruto de Croisset fique para Gustave até a morte dele), vive essa não-propriedade real como uma propriedade feudal e identifica-se com a *coisa* porque ela está já humanizada e é familiar. Assim, pode sentir-se nobre no momento essencialmente burguês de sua reificação. O quarto é quarto *dele*, uma vez que ele lhe anuncia a vontade senhorial do pai e as profundezas de um passado coletivo. Ali ele se isola, mas todo o *seu* mundo já está lá contido. Quando, em compensação, lhe ocorre – e isso é frequente – ressaltar o fato de que não possui de fato seu *situs*, ele sente o amargo gozo da penúria.* Aquelas paredes e aqueles móveis lhe devolvem sua própria imagem; longos anos estruturaram o espaço hodológico

---

* É escusado dizer que isso não é verdade: a herança será divida em três partes equivalentes. É verdade que Gustave não possui Croisset, mas tem outras propriedades das quais extrairá rendimentos confortáveis até a ruína de Commanville.

de seu gabinete de trabalho e da casa, de modo que seus gestos e pensamentos são suscitados numa ordem definida pelos inúmeros elos que ele teceu entre seu sofá, sua mesa, seu divã etc. Em Croisset, o escritório que ele escolheu no primeiro andar materializa o movimento do "salto de ricochete", da ascensão vertical que deve empoleirá-lo acima do mundo; e o "ponto de vista do absoluto" – que será o *estilo* – tem como infraestrutura a perspectiva de mergulho que ele precisa tomar – de lá de cima – sobre o jardim, o rio Sena e a outra margem. Mas essa objetivação de sua pessoa, ao mesmo tempo que se impõe como seu ser-em-si inerte ou repetitivo e orienta até mesmo os seus sonhos, conserva uma espécie de inconsistência escorregadia, não adere totalmente às paredes, aos objetos que o cercam, pela simples razão de que nada lhe pertence por inteiro, e de que o *situs* que o caracteriza de modo tão profundo em sua interioridade está ao mesmo tempo fora dele, nas mãos dos outros e emprestado por tolerância. Então Gustave, extasiado, pode convencer-se de que rompeu em definitivo com a burguesia – que a seu ver se define pela propriedade real –, de que está vivendo numa cela que, concedida pelo beneplácito de uma comunidade, de um momento para outro pode ser-lhe retirada, em suma, de que é um monge, um santo, e de que rompeu os últimos laços que o retinham em nosso mundo.

Assim, a crise de Pont-l'Évêque tem todas as características de uma conversão: instantânea, fulminante e preparada desde há muito, ela faz de Flaubert um herdeiro, um vassalo, um monge, ao mesmo tempo que o aliena a seu quarto e o leva a objetivar-se – cadáver enfeitiçado – numa propriedade real, mal e mal disfarçada, que será a infraestrutura inerte de sua imutabilidade. *Ser* para ele quer dizer: receber o anúncio daquilo que ele é por meio de seus bens imóveis e esconder de si o caráter burguês dessa apropriação, obrigando--se, à custa da pior decadência, *a receber como doação* aquilo que pretendiam fazê-lo ganhar pelo trabalho. E há também naturalmente em Gustave, por razões que conhecemos, uma tentação metafísica de abandonar a dimensão do para-si e fundir-se no em-si ilimitado. Nessa forma panteística, os limites da propriedade são suprimidos. Mas essa aspiração, segundo ele crê, só pode realizar-se como uma superação da apropriação. É preciso que esta faça de Flaubert *essa* matéria para que com isso ela tenha acesso à condição material, com a possibilidade de superá-la em seguida para a materialidade infinita não por meio de um ato real, mas de uma *disposição de espírito* – ou

III. A NEUROSE COMO RESPOSTA

seja, idealmente. E, precisamente, o caráter não-real e não-prático da apropriação – pois no Hospital Central, assim como em Croisset, trata-se de bens alheios – possibilitará que o ato proprioceptivo resvale para o êxtase panteístico. Trabalho é objetivação; gozo é interiorização. No momento em que cai de cara no chão e se estatela para interromper um trabalho odioso, Flaubert entrega-se à passividade, e esta se dá a ele como anúncio de seu ser profundo, ou seja, de sua inércia constitutiva. Mas, a despeito de si mesma, essa negação da atividade comporta uma *superação*: propõe-se como captação e interiorização do inorgânico, em outras palavras, como posse, ou melhor, como reciprocidade de posse (o bem possui seu proprietário no mínimo ou tanto quanto este o possui; a única diferença é que a posse do homem pela coisa é possessão demoníaca; alhures nós a chamamos de *possessão reversa*). E, é claro, a opção por não ser nada mais que uma casa no meio de um domínio limitado por paredes não poderia sequer ser concebida se esse conjunto inerte já não apresentasse uma multiplicidade de sentidos humanos: o trabalho – cristalizado em seus produtos – e, sobretudo, o pátrio poder, autoridade e glória do genitor. Mas esses sentidos que se impõem e solicitam interiorização são rígidos: inertes exigências, selam a inércia material; Gustave compenetra-se deles na medida em que eles são o avesso inumano das significações humanas. Em janeiro de 1844, quando se deixa levar por sua passividade constituída, Gustave cai de cabeça na propriedade.

Alguém dirá que estou indo longe demais, atribuindo à crise de Pont-l'Évêque motivações econômicas que na época não existiam em nenhuma de suas formas em Flaubert. A isso respondo simplesmente o seguinte: acaso ao longo desta obra não vimos Gustave sonhando com riquezas *herdadas*? Por acaso já em 1839 ele não estava calculando as rendas que lhe seriam deixadas pelo pai e já não se via a viver delas em Nápoles, onde a vida é menos cara que em Paris, *sem fazer nada*? Se a situação da família Flaubert fosse outra, se o *pater familias*, apesar de deserdar *moralmente* o filho caçula em favor do filho mais velho, não tivesse os meios de sustentá-lo mesmo depois de sua própria morte, seria de se acreditar que a criança maldita se teria afetado cem por cento de invalidez permanente? As frustrações, o desespero e a passividade constituída teriam permanecido, mas sua neurose teria tomado outro curso. Não entenderemos nada do mal que afeta o jovem estudante reprovado, se não o interpretarmos em primeiro lugar como estresse de um *filho de família* que vê o dinheiro *ganho* como necessariamente vulgar e só pode aceitar riquezas *legadas*. Não é surpreendente, então, se, por meio de uma decadência que comporta em si mesma um compromisso de isolamento, ele se decida a viver por antecipação sua condição de legatário.

Com a atomização da duração e a identificação de sua pessoa com o *situs* que a condiciona, terá ele de fato escapado à temporalização? Não, pois se trata de uma estrutura existencial. Ele simplesmente viverá atrás de uma máscara, como determinação *exterior* de sua vida, que ele deve padecer e sobre a qual ele não tem poder. Em outras palavras, o tempo orientado não desapareceu, e o tempo cíclico da repetição não passa de figura superficial dele. Só que essa duração fundamental agora se define como tempo da degradação e da involução. Nesse sentido, nada disso é totalmente novo; Gustave, voltado para o paraíso perdido dos amores infantis, sempre viu na temporalidade apenas o seu poder negativo: ela afasta, separa, desgasta. E, é claro, sua passividade lhe veda instrumentalizá-la. Mas, até a crise, a duração vetorial é *nele* como que uma força inimiga, confunde-se com a autoridade do pai simbólico e, ao mesmo tempo que o reduz à senilidade precoce pelo desgaste, carrega-o com velocidade mortal para aquele ser-outro que o espera e o horroriza: seu destino de burguês, de medíocre. A partir de 1844, o que o leva *para a ruína* é um rio lento. Isso quer dizer que o imutável, à força de ser sacudido pela correnteza, padece passivamente as lentas transformações que se lhe impõem de fora: inerte, as forças exteriores o destroem sem que ele possa resistir. Ou, digamos, ele prevê que as repetições do tempo cíclico, em virtude de seu próprio retorno, vão se esclerosar, vão se ossificar. A ruína é a obsessão de quem vive de renda: este, tendo feito do exterior a sua interioridade, acha-se ameaçado pela universal exterioridade até em sua vida interior. É também a obsessão de Gustave: testemunho disso são suas cartas – assim como seus romances, cujos heróis morrem arruinados. Mas adiante mostraremos melhor o sentido desse longo deslizamento das coisas e dos seres para a decadência e o proveito que o autor tirará disso em *Madame Bovary*. Bastava mostrar que a partir de 1844 ele tenta desdobrar a temporalização e substituir o Destino (coincidência com seu ser) pela Ruína (desgaste progressivo de um objeto móvel inerte por atritos e freagens).

G. A DOENÇA DE FLAUBERT COMO "ASSASSINATO DO PAI"

Se agora quisermos reconstituir a unidade fundamental dessas múltiplas intenções e ver *as* crises em seu verdadeiro aspecto, precisaremos compreender que elas representam *acima de tudo* um momento crucial das relações de Gustave com o *pater familias*. Todo o restante – quer se trate da pulsão masoquista que precipita Gustave aos pés do irmão mais velho triunfante ou do profundo vínculo do isolamento com a renda fundiária – remete necessariamente à "relação objetal" que une e opõe Gustave ao cirurgião-chefe. De fato, até 1844, na exata medida em que Gustave foi constituído como um ser-relativo, essa relação constitutiva estabelece-se com um personagem duplo que é – simultânea ou alternadamente – o Pai simbólico (primeiro positivo, depois negativo) e o pai empírico, um tanto nervoso demais, colérico, às vezes reclamão, com frequência "sistemático". Nessa relação Moisés é a variável independente, o ser absoluto; a dependência e a relatividade estão do lado de Gustave. Por essa razão, o essencial da vivência, na criança e depois no jovem, deve ser visto como um discurso ao pai que não pode ser feito.* Discurso negativo, mas irreal, porque o falante não dispõe do poder afirmativo e, por conseguinte, da negação. Diálogo de surdos que dura há vinte anos: mesmo através de Alfred, é ainda ao pai que Gustave se dirige. Em vão: a explicação definitiva nunca ocorrerá, tanto por causa de Gustave, mudo que quer falar, quanto por culpa de Achille-Cléophas, que não entende nada do filho e não está preocupado em compreendê-lo. Em outros termos, a neurose de Gustave é o próprio Pai, esse Outro absoluto, esse Supersuperego instalado nele, que o constituiu como impotente negatividade (ela não pode transformar-se em negação e só dispõe de comportamentos *positivos* – obediência, respeito, solicitude – para alcançar seus fins, ou seja, para *negar* o destino imposto). A partir daí, é fácil concluir que o corpo de Gustave assume à sua maneira – ou seja, na forma de distúrbios padecidos – as palavras que não podem ser pronunciadas: a queda de Pont-l'Évêque *diz alguma coisa* ao Genitor. Ao denunciar surdamente a vanidade do ativismo, o que ela condena simbolicamente

---

* Diferentemente da *Carta ao pai* de Kafka, que, aliás, nunca foi recebida pelo destinatário.

é o ativista-chefe. Em primeiro lugar, obrigando-o a assumir as consequências de uma educação voluntarista: eis o que fizeste de mim. Em segundo e de maneira mais profunda, ao contestar as virtudes de toda e qualquer atividade: o que o agente considera atos não passa de agitações de superfície; nós nos iludimos acreditando-nos autônomos, a dura realidade se encarrega de nos desenganar: somos matéria, portanto incapazes de espontaneidade, e os movimentos que nos animam vêm de fora e desaparecem ao se comunicarem de fora para outros corpos. Em suma, há duas camadas de significados: uma restrita – *sou* passividade, não posso agir –, outra generalizada – e tu também não passas de massa inerte, balançada pelos impulsos exteriores. Como não se opõem, os dois significados, caso fossem expressos de modo simultâneo pelo discurso, só se enfraqueceriam. Pois o primeiro visa a marcar a singularidade de Gustave tal como ele foi feito; não põe em xeque as fontes da atividade nos outros e manifesta apenas que Gustave – será anomalia? – não é feito para agir, que ele tentou lealmente, como sujeito consciente, e que sua "natureza" anulou esses esforços. Ao passo que a segunda – que, contra o pai visado de modo direto, recusa a própria ideia de que um homem possa ser agente –, ao afirmar que somos *agidos*, seja lá o que façamos, expõe o risco de dar esse argumento a Achille--Cléophas; se somos todos iguais, não és anômalo e, apesar de nossa passividade universal, podes captar tanto quanto eu os movimentos cósmicos que me animam. Mas Gustave, que em suas obras não se sentiu constrangido ao expor simultaneamente as duas ideias*, abstém-se aqui de expressá-las juntas. Contra o genitor, ele lança mão de qualquer meio; ele diz ao mesmo tempo: tu me torturas, não sou feito para o destino que me impões – e: como eu, nada mais és que uma marionete; visto que a ação é recusada ao homem, o ativismo é um frenesi ridículo. Assim, a queda e o retorno ofensivo da passividade visam tão somente a destruir a própria autoridade do pai: é o que compreenderemos melhor ao examinarmos as duas "falas" uma após outra.

Da primeira trataremos rapidamente: sua "morte" em Pont--l'Évêque prova que ele não era feito para o futuro que lhe haviam

---

* Jules não é feito para agir. Mas Henry, que seduz uma mulher, a rapta e parte com ela para as Américas, é de fato conduzido pelos acasos tanto quanto o amigo. Cf. acima.

proposto: erro ou crueldade, o *pater familias* tem toda a responsabilidade; em suma, é o discurso do ressentimento. Trata-se de mergulhar Moisés no remorso e, com isso, sobreviver para gozar sua dor. A segunda intenção é mais complexa. Vimos que ao pai empírico, que o destina ao inferno menor da mediocridade, Gustave opõe o Genitor feroz que o fadou à abjeção, à morte. A crise apelava daquele a este. Mas, ao mesmo tempo, ela tem em vista outro objetivo: matar Moisés depois de tê-lo utilizado e deixar subsistir apenas um pobre-coitado superestimado, à beira do grotesco. Como vimos, a *maternização* de Achille-Cléophas já trai a ambivalência dos sentimentos de Gustave: revela, no mal-amado, uma profunda necessidade de afeição, mas não podemos deixar de ver nela também a intenção maligna de ridicularizar seu Senhor, feminilizando-o. Mas ele vai muito mais longe e se dá o amargo e triunfal prazer de ser *malcuidado*. "(Vou) muito mal, (estou) num regime estúpido, quanto à doença propriamente dita, não estou nem ligando".* Já notei acima que Gustave contestava menos o regime que o diagnóstico. Sem dúvida, ele se queixa de estar sendo atormentado em vão, privado de vinho e tabaco, paralisado pelo sedenho, mas o essencial não é isso: está sendo tratado de uma miniapoplexia – com inúmeras sangrias que o enfraquecem –, quando na verdade sofre dos nervos. Na realidade, o erro de Achille-Cléophas é imposto pela própria doença que, na época, só pode provocar um falso diagnóstico, pois é próprio das afecções histéricas apresentarem-se por aquilo que não são. Bem depressa Gustave se alegra por estar mais a par do que lhe acontece que o ilustre cirurgião de Rouen. Não que ele se divirta a enganar o pai: sabemos que não está simulando. Mas é que sua doença implica certa compreensão dela mesma, o que tem como consequência demonstrar a incompetência da medicina – o que Gustave não ousava esperar e vai se manifestar *em ato* por meio de seu martírio cotidiano: em suma, é *como se* o paciente enganasse o médico.

Maxime relata – soube disso pelo próprio Gustave – que o pai Flaubert, durante uma das crises referenciais, por afobamento derrubou água fervente na mão do filho. Este se queixa do fato em suas cartas: sentiu uma dor terrível. Mas *jamais* denuncia a falta de habilidade do médico-filósofo. Depois da morte deste ele fala apenas de sua cicatriz a Louise nos seguintes termos curiosos: "Tu me perguntas pelo que passei para ter chegado ao ponto em que estou. Não saberás, nem tu

---
* A Ernest, 9 de fevereiro de 1844.

nem os outros, porque é indizível. "A mão que eu queimei [la main que j'ai brulée], que tem a pele enrugada como de múmia, é mais insensível que a outra ao frio e ao calor. Minha alma também; ela passou pelo fogo: como se pode admirar que ela não se aqueça ao sol? Considera isso em mim como uma invalidez".* A terceira frase está incorreta**: ele precisaria dizer "a mão que meu pai me queimou" [la main que mon père m'a brulée], ou, se quisesse mentir, "a mão que eu me queimei" [la main que je me suis brulée]. Mas, como de costume, ele não pretende trair a verdade nem revelá-la. Para Louise, o doutor Flaubert deve permanecer como uma glória da medicina, e, em várias outras cartas, ele gaba a competência de Achille-Cléophas. Portanto, a queimadura não decorre nem do erro deste nem do erro dos outros: ele a *tem*, ele a carrega e a *padece*, sem murmurar, como padeceu todas as coisas. Mas mesmo isso é suspeito: afinal, o pai é culpado apenas de uma falta de habilidade; ele poderia mencionar a origem da queimadura sem prejudicar a memória do pai; se não o faz, é *justamente* porque, para ele, essa cicatriz significa muito mais do que um erro cometido por "afobação". A afobação serve para Maxime: com isso o levam a entender a força das emoções que o estado de Gustave provocou no pai – as confidências foram feitas nos primeiros meses de 1844. Com Louise não há nada disso: há uma ambiguidade intencional que se manifesta por uma incorreção de francês; no entanto, eles se conhecem desde o verão de 1846; são amantes; ela com certeza lhe perguntou qual a origem da cicatriz. O que respondeu ele? Provavelmente que fora um acidente ocorrido durante o tratamento de sua doença nervosa. Ainda que tivesse deixado escapar a verdade nos primeiros tempos de intimidade, ele não quer voltar a ela; esse segredinho transparente basta para mostrar a importância que dá à sua invalidez: ela simboliza a incompetência médica do pai e, de modo mais profundo, é a marca indelével da maldição paterna. Prova disso é que ela aparece aqui como primeiro termo de uma comparação que implica sua vida inteira: a mão que queimei está meio insensível; minha alma que passou pelo fogo está mais ainda. Uma outra imagem, extraída de uma carta anterior, ganha força à luz desta: "Os

---

* A Louise, 20 de março de 1847. *Correspondance*, t. II, p. 12.

** Ainda que o uso do verbo *avoir* no lugar do verbo *être* pareça em alguns casos determinado por um particularismo local. Alfred escreve "*Je m'ai promené*" [em vez de *je me suis promené* – (N.T.)]. Mas, mesmo levando em conta esse fato, permanece a indeterminação.

númidas, segundo diz Heródoto, têm um costume estranho. Quando são pequenos, a pele do crânio lhes é queimada com brasa para que depois fiquem menos sensíveis à ação do sol, que é estorricante na terra deles. Por isso, de todos os povos, eles são... os que têm mais saúde".* O tom é diferente; a comparação aqui tem a função exata de ressaltar certo aspecto *positivo* de sua juventude: Gustave não nasceu insensível; foi insensibilizado. Louise acaba de se entregar a ele, faz menos de uma semana que ele a deixou; ela se queixa um pouco, já, mas ele ainda não chegou ao ponto de se defender dela. Por conseguinte, em vez de se sentir contra a parede, coagido a se desculpar da frieza pelo lado negativo de sua constituição mental, ele se empertiga diante da amante, faz um pouco de "pose", como ela lhe dirá depois, e, embora o recurso aos númidas seja motivado no fundo pela prudência defensiva, ele tenta levá-la a crer que está endurecido para convencer melhor a si mesmo. Seja como for, quer a insensibilidade seja uma vantagem, como nessa primeira carta, quer uma invalidez, como em março de 1847, o sentido da comparação é o mesmo em ambos os trechos. Água fervente e brasa, dá na mesma: consegue-se a indiferença somente depois de ter padecido os mais atrozes suplícios. As duas imagens se estruturaram a partir de uma experiência única (a mão queimada) e da significação que Gustave lhe atribui: prova disso é que se encontra no primeiro texto uma incorreção de pensamento que corresponde de modo exato à incorreção gramatical que se encontra no segundo. Seria de se esperar: "*os pais* queimam a pele do crânio dos filhos". Pois são *eles* que "têm" esse costume e o observam. Em vez disso, o sujeito da ação de queimar é indeterminado com "[a pele] lhes é queimada", o que arranca os queimadores da comunidade dos queimados. É mais ou menos como se disséssemos "os exploradores têm um costume estranho: quando vão para o meio dos canibais, são despedaçados, cozidos e comidos". Mas, olhando melhor, essa aparente ausência de coerência nas ideias manifesta, ao contrário, o feroz rigor dos rancores de Flaubert. O costume relatado por Heródoto, com efeito, caracteriza-se pela comutatividade (o que os pais fazem aos filhos, os seus pais lhes fizeram outrora, os filhos farão aos próprios filhos), espécie de reflexo diacrônico da reciprocidade. Ora, é isso que Gustave não pode aceitar: o pai queimador não é um ex-queimado, o filho queimado não é um futuro queimador. Tal como ocorre com frequência, ele quebra a metáfora introduzindo de modo brusco o

---

* A Louise, 8 de agosto de 1846. *Correspondance*, t. I, p. 227.

comparado na comparação: queimaram-me – diz ele. E esse sujeito indeterminado outro não é senão Achille-Cléophas, que se insinuou *anônimo* na frase, da mesma maneira que, mais tarde, naquele estranho passivo "a mão que queimei". Alguém: não um númida, ainda que chefe de tribo ou rei; mas alguém de outro lugar, o grande torturador dos númidas, que não têm outro costume senão o de padecer de modo passivo os suplícios, por não poderem revoltar-se contra seu carrasco. Meu pai, esse estrangeiro que me queimou a mão...

É verdade que ele acrescenta: "Imagina que fui criado na Numídia". Mas essa frase – na qual, aliás, o Genitor não aparece de modo direto, tanto quanto nas outras duas – não passa de variação da locução proverbial: "fui criado à espartana", da qual só se conservou o espírito. E então, ficamos desconfiados: se for isso o que ele *quer dizer*, por que não o diz? Por que precisa ir procurar Heródoto? Para disfarçar um lugar-comum? Isso existe: Gustave é useiro e vezeiro nisso, e sabemos por quê. No entanto, a verdadeira razão é que a Lacedemônia educava com severidade suas crianças, mas não as torturava. Mesureiro e sonso, quer nos vender gato por lebre, equiparando os suplícios suportados pelos númidas com o rude treinamento das crianças espartanas. Faz de conta que gaba o pai e a educação recebida; gaba de fato, mas o que ele quer transmitir na surdina a Louise é o horror físico insuportável àquelas brasas candentes que mordem os inocentes crânios de recém-nascidos. De qualquer maneira, sabemos agora que sua mão queimada simboliza a maldição paterna. Essa pequena frase alusiva e sonsa nos remete por um lado à época distante em que Gustave, morto de vergonha e de amor frustrado, aprendia a ler sob a palmatória do *pater familias* e sentia acumular-se nele os rancores que expressou depois em *Un parfum à sentir*, encarnando-se num jovem funâmbulo maldotado que sangra sob o açoite paterno; por outro lado, ela se relaciona – mas apenas para aquele que a escreve – ao último engano cometido por um pai bárbaro na pele de um médico incapaz, àquela cicatriz que lhe parece símbolo e conclusão da juventude morta, ou melhor, da própria juventude, transformada em pele morta e lacrada em sua mão. Assim iluminado, o segundo texto revela seus segredos: não é por acaso que Gustave compara sua alma, que "passou pelo fogo", à "múmia" que pende na ponta de seu braço: essa alma também foi *mumificada* pela falta de habilidade e pela malevolência do Educador. Gustave faz mais algumas bravatas: conserva a altivez do estoicismo negro que inventou e ajustou só para si. Seja como for, um Átila devastou seu coração. Ele nem precisa dizer isso: basta contemplar a mão. Que desforra masoquista! E que alegria, se Achille-Cléophas evitar vê-la ou se a olhar contrito! Era justamente *isso* que a crise tinha em vista: a intenção de morrer se articula com a intenção de sobreviver para ver a cara de bobo de seu assassino.

Sem dúvida, a queimadura de segundo grau é completamente fortuita. O cirurgião-chefe não teria adquirido tanta reputação ou a teria perdido bem depressa caso se divertisse escaldando pacientes. Mas, precisamente, por inacreditável coincidência é só a seu filho, a seu filho maldito, que ele reserva esse tratamento especial. Gustave, em Pont-l'Évêque, não se jogou aos pés do irmão *para* obter essa prova suplementar da barbárie paterna: pelo compromisso que descrevemos, ele se tornava doente *que devia ser tratado* e, com isso, constituía o âmbito e o ambiente no qual *todo e qualquer erro* de Achille-Cléophas se autodenunciaria como crime e, caso se revelasse irreparável (como de fato ocorre)*, passaria a ser o próprio símbolo da irreversibilidade, ou seja, dos malefícios de uma educação burguesa e seu resultado; além disso, ela seria a prova daquilo de que o doente sempre desconfiou: por não ter estudado as estranhas relações entre alma e corpo, por não conceber aquilo que mais tarde será chamado de psicossomático, coisa que Gustave conhece e compreende por *experiência*, a medicina é impotente para curá-lo. Foi exatamente isso o que ele buscou em Pont-l'Évêque: obter de uma celebridade médica um atestado de incapacidade de viver. Ele caiu, bloqueado de antemão contra qualquer cura, e fez-se cadáver vivo para denunciar, através da ineficácia dos cuidados que lhe eram dispensados, o absurdo do racionalismo analítico, do mecanicismo e do positivismo, a nocividade da ética utilitarista, e revelar que o ativismo de Achille-Cléophas – e, em consequência, toda e qualquer atividade humana – não passa, na verdade, de agitação sem objetivo, com consequências imprevisíveis. Em suma, a crise de Pont-l'Évêque é, em profundidade, *também* a decadência do pai simbólico. Mas Gustave, agente passivo, só pôde realizá-la transformando-se em seu mártir, ou seja, assassinando-se antes.

---

* Gustave perdeu em parte e para sempre o uso da mão: não conseguia mais dobrá-la. Como escritor, essa ligeira invalidez não o atrapalhou. Se fosse um facultativo, talvez se visse obrigado a abandonar a profissão. É possível imaginar que o jovem, com a má-fé de que é capaz, tenha achado que a falta de habilidade do pai lhe vedava em definitivo a carreira de cirurgião.

Não teve muita dificuldade: desde a adolescência estava tudo preparado. E o tema da autopunição vingativa, que já aparece em *Matteo Falcone*, e que desde então Gustave evocou mil vezes em seus devaneios, em janeiro de 1844 tornou-se naturalmente um dos temas diretores de seu comportamento neurótico.

Desconfiamos que Achille-Cléophas nunca saberá que está desconsiderado para sempre. Nem que o filho assumiu todos os riscos para se livrar da autoridade paterna. Não sente remorso algum e não reconhece sua incompetência: está consciente demais dos limites da ciência médica, tem confiança demais no futuro da medicina para não considerar seus desconhecimentos como expressão histórica de um momento transitório no desenvolvimento das disciplinas científicas. Prova disso é que o médico ocupadíssimo, apesar dos estudantes, dos pacientes e dos clientes da alta burguesia de Rouen, ainda encontrava tempo para fazer pesquisas quase todos os dias: só podia acreditar no progresso, como a maioria de seus confrades, e só podia ter – afora o imenso orgulho Flaubert – a humilde altivez de contribuir para ele. Não importa: o ressentimento é passivo e encarrega o mundo exterior de satisfazê-lo. Gustave está pouco preocupado com os sentimentos reais do pai; basta-lhe tê-lo colocado, com seu próprio sacrifício, numa situação que ele considera objetivamente insustentável: a culpa e a desconsideração chegam a *Achille-Cléophas* a partir de fora, elas o constituem em seu ser, ainda que ninguém o perceba. Esse pai é cruel e incapaz *em termos absolutos*, ou seja, em si. Sem dúvida seria de se desejar que ele interiorizasse essas novas qualificações e as vivenciasse com vergonha, mas, se não o faz, é pior ainda: o nervosismo permanente de seu paciente, as poções, as sangrias, a mão queimada, o sedenho, tudo condena suas ações derrisórias, e *ele não sabe disso*. Somente seu filho mais novo, argila maleável em suas mãos, águia empoleirada nos cumes, deixa cair sobre ele um olhar clínico que o perfura até o osso. Para o caçula, é um pobre-coitado dominado por uma situação que o desnorteia. E a convicção de ter descoberto o verdadeiro rosto de Achille-Cléophas deixa Gustave feliz sobretudo porque sua descoberta é incomunicável. Ele será o guardião dela, só a compartilhará com Deus, se é que Ele existe. Mais tarde, ele se lembrará dessas amargas alegrias quando mostrar Emma Bovary muda, aparentemente prestativa, a saborear as volúpias do desprezo, enquanto Charles peleja com um pé torto.

Reconheçamos, porém, que essas satisfações só podem ser sentidas no imaginário. Em primeiro lugar, ele precisa irrealizar sua percepção segundo certas regras: para "maternizar" o pai, Gustave precisa fazer certo uso de sua passividade (está de cama, sem forças, paralisado pelo sedenho e pelas ataduras) e desarmar sua percepção, retirar-lhe o caráter "sério"; não é muito difícil para esse passivo absoluto; a percepção é um momento da práxis que expõe sua realidade pertinaz à empreitada; o desinteresse pode possibilitar tratá-la como uma cena de comédia e pôr sua realidade entre parênteses. A partir daí, é possível cumular os atores ou os objetos de significados mais ou menos gratuitos. De modo semelhante, quando o doutor o examina, seu comportamento médico, preciso e hábil, com certeza nada tem de grotesco. Mas basta ver as coisas como no teatro, desrealizar aquele cirurgião, lembrar com ácido prazer a mão "que ele queimou", *representá-lo* como médico desnorteado e – apesar de toda a sua precisão, segurança de diagnósticos e prontidão de decisões terapêuticas – enganado por um mal que lhe escapa e não é da sua competência: o ressentimento está satisfeito. Contudo, assim como a *visão*, a princípio perceptiva, precisa irrealizar-se, também o pai Flaubert, se tiver de desempenhar Diafoirus, precisará ser despojado de sua realidade aterradora e singular, cuja opacidade coincide com "as profundezas assustadoras" do filho; Gustave, à custa de uma tensão não suportável por muito tempo, é obrigado a mantê-lo no estado de pura aparência, de personagem plana. Por essa razão, os prazeres que sente não são verdadeiros nem falsos: vivenciados, mas irreais. Exasperantes.

Em compensação, o que é bem real e vara a todo instante as fantasias do doente é o olhar inquisidor de Achille-Cléophas. Inquirição ou solicitude? Ambas, pois mesmo sua preocupação encerra uma exigência permanente: ou os transtornos retornam, ou o Gustave retoma seu caminho de Paris. O *pater familias* teima: já falhou com crianças demais, para consentir com a invalidez mental do filho caçula. Vai curá-lo para que, como todos os varões Flaubert, ele possa exercer seu ofício de homem. O médico espreita os sinais de melhora. Da manhã à noite, entrando de improviso, olha com atenção para o filho, toma-lhe o pulso, deita sobre ele aquela "olhada clínica" que detecta todas as mentiras. É claro que não suspeita de trapaça; quer entender a evolução do mal. Não importa: basta isso para que a situação se inverta, e o falante mudo se sinta questionado pelo receptor sobranceiro. Gustave está *em observação*, vive sob controle. Na superfície, de modo indolente, está de acordo com Achille-Cléophas: precisa curar-se. Mas o olhar perscrutador deste revolve o fundo. Gustave acredita-se alvo de suspeita e, com isso, "recebe" a intuição de seu compromisso profundo, do juramento que fez de eternizar-se na doença. A crise referencial nasce disso na maior parte das vezes – não de imediato, está claro; é um protesto contra as suspeitas que ele atribui ao pai, contra aquelas que ele mesmo alimenta: estás vendo, estás vendo bem que estou doente, *continuo doente*. Defende-se do sentimento de culpa – ligado com frequência ao olhar do pai – reafirmando seu mal. Ou melhor, para se defender, deixa de lado a vontade superficial de sarar e põe-se à escuta de seus mal-estares, entrega-se a seu corpo: nada mais fácil para esse pitiático, sobretudo porque se trata apenas de cair, de imitar o arquétipo gasto e preciso de Pont-l'Évêque. Mas que disso não se conclua que as crises referenciais são simuladas. Como eu disse, pode ser que Gustave às vezes as tenha reproduzido por curiosidade, em casa, a portas fechadas, ou, em última instância, diante de Maxime, para enganá-lo. Na imensa maioria dos casos, elas o pegam desprevenido. Na verdade, expressam apenas a fidelidade de Gustave à sua empreitada, a fé que ele mantém na irreversibilidade do drama de Pont-l'Évêque. Essa crença orgânica lhe mascara a sua opção passiva: uma vez que, no cabriolé, Flaubert acreditou que o acontecimento iria mudar-lhe a vida, uma vez que, voltando-se para si a fim de compreendê-lo, ele ainda encontra a fatalidade que nele colocou, só pode reproduzi-lo. Simplesmente porque não saiu do drama, porque continua perturbado por aquela audácia noturna e por seu obscuro juramento. Em Pont-l'Évêque, caiu *de uma vez por todas*; sua queda é eterna e, desse ponto de vista, a cura não é possível antes que a doença tenha causado estragos irreparáveis. Assim, é sua crise arquetípica que produz as crises referenciais, ou melhor, que se reproduz nelas, e estas não são consequência da primeira, mas sua renovação; tampouco os sintomas de um mal oculto, mas o próprio mal a reafirmar-se em sua integralidade e comprometendo-se por isso mesmo a se reafirmar de novo. Apenas se lhe somam algumas novidades, por exemplo as convulsões, que, com sua violência patética, compensam aquilo que a própria queda apresenta de estereotipado no longo prazo. Assim, seria possível dizer, no diálogo de surdos que os opõem, que a crise referencial não tem a intenção fundamental de enganar o pai, exagerando a importância dos transtornos nervosos de Gustave, mas, ao contrário, de tranquilizar Gustave – perturbado pelo olhar de Achille-Cléophas e sempre pronto, por hábito, a acusar-se de insinceridade – acerca da profundidade e da veracidade do ataque primitivo, reproduzindo-o de improviso e sem a menor complacência consciente de sua parte. E, é claro, à medida que essas crises, incitadas pelo médico-chefe e suscitadas pelo mal--estar íntimo de Gustave, convencem este último de sua sinceridade, enganam ainda mais o *pater familias*, que procura causas orgânicas

III. A NEUROSE COMO RESPOSTA

para fatos claramente neuróticos. Então, numa nova inversão, o filho, assegurado da perenidade de seu compromisso, alegra-se em humilhar Moisés, obrigando-o a fazer um novo diagnóstico – epilepsia –, que ele pressente ser tão falso quanto o anterior. Em suma, o pai é patogênico: seu interrogatório mudo e permanente é o indutor direto dos transtornos. Estes, repetindo-se, derreiam e debilitam Gustave e, embora este seja seu autor secreto, acabam por causar-lhe medo: será que, no longo prazo, eles não podem comprometer a integridade de suas faculdades mentais? E se ele acabasse por perder o juízo? Esses temores não são bons: se o médico-chefe tivesse morrido antes de 1844, há fortes razões para se acreditar que a neurose do filho teria permanecido latente: ele teria simplesmente se isolado, economizando crises. Mas, entre 1844 e 1846, nada permite acreditar que Achille-Cléophas não tenha vinte anos de vida pela frente: o que ocorrerá? O mal de Gustave, sustentado durante tanto tempo, não poderá se estender a todos os setores da vida? O jovem não será instado a dar provas sempre renovadas e talvez cada vez mais violentas, já que seu conteúdo significante não pode deixar de empobrecer-se? Com certeza ficará curado ainda em vida de Achille--Cléophas, porém o mais tarde possível, não antes de, aos trinta ou quarenta anos, ter adquirido a certeza de que gozará de suas rendas e de que lhe será dada a permissão de incrustar-se na família: isso significa que ele se obstinará contra si mesmo até o momento em que se torne um frangalho imprestável. Será isso o que deseja? Provavelmente sim, quando se deixa levar pelo sadomasoquismo ressentido. Mas, de modo estratégico – veremos isso no próximo capítulo –, foi para conseguir fazer uma obra que ele optou pela resposta neurótica. Ora, a tática das crises repetidas, encaminhando-o – acredita ele – para a degeneração neurológica, só pode prejudicar a neurose-estratégia. É verdade que ele tem tempo de terminar a primeira *Educação sentimental*, mas durante todo o ano de 1845 não faz nada. Essa ociosidade prolonga-se além da morte da Grande Testemunha, veremos por quê. Seja como for, é em vida de Achille-Cléophas que ela se estabeleceu e consolidou. Isso significa que, em primeiro lugar, ela tem um sentido negativo e tático: como se Gustave tivesse medo de que a abundância de trabalhos literários levasse a crer que ele estava curado.

Isto porque, apesar dos esforços do ressentimento, que se obstina em humilhá-lo no imaginário, o médico-filósofo continua sendo uma personalidade poderosa e temível. Ele já não é Moisés, isso é ponto pacífico, e este na verdade não passava de categoria primitiva a expressar as estruturas complexas da vida familiar tais como elas são vivenciadas na impotência da primeira infância. Mas, para criar esse Senhor imaginário, Achille-Cléophas forneceu todo o material – poder e glória, autoridade, saber universal, prepotência caprichosa, injusta justiça –, e só houve necessidade de elevar tudo isso ao absoluto. Nesse sentido, jamais um pai empírico esteve mais próximo do pai simbólico e contribuiu tanto para personalizá-lo. Agora que uma opção radical, mas passiva, os separou em princípio, o pai real, mesmo reduzido a si mesmo, conserva essas insustentáveis virtudes, cada uma das quais é sentida pelo filho caçula como uma agressão permanente. A única diferença é que já não comportam em si o infinito, já não têm o poder de representar o mal radical ou a plenitude do bem. No entanto, mesmo limitadas, avaliadas e reduzidas às suas manifestações empíricas, tão afastadas das qualidades paradigmáticas de Moisés quanto os objetos sensíveis estão afastados de suas Ideias no pensamento de Platão, elas não deixam de ser a contestação radical de Gustave. Um elo está quebrado: mas essa libertação subjetiva nem por isso resolve o problema jurídico do pátrio poder. Na qualidade de pai, Achille-Cléophas está provido de certo número de direitos e pretende usá-los de todo. Assim, em termos concretos, o drama por encenar-se agora continua inalterado: caso fique curado, o caçula Flaubert fará carreira; para o jovem – que pagou alto preço pelo direito de ser lúcido – essas vontades já não têm nada de satânico nem de absoluto: o pai burguês e cego quer filhos burgueses que trabalhem e vivam burguesamente; engana-se, está mais que claro; não é Satã, é um homem forte, mas enceguecido pelos preconceitos de sua época e de sua classe de adoção: Gustave está de todo consciente disso. Mas, ainda que repita isso sem cessar, esse conhecimento não resolve nada: seria preciso convencer – e os dois homens não falam a mesma língua – ou resistir – e é o que ele nunca pôde fazer. Para que Flaubert escape da carreira de advogado, só há uma solução: ou o pai ou o filho deve morrer. O filho já se considera morto: basta que prolongue seu óbito até o do outro. Assim, desse ponto de vista, a doença de 1844-46 pode ser considerada uma "longa paciência", ou seja, uma *espera*. Espera vivenciada, sem dúvida; caberá dizer que ela está de todo consciente de si mesma? Com frequência: ocorre-lhe expressar-se pelo monólogo, e o que há então são ruminações sobre a morte futura do chefe de família – exatamente aquelas às quais Flaubert faz menção um pouco depois.* Por certo

---

* Quando ele diz que pensara com frequência (com angústia, está claro) na morte de Achille-Cléophas e que não foi grande a sua surpresa quando ela ocorreu prematuramente.

não era a primeira vez que Gustave sonhava com esse falecimento libertador: já o vimos, entre 1840 e 1842, pensando em estabelecer-se em Nápoles com vários milhares de libras de renda que, é claro, ele só poderia herdar do pai. Mas naquela época, imagino, seus desejos eram mais mascarados*; durante aqueles devaneios tristonhos, eles deviam apresentar-se mais como angústias do que como aspirações. De 1842 a 1844, em Paris, a raiva conseguiu revelar o verdadeiro sentido deles, pelo menos durante alguns momentos: com quem, com que "dramas ferozes" ele sonhava, no necrotério, em seus instantes de meditação "malsã"? A partir de 1844 – em breve apresentarei a prova – eles se apresentam de rosto descoberto. Isto porque, desde o fim de 1843, Gustave concebe sua vida como uma luta mortal contra o pai. Este, é evidente, não desconfia de nada; ele não se julga teimoso nem severo e, afinal, uma recusa categórica talvez o fizesse mudar de ideia. Mas, justamente, Gustave chega ao pior *por não poder* lhe opor essa recusa. Assim, os parricidas mais convictos – em sonho – são esses agentes passivos que desejam o aniquilamento do obstáculo porque não são capazes de contorná-lo nem de deslocá-lo. Aliás, é um parricídio? Sim, passivo. Se ele morresse – pensa o jovem – seria a única saída. Talvez às vezes exclame: Morra! Morra de uma vez! Mas sem nem mesmo erguer um dedo, encarrega de atender seu desejo a ordem do mundo, os grãos de areia que se introduzem sozinhos nas uretras, a Providência negra e, quem sabe, talvez sua estrela.**

Em 15 de janeiro de 1846, Gustave tem a maior sorte da sua vida: fica órfão de pai. O diálogo não terá fim. Ou melhor, terá: desa-

---

* No entanto, muito tempo antes, em *Agonias*, ele expôs uma fantasia muito ambígua. Aquele homem transformado em carniça, que a multidão sente prazer ao ver ser desenterrado, quem é? Evidentemente, trata-se *primeiro* de um apólogo destinado a mostrar a vanidade da glória e, por conseguinte, o absurdo de nossas ambições. Gustave se recrimina: estás vendo a glória, imbecil? Ela te impedirá de apodrecer num caixão? Mas é preciso observar que a única celebridade por ele conhecida então era *justamente* seu pai. O adolescente apenas deseja a glória: o grande homem necessário ao apólogo deve possuí-la *de fato*. Não será preciso expressar a moral da fábula da seguinte maneira: "Estás vendo a glória, imbecil? Olha teu pai: ele a tem, e isso não o impedirá de morrer como um cão!"? Nesse caso, haveria em Flaubert algum prazer em imaginar o famoso médico-filósofo na forma da "coisa inominável" que ele descreve em *Agonias*. E não devemos esquecer que, apesar da metamorfose que o transforma em seu próprio filho durante suas últimas horas, é Achille-Cléophas que morre com o nome de Mathurin.

** Então esse maldito tem uma estrela? Sim: *agora* tem. Veremos isso no próximo capítulo.

parecendo, Achille-Cléophas deixa ao filho a última palavra. O que mostra com clareza que Flaubert sentiu essa morte *conscientemente* como libertação são três mudanças ocorridas nele nos seis meses seguintes. Em primeiro lugar, o próprio Gustave o diz: no dia seguinte ao enterro, declara-se curado: "Talvez tenha produzido o efeito de uma queimadura que retirasse uma verruga". O enterro da irmã ocorre logo depois do primeiro. Então, ele emite este grito de triunfo: "Até que enfim! Até que enfim! Vou trabalhar!". Isto porque, sozinho entre Achille e a mãe, não precisará ficar doente para impor suas decisões: o primeiro não passa de usurpador, Gustave extrairá do rancor e do desprezo as forças para nunca lhe obedecer; a outra não passava de porta-voz do pai: como a morte fechou a boca do marido, ela já não tem ordens para transmitir. Aliás, nesse ponto Gustave não está de todo seguro: ela o intimida, e ele enrubesce quando ela lhe fala. Por isso, pouco após o falecimento de Caroline, enquanto está presente, chega a desejar que a sra. Flaubert sucumba à tristeza. A Maxime, ele escreverá um pouco decepcionado: "Minha mãe vai melhor do que poderia ir. Cuida da filha de sua filha... Tenta voltar a ser mãe, será que consegue? A reação ainda não chegou, e temo que seja forte".*
Depois, como sempre ocorre com ele, o desejo se torna profecia: "Não há palavra nem descrição que possam te dar uma ideia do estado de minha mãe... Tenho um triste pressentimento sobre ela e, infelizmente, tenho razões de sobra para acreditar em meus pressentimentos".**
Por fim, ele se organiza com alegria em vista desta triste perspectiva: "Se minha mãe morrer, meu plano estará completo: vendo tudo e vou viver em Roma, Siracusa, Nápoles. Vens comigo?".*** É isso que se chama limpar a área.

A terceira mudança não é menos significativa: desde janeiro de 1844, *pelo menos*, Flaubert não teve relações sexuais. A tal ponto que

---

* A Maxime, 23 ou 24 de março de 1846, *Correspondance*, t. I, p. 197-198.

** A Ernest, 5 de abril de 1846, *Correspondance*, t. I, p. 199.

*** A Maxime, 7 de abril de 1846, *Correspondance*, t. I, p. 203. Também diz: "Minha mãe está tão infeliz, e eu a amo tanto, que, se ela quisesse se jogar pela janela, eu não a impediria". Em certo sentido, ele não está errado, e a vida da "pobre velha", depois dos dois lutos, ao que parece não passou de um longo sofrimento por purgar (embora ela tenha transferido para a pequena Caroline uma parte dos sentimentos que tinha pela filha). Mas todos preferimos sem dúvida inspirar sentimentos menos sábios, mais cegos e, em certa medida, mais egoístas. Sermos amados por nós mesmos é muito bom. Desde que o outro nos ame também *para si*.

nos sentimos no direito de perguntar se não caberá datar sua castração histérica do outono de 1843. Na primavera de 1845, Alfred lhe transmite um conselho de Pradier: "voltar à vida normal", ou seja, arranjar uma amante. Em junho-julho de 1845, Gustave recusa a oferta do escultor – pois é uma oferta: o ateliê de Pradier é um viveiro cheio de lindas trutas, para ele está reservada uma; jovem, muito belo, romântico, ela não o tratará com crueldade. Está claro que ele ainda sente desejos, desassossegos (ou serão apenas lembranças?), mas não foi feito para o gozo, uma mulher perturbaria sua vida. Em janeiro de 1846, o pai deixa livre o Hospital Central, e não foi preciso mais de seis meses para que o jovem retomasse o caminho do ateliê, consciente do que o espera e disposto a deixar-se seduzir: Louise terá uma presa fácil. É como se, nessas circunstâncias, Achille-Cléophas tivesse sido o verdadeiro castrador.

Dessas três mudanças características – declarar-se curado, querer trabalhar, fazer amor – aqui só cuidaremos da primeira, a mais importante no que se refere à evolução da neurose*: de fato, como foi dito acima, Gustave, tão logo puseram o médico-chefe no caixão, arrola-se deliberadamente no partido da cura, o que pressupõe uma reviravolta completa em suas intenções. Sem dúvida, tanto para os fatos psíquicos quanto para os fatos sociais, existe uma inércia daquilo que é constituído, e a libertação real pode vir muito depois do acontecimento libertador. O fato é que o estado de Flaubert melhorou notavelmente. Na carta em que faz essa confissão tão lúcida, ele explica a sua cura em parte pelo turbilhão de atividades no qual o luto o lançou. Foi preciso pôr tudo em ordem, preocupar-se com Caroline, que estava doente, e, *principalmente*, garantir a transferência dos poderes de Achille-Cléophas para Achille: os méritos deste eram contestados, havia a intriga de um confrade, enfim, sua nomeação para o posto que o pai lhe reservara não estava garantida, apesar das últimas vontades do cirurgião-chefe. Felizmente, Gustave estava lá. Cuida de tudo, faz visitas e toma providências: graças a ele, Achille é empossado nos cargos do pai – um pouco diminuídos, como consequência normal de sua juventude. Leram muito bem: Gustave *lançou-se à ação*; esse doente, isolado, imobilista foi, por livre iniciativa, visitar altos administradores e grandes médicos, soube falar com eles – usando a linguagem prática que, de ordinário, o mergulha no estupor ou lhe parece uma língua estrangeira; enfim, maquiavélico e cortês, ele os pôs

---
* A segunda será objeto do próximo capítulo.

no bolso. Tudo isso para garantir ao Usurpador odiado o patrimônio usurpado. O que se deve pensar a respeito?

Em primeiro lugar, que os fatos provavelmente são exatos. Gustave fez visitas. É escusado dizer: quem mais poderia fazê-las? Não Achille: isso teria chocado. Nem a sra. Flaubert, mergulhada na tristeza. Nem Hamard – que não estava a par das intrigas. Sobrava o filho caçula. Essa empreitada encheu-o de orgulho. Ele volta a ela mais tarde em suas cartas a Louise: é a ele, Gustave, que Achille deve seu posto. E esse episódio – quase único em sua vida até a época em que assumir a tarefa de encenar as peças do falecido Bouilhet – às vezes lhe possibilita apresentar sua passividade em seu aspecto mais lisonjeiro: o que ele sente profundamente e gosta de admitir é que não foi feito para agir; o que ele repete de vez em quando, quando se lembra de seu papel na "sucessão Flaubert", é que está *acima* das ações humanas: quietismo por excesso, não por falta. Mas – adágio Flaubert – quem pode o mais pode o menos: se as circunstâncias exigirem, vai arregaça as mangas, põe os "homens de ação" em fuga, consegue o que quer em "tempo recorde" e volta para a sua ermida com as honras da guerra. Desde que – dá ele a entender – a empreitada seja *gratuita* e que ele se ponha, por generosidade, a serviço de interesses que permaneçam estranhos para ele. Portanto, está convencido de ter dado uma boa mão ao irmão. Qual pode ser a verdade? Fez visitas, mas terá sido dele o ganho de causa? Haveria real resistência? Ele terá enfrentado e vencido essa resistência? Não podemos decidir, mas, se levarmos em consideração o enorme crédito de Achille-Cléophas, a simpatia de que Achille gozava, e se, de modo inverso, nos lembrarmos das inépcias do caçula solitário, feitas para estrondear com colegas mais do que para manobrar velhos administradores, parecerá mais provável que os jogos já estavam feitos de antemão. Sem dúvida houve conspirações. Mas elas *deviam* malograr; no máximo preocuparam os Flaubert durante alguns dias. Segundo todas as probabilidades, Gustave deu-se mais importância do que tinha. Não de todo, porém: a etiqueta exigia que fossem feitos alguns contatos; ele os fez. Se não se saiu mal, é porque a ação não passava de cortesia: pura e simplesmente uma encenação.

O fato é que ele *acredita agir*, ou seja, servir em detrimento de si mesmo as finalidades de um usurpador detestado. Seria errôneo espantar-se com isso. Se estivesse assistindo, passivo, à transmissão de poderes, ele se sentiria despojado. No entanto, se é ele que sai, desdenhoso, de seu retiro monacal para dar ao irmão um poder secular que talvez lhe coubesse, mas que ele despreza hoje, a frustração desaparece – e, na mesma medida, o mérito e os direitos de Achille. Dois fatores estão em jogo, e somente dois. A glória do pai morto e a habilidade de manobras de um caçula que continua submisso a ele por livre obediência: não seria preciso mais para levar à vitória e transformar – na opinião de Gustave – Achille num aproveitador inerte. Algumas conversas ao pé do ouvido, e eis que a água se transforma em vinho e vice-versa: a passividade age, e o ativismo de Achille – arremedo da práxis paterna – revela sua verdadeira natureza, expectativa passiva de uma dádiva não merecida. Em todo caso, o caçula não estará sofrendo ao ratificar a injusta preferência do pai? Essa pergunta nos leva ao essencial: não, Gustave não sofre por isso, pois nessas circunstâncias desempenha o papel do chefe de família e, com isso, substituindo um pai faltoso por óbito, *é o pater familias* em carne e osso. A seus próprios olhos, naturalmente e sem que ninguém perceba: Achille não parece ser-lhe grato por suas intervenções, e nem por isso deixou de considerá-lo um retardado que não se convida para os jantares cerimoniosos; e a sra. Flaubert não percebeu nada. Não importa: Gustave só se livrou do pai depois de ter passado alguns dias a substituí-lo. É um parricida? Sim. Com certeza. Pois o velho lutador beijou a lona; assim como o filho caçula em janeiro de 1844, não passa agora de uma figura jacente. Suas vontades sádicas e ferozes já não têm mais importância que os caprichos de uma criança de berço: é preciso *decidir* assumi-las por contra própria e, desse modo, fazer-se pai de seu pai. Depende de Gustave que essas vontades mortas, as *"últimas"*, sejam ou não achincalhadas: substituindo-as pelas suas, vivas e eficazes, o jovem as executa, mas degradando, pois sua obediência ao defunto, em vez de ser submissão, é explicada por um amor não merecido que se assemelha muito a piedade. E, quando ele voltar à sua vida monacal, o *pater familias*, extraviado e ultrapassado, não terá outra vida na terra além da vida de Achille, sua lastimável encarnação, estrondosa e duradoura punição de sua malevolência, tal como, segundo Victor Hugo, Napoleão, o Pequeno, é o castigo do grande Napoleão. Gustave, depois de sua generosa vingança, se afastará para sempre do pai e do irmão mais velho.

Ei-lo liberto: se a razão objetiva dessa libertação reside na abolição de um Senhor temível, perspicaz e todo-poderoso, também é preciso *vivenciá-la*, ou seja, interiorizá-la através das estruturas subjetivas que, como tais, comportam elementos libertadores. Gustave só podia livrar-se do poder de Achille-Cléophas, mesmo morto, encenando que o destronava e o substituía. Em outras palavras, esse acontecimento capital e tão esperado devia ser vivenciado por ele como o assassinato ritual do pai. Assim como todos os filhotes de homem, ele precisou matar o genitor e por um momento assumir o seu lugar para livrar-se dele. Mas, assim como os atos que ele acreditou realizar não passavam de gestos, também o crime sagrado reduziu-se a uma imaginação criminosa.*

Talvez por essa razão, já em 1945, a intenção parricida esteja tão consciente em Flaubert. Maxime conta em *Souvenirs littéraires* que na época ia com frequência visitar o amigo doente: um dia os dois jovens foram até Caudebec e entraram na igreja; Flaubert, notando um vitral que representa a vida de São Julião Hospitaleiro, "concebeu a ideia de seu conto".** Depois disso, silêncio absoluto: até 1856 não há nenhuma alusão a Julião na correspondência de Flaubert. Nem mesmo a Maxime, que no entanto estava a par de seu projeto. Isso não deixa de intrigar, sobretudo porque na época ele não se abstém de revelar aos amigos o que está escrevendo, o que espera escrever. No entanto, o projeto não foi abandonado: Gustave falou dele a Bouilhet, pois lhe escreve *dez anos depois*, sem maiores detalhes, em 1º de julho de 1856: "...estou preparando minha lenda e corrigindo *Santo Antão*". Na época pensava em "voltar a Paris em outubro com o *Santo Antão* terminado e com *São Julião Hospitaleiro* escrito". Por qual razão decidiu retomar esse conto? Para "apresentar em 1857 o moderno, a Idade Média e a Antiguidade". Essa motivação não é superficial: ele

---

* Não quero dizer com isso que o assassinato do pai, em outros, possa ser cumprido *realmente*, com um revólver ou uma faca. Nos agentes práticos, *real* é o conjunto dos atos por meio dos quais eles destronam o seu Moisés e o substituem, fundando por sua vez uma família ou substituindo-o à frente das realizações, ou elevando-se mais do que ele na hierarquia social etc. Assim, a intenção homicida é sustentada por uma práxis simbólica, mas verdadeira, que lhe dá consistência.

** Maxime confunde tudo, como é seu costume. O vitral era em Rouen, na catedral. Havia em Caudebec apenas uma estatueta de São Julião. Portanto, pode-se aventar a hipótese de que Gustave não "concebeu" a narrativa naquele dia – a estatueta dificilmente poderia inspirá-lo –, mas que *contou* em Caudebec a vida do santo tal como era vista no vitral de Rouen e confiou a Maxime que estava pensando escrever uma novela com base na história. Este, como de costume, dramatizou o episódio.

sempre sonhou em mostrar ao mesmo tempo as três cordas de seu arco, e por essa mesma razão escreverá os três contos entre 1875 e 1877; o primeiro terminado é justamente *São Julião*. No entanto, parece que em 1856 ele não toma a peito a sua "lenda"; nela encontra sobretudo pretexto para ler obras sobre veação e encantar-se com palavras antigas. Prova disso é que deixa o plano em suspenso e não fala de novo em *São Julião* antes de 1875. Parece que lhe faltou alguma razão do coração para empreender a narrativa. De fato, quando ele se puser a fazê-la de verdade, quase vinte anos depois, a situação terá mudado: ele está em Concarneau, sozinho com Pouchet; arruinado, desvairado e miserável, "é devorado pelo passado", só deixa de pensar naqueles "malditos negócios" para "revolver lembranças". A impressão que se tem é de que, quando concebeu *São Julião* e quando, muito depois, o executou, estava tomado pela infelicidade, pela angústia e – voltaremos às suas disposições de 1875 – pela família. Sua "lenda" é alimentada por borrascas; ele a toma muito a peito, pois ela reaparece quando em seu peito o coração, calma lagoa, se agita ao vento, e o "lodo" sobe à superfície; no restante do tempo nem sequer se fala no assunto.

De qualquer maneira, entre 1844 e 1847, os assuntos que o atraem são líricos: ele quer totalizar-se, reunir sua vida numa obra, é o que acaba de fazer, justamente, com as últimas folhas de *A educação sentimental*. O que o fascina, na história de Julião, talvez não seja apenas o seu pitoresco medieval. Para ele, ela precisa ter *sentido*. Ora, de que fala ela? De um santo cuja dura penitência cotidiana iguala a santo Antão, santo que se obstina a expiar o crime mais imperdoável: na juventude, *matou os pais*. Ignoramos totalmente como Gustave teria apresentado a coisa se a tivesse escrito em 1845: sem dúvida, o conto teria diferido profundamente de sua versão de 1875.* O certo é que a ligação parricídio-santidade (longa paciência, tormentos, gênio) apareceu-lhe de imediato em toda a sua complexidade. O que impressiona também, no texto definitivo, é que o assassinato da mãe – embora Flaubert tenha com frequência desejado a morte da sua – aparece como de importância secundária: ela morrerá como o pai e, visivelmente, para que um segundo assassinato disfarce a importância virtual do primeiro. Note-se de início um mal-entendido que explica o parricídio: na ausência de Julião, os pais, dos quais fugia há tanto tempo, entram no castelo e apresentam-se à sua mulher que, para lhes fazer honra, põe à disposição deles o leito nupcial. Ali eles adormecem; Julião, voltando tarde e meio louco de uma caçada infernal, debruça-se na penumbra e,

---

* Voltarei a esse assunto no próximo capítulo.

esperando encontrar os lábios da esposa, "sente a impressão de uma barba". Louco de raiva, agarra o punhal e atinge os dois corpos com golpes repetidos. Assim, a causa do assassinato é o *adultério*. "Um homem deitado com a sua mulher!" Esse grito de furor do adulto é como que o eco de um furor longínquo, cujos vestígios encontramos em muitas de suas primeiras obras, "um homem deitado na cama de minha mãe", aspecto clássico do Édipo. Nesse caso, criminoso é o homem, foi o homem que conspurcou a relação amorosa de Julião com sua mulher. É ele que é preciso matar; a mãe também participa, mas em segundo plano. Ou melhor, diremos que ela expia uma culpa real, mas com a qual foi conspurcada primeiro pelo homem. Ora, quando Julião, fugindo da maldição do cervo ("um dia matarás teu pai e tua mãe"), ia guerreando pelo mundo – meio cavaleiro errante, meio *condottiero* –, temia ferir o *pai*: "Protegia clérigos, órfãos, viúvas e sobretudo velhos. Quando via algum deles andando à sua frente, gritava para ver o rosto, como se tivesse medo de matá-lo por engano". E quando, depois de cometer o delito, é impelido ao suicídio pelos remorsos, o que o dissuade é o rosto do pai, que surge de súbito: "Quando se inclinava (sobre a fonte)... viu aparecer à sua frente um velho totalmente descarnado, de barba branca e com um aspecto tão lamentável que foi impossível conter o pranto. O outro também chorava. Sem reconhecer sua imagem, Julião se lembrava de maneira confusa de um rosto parecido com aquele. Soltou um grito; era seu pai; não pensou mais em matar-se". Em outros termos, Julião, envelhecido pelo sofrimento e pela vida dura que leva, inclina-se sobre a água, vê sua própria imagem e a toma pela do pai. O genitor está morto, e agora Julião se parece com ele: Gustave transformou-se em Achille-Cléophas pelo próprio fato de tê-lo assassinado; e, sobre suas próprias faces, ele deixou por fim correr as lágrimas que tanto desejaria ter arrancado ao médico-chefe, lágrimas que durante os terríveis meses de 1844, enquanto fingia dormir para observar com os olhos semicerrados o doutor Flaubert, que o observava, ele talvez tenha visto pelo menos uma vez brotar dos terríveis olhos "clínicos". É de se notar que esses remorsos de 1875 estão relacionados à ressurreição da infância. Na época em que está em Concarneau e escreve a seus correspondentes que as lembranças o sufocam, que "o passado o devora", Gustave escreve em sua lenda: "Passavam-se meses sem que Julião visse ninguém. Com frequência fechava os olhos, tentando voltar à juventude pela memória – e aparecia um pátio de um castelo... com... um adolescente de cabelos louros entre um velho coberto de peles e uma senhora com alto toucado; de repente, os dois cadáveres estavam lá. Ele se jogava de bruços na cama e repetia chorando: 'Ah, pobre pai! Pobre mãe! Pobre mãe!' E caía num entorpecimento durante o qual continuavam as visões fúnebres".*

Note-se, por outro lado, que o parricídio é ao mesmo tempo um delito e um castigo. Se o destino de Julião é matar o pai e expiar o crime – exatamente como o de Édipo –, isso não ocorre de graça como na lenda grega, mas para punir seu desejo patológico de matar animais. Se nos lembrarmos dos numerosos trechos de suas primeiras obras em que Gustave fala de sua *maldade*, e se também nos lembrarmos da fascinação que os animais exercem sobre ele, do respeito que ele tem pela "animalidade" – tanto nele como nos animais chamados "selvagens" –, enfim, do amor que ele tem aos cães, compreenderemos que esse gosto sanguinário pela caça representa seu ódio altivo e maldoso aos homens, ostensivo na época em que ele tinha vinte anos, e os violentos impulsos assassinos de que fala até em *Novembro*. Sim, cem vezes, mil vezes, Gustave, fora de si, no auge da miséria e do furor, quis matar. É justamente essa disposição criminosa que o levou a desejar a morte de Achille-Cléophas. Há então em *Julião* um trecho revelador. Um cervo moribundo profetizou com voz humana: "Matarás teu pai e tua mãe". Julião volta para casa. Na noite seguinte, sente-se assombrado por essa predição. "Sob o bruxuleio do castiçal suspenso, ele continuava revendo o grande cervo negro. Sua predição o obsedava; ele se debatia contra ela. 'Não! Não! Não! Não posso matá-los!', depois pensava: 'e se eu quisesse...?'. E tinha medo de que o diabo lhe inspirasse a vontade de fazê-lo".** Essas frases esclarecem todo o conto: poderia ser espantoso que Julião, depois da catástrofe, se obstinasse em expiar uma falta que não cometeu; de fato, tratava-se apenas de um deplorável mal-entendido. E decerto se pretenderá explicar seus remorsos pela enormidade objetiva do acontecimento. Um filho matou o pai: eis o inaceitável, qualquer que tenha sido a intenção

---

* Pléiade, *Œuvres* de Flaubert, t. II, p. 646. A sra. Flaubert tinha morrido fazia pouco tempo. Comparar às cartas de Concarneau, *passim*: "Tenho muita dificuldade para escrever, materialmente, e sou sufocado pelos soluços... Minha fraqueza nervosa espanta a mim mesmo e eu me humilho... Muitas coisas que revejo aqui despertam as lembranças de minha viagem à Bretanha e não me deixam alegre... Só penso nos anos transcorridos e nas pessoas que não podem voltar... Devaneio, rumino minhas lembranças e minhas tristezas, e o dia passa... Acreditas que quase todas as noites sonho com Croisset ou com alguns de meus amigos mortos? Essa noite foi Feydeau" etc. etc.

** Pléiade, *Œuvres* de Flaubert, t. II, p. 632.

do assassino. Flaubert teria desejado mostrar, nessas almas primitivas e absolutas, a preeminência da coisa feita: o exame de consciência virá depois. Édipo não *quis* matar o pai nem fornicar com a mãe. Isso deverá impedi-lo de furar os olhos para pagar pelo crime? Ter-se-ia mostrado a monumentalidade do mundo antigo e medieval, tudo na exterioridade. Será isso mesmo? Em primeiro lugar, Gustave distingue muito bem a Roma dos Césares e a Idade Média: "O cristianismo passou por aí". Quer dizer: para ele, a consciência, a interioridade e a meditação sobre si mesmo. E, justamente, o Édipo moderno não é aquele que se torna parricida sem saber, mas aquele que sonha em matar sem chegar ao crime. Em suma, é como se, freudiano por antecipação, Gustave apreendesse o verdadeiro sentido dos remorsos de seu herói: se é perfeitamente intolerável ter matado o pai por acaso, é porque no fundo sabe que não é inocente; esse crime, sim, tem *toda a aparência* de acidente, houve erro sobre a pessoa. Mas acaso ele não temeu a vida toda *querer* cometê-lo? Não terá fugido da casa paterna por não estar seguro o suficiente de que venceria seus maus pensamentos? Optou por ficar na impossibilidade física de realizar a profecia do cervo porque não tinha o amor e a virtude necessários para criar em si a *impossibilidade moral* de cumpri-la. Sem dúvida, há os azares que a vida familiar multiplica, há aquela espada que ele empunha, que lhe escapa e por pouco não decepa a cabeça do pai; há aquela flecha que ele lança em direção a um pássaro e atravessa a touca da mãe. Mas quem pode afirmar que esses azares não escondem apenas um querer ruim? O último incidente, sobretudo, é suspeito: como a profecia veio de um cervo moribundo e furioso, Julião "obstina-se em não caçar"; nada melhor que isso, é um trato: não toco mais nos animais, e meus pais estão salvos. Como interpretar então a brusca ressurreição de suas pulsões assassinas: "Numa noite de verão... ele entreviu... duas asas brancas... Não duvidou de que fosse uma cegonha; e lançou o seu dardo. Ouviu-se um grito lancinante. Era sua mãe, cuja touca de longas abas tinha ficado pregada contra a parede".* Ele não tinha duvidado de que era uma ave: acreditamos na palavra dele. Mas, como ele já sabe que o parricídio está indissoluvelmente ligado a seus instintos de caçador maldito, matar um animal, nem que fosse uma só vez, não é aceitar matar os pais? Em suma, quando abandona o castelo para sempre, é de si mesmo que está fugindo, tanto quanto de sua família.

---

* Pléiade, *Œuvres* de Flaubert, t. II, p. 633.

III. A NEUROSE COMO RESPOSTA

Mas sem sair de si. Genro do imperador, cai na melancolia: recusa-se a caçar, "pois lhe parecia que da sorte dos animais dependia a sorte de seus pais. (Um dia) confessa (à mulher) seu horrível pensamento". As coisas ficaram de tal modo, que "sua outra vontade" (a de matar os animais) se torna insuportável, embora o temor do parricídio não tenha diminuído. E numa noite, cedendo mais uma vez ao desejo de matar, ele parte, com o coração tenebroso, sentindo-se já criminoso, mas incapaz de resistir: é na volta dessa caçada que os pais são apunhalados.

Mas Gustave vai ainda mais longe, pois apresenta como origem da crise de 1844 sua repentina certeza aterrorizada de assassinar Achille-Cléophas. Ao nos contar os efeitos da profecia do cervo, ele nos mostrou Julião "a debater-se contra ela". É noite: "'Mas e seu quisesse?...' e tinha medo de o que diabo lhe inspirasse a vontade de fazê-lo". De imediato, ele abre outro parágrafo e continua sem nenhuma transição: "Durante três meses sua mãe angustiada rezou à cabeceira de seu leito, e o pai, gemendo, não parava de andar pelos corredores. Mandou chamar os mestres esculápios mais famosos, que prescreveram grande quantidade de drogas. O mal de Julião – diziam eles – tinha como causa um funesto golpe de vento ou um desejo de amor. Mas o jovem, diante de todas as perguntas, balançava a cabeça. As forças voltaram; e levavam-no a passear no pátio, sustentado pelo velho monge e pelo bom senhor". Foi reconhecido aquele mal-incompreendido e nervoso; ele consumiu Flaubert após uma noite de horror; era atribuído a um golpe de vento, a um acesso de cólera casual, e o bom Fídias, em seu ateliê, dizia: é porque ele precisa fazer amor; mas Gustave sabia e guardava para si as causas de sua consunção; conhecia – no momento em que a casa inteira se reunia à sua cabeceira e em que seu bom Senhor era solícito a ponto de ampará-lo com todas as suas forças como uma criança em seus primeiros passos – os profundos e insustentáveis ressentimentos que fariam dele o agente principal da "queda da casa Flaubert".

Com certeza, essas páginas foram escritas mais de trinta anos depois da crise: o homem mudou, suas lembranças também. Torturado pelo presente, incapaz – coisa que ele repete de modo incessante à sobrinha – de "recomeçar a vida" e de encarar o futuro, ele se refugiou no passado e gosta de embelezá-lo: não encontraremos na lenda o satanismo do doutor Flaubert nem a frieza altiva de sua mulher; o filho transforma-os em doces velhinhos, afetuosos, ingênuos e ligeiramente ridículos. Como o amaram!* Julião, fugindo, desvairado, percorreu milhares de léguas; e aqueles bons pais, idosos e muito cansados, percorrem as mesmas léguas seguindo suas pegadas. Eles o *procuram*. O que não teria dado o nosso Gustave para que Achille-Cléophas, mesmo que por um só dia, se pusesse à sua procura? Em suma, ele dá aos pais de Julião todas as virtudes "feudais" que gostaria de ter encontrado nos seus. É a época em que começa a prantear-se em seu quarto de Concarneau: com certeza não conseguiu terminar sem se desmanchar em lágrimas esse retrato falsamente ingênuo de pais amorosos que – numa justa inversão – acabam sendo os seres-relativos do próprio filho. A consequência desse enternecimento permanente é que a história, mais uma vez, fica incompleta: permanecem ocultas as razões "assustadoras e desagradáveis" do apetite homicida, bruscamente revelado em Julião. A obra não sofre com isso: convém à sua ingenuidade apresentar os fatos sem excessivos comentários. Um dia o menino matou um camundongo; sentiu prazer, continuou, só isso. Ele era feito dessa maneira, talvez, ou quem sabe o diabo o impelisse. Seja como for, quando encontramos Julião, adulto, grande capitão, genro do imperador e, talvez, seu futuro sucessor, e o vemos tristonho e solitário, "acotovelado ao parapeito de uma janela a lembrar-se de suas caçadas de outrora" ou sonhando que é "como nosso pai Adão no... paraíso, entre todos os animais" que ele "mata apenas esticando o braço", nossa sensibilidade de leitor moderno fica preocupada diante desses pesadelos obsessivos e monstruosos. Quanto ao pobre Julião, aceitamos continuar ignorando a origem de suas penas, mas não podemos duvidar de que sofre muito com elas. Isso simplesmente porque o autor, enganando-se de infância, nos priva de modo consciente da chave da aventura. Se Julião temia tanto ser parricida, é porque acreditava ter sólidas razões para matar o pai, algumas das quais remontavam à mais tenra idade. Julião, aos quinze anos, é García descrito em suas trevas, mas sem alusão ao irmão François.

Como teriam sido mostrados por Gustave os pais do caçador maldito, caso ele tivesse escrito a lenda por volta de 1845, quando falava dela a Maxime? O "bom Senhor" não seria furtivamente parecido com Cosme de Médici ou com o doutor Mathurin? Não

---

* Deve-se notar, porém, que o pai não o compreende e quer fazer dele um guerreiro (homem de ação por excelência), ao passo que a mãe, mais sensível, desejaria que ele fosse santo (artista).

podemos decidir: como sabemos, Gustave é hábil em embaralhar as cartas. De resto, quando ia sonhar diante do vitral da catedral, o que ele buscava era a si mesmo, e não a Achille-Cléophas. A santidade o atraía: santidade concebida não como elevação inata da alma, mas como terrível conquista sobre a podridão. Ou melhor, o que ele gostava naquela história era que o Mal radical e original é nela concebido como condição do Bem. Mau e sanguinário, depois ascético e voltando a raiva contra si mesmo, Julião nunca é *bom*; não tem essa virtude, que Flaubert achava insípida. Ele salva vidas, impérios, presta serviço aos homens, mas como expiação, nunca por amor. Examinaremos no próximo capítulo o que nesse caso significa salvação da alma. Pois esse é o outro sentido da lenda e – como veremos – da crise: mostrar como Gustave pode ser salvo. Por enquanto, o certo é que Julião, novo símbolo de Flaubert, consegue a salvação não a despeito do parricídio, mas diretamente *por causa dele* e dos efeitos purificadores que ele exerce sobre sua alma apaixonada. De modo que Gustave, diante do vitral em 1845, não podia considerar a salvação sem pensar ao mesmo tempo em Achille-Cléophas: o médico-filósofo o tinha moldado com tanta maldade, que o jovem enraivecido só conseguia subtrair-se à maldição paterna por meio de um assassinato simbólico. A vida de Julião servia-lhe às mil maravilhas: houvera nela mal-entendido e acidente, as punhaladas tinham errado o alvo – e, de fato, Flaubert, ao desabar em Pont-l'Évêque, não quisera nem por um instante fazer ruir o edifício das vontades paternas por meio de crises simuladas. No entanto, Julião, com horror, e Gustave, com um orgulho tenso, reconhecem-se culpados: antes do crime houvera os sonhos, as tentações abomináveis, os projetos acalentados e rejeitados, mas que se tinham estratificado nas "assustadoras profundezas" deles e, irreconhecíveis e quase inertes, deviam encontrar-se nas camadas mais fundamentais das motivações. Inocente e responsável: é assim que Gustave, caindo de cara no assoalho do cabriolé, pretendia definir-se. E a própria queda em 1844 devia ter a insignificância de um acaso e os sentidos múltiplos de uma ação passiva. Esta, de toda maneira, *voltou-se contra seu pai*: define-o como pai demoníaco a seus próprios olhos ao se apresentar como resultado de sua maldição; ao mesmo tempo, obriga-o a desistir de suas vontades impiedosas e até mesmo a denunciá-las, com remorsos, como erros; por fim, subtrai-lhe o papel de pai simbólico e obriga-o a dispensar cuidados maternais à sua vítima e, mesmo em suas novas funções, ridiculariza-o porque as "drogas", sua especialidade, continuam ineficazes, e ele faz um diagnóstico errado. Tudo isso está presente de modo confuso nas palavras de Gustave, mas nada deve ser *feito*: tudo se impõe, da queda ao desprezo silencioso; e, quando o pai se ridiculariza, a decepção voluptuosa de Gustave é *padecida*. Eis por que o parricídio deve ser ao mesmo tempo um acidente imprevisível e uma ação que se manifesta apenas pelo halo de significações que cerca o corpo opaco do acontecimento.

Antes da queda, em suma, havia dois seres em um: o pai simbólico e o pai empírico coincidiam. Era Achille-Cléophas, alto, magro e barbudo com seu manto de pele de cabra, que amaldiçoara Gustave já antes da concepção e, no dia a dia, se encarregava de aplicar a maldição. Está claro que isso não se ajustava de todo: o pai tinha momentos de ternura; entre Gustave e Achille-Cléophas haviam-se instaurado relações cotidianas, feitas de discussões "sérias" e brincadeiras rituais. Mas essa bonomia – aliás, bastante intermitente – não bastava para distinguir o homem de carne e osso com quem Gustave jantava todos os dias da *persona* que um dia o amaldiçoara. Moisés era a *Verdade* daquele homem; o pai simbólico nunca estava lá, porém parecia mais temível ainda quando ausente: era o sombrio retalhador de cadáveres, o cientista que curava os vivos graças aos terríveis conhecimentos adquiridos a cada dia em seu comércio com os mortos, o professor temido que roubava a alma dos alunos e despachava todos os anos para toda a região vinte robôs que o arremedavam, era o filósofo que dizia que tudo é matéria, e que a matéria é nada. Esse personagem estava *em toda parte*, exceto em seu apartamento de Rouen. A partir de 1841, os dois habitantes do cirurgião-chefe distinguiram-se um do outro sem que cada um se apresentasse com nitidez por si mesmo. Vimos que as ambições burguesas de Achille-Cléophas – que queria um filho procurador –, embora ainda mais penosas para Gustave, não atendiam às intenções diabólicas do *pater familias*, que exigia para seu caçula a decadência suprema seguida pela morte mais infame. Em 1840-41, Gustave, doente imaginário, enganava o bom doutor que transmitia seus erros a Moisés, mais distante na época, fazendo-o compartilhá-los. Em janeiro de 1844, como vimos, Gustave viu-se reduzido a opô-los um ao outro: com sua queda degradante numa morte insana, numa insanidade mortal, ele recorreu a Moisés e encarregou-se de executar a maldição original para escapar à teimosia do pai empírico. Agora, o lance tinha sido feito, estava ganho e a cortina tinha sido fechada.

Mas, com isso, desaparece o negro Senhor: fica um pobre homem superado pelos acontecimentos, que *quer agir direito*. Ora, não é a este que Gustave quer mal, é ao outro. E toda vez que ele acredita conseguir constatar a decadência do Pai simbólico, nesse instante Moisés desaparece: ele escapa por essência ao ridículo, é a Lei. Entre seus dois pais, na época, Gustave não escolhe: suas confidências a Maxime e suas cartas a Ernest têm em vista o pai empírico. Mais tarde, porém, suas cartas a Louise (a mão queimada, os númidas etc.) provarão que, mesmo falecido, o negro Senhor ainda não foi parar no depósito de acessórios. Por fim, em 15 de janeiro de 1846, morrem ambos. Com isso, o velho fundo pré-lógico de Gustave ressuscita para fazê-lo assumir a inteira responsabilidade por uma morte que ele desejara com todas as suas forças. Com sua crise de 1844, ele quis – acredita – provocar a decadência do Senhor diabólico, obrigá-lo a destituir-se de seus monstruosos poderes. Mas o que é abdicar para o seu Suserano prepotente? Aceitar a tonsura e o convento? Melhor morrer. De fato ele morre: primeiramente se retira, deixando Achille--Cléophas virar-se com seus próprios meios. Depois, finalmente, com a supressão do pai empírico, ele corta os últimos elos que o prendiam à terra, convencendo assim Gustave de que o arremedo de suicídio de janeiro de 1844, tal como tantos suicídios reais, é um assassinato disfarçado. Caberá dizer que Moisés, depois de morto, deixa de ser? Ao contrário: tal como a vida apaixonada de seu filho, ele sofre uma transmutação ontológica. Isso é compreensível, pois está ligado a ela e ronda a memória do impassível sobrevivente tanto quanto essa mesma vida, na qualidade de fator original e fundamental de todos os episódios rememorados. Assim, o finado Gustave Júnior e seu pai, vítimas de duplo assassinato*, juntos e inseparavelmente, ascendem à dignidade suprema do Em-Si. O pai será sempre o *Outro* nesse jovem coração desaparecido. Mas o *outro* impotente – embora possuindo a opaca densidade do ser-passado. Acorrentado, mudo, incapaz de agir sobre o eterno presente que o contempla, Moisés não passa de um diabo na garrafa. A juventude de seu filho, que ele destruiu de modo sistemático, fecha-se sobre ele e o totaliza ao se totalizar. Preso em sua própria armadilha, o Demônio será vítima, por sua vez, do olhar

---

* O pai matou o filho cuja morte mata o pai: eis um dos sentidos que Gustave dá à sua queda. Inversamente, essa morte do filho, demasiado solicitada, comporta a seu ver o projeto de matar seu assassino.

incisivo que dirigia à sua presa, e que, qual abstrato sobrevivente de um naufrágio, prega-o a cada acontecimento do passado, pleno, vazio, presente, distante, superado, incessantemente rememorado em sua ausência, como uma borboleta numa rolha. Visto que a imaginação "criadora" haure seus esquemas na memória, o velho Senhor, irreconhecível, estará em todos os livros futuros de seu filho: e com isso não pretendo dizer apenas que ele é explorado como *personagem* (doutor Larivière etc.), mas que para cada um dos heróis ele representa a maldição de Adão, o destino, o tempo implacável e frouxo da decadência, a análise que ridiculariza seus ímpetos, as abundantes profecias pelas quais as coisas anunciam o pior. Mas, visto que cada indivíduo, obscura e negativamente, o supera em silêncio – mesmo que pela dor –, a cada vez ele é vencido em sua própria vitória. Assim, a partir de então, cada obra de Gustave – entre muitas outras funções – tem a função de renovar na imaginação a crise original, ou seja, a Paixão do filho e o assassinato do pai.

Portanto, ele é parricida. Contudo, apesar das obscuras alusões nas cartas a Louise e de sua lengalenga sobre a eficácia *real* do imaginário, ele não tem remorsos; ao contrário, esse assassinato por enfeitiçamento até que o lisonjearia: torna-o mais sombrio e maldito; avulta seu papel de homem fatal, escondendo no fundo do coração chagas indizíveis e delitos desconhecidos. Nessa época, aliás, essa morte ainda não lhe aplacou o ressentimento. Mas seu pensamento *real* – perfeitamente correto, este – não tem essas ressonâncias mágicas. Em poucas palavras, é o seguinte: um de nós dois estava demais; se sou homem hoje, é porque paguei minha liberdade com a vida dele. Por essa razão, apega-se à lenda de Julião: este só tem acesso à santidade *por* ter apunhalado o genitor; é esse suspeito engano que atiça o ódio a si mesmo e o impele à extrema penúria; assim também, Gustave só adquirirá gênio com a morte prematura de Achille-Cléophas. Muito mais tarde, depois que a glória chegou, o negro Senhor do caçula torna-se o "bom Senhor" daquele filho único, Julião. Os rancores de Gustave se aplacaram; a ruína dos Commanville o obriga a refugiar-se na infância: agora ele quer que ela tenha sido bela. Em Achille-Cléophas ele já não vê mais nada além do homem que soube despedir-se em tempo.

*

III. A neurose como resposta

Nesse primeiro exame teremos esgotado os significados da crise? E caberá buscar nela apenas a pura negação, o que equivaleria a descrevê-la como simples tática defensiva cujo principal objetivo seria subtrair Gustave às obrigações de sua classe, ou seja, às vontades de um pai burguês, revelando uma passividade radicalizada por uma queda que o precipitaria abaixo da condição humana? No nível em que nos colocamos até agora para estudá-lo, está bem claro que o "ataque" de Pont-l'Évêque é *isso em primeiro lugar*, e que em todo caso foi vivenciado como tal. O próprio Flaubert às vezes não parece enxergar em sua crise de 1844 e na vida que ele criou para si a partir de então – isolamento, privações consentidas etc. – nada mais que um meio tático e puramente negativo, mesmo em relação à Arte. Por exemplo, em 1875, na mesma época em que escreve *São Julião*, em suas cartas ele parece atribuir à sua vida "monacal" apenas um sentido prático e, afinal, rasteiramente egocêntrico. De fato, sabe-se que está reagindo à ruína dos Commanville com lágrimas, extraordinário nervosismo e uma prostração que, a seu ver, não significa nada mais nada menos que o começo da senilidade; essa ruína o atinge do ponto de vista material e o ameaça naquilo que ele tem de mais caro: Croisset, que é da sobrinha, que ela pode vender. A sobrinha tenta combater seu desespero extravagante – pelo qual ele, de modo literal, morrerá depois de um envelhecimento precoce – dirigindo apelos bem bufos ao seu estoicismo. Só consegue irritá-lo. Ele se zanga, sobretudo quando ela o incita ao "endurecimento" ou quando lhe propõe recomeçar a vida ou "começar uma vida nova". No entanto, para ele é fácil: durante toda a existência não terá afirmado que só chegamos à Arte desapegando-nos dos bens deste mundo, não terá ele se apresentado como um estoico? Ele lhe responde com arroubo: quanto ao estoicismo, *acabou*: era bom antigamente, no tempo da juventude e da maturidade: "Minha sensibilidade está superexcitada, tenho nervos e cérebro doentes, muito doentes, sinto isso... Portanto, fica sabendo que os velhos granitos às vezes se transformam em camadas de argila... Mas tu és jovem, tens força, não podes entender-me". Em outra carta, protesta com veemência: *ninguém tem o direito* de lhe exigir resignação. "Passei a vida a privar meu coração dos mais legítimos alentos. Levei uma existência laboriosa e austera. Pois bem, não aguento mais... cheguei ao limite, as lágrimas que engoli me sufocam e eu abro a eclusa. Além disso, a ideia de não ter um teto meu, um lar, me é intolerável.

Agora olho para Croisset com os olhos de uma mãe que olha para seu filho tísico, pensando: quanto tempo ele ainda vai durar? E não consigo me acostumar com a hipótese de uma separação definitiva". Com tais preocupações, o trabalho é impossível: bem antes de partir para Concarneau, ele abandona *Bouvard e Pécuchet* e "anula-se numa horrível inação". No entanto, reconhece que o desastre financeiro não o deixa totalmente à míngua: mas é para logo reafirmar que a "aflição de seu coração" o condena à esterilidade. "Minha existência agora está conturbada, eu continuarei tendo do que viver, mas em outras condições. Quanto à literatura, sou incapaz de realizar qualquer trabalho". Quando se permite ter esperanças, o que pede para retomar a pena? Que após a liquidação lhe restem dez mil libras de rendas e Croisset. Em Concarneau ele declara que, para viver ali, seis mil libras bastariam em última análise. Mas, de imediato, reincide em suas ideias sombrias. Do que se queixa exatamente? Ele o diz a alguns íntimos. À sra. Brainne, por exemplo, em 18 de julho de 1875: "Sacrifiquei tudo na vida à liberdade de minha inteligência! E ela me é arrebatada por *esse revés da sorte.** É isso sobretudo que me desespera". Sacrificou tudo? Sim, *exceto* Croisset; na mesma carta, de fato, ele diz: "... se me restar Deauville... e continuarmos com Croisset, a existência ainda será possível. Senão, não". Deauville e Croisset lhe garantem a "tranquilidade de espírito" que torna *possível* a inspiração: enquanto temer a perda das rendas e do teto, ele se sentirá "vazio". "Seria preciso entusiasmar-me com uma ideia, com um assunto de livro. Mas já não há Fé." A ideia ganha precisão em sua pluma: "Eu sacrificara tudo desde a juventude à tranquilidade de espírito. Ela está destruída para sempre... e creio que nunca serei capaz de escrever duas linhas seguidas". Essa frase curiosa tem em vista o conjunto da vida de Flaubert a partir da crise e, por conseguinte, a própria crise; esta, com suas consequências, é apresentada como um sacrifício: em janeiro de 1845 Gustave privou-se dos "legítimos alentos do coração", proclamando-se incapaz de ação, sub-homem, reconhecendo "não ter sido feito para o gozo". Sem desejos, portanto há *calma*. Mas desde que se conserve seu ser objetivo, ou seja, Croisset com suas rendas. É de se notar a contradição: se ele sacrificou *tudo* à tranquilidade da alma, nada nem ninguém pode roubar-lhe isso. Portanto, ela deveria lhe restar, ainda que ele se tornasse mendigo e dormisse debaixo das pontes. Pois bem,

---

* Grifo meu.

não é o que ocorre: a busca da penúria só pode ser feita com base na propriedade burguesa. Ele retoma o tema numa carta à sra. Brainne de 2 de outubro de 1875. Dessa vez seu pensamento se mostra completo: "Sou um 'homem da decadência', nem cristão nem estoico e de modo algum feito para as lutas da existência. Eu tinha arranjado minha vida para ter tranquilidade de espírito, sacrificando tudo com esse objetivo, reprimindo meus sentidos, calando meu coração. Agora reconheço que me enganei; as previsões mais sábias não serviram de nada, e eu me vejo arruinado, esmagado, imbecilizado... *para fazer arte é preciso ter despreocupação com as coisas materiais**, o que a partir de agora vai me faltar! Meu cérebro está sobrecarregado com preocupações reles. Sinto-me decaído! Enfim, seu amigo é um homem acabado".

Dessa vez tudo é dito: para fazer Arte – portanto para sobrevoar a vida –, exigem-se duas coisas: prática sistemática da inapetência (castidade, temperança, recusa à ambição e às paixões humanas) *e* despreocupação com as coisas materiais, o que só pode decorrer dos rendimentos. Exige-se do candidato que renuncie *aos desejos*; em troca ele tem o direito de exigir a satisfação automática das necessidades. A George Sand, em 10 de maio de 1875, e a Georges Charpentier, no início de agosto do mesmo ano, ele diz a mesma coisa nos mesmos termos: "Para escrever boas coisas é preciso ter certa alacridade! O que fazer para recuperá-la?"; "Para escrever bem, é preciso ter certa alacridade que me falta. Quando recobrarei a inteira posse de meu pobre cérebro dolorido?". Alacridade: a palavra é escolhida com cuidado, e seu ressurgimento com três anos de distância prova a importância que Flaubert lhe atribuía. Alacridade é o aspecto positivo da ataraxia, sentimento reflexivo da disponibilidade da alma alforriada, calmo contentamento de vê-la inteiramente coesa, fortalecida pelos exercícios espirituais e pelo generoso desejo resultante de empregá--la para fins supra-humanos. Essa alacridade, afinal, é a do atleta em repouso, que não bebe, não fuma, não faz amor e goza sua força, é a posse plena e consciente daquilo que em outra carta ele chama de liberdade da inteligência. Em 1875, com a ressurreição do Futuro – que ele acreditava ter matado em janeiro de 1844 –, a preocupação irrompe em sua vida, a alegre tranquilidade se desvanece a partir do momento em que é preciso "pensar no amanhã".

Será indubitável que em 1875 Gustave compreenda o que ocorreu em 1844? Quando escreve à sobrinha e a George Sand, acabrunhado e

---

* Grifo meu.

furioso, insiste acima de tudo na ataraxia que vai perder e que, apesar de algumas alusões a seu trabalho de escritor, parece-lhe o bem supremo. É um burguês indignado, um proprietário despojado. Volta a isso incessantemente: em sua idade ninguém se refaz, ele tem hábitos aos quais não pode renunciar sem morrer. Diz que é velho, já não pode mudar. E dessa vez é verdade. De resto, naquela primavera de 1875, a louca empreitada *Bouvard e Pécuchet* o cansa e desnorteia, ele se perde e pensa em abandoná-la. Em suma, a Arte, por um momento, deixa de ser sua principal preocupação: o que ele lamenta é sua *vida*, sua pobre vida solitária, regrada, com seu conforto e o retorno eterno das festas e das estações. Ele está "vazio" e, se empreende *São Julião*, em Concarneau, é – segundo diz – "apenas para me ocupar com alguma coisa, para ver se ainda consigo fazer uma frase, coisa de que duvido".* Imagina-se que, nessas condições, Gustave escapa de si mesmo e não compreende sua opção principal. De resto, raras vezes ele é veraz quando fala diretamente de si. Mas, de outro modo, não estará na mesma época sendo sincero e profundo naquele *São Julião* iniciado sem entusiasmo, que aos poucos o cativa? Não deixará ele adivinhar um elo difícil e complexo, porém rigoroso, entre maldade, crime, ódio a si mesmo, vontade sem esperança de perder-se para expiar um crime e santidade – ou seja, a Arte enfim encontrada? Nessas poucas páginas todos os componentes da queda primitiva são recolocados no lugar. Se bem lidas, será possível compreender que Gustave, em 1844, caído na noite, sacrificou-se ao mesmo tempo *contra o Pai* e *contra o filho caçula*, o odioso "grande homem gorado". Como poderia ter sido diferente? Levá-lo ao pé da letra quando geme seria esquecer que, na juventude, a resistência passiva ao destino burguês que lhe é arranjado sempre andou lado a lado com a esperança ardente e vã de renascer genial. Chegamos mesmo a notar, então, que seu ódio pela advocacia é mais intenso porque suas esperanças literárias estão mais amargamente frustradas. Em janeiro de 1844, o que torna *impossível* seu retorno a Rouen e a Paris é a certeza de não passar de um fracassado. Se cai em Pont-l'Évêque, portanto, é ao mesmo tempo *contra* o Destino e *a favor* da Arte. Não caberá perguntar se esse humilhante sacrifício, em vez de ter como único objetivo propiciar-lhe o tempo de escrever, não tenderá diretamente a vencer a calamidade com um holocausto

---

* À sra. Roger des Genettes – Concarneau, 30 de outubro de 1875. *Correspondance*, t. VII, p. 267. Veremos que ele tem outros motivos. Está minimizando sua empreitada.

que lhe dê acesso à gloriosa falange dos artistas? Acabamos de indicar que sua neurose, em certo nível, se organizava como espera passiva da morte do pai. Não seria ela, além disso, *espera da obra-prima por vir*? Mas também é preciso entender que a primeira espera, puramente negativa, pareceu-nos um esforço interno de aproximar-se o máximo possível da passividade pura, para tornar-se o puro bloco de eternidade granítica sobre o qual o tempo transcorreria sem deixar vestígios. Mas há esperas ativas: a espera da Ideia não é apenas confiança depositada no vazio; ela tenta ser uma cilada pelo próprio fato de esperar; em outras palavras, constitui-se como abertura orientada. A neurose de espera pitiática, que se estrutura em 1844, acaso será, em relação à arte, simples instrumentalização negativa da passividade ou caberá ver nela uma relação interna e prospectiva com a obra-prima futura?

Voltemos àquela curiosa tranquilidade de alma de que Flaubert dá mostras já em fins de janeiro. Mostramos há pouco que ele adivinhava de modo obscuro "até onde iria longe demais". Ademais, essa calma é própria das afecções histeriformes, quando o corpo assume o cuidado. Seja como for, *antes* da crise, a angústia o atenazava porque a decadência, vertiginosa e terrível saída, se impunha cada dia mais. E ele recusava com todas as forças a intolerável humilhação. Agora está feito, Flaubert está *objetivamente diminuído*: deveria gritar de raiva por isso. Sobretudo porque já nem sequer pode refugiar-se num sonho de glória: durante os seis primeiros meses, ser-lhe-á recusado até o direito de pegar a pluma. Será que pelo menos ele vai um dia recobrar a força de escrever? *Por que não está humilhado* se perdeu tudo, até isso?

Não será porque a Arte está diretamente em causa? E se o sentido da crise fosse não só propiciar a Flaubert, por meio da segregação, o tempo e o isolamento que ele considera necessários para fazer um livro, mas também torná-lo *interiormente capaz* de fazer isso? E se o outro objetivo – o principal, talvez – do "sistema rigoroso feito para uma única pessoa" fosse superar as inibições e insuficiências do "grande homem gorado" e metamorfoseá-lo em *artista*? Vimos que a concepção de *Smarh* não era separável de uma transformação da atitude mental de Gustave em relação ao mundo e a si mesmo. De modo inverso, a mudança de atitude provocada pela decadência e pela falsa morte não seria um início de ascese estética? Portanto, a posição de Flaubert é complexa: sua alergia ao Código não tem significado por si mesma; para compreendê-la, é preciso relacioná-la diretamente com a impotência literária de que ele acredita sofrer. Gênio incontestre – portanto, certo de escapar à condição burguesa –, ele faria os exames sem esforço, como fez no outono de 1842, depois de terminar *Novembro*. A decadência que o precipita na sub-humanidade não deverá ajudá-lo a realizar em si mesmo a super-humanidade do artista? O essencial, nesse caso, seria ser não-humano: por baixo, por cima, pouco importa e talvez dê na mesma. Necessário é tornar-se incapaz de compartilhar os fins da espécie: a partir daí começa a Arte. Ou a idiotia. Em Pont-l'Évêque, Flaubert teria feito uma aposta audaciosa: como a queda podia trazer-lhe gênio ou demência, ele cairia, apostando no gênio. Se aceitarmos essa hipótese de trabalho, compreenderemos que a humilhação tenha passado por perto sem esmagá-lo: em primeiro lugar, porque ele não terá vivenciado sua crise como simples realização da decadência, mas como condição necessária de seus progressos interiores; em segundo lugar e principalmente, porque a renúncia aos fins humanos, desde que integral e sincera, acarreta *ipso facto* o desaparecimento da vergonha.

Fins humanos é coisa que Gustave sempre contestou. No entanto, aderia a eles em maior ou menor grau. Recusava as necessidades, servido que era por um corpo dócil demais, porém, cedo ou tarde e com motivos, elas voltavam a galope. Desprezava a ambição, mas a família Flaubert o infectara com seu terrível arrivismo. Detestava os estudos, mas não era indiferente ao sucesso e, em *Souvenirs*, nós o vimos admitir que às vezes desejava "brilhar nos salões". O primeiro resultado de sua neurose é cortar todas as pontes. Em setembro de 1845 – vinte meses após o primeiro ataque – escreve a Alfred: "Há agora um hiato tão grande entre mim e o resto do mundo, que às vezes me espanto ao ouvir as coisas mais naturais e mais simples. A palavra mais banal às vezes me causa singular admiração. Há gestos, sons de voz com que não me conformo, bobagens que me dão... vertigem. Alguma vez escutaste com atenção gente falando uma língua estrangeira que não entendes? Estou nesse ponto. À força de querer compreender tudo, tudo me faz sonhar. No entanto, parece-me que essa estupefação não é estupidez".* Esse texto explicita de modo claro as razões dessa *estranhez*: Flaubert quer compreender os interesses e as paixões das pessoas; mas isso é coisa que ele não pode fazer sem participar. Ora, eis que ele se apartou da espécie: um "hiato" o separa dela; por isso,

---

* A Alfred, setembro de 1845, *Correspondance*, t. I, p. 191.

a compreensão se transforma em contemplação pasmada. A coisa é a seguinte: ele consegue reconstituir o encadeamento de ações, motivações e objetivos, mas o processo inteiro permanece opaco para ele: ele não se pôs *dentro*. É isso o que ressaltava um texto bem anterior que traduz impressões sentidas por Flaubert nos seis primeiros meses de sua neurose. No capítulo XXVI de *A educação sentimental*, Jules observa: "Quem está empenhado na ação não vê seu conjunto, o jogador não sente a poesia do jogo que está nele, nem o devasso sente a grandeza da devassidão etc. Se cada paixão, se cada ideia dominante da vida é um círculo no qual giramos, para enxergarmos sua circunferência e sua área não devemos ficar fechados ali, mas nos colocarmos fora". Entre o texto da *Educação* e o da carta de 1845 a Alfred, parece haver contradição porque o "hiato", no texto mais antigo, leva a uma compreensão de sobrevoo, global e totalizadora – enxergamos toda a circularidade de nossas condutas –, e, no mais recente, à *estranhez*. Mas é que desde janeiro de 1844 Gustave oscila de modo incessante entre otimismo e pessimismo: assim, encontraremos a partir daí, em alternância, cartas nas quais a Arte é apresentada como um ponto de vista absoluto sobre o mundo e outras nas quais ela é reduzida à ocupação menos tediosa do tempo de um burguês que vive no campo. Voltaremos a isso. No entanto, sobrepuja o aspecto positivo: mesmo na carta a Alfred, Flaubert recusa-se a equiparar sua estupefação à estupidez. Sua incompreensão é uma compreensão superior que, além da clara visão das ações humanas, implica a consciência estupefata de sua fatuidade.

Na verdade, não há nada de muito novo – pelo menos na aparência –, e nós o surpreendemos mais de uma vez a contemplar as ações da espécie com a mesma estupefação; é o "salto de ricochete" do orgulho e o uso do infinito negativo: "Ide ao alto de uma torre...". De fato, trata-se de um novo uso daquilo que chamamos consciência de sobrevoo: é acima de si mesmo, em primeiro lugar, que ele pretende sobrevoar, como indicam esses dois textos da primeira *Educação*, um dos quais – escrito talvez no exato momento em que ele voltava ao manuscrito – mostra o *meio* e o outro, o resultado: "(Jules) parecia rebaixar-se com prazer e arrastar-se na lama, como se quisesse praticar alguma vingança contra sua própria pessoa; no entanto, só se preocupava consigo... analisava-se até a última fibra, olhava-se no microscópio ou contemplava-se em seu conjunto; parecia até que seu orgulho o colocara acima de si mesmo, e que se via com piedade". Reencontramos o tema de *Novembro* – "Sou pequeno demais para mim" – retomado com exasperação. Mas também se vê a ascese: arrastar-se na lama, *vingar-se de si mesmo*. E eis o que segue: "A calma na qual Jules quisera viver por egoísmo e as áridas alturas nas quais ele se pusera num esforço de orgulho o haviam afastado *tão bruscamente** da juventude e tinham exigido dele uma vontade tão acerba e constante... que ele quase petrificara seu coração". Duas palavras impressionam: *tão bruscamente*. Como a ascese é objeto de uma vontade *constante*, era de se esperar que a mudança fosse progressiva. Mas a subtaneidade ressaltada da metamorfose não nos deixa escolha: trata-se de uma referência alusiva à crise – que Flaubert nunca menciona de modo direto nesse romance. Nesse caso, a vontade viria *depois* para terminar o serviço. Essa interpretação é confirmada por uma carta de 1846, citada acima: "Eu não era assim outrora. Essa mudança ocorreu ao natural. Minha vontade também colaborou de algum modo. Ela me levará mais longe, espero". Em suma, ele se vingou de sua mediocridade infligindo-se torturas medonhas, cujo resultado é o memorável mergulho de 1844. Pouco importa se ele então se empoleirou acima de si mesmo ou se caiu abaixo de sua lastimável particularidade: esse mergulho tinha justamente o objetivo de libertar de sua pessoa singular o seu orgulho árido e soberbo. Sem dúvida, quando se arrisca, ele não consegue abafar sua anomalia, mas petrifica seu coração: isso quer dizer que a origem, o resultado e a finalidade da crise original são a não-aderência a si, certo distanciamento que alivia Gustave do peso de sua *realidade*.

A primeira crise não ocorre antes que em Gustave tenha havido um consentimento passivo para o pior: não é suficiente lacerar o coração; ele levará a vingança ao ponto de condenar-se à abjeção. Mas, com a aceitação do pior, vivenciada como crença, ele já se dissociou em parte do cadáver ou do demente que se condena a ser, como se a desproporção entre as visadas de seu orgulho e suas capacidades já estivesse tão acentuada que pouco lhe importasse que ela se exacerbasse ainda mais. Mas, como é o orgulho que sentencia, o orgulho será testemunha de sua execução: alguma coisa se abisma aos pés de Achille, alguma coisa *precisa* sobrevoar o desastre e observá-lo com indiferença. É por isso que ele nunca perde a consciência: o desfalecimento puro e simples simbolizaria a abolição total. Gustave pretende

---

* Grifo meu.

que permaneça alguma vigilância: "eu me agarrava à minha razão. Ela dominava tudo, embora sitiada e vencida". Não que essa razão procure combater a loucura com firmeza: ela fica acima do entrevero, vã e soberba afirmação do universal, do "eu penso" estoico. Por bem ou por mal, o orgulho era solidário da anomalia, determinação contingente e finita, mas totalidade ordenada; já não pode sê-lo da desordem na qual ela parece ter-se desfeito. O distanciamento, recusa de si por muito tempo ruminada durante o outono de 1843, favoreceu a crise que cortou os elos desse balão cativo com o Ego concreto, que se atomizou.

Durante muito tempo Flaubert lutou com seu duplo: Almaroës, fria razão analítica, brigava com um Satã choramingas de memória torturada. A queda os separa: o que se engolfa é a realidade presente; Satã, privado desse ponto de apoio, converte-se em memória pura, e Almaroës, perdendo o corpo, não é mais nada nem ninguém e não pode sentir nada, a não ser no imaginário. A vivência se congela, fecha-se sobre seus sofrimentos: ela pertence a um jovem morto. Restam uma imaginação centrada numa memória e um orgulho louco, mas sem vínculos, desrealizado.

Origem e resultado da crise, o distanciamento, na profundidade, acaso não seria sua finalidade positiva? Isso quereria dizer que ele se identificaria com a própria crise, como intenção teleológica, orientação e sentido. De fato, apesar de algumas recaídas, Gustave logo vai romper com a eloquência apaixonada de suas primeiras obras: a Arte, já nos primeiros capítulos da *Educação sentimental*, se afirmará como distanciamento supremo; não terá sido *para renascer artista* que Gustave rompeu as amarras que o retinham à vida imediata?

Não poderemos responder a essas perguntas enquanto nos limitarmos, como acabou de ser feito, ao exame da primeira crise e à descrição das crises referenciais. Enquanto as intenções táticas, cujos objetivos são de curto prazo, podem expor-se de imediato à análise existencial, as intenções estratégicas só podem ser apreendidas em seu desenvolvimento temporal: não só seu objetivo está distante, como, por si mesmas, elas não são repetitivas nem passíveis de serem resumidas num momento, ainda que privilegiado; precisam ser consideradas como unidades temporais cujo sentido *vem a ser* à medida que se temporalizam. Para descrever a orientação estratégica dessa neurose – desde que ela tenha alguma –, será preciso observar o doente durante os três meses seguintes ao primeiro "ataque", ou seja, até sua decisão de escrever o primeiro *Santo Antão*. Não devemos nos limitar ao estudo das crises referenciais – que parecem logo ter-se estereotipado e sobre as quais, infelizmente, não sabemos muito mais do que aquilo que Maxime fala sobre elas –, mas, ao contrário, tentaremos compreender e fixar em palavras a maneira como Flaubert viveu aqueles anos. O que ele fez neles e o que fez deles, o que sentiu e escreveu neles, e o que escreveu *sobre eles*. De fato, durante todo esse período, a doença, embora decrescendo, não o abandona nem um instante, permanece como *exis* ao mesmo tempo vivenciada e pacientemente decifrada, mesmo no intervalo que separa duas crises referenciais. Nesse sentido, é *sua vida*: ele *vivencia* o esquecimento histérico de viver.

Mas, suas relações com a Arte e a cultura, manifestadas por sentimentos, pensamentos, comportamentos e papéis, acaso não representam também a parte essencial de sua existência? Serão separáveis de sua neurose? Esta, apesar do caráter aparentemente grosseiro e rudimentar, não pode ser vista de outro modo senão como "doença de escritor" ou neurose de homem culto; o mundo cultural e, sobretudo, a literatura fornecem e mantêm o ambiente significante no qual Gustave precisa viver seu mal. Inversamente, aliás, essas manifestações do *espírito objetivo* são determinadas em Gustave pela relação com seus transtornos. Portanto, será preciso proceder ao exame do movimento dialético pelo qual o projeto artístico e o projeto neurótico se condicionam mutuamente, a tal ponto que a escrita se torna neurose, e a neurose, literatura. Só esse exame poderá responder à nossa pergunta de princípio. Ele possibilitará decidir, entre duas respostas possíveis, qual se aproxima mais da verdade. De fato, é preciso escolher. *Ou* a Queda nada mais é que um momento do diálogo com o pai – aquele em que a fala indizível se faz substituir por uma somatização: então a unidade neurose-escrita não será significante. Sem dúvida, as relações entre ambas não serão de *exterioridade*, mas o único fundamento delas será a unidade totalizadora da vivência na qual mesmo as relações externas se constituem como interligações internas das partes através do todo. Em outras palavras, projeto literário e projeto neurótico, ao invés de se limitarem a coexistir, se condicionarão mutuamente. Mas isso não significa que cada um não tenha nascido exteriormente ao outro; não se encontrará na escrita uma expressão exaustiva da neurose, nem na origem da neurose a intenção fundamental de escrever. *Ou então* as duas intenções revelarão sua unidade original. A neurose

III. A NEUROSE COMO RESPOSTA

aparecerá então *em certo nível* como uma resposta tática e negativa ao pai, suscitada pela urgência, embora preparada de longe, e *no nível mais profundo*, como uma resposta estratégica e positiva à indagação formulada pela necessidade e pela impossibilidade de ser Artista, para Gustave. Nesse caso, o projeto neurótico visaria a uma metamorfose radical da pessoa, acompanhada de uma visão nova sobre a essência do belo. De modo estratégico, a queda apareceria então como uma conversão, cabendo a Gustave apenas desenvolver suas consequências. Essa transformação, ao mesmo tempo vivenciada de modo pleno num instante fulminante e temporalizada nos anos que se seguem, seria a conversão ao otimismo. Mas a um otimismo segundo São Flaubert. Em outras palavras, mais do que nunca o pior seria infalível, mas a radicalização da derrota nada mais seria do que a vitória. Exterioridade original de dois projetos unificados em seguida pelo seu pertencimento contingente a um mesmo todo? Conversão fundamental e *una* na qual o nível tático e o nível estratégico estariam em relação de simbolização recíproca? É isso o que decidiremos se seguirmos Flaubert passo a passo ao longo de seus anos de sonolência.

Livro II

*A crise considerada como estratégia positiva
à luz dos fatos que se seguiram
ou
o jogo do "Quem perde ganha" como
conversão ao otimismo*

IV

O jogo do "Quem perde ganha" racionalizado

Na primeira remitência, em junho de 1844, Gustave retoma e termina *A educação sentimental*. Nos primeiros capítulos dessa obra, terminada em janeiro de 1845, a influência da doença é inegável: o papel de Jules amplia-se de repente e é ele que se torna o principal personagem do livro. Devemos ler essas páginas com cuidado: elas constituem o primeiro testemunho que o autor dá sobre seu mal. Durante os seis meses em que ficou sem escrever, ele teve tempo de meditar sobre o que lhe está acontecendo; interrogou-se sem cessar, leu obras de patologia mental; principalmente, familiarizou-se com suas crises e acabou por adquirir sobre elas uma compreensão cada vez mais profunda. Mas, sobretudo, parece que escreve para recobrar sua neurose. Evidentemente, nunca fala diretamente dela, mas descobre na vida de Jules alguma espécie de intenção providencial que a governa e, de desengano em desengano, o faz chegar a uma conversão "tão brusca" e, para além desta, à vitória. A aventura de Jules, realmente, está no fato de que ele chega ao gênio por meio do fracasso absoluto. Não por acaso, mas de modo *intencional*. Em outras palavras, a doença de Gustave tem um sentido. Mas, embora pressinta que em suas desgraças anteriores há uma finalidade subjetiva, ele não quer nem pode sabê-la: prefere que a solicitude que o guia silenciosa e implacavelmente para as obras-primas futuras aja sobre ele a partir de fora. Antes de 1844, ele transformara o determinismo mecanicista do pai num fatalismo profético que correspondia mais a seu pessimismo: os fatos se encadeavam a partir de fora, segundo leis rigorosas, *mas* o conjunto do processo estava orientado por uma vontade *outra* para um objetivo que era nada menos que o pior. Após 1844, a fatalidade vira providência: subsiste a confusão entre o rigor externo das sequências causais e a necessidade teleológica que, numa empreitada calculada, liga os meios ao fim. Só que este mudou de signo: tornou-se positivo. Desse modo, sem demasiada má-fé, Gustave pode dizer-se vítima inocente e eleito de um mal que o corrói e cujo artífice é ele, em segredo: é escusado dizer que essa projeção de suas intenções neuróticas na objetividade é exigida pela própria neurose, que não poderia sobreviver incólume à descoberta de suas intenções estratégias. Existe compreensão profunda, mas lhe é vedado explicitar-se como conhecimento.

Tal como está, esse texto – importantíssimo porque, ouso dizer, foi escrito "a quente" – tem a singularidade de ser o único canto de triunfo que Flaubert se permitiu em sua obra inteira, inclusive na Correspondência. Causará espanto a consideração das circunstâncias que acompanharam e muitas vezes interromperam seu trabalho: quando ele retomou *A educação*, ela já estava bem avançada; seis meses para terminá-la – se nos lembrarmos da fecundidade do autor – é um tempo considerável; portanto, cabe admitir que as crises referenciais ainda eram numerosas, e que cada uma delas o obrigava a um repouso de vários dias – o que é confirmado pelo testemunho de Maxime. Nesse estado miserável, de plena insegurança, ignorando no momento em que escreve se algum brusco retorno do "mal-caduco" não irá, no instante seguinte, esmagar sua pluma sobre a folha de papel e precipitá-lo ao chão, Gustave ousa igualar Jules aos mais grandiosos, a Shakespeare talvez. Ele se entrega às convulsões, cai em sono profundo, fica de cama e, quando se levanta, volta alquebrado à escrivaninha para exclamar com júbilo: Finalmente! Finalmente! Sou um Artista. Vai mais longe ainda, pois essas páginas derradeiras contêm – embora ele o negue – uma Arte poética que poderia servir de manifesto aos escritores pós-românticos, e que define de modo brilhante, em todo caso, a obra futura de Flaubert. Resta saber – dirão – se ele de fato descobriu uma estratégia positiva em sua neurose ou se *atribuiu* a ela essa estratégia num salto de ricochete do seu orgulho. A isso respondo que não decidiremos sem relermos o fim de seu romance e sem o compararmos com as cartas que ele escreve no mesmo período. Se ficar provado que sua concepção de Arte, embora não neurótica, implica necessariamente a neurose e seria incompreensível se não tivesse se originado dela e não a refletisse, transcendendo-a ao mesmo tempo, teremos esclarecido tudo: Gustave teria mergulhado na abjeção, em Pont-l'Évêque, para metamorfosear-se em Artista; em outras palavras, terá utilizado sua constituição pitiática para reinventar a arte de escrever.

*

Quem é Jules? Um jovem provinciano, o "contraexemplo" de Henry. Na primeira parte – mais exatamente nos dois terços do romance – ele aparece como um medíocre, figura insignificante perto de seu brilhante companheiro. Gustave não o lisonjeou; até mesmo suas tristezas são comuns: um amor infeliz, alguns desenganos literários, o autor também fala de amizades traídas. Vexa-o com um infortúnio de que acaba escapar, mas de natureza tão comum, que pouco comove: Jules *trabalha*, imaginem; pegou um emprego para *ganhar a vida*. Além disso, é um sonhador, poeta sem grande talento. Não deixa de ter orgulho, porém: mais um que é pequeno demais para si. Tudo isso nos é indicado de forma negligente: o personagem tem apenas um ser-relativo, não vale o trabalho de aprofundar-se, é um pálido *remake* do herói de *Novembro*. Depois, de repente – faz tempo que Henry está na América, a sra. Renaud começa a entediá-lo –, as contrariedades do pobre rapaz incham desmesuradamente sem que se possa saber se ele conheceu outras decepções ou se são as mesmas, incumbidas de modo brusco por Flaubert de representar o inferno do sofrimento nas almas nobres. Em todo caso, em vez de atribuir essas infelicidades ao acaso, o autor tem tanta preocupação em descrever o seu sentido que volta a elas diversas vezes: "Deixou de ser reconhecido, foi escarnecido, vaiado, abandonado pelos amigos, ultrajado por si mesmo. Sua dedicação foi atribuída ao egoísmo, e seus sacrifícios, à crueldade; fracassou em todos os projetos, foi rechaçado em todos os impulsos, assistiu à agonia de todas as afeições". O parágrafo seguinte, que Gustave dedica a Henry, basta para mostrar que esse conjunto de calamidades, longe de definir a condição humana em geral, tem o valor de uma eleição. Jules não conseguiu amargar tantos revezes sem ser objeto de uma designação particular, pois seu amigo Henry, "flexível e forte, ousado e desembaraçado é... o francês em toda a sua graça... as mulheres o amam, pois ele as corteja; os homens lhe são dedicados, pois ele os serve; é temido, porque se vinga; abrem-lhe espaço, porque ele empurra; vai-se ao encontro dele porque ele atrai". É forçoso concluir que aquilo que designa Jules pelo martírio é seu próprio ser: ele é feito de tal modo que malogra em tudo e desagrada a todos, a começar por ele mesmo. De fato, escrevendo a Henry, ele se rebaixa de bom grado, como que a vingar-se de si.* Com isso, desperta mais interesse, não sem algum espanto: não esperaríamos isso daquele terno sonhador. Isto porque o autor pulou para dentro do seu personagem (logo *antes* da crise, seis meses depois? – nunca saberemos). O medíocre transforma-se em furioso, dilacera o peito com as unhas, destrói-se: promovido à dignidade de "grande homem gorado", tem a missão de nutrir por si mesmo o ódio raivoso que Gustave sente por si. Foi isso que o transformou. Antes, havia alguma complacência em seu sofrimento, como fazia seu criador: "Outrora ele se enterrava (nos sofrimentos) com a obstinação desesperada que é a essência das dores cristãs e românticas". Acabou: em janeiro de 1844, em Pont-l'Évêque, o romantismo morreu, a geração pós--romântica declarou-se maior de idade. De repente, as desgraças de Jules mudam de natureza: são atrozes feridas do orgulho, provocadas por fracassos repetidos. Transfixado na vertical negativa que estrutura o espaço de Gustave, Jules cai, ricocheteia, volta a cair, enfurecido pela "humilhação dessas quedas cada vez mais profundas da altura de que caíra".**

* Curiosamente, ele também arrasta na lama seu grande amor da juventude – e isso não na carta a Henry, porém muito mais tarde, quando se afastou do mundo e produziu obras-primas: "Jules gostava de conversar sobre ela e de ouvir da própria boca de Bernardi mil detalhes íntimos que a degradavam, mil fatos que ultrajavam a lembrança que ele guardava dela... à força dessa singular necessidade, ele acabou por não mais a sentir; depois de tê-la arrastado bastante na lama, voltado e quebrado em todas as suas articulações o terno e doloroso amor da juventude, depois que a ferocidade de seu espírito se fartou daquele espetáculo, ele passou a encontrar menos prazer na companhia de Bernardi...". Esse episódio lança interessantes luzes sobre o prazer que Gustave tinha no convívio com Schlésinger: Bernardi é o amante da atriz que Jules amava; é um ator cômico e vil, como Schlésinger (segundo Gustave), como Arnoux. Se lembrarmos que o jovem Flaubert, mesmo em Trouville, gosta de pôr seu querido "fantasma" em posições obscenas e grotescas, de conspurcá-lo na imaginação, entregando-o a Schlésinger, será compreensível fazermos algumas ressalvas sobre a natureza de seu "grande amor" e vermos nele, *pelo menos em parte*, um mito, para não dizer uma mistificação (montada por Gustave para espicaçar o ciúme da Musa).

** Nesse trecho, Flaubert fala com todas as letras da *"humilhação"* provocada nele por suas *quedas*. A frase pareceria obscura (por que essas quedas são cada vez mais profundas? como, após cada uma delas, ele se encontra mais alto que antes?), se já não conhecêssemos o mecanismo autodefensivo do *salto de ricochete*. De qualquer maneira, Jules fala disso *no passado*: a última e mais profunda corresponde, é claro, à crise de janeiro de 1844. Ela acabou de matar-lhe o coração ou, como diz ele, de "encouraçá-lo nos lugares sensíveis". De (cont.)

Ora, eis que de repente ele se encontra do outro lado do precipício. O que ocorreu? Não o saberemos diretamente: não há nada em *Educação* que seja o equivalente *realista* do acidente de Pont-l'Évêque. Porém, se lermos bem, há um capítulo inteiro que descreve *simbolicamente* a ruptura de Jules com o passado, ou seja, um momento no qual o convertido, no temor e no tremor, vê sua vida totalizada, em toda a sua fealdade, é tentado a agarrar-se a ela, mas depois foge e escapa pelo isolamento. É o episódio do cão. Flaubert quis que ele fosse "fantástico", no exato sentido por ele definido algumas páginas adiante: "Entendido como o desenvolvimento da essência íntima de nossa alma, como superabundância do elemento moral, o fantástico tem seu lugar na arte". E, é claro, o cão-d'água de Fausto não deixou de influenciá-lo.* Portanto, Jules, já muito avançado na via da conversão, encontra uma noite "um animal magro, esgalgado como uma loba; tem aspecto selvagem e infeliz, está emporcalhado pela lama, sua pele sarnenta em alguns lugares está mal e mal coberta por um pelo ralo e comprido... manca numa das patas traseiras". Esse miserável animal "lança-se sobre

---

(cont.) uma decepção a outra, o que cresce é a amplitude da derrocada; o que decresce é a intensidade da humilhação que, para terminar, se aproxima de zero. O autor retoma sua ideia um pouco adiante, mas, dessa vez, os ouropéis românticos mascaram ou transviam seu pensamento: "Sabem o que torna tão delicada ao paladar a carne desses patês trufados de Estrasburgo com que os senhores se empanturram nas refeições? É o fato de alguém ter feito saltar sobre placas... incandescentes o animal que lhes era destinado, e que só foi morto depois de seu fígado estar intumescido e inchado o suficiente para que se tornasse bom de comer. Que importa o suplício dele desde que isso tenha aumentado os prazeres dos senhores! É no lento sofrimento que o gênio se eleva; esses gritos do coração que os senhores admiram, esses elevados pensamentos que os arrebatam têm origem em lágrimas que os senhores não viram, em angústias que não conhecem". Numa leitura apressada, seria possível acreditar que ele comunga a opinião de Alfred de Musset: "Os cantos desesperados são os mais belos...". Ora, o que ele quer dizer é o contrário: não nos esqueçamos de que os sofrimentos mataram o animal de fígado hipertrofiado, e que nós só degustamos o seu sabor depois que ele morreu; o gênio é a criança morta que sofreu com um coração hipertrofiado, mas que já não sofre. Mais tarde, escrevendo a Louise, Gustave mostra o aspecto negativo de sua doença: se meu espírito tivesse sido mais forte, minha dor teria ficado no crânio, em vez de escorregar para os membros. Mas, em 1844, fingindo falar apenas de seu personagem, ele mostra o outro lado de sua doença.

* E, provavelmente, também a lembrança do encontro com algum cão perdido. Ele menciona com frequência o fato – a Louise – de que as crianças, os idiotas e os animais se apegam a ele e lembra-lhe "curiosos" episódios que, infelizmente, ele só lhe contou de viva-voz.

ele, latindo e lambendo-lhe as mãos, seus olhos se fixam em Jules com uma curiosidade amedrontadora". Este "primeiro sente repulsa, depois piedade". Vê nele "nada mais que um desses cães que perderam o dono, que são perseguidos com apupos, que erram a esmo pelos campos e são encontrados mortos à beira dos caminhos". Reconhecemos o esquema: outrora era Marguerite que, apupada pela multidão, abandonada, se deixava escorregar para dentro do riacho. Agora é um cão. Mas esse cão tão repugnante, em tão mau estado, representa a própria vida de Flaubert, nada mais nada menos que a pobre acrobata afogada. De fato, Jules tenta em vão afastá-lo, acaba por lhe atirar algumas pedras. O bicho volta para ele com tanta "teimosia", que o jovem se intriga: será que o viu alguma vez? Não seria Fox, o spaniel que dera a Lucinde, mulher que ele amou, que se deitava com um palhaço e partira tal como tinha chegado, sem nada lhe conceder: em suma, uma caricatura malevolente da sra. Schlésinger? Ele sente "uma compaixão infinita por aquele ser inferior que o olhava com tanto amor"*, mas esse amor inexplicável lhe dá medo. Repugnado pela fealdade do "horrível animal"**, ele se esforça por não vê-lo, mas "uma atração invencível atrai seu olhar para ele". O cão "parece rogar-lhe que o siga". "Ele vai, vem, aproxima-se de Jules, incita-o a segui-lo" e o conduz por fim para uma ponte. Surpreendido, o jovem "se lembra de que um dia – oh! Fazia muito tempo – ele fora àquela ponte e lá desejara morrer. Seria isso o que queria lhe dizer o animal fúnebre a girar em torno dele?". Ou estará tentando fazê-lo entender que Lucinde morreu? O cão maldito e o homem "amedrontam-se um ao outro; o homem treme sob o olhar do animal no qual acredita ver uma alma, e o animal treme sob o olhar do homem no qual acredita ver um Deus". Jules começa a bater nele, o animal recua, Jules foge. Voltando para casa, "cisma naquilo que acabava de acontecer". "Naquilo que ocorrera entre ele e o monstro, em tudo o que se referia àquela aventura, havia algo de tão íntimo, tão profundo e tão nítido, que cabia reconhecer uma realidade de outra espécie, mas tão real quanto a comum, embora parecendo contradizê-la. Ora, *o que a existência oferece de tangível e sensível desaparece para seu pensamento como algo secundário e inútil, como uma ilusão que é apenas a sua superfície.*"*** Tomado de forte suspeita e de estranha vontade de ver o cão que o perseguiu, ele

---

* Está tudo aí, até o elo de vassalagem.
** Essa aversão pela fealdade é completamente flaubertiana.
*** Grifo meu.

desce a escada e abre a porta: "o cão está deitado na soleira". São as últimas palavras do capítulo XXVI. O seguinte começa assim: "Foi seu último dia patético; a partir daí ele se corrigiu de medos e superstições...".

O cão é a tentação do patético; ao mesmo tempo, é sua vida passada, seus amores, seus desenganos, Lucinde, as horas desesperadas nas quais pensava em suicídio, alguns instantes de uma felicidade ilusória. Essa vida se agarra a ele, como que para lhe dizer: *pertenço-te*, toma-me, vou morrer se me abandonares e viver se continuares a *me* viver. Jules está fascinado, mas, ao mesmo tempo, enxerga-a de modo implacável tal como foi: ela está perfeitamente bem simbolizada por aquele animal medonho e ignobilmente afetuoso. Na verdade, ele nunca é *tentado*; digamos que esse encontro repentino com sua vida corresponde à crise (é seu *último* dia de patético); ele a descobre como uma vida estranha, e ela o hipnotiza: o elo não está cortado, pois há "entre ele e o monstro algo de íntimo, profundo e nítido". Mas é justamente nessa noite que ele se rompe. Curiosamente, não assistimos à ruptura definitiva: Jules volta a descer, abre a porta, o cão está lá; o que acontece? É muito significativo que Flaubert não diga uma única palavra sobre isso, e que declare, no capítulo seguinte: "Foi seu último dia patético". É como se entre as últimas linhas do capítulo XXVI e as primeiras do XXVII se situasse a *verdadeira* crise: de fato, naquele estado de nervos, Jules, ao encontrar o cão diante da porta – como temia, como desejava –, pode ter desmaiado ou caído numa "torrente de fogo", acreditando-se morto. Alguns vizinhos chegaram, talvez, fizeram-lhe sangrias. Ele voltou a abrir os olhos. Por fim, é possível imaginar tudo, menos que, ao ver o animal, ele tenha voltado a fechar com calma a porta e subido para se deitar. Pois naquele instante ele *ainda* era "patético". O que o teria feito, já no dia seguinte, deixar para sempre de ser patético? De qualquer maneira, o encontro com o cão é *o acontecimento-encobrimento* que revela e mascara ao mesmo tempo o verdadeiro acontecimento de Pont-l'Évêque. O que impressiona é que Flaubert, apesar de silenciar sobre o verdadeiro acontecimento, tenha feito questão de lhe atribuir alusivamente uma dimensão sobrenatural. O sensível e o tangível "desaparecem para seu pensamento como algo secundário e inútil, como uma ilusão...". Ele reconhece a existência de uma "uma realidade de outra espécie, mas tão real quanto a comum, embora parecendo contradizê--la". Esse surreal não é exatamente o sagrado, mas aproxima-se muito dele. E essa maneira de nos relatar sua experiência é bem semelhante à maneira que poderia ser adotada por um convertido: o real – equiparado à banalidade cotidiana – esboroa-se, e o surreal parece contradizê-lo de modo radical. Portanto, podemos afirmar sem medo que, durante o verão e o outono – *pelo menos* – que se seguiram ao "ataque", Flaubert considerava que este tinha sido uma autêntica *conversão* no sentido metafísico, se não religioso, do termo.

Tranquilizado, esvaziado por sua experiência surreal, Jules ousa olhar para trás e, de repente, seu pensamento vai mais longe do que ia até então o pensamento de seu autor. Ou melhor, o autor, tranquilizado pelo "recurso à terceira pessoa" e retomando o procedimento da adolescência, projeta-se para o ambiente da alteridade a fim de poder ir até o extremo de suas ideias e fingir que as descobre em seu personagem. Em Jules, portanto, revela-se o aspecto *positivo* do "ataque": De tudo isso, porém, resultava seu estado atual, que era a soma de todos aqueles antecedentes e lhe possibilitava revê-los; cada acontecimento havia produzido outro, cada sentimento se fundira numa ideia... Aliás – pensava ele para justificar-se –, negar uma época de sua própria existência não será mostrar-se tão estreito e tolo quanto o historiador que negasse uma das épocas da história, aprovando uma parte, desaprovando outra... pondo-se no lugar da Providência e querendo reconstruir a obra desta? Portanto, tudo o que ele sentira, experimentara, sofrera talvez tivesse chegado para finalidades ignoradas, com um objetivo fixo e constante, despercebido porém real".

Impossível ser mais claro. E, relendo esse trecho, não posso me abster de lembrar a "repetição" kierkegaardiana: no momento da conversão, Flaubert concorda em perder tudo e, justamente por isso, tudo lhe é eminentemente devolvido. Ele odiava sua vida – em todo caso, alguns aspectos e algumas épocas de sua vida –, na medida em que ainda se apegava a ela; abriu a mão, deixou-se cair e – divina surpresa! – *do outro lado da falsa morte* ele consegue amá-la por inteiro, no passado, porque ela devia conduzi-lo, "por tudo o que ele sentiu, experimentou, sofreu", à meta sublime que a Providência lhe reservara.

Primeiro grau da ascese: Jules-Flaubert já não sofre: "Endurecera-se para a ternura e quase petrificara seu coração... nesse estoicismo quase sobre-humano, ele chegara a esquecer suas próprias paixões". Essas linhas contêm uma informação preciosa sobre o estado de Gustave durante o ano 1844-45. Ele não nos diz, de fato, que se *desfez* das paixões, que as subjugou, e que a calma nasce do vazio real de sua alma. Ao contrário, insiste no fato de que elas ainda existem, mas ele as esquece. Isso quer dizer, de modo exato, que em relação a elas ele vive num estado de *distração histérica*. De fato, como admitir que, de um dia para outro, seja possível abafar pulsões tão pungentes e violentas (ressentimento, ódio a si mesmo, vergonha, raiva, desejo furioso de matar ou de matar-se, fortes ambições), sem ser afetado por uma mentalidade realmente patológica? Eu disse acima que sua tranquilidade provinha da vitória de Pirro, que lhe possibilitava escapar a seu ser burguês, a seu destino, ao tempo; e que, aliás, ao renunciar e aos fins humanos, ele se libertara da vergonha. Que seja. Contudo, é preciso *poder* viver essa abdicação. Romper com um amigo, com uma amante que se ama, em certas condições é possível, mas não é possível evitar saudades, ciúmes, tentações de reatar etc., que de ordinário acompanham essas decisões: *aguentar firme* todos sabem quando custa; o trabalho de ruptura com frequência é tão demorado e cansativo quando o do luto. Ora, Gustave e seu Jules alegam que, no auge da paixão, romperam uma relação de dez anos e não sofreram em absoluto. No entanto, é manifesto que as pulsões fundamentais de Flaubert sobreviveram às suas crises: o orgulho está intacto – isso será visto quando Maxime e Louis proferirem o seu julgamento sobre o primeiro *Santo Antão*; muito tempo depois, Bouilhet falava aos Goncourt, com uma espécie de terror, sobre a incrível susceptibilidade do amigo; ressentimento, sadismo, masoquismo e inveja nunca desapareceram, e isso é comprovado por vários episódios; quanto à ambição literária e aos desesperos que ela com frequência provoca em Gustave, comentaremos com mais tempo. A verdade, portanto, é que ele *acredita* que se libertou. Não sem que essa crença seja surdamente desmentida pela compreensão de seu mal; de fato, a imagem da lagoa e seus sedimentos – cujo lodo volta a toldar a superfície quando o vento a agita – corresponde de modo exato ao texto acima citado: a lagoa *esqueceu* seu lodo assim como Jules esqueceu suas paixões. Como entendê-lo? Pois bem, em primeiro lugar a "distração" só será preservada com infinitas precauções. É o sistema válido para uma única pessoa. Em segundo, se renascer a tentação de se deixar levar pela inveja e pelo ódio, o corpo intervirá, assumirá todos os transtornos e os somatizará como convulsões. A conclusão vem por si só: Gustave já era mais do que meio imaginário; após a crise tornou-se inteiramente imaginário, uma vez que a crença produz nele uma ataraxia vivenciada, porém irreal. Ou, inversamente, uma vez que ele escapa ao patético *apenas* irrealizando-se. Cada um de nós já passou pela experiência de interromper por um tempo o tormento (mas não sua causa) *pensando em outra coisa*. Essa disposição mental só será patológica caso se mantenha. Portanto, para que o esquecimento das paixões persista em Gustave, ele precisará ser poderosamente mobilizado por *outra coisa* que se faça pensar o tempo todo. O quê? Tentaremos saber. Para esclarecer nossa pesquisa, notemos de imediato: quando um homem real se deixa devorar por inteiro pelo imaginário, mas sem perder sua realidade, o que ele chama de sua mente tende a coincidir com sua imaginação, e em consequência disso o único objeto com o qual ele pode tratar é o mundo real na medida em que este se deixe desrealizar. Um dia Gustave escreve a Louise dizendo que lamenta aqueles que são incapazes de manter-se a cada dia e durante o dia inteiro naquilo que ele chama de "atitude estética". Não acrescenta mais nada, porém suas cartas de 1844-46 e *A educação sentimental* estão aí para nos fazer entender que se trata de um absenteísmo pitiático, que lhe possibilita a um só tempo irrealizar-se para desrealizar o mundo e desrealizar o mundo para irrealizar-se. Em suma, é preciso *imaginar o Ser*. Vejamos melhor o que isso significa.

Voltemos a Jules: Flaubert, não escondendo que ele mantém intencionalmente seu vazio interior, expõe-nos alguns de seus procedimentos: "Assim que alguma coisa entrava nele, ele a expulsava sem dó, proprietário inospitaleiro que quer seu palácio vazio para nele andar mais à vontade, e espantava tudo sob o flagelo de sua ironia, ironia terrível que começava por ele mesmo e passava para os outros, mais violenta e cortante... Injusto com seu passado, duro consigo mesmo, em seu estoicismo sobre-humano ele chegara a esquecer as suas próprias paixões e a deixar de compreender bem aquelas que tivera... Por alguns momentos ainda tinha tentações de viver e agir, mas a ironia acorria tão depressa para se instalar sob a ação, que ele não conseguia terminá--la... Ele afundava tão depressa para todas as coisas, que enxergava o seu nada no primeiro relance... Abandonada, estéril também em seus primeiros planos, viúva de frescas sombras e nascentes murmurantes, a existência de Jules é calma como o deserto".*

Em suma, ele não é *nada*, não sente *nada*, não quer *nada*. De certa maneira, essa "distração", considerada em si mesma, permanece no nível da tática negativa. Jules matou seu próprio coração, segundo nos é dito, porque já não poderia suportar o sofrimento. Mas essa posição também é superada: a insensibilização é apresentada como um momento indispensável da conversação à Arte. "Essa ideia de

---

* A pessoa se converte naquilo que ela *é*, privilegiando e radicalizando alguma tendência essencial mas que, antes da metamorfose, freada por outras pulsões, não podia atingir pleno desenvolvimento. Lembremos que Flaubert, já em 1839, se retrata com os traços do imobilismo, como pessoa desencorajada de antemão pelo seu ceticismo irônico de lançar-se em todas as empreitadas com as quais sonhasse. A atitude agora está generalizada, vivenciada de modo permanente: o desinteresse transforma-se em *exis*.

Arte, Arte pura, ter-lhe-ia ocorrido sem as dores preparatórias que ele sofrera e se ainda estivesse comprometido com todos os vínculos do finito?" Ser alguém é ser escravo de sua determinação? Gustave repete isso faz tempo. Não ser ninguém é escolher a indeterminação absoluta que vale *em primeiro lugar* como *analogon* do infinito negativo: voltaremos a isso. Mas, sobretudo, é desvincular a relação entre microcosmo e macrocosmo do furioso querer-viver que a desnatura e obscurece. Gustave nos mostra Jules num momento ulterior de seu desenvolvimento: "cuidava para que a seriedade da sensação fosse embora tão depressa quanto ela". *Seriedade*: que feliz achado! Sim, a sensação é *séria* quando o espírito de seriedade se apodera dela, quando ela dá testemunho da realidade esmagadora do mundo e dos perigos que nos ameaçam, quando aparece em nossas atividades como sinal de alarme a indicar o coeficiente de adversidade das coisas ou como um sinal verde à beira de um estreito desfiladeiro de possíveis. É séria quando invade e domina, quando tem o lastro de todos os nossos interesses, quando nos reflete nossos desejos e temores, em suma, quando nos manifesta nossa ancoragem, ou seja, quando nos revela o mundo exterior como fundamento de nossa realidade íntima. Séria para todos aqueles que compartilham as finalidades humanas, perde sua profundidade prática para quem quer que se encontre constituído de tal forma que já não as compartilhe. E o que é uma percepção quando privada dessa gravidade vertiginosa e quando já não reflete nossa vida, nossa morte, nossas necessidades nem a comunidade dos homens, a não ser uma simples *representação*? Pensamos aqui num filósofo ignorado na França no tempo de Flaubert e que ele não leu antes de 1874*, em Schopenhauer. Para este, a *realidade* do mundo vem da vontade de poder. O que dá ao nosso ambiente seu peso de ameaça, desejabilidade, instrumentalidade, enfim, seu ser, é o violento *conatus*, diversificado em milhões de consciências. Para aquele que conseguir suspender por um instante essa pulsão sem freio, o Universo não passará de um conjunto de representações cuja unidade se dá à contemplação desinteressada, ou seja, estética, na forma de *Ideia*. Desse ponto de vista, a crise de Gustave aparece como um gigantesco esforço para combater em si mesmo a vontade de poder – em outras palavras, a ambição e o orgulho Flaubert –, opondo-lhe uma decadência da qual ele não se reerguerá. Ele se livra dos desejos privando-se

---

* Não há nenhuma alusão na *Correspondência* antes dessa data. E, se fala dele em 1874, é para dizer que ele escreve mal e pensa arrevesado. Certamente não viu então o proveito que podia tirar dele para amparar suas teorias sobre a Arte.

em definitivo dos meios de saciá-los, para passar a ter apenas uma "relação visual" não só com os homens, mas com os bens deste mundo. Mas sua intenção não é transformar o real num conjunto de "representações" que revelem suas verdadeiras estruturas à contemplação passiva: ele tem em vista contrair a desordem do mundo e constituir o cosmos como pura aparência por meio da ordem e da unidade formal que ele lhe der. Desse ponto de vista, não mudou desde *Smarh*: o Belo desrealiza na medida em que informa. Mas, em 1839, a desrealização devia operar-se no nível da obra por meio do trabalho do artista sobre a linguagem. Em 1844, seus fracassos literários o convenceram de que a obra de arte – que conserva sua função – *não será* se o futuro autor, no nível da vivência, não apreender por antecipação sua experiência como uma síntese irreal, uma integração simbólica do diverso. Em suma, para fazer do microcosmo sua fantasia, o jovem fez a escolha passiva de cair de cabeça no imaginário e de nele se engolfar.

Sem dúvida, há muitíssimo tempo ele tem o costume de fugir dos incômodos da realidade nas "asas da imaginação". Vimos que se vingava da família, dos colegas e dos professores sonhando que era Nero ou Tamerlão; ou então se transportava para o Oriente, para as Índias, a fim de fugir do quarto, da sala de estudos ou de onde era trancado. Em *Novembro*, conta-nos suas técnicas. Foi isso – tanto quanto seu pitiatismo e seu desejo de ser ator (os três, aliás, são uma e mesma coisa) – que nos levou a ver nele uma criança mais do que meio imaginária. A diferença entre o jovem caçador de imagens que escrevia *Peste em Florença* e o "Velho" que sobrevive à crise de Pont-l'Évêque está, acredito, no fato de que Gustave passou de um ao outro quando acreditou poder atribuir seus fracassos literários ao fato de que suas próprias imagens tinham "seriedade" demais, ou seja, uma carga afetiva que as sujeitava a atender de modo ilusório seus desejos e desse modo as impedia de colocarem-se para si mesmas em sua verdade estética. Se ele se via como Nero, era *para saciar* um ressentimento tenaz e bem real, traço constitutivo de sua pessoa singular; se, num passe de mágica, ele se transformava em rajá num palácio indiano, era *para satisfazer* seu violento desejo de escapar à classe burguesa e gozar a onipotência dada pela riqueza. Francisco de Medici destripado por uma adaga, Djalioh assassino e depois derrubado e empalhado, Mazza envenenando a família, todos os contos mórbidos que ele fazia, no necrotério, diante dos cadáveres: imagens humilhadas, abdicando de sua radiosa pureza, de sua magnífica inutilidade para servir às ruminações melancólicas de um filhote de homem, de um ser de carne e osso que – a despeito de sua anomalia – ainda era afetado pelas preocupações da espécie. Em outras palavras, ele se recrimina por ter utilizado a imaginação para fins masturbatórios e por tê-la assim desviado de suas funções criadoras. Escreve em *A educação sentimental*: "...o poeta, ao mesmo tempo que é poeta, precisa ser homem, ou seja, resumir a humanidade em seu coração e ser também uma parte qualquer dela...". É no nível da busca poética e da ciência infusa do coração humano que a imagem tem seu papel por desempenhar. Mas a porção "qualquer" da humanidade não tem o direito de usá-la para servir aos seus fins demasiado humanos: como vimos em *Smarh*, Gustave se esforça por assumir sobre essa "porção", assim como sobre todas as outras, o ponto de vista do infinito, enfim, ele procurou livrar-se dela por meio de uma arremetida de orgulho, apequená-la sob seu olhar de águia. Vão esforço: esse divórcio era *encenado*, quando não puramente verbal. E a porção de humanidade, até 1844, conservou suas paixões singulares, suas características, seus interesses e sua história. Se Gustave continuou durante tanto tempo sendo um "grande homem gorado", pequeno demais para si mesmo, agora acha ter entendido que isso não provinha de sua mediocridade, mas simplesmente de sua determinação; tudo teria sido igual se ele tivesse sido determinado de outra maneira: o Artista, criador do Universal, é abafado no ovo pela particularidade de seus condicionamentos. A crise de janeiro é um esforço radical de liquidá-la em definitivo: que a meia porção caia aos pés de Achille, que morra de desespero e humilhação: que alívio! De repente, é a festa das imagens, elas saltam como pulgas, por fim gratuitas, enquanto o "ser-razão" – humanidade resumida – permanece e domina. Era a besta obstinada a viver que se servia do imaginário para perpetuar sua vida. Já nada vive: as velhas paixões foram engolidas, a imaginação, deserta, é devolvida a seu livre jogo inumano de finalidade sem fim.

Nesse *desinteresse* Gustave não poderia manter-se por muito tempo, caso ele não fosse suportado como um sonho: é a oportunidade que as "constituições" históricas têm de poder autossugestionar-se a ponto de *padecer* suas próprias opções. Não só o *soma* reage com convulsões às agressões externas fortes demais, salvando assim a tranquilidade do jovem, como também é ele que alimenta neste uma espécie de sonolência; um entorpecimento propício à atitude estética. Sobre esse aspecto, temos o testemunho de Maxime, significativo sobretudo porque ele é tolo e malevolente. Lemos em *Souvenirs littéraires*: "Ele restringiu seu campo de ação cada vez mais e concentrou-se no devaneio do momento; às vezes passava meses inteiros sem abrir um jornal, desinteressado do mundo exterior, não tolerando sequer que lhe falassem do que não o ocupava diretamente. As noções da vida real escapavam-lhe, e ele parecia flutuar num sonho permanente do qual só saía com esforço". O importante é que Maxime atribui os comportamentos do amigo à epilepsia, considerada então uma lesão – fortuita ou constitucional, de qualquer maneira orgânica – que afetava o cerebelo ou o cérebro. Portanto, ele foi impressionado pelo que eles tinham de involuntário: sem a doença – escreve ele sem rir –, Gustave teria sido um gênio. O caçula Flaubert preparava-se para tornar-se um Shakespeare quando um acidente, desabando sobre ele, condenara-o à repetição e mergulhara-o num onirismo "do qual só saía com esforço". Logo, na época, tanto para os estranhos quanto para o próprio Gustave – se não levarmos em conta certa vigilância maliciosa e tácita –, era como se a queda de Pont-l'Évêque tivesse comprometido amplamente sua adaptação à realidade. E, de fato, sua opção passiva implica que esta não passe de sonho; tem em vista fazê-lo perder a noção de verdadeiro e falso, já muito comprometida, o senso de real e irreal. Mas disso não se deveria concluir, como Du Camp tende a fazer, que Flaubert se assemelha ao herói de *A espiral*, "capaz de escapar pela vontade à vida real e de povoar sua fantasia com imagens douradas e risonhas"*, que encontra a felicidade perfeita no refúgio, no isolamento. A diferença entre Gustave e esse pintor feliz, é que este se afasta do mundo e insta sua fantasia a produzir belas óperas cômicas para *diverti-lo*, ao passo que aquele, transformado também em sonho, só tem em vista a transmutação rigorosa da realidade na irrealidade precisa que lhe corresponde. Em suma, esse sonhador está *à espreita*, é o mediador entre o mundo e o não-ser da fantasmagoria, é uma "natureza dupla", pois vive; tem necessidades, um meio social preciso, relações com todos, mas essa vida só tem sentido pela não-vida, só se faz reproduzir e perpetuar para evaporar-se no sonho rigoroso que se alimenta dela: "Ela se dobra à ideia como a roupa ao corpo que recobre". É que se trata de fazer o real, *tal qual é*, ser devorado pelas imagens. O tempo das torrentes de chama e dos fogos de artifício passou. Em virtude do próprio movimento da doença, a imaginação, mesmo conservando a gratuidade, torna-se técnica rigorosa. Jules, criticando o uso do fantástico em literatura,

---

* Dumesnil, *Gustave Flaubert*, p. 481.

IV. O JOGO DO "QUEM PERDE GANHA" RACIONALIZADO

opõe a suas loucas invenções de outrora os exercícios sistemáticos que faz no presente. O trecho merece ser citado por inteiro, pois descreve Gustave *antes* e *depois* de janeiro de 1844: "Acaso não ocorrem, em certos momentos da vida da humanidade e do indivíduo, inexplicáveis ímpetos que se traduzem em formas estranhas?... Nossa natureza nos incomoda, sufoca, queremos sair dela... arrojamo-nos com prazer no desenfreado, no monstruoso... Voltando à calma, o homem já não se compreende, seu próprio espírito lhe dá medo, e ele se espanta com seus sonhos, perguntando-se por que criou duendes e vampiros, aonde queria ir no dorso de grifos, em que febre da carne deu asas ao falo e em que hora de angústia sonhou com o inferno. Compreendido como desenvolvimento da essência íntima de nossa alma, como superabundância do elemento moral, o fantástico tem seu lugar na arte... Mas aquele que é engendrado de caso pensado pela fantasia do artista em vista da impossibilidade em que este se encontra de exprimir sua ideia numa forma real, humana, esse denota... mais pobreza de imaginação do que se costuma acreditar; isto porque a imaginação não vive de quimeras, ela tem seu positivo como todos têm, ela se atormenta e se revolve para pari-lo e só é feliz depois de lhe dar existência real, palpável, durável, ponderável, indestrutível".

Entende-se o que Flaubert quer dizer com *positivo* do imaginário. As quimeras são puros não-seres, não desrealizam nada porque não correspondem a nenhuma criatura viva. A desrealização "positiva" extrai sua consistência do ser que ela nadifica: são os cavalos e os homens que devem ser presos nas malhas do irreal, não os centauros; as mulheres e os peixes, não as sereias. Jules esqueceu suas paixões: "Caso não se sentisse... obrigado, como artista, a estudá-las e a buscá-las nos outros, a reproduzi-las, depois, da forma mais concreta e notável ou admirá-las sob a plástica do estilo, acho que quase as teria desprezado...". No entanto, é preciso compreendê-las. Como faz isso? É bem simples: "Irritando sua própria sensibilidade com a imaginação, ele cuidava para que seu espírito anulasse os efeitos dela, e que a seriedade da sensação fosse embora tão depressa quanto ela". À primeira vista essas palavras nos lembram o que Husserl entende por "visão das essências" e o papel que ele atribui à imagem como suporte da intuição eidética. Mas, naquele filósofo preocupado com o conhecimento puro, a imaginação se põe a serviço da evidência. Em Gustave, trata-se de coisa bem diferente: para compreender, nos outros, as paixões que já não sente, ele precisa afetar-se com elas imaginariamente. Isso pressupõe dois movimentos, primeiro afirmativo, depois negativo. Se quiser apresentar a concupiscência, evocará cenas eróticas com o objetivo de fazer nascer a perturbação. Mas, em vez de deixá-la desenvolver-se a ponto de provocar um desejo *sério* que ele precisaria satisfazer com a masturbação, ele interromperá seu progresso, ou seja, se destacará dela por meio do orgulho, negando-se ele, poeta, a coincidir com essa porção comovida demais da humanidade. Desse modo, o que ele sente é totalmente imaginário. Aqui como ali, o corpo o ajuda, suponho: derreado pelas convulsões e pela agitação dos nervos, afetado há muito tempo pela castração histérica, se ele reage às titilações eróticas, é no máximo com arrepios.

Pelo menos consegue fixar essências? Jules às vezes tem essa pretensão: "O poder tem forças desconhecidas para os poderosos; o vinho, um gosto ignorado pelos que o bebem; a mulher, volúpias despercebidas por aqueles que a praticam; o amor, um lirismo estranho para os que estão repletos dele". Mas essas afirmações, tão simples na aparência, tornam-se suspeitas quando olhadas um pouco mais de perto. Terão pelo menos a vantagem de ressaltar os dois grandes fatores flaubertianos de desrealização: frustração e memória.

Em princípio, portanto, tudo está claro: o poder de um imperador dissimula sua essência real para este precisamente porque ele fica absorto a gozar o poder absoluto. Ao passo que Gustave, por ter sonhado com ele durante anos, apreendeu seus "gostos desconhecidos" porque os descobria com base na *privação*. A imaginação do homem frustrado não para de virar-se e revirar-se; impotente, ele passa em revista, para comprazer-se, para saciar de modo enganoso seu próprio desejo, todos os usos possíveis que um rei pode fazer de sua autoridade: sempre fustigado por sua paixão inextinguível, ele se alimenta de história, colige anedotas sobre as volúpias de Nero e leva mais longe ainda o sadismo e o prazer até o instante em que se encontre sozinho e bem acima dos doze césares que nunca foram tão longe quanto ele na invenção e nunca conheceram esse prazer-além-do-prazer e esse ser-além-do-ser, figura acerba e tensa do impossível. Gustave define bastante bem seu método, quando, algum tempo depois, escreve a Alfred: "Sufocas? Arranja paciência, ó leão do deserto... Deixa a musa livre, sem te preocupares com o homem, e sentirás a cada dia tua inteligência aumentar de um modo que surpreenderá. O único meio de não seres infeliz é fechares-te na Arte e deixares de dar importância a todo o resto; o orgulho substitui tudo quando assentado sobre base ampla... Não achas que careço de muitas coisas e que eu não teria sido tão magnânimo quanto os mais opulentos, tão afetuoso quanto os apaixonados, tão sensual quanto os desbragados? No entanto, não sinto falta da riqueza, do amor nem da carne, e todos se espantam de me ver tão sensato".*

Esse trecho é claro em sua aparente contradição: Gustave *carece* de fortuna, amor e alegrias da carne, mas não *sente falta deles*. Ou seja: o sentir falta como afeição *vivenciada* – com tristeza, lágrimas talvez ou, quem sabe, pateadas de raiva – é coisa de que Gustave, artista, *não quer saber*; essa conturbação o distrairia da sua tarefa. Em compensação, a *carência* lhe parece necessária como *caráter ontológico*, não tanto sentida quanto a estruturar suas relações com o mundo; ou, de modo mais preciso, esse caráter ontológico só será constitutivo da Arte se se der à intuição como limite entre o sentir falta de fato, mas *fracamente*, e o imenso sentir falta *imaginário*. O papel do sentir falta encenado consiste em acentuar o aspecto *privativo* da relação do microcosmo com o macrocosmo. Se não se *carecer* da volúpia carnal, como falar dela? E se a privação desvaira, deixa-se de falar dela. Em compensação, encenada contra o fundo do mal-estar, esta dá destaque, *ao mesmo tempo*, ao não-ser constitutivo do Artista como pessoa e ao não-ser das imagens que substituem o gozo. "Eu teria sido tão magnânimo quanto os mais opulentos." Ainda bem que ele não tem a opulência! Assim sua magnanimidade não encontrará nenhum limite real. O rico – pensa Gustave – está encerrado em sua riqueza, que, por maior que seja, continua sendo sua determinação negativa, pois a finitude de seus bens constitui sua própria finitude: ele levará a "magnanimidade" até lá, não além, caso contrário será a ruína. Gustave pode levar sua magnanimidade além de qualquer limite, pois não tem um tostão, desde que neutralize o Desejo e dele só conserve a estrutura ontológica, isto é, a relação transcendente com o macrocosmo. Então, segundo acredita, desvendará o sentido do dinheiro herdado, que é anular-se pelo gasto suntuário. É assim que escreverá a Louise: sonho em ser bastante rico para dar o supérfluo a todos. Ou – o que dá na mesma: num palácio indiano, em meio à pedraria, eu não teria fome, sede, sono.

Terá ele de fato fixado, nesses jogos mentais, a *essência* da riqueza? E a volúpia ignorada pelo rico, mas constitutiva da propriocepção, será a de se sentir liberto do necessário graças às posses

---

* Milão, 13 de maio de 1845. *Correspondance*, t. I, p. 171-172. A Alfred.

(ou distribuição) do supérfluo? Difícil acreditar. Em compensação, percebe-se muitíssimo bem como essa concepção nasceu de um velho sonho pessoal de Flaubert: suas relações com Alfred, homem do luxo, lhe revelaram que ele era homem-meio, oriundo das classes médias; a fortuna, caso lhe chegasse na forma de herança, o arrancaria à ciranda dos meios para fazer dele um fim ou o meio essencial do fim supremo. De maneira geral, o que se deverá entender por "gostos desconhecidos"? Não é de se duvidar que a realidade objetiva de um imperador ou de um proprietário lhes escape na maior parte do tempo, e que não é preciso ser imperador ou nababo para conhecê-la. Mas, quando fala do *gosto* do poder ou do dinheiro deles, Flaubert visa ambos em sua realidade *subjetiva*: entendamos com isso que se põe no lugar deles para decidir o que eles *têm de* sentir. E, sem dúvida alguma, há mil maneiras de *existir* a *potestas* ou a riqueza, mas para escolher entre elas é preciso já estar *em situação* de rico ou de poderoso: é com base numa experiência concreta, a partir de condicionamentos, alguns dos quais remontam à proto-história, que os grandes deste mundo interiorizarão sua própria realidade objetiva. O romancista que tenha convivido com eles pode, em certa medida, imaginar o que sentem, em outras palavras, os "*gostos conhecidos*": nesse caso, como realista, porá sua imaginação a serviço do conhecimento prático*; se tiver em vista descobrir os "gostos desconhecidos", ou seja, os que nunca sentiu, não exporá a essência subjetiva do rico, mas a do pobre, ou seja, daquele que pode *imaginar-se* milionário, pela razão de que não tem nenhuma experiência dos condicionamentos históricos que correspondem àquela situação: é colocar-se tal e qual e *instantaneamente* – ou seja, sem mudança, com o passado de um pobre e os desejos atuais de um pobre – na pele de um rico sem passado, que não estaria alienado à sua riqueza, portanto de um rico que não tivesse dinheiro. Com essas observações, não pretendo desvalorizar as "experiências para ver como é" de Flaubert; só se trata de tornar mais preciso seu alcance: ora, está perfeitamente claro que esses sonhos da penúria não têm em vista estabelecer essências, mas forjá-las. Gustave percebe muito bem – pois essa é sua intenção – que está tentando desrealizar imperadores tanto quanto amantes ou beberrões porque sobre a base de dados reais (poder, dinheiro, o vinho, amor) não quer constituir os

---

* Zola, em *L'Argent* [*O dinheiro*] ou em *Son Excellence Eugène Rougon* [*Sua Excelência Eugène Rougon*].

homens como eles são, nem mesmo como deveriam ser, mas como não são nem poderão ser em caso algum. Quanto aos beberrões, porém, a coisa se complica: Gustave bebeu e, embora seu regime ainda seja vigiado, sabe que voltará a beber. Não importa: "Jules vive com sobriedade e castidade, sonhando com o amor, a volúpia e a orgia". A outra auxiliar de Flaubert é a memória – ou seja, a vida da criança morta que ele traz em si desde 1844. Devemos lembrar como ele começou a amar de fato a sra. Schlésinger no segundo ano, depois de se certificar de que ela não iria a Trouville. Que encanto profundo ele via no não-ser daquele fantasma! É o mesmo que, doente e frustrado, ele descobre nos vinhos de Sauternes que não bebe. Gustave aparece como o primeiro da longa linhagem que redundará em Proust e em sua memória pura – que, quando solicitada de modo fortuito e sem intenção prática, nos entrega nossas lembranças tais como nunca as vivenciamos, como essências irredutíveis, singulares e *eidéticas* até em sua idiossincrasia. Flaubert, em 1844, optou pelo passado contra o futuro; ficará até o fim da vida voltado para essa infância e essa adolescência de que, porém, não gosta muito, e o veremos escrever a Louise, em 4 de março de 1852: "Acabo de reler para meu romance vários livros infantis... Diante de algumas gravuras senti terrores que tive quando pequeno e gostaria de qualquer coisa para me distrair... Minhas viagens, minhas lembranças de criança, tudo se colore mutuamente, se encadeia, dança com prodigiosas rutilâncias e sobe em espiral". O que o distingue de Proust é que este insiste na *realidade* da lembrança pura (ainda que esse tipo de realidade seja de todo diferente da realidade cotidiana), ao passo que Gustave, embora incessantemente mergulhado nas lembranças, insiste mais naquilo que elas têm de imaginário. De fato, uma reminiscência, em sua face não iluminada, remete ao acontecimento que realmente vivenciamos; em sua face iluminada, dá-se como imagem que mais visa a um passado desaparecido do que o reconstitui, que é por nós mantida na existência com certa tensão, que em muitos aspectos nos escapa, funde-se no indistinto e, em outros, parece uma reconstrução lógica a partir de um saber. Na melhor das hipóteses, apenas um núcleo irredutível, mas em si mesmo indefinível, ainda lhe conserva a opacidade da vivência. Quanto ao resto, sua estrutura é a da imagem: uma intenção visa, através de um *analogon*, um objeto ausente ou desaparecido do modo como ele se deu a nossos sentidos. Gustave tira proveito da ambiguidade da lembrança para torná-la incandescente ao irrealizá-la. Se o vinho de Sauternes é melhor e mais rico quando já não o bebemos, é porque, justamente, para Gustave a memória é um setor particular do imaginário; ela também é *privação*; em vez de reconstituir a sensação como plenitude, ela a evoca alusivamente como um não-ser que se pode usar como se queira*, misturado a imagens-ficções, justamente porque não tem realidade, tanto quanto elas. Flaubert, em 1844, de maneira distinta de Proust, não optou por ressuscitar sua memória, mas por vivê-la como um sonho acordado e usá-la para alimentar outro sonho: o sonho dirigido que ele conduzirá de minuto a minuto, até morrer, que ele alimenta de sua vida cotidiana. Mostrei acima que, na época de *Novembro*, Flaubert *sonha* em se desdobrar: um velho será o guardião de um jovem morto; e vimos que ele *efetiva* esse desdobramento em Pont-l'Évêque. Agora temos condições de distinguir o sonho de 1842 e sua atualização de 1844. Apesar de se exprimirem com o mesmo símbolo, os dois desdobramentos não têm o mesmo sentido. No primeiro, o velho é a pura testemunha de uma vida morta: ele quer reconstituí-la em sua verdade; no segundo, ele vampiriza sua jovem vítima e se alimenta de um sangue que a morte ainda não coagulou. Em outros termos, a memória do defunto, tratada segundo métodos seguros, fornece material à imaginação do sobrevivente, é ela que, escapando à sua condição abstrata de "Eu penso", lhe permite encher-se de riquezas concretas e imaginárias. Em 1842 a criança desabava, o velho nascia: dois acontecimentos dialeticamente ligados, mas sem finalidade aparente; em 1844, a criança se mata *para* que o velho nasça: parando de sofrer, ele transforma sua vida em memória para fazer dela o reservatório da imaginação. Essa é a escolha de Jules: a condição necessária para tornar-se artista é sonhar a memória e imaginar a percepção.

    Imaginar a percepção: abrir os olhos e os ouvidos, estender a mão para tocar e, no próprio instante em que as coisas o investem, tão próximas que parecem penetrá-lo, engoli-las vivas em seu sonho, intactas e desrealizadas. É, sem dúvida alguma, a operação mais delicada – impossível para a maioria das pessoas. Mas Gustave tem a sorte de "flutuar num sonho": para ele os objetos perderam a seriedade. São puras presenças, ainda rutilantes e fascinantes, mas que não

---

* Cabe lembrar que em *Memórias de um louco* Gustave sentia um prazer de demiurgo a ressuscitar suas lembranças, a brincar com elas.

lhe propõem mais nada – desde que ele esqueceu suas paixões e as finalidades da espécie –, presenças que com muita frequência ele já não compreende. Imaginário, só precisa agora organizá-las em função do sonho por ele perseguido: eles mesmos se tornarão imaginários. A atitude estética consiste em grande parte em *imaginar o Ser*, ou seja, tratá-lo de tal maneira que ele se transforme em aparência: por trás do desvario que Maxime notou em Gustave, dissimula-se uma atividade passiva mas intensa. Penetraremos mais, tanto na neurose quanto na Arte poética de Flaubert, se nos demorarmos um pouco nos procedimentos que ele usa para efetuar de modo permanente essa transmutação.

Jules dá a norma, não a receita. Quando expõe as motivações para recorrer justificadamente ao fantástico, ele escreve o seguinte, que se aplica de fato à atitude geral de Gustave: "Precisamos de tudo o que não é, tudo o que é torna-se inútil: ora é por amor à vida, para duplicá-la no presente, para eternizá-la além dela mesma...". Mas Flaubert é mais explícito em sua Correspondência. Lemos numa carta a Alfred de 2 de abril de 1845: "Estive em Champs-Élysées. Revi aquelas duas mulheres* com quem passava outrora tardes inteiras. A doente ainda estava reclinada num sofá. Recebeu-me com o mesmo sorriso e a mesma voz. Os móveis ainda eram os mesmos, e o tapete estava igualmente puído. Em virtude de extraordinária afinidade, de um daqueles acordos harmoniosos cuja percepção pertence apenas ao artista, um realejo começou a tocar debaixo das janelas, tal como outrora enquanto eu lhes lia *Hernani* ou *René*".** A percepção do Artista, como se vê, é sintética: ele se compraz em constituir esse movimento novo de sua experiência como simples retorno cíclico da Eternidade. A situação presta-se a tanto: ele tem afeição por Gertrude e Henriette, mas é uma ternura tranquila, ele não se sente conturbado ao reencontrá-las. As duas jovens, por outro lado, não mudaram muito: ele pode felicitar-se por isso, visto que ambas estão mais ou menos enamoradas dele, e ele sabe disso. Até aí, não saímos do real. Mas de repente o realejo começa a tocar: *como outrora*. Esse acaso incita-o a congregar coisas e pessoas numa totalidade singular e fantástica, cuja finalidade secreta é satisfazer seu desejo de eternidade. De fato, nada "voltou" completamente: embora as duas mulheres, sujeitas ao tempo cíclico, lhe pareçam *as mesmas*, ele se tornou *outro*, profun-

---

* Henriette e Gertrude Collier.
** *Correspondance*, t. I, p. 161.

damente. E, para fazer desse conjunto vivenciado um *analogon* do Eterno Retorno, ele precisa deixar de lado a melodia que está entrando pelas janelas e limitar-se ao fato abstrato de que *um* realejo começou a tocar. Mas, nesse mesmo momento, ele se sente artista porque se valeu de um fato singular para estabelecer uma "extraordinária afinidade" entre todos os elementos da vivência, sabendo que essa afinidade não existe, e que ele gosta dela *justamente* por isso, porque ela estrutura a realidade como puro imaginário ou, digamos, porque – sem que nada da vivência desapareça – ela o faz *imaginar aquilo que ele percebe*. É isso o que significa a frase da *Educação sentimental*: "Igualmente afastado do cientista, que se detém na observação do fato, e do retórico que só pensa em embelezá-lo, havia para (Jules) um sentimento nas próprias coisas...". Esse sentimento ele põe nas coisas, vivenciando o real como um espetáculo que ele se propicia.

Algumas semanas depois a Correspondência nos apresenta o exemplo de um desejo primeiro sentido de verdade e depois transformado em imaginação para assim servir à descoberta da imaginaridade do real. Durante a viagem de 1845 ele se irrita e se entedia com frequência, atormentado por vagos desejos sexuais: "Em Arles, vi umas mocinhas lindas e no domingo fui à missa para examiná-las com mais tempo". Mas, poucos dias depois, em Gênova, o desejo perde a "seriedade da sensação", torna-se instrumento de unificação estética; isto porque já não se apresenta como cobiça, mas como papel por desempenhar. Ele acaba de lembrar Don Juan, "vasto símbolo", e prossegue: "A respeito de Don Juan, é aqui que devemos vir sonhar com ele; é gostoso imaginá-lo enquanto passeamos por essas igrejas italianas, à sombra dos mármores, sob a luz rosada do dia que passa através das cortinas vermelhas, olhando os colos morenos das mulheres ajoelhadas; como toucado, todas têm grandes véus brancos e longos brincos de ouro ou prata. Deve ser agradável amar ali, à noite, escondido atrás dos confessionários, na hora em que se acendem as lamparinas. Mas nada disso é para nós; somos feitos para dizê-lo, senti-lo, e não para tê-lo".* Entre seus desejos e sua calma consciência reflexiva, insinuou-se um personagem "simbólico", emprestando-lhe os olhos; através desse olhar fictício, ele descobre o erotismo oculto de uma igreja italiana (no mesmo instante em que renuncia a *possuí-lo*), ou seja, uma totalidade singular e significante que pode ser *dita*, sem dúvida, mas não conceituada. A irrealização do desejo sexual é por si

---

* *Correspondance*, t. I, p. 169-170.

mesma uma recusa a viver, mas, ao mesmo tempo, ela reproduz esse desejo, dando-lhe o sentido de um símbolo, como esquema sintético e desrealizante da realidade.

É isso o que esclarece o sentido da frase por ele escrita a Maxime, pouco depois da morte de Caroline: "Minhas últimas infelicidades me entristeceram, mas não assustaram. Sem nada retirar à sensação, analisei-as como artista".* E na mesma carta ele dá um excelente exemplo das técnicas que utiliza para desrealizar um *acontecimento*: "Ontem minha sobrinha foi batizada. A menina, os presentes, eu e o próprio padre, que acabara de comer e estava muito corado, não entendíamos nada do que era feito. Ao contemplar todos aqueles símbolos insignificantes para todos nós, eu tinha a impressão de estar assistindo a uma cerimônia de alguma religião distante, exumada da poeira. Era tudo muito simples e conhecido, no entanto eu estava tomado por profundo espanto. O padre murmurava à pressa um latim que não entendia; nós outros não dávamos ouvidos; a criança estava com a cabecinha descoberta debaixo da água que lhe era derramada; o círio ardia, e o sacristão respondia: Amém! O que havia de mais inteligente, sem a menor dúvida, eram as pedras que outrora tinham compreendido tudo aquilo e talvez tivessem retido alguma coisa".** Gustave aí se faz artista. Na origem de sua atitude há, sem dúvida, motivações simples e reais. Para ele, a prática da religião é uma asneira, e as cerimônias do catolicismo são momices tanto quanto as do fetichismo. Portanto, nada impede de olhá-las como se fossem repetição destas e, para encurtar caminho, identificar umas com as outras. Mas, no mesmo momento, como vimos, ele sabe que "o instinto religioso" tende por si mesmo a particularizar-se; assim, por mais estúpidas que pareçam, as cerimônias são inseparáveis dele: nelas ele se encarna. Portanto é preciso zombar delas e, ao mesmo tempo, saber apreender nelas a "aspiração do homem ao absoluto". No plano do sagrado, tanto quanto no do grotesco, encontra-se a equivalência fundamental de todas essas "momices": a relíquia é tão ridícula quanto o amuleto, mas, ao contrário, a religião está de todo encarnada no culto prestado ao fetiche – e de todo no culto prestado ao metacarpo de um santo. O que Gustave detesta, em todo

---

* A Maxime, 7 de abril de 1846. *Correspondance*, t. I, p. 201. Ele nada retira à sensação, com a ressalva de que a desrealiza. Isso quer dizer que aqueles mortos não o tiraram de seu sonho: suas infelicidades não provocaram nele emoções, mas abstratos emocionais.

** A Maxime, 7 de abril de 1846. *Correspondance*, t. I, p. 202-203.

caso, são os ministros do culto. Em suas obras – desde as esboçadas em *Agonias* até o abade Bournisien – eles sempre têm uma relação fundamental com a comilança, o que aqui leva a duvidar de seu testemunho: o padre acabou de comer, que ótimo; passou do meio-dia. Gustave está em jejum? É lícito perguntar se o padre estava de fato "corado". Ou se Flaubert o viu assim porque, por definição, ele deveria estar assim.* De qualquer maneira, ainda não saímos do terreno dos motivos reais. Estes, como se vê, ainda existem, mas exauridos: servem aqui de esquemas diretores.

Agora vejamos o trabalho. Numa primeira totalização, Flaubert desrealiza o oficiante, a criança batizada e o público. "Ninguém entendia o que era feito". E, já nesse momento, ele adultera os fatos: inclui no mesmo rol diversas ignorâncias, ou melhor, alinha-as todas com a ignorância – radical – da pequena Caroline. Pois não é verdade que os Flaubert não sabem o que estão fazendo: sejam eles teístas (como talvez seja a sra. Achille), agnósticos (como Gustave alega ser) ou ateus (como sem dúvida é a sra. Flaubert, desde a morte do marido), todos obedecem a um imperativo estritamente social e utilitário: a alta burguesia de Rouen é católica, ficaria escandalizada se Caroline não fosse batizada, algumas portas se fechariam, Achille perderia clientes. Quanto ao padre, está realmente inconsciente? Será que não entende o latim que murmura? Mas ele o aprendeu no seminário. Sem dúvida, clero é também burocracia: batismos e casamentos são serviços cotidianos que é preciso despachar com rapidez; mas o grau de profundidade no qual o padre se situa para apreciar o *ato* do batismo, o sentido religioso que ele lhe dá são coisas que ignoramos: somente Gustave decide essas coisas, tanto por anticlericalismo quanto pelo gosto que tem pela totalização artística. Esse mesmo gosto o obriga a fundir-se, como "porção de humanidade", com a assistência: de modo injusto. Pois, se há alguém que *não ignora* o significado da cerimônia, esse alguém é ele; acabamos de ver que a considera como encarnação ridícula e estereotipada por séculos de repetição de nossa pura e vaga religiosidade. De resto, lendo-se melhor o texto, vê-se que ele confunde de propósito ignorância e indiferença: Gustave sabe latim, mas não lhe presta atenção; "esses símbolos", são bem conhecidos dele, que os declara "insignificantes". Será exato? Não será a filha da irmã que

---

* Ou se a cor de seu rosto – realmente avermelhada – não tinha como causa alguma coisa bem diferente do calor pós-prandial.

lhe é indiferente? Aquele bebê não o interessa muito e ele talvez lhe nutra rancor porque é filha de Hamard. Mais tarde, quando se apegar a ela, quando ela se tornar uma pessoinha consciente e pensante, os "símbolos" lhe causarão estranha perturbação no dia em que ela fizer a primeira comunhão. Seja como for, com essa equiparação forçada, Gustave produz uma primeira realização estética: o *espanto* que toma conta dele não é o mesmo que, segundo Platão, dá origem à filosofia; ao contrário, é o *distanciamento estético*; este tem o efeito de substituir um rito de origem antiga, mas que continuará vivo enquanto subsistirem comunidades católicas, por uma "cerimônia de religião distante, exumada da poeira". Eis, pois, que com sua recusa totalizante a compreender, ele transforma o presente em passado magicamente ressuscitado. A partir desse instante, é a imaginação que percebe. Se a cerimônia é uma ressurreição, é preciso que o grupo que a reconstitui sem compreender, na absoluta gravidade da religião, esteja *possuído* por ela; o que Flaubert dá a ver a si mesmo não é um conjunto de indivíduos em que cada um colabora inteligentemente para produzir um resultado coletivo, indivíduos interligados para esse efeito por relações práticas produzidas e sustentadas por eles: Gustave representa esses homens como robôs manobrados, manipulados por um rito esquecido que quer renascer; teleguiados, habitados por gestos que *se fazem fazer* sem se deixarem compreender, eles se alienam àquele *habitus* empoeirado que os vampiriza. Reconhece-se aí um dos esquemas desrealizantes que Gustave utilizará a vida inteira – em especial em *Castelo dos Corações*: subordinar o homem a seu produto, seja ele qual for, mas sobretudo à linguagem como lugar-comum, tomar este como essencial e durável, e aquele como efêmero e inessencial.*

Aliás, não se exclui a possibilidade de que Gustave se divirta *também* em perceber-se, como único presente, testemunha *aqui e agora* de uma cerimônia que está se desenrolando *outrora*. Excelente desrealização do *atual* que se torna ao mesmo tempo percepção e rememoração, acontecimento eficaz, imprevisível e puro objeto, conhecido demais, impotente, de contemplação reflexiva. A ambiguidade do texto: "...assistir a uma cerimônia de alguma religião distante, exumada da poeira" autoriza-nos a imaginar que ele passava

---

* É evidente que quem quisesse opor-lhe a visão inversa (agentes práticos, livres, a objetivar-se por meio do trabalho sem se alienarem de imediato) careceria também totalmente de realidade sem nem mesmo atingir o humor negro da fantasmagoria flaubertiana.

constantemente e a seu bel-prazer de uma visão totalizadora à outra, ora desumanizando *no presente* as pessoas do batismo, fazendo do homem o escravo teleguiado da coisa, ora desrealizando o próprio presente e considerando, em ligação direta com o passado, gente viva que ainda não sabe ter sido ceifada pela morte há muito tempo. Dupla liquidação: passa-se de uma a outra, visto que o objetivo é o mesmo, e que um estetismo feroz leva Gustave a considerar o homem do ponto de vista do inumano, ou seja, quer robotizando-o ao vê-lo como o meio escolhido por uma inumana cerimônia a fim de se manter – inerte, absurda, com todas as características da materialidade –, quer considerando a vida do ponto de vista da morte. É o que pretende fazer Jules, da maneira mais simples, quando se esforça por ouvir através das risadas do bebê os estertores de agonia do velho que o bebê se tornará. Mas, nesse caso, o ponto de vista da morte é futuro, o que implica uma desrealização menos eficaz; aqui, ao contrário, Gustave utiliza sua "estranhez" para fazer dela um ponto de vista do presente sobre o presente: a não-comunicação com a espécie humana pode ser histericamente vivenciada como não-pertencimento (é a primeira "visão") ou como contemplação da espécie morta através de transparência intransponível da constatação não compreensiva.

Em todo caso, seja qual for a maneira com que ele utilize seu espanto – e é nesse nível que ele pratica, *padecendo* um estupor por ele mesmo produzido –, a desumanização maligna do humano é acompanhada pela humanização não menos perversa do inumano: "O que havia de mais inteligente, sem a menor dúvida, eram as pedras que outrora tinham compreendido tudo aquilo e talvez tivessem retido alguma coisa". Tomada ao pé da letra, essa frase a rigor não quer dizer nada. Trata-se apenas de arrematar a totalização irrealizadora. A inteligência das pedras, é claro, é a beleza da construção que se tornou seu *analogon*. Racionalizada, a "ideia" poderia ser expressa da seguinte forma: "Houve um tempo em que era *bonito* acreditar; e, naquele tempo, essa fé pujante produziu altas arquiteturas que, no frescor dos primeiros anos, *continham* essas piedosas cerimônias e as sublimavam, simbolizando-as *pela arte*. O que resta, depois que a fé se transformou em momice, é, como inerte eternidade, a beleza plástica das linhas que, ainda hoje, conservam algo de seu sentido passado". Mas, para Flaubert, essas banalidades não passam de instrumento de uma desrealização mais avançada; em outras palavras, é preciso tomar suas declarações *ao pé da letra*: seus olhares vão de um pilar ao outro, de uma ogiva à outra, da nave aos vitrais, enquanto os ouvidos estão cheios de um baixo latim murmurado, e ele está determinado a apreender a nervosa elegância do conjunto *como inteligência* ou, digamos, ele suprime os construtores e faz a pedra interiorizar o sentido sutil das proporções, do equilíbrio e do movimento. Em certo sentido, é fácil: o objeto belo, fim sem finalidade, testemunho de uma práxis pura, manifesta o mundo como se fosse produto de uma liberdade, mas não remete a princípio ao artista; absorve e traduz no anonimato, como pura exigência inerte, o desígnio de seu criador. Mas esse é apenas um primeiro momento: a opção de Flaubert é ficar nele. O resultado satisfaz seus desejos: ele opõe os homens à materialidade pura e dá a esta as capacidades propriamente humanas que recusa àqueles. A pedra enxerga, ouve e se lembra. Com isso, ele conhece a alegria perversa de *eternizar* a temporalização, ou seja, de conservá-la como movimento ao mesmo tempo que a petrifica: é o inerte que se faz guardião da História; a matéria é memória; os homens, repetindo sem compreender cerimônias que tiveram sentido outrora, manifestam, ao contrário, o estereótipo do instante, a degradação pela repetição: a memória é justo aquilo de que carecem. Assim, numa inversão radical, a inércia torna-se vida *por sua própria inércia* (pois é ela que possibilita à pedra conservar a forma que lhe foi dada), e a vida, por sua temporalidade prática, torna-se inércia (pois é verdade que a sucessão das gerações tende a petrificar as práticas). Os esquemas desrealizantes com certeza servem às intenções profundas de Flaubert: se para ele, na maior parte do tempo, a História se reduz a ser apenas objeto inacessível e imaginário de uma meditação sobre os vestígios e os monumentos (em vez de reconstrução racional a partir de documentos e testemunhos), é porque ele gosta de apreender o agente prático como algo alienado em sua objetivação. Nessas pedras de pesado olhar fixo, ele não vê apenas o meio de desumanizar seus contemporâneos: ele também se compraz em alojar, na indiferenciação opaca de sua matéria, arquitetos enfeitiçados. Sejam quais forem as motivações, o movimento é executado em vista dele mesmo e da Arte, é um exercício de desrealização que comporta inseparavelmente a desumanização do homem e a humanização do inorgânico, cujo objetivo profundo é pôr o ser entre parênteses, conferir-lhe a inconsistência do não-ser: esse objetivo é atingido não por um poder positivo de *imaginar* a inteligência das paredes e a inércia dos homens, mas, ao contrário, graças à arte de utilizar a impotência da imaginação.

Em outros casos Gustave apreende de modo direto o real como cifra do nada. Então é preciso que o significado que constitui a unidade sintética da percepção seja em primeiro lugar vivenciado de todo como uma ausência. "Em Marselha, não conheci os habitantes do hotel Richelieu. Passei pela frente dele, vi os degraus e a porta; as folhas estavam fechadas, o hotel está abandonado. Mal e mal pude reconhecê-lo. Não é um símbolo? Há tempo já que meu coração tem as portas fechadas, seus degraus desertos, hospedaria tumultuosa outrora, mas agora vazia e sonora como um grande sepulcro sem cadáver!" O que conta para ele é a *recusa* que a realidade lhe opõe: todos os vestígios de Eulalie Foucaud e da convivência deles desapareceu, mas é o que ele buscava: ele veio não tanto para vê-la quanto para *não vê-la*. Com efeito, escreve: "Com um pouco de cuidado, boa vontade, talvez eu tivesse chegado a descobrir onde 'ela' mora. Mas deram-me informações tão incompletas que fiquei por isso mesmo. Falta-me o que me falta para tudo o que não seja a Arte: dureza. Aliás, tenho extrema aversão a voltar a meu passado".* A unidade aqui vem da reciprocidade de perspectiva que faz que o subjetivo e o objetivo possam simbolizar um ao outro, o que os reduz a serem apenas imagens do Nada. Aliás, no próprio interior da comparação há transformações secundárias que concluem a desrealização, uma vez que a hospedaria fechada representa o vazio interior de Flaubert e se torna um "grande sepulcro sem cadáver".

Esses exemplos nos revelam duas técnicas extremas e opostas da atitude estética: contestar o real fazendo-se não-ser; descobrir no próprio ser um não-ser particular (ou por não ser ou por já não ser) que não se pode suscitar ou ressuscitar, nem que seja numa imagem mental, e que denuncia uma insuficiência geral da realidade. É preciso voltar a esses procedimentos, dois polos entre os quais a imaginação de Flaubert vai oscilar: reencontraremos mais tarde ambos os métodos nas grandes obras da maturidade.**

---

* *Correspondance*, t. I, p. 166. Essa aversão é também irrealizadora: o que repugna a Flaubert não é *evocar* o passado, conservando sua quase irrealidade de lembrança. É encontrá-lo *vivo*, encontrar Eulalie como pessoa de carne e osso e não como vaga reminiscência porosa e irrealizável.

** Pode ocorrer de as duas técnicas coexistirem numa mesma operação. Mas elas se atrapalham mutuamente. No fim de abril de 1845, Gustave volta a passar por Arles. "Revi as Arenas que eu tinha visto pela primeira vez há cinco anos. Que fiz desde então?" Primeira desrealização: diante de Gustave, o Temporal, que (cont.)

IV. O JOGO DO "QUEM PERDE GANHA" RACIONALIZADO

Submeter o real ao irreal, desrealizando-se, não é empobrecê-lo, ao contrário; o esquema diretor é imaginário, mas exige uma desrealização detalhada do objetivo considerado, ao mesmo tempo que fornece sua regra: *a observação imaginarizante* revela mais características no objeto do que a observação prática, mas descobre-as para integrá-las num todo imaginário. Vimos Flaubert, no papel de Don Juan, minudenciar uma igreja italiana, extrair da indistinção primitiva mármores, cor da luz, carnação, trajes, toucados das mulheres ajoelhadas, relação entre a luz *rosada* e seus colos *morenos* etc. Excelente quadro *realista*,

(cont.) viveu cinco anos desde a viagem com Cloquet, as Arenas figuram a Eternidade (assim como o apartamento das irmãs Collier); de imediato, ele as transforma numa *indagação petrificada*. Acrescenta: "Subi até os últimos degraus pensando em todos aqueles que lá urraram e bateram palmas, depois foi preciso deixar tudo aquilo. Quando começamos a nos identificar com a natureza ou com a história, somos arrancados de repente...". Segunda desrealização: para o jovem, trata-se de transformar o presente (degraus desconjuntados, amarelados, mato entre as pedras, solidão, presença indesejável da família Flaubert) em irreal e de *realizar* o passado (arenas novas, multidões galo-romanas, enorme barulho) sobre as ruínas da *atualidade*. Operação que ele sabe não poder concretizar: ele não suscitará a presença alucinatória do passado; este só pode manifestar-se de duas formas: será talvez uma sequência de vagas imagens mentais, a surgir quando ele deixa de perceber o antiteatro, ou, se ele mantiver os olhos abertos, um ácido corrosivo a revelar a insuficiência do ser da ruína atual, a denunciar sua irrealidade (pois as razões de seu ser passaram), mas sem que essa percepção degradada, flutuante entre o ser e o não-ser, possa enriquecer-se com fantasias (multidão a urrar etc.). Digamos apenas que *esse* passado, sem se explicitar mais, torna-se para Gustave o não-ser *deste* presente. Acima atribuí a essas tentativas desrealizantes uma motivação poderosa e mais profunda ainda que o desejo artístico de exercer a "faculdade pitoresca do cérebro": o ressentimento. Trata-se de afogar no nada os membros presentes da família Flaubert: eles são modificados em seu ser em nome de uma legião de mortos galo-romanos. Assim, os mortos estão vivos, mas despercebidos, e os vivos, bem visíveis, estão mortos. Como se vê, é uma operação limitada mas ambiciosa, pois Gustave reclama: "Quando começamos a nos identificar com a natureza ou com a história...". Se ele tiver razão, as centenas de milhares de turistas que desde então visitaram as Arenas e as contemplaram, insatisfeitos, tentando rememorar suas lembranças de *Ben Hur*, podem ficar contentes: eles se identificaram com a história sem nem mesmo saberem, assim como o sr. Jourdain fazia com a prosa. Na verdade, estou brincando: a frase é cômica, a intenção, não. Voltarei a isso em breve. O fato é que a operação não teve muito sucesso – e o mesmo ocorre com todas aquelas que se lhe assemelham. O resultado é instável, pois a irrealização do ser enquanto tal, ou seja, com todas as suas riquezas, é contestada pela revelação de sua pobreza essencial, ou seja, por sua capacidade desvendada de nos dar acesso a uma realidade desaparecida.

com a ressalva de que é descrito tal como aparece ao olhar imaginário de um falso Don Juan. Numa carta escrita durante a mesma viagem, encontramos um trecho mais significativo e rico: "Anteontem vi o nome de Byron escrito num dos pilares do subterrâneo onde foi encerrado o prisioneiro de Chillon. Essa visão me causou extrema alegria... Durante todo o tempo, pensei no homem pálido que um dia foi lá, passeou por lá,... escreveu seu nome na pedra... o nome de Byron está gravado de lado e já está preto como se houvessem posto tinta em cima dele para lhe dar realce; de fato, ele brilha na coluna cinzenta e salta aos olhos assim que se entra. Abaixo do nome a pedra está um pouco carcomida, como se a mão enorme que se apoiou a tivesse desgastado com seu peso. Fiquei abismado em contemplação diante daquelas cinco letras".* O que quer dizer: "pensei no homem pálido que um dia foi lá"? Não muita coisa: não há nada para pensar sobre Byron – pelo menos naquele subterrâneo –, a não ser que ele foi lá, gravou seu nome e depois foi embora. O que soa verdadeiro, sem contestação, é: "Fiquei abismado em contemplação diante daquelas cinco letras". Gustave viu o pilar; o nome, já na entrada, "saltou-lhe aos olhos", ele se aproximou e, como de costume, caiu numa espécie de alheamento. Não faz muito tempo, ele considerava Byron um dos dois maiores gênios da humanidade. Agora a estrela de Manfred está um pouco pálida: os dois grandes tornaram-se três, desde a leitura de Sade – e, além disso, a crise de Pont-l'Évêque, como vimos, também é uma renegação do romantismo. O fato é que o homem pálido ainda inspira imenso respeito no jovem Flaubert. Uma frase da mesma carta nos revela seu mais secreto desejo e sua repugnância em satisfazê-lo: "É preciso ser bem ousado ou bem estúpido para ir depois escrever seu nome em semelhante morada". Pois bem, se ele tivesse a audácia de escrever "Gustave Flaubert" debaixo do nome do poeta, seria como se aceitasse um apadrinhamento literário, entraria para o clube dos grandes homens sob a proteção de um lorde inglês. Um dia, talvez algum adolescente visse esses dois nomes caros ao seu coração e se abismasse em contemplação diante deles. Gustave não ousará: no jogo do quem perde ganha – pois, como veremos, esse é o sentido mais profundo de sua neurose –, é indispensável recusar-se à esperança mais tênue. Assim, eis o motivo de seu alheamento: o nome parece--lhe uma promessa, um convite a ousar acreditar-se gênio e, quase ao mesmo tempo, é uma ameaça, um interdito; seria sacrilégio se um pequeno-burguês sem destino, se um doente ousasse imitar aquele

---

* A Alfred, 26 de maio de 1845. *Correspondance*, t. I, p. 176-177.

príncipe-poeta. Gustave adora aquele homem e seu gesto: e o homem, com seu gesto de inimitável insolência, acaba de destruí-lo. Mas toda essa ruminação é feita no âmbito do irreal: irreal é a imagem brilhante, mas rabiscada com raiva que Gustave faz de si mesmo; irreal é nesse dia o gesto feito pelo homem pálido. Irreal, mas não de todo imaginário: foi, já não é. No entanto, imaginário: ao evocá-lo, Gustave não atualiza uma lembrança, forja uma imagem. Essa imagem mental acaso é conservada por ele durante muito tempo? Não: o que lhe importa é o vestígio do gesto, são as cinco letras no pilar. E, justo porque elas são um vestígio, estão desrealizadas pelo passado. Não se diria tanto, é claro, sobre alguma lata vazia de conserva no bosque de Vincennes, ainda que a estrutura objetiva seja a mesma: trata-se de um vestígio que remete a uma atividade passada (piquenique, jogos, sono na relva). Mas essa atividade é tão geral, tão anônima, estamos tão certos de que ela se repete neste mesmo momento em mil parques da França, que, afinal, a lata incorpora seu passado, faz dele seu significado presente e sua realidade prática. Mas, para um escritor jovem e infeliz, o gesto de um ídolo prestigioso é *único*. Só existe um Byron – e quem sabe se ele usou seu tempo em outro lugar a gravar seu nome? De modo que o essencial, acontecimento singular da história universal, é *passado*, já não é. Ao mesmo tempo, é para sempre, pois nada, nem mesmo a destruição da terra, impedirá que tenha sido: assim, a inércia das letras gravadas na pedra *simboliza* a indestrutibilidade de um minuto transcorrido. Com isso, o nome se *desrealiza*: não só ele não passa de *vestígio* de um passado fulgurante, como também simboliza o ser-em-si desse passado, *é* esse próprio passado a cintilar através da opacidade presente. É por essa razão que ele fascina Gustave: glória extinta, glória futura, prometida depois recusada, gesto tão próximo, fora de alcance, presença desmaiada do homem pálido que modifica até os ladrilhos sob os pés de Gustave, tudo está dado nessa relíquia, tudo contribui para arrancá-la do real, do presente. No entanto, é ela que salta aos olhos, é ela que brilha naquela masmorra; sem ela, *não haveria nada*, Gustave não poderia sequer desconfiar da passagem de Byron e, se porventura tivesse conhecimento dela, não poderia localizá-la em lugar nenhum, nada lhe serviria de *analogon* para presentificá-la em sua própria irrealidade, para conceder-se o amargo e falacioso prazer de usufruí-la *imaginariamente*. Por essa razão, ele fica fascinado com o objeto: quer vê-lo mais de perto, guardar nos mínimos detalhes a lembrança da objetivação material de um gesto que atravessou o tempo como um raio e que por um instante foi *todo*

Byron. Portanto, ele *observa*: o nome está gravado de lado, já escurecido, mas brilhante na coluna cinzenta; abaixo a pedra está um pouco carcomida. Todas essas determinações da materialidade denunciam seu desígnio: pois em sua inércia elas são o *contrário* do homem vivo que devem entregar à sua intuição; no entanto elas são *ele*, tudo o que resta dele, o enquistamento de um gesto. Elas perpetuam e mineralizam sua glória. Essa contradição deixa o jovem Flaubert atônito. Mas, de qualquer maneira, cada nova descoberta é de imediato irrealizada: a ela é solicitado que seja menos um vestígio que uma metáfora. Se o nome brilha, é porque algumas obras-primas o ilustraram; e, vejam, abaixo a pedra está carcomida "como se a mão enorme... a tivesse desgastado com seu peso". A metáfora é dupla: há primeiro o "como se" que faz questão de explicar o desgaste pelo acontecimento desaparecido, a fim de fazer os significados transbordarem do ato para o ser, para que os vestígios que ele registra não simbolizem apenas o desaparecido em sua vontade, mas em sua presença física, em seu peso até; depois, passa-se de modo brusco do sentido próprio ao figurado, e a glória e o gênio de Byron traduzem-se em enormidade – completamente imaginária – de sua mão. Seja como for, o que conta é que Flaubert se concentra na materialidade inorgânica, só vê e só pode ver aqueles entalhes passivamente suportados por um pilar de pedra. O contato é com o Ser: a desrealização – que faz dele expressão inessencial daquilo que já não é – não muda nada nele, pois a plenitude opaca do em-si se reconstituiu contra a temporalização humana, contra a História; o perpétuo presente material obtura o passado. Simplesmente a passagem para o irreal é acompanhada por *observação*; ou melhor: é apenas a desrealização que induz Flaubert a observar; para serem examinados nos mínimos detalhes e com rigor, os objetos precisam significar, até em sua textura, outra coisa que não eles mesmos. Vimos aí uma tendência essencial de Gustave, que confere sentido às descrições de objetos em *Madame Bovary*: engolido pelo Ser, ele o desrealiza com uma observação metafórica que descobre seus detalhes, mas apresenta-os um a um como partes de um todo sintético que só pode manifestar-se sob aparências sensíveis, mas se define por sua irrealidade. Em suma, o real, absorvente, mas suspenso entre o ser e o não-ser pela necessidade de significar o irreal – ou seja, o homem-imagem em pessoa –, torna-se por si mesmo um sonho surpreendente e detalhado, que se organiza segundo ideias que, embora pertencentes a Gustave, permanecem ignoradas por ele – pois estão "*sob* sua vida" –, ideias que ele contempla sem as conhecer como sentido totalizador e desrealizador de seu ambiente real. É assim que devemos compreender as considerações que ele faz a Alfred, de Gênova, em 1º de maio: "A viagem que fiz até aqui, excelente no aspecto material, foi muito bruta no aspecto poético para desejar prolongá-la mais. Em Nápoles eu teria tido uma sensação requintada demais para que deixasse de ser assustadora a ideia de vê-la deteriorar-se de mil maneiras. Quando for, quero conhecer aquela velha antiguidade até a medula; quero estar livre, só comigo, sozinho ou contigo, não com outros... Só então, sem entrave nem reticências, deixarei meu pensamento correr quente porque terá tempo de crescer e ferver à vontade; eu me incrustarei na cor do objetivo e me absorverei nele com um amor ilimitado. Viajar deve ser um trabalho sério...".* Esse trabalho consiste na contemplação demorada e desrealizante em que o que se *observa* é a si mesmo, encarregando cada detalhe, unido a todos os outros suscitados, de expressar uma totalidade passada (que jamais existiu como tal) que não passa de figuração objetiva desta outra irrealidade totalizada: o ego-fantasia daquele que observa; na multidão atarefada, invisível, mas pressentida, nas ruas de Pozzuoli, Gustave *se absorveria* e *fugiria de si* através da desrealização do pavimento e das casinhas que margeiam a calçada – ou seja, através de sua observação minuciosa e totalizante –, mas, de modo inverso, o que esse todo ausente lhe significa é sua própria ausência para si mesmo, seu não-ser de homem-imagem, é o que ele expressará um pouco depois num trecho do primeiro *Santo Antão*:

O DIABO

Muitas vezes, a propósito de qualquer coisa, de uma gota de água, de uma concha, de um fio de cabelo, paraste imóvel com o olhar fixo, o coração aberto. O objeto que contemplavas parecia invadir-te à medida que te inclinavas para ele, e se estabeleciam elos; um se apertava contra o outro, tocavam-se por meio de aderências sutis e inumeráveis; depois, de tanto olhares, deixavas de ver; apurando o ouvido, nada ouvias, e até teu espírito acabava por perder a noção daquela particularidade que o mantinha alerta. Era como uma imensa harmonia que se engolfasse em tua alma com frêmitos maravilhosos, e tu sentias na plenitude dela uma indizível compreensão do conjunto irrevelado; o intervalo entre ti e o objeto, tal como um abismo que aproxime suas duas bordas, fechava-se cada vez mais, de modo que

---

* *Correspondance*, t. I, p. 167-168.

desaparecia aquela diferença, por causa do infinito que banhava os dois; vós ambos vos penetráveis em igual profundidade, e uma corrente sutil passava de ti para a matéria, enquanto a vida dos elementos te ganhava lentamente, como seiva a subir; um grau a mais, e tu vinhas a ser natureza, ou então a natureza vinha a ser tu.

Assim, a observação nasce no âmbito da contemplação desrealizante da qual ela é um momento; não tem tanto por objetivo a análise, e sim a síntese, pois apresenta cada detalhe como expressão de uma totalização em curso; em outros termos, ela desrealiza a plenitude do em-si porque totaliza o que apreende. Cumprido o seu papel, ela se suprime, fica a indizível reciprocidade de duas totalidades imaginárias: a Natureza a refletir o Ego, o Ego a totalizar-se como Natureza. A partir da observação imaginarizante, o macrocosmo passa para o microcosmo e vice-versa. Ao padecer sua passividade no primeiro ataque, ao renunciar à ação que determina, singulariza e nega, Gustave constitui a intenção panteísta como um dos polos de sua imaginação; no nada ele se apropria da plenitude do ser como *imagem* de sua própria plenitude e, percebendo tal como se sonha, usa a observação "científica" para produzir o detalhe real como estrutura de um imaginário.

Mas tratemos da técnica oposta. Havia o *real* a servir de *analogon* para a totalização imaginária do macrocosmo. Depois, como vimos, há, nessas formações instáveis que povoam sua vida sonhada, *o irreal puro*, o imaginário a denunciar sua inconsistência. Não é de surpreender que ele oscile sem cessar entre os dois, pois mostrei, já em sua juventude, a tentação permanente de equiparar o ser totalizado com o nada. Mas há uma novidade; o que ele pressentia no tempo de *Smarh* agora é certeza: as imagens não têm realidade própria. Não são sensações ressuscitadas, mas nadas parasitários: brilhantes e fugazes quando não são tocadas, caem incineradas quando lhes pomos as mãos em cima. Se Flaubert concorda em engolfar-se, é para que a consciência, calma lacuna esvaziada de seu habitante, se torne *armadilha de imagens*: apaixonada pelo Nada, nada também, ela é da natureza delas. As paixões do jovem morto, com muita frequência, desvendavam a vanidade das ilusões que elas se esfalfavam para sustentar: isto porque, violentas e reais, elas queriam tratar aquelas fantasias como realidades. Agora, com o vazio e a calma, as imagens ganham ousadia e vêm batendo asas povoar essa pura consciência que se deixa invadir por elas sem nunca as usar nem verificar sua consistência: a fantasmagoria não será *posta à prova* e, mesmo manifestando por si mesma a sua irrealidade, nunca será obrigada a revelar sua inconsistência. Ou melhor, para a reflexão do criador, a inconsistência pode tornar-se virtude positiva. Jules irrita sua sensibilidade com a imaginação, mas trata de fazer seu espírito anular-lhe os efeitos. Significa que ele busca a imagem por sua ineficácia. E, como ela ainda é eficaz demais – pois sua sensibilidade corre o risco de ser por ela perturbada –, ele volta a atenção a um só tempo para a própria riqueza da fantasia e para a sua pobreza essencial, sua não-existência, de maneira que essa ilusão de ser só possa provocar uma emoção ilusória. É o que expressa melhor em outro trecho cuja faceta malarmeana é de se admirar: "Ele pede aos palácios destruídos, de peristilo vazio, o eco sonoro das festas que ressoavam sob aquelas abóbadas e o brilho dos candelabros que iluminavam aquelas muralhas; busca nas areias abandonadas o vestígio das vagas gigantes que nelas rolavam seus monstros perdidos e suas grandes conchas de nácar e lazúli; pensa nos amores esquecidos daqueles que estão estendidos nos ataúdes, na agonia futura daqueles que se debruçam sorrindo à beira do berço". Com certeza, a ideia banal do nada universal lhe é familiar: ele gosta de escrever a Ernest que tudo termina em cinzas ou se evapora como fumaça, tal qual o fumo no cachimbo. Mas o que impressiona aqui é o método; seus exercícios intelectuais são opostos aos de Loyola: este plantava o cenário no seu palco interior e absorvia-se a reconstituir os detalhes da crucificação, procurava *ver* em espírito os ladrões nas cruzes, para por fim convocar Cristo na dele, presença *real*, se não em si, pelo menos pela força e pela veracidade dos sentimentos que ela provocava. Não que ele se enganasse quanto às imagens, nem que visse nelas outra coisa além do nada: ele apenas as submetia à sua empreitada e ao mundo real; elas deviam substituir este e, visto que tinham sido produzidas em nós pelo ser infinito, deviam, *apesar de seu não-ser*, reconstituí--lo de uma maneira ou de outra, com a ajuda de Deus. É *por causa desse não-ser* que Jules escolhe as suas, como fica claro no trecho acima citado pelo uso deliberado da dupla negação. À parte o último exemplo da enumeração, o autor multiplica o nada por ele mesmo: não é aos raros palácios *conservados*, aos castelos *intactos* que ele pede a devolução do eco das festas desaparecidas; para que sua imaginação se excite, é preciso primeiro que eles estejam destruídos, ou seja, que não possam fornecer por si mesmos o cenário e o ambiente dos acontecimentos passados; é preciso que já seja difícil – senão impossível – reconstituir em espírito a própria construção, para que ele tenha vontade de atribuir um conteúdo àquele continente avariado de modo irreparável. Nessa operação, seu acerbo prazer provém de uma dupla superação em direção a uma imagem inapreensível que, em vez de ser um ersatz de alguma antiga presença, denuncia-se como um além do impossível, ou seja, *enquanto imagem*, como certa forma de ausência, de inacessível objeto de uma intenção vazia. Do mesmo modo, as areias desmemoriadas não guardaram o vestígio das vagas gigantes da pré-história: não há nada para ver nelas, a não ser a sua acumulação e suas ondulações *no presente*; e o que Jules lhes pede não é sequer a restituição daquelas montanhas líquidas, mas, através delas, os monstros perdidos, as grandes conchas de nácar e lazúli. Um vestígio talvez guiasse seu sonho. Mas o que dizer da ausência de vestígio a servir de *analogon* a uma ausência de objeto?* Tampouco os mortos podem ser concebidos como presenças: o próprio cadáver está ausente, devorado pela terra. Gustave vai sonhar sobre os túmulos, mas não com os desaparecidos, e sim com seus amores *esquecidos*. Esquecidos *por quem*? Por todos, hoje, está claro. Mas a palavra está em lugar certo: ela qualifica os sentimentos, e não as pessoas; o sentido está claro: trata-se de paixões antigas, bem anteriores à morte, esquecidas pelos próprios desaparecidos *em vida*. Aqui também o nada se multiplica por si mesmo: não se trata apenas de ressuscitar em espírito os defuntos, mas, através desse primeiro momento, de visar a um amor do qual eles não guardaram memória.

> *Le pur vase d'aucun breuvage*
> *Que l'inexhaustible veuvage*
> *Agonise mais ne consent...*
> *À rien expirer annonçant*
> *Une rose dans les ténèbres.*[60]

Foi Mallarmé, sem dúvida, que levou ao mais alto grau a ciência do negativo, desse *nulo* que forma bola de neve, enriquece-se com outros nulos para dobrar suas articulações e revelar-se para além da abolição das aparências, como o nada imaginário ou como a imaginaridade do Nada, mas em 1844 Flaubert não se sai nada mal desse labirinto: ninguém lhe abriu o caminho nem lhe deixou um fio de

---

* É essa dupla ausência que o tentará depois, como veremos, quando pensar em escrever *Salambô*.

Ariadne. No entanto, ele vai direto ao objetivo: a imagem para ele era um parasita do Ser; ele desqualifica o Ser tratando-o como um parasita da imagem: ora vivencia o conteúdo de sua experiência como uma metáfora, ora organiza situações que só têm unidade pelo imaginário visado, mas, por sua própria estrutura, denunciam o nada porque suscitam a consciência imageante e não lhe oferecem nenhum *analogon*. Nesse caso, o imaginário já não é sequer uma ilusão: é o não-ser de uma aparência que se recusa até mesmo à evocação; Jules a *"pede"*, é tudo o que ele pode fazer. Mas, se a imagem reivindicada não sair de seu nada, o real (ruínas, areias etc.), que, em vista de seu "pedido", se organiza para suscitá-la como sua unidade e sentido e não o consegue, encontra-se esteticamente desvalorizado, aparece com um *menor-ser*, afetado, em sua plenitude grosseira, por uma impotência radical: a impotência de evocar o Nada do qual ele sai, no qual recairá, Nada que o estrutura de modo profundo. Nesse segundo caso, percebe-se a importância assumida pela linguagem: ela delimita os contornos da imagem necessária e impossível; ou melhor, com um pouco de sorte, é ela que se faz *analogon* da imagem. Exatamente como na frase que comento, em que com as palavras "vagas gigantes" se suscita uma imagem no âmbito restritivo constituído pelas palavras "vestígios", "areias" e "pedir". Teremos de nos perguntar logo se a escolha passiva de desrealizar a experiência não equivale à escolha de *imaginarizar a linguagem*.

Podemos entender agora o trecho difícil no qual Flaubert, por intermédio de Jules, formula a primeira norma de sua Arte poética: "...*a inspiração deve dizer apenas de sua própria alçada*... as excitações exteriores com demasiada frequência a enfraquecem ou desnaturam... assim, é preciso estar a seco para cantar a bebida".

Essa ideia irá longe na segunda metade do século. O fato é que, com essa forma, ela pode parecer obscura ou paradoxal, decerto porque Gustave foi o primeiro que a expressou. De modo negativo, é a conclusão rigorosa das premissas que Gustave propôs: se a Arte nasce do distanciamento e da frustração, se, para retratar um sentimento, é preciso antes de mais nada não senti-lo, e se o Artista é um homem tomado pelo irreal, então nenhuma *realidade* pode inspirá-lo. Isso será suficiente para que a inspiração seja só de sua própria alçada? Por acaso ela pode manifestar-se sem o menor motivo? A norma de Flaubert não conterá uma petição de princípio (para ter inspiração, é preciso ser inspirado) ou não equivalerá a eliminar a inspiração (visto ser impossível e necessário que ela nasça *ex nihilo*, não será porque não existe?) e substituí-la pela longa paciência de Buffon? Quem tiver acompanhado em todos os seus meandros o pensamento estético de Gustave já terá entendido que, por trás das aparências desconcertantes, sua fórmula propõe uma solução elegante para um problema que atormentará durante muito tempo sua geração. Originalmente, a inspiração era da alçada de Deus; na França após a descristianização da burguesia jacobina, a questão se complica: Hugo, poeta *vates*, ainda pretende escrever sob o ditado do alto, mas muitos românticos – em especial Musset –, incertos, vítimas de um agnosticismo ao qual não se resignam, substituem o Ser supremo, como fonte de seus poemas, pela dor de tê-lo perdido e, de modo mais geral, por qualquer sofrimento que simbolize essa infelicidade fundamental. Daí a ideia corrente, em 1830, de que a intensidade do sentimento constitui a beleza do poema. A concepção de Gustave, sem voltar ao Grande Inspirador, tem o mérito de insistir na originalidade ontológica da obra de arte, esse imaginário: ele se recusa a situar na fonte do Belo os balbucios roucos da matéria viva, em outras palavras, o acaso; se a obra é por essência imaginária, a inspiração que a produz deve ser uma livre determinação da imaginação por si mesma. Isso significa que um agente prático, mesmo que sob o império da dor, nunca poderá efetuar *aqui* e *agora* uma brusca passagem para as imagens, escrever um poema sublime e depois voltar às suas preocupações, às suas tristezas de amor, às suas ambições frustradas, a seus negócios reais. Para *só* produzir imagens organizadas, é preciso que o artista antes tenha se tornado pura imagem, e que o retorno ao real seja nele intermitente, penoso como um mau despertar e sempre provocado por uma agressão exterior. Com isso, só para ele – imagem produtora de imagens ou, digamos, unidade imaginária das imagens que o habitam, a sonhar sua vida pela irrealização perpétua da vivência – a imaginação se torna um todo que não tem limites*, mas que se funde de modo incessante e se

---

* *L'Éducation sentimentale*, Charpentier, p. 289. No parágrafo contíguo ao que comentamos, Gustave escreve sobre Jules: "*Então* a suprema poesia, a *inteligência sem limites*, a natureza em todas as suas faces, a paixão em todos os seus gritos, o coração humano com todos os seus abismos se aliaram numa síntese imensa, cada uma de cujas partes ele respeitava por amor ao conjunto, sem querer subtrair uma única lágrima dos olhos humanos nem uma única folha às florestas". O "*então*", que remete explicitamente a "a inspiração só pode ser da alçada da própria inspiração", indica que a totalização se efetua no irreal e marca o ambiente de Gustave com um selo panteísta puramente imaginário. (cont.)

totaliza, e cada uma de suas aparições singulares remete nas profundezas à totalização permanente, e na superfície a cada uma das outras aparições. A unidade orgânica das imagens é a unidade de *uma* vida imaginária, e esta, por sua vez, haure sua coesão da unidade real de uma vida vivida num esquecimento padecido e dirigido. Para Flaubert, a inspiração não é um dom misterioso nem uma graça instantânea: é um modo de vida ao qual só se pode ter acesso – tal como o Sábio da Stoa à sabedoria – por uma ruptura brusca e definitiva com o passado, por uma verdadeira revolução interior; é a imaginação deliberadamente pervertida pela supressão da função integrante, a práxis, a produzir o imaginário como uma conquista permanente sobre o real não por meio de um trabalho – que seria necessariamente prático –, mas por meio de um *contratrabalho*, o único que pode convir à atividade passiva e que, pela renúncia ao ato – constantemente renovada, mas cada vez mais fácil –, com base no desinteresse padecido como *exis*, identifica-se com a radicalização da passividade, uma vez que esta tem por finalidade e resultado necessário a impossibilidade de fazer a distinção entre verdadeiro e falso. Portanto, não há meio-termo: ou *nunca* está inspirado quem quer que se ponha a pintar ou escrever, por não ter operado o desligamento prévio, ou então quem nem mesmo escreva uma única linha nunca poderá deixar de estar inspirado. No fim de *A educação sentimental*, ele compara a existência de Jules a um deserto: ela "está serena como ele, rica como ele de horizontes dourados, de tesouros despercebidos; encerra o *eco* de todos os zéfiros, de todas as tempestades, de todos os suspiros, de todos os gritos, de todas as alegrias, de todos os desesperos". Tudo lhe foi devolvido após sua entrada nas ordens, mas na qualidade de reflexos, miragens. Em 1846 ele esclarece numa carta a Maxime: "Sei o que é o vazio. Mas quem sabe? Nele talvez esteja a grandeza, nele o futuro germina. Só toma cuidado com o devaneio".* A advertência contida na última frase é significativa: a inspiração nada tem em comum com o frouxo entregar-se a um desfile de imagens mentais, agradáveis ou melancólicas, de qualquer maneira perigosas, porque acalentam paixões que deveriam ser esquecidas, e porque, na melhor das hipóteses, fazem perder tempo. O Artista está vazio, sua inspiração está fora, ela vasculha incansável

---

(cont.) De fato, essa intuição sintética não é intuição de *nada*: "a filosofia" de Flaubert não progrediu.

* A Maxime, abril de 1846, *Correspondance*, t. I, p. 204.

o real para transformá-lo em possível, ou seja, em aparência; eis por que é permanente e infinita: seu material outro não é senão o mundo, inesgotável reserva de imagens em potência que se irrealizarão sem deixarem seus lugares e sem penetrarem a consciência vazia daquele que optou por não ser nada a fim de *ter o todo como espetáculo*. É o que nos diz Gustave em seus próprios termos no fim de *A educação sentimental*: "Detendo a emoção que o perturbaria, (Jules) sabe fazer nascer em si a sensibilidade que deve criar alguma coisa; a existência fornece-lhe o acidental, ele devolve o imutável; o que a vida lhe oferece ele dá à arte; tudo vem a ele e tudo dele sai, fluxo do mundo, refluxo de si mesmo. Sua vida se dobra à sua ideia como uma roupa ao corpo que ela recobre; ele goza sua força pela consciência de sua força*; ramificado a todos os elementos, ele refere tudo a si, e ele mesmo por inteiro se concretiza em sua vocação, em sua missão, na fatalidade de seu gênio e de seu labor, panteísmo imenso que passa por ele e reaparece na arte".

Trata-se novamente de o microcosmo interiorizar o macrocosmo e reexteriorizá-lo na Arte por meio de uma totalização imaginária. De fato, a ideia está *sob* a vivência e a condiciona: boa definição de seu pitiatismo. Quanto ao acidente que a existência cotidiana lhe fornece, ele não pode dá-lo à Arte em forma de imutável sem o desrealizar, absolutizando-o e carregando-o de um sentido que ele não tem ou não tem por inteiro. Acabamos de dar alguns exemplos desse método. Percebe-se como ele difere do método que *Smarh* nos deu: em vez de planar acima do mundo, contemplando do alto sua própria particularidade, Gustave faz desta uma mediação entre o ser e a imagem. Esse centro de irrealização é também irreal: condicionado por sua ancoragem, ele interioriza certa realidade, mas, ao reexteriorizá-la como imagem, tende a fazer dessa ancoragem o puro meio de imaginar. Abolida a realidade – ou melhor, esquecida –, a facticidade já não passa do mínimo de inserção no mundo que possibilita ao poeta ser um transformador que capta o Ser para devolvê-lo na forma de aparência. Em outros termos, ele substitui a consciência de sobrevoo pela *desligamento* que lhe dá o meio de permanecer no interior do mundo, de decifrar de perto seu ambiente, ao mesmo tempo que assume em relação ao que o cerca a ínfima distância que lhe permite ficar por fora.

---

* É aquilo que mais tarde ele chamará de "alacridade".

Talvez haja quem queira ver nessa passividade conquistadora uma imitação do famoso "viver sem viver" de Alfred e das percepções estéticas que daí decorriam para ele. É possível: o histérico, fascinado pelo Outro, gosta de imitar; não podemos afastar *a priori* nem a hipótese de que Gustave tenha caído no cabriolé para justificar com a doença o imobilismo estetizante que o garoto Le Poittevin devia à riqueza do pai nem a hipótese de que os males suportados assumiram a aparência de epilepsia porque Gustave durante muito tempo imitara o jornalista de Nevers. Mas que riqueza ele deu às magras fantasias do amigo! Para compreender totalmente a profundidade e a audácia de sua nova concepção, é preciso segui-lo ainda mais e nos perguntar qual é o fundamento absoluto que ele confere à desrealização sistemática da experiência.

As paixões de Jules, quando já não as sente, transformam-se em ideias. Casto, ele já não sente a volúpia e, com isso, transforma-a em teoria.* Devemos compreender bem: não se trata de um conhecimento empírico; não é a experiência que produz a ideia, mas esta nasce da tenuidade da vivência, a volúpia sentida resume-se e totaliza-se, desaparecendo na teoria, que, de imediato, retomando-a em si, torna-se volúpia-autoconsciente. O autor prossegue imediatamente, expondo uma teoria bastante spinozista do erro: "Se (essa ideia) fosse falsa, é porque era incompleta; se fosse estreita, seria preciso tentar ampliá-la. Portanto, havia uma consequência e uma sequência nessa série de percepções diversas, era um problema em que cada grau de resolução era uma solução parcial". Erro é a parada arbitrária do movimento totalizador do pensamento. De fato, para-se sempre: passar dos fatos à ideia é, sem dúvida, ampliar e transformar o conhecimento sensível, sempre truncado, em conhecimento intelectual. Mas, nesse primeiro momento, o conhecimento intelectual, por sua vez, é limitado: no fundo, ele só contém o que nele foi posto, ou seja, totaliza uma experiência singular. Portanto, é um grau superior da totalização, mais próximo da verdade que o anterior; porém, se tomado fora do movimento que o supera, é um erro. Seus limites serão rompidos, ampliados *pela imaginação*. Estamos bem distantes do experimentalismo científico: o cientista *jamais sai* do terreno da experiência; quando

---

* "Cada sentimento se fundira numa ideia. Por exemplo, das teorias da volúpia que ele já não sentia, ele extraíra teorias, e a sua finalmente chegara como conclusão dos fatos".

se afasta dos fatos, volta a eles para *provar* sua conjectura, e são os fatos que lhe dirão se ela é "incompleta" ou "estreita". É o contrário do que Gustave faz: para ele, ao completar-se, a ideia, cada vez mais ampla e mais elevada, vai-se afastando cada vez mais – em qualidade e intensidade – das miseráveis percepções que lhe deram origem em sua forma elementar. Isto porque, afinal, só há uma ideia verdadeira: aquela que totaliza o macrocosmo e o microcosmo. Flaubert, logo depois do trecho acima citado, nos diz isso expressamente: "Mas, como a última palavra nunca chega, de que serve esperá-la? Não poderemos pressenti-la? E não haverá no mundo uma maneira qualquer de chegar à consciência da verdade? E se a arte fosse esse meio para ele..." etc. A *ideia* abarca a totalidade daquilo que é e daquilo que não é, do ser e do imaginário. Se *pudéssemos atingi-la*, já não seria sequer uma visão do todo – pois a cada grau o conteúdo é o próprio objeto, mas idealizado e consciente de si; seria o Todo em pessoa, o absoluto-sujeito. O que Flaubert sabe com certeza é que nunca a atingimos, por mais que nos elevemos. A "última palavra" – verdade vinda-a-ser – só pode ser pressentida. Como? *Para Jules*, a arte será o meio de chegar ao pressentimento da verdade. Mas será possível considerar outros meios, já que a Ciência está excluída? Talvez, em certo nível de meditação, o filósofo vislumbre o Absoluto como limite que ele nunca atingirá. Mesmo assim, trata-se – tanto para o pensador quanto para o poeta – apenas de uma intuição vazia e transascendente: o absoluto-sujeito só pode ser visado como termo ausente de uma ascensão sem fim. *Presente* em cada momento do procedimento em forma de negatividade, ou seja, como necessidade sentida de não parar, ele só pode ser dado "em pessoa" como *imaginário*. É a imaginação pura que pode se instalar do outro lado dessa passagem para o infinito e apreender a totalização em ato como totalidade vinda-a-ser. Desse ponto de vista, o filósofo não tem a menor vantagem sobre o artista: tanto para um como para outro *a verdade é o imaginário*.* Gustave pretende subtrair-se às aparências para estabelecer a verdade, mas sua verdadeira intenção é bem diferente: a relação imaginária com o Todo tem a função de denunciar o erro, em outras palavras, o não-ser no âmago de cada verdade finita, e, de modo mais geral, de desrealizar cada real particular. Desse ponto de vista, mais favorecido é o artista:

---

* Escusado dizer que atribuímos a Gustave inteira responsabilidade por suas concepções.

isto porque o pensador imagina canhestramente a totalidade, pois não tem a técnica do imaginário; a Arte, ao contrário, manifesta-se como essa técnica, *em exercício*.

Voltemos àquilo que Jules diz. Ele começa informando que as dores lhe mataram a sensibilidade: isso significa que ele foi purificado por elas, que se desvencilhou da vivência, do sensível, ou seja, do *finito*; portanto, ei-lo instalado na ideia, no primeiro momento de seu devir: "...se cada ideia dominante da vida é um círculo no qual giramos, para enxergarmos sua circunferência e sua área não devemos ficar fechados ali, mas nos colocarmos fora". Jules está fora. É o instante em que, superior ao devasso, "que não vê a grandeza de sua devassidão", ele apreende a "grandeza" de sua particularidade. O que quer isso dizer, senão que ele se pôs acima dela e a contempla do ponto de vista da morte? Nisso, ele já é superior ao filósofo que, limitado pela intenção realista, efetua operações reais e não sai do devir a não ser em breves fulgurações de imagens. Ora, justamente, o primeiro procedimento "artístico" consiste em considerar os acontecimentos e as pessoas *como se* a totalização já estivesse feita. Cantor define o transfinito como resultado de uma série infinita de operações que se supõem efetuadas. Desse ponto de vista diremos que o absoluto-sujeito, fora de alcance, mas irrealmente dado, é a substância transfinita, e que essa substância tem dois atributos também transfinitos.* De fato, vimos Flaubert interrogar seu ambiente particular ao "identificar-se com a natureza e a história", ou seja, ele abarca com um olhar infinito a extensão inteira e coloca-se no fim dos tempos. Assim, o absoluto--sujeito outro não é senão o próprio Gustave como termo imaginário de uma série infinita de operações. Ou melhor, digamos que Gustave se coloca do ponto de vista da substância transfinita e de duas hipóstases (espaço-tempo): os transfinitos nunca se dão diretamente ao artista, a não ser como visada abstrata de uma ausência, mas ele tem a oportunidade de suscitá-los de modo negativo como verdade total (e imaginária) de qualquer determinação real de sua experiência. Ou, se preferirem, Jules estabeleceu certo método que lhe possibilita tratar a particularidade como expressão localizada e datada do Transfinito. Com isso, o episódio fugaz denuncia-se como erro, mas, ao explodir seus limites, expõe seu "verdadeiro" sentido que é o "imutável"; Jules forja a verdade do acidental imitando-a – por desestruturação de suas

---

* Na verdade, ela tem três. Veremos a terceira em breve.

percepções – como expressão de um "panteísmo imenso". Já vimos como certo número de manipulações sujeitou o batismo da pequena Caroline a expressar o retorno eterno e a presentificação do passado como ligação dialética com a passadificação do presente, ou seja, a Eternidade – a mesma Eternidade que se deixava entrever através de um realejo a tocar graças a uma "extraordinária afinidade" sob as janelas das irmãs Collier. Nesses dois casos – e em todos os outros – o absoluto manifesta-se como o todo, seja ele qual for, presente em sua parte; é seu conteúdo, sua matéria – e a forma singular nada mais é sua determinação negativa. Nesse sentido, a técnica flaubertiana consiste em neutralizar a forma em sua singularidade real e, mesmo a conservando entre parênteses, submetê-la a expressar o transfinito que ela contém. Por exemplo, a realidade datada e circunstanciada do batismo, ressaltada por Flaubert, tende a apagar-se para deixar surgir, em seu lugar, o passado infinito por meio da ressurreição de um rito "exumado". Cada detalhe do acontecimento concreto é percebido e relacionado com todos os outros, mas como imaginário: tem a função de expressar algo que não é ele, outro aspecto do transfinito espaço--temporal.

    Gustave apresenta essa ideia como uma descoberta: "Essa ideia de arte, de arte pura, ter-lhe-ia ocorrido sem as dores preparatórias que ele padeceu?". Em outras palavras: sem a crise de janeiro de 1844? E, na verdade, trata-se de fato de uma invenção. No tempo de *Smarh* e de *Novembro*, o jovem hesitava entre a totalização na interioridade e a totalização na exterioridade. Mas, enquanto a segunda correspondia a uma atitude mental – ou seja, ao orgulho de "ricochete" –, a primeira ainda não passava de solução literária. Em Pont-l'Évêque, sua juventude se fecha e conclui, ele morre: dessa vez efetua de verdade a totalização na interioridade. Com isso, ei-lo obrigado a empoleirar--se para lutar contra a vergonha: está maduro para recomeçar uma totalização pelo exterior. Aliás, ele a fará dentro de alguns anos, e será a recaída: o primeiro *Santo Antão*. Mas o que sua morte para o mundo acaba de lhe revelar é uma terceira saída: preso nos elos do finito, com um breve sobressalto ele podia tomar-se por consciência de sobrevoo, abarcar o Universo com um olhar, mas não *detalhar* as coisas e os homens: destes e daquelas ele apreendia apenas o aspecto prático – ou seja, o coeficiente de instrumentalidade e de adversidade. Agora que os acontecimentos já não podem servi-lo nem desservi-lo, ele os contempla e percebe que cada um deles – desde que considerado

IV. O jogo do "Quem perde ganha" racionalizado

do ponto de vista da morte – é uma totalização *na interioridade* cujos momentos ele pode apreender *do exterior*. Esse batismo se revela como unidade viva e melódica: nele o Transfinito vem a ser e totaliza-se. Já não há necessidade de sobrevoar o mundo, de fazer enumerações exaustivas, de passar em revista os vícios e as virtudes de nossa espécie, de interligar os períodos mais heteróclitos da História, de pôr para desfilar num pesadelo dirigido o cortejo inumerável das religiões e dos monstros que ela pariu: aquele que viveu até o fim sua própria vida como desvendamento trágico e padecido do Universo acaba de adquirir às próprias custas a experiência da totalização na interioridade; não há necessidade de refazê-la: todas as coisas deste mundo a refazem em seu lugar; em cada determinação singular de seu ambiente – a mais insignificante ou mais fugaz – ele encontrará aquilo que experimentou em pessoa, a ubiquidade do Todo, ou seja, sua presença total em todas as partes de suas partes, tanto como trama delas quanto como ordem inflexível do desenrolar delas. Literariamente, o que Gustave decide nesse momento de seu pensamento é, ao mesmo tempo, que é preciso um objeto para o macrocosmo se encarnar e que o objeto não importa: em literatura isso significa que não se tem outra coisa para dizer senão o vazio trágico e grandioso de um universo sem Deus, mas que é preciso dizê-lo através de uma aventura particular, ou seja, localizada e datada: para mostrar que o mundo é o Inferno, sem dúvida é possível empoleirar um santo num cume e fazê-lo ser torturado pelo demônio, mas, como um batismo já basta, também é perfeitamente possível tomar hoje, em nossas zonas rurais, um oficial sanitário e sua mulher adúltera: eles darão conta do recado, o que decide é o ângulo de visão. Sem saber, Flaubert – sempre assombrado por Fausto e pelo louco desejo de recomeçar *Smarh* – acaba de se dar permissão para escrever *Madame Bovary*.

Na época de *A educação sentimental* ele ainda não vê todas as implicações de sua descoberta. Isto porque aquela alma inquieta e amarga queria saborear as alegrias do otimismo e convencer-se de que as dores padecidas eram preparatórias. Daí o panteísmo cândido que mascara seu pandiabolismo. "Tudo o que lhe parecia miserável outrora podia muito bem ter beleza e harmonia; sintetizando-o e reduzindo--o a princípios absolutos, ele percebeu uma simetria miraculosa... o mundo inteiro pareceu-lhe reproduzir ao infinito e refletir a face de Deus". O Deus pessoal não existe, mas, se *tudo* tem uma finalidade, o mundo é uma unidade *teleológica*.

O que impressiona de imediato, infelizmente, é que a totalidade e seus atributos transfinitos "história-natureza" não têm nenhum conteúdo concreto. "Alfred tinha ideias, eu não as tinha." Não, não as tem: nem deísta nem teísta nem ateu nem materialista nem espiritualista, "um tanto quanto materialista", esse agnóstico, que detesta filosofia e recusa-se a "concluir", define-se a seus próprios olhos pela "crença em nada". Nessas condições, será possível considerar seu panteísmo como visão estruturada do Universo? Em 1845, ele diz, em resumo, que não há Deus pessoal, mas o mundo tem uma unidade teleológica. Esse otimismo, porém, é um círculo vicioso: a unidade do macrocosmo é sua finalidade imanente, mas o único fim que se pode atribuir ao Universo é a unificação dos fenômenos. No momento, deslumbrado por sua descoberta, ele tenta com seriedade pintar de branco com tinta preta. Deseja que sua Arte poética seja grandiosa, gostaria de encontrar a inspiração cósmica de Hugo, a quem Deus fala sem intermediário, que acredita profundamente ser a Beleza a revelação sensível da Verdade. Portanto, ele toma de empréstimo as palavras e os significados da época – como Sade, meio século antes, foi obrigado a tomar de empréstimo a ideia burguesa de Natureza. Mas, tal como a ideia de Natureza nas mãos de Sade, as ideias de Hugo nas mãos de Flaubert tornam-se insanas. Hugo é teísta, acredita na Providência; para ele, o Belo não é apenas expressão da Verdade, mas também signo do Bem. Assim, *ele* poderia escrever que "o que parece miserável... deve ter sua harmonia": isto porque essa harmonia remete à eminente sabedoria de um Criador. E, visto que Deus lhe fala ao ouvido, ele não precisa morrer para o mundo: ao contrário, precisa viver nele e comprometer-se com ele; as certezas absolutas lhe serão comunicadas do alto no tempo devido. Em Flaubert, desaparecido Deus, o absoluto nada mais é que o ponto de vista da morte; se é preciso morrer para o mundo, como permanecer fiel ao panteísmo que, ao contrário, exige que nos confundamos, *vivos*, com a totalidade do Ser? A unidade do mundo aparece para a consciência que a abandonou; assim, por trás das palavras tomadas de empréstimo, permanece o catarismo: o que se revela ao olhar desencarnado é a unidade do mundo *pelo Mal*, ou seja, a Beleza. É bem para isso que tendem as técnicas desrealizantes de Gustave; com os exercícios apropriados, trata-se de totalizar de modo negativo os acontecimentos que se apresentem: de uma maneira ou de outra é preciso mostrá-los em sua riqueza concreta como expressões adequadas desse Nada com o qual o Todo se identifica. Já passou a hora de estudar a parte à luz do Todo – como em *Smarh* – para denunciar sua miséria, mas é hora de revelar o Todo na parte, pelo "desaparecimento vibratório" desta. O Todo, com certeza, não é o Ser, mas a equivalência entre Ser e Nada; e, afinal, o triunfo deste sobre aquele, em outros termos, é o Mal: nesse aspecto Gustave não mudou. A novidade é que a operação nadificante nunca se conclui: o movimento do real que se destrói nunca prossegue até o fim; fica no momento em que a realidade, irrealizando-se, se abre como um leque, exibindo, para abolir-se detalhada, todos os ricos matizes que com ela se abrem. Assim, nem a abolição no Todo é levada até o termo, nem o Todo enquanto tal aparece para Gustave em sua pobreza: há esse deslizamento suspenso, no qual o invisível transfinito desrealiza as qualidades do Ser, e o Ser empresta ao Transfinito a cintilação infinita de seus múltiplos detalhes. O real se faz *sonhar* como concreção inesgotável e singular do absoluto, e o Transfinito – imaginado como sentido de toda realidade – confere temporalidade trágica a todos os objetos visíveis ao se apresentar como sentido deles e ao se produzir por trás deles a fim de se anular, arrastando-os para o Nada. Desse ponto de vista e graças às técnicas da *atitude estética*, até mesmo um boné, até mesmo um batismo, até mesmo um dente-de-leão manifestam, do ponto de vista do absoluto-sujeito, o tempo interno da tragédia, pois esses acontecimentos-objetos só desabrocham para aniquilar-se: é em nome do *fim da História* que Jules, já morto, decifra hoje os sorrisos de uma criança morta sessenta anos depois. Mas a morte não está dada. Jules está no tempo sombrio e vago do cotidiano ou pelo menos estaria, caso sua neurose não o irrealizasse, projetando-o, absoluto, para além do infinito; o olhar que ele lança sobre o mundo é também uma imagem. Desse ponto de vista, Gustave não mudou desde *Smarh*. Já naquela época, a contingência confusa e a desordem pareciam-lhe caracterizar a realidade e o convenciam de que *o real não está no nível do verdadeiro*. Tanto em 1844 quanto em 1839 a Verdade não é um caráter do universo visível: ela é *aquilo que ele seria* se a mão de um divino artista o tivesse remodelado, transformando esse esboço numa obra de arte única. E notamos então que essa confusão paradoxal entre Verdadeiro e imaginário absoluto não podia surpreender-nos, pois Flaubert, agente passivo, recebeu a palavra Verdade, mas não o conceito ao qual ela se refere. No entanto, o autor de *Smarh* duvidava de si mesmo e, embora já falasse da Arte, não ousava considerar-se artista. Portanto, que transformação dá a Jules essa segurança tão nova?

É que, simplesmente, suas técnicas estão prontas, e ele se tornou *clarividente*. E por clarividência entendo aqui o contrário de percepção. Digamos que agora ele é capaz, *em todos os casos*, de apreender os dados da experiência como *analogon* de uma totalidade infinita. Já não precisa do sobrevoo para integrar o diverso na unidade rigorosa do todo: basta-lhe desligar-se, assumir uma distância imperceptível. Suas técnicas farão o resto: elas desvendarão a *estranhez* do cotidiano por meio de um *estranhamento* subjetivo que é simples recusa de compreendê-lo em sua banalidade; farão do presente uma *memória completa* – no sentido em que, para os gregos, a deusa Mnemosine representava o futuro tanto quanto o passado – e, manipulando as três ek-stases temporais com uma habilidade diabólica, elas o transformarão num condensado metaestável de toda a temporalidade – o que possibilitará a Flaubert ver nele ora o tempo como transfinito, ora a Eternidade como eterno retorno do instante; ou melhor, elas saberão descobrir em todos os lugares as "extraordinárias afinidades" que compactarão as interrelações e farão brotar um *sentido* como unidade melódica da temporalização; através do rigor teleológico assim desvendado, Flaubert apreenderá a inflexibilidade do *Fatum* universal. Nisso está tudo: Jules é superior ao jovem autor de *Smarh* porque sabe operar as transmutações a quente, porque no próprio local anexa ao imaginário as riquezas do real. Aí está a sua vitória: a imagem mental é pobre; mas, como, através do hábil uso do distanciamento, ele se condiciona a enxergar sem perceber – ou seja, ele se deixa invadir pelas coisas, mas sem as fazer entrar por meio de um ato em seu campo prático, sem as integrar em suas empreitadas como meios reais de um fim realmente perseguido –, todos os matizes de um céu, de um tecido, todos os detalhes de uma cerimônia servirão de material para sua imaginação *exterior*; emprestarão sua opacidade misteriosa, sua textura e sua diversidade aos poucos esquemas abstratos que constituem a "*Weltanschauung*" dele. Por meio desse "desregramento sistemático de todos os sentidos" – muito distante daquele que Rimbaud pretendia praticar, mas também profundo –, Jules vive *em presença* do macrocosmo. Sem dúvida, no começo, ele ainda não produz nenhuma obra de arte, mas sabe manipular-se de tal maneira que cria para sempre o mundo como obra-prima, remodelando a quente a sua experiência com técnicas mentais. Essa "ideia de arte, de arte pura", nós agora compreendemos o que significa: é o imperialismo da imaginação. Em vez de fugir do real, ela se volta contra ele, ataca-o e faz que ele seja devorado por uma totalidade integrada que não é, que pode ser chamada de mundo, de inferno ou até de Beleza, e que, por meio de um jogo sutil, será dada como *sentido*, como verdade profunda do real engolfado: "Jules se compenetra da cor, assimila-se à substância, corporifica o espírito, espiritualiza a matéria; percebe o que não se sente, sente o que não se pode dizer, conta o que não se expressa, mostra as ideias que se esboçam e os clarões que surpreendem". À parte as duas últimas orações que se referem à obra escrita, todas as outras dizem respeito à *clarividência*, à transmutação metódica e imediata da experiência. A Arte deve ser um prodígio de equilíbrio: a desrealização deve conservar todo o frescor do real, ou melhor, deve desvendar aspectos despercebidos dele; ao mesmo tempo, a presentificação imaginária do macrocosmo nunca deve ser objeto de uma visada explícita: a transmutação, se fosse totalmente lúcida, não "pegaria", e o imaginário e o real permaneceriam inconciliáveis e separados. Na verdade, não se deve fazer nada de modo deliberado, a não ser admirar-se e procurar o sentido daquilo que se vê. Então as técnicas farão seu trabalho, e o sentido aparecerá – imaginário, porque o acontecimento já foi transformado em imagem, e infinitamente obscuro porque será o próprio mundo, enquanto mediado pela opacidade do sensível. Adivinha-se a habilidade exigida para essa dosagem: um pouco de lucidez, um pouco de inconsciência; certa maneira de nos convencermos de que "tratamos" a percepção por amor à realidade, sem esquecermos de todo que a operação procede de uma sombria paixão pelo Nada; presença manifesta, porém discreta, do macrocosmo, como se ele estivesse pronto para sair voando diante do menor gesto, "sentido" claro-escuro, indicado, jamais explicitado, que deve aparecer sem que pareçamos buscá-lo, como se ainda por cima ele se desse, enquanto estamos absortos a contemplar o acontecimento e sua trama; flexibilidade atenta a nada forçar, a guiar a invenção desrealizante pelas nervuras do real; é essa habilidade de artesão nas operações mentais que possibilita a Flaubert chamar Jules de artista.

Nós nos perguntávamos há pouco qual era, para Flaubert, o fundamento absoluto da atitude estética. Ele nos deu a resposta: é a ideia totalitária, entendendo-se por isso a convicção imaginária de que o todo está presente em pessoa na parte, tanto para a exaltação quanto para abolição desta, e essa presença monstruosa a mantém nos limites entre ser e não-ser, ou seja, nos limbos da aparência pura. Mas, como o todo afinal é o Nada, a parte, com sua riqueza concreta, lhe dá uma consistência enganosa na exata medida em que lhe confere enganosa inconsistência.

A. A TERCEIRA HIPÓSTASE

A metamorfose estará acabada? A clarividência fez de Jules um artista em primeiro grau; terá dado acesso à Arte propriamente dita? Parece que recaímos nas aporias de 1840. É verdade que na época Gustave ainda era o Poeta – pelo menos em parte. O fato é que seus êxtases – que fugiam ao real em vez de atormentá-lo com paciência – tinham um conteúdo incomunicável, e sua infelicidade provinha do fato de não poder traduzi-los em discurso sem os empobrecer e desnaturar. Ora, ainda que sua atitude tenha mudado radicalmente desde 1844, o problema não continuará sendo o mesmo? Como transformar em *obras* (ou seja, em centros reais de irrealização) as intuições da clarividência; como as verter na linguagem sem as matar? Se a conversão pela neurose tiver de ser um sucesso completo, será preciso que cada transmutação, como operação mental, produza por si mesma o instrumento de sua exteriorização e de sua objetivação. Mas, em certo sentido, o momento concreto da desrealização é como que uma repetição abstrata da crise inicial: ora, como essa morte repetida – passagem da vida real à imaginação da vida, operação estritamente subjetiva, escolha da subjetividade e da não-comunicação levada ao ponto do autismo – conteria em si a promessa de ser objetivada por essa grande via de comunicação que chamamos de talento? Não pareceria, ao contrário, que há uma contradição entre a escolha do imaginário, como algo incomunicável, e a exigência de uma arte *literária*, ou seja, aptidão para sobredeterminar o discurso – que pretende interligar os homens comunicando significados? O sonhador, homem desumanizado que sonha sua morte, não é necessariamente *locutor*; ou melhor: não parece que possa sê-lo. Além disso, como o agente passivo, que padece sua própria passividade até a morte – ou seja, até o momento em que a inatividade radical lhe revele a Beleza do mundo –, se transformaria nesse bom *operário* do estilo, descrito por Flaubert nas cartas da época, a forjar a frase com marteladas na bigorna, símbolo notável de que a Arte é *trabalho, ação*?

Flaubert está consciente do problema: no capítulo XXVI da *Educação sentimental*, Jules, embora exímio nos exercícios de desrealização, sabe que lhe falta *estilo*: trata-se de adquiri-lo. Seu método: ler muito, impregnar-se de bons autores. Em suma, da "morte para o mundo", que dá acesso instantâneo à Arte, ele volta à ideia do aprendizado e da "longa paciência". É na verdade uma regressão: como o ecletismo daria resposta à indagação de princípio? Será possível que ele verta nas palavras o seu próprio incomunicável, estudando aquilo que – comunicável ou não – grandes mortos comunicaram? Flaubert escreve: "Jules teria desejado reproduzir algo da seiva do Renascimento com o perfume antigo que, no fundo de seu novo gosto, se encontra na prosa límpida e sonora do século XVII, juntar a ela a nitidez analítica, a profundidade psicológica e o método do século XVIII, mas sem se privar das aquisições da arte moderna e conservando, está claro, a poesia de sua época, que ele sentia de outra maneira e alargava segundo suas necessidades". Nesse texto, Gustave limita-se a nos oferecer um pot-pourri de suas preferências: Homero, Rabelais, Molière, Voltaire e Rousseau, Byron; gostaria que sua escrita criasse um prato complexo que reunisse todos esses elementos; o jovem autor, por sua vez, só contribuiria pessoalmente com o segredo da dosagem. Perdeu de vista sua intuição profunda, porque o estilo *dos outros* o atormenta, seja ele qual for: fascinado, invejoso, ele traz em si a tentação histérica de *imitar* cada um dos escritores que admira; o que o salva é o número deles e a diferença de seus projetos. Então ele sonha em condensá-los todos, e que sua frase seja um coquetel. Mas como temperar Molière com uma pitada de Byron?

De repente, tudo muda: Gustave entendeu seu problema e, sem transição, nos mostra Jules, um pouco adiante, "corporificando o espírito, espiritualizando a matéria, percebendo o que não se sente, *sentindo o que não se pode dizer, contando o que não se expressa*". Entre as duas últimas orações, ele pôs de modo deliberado um abismo: sentindo o que não se pode dizer, Jules se põe, por princípio, fora de toda e qualquer comunicação; mas o abismo é vencido de repente, pois ele conta aquilo que não se expressa, ou seja, justamente sua experiência incomunicável. Entre o primeiro procedimento e o segundo, o texto não sugere nenhuma mediação; limita-se a justapô-los. No entanto, conforme sabemos pelas cartas a Louise, toda a questão está no seguinte: há o *indizível* que *deve ser dito*, e se, durante toda a vida, ele sente carinho por *Novembro*, é porque tem a sensação de que lá às vezes sugeriu isso. Portanto, no fim de *A educação sentimental*, Flaubert manifesta otimismo: Jules *conseguiu*, sabe manejar a linguagem. *Depois* de se "desvencilhar dos vínculos do finito", percebeu que o indizível, ao invés de ser um limite da literatura, constitui seu único objeto.

Uma palavra nos esclarece: ele sente aquilo que não *se* pode dizer, conta aquilo que não *se* pode expressar. Esse impessoal heideggeriano é o comum dos homens, que empregam a linguagem para atender a seus fins triviais. E se o estilo, em vez de ser um melhor uso prático das palavras, não passasse de *outro* uso? Desde a infância, Gustave, esmagado pelo peso das frases prontas e dos lugares-comuns, parece ter desconfiado disso. Só posso explicar por uma obscura presciência a pesada e laboriosa obstinação com que, desde a infância, ele se exercita nos trocadilhos. "Quais são os espanhóis menos generosos? São os navarros, porque vivem em Navarra.[61] Quais são os suíços mais atordoados? Os que estão em Uri."[62] Suas cartas à irmã e a Ernest estão cheias deles. Tem-se a impressão de se tratar de alguém bem jovem, mas não: de um extremo ao outro da vida, ele se compraz a fazer jogos de palavras. A morte está próxima quando ele escreve à sobrinha: "Faça de conta que me chamo Druche. Tu me dirias: tu és belo, Druche".[63] Tal continuidade no mau gosto só tem um sentido: Flaubert gostava disso porque cada trocadilho lhe revelava de novo uma ambiguidade essencial da linguagem e se apresentava, obscuramente de início e depois com clareza cada vez maior, como um símbolo grosseiro da obra literária. De fato, trata-se de apostar em certa imprecisão dos códigos e, afinal, da fala em geral: um mesmo discurso ocorre em dois planos – um oral e um escrito – que não se correspondem com exatidão. Os signos gráficos e, sobretudo, suas combinações são mais numerosos que os fonemas – sendo assim, para uma informação escrita de modo correto, em certos casos há várias *audições* possíveis. O que agrada Flaubert em nossas velhas e desgastadas línguas é o fato de ainda ser possível ler *com os olhos* certa mensagem e, acreditando comunicá--la, transmitir outra *oralmente*. O trocadilho acalenta seu fatalismo; como todos os colegiais, ele se divertiu com os famosíssimos versos de Corneille sobre o desejo que cresce quando o efeito recua[64]: mais uma vez a empreitada humana é ridicularizada porque o escritor, em virtude do próprio cuidado que tomou para escolher seus meios, viu--se obrigado a atingir um fim de todo diferente do objetivo em vista. Assim, Laio, acreditando eliminar seu futuro assassino, arranjou pessoalmente tudo para que este, no lugar marcado, na hora marcada, seja obrigado a assassiná-lo. Há sadismo nas grosseiras brincadeiras de Flaubert. E seus jogos de palavras se apresentam ao mesmo tempo como descobertas e como revelação do fracasso radical do falante, mas é justo *nesse fracasso* que ele vislumbra de modo obscuro a possibilidade de basear um estilo. O que o fascina é o *duplo sentido*. Seus jogos de palavras são *escritos*: ora, visto que a traquinagem depende da maneira como se pronuncia, o que é lido pelos olhos não contém os *dois* significados divergentes; Ernest entende a pergunta: quais são os espanhóis menos generosos? Há a pretensão de lhe dar a resposta e a explicação: os navarros porque... Mas estas – embora apresentadas como evidências – parecerão contrassenso enquanto se continuar no terreno da pura grafia. Um contrassenso ou um convite à pesquisa? O jovem brincalhão dá mostras de tanta segurança que seu correspondente se pergunta se, de fato, não haverá algo para entender. E, de fato, na frase escrita, está presente de modo subliminar algo que nos designa como imbecis ou que a desqualifica, pois ela pretende bastar-se e não se basta. Com certeza, estou exagerando, e os jogos de palavras de Flaubert são entendidos de imediato. Seja como for, um surdo-mudo de nascença que tivesse aprendido a ler poderia extrair dos livros todas as informações sobre os navarros, exceto, precisamente, a resposta à pergunta de Gustave; ele seria constitucionalmente inapto para compreender um trocadilho, e a explicação "porque vivem em Navarra" para ele continuaria sendo um contrassenso ou um enigma até o fim. Assim, o que agrada Flaubert é que a resposta não está no plano da pergunta: uma é feita no nível da escrita; a outra, no da leitura oral. Ernest e Caroline estão treinados: transportam-se de imediato para o plano do monólogo interior, que é oral. Essa passagem é tão fácil e natural, que o aspecto visual e o aspecto sonoro de uma frase ou de um vocábulo – que na verdade são dois momentos do Verbo – aparecem como suas duas dimensões simultâneas. Com isso, os correspondentes de Flaubert se sentem contentes e burlados ao mesmo tempo: contentes porque a compreensão é quase imediata; burlados, porque pressentem obscuramente que neles a linguagem foi metamorfoseada, mas sem ser alterada, e que ela significa de repente o que não significava e, de certa maneira, continua não podendo significar. Sobretudo, esse novo significado – que parece manifestar-se em outra linguagem – é na verdade o contrário de um significado: é um contrassenso. Ou, se preferirem, é um pseudossignificado como os que se produzem sem cessar na linguagem em liberdade, ou seja, *sem os homens*; o trocadilho não é uma produção intencional (pelo menos não se dá como tal): é uma determinação real do discurso ouvido, mas na qualidade de algo produzido de modo espontâneo pela linguagem oral, ao mesmo tempo em relação exata com o discurso escrito e como manifestação de sua autonomia, ou seja, de nossa heteronomia de locutores. Palavras associam-se segundo regras, e o resultado é um significado inumano, ou seja, um absurdo *para nós*, mas, para a linguagem, uma livre relação de si para si. O trocadilho, afinal de contas, nos faz descobrir a linguagem como paradoxos, e é precisamente nesse paradoxo que Gustave pressente ser preciso basear a Arte de escrever. É claro que em seus jogos de palavras, ele se compraz em afirmar na e pela incompletude da escrita a superioridade do oral sobre o escrito – como fará depois, na qualidade de estilista, ao escolher os belos vocábulos "que temos na boca" e uni-los de acordo com suas afinidades sonoras.* Mas o que o diverte acima de tudo (e desde a mais tenra idade) é vingar-se das locuções proverbiais que o ocupam, fazendo a frase ser habitada por uma ausência – que é ao mesmo tempo a resposta à pergunta feita e a linguagem a determinar-se segundo suas leis próprias, *contra* os homens que a empregam –, e também unir os significados num superssentido inapreensível que destrói ao se afirmar.

Após a metamorfose de 1844, a linguagem prática lhe parece um vasto trocadilho. É o que ele escreve a Alfred, um pouco depois, num trecho que já citamos: "...às vezes me espanto ao ouvir as coisas mais naturais e mais simples. A palavra mais banal às vezes me causa singular admiração. Há gestos, sons de voz com que não me conformo, bobagens que me dão... vertigem. Alguma vez escutaste com atenção gente falando uma língua estrangeira que não entendes? Estou nesse ponto". Mostramos acima alguns motivos desse estupor (o lugar-comum triunfante e, por outro lado, a conversão, a ruptura definitiva em relação às finalidades humanas); é preciso ver, além disso, que Gustave aqui assume uma posição estética em relação à linguagem. "As coisas mais naturais e mais simples, a palavra mais banal" são termos retomados em 7 de abril de 1946, quando Flaubert conta a Maxime o batismo da sobrinha e sua iniciativa de desrealização: "Era tudo muito simples e conhecido, no entanto eu estava

---

* Deve-se notar, porém, que, se o trocadilho é comunicado oralmente, o interlocutor só poderá compreendê-lo remetendo-se à imagem da palavra escrita. O que lhe é dado, com efeito, é o inverso da frase lida. Ele ouve: os navarros vivem como avaros [*les Navarrois vivent en avares*], pois o tema é introduzido por "os espanhóis menos generosos" e é pela mediação do imaginário visual que ele restabelece o não-significado que é o objetivo do "jogo de palavras".

tomado por profundo espanto". Está claro que os objetivos são os mesmos, e as técnicas, vizinhas: a diferença é que na primeira carta o que se desrealiza é a linguagem. Sem dúvida, como diz o próprio Flaubert, a tolice de certas frases o deixa consternado. Mas o essencial não é isso: o que o deixa estupefato – ou seja, o que ele *encarrega* de deixá-lo estupefato – não é o fato de *haver* uma linguagem, mas de se falar, ou seja, arrancar as palavras ao seu silêncio original e fazer delas um falatório cotidiano. Com isso, no vocábulo, ele só tem olhos para a parte de silêncio: inútil no próprio momento em que os outros a utilizam, a palavra isola-se e põe-se para si. "A palavra mais banal me causa singular admiração." "Admiração" não é aqui uma simples variante de "espanto"; é preciso tomar o termo no sentido mais forte. O vocábulo mais conhecido e mais "banal" revela-se desconhecido. Este revela sua singularidade de objeto sonoro quando Flaubert efetua um curto-circuito das significações: desse modo o vocábulo, embora familiar, causa estupefação porque *já não quer dizer nada*, porque Flaubert se recusa a superá-lo em direção ao significado ou ao referente. No entanto, o jovem sabe muito bem que, através dessa opacidade material, os *outros* continuam a ter em mira certa realidade finita, um utensílio, uma prática. Ocorre que esta função já não lhe diz respeito, *para ele* ela incide no inessencial. Assim, a significação passa para trás do fonema, é uma indicação do mundo da alteridade, da práxis e da finitude; o que se põe para si é uma singularidade onomástica ou é uma frase. E, de início, essas singularidades aparecem como um nó de problemas insolúveis que põem em questão a própria possibilidade de falar: imagino que não seja trair Gustave supô-lo a sonhar com as palavras que vieram impressioná-lo por uma porta aberta: "*Il fait beau*" (faz tempo bom).[65] Quem é esse *il* [ele]? E como alguém pode "fazer belo"? E que faz aí a "beleza"? Que relação tem esse "belo" com o que se revela à ideia pura? É claro que, sem nem mesmo prestar atenção à informação, ele entendeu: calor, um pouco de sol, sem chuva; também suas implicações práticas: não é preciso casaco. Mas essa função secundária a seus olhos só tem o efeito de ressaltar a estranheza dessa relação verbal. Quanto mistério nessas três palavras e em suas relações; como esse circunlóquio – ao que parece incompreensível e que nos remete a todas as estruturas de nossa língua, à história dos franceses e até mesmo à de Roma – poderá, em outros ouvidos, transformar-se no seguinte aviso prático:

deixe o casaco em casa? Pensa ele: se as pessoas, em vez de ouvirem o que querem, ouvissem apenas *o que dizem*, também cairiam em tal estupor que parariam de falar. A profundidade histórica do signo e a presença nele da língua como totalidade põem em questão a própria significação que parece acrescentada, sem uma relação convencional com o corpo verbal que a significa. Mas, o homem prático não fala, é falado*; o discurso produz em si e por si suas determinações; assim, o falante torna-se teatro de uma sucessão de acontecimentos que ele não pode sequer notar. Flaubert, por sua vez, os contempla: descobre-os como outra fala; de fato, para aquele que se desvencilhou dos interesses práticos e dos elos do finito, a frase *"il fait beau"* ainda fala. Mas, quando se ignora a origem desse estranho sujeito impessoal (*il*) ou o modo como "*il*" pode "*faire beau*" [fazer belo] e não pode "*faire laid*" [fazer feio], como entender? Nesse nível, a significação – que é transcendente – dá lugar a um sentido, unidade imanente e indecifrável dos três vocábulos. Quando, em família, Gustave afirma "ouvir com atenção uma língua estrangeira" que ele não entende, por certo está fazendo alusão às discussões dos Flaubert – que tratam de assuntos que não lhe interessam. Mas isso não é o essencial. De fato, a língua estrangeira, *tal como o trocadilho*, é a linguagem apreendida como estranha: aparecem conjuntos verbais que são manifestamente providos de sentido, conforme indicam o ritmo, a elocução, as cesuras e a entonação, mas a comunicação se detém aí. Na verdade, o que se revela nesses casos é a linguagem sem os homens; e, para descobri-la, basta recusar as atividades da espécie e manter-se diante da linguagem em estado de pura passividade. Então, embora nada seja entendido, tudo é sugerido: as palavras revelam sua beleza; os sons e a configuração gráfica evocam de modo alusivo outras experiências, outras sensações, cores, sabores, várias lembranças indistintas; nem um detalhe se isola, tudo é dado junto, na unidade indecisa de uma multiplicidade de interpenetração: é ela que dá materialidade profunda e opacidade ao vocábulo.

---

* Pelo menos essa é a opinião de Flaubert. Na verdade, a coisa é mais complexa: o homem só pode "ser falado" na medida em que fala e vice-versa. Há aí uma relação dialética que hoje se tende a esquecer. A linguagem é um setor do prático--inerte. É a ela, eminentemente, que se pode aplicar a lei dialética: os homens são mediação entre as coisas materiais na exata medida em que as coisas são mediação entre os homens.

Aqui, a propósito do Verbo, reencontramos aquela *estranhez* que Gustave sente diante do transfinito concebido como trama do objeto finito. De fato, há uma curiosa ambiguidade na linguagem; embora, tomada como totalidade unificada, ela seja um ser – e não a *expressão* de um ser – e embora cada de suas determinações particulares tenha por objetivo e essência *significar*, ela mesma é não-significante em sua unidade orgânica. Como se o Verbo fosse silêncio e só se fizesse palavra particularizando-se. *A estranhez* aí provém do fato de que o todo está presente em cada uma de suas partes, assim como o transfinito "história-natureza" está em cada momento singular: desse modo, a profundidade de toda e qualquer "locução" *seria o silêncio*, desde que considerado o conjunto semântico *como um novo transfinito*. Aliás, é assim tão novo? Não será um único e mesmo procedimento que põe Gustave e Jules *em face* do macrocosmo e do Verbo como totalidade, ou seja, *fora* de um e de outro? O certo, em todo caso, é que as duas profundidades têm afinidades rigorosas, e que o silêncio que se manifesta em toda fala – assim como o todo é o sentido eminente da parte –, sem nunca poder *significar* o mundo, está em relação de simbolização recíproca com este. Em outras palavras, o fundo e a forma revelam-se juntos em sua indissociável unidade às expensas *de uma única conversão*.

Sendo assim, o otimismo de Gustave baseia-se em boas razões: em primeiro lugar, estilo não é plenitude, superabundância de recursos verbais e de achados, em suma, não se deve ver nele um *dom*, mas uma *atitude em relação à linguagem*, que decorre necessariamente da metamorfose – ou seja, da atitude fundamental que ele tomou em janeiro de 1844 em relação a si mesmo, ao mundo e à vida – e a reflete; o estilo nasce da renúncia à eloquência, assim como a "ideia de Arte pura" nasce da renúncia às paixões e à vida. Em outros termos, começa por ser *privação*, sejam quais forem as riquezas que nele se revelem mais tarde. Era previsível: a função da linguagem prática é estabelecer certo tipo de relação (por meio da comunicação de informações etc.) entre os membros de uma mesma espécie, unidos por fins comuns que os aproximam e os opõem ao mesmo tempo; ao renunciar a esses fins, Gustave põe-se fora da linguagem que, em sendo *prática*, determina-se em função desses fins. Portanto, ele descobre o campo do Verbo à distância como aquilo que não lhe pertence; percebe seu erro passado: ao querer "pôr poesia na vida" por meio das paixões, ele tomava por *escritura artística* movimentos oratórios que, em vez de expressarem a "natureza humana" em sua universalidade, ainda participam da Vivência, tentam levar a compartilhar o seu patético; as longas tiradas entrecortadas por lamentações ou violentas apóstrofes são governadas por humores, por pulsões desbragadas e, até no "anfiguri" e na superabundância, continuam sendo *efeitos*, produtos da afetividade: não havendo "distanciamento", elas têm em vista levar a compartilhar o sentimento experimentado, mas não conseguem retratá-lo. A decadência e o ricochete, ao mesmo tempo que arrancaram Gustave aos vínculos do finito, revelaram o Verbo em sua *infinidade totalizada*: assim, o estilo artístico aparece como desrealização da linguagem; usadas por seres finitos para expressar as preocupações de sua finitude, as palavras, em seu emprego prático, são instrumentos *finitos*, ou seja, limitados pela própria função: é nisso que reside sua *realidade* e, embora cada uma delas remeta à linguagem inteira, esta, como presença real, se dá e se furta ao mesmo tempo às criaturas finitas que a utilizam para fins determinados; mas, para aquele que já não tem razão de usá-la, ela se revela de modo irreal* como um todo que não tem nenhuma utilidade prática para ele e, por isso mesmo, *enquanto ser*, contesta cada determinação finita cuja práxis quer afetá-la.

A ascese de 1844 leva Gustave a compreender de repente que tomou o problema do estilo às avessas; fazia tempo que ele lamentava não poder traduzir em palavras o sabor de um pudim de ameixas, ou seja, a sensação nua. Mas isto porque ainda estava comprometido demais com a "seriedade" do mundo e da linguagem. Agora acredita que seu erro era duplo: por um lado, pedia aos vocábulos que expressassem *na qualidade de significantes* aquilo que escapa por princípio ao domínio da significação, ou seja, a trama qualitativa do sensível; por outro lado, embora já na época, em virtude de sua intenção totalizadora, tivesse um pressentimento abstrato da unidade cósmica, ele ainda não fizera os *transfinitos* descerem para a realidade concreta como fatores permanentes de desrealização; em outros termos, ainda não havia equiparado o "indizível" profundo do sensível à presença do todo em cada uma de suas partes; assim, passava sem cessar de uma abstração – ideia sintética de unidade – a uma infinita diversidade de sensações. Se então lamentava não ter *estilo*, não era porque (ou não só porque) lhe faltasse o dom, ao contrário do que ele acreditava: *acima de tudo* os objetos dos quais ele queria falar – o Uno sem a multiplicidade

---

* Trata-se de uma catarse poética e não da reconstituição pelo linguista, através do diferencial, de uma língua como totalidade estruturada.

concreta ou o diverso sem unidade transfinita – não eram passíveis de tratamento pela "escritura artística". Antes de escrever, era preciso efetuar uma metamorfose completa e, tornando-se de todo imaginário, passar pela experiência total e desrealizante do indizível, apreender o transfinito no sensível por meio de exercícios metódicos; ao mesmo tempo, era preciso apreender a alta incompetência da linguagem prática – que não é feita para traduzir o *cosmos* em sua unidade –, mas reconhecer que ela não é o único material possível da obra literária. A partir daí, *a ideia de estilo* se desvenda: é um tratamento particular do material que visa a reconquistar à práxis as articulações do discurso, não para dizer melhor – com mais elegância e precisão – o que *pode* por natureza ser dito, mas, ao contrário, para fixar, por meio de certo uso das palavras, aquilo que por definição lhes escapa. Como dirá ele mais tarde, estilo é o ponto de vista absoluto porque compõe o discurso com vistas a sugerir a presença do transfinito no âmago do finito e do absoluto no relativo. Para Flaubert, na linguagem prática – a única *real* –, a relação entre significante e significado permanece direta – pelo menos em princípio: através da frase ou do vocábulo eu viso expressamente um objeto, um acontecimento, um conceito. A literatura começa com a decisão de roubar a linguagem, de desviá-la de seus fins e, sem abandonar as significações diretas, transformá-las em meios de *presentificar o inarticulável*. Digo "*presentificar*" porque, segundo Flaubert, é preciso *dá-lo a ver e a ouvir* sem o mostrar. Ele estará no discurso – audível quando leio; visual, quando ouço a leitura – como unidade suprema e imanente das palavras e das frases. Mas só poderá surgir – presente e indecifrável – de modo marginal, ou seja, caso as significações diretas forem conservadas, e o leitor se absorver no esforço prático que consiste em decodificar a mensagem e extrair dela o máximo de significação. Na verdade, é um truque: o sentido se mostrará ao leitor a partir do trabalho prático que lhe será solicitado, por ele perseguido de um extremo ao outro da leitura, mas que ruirá diante de seus olhos, *contra a sua vontade*, mostrando por si mesmo a sua inanidade. Sem dúvida, essa cilada será construída, haverá seleção das significações, de tal modo que elas sejam o esboço de uma narrativa, de um episódio e, por esse motivo, fiquem incessantemente no horizonte como motivação original: leremos *para* conhecer a história. Mas, ao mesmo tempo, o artista as manterá na insignificância, por meio do distanciamento que será tomado e mantido em relação ao mundo e à linguagem. Assim, objeto direto e inessencial da leitura "artística", a síntese significante (expectativa, resposta progressiva à pergunta: o que vai acontecer agora?) ocorre sem paixão e, com isso, torna-se o inessencial; desse modo, a linguagem imanente, "o sentido", se faz realizar – quase sem que o sujeito perceba – como verdade e objetivo essencial do Verbo.

Como vimos, faz tempo que Gustave gosta das palavras como coisas e usa a materialidade delas para *presentificar* seus sonhos. "...Irei para o país amarelo que chamam China... Quero ver o Malabar furioso e suas danças, onde as pessoas se matam... morrer de cólera em Calcutá e de peste em Constantinopla..." Mas, até aqui, tratava-se apenas de uma inclinação sem princípio nem método, sempre combatida por sua desagradável propensão à eloquência. Agora ele enxerga com clareza: o estilo – *seu* estilo – será forjado pelo uso sistemático dos elementos não-significantes do discurso para traduzir marginalmente o indizível. Dizíamos há pouco que toda e qualquer atualização prática e particular da linguagem constitui-se como conjunto significante, suprimindo-se para indicar um objeto exterior, mas que a linguagem tomada em sua totalidade é um ser, ou seja, uma realidade estruturada que só remete a si mesma: Flaubert inventa seu estilo quando decide fazer esse ser transparecer através das significações como um todo imanente em cada uma de suas partes. Desse modo, ele nos mostra no discurso o afloramento silencioso do cosmos em cada um de seus modos finitos; ou, se preferirem, a linguagem já totalizada, como transfinito, *torna-se o mundo*, figura o espaço-tempo, esse outro transfinito. Para Flaubert, o estilo exige um desdobramento permanente, ou seja, uma dialética constante entre sentido e significação. Uma simples coleção de "belas" palavras não atingiria o objetivo buscado, que é revelar a carne do mundo *através de* suas manifestações finitas: é indispensável que os objetos sejam visados de modo explícito para que, através da "bela" materialidade das palavras, sintamos a profundidade das coisas. Aqui Flaubert se assemelha aos pintores de sua época, que precisavam de um "motivo" – ainda que fosse uma simples natureza-morta – para inflamar suas cores e fazer delas *outra coisa e mais* que cores, mas cujo objetivo principal era revelar, através da significação (o tema tratado), um ser plástico e não-significante, certa coisa que é uma combinação de valores e tons.

Falei em outro lugar de certa ruptura amarela na parte de cima do Gólgota, que lá não está para significar nem para provocar angústia, mas que, na tela de Veronese, "*é* angústia feita coisa, angústia que se transformou em ruptura amarela do céu, estando, por isso mesmo... empastada pelas qualidades próprias, pela impermeabilidade, pela extensão, pela cega permanência das coisas etc., não sendo absolutamente legível". Mas é preciso acrescentar que essa ruptura amarela perderia até mesmo seu *sentido imanente* de angústia se a *significação escolhida* (Crucificação) não servisse de *temática* e não atualizasse o horror sombrio dessa tonalidade mortiça. Por si mesmo, o amarelo seria ambíguo demais para que pudéssemos até mesmo ver uma "angústia feita coisa"; ligado a outras cores num quadro "não figurativo", ele ganharia valor a partir do conjunto e não passaria de determinação estética da totalidade-objeto.* Será preciso uma mudança radical na atitude do pintor e de seu público em relação à pintura, para que esta – pelo menos durante algum tempo – se simplifique e rejeite como inútil ou literária a dialética entre ser e signo. No tempo de Flaubert, Delacroix não pensa sobre isso de modo diferente de Veronese. Totalmente nova, em compensação, é a brusca evidência que cega Gustave: um autor pode atingir o *estilo* caso se aplique a escrever como um pintor pinta, ou seja, prosseguindo em sua empreitada em dois planos ao mesmo tempo, sem perder de vista nenhum deles nem a relação móvel entre eles. É claro que ele nunca formulou de modo expresso seu pensamento dessa maneira. Mas por acaso teria perseverado tanto em querer-se "Artista" caso não estivesse convencido da unidade das Belas-Artes? A ideia está no ar, e, na época, em Paris, os Goncourt começam também a pensar na "escritura artística", mas não têm o pesadume, a obstinação e a profundidade do percherão normando: limitam-se a roubar o vocabulário dos pintores. A verdadeira subversão vem de Flaubert. No entanto, é preciso tornar mais distintos os seus limites e seu alcance.

Esse *ser* do Verbo está sempre lá, mesmo na prosa do sr. Jourdain: seja qual for, a frase supõe, em todos os níveis, um sistema de relações que outro não é senão a totalidade dos discursos possíveis, ou seja, uma língua, pirâmide que se ergue do fonema ao lexema e na qual cada estrato, em relação ao estrato imediatamente superior, aparece como não-significante. Isso sempre se soube e não se esperou Flaubert para explorar em sua "bela" prosa os elementos extrassignificantes da linguagem e, a partir deles, produzir o ritmo e a musicalidade da

---

* Essas rápidas observações não levam em conta nem o tachismo, nem o *act painting*, nem as obras de Rebeyrolle. Expliquei isso em outro lugar.

frase. A raridade de um vocábulo, sua suntuosidade e sua profundidade histórica (ou seja, aquilo que ele ainda conserva de sua história) em todas as épocas ensejaram sua adoção por um escritor.* Nunca se escreveu sem o uso mais ou menos consciente da materialidade do Verbo, esse puro estar-aí que a visada intencional supera em direção à opacidade silenciosa das coisas nomeadas. Mas, em primeiro lugar, cabe notar que a presença do todo na parte, quando quem fala é o sr. Jourdain, não é *atual*; seu discurso é diferencial e, com isso, totaliza à medida que é totalizado: esses dois aspectos da fala remetem à dupla totalização sempre em curso, e não a uma totalidade *feita*. Para Flaubert, a linguagem é um transfinito, ou seja, Jules mantém-se fora de uma totalização *efetuada*, o que implica – voltaremos a isso – uma relação imaginária com o conjunto linguístico. Ele está muito consciente disso, porque, quando ouve as pessoas próximas, gosta de arranhar significações para encontrar debaixo delas e contra elas a língua como "estrangeira", ou seja, gosta de apreender como sobressignificante a camada de ser que, para os locutores, é não-significação. Esse trabalho se assemelha àquele que ele executava, traço por traço, durante o batismo de Caroline, reificando os homens, revelando a insignificância de suas palavras e de seus gestos (o padre, literalmente, *não sabe o que está dizendo*) para humanizar as pedras e encontrar na materialidade delas um sentido petrificado. O falante, ao pé da letra, esteja ele falando da chuva ou do bom tempo ou dos negócios públicos, também não sabe o que diz. Para Gustave, isso é ficar no nível superficial da linguagem; no entanto, a mãe e o irmão, quando trocam lugares-comuns com total inconsciência, são locutores ativos, e suas frases lidam com a totalidade da linguagem em profundidade; o caçula Flaubert, imóvel e passivo, prossegue em seu sonho desrealizador e se compraz em inverter os papéis: a sra. Flaubert e o irmãozão Achille – tal como o padre e os espectadores – são marionetes inanimadas, o que os move é a linguagem, em sua materialidade. Duplamente: ela lhes impõe seus lugares-comuns e *desse modo* se faz falar por inteiro até em seus arcanos. No entanto, Gustave sabe muito bem que a única realidade *dada* da linguagem é prática: por essa razão, a reificação dos locutores e a personalização viva e profunda do Logos só podem dar-se a um agente passivo,

---

* Há línguas que possibilitam ir ainda mais longe: no Japão, Mishima, depois de tantos outros, também escolhe suas palavras pela beleza *plástica*.

atormentado pelo imaginário. E, visto que sua tentativa – apreender as significações claras e *in*significantes como meio escolhido pela linguagem para manifestar-se em sua profundidade *não*-significante, em seu *sentido* total de transfinito – corresponde termo a termo à ideia que ele tem de estilo (com a diferença de que o Artista será consciente do que faz), compreende-se que o estilo, nascido do ressentimento, é acima de tudo para Flaubert uma desrealização sistemática da fala.

Além disso, nos grandes escritores dos séculos clássicos, a prosa – mesmo na ficção – conserva sua função prática: é um meio de comunicação. Os personagens de Molière comunicam-se e, por seu intermédio, Molière se comunica com o público. Sem dúvida, eles podem ocultar ou desnaturar os fatos, enganar velhotes ou imbecis, mas essas mentiras implicam, no autor e no espectador, a convicção de que a Verdade é sempre "dizível". É o principio de toda a literatura clássica: a linguagem é distinta do pensamento, mas pode expressá-lo *de modo adequado*:

> *Quem muito bem concebe expressa claramente,*
> *E a palavra que o diz lhe chega facilmente.*

Desse ponto de vista, o *ornamento* de uma prosa nada acrescenta ao conteúdo expresso; aqui, parodiando Aristóteles, caberia dizer que "o prazer está para o ato (verbal) assim como a flor está para a juventude". Aprecia-se a musicalidade de Fénelon, mas a harmonia de suas frases não é um elemento da significação, ela encanta como uma melodia. Sem dúvida, o autor trabalha a materialidade verbal: a frase será fluente e ritmada, ter-se-á cuidado em distribuir judiciosamente os tempos fortes e os tempos fracos, há preocupação de evitar cacofonias e até se buscará a eufonia, as repetições serão alijadas, haverá amplo uso de sinônimos, ou seja, a forma será variada sem nenhuma vantagem para o conteúdo expresso; serão retirados com cuidado os alexandrinos que se tiverem formado por descuido sob a pluma, para não se apresentar ao leitor "uma prosa na qual os versos se intrometeram". Mas, pelo menos no nível da consciência, o trabalho continua sendo uma preliminar negativa e, afinal, de polidez: trata-se de não ofender a vista nem o ouvido. E também de agradar. A escrita continua sendo um ato da boa sociedade. Com isso, o polimento é apenas o aspecto mais superficial do estilo clássico: como não é um meio de superar a não-comunicação, ele ocorre no interior de uma transparência universal e, sem entrar em detalhes, é definido pela economia de meios. A frase de Pascal: "Não tive tempo de ser curto", além de fornecer um bom exemplo de estilo, define muito bem as preocupações dos escritores do século XVII: a frase deve oferecer uma súmula do pensamento. Expressar o maior número de coisas com o menor número de palavras quer dizer exaltar a significação dos termos selecionando-os de tal modo e escolhendo seu lugar na frase com tal rigor que cada um seja *valorizado* e *radicalizado* por todos os outros. Naqueles séculos de luz, que têm como princípio que os sentimentos e as afeições sempre são comunicáveis, o escritor está convencido de que há mil maneiras de expressar o pensamento, mas só uma é digna de ser escrita: a mais econômica. Nesta, porém, visto que para uma ideia definida o número de palavras precisa ser o menor possível, é preciso que cada palavra valha por várias outras, o que só é concebível se, por meio de uma construção rigorosa, for conferido a cada uma delas, por todas, certo poder de sobressignificação. Para isso, os autores clássicos inspiram-se, por exemplo, no paradoxo, jogo de ideias que está para o estilo deles assim como o jogo de palavras estará para o estilo de Flaubert. O pseudoparadoxo oferece-se ao leitor com uma aparente obscuridade que derrete diante de seu olhar. Muitas outras espécies de súmulas são possíveis: todas têm por efeito fornecer-nos, no âmago da universal transparência, falsos incomunicáveis que se diluem aos poucos no éter luminoso da comunicação absoluta. Por qual a razão essa preocupação com a economia nos leva a aproximar-nos de certo tipo de beleza seria demorado demais explicar aqui. Indico simplesmente os objetivos e os meios.

A revolução flaubertiana decorre do fato de que, desconfiando da linguagem desde a infância, esse escritor, ao contrário dos clássicos, começa por postular o princípio da não-comunicabilidade da vivência. Nele, as razões dessa atitude são, ao mesmo tempo, subjetivas e históricas. Já sabemos o que foram as palavras para ele desde a primeira infância. Mas ele não poderia ter transformado essa relação negativa com a linguagem em concepção positiva do estilo se o problema não fosse da época, e se a geração anterior, cantando as paixões, não tivesse posto a tônica na subjetividade. O páthos romântico implica uma substituição de significados: já não se trata de descrever as paixões como *processos* com articulações rigorosas e momentos conceituáveis, mas de encontrar palavras para traduzir sua significação, uma vez que elas são realidades *vivenciadas*.

Na verdade, os grandes românticos – à parte alguns casos isolados – não explicitaram a questão. Mesmo transgredindo o estilo do século XVIII, reelaborando-o e mesmo enriquecendo-o com um vocabulário até então "proibido", eles deixaram para os sobrinhos o trabalho de lhe dar resposta. É da seguinte maneira que ela se apresenta aos jovens pós-românticos dos anos 1840: se o objetivo da prosa romanesca já não é fixar pela escrita os resultados da psicologia de análise*, se, em outros termos, as palavras já não são usadas para a conotação e a denotação de conceitos, e se, ao contrário, convém que o romancista expresse a vivência e o que é sentido enquanto tal – ou seja, na qualidade de algo que não é conceituável –, como se apropriar da linguagem em sua nova destinação literária? Aqui, é claro, deparamos o não-comunicável: pois, em última instância, posso dar nome a meu sofrimento ou à minha alegria, dá-los a conhecer em suas causas, mas não transmitir seu sabor singular. No entanto, se – como deixou claro o romantismo para os seus sucessores – o que estiver em questão for esse próprio sabor, e se o sensível, em sua própria idiossincrasia, sustentar estruturas não-conceituáveis, mas *objetivas*, no próprio âmago da subjetividade (o gosto "de um pudim de ameixas" é ao mesmo tempo uma singularidade vivenciada, não-conceitual, e uma sensação comum cuja lembrança pode ser despertada naqueles que o provaram), esse não-comunicável, apesar de tudo, será passível de ser transmitido de certa maneira. Seria possível dizer que é preciso desistir de fazer da linguagem um meio de informação ou, em todo caso, que é preciso subordinar a função informativa a essa função nova que poderia ser chamada de *participação*. Em outras palavras, não se deve apenas dar nome ao gosto do pudim de ameixas, mas dá-lo a sentir: e a frase lida preencheria com perfeição essa nova função se, ao mesmo tempo que *significasse* o elo conceitual que une esse doce à sua ingestão, ela *fosse* esse gosto mesmo, entrando pelos olhos no espírito do leitor. É de se notar que essa mudança de *intenção literária* manifesta-se num momento em que a classe que está no poder enfatiza o *individualismo*. A valorização do *indivíduo* implica por si só a afirmação de que "os seres são impenetráveis". Portanto, a linguagem "natural"

---

* Como ainda ocorre com Benjamin Constant – embora *Adolphe* e *Le Cahier rouge* demonstrem uma contradição profunda e sua profundidade provenha do esforço constante para superar a análise e, por conseguinte, o conceito.

não é feita para comunicar em profundidade; contudo, essa deveria ser sua missão, pois o incomunicável – ou seja, a idiossincrasia – é o valor fundamental nessa ideologia. Seria possível dizer sem exagerar que essa contradição, percebida de modo obscuro, é o fundamento linguístico da altiva solidão de que tanto falam os românticos: eles se declaram incompreendidos porque, por mais bela que seja a sua escrita, ela malogra em fazer sentir o que eles sentem. E o que para eles é limite negativo, os jovens escritores dos anos 1840 – quer se chamem Baudelaire ou Flaubert – veem como um convite positivo para criar uma *antífise* da linguagem. Trata-se de *inverter* o discurso prático e, com um emprego pleno do signo, trabalhando-o em seu ser em função do indizível, levá-lo a fornecer essas sobrecomunicações silenciosas que não transmitem nenhuma significação conceitual.

Profundamente individualista, Baudelaire encontra *sua* solução na subversão da poesia. No entanto, ele não tem clara consciência do que faz; isso explica o fato de encontrarmos num dos maiores poetas do século, praticamente em todos os seus poemas, tantos maus versos que de Lisle pôde escrever: ele oscila sem cessar entre a significação e o sentido. Em Gustave, já em 1844, as ideias são mais claras: o estilo transmite o indizível pela irrealização da linguagem. Não há nada de espantoso se é nele que o problema se formula: é um rapaz que não gosta muito de si mesmo, não é individualista, mas vive no ambiente do individualismo burguês do qual seu pai é exemplo eminente, apesar dos vínculos campesinos. Ora, ele foi obrigado a interiorizar certa inadaptação original com o nome de *anomalia*. Essa anomalia não é comunicável por se tratar de um menor-ser sobre o qual não há nada para dizer. No entanto, ele a *vivencia*, com vergonha e raiva, às vezes com orgulho. E é ela que ele quer dizer. Não para se comprazer: ela o horroriza; mas, como vimos, para com ela infectar os outros. Já em *Smarh* ele sonha com um estilo corruptor. Na época, é visível que está hesitante: desmoralizará contando anedotas obscenas, descrevendo cenas lúbricas? Sem dúvida, e desse ponto de vista ficamos no domínio das significações. Mas com a condição de que o estilo seja *belo*, ou seja, de que o discurso, por meio de sua qualidade interna e do trabalho exercido sobre seu ser, seja em si mesmo perturbador. Não se trata de reescrever *Le Portier des Chartreux*[66], mas de instalar a perversão como veneno nos espíritos por meio da singularidade indizível da frase produzida. Contudo, na época ele não sabe como fazer; tudo o que conhece é o objetivo – vocês me fizeram infame, eu lhes impingirei essa infâmia com a beleza de minha prosa, e vocês serão piores que eu –, mas não conhece os meios. Em 1844, ainda lhe ocorre hesitar, e vimos que reincide no ecletismo. Mas essa foi apenas uma fraqueza passageira, como ocorre com todos os que *fazem descobertas* mas são incapazes, por causa de seus hábitos mentais, de manter-se o tempo todo à altura do que descobriram. Para nos convencermos disso basta ler o parágrafo que segue de imediato o trecho acima citado: "Ele entrou... com todo o coração nesse grande estudo do estilo; observou o nascimento da ideia ao mesmo tempo que a essa forma na qual ela se funde, seus desenvolvimentos misteriosos, paralelos e adequados um ao outro, fusão divina na qual o espírito, assimilando a si a matéria, torna-a eterna como ele. Mas esses segredos não se dizem e, para aprender alguns, já é preciso sabê-los muitos". Será o espírito que assimila a si a matéria ou a matéria que assimila a si o espírito, comunicando-lhe sua inerte eternidade? O certo, em todo caso, é seu projeto: trata-se de apreender no grão das coisas concretas a presença do Todo infinito – ao mesmo tempo matéria e nada – e transmitir o que foi apreendido – como sentido imanente do discurso – tratando a linguagem *em sua materialidade*. Nesse nível, já não há regras, cada um deve inventar as suas: é o Único que se transmite pelo Único. No mesmo parágrafo, Gustave condena "toda Arte poética"*. Como dar modelos, se cada um só deve ter por finalidade objetivar na linguagem sua indizível idiossincrasia "seguindo o caráter particular de seu talento e numa forma concreta, única, sem a qual a especificidade da obra não existiria"? A Arte é difícil porque cada artista trabalha sem rede de proteção, sem receitas, e para cada um tudo está por inventar. Isso contradiz com tranquilidade as afirmações ecléticas que acabamos de examinar. Para expressar sua relação anômala, porém universal, com o macrocosmo, Gustave não pode recorrer a nenhuma retórica: todas elas se baseiam na função prática da linguagem e não podem ensiná-lo a realizar a *antífise* linguística. Só há uma regra, que é dele e tem o aspecto mais de imperativo abstrato: escreva de tal modo que o mundo e você mesmo se encontrem em suas reciprocidades de perspectiva como sentido silencioso do discurso.

A partir disso podemos compreender o verdadeiro sentido das leituras feitas por Jules, e que Gustave se propõe fazer. Aliás, ele nos

---

* Ao mesmo tempo em que se compraz em expor a sua.

indica o caminho: "À força de contemplar as belas obras com boa-fé no coração, de compenetrar-se do princípio que as produziu e de olhá-las abstratamente em si mesmas quanto à sua beleza e depois em relação à verdade que elas manifestam e expõem, quanto à sua pujança, ele compreendeu o que são originalidade e gênio...". Ele lê os grandes autores para neles surpreender o momento criador: em cada um deles esse momento é singular, portanto inimitável, não pode servir de modelo nem de exemplo; simplesmente cada um, em sua originalidade, põe em questão certa relação entre a ideia e a expressão: é esse problema geral que ele apreende através das soluções cuja particularidade é irredutível, antes de lhe dar a sua própria solução. Algumas páginas adiante, aliás, Gustave mostra ainda melhor o sentido desse aprendizado: "Estudando sua forma de acordo com a forma dos mestres e extraindo de si mesmo o fundo que ela deve conter, percebeu que obteve naturalmente uma maneira nova, uma originalidade real". Jules não *procura* sua forma nas obras antigas: estuda-a *de acordo com* a obra dos grandes mestres; o que ele descobre *de acordo com eles* é o problema complexo do fundo e da forma. Mas nenhuma das "maneiras" passadas pode lhe convir, pois justamente elas correspondiam a outras preocupações; não lhe ocorre a ideia de *adaptar* uma forma preexistente a esse "fundo" que é ele mesmo, ou seja, sua anomalia: trata-se somente de estudar a questão e de encontrar em cada caso o modo particular como lhe foi dada uma resposta, para poder responder por sua vez não de maneira clara e abstrata, mas com a obscuridade de uma decisão concreta.

B. ALGUMAS OBSERVAÇÕES SOBRE O "QUEM PERDE GANHA" RACIONALIZADO

Caberá dizer que o estilo da primeira *Educação sentimental* – ou pelo menos dos últimos capítulos – atende às exigências de Gustave? Com certeza não. Esse estilo manifesta certo progresso do jovem autor: menos oratória do que na primeira parte de *Novembro*, maior aptidão à descrição dos fatos, à narração de acontecimentos concretos. É verdade que não tem nem a beleza um tanto redundante que se encontra no início da obra anterior nem a aspereza concisa que caracteriza sua conclusão. Em resumo, é bastante banal e nunca oferece as sobredeterminações semânticas que se descobrem a cada linha de *Madame Bovary*, das quais, precisamente, Jules se faz teórico. Além disso, Flaubert nunca tratou antes dessas matérias difíceis, suas ideias lhe escapam, ele não as domina: por essa razão, atrapalha-se com as palavras, com as metáforas e não evita obscuridades nem incorreções. Não seremos nós que lhe faremos essa crítica: há, ao contrário, algo de patético e admirável nesse pensamento que luta contra si mesmo e contra o mal que o ameaça, nessa Arte poética extraída de sua neurose que ele é o *primeiro* a descobrir em seu século.

Mas e ele? Como julga sua obra quando a relê? Disposto a rejeitar tudo que acabar de escrever, de deixar tudo de lado, impiedoso censor de si mesmo, ele deveria urrar de furor e injuriar-se sem cerimônia. Mas não é o que faz: vai até o fim e, sobretudo, tem prazer em nos deixar assistir à extraordinária metamorfose de seu herói. Até as derradeiras páginas, através dele conhecíamos gostos, ocupações e infelicidades de seu autor: víamos Gustave escolher suas leituras, ficávamos sabendo de suas opiniões literárias e, de fracasso em fracasso, sua "educação sentimental" ocorria diante de nossos olhos; ele chegava até a imiscuir-se na sociedade parisiense para constatar com seus próprios olhos a fatuidade e a insanidade dos homens. O tom já surpreendia: até então Flaubert se comprazia em torturar seus heróis antes de matá-los. Já não é o que ocorre aqui, parece até que perdeu, juntos, o sadismo e o masoquismo: Jules sofreu e continua sofrendo, mas trata-se de uma ascese, e o personagem goza plenamente da simpatia do autor. Cada um de seus procedimentos é apreciado como um progresso no caminho da salvação. Nenhuma recaída – a não ser, no início da última parte, no capítulo XXVI, o episódio do "cão sarnento do campo". O torturador de Marguerite, de Djalioh e de Mazza nunca se diverte a lhe pregar peças de mau gosto. Por isso é mais estranho o fato de em sua obra ulterior ele maltratar sem piedade Emma, Mâtho, o próprio Frédéric e, para terminar, seus dois autodidatas. Somente Julião Hospitaleiro – veremos por quê, em breve – tem o benefício de indulgência semelhante. Jules podia continuar sendo um personagem problemático *até o fim*. Gustave não precisaria fazê-lo morrer, pois *ele já está morto*. O autor pelo menos podia nos deixar na incerteza. Do modo como estava descrito nas primeiras páginas do capítulo XXVII, Jules era mais que suficiente para servir de contrapeso a Henry. Se o tivesse deixado lá, terminando seu manuscrito com um "poderia continuar", Gustave teria agido com lealdade e, afinal, demonstrado um otimismo moderado.

Mas, eis que de repente esse otimismo desatina e passa à hipérbole. Jules terminou seu aprendizado: quer dizer que não *é mais nada, a não ser na imaginação*, e que sua educação sentimental lhe ensinou a não sentir nada que não seja irreal. Nesse instante, Gustave muda de tom e nos informa que seu herói se tornou igual a Shakespeare. É possível julgá-lo, relendo o texto já citado: "a existência fornece-lhe o acidental, ele devolve o imutável;... tudo vem a ele e tudo dele sai, fluxo do mundo, refluxo de si mesmo... ramificado a todos os elementos, ele refere tudo a si, e ele mesmo por inteiro se concretiza em sua vocação, em sua missão, na fatalidade de seu gênio e de seu labor, panteísmo imenso que passa por ele e reaparece na arte... Ele se tornou um grave e grande artista... É a concisão de estilo que o torna tão mordaz, é sua variedade que lhe dá maleabilidade; sem a correção da linguagem, sua paixão não teria tanta veemência, sua graça não seria tão atraente". Lembremos o herói de *Novembro*, que morria por ser pequeno demais para si mesmo: isso basta para ressaltar a incrível sorte de Jules; Gustave, que em geral não dá presentes, mimou esse personagem. Mas não terá ele apenas desejado terminar o romance com um retrato do Artista nos seus próprios moldes? De fato, constatamos não sem surpresa que de repente ele concede a Jules a "fatalidade do gênio" – qualidade-destino que jamais ousou atribuir a si mesmo e da qual não se fala na primeira *Educação* antes das páginas de conclusão. Tudo ocorreria, afinal, como se Flaubert, desejando fixar pelo menos uma vez as características essenciais do "grave e grande artista", tal como o concebe, tivesse decidido durante sua obra que Jules serviria para isso, e que no fim ele o transformaria em "genial escritor" para que essa abstração gozasse das características concretas antes atribuídas a seu personagem e para que a singularidade de sua história mascarasse a generalidade descarnada do retrato; ou melhor, para que a narrativa temporalizada do vir-a-ser-artista ocultasse o aspecto teórico e normativo das considerações finais. Se ele não tivesse avisado que estava contando a aventura extraordinária de um jovem provinciano tocado pela graça, seríamos tentados a ler: "A existência nos fornece o acidental, o grande Artista deve entregar o imutável". Ou: "Para ser Artista, é preciso entregar à Arte aquilo que a vida nos dá". O fim artificial de *A educação* seria um curto tratado ético-estético sobre as condições que devem ser preenchidas para "ingressar na literatura".

Não acredito que se deva aceitar essa hipótese. Sem dúvida, o aspecto normativo dessa pretensa descrição não poderia ser desprezado. Mas a generalidade das considerações e dos imperativos não consegue dissimular certas características fortemente individuais que só se referem a Jules *do modo como ele foi feito por sua história*. Lemos, por exemplo, que "ele mal e mal se lembra de suas próprias obras, sendo maior a sua indiferença para com elas, depois que se produziram, do que fora antes a sua preocupação ao criá-las". Quase não está preocupado com a glória, "o que mais o deleita é a satisfação de espírito ao contemplar sua obra e achar que ela está à sua altura". Suas peças não são encenadas, seus versos não são impressos; ele zomba: "Quando quer ouvir a harmonia de seus versos, ele os lê só para si... Quando quer encenar seus dramas, põe a mão sobre os olhos e imagina um teatro imenso, amplo e alto, cheio até a torrinha... sonha com seus atores na pose da estatuária e os ouve recitar, com voz potente, suas grandes tiradas ou suspirar suas histórias de amor: depois sai com o coração satisfeito e a expressão radiante". Gustave não pode acreditar que aqui está descrevendo *o* grande escritor tomado em sua generalidade de *tipo*: de fato, se ele conhece os bons autores é porque estes foram editados e suas peças são representadas. O que encontramos aqui, bem mais que os imperativos de uma ética literária, são as particularíssimas concepções do jovem Flaubert. Não faz muito tempo, ele anotava: "Escrevo para ter prazer"; menos tempo ainda faz que ele confiava aos amigos: não sei se vou querer ser publicado; ou então: seria bom não entregar nada ao público até os cinquenta anos e depois apresentar-lhes de repente "obras completas". Além disso, sabemos que a crítica que ele fez depois à primeira *Educação* se aplica ao personagem Henry, porém muito mais a Jules: recrimina-se por ter mostrado efeitos sem causas e por não ter levado à compreensão das transformações imperceptíveis e contínuas que conduzirão o primeiro à vida mundana e burguesa, e o segundo à solidão do gênio. Se a conclusão parece artificial não é por ter sido acrescentada artificialmente, tal como o feliz desfecho de *Tartufo*, mas simplesmente porque, segundo confissão do próprio autor, ele não soube *prepará-la*. Isso significa de modo claro que Flaubert considera necessária a evolução de Jules. Mas se a ideia de transformá-lo em grande artista lhe ocorreu após janeiro de 1844 (coisa de que ninguém duvida), seu surgimento se deu como o desfecho necessário de um devir rigoroso: se ela parece gratuita, foi porque ele queimou etapas.

Então a quem se aplica esse *happy end*? A Jules ou a Gustave? E qual o motivo de sua necessidade? De fato, pode-se imaginar perfeitamente que Gustave acreditou que lhe era lícito levar seu personagem para além dos limites que ele mesmo não conseguia transpor. Houve um tempo em que Flaubert se via pintor ou músico no imaginário, "sem nada entender de pintura nem de música". Não terá desejado na primeira *Educação* ir até o limite de seu sonho, ou seja, sonhar por escrito que se tornara um grande escritor? Em relação às imagens mentais, as palavras traçadas por uma pluma têm a superioridade encantatória de, apesar de tudo, serem uma objetivação; os autores de grafite sabem disso melhor que ninguém: a escrita fixa o sonho, comunica-lhe uma inércia vertiginosa, arranca-o da mente para apresentá-lo como realidade estranha, e a ilusão fascinante acarreta quase a crença. Assim, Jules seria a consecução imaginária com a qual o "grande homem gorado" tanto sonhou.

Essa conjectura encerra, sem dúvida alguma, uma parcela de verdade: em outros termos, Gustave *teve prazer* em mostrar a ascese e a ascensão solitária de seu herói; enquanto escrevia, imagino, seus olhos devem ter-se enchido de lágrimas. Será essa uma razão suficiente para dizer que se trata de um sonho consolidado? Examinando melhor, somos impressionados de repente por uma contradição evidente na evolução de Jules; trata-se de um homem que, ao cabo de penoso aprendizado, encontrou seu caminho: decepcionado tanto pelo real quanto pela ação, optou de modo radical pelo imaginário. Segundo a boa lógica, não deveria ele *imaginar* que está escrevendo, em vez de escrever de verdade? *Ser* escritor é agir no mundo, no mínimo para desrealizá-lo; em suma, é uma empreitada real que já de início se encontra às voltas com a realidade linguística e seu coeficiente de adversidade. Cabe lembrar: Jules "*fracassou em todos os seus projetos*". Fazer uma obra não é um projeto? Por que, então, deveria ter sucesso nessa empreitada? Se de fato entendeu que o Mundo é o inferno, não deve pôr o dedo na engrenagem: sem concessões, suas alegrias serão todas da imaginação. E também fica muito claro que, quando quer a glória, é em sonho: não publica, mas, pondo a mão diante dos olhos, *imagina* uma sala cheia até a torrinha, impressionado com as tiradas que pôs na boca dos atores. Por que não ir até o fim? Por que *escrever* essas tiradas? Por que não sonhar que as escreveu? Essa é a conclusão que se impõe; Gustave chegará a ela mais tarde, a propósito de outro artista: o pintor de *A espiral*. Deve-se notar, de fato, que este *começou* pela Arte e terminou no imaginário puro, ou seja, por aquilo que em torno dele chamam de loucura.* Internado no manicômio, para de pintar. Sonha que pinta? Não sabemos; o certo é que para ele o imaginário constitui um todo do qual ele não sai e cuja única relação com o real é a negação interna: com essa palavra não pretendo deixar clara apenas a diferença ontológica que os separa, mas também a oposição concreta, ressaltada por Flaubert, que produz cada imagem na totalidade fantasmagórica como antítese rigorosa da realidade. Ora, esse artista *também* é Flaubert, que declara de modo explícito querer valer-se de suas experiências patológicas de 1844, em especial de suas "alucinações nervosas", para conferir conteúdo vivo e concreto ao triunfo progressivo do irreal sobre a realidade e do Nada sobre o Ser. Portanto, parece que Gustave podia dar dois fins à primeira *Educação*: um radical e lógico, que ele descartou e retomou em *A espiral*; outro, que à primeira vista parece um meio-termo, como se ele tivesse medo de chegar ao extremo de seu pensamento. De fato, quando menciona a Louise seu projeto de "romance metafísico e com aparições", acrescenta: "é um assunto *que me amedronta*, falando em termos de saúde".** Ele está próximo demais das experiências patológicas nas quais quer inspirar-se, será preciso esperar um pouco mais: por essa razão e por outra que veremos, nunca o escreverá. Se, quase dez anos após o ataque de Pont-l'Évêque, numa época em que acredita ter-se safado, ele se sente próximo demais daquelas "impressões" para poder apresentá-las "idealmente", sem nenhum perigo "para ele nem para a obra", não é difícil imaginar quais deviam ser suas apreensões em 1844, quando todos os dias esperava ser derrubado pelo mal-caduco. Seria esse o motivo que o impediu de dar à *Educação* um fim implacável e lógico, ou seja, não o gênio, mas a loucura? A experiência de Jules, nesse caso, não seria comunicada ao leitor em sua verdadeira linguagem: seria preciso ver nela uma mensagem cifrada e desesperada.

    Não penso assim. É verdade que *A espiral* reflete corretamente o maniqueísmo de Flaubert. Se o mundo é o Inferno, só no não-ser esse cátaro encontrará uma salvação que é um nada. Mas é uma conclusão teórica e, de qualquer maneira, derrubada pelo fato de que existiram, existem e existirão grandes escritores, e de que o drama dele, até *A*

---

* O mesmo ocorre com o Rapaz, que, sendo no início poeta, torna-se dono insano do Hotel das Farsas.

** A Louise, 31 de março de 1853. *Corr.*, t. III, p. 146. O grifo é de Flaubert.

educação, se originou do fato de que ele não acreditava poder fazer parte do rol destes. Em outras palavras, antes de 1844, por mais que visse o Inferno absoluto como *lugar comum*, acreditava muitas vezes que este era reservado aos grandes homens gorados – ou seja, a ele. Em 1853, está muito mais seguro: depois de várias crises – das quais falaremos –, dedica-se a *Madame Bovary* e tem a complexa sensação de estar cumprindo um castigo e escrevendo uma obra-prima. Em todo caso, encontrou "seu estilo". Portanto, está livre para sonhar com uma experiência maniqueísta e radical, que, embora ele queira enriquecê--la com suas próprias impressões patológicas, parece não lhe dizer respeito diretamente: está claro que o manicômio é o Hospital Central e depois Croisset; para as "aparições" que vão atormentar o escritor até a medula, o modelo estará em suas alucinações nervosas. Mas afinal, em 1853, Flaubert não está louco: e, acima de tudo, escreve. *A espiral* mostra-se muito mais como uma transposição de *Santo Antão*. A ópera fabulosa devia comportar evocações históricas: "O Oriente não seria suficiente como elemento fantástico – em primeiro lugar, está longe demais – seria preciso ir remontando aos poucos. Revolução, Luís XV, Cruzada, Feudalismo. – Daí Oriente –, depois Oriente fabuloso".* Em outros termos, o fracasso de *Santo Antão*, estático e abstrato demais, obriga-o a sonhar durante algum tempo com o fantástico moderno, dramático e concreto, no qual a loucura substituiria o Diabo, e o herói, individualizado e situado em nossos dias, seria sede de um conflito permanente entre nossa realidade cotidiana, datada, e a ressurreição desrealizante da História. Se *A espiral* permanece em estado de projeto, é também porque ele encontrará uma fórmula melhor para *Santo Antão*, que, na terceira versão, lhe possibilitará integrar as evocações históricas no próprio âmago de *A tentação*.

Em 1844, a coisa é bem diferente: o debate está centrado na *vocação*. E o ataque de Pont-l'Évêque aparece como uma resposta obscura e patológica à indagação formulada a cada dia: serei *chamado* a tornar-me um grande escritor? É essa resposta que Flaubert transcreve no fim da primeira da *Educação*, e ela é positiva. Donde o caráter híbrido dos últimos capítulos: por um lado, a experiência de Jules é fundamentalmente patológica, e o fracasso radical implica o naufrágio da razão; no entanto, ele não chegou à loucura; por outro lado, nessa transubstanciação que faz dele um puro não-ser e transforma

---

* Anotação de Gustave a respeito de *A espiral*.

em imobilismo sua antiga paixão pela vida, só uma *atividade* é poupada: a arte; um único contato com o real é conservado: a relação com a linguagem. Essa anomalia nos esclarece: é preciso inverter os termos. Se Jules não submerge na loucura, não é porque o autor o poupou por timidez, é porque o objetivo original das últimas páginas (concebido após a crise de janeiro) era justamente mostrar as condições necessárias para ter acesso à genialidade.

Necessárias e *suficientes*: esse é o ponto de vista de Flaubert em 1844. Por esse motivo, somos levados a mudar de perspectiva, tal como ele. Faz tempo que ele disse ser preciso morrer para o mundo a fim de entrar na literatura. Mas até então essa ascese lhe parecia uma simples condição *sine qua non*: após isso, a pessoa se revela ou gênio ou grande homem gorado, dependendo da sorte. Em *A educação* as coisas são diferentes: desde que *radical*, a ascese produzirá *por si mesma* o gênio. Em outras palavras, em Jules a atividade literária não é um inexplicável resíduo da época anterior; é de fato o resultado dialético de seus fracassos: quando *tudo* está perdido, escreve-se. Ou, digamos, a subversão do ser – e sua metamorfose em não-ser – não pode chegar até seu limite final sem produzir o estilo como um momento e um signo de seu radicalismo. Morrer para o mundo *é* renascer artista.

C. DIALÉTICA DAS TRÊS HIPÓSTASES

Será possível falar de literatura como atividade? Notamos há pouco essa dificuldade: como o morto-vivo que é Gustave, alguém que se entrega à inércia, pode ser "operário da arte"? A resposta dada por *Educação* é que Jules *não precisa* ser ativo. Sem dúvida, na Correspondência de 1845-46 Gustave se gaba um pouco de suas técnicas desrealizadoras, fala de "analisar" suas infelicidades "como artista". No romance, não há nada disso: o grande e grave escritor não passa de um testa de ferro; o encarregado de recuperar o macrocosmo e seu nada essencial é o imaginário, através dele. O possível *trata* o real para transformá-lo em aparência e conferir profundidade ao modo finito, ou seja, entremostrar através dele a unidade totalitária do Ser cujo sentido secreto é o Nada. É o advento da imaginação que transforma a linguagem numa totalidade gratuita, mas organizada – ser cuja essência é também o Nada –, assim que o homem impossível, incapaz – por sua própria impossibilidade – de comunicar-se com seus congêneres que escondem de si mesmos sua própria impossibilidade radical, assim que esse homem, profundamente consciente da *inutilidade* do Verbo, se põe a *sonhar*. Sonhar o Verbo ou sonhar com as palavras, dá tudo na mesma, pois a palavra – tomada como objeto de inanidade sonora – remete, por um lado, a maravilhas imaginárias (o que se *imagina* sonhando com a palavra China ou com a palavra Oriente etc.) e, por outro, àquele transfinito que é a linguagem, imagem do outro transfinito: natureza-história. Nesse caso, escrever não é um *ato*, é um sonho da pluma, e o homem imaginário nada mais faz senão deixar as palavras combinarem-se no papel como imagens de um sonho. Portanto, o estilo não é originalmente uma qualidade por adquirir, mas o simples modo como se ordenam os elementos do discurso na mente e na pluma quando eles são amados por si mesmos. Flaubert, em *Educação*, é categórico: "ramificado a todos os elementos, ele refere tudo a si, e ele mesmo por inteiro se concretiza em sua *vocação*, em sua missão, na *fatalidade de seu gênio* e de seu labor, panteísmo imenso *que passa por ele e reaparece* na Arte. Órgão dessa necessidade, *transição desses dois termos*, a partir de então ele se considera sem vaidade nem complacência. Que espaço pequeno ele sente *ocupar entre a inspiração e a realização*! Se tem consideração por seu talento, é ao compará-lo com o dos outros, mas não ao admirá-lo quanto à beleza que ele deve dizer". O "grande" escritor – pois Jules é grande, sabemos disso – nada mais é que um mediador. Tudo é feito através dele, mas quase sem a sua colaboração. O essencial é que ele seja imagem. Então o exterior – a unidade imaginária de Ser e Nada a ocorrer através do "acidental" – interioriza-se nele para reexteriorizar-se na unidade imaginária da linguagem considerada, através das palavras particulares, como um meio de não-comunicação. Falando de modo mais simples: através desse médium o mundo se faz palavra. Segundo diz Flaubert, é uma *necessidade*. Em outras palavras, a relação imaginária entre mundo e linguagem existe antes dele e existirá depois. Contudo, basta que um indivíduo seja determinado por sua impossibilidade de ser a tornar-se imagem e computador de imagens para que o estilo se atualize através dele e *quase* sozinho. Entre a inspiração (o universo-imagem que se interioriza) e a realização (a palavra-imagem que o reflete em seu ser), Jules está consciente de desempenhar um papel mínimo: "que espaço pequeno ocupa!". Não há *atividade*: a partir de Flaubert, surge uma tendência na literatura que tem em vista esvaziar a obra de seu autor. Não se trata simplesmente de contestar os "retratos literários" à Sainte-Beuve em nome da

"*Selbstständigkeit*" da obra-prima rematada, que remete apenas a si mesma: na verdade, essa atitude – que mais tarde levará ao "formalismo" –, tomada em si mesma, constituirá certa regressão ao objetivismo clássico. A corrente nascida de Flaubert (e de seu gêmeo, Baudelaire, embora este, mais individualista, tenha regressos caprichosos para a subjetividade) ganha mais precisão, na época simbolista, sobretudo com Mallarmé, que, em sua concepção de teatro, rejeita ao mesmo tempo os personagens, a ação e o dramaturgo, para conservar apenas a cena, "majestosa abertura que estamos no mundo para fitar em sua grandeza". Aliás, ele considera que o teatro e o Livro são "traduções equivalentes da obra". E o livro que ele pensava produzir "com uma operação chamada Poesia" relega, tal como a Cena, o sujeito operante à categoria de meio fortuito, necessário mas desimportante, que deve ser enterrado no anonimato. Para ele, como para muitos autores de sua geração, há como que um cego *conatus* da Natureza que, por intermédio do homem, tem em vista verter-se na linguagem, para nela se perfazer e tornar-se o ser imanente das palavras que o expressam. Nesse nível opera-se uma desvalorização do sujeito prático: a ação já não existe; a subjetividade esquecida torna-se o espaço puro no qual Natureza e Linguagem coincidem, uma a interiorizar-se, e a outra a exteriorizar-se. Com isso, apesar da multiplicidade vã dos escritos, há um único Livro, cujas páginas ainda estão virgens, mas que dirá tudo para sempre e rebaixará os grandes escritores do passado à categoria de grafômanos. É exatamente isso que Flaubert pensa: só há um livro por fazer – quer se chame *Santo Antão* ou *Bouvard e Pécuchet*. E, é claro, não pode haver qualquer dúvida. Contudo, menos sutil que o silfo dos tetos frios[67], ele às vezes pensa esse todo na forma de uma soma. Pouco importa: o que conta é a linhagem; nós a encontraremos até o século XX, após a Primeira Guerra Mundial, quando os partidários da escrita automática basearem o esplendor revelador e metafísico da linguagem no aniquilamento provisório dessa parcela burguesa de nós mesmos, o Ego.* Com certeza os surrealistas ficariam indignados se os resultados da escrita automática fossem considerados exercícios de estilo: para eles, era o mistério do Verbo, que, com a morte do Sujeito, estava exonerado de suas funções práticas, dando testemunho tanto do Ser quanto do grande Desejo e derrubando, com a soberba estranheza de suas designações sem objeto, as lastimáveis barreiras do medo que

---

* Eles ainda empregam o *vocábulo*. Mas dão-lhe outro sentido: o de surrealidade.

encerram o pequeno gueto chamado realidade. Mas Flaubert, apesar de impedido pela ideologia da época de ousar sequer conceber essas audácias, não diz coisa diferente. O que ele chama de estilo em 1844 é realmente a linguagem *em pessoa*, não como é falada, mas como se fala sozinha aos ouvidos de um inspirado que só precisa escrever sob seu ditado.

Com essa supressão do escritor, os surrealistas pretendem transformar o mundo: não há ato, mas é preciso pôr-se à escuta das forças subterrâneas que o modificarão; neles a ideia de literatura desvaneceu-se com a de imaginação. Mallarmé, mais cético, crê na imaginação. Mas, para ele, é um poder negativo: ele teme que o Drama – e também o Livro – não passe de sonho; como abolir o acaso com o lance de dados que, apesar de tudo, é o início de todo discurso – e, por consequência, o discurso inteiro? Ele morre dizendo: *"Teria sido belíssimo"*, mas perfeitamente seguro, em seu naufrágio, de que "nada teve lugar, senão o lugar". Flaubert – por mais modesta e soberba que seja a grandeza de Mallarmé, o herói – foi superior a estes e aqueles por ter começado com uma *epoché* radical; postos entre parênteses, o mundo e a linguagem não são reais, ambos são imaginários; a imagem das coisas é traduzida por imagens-palavras. Sem dúvida, as palavras também são coisas, pelo menos do modo como ele as toma, mas ele emparelha essas coisas de tal maneira que, com suas relações, as faz entregar sua surda potência imageante; sobre sua concepção de estilo, seria possível dizer – como Mallarmé a falar de suas pesquisas – que os vocábulos precisam acender-se de modo recíproco com seus fogos. Essa frase de Mallarmé é voluntariamente paradoxal: os que se acendem estavam apagados e, como *todos* estão apagados, com que chama cada um deles pode abrasar os outros? A essa pergunta Mallarmé dá excelente resposta que não faz parte de nosso propósito expor aqui. Flaubert dá outra: *práticos*, estão apagados; todos brilham e refletem-se uns aos outros se o imobilista os *imagina*. Imaginar um vocábulo é o contrário de observá-lo: é fascinar-se com ele e, sem nem mesmo vê-lo com precisão, tomá-lo como trampolim do sonho, apreender sua forma, seu gosto, sua cor, sua densidade, seu rosto – características também imaginadas *a partir* de uma estrutura real – como reveladores de seu ser oculto, ou seja, da presença imanente do significado no significante. É pedir à riquíssima palavra Constantinopla que nos *presentifique*, na indistinção, a velha cidade turca que ela designa, suas ruas estreitas e sujas, seu populacho, suas mulheres veladas, tudo com certa qualidade irredutível – o cheiro próprio de cada cidade – que provavelmente não é a qualidade *real* que a cidade oferece aos viajantes, mas que a entrega a quem não foi lá, em sua idiossincrasia, como um irredutível. Sonhar com as palavras, desrealizá-las como ele desrealizou o mundo, escolhê-las e emparelhá-las em função do sonho, ou melhor, no interior desse sonho e para continuá-lo, será isso sonhar que se escreve? Será escrever? A resposta de Flaubert vai nos explicar seu otimismo. Na época de *Novembro*, ele tinha a cabeça cheia de sinfonias, mas não entendia nada de música. Fazia então uma distinção entre suas ruminações e a atividade prática do compositor. Mas o compositor, antes de organizar suas massas sonoras, também tem esquemas musicais em mente, imagens musicais. Portanto, a diferença é que o compositor imagina relações de sons, e o jovem Gustave sonhava que as imaginava: não havia melodia em sua cabeça, intenção vazia e global em vista de uma melodia inexistente – nem mesmo como imagem. Isto porque poucas pessoas *ouvem os sons* (embora ouçam ruídos), e os que *veem as cores* não são muito mais numerosos. Também porque Gustave, na época, tinha uma concepção ativista da arte. Ele a conservará, mas *para os outros*: Trabalha! Trabalha! Arregaça as mangas etc. Mas a comparação do artista com o "bom operário", por mais frequente que seja em sua Correspondência, não deve nos iludir.* Em 1844 a literatura não é um labor, é um estado de graça. O desastre de janeiro com certeza não podia engendrar sinfonias na cabeça de Gustave: não é assim que mudamos, que nos modificamos. Mas com as palavras a questão é diferente: já havia em seu pensamento um semidicionário. Em Pont-l'Évêque, ele está consciente de sua impossibilidade de viver: é isso o que o dispõe a sonhar com as palavras, a buscar a beleza delas, feita de qualidades reais, mas irrealizadas, e de prolongamentos imaginários; inútil, a linguagem lhe oferece o mundo no qual ele se segura apenas por um fio. Ele reúne as palavras segundo seu gosto, segundo a afinidade delas, por todo o irreal que esses buquês verbais lhe sugerem. Isso é sonhar, está claro. Mas é justamente isso que se chama escrever – desde que um movimento de sua mão fixe no papel esses sonhos dirigidos. Assim, o grande escritor não é um ativista, e sua vocação não está gravada em nenhum lugar das reais circunvoluções de seu cérebro. É até certo ponto um ausente: em vez de usar a linguagem, a primeira condição para que ele tenha

---

* Voltaremos a isso para explicitar suas significações múltiplas.

gênio é recusar *servir-se dela*. Diremos que ela o serve? Nem isso. Esse homem-imagem, irrealizado pela impossibilidade de ser, isto é, de agir, revela no conjunto linguístico a dimensão de imaginaridade. É nesse nível que a linguagem, nele, vai falar-se sozinha. As pessoas práticas já *são faladas*: a esteira dos lugares-comuns as atravessa. A morte de Pont-l'Évêque não foge à regra: nele a linguagem se fala. Mas com total gratuidade: as palavras se atraem, se iluminam com fogos recíprocos, se organizam e, não se distinguindo mais dos objetos a que dão nome, constroem sonhos. Anotando-os, eis que, tal como Jules, ele se torna um grande e grave escritor.

Em outras palavras, *não há dom*. E não se fala mais no assunto. As pessoas se tornam Artistas por *conversão*. Quando alguém foi obrigado por uma longa sequência de fracassos a efetuar uma *inversão radical* e, tornando-se imagem, a dissolver o real no âmago do imaginário, não há – pois tudo é imagem – diferença alguma entre imaginar o que se escreve e escrever o que se imagina com palavras imaginárias. O homem *prático*, ainda que dedicasse todo o seu tempo a ler os bons autores e a "fazer" literatura, não poderia – por princípio – ser escritor. Em compensação, basta levar um tombo para ganhar a Arte de quebra: é uma palavra para designar a escolha da irrealidade. E o estilo é apenas o resultado e o símbolo da conversão efetuada. Mas é bom não exagerar: por mais imaginário que seja o Artista – e apesar da perda de seu Ego que desapareceu no momento do grande Naufrágio –, essa é uma imagem *individuada*; quando recebe o acidental e devolve o imutável, deve-se entender que ele – como mediador – é um *Jano bifronte* acessível ao acidente, que, portanto, permaneceu acidental, contudo voltado para o eterno. O acidente nele é o que resta de sua facticidade. Devemos entender sua memória e as etapas do calvário *particular* que o fez despenhar no impossível. Nesse sentido, sua Arte – ou devaneio dirigido – produz o imutável colorindo-o com um matiz acidental que, é claro, não é buscado e, de certo ponto de vista, em sendo negação, fixa os limites ou, digamos, a determinação do Livro. Mas, de outro ponto de vista, esse colorido quase inapreensível e com frequência despercebido pelo leitor, marca a necessidade da *encarnação*, necessidade que se impõe ao setor real e prático tanto quanto ao imaginário. Seja qual for a ideia, é preciso que ela se encarne e, com isso, se singularize por algum lado, se faça entrever através de uma facticidade particular tanto como razão de ser desta quanto como sua negação, seu além. Assim, a idiossincrasia do autor aparece como facticidade da obra, mas, no mundo invertido do imaginário, em vez de receber, como fazemos todos, a facticidade como contingência, como exterioridade no âmago da interioridade, a obra parece produzi-la. Nesse caso, a encarnação torna-se adorável. É o que Jules chama de *originalidade*. Desse modo, o resíduo de uma individualidade que naufragou durante o desastre é assumido por esse objeto eterno e imaginário, a obra, e com isso se eterniza como singularidade do imutável. Mas, como é fácil entender, essa idiossincrasia não é buscada por ela mesma, ela tinge a obra em andamento enquanto o artista está absorto na apreensão imaginária do imutável como substância (equivalência rigorosa entre Ser e Não-Ser) que se deixa descobrir através dos acidentes. Estamos bem distantes do individualismo romântico, e não é ela que *faz o estilo*: ela lhe comunica apenas sua "originalidade". Diferentemente de um Chateaubriand, Jules não escreve para eternizar sua pessoa com o sabor de suas palavras, a organização e a divisão de suas frases: para ele a escrita não tem o objetivo de desenhar seu Ego pelas e nas estruturas de seu discurso. Seu Ego morreu com suas paixões e esperanças: o objetivo é realmente o *Livro*, ou seja, "o panteísmo imenso que passa por ele e reaparece na arte". A originalidade não é visada por ela mesma: é preciso nunca pensar nela, isso seria restringir a obra, reduzir o "panteísmo" ao miserável ponto de vista de uma subjetividade particular; digamos que ela vem de si mesma e que, numa obra que deve despersonalizar o acidental, ela é o que Gide chamava de parte do Diabo. Encontramos aqui pela primeira vez aquilo que será chamado mais tarde de "objetivismo" de Flaubert. Cabe reconhecer que esse objetivismo é muitíssimo temperado. No entanto, não se pode duvidar de que é um dos resultados da crise: é a perda do eu (*Moi*), acontecimento subjetivo e datado, que, se não o produziu, pelo menos o arrematou.* Nesse sentido, o absoluto-

---

* Diversos trechos anteriores da Correspondência indicam que Flaubert tinha aversão cada vez maior a pôr-se em seus escritos. Desse ponto de vista, *Novembro* é um adeus ao lirismo. Mas as razões que ele dá para essa repugnância não são de ordem literária: ele tem medo, só isso. Esse jovem sombrio e falsamente aberto, na verdade fechado em sua anomalia, detesta-se e quer esconder seu eu ou pelo menos encobri-lo: se os Outros o percebessem, zombariam dele, o que sua suscetibilidade exacerbada não poderia suportar. Na primeira *Educação*, é outra coisa: já não há mais nada para esconder, pois o Ego foi suprimido. O objetivismo, aqui, é direto: o objetivo da literatura é exprimir a totalidade imaginária do cosmos por meio da totalidade imaginária da linguagem. Nesse nível é possível a originalidade porque ela não expressa a realidade e as paixões de uma pessoa, nem mesmo sua (cont.)

-sujeito, matriz imaginária das três hipóstases transfinitas, nada mais é que o substituto soberbo, fictício e vazio de todo conteúdo singular (a não ser que seja, talvez, a abstração de um matiz) de um Ego que foi morto pela infelicidade.

Haverá quem diga que ele malogrou em comunicar o incomunicável, tarefa esta deixada pelos românticos a seus sucessores. Não é isso. Com certeza, ele não transmite nada ao leitor realista, a não ser a fascinante proposta de irrealizar-se também. Se este – que em caso algum é o interlocutor direto de Flaubert – ceder à tentação e se tornar leitor *imaginário* da obra (é preciso fazê-lo, para apreender o sentido último das significações), então o indizível, inclusive o sabor do pudim de ameixas, lhe será revelado de modo alusivo.

Para compreender a significação que, com plena consciência e, em *Educação*, de modo explícito, Flaubert dá à inversão que transforma em afirmação uma negação de negação, é preciso voltar a seu maniqueísmo. Se a partir de 1838 ele foi se convencendo aos poucos de que era um fracassado, essa ideia não provém apenas de alguns fracassos literários, aliás contestáveis, mas de considerações ideológicas que, como mostramos, têm origem na primeira infância. Como teria ele permanecido cego à contradição que opõe o conteúdo obsessivo de seus primeiros escritos à fé espontânea que na época ele tinha em seu gênio? Marguerite, Djalioh, Garcia, Mazza nasceram para sofrer; ao contar o suplício deles, ele acredita mostrar o mundo como este é, com muita sinceridade porque suas criaturas são, acima de tudo, suas encarnações. Depois disso, como supor que o autor que se projeta assim nesses dolorosos mártires possa escapar, sozinho, à regra de ferro? Ele nos mostra almas cujos tormentos são proporcionais à grandeza de seus desejos. E que desejo é maior, mais insano e magnânimo do que o desejo de ser Artista e de produzir Beleza neste mundo ignóbil? A conclusão é clara: quem escreve *Quidquid volueris* precisa ser castigado em sua ambição literária tanto quando Djalioh em seu amor, ou mais até. Se tivesse levado suas conclusões até o fim, o adolescente deveria ter dito: escrevo a Paixão do Homem, mas, como ela é verdadeira, sou condenado a escrevê-la mal. Na época, obscuro

---

(cont.) anomalia, mas reflete apenas sua inserção no mundo e, aliás, a sublima; também porque a obra, destacada do autor, a reproduz imaginariamente como livre encarnação do todo – à maneira como o Deus cristão se fez homem voluntariamente. Flaubert nos faz entender, ao seu modo, que a obra, em sua impessoalidade, deve ser um "universal singular".

para si mesmo, ele se deixava levar pelo prazer da eloquência e, com uma inconsequência compreensível, sentia-se, como escritor, escapar à humana condição que nos apresentava como nossa e dele. Depois das primeiras derrotas, seus olhos se abrem: como estamos nas mãos do Grande Enganador, tudo é engano. A raiva de escrever, o sentimento de ser predestinado, as lágrimas que um adolescente derrama por sua genialidade, esse mundo de pensamentos obscuros e ricos que se apinham nele e reivindicam ser ditos, tudo isso são logros que o põem, discreta e seguramente, no caminho escolhido por Satã. Exatamente porque queria talento e glória com toda a sinceridade de seu coração, o adolescente se tornará cacógrafo; quando tomar consciência disso, atordoado e exausto, será tarde demais: será para sempre incapaz de escrever tanto quanto de escrever bem.

É como se entre 1838 e 1844 Gustave se tivesse indagado sobre a infelicidade dos homens e sua própria miséria, como se tivesse perguntado: nós, vítimas do Diabo, não somos seus cúmplices? De fato, para esse maniqueísta, entre o homem e Satã sempre serão feitos maus negócios: pretendemos sair ganhando *neste vale de lágrimas* que, justamente, *é dele*; ele logo nos oferece uma ajuda perniciosa, manda-nos seus auxiliares, exímios em nos desencaminhar dando a impressão de nos ajudar; aceitando sua colaboração, nós nos daremos mal por nossa própria culpa. Em suma, neste mundo, no mundo real, quem quer ganhar perde sem a menor dúvida. Mazza o que quer é um homem de carne e osso em sua carne; a ambição invejosa de Garcia compete por honras e poder. E o artista? Aposta no talento – dom que, se existisse, seria *real* – para atingir a *realidade* suntuosa que é a Glória e talvez a outra que às vezes decorre dela, a Opulência. Gustave está em boa posição para saber disso, ele que com dezessete anos anotava o seguinte: "Tenho inveja da vida dos grandes artistas, da alegria do dinheiro, da alegria da arte, da alegria da opulência, tudo deles". De fato, ele é plasmado com a ambição Flaubert – que se combina tão mal com sua passividade – e o utilitarismo familiar; seus sonhos com luxo sem dúvida lhe dão acesso ao imaginário puro, mas, na vida cotidiana, ele conhece o preço do dinheiro. Descobre em si a vontade de brilhar em sociedade, dominar e provocar admiração de uns para se vingar do desprezo de alguns outros. Sempre quis que a Arte o elevasse acima da terra, mas, olhando-se melhor, vê em seu amor pelo Belo razões de todo terrenas. Se, para além da obra empreendida, tiver ainda motivações mundanas – pelo menos a necessidade de escapar à sua classe e à profissão que lhe é reservada –, por acaso não estará conspurcando a irrealidade ao subordiná-la a fins seculares? Não será isso mesmo que, por princípio, o impede de escrever bem, visto que as preocupações que se escondem em seu coração bastam para manter na linguagem (ainda que esta seja de modo indireto condicionada por aquelas) a realidade prática e o pesadume cotidiano? Assim, as frases que sua pluma traçar, ao invés de nascerem do livre jogo das palavras sem os homens, serão extraídas, contra a vontade dele, do discurso cotidiano de todos e, ao invés de visar à simplicidade, ele será obrigado a esconder a vulgaridade nata de tais frases por trás das falsas desordens da eloquência ou dos pobres ardis da retórica. E *do que* falará uma pessoa, senão daquilo que a ocupa? Se ainda precisa da estima dos homens, é porque os vê de baixo, jamais de cima, ao contrário daquilo que afirma: como compreendê-los quem depende deles? Como apreender a unidade horrível e maravilhosa do microcosmo e do macrocosmo quem está retido nas cadeias da humanidade, nem que seja apenas pelo desejo de agradar? Cativo de suas paixões demasiado humanas – e o orgulho é uma delas –, o escritor só dirá sobre os homens aquilo que eles dizem de si mesmos entre si, contar-lhes-á histórias que eles contam uns aos outros nos salões, no *fumoir*, no vão esforço de contá-las melhor. Em suma, ele será *realista*: ou seja, refletirá para si a imagem banal de seus próprios interesses e de suas ações; submetendo a ficção ao real, ele não apreenderá a diferença *qualitativa* que separa aquela deste e tentará utilizar o imaginário não *por ele mesmo*, mas como meio de sugerir a realidade. O que Flaubert sentiu é que basta compartilhar *um* fim humano para compartilhá-los todos. O artista, ao só pretender a glória, *quer ganhar*, portanto procura o Belo onde não pode encontrá--lo: isso é danar-se por nada. Assim – diz o cátaro –, ninguém poderá encontrar a salvação vivendo nesta terra, pois bastará levantar um dedo para participar do mal de que ela está infectada.

Desse modo, o que fazer para triunfar sobre Satã? Nada, pois o Maligno é senhor do real, e todo "*fazer*" apoia-se em meios reais para modificar a realidade. Mas a pergunta está mal formulada. Cabe mais perguntar se há limites para seu poder, e se o curso das coisas, embora regido por ele, poderá ser às vezes bloqueado e produzir no homem turbilhões ou ciclones contra os quais o Maligno é impotente. Nesse caso, a resposta é clara: se o falso vencedor é perdedor sempre, para ganhar é preciso perder. Entenda-se: ser levado pelas circunstâncias a perder de modo prematuro, antes da data fixada pelo príncipe das Trevas, a naufragar, a aniquilar-se vivo e, sem provocar em pessoa o naufrágio, consentir profundamente com ele, aderir a ele, passiva mas estritamente, tornar-se mais pesado até do que se é para chegar mais depressa ao fundo abissal que outro não é senão o Não-Ser: sendo o senhor onipotente do Ser, o Diabo não tem poder sobre o Nada. Se um acidente de percurso introduzir um desarranjo na História, *realizando* num homem – aliás, qualquer um – a *impossibilidade* de ser, e se não morrer por isso, o homem viverá essa morte gorada (por menos que se compenetre dela) como o avesso mundano de um nascimento para o não-ser, seu reino próprio, onde nem Satã nem seus prepostos o perseguirão. Para engodar o Diabo, Jules tirou proveito das circunstâncias e, tal como alguns insetos quando se sentem em perigo, mergulhou na falsa morte. Sem nenhum movimento, nenhum desejo, precisa segurar a respiração, concordar *de boa-fé*, na medida do possível, que perdeu tudo, até mesmo a honra, até mesmo a transcendência que distingue o homem das coisas. Fica deitado de costas e não tem nada na cabeça, a não ser a consciência de sua impossibilidade. Seu corpo permanece com o Diabo, que não se priva de torturá-lo com uns bons choques elétricos. Mas a impossibilidade de ser lançou-o para fora do mundo e de seus fins, no infinito dos possíveis irrealizáveis (alguns dos quais poderiam ser objeto de realização para outros, mas ao homem impossível se dão como puros não-seres por contemplar). Ao mesmo tempo, voltando-se para o real, o homem impossível descobre a parcela de nada que o constitui e capta o não-ser como parte integrante de todas as empreitadas humanas; ou melhor, o real lhe aparece como o setor desses possíveis que poderiam ser definidos como impossibilidades mascaradas.*

O que o Diabo não sabe é que o vazio absoluto pertence ao imaginário, e que a figura jacente que ele atormenta sente nascer e organizar-se em si a obra que não ela podia *fazer*; Jules-Flaubert, como quem não quer nada, a deixa crescer, mudo, irreal, quase desatento, para não chamar a atenção de Satã, mas sabendo em segredo que

> *Cada átomo de silêncio*
> *É a chance de um fruto maduro.*

Quando, por fim, a influência conjunta das três hipóstases transfinitas elevar sua mão de sonâmbulo para fazê-lo transcrever *nada* – imagens de palavras que visam imagens de coisas –, o Grão-Tinhoso não poderá se opor.

---

* Pelo fato de que os pretensos sucessos práticos são na verdade fracassos secretos.

Ele ainda pode prejudicar: a obra, como centro de desrealização, escapa-lhe. Mas em geral ela tem consequências sobre as quais ele não deixará de agir: a relação do autor com seu livro, do livro com o público. Jules burlará o Enganador recusando-se a sair do imaginário no qual se encerrou. Sabe que perderia sua ataraxia se fosse tomado de real paixão por um de seus romances, por uma de suas peças, se visse o fruto de sua carne, se nele reconhecesse a realidade objetiva. Por isso, toma o cuidado de destacar-se dele; a obra acabada já não lhe pertence: "Ele gosta mais de suas concepções* e mal e mal se lembra de suas próprias obras, sendo maior a sua indiferença para com elas *depois que se produziram***, do que fora antes a sua preocupação ao criá-las". Essa frase curiosa despertará lembranças no leitor: já vimos que Gustave várias vezes se retratou como alguém mais preocupado com suas obras futuras do que com aquelas que estão em andamento. Tratava-se então de uma característica psicológica; lamentava-se dela: dizia que esse Futuro sonhado o decepcionava incessantemente. Quanto ao texto que ia terminar ou acabava de terminar, não era indiferença o que sentia por ele, mas, na maioria das vezes, repugnância. Sentimento justificado, segundo ele, porque a obra só era boa em sonho – ou seja, no futuro – e ele não tinha talento. Mas no trecho que acabamos de citar, o tom mudou: o que era apresentado como uma característica passional a manifestar a distância excessiva entre desejos e meios agora é dado como resultado da morte das paixões: Jules é um grande escritor precisamente porque elas morreram. Por conseguinte, não devemos esperar que ele ame suas obras. Ele deixa que elas "se produzam". E, se nutre alguma afeição pela obra futura, a razão disso já não é a esperança nem o descontentamento com o texto em curso: é apenas porque este, que se forma lentamente, não passa de sonho no primeiro grau; o outro, impreciso, sem contornos fixos, mas rico em promessas, é o sonho de um sonho, portanto um sonho em segundo grau. O primeiro, aliás, é *dirigido*: confia-se no vazio, porém se sabe mais ou menos o que se espera dele. O segundo, enquanto não é começado, permanece como livre jogo da imaginação. Contudo, deve-se notar que Gustave, que outrora se exaltava diante da ambição de seus projetos, descreve-nos em Jules um autor mais sereno:

---

* Entenda-se: suas obras no momento em que ele concebe temas e assunto.

** Grifo meu nesse pedaço de frase: significa claramente que Gustave se sente *passivo* em relação ao objeto que *se* produz nele.

ele "gosta mais" de suas concepções. Não mais que isso. É dizer pouco, pois os livros terminados só lhe inspiram indiferença. Por essa razão, percebe-se que a característica mencionada com tanta frequência por Gustave entre dezesseis e vinte anos elevou-se, na primeira *Educação*, à dignidade de um *imperativo ético*: "Se quiseres escrever bem, não te apaixones por nada, nem mesmo pelo que escreves ou escreverás". Amar o que se faz seria desfazer o sonho e voltar a cair sob o jugo de Satã. Pela mesma razão, os fastios também sumiram: Gustave largava os manuscritos horrorizado; Jules termina os seus com exatamente o que é preciso de preocupação para controlar as operações.

Quanto ao público, a melhor solução é não o querer. Nesse terreno, o Diabo poderia ter uma desforra fácil: não impediria Jules de ser o meio pelo qual se escrevem obras-primas, mas, caso o infeliz permitisse que suas peças fossem encenadas, poderia fazê-las ser vaiadas. Advertido, o jovem autor não escreve para ninguém. Os críticos profissionais são rechaçados e o mesmo ocorre com os leitores: quem então poderia julgar a obra – ou a vida contemplada pela morte – a não ser o morto que sobre todas as coisas e sobre a própria obra assume o ponto de vista da eternidade? Com isso, o Livro adquire total importância metafísica: ele não precisa ser lido para existir: "Será menos belo o canto do rouxinol por não ter sido ouvido? Será menos suave, por não ter sido aspirado por narinas, o perfume que as flores... deixam evaporar-se no ar e subir ao céu?". Se alguns homens forem um dia autorizados a abrir um de seus livros, não será para lhe conferir, com a adesão maciça, uma profundidade e uma densidade que ele ainda não tinha ou que possuía de modo virtual. Não: simplesmente lhes será permitido admirar o objeto finito, a leitura será como uma missa, eles não lhe acrescentarão nada. Se Jules sonha às vezes – raramente – em ser editado, é "para penetrar nas mentes (dos homens), encarnar-se em seus pensamentos, em sua existência, para vê-los venerar o que ele venera e ser animados por aquilo que o abrasa". Em suma, o leitor é um ser relativo: é possível determiná-lo por meio da obra, instalar nele ideias de morte e beleza, mas ele não dá nada de volta. Para o morto-vivo, escrever é uma necessidade; publicar é facultativo e, aliás, supérfluo. À vontade. E se, cansado da solidão, ele se deixar levar pelo desejo da glória, não seja por isso: o homem-imagem, sem sair do sofá, oferecerá a glória a si mesmo *no imaginário*. De imediato convocada, Paris inteira se apinhará no teatro: Jules ouvirá os aplausos deliciosamente comovido. Por acaso não sabe que os merece? Deu certo: sua obra não sairá do mundo imaginário. Jules é rei do irreal, desde que nunca saia dele. Contrariado, Satã se afasta, faz de conta que o esquece. Esse é o "Quem perde ganha" da primeira *Educação*: se perco no plano do real, por via de consequência direta ganho no da irrealidade. Em suma, esse seria o sentido profundo que em 1845 Flaubert atribuiria à sua neurose: ela teria de modo intencional reunido as condições que, com precisão matemática, lhe possibilitariam ser gênio. O que poderá ele pensar dessa interpretação?

Em primeiro lugar, que ela confirma aquilo que tentamos estabelecer neste capítulo: a relação de Flaubert com a arte é a chave de sua neurose; inversamente, esta lhe propôs uma solução para seus problemas de escritor: radicalizando sua passividade, ela o fez descobrir o proveito que ele poderia tirar e a forma de literatura que lhe convinha – aquela que só um agente passivo podia produzir. Não há dúvida de que houve invenção neurótica entre janeiro de 1844 e janeiro de 1845. Se não se pode afirmar que tudo estava presente já no primeiro ataque, é porque, como eu disse, as estratégias – patológicas ou não – se temporalizam. Aliás, está claro que os elementos propriamente neuróticos, na primeira *Educação*, são inseparáveis da Arte poética que Gustave nele expõe: as relações de Jules com o público, o medo e o desejo de ser publicado, os sonhos de glória decorrentes da autossugestão e contraditos pela misantropia e pelo isolamento, tudo isso é de modo incontestável mórbido, mas é preciso reconhecer aí também os prolongamentos rigorosos de sua atitude estética: se, para ser *médium* da arte, for preciso tornar-se homem-imagem, não haverá realização sem se deixar de ser artista. Nesse sentido, seria possível dizer que em 1845 Flaubert é um homem *que se acredita imaginário* (avesso negativo, pitiático e neurótico da metamorfose), *porque* essa crença é indispensável para conceber e executar as obras de arte que convêm à sua passividade (anverso positivo, intuição da relação fundamental entre esse homem e essa arte, invenção de um através do outro e reciprocamente).

Cumpre acrescentar que o testemunho de Flaubert, embora contestável em muitos aspectos, continua sendo o testemunho do principal interessado e pressupõe uma conivência profunda com o acontecimento relatado. Nesse sentido, é preciso que tenha ocorrido essa estranha aposta de "Quem perde ganha" em Pont-l'Évêque, caso contrário, de onde o autor a teria extraído? Entre *Novembro* e *A educação sentimental*, há um abismo. Adolescente, jovem, Flaubert, por masoquismo e sadismo ressentido, *perdia para perder*. Sem dúvida, sentia-se orgulhoso por aniquilar-se num naufrágio perfeito: a infelicidade era sinal de eleição; somente as grandes almas, vítimas do grande Desejo, soçobram totalmente. Esse dolorismo imaginário, sem dúvida alguma deu origem ao "Quem perde ganha". O fato é que ele reivindicava um engolfamento *total*; nada sobrenadava, o mar não rejeitava um só escombro: louco, morto ou senil, o vencido não podia tirar proveito de sua dignidade suprema, nem expressá-la numa obra, nem usufruí-la, nem sequer reconhecê-la. Em última instância, só uma testemunha podia afirmar de modo abstrato que o fracasso marcava sua grandeza *destruindo-a*, ou melhor, que o fracasso a produzia por meio da destruição. Jules, ao contrário, inicialmente medíocre, é engrandecido *em vida* pelos fracassos; são eles que "providencialmente" lhe dão acesso aos píncaros. Essa invenção, embora combine razoavelmente bem com o pessimismo anterior, não decorre de todo dele. Parece formular-se nos seguintes termos: radicalizando-se o pessimismo, ele se transforma em otimismo. Alguma coisa ocorreu em janeiro de 1844, uma transformação irredutível e intencional que Gustave *sentiu* (donde sua estranha calma), sobre a qual ele meditou durante muito tempo, que ele acreditou explicitar e da qual deu uma interpretação nas primeiras páginas de *A educação sentimental*. Em outros termos, é incontestável o aparecimento do "Quem perde ganha" quando a neurose se declara. Será de fato *esse* "Quem perde ganha" que Gustave nos apresenta? Essa é a verdadeira pergunta.

Relendo-se a história de Jules, verifica-se que Flaubert dissimula ou quer ignorar o *fato* neurótico. Se podemos depreendê-lo de sua narrativa, é porque conhecíamos os acontecimentos anteriores e, à luz destes e das confidências que lhe escapam na Correspondência, o aspecto patológico do fim de *A educação sentimental* se manifesta de imediato. Mas contra a vontade dele. O que ele quis, ao contrário, foi *racionalizar* sua experiência indizível e, como de hábito, universalizá-la. A razão para isso está clara: ele precisa tranquilizar-se e obter a prova de que o humilde otimismo que atravessa a noite não é consequência ilusória da neurose, de que pode ser apoiado por provas racionais. Em suma, ao atribuir a Jules o destino com que sonha para si mesmo, ele aproveita a oportunidade de escrever para uso próprio um tratado teórico e prático do "quem perde ganha", do qual será rigorosamente excluída a singular suspeita de sua aventura. Trata-se de demonstrar, por meio de uma inversão dialética, que o fracasso radical do homem se reverte necessariamente em sucesso do Artista.

Sem mediação, ele recusa todos os auxiliares: se a Providência entra de algum modo nessa questão, é por tê-lo cumulado, *na qualidade de homem*, de infelicidades que ultrapassavam sua esperança. Mas a reversão que se segue ocorre por si mesma. Mais tarde ele apresentará a Louise sua crise de 1844 como resultado *matemático* de sua infeliz juventude; na época de *A educação sentimental*, ele preferiria dizer que seu gênio é apenas consequência matemática da falsa morte em Pont-l'Évêque, desespero levado ao extremo. A existência de seus ilustres predecessores já não parece perturbá-lo: decerto ele se convenceu de que, tal como ele, eles eram fabulosos fracassados. De fato, observa, numa carta ulterior, que a *pessoa* de Shakespeare lhe escapa de todo, a tal ponto esse autor foi profundo na descrição de paixões contraditórias que não podia, portanto, sentir a um só tempo; à luz da primeira *Educação* podemos esclarecer esse texto difícil: se Shakespeare pode descrever tantas e tão diversas paixões, não é porque elas o habitam juntas, mas, ao contrário, é porque ele já não as sente, a não ser pela imaginação; se ele se põe no lugar de cada um, é porque já não é ninguém: nesse "gigante" nada sobra de individual, a não ser uma rica memória que se tornará justamente a "originalidade" de sua obra. O exemplo é bom: ninguém sabe quem era Shakespeare. Portanto, Gustave pode afirmar sem temor de ser desmentido que esse autor viveu vinte ou trinta anos, como todos, em meio à violência e à confusão, que depois morreu e então começou a escrever. É ele mesmo, aliás, quem introduz a palavra necessidade em seu discurso: "um panteísmo imenso passa por ele e reaparece na arte. (Jules torna-se) *órgão* dessa necessidade, transição desses dois termos". O elo entre o cosmos e a linguagem – a partir do momento em que a passividade do artista os revela para ele como imaginários – torna-se necessário. Por essa razão, o gênio do homem-imagem é fatal. A reversão é rigorosa: a maldição do Pai volta-se contra si mesma; ao conduzir o filho, de fracasso em fracasso, até a consciência da impossibilidade de ser, ela provocou neste a opção pelo não-ser, que é o gênio. E se perguntássemos por que, neste Inferno que é o mundo, os grandes Artistas são tão raros, Gustave com certeza responderia que a maioria das pessoas descobre tarde demais a implacável rejeição que o mundo opõe às suas aspirações, que elas se trapaceiam, mentem para si mesmas, ou então que seu naufrágio, tão cabal quanto o dele, porém mais habilmente conduzido, se estende por toda a vida ou, mais simplesmente, que elas têm medo de perder e se trapaceiam até o fim. C.Q.D. Nem Deus nem Diabo nem Pai nem neurose: tudo está *fora*, *antes*. Em certo momento, o mundo cai, e a conversão se faz sozinha, por si mesma: a liberdade do sujeito não participa, é mais que certo; aliás, ela não existe. Portanto, é possível expor o "Quem perde ganha" na linguagem do mais rigoroso determinismo.

Esse rigor mesmo é suspeito: sabemos bem que é abstrato, e que as coisas não podem ter ocorrido assim. Até aí Gustave aderia à sua neurose; de repente se desliga dela e, segundo sua experiência, constrói um modelo tranquilizador porém perfeito demais. Exatamente por essas razões começam as dificuldades, e, se analisarmos seu pensamento com um pouco mais de atenção, não teremos dificuldade em descobrir vagueza e imprecisão por trás da falsa exatidão.

Não teria havido nele dois momentos "Quem perde ganha", dos quais o cronologicamente posterior, mais superficial, teria expressão lúcida e racionalizada na personagem de Jules, transformado para as necessidades da causa, e origem numa confusa intuição do primeiro, que, mascarado, pré-lógico e aberrante, teria aparecido na crise original ou logo em seguida, como sua estrutura teleológica fundamental? É o que tentaremos estabelecer, examinando seus comportamentos durante os anos 1845-47 e depois, de maneira mais geral, a relação que ele estabelece na maturidade entre inspiração e trabalho; enfim, o sentido verdadeiro do segundo e último *happy end* que ele deu em toda a vida a uma de suas narrativas: *a assunção de São Julião*.

V

O sentido real do "Quem perde ganha"

A. GUSTAVE FLAUBERT DE 1845 A 1847

Jules é a encarnação de Gustave? Não de todo. Ou melhor, *não ainda*. Durante os longos meses de inverno de 1844, incapaz de escrever, ele refletiu incessantemente sobre o que tinha acontecido e tentou estabelecer sua *teoria* do "Quem perde ganha"; ele *será* um grande escritor, disso já não há dúvida. Chega a primavera, permitem-lhe que escreva. Acaso vai medir-se de imediato com a obra-prima que exige nascer? Não. O segundo filho Flaubert não carece de prudência: ele sabe que antes precisa recobrar as forças, tornar-se capaz de suportar sua difícil missão de irrealizar o Ser e utilizar para a Arte seu importuno hábito de viver pela imaginação. Depois, passam-se meses sem que ele escreva: é preciso restabelecer o contato com a literatura. O meio mais simples é retomar a obra interrompida e terminá-la. Ele é modesto: sabe que não pode já colocar nela o seu gênio, potência ainda cega, quase ignorante de si mesma, que, caso ele tentasse usá-la, o deixaria embaraçado com suas violências desordenadas. Não, ainda não está na hora de bater asas: ele contará o fim do amor de Henry e aquilo que ocorreu com Jules. No mesmo estilo: é um excelente exercício. Acima de tudo, sem forçar o tom. Ocorre que, quando fala de Jules, não consegue abster-se de anunciar a boa nova. É claro que não poderia escrever uma única linha daquelas que seu herói supostamente traça sem dificuldade. Mas já pode fixar com segurança comportamentos, hábitos e a vida interior de um verdadeiro Artista. Pode fazê-lo tanto porque só precisa retratar-se quanto porque já tem a faculdade de ampliar alguns poderes ainda embrionários, mas, segundo crê, sabe em que sentido serão desenvolvidos pelo tempo. Em geral – nenhum romancista ignora isso – não há nada mais difícil do que mostrar a intimidade de um personagem excepcional: para descrever um homem mediano, o maior dos talentos mal basta. Assim, quando é indispensável introduzir uma grande personalidade numa trama romanesca, dá-se um jeito de mostrá-la de viés, em perfil perdido, para esquivar-se dela o mais depressa possível. Mas Gustave, o aprendiz, não está para meias medidas; instala-se em seu herói e desvenda sua vida íntima; depois disso saberemos como um gênio vive, como pensa e o que sente. É que Jules, para Gustave, não passa de autorretrato futuro. Ou melhor, um retrato presente, porém exaltado pelo futuro. Assim como sou, assim serei, pois ninguém pode tornar-se Artista se não for assim. É a colisão entre futuro e presente que já no capítulo XXVI dá a Jules esse curioso aspecto feito de verdadeira densidade (é o Outro, o Artista que ainda não sou, catapultado sobre o doente que sou) e de extrema abstração, em alguns momentos. Pois esse homem às vezes não é mais que uma arte poética. A empreitada é interessante, e nenhum outro se arriscou, pelo que sei: não dizer o que se é, mas dizer o que se será com certeza, que ousadia! Durante o verão e o outono de 1844, Gustave não se sai bem, consegue trabalhar, mas nunca durante muito tempo sem se cansar; no entanto, é o momento que ele escolhe para *adquirir autoconfiança*. Pela primeira vez, ousa acreditar em sua estrela; pela primeira e penúltima vez – ele não voltará a isso antes de *São Julião* – convence-se de que o pior é o caminho árduo, porém seguro, que leva do mal ao bem.

O manuscrito é terminado em janeiro de 1845. Não é difícil admitir que faltou algum fôlego a Gustave; sobretudo porque a cura ainda se fazia esperar. Além disso, como eu disse acima, a presença constante do doutor Flaubert, pronto a ver na menor melhora um sinal anunciador do retorno à saúde, dissuadia o filho de escrever demais. No entanto, se ele de fato viu em Jules a imagem profética de seu futuro, parece inconcebível que não tenha se sentido impaciente por lançar-se numa nova obra para dar as medidas de suas forças. Em todo caso, se não está seguro de si ou dos temas que quer tratar, se exige amadurecer mais, seria de se esperar que se lançasse pelo menos "àquele grande estudo do estilo" que ajudou seu personagem a tornar-se um "grande e grave escritor". Ora, não faz nada disso. Quanto ao essencial – que é escrever –, pode-se verificar que, à parte os "roteiros" de seu conto oriental – esboçado e depois abandonado –, ele não produz nada durante *32 meses*. Quanto às leituras, voltaremos ao assunto: por ora diremos que nada têm em comum com o vasto programa que Jules se impusera. Gustave se terá corrigido após janeiro de 1845? Terá deixado de imediato de acreditar no "quem perde ganha"? Ou será que nunca acreditou? Isso não parece muito possível. Não entenderemos o sentido de sua estranha atitude sem examinarmos com detalhes as suas ocupações.

Janeiro de 1845. Ele termina seu romance, lê Shakespeare, estuda "muito grego e repassa história". Em 3 de março Caroline casa-se com Hamard, e toda a família Flaubert, com exceção dos Achilles, acompanha o jovem casal na viagem de núpcias. Triste viagem: em pouco tempo, estão todos doentes; Achille-Cléophas tem dor nos olhos; Caroline volta a ter dor nos rins; Gustave, exasperado com a presença do cunhado, furioso por "ver pela segunda vez o Mediterrâneo como um vendeiro", dá um jeito de ter duas crises nervosas. Todos se enfadam, a não ser talvez os recém-casados que, no entanto – imagino –, teriam preferido ficar sós. Flaubert, porém, tem projetos literários: "rumina" um conto oriental que planeja escrever no inverno de 1845-46; lendo a história de Gênova, ocorreu-lhe a "ideia de um drama bastante seco sobre um episódio da Guerra da Córsega". Por fim: "Vi um quadro de Brueghel que representa *A tentação de santo Antão* e me levou a pensar em adaptar a *A tentação de santo Antão* ao teatro; mas para isso seria preciso um sujeito disposto, não eu".* Essa carta está cheia de ensinamentos. Em primeiro lugar, ela informa que Gustave concebeu a ideia de *Os sete filhos do Dervixe*, logo depois de ter terminado *A educação sentimental* e talvez mesmo enquanto trabalhava nela; em todo caso, não depois de março de 1845, pois ele se abriu a Alfred a respeito enquanto ambos estavam em Rouen ("*Ainda estou ruminando meu conto oriental*"). Portanto, não é por falta de assunto que ele hesita em retomar a pluma: ao contrário, nessa carta, escrita em maio, Gustave anuncia sua decisão de não tocar no conto antes de *pelo menos seis meses*. E, como pensa no *Dervixe* em primeiro lugar, está claro que o drama sobre a Guerra da Córsega e o *Santo Antão* ficaram para os anos futuros. Assim, já em 1845, Gustave estabeleceu a seguinte norma de vida literária que exporá a Louise em dezembro de 1846: "...meditar muito... escrever o mínimo possível". Voltaremos a isso. Meditar, ruminar, dá na mesma. O período de gestação deve

---

* A Alfred, 13 de maio de 1845, de Milão. *Correspondance*, t. I, p. 173.

ser longo e só se deverá tomar a pluma no último momento, quando já não for possível abster-se. Mas cabe notar também o retorno de um tema antigo numa forma nova; Gustave não diz que planeja escrever seu *Santo Antão*; no máximo tentará, pois "para isso seria preciso um sujeito disposto, não eu". Que sujeito? Shakespeare talvez? Ou Goethe? Já não estamos no ponto do "grande homem gorado", mas o desespero e a dúvida cederam lugar a uma modéstia ostensiva; parece até que Gustave acredita ter percebido seus limites: há empreitadas literárias nas quais ele pode ter sucesso; o conto oriental é uma delas, pois naquele mês de maio ele não duvida de que o terminará no ano seguinte; há outras que exigem capacidades que ele não tem. Jules era um gênio; Gustave concede-se talento. Essa humildade não será o cúmulo do desespero? Depois de se ter sonhado durante tanto tempo que se é genial, haverá algo mais risível e doloroso do que descobrir aquilo que se virá a ser de verdade: um artista menor? Em todo caso, a supor-se que no inverno anterior Gustave tenha se acreditado encarnado em Jules, não será essa a prova de que todas as ilusões foram perdidas? Continuemos.

Ei-lo de retorno a Rouen; propõe-se "recomeçar como no passado a ler, escrever e devanear... O grego vai andar de novo e se, em dois anos, eu não estiver lendo em grego, mando-o às favas em definitivo; pois faz muito tempo que isso se arrasta, e eu não sei nada". Essas boas disposições datam de 15 de junho. Em 13 de agosto, elas persistem: "Retomei o grego, continuo com perseverança, e meu mestre Shakespeare...". Mais ou menos nessa época ele dá algumas explicações a Alfred: "Continuo fazendo um pouco de grego*, acabei o Egito de Heródoto; em três meses espero entendê-lo e, em um ano, com paciência, Sófocles. Também estou lendo Quinto Cúrcio. Que cara, esse Alexandre!... Terminei hoje o *Timão de Atenas* de Shakespeare. Quanto mais penso em Shakespeare, mais me sinto esmagado... Ontem à noite, na cama, li o primeiro volume de *O vermelho e o negro* de Stendhal: parece-me um espírito distinto e de grande delicadeza. O estilo é francês; mas é estilo, verdadeiro estilo, o velho estilo que já não se conhece hoje?".** Na mesma carta ele faz alusão a uma ocupação bem diferente: "Continuo analisando o teatro de Voltaire;

---

* Com Alfred, Gustave é tão sincero quanto pode. É de se observar a modéstia desse "continuo um pouco" que se opõe ao "muito" de janeiro de 1845, colhido numa carta a Ernest.

** *Correspondance*, t. I, p. 189. A Alfred.

é enfadonho, mas poderá me ser útil mais tarde. No entanto, nele se encontram versos espantosamente tolos". Essa atividade surpreendeu Du Camp: "(Flaubert em 1845) dedicou-se a uma tarefa cuja utilidade nunca entendi. Empunhando a pluma, ele estudava o teatro francês do século XVIII, ou seja, as tragédias de Voltaire e Marmontel". Não se sabe quanto tempo Gustave persistiu nessa "tarefa", mas as suas anotações constituem toda uma documentação que figura no Catálogo do espólio Franklin Grout com o título: "Uma pasta, com título manuscrito por Flaubert: 'Teatro de Voltaire'."* Em setembro de 1845, nós o reencontramos a ler com alegre indignação o *Curso de literatura dramática* de Saint-Marc Girardin: "É bom conhecer, para saber até que ponto pode chegar a tolice e a impudência". A seguir, faltam informações; depois vêm os lutos: em 15 de janeiro de 1846, morte de Achille-Cléophas; em 21 de março, morte de Caroline. Em 7 de abril, ele escreve: "Vou começar a trabalhar, até que enfim! Até que enfim! Tenho vontade e esperança de rachar intensamente e por muito tempo". É na mesma carta que declara: "Mas tenho a impressão de ser limitado e bem medíocre. Estou ficando de uma exigência artística que me consterna; vou acabar não escrevendo nem uma linha. Acho que poderia fazer boas coisas, mas sempre me pergunto para quê?" Sobre *Os sete filhos do Dervixe*, escreve: "Meu conto oriental fica adiado para o ano que vem, talvez para o outro e talvez para nunca". É o mesmo que dizer que ele não está escrevendo e *não quer* escrever. Quanto ao grego, reconhece que os acontecimentos o impedem de estudá-lo. Mas, curiosamente, não faz *seis meses* que está afastado dele, como se poderia acreditar, mas sim *seis anos*: "...Faz seis anos que quero voltar ao grego, e as circunstâncias são tais que ainda não cheguei aos verbos". O que está fazendo então? Devaneando, "regressando à Ideia", tornando-se "meio louco". Em abril relê *História romana* de Michelet ("a antiguidade me dá vertigem"). Em junho o reencontramos "até que estudando bastante, ou seja, cerca de oito horas por dia". Acrescenta: "Estou fazendo grego, história; leio latim, estou enchendo um pouco a cara com aqueles bravos antigos aos quais acabo rendendo certo culto artístico; estou me esforçando por viver no mundo antigo; vou conseguir, se Deus quiser". Em outra carta ele reafirma que *viveu lá*. No fim de julho de 1846, Louise Colet torna-se sua amante. Ele lhe escreve em 12 de setembro: "Esta noite voltei a estudar, mas sem me forçar. Há seis semanas que te *conheço*...

---

* Cf. Bruneau, *op. cit.*, p. 573-574.

não faço nada. No entanto, preciso sair disso". De fato, sai: "Estou estudando bastante – diz ele três dias depois –, o dia inteiro grego e latim, à noite o Oriente". O Oriente, está claro, em vista de seu conto oriental. Mas só lê. Pediu livros a Vasse, que os enviou: "Antes do fim de outubro... terei terminado esses dois livros... Estou cuidando um pouco do Oriente por enquanto, não como objetivo científico, mas pitoresco: busco a cor, a poesia, o que é sonoro, o que é quente, o que é belo. Li o Bagavad-Gita, Nala, um grande trabalho de Burnouf sobre o budismo, os hinos do Rig-Veda, as leis de Manu, o Alcorão e alguns livros chineses; só isso. Se puderes me arranjar alguma coletânea de poesias ou canções satíricas mais ou menos engraçadas, compostas por árabes, indianos, persas, malaios, japoneses ou outros, podes mandar--me. Se conheceres algum bom trabalho (resenha) sobre as religiões ou as filosofias do Oriente, indica-o. Como estás vendo, o campo é vasto. Mas ainda se encontra muito menos do que se acredita; é preciso ler muito para chegar a um resultado nulo. Muita tagarelice em tudo isso, nada mais". E acrescenta com naturalidade: "Continuo fazendo um pouco de grego e me empanturrando de poetas latinos". Em 17 de setembro, numa carta a Louise, *esses* poetas latinos se reduzem a Virgílio. À parte isso: "Continuo lendo meu drama indiano e, à noite, releio aquele bom Boileau, legislador do Parnaso". Um pouco depois – 27 de setembro – ficamos sabendo que ele vai "recomeçar seu velho Shakespeare de cabo a rabo, e dessa vez só o abandonará quando as páginas ficarem nas suas mãos". Durante alguns meses, nem sequer fala mais de suas ocupações: Louise acabou por se irritar, ele tenta acalmá-la; depois vai ver Bouilhet, Maxime e com eles se entrega a grandes discussões literárias. Em 5 de dezembro confessa que não faz nada há muito tempo: "Continuo não estudando. Segunda-feira, porém, vou aproveitar o sono do amigo Du Camp para fazer um pouco de grego pela manhã". No início de 1847 suas leituras pouco variaram: "Acabo de terminar hoje *Caim* de Byron.* Que poeta!" "Daqui a mais ou menos um mês terei terminado Teócrito". Queixa-se de estar "atolado em um monte de leituras". Tem pressa de terminá-las: "Estou

---

* Provavelmente uma releitura. O inventário Bidault assinala que em Croisset se encontra um Byron em edição Furne de 1830 (em seis volumes). Com certeza Flaubert só a conseguiu depois de 1837: uma carta a Chevalier prova que, antes dessa data, ele não a possuía. Mas na época sua admiração pelo poeta é tanta que ele não deve ter demorado muito para consegui-la.

estudando o máximo que posso e não avanço muito. Seria preciso viver duzentos anos para ter uma ideia de qualquer coisa". Em 23 de fevereiro: "...Continuo o grego, estou lendo Teócrito, Lucrécio, Byron, Santo Agostinho e a Bíblia". Será preciso esperar o verão e sua viagem com Maxime para que ele concorde em escrever, em colaboração com este, a "reportagem" à qual dá então o título de *Bretanha*, que não será publicada enquanto ele estiver vivo. Foi em setembro de 1847 que se pôs a trabalhar nisso. Com essa disposição de espírito, o trecho seguinte nos informa sem rodeios: "Estamos agora ocupados a escrever sobre nossa viagem, e, embora esse trabalho não exija grandes refinamentos de efeitos nem disposições preliminares de massas, ando tão pouco habituado a escrever e estou ficando tão rabugento em relação a isso, sobretudo comigo mesmo, que não deixo de ficar um bocado preocupado. É como a pessoa que tem ouvido afinado e toca o violino desafinado; seus dedos se recusam a reproduzir com exatidão o som que está na consciência. Então correm lágrimas dos olhos do pobre rabequista, e o arco lhe cai das mãos". Sabe-se a estranha disposição que os dois homens adotaram: os capítulos ímpares deveriam ser feitos por Gustave; a Maxime cabiam os capítulos pares. Flaubert logo desanima: no fim de setembro esperava terminar "em cerca de seis semanas". No fim de dezembro, conclui a primeira redação e pede mais seis semanas "para corrigir o conjunto, retirar repetições de palavras e cortar grande quantidade de redundâncias". Nesse meio-tempo, em cartas infelizmente não datadas, queixa-se desse trabalho "extenuante". "Faz três meses e meio que estou escrevendo sem parar, da manhã à noite. Estou cansando da irritação permanente que isso me dá, na impossibilidade incessante em que me vejo de *produzir*."

Contudo, a ideia de "levar ao teatro *A tentação de santo Antão*" progrediu. Mas a primeira vez que escreveu sobre isso a Louise (já havia *falado* a respeito com ela) foi – tal como fez em relação ao conto oriental – para anunciar que ainda não tinha começado a fazê-lo: "Neste inverno vou tentar estudar violentamente. Preciso ler Swedenborg e Santa Teresa. Adio meu *Santo Antão*. Sinceramente, azar. Embora eu nunca tenha esperado fazer algo de bom com isso, é melhor não escrever nada do que começar a trabalhar semipreparado". Esses são os fatos. Examinando-os, mesmo que de maneira superficial, ficamos impressionados com a primeira evidência: a partir de janeiro de 1845 e até o verão de 1848, Gustave tem medo de escrever. *Bretanha* foi concebida pelos dois amigos *juntos*, provavelmente sob a influência de Maxime, que, sobre a arte da prosa, nunca se questionou; em todo caso, a decisão foi tomada na exaltação da amizade. Depois disso nenhum dos dois autores podia desistir do compromisso assumido em comum sem se sentir envergonhado diante do outro. Assim, Flaubert foi lançado numa empreitada que não podia considerar de todo *sua*, pois ela nascera da *oportunidade*, e não de uma necessidade interior; de resto, ele só escrevia um capítulo sim, outro não, e, curiosamente, numa carta a Louise, insiste na *impessoalidade* que o método conferirá à obra. De fato, não é esse anonimato que ele costuma ter em vista: diz ele com frequência que o autor nunca deve aparecer, mas está escondido em todos os lugares. Aqui, não é o que ocorre: por maior que seja a amizade que o une a Maxime, Gustave não está presente de maneira alguma nos capítulos feitos por este. Por tais razões, ele se julga *menos responsável* e, ao mesmo tempo, não esconde de Louise que considera *Bretanha* uma obra menor. Ei-lo, portanto, aventurando-se a escrever. Mas, tão logo decidiu tomar a pluma, quanta angústia, quantas reclamações! Já citamos algumas frases que demonstram bastante as suas aflições. Teremos oportunidade de apresentar outras ainda mais significativas: com aquela narrativa de viagem, de repente, a Arte e o Artista são questionados. E o projeto, concebido com alegria, transforma-se num martírio tão logo ele passa à sua execução.*

Com relação às obras *pessoais* – o "conto oriental" e *Santo Antão* – é pior ainda: ele não para de adiar o momento em que será preciso escrever a primeira palavra. Ora é um pretexto, ora outro. Tudo serve. A tal ponto que, vendo-o encomendar e depois devorar obras enormes, segundo ele necessárias à sua "preparação", mas que, conforme confessa depois, não lhe ofereceram nada, é de se perguntar se não as lê para retardar a hora em que deverá pôr as mãos na massa. É claro, isso não é de todo justo: também é preciso levar em conta suas ambições totalitárias e enciclopédicas. Mesmo assim, ele nunca ficou tanto tempo sem escrever, nunca suas vacilações revelaram com tanta clareza seu terror. Aliás, como não teria ficado aterrorizado? Acaba de declarar, no fim de *Educação*: meu fracasso radical, por uma lei rigorosa, fez de mim o gênio que eu já não esperava vir a ser. Convenhamos que é difícil pôr-se em maiores apuros. Depois

---

* Terminado o manuscrito, ele não ficará tão descontente, pois solicita a Louise que peça uma leitura a Gautier. Mais exatamente, incerto do valor da obra, acusando-se talvez de excessiva severidade, ele espera que Gautier, menos rigoroso, demonstrando entusiasmo, lhe dê uma razão para desmentir seu próprio julgamento.

dessa conclusão, ele *precisa* fazer uma obra-prima ou parar de escrever. Nada do que concebe lhe parece belo o suficiente: depois de um entusiasmo inicial, ele logo recua, por medo de se enganar e de adotar às cegas um assunto indigno dele ou que se revele acima de sua capacidade. Isso não é nada: quando o assunto parece bom, ele tem medo da *realização*; já no primeiro capítulo ou nas primeiras réplicas, ele acredita que terá demonstrado o que *vale* de verdade. Portanto, fica paralisado por duas forças contrárias: a esperança e o medo de decepcionar-se.

Estudos e leituras

Essa tensão é apenas superficial. As verdadeiras razões de sua esterilidade estão alhures. Tentaremos voltar às suas ocupações de 1845-47 para examiná-las no âmbito de uma análise regressiva. Ele fala sem cessar de seus "estudos": "estuda", "não estuda há seis semanas", promete que vai "estudar violentamente". O que é estudar para ele? Lê: Byron, Shakespeare, Teócrito etc. O que é leitura? Que importância têm livros e estudos como fatores de seu equilíbrio neurótico?

Em primeiro lugar, estudar. Significa documentar-se para si mesmo ou para *Santo Antão*, "fazer grego e latim", analisar o teatro de Voltaire, de pena na mão. Thibaudet foi quem primeiro indicou a intenção de fracasso que constitui o denominador comum dessas diversas ocupações.

Por que "analisar" o teatro de Voltaire? Um de seus motivos nos é revelado pelo fato de que, quase ao mesmo tempo, ele lê o *Curso de literatura dramática* de Girardin. Isto porque, mais ou menos nessa época, dois de seus três projetos literários são "dramáticos". Como vimos, ele se propõe escrever uma peça sobre a guerra da Córsega e encenar *A tentação de santo Antão*. Bruneau observou bem a propósito: "A razão desse estudo é bem simples: Flaubert exercitava-se a escrever argumentos, e a admirável composição das peças de Voltaire lhe servia de modelo para seus próprios roteiros".* Mas essa motivação, por mais real e deliberada que seja, não explica de todo esse estudo que chegou a ser chamado de "cretinizante". Em primeiro lugar, a apreciação

---

* Bruneau, *op. cit.*, p. 573-574.

que Bruneau faz sobre a construção das peças voltairianas me parece completamente subjetiva. *Zaíra* é bem construída? Mais que *Fedra*?* Se realmente tivermos de achar "admirável" essa peça – a menos ruim desse teatro –, o rigor do argumento a impedirá de ser uma obra medíocre? Conhece-se a ambivalência de Gustave em relação a Voltaire: ele admira infinitamente Cândido, mas descobre nas "Tragédias" "versos espantosamente tolos". Como um autor tão preocupado em afirmar a unidade de forma e fundo poderá estudar as estruturas puramente formais de uma obra cujo fundo lhe parece execrável e da qual, ele sabe muito bem, o público fugiu? Há mais: se aquilo que há pouco tempo ele chamava "pensamento" exige em cada caso uma forma literária que lhe seja própria e que o "traduza indiretamente", por que Gustave, impregnado do teatro romântico e grande amante de Shakespeare, deveria buscar na tragédia do século XVIII – que, apesar de flexibilizar a regra das três unidades, não a abandona – um modelo para construir suas próprias obras? A composição de Voltaire só será louvável se antes considerarmos que ele precisava impor a unidade de lugar e tempo às suas prolixas intrigas. Sobre a unidade de ação pode-se dizer o mesmo: Voltaire se recusa a conduzir numa mesma peça várias ações paralelas; sabe-se que os elisabetanos não se abstinham disso. Quem tem razão? Pouco importa: o teatro é vivo e suas leis variam. O que conta é que Flaubert optou por Shakespeare. Criou vários roteiros na adolescência cuja intriga se estende por vinte anos, peças históricas com vários quadros e, sobretudo, tanto em seus dramas quanto nos outros escritos, deseja pôr o mundo inteiro. Nessas condições, a obra que ele "rumina", para ser uma totalização espaço-temporal, requer outra espécie de unidade.** Como não estudaria Shakespeare, se, justamente, ele o louva por ter posto o universo inteiro em cada uma de suas grandes peças? Caberá dizer que os dramas shakespearianos não primam pelo rigor da composição? Isso só será verdadeiro se, em primeiro lugar, tomarmos como exemplares as

---

* Flaubert preferia Shakespeare a Racine, mas gostava mais de Racine do que de Voltaire como dramaturgo.

** Será observado que, de certa maneira, *Santo Antão* respeita a unidade de lugar (sua ermida) e de tempo (a duração *real* da tentação). Mas, para começar, onde está a ação? Além disso, a realidade (presença de santo Antão naquele cume específico e situável) mistura-se às visões de maneira tão inextricável que diante dos olhos temos o *mundo*, ou seja, a totalização dialética dos três transfinitos e suas relações de reciprocidade. A unidade da obra está em outro lugar, e na tragédia clássica, de ambições mais modestas, ele não podia descobri-la.

estruturas da tragédia, ou seja, um tipo francês de *integração*. De resto, se alguém declarar que as grandes obras sobrevivem aos gêneros, que o modelo pouco importa e que o estudo dos clássicos servirá ao autor pós-romântico, no próprio nível em que ele se coloca, revelando-lhe mil elos tênues de interioridade que, para além de todas as regras de uma época, podem guiar-lhe a inspiração, responderei: então ele precisaria "analisar" Racine ou, ainda melhor, aquele Molière de quem ele montou e encenou tantas peças na infância, cuja "composição" é muito mais severa e rigorosa do que a de *Zaíra* ou de *Édipo**, Molière que mais tarde ele mesmo dirá ter sido um romântico.** Ademais, será que ele acredita mesmo que a desmontagem das peças voltairianas é de fato um bom aprendizado da arte dramática? Todos os autores concordam no seguinte: a única maneira de aprender, nesse campo, é lançar-se de imediato à criação. E era realmente isso o que entendia Gustave, quando se tratava de contos e novelas. Ele não fazia análise de seus escritores favoritos: praticava em relação a eles aquilo que Chénier de modo curioso chamou de "imitação inventiva", ou seja, sem se demorar na dissecação, ele passava imediatamente à síntese; não se tratava de empréstimos nem de pastiches***, porém, mais simplesmente, em vez de dissecar o cadáver de uma obra, ele lhe insuflava sua própria vida, *fazendo-a funcionar* no interior de uma empreitada que se apropriava de seus esquemas diretivos e do seu estilo, superando-os em direção a fins originais: o melhor exemplo desse procedimento continua sendo *O anel do prior*, pouco diferente do modelo que Gustave encontrou em seu livro de narrações, mas cuja espantosa profundidade reside, justamente, nessa diferença mínima. A análise das tragédias voltairianas, ao invés de ser um meio real de assimilar regras da composição dramática, deixa clara a timidez do jovem autor, que se sente acuado, e serve-lhe de desculpas para não escrever.**** Não será por esse motivo, justamente, que ele se

---

* Em especial porque os efeitos cômicos exigem uma preparação inteligente e uma intriga densa.

** *Correspondance*, t. VIII, p. 371. A Léon Hennique, 3 de fevereiro de 1880.

*** Se bem que Gustave, com muita lucidez, fez questão de chamar de "pastiche" um conto – aliás, logo abandonado – que se inspirava vagamente em Sade. Segundo ele, teria sido melhor chamá-lo de "exercício de sadismo".

**** É preciso levar o amor de Flaubert ao ponto do delírio para afirmar, como fez um crítico, que suas dissecações de Voltaire lhe serviram mais tarde, quando ele trabalhava no argumento de *Madame Bovary*. Em primeiro lugar, o teatro e o romance são coisas tão diferentes que, de qualquer maneira, o autor que (cont.)

enfada tanto enquanto faz anotações sobre *Zaíra*? Está cumprindo uma missão de retardamento, mas seu coração não está nela. Quando fala do assunto, veja-se a estranha fórmula que sai de sua pluma: "Isso pode me ser útil mais tarde". É o próprio utilitarismo – utilitarismo Flaubert, tão detestado – que lhe ditou essa missão. Gustave usa as mesmas palavras de um funcionário que queira fazer carreira: "Estou fazendo cursos de contabilidade comercial duas vezes por semana. É enfadonho, mas poderá me ser útil mais tarde". Há algo de insano tanto na empreitada quanto na justificativa que ele dá para ela. Sobretudo porque está perfeitamente consciente da *inutilidade* de seu trabalho; de um extremo ao outro de sua vida, ele disse e repetiu de uma forma ou de outra que não há "técnica" em literatura. E é verdade: como forma e fundo são inseparáveis, a cada vez que queira pôr em prática uma concepção nova, o artista se vê como iniciante diante da tarefa, e, em vez de ajudar na sua atividade, os hábitos que tenha adquirido em trabalhos anteriores acabarão por representar no trabalho atual escleroses e estereótipos que o impedem de adotar uma atitude adequada e de fato livre diante de seu assunto; portanto, é conveniente que ele se desvencilhe de tais hábitos na medida do possível, e que renuncie às facilidades que eles lhe dão.

Portanto – como ocorre com frequência com Gustave – é preciso procurar a explicação de seu comportamento naquilo que ele diz, e não naquilo que ele quer dizer. "Isso poderá me ser útil... embora haja nas tragédias versos espantosamente tolos." E sobre o *Curso de literatura dramática* de Saint-Marc Girardin: "É bom conhecer (expressão burguesa equivalente a "é útil conhecer") para saber até que ponto pode chegar a tolice...". Note-se que o "até onde pode chegar a tolice" da segunda frase corresponde exatamente ao "embora seja tolo" da primeira. O "embora" desta não seria, como diz Proust, um "porque ignorado"? Nesse caso, ele não teria optado por estudar Voltaire, *embora* suas tragédias fossem execráveis, mas justamente

---

(cont.) saiba "costurar" uma peça nem por isso é capaz de compor uma obra romanesca. O inverso também é verdadeiro. Quando alguns escritores tentaram alternar-se na arte dramática e na da narrativa, a experiência que adquiriram em uma delas acabou por atrapalhar na outra, foi preciso que eles se desvencilhassem dela. Além disso, Flaubert criou o romance moderno pela exata razão de que ele nunca soube *costurar* seus livros: para nossa sorte, ele ignorava as "regras da composição", e, se *Madame Bovary* tem a coerência de uma planta que cresce e a unidade de escoamento de um lento riacho, se nela, apesar das "cenas por fazer", encontramos uma balbuciante harmonia *natural*, é porque ele era perfeitamente incapaz de planejamento: voltaremos a isso.

porque o são. Flaubert continuou sendo o homem do ressentimento que esquadrinha as grandes obras para nelas encontrar fraquezas que permitam rebaixar seu autor. Jules não fazia mistério disso; até mesmo se gabava: "Por isso, estava em busca da coragem demonstrada pelos covardes... procurava a virtude praticada pelos viciosos e ria do crime cometido pelos bons. Essa igualdade contínua do ser humano, seja ela qual for e em todo lugar onde ele se encontra, parecia-lhe uma justiça que lhe amainava o orgulho, consolava-o das humilhações interiores, devolvia-lhe por fim seu verdadeiro caráter de homem e o repunha em seu lugar". Flaubert durante toda a vida manterá essa atitude, e é a ela que devemos a segunda parte de *Bouvard e Pécuchet*, recentemente publicada.* Voltaire como narrador é objeto de sua admiração. *Cândido* é uma obra "espantosamente grandiosa"**: perfeito! Vamos estudar Voltaire como dramaturgo, em suma, um grande homem naquilo que ele tem de pior. Disso não extrairá mais do que uma vaga noção daquilo que é preciso não fazer e assim será possível sentir piedade, como bom apóstolo, da fraqueza humana dos melhores.

Será a única razão? Não: Gustave não sabe compor, isso já foi bem visto em *Novembro*; está muito consciente disso e, quando pensa no assunto, é atormentado pela angústia. Tampouco ignora que *Educação*, com a brusca hipertrofia de um personagem secundário às expensas do protagonista, não é um modelo de unidade. Ora, o próprio princípio da Arte ele descobriu na totalização: tudo está subordinado a ela; a lei fundamental é que nada deve ser preferido, detalhe, caráter, cena, tudo está lá para desaparecer ao anunciar de modo alusivo o todo inapreensível e presente em todas as suas partes. Adquirir as técnicas e a composição, portanto, parecia-lhe como que uma necessidade vital para o artista. Por isso ele se lança a Voltaire, para calar por um momento suas ansiedades. Mas de que poderá lhe servir essa vã atividade de decomposição cuja inutilidade ele é o primeiro a conhecer? *De nada*, se ele continuar na esfera do real. Mas por que supor que continuou? E se esse trabalho fosse apenas uma ressurreição simbólica de sua pseudoatividade passada: de 1842 a 1844 ele *fazia de conta* que lia e analisava o código civil, de pena na mão. Parece até que quis transportar uma aparência de estudo do direito para a Arte. Como se quisesse ao mesmo tempo ridicularizar a ação em todas as

---

* Recenseamento que pretendia ser exaustivo de todas as tolices que pudessem escapar de uma pluma.

** A Louise, 1847. *Correspondance*, t. II, p. 67.

suas formas, menos no nível do aprendizado literário, e justificar-se introduzindo em sua vida de artista um lembrete dos constrangimentos e das torturas de sua vida de estudante; como se seu estudo repulsivo e estúpido – semelhante ao de um monge copista – não fosse feito para lhe dar o domínio de um método, *mas para lhe dar mérito*. Justificação? Mérito? Para quem? É cedo demais para decidir.

Caberá dizer, pelo menos, que está estudando quando se "prepara" para seu conto oriental devorando toda uma biblioteca – e outra inteira, que compreende Swedenborg e Santa Teresa, para rechear seu primeiro *A tentação*? Dessa vez ele tem um objetivo positivo a reger toda a empreitada, que é *aprender* assuntos precisos. No entanto, devemos olhar melhor. Veremos, em primeiro lugar, que essa necessidade de documentação, surgida de repente e que nunca mais o abandonará, neste caso funciona como *álibi*. É para documentar-se que ele adia incessantemente para o dia seguinte o seu conto oriental, para documentar-se ele posterga *A tentação* de um verão ao outro. E, embora esse "estudo" preparatório tenha outros aspectos que depreenderemos depois, por esse motivo ele se integra a toda a empreitada protelatória que ocupa os anos de 1845-48. Em segundo lugar, será um estudo? Observo primeiro que há dois momentos distintos da preparação. Em primeiro lugar, ela consiste em alimentar o sonho, ou seja, em fornecer certos esquemas ao livre jogo da imaginação. Aqui se trata menos de "cor local" que de música local: "Estou cuidando um pouco do Oriente por enquanto, não como objetivo científico, mas pitoresco: busco a cor, a poesia, o que é sonoro, o que é quente, o que é belo". O objetivo confesso, afinal de contas, seria *imaginar orientalmente*, embora, por mais dirigida que seja, essa irrealização conserve certo caráter onírico que a aparenta aos "devaneios" contra os quais ele alertou Maxime. Mas, no mesmo parágrafo e sem transição, Flaubert indica o segundo aspecto dessa "ocupação". De fato, assim que declara ser seu objetivo apenas descobrir o Oriente pitoresco, ele cita entre suas leituras "um grande trabalho de Burnouf sobre o budismo e o Alcorão". Depois acrescenta: "Se conheceres algum bom trabalho (resenha) sobre as religiões ou as filosofias do Oriente, indica-o". Dessa vez, a preparação é "científica": trata-se de adquirir um saber. Com que fim? Será o de rechear sua obra futura, determinando direta ou indiretamente comportamentos e discursos de seus personagens a partir desses novos conhecimentos? É isso o que Zola fará mais tarde: o propósito de Flaubert seria então francamente realista. Ou estará querendo apenas obter salvaguardas, evitar incidir no erro puro e simples ou no anacronismo? Voltaremos a essa questão difícil quando estudarmos a atitude de Gustave diante do realismo. O que nos interessa aqui é o fato de que ele contesta *de antemão* e de modo radical o "estudo" que quer empreender: "Como estás vendo, o campo é vasto. Mas ainda se encontra muito menos do que se acredita; é preciso ler muito para chegar a um resultado nulo. Muita tagarelice em tudo isso, nada mais". Não está errado: todos os que quiseram informar-se de modo sistemático sobre um assunto de interesse geral sabem muito bem que na maioria das vezes há uma ou duas obras básicas e, para determinado período, todos os livros pouco mais fazem que comentá-las ou parafraseá-las; assim, para descobrir nestes alguma informação original, é preciso aceitar repetições, comentários ociosos, em suma, aquilo que ele chama "tagarelice". Mas, se lermos com atenção o que ele escreveu, verificaremos mais uma vez que sua pluma o traiu e, indo além de suas intenções claras, revelou sua ideia profunda. Seria de se esperar: "É preciso ler muito para chegar a um resultado magro" e "muita tagarelice em tudo isso e poucas ideias novas". Mas, se o resultado é *nulo*, se a tagarelice preenche *tudo*, por que Flaubert se daria o trabalho de ler? O fato de aqui ele pensar e sentir em dois planos a um só tempo nos é confirmado pela estrutura da última frase: "Muita tagarelice em tudo isso..." implica que há *outra coisa* além de tagarelice. No entanto Flaubert acrescenta: nada mais. Assim, as suas frases que, lidas com rapidez, parecem simples restrições, ao exame mais atento mostram-se como negações radicais. Consideradas desse ponto de vista, elas revelam muito bem sua atitude diante da cultura – a mesma que mais tarde dará origem a *Bouvard e Pécuchet*. De fato, por que está lendo? Por que encomendar essas obras que o farão perder tempo? Pois bem, primeiramente para perdê-lo. Em segundo lugar, *teoricamente* para adquirir algum saber, apesar de tudo; *na verdade* – esteja ele ou não de todo consciente – para destruí-lo, ou seja, para que o pretenso conhecimento dos especialistas, interiorizado, revele sua inanidade. Por fim, de modo mais profundo, para merecer o direito de escrever, graças a seus fastios. Encontra-se aqui a estranha intenção que preside sua análise das tragédias voltairianas: ele se mata para fazer um trabalho que lhe repugna e *que não serve para nada* – coisa de que sabe muito bem –, como se esse inútil penar tivesse o valor de um sacrifício ou de uma prece, como se o *labor improbus*, com as coerções que lhe impõe, tivesse a função de torná-lo agradável a testemunhas ocultas. Voltaremos a isso.

O fato é que ele "faz" grego e latim. Vamos falar disso! Como um jovem burguês de vinte anos que recebeu cultura clássica, como um "herdeiro", para empregar o termo utilizado por Bourdieu e Passeron, dá um jeito de "fazer grego várias horas por dia" sem "nunca chegar aos verbos"? Em agosto de 1845, ele esperava "com paciência (entender bem) Sófocles dentro de um ano". *Sete anos depois* do prazo previsto, 30 de setembro de 1853, escreve: "Também estou começando a entender um pouco Sófocles, o que me deixa feliz". Na sexta-feira, 31 de março de 1841, ele expunha a Ernest sua programação para o dia seguinte: "Vou me levantar como de costume às quatro horas e estudar Homero". Em 14 de fevereiro de 1850, de Beni-Suef, a bordo da canja que sobe o Nilo, ele fala à mãe da "boa vida" que está levando: "Preguiçamos, flanamos, devaneamos. Pela manhã, estudo grego, leio Homero". Caberá admirar tanta perseverança ou afligir-se pelo fato de ele ser tão pouco recompensado? Latim é outra coisa. E tem crédito quando diz a Louise, em 1853: "Quanto a Juvenal, a coisa flui com rapidez, a não ser por um ou outro contrassenso que percebo depressa". Isto porque em língua latina suas bases são sólidas, adquiridas no colégio: na época insistia-se muito mais no latim, tanto porque essa língua está na origem direta do francês, quanto porque era uma linguagem sagrada (a Igreja mantinha esse morto em vida); além disso, essa língua servira durante vários séculos – e ainda servia um pouco – como veículo: portanto, para compreender Juvenal bem o suficiente, ele só precisava ampliar seus conhecimentos; para compreender Sófocles, precisava *aprender grego*, que ele quase nada sabia ao sair do colégio. Como fazê-lo? Sem dúvida ele se valia de traduções, pois escreve à sobrinha em 1864: "Como bem imaginas, pouco pensei em teu Homero. A melhor tradução que conheço é a de Bareste; tem um pouco de paciência, vou encontrá-la para ti". Ele decifrava as palavras gregas, pressentia o significado, lia então a versão francesa e, voltando ao texto original, compreendia-o à luz desta.*
Essa atividade passiva manteve-se até a viagem ao Oriente e durante alguns períodos de ociosidade, no Egito; será retomada de modo intermitente até 1853. Depois disso, ele sequer faz mais menção a ela em sua Correspondência. O que restará? Nada: em definitivo, ele nunca soube ler grego e, algum dia, por volta de 1853 ou 1854, percebendo a inutilidade de seus esforços, terá mandado livros e dicionários às

---

* Em todo caso é o que faz com Shakespeare: isso ele diz de maneira clara em suas cartas.

favas. A que corresponde essa perseverança? Sem dúvida alguma, ele queria completar seus conhecimentos da antiguidade. Mas, se fosse só isso, será de se crer que em quinze anos não tivesse conseguido? Se quisermos entender esse fracasso surpreendente, precisaremos pegar as coisas pela raiz e – como ele "está lendo" Homero – perguntar-nos o que significa para ele a *leitura*.

Note-se, para começar, que se trata acima de tudo de releitura. Sem dúvida, ele está atualizado: leu Stendhal. Além disso, vimos que está "preparando" seu conto oriental e *A tentação* lendo obras de especialistas ou – de cambulhada – dramas indianos (*Sakuntala*), livros sagrados. Mas o que chama de *ler*, o que considera uma das obrigações de sua vida de artista, ele tem o cuidado de especificar que se trata de reler. Em 23 de fevereiro de 1847, escreve a Ernest: "Se só voltasses daqui a dez anos... provavelmente me encontrarias à mesa, na mesma postura, debruçado sobre os mesmos livros ou esquentando as pernas no sofá a fumar um cachimbo, como sempre". Acrescentava no mesmo parágrafo: "Só eu sobrei, só eu não mudo de lugar, não mudo de existência nem de nível".* Percebe-se como o tema da releitura e o da imutabilidade estão ligados.** Debruça-se sobre os mesmos livros porque é o mesmo homem, é o mesmo homem porque se debruça sobre os mesmos livros. Ocorreu-lhe tornar mais preciso esse pensamento: acaba de "terminar" Shakespeare; quase de imediato retoma-o do início e anuncia que recomeçará sem interrupções sua leitura até que "as páginas fiquem em suas mãos". Aliás, é o que ele faz com muitas outras obras. Goethe, Petrônio, Apuleio, Rabelais, Montaigne. A respeito deste último, dez anos depois ele erigirá a sua releitura a método. À srta. Leroyer de Chantepie, que lhe perguntou que livros poderia ler: "Leia Montaigne, leia-o devagar, pausadamente! Ele *a acalmará*. E não dê ouvidos a quem fale do egoísmo dele... Mas não leia, tal como as crianças, para divertir-se, nem como os ambiciosos, para instruir-se. Não, leia *para viver*. Crie para a sua alma uma atmosfera intelectual que seja composta pela emanação de todos os grandes espíritos. Estude Shakespeare e Goethe a fundo...

---

* *Correspondance*, t. II, p. 11.

** O tempo da leitura – quando ele devorava livros novos, em que se iniciava com entusiasmo em Goethe, Byron e Shakespeare – era o tempo da adolescência e da juventude. Este se "encerrou" em janeiro de 1844. O velho sobrevivente *relê o que leu* o jovem morto.

Mas recomendo-lhe primeiro Montaigne. Leia-o de cabo a rabo e, quando terminar, recomece".* Assim, a obra-prima está integrada no tempo cíclico que, para Flaubert, é um sucedâneo da atemporalidade; Shakespeare repete-se como as estações e as festas, as cerimônias familiares, as refeições, as noites e os dias. Seus livros favoritos fazem parte da ordem repetitiva: Shakespeare e Sade *retornam*; o modo de eternidade deles é o modo do eterno retorno. Talvez fosse melhor dizer que esses cadáveres requintados introduzem nessa repetição, ainda demasiado temporalizada, um toque de verdadeira eternidade: a da morte.

No entanto – indicando à sua correspondente um método que ele criou e deu certo – Gustave nos diz: "Leia *para viver*". A vida acaso não será um processo orientado? Por certo. Mas também é – ainda mais que a matéria inanimada – o espaço da repetição: os mesmos órgãos atendem às mesmas necessidades. E é nesse aspecto, só nele, que Gustave a considera. Por isso, sua carta de 1857 é reveladora: não devemos ler para nos alegrarmos nem, sobretudo, para nos instruirmos. Em ambos os casos, mudamos; o romance "divertido" reintroduz o tempo vetorial; queremos saber o que acontecerá, temos pressa de chegar ao fim, em suma, instalamos em nós durante algumas horas aquilo que Gustave quis arrancar de si para sempre: um destino, as fatalidades de outro. Quanto a instruir-se, é produzir em si conhecimentos novos que expõem ao risco de transformar o equilíbrio interior. Além disso, de qualquer maneira, a aquisição do saber é um processo dialético, portanto uma temporalização. Contudo, Flaubert incentiva a srta. Leroyer de Chantepie a "estudar Shakespeare e Goethe a fundo". Estudar não é instruir-se? Não, não se pode imaginar – quaisquer que sejam os estranhos *lapsus calami* que povoam sua Correspondência – que ele se tenha contradito de modo *consciente* num mesmo parágrafo. Seria melhor tomar essas palavras com o sentido usado por um pianista amador: "Neste momento, estou estudando Chopin", o que pressupõe, é claro, a aquisição de certas estruturas psicofisiológicas e, talvez, um progresso *geral* da velocidade, mas não acarreta nenhum *conhecimento* preciso sobre a arte de Chopin, sobre seu método nem sobre os aperfeiçoamentos com que ele contribuiu para seu instrumento favorito; *aprende-se* mais ou menos a tocá-lo, a decifrá-lo até, mas, no que se refere ao próprio compositor, só se atinge certa *compreensão*,

---
* Junho de 1857, *Correspondance*, t. IV, p. 197. Grifo de Flaubert.

talvez bastante precisa, mas "indizível", de sua sensibilidade. Sim, estudar Chopin, para quem não é músico, musicólogo nem artista, é instalar em si uma sensibilidade que foi real para este e que, para o amador, não passa de uma variante imaginária de seus próprios sentimentos. Eis justamente o que Flaubert quer: "criar para a sua alma uma atmosfera intelectual que seja composta pela emanação de todos os grandes espíritos". O ecletismo faz parte da época, foi de Cousin que Gustave o extraiu, ainda no colégio. Aliás, ele poderia dizer, tal como Alain mais tarde: "O verdadeiro Hegel é o Hegel que é verdadeiro" – opinião que não compartilho*, mas que é defensável. Os poucos "grandes espíritos" que ele admira sem reservas reúnem-se, segundo imagina, quando atingem os píncaros: por essa razão ele escolhe a imagem *atmosfera intelectual*, que evoca de propósito uma multiplicidade de interpenetração e até, sob as correntes que a fundem, uma homogeneidade fundamental. Na verdade, para ele, trata-se de associar sensibilidades imaginárias; ele precisa disso sobretudo porque a dele – conforme repetiu com bastante frequência – morreu em Pont-l'Évêque. Essas sensibilidades de empréstimo são naturalmente *estéticas* – não se trata apenas de *sentir* irrealmente, mas por meio de uma apercepção de artista. Em suma, ele acrescenta cordas a seu instrumento: o riso rabelaisiano, a revolta e o sarcasmo byroniano, o orgulho demiúrgico de Goethe, as invenções erótico-épicas de Sade, a ironia e o ceticismo de Montaigne, as paixões cósmicas de Shakespeare. Isso equivale, afinal, *a tornar-se Rabelais pelo riso e Byron pela raiva* etc. Esses gênios são *papéis* que ele se reserva para encenar um por vez. *Estudá-los a fundo*, para ele, não é fazer um exame crítico das obras deles nem mesmo recensear seus temas, nem, sobretudo, procurar – como fazemos aqui mesmo – reconstituir a unidade de um sentido intencional através da diversidade das significações. Trata-se apenas de encontrar neles oportunidades de vertigem e instalá-las "em torno de sua alma" como possibilidades permanentes. Por essa razão mesmo só é preciso *reler*: isso significa reavivar de modo incessante sua lembrança do *papel Rabelais* ou do *papel Montaigne*. Para compreendermos melhor esse tipo de atividade, tentaremos apanhá-lo em flagrante: por exemplo, relendo Shakespeare.

---

* Verdadeiro de *qual verdade*? Em que tempo, para quem? Além disso, não se será verdadeiro *também* no erro? Um crime caracterizará menos o seu autor do que um ato de heroísmo? E se – como ocorre com frequência – um mesmo agente comete os dois, que insano otimismo pretenderia só levar em conta a ação positiva?

Agosto de 1845: "Terminei hoje *Timão de Atenas*... quanto mais penso em Shakespeare, mais me sinto esmagado por ele. Lembre-me de falar sobre a cena em que Timão quebra a cabeça de seus parasitas com os pratos da mesa".* 27 de setembro de 1846, a Louise: "Quando leio Shakespeare, fico maior, mais inteligente e mais puro. Chegando ao ápice de uma de suas obras, tenho a impressão de estar no alto de uma montanha: tudo desaparece e tudo aparece. Deixa-se de ser homem, passa-se a ser olho; surgem horizontes novos, as perspectivas estendem-se ao infinito; a gente não acha... que se agitou nesse formigueiro e que faz parte dele. Escrevi outrora, num ímpeto de orgulho feliz (que eu gostaria muito de recuperar), uma frase que compreenderás. Foi falando da alegria causada pela leitura dos grandes poetas: 'Às vezes parecia-me que o entusiasmo que eles me davam me tornava igual a eles e me fazia subir até eles'."**

Esses textos, os que citei em nota e muitos outros mostram bem que Gustave só lê Shakespeare em relação direta e quase *introvertida* consigo mesmo. Ora se sente *esmagado* pela comparação que faz entre seu "talento" e o "gênio" shakespeariano, ora a "exaltação" o torna igual ao autor que a provocou. Reconhecemos aí a ambivalência dos sentimentos que ele sempre nutriu pelos "grandes homens". Admira-os quando o movimento da leitura lhe permite identificar-se com eles; fechado o livro, diminuída a exaltação, ele se enfurece na solidão, convicto de que nunca será igual e eles. Alternância de elevação e queda, esquema do alto e do baixo: conhecemos isso. Flaubert *lê para ter acesso ao êxtase*: Shakespeare é o bom senhor que faz sinal para que seu homem suba até ele. É a imagem de um Pai, outra vez, mas de um pai acolhedor, que não seria cirurgião, mas artista, e que permitiria a seu caçula identificar-se com ele. *Depois da* leitura, tem-se a recaída, o exílio, o esmagamento. Mas o livro está ali para servir de curativo às feridas que provocou: basta reabri-lo. Nas mesmas páginas: pouco importa. As cartas de 1854 nos esclarecem sobre o modo como Gustave relê. Em 29 de janeiro ele diz que se sentiu "esmagado durante dois

---

* O mesmo tema e as mesmas palavras surgem *nove anos depois* a respeito do *Rei Lear*: "...senti-me *esmagado* durante dois dias por uma cena de Shakespeare... Esse indivíduo vai me deixar louco". 29 de janeiro de 1854. *Correspondance*, t. IV, p. 18.

** O mesmo tema e as mesmas palavras surgem *oito anos depois* a respeito do *Rei Lear*: "...O conjunto de suas obras produz em mim um efeito de estupefação e exaltação, tal como a ideia do sistema sideral. Nelas eu vejo apenas uma imensidão em que meu olhar se perde com deslumbres". Março de 1854. *Correspondance*, t. IV, p. 46.

dias" pela cena I do ato III de *Rei Lear*. O contexto indica com clareza que ele comparou essa cena com seu próprio trabalho – está escrevendo *Madame Bovary*.* No entanto, retomará a leitura, pois escreve *no mês de março*: "Reli esta semana o primeiro ato do *Rei Lear*". Portanto, começou pelo terceiro ato e acabou pelo primeiro. Isso significa que as *releituras* nunca são efetuadas *da capo*: ele já sabe quais são os trechos que quer reencontrar, vai diretamente a eles – e pouco importa se estão situados no meio ou no fim da obra. Ele *comunica-se* com o autor colocando-se *fora do tempo* diante da cena que julga sublime ou que já conhece bastante para prever os sentimentos que ela despertará. Depois disso, pode ocorrer-lhe de voltar atrás e, se o texto escolhido de início estiver no meio da obra, ele pode remeter-se ao início, mas é facultativo. Em outros termos, esses contatos místicos destroem a temporalidade, o desenvolvimento interno e a dialética da obra. Gustave, eterno, vive num momento de eternidade.

De resto, o que espera de Shakespeare e o que encontra nele? Para sabê-lo basta folhear sua Correspondência: nela encontramos a respeito os mesmos julgamentos, repetidos ano após ano. Em primeiro lugar, Shakespeare é *o maior* porque é cósmico. 1846: "Os mais grandiosos... resumem a humanidade; deixando de lado sua personalidade para serem absorvidos pela personalidade dos outros, eles reproduzem o universo... Shakespeare é (um deles)... É um colosso que espanta, é difícil acreditar que isso fosse um homem...". 1852: "Shakespeare é algo de formidável nesse aspecto. Não era um homem, mas um continente; havia grandes homens nele, multidões inteiras, paisagens...". Enfim, ele conseguiu o que Gustave considera o objetivo supremo da Arte: a totalização. O que Flaubert mais admira nele é a impessoalidade: "Quem me dirá o que Shakespeare amou, odiou etc.?". Ele pôs suas paixões entre parênteses, tal como Gustave em Pont-l'Évêque, tal como Jules no fim de *Educação*. Por isso mesmo, é sobre-humano, e quem o relê "deixa de ser homem, passa a ser *olho*". Em suma, a impessoalidade de Shakespeare produz a impessoalização do leitor. Todos esses temas nós reconhecemos: Flaubert admira na obra shakespeariana o seu próprio projeto bem-sucedido. É isso o que explica o fato de ele poder irrealizar-se em Shakespeare: o papel de Shakespeare é o de Gustave, desempenhando o que ele gostaria de ser; a identificação amplificadora, portanto, a todo instante é possível. Assim, o objetivo da releitura é, afinal, provocar o sonho: "O que me parece

---

* "É quando contemplamos esses pincaros que nos sentimos pequenos: nascidos para a mediocridade, somos esmagados pelos espíritos sublimes."

mais elevado na Arte (e o mais difícil) não é fazer rir, fazer chorar, nem deixar ninguém excitado ou enfurecido, mas agir à maneira da natureza, ou seja, *fazer sonhar*.* Assim, as belíssimas obras têm esse caráter... Homero, Rabelais, Michelangelo, Shakespeare... parecem-me *impiedosos*. É uma coisa sem fundo, infinita, múltipla. Por pequenas aberturas, percebemos precipícios; embaixo há escuridão, vertigem. No entanto, algo de singularmente doce plana sobre o conjunto".**

As releituras de Flaubert nada têm de decifração atenta; procuram, nas entrelinhas, o que pode prestar-se a seu onirismo dirigido. Com o texto propriamente dito, não se preocupam muito: este oferece pretextos, só isso. Vejamos, por exemplo, como ele relata a Louise aquela cena do *Rei Lear* que o deixou esmagado durante dois dias. "Na primeira cena do ato três... todos, no auge da miséria e num paroxismo completo por estarem assim, perdem a cabeça e tresvariam. Há três loucuras diferentes a urrarem ao mesmo tempo, enquanto o bufão faz pilhérias, a chuva cai e o relâmpago brilha. Um jovem nobre, que no começo era rico e bonito, diz o seguinte: 'Ah! Conheci as mulheres etc., fui arruinado por elas. Desconfiai do leve sussurro de suas vestes e do toque-toque de seus sapatos de cetim'".*** Esse trecho justifica alguns comentários. Em primeiro lugar, as indicações estão erradas: não se trata da primeira cena, mas da segunda e da quarta. Esse detalhe não teria importância se Gustave não tivesse acabado de reler a peça, ou, em todo caso, o terceiro ato. O mais grave é que em vão buscaríamos *três* loucuras. Por mais que eu conte e reconte, só encontro duas. Pois a cena II transcorre entre Lear, o bufão e Kent, homem de bom senso e súdito leal, que quer convencer Lear a abrigar-se. Aí está *um* louco: o velho rei errante. Podemos fazer essa concessão por complacência e porque esse erro era comum na época romântica. Na verdade, é um velho imbecil e teimoso, que logo será elevado à grandeza pela miséria para logo *em seguida* perder o juízo. Há então uma cena intercalar com Gloucester e o filho Edmond: um velhote logrado e um traidor, o que dá duas pessoas normais. Retorno a Lear: começa a cena IV, aquela cuja beleza deixa Flaubert espantado. Lear, Kent, o bufão diante de uma cabana onde Edgar se refugiou. Este logo sai: será o segundo

---

* Como vimos acima, é exatamente o que Jules considerava em 1844 como relação unívoca (e indireta) do autor com o leitor: convite ao sonho.

** A Louise, 26 de agosto de 1853. *Correspondance*, t. III, p. 322. Grifo de Flaubert.

*** *Correspondance*, t. IV, p. 18. 29 de janeiro de 1854.

louco. Onde está o terceiro? O velho Gloucester, que aparece no fim, não perdeu o juízo durante esse tempo. O mais interessante, porém, é que a loucura de Edgar *é fingida*. Perseguido, ele declarou num monólogo (ato II, cena III): "Não há porto livre, não há lugar onde a guarda e a mais rigorosa vigilância não espreitem para prender-me. Por isso, enquanto puder escapar estarei salvo; estou resolvido a assumir a aparência mais vil e miserável com que a penúria, em seu desprezo ao homem, o aproxima ao máximo do animal." Depois ele reaparece ajuizado: *está se fingindo* de louco para proteger-se, e diz o seguinte: "Triste missão ter de fingir-se de louco diante da dor". Alguns críticos recentemente opinaram que se trata de um *supersimulador*, ou seja, que o fingimento da loucura esconde uma loucura autêntica. Isso é admissível para Hamlet, mas não neste caso, em que a simulação é declarada, e a supersimulação, perfeitamente inútil. O importante é que só Lear acha que ele é louco. Pois o personagem central da cena é Lear, rei que descobre sua própria nudez: e o que Flaubert não viu (e, se visse, acaso teria dito "três loucuras diferentes a urrarem ao mesmo tempo"? – tantos são os erros quantas são as palavras) é que o bufão – louco profissional e imagem de certa Razão cética – e o simulador são *necessários* à evolução de Lear: os personagens, ao invés de "urrarem ao mesmo tempo", têm um estranho colóquio, diálogo de surdos, subconversa cujo resultado é a fulgurante intuição de Lear, lentamente produzida. "O homem sem adornos nada mais é que um animal nu e bifurcado como tu. Fora, fora com esses empréstimos. Desabotoa aqui!" Está claro que o sentido dialético da cena escapou a Flaubert, embora ele tenha percebido que "todos estavam no auge da miséria e num paroxismo por estarem assim". O mais impressionante, porém, é que os detalhes e as significações secundárias estavam diante do seu nariz e ele não os percebeu. Edgar não diz: "Ah! Conheci as mulheres e fui arruinado por elas...", o que não teria sentido algum, pois, na verdade, esse simulador, caluniado pelo meio-irmão, abandonou os bens e renunciou a seu estilo de vida *para fugir* da vindita do velho Gloucester. É bem diferente o significado da longa tirada em que exclama: "Não deixes que o ranger de uns sapatos e o sussurro das sedas entreguem teu pobre coração à mulher"*: está se lembrando da vida passada, mas, ao invés de se arrepender dela ou

---

* Na tradução fr. de Pierre Leyris e Élizabeth Holland, edição Pléiade, I, II, p. 915-916.

de se comprazer com as lembranças, ele a julga sem piedade: nesse sentido, sofre a mesma evolução de Lear, porém mais rapidamente*, e é ele que o leva por fim a gritar: "Fora, fora com os empréstimos". Sob a aparência da loucura simulada, o proscrito oferece uma mescla surpreendente de saudade e autoacusação – saudade a se defender de si mesma denegrindo o passado; autoacusação que surge a cada frase como julgamento do presente sobre os dias passados, a deteriorar de modo intencional o encanto das lembranças. E a frase "Não deixes que o ranger dos sapatos..." etc. não deve ser completada com "senão ficarás arruinado": ela é um imperativo categórico que define normas de vida em função de uma austeridade redescoberta – que se coaduna com a moral cristã. Com efeito, numa réplica anterior de Edgar, encontramos um resumo dos mandamentos: "Cuidado com o demônio impuro; obedece a teus pais..." etc. Na verdade, a beleza da cena está no fato de pôr um pai, espoliado por duas filhas e não reconhecido à terceira, diante de um filho não reconhecido e expulso pelo pai por instigação do meio-irmão. Como se Lear estivesse diante de Cordélia *que se tornasse outra* – ou seja, que tivesse mudado de sexo – e, instintivamente, se apegasse a Edgar em função dessa semelhança.** Nesse nível, entrecruzamentos, metamorfoses e correspondências não têm a intenção de levar a conclusões filosóficas e, sobretudo, não são *símbolos de nada*, mas conferem à cena inteira uma obscura e profunda unidade cheia de sentidos; é *isso mesmo* o que deveria ter agradado a Flaubert, pois se trata de uma *forma estética* que de modo indireto sugere o fundo. Se ele não o sentiu, foi simplesmente porque entre duas releituras esqueceu o personagem Edgar. Prova disso é a maneira vaga com que o apresenta: "Um jovem nobre, que no começo era rico e bonito...". O mínimo que se pode dizer é que riqueza e beleza não estão em questão: quando Edgar aparece pela primeira vez, seu meio-irmão, o bastardo Edmond, já manipulou bastante Gloucester; de modo que vemos nele, *em primeiro lugar*, um jovem simpático e ameaçado que, com toda a inocência, é arruinado.

---

* Cabe lembrar que ele resolveu "assumir a aparência mais vil e miserável com que a penúria, em seu desprezo ao homem, o aproxima ao máximo do animal". Em suma, o grau zero de humanidade. É do ponto de vista da penúria, com o puritanismo da miséria, que ele agora denuncia as falsas aparências do luxo e as mentiras da vida civilizada. É o homem nu a julgar o cortesão de baixo para cima.

** Ainda que Edgar só acuse a si mesmo provavelmente *também* com a intenção de não acusar o pai.

Na mesma época, Flaubert sabe ler com atenção as obras de Bouilhet e de Louise, dando-lhes sábios conselhos e, um pouco mais tarde, saberá julgar e criticar muito bem os livros de seus contemporâneos. Ora, eis que afirma estar *esmagado* por uma cena e não é capaz de sequer interpretar sua intenção geral e seus detalhes com exatidão. No entanto, é *verdade* que ela é bonita, e pode-se admitir que é a mais bela da peça. Assim, paradoxalmente, ele tem razão em admirá-la, ainda que por motivos errôneos. É como se seu *gosto* soubesse detectar as mais raras belezas, mas o jovem fosse incapaz de explicar depois suas escolhas. Na verdade, ocorre a nós todos, diante de uma peça, um romance ou um poema, sermos tomados por uma emoção profunda sem que possamos explicar o que nos tocou. Mas, no caso de Flaubert, essa incapacidade é levada ao extremo, pois ele se entusiasma, ao que parece, sem compreender o que está lendo. E como admitir que ele seja *"esmagado durante dois dias"* sem ter a tentação de voltar àquilo que o esmaga para pormenorizar melhor as suas riquezas, dar mais precisão às interrelações das personagens?

Pois bem, é porque *sonha*. Anotou diversas vezes a confusão de ideias em que era mergulhado pela leitura de Shakespeare: "tudo desaparece e tudo aparece..."; ou então: "Não tem fundo, é infinito, múltiplo... embaixo há escuridão, vertigem". Parece que, em certo momento – talvez o da primeira leitura – ele teve uma percepção completa mas "indizível" do objeto, do sentido que dele emana e da beleza como totalização indireta desse sentido pela forma. Com isso, a cena e o capítulo ficam marcados. Ao voltar depois, certo de ter escolhido o melhor, *já não lê, sonha que lê*, imaginariza a linguagem e toma as palavras como pretextos, deixa a imaginação vagar. Do que gosta então nesse trecho de *Rei Lear*? Talvez não daquilo de que *gostou* antes, de que já não se lembra, por não ter refrescado a memória num breve contato com o primeiro ato. Mas, em primeiro lugar, uma totalização audiovisual e de todo superficial que lhe entrega os homens e a natureza ao mesmo tempo: quatro vozes (pois ele vê *três* loucos e um bufão) desvairadas pela infelicidade, a urrarem cada uma a seu modo os sofrimentos humanos no meio de um cosmos que, com chuva, vento, trovões e relâmpagos, manifesta sua verdadeira essência panteísta e sua hostilidade radical ao gênero humano. E quem sabe se, no fundo, ele não se vê em Edgar, quando este, renunciando a viver, assume a "forma mais vil e miserável" e cai de cabeça na sub-humanidade? Evidentemente, a escolha de Edgar é deliberada, Gustave já padeceu a sua. Mas é por essa razão, talvez, que ele se obstina em achá-lo louco, lendo sua própria aventura nas palavras proferidas por essa *outra vítima da maldição paterna e de um bastardo injustamente preferido*. O Rei Lear ou os pais punidos: Glauce e o velho rei se arrependerão tarde demais e, por não ter reconhecido o amor de Edgar e de Cordélia, morrerão em meio ao horror, mortos por seus Achilles. Essa história eterna – o homem é filho do homem – que Gustave se conta em voz baixa, eis que lhe é clamada.* Isto porque a "imensidão" de Shakespeare lhe dá um direito que Gustave recusa a si mesmo: o de ser "descabelado". Avalizado por esse gênio "sobre-humano", o jovem pode deixar-se levar, unificar surdamente macrocosmo e microcosmo – o primeiro a devorar o segundo como um velho Saturno –, pôr na origem e no fim de uma cosmogonia onírica a maldição de Adão, transformar o Criador em pai indigno e, tomando-se finalmente pelo próprio Shakespeare, elevar-se até o paroxismo por sê-lo, urrar, tonitruar, fulminar, brilhar, cegar, fazer-se, alternada ou simultaneamente, quarteto da dor humana e coro bramoso dos elementos em fúria. Isso é ler "por ressonância", está claro, mas a ressonância é tão profunda, vem de tão longe, que não tem dificuldade em ser afetada pela crença pitiática de que as palavras despertadas pela leitura imaginária sobem de seus "abismos assustadores".

Em *Rei Lear*, há muito mais que essa profissão de fé pessimista. Acabrunhado pela miséria, Lear tem a intuição da condição humana ao descobrir alguém mais miserável que ele; a estranheza de suas palavras não provém de um delírio, mas de uma lucidez nova e forte demais para se expressar com facilidade, por isso a "passagem ao ato", a tentativa – de imediato interrompida pelos companheiros – de arrancar de si os "empréstimos", os andrajos que ainda o cobrem, para abolir os últimos vestígios da realeza e deixar à mostra o animal nu a partir do qual talvez se consiga instituir uma ordem que convenha ao homem. Como se todo o esforço dos séculos tivesse sido feito para ocultar as necessidades e velar os corpos, em suma, para dar as costas à verdade da condição humana. Ao passo que o verdadeiro humanismo, em vez

---

* As raras alusões que ele faz ao conteúdo dos dramas shakespearianos mostram que neles ele encontra apenas o que neles pôs. *Timão de Atenas* o entusiasma porque ele descobre nessa peça o reflexo da misantropia. Na tirada de Edgar, ele pinça e deforma um trecho que corrobora a sua misoginia. Eu me pergunto se o fato de a vítima de um pai injusto – Cordélia de grande coração, *sobre quem* ele não fala – ser mulher não o perturbará em sua feminilidade secreta.

de mascarar nossa animalidade e nossas necessidades exasperadas pela penúria, deveria *partir delas* e nunca se afastar. A esperança, vislumbrada tarde demais, se desvanece: a autêntica grandeza de Lear não impedirá sua loucura, nem sua morte, nem a de Cordélia. Não importa: o homem é possível; cortina. É isso justamente o que Flaubert não pode aceitar: o "mestre" está encarregado de refletir para o discípulo o pessimismo radical que, ao longo do tempo, se tornou um caráter constituído deste. Por essa razão, o jovem leitor evita olhá-lo muito de perto: isola a cena, separa-a de seus prolongamentos, organiza-a em grandes massas sincréticas – tormenta, loucura etc. –, objetos de sua meditação, ou se abisma a sonhar com algumas palavras: "o leve sussurro de suas vestes" ou "o toque-toque de seus sapatos de cetim", que sem a menor dúvida deram ocasião a infinitos devaneios, uma vez que as cita. Ele sabe muito bem, aliás, que todas essas desgraças redundarão numa morte atroz e não pede mais que isso: que importa o que poderia ter sido; o que conta é o que *é*, o fracasso. E, de certa maneira, não está errado: a ordem vislumbrada talvez não passe de ilusão, tanto mais cruel porque se revela a miseráveis no momento em que uma engrenagem inelutável vai abocanhá-los e retalhá-los. Desse ponto de vista, pode-se dizer que ele se mantém no nível da intriga, e que o resto, afinal, é uma questão de interpretação. Seria justo acrescentar que a leitura onírica é e continua sendo leitura: a passividade irrealizante possibilitou-lhe mais uma vez captar, às expensas do conjunto, aquilo que poderia ser chamado de harmônicos imaginários, inacessíveis à análise crítica e refratários à "compreensão", mas que, apesar de tudo, correspondem a intenções profundas do autor e, como sobredeterminações do texto, se revelam acima do desmoronamento das determinações objetivas ao leitor que desrealiza as frases e pretende ler nas entrelinhas. Pois, afora aquilo que o autor "fez passar" para a página, há aquilo que ele sonhou em fazer passar e que só se revela no sonho.

Mas, se nos perguntarmos o que fica em Flaubert dessas releituras, a resposta será clara: nada além do que havia nele *antes delas*. A vida "é uma história cheia de ruído e fúria, contada por um idiota". Essa frase não poderia ser considerada a última palavra de Shakespeare. É a última palavra de Flaubert. Podemos estar seguros de que ele se deleita com ela, de que nela vê o mais elevado pensamento do autor, e que a página de *Macbeth* onde ela figura está com a ponta dobrada. Ele vai buscá-la ali, de vez em quando, para reencontrar na eternidade objetiva da impressão as suas próprias fantasias. Um Outro, genial, as confirma: é a palavra do Evangelho; ao mesmo tempo o que ele encontra é *seu* pensamento *outro*, primeiro porque o concebeu sozinho, antes de conhecer Shakespeare, e sobretudo porque se convenceu – como observamos – de que a compreensão de uma obra é sua recriação.* Para Gustave, reler é deixar-se vampirizar por si mesmo fantasiado de Shakespeare ou de Montaigne. Sua antologia dos grandes mortos é um repertório de encantamentos.

Ele vai mais longe: "Poetas... respiramos a existência através da frase... e achamos... que isso é o mais bonito do mundo".** Essas palavras referem-se de modo explícito à vocação criadora. Mas a ambiguidade delas – e o fato de serem seguidas de imediato por "Depois eu me senti esmagado durante dois dias por uma cena de Shakespeare" – leva a pensar que se aplicam indistintamente à escrita *e* à leitura. O parentesco desses dois comportamentos, no caso, provém do fato de que Gustave escreve *"para ter prazer"*, ou seja, *para se reler*. Assim, seria possível dizer que, nele, a releitura tem primazia sobre a criação: ela está na origem (espicilégio dos grandes homens) e no fim (a própria frase de Flaubert "passada pelo gogó" só para ele ou em público). Por fim, quando se descabela com Shakespeare ou escarnece com Rabelais, seria possível dizer sem exagerar que ele se *relê por antecipação* (por isso, fechado o livro, as exaltações são seguidas pelo tombo; ele acorda: não sou eu o autor). Ou, digamos, o aspecto onírico da releitura, nele, provém do fato de que a familiaridade com o trecho relido, tanto quanto suas ressonâncias, lhe possibilita apreendê-lo de modo irreal como seu próprio produto. Assim, precisamos tomar ao pé da letra suas declarações: para ele, a *vocação de escritor* manifesta-se também – e talvez antes – como *vocação de leitor*. Isso não nos surpreenderá, se lembrarmos a importância da leitura oral em Flaubert e a preeminência original da *palavra pronunciada*, do *flatus vocis*. Ler as grandes obras, para esse infeliz por um tempo reduzido à impotência por sua concepção de literatura crítica, é restaurar idealmente essa inspiração na qual ele não acredita: na falta de Deus, Shakespeare lhe sopra ao ouvido. É preciso atribuir a maior importância a essa definição da

---

* Ideia muito justa. Apenas observaremos que sua convicção tem mão única: se aplicasse essa regra a toda e qualquer leitura, ele já não poderia desprezar seu público. Mas ele a considera válida apenas para si mesmo. De resto, a releitura onírica é justamente o contrário da leitura compreensiva.

** *Correspondance*, t. IV, p. 18.

relação artística com a coisa escrita – relação ainda indiferenciada: "respirar a existência através de uma frase". *Que* existência? A verdadeira? Não, pois as grandes obras estão aí para "nos fazerem sonhar". Na verdade, não é nem mesmo com um mundo imaginário que ele sonha, é com a operação que transforma o mundo em discurso. Em suma, com a literatura. Um dia ele disse a Louise, que pela centésima vez lhe perguntara se ele a amava: "(Não) se entenderes por amar ter uma preocupação exclusiva com o ser amado... (Sim) se... se... (e) se admitires que é possível amar quando sentimos que um verso de Teócrito nos faz sonhar mais do que nossas melhores lembranças".* Não é de surpreender que ele prefira seus sonhos às suas lembranças de amor. Mas com o que afinal ele sonha? Com a Grécia antiga, com os costumes rústicos que inspiravam Teócrito? De modo algum: "Os idílios de Teócrito... com certeza foram inspirados por algum ignóbil pegureiro siciliano de pés bem fedidos".** Sonha com o sonho; com os pegureiros e os pastores que não estão em lugar nenhum, a não ser no fundo das palavras; *sonha com as palavras*, que captam e metamorfoseiam as energias da realidade. A releitura submete o texto relido a uma irrealização de segundo grau.

A partir de 1845, a releitura é apresentada por Flaubert a seus correspondentes e talvez a si mesmo como equivalente do "grande estudo do estilo" ao qual Jules se dedica "com diligência" no fim de *A educação sentimental*. De fato, ela *faz as vezes deste*, pois exige um contato permanente com os grandes autores. Mas a má-fé de Flaubert não pode enganar ninguém: ele *não estuda* nada, nem os procedimentos nem a composição; isso seria analisar e depois recompor, observar, conceber hipóteses e confirmá-las, coisas todas com as quais ele pouco se preocupa e das quais sabemos que ele é pouco capaz. Retomar incessantemente os mesmos trechos escolhidos sem se preocupar em interligá-los aos conjuntos dos quais foram extraídos com certeza não é uma atividade, mas, ao contrário, típica ação passiva. O olhar percorre as linhas; as palavras, que a usança tornou transparentes, interligam-se de modo passivo; dessas inertes solicitações renascem as fantasias familiares de Gustave, e as frases que lhes deram origem desabam na noite da desatenção; eis o microcosmo Flaubert a desempenhar seu papel de gênio com o nome suposto de Shakespeare, Cervantes, e eis o macrocosmo, as estradas solares da Mancha ou de Castela, o relâmpago

---

* *Correspondance*, t. II, p. 20.

** A Louise, *Correspondance*, t. I, p. 428.

e a chuva, na Inglaterra, ecos irônicos da loucura e da miséria humana. O comportamento de fracasso é evidente: Flaubert sonha que é autor de uma obra-prima. Confessa que se compraz com isso: "Não escrever nada e sonhar com belas obras (como faço agora) é coisa bem agradável. Mas como pagamos caro, mais tarde, essas ambições voluptuosas!".* Também essa frase designa o devaneio nu e cru: é Gustave imaginando um Flaubert futuro, assim como o herói de *Novembro* se imaginava pintor ou músico. No caso da releitura, a estrutura onírica é mais complexa, e a obra lida serve de *analogon* à imagem de seus futuros escritos na exata medida em que o autor – Shakespeare, Sade ou Rabelais – serve de *analogon* ao próprio Gustave. O fato é que essa ação passiva faz as vezes da atividade literária: ele lê *para não escrever*; nesse sucedâneo masturbatório do ato, ele se faz ator *logo em seguida* com outro nome para não trabalhar e tornar-se o escritor genial que quer ser. Agora que foram satisfeitas todas as condições exteriores para que ele possa finalmente pôr mãos à obra, seu objetivo essencial é fugir à exigência muda de sua liberdade objetiva. Se só é belo o que não é, se só é verdadeira a ilusão, não será preferível viver e morrer em sonho e, em vez de escrever, vampirizar as obras-primas para ter a ilusão perfeita e constante de ser o *Escritor genial*?

À luz dessas observações, podemos voltar à estranha atitude de Gustave em relação às línguas mortas: com certeza nós a compreenderemos melhor. Por que "estudar" grego? E latim? Sem dúvida alguma, para ler os grandes autores no original. Do mesmo modo, como vimos, ele nutre a esperança a todo momento frustrada de ler Shakespeare em inglês. Tomada em si mesma, essa preocupação é motivo de orgulho para ele, mas já vimos o que ela significa de fato: a releitura é desrealização; mesmo em francês, o essencial lhe escapa, porque ele vai pinçando as belezas de uma obra sem se dignar começar pelo começo. Na verdade, que necessidade tem ele de falar como Homero, se, mesmo que fosse capaz disso, só procuraria na *Ilíada* pretextos para devaneios? Pois bem, justamente, é para sonhar com as palavras

---

* A Louise, 26 de agosto de 1853. *Correspondance*, t. III, p. 321. Essa observação é feita bem depois da época de que tratamos agora, e cabe notar que Flaubert, então, está em pleno trabalho. Se sonha, é com aquilo que fará quando "a Bovary estiver terminada". Segundo diz, serão "grandes histórias a prumo, pintadas de alto a baixo". Não importa: esses devaneios *de refúgio*, embora lhe sirvam então de asilo *contra* sua obra em andamento, são os mesmos que ele nutria em 1845, com a única diferença de que, na época, eles o dispensavam de *qualquer* empreitada literária.

de uma língua *morta*. Não *apesar* da morte, mas por causa dela e pelo irredutível resíduo de impenetrabilidade que permanece em cada um de seus vocábulos. É o que aparece nitidamente quando se trata do latim, que ele entende melhor. Por exemplo, sabemos que em 12 de agosto de 1846 ele está "*ruminando*" Virgílio e, em 17 de setembro, explica a Louise o sentido do seguinte termo singular: "Estou relendo *Eneida* e repetindo à saciedade alguns versos; é o que me basta por muito tempo. Eu mesmo me canso mentalmente; há frases que ficam na minha cabeça e que me obcecam como aquelas canções que estão sempre voltando e doem de tanto que gostamos delas".* Isso é *ler*? Menos ainda do que quando ele abre *Rei Lear* nas páginas consagradas. Em se tratando de Shakespeare, ele pelo menos lê a cena inteira. Mas Virgílio ele folheia para encontrar versos isolados – dois ou três ao mesmo tempo, não mais do que meia dúzia –, que, segundo se lembra, são os mais bonitos, versos que ele instala dentro de si, repetindo-os sem cessar, versos que ficam em sua consciência em virtude de uma força de inércia interiorizada. Esses grupos verbais *tomam conta dele*. Às vezes parecem ter deixado o espaço vazio, mas depois reaparecem *como uma melodia*. Isso quer dizer que se interligam com a falsa espontaneidade do automatismo, e que essas sínteses passivas representam a heteronomia de sua sensibilidade: no lugar das palavras, na melodia e no sentido delas fica algo de indecifrável para ele, que provém apenas do fato de ele não ser um romano antigo, e de que não há mais ninguém por perto para *falar* a língua de Virgílio e para fazê-lo sentir por dentro suas singularidades, a apropriação vivenciada, inventada da frase à ideia. *Et ibant osbcuri sub sola nocte*[68]: ele pode discorrer sem parar acerca *desse* verso e *dessa* fórmula de retórica, mas nunca saberá – porque não foi ele que recortou durante a sua proto-história *essas* palavras em sua fita sonora, pois não foi ele que descobriu nelas tanto a necessidade rigorosa quanto a perfeita instrumentalidade – como um leitor do tempo de Augusto as recebia. Por outro lado, o sentido e o próprio significado das palavras latinas, ao invés de se aprofundarem, tendem a apagar-se à medida que se repetem em sua cabeça; assim, para usar a comparação dele, direi que uma canção apreciada e mil vezes cantarolada no começo pode "doer, de tanto que a amamos", mas, ao cabo de certo tempo, ela transforma-se em lengalenga: isso quer dizer que tudo está no lugar, mas que a melodia, embora *reconstituída* como determinação objetiva da temporalidade,

* *Correspondance*, t. I, p. 315.

desapareceu como determinação subjetiva de nossa sensibilidade. Já não a *sentimos*.* Em Gustave, a convergência de certa indecifrabilidade – no nível do estilo – com a intensificação do automatismo tende a enfatizar a *materialidade* da língua latina. Por fim, permanece um objeto sonoro, cujo retorno cíclico, nascido do costume, tem a vantagem de *lhe impor a partir de dentro* o tempo da repetição (que, embora reivindicada, ele com frequência padece como coerção exterior, desejando interiorizá-la como prova vivenciada de sua eternidade). Ele "rumina": isso significa que, diante dessa materialidade habitada – que resiste a ele, mesmo sem guardar nenhum segredo "dizível" –, diante desse muro conhecido até o fastio, ele cai num alheamento quase doloroso, contrapartida daquele em que mergulha quando presta atenção à linguagem *prática* de seus familiares. Neste último caso, as palavras ditas o impressionam tanto pela fealdade quanto pela insipidez material e por uma sobressignificação que se indica para além da significação utilitária. Ao passo que a ruminação embasbacada de um verso virgiliano, pela mediação da beleza sonora, o põe diante da matéria eterna cuja secreta resistência – mistério em plena luz – o faz pressentir a profundidade infinita do Ser material e, ao mesmo tempo, seu próprio exílio: um "animal desnaturado", como diz Vercors, pode sonhar que "é matéria", mas, justamente, a transformação brusca que caracteriza a espécie veda para sempre que esse desejo seja realizado, a não ser na morte. Desse exílio Gustave quer *gozar*, por mais doloroso que seja. Isto porque, por intermédio das línguas mortas, ele procura fundamentar sua relação com a Antiguidade.

Frequentemente ele afirmou que às vezes lhe chegavam, tão nítidas como lembranças, imagens do mundo antigo: "Vivi lá!" – afirma ele então. Outros trechos de sua Correspondência nesses anos de 1845-47, minudenciando o vocabulário da metempsicose tomado de empréstimo a Alfred, não deixam de ser também assertivos: "*Viverei lá*". Isso significa: quando eu ler Sófocles no original e Juvenal sem contrassensos, o exercício das línguas mortas ressuscitará *no imaginário* esse universo desaparecido. Passamos aqui da afirmação realista,

---

* Evidentemente, em Gustave o *saber* continua existindo – ele conhece o significado dos versos que recita –, mas ao cabo de certo tempo esse saber já não é atualizado: as palavras reagem por si mesmas, e o sentido é virtual, ou seja, ao mesmo tempo está presente e é objeto de uma operação sempre possível, rápida como um relâmpago; mas Flaubert *se economiza*, precisamente porque ela está à mão e, se reiniciada com demasiada frequência, não lhe *daria* mais nada.

na qual ele não acredita (vi com meus próprios olhos as multidões antigas), ao reconhecimento solene – mais em conformidade com seus princípios – da preeminência absoluta da ilusão. Mas o que nos importa aqui não é o fato de ele *querer viver* naquelas cidades desaparecidas: é preciso saber *como* ele quer viver lá: como cavaleiro romano, como senador? Sonhará ainda em ser Nero? Nada disso. Uma carta de 1846 – não faz mais de uma semana que Louise é sua amante* – é reveladora: nela ele expõe sem rebuços suas verdadeiras intenções: "Queres fazer de mim um pagão, queres, ó minha musa! Tu que tens sangue romano no sangue. Mas, *por mais que me entusiasme na imaginação e na decisão,* tenho no fundo da alma a bruma do Norte que respirei ao nascer. Trago em mim a melancolia das raças bárbaras, com seus instintos migratórios e seus fastios inatos com a vida, que as faziam sair de suas terras... para saírem de si mesmas. Todos os bárbaros que vieram morrer na Itália amaram o sol... Sempre tive por eles uma simpatia afetuosa, como por ancestrais. Acaso não encontrava na ruidosa história deles toda a minha pacata história desconhecida? Os gritos de alegria de Alarico entrando em Roma tiveram por paralelo, catorze séculos depois, os delírios secretos de um pobre coração de criança. Infelizmente não sou um homem da antiguidade, os homens da antiguidade não tinham doenças nervosas como eu".

Se Gustave pensa agora em assimilar a cultura antiga, é na qualidade de bárbaro, de homem do Norte. Nunca será Nero nem mesmo Petrônio: encarna-se em Alarico, um nórdico piolhento, deslumbrado com as belezas da cidade conquistada que se entregam e se negam ao mesmo tempo. Assim, quando pretende alcançar a antiguidade – seja pela reminiscência, seja pela imaginação –, tem o cuidado de manter alguma distância em relação aos pagãos que admira: na Atenas de Sófocles, na Roma dos Imperadores, se puder ter acesso a elas, pretende *viver no exílio*; não deseja integrar-se na cidade antiga, mas, presente e inativo, ter com seus habitantes apenas uma "relação visual". Visual não, isso não basta: todos os sentidos farão parte da festa. O que ele recusa é a comunicação. Falta-lhe um anel mágico que tenha o poder tanto de fazê-lo remontar no tempo quanto de torná-lo invisível. Em termos de cultura, isso significa que espera apropriar-se do "espírito objetivo" dos antigos, mas não o assimilar. Isso ele expressa com

---

* A Louise, 6 de agosto de 1846. *Correspondance*, t. I, p. 218. Grifo meu.

humildade suspeita, ao afirmar com bastante ousadia que os antigos "não tinham doenças nervosas". Ele tem: "o cristianismo passou por aqui". Portanto, acha possível fascinar-se com as grandes figuras de Plutarco, mas não imitá-los, nem mesmo compreendê-los de todo. O que ele admira nos romanos e nos gregos – mas sobretudo nos romanos – é a calma autoadesão, que ele não quereria para si mesmo. Se Nero lhe "dá vertigem" é, está claro, por causa do sadismo que lhe atribui, mas sobretudo porque seus caprichos imperiais parecem transformar-se em sentenças executórias sem jamais passarem pelo momento do contraditório. Todos esses grandes homens *sem alma* – o cristianismo não os infectou com alma – são para ele manifestações do *Ser puro*, ou seja, matéria inorgânica, porém viva. Ele lhes atribui sentimentos de mármore e bronze: cabe reconhecer que os historiadores fizeram tudo o que era preciso para ajudá-lo nisso. Mas ele exagera: lança mão de todos os meios para reconstruir diante de si a cultura deles como antítese da nossa; é ela que ele simboliza, em Virgílio e Juvenal, com a inacessibilidade que faz de seus versos – ainda que repisados mil vezes – palavras de pedra a caírem de lábios de estátuas. Assim, a beleza do mundo antigo para Gustave nasce da impermeabilidade: os livros são estelas em que as palavras estão gravadas. Mas essa impermeabilidade, densidade absoluta do Ser, não passa de outra maneira de designar seu não-ser perfeito. Roma já não existe: por isso ela *é*. Disso Gustave está perfeitamente consciente: "Daqui a mais ou menos um mês terminarei Teócrito. À medida que soletro a antiguidade, sou invadido por uma tristeza imensa ao pensar naquela era de beleza magnífica e encantadora que passou sem retorno, aquele mundo vibrante, radiante, tão colorido e puro, tão simples e tão variado!".* Os autores antigos o seduzem porque de alguma maneira estão separados de nós pelo advento do cristianismo, portanto *mais mortos* do que os grandes escritores do século XVI, com os quais, apesar de todas as diferenças, ele acredita ter fundamental identidade de ponto de vista. Assim, aqueles poemas talhados com cinzel nas línguas mortas possuem aquilo que, segundo a primeira *Educação*, constitui a essência da Beleza: absoluta consistência como total impalpabilidade, presença fascinante como definitiva ausência, pura materialidade que escapa aos sentidos para se fazer imaginar através da matéria verbal, identidade

---

* A Louise, Rouen, início de 1847. *Correspondance*, t. II, p. 5.

rigorosa entre não-ser e ser totalizado.* Em suma, a antiguidade o fascina porque sobre ela ele pode assumir o ponto de vista da morte. E é por essa razão que ele não quer de fato adquirir um conhecimento perfeito do grego nem mesmo do latim: aperfeiçoar-se, sem dúvida, para evitar ao máximo possível contrassensos e sentidos errôneos. Mas ele se alegra por não poder dissolver certa opacidade que faz de um verso latino uma substância fundamentalmente inassimilável e, acima de tudo, uma *ruína*, que servirá de *analogon* para a reconstituição imaginária de uma ausência. Trata-se de manter distância em relação ao mundo antigo, fazer dele outra possibilidade do gênero humano, realizada outrora, irrealizável hoje. Em suma, contestar o homem moderno por meio do homem antigo sem que esse modelo rematado possa jamais nos servir: pois, se ainda pudéssemos pautar nossas condutas pelas deles, conservaríamos alguma esperança; ao passo que o objetivo de Flaubert é nos desesperar. Assim, quando relê Shakespeare ou quando "estuda" Teócrito, ele persegue objetivos diferentes, mas complementares. No primeiro caso, seu objetivo é nítido: trata-se de assinalar que o escritor imaginário conhece alegrias irreais que escapam ao gênio real, ou seja, em exercício. No segundo, é preciso desencorajar de escrever, exibindo um exemplo em ruínas, inimitável e morto que, com sua densidade de pedra, contesta o que os modernos puderam, podem e poderão produzir. Duas modalidades de fracasso que levam à mesma decisão de silêncio: o jovem ambicioso se calará porque não pode ser Virgílio – homem morto de um mundo morto cuja beleza provém da morte – e porque há mais alegria em desempenhar o papel de Shakespeare do que em sê-lo na realidade. A releitura em Flaubert, quer se trate de Rabelais ou de Virgílio, não configura apenas o retorno cíclico do gênio, a eternidade vivenciada como repetição, nem mesmo a contestação de toda e qualquer escrita possível em nome do imaginário: é a própria destruição do ato de ler e sua substituição pelo sonho ou pelo repisamento.**

---

* Pois a menor leitura de um texto grego ou latino implica totalização. Shakespeare, sem dúvida, é o século XVII inglês em seus primórdios. Mas Flaubert não diz isso nunca: para ele a força desse gênio supera qualquer época e faz dele contemporâneo de todos os séculos cristãos. Mas, precisamente, o mundo antigo é um mundo completo *antes* do nosso mundo; Flaubert, pouco sensível às passagens e às transições que conduzem do baixo Império à alta Idade Média, vê nele uma totalidade fechada em si. Como se o homem tivesse tido *duas* histórias.

** Com isso não pretendo dizer que esse contato com os mortos lhe terá sido inútil. Voltaremos mais adiante à "estrutura latina da frase de Flaubert" na época (cont.)

V. O SENTIDO REAL DO "QUEM PERDE GANHA"

Por toda parte, nessas miragens de atividade, encontramos uma intenção de fracasso. Esta, porém, é tão diversificada que parece difícil lhe atribuir um sentido único: ora é preciso ridicularizar o trabalho e o saber, ao mesmo tempo que se adquire obscuro mérito com uma obstinação nunca recompensada – como se Gustave malograsse, debaixo do céu vazio, para provar que adotou a fórmula do Taciturno: Não é preciso ter esperanças para empreender nem ter êxito para perseverar* –, ora seu objetivo é manifestamente maltratar o coração cultivando o exílio de modo sistemático ("Infelizmente nunca serei um homem antigo") e porque, segundo ele, a impossível Beleza deve "doer". No entanto, precisamos levar mais longe nossa análise regressiva e, visto que a partir do inverno de 1845 o fracasso se tornou o "estilo de vida" de Flaubert, comparar a própria vivência, até em seu sabor cotidiano, tal como é sentida e feita por ele, ao esplendor da vida imaginária que ele atribui a Jules, sua encarnação.

Sem dúvida, a vida de Jules, depois da conversão, não é muito alegre. *Na aparência*, quer dizer, levando-se em conta a inversão subversiva, portanto *na realidade*; ou, digamos, em se querendo reduzir de modo abusivo sua simples realidade que, por não ser exaustiva, é objeto de uma ideia truncada, portanto falsa, e se reduz a parecer: "Na superfície, triste para os outros e para ele mesmo, ela transcorre na monotonia dos mesmos trabalhos e das mesmas contemplações solitárias". Reconhece-se, nessas poucas palavras, um traço característico de sua "natureza constituída", retomado em seguida pelo movimento de sua personalização: triste para os outros e para ele mesmo. A prioridade do Outro na designação dos fatos subjetivos é mais uma vez manifesta: são os outros que decidem acerca do *real*, são eles que declaram: como a vida dele deve ser triste**; e Jules, com toda docilidade, interioriza esse julgamento: sim, do ponto de vista deles – que sempre tem primazia sobre o meu –, esta vida é triste, assim deve ser; acaso não me privei de tudo? E apressa-se a acrescentar: "*Mas* (a vida de Jules) resplende, por dentro, com claridades mágicas e clarões voluptuosos; é o azul de um céu do Oriente totalmente penetrado pelo

---

(cont.) de *Madame Bovary*. Por ora, não trataremos daquilo que a leitura clássica pode ter-lhe dado, mas daquilo que ele lhe pedia por volta de 1845.

* Mas, na verdade, ele só adota seu reflexo diabólico e invertido: é preciso desesperar para empreender e prever o fracasso para perseverar.

** De fato, parece Maxime falando: os mesmos trabalhos, as mesmas contemplações...

sol". Relendo-se as últimas páginas do livro, será possível ver que ele volta a isso várias vezes, usando a cada momento metáforas diferentes, desenvolvidas em abundância. Portanto, temos o direito de nos perguntar, ao folhearmos a Correspondência de 1845-48: onde estão as claridades prometidas? Onde os clarões voluptuosos? As festas de Jules, está claro, eram exercícios da imaginação. Não importa: "Em seu pensamento revoluteavam vertigens, em seu coração moviam-se sentimentos, lascívias percorriam-lhe a carne". Era o próprio sentido explícito de seu "Quem perde ganha", sentido intelectual de extremo rigor dialético, como vimos: a perda do real dava automaticamente soberania sobre as imagens. Gustave, depois de janeiro de 1845, continuou fiel *a uma* crença: o imaginário é o absoluto; muito tempo depois ele escreverá a Louise: só há uma verdade absoluta, a Ilusão. De fato, nós o vimos estabelecer técnicas de desrealização, reunidas sob a rubrica "atitude estética". Ainda é preciso que haja alguma coisa por desrealizar: uma morte "analisada como artista", um batismo, um teatro antigo, o nome de Byron numa coluna, as desditas da sra. Pradier, a devoradora, em suma o mundo exterior – História, sociedade, paixões, ruínas, natureza. Quando surge a oportunidade, ele nunca a perde. Mas, entre 1844 e 1846, não é muito favorecido: algumas cerimônias familiares (casamento, enterros, o Mediterrâneo "revisitado como vendeiro", breves permanências em Paris, nada mais). Vive num sonho conquistador, mas não tem nada para conquistar, a não ser o Hospital Central, familiar demais, e depois Croisset, há algum tempo: o Sena, visto da janela. Afora isso, claro, exalta-se com Shakespeare, sonha ao lado de Teócrito, faz Virgílio passar "pelo gogó". Mas não é preciso muito tempo para constatar: Gustave, agora, *precisa das palavras escritas para sonhar*; seu isolamento o impede de desrealizar o mundo: ele desrealiza as obras dos mortos que irrealizaram seu próprio tempo e seu próprio universo. Na adolescência embalava fantasias, atendia desejos, satisfazia ressentimentos, masoquismo ou sadismo: esses exercícios, aos quais seu pitiatismo dava raro poder de enfeitiçamento, contribuíram muito para convencê-lo da surrealidade do imaginário. Agora, sozinho no quarto, mais tranquilizado que perturbado pelos ruídos familiares ouvidos através da porta, ele se veda ressuscitar sua ópera interior, condenando o devaneio por ser ainda demasiado humano e por lhe fazer perder tempo (mais que a análise de *Zaíra*?). Tem medo? É provável: contará a Louise que suas crises hemorrágicas de imagens têm como causa essencial excessos de imaginação. Se devanear, teme irritar a louca da casa e multiplicar os "fogos de artifício". O "sistema feito para uma única pessoa" comporta uma disciplina rigorosa: é preciso as palavras dos outros para dirigir seu onirismo e dar-lhe um contexto objetivo, impessoal; se relaxasse, sabe Deus quanta lama subiria à superfície. Em suma, mantém-se tenso. Às vezes, porém, entrega-se ao devaneio – senão, como explicar a advertência que faz a Maxime, pouco passível de incidir no mesmo erro? –, mas sai dele desalentado e promete não recair. O medo explica tudo? Claro que não: ficamos na superfície. Certo é o resultado, quaisquer que sejam as razões: exceto quando lê, o que encontra em si não é o belo deserto de Jules, inumano, ermo, mas povoado de todas as miragens: é o vazio. Isso ele diz em termos próprios a Maxime (abril de 1846): "Sei o que é o vazio. Mas quem sabe? Talvez nele haja grandeza; nele o futuro germina". Essa germinação não é perceptível: é o objeto de uma leda esperança. A realidade vivenciada é uma lacuna imensa. Alguns meses depois, escreverá a Louise a famosa frase: "A profundidade de meu vazio só é igual à paciência com que o contemplo". E também: "Tenho em mim, no fundo de mim, um *aborrecimento* radical, íntimo, acerbo e incessante, que não me permite apreciar nada e me enche mortalmente a alma". Dessa vez o que ele toma por símbolo é o *cheio*. Pouco importa, tanto num caso como no outro, o mal é radical: no vazio não há *nada*, nem mesmo a aurora de uma imagem; e o aborrecimento enche *tudo* e não lhe permite apreciar nada.

Ele mesmo, com o mesmo correspondente, Alfred, tem duas maneiras de avaliar esse empobrecimento sistemático. A primeira está marcada pelo orgulho e lhe dá o sentido e o valor de uma ascese: Gustave se vasculha para descobrir-se como é. É o que escreve em setembro de 1845: "Procura descobrir qual é de fato tua natureza e fica em harmonia com ela. '*Sibi constat*', diz Horácio. Está tudo aí".* Sem dúvida, reconhece que essa adesão a si mesmo é de todo nova para ele: "Eu não era assim antes. Essa mudança ocorreu ao natural. Minha vontade também tem alguma coisa a ver com isso". A operação nem sequer terminou: "Ela** me levará mais longe, espero. O que mais temo é que enfraqueça". É o "bom uso da doença"; só lhe falta fazer um esforço para coincidir totalmente com sua "natureza", que ele também chama de sua raça ("a felicidade para as pessoas de nossa raça está na *ideia*, em nenhum outro lugar") e, afinal, corresponde

---

* A Alfred, setembro de 1845, *Correspondance*, t. I, p. 191.

** Sua vontade.

à sua essência particular. Deve-se notar que essa carta é escrita só alguns meses depois do término de *A educação sentimental*. Nela, a ataraxia depende da total coincidência de uma criatura humana *com seu ser*, o que para ele corresponde à *imutabilidade*. Gustave é um passivo contrariado – como há canhotos contrariados. Foi lançado no tempo e conheceu ressentimentos e sofrimentos que poderiam ser considerados *de empréstimo* por provirem de um erro original e do personagem que o obrigaram a desempenhar. Temporalizado por erro, soube usar a temporalidade (Pont-l'Évêque) para destruir o tempo e unir-se a si mesmo no imutável. Esse é, *grosso modo*, seu sentimento quando o orgulho prevalece. Deve-se compreender que não se trata de *cultivar seu eu*, mas apenas de restabelecer sua própria "natureza", invariante que, ao contrário, rejeita qualquer mudança. Por aí podemos ver que ele se destaca de modo imperceptível de Jules. Este dissecava os autores, como Achille-Cléophas os cadáveres; tomava o acidental e devolvia o imutável (para isso, pelo menos, precisava deixar vir a ele o acontecimento, mesmo que apenas com a intenção de corroê-lo com seus ácidos); produzia obras-primas: isso significa que *mudava*, a despeito da monotonia de sua existência. Gustave, em agosto de 1845, admite apenas a única mudança que lhe possibilite renascer idêntico a si mesmo: a repetição. A diferença entre o autor e seu herói é mais impressionante ainda quando consideramos o tipo de "presença no mundo" dos dois. O grande progresso de Gustave, em *A educação sentimental* – o mesmo que lhe possibilitará um dia escrever *Madame Bovary* – é ter dado a Jules a intenção de estar presente no mundo *minudenciado*, de encontrar o todo na menor de suas partes e a natureza inteira do homem nos movimentos mais imperceptíveis do coração. Sem dúvida, ele não esqueceu suas técnicas de desrealização e as utiliza ao sair de sua prisão voluntária. Mas, quando fica em seu quarto, volta aos velhos êxtases e – tal como no tempo do infinito negativo – esforça-se por estar presente no todo sem intermediário. Ora, quando não é apreendido através de suas determinações particulares, como o horizonte do singular, o todo não é *nada* ou – o que dá na mesma – é a ideia abstrata do universal. "Reingresso mais que nunca na ideia pura, no infinito. Aspiro a ele, ele me atrai: torno-me brâmane, ou melhor, fico meio louco." Note-se que não se trata de contemplar o infinito, mas de *ingressar nele*, ou seja, de se fundir com ele, sendo ele ideia pura e indiferenciada. Assim, a "natureza" de Gustave, sua essência particular, sua "raça", é a imobilidade apreendida como não-presença no real, como não-finitude, ou seja, como indeterminação, como abstenteísmo rigoroso, praticado não apenas em relação aos outros, mas também e sobretudo em relação ao conjunto dos fatos subjetivos que constituem o Ego empírico O esforço aqui é deliberado: é preciso realizar-se e perceber-se como puro *não-ser*. Ou, digamos, Gustave imobiliza-se com sua tentativa insustentável e sempre recomeçada de dar, em si mesmo e em sua própria existência, *ser ao não-ser*. Isso não surpreenderá se lembrarmos que ele sempre equiparou Ser e Nada. O que impressiona, porém, é o aspecto autodestrutivo dessa empreitada. Ele encontra sua natureza na negação de toda e qualquer natureza, ou seja, num aniquilamento consciente. Ou, ao contrário, conhece a áspera alegria de, com insustentável tensão, conferir status ontológico à negação radical de ser aquele por quem o Nada – na qualidade de devorador da existência particular – *vem ao ser* e o substitui. Essa atitude – dirão – tem *conteúdo*? Ou, digamos, pode ser vivenciada como *experiência*? Não, pois, sem dúvida alguma, não há nenhum meio de ser *mantida* nem, talvez, de ser realizada. Em outras palavras, ele não a efetua realmente, alimenta em si a ilusão de efetuá-la. Isso equivale a dizer que ele radicaliza a empreitada de desrealização que, quando é trabalho numa matéria exterior, se define como artística para ele. Aqui, o centro de irrealização já não é um objeto exterior e real, é ele mesmo, e a irrealização é de segundo grau, pois a identificação do Ser com o Nada (abolição do real) e do Nada com o Ser (substantificação da aparência) não é dada como resultado (um poema, uma estátua), mas é ela mesma objeto de ilusão consciente: ele não é esse brâmane que disse ser, mas irrealiza-se nele; em outras palavras, *sonha* que ingressa na Ideia. Desse ponto de vista, seria possível dizer que esse *sonho* de ser o nada do Ser e o ser do Nada representa o grau zero da Imaginação ou, digamos, a imaginação em sua perfeita nudez, ou seja, a manifestar-se *sem produção de imagens*, atualizando sua simples estrutura ontológica: sabe-se que ela é extirpação ao Ser em direção a uma ausência cujo ser e cujo nada ela propõe ao mesmo tempo. Assim, coincidir com a própria natureza, para Gustave, é fazer-se radicalmente imaginário, mas sem produzir nenhuma imagem de si mesmo, sem se prescrever desempenhar nenhum papel (nem Tamerlão nem Nero etc.), a não ser um: o do brâmane meio louco que coincide com o puro descolamento da imaginação. Tomado em sua austera e radical simplicidade, esse retorno para si do imaginário pode mostrar-se tanto como o triunfo da irrealização – ou seja, como o sonho de um sonho – quanto como seu fracasso intencional. O que há de real aqui é o intenso retorno dos alheamentos em relação com os transtornos. É sobre essa ausência de si, *vivenciada*, que Gustave constrói suas impressões irreais de "reingressar na ideia". O fato é que se poderia perguntar que obscura intenção os reproduz sem cessar nesse sonhador que não sonha com nada. E não sem razão, pois o mal de Gustave – ao contrário do que acredita Maxime – não é condicionado por lesões orgânicas.

De fato, é *na intenção de fracasso* que ele insiste quando faz a segunda interpretação de seu imobilismo. Duas cartas dão testemunho disso entre junho e agosto de 1845. Pradier mandou dar-lhe o conselho simplista de arranjar uma amante. Essa opinião não deixa de despertar em Gustave "estranhas aspirações de amor, embora sinta uma aversão que chega às entranhas".* Em suma, sente a vaga tentação de *tentar*. Mas logo entra em pânico: "Pensei nos conselhos de Pradier; são bons. Mas como os seguir? Depois, onde pararia?... Um amor normal, regular, alentado e sólido me tiraria demais de mim mesmo, me perturbaria, eu voltaria para a vida ativa, para a verdade física, para o senso comum enfim, o que me foi prejudicial todas as vezes em que quis tentar". Seu horror à "vida ativa" em 1843 parecia manifestar-se sobretudo pela aversão a fazer carreira e abraçar uma profissão

---

* Mais uma diferença entre Gustave e Jules. Este se libertou da "seriedade da sensação". Mas, em compensação, conquistou o domínio do irreal: "em seu coração moviam-se sentimentos, lascívias percorriam-lhe a carne". Lascívias que *não perturbam*, orgias sem lassidão, porque têm a maravilhosa inconsistência do imaginário. Assim como o sábio estoico pode fazer cambalhota três vezes, o homem irreal, com perfeita calma, pode oferecer-se todas as volúpias. Gustave, ao contrário, tem os sentidos entorpecidos, e o amor lhe repugna. Repugnância "séria", sentida "até as entranhas". Depois disso, alguém o vê comprazer-se em aéreas devassidões? Solitário demais, talvez ceda às tentações do onanismo, mas *é por necessidade* – determinação acima de tudo real –, e dele sai enojado consigo mesmo. Se, durante esses prazeres solitários, recorre às imagens, estas, ao invés de serem evocadas pelo seu não-ser, servem de adjuvantes para aumentar suas perturbações. No restante do tempo, há a tranquilidade da carne e as inibições da aversão. Jules, satisfeito com suas óperas, não tem vontade alguma de se masturbar: seu sexo morreu. E decerto não seria ele que se perturbaria caso lhe propusessem deitar-se com uma moça bonita. Perguntaria: "Para quê? Em sonho, tenho as mais belas, as que não existem". Gustave não parece ter chegado a esse grau de educação sentimental: a repugnância é real, e a oferta de Pradier provoca verdadeira perturbação; ele não pensava em mulheres, essa possibilidade é proposta e provoca nele vontade de fazer amor. Em outros termos, apesar de inibido, adoidado, contraditório, a afetividade permanece nele. E a sexualidade também.

burguesa. Agora é a vida em todas as formas que lhe repugna: ele já compreendeu sua neurose e sabe que o retorno ao "senso comum", ou seja, à existência "normal", seria sua perdição. O isolamento já não é um meio neurótico de evitar a Faculdade de Direito: tornou-se um fim em si. Ele não tem outra "liberdade" além da de ficar por sua própria vontade na prisão. E a carta que escreve a Ernest, em 13 de agosto de 1845, é o eco desse embate interior e da tentação vencida – não sem amargura: "Como o que temo é a paixão, é o movimento, eu creio, se a felicidade está em algum lugar, é na estagnação; as lagoas não têm tempestades". O tom é resignado, a comparação não menos: ele queria ser Oceano, como Shakespeare, o medo o reduz às dimensões de um charco. Desse modo, seu imobilismo muda de função: ele reunia Flaubert à sua "natureza", ou seja, destacava-o da vivência para uni-lo ao ser do Não-Ser e absorvê-lo na Ideia, ou seja, no imaginário puro. Mas, ao se comparar com uma lagoa, Gustave dá outro sentido à sua ascese mortuária. A estagnação, desse ponto de vista, já não representa a eternidade do irreal: é preciso considerá-la mais como atitude defensiva. Nenhum gesto, nenhuma palavra, nenhuma expiração: se o infeliz se mexesse, suas velhas paixões choronas e amargas, a inveja, o ressentimento, o orgulho negativo que lhe corrói o fígado, tudo despertaria, seria uma algazarra. Vamos mais longe: se ele não for brâmane, se esticar o braço para acariciar uma bela espádua, quem garante que sua decadência de Pont-l'Évêque – suportada com facilidade enquanto o separava do mundo e lhe vedava toda e qualquer práxis, portanto toda e qualquer ambição secular – não o fará, de repente, sofrer mil mortes? Sozinho, imóvel, mudo, essa decadência constitui sua grandeza, contanto que dela ele extraia todas as consequências e a considere, em especial, uma proibição absoluta de levar "vida normal": inferior, superior, em Croisset, ele zomba dela; o essencial é que não seja possível compará-lo a ninguém. Mas, se frequentar o salão de Pradier para colher mulheres-flores, voltará a entrar na competição; aquelas senhoras têm outros pretendentes, e a comparação ocorrerá por si mesma: haverão de achá-lo jovem, bonito talvez, mas ele voltará a ser o filho Flaubert mais novo, um pobre rapaz que não sabe fazer nada e foi obrigado por uma doença suspeita a interromper os estudos, lamento pela família, eles são abastados, sim, o pai é cirurgião-chefe, o mais velho está em ótima situação, mas não é uma grande fortuna, se é que me entendem. Em suma, o que o retém é o medo: medo de sofrer e de revelar a todos sua inferioridade. Assim, quando Flaubert declara com altivez que "está reingressando na Ideia", podemos esperar que, em outra carta quase contemporânea ou a outro correspondente, ele confesse que sua alma ferida se resigna a todas as frustrações por medo de viver. É o que dirá a George Sand, muito tempo depois: fui covarde na juventude.

 Foi covarde mesmo? Na origem de sua recusa a viver, não haverá uma pulsão mais profunda e, de certa maneira, *positiva*? Em todo caso, é seguro que, na maturidade, ele considerou a reclusão e a castidade como sacrifício. Quem duvidar que se lembre das cartas escritas depois da ruína dos Commanville e a raiva insana que acompanha seu desnorteio; ele repete aos quatro ventos: *é injusto demais*; ele, que se privou de tudo, que levou a existência mais severa, não *merecia* esse último lance da sorte. *Merecer*? Então tinha direitos sobre o Destino? Tinha-os adquirido com bom comportamento? Esse homem em prantos parece-se cada vez menos com Jules. Este não conhece o arrependimento; a Providência e o orgulho sopraram sobre suas paixões e as extinguiram; escreve suas obras-primas por aquela necessidade dialética que estudamos acima, e sua inspiração, que "é da alçada apenas de si mesma" não pode, de modo algum, *recompensar* uma penúria padecida e habilmente explorada, mas que nunca foi objeto de uma ascese devota: seu coração morreu, portanto ele escreve, nada mais simples; ele não tem o mérito de ter-se retirado para o deserto: o deserto veio até ele com toda a sua magnificência imaginária. O Outro, seu criador, em 1874 se lastima por não ter recebido a gratificação esperada: está convencido de ter praticado o ascetismo por virtude; sua vida lhe parece um exemplo de *moralidade artística*, e já não lhe basta, nesse tempo de provação, comparar-se aos eremitas cristãos, pois se considera cabalmente um santo. Por brincadeira, é claro: *no começo*. Mas conhecemos seus modos, e sabemos que ele não descansará enquanto os amigos não o canonizarem em vida. Onde está a verdade? Mentirá quando declara, em 1846, que acaba de passar os dois melhores anos de sua vida? Quando, sem dar nome, fala, em *A educação sentimental*, de sua alacridade e se compara a um atleta em repouso? Quando insiste – nem sempre, é verdade – na sua ataraxia? Estará forçando as lembranças, em 1874, e descrevendo-se com os traços de um mártir, para dar mais força às demonstrações de amargura? Nem uma coisa nem outra: na verdade, as duas versões sempre coexistiram; ora ele insiste numa, ora noutra. Mas, para compreender essa atitude complexa, resta-nos um último ponto por elucidar: como ele encara suas relações com a Arte entre 1845 e 1847? Jules era Artista: Flaubert, portanto, tinha a audácia de reivindicar para si o mesmo título – pelo menos em futuro próximo. Mas algumas semanas depois, quando o manuscrito é fechado e engavetado, parece mesmo que o jovem, pacatamente estéril, perdeu até os furores do "mudo que quer falar". Vimos que suas leituras e seus "estudos" têm o objetivo, entre outros, de adiar o momento em que será preciso escrever. Mas isso não permite compreender por que a própria vontade parece ter passado. Eu disse acima que ele se propusera um fim tão ambicioso que temia não conseguir atingi-lo. Essa explicação simples – que creio correta em seu nível – não poderia bastar; ele já conheceu a impotência, sofreu com ela, e prova disso são seus *Souvenirs*. Se o único medo era ser indigno de suas altas metas, de onde lhe viria essa calma tão nova? Pois – nunca é demais ressaltar – é pouco dizer que conservou estas últimas no naufrágio: ele naufragou para conservá-las. É o que sobressai da primeira *Educação*, ainda que aqui o "Quem perde ganha" esteja racionalizado demais. Isso quer dizer que, durante o inverno de 1844, ele se radicalizou; o movimento personalizante descreveu sua última espiral: não é verdade que ele se livrou de *todas* as paixões; se elas se calam agora é porque ele definitivamente privilegiou uma delas, à qual subordina as outras. Por volta de 1845, Gustave não é nem Jules, Artista robô, de modo providencial operado do coração, nem a natureza medíocre – inapetente por terror ao sofrimento e, por isso, a submergir na apatia – que ele às vezes descreve nas cartas. Na verdade, é o típico apaixonado. O que ele perdeu foram as *emoções* – ou melhor, ele as *cansa* com sua insana agitação nervosa (gritar por causa de uma pena perdida é sua maneira de *não* gritar de miséria e solidão). Mas o "sistema feito para uma única pessoa", com precauções, cálculos, avareza e maquiavelismo, é a neurose e é a paixão pura. Ou melhor, é a paixão vivenciada neuroticamente, é a neurose a serviço da paixão. O apaixonado, como todos sabem, quase não se emociona e quase não se mostra caloroso, a não ser quando afeta cordialidade, julgando que esse é o melhor meio de manter os curiosos à distância. Os projetos e as iniciativas dos que o cercam deixam-no frio, mas sua indiferença provém do fato de ter-se tornado homem de um só projeto, mobilizado por inteiro e monopolizado por uma ideia fixa, que é ao mesmo tempo pulsão, direito ruminado, ação planejada, visão seletiva do mundo. Esse homem, quando *agente prático*, põe razão e capacidades a serviço de seu empreendimento e concentra-se no estabelecimento de sistemas complexos, na combinação de meios e meios para atingir indiretamente, pelas bordas, ao cabo de longa paciência, o objetivo único que fixou. Se, como Gustave, for passivo, essa distinção

– totalmente relativa – entre as fatalidades (que o arrastam) e a razão calculista (que o serve, explorando o campo dos possíveis) não tem sequer sentido. Ele *se torna seu empreendimento*. Isso pode levá-lo até ao autismo – e vimos que Gustave *pode* levar a introversão até esse ponto –, mas, mesmo que pare no meio do caminho, o apaixonado de tipo passivo interioriza seu objetivo e tenta atingi-lo apenas com a ação que lhe é permitida: a ação passiva ou automanipulação. Nem por isso ele deixa de *ser* inteiramente superação, projeto, expectativa, e se estruturou como *por vir a si mesmo*. É o que ocorre com Gustave a perscrutar *seu* vazio para nele descobrir *seu* futuro em germe (ou seja, aquela metamorfose orgânica de *si mesmo*: o gênio). Por conseguinte, as hesitações, as fraquezas, a impotência de 1845-47, todos os seus comportamentos de fracasso, não podem ser considerados, de modo negativo e com perspectiva pluralista, como efeitos de forças relativamente autônomas a refrearem sua empreitada principal; ao contrário, com base na totalização em curso – totalizante, totalizada, destotalizada e a se retotalizar de modo incessante –, é preciso considerá-los *meios* a serviço do projeto apaixonado de escrever. Em outros termos, mesmo quando perde tempo e se concentra em tarefas estúpidas *para não escrever*, podemos estar certos de que a estupidez é apenas aparente, e que é *para escrever* que ele se obstina a não escrever. Não com a ideia *demasiado racional* de que ainda não está maduro, de que precisa obter instrumentos, adquirir estilo (isso, como veremos, é o que ele gosta de repetir), mas com alguma intenção mais obscura e sem dúvida pré-lógica que precisamos pescar em seus abismos, torcendo para que a mudança de pressão não a faça explodir diante de nossos olhos. E o melhor meio de atingi-la pela regressão analítica é interrogar Flaubert sobre sua relação com a Arte: se, nesses anos cruciais, verificarmos em seu próprio modo de encarar a literatura um derrotismo mais ou menos ostensivo, então precisaremos buscar o comportamento original de fracasso diretamente, no cerne profundo de sua paixão. E isso significará *ou* que o que ele reivindica não é a Arte, mas o naufrágio, *ou* que em 1844 ele não havia perdido *tudo*, que o percebeu e aumentou a aposta, certo de que não ganha nada quem não perder antes aquilo mesmo que quer ganhar.

Em suas cartas da época, encontramos com frequência frases ou parágrafos inteiros que denotam uma curiosa tendência a desvalorizar a própria Arte nos momentos em que ele desespera de seu talento. Pouco tempo após a morte de Caroline, por exemplo, ele escreve a Maxime: "Vou começar a trabalhar, até que enfim! Até que enfim!

Tenho vontade e esperança de trabalhar intensamente e por muito tempo. Terei tocado com o dedo nossa fatuidade, a de nossos planos, de nossa felicidade, da beleza, da bondade, de tudo? Mas tenho a impressão de ser limitado e bem medíocre. Estou ficando de uma exigência artística que me consterna; vou acabar não escrevendo nem uma linha. Acho que poderia fazer boas coisas, mas sempre me pergunto para quê? E o mais engraçado é que não me sinto desanimado; ao contrário, reingresso mais que nunca na ideia pura, no infinito. Aspiro a ele, ele me atrai: vou virar brâmane, ou melhor, ficar meio louco. Duvido... duvido que escreva qualquer coisa neste verão".* Seria fácil compreendê-lo quando à sua própria mediocridade ele opunha a Arte, fim supremo, porém inacessível. Também não era de surpreender quando, em *Memórias de um louco*, ele fazia da arte a sua mais cara ilusão, ao mesmo tempo que insistia na inanidade dessa ocupação: no ardor da criação, entusiasmado com a própria eloquência, ele não tinha tempo de se interrogar sobre si mesmo, ou melhor, era sustentado pela consciência marginal de sua genialidade. Portanto, eram duas posições diferentes, se não contraditórias, mas perfeitamente lógicas: a do desespero subjetivo – "A Arte é grande e eu sou pequeno" – e a do desespero objetivo, muito mais confortável – "Talvez eu venha a ser excelente em literatura que, sem dúvida, é o que há de melhor neste mundo, mas, na verdade, não é grande". É perfeitamente normal passar de uma a outra. O menos normal, porém, é a curiosa contestação recíproca da Arte e do Artista, na carta a Maxime. O início é claro: diante da morte, diante da dor dos sobreviventes, a própria beleza se revela vã. Essa observação contradiz todo o "sistema" de Flaubert, que, em vez de censurar a inutilidade das grandes obras, as preza justo por causa dela: o Belo é um absoluto *porque* é uma vã ilusão.** Nunca se esperaria dele essa declaração tão pouco condizente com suas

---

* A Maxime, 7 de abril de 1846. *Correspondance*, t. I, p. 203.

** Talvez ele pense sobretudo na beleza de sua irmã Caroline, que não a protegeu da morte. Isso deixa de ser banalidade quando profundamente sentido durante um velório por alguém que se diz diante de um rosto encantador que se decompõe: toda essa beleza, promessa de felicidade para ela e para os outros, era uma fraude. Maxime conhecia Caroline e a achava bela: ele podia compreender a alusão sem que houvesse necessidade de explicitá-la. Mas, admitindo-se que, superficialmente, Gustave tivesse a intenção de designar a beleza *natural* da irmã, não deixa de ser verdade que esse membro de frase se relaciona, no fundo, com a impotência de *toda e qualquer* beleza. Aqui ele não está pensando em opor Natureza e Arte: esse platônico materialista, ao contrário, está muito consciente de que tanto aquela como esta só oferecem um reflexo *imaginário* do *eidos* do Belo.

teimas mais decididas, que poderiam ser resumidas pelas seguintes palavras: "Para que escrever se morremos?". Palavras surpreendentes, uma vez que a Literatura para ele é o ponto de vista da morte sobre a vida, e, aliás, esses dois óbitos o afetaram menos do que ele afirma. Admitamos, porém, que diante da Arte ele tenha atitude ambivalente: trabalhar é criar e, do mesmo modo, é renascer, mas, por outro lado, a criação não passa de imitação e só produzimos quimeras. A partir daí, desde que se especifique que esses saltos de humor só ocorrem em relação à sua vontade demiúrgica, pode-se admitir que Flaubert se contradiz, ora ao se querer Deus das aparências, ora ao se denunciar como arremedador do Criador. Haverá mais dificuldade em admitir que a intuição da vanidade da Arte, em vez de privar por um tempo Gustave da vontade de escrever, o tenha tornado *como artista* "bem limitado e bem medíocre". Se o defunto não vale a vela, por que lamentar a falta de aptidão? Estranho torniquete: parece até que nesse parágrafo há duas concepções opostas de Beleza, uma explícita e outra secreta. A primeira implica sobretudo a Arte na contestação universal. Mas as palavras "limitado e medíocre" sugerem a segunda, que foi omitida. Seria preciso *traduzir* nestes termos: "A vanidade da Beleza afetou-me tão profundamente, que não sou capaz de obedecer ao imperativo supremo, que é o Belo". De fato, ele acrescenta logo em seguida: "Estou ficando de uma exigência artística que me consterna; vou acabar não escrevendo nem uma linha". O Belo acaba de submergir no universal Nada; será realmente o momento de se mostrar tão exigente? Sem dúvida, pode-se repetir aqui que a estranha aposta da *Educação* o obriga a tornar-se um censor tão severo de sua obra que ele se enfastia antes de pegar a pena. Nesse caso, para reconstituir o movimento de seu pensamento, seria preciso reescrever esse texto começando pelo fim: "Não estou escrevendo nem mais uma linha, porque estou ficando artisticamente tão exigente que tudo o que me vem à mente parece-me estreito e mesquinho. Mas não importa: na minha fase de luto descobri que tudo é inútil, inclusive a Beleza".*
Essa reconstrução certamente é válida. De qualquer modo, a "crença em nada" de Gustave, aqui reafirmada, e sua "exigência artística", em outro lugar chamada de "gosto", nos remetem a dois sistemas de valores diferentes, se não opostos. Aliás, a ambiguidade da frase que se segue de imediato – "Acho que poderei fazer boas coisas; mas sempre me pergunto para quê" – provém do fato de que ela pode ser interpretada de acordo com um sistema ou com outro. Relacionada com

---

* Em outras palavras: as uvas estão verdes demais.

o início do parágrafo, ou seja, com a vanidade do Belo, ela significa apenas: como tudo é pó, para que fazer boas obras segundo o juízo dos homens, se, na verdade, elas não passarão de falsas aparências? Em contrapartida, se ela for lida num outro movimento, ou seja, se for relacionada com "exigência artística", deveremos compreender: "Eu poderia fazer boas coisas, sim, como todos os artistas menores desde que se empenhem. Mas para quê? Arte requer genialidade; é preciso ser Shakespeare ou nada".* Parece-me bem provável que Gustave tenha de modo intencional mantido essa confusão para provocar duas leituras opostas, ambas perfeitamente válidas. De qualquer maneira, não deixaremos de nos surpreender diante de um parágrafo que começa com "Até que enfim vou começar a trabalhar! Trabalhar!" e que termina com essa profissão de fé imobilista: "Vou virar brâmane... duvido que escreva qualquer coisa este verão". Como se estivesse traçando as primeiras palavras numa espécie de embriaguez e depois tivesse dado uma guinada, tomado por um terror supersticioso, e retomado o tema – estereotipado nele – do Nada universal para evitar mau-olhado.**

Essa carta é especialmente marcante, mas está bem longe de ser a única: muitas vezes, durante seus anos de silêncio, Flaubert procura minimizar a importância da Literatura. Escreve a Vasse em 4 de junho de 1846: "Para viver, não digo feliz (esse objetivo é uma ilusão funesta), mas tranquilo, é preciso criar fora da existência visível, comum e geral a todos, uma outra existência interna e inacessível àquilo que faça parte do domínio do contingente, como dizem os filósofos. Felizes aqueles que passaram seus dias espetando insetos em folhas de cortiça ou contemplando com lupa as medalhas enferrujadas dos imperadores romanos! Quando a isso se misturam um pouco de poesia ou de fervor, devemos agradecer aos céus ter feito alguém nascer assim".*** Com isso, eis que a literatura é rebaixada à categoria da numismática. Na mesma carta, com efeito, Gustave expõe o seu emprego do tempo: "Estou fa-

---

* Nesse caso, a "vanidade de tudo" se tornaria uma exigência: para não ser vã, a Beleza deve ser perfeita, e é a miséria do homem, seus lutos, sua morte futura que exigiriam ser compensados com obras-primas incontestáveis, tomando como único motivo a "vanidade de tudo", ou seja, o infinito.

** É verdade, como vimos, que "trabalhar" na época significa para ele estudar as tragédias de Voltaire, reestudar grego e latim e, por isso, se opõe a "compor", que no fundo significa deixar que a obra se componha. Mas Alfred, ao qual se aplica o golpe do "bom operário", sem dúvida não está a par dessas transformações de sentido.

*** *Correspondance*, t. I, p. 209-210.

zendo grego, história; leio latim, estou enchendo um pouco a cara com aqueles bravos antigos aos quais acabo rendendo certo culto artístico; estou me esforçando por viver no mundo antigo; vou conseguir, se Deus quiser".* Se for só uma questão de fugir para o mundo antigo, as medalhas dos imperadores são um excelente meio; contanto que sejam contempladas até que se irrealizem; os textos de Salústio ou de Virgílio, decifráveis, mas resistentes, prestarão o mesmo serviço: aquelas e estes são, em suma, excelentes auxiliares da autossugestão. A Arte é outro, e pouco importa que seja contemplativa (ler Shakespeare) ou criativa. Flaubert se definirá nos mesmos termos – ou quase – quando escrever alguns anos depois a Maxime: sou um burguês que vive no campo e se ocupa de literatura. O funcionário numismata, depois de suas dez horas de "existência visível, comum e geral", ou seja, após suas dez horas de escritório e antes do jantar familiar, vai ao andar de cima e se tranca com suas coleções; assim também o artista, depois de ter cumprido os seus deveres sociais e familiares, retira-se para o quarto e relê Shakespeare ou então rabisca papel apenas para si. É uma *ocupação*. O que haverá de mais comovente do que esse escritor que sonha em ser colecionador para praticar o absenteísmo a um custo mais baixo? Digo absenteísmo porque Gustave está sem ilusões: aquilo que os leitores de Estaunié* tomarão como sua *realidade* mais secreta, quando, no auge do poder, a burguesia se preocupar em ter *também* uma alma, Flaubert não ignora que é na verdade uma *desrealização*. E se esta parte de si mesmo não é comunicável, ele também sabe por qual razão: é porque o imaginário, reduzido ao puro momento do desligamento, é uma ruptura intencional de comunicação. O que é de seu orgulho? Não faz muito tempo, em *A educação sentimental*, ele apresentava a desrealização como um presente da Providência e como a condição exigida para ter acesso à Arte; agora, a crer-se nele, a arte não passa de um meio entre outros – e não o menos custoso – para atingir a desrealização. Esta (outrora sinal de eleição) parece-lhe a prática mais comum, pois para primar nela basta um escudo cunhado no reinado de Luís XIV. Nem é preciso fascinar-se com a *ideia*, sonhar em dissolver-se no infinito: bastará uma simples mania; essa confidência resignada é mais aflitiva porque nos é feita com ar jovial. Nós a encontraremos em formas diferentes ao longo da Correspondência até a célebre confissão que ele faz a George Sand: toda a minha vida se resume em rabiscar papel para fugir da angústia e do tédio. E nesses

---

* *Ibid., loc. cit.*

momentos sempre se trata de apresentar a neurose – que ele chama tédio ou anomalia – como o essencial, e a decisão de escrever como um de seus subprodutos. Ele chega a aceitar até retratar-se a Ernest – a Ernest! – com os traços do doente crônico, um pouco diminuído, que se deixa cuidar em família e, para passar o tempo, dedica-se a seu *hobby*: "Meu rumo já está mais ou menos tomado, vivo de maneira regrada, calma, regular, ocupando-me exclusivamente de literatura e história".* Um pouco depois escreverá a Alfred numa carta que comentaremos em breve: "Juro que não penso na glória e não muito na Arte". Parece que ele tem necessidade de esconder de si mesmo sua louca ambição, de se tomar de fato por um solteirão vencido pela vida, a travar frouxamente, como aposentado, uma batalha perdida de antemão e, aliás, sem nenhum interesse.

É verdade que às vezes tem outras inflexões: mas é sobretudo para falar da Arte dos outros: Shakespeare é um continente; Homero "causou estremecimentos divinos", somos tentados a crer que tinha uma "natureza mais que humana"; os *Ensaios* de Montaigne, mais que qualquer outro livro, "predispõem à serenidade". Será possível ao mesmo tempo denunciar a vanidade da literatura, fazer dela a triste ocupação de um recluso e lhe dar com tais epítetos o caráter numinoso de atividade sagrada? Quando dá conselhos a Alfred, esquece para com o amigo todas as precauções de modéstia. Este lhe confia que está morrendo de tédio; quando Gustave recebe essa carta, está com a mesma disposição de espírito: "Fiquei tão triste durante três dias que várias vezes achei que ia morrer... Começo... a acreditar que o tédio não mata, pois estou vivo".** De imediato, porém, exorta o amigo: "Arranja paciência, ó leão do deserto... Eu também sufoquei por muito tempo; as paredes de meu quarto da Rue de l'Est ainda se lembram... os gritos de desespero que eu dava sozinho; como ali ora rugi, ora bocejei...". Então mudou tanto, ele que ainda na véspera achava que ia morrer de tristeza? Mas ei-lo que, de repente, eleva o tom: "Ensina teu peito a consumir pouco ar; ele só se abrirá com alegria mais imensa quando estiveres nos altos píncaros e for preciso respirar furacões. Pensa, trabalha, escreve... corta teu mármore como bom operário... O único meio de não ser infeliz é fechar-se na Arte e contar como nada todo o

---

* 13 de agosto de 1845.
** 13 de maio de 1845, Milão. *Correspondance*, t. I, p. 171.

resto; o orgulho substitui tudo quando assente numa base larga".* De onde ele tira essa admoestação cheia de soberba? É de se ressaltar, é claro, a estreita ligação entre Arte e Orgulho – a mesma ligação que notamos já na adolescência, que ele tenta mascarar nas cartas de 1845-47. Dessa vez, inversão completa: o Orgulho substitui tudo; em outras palavras, não há outra salvação senão o projeto insano de igualar-se aos mais grandiosos por meio da obra. Ora, o jovem escritor que lança esse grito magnífico pretende, *no mesmo momento*, ser apenas o caçula da família, rancoroso e dolente, que viaja como vendeiro com os pais. Quando volta a falar de si mesmo, nessa carta, é como se falasse de um moribundo; "Achei... que ia morrer (de tédio); isso é literal. Por mais esforço que fizesse, não conseguia abrir a boca". Naturalmente, essas constatações – efeitos dados sem causas – são na verdade acusações a Hamard e aos pais. Gustave sabe muito bem que o amigo não será enganado. Não importa: elas são misturadas a tantas outras alusões a seu incurável "aborrecimento" que essa "agonia" não aparece como acidente provocado pela situação, mas sim como recrudescência de um estado crônico sob a ação de fatores externos. Em suma, é o pobre Gustave – esse coitado – que dá a Alfred os conselhos que Jules lhe daria no fim de sua educação sentimental, com a diferença de que essa *admoestação* parece proceder de uma teoria ativista da Arte; é preciso *trabalhar*, talhar o mármore como bom operário. Esta última imagem, em especial, evoca uma labuta violenta, física até, que esgota e desenvolve os músculos ao mesmo tempo. Gustave se apresenta como exemplo? Com certeza não, pois escreve em seguida: "Eu disse um adeus irrevogável à vida prática. "Daqui por diante peço apenas cinco ou seis horas de tranquilidade em meu quarto, com o fogo aceso no inverno e duas velas por noite para me iluminar". Nada mais: ele não diz o que fará com a solidão reivindicada. Mal e mal, bem no fim da carta, informa que escreverá seu "conto oriental" no inverno seguinte. E, para terminar, esta nota de humildade: teve – em Gênova – a primeira ideia de *A tentação*, mas "para isso seria preciso um sujeito disposto, não eu".

 Essa carta impressiona menos pelo que diz do que pelo que esconde. Não se pode ouvi-la sem acrescentar as seguintes três palavras que não estão escritas em nenhum lugar, mas que toda homilia exige: "Faça como eu!". Gustave com certeza as tinha na cabeça, e isso é revelado por um detalhe: o tempo dos verbos dos quais ele é

* Maio de 1845. Gustave escreve de Milão.

sujeito – "eu também sufoquei... rugi e bocejei..." – implica que ele se safou, e que está encerrado o período no qual o tédio o sufocava. Pois quem, se não o recluso do Hospital Central, "ensinou a seu peito consumir pouco ar"? Portanto, se ele preconiza esse método, é por ter-se curado graças a ele: se não o diz, é porque *não quer* dizer. Por medo de irritar o amigo? Não tem esses escrúpulos. Parece mais que desempenha dois papéis ao mesmo tempo e, insistindo no primeiro, tem medo de revelar que contradiz o segundo.

De resto, as três palavras que faltam em maio de 1845 nós encontramos quatro meses depois numa carta ao mesmo Alfred*; aí também está a metáfora do bom operário, aplicada dessa vez a Gustave em pessoa. Flaubert está em Croisset desde o início do verão; goza das "cinco ou seis horas tranquilas" que em Milão era o único objeto de seus desejos. Alfred lhe escreveu dizendo que admira seu sucesso. Ele responde: "Observo que já quase não rio e que sou mais triste. Falas de minha serenidade, caro amigo, e a invejas. É verdade que ela pode espantar. Doente, irritado, mil vezes por dia dominado por momentos de angústia atroz, sem mulheres, sem vida, sem nenhum dos guizos deste mundo, continuo minha obra lenta como bom operário que, de mangas arregaçadas e cabelos empapados de suor, bate na bigorna sem se preocupar se está chovendo ou ventando, se está caindo granizo ou trovoando".

Que obra lenta é essa? Estamos em setembro, ele terminou a *Educação* em janeiro, faz oito meses que não escreve uma só linha. Não tem a intenção de retomar a pluma tão logo, pois informa na mesma carta que vai "tratar de organizar um pouco (seu) conto oriental; mas é duro". Organizar: dar a seu conto uma lei interna, mas não escrever; portanto, não está nem mesmo na composição; está apenas "ruminando" o assunto. Logo vai pedir livros sobre o Oriente para se compenetrar das "cores locais". Suas leituras, no momento em que envia a carta e nos meses seguintes, dificilmente podem ser vistas como "o grande estudo do estilo" que a Jules se mostrava indispensável aprendizado: Gustave bocejou sobre uma obra de filosofia chinesa que abandonou, prometendo retomá-la, e distrai-se espiolhando o *Curso de literatura dramática* para sua coleção de asneiras. Em agosto "ainda analisava o teatro de Voltaire". Com certeza continua fazendo o mesmo. Só isso. Onde estão as marteladas? Onde a bigorna

---

* Setembro de 1845, *Correspondance*, t. I, p. 191.

e o ferro em brasa? Será possível que mente? Que quer levar Alfred a acreditar que ele tem "algo em andamento"? De jeito nenhum: "Juro que não penso na glória e não muito na Arte. Procuro passar o tempo da maneira menos tediosa que encontrei". Impossível ser mais franco, para não dizer mais sincero.

Para compreender essa nova contradição é preciso recolocar o trecho em seu contexto. Em 23 de setembro de 1845, Alfred, que acabava de escrever *Diálogo de Brutus e Don Quixote* e "uma peça em versos, 'Coração das Bacantes'", diz a Flaubert: "Meu caro, acabo de terminar um conto que, espero, te divertirá. Chama-se *A bota maravilhosa*. Não vou dizer nada sobre a intriga nem sobre a facécia, a meu ver *sublime* (pronto, eu disse) com que a peça termina. Acho que é difícil fazer algo tão agradavelmente bufão. Adiei a peça para Emma Caye, agora estou tratando na realidade só de coisas publicáveis de imediato". Fica-se sabendo por essa mesma carta que ele está lendo pouco: Quinault, "poeta admirável", Rollin, Darwin. Coisa rara, ele está com um humor bastante alegre – e muito contente consigo mesmo: "filosofia, poesia... essas são as duas inspirações que Deus reuniu neste teu criado". Ignorará que essas boas notícias vão exasperar Gustave? Como? Ele *está trabalhando*? Desde abril escreveu um diálogo, uma peça em versos e uma poesia burlesca. E ainda encontra tempo para ler Darwin? Não seria isso justamente o que Gustave *deveria fazer*? Em sua carta anterior, datada de 15 de setembro, Alfred explicava seu longo silêncio dizendo apenas: "Trabalhei muito". Gustave não podia deixar de invejá-lo, pois desde janeiro não fez nada e não ignora que suas leituras e releituras são álibis. Além disso, o que o irrita profundamente é a negligência com que o amigo lhe anuncia como coisa óbvia esta *"enormidade"*: "estou tratando na realidade só de coisas publicáveis de imediato". Sabemos que na época Flaubert se pergunta com frequência se alguma vez será publicado; entre as razões que adianta há a ideia honestíssima de que não se deve deixar que a pluma seja guiada ou freada por considerações estranhas à arte, sobretudo pela preocupação de saber se a obra é publicável. Essa preocupação, demonstrada por Alfred, basta para levar Gustave a profetizar que as novas obras do amigo são de qualidade medíocre. Além disso, ele não se engana: se Alfred, que não tem o costume de mimá-lo, o gratificou com duas cartas em menos de um mês – enviando a segunda quando a primeira ainda não teve resposta –, é porque estava contente com sua "história burlesca" e não conseguiu se abster de lhe comunicar essa satisfação. Flaubert pensa tanto que Alfred realmente tem sorte quanto que se contenta com pouco. Tem medo de que *A bota maravilhosa* seja insípida e teme por isso chegar a desprezar um pouco o *alter ego*, mas nem por isso deixa de recear – embora não acredite muito – encontrar--se diante de uma obra-prima. De qualquer maneira, seja qual for o resultado, esse ativismo literário lhe parece preocupante: facilidade demais. Se esta for compensadora, azar de Gustave que apostou na paciência; se não for, azar de Alfred. A resposta de Flaubert é ditada pelo despeito. Sem dúvida, ele começa cumprimentando o feliz autor: "Tenho muita vontade de ver tua história da *Bota maravilhosa* e teu coro de Bacantes, bem como o resto. – Trabalha, trabalha, escreve, escreve, o máximo que puderes, o máximo que tua musa te trouxer. É esse o melhor corcel, a melhor carruagem para se transportar na vida. A lassidão da existência não nos pesa nos ombros quando compomos. É verdade que os momentos de cansaço e de relaxamento que se seguem são até mais terríveis, mas azar! Mais valem duas taças de vinagre e uma de vinho do que uma taça de aguapé. Quanto a mim, já não sinto nem os arrebatamentos calorosos da juventude nem as grandes amarguras de outrora. Ambas as coisas se misturaram, e isso produz uma tonalidade universal". As exortações do começo falam em nome de uma teoria da inspiração que Gustave abandonou há muito tempo: Alfred deixa-se "levar pela musa". Isso quer dizer que ele se entrega ao movimento vulgar da espontaneidade – coisa que, justamente, Flaubert fazia na adolescência, antes que a obsessão pelo gosto o afetasse com a impotência. Ademais, esse tom de superioridade bonachona – que ele costuma assumir para devolver ao correspondente em tom de ordem ("trabalha, trabalha, escreve, escreve"), e sem pedir sua opinião, as decisões que este tomou espontaneamente – neste caso é acompanhado por uma ligeira perfídia: ele dá a entender que as obras de Alfred não o interessam pelo seu valor estético, mas pura e simplesmente por sua utilidade prática: enquanto estás compondo, não te aborreces, é o que ele lhe diz em essência. É como se lhe ordenasse escrever para se desenfadar. É levar já de saída a produção de Alfred para o campo no qual Gustave se refugia quando suas próprias obras são contestadas*, como que para lhe revelar indiretamente o

---

* O que seu comportamento logo mostrará quando Louise se recusar a mostrar *A Bretanha* a Gautier.

que augura sobre ela. Aliás, ele tem o cuidado de acrescentar que "os momentos de cansaço... que se seguem são até mais terríveis". Por qual razão, senão a de que nesses momentos nos relemos e achamos execrável aquilo que achávamos bom? É claro que há também a recaída na contingência nauseabunda da vivência. Mas, em Gustave, ambas as coisas estão aliadas, e a acerba insipidez da existência será mais perceptível quanto mais descontentes estivermos com as páginas que acabamos de escrever. Em suma, através da condescendência de Gustave, transpassa uma ideia que poderia ser enunciada da seguinte maneira: "Escreve, se isso te diverte. Quando parares, conhecerás a dor e a horrível decepção de só teres feito coisas medíocres. Mas que importa, se passaste um bom momento".

Nesse meio-tempo ele passa rapidamente a falar de si e informa que já não conhece o entusiasmo nem o desespero, em suma que é mais *adulto* que o mais velho – para quem a arte ainda é uma infantilidade. Diante de Alfred, que ainda *vive* e que por uma taça de vinho se expõe a engolir duas de vinagre, Gustave lembra discretamente sua superioridade de *morto*.

Pois só pode mesmo se sentir superior àquele amigo mais velho que ele adorou, que ainda respeita, mas que já não admira. Não está distante o momento em que escreverá a Maxime: "Manda-me (teu) roteiro. Alfred... está cuidando de coisa bem diferente; é um sujeito bem esquisito".* Preocupado, invejoso, humilhado, rancoroso, um pouco desdenhoso, tem necessidade de se empoleirar. Mas não pode opor suas obras às de Alfred, porque não fez nada. É então que percebe que a carta anterior do amigo – que ficou sem resposta (decerto por ressentimento e dignidade: ela chegara tarde demais, depois de um longuíssimo silêncio) – continha um dos raros elogios que Alfred jamais lhe concedeu**: "Admiro tua serenidade. Decorrerá do fato de estares menos distraído que eu, menos assediado pelo que é *externo*? Ou será que és mais forte? Continuas sendo feliz por te salvares por um meio que eu também teria e ao qual até agora não tive vontade de me agarrar". Se o amigo parece reconhecer nele uma superioridade, é ela que Gustave se apressará a exaltar; ele a tomará como pretexto para massacrar Alfred com conselhos literários. Curiosamente, acredita

---

* Abril de 1846, portanto sete meses depois. *Correspondance*, t. I, p. 206. Sem dúvida já se tratava do casamento de Alfred, que Flaubert anuncia a Ernest em 4 de junho seguinte.

** Aliás, bem ambíguo: eu escreveria tão bem quanto tu, se me dignasse escrever.

repetir a própria frase do amigo, ao passo que muda seus termos e seu sentido: Alfred dizia, não sem alguma ironia, que *admira* a serenidade de Gustave; este lhe responde: "Falas de minha serenidade, meu velho, e a invejas". Ora, a inveja é o tormento perpétuo de Flaubert: ele a está sentindo nesse mesmo momento e, por isso, não pode deixar de atribuí-la a Le Poittevin, que é demasiado indiferente, na verdade, e narcisista demais para desejar o que pertence a outros. Esse engano dirigido é origem de um diálogo de surdos; Gustave se convence de que o amigo lhe pede a receita da ataraxia e apressa-se a dá-la: Faze como eu! Ora, a carta de Alfred é clara: ele está atormentado "pelo que é externo" (vida familiar e mundana, prostitutas, bebida), sabe que está se perdendo, mas não liga, e, em todo caso, deixa claro que não tem a menor vontade de procurar a salvação na literatura. Flaubert não quer saber disso: repreende esse suicida como se este também considerasse a Arte um valor supremo* e, por leviandade ou dissipação, deixasse de reconhecer sua verdadeira vocação.

Diante do que está dito acima, a "obra lenta" nos revelará seu sentido. Superficialmente, é uma reação irritada às obras ligeiras que o amigo produziu sem nenhum esforço e depressa demais. Gustave quis pôr nessas duas palavras toda uma lição de ética literária: estás escrevendo ninharias, procuras um editor, és mundano até em literatura; eu não, eu sei que o gênio é uma longa paciência. Tão logo convocado, o bom operário retorna, encarregado de representar o aspecto *artesanal* da arte e opor-se aos marquesinhos da literatura que consideram o trabalho da pluma um divertimento. O problema é que Alfred escreve e sabe que Gustave não está escrevendo.** De modo que seria mais cabível o amigo mais velho exortar o mais novo. Não é preciso mais para que as marteladas mudem de função. Na carta de Milão, elas simbolizavam a criação: o operário, aliás, era muito qualificado, era Michelangelo a talhar seu mármore, matéria inerte, porém preciosa; tornou-se ferreiro e agora está martelando um vil pedaço de ferro. O que conta já não é o produto acabado, é o esforço, a paciência, a indiferença em relação a tudo o que não seja o *ofício*, em suma, qualidades inferiores. De modo mais preciso, o que interessa Flaubert nesse trabalhador não é tanto o

---

* "As pessoas de nossa *raça*..." – diz ele. Mas Alfred não é da raça literária, e sabe muito bem disso.

** Na primeira carta de setembro de 1845, Alfred lhe pergunta se ele continua pensando no conto oriental e "se sua concepção está mais clara" – o que prova que ele deve tê-la achado confusa e não deve ter escondido isso.

trabalho quanto a imutabilidade. O que muda é o cenário: a tempestade após o tempo bom. Mas o ferreiro, visto por Gustave, não muda; a eternidade manifesta-se nele pela repetição: são os mesmos gestos, os mesmos ruídos. A estátua, dessa vez, é ele: ele levanta com um braço de mármore um martelo marmóreo, em algum jardim de Rouen, no meio dos relâmpagos ou, caso o sol apareça, das pombas. O ferreiro: Gustave estatuificado. Doente, ansioso, *sou imutável*, entrego-me ao vazio e o mantenho em mim com todos os estratagemas da atividade passiva. Minha obra lenta é isso: condicionar-me de tal maneira que já não seja mais que uma abertura para o irreal, "mandar às favas tudo e a mim mesmo junto", para me reencontrar sujeito universal no imaginário. E qual é o resultado? Essa abertura será uma armadilha de imagens? Ou, como longa e paciente patência, *não mereceria* a visitação destas, desde que nada espere?

Não saberemos, pelo menos nessa carta. Assim que lança seu soberbo "Faça como eu", o arrogante conselheiro murcha. Acaba de falar claro, como Jules teria feito, e de afirmar a necessidade da "epoché" afetiva, quando, no mesmo parágrafo, dá uma guinada e se renega. Chegou a dizer: "A felicidade das pessoas de nossa raça está na Ideia, não em outro lugar". E eis que acrescenta: "Não penso... muito na Arte. Procuro passar o tempo da maneira menos tediosa que encontrei". O que é do ferreiro de mármore? Que relação estabelecer entre a "obra lenta" e o "passatempo menos tedioso"? No entanto, trata-se de fato de uma única e mesma coisa: mas, num caso, ela aparece como uma atitude ético-estética, indispensável e suficiente para ter acesso à Arte; no outro, depois de perder eficácia, ela se apresenta como a melhor maneira de consumir a vida enquanto se espera a morte. Encontramos aqui, de maneira mais manifesta, o torniquete que encontramos a cada passo nas cartas de Gustave: dois conceitos de Arte se opõem, mas são suficientemente indeterminados para que passemos de um ao outro na mesma frase. Por um lado, é um mistério ao qual só se tem acesso por um novo nascimento acompanhado de uma ascese metódica e *que basta*, desde que praticada com rigor; por outro lado, é um *hobby* de rendeiro, de recluso. Mas, mesmo nesta segunda concepção, Flaubert conserva a repugnância pela literatura de diversão: em todo caso é preciso reler os *grandes* autores. Assim, é feita uma transição entre as duas concepções: mesmo para o burguês que se ocupa com literatura, o ser absoluto do não-ser e do mal, a Beleza, é revelado pelas obras-primas do passado. O fato é que *isso mesmo* – a comunicação deslumbrada com os santos da literatura – é apresentada frequente e explicitamente como o *hobby* de um doente. Diante dessas apreciações contraditórias e simultâneas – encontradas *em toda parte*, a propósito de *tudo*, nos anos 1845-47 –, não se terá a impressão de que Flaubert esconde sua verdadeira ideia de Arte, ou seja, não só o valor que atribui ao Belo, mas também a natureza de sua ascese, seus objetivos reais e o próprio objetivo da vivência? Essa ideia aparece marginalmente, quando ele não desconfia e fala com ingenuidade sobre Shakespeare ou, como na carta de setembro de 1845, quando a irritação o faz perder o controle daquilo que diz. Tão logo percebe que se traiu, muda rápido de assunto e impinge ao correspondente sua teoria da arte-divertimento ou, se tiver se exposto demais, declara-se incapaz de jamais ser artista. Furioso com a desenvoltura de Alfred, replica falando de sua *obra lenta*. Mas logo recobra o controle: falou demais. De qualquer maneira, preconiza o *desapego*, mas, quando é totalmente sincero, o é porque vê nele a única maneira de atingir a representação estética do cosmos; e, a partir do momento em que desconfia, faz dele o caminho mais curto para a estagnação, única maneira de ser pelo menos tranquilo, se não feliz. No entanto, quando gaba para os correspondentes os méritos das lagoas, lisas e calmas, a esconderem em si o lodo, e quando escreve que sua serenidade está no fundo da alma, oculta sob a exasperação contínua a doença e os momentos de angústia atroz que o atormentam "mil vezes por dia", não está falando de fato da mesma coisa: num caso, a calma é de superfície, e as paixões estão no subsolo, escondidas, prestes a renascer se ele se mexer; no outro, as violências, as raivas e as angústias são a vivência imediata, e a serenidade é a *exis* profunda e só pode ser obtida por uma *epoché* efetiva que consiste em pôr entre parênteses esses tumultos superficiais, em vivenciá-los como a não-vivência, como bagatela sem valor e, pela negação do subjetivo, em designar, por baixo e de modo indireto, a imutável tranquilidade do Uno parmenidiano. O resultado é diferente: num caso, o dado imediato da consciência é a ataraxia; no outro, são acerbos furores, desvarios que Maxime não deixou de notar, e o trabalho de Gustave – que escapa ao olhar simplista de Du Camp – visa a neutralizá-los para reduzi-los àquilo que eles são: sons e tremulações que não o comprometem. No entanto, ele se define ora por uma, ora por outra dessas atitudes. E, assim que tem a sensação de insistir demais na serenidade – fruto de uma tensão ética –, volta à estagnação, atitude retrátil nascida do medo de viver, e procura passar a sensação de que ambos os estados são equivalentes. Portanto, há um caminho para a Arte, e Flaubert enveredou por ele: não terminei por completo meu *Educação sentimental*, mas estou chegando lá. No entanto, ele não diz nada disso: ou diz o mínimo possível. Por quê? Por que tantas páginas obscuras de sua Correspondência – nos anos 1845-47 –, na qual de uma linha à outra ele se contradiz? Por que Jules, o soberbo, sempre presente, sempre amado, é omitido? Quem ele quer enganar? Do que afinal tem medo?

B. O "QUEM PERDE GANHA" COMO ESPERA DO MILAGRE

Do "quem perde ganha" Gustave teve a obscura percepção no momento decisivo em que desabou aos pés do irmão ou, talvez, mais tarde, entre as crises referenciais, quando na cama, a ruminar seu mal, tenta encontrar seu sentido. Caso se tratasse de outro, seria possível ver nisso um tema de compensação: um acidente transforma um jovem "de futuro" em inválido; este, se tiver a ideia de tomar a desdita que abala sua vida como um presente providencial que o retirou do mundo para levá-lo a si mesmo ou a Deus, talvez faça um esforço para mudar *a posteriori* o sentido de uma humilhação fortuita, imprevista, imprevisível, que desabou sobre ele vinda de fora, mas que é preciso interiorizar. Contudo, sabemos que o acaso participa pouco da crise de janeiro de 1844, que o mal de Gustave, preparado desde a infância, profetizado vinte vezes pela vítima, não se distingue da vida, e é ao mesmo tempo padecido e intencional. Em suma, ele descobriu de *imediato* o sentido fundamental de sua queda, a intenção de negar o homem para adquirir os dons do artista, e foi sobre essa intuição que ele construiu o final da *Educação sentimental*. Mas esse empirista – que, mesmo amando a Ideia, detesta *as* ideias e sobretudo os sistemas – sistematizou demais dessa vez. Reconstruiu de maneira lógica uma transferência mágica de pontos ganhos – e é aí que, se não se encontra a compensação, encontra-se pelo menos o truque: ao introduzir *a posteriori* a necessidade, ele quis *ter garantias* e, em caso de a Providência não existir, definir as regras do jogo – a partir daquilo que ele chama de seu conhecimento do mundo –, de tal maneira que as perdas se traduzam de modo automático por ganhos proporcionais, mas sempre superiores. Vimos que ele até inventou uma dialética negativa, cujo melhor exemplo – ao mesmo tempo expressão verbal do esquema fundamental que preside as últimas páginas da *Educação* – é fornecido pela seguinte frase: "Jules enriquecia-se com todas as ilusões que perdia".*

Mas, se refletirmos nisso, ficará claro que a intenção que o precipitou ao fundo do cabriolé, sem que braços e pernas lhe valessem, é ao mesmo tempo mais humilde e mais insanamente audaciosa: isto porque ele está seguro de que ainda não fixou o seu sistema; quando foge de Paris e da dor de Hamard, ainda acredita que o pior é inevitável, e que o melhor perde. Assim, a obscura aposta de afundar na abjeção para ganhar a genialidade não é feita *com base em nada*. Não se trata sequer de calcular as chances: é preciso recorrer a altas instâncias, *ter confiança* em tudo e contra tudo. De fato, despojado de todos os artifícios que o mascararam na reconstrução ulterior, o "Quem perde ganha" mostra-se como a repentina desistência de um nadador estafado, que para de lutar contra as correntes e as vagas e deixa-se levar: entrego-me a vocês, sejam testemunhas de que lutei até o fim. Se eu morrer, é porque não estava feito para viver; se sobreviver, é porque vocês me salvaram gratuitamente por razões que só vocês conhecem. Assim, a Queda é uma fala dirigida a potências silenciosas que o veem cair sem fazerem nenhum sinal, e cujas decisões ele ignora quando volta a abrir os olhos. Essas personagens semissimbólicas, como eu disse, são as duas faces de Achille-Cléophas, anverso e reverso, Deus e Diabo, exaltadas e sublimadas.

Quanto ao Diabo, nem pensar em comovê-lo. É preciso neutralizá-lo *dando-lhe plena razão*. O que é o príncipe das Trevas, senão a personificação da ideologia paterna – e burguesa –, ou seja, o *determinismo*? Vivenciada por Flaubert com desespero, essa concepção do cientificismo suprime tanto a Moral quanto a Arte: a lei da exterioridade não *compõe*; o real sempre exterior a si mesmo só pode oferecer ilusão de unidade; portanto, o gênio, potência de superintegração, não tem existência real: como um amontoado de átomos em

---

* A ilusão de que ele fala aí nada tem a ver com a grande Ilusão plena que, segundo dirá a Louise, é a verdade absoluta. Trata-se na realidade de crenças ligadas às paixões: a fidelidade de um amigo, a constância de uma amante seriam nesse sentido ilusões, pois nelas o imaginário está submetido ao real, ao prático. Assim, perder uma ilusão é perder uma determinação. E, na frase seguinte, Flaubert explica muito bem que a perda de uma ilusão é negação de negação: "À medida que caíam as barreiras que o haviam cercado, sua visão descobria horizontes novos".

entrechoque poderia produzi-lo? Quanto a existir como determinação do imaginário, nem pensar: as leis da Natureza só *conhecem* a realidade; o *Homo sapiens* e o *Homo faber* não *reconhecem* a imaginação, a não ser que a submetam a seus projetos práticos. O Saber – como sempre pensou o médico-filósofo – é ação teórica e prática sobre o Ser, portanto tende ao Absoluto, ao passo que a arte, ourivesaria do Não-Ser, não passa de tagarelice ociosa. Enquanto escrevia *A educação sentimental*, febricitante com sua descoberta, Gustave ainda não tinha entendido o alcance de seu compromisso: não se tratava apenas de perder tudo *na qualidade de homem* nem mesmo *na qualidade de artista*; era preciso proclamar que esse desastre era a consequência lógica de sua estúpida ambição: tal como um novo Ícaro, ele quis voar, ignorando que o Demônio mesquinho decidiu submeter-nos à atração terrestre para fazer-nos rastejar sobre a crosta do globo e nos condenar à mediocridade. Hoje reconhece seu erro: a genialidade não é compatível com as leis da Natureza; por querer o impossível, ele acabou merecendo esse mergulho memorável que lhe quebrou a espinha; atormentado pelas "angústias medonhas", esse convulsionário acaba por demolir as estruturas mentais que lhe teriam permitido talvez declarar com honra: "Muito bem; meu pai tinha razão, por que não lhe dei ouvidos?". Quando Maxime escreve: "Flaubert foi um romancista de grande talento; sem a doença, teria sido um gênio", não é pura malevolência: Gustave quis desempenhar esse papel diante dele, quis torná-lo testemunha de uma pretensa decadência; o orgulho, é claro, o obriga a deixar seu personagem de lado com frequência, em especial quando os outros o levam demais a sério. É então que ele fala da "obra lenta". Mas logo fica com medo – o Diabo está à escuta – e recomeça a desempenhar o papel do burguês retido no campo pelas enfermidades, que, incapaz de escrever, relê as obras dos outros.

Pois houve homens-continentes; hoje mesmo, há Hugo. Em suma, o gênio existe, existiu e existirá amanhã. Mas, como está provado que ele contradiz as leis do Universo, existe porque uma vontade onipotente suspendeu essas leis em cada caso particular. Um grande escritor é sempre um pouco Lázaro: padece a sorte comum, morre e começa a sentir; nesse instante, surge alguém que estala os dedos, o tempo se inverte como uma ampulheta, e ele ressuscita genial. Se Gustave só quis enganar o Diabo, não há necessidade de acreditar em seu personagem: ele deve esconder seus projetos dos outros, evitar conversar sobre eles consigo mesmo na solidão, procurar alcançá-los com silenciosa obstinação, só isso. Mas, a partir do momento em que Deus se mete, o infeliz jovem é obrigado a desesperar. De fato, se Ele existe – e nada é menos seguro –, entregou a terra ao Diabo. Em todo caso, é como se assim fosse. Não há prova, nem mesmo presunção de Sua presença, à parte o instinto religioso, aspiração esplêndida que só encontra como se encarnar em tolices. Se o mundo é o inferno, é escusado dizer que toda figuração do sagrado é necessariamente seu simulacro infernal. Em todo caso, num ponto o Todo-Poderoso entrou em acordo com Satã: a vida deve ser um longo calvário; adolescente, Gustave anotava em seu caderno: a humanidade só tem um objetivo, que é sofrer. É o mesmo que dizer: em todo caso, é meu objetivo. Agora ele vai se valer de seu dolorismo para adquirir mérito, conformando--se à vontade de Deus. E eis a sua aposta temerária naquela noite que quase o destrói: sofrer *na presença* do Deus ausente. Direi que ele é duplo. Agnóstico porque seu pai diabólico matou nele a fé, Gustave – *sem perder o agnosticismo* – faz a aposta de Pascal. Não para salvar a alma, mas suas últimas chances neste mundo: Deus existe, pois só Ele torna possível o gênio. Com a aceitação total do sofrimento, em janeiro de 1844, e, nos anos seguintes, com a resignação, ele faz uma segunda aposta. Como Deus quer esse sofrimento, o doente, com o bom uso que faz dele, adquire mérito a Seus olhos; mas o mérito nem sempre é recompensado, e Gustave está cansado de saber disso, ele que sempre acredita merecer os sucessos dos outros. Por isso, *aposta* que Deus o elegerá *neste mundo*, e que, no fim de uma vida triste e monótona, Ele lhe dará gênio e glória.

 Mas, para que essa aposta dupla lhe permita ganhar, é preciso justamente enterrá-la na parte mais funda de sua consciência e nunca falar dela. É a regra do jogo. Deus se recusa: essa é a evidência. É preciso, portanto, recusar todas as religiões: é o que Ele quer. Aqui o agnosticismo serve a Gustave: essa impossibilidade de crer precisa ser vivenciada a fundo, recusar as tentações da fé, clamar até o fim que o homem está sozinho na terra, entregue ao Diabo, ou seja, ao mecanicismo. Para estar em completo acordo com a vontade divina, nem é preciso procurar gemendo: convém ter a certeza de que não se encontrará na terra. Simplesmente, *é preciso sofrer sem cessar*. Percebem-se a manipulação e a mais fundamental intenção de fracasso: Gustave sofrerá toda a vida a ausência divina precisamente porque acredita que seu sofrimento é agradável a Deus. Se contesta

Sua existência desesperando-se, é porque em janeiro de 1844 apostou, sem palavras, que Ele existia. Para ele é mais fácil adotar essa atitude porque ela é apenas a organização e a radicalização pela má-fé de sua descrença e da frustração dela resultante. A estrutura intencional é simplesmente invertida: ele sofria por não crer; agora, afirma sua descrença *para* sofrer com ela. O momento do agnosticismo continua intacto: é bem verdade que ele não pode ter fé; mas, com a dor daí resultante – transformada em *boa* dor –, ele afirma o Deus que ele nega: antes, ela não passava de desvario; agora, é *meritória*, e é graças a esse mérito que ela mudou de estatuto, que se faz pretensão muda sobre uma Transcendência. Gustave entra no papel: ele será aquele que o universo inteiro desencoraja de crer – em conformidade com o ponto de vista do Ser eterno –, e que, convencido de Sua não-existência pela razão, pela ciência, pelas altas autoridades, apesar da descrença, não deixa de afirmar que Ele existe com a simples e profunda recusa a resignar-se. A partir de 1845, Gustave compreendeu que sua doença era uma conversão no sentido religioso do termo. Mas, em seu universo maniqueísta, essa conversão não pode, em caso algum, manifestar-se como comunicação direta com o Divino, pois o demônio reina sobre os próprios espíritos. Há uma única mudança: antes ele não conseguia crer; agora, se se abstém de crer, é porque crê. Significará que sua má-fé é constante? Não, sem dúvida alguma: nada é tão premeditado em Flaubert; além disso, o silêncio que ele mantém, até em si mesmo, sobre essa operação a torna instável. Não há nenhuma dúvida de que ele recai com frequência num agnosticismo ingênuo – aquele que o caracterizava antes da crise –, e que, mais raramente, fica à beira de crer, como lhe ocorreu durante a adolescência. No entanto, tentarei mostrar em breve que, agora, a tônica recai sobretudo na trucagem.

Se souberem evitar as artimanhas grosseiras do Diabo, o Todo--Poderoso deverá conseguir reconhecer os seus e salvá-los neste mundo. Porém com uma condição: é que eles se abstenham da esperança, ou melhor, persistam em desesperar de suas ambições mundanas. Para Gustave nada é mais claro: se ele *deve* não acreditar em Deus, como acreditaria na Providência? Jules tinha esse benefício: o que mostra muito bem o desejo secreto de Flaubert. Mas este, como sabemos, nunca se entrega, a não ser nas ficções. Terminado o manuscrito, a ostra volta a fechar-se: é preciso obstinar-se em perder, essa é a ordem. Em *A educação sentimental*, Gustave nos revelou um sentido técnico de seu projeto: desqualificar de modo sistemático todas as impressões recebidas e, pondo a vivência entre parênteses, realizar-se profundamente como pura serenidade, ou seja, como equivalência absoluta de Ser e Não-Ser; ao cabo da ascese, ele estará tão completamente esvaziado de si mesmo que sua própria existência só poderá atingir-se no imaginário e pela decolagem própria à imaginação; então ele se tornará Senhor das imagens. Este é o sentido da *obra lenta*. Mas, está claro, isso ele deve evitar com cuidado dizer ou mesmo pensar. Enquanto trabalhar em si mesmo, Gustave se absterá de pensar na Arte e, sobretudo, de fazer dela o objetivo de sua empreitada. Com a mesma insinceridade o bom cristão faz o bem por obediência ou por caridade, mas não para merecer o Céu. Embora "reingresse na Ideia" pela glória ou para libertar seu gênio, Gustave continua prisioneiro de seus interesses terrenos. Durante a ascese, *ao contrário*, convém insistir com veemência na vanidade do Belo, deixar claro algum desdém pela literatura, ocupação menor, e, ao mesmo tempo, queixar-se de sua própria impotência. A contestação da Beleza faz parte desses exercícios mentais: enquanto nosso místico não atingir o despojamento extremo, enquanto sua essência particular não se definir como identidade entre real quintessenciado e imaginário, o Belo que ele encontrar em seu caminho – seja um verso de Virgílio ou uma cena do *Rei Lear* – não será a Beleza verdadeira. Ou pelo menos Gustave ainda não estará em condições de apreendê-lo em sua plenitude: se tivesse pretensões a tanto, enquanto tantos elos o prendem ainda à terra, ele estaria perdido. Mas também não deve ter a ideia de recusá-lo em nome de alguma certeza, como se pressentisse que apreenderá melhor seu sentido num estágio superior: isso pressuporia que lhe foi feito um sinal, que lhe foi dada uma indicação, o que não é sequer concebível na noite escura que ele deve estar atravessando. Beleza é coisa que não se *encontra*: um dia ela se imporá como providencial exigência. Desse modo, Flaubert obstina-se em duvidar, escreve a Louise; "Amo a Arte e não acredito muito nela"*, ou "Acreditas que amo muito o estudo e a arte porque me dedico a eles. Se eu me sondasse bem, talvez não descobrisse nisso outra coisa além do hábito. Acredito tão-somente na eternidade de uma coisa, que é a *Ilusão*, que é a verdadeira verdade. Todas as outras são apenas relativas".** E, se vem a falar de escrever, é como de uma função orgânica: "Escrevo

---

* *Correspondance*, t. II, p. 13.
** *Ibid*, p. 51.

para mim, para mim apenas, tal como fumo e durmo. É uma função quase animal, de tão pessoal e íntima".* A obra lenta é apresentada a Deus como pura fidelidade sem esperança a um ideal religioso. Pois não dará na mesma acreditar em Deus e no próprio gênio, já que está provado que este é uma graça concedida por Aquele? O bravo jovem recusa os fins humanos, tal como um santo, mas, visto que o Céu se cala, e que a Graça lhe é recusada, ele permanece no nível do Infinito negativo, contestando tudo e "a si mesmo para começar"; isso significa que ele faz tudo o que pode com suas próprias forças para que o gênio lhe advenha: ele reingressa na Ideia e torna-se brâmane, ou seja, meio louco; entenda-se que a evocação do hinduísmo (sem dúvida por erro, esse "brâmane" a mim parece ter todo o ar de bonzo), logo seguida por uma alusão a seu estado mental, mostra que Flaubert pretende marcar os dois aspectos de seu absenteísmo: "reingressar na Ideia" é pôr-se em contato permanente com o sagrado *se* Deus existir; se Ele não existir, é afundar na loucura. Nada de tudo isso é desejado (ou quase nada: "Minha vontade também colaborou de algum modo"); as coisas aconteceram porque deviam acontecer; Gustave não precisou ter sucesso para perseverar: a "natureza" desse "grande homem gorado" é feita de tal modo que ele manteve suas postulações contra todas as evidências, tornando-se uma exigência que não se dirige a ninguém e se perpetua, sem a menor esperança, numa solidão inumana sob o céu vazio: Deus deveria existir para me dar o gênio que me falta, eu não sairei disso; recusando os bens mundanos e a convivência humana, ficarei vazio, em estado de receptividade permanente, obstinado a merecer a graça que nunca me será concedida. É a vez de Deus jogar.

 O sentido geral da *obra lenta* está bem próximo daquele que Jules dava à sua evolução. Para este, o vazio, vivenciado como desligamento do Ser, era a condição necessária e suficiente para fazer uma obra-prima. Isto porque se tratava de uma relação interna entre duas noções – nadificação, gênio –, umas das quais engendrava a outra sem mediação. Agora o desligamento, condição necessária para o gênio – nesse ponto Gustave não variou –, deixa de ser suficiente. O vazio é uma espécie de condição imposta, que *pode* provocar a intervenção de uma força íntima e de todo estranha (aquilo que sempre foi o *Outro* para Flaubert). É tentar Deus, só isso. A relação entre vacuidade e Arte já não é rigorosa: é preciso a mediação de um terceiro para que ela se

---

* *Correspondance*, t. II, p. 40.

estabeleça. De certa maneira, a ordem das noções continua inalterada, pois o terceiro-mediador outro não é senão o Todo. No entanto, este se desdobrou: oficialmente continua sendo o universo panteizado dos transfinitos; mas, em segredo e apenas pela humildade, Gustave o considera a Criação continuada de um Deus pessoal, unidade rigorosa e pensante do Cosmos, único que tem a possibilidade de abrir para suas criaturas o mundo infinitamente infinito dos possíveis. Flaubert não ora – salvo exceções: veremos uma –, pois sua Paixão o obriga a encarnar o agnóstico a contragosto. Mas sua bramanização vale por uma prece: vê, Deus oculto no qual devo não crer e que eu amaria com toda a minha alma se tivesse permissão para isso; eu me desfiz de tudo aquilo que os homens me deram e eis-me aqui, só e nu, cera virgem como no dia de meu nascimento, pois só de Ti quero suster-me.

Gustave carrega de sentido novo a frase de Buffon que gosta de repetir. Como conservar sua acepção clássica – "Vinte vezes no tear..." – quando, por outro lado, ele não trabalha? Quando se retrata com os traços de um modesto braçal, é por precaução, para ostentar com insinceridade a mediocridade de seu talento. Mas quando escreve: se o gênio for longa paciência, quem mais do que eu *mereceria* tê-lo – quando acaba de perder tempo durante dois anos e meio sem tocar na pena –, está claro que a paciência nada mais tem em comum com o *labor improbus* ao qual ele se referia antes. É simplesmente uma humilde espera sem indicação da duração. Com isso, Gustave revela uma concepção da Arte mais apropriada a seu caráter constituído: é uma atividade passiva. É preciso não fazer nada, não querer nada, não solicitar nada, ignorar até essa espera, e então é possível – com a ajuda desse Deus que não existe – que o ponto de vista da morte, do imutável, do Nada se torne o ponto de vista da Arte; nesse caso, a infinita totalização do imaginário aparece em suspenso no Não-Ser como expressão ruidosa e variegada dessa lacuna mortuária. E a Ideia, relação intencional e simpática desse Nada com a agitação das fantasias irreais e do real irrealizado, reivindica e produz as palavras que fixarão esse tumulto para sempre. Uma carta a Louise Colet, datada de 13 de dezembro de 1846, explica com perfeição o que se poderia considerar sem muita dificuldade a primeira manifestação dessa "opção pela impotência" que caracteriza os escritores e os poetas da segunda metade do século XIX: "Trabalha todos os dias pacientemente durante certo número de horas. Adquira o hábito da vida estudiosa e calma; de início sentirás nela uma grande magia e disso retirarás forças. Eu também tive a mania de passar noites em claro; isso não leva a nada, a não ser ao cansaço. É preciso desconfiar de tudo o que se assemelhe a inspiração e que muitas vezes é apenas uma ideia preconcebida e uma exaltação factícia que adquirimos voluntariamente e que não veio por si mesma. Aliás, não se vive na inspiração, Pégaso mais anda do que galopa. Todo o talento está em saber fazê-lo pegar a andadura que queiramos. Mas, para isso, não devemos forçar a mão, como se diz em equitação. É preciso ler, meditar muito, sempre pensar no estilo e escrever o mínimo possível, apenas para acalmar a irritação da Ideia que exige tomar uma forma e fica se revolvendo em nós até que tenhamos encontrado uma que seja exata, precisa, adequada para ela. Observe que se chega a fazer belas coisas com muita paciência e prolongada energia. As palavras de Buffon são uma blasfêmia, mas já a negamos demais...".

Estudar com paciência (latim, grego, inglês): na verdade, essas pseudo-ocupações destinam-se a manter o vazio da alma e sua inapetência. Pensar no estilo: habituar-se a tomar a linguagem como um imaginário (e não, como Jules acreditava poder fazer, assimilar as expressões e os procedimentos dos outros). Sobretudo, não escrever: rejeitar a inspiração romântica, que é passional, portanto ao mesmo tempo artificial e real demais (ela *é aceita* porque não se levou longe demais a renúncia, ou seja, a paciência); meditar: é pôr-se em condições de abertura para a irrealidade; mas só se tomará da pluma por necessidade: a inspiração é substituída pela exigência; a ideia "fica se revolvendo em nós até que tenhamos encontrado sua forma". Mas essa mesma exigência é uma graça: ela guia, produz e rejeita as palavras, e conhecemos com evidência que ela encontra expressão adequada quando sua "irritação" se acalma e nós recobramos a paz. Nada de ativo no escritor: a Ideia é o Infinito que o atormenta e escolhe sua forma por eliminação, é a heteronomia da linguagem. Na verdade, suas "irritações" dão origem a obrazinhas que o fazem *perder a paciência*, às vezes a simples frases, que nascem, desconhecidas, sob sua pluma. Se Deus se manifestar e der graça plena ao escritor, a exigência da Ideia será total. Ela exigirá ser expressa em todo um livro. A partir daí, a partida estará ganha.

A inspiração romântica é rejeitada: Flaubert se lembra dos entusiasmos da adolescência, dos acessos de eloquência e dos movimentos da pena; agora os julga com severidade: era a própria insinceridade, ele se desdobrava para, na exaltação provocada, encontrar algo para dizer. No entanto, com outra forma, ele conserva a ideia do escritor inspirado: Deus está lá, invisível. Só que a concepção romântica é positiva: Deus nos fala ao ouvido, é a plenitude de uma alma de súbito habitada que se derrama no papel. A de Flaubert é negativa e se baseia na ausência do divino; não importa: por meio de uma graça indubitável mas desconhecida, que é preciso merecer com humildade paciente, chega o momento em que o negativo absoluto – ou seja, a perfeita lacuna da alma – *exige* que incendiemos a linguagem inteira para fixá-la diante do mundo como sua negação pura, por meio da realização do irreal e da irrealização do real. Trata-se de um imperativo sagrado que não pode impor-se sem dar a um só tempo meios de obedecer-lhe. Isso quer dizer que a Ideia não pode reivindicar sua forma antes de ter irrealizado a linguagem inteira. Essa é a parte de Deus: o escritor nada mais é que obediência; ele se sacrificou para que de sua própria irrealidade nasça uma relação normativa entre o Nada – ou seja, a Ideia como Imaginação indiferenciada (sem a menor imagem particular) – e a linguagem tomada como reservatório de imagens verbais. A coisa vem quando quer. E a meditação sobre o estilo não visa à melhoria progressiva deste: é um exercício espiritual; sonha-se com as palavras e, por isso, adquire-se o costume de tomá-las por sonhos. Nada mais: uma bela frase ruminada – quando, sem dúvida, é escrita por outro – revela sua função desrealizante em relação à linguagem prática. O ideal é chegar, com frequentes releituras, ao instante em que sua significação, ainda presente mas familiar demais para se impor, se torne seu pretexto, e em que sua densidade sonora se apresente como uma perturbadora materialidade totalmente corroída pelo imaginário. Essas ruminações não podem ensinar nada e não visam a ensinar: sua função é elevar o espírito, colocá-lo em contato com o sagrado – pela intervenção de *textos sagrados* – e *conferir-lhe mérito*. Pensar incessantemente no estilo, é o que diz Flaubert com o tom com que um cristão diria: pensar incessantemente em Deus. De fato, entre o crente que pensa em Deus sem jamais O encontrar e o místico que em raros momentos O encontra, a ponto de não saber se O possui ou se é possuído por Ele, a diferença é *qualitativa*; a frequência e a aplicação das meditações do primeiro não têm nenhuma probabilidade de fazê-lo ter acesso ao estatuto do segundo, a não ser que Deus o queira. Do mesmo modo, o homem que *pensa sempre no estilo*, qualquer que seja sua ambição, nem por isso se tornará esse místico que é o escritor. Frequentando a todo momento a linguagem como transfinito silencioso, ele simplesmente manterá a tensão religiosa que o torna agradável ao Todo-Poderoso.

Eis, portanto, o que Gustave faz de modo intencional de janeiro de 1845 até a redação do primeiro *Santo Antão*: esperar. Compreendemos o sentido de suas atitudes de fracasso: tal como as crises referenciais, mas à sua própria maneira, elas renovavam o fracasso fundamental de janeiro de 1844. Em vez de terem em vista algum progresso prático, as ocupações de Flaubert só serão de fato compreendidas se virmos nelas o simulacro e a negação de toda e qualquer ação real, ainda que escrita. Elas *precisam* ser absurdas e caricaturais: por isso mesmo deixam claro para Flaubert, *a partir do interior*, que ele não é feito para agir, que a ação, qualquer que seja ela, se decompõe nele e deixa sua futilidade à mostra. As releituras têm um objetivo mais profundo: eliminar a diferença entre autor e leitor de tal modo que este, recebendo o texto lido como uma sequência de sínteses passivas, se sinta crescer a ponto de acreditar que o produziu e, por isso mesmo, apreenda a própria criação como atividade passiva e se disponha a produzir um dia inertes sínteses sob o controle da Ideia. De qualquer modo, trata-se de passatempo que, enquanto ajuda a autodestruição do artista, ou seja, sua passagem para o imaginário, manifesta sua boa vontade para com as duas testemunhas de sua vida: perdi, sei disso, e, vejam, estou arrematando a minha ruína. Isso significa, para um: não abandono teu Inferno, ao contrário, afundo nele, assumindo minha derrota, trocando-a por fracassos miúdos e cretinizantes; e, para o outro: estou sofrendo e entrego-me em Vossas mãos, por mim mesmo quero ser apenas nada e espero que o ser me venha de Vós. A partir daí compreende-se melhor por que a total esterilidade literária de Gustave não comprometeu sua tranquilidade de alma. Em 1840, o mudo *queria* falar e não conseguia: desespero, prantos de raiva. Em 1845, ele quer manter silêncio, e é essa intenção profunda que está na origem de sua ataraxia. 1845, 1846, 1847: três anos místicos deliberadamente infecundos; entre Deus e o Diabo, Gustave, diplomata passivo, mas hábil, safa-se tentando agradar Aquele sem descontentar este.

C. "A ARTE ME ASSUSTA"

Vimos a dificuldade em que Gustave se encontra no fim da *Educação sentimental* quando faz a obra de arte tal como a entende – vampirização do Ser pelo Não-Ser, centro de irrealização, triunfo da aparência como tal, identificação concreta entre Mal e Beleza – ser caucionada ora pelo Maligno, ora pelo Todo-Poderoso, o que o leva a inverter o papel destes últimos, ou melhor, a radicalizar essa inversão que se encontra nele já em *Viagem ao inferno*. Foi isso que nos levou a supor a existência de um "Quem perde ganha" mais rude e profundo, que a análise regressiva nos possibilitou estabelecer. Neste, à primeira vista, parece que o princípio do Mal e o princípio do Bem estão em seus devidos lugares, e que exercem corretamente seus poderes: Satã só faz prejudicar; por isso nada lhe é pedido, ele é engodado, só isso; implora-se a Deus, é Ele que se busca, gemendo, é Dele que se espera a graça. Mas, se refletirmos sobre isso, acaso não encontraremos nessa aposta tão rude a mesma confusão que há em sua elaboração racional? Ou melhor, não: não é de todo a mesma, pois o Diabo está praticamente eliminado; mas o Todo-Poderoso acumula as funções: Ele desempenha sozinho o papel de Deus da luz e de príncipe das Trevas. Será de fato o *bom* Deus que Gustave invoca e procura tentar com seus sofrimentos estoicamente suportados?

Que Ele se esconda, vá lá. Desde o século XVI sabe-se que Ele sumiu: a laicização de todos os setores da atividade humana, desde o início do capitalismo mercantil, não Lhe deixava mais lugar algum no espaço e no tempo. Que Ele tenha prazer em torturar Suas criaturas, ainda passa. Afinal, isso faz parte dos hábitos do Deus dos cristãos. E não foi Gustave que inventou as provações salutares nem pregou o bom uso da dor. Ocorre que Gustave Lhe pede que afiance o não-ser do Ser, e esse não é exatamente o negócio d'Ele: à aparência o homem pode ter acesso em virtude de seu próprio nada, mas o Ser absoluto está excluído disso por sua própria plenitude. Como Flaubert pode desejar que o Criador de toda a *realidade* o introduza no universo tenebroso dos súcubos e dos íncubos, que é de modo preciso o reino de Satã? E, se os maiores gênios são aqueles que "riram no rosto da Humanidade", se o objetivo do Artista é desmoralizar, se o desejo de Gustave é escrever como um anjo para tornar seus leitores animais

– e, o que é melhor, animais no cio –, enfim, se a Beleza é o Mal, terá ele certeza de estar batendo na porta certa? Será de se dizer que desde *Smarh* ele mudou? Tudo prova o contrário: no primeiro *Santo Antão*, tal como no "Mistério" de 1839, o Diabo e o Autor totalizam o mundo por meio do Mal. Nosso jovem convertido cheira a enxofre: é com Satã que ele deve jogar sua partida. Nada disso: ele perderia tudo sem nenhuma compensação. Portanto, é a Deus que ele precisa se dirigir: a um Deus demoníaco que não seria um mau Diabo. Haverá tanta confusão nessa alma atormentada?

Reconheçamos, para começar, que Flaubert é o homem das missas negras e que lhe ocorreu tomar-se por Satã. A lenda apoderou-se dele em idade avançada para transformá-lo num bronco benfazejo, mas nem todos os seus contemporâneos se enganavam. Ele clamou aos quatro ventos sua misantropia: o próprio Jules, após alguns entusiasmos suspeitos, confessa com orgulho o ódio que tem pelos homens. Será uma razão para não invocar Deus? As igrejas estão cheias de fiéis que Lhe pedem ardentemente o castigo do próximo. Se para entrar nelas fosse preciso só desejar o Bem, elas estariam vazias. Alguém me responderá que, pelo menos, com toda essa magia negra, com essas punições *ante mortem* e *post mortem*, reivindicadas de bom coração, o que se pretende servir é o Bem, e que o crente, graças a Deus, tem boa consciência; assim, a lógica está salva, se não a moral: ao Deus justo só se pedem justas intervenções que recompensem os puros e punam os malvados. Ao passo que o que Gustave reivindica ao Criador – cabe reconhecer – é o genocídio. E daí? Se ele julga o gênero humano inteiro corrompido – sem que ele mesmo seja exceção –, só há uma diferença de grau entre esse desejo feroz, mas consciente, de ser vão e as preces homicidas das almas devotas. Deus serve ao Mal assim como ao Bem, desde que o homem O criou. Ele tem até mesmo a função propriamente satânica de fazer tomar o Mal pelo Bem e o Bem pelo Mal, desde que isso Lhe seja pedido.

Aliás, essa não é a questão. No momento em que se decidiu pelo pior na noite escura de Pont-l'Évêque, Flaubert sentiu bem de longe, lá no fundo, a obscura necessidade de que o pior não seja sempre inevitável. Na obstinação insana de Gustave a correr para a perdição, há a sombria convicção de que o Diabo não dá presentes, de que seu atroz e definitivo aviltamento não lhe dará sequer a oportunidade de escrever. Assim, tomado pelo terror fulgurante de que a verdade deste mundo seja realmente atroz (até então ele *acreditava* nisso, ou seja, brincava de acreditar), ele ressuscita seu Deus morto e volta a pôr-se em Suas mãos. Não há tempo para que essa intenção abdicante se explicite: nesse "instante fatal" não se trata de Gustave adotar estruturas novas, mas de reencontrar as estruturas da infância – que sempre subsistiram sob a feudalidade negra. Gustave chama o Pai em seu socorro. Descobrimos no nível tático que a crise original comportava uma intenção de amor: o mal-amado queria voltar à primeira infância para nela reencontrar a ternura paterna. Compreendemos agora que essa regressão, em outro nível, tinha um sentido trágico, mais obscuro, porém fundamental: tratava-se de recair para sempre na idade de ouro, época abençoada em que o mundo era bom, em que o Pai todo-poderoso e o Deus doador amparavam-se mutuamente e, para resumir, eram um só. Nessa idade de ouro, a feudalidade paterna era o símbolo da feudalidade religiosa e vice-versa; para o pequeno vassalo, era o momento da inocência, da concordância consigo mesmo. Para além de seus conflitos atuais, para além de seu rancor contra o Senhor negro, o que o convertido de Pont-l'Évêque tenta reencontrar é aquela identificação entre o Pai e Deus que garantia sua identidade pessoal. Então a dor era *mérito*: sofria-se *para ser consolado*; não seria esse o sentido profundo do dolorismo flaubertiano? Já passivo, o pequeno Gustave só tinha de mostrar suas chagas: é verdade que elas não lhe conferiam *nenhum direito*, pois o amor generoso que o envolvia dava *mais* do que tudo aquilo que se pudesse esperar. Mas o mérito era um humilde apelo, e a criança tinha confiança em seu Senhor: seria ouvida. Só lhe restava *entregar-se*, seguir as inclinações de sua passividade constituída, segura de que seria atendida. O futuro, já então, era um destino, pois vinha a ele por meio de outro, mas era um destino de felicidade. Ora, eis que Flaubert, em janeiro de 1844, é ao mesmo tempo um danado acelerando para sua perdição e um agente passivo que *se entrega* (pela simples razão de que só atingirá o pior *deixando-se levar* para ele). Ora, o sentido da desistência – não só no caso que descrevemos, mas em geral e tal qual se dá à intuição eidética – *nunca* é o desespero, tetania hirta, horrorizada, abstrata; tampouco a esperança calculada do agente prático; é uma expectativa sem qualidades, um ato de fé no futuro: algo vai acontecer, o Outro, seja qual for a maneira, se encarregará dessa vida que renuncia a assumir. Esse é o significado do "Quem perde ganha" de Pont-l'Évêque: "Pai, está doendo, me pega no colo, me consola!". Como se esse naufrágio total e furioso tivesse como efeito e objetivo o renascimento da esperança, como se essa confirmação desolada de que o Mal triunfa, seja lá o que se faça, não pudesse ser vivenciada como Paixão sem o renascimento de uma crença infantil no Bem.

O "Quem perde ganha" real aparece como inevitável contrapartida da obstinação em perder; no instante em que, embriagado de rancor e infelicidade, desaba contra o Pai negro, contra Satã – "Vejam o que fizeram de mim" –, Gustave transforma esse desastre num sacrifício humano do qual se faz autor e vítima para granjear a bênção divina; ou, digamos, é a homenagem que restitui a *boa* feudalidade. Mas é escusado dizer que a Dádiva esperada não pode ser *qualquer uma*: Deus Pai é solicitado por um fiel de 22 anos, que viveu, que foi feito por uma infância penosa, que se fez a partir dela; quando pede que seus sofrimentos sejam recompensados, faz tempo que decidiu qual a única recompensa apropriada a eles: o gênio – e concebeu a Arte como uma missa negra. Se Deus existir, se for o Boníssimo, *dará* aquilo que Lhe pedem: Sua generosidade infinita e gratuita, a magnificência do presente esperado, que não comporta nada mais nada menos que a suspensão temporária das leis naturais, tudo concorre para mascarar aos olhos de Gustave que ele pretende fazer o Senhor desempenhar o papel do Maligno e que postula d'Ele a desqualificação de Sua Criação em proveito da imagem diabólica desta. Na verdade, espera um benefício do Outro absoluto. Um benefício só para ele, uma marca de amor que venha recompensar seu mérito: o conteúdo do benefício, definido com perfeição, não é posto em questão. Há uma única certeza: se os desejos de Gustave forem atendidos, só poderão sê-lo por um Deus bom. Com as provações e o absenteísmo sádico desse alto personagem, ele quase não se surpreende: há muito tempo que vive de modo ambivalente sua relação com o Pai simbólico; por trás do "silêncio eterno da divindade" ele suporá – *sem dizer*, é claro – o amor infinito do qual talvez seja alvo, assim como por volta dos sete anos, após a Queda, tentou durante algum tempo imaginar que a indiferença irritada de Achille-Cléophas não passava de casca a esconder uma infinita afeição por seu caçula.

Assim, Gustave se vê empenhado por toda a sua história num processo contraditório que consiste em merecer, com seu agnosticismo doloroso, que o Todo-Poderoso lhe dê as chaves do Não-Ser, que o Boníssimo lhe conceda o direito ao Mal, que o Pai dos Homens o autorize a desmoralizar o gênero humano. Terá percebido isso? O fim da *Educação sentimental* poderia parecer, nesse caso, uma tentativa – pouco consciente, mas sistemática – de resolver a contradição: se o "Quem perde ganha" for um encadeamento rigoroso, Deus se eliminará por si mesmo, Sua mediação será inútil, e a inversão ocorrerá automaticamente. Ou melhor, não saímos do Inferno, porque o fracasso desemboca no não-ser, ou, digamos, porque a impossibilidade de ser representa a essência profunda da Beleza; esta, com efeito, não é uma plenitude, mas seu contrário: ela se apresenta ao público como frustração; ou melhor ainda, mesmo manifestada por uma obra, ela *não encontra público*: Jules nem sequer precisa recusar a publicação – por pureza e fidelidade ao Não-Ser; *o fato é* que nunca lhe oferecem a edição de suas obras: caso as mostrasse, elas seriam belas demais para agradar. Assim, na *Educação*, a Arte não aparece como compensação do fracasso: é o próprio fracasso, totalizado na profundidade com todas as suas consequências; Jules, morto-vivo, assume o ponto de vista da morte sobre a vida, mesmo sabendo – pois persiste em viver, ao mínimo, é verdade – que esse mesmo ponto de vista é uma ilusão. De certa maneira, o fracasso não *deu* nada, a não ser aquelas famosas pistolas que se transformam em folhas mortas quando alguém quer usá-las. Mas é precisamente a remanência da *ideia* de pistola nas folhas mortas que manifesta a contestação absoluta (desrealização do metal por sua metamorfose, desrealização das folhas por sua essência passada, superada, irrealizável, mas sustentada pela reminiscência dessa entidade inesquecível, que é o ouro) e se define como enfeitiçamento pela beleza. Jules não deve nada. A ninguém.

Mas, justamente, ele *poderá* superar a desesperança sem ajuda estranha? Esse é, acredito, o principal ponto fraco da *Educação*. Como o fracasso mais grave para quem quer escrever é a impotência do "grande homem gordo", bastará que a carência seja vivenciada para transformar-se em gênio? Nesse ponto, Gustave nunca é claro, e *Educação* mais afirma do que demonstra. O *momento do fracasso* radical é escamoteado, pois, como vimos, o Artista nasce do fracasso do homem, ao passo que seria preciso provar *que ele nasce do fracasso do artista*.* O homem negado, em última instância e por puro

---

* No fim do livro, Gustave não pode se abster de recorrer alusivamente a Deus, misturando assim à concepção lógica e diabólica do "Quem perde ganha" a concepção, original e confusa, que se refere à bondade divina.

jogo de conceitos, pode tonar-se Artista afirmado: é uma negação de negação dialeticamente possível, pois o segundo conceito difere do primeiro em natureza. Com efeito, o Artista para Flaubert está acima de nossa espécie e não compartilha suas ambições nem suas finalidades: a aceitarmos essas premissas, seria concebível em teoria que ele nascesse do homem, tal como a borboleta da crisálida. Mas o Artista negado (o grande homem gorado, consciente de suas insuficiências) não pode, apenas pelo naufrágio, transformar-se *em Artista*, pois a negação deveria, ao mesmo tempo e sob o mesmo aspecto, restituir o mesmo conceito em sua plenitude: portanto, é preciso haver uma mediação que, *de outro ponto de vista*, devolva ao desesperado aquilo que ele perdeu. É por essa razão que evocamos acima a repetição kierkegaardiana.

Aliás, de um modo mais profundo – se não mais explícito – Gustave esboçou, aqui e ali, aquilo que se poderia chamar de teodiceia do fracasso. Como se pode lembrar, embora a irrealidade do Belo seja fortemente acentuada na *Educação*, Gustave descora um pouco o seu aspecto satânico, chegando até em certos trechos a fazer da Arte um hino à glória de Deus. Não devemos crer que ele queria apenas dissimular seu pensamento: desde que escreve, observamos suas oscilações e seu embaraço; ele preconizava o lirismo, as efusões, as doces lágrimas da alma, no momento em que escrevia *Smarh*. De modo fundamental, Flaubert é um escritor *noir* e sabe muito bem disso. Mas conservou certa concepção do *poeta-vates*, que vem de seu primeiro contato com os românticos, sobretudo com Hugo. Ele não tem dúvida de que a Arte tem missão metafísica – pois ela totaliza o homem no *cosmos* e o *cosmos* no homem: não terá sido isso que Goethe tentou em *Fausto*? Para o autor de *Smarh* e de *A tentação*, o desvendamento do real é a mesma coisa que sua negação, mas isto porque a realidade, desmascarada, pulveriza-se por si mesma. Assim, Gustave ainda hesita entre duas fraseologias: a romântica ("o poeta olha as estrelas e mostra o caminho") e a outra, que terá futuro (o poeta é maldito, suas obras são flores do mal, ele é um malfadado) e ele é, afinal, o primeiro a usar. Ora, branca ou negra, de qualquer maneira para ele a Arte é uma missa. Seu caráter sagrado não deixa dúvida, portanto ela precisa conter elementos positivos pelos quais o Espírito-que-sempre-nega não possa ser responsável: será, digamos, a totalização rigorosa das aparências, a densidade do irreal que faz as grandes obras, qualquer que seja o assunto, e que se aparenta com a ordem, o Bem, portanto, o Ser, pois o Mal, entregue a si mesmo, afundará na desordem. Assim, mesmo em *Infortúnios da virtude*, Deus está presente, inencontrável: digamos que Ele é aquilo que garante sua *composição*. Donde este estranho paradoxo: impedindo-o de *decompor-se* em conformidade com sua essência, o Bem sustenta o Mal e o compenetra de sua elevada exigência, mas, com isso, confere-lhe virulência; quando o Mal pode prejudicar com *eficácia* e, por exemplo, desmoralizar, é porque já não é completamente o Mal. Reconheçamos que daí falta apenas um passo para perguntar-se se, exatamente quando parece radicalizar-se, ele está a serviço do Bem. Isso não será de surpreender: numerosos são os teólogos que querem reabilitar Deus provando que os males que chegam aos homens com Seu concurso e Sua permissão são as condições necessárias de bens mais gerais, tais como a manutenção da ordem universal. A teodiceia de Gustave é mais sombria, porém: é mais conveniente a seu maniqueísmo; permite-lhe, pelo menos durante alguns momentos, poupar o Diabo: o Todo-Poderoso, em Sua bondade, preocupa-se em aumentar nosso mérito oprimindo-nos sem trégua. Como se a Arte, requintado crime nascido do desespero, estivesse encarregada de perpetuar nossa infelicidade; como se Deus dissesse ao Artista: "Nascerás e morrerás desesperado, maldito, e te obstinarás em negar Minha existência e Eu não te desmentirei: terás Minha assistência invisível apenas para produzir as obras que desencorajem melhor tua espécie; teu mérito a Meus olhos será duplo, pois tua infelicidade será extrema e com ela infectarás os outros. Assim o quer o amor infinito que tenho por ti". Portanto, para subtrair-nos mais o Ser e aumentar nossos méritos oprimindo-nos mais, o Pai eterno favoreceria feiticeiros, artistas, Senhores da Ilusão: e estes, acreditando vender a alma ao Diabo, se fariam auxiliares da Providência. Na verdade, essa teodiceia nunca é desenvolvida até o fim, pois *é preciso* que Gustave continue agnóstico. Por isso, o infeliz desnorteia-se com frequência. É ao sair de um desses desnorteios, não devemos duvidar, que ele escreve a Louise: "A Arte me assusta". Evidentemente, põe no primeiro plano de suas preocupações os enigmas *técnicos* da criação e da composição, mas não pode abster-se de ver nela a expressão de um mistério impenetrável e sagrado, da alçada da *ontologia do Belo*, difícil dialética entre Ser e Não-Ser. Para que a obra seja bela, pensa ele, é preciso tal densidade do imaginário – revelando--se então a Beleza como *superaparência* ou aparência absoluta –, que às obras-primas pareça chegar Ser através do Não-Ser, alusivo, inapreensível. A tal ponto que, se, num primeiro momento, o Nada vampiriza o Ser, com reflexão pode-se perguntar se não é o Ser que vampiriza o Nada. Assim, para além da contestação do real pelo irreal, totalidade transfinita dos possíveis, o Belo apareceria como cifra do Ser verdadeiro, que, não coincidindo nem com o imaginário nem com a realidade, exigiria e produziria primeiro a Ilusão para nela se anunciar ao mesmo tempo como ausência e por meio de uma *dação* (coesão interna *dada* ao Mal). Assim, encontramos no "Quem perde ganha" original um "pressentimento" *explorado* que encontramos já cedo em Flaubert: a imagem, em vista de seu nada, é a única via de comunicação com Deus que, nela, se dá como aquele que deve furtar-se para sempre nesta vida e neste mundo. Donde o torniquete que "assusta" Gustave: através da irrealização dos "entes"*, o Ser manifesta-se em sua ausência como aquilo que fundamenta a própria possibilidade dessa irrealização.

D. "...DEUS DAS ALMAS! DÁ-ME FORÇA E ESPERANÇA!"

Depois de janeiro de 1845, Flaubert nunca deixou de viver em dois planos: pessimismo absoluto, otimismo oculto a alimentar-se desse pessimismo. Há vários trechos que demonstram isso e poderiam ser tomados ao acaso – ou quase – em sua Correspondência, ou nas notas íntimas. Por exemplo, à luz disso que acabou de ser dito, o leitor fará uma interpretação mais completa da visita aos lugares santos de Jerusalém. Mas, como aqui se trata mais precisamente da relação que Gustave estabelece, *vivenciando-a*, entre Arte e Religião, prefiro saltar alguns anos e comparar dois textos essenciais, ambos relacionados com a composição de *Salambô*. O primeiro está numa carta dirigida à srta. Leroyer de Chantepie em 4 de novembro de 1857; o segundo é uma anotação feita num caderno durante a noite de 12 para 13 de junho de 1858.

Em setembro de 1857 ele começou a redigir *Salambô*; escreve a sua correspondente dois meses depois: "...Preciso ter um temperamento hercúleo para resistir às atrozes torturas a que meu trabalho me condena. Como são felizes aqueles que não sonham com o impossível! A gente se acha sábio por ter renunciado às paixões ativas. Que vaidade! É

---

* Tomo a palavra no sentido do "*Seiendes*" heideggeriano.

mais fácil ficar milionário... do que escrever uma boa página e ficar contente consigo mesmo. Comecei um romance antigo, há dois meses, e acabo de terminar seu primeiro capítulo; ora, nele não vejo nada de bom, e desespero-me com isso dia e noite sem chegar a uma solução. Quanto mais experiência adquiro em minha arte, mais essa arte se torna um suplício para mim: a imaginação permanece estacionária e o gosto cresce. Essa é a desgraça. Poucos homens, acredito, terão sofrido tanto quanto eu por causa da literatura... Notou como amamos nossas dores? Nós nos agarramos às nossas ideias religiosas que nos fazem sofrer tanto, e eu, à minha quimera de estilo que me desgasta corpo e alma. Mas talvez só valhamos alguma coisa graças a nossos sofrimentos, pois eles são todos aspirações. Há tanta gente com alegrias tão imundas e ideais tão limitados que devemos abençoar nossa infelicidade se ela nos torna mais dignos".

Flaubert está realmente descontente com seu primeiro capítulo: pouco antes, em outubro, escrevia ao diretor de *La Presse* e pedia-lhe que "não falasse mais desse romance como se ele não existisse (para poupar-me do ridículo), caso eu desista dessa obra por impossibilidade de executá-la, o que é bem possível". No entanto, esse descontentamento não deve ser tão profundo, pois, vinte dias após a carta à srta. de Chantepie, ele escreve a Feydeau: "Bem ou mal acabei o primeiro capítulo... Estou começando uma grande coisa, meu amigo, uma grande coisa e posso quebrar a cara antes de chegar ao fim. Mas não fique com medo, não vou dar para trás. Sombrio, feroz, desesperado, mas não medroso". Teria bastado retomar e corrigir um pouco seu capítulo para transformar as lamentações de 4 de novembro nesse canto de glória? Não é muito de se crer. Portanto, ele exagerava um pouco quando desabafava para o coração de sua "cara correspondente": aquela solteirona era o público sonhado para encenar o desespero daquele que aposta sem esperança de retorno. De fato, todos os temas estão no lugar e os encontramos um a um. Em primeiro lugar, embora fale do trabalho, ele faz da escrita uma ação passiva ao se apresentar como alguém que "renunciou às paixões ativas". Em segundo lugar, define a Arte como busca do impossível. O que é belo não é simplesmente o que não existe, mas o que não pode existir. O que em si mesmo tem tal poder de não-ser que sua evocação – mesmo imaginária – é vedada. Essa impossibilidade, aliás, é por ele explicitada numa carta a Feydeau: "Pensa um pouco... no que comecei a fazer: querer ressuscitar toda uma civilização sobre a qual não se tem nada!". Encontramos as duplas negações de Jules: na época, Gustave não se preocuparia em ressuscitar um momento da civilização greco-latina sobre a qual ele dispõe de abundantes documentos e testemunhos: a dificuldade não seria das maiores. Há impossibilidade quando é preciso extrair do nada uma sociedade que foi engolida pelo nada, levando com ela todos os seus monumentos. Contudo, ela existiu, portanto é imaginável; é o que Flaubert tenta: revelar a verdadeira natureza do imaginário que, sendo nada, se manifesta em sua pureza quando, a partir do nada, ele assume a impossível tarefa de apresentar um ser aniquilado. Ao mesmo tempo, está claro, bem no fundo, há a ideia pré-lógica e otimista de que a imaginação, desde que saibamos usá-la, é o verdadeiro computador do Ser, ou seja, ela entrega a essência dos "entes" *antes* que os encontremos ou quando *já não podemos encontrá-los*. De qualquer maneira, o "valor" de Gustave e a fonte de seu martírio são uma e mesma coisa: ele *quer o impossível* sabendo disso e procura dar ser àquilo que é não-ser em princípio. Em outros termos, ele aceita perder de antemão; melhor ainda, *quer* perder; peleja para isso, é seu mérito: com uma obstinação cujo resultado ele conhece por antecipação, eleva-se acima do *setor ôntico* e o contesta por inteiro em nome daquilo que *deveria ser* e nunca será. Portanto, eis de novo o "deves, portanto não podes" que, no tempo de *Smarh*, caracterizava o imperativo satânico que a obra de arte representava para a realidade. Mas dessa vez é o próprio Artista que se faz mediador entre os possíveis deste mundo e o impossível "*dever-ser*", estrutura *ontológica* do Belo. É ele que se define por meio dessa obrigação irrealizável e por isso mesmo assumida. O lugar do sofrimento e da danação é ele: ele é "desgastado", no corpo e na alma, pelas "atrozes torturas a que (seu) trabalho o condena". No entanto, "adquire experiência"; mas isso só pode aumentar sua infelicidade; aqui, de fato, Flaubert reintroduz um velhíssimo tema: a oposição entre imaginação e gosto. Como sabemos, a imaginação parou nele – pelo menos é o que ele afirma – aos quinze anos. Com a experiência, ao contrário, o que cresce é o gosto, ou seja, a exigência nua e crua do impossível. A discrepância aumenta com o tempo, pois o poder de imaginar fica estagnado. Em outras palavras, o gosto projeta no vazio esquemas indefiníveis que nem as imagens nem as palavras podem preencher. É o que ele esclarecerá mais tarde – ainda a propósito de *Salambô* – numa carta a Feydeau: "A cada linha, a cada palavra, a língua falha e sou obrigado a mudar frequentemente os detalhes".

Nesse caso, o esquema verbal é uma exigência definida, exigida por um fato concreto. Mas a *imagem verbal* falha, a língua – como linguagem desrealizada – não fornece a palavra; portanto, é preciso desistir do "detalhe" e substituí-lo por outro menos "indizível". Mas isso é cair do impossível – finalidade confessa da obra empreendida – na escolha do possível melhor à custa de uma desistência. Essa concessão em si mesma é uma derrota: com isso o sentido da obra mudou, pois esta, ao invés de ser o advento do irrealizável, por força das concessões corre o risco de tornar-se, para o autor, simples determinação sintética das possibilidades da escrita e de suas próprias possibilidades. Desse modo, essas concessões são feitas com desespero: em cada uma delas, Flaubert mede a distância infinita que separa o que ele faz daquilo que quer fazer. Assim, para ele a arte é um "suplício" refinado, detalhado; a Ideia, exigência rigorosa e precisa, mas sem contornos discerníveis (porque, por definição, está fora de alcance e nenhum conteúdo inventado pode preencher esse continente, portanto marcar seus limites), tem como efeito constante desqualificar palavras e imagens à medida que elas vêm à mente, marcando a inadequação fundamental delas: donde "o acabrunhamento, a irritação, o aborrecimento". O que fazer? Abandonar o manuscrito? Ele pensa nisso, mas veda-se fazê-lo: uma vez que começou o trabalho com conhecimento de causa, uma vez que quis o impossível pela própria impossibilidade e para contestar com uma negação vã – e que se orgulha de sê-lo – a totalidade do real e das possibilidades que a ele se vinculam, precisará manter até o fim esse comportamento reclamador de fracasso. Até o fim: até o momento em que, de concessão em concessão, de tortura em tortura, sem tirar os olhos de uma inacessível constelação, ele tenha produzido uma má obra que corroborará sua derrota. O que ele queria era o Belo, sem dúvida. Mas o Belo *fora de alcance*. Portanto, a intenção era não a de conquistá-lo e fazê-lo descer à terra, mas tornar-se testemunha dele neste mundo, sofrendo *por causa e em prol da Beleza* como um danado. Desse modo, o objetivo fundamental é escamoteado, e outro vem ocupar seu lugar: "Só valemos... por nossos sofrimentos, pois eles são aspirações". Nesse instante, o que tem primazia é a penitência religiosa, e a Arte é rebaixada ao nível de pretexto.* Ele vai mais longe: já o surpreen-

---

* Reconhece-se o procedimento: Flaubert – tal como fez a propósito de *Bota maravilhosa* e *Bretanha* – de repente substitui Arte por Moral. Como aquela é impossível, o esforço do Artista, exatamente por ser vão, lhe confere valor ético.

demos a comparar o artista ao numismata. O tema retorna, ligado ao dolorismo: "minha quimera de estilo". Reencontramos a ambiguidade de 1845-47: quimérica será a ideia de desrealização total da linguagem? Ou essa irrealização, possível para outros em outros tempos e em outros lugares, será impossível *aqui* e *agora* para Gustave? A Arte é vaidade, sou "medíocre e limitado" demais para ser artista. A incerteza é habilmente alimentada: o pior deve ser certo. Mas quem sabe onde está o pior: na impotência radical de uma espécie danada da qual Flaubert faz parte ou numa Providência diabólica que lhe deu as ambições do gênio ao mesmo tempo que paralisava sua imaginação para mantê-lo na mediocridade? Na verdade, ambos os pontos de vista são defensáveis, e, como cada um acaba por contestar o outro, o melhor é deixar que um passe para o outro de modo indefinido e substituir a contradição – em virtude da indeterminação dos termos – por um torniquete. O pior, afinal, é a interpenetração mágica desses dois piores opostos. Essa ambiguidade soa um pouco como artifício: ela é mantida por um passe de mágica diante dos olhos facilmente iludidos da solteirona. Isto porque, para o prisioneiro do *ser banal*, trata-se de mostrar a insana altura da *aspiração*: e eis que voltamos ao velho *leitmotiv* do Grande Desejo e da insatisfação. Não é por acaso que Gustave aproxima seus próprios infortúnios dos sofrimentos religiosos de sua correspondente. No Inferno a maior dor ainda é a privação de Deus. De fato, Gustave não se nega a abrir o jogo: "Mas talvez só valhamos alguma coisa graças a nossos sofrimentos... devemos abençoar nossa infelicidade se ela nos torna mais dignos". Trata-se de *adquirir valor* com um comportamento de fracasso constante e deliberado. O sofrimento nos torna *mais dignos*. Mas quem decide essa *dignidade*? É preciso um absoluto para garantir o valor ético do dolorismo. Não pode ser Satã, *contra quem* a operação é feita, e que, para arrematar sua obra, precisa forçar a infelicidade suprema de suas vítimas a concluir-se na abjeção. Para que a relação infelicidade-mérito passe para a objetividade, é indispensável que se refira a Deus. Mas, como este não é nomeado no trecho que analisamos, a relação continua subjetiva. Só um "talvez" habilmente introduzido ("talvez só valhamos alguma coisa") dá a entender que o elo imanente – portanto, sem nenhum fundamento aceitável – é em hipótese passível de receber caução transcendente. É como se Flaubert dissesse: "o sofrimento consentido comporta em si a humilde súplica de que exista um transcendente que o considere meritório". Não é um prova, mas uma presunção da existência de Deus; ao se constituir por si mesmo como mérito postulado, o sofrimento dá origem a uma alternativa: ou Deus existe e o dolorismo é objetivamente *válido*, ou Ele não existe e a necessidade subjetiva do processo prova o Inferno, pela razão de que o desenvolvimento mais espontâneo da vivência é por si mesmo um logro, e nós somos trapaceados até a medula. Sem dúvida é para essas conclusões sombrias que se orienta a exposição de Flaubert: "Notou como amamos nossas dores? Nós nos agarramos..." etc. Amar, agarrar-se: a tônica está no subjetivo. Isto porque ele entra na jogada: como está no Inferno, é perdedor em todos os níveis; o humilde fermento que acreditou ter encontrado em seu sofrimento agora ele sabe ser uma mentira para si mesmo, uma supercompensação absurda e degradante. A única dignidade será assumir essa mesma ilusão contra o Diabo e sofrer para *merecer*, mesmo se sabendo mistificado. Em suma, perde-se para perder, com o orgulho do desespero.

O que torna picantes essas declarações é que elas não emanam de um escritor sem sorte, mas de um homem que foi atingido pela glória como por um raio. *Após* "*Madame Bovary*", Gustave repete nos mesmos termos o que dizia em 1845 e 1847. Diremos que está mentindo? Não: ou então mente para si mesmo. Expõe à srta. de Chantepie aquilo em que ele deve acreditar se quiser perder para ganhar; escreve-lhe para convencer-se disso tal como escrevia a Eulalie para se convencer de que amava; a autossugestão é flagrante. No "Quem perde ganha" religioso, ele só terá chances de ganhar se perder de modo *absoluto*, ou seja, se ignorar as regras do jogo. Portanto, aplica-se a ignorá-las: a literatura é um suplício que não compensa, talvez uma quimera; em todo caso, ele sofre a dor de não acreditar em milagres; cabe-lhe a labuta ingrata jamais recompensada. Se ele não para de se lamentar – desgasto-me, torturo-me, mato-me de trabalho etc. –, é porque para ele o trabalho não é uma práxis verdadeira: será tão infeliz quem exerce uma atividade livremente escolhida? Ele não trabalha para *encontrar* a expressão correta, o estilo "farto e rápido", a frase musical, mas para *merecer* encontrá-los. Faz rascunhos e os copia e recopia até catorze vezes, infligindo-se essa labuta estúpida: reescrever os vocábulos já tantas vezes escritos – e, de um rascunho a outro, mal e mal muda uma palavra. Isto porque *está esperando*. Esperando o milagre que se deixará cair na armadilha de seu desespero e, sob sua pluma tristonha, fará nascer uma flor. Na verdade, ele é copista, como Bouvard, como Pécuchet. Copista de si mesmo. Seu trabalho é uma comédia necessária muito semelhante à que era desempenhada diante do código civil em 1842-43 – com a diferença de que seu papel de estudante não lhe conferia nenhum mérito, a não ser o de obedecer ao pai violentando-se, ao passo que, a partir de janeiro de 1845, o *labor improbus*, submissão zelosa do mártir a uma ordem que ele nem sequer sabe se alguém lhe deu, tem por missão fazê-lo *merecer o milagre* – e até mesmo a existência do Pai eterno. Enquanto se esfalfa a caligrafar, temos a impressão de que o ouvimos murmurar esta prece de uma heroína de Simone de Beauvoir: "Meu Deus, fazei que existais". Isso significará que o trabalho nele é *só isso*? É cedo demais para decidir: estudaremos com detalhes argumentos, rascunhos, rasuras e supressões que chegaram até nós e deveremos nos perguntar se essa maneira de trabalhar não tem duas funções bem distintas, das quais pelo menos uma seria *prática*. Por ora, basta-nos ter mostrado que, em certo nível de significação, o trabalho intelectual é *encenado*, e sua função precisa é afigurar o fracasso como determinação concreta da vivência; assim, Gustave inverte os termos quando afirma que seus sofrimentos nascem do trabalho: na verdade ele trabalha para sofrer; para esse agente passivo, a labuta é fundamentalmente *uma punição*, é a interiorização da maldição de Adão: "Ganharás o pão com o suor do teu rosto". Mas a punição – aviltante caso se tratar de ganhar o pão de fato – torna-se nobre martírio caso o suor empapar *por nada* o rosto do "bom operário", se ele se martirizar para produzir uma obra que, sabe de antemão, não servirá para nada e, aliás, será malograda. A partir do momento que deixou de escrever como um possuído (por volta de 1840), em transes de lirismo e eloquência, Flaubert tropeçou num estranho paradoxo que o desconcertou durante muito tempo: embora o gosto seja mestre e a literatura deva ser crítica, a empreitada de escrever é prática.

Gustave acaba concordando com o "legislador do Parnaso, aquele bom Boileau", quando este ordena pôr o trabalho vinte vezes no tear. Mas, como agente passivo, pessimista e misantropo, condena todas as atividades humanas – mesmo a do escritor profissional – e quer que os "achados" do gênio tenham a insondável inércia da matéria e se constituam nele como sínteses passivas sem *nenhuma marca de fábrica*. Admira as grandes obras porque o autor delas se retirou, e elas assumiram o modo de ser opaco e solitário dos objetos naturais. Mas, exatamente por essa razão, elas podem ter-se dado ao seu criador, enquanto ele as escrevia, com a inumana generosidade das coisas, tal como uma paisagem de súbito revelada na passagem de um desfiladeiro, e que, por sua injustificável gratuidade, pode parecer uma dádiva. Esta última exigência é a mais antiga e mais profunda: ela convém à passividade de sua constituição e à estrutura feudal de seu universo. Mas outra – mais refletida, mais construída, mais adaptada às grandes opções da geração pós-romântica e à sua condição de homem--meio, filho de uma "grande capacidade" – deve ter-se imposto a ele quando certa constatação de impotência o levou a adotar, não sem repugnância, a "blasfêmia" de Buffon. O trabalho-penitência, invenção *posterior* a janeiro de 1845, é um esforço para superar a contradição. Flaubert o *inflige* a si mesmo: em primeiro lugar, para obedecer a Boileau e, como os verdadeiros Artistas nunca estão satisfeitos com sua obra, para se dar pelo menos uma oportunidade de igualar-se a eles compartilhando a insatisfação deles. Mas, no exato momento em que transforma a obra em andamento numa empreitada, considera que a fadou ao fracasso, por situá-la no *campo dos possíveis*, ao passo que a essência do Belo reside em sua impossibilidade. É condenar-se a sofrer, portanto a merecer. O impossível *não deve* ser *dessacralizado*, ou seja, nunca deve ser finalidade designada de uma empreitada humana que o "possibilize", a menos, justamente, que essa empreitada tenha a intenção fundamental de fracassar e de assinalar antecipadamente a heterogeneidade radical do profano e do sagrado. Com o trabalho, Gustave renova o pecado original e seu castigo; desse modo, o fim supremo salta para o céu, inconcebível, inacessível, tornando-se o objeto desconhecido de uma "aspiração" pura. Mas, enquanto a pluma está correndo sobre o papel, as palavras que ela traça, conhecidas demais para despertarem a atenção direta, exercem uma "fascinação auxiliar" sobre Gustave. A pseudoatividade do copista o absorve o suficiente para impedir seu espírito de formar pensamentos precisos; mas não o bastante para privá-lo de uma espécie de atenção marginal para as sínteses passivas da vivência; *trabalhando*, Gustave se mantém em estado de "patência", abre-se antecipadamente para a Dádiva; sua falsa atividade protege uma espécie de onirismo sem imagens, o sonho de uma espera. De qualquer maneira, arquejando, gemendo, realizando com a comédia do trabalho nossa condição humana em seu desamparo, ele permanece perpetuamente disponível para o milagre eventual, ou seja, para uma felicidade de estilo particular, o aparecimento de uma palavra, de uma frase, impenetráveis sínteses passivas que lhe caberia apenas transcrever e cuja estranheza, assim como a inércia, lhe permitiria *imaginar* que elas acabam de ser criadas, nele, expressamente para ele, por uma graça divina por fim merecida. Assim, Gustave acredita ter resolvido seu problema: a obra é ao mesmo tempo produto do trabalho e maná do deserto, determinação aleatória do discurso, indecifrável e providencial doação. Mas, quando escreve à srta. de Chantepie, trapaceia e especifica que a espera é sem esperança, ou melhor, que é a forma mais aguda da desesperança. Com admirável lucidez, contudo insincera, ele dá a explicação verdadeira de seus tormentos de juventude e, em especial, de sua doença nervosa: "Enfurecido contra mim mesmo, eu desenraizava o homem com as duas mãos, duas mãos cheias de força e orgulho. Daquela árvore de folhagem virente, eu queria fazer uma coluna nua para sobre ela colocar bem alto, como num altar, não sei que chama celeste... Eis por que aos 36 anos me encontro tão vazio e às vezes tão cansado!". Isso diz tudo: enfurecimento contra si mesmo, ou melhor, contra a condição de homem, esforço para negar as necessidades, levado ao cúmulo da impotência histérica, recusa das paixões e dos fins humanos, tentativa de transformar a vida em matéria inorgânica, eterna e lisa, conservando da árvore original apenas a verticalidade, em suma, escolha delirante da inumanidade mesmo que à custa de uma queda abaixo do humano. E todos esses preparativos, todas essas negações obstinadas não têm outro objetivo senão o da *perdição de Gustave* para que, no topo do tronco *morto* que o substitui, nasça "não sei que chama celeste". Essas palavras assinalam com clareza que essa chama indeterminada por natureza, ou melhor, situada para além de qualquer determinação ôntica, não foi concebida como termo de uma empreitada positiva e prática, mas que – como objeto de uma aspiração compreendida sem ser conhecida – devia *recompensar* a autodestruição sistemática da existência em proveito do Ser. O trabalho literário é a repetição cotidiana da autodestruição e o equivalente simbólico, depois substituto, daquelas desumanizações intermitentes, porém mais radicais, que são as crises referenciais. As palavras "altar" e "chama celeste" estão aí para lembrar o caráter *"sacrificial"* da recusa a viver, e que a Arte é um rito religioso cujo objetivo é reproduzir seu próprio mito em textos sagrados.

Essa coluna lampadófora nós reconhecemos: é Jules. Ou melhor, o que resta de Jules depois de sua derradeira metamorfose. E a menção desse personagem basta para desmascarar a má-fé de Gustave: esse herói positivo, de fato, é apresentado aqui como pura negatividade; o tempo dos verbos, a escolha das palavras, o contexto, tudo concorre para denunciar o fracasso radical de sua empreitada e para condená--la. "Aos poucos eu me empederni, desgastei, feneci. Ah! Não acuso ninguém, só a mim mesmo... Senti prazer em combater meus sentidos e em me torturar o coração... Enfurecido contra mim mesmo..." etc. Portanto, o sentido do parágrafo é: eu tinha "uma juventude *belíssima*" e me massacrei; aos 36 anos resta um solteirão fenecido. A comparação escolhida é de índole a ludibriar o julgamento da estimada correspondente: quem afinal não pensaria *em primeiro lugar* – pois trata-se de um clichê naturalista – que é crime desenraizar "uma árvore de folhagem virente" para transformá-la em coluna? A iniciativa, portanto, é insana e sacrílega. Pelo menos teve sucesso? Não; os dois imperfeitos levam-nos de modo discreto a entender que o fracasso é radical: a coluna não foi entalhada; a árvore, desenraizada pela metade, não tem o esplendor da madeira morta nem a fecundidade das plantas vivas: ele está *desgastado* e, enquanto a floresta perto dele se cobre de frondes impenetráveis, sobre seus tocos mal e mal aparecem algumas folhas doentes que amarelecem antes de verdejar e caem antes do outono. Em suma: Jules era um sonho de louco, perdi por culpa minha; *era preciso optar pela vida*, pelas paixões, pelo amor, pela espontaneidade e pela fecundidade literária. Já não sou um homem e nunca me tornarei artista – seria até possível concluir sem exagerar demais: a única maneira de ser grande escritor é aceitar plenamente a condição humana.

Será que Flaubert é humilde a ponto de achar *isso*? Acaso não sabemos que desde sempre ele odeia – e continuará odiando – a vida, as necessidades e as agitações dos homens? E como ele pode elogiar *na mesma carta* a juventude perdida ("Grande confiança em mim, saltos soberbos da alma, algo de impetuoso em toda a pessoa..."), deformando de modo sistemático os fatos, e basear seu sistema de valores na frustração e no sofrimento? É porque é preciso ir até o fim da "noite escura": para perder em todos os planos não basta mostrar-se como um braçal sem genialidade, que quer o impossível e sabe que não será visitado por nenhum milagre. Gustave precisa confessar – com um não reconhecimento desvairado, mas *meritório*, a toda a sua "obra lenta" – que errou o caminho, que o verdadeiro caminho para a Arte era a naturalidade e a espontaneidade, que, nessas condições, em vez de merecer o milagre que Deus persiste em lhe negar, ele na realidade o *desmereceu*: o caminho do inferno no qual ele se perdeu *por sua única culpa* não leva a nada: é um caminho que leva ao ponto final, onde ficará sozinho. A perceptível contradição entre esse trecho e o anterior provém do fato de que, para Flaubert, o dolorismo deixa muito à mostra o seu objetivo: embora o mérito seja uma ilusão subjetiva, ainda há muito orgulho em afirmar, apenas com a virtude de seu desespero, que essa ilusão pelo menos *deveria ser* a realidade. Em suma, trata-se de um desafio solitário, afiançado pela dor, que a imaginação lança ao real. Esse otimismo não esconde muito bem seu jogo. O pessimismo negro do segundo trecho visa ao mesmo objetivo, mas se adianta mascarado: se a infelicidade produz o mérito, não se deve deixar sequer uma possibilidade de esperança. Reconhece-se de passagem o modelo que Gustave adotou: no mesmo instante em que leva a autorrenegação a ponto de considerar-se *o* culpado, desvalido, perdido, desamparado, a vergar sob o peso das autoacusações, o Santo atinge por fim a santidade. Atinge, mas nem sequer desconfia: se Gustave precisa encenar a santidade, também precisa encenar a ignorância e considerar-se danado por sua própria culpa no exato instante em que se salva.* Em outros termos, seus lamentos podem atrair para ele a graça divina, desde que ele não saiba disso e teime em subestimar o que faz. Quando saberá então? Isso não está decidido: talvez nunca; talvez do outro lado da morte, talvez num relâmpago, no meio de um trovão de aplausos. O certo, em todo caso, é que a recompensa é o avesso do cenário, e que a possibilidade, no cerne da noite escura, é cuidadosamente ignorada.

E se fosse desespero *mesmo*? Se ele fosse feito de tal modo que nunca conseguisse sair da noite? A essas perguntas só darei uma resposta. É a do próprio Flaubert. Esse segundo texto também se refere à preparação de *Salambô*, mas dessa vez Gustave escreve apenas para si mesmo. Saiu de Paris, foi a Túnis, passou alguns dias em Cartago, depois, por Constantina, foi para Philippeville e de lá para Marselha, Paris e Croisset. Voltou em 9 de junho, dormiu 48 horas seguidas e depois, após reler e corrigir suas anotações de viagem, escreve as seguintes palavras em seu caderno: "Que todas as energias da natureza que aspirei me penetrem e que sejam exaladas para o meu livro! Venha a mim o poder da emoção plástica! Ressurreição do passado, venha a mim! A mim! Através do Belo, de qualquer modo é preciso fazer o vivo e o verdadeiro. Piedade para a minha vontade, Deus das almas!

---

* A diferença é que o Santo nunca duvida conscientemente da existência nem da bondade de Deus. Lamenta suas faltas, mas abstém-se de cometer o pecado inexpiável do desespero.

Dá-me Forças e Esperança! (Noite de sábado dia 12 para domingo dia 13 de junho, meia-noite.)". René Dumesnil com certeza não está errado ao chamar de invocação essa curta amostra de eloquência. No entanto, acredito que seria mais correto ver aí uma invocação seguida de prece. Para começar, Flaubert interpela os poderes ctônicos: é quase uma conjuração mágica; mais do que invocadas, as "energias da natureza" são imperiosamente convocadas. Reencontramos seu panteísmo, que poderíamos chamar de aspecto declarado de sua religiosidade. Na Tunísia, ele teve a impressão de que o macrocosmo se engolfava nele ou – o que dá na mesma em seu caso – de que o microcosmo humano, em sua pessoa, tornava-se cósmico. Ele absorveu por todos os poros as grandes forças naturais, sol e calor, ar impregnado de odores, luz ofuscante, borrifos do mar. Mas essa identificação com o mundo é um processo intencional: ele partiu para longe a fim de *voltar a ser natureza* e unir-se ao universo grandioso do paganismo. Para ele, de fato, os pagãos se definem menos pelo politeísmo do que por um naturalismo panteísta: eles *são* a Natureza, dela têm a simplicidade, a força elementar e a impenetrável grandeza. Ei-lo, pois, pagão imaginário: o calor que o penetra, o vento que o balança, o ofuscamento solar lhe servem de *analogon* para *imaginar* a alma pagã. E, quando volta a Croisset, incumbe-se da tarefa que dera a Jules: tendo recebido o acidental, devolverá o imutável. Acidental: aquilo que pode ser-lhe oferecido por uma rápida viagem bem particularizada (data, temporada etc.), na qual tudo se apresentava como "aquilo que nunca se verá duas vezes". Imutável: a *Antiguidade*, tal como é em si e tal como modificada pela Eternidade, ou seja, pela Morte e pela ausência. No entanto, ele sabe muito bem nesse dia que o momento do êxtase panteísta *passou*; supondo-se que Gustave alguma vez tenha se sentido um bloco de luz e de terra gretada pelos fogos da África, as energias telúricas que o atravessavam então – e que já não existiriam para ele como tais, a não ser no fundo de irrealização das percepções – são apenas lembradas. Mas, *justamente*, isso lhe basta, como vimos. Senhor de sua memória, ele reúne as lembranças para, a partir delas, construir uma antiguidade imaginária: releu e preparou suas anotações, rememorou as paisagens, os acontecimentos e, sobretudo, estados de alma; seguro de si, lança um apelo às tropas que tem em mãos e as convida a sacrificarem-se para que da morte delas nasça a irrealidade radical: que venha a mim a memória dócil e fiel; lembranças de minha grande efusão cósmica, venham a mim. Venham docilmente perecer em minhas mãos para que de vocês nasça a verdade suprema, minha criação contínua, a Ilusão. Tomando-se nessa forma abstrata – e, afinal, racional –, a invocação já implica um profundo otimismo. Nesse campo, não haverá contratempo. Na verdade, o que o preocupava antes da viagem era o "lado psicológico da história". Entenda-se que ele se sentia ainda um Alarico deslumbrado pela Roma antiga mas habitado pelas brumas do Norte, que não consegue penetrar além das aparências desse panteísmo solar. Para *pensar antigo* – ou seja, para captar na raiz os sentimentos minerais que Gustave atribui aos antigos –, é preciso ter-se feito a *antiguidade inteira*. E como chegar a isso na ausência de todo e qualquer monumento? A resposta é simples: incorporando-se na Natureza africana, o monumento mais total, pois ela é *por si mesma antiga*. Missão cumprida: ali ele se tornou *alma mater*, natureza naturante, engendrando e pensando uma sociedade submersa *a partir* das areias, dos rochedos e do mar que outrora a criaram sob a ação do sol; realizou seu sonho de ser matéria. Agora essa mineralização de sua alma, desaparecida como realidade concreta e retida como disposição de espírito, vai servir-lhe de esquema operacional para a criação de personagens antigos, com suas paixões, costumes e visão do mundo. Em Cartago ele foi procurar a "psicologia" dos cartagineses. Encontrou-a, ou melhor, tornando-se ele mesmo aquele transfinito, *o mundo antigo*, ele saberá produzir seus heróis como encarnações diversas de uma mesma Antiguidade.* Em suma, o capitão mobiliza suas forças – "Ressurreição do passado, venha a mim!" – para uma batalha que tem certeza de que ganhará. Será esse mesmo o homem que em novembro choramingava diante de uma solteirona perturbada? Sua imaginação arrancou-se da estagnação que ele denunciava então: é uma forja, um crisol; ela recobrou a função que ele lhe atribui desde 1844, que não é a de produzir imagens *ex nihilo,* mas sim de transmudar o real em imaginário por meio de técnicas rigorosas: em suma, ele deposita confiança nela. Mas a invocação vai mais longe ainda e, desse modo, revela a verdadeira ambição de Flaubert em sua amplitude. As grandes obras-primas – dizia ele – aparecem como produtos naturais: elas são a misteriosa beleza de uma falésia, do

---

* Isso significa que ele sabe que pode condensar à vontade a massa das lembranças singulares numa totalidade estruturada cujas determinações gerais servirão de regra interna para a sua criação ou então trocá-las por minudências singulares para fazer de cada uma delas a matéria bruta de uma anedota inventada.

Oceano. E nós sabemos que, em geral, ele afirma ser "esmagado" pelo gênio daqueles que as criaram: são fanais e ele, na melhor das hipóteses, será apenas uma tocha. Ora, a invocação mostra muito bem que essa humildade faz parte do jogo infernal que ele joga. Sozinho, à sua mesa de trabalho, entusiasmado com aquilo de que se pressente capaz – através da releitura de suas anotações –, ele concorda em revelar sua intenção: as energias da Natureza devem ser exaladas para seu livro. Em outros termos, tal como *O Rei Lear*, *Salambô* será um pedaço da natureza; todos os elementos se unirão para produzi-la: ela será céu, mar, deserto selvagem, areias turbilhonantes ao vento. Com esse livro, em suma, Flaubert se igualará aos maiores. Sua ambição é restituir a Antiguidade como Natureza, e a Natureza como eterna Antiguidade. É escusado dizer que isso não pode ser concebido sem algum recurso ao misticismo. Flaubert deixa-se levar pela crença de que é um transformador de energia: isso convém à sua constituição de agente passivo, à sua crença profunda de que a Arte é uma atividade passiva. Nesse instante, sonha que realmente armazenou as forças naturais, e que elas se reexteriorizarão por meio de sua pluma como obra-prima. Quanta confiança lhe será necessária para recorrer *ao mundo* e confiar às cegas potências ctônicas a tarefa de produzir uma obra de arte cuja materialidade virá delas, cuja unidade virá dele. O mundo teria ficado bom? Ao contrário: *Salambô* talvez seja a obra mais sádica de Flaubert; nela o homem é afetado com duas impossibilidades de ser pela Natureza, nele mesmo (*Homo homini lupus*) e fora dele (hostilidade radical do Universo); a agonia dos mercenários no desfile da Hacha resume esses dois aspectos da maldição de Adão. Todas as forças elementares que Gustave pensa ter absorvido vão "ser exaladas" para seu livro na forma de genocídio; inumano em suas súplicas, ele recorre à inumanidade da Natureza para realizar o Belo pelo Mal radical. Otimista para si mesmo – deixou de ser homem –, pede ao implacável macrocosmo que manifeste essa alergia por nossa espécie que desde a adolescência deleita sua misantropia. Nesse sentido, a invocação mostra a autocrítica de setembro de 1857 em seu verdadeiro aspecto: quando ele afirma lamentar ter desenraizado o homem que era, está levando a insinceridade ao extremo. Se se recriminava, era mais por ter permanecido demasiado humano ainda, pois pede à sua viagem que realize nele a inumanidade plena. A Antiguidade, reencontrada no deserto, é o enforcimento da materialidade contra o homem; o homem "ressuscitado" como antigo é a estátua, matéria soberbamente inorgânica habitada pela ilusão de viver. É de se notar, com efeito, a seguinte frase significativa: "Através do Belo, é preciso passar a impressão de vida e verdade, apesar de tudo".

Vida e verdade *apesar de tudo*; não diremos que o Belo está em oposição total à verdade e à vida, pois seria exigir demais do texto, mas sim que a Beleza *resiste* quando o artista quer representar "através dela" a vida em sua verdade: a Beleza suprema é a Ilusão absoluta, e a Arte, o ponto de vista da morte. Por que então Flaubert pretende dar à sua obra essas qualidades extraestéticas? Porque elas já figuram em seu projeto inicial na qualidade de exigências: esse mágico negro quer "ressuscitar o passado", isso diz tudo. Para que este continue o mais ausente e o mais morto possível, é preciso dar-lhe o máximo de presença. Em outras palavras, assim como o fantástico só é sentido de modo pleno se o autor o fizer aparecer na vida chã e realista da banalidade cotidiana, também a Beleza só aparecerá como superação irremediável se os fantasmas despertados se manifestarem na obra com toda a violência (cores, movimentos, paixões) que *tinham*. Nesse instante, vida e verdade arqueológica tornam-se exigências *estéticas*, e o Belo pode atribuir duas tarefas ao Artista: se ele contar acontecimentos contemporâneos, insinuar na exuberância confusa do presente, como veneno sutil, a unidade do aniquilamento futuro – como se o ulterior desaparecimento tivesse efeito retroativo; se ele falar de época passada, apresentar-nos aquilo que está irredutível e notoriamente aniquilado com todas as características dinâmicas que nele se manifestavam. Nos dois casos o objetivo é o mesmo: desqualificar a temporalização por meio da Eternidade. Mas, no primeiro, vida e verdade, no sentido mais banal, são dadas, e a preocupação do artista é agir de tal modo que a Morte – como dizia Cocteau a respeito de um acidente de trânsito – "apanhe vivos" os seus personagens. A isso corresponde – por exemplo, quando Gustave escreve *Madame Bovary* – a questão dos *diálogos*, que o atormentou tanto: o material lhe era fornecido em abundância pela vida cotidiana; vida e verdade aí não representam nenhum problema. Mas como "apanhar viva" a linguagem prática, como introduzi-la nua e crua sem modificar suas estruturas realistas numa obra na qual todas as outras palavras estão unidas entre si por elos sutis de irrealização? No segundo caso, ao contrário, a Morte é o dado primeiro – e, em se tratando de *Salambô*, até mesmo o aniquilamento quase total daquilo que poderia informar sobre uma civilização desaparecida: a preocupação do Artista deve ser então nela inscrever a vida, tal como estava, na época, desqualificada de antemão e ridicularizada por essa abolição *então* futura, *agora* passada, mas desde sempre eterna. Assim, para Flaubert, "ressuscitar o passado" é obra maligna, e "vida e verdade" nas suas mãos tornam-se instrumentos demoníacos. Agora entendemos o *"apesar de tudo"*: com a Antiguidade – duas vezes defunta – o Belo é fornecido de antemão; o que Gustave afinal ama nos romanos, se não a metamorfose deles em Ser, ou seja, seu não-ser? Se for só para irrealizar-se, bastará sonhar com Roma, com Cartago: essa é a atitude estética. Mas, se for preciso trabalhar, o artista se extirpará do sonho ruminado que se alimenta de si mesmo para compor o sonho escrito, pedindo à História* os materiais indispensáveis para constituir, por meio de um livro, um centro real e permanente de desrealização. Podemos concluir: Flaubert *continua* Jules, nada abandonou das concepções expostas na primeira *Educação*, e a invocação propriamente dita representa por si mesma uma reafirmação do "Quem perde ganha" dialético, ou seja, da racionalização do "Quem perde ganha" original. Ele apenas esconde ao máximo de si mesmo essa orgulhosa fidelidade, por medo supersticioso do Diabo, e, salvo em raras e breves escapadas, contém--se num miserabilismo estudado.

De repente o tom muda, aparece o outro "Quem perde ganha" e passa-se sem transição da racionalização dialética apoiada na feitiçaria à humilde aposta da fé, à prece. "Piedade para minha vontade, Deus das almas! Dá-me Força e Esperança!" Como compreender essa curiosa fórmula restritiva: Deus das almas? Sem dúvida, à primeira vista, ela se opõe àquele "Deus dos corpos" contido de modo implícito na invocação: ele roga que uma graça providencial lhe conceda as virtudes *morais* de que precisa para levar a bom termo a sua obra. Mas essa oposição mostra *em relação a que* essa Divindade é determinada, não o que ela é em si mesma. Sobretudo porque a palavra alma, em Flaubert, nunca é tomada no sentido cristão. Por outro lado, o que nos esclarecerá será a lembrança de que, para seu quase materialismo, "alma" não corresponde em absoluto à consciência, nem à "psique" como totalidade do "monólogo" e das "profundezas assustadoras". Já assinalamos num capítulo anterior que ele dá esse nome a uma lacuna, ou melhor, a uma importante privação, ou seja, ao instinto religioso.

---

* Nesse caso particular, Flaubert tem menos trabalho em concebê-la como um *transfinito* porque – tal como depois ocorre com Spengler – o mundo antigo lhe parece uma história integral, com começo e fim.

Portanto, é preciso entender por "Deus das almas" o princípio oculto ou inexistente que corresponde ou deveria corresponder a nossas "aspirações". Mas aqui Gustave sai de seu agnosticismo intencional, dirige-se diretamente ao Ser eterno como a um Deus *pessoal*. De fato, as forças ctônicas são *convocadas*: sentimos que ele tem poder sobre elas. Ao Todo-Poderoso, em compensação, ele implora piedade – com certo topete, reconheço. Ora, a substância spinozista, assim como os terremotos, não poderia ser piedosa. Piedade pressupõe no mínimo consciência e, de certa maneira, amor, pois justamente sempre vai *além* da Justiça. É evidente que se pode afirmar que essa prece comporta um implícito "se existires". Mas nada permite supor que essa restrição mental tenha sido de fato feita no instante em que Flaubert escrevia. Ele acaba de reler e redigir suas anotações; está contente com elas: isso já quer dizer que, através delas, imagina uma obra admirável que será *dele*. É tomado pelo entusiasmo; apesar de deslumbrado, conserva uma preocupação: o assunto é esplêndido, mas será que ele é capaz de tratá-lo? Sim, com a ajuda de Deus. Num movimento de paixão ingênua, ele se desmascara e *mostra* as bases dessa teologia negativa de que tanto precisava e que inventou *sozinho*, porque ninguém estava em condições de ensiná-la. Deus das almas quer dizer com exatidão: Deus de amor cuja existência está provada por Tua intolerável ausência, Deus que devo possuir porque sofri tanto por nunca Te ter encontrado. A negação da negação transforma-se em afirmação: a revolta do instinto contra o agnosticismo é aqui apresentada como equivalente de uma afirmação impossível. Deus *é* porque não existe. Todas essas trucagens parecem bem velhas hoje em dia: isto porque a teologia negativa tem cem anos. Na época, eram novas: tratava-se de reduzir a imanência a ser apenas ela mesma – ou seja, puro desespero – para fazer desse desamparo padecido e recusado um direito rigoroso sobre o transcendente.

 O que Flaubert pede a Deus é a Graça eficaz. Essa fórmula estranha: "Piedade para minha vontade", parecerá não ter mais mistérios se nos lembrarmos que Flaubert *não tem vontade* – por ser de constituição passiva – e que sabe disso. Sabe e repete desde *Quidquid volueris* que não consegue manter uma paixão. Disse cem vezes que continua sonhando com o livro que vai escrever e contrariado com o que escreveu. Dessa vez está seguro do que faz: *Salambô* apara o golpe; é dele mesmo que duvida: desconfia de sua instabilidade. Do que precisa então? De força, ou seja, de continuidade de visões, de fidelidade a si mesmo, portanto à sua empreitada. Mas onde a conseguiria, se se construiu de todo a partir de uma constatação de carência, ou seja, da impossibilidade de afirmar? Portanto, é preciso recorrer à ajuda divina. Como – dirão – duvidar de sua perseverança depois de ter pelejado tanto tempo com *Madame Bovary*? Justamente: ele odeia *Madame Bovary*, era uma *provação*; tratava-se de *suportar* para merecer escrever *Salambô*.

Em nome do mérito acumulado, ele pede também esperança. Portanto, compreende que nele o desespero e a passividade se condicionam de modo recíproco. Sua instabilidade o faz *desesperar* bruscamente do projeto que, no instante anterior, o exaltava; de modo inverso, é a surda consciência de sua incapacidade prática que o obriga a degringolar a cada vez: se pelo menos não houver um começo de ação, nada se pode esperar, sonha-se que se espera. Era o caso de Gustave antes de 1847: passivo, ele concebia um projeto vago e de todo imaginário; naqueles momentos, sua esperança continuava onírica: ele sonhava que *seria* uma obra-prima. Desse modo, a vontade real de escrever lhe voltava, mas, ao mesmo tempo, ele esbarrava no paradoxo que assinalamos – a arte é um ato, Gustave é apenas paixão –, perdia confiança e desistia de tudo. No entanto, no fundo dele havia aquela outra crença: a arte é atividade passiva. Mas não conseguia encontrar o fio da meada. Agora ele conhece pelo menos sua Ariadne: é Deus. Se *tiver esperança*, a obra se tecerá por si mesma; a fé será o fermento de sua atividade passiva. A esperança, crença no milagre, na possibilidade excepcional do impossível, é ela mesma um dom miraculoso, é a Graça que virá visitá-lo, talvez, se ele se tiver aplicado bem em realizar em si mesmo a miséria do homem sem Deus. Percebe-se que a operação não funciona sem manipulação. Não importa, ela produziu nele uma crença mais forte justamente por ser mais mascarada com mais frequência. É esta que se revela na noite de 12 para 13 de junho. Vindo à superfície, ela conserva certa incerteza: ele não diz que tem esperança, pede esperança. Mas que insana esperança não terá ele já nesse apelo à bondade do Todo-Poderoso? Já no dia seguinte Flaubert recairá em suas trevas. Não depressa o suficiente para nos esconder que o desespero ostensivo de novembro de 1857 e o entusiasmo de junho de 1858 são complementares: o discurso da desesperança se tornaria fastidioso ao longo do tempo se, de vez em quando, as nuvens se esgarçassem. Ao contrário, o autor perderia todo mérito caso sua exaltação se prolongasse: Flaubert precisa ser ao mesmo tempo aquele que busca gemendo, sabendo que não há nada para buscar, e aquele que à vezes é interpelado por uma voz inaudível e muda: "Não me procurarias se não me tivesses encontrado".

E. "...NOSSO SENHOR JESUS QUE O LEVAVA PARA O CÉU"

"...Uma abundância de delícias, uma alegria sobre-humana *descia* como inundação na alma de Julião *pasmado*... e Julião *subiu* para os espaços azuis, face a face com Nosso Senhor Jesus que o *levava* para o céu." Essas são as últimas palavras de *Lenda*. É de se observar a permanência dos temas e das palavras: nós os reencontraremos com 36 anos de intervalo, tais como se ofereciam nas *Memórias de um louco*. Em primeiro lugar, a vertical absoluta: a alegria *desce* (curiosamente: "como uma inundação" que é na verdade – pelo menos quanto à sua causa – a *elevação* do nível da água), Julião *sobe*. Em seguida a passividade: o santo está pasmado – tal como o aluno Flaubert quando se "*afogava*" no limiar dos mundos criados; por fim, a assunção: Julião é levado para o céu. Essa constância só pode ressaltar a espantosa transformação da ideia diretiva e a mudança de sinais que a acompanha: o que desce é a alegria celeste; o santo, por sua vez, sobe sem pensar em voltar, ficará lá em cima para sempre. Já não é Satã que o carrega e o obriga a fazer uma ascensão vertiginosa no vazio eterno: Cristo pegou-o nos braços, os "espaços" são azuis. Será possível dizer que o autor quis retratar a fé ingênua da alta Idade Média? Isso está claro, mas o fato é que ele se valeu de seus próprios esquemas – os mais antigos e profundos – e deles apenas. Alguém objetará que também são os esquemas que o assunto lhe impõe. Justamente: ele escolheu o assunto *por tê-los reconhecido nele* e porque queria que uma lei objetiva os impusesse do exterior. É preciso voltar a esse conto.

É em 1845 ou 1846 que ele confia a Maxime o desejo de contar a vida de Julião de acordo com o vitral da catedral. É em 1845 que decide pôr mãos à obra. Em suma, a concepção remonta aos primeiros anos de sua doença – os mais duros –, e a redação começa no momento de sua ruína. Trinta anos separam uma da outra; no entanto, Flaubert nunca abandonou seu projeto, apesar de pouco se abrir com as pessoas mais próximas, salvo com Bouilhet e, mesmo com este, raramente. Por que optou por contar essa história? Por que a abandonou temporariamente em favor de *A tentação*? Por que *A lenda* ficou nele durante tanto tempo, sempre viva, como tarefa que ele prometia cumprir? Por que decidiu escrevê-la quando perambulava por Concarneau, "deplorando (sua) vida arruinada"? Se pudermos responder a essas perguntas, talvez cheguemos a compreender como Flaubert *vivenciou* seu "Quem perde ganha" primitivo e, com isso, o modo de existência que lhe atribuiu.

Mas antes é preciso reler *São Julião*. De onde vem a santidade desse assassino de homens e animais, parricida ainda por cima? Da caridade? Quase não a tem: sua anomalia o excluiu da sociedade de seus semelhantes: "Por espírito de humildade, ele contava sua história; então todos fugiam... as portas se fechavam, gritavam-lhe ameaças, lançavam-lhe pedras... Rejeitado em todos os lugares, ele evitou os homens". Como acreditar que depois dos insultos e das insídias ele não os deteste? Expulso das cidades, o parricida às vezes suspira quando olha portas e janelas fechadas. Mas, na verdade, só tem amor pela Natureza e parece até que, ao derramar o sangue do pai, acalmou a sede ardente e insana que tinha do sangue dos animais: contempla os potros no pasto, os pássaros nos ninhos e até os insetos "com rompantes de amor". Mas os animais não esqueceram e fogem irreconciliados. Salvou crianças. Sem calor: o autor tem o cuidado de dizer que era *com perigo de vida*; Julião está menos preocupado em devolver aqueles moleques aos pais chorosos do que em cometer um suicídio útil. Isso é tão verdadeiro, que esse generoso salvador, depois de constatar que "o abismo o rejeita e as chamas o poupam", resolve matar-se com as próprias mãos e, não conseguindo, deixa, também insensível, que o próximo se vire sozinho no perigo. Então não há mais crianças à beira dos precipícios, nas casas incendiadas? Se houver, Julião não quer saber. Ele se planta à beira de um rio e "ocorre-lhe a ideia de empregar a existência a serviço dos outros". Essa existência é menos que nada, um lixo aos olhos dos homens e, em primeiríssimo lugar, de Julião. Mas, como até a morte não quer saber dele, serve. Ele será barqueiro. Gustave só tem umas poucas palavras para descrever os viajantes que utilizam seus serviços, mas é o bastante para desancá-los. Alguns (os menos ruins), como recompensa por sua trabalheira, lhe dão restos de víveres e andrajos que não querem mais. Outros, brutais, vociferem blasfêmias – não se sabe por quê. Julião os repreende com mansidão, eles o injuriam. Diante disso, com o desapego glacial de sua humildade, ele lhes dá sua bênção: eles que sumam da sua frente,

Deus se encarregará deles. Em suma, o contato com a espécie humana se reduz ao *mínimo*.

Pelo menos será salvo pela fé? Nesse aspecto parece irrepreensível: crê cegamente desde a infância, sem questionar nada: "Ele não se revoltava contra Deus que lhe infligira (o parricídio), no entanto desesperava-se por poder tê-lo cometido". Mas essa crença inabalável presta-se pouco a êxtases místicos, a deliciosos embevecimentos em que alguém se perde no seio do Senhor. Esse cristão está tão repleto de Deus, que nunca pensa nele e não ousa sequer orar. Chega a distrair-se a ponto de esquecer de recorrer à imensa bondade do Todo-Poderoso e implorar seu perdão. É de se notar, em especial, que se compraz em contar sua história – "por humildade" – a qualquer um, mas *nunca* a um padre. Isso não espantará se lembrarmos que conceito Gustave tem dos padres. Mas causará admiração o fato de não ter hesitado em deixar um grande pecador da Idade Média sozinho sob os céus mudos, *sem intercessão*: é o mais grosseiro anacronismo de um conto que pretende ser a reconstituição fiel de uma época em que a Igreja era rainha.

Julião, portanto, não prima pelos arroubos da fé, nem pela caridade, nem pela esperança. Esta última virtude lhe faz tanta falta que, depois do assassinato, ele comete permanentemente o pecado da desesperança. Qual é afinal seu mérito? Precisa ser bem grande para que esse criminoso obtenha não só a salvação da alma, como também a canonização. Contudo, outro não é senão o horror a si mesmo. Assim, o caráter fundamental da santidade será levar ao extremo uma das primeiras estruturas constituídas da afetividade flaubertiana.

Julião é malvado já na infância. Um belo dia, quando da morte de um camundongo, descobre em si uma necessidade inextinguível de matar. Logo depois começa o massacre sistemático da fauna circundante. Esse estranho frenesi tem todas as características do sadismo flaubertiano. O futuro santo ainda está na infância quando, encontrando numa vala um pombo que ele acaba de abater e não está de todo morto, "irrita-se" com aquela vida persistente: "Começou a estrangulá-lo; e as convulsões da ave faziam seu coração bater, enchendo-o de uma volúpia selvagem e tumultuosa. No último retesamento, ele se sentiu desfalecer". Depois, "não se cansa de matar". Ao ver muitos cervos "enchendo um vale... e apinhados uns contra os outros...", ele "sufoca de prazer com a expectativa de semelhante morticínio". Desejo de matar de origem visivelmente sexual, como mostram os êxtases e sufocações que precedem ou seguem a matança. Mas o que impressiona acima de tudo é o contraste entre o aspecto violentamente *ativo* dos "morticínios" aos quais o herói se entrega e a *passividade* das volúpias que a caça lhe propicia, semelhantes a desfalecimentos. Deve-se acrescentar que Gustave ressaltou o aspecto onírico desses massacres. "Julião não se cansava de matar... e não pensava em nada, não tinha lembrança de coisa alguma. Estava caçando numa terra qualquer, desde um tempo indeterminado, e pelo simples fato de existir, realizando-se tudo *com a facilidade experimentada nos sonhos*".* A própria narrativa, com seu ritmo, tem algo de pesadelo: as coisas aparecem e desaparecem de modo brusco, na hora oportuna. Se substituirmos os animais por seres humanos, teremos a verdade masturbatória dessa lenda: os massacres são sonhos; Gustave, adolescente, entrega-se ao onanismo imaginando suplícios, e nele o orgasmo é acompanhado pela entrega feliz à sua passividade nata; a cada vez, ele fica à beira de perder os sentidos. Era como se via por volta de 1840: malvado, mas passivo, sonhando com sofrimentos inauditos, incapaz de *infligi-los*. A morte de Achille-Cléophas será natural, mas o jovem temerá tê-la provocado com suas tendências homicidas, magicamente, como se o ódio mortal que ele tem pelo gênero humano não passasse de máscara do que sente pelos pais. A verdade, como sabemos, é diferente. O fato é que Gustave, por ter descoberto em si essa orgulhosa maldade – altivamente confessada em suas novelas, com muita frequência saciada por fantasias masturbatórias –, não pode evitar generalizar, como de hábito, e fazer dela, *em todos*, consequência imediata do pecado original. É com essa forma ultrajansenista que ele concebe a maldição de Adão: todos danados, todos viciosos até a medula, todos assombrados no sexo pelo imperioso desejo de matar. Em suma, já de saída, a espécie está ferrada: viver não é apenas uma desdita interminável e insípida, é um crime permanente. Ninguém se livrará enquanto viver; assim, adivinhamos que a santidade não se caracterizará pelo acesso a um estado superior ou por uma graça eficaz que permita combater os maus instintos: o santo é criatura terrena, portanto, a não ser por contraordem do alto, destinado ao inferno. No entanto, a profecia do cervo – tão semelhante, depois de tantos

---

* Grifo meu.

anos, à da adivinha de *Peste em Florença** – provoca em Julião um início de tomada de consciência. Ele não descobre diretamente sua maldade, mas percebe o horror do desejo homicida por meio de sua consequência mágica, o parricídio. O desejo de caçar não deixa de rondá-lo, mas agora provoca o pavor diante de si mesmo: ele já não sabe se o despertamento de sua avidez cinegética e a satisfação com que pensa nela demonstram apenas que ele prefere a caça aos pais ou se, ao contrário, ele só deseja matar os animais *para* ser levado, sem tê-lo desejado, a cometer o assassinato do pai. Seja como for, a maldade imediata de Julião passou a ser mediata. Denunciada por outrem, conhecida, assumida e recusada ao mesmo tempo, ela é conscientemente vivenciada do *único modo que convém*: com horror. Para Gustave, essa atitude ainda não é meritória: é simplesmente *verdadeira*; a natureza humana é tal que só pode ser vivenciada *autenticamente* com aversão.

O parricídio ocorre em virtude da convergência de circunstâncias *providenciais* (que conduzirão Julião à santidade, tal como as providenciais frustrações de Jules o impelem para a genialidade): não podia ser de outro modo, é o Destino. Julião reconhece-se nisso, porém: não há outra fatalidade, nessa questão, além de sua própria natureza. Esta, aliás, acaba de se *realizar*: esse malvado imaginário atingiu seu próprio extremo, transformou-se em verdadeiro criminoso. Antes acreditava conseguir fugir de si. Agora as saídas estão fechadas, uma luz ofuscante ilumina seu ato; até aí, Julião se percebia como o infeliz produto do Mal radical; agora o Mal radical é seu produto. O virtual atualiza-se de modo irreversível, e Julião torna-se irreparável. Sua maldade, antes sonhada e capaz de provocar um sonho de aversão, passou a estar inscrita no mundo; é um homem por meio do qual a natureza humana se objetivou: impelido pelo vício ao paroxismo do ser, ele já nada mais é que sua essência, no entanto ele tem sua essência fora de si mesmo, porque ela se afirmou por meio de uma ação arrancada pelo tempo ao seu domínio; ele *precisa* destruí--la, e ela é indestrutível, seu ser está atrás dele, passado superado, insuperável. No início Julião enfurece-se contra seu ato como se ainda pudesse se separar dele, como se, denunciando *seu* parricídio em público, pudesse deixar de ser *o* parricida. Em vão: essa autocrítica só tem como efeito universalizar seu crime, atraindo sobre ele a

---

* E às que acompanham o calvário de Emma Bovary.

reprovação universal; na verdade – mas ele não sabe –, ela lhe propicia o desamparo necessário ao horrível trabalho que precisa fazer consigo. Nesse ponto, as intenções do autor não são negáveis: na lenda em que se inspirou, Julião sai a mendigar pelas estradas, *acompanhado da mulher*: essa é a verdadeira concepção medieval; o delito não só não rompe os elos sagrados do casamento como também a mulher participa dele, apesar de sua inocência, em virtude de uma reversão dos crimes equivalente em negativo da reversão dos méritos. Gustave eliminou a companheira fiel para dar a Julião a extrema solidão com que ele mesmo tanto sofreu e tanto gozou. De qualquer maneira, essa mendicidade penitente aparece como um primeiro passo, bem fácil ainda, do mais difícil dos caminhos. O parricida, isolado na natureza, logo percebe que a humildade nunca lhe possibilitará compensar o delito. Convence-se então de que seu único recurso é a autodestruição sistemática: como ele *é* sua própria culpa, espera abolir esta última aniquilando-se. Não há o que fazer: as piedosas proezas e as mortificações não ressuscitarão os dois velhos nem apagarão as punhaladas. Além disso, a morte não quer saber dele: ei-lo condenado a ficar na terra como puro contemplador horrorizado de seu próprio passado. Impossível não pensar aqui na dicotomia de *Novembro*, que profetizava a de janeiro de 1844: uma criança morria, turbulência de paixões, ímpetos e desdita, para que nascesse um velho cuja única função seria escarafunchar a memória do primeiro. Em Julião, o parricídio é como uma morte; esse homem impetuoso e apaixonado perdeu até os vícios, é puro olhar horrorizado que não para de contemplar a última lembrança de sua memória morta. Quando entende que os abismos o rejeitam e os incêndios o poupam, descobre o desespero. Ou seja, vê com clareza que quer o *impossível*: ninguém apaga o que foi. Seu suicídio malogrado – o último dos que demarcam as obras de Flaubert, o mais marcante dos quais é contado em *Novembro* – aparece como conclusão apressada e de todo subjetiva dessa desesperança: Julião pensa em suprimir o insuportável repisamento de uma falta inexpiável. É de se notar que, assim como o Céu não o ocupa, o Inferno não o preocupa. Esse membro da cristandade medieval só crê no Nada. Nem por um instante ele imagina que no outro mundo terá de pagar pelo crime triplo – parricídio, suicídio, desespero. Para Julião, assim como para Gustave, o inferno está na terra. No entanto, ele desiste de se matar: isto porque se inclina sobre seu reflexo e acredita ver o pai. Episódio de sentidos múltiplos. Só

consideraremos um: ao ver aquele rosto banhado de lágrimas, parece-
-lhe que o parricídio reaparecido lhe barra o caminho do suicídio. Em
outras palavras, a morte não resolve nada: ela sem dúvida elimina o
ninho de víboras e sofrimentos, a subjetividade de Julião. Mas o infeliz compreende que sua subjetividade tem apenas uma realidade
inessencial; aniquilada, ela deixaria inalterada a estátua de iniquidade
que seu crime lhe esculpiu para sempre na mineralidade do passado.
Em suma, o suicídio é um ato inútil. Como a morte não quer saber de
Julião, e como ele desiste de matar-se – como se, no final das contas,
ainda fosse melhor que permanecesse uma subjetividade para assumir
o passado infame e *sofrer com ele*, como se tivesse medo de, ao desaparecer, deixar nas mãos dos outros aquela sombria figura solitária,
em sua inexplicável objetividade –, a vida que ele deverá levar parece-lhe um lento apodrecimento que, em si mesmo, *não é suficiente*
para chegar a seu termo. Ela se prolonga, é tudo o que se pode dizer
a respeito, porque perdeu sua morte. Ele já não pode nem mesmo
vivenciar seu crime como nos primeiros tempos, quando tinha a impressão de continuá-lo de modo incessante: mal e mal o rumina, e, de
vez em quando, a imagem alucinatória dos dois corpos ensanguentados, aparecendo bruscamente, esmaga-o com seu horror. Mas esse
afastamento crescente da noite maldita, em vez de lhe atenuar o desespero, aumenta-o a cada dia: pois sua essência objetiva lhe escapa
aos poucos, sem deixar de determinar fundamentalmente sua subjetividade; esta não recebe nenhuma qualificação nova do presente, nada
mais é que o rememorar insuportável e cada vez menos nítido de um
crime. Nesse nível o pecado da desesperança é total: já nem se trata
de viver para se odiar; Julião vive e se odeia, só isso. No entanto, o
que fazer com o corpo ainda vigoroso? Diz Flaubert: "Teve a ideia de
pôr a existência a serviço dos outros". Basta conhecer um pouco
Gustave para compreender até que ponto essa decisão lhe parece ridícula. Lembram-se como ele no passado clamava contra os filantropos? Como Alfred e ele juravam que nunca empregariam seu talento
de advogado "na defesa da viúva e do órfão"? Também não se haverá de ter esquecido o ódio que Jules demonstra por seus semelhantes,
a recusa aos fins humanos e o desprezo pela ação que aparecem em
todas as páginas da Correspondência. Aliás, quem são aquelas pessoas
– brutais e ingratas – que Julião leva de uma margem à outra do rio,
em sua velha barca mal-ajambrada? Mercadores que fazem a traves-
sia para vender na cidade vizinha; peregrinos que vão de abadia em

abadia. Servir os primeiros é alienar a força de trabalho àqueles *interesses materiais* que Gustave não deixou de desprezar: isso quer dizer que Julião se faz engrenagem de uma empreitada utilitária cuja ignomínia recai sobre ele. Quanto aos peregrinos, vá lá, estão fazendo um esforço para garantir a salvação da própria alma: mas, por mais árduo que seja o caminho deles, são bem confortáveis as penas autoimpostas que lhes angariarão a benevolência de Deus, em comparação com a atroz penúria, as torturas morais e o sofrimento físico que Julião se impõe, sabendo que nunca será salvo. Em suma, ele prossegue com habilidade sua autodestruição, embrutece-se a penar e avilta-se, não para expiar o inexpiável, mas para fazer mal a si mesmo, para resvalar até o fundo da abjeção: não procura castigar a carcaça mortal para se aproximar de Deus, mas sim para se afastar mais. Aos poucos o horror se torna familiar, a imundície se faz cotidiana: teimoso, arredio, aviltado, vivendo a odiosa aversão de ser ele mesmo, mas não pensando mais, Julião, curvado sobre seus remos, torna-se como Gustave o homem da repetição. Vai e vem de uma margem à outra, com a mente obscurecida pela fadiga de uma labuta ingrata; à noite desaba, exausto, para recomeçar no dia seguinte. Cabe aplaudir, aliás, essa aparência de calma na desdita, dada pelo eterno retorno mas pior que a tempestade.

De repente, surge o leproso, tão pesado que a barca quase deriva. O primeiro sentimento de Julião é o de uma considerável exigência, mais forte que as nascidas de seu ódio: "Compreendendo que era uma ordem à qual não devia desobedecer, ele retomou os remos". Acaso não vimos, acima, que o Belo, se tiver de visitar Gustave, só poderá assumir a forma da obrigação, estranha, apavorante, irresistível? Mas para Julião ainda não se trata disso: ele precisará transportar o leproso para a outra margem, alimentá-lo, matar sua sede e por fim, "nu como no dia em que nasceu", "estender-se" sobre aquele corpo apodrecido e coberto de úlceras e "placas de pústulas escamosas". Abraça-o, peito contra peito, e cola a boca contra "lábios lívidos que exalavam um hálito nauseabundo, espesso como neblina". E por que faz isso? – perguntarão. Por amor? Claro que não: o doente nada tem de amável, se bem que o autor notou haver "em sua atitude como que uma majestade de rei". Sem dúvida, Julião é caridoso – sem calor, sabemos –, mas, se se deita nu sobre o doente, não é *sobretudo* para aquecê-lo: é porque as chagas e o pus que elas vertem o enchem de um nojo nunca antes sentido. Essa é a oportunidade de vencer a terrível resistência de todo o seu organismo e de infligir-se o mais extraordinário desconforto, cuja intensidade ele mede pela repugnância que precisará vencer: em suma, é uma oportunidade atroz que ele não deve deixar passar. Depois, além desse objetivo imediato, há outro, mais distante e importante: ele busca o contágio para pegar lepra, para transformar-se naquele corpo corroído que lhe dá repugnância. Veja-se o verbo usado pelo autor: Julião "*estende-se*" sobre o leproso. Atividade passiva: deita-se ao longo do leito vivo da lepra, *pesa* sobre o organismo deteriorado do viajante, seria possível dizer que afunda nele. Há nesse "estender-se" horizontalmente como que o começo de uma queda – que é simplesmente contida pela massa purulenta na qual ele afunda, ou seja, pela lepra, como se a descida aos Infernos parasse por ter enfim chegado ao fundo. Há em *Julião* como que uma vertigem histérica diante da corrupção de um corpo vivo, assim como outrora em Gustave houve fascinação diante do jornalista de Nevers. *Contágio* aqui lembra *imitação*. O movimento é o mesmo, pois Gustave, fiando-se no pai, acreditava que loucura se pega e via nela o cúmulo da abjeção. Em boa lógica, a história de Julião deveria terminar no dia seguinte a essa imensa repugnância buscada de modo meticuloso como gozo-imundo: o leproso iria embora com os primeiros raios de sol, depois de lhe transmitir a lepra. O parricida largaria até o trabalho de barqueiro – prova de que pouco se preocupava em ajudar os homens, a não ser para se mortificar. A lepra é o corpo a assumir as taras originais da alma e a maldição de Adão. Será de se crer, pelo menos, que essa somatização teria lavado a sujeira de Julião? Este, em todo caso, enquanto segura o leproso nos braços, não pensa em absoluto na salvação da alma: quer tocar o fundo da abjeção e, já que não consegue morrer, ser afetado por uma agonia infame, prolongada por tempo indeterminado. Com raiva de si mesmo, busca a própria perdição. Nesse instante Jesus se dá a conhecer e leva-o para o céu: em contradição flagrante com os princípios da religião católica, é por ter desesperado de Deus que Julião será salvo.

Isto porque o Senhor, em sua extrema bondade, quisera expressamente tudo o que ocorreu. Não fez o homem à Sua imagem: preferiu realizar em cada um de nós o cúmulo do vício, da baixeza e do sofrimento, depois criou em todas as almas uma imensa necessidade d'Ele para frustrá-las com Sua ausência. Nessa teologia, a própria evasão do catarismo é recusada: estamos no mundo e não escaparemos, nem mesmo nos dissociando dos fins humanos; mesmo que tentássemos empoleirar-nos acima de nós mesmos, como nossa natureza é má, essa intenção estaria viciada de saída, e o resultado só poderia ser vicioso: é próprio do Mal, se radical, não se poder sair dele. Portanto, só resta à criatura enfurecer-se consigo e, com ódio de si e do mundo, praticar a autodestruição sistemática. Em geral, os homens escondem de si esse terrível mandato, trapaceiam-se, mentem para si: esses são danados de antemão. Mas aquele que, reconhecendo-se em sua Verdade, se rasga o coração com as duas mãos, esse é o eleito de Deus, e seus sofrimentos Lhe são deleitáveis. Julião foi canonizado antecipadamente; um velho previu isso quando ele nasceu: isto porque sua culpa inexpiável lhe possibilitará quebrar a ganga da inautenticidade e detestar-se sem esperança; assim ele realiza a essência da natureza humana que outra não é senão a autorrecusa. Deus o criou brutal e sanguinário. Conduziu-o pela mão ao parricídio, e o autor diz claramente que Ele o "infligiu", pois, como os jogos estavam feitos, Ele o entregou à sua atroz aflição. Nessa vontade *outra* que decide e profetiza um Destino e depois obriga sua vítima a realizá-lo – de modo que, mesmo se sentindo levada com irresistível doçura pela cumplicidade dócil das coisas que só se encontra nos sonhos, esta também se sente responsável por seu crime, altamente culpada, sem a menor circunstância atenuante –, será fácil reconhecer uma velha ideia do *Fatum* irresistível, ou seja, da maldição do Pai e da feroz vontade que o genitor emprega para realizar seu desígnio. Digamos que, em *Lenda*, o homem, tal como foi o menino Gustave, é um monstro posto na terra para sofrer. O que mudou desde *Peste em Florença*? O fato de que, em 1875, a reconciliação com o pai está selada. O falecido Achille-Cléophas não figura apenas em *Lenda* na forma de um fidalgote afetuoso que adora o filho único; ele é também Deus Pai: um Deus escondido, mas bom. Esse destino que ele reservou para Julião só pode ser por este suportado, qual prisioneiro de si mesmo, sem que nele descubra outra coisa senão calamidade. Mas o autor se mantém à distância; vê o acontecimento de fora, de modo objetivo, em todas as suas dimensões e pode declarar com piedoso ardor: se Julião sofreu, sou testemunha de que foi para seu bem. Gustave, sem dúvida, roubou a ideia da provação e a do bom sofrimento. Mas transformou-as para seu uso pessoal: o católico não fica sem socorro na desdita; há a Igreja que lhe dá mostras de que Deus quer sua felicidade eterna, há os intercessores – Jesus, Maria, os santos – e ademais Deus pode lhe enviar Sua graça. O sofrimento o purifica, é verdade, mas em primeiro lugar ele sabe disso e há também outras purificações – confissão, comunhão –, e faz tempo o concílio de Trento decidiu que o homem é fraco, mas não naturalmente inclinado a fazer o mal. Flaubert derruba o concílio e radicaliza tudo: o homem é podre, perdido, Deus o quis assim; não existe o gentil rosário de provações desfiado pela existência cristã: existe a vida, essa nauseabunda infâmia que o monstro humano precisa viver de cabo a rabo. Deus extraiu o homem do nada para que o ódio existisse no Universo. Aqui, por dois caminhos diferentes, Gustave e o cristão se encontram: sendo bom, o Senhor não engendrou o Mal apenas para Seu deleite; no sofrimento humano Ele só pode ver um meio. E qual o fim? Nesse ponto, Gustave não é loquaz. Mas nós o conhecemos bem para adivinhar suas razões; já em *Agonias* ele as comunica: toda a infelicidade do homem vem de sua *determinação*. O real é um empobrecimento dos infinitos possíveis, portanto é finitude e nada. Mas – outra mudança ocorrida depois de 1844 – a Criação já não é um erro irreparável: passou a ser um mal necessário. É preciso que o real exista para se negar com ódio, para tentar em vão transcender-se com o apelo religioso ao infinito que só pode nascer na finitude para se deixar corroer pelo imaginário, cifra ambígua de Deus. Para Flaubert, o momento da realidade – ou seja, da facticidade e do desamparo – não é o objetivo da Criação, mas ao contrário o primeiro grau de uma ascensão para o Ser. Assim, quando se debruça sobre o desespero de Julião, Deus o lastima por sofrer, mas, nessa negação desvairada de si mesmo, aprecia a contestação de todos os "*entes*" em nome de uma verdade ontológica que permanece fora de alcance; na obstinação do parricida em destruir sua culpa inexpiável, Ele sabe descobrir e amar a amarga e frustrante procura do impossível, única grandeza, a Seus olhos, dos galés da espécie humana. Ou melhor, Julião é eleito porque tem a obscura intuição de que o homem *é* sua própria impossibilidade, pois essa criatura recusa sua determinação finita em nome de um infinito que não pode sequer conceber. Dito isto, o *heautontimoroumenos* não pode fazer nada mais *por si mesmo*: uma impossibilidade nem por ser autoconsciente se abole (ao contrário do que é dito em *Novembro*) e continua vegetando no lodo do tempo. Depois que atualizou sua essência sendo perfeitamente mau e perfeitamente desesperado por sê-lo, é preciso que o Todo-Poderoso intervenha com um milagre para possibilizar a impossibilidade. O crime de Julião é indelével, mas o Senhor, levando o parricida ao céu, sem tocar no delito abolido, sem retirar um único detalhe dele, com uma metamorfose lógica e miraculosa, transforma-o no meio por Ele escolhido, em Sua Sabedoria, para pôr Julião no caminho da santidade. Gustave conseguiu a proeza de conservar intato o mundo negro e maldito de sua adolescência e de integrá-lo num calmo universo religioso.

Tudo isso, sem dúvida, é o que encontramos em *Lenda* de 1875, a única que podemos consultar. Mas temos certeza de que a história, caso tivesse sido escrita em 1845, teria sido a mesma: temas, valores e peripécias existiam antes mesmo que ele tomasse conhecimento deles, e ele os encontrou tanto no próprio vitral inspirado num romance alemão da Idade Média quanto num "Ensaio histórico e descritivo sobre pintura sobre vidro" escrito por seu professor de desenho. Era preciso contar as aventuras do santo tal como ocorridas e *na ordem* – caçadas, parricídio, desespero, salvação – ou não contar absolutamente nada. O mito do caçador maldito só podia tentar Flaubert por causa de suas estruturas objetivas – as mesmas que são reconstituídas na obra –, e o sentido que nelas ele descobria então não podia diferir muito do sentido por ele introduzido em 1875, uma vez que elas lhe anunciavam o que ele era ou acreditava ser. Portanto, é lícito afirmar que o jovem doente, aos 23 anos, optara por conservar o pessimismo e iluminá-lo com a invisível luz do Bem. O que impressiona, porém, é que Julião sucede a Jules e será por um tempo abandonado em favor de Antônio. Como se Gustave só conseguisse encarnar-se em três personagens ao mesmo tempo. O caráter trinitário de sua representação de si é confirmado por numerosas cartas em que ele encara sua obra como um tríptico: Antiguidade, Idade Média, Modernidade. Antônio, Julião e Jules. Antônio, Julião, Madame Bovary.* Antônio, Julião, Bouvard e Pécuchet. Herodíades, Julião, um coração simples.

Por volta de 1845, ele se encarna e se objetiva em dois personagens bem diferentes: Jules e Julião; ambos vivem nele e se alimentam dele. No entanto, nessa época, é a história de Jules que ele conta, e

---

* É o que ele escreve a Bouilhet em 1856: *Madame Bovary* está *terminada*, ele corrige fragmentos de *Santo Antão*; quer escrever *A lenda* para apresentar quase ao mesmo tempo uma evocação da Antiguidade, outra da Idade Média e um romance moderno. Essa ideia é retomada em 1875, quase palavra por palavra. Com a diferença de que *A lenda* é escrita antes e, durante a redação, ele tem a ideia de pôr na sua sequência outros dois contos.

Julião, talvez predileto do autor, fica na sombra. Por quê? Porque Jules é o filho do orgulho; sua apoteose nasceu de um ricochete prodigioso; pode-se escrever sobre ele a seco, num arroubo de glória: seu gênio coroa uma ascese facilitada, já de saída, por circunstâncias "providenciais", mas, em seguida, perseguida consciente e deliberadamente. Ele é aquele que soube renascer sem dever nada a ninguém. *Sentir--se* Jules provoca uma alegria quase insuportável, o júbilo terrível e a vertiginosa liberdade do super-homem nietzschiano: é dança. Por essa razão, Gustave poucas vezes se sente com forças de desempenhar *por si só* e na intimidade da vivência esse papel deslumbrante e satânico: prefere fixá-lo na folha de papel; tanto para que a tinta, tão logo seque, o reflita para ele como sua possibilidade permanente, sua mais alta verdade, quanto para que fique à distância, fascinante, mas apenas *apresentado*. Jules ou a morte do coração: grito de triunfo que é preciso lançar de imediato, personagem vertiginoso retratado à pressa para que esse *si-mesmo*, projetado fora de si, se torne o mais depressa possível *o outro do que se é*.

Julião é um filho das trevas. Tem-se vergonha e medo de objetivá--lo. Digamos que é o papel mais íntimo de Gustave, sua comédia *vital*, o "Quem perde ganha" original. Tão logo concebido, porém, ele o abandona: em Gênova, engana-o com *Santo Antão*. Porque é cedo demais para fazê-lo aparecer sob as luzes da ribalta. É preciso voltar ao inferno da dúvida; a antiguidade representará o ceticismo. O fato é que Antônio, entre Jules e Julião, fica inexpressivo: não tem a força triunfante de um nem a violência desesperada do outro. Em 1856, quando volta ao caçador maldito, é – temporariamente – tarde demais: Gustave terminou *Madame Bovary*, que representa o anti--Jules, o desespero sem gênio, e morre danado. Apressa-se a lutar com a *Revue de Paris*, com os editores parisienses. O "castigo", afinal de contas, não lhe parece tão ruim. A sorte lhe sorriria? Ele parou de entender o sentido *lírico* de *Lenda*. No entanto, ela vem a calhar: a danação de Emma, enfurecida com o mundo e consigo mesma, à luz da Fé ganharia sentido bem diferente; ela precisaria precipitar-se para a perdição e destruir-se horrivelmente. Mas quem sabe se não é salva por suas "aspirações"? Flaubert *sente isso*; sente também que uma "alacridade" seca o priva de qualquer possibilidade de ser benevolente consigo: por suas cartas, vê-se que ele se prepara para reconstituir a Idade Média desaparecida numa obra glacial e parnasiana; como se sua pulsão profunda tivesse sido desviada, afastada de seu objeto à medida que foi atravessando camadas mais superficiais para atingir a periferia. Ele procura palavras soberbas e sonoras em obras de montaria, adivinha que sente prazer demais, desiste: fica para depois, quando as circunstâncias se mostrarem propícias.

1875. Perturbado pela ruína do sobrinho, ele foge para Concarneau. Passa por um martírio: a queda do Império já o afetara, esse novo golpe do destino termina o serviço: solta urros de raiva, depois se sente sufocado; sozinho no quarto e às vezes em público, é sacudido por crises de choro e fica banhado em lágrimas antes de cair num torpor próximo da imbecilidade: "De vez em quando sou tomado por prostrações em que me sinto tão aniquilado, que tenho a impressão de que vou morrer". Ocorre-lhe não conseguir sequer escrever um bilhete à sobrinha, tanto lhe tremem as mãos. Dores de estômago, nevralgia, tudo volta. O pior é que ele se aflige e se acredita perdido. Estou velho, diz pela milésima vez desde a adolescência. Mas dessa vez é verdade: "Quando o espírito já não se volta naturalmente para o futuro, é porque ficamos velhos, é nesse ponto que estou". Ele já não tem "fundo": está acabado, mataram-no, não tem mais nada para dizer: "Quanto à literatura, *já não acredito em mim*, estou vazio, o que é uma descoberta pouco consoladora". Tem tão pouco estímulo, que lhe parece estar em vias de se deixar morrer. "Se à ruína interior, que sentimos muito bem, se somarem ruínas de fora, seremos simplesmente esmagados". Não vou me recuperar mais, diz ele e, de fato, embora a falência seja evitada e a família fique com Croisset, ele nunca mais se recobrará. Isso quer dizer que a grande obra nunca será terminada, que a falência de Commanville acarretará a falência artística de Flaubert; sempre descontente com suas obras passadas, sabemos que ele só tinha esperanças na obra por vir: é ela que o igualará aos Mestres. Ora, o futuro é interrompido; nunca Sade e Satã tiveram tanta razão: *A Virtude deve ser punida, essa é a lei deste mundo*. Ele está tão convencido disso, que escreve à sra. de Loynes: "Sacrifiquei tudo na vida pela tranquilidade de espírito. Essa sabedoria foi inútil. É isso, sobretudo, que me aflige". Sabedoria e sacrifício foram seu longo recolhimento meditativo em Croisset: precisamente por isso é em Croisset que ele se sente ameaçado. O objeto de sua generosidade, de sua afeição e de seu zelo paternal era Caroline: portanto, a desdita lhe virá, como é justo, pelo marido de Caroline. Após a morte da mãe, Gustave resumiu toda a família na sobrinha – família de início prepotente e terrível, depois dividida, sem a qual o velho solteirão não poderia viver: será a família que consagrará a ruína e, para terminar, o desamparo desse homem de família. Que capítulo para acrescentar aos *Infortúnios da virtude*! Em 11 de julho, ele escreve, choroso, sem nem mesmo prestar atenção: "O devotamento de Flavie me emociona. Aliás, não duvidava disso. Contanto que ela não seja punida por esse motivo". Aí está seu pessimismo confirmado. Eu diria o mesmo de sua misantropia: ele se irrita com a sobrinha e com os conselhos indecentes que ela lhe dá; com certeza também com sua ingratidão. Quanto ao "pobre sobrinho", que, segundo dirá algum tempo depois, não nascera para fazer sua felicidade, responsabilizou-o por tudo e se pôs a detestá-lo em segredo. Nunca as sombrias intuições de sua adolescência foram tão plenamente confirmadas, nunca a vida deu razão tão plena àquele "pressentimento completo" que, quase meio século antes, adivinhara sua hediondez e sua repugnância. Em suma, o círculo se fecha: a vida do tio Gustave justificou o pressentimento de sua adolescência: o inferno é o mundo, e os danados sofrem nele na proporção direta das ambições que alimentaram.

Assim que chega a Concarneau, porém, começa a sonhar com Julião e, alguns dias depois, em 25 de setembro, notifica à sobrinha: "Escrevi (em três dias) meia página do argumento de A lenda de São Julião Hospitaleiro". Nas cartas, as lamentações se alternam com as novidades do trabalho: *A lenda* avança devagar de início, depois com rapidez. Segundo repete, será uma coisa para trinta páginas. Sim, mas se levarmos em consideração o tempo que gastou para escrever trinta páginas de *Salambô* ou de *Madame Bovary*, acharemos razoável o fato de *São Julião*, iniciado em 22 de setembro, continuado em Croisset e depois em Paris, em meio a vicissitudes financeiras e a mudanças, ter sido terminado em 18 de fevereiro de 1876, o que demonstra um trabalho constante e sem esmorecimentos. Como ele explica o fato de, no auge do desespero, ter empreendido a mais otimista de suas obras e de tê-la levado a bom termo de um só jato? Por razões circunstanciais, que não são falsas mas, tomadas em separado, não convencem muito: ele se perdeu um pouco em *Bouvard e Pécuchet*, depois veio o desastre financeiro, que o tornou incapaz de escrever ou, em todo caso, o deixou aborrecido. Então abandona os grandes projetos e decide começar um conto, uma "coisinha curta", tanto para não se entregar à tristeza – por higiene mental, em suma – quanto para ver "se ainda é capaz de escrever uma frase". Não é de se duvidar que, mesmo sem as preocupações exteriores, ele tivesse deixado de lado sua grande obra, durante algum tempo: precisava tomar distância. Seus revezes são um motivo a mais para suspender o trabalho: precisava das notas, de toda uma biblioteca; não há nada disso em Concarneau. No entanto, isso não explica por que, para exercitar a pluma, ele escolheu um assunto ruminado há trinta anos, entre tantos outros.

Deve estar consciente disso, pois, para falar de sua "obrazinha", adota um tom ligeiramente desdenhoso: é uma bagatela, diz, um divertimento, um exercício de estilo, "uma bobagenzinha, cuja leitura a mãe poderia permitir à filha". É assim que falava de *Smarh* depois que se enfastiou dele. Outra palavra vai ressurgir do passado: "Eu me sinto desenraizado e rolando a esmo como uma alga morta. Mas *quero* me forçar a escrever *São Julião*. Farei isso como um castigo, para ver qual será o resultado". Esse voluntarismo é tão estranho em sua pluma que ele mesmo se espanta e, temendo o ceticismo da sobrinha, sublinha o verbo querer. Mas não lhe veio por acaso: se pretender minimizar a importância que o tema do santo parricida assumiu para ele há muito tempo, será obrigado a afirmar que a história em si mesma é qualquer uma, um conteúdo tomado ao acaso, e que ele se restringe a escrevê-la a despeito das resistências íntimas: essa ninharia edificante o entedia, é um *castigo*. Ah, sim, como *Madame Bovary*. Esse termo, desaparecido de sua Correspondência há anos, de imediato provoca nossas suspeitas: por volta de 1855, indicava a aversão que Flaubert sentia pela "gentinha" sobre a qual escrevia, pelo meio "infame" no qual era obrigado a situar sua história. O que está fazendo aí? O assunto é nobre; ele sempre sonhou em reconstituir a Idade Média, com suas feras humanas de humilde fé; além disso, para traduzir a época, será preciso forjar um estilo novo com o qual sonha: ele sabe que este deverá seduzir com uma obsolescência calculada, uma ingenuidade mais aparente que real, já ouve ressoar em seus ouvidos as belas palavras fascinantes e quase mortas que será preciso restabelecer em seu esplendor para designar coisas e costumes desaparecidos. História a irrealizar-se em Lenda; Lenda, puro meio de ressuscitar uma época histórica e traduzir com seriedade "científica" os sentimentos dos homens desaparecidos; tumulto da vida reproduzido do ponto de vista da morte, e o macrocosmo, que é o mundo medieval, fechado em si mesmo e rigoroso, a ser totalizado através das aventuras de um herói extravagante: não será a obra de arte dos sonhos de Flaubert em toda a sua pureza? Será mesmo uma "ninharia" esse conto tão denso que fala de Deus, do Homem e do Destino? Será que ele podia concebê-lo assim? Alguma vez escreveu "bagatelas", obras de circunstância? Acaso não despreza os livros que não dizem *tudo*? Se fosse preciso provar sua má-fé, eu lembraria que em 1856 Gustave queria fazer de *São Julião* o terceiro painel de um tríptico em que os outros dois eram *Santo Antão* e *Madame Bovary*. Por conseguinte, não é sequer concebível que ele tivesse então admitido que aquele fosse indigno destes. Somos forçados a concluir que Flaubert está escondendo o jogo, que leva a insinceridade às raias da mentira. É falso que Gustave, acometido de agrafia pela desdita, escreva qualquer coisa, apesar da tristeza, com o único objetivo de reeducar a pluma. Ao contrário, ele ataca a *"A lenda" por causa da tristeza*, como se tivesse reconhecido nos revezes a tão esperada oportunidade de escrevê-la. Agora estamos em condições de explicar esse paradoxo.

Em 1845, o que Gustave descobriu, no claro-escuro da catedral, sob a luz colorida que jorra de um vitral, é o que se poderia chamar técnica da narrativa em partidas dobradas. Há muito tempo, conforme sabemos, sua verdade se lhe manifesta como alteridade; ele é primeiro objeto, tem sua essência fora de si, nas mãos dos outros, que, desse modo, reduzem sua subjetividade a um encadeamento de epifenômenos inconsistentes; o sujeito, nele, está em causa, é simples engodo cujas pretensas apercepções são contestadas *a priori* pelo olhar alheio. Donde o seguinte problema ético e, portanto, estético: como será possível cooptar esse olhar? Literariamente: como mostrar a subjetividade ao mesmo tempo vivenciada na penumbra e decifrada, objetivada por aquele que conhece sua verdade? O que *A lenda* lhe dá é a solução do problema. De fato, ela só é legível em dois planos ao mesmo tempo. Julião *é* um santo: sabe-se disso desde sempre; antes mesmo de olharmos as imagens de sua vida, somos prevenidos: o que elas contarão será a vida de um santo. Assim, cada acontecimento se apresenta com sentido duplo: *vivenciado*, é um elo numa cadeia de delitos e catástrofes que conduzem Julião à decadência final, e este, portanto, tem um futuro na terra que não se pode separar dele; *contado*, representa de modo *inexplicável*, mas com certeza, uma etapa no caminho sagrado que leva à canonização. Em outros termos, ele tem um futuro celeste que conhecemos de antemão porque *já está realizado*. Nesse sentido, a narrativa em partidas dobradas não oferece nada de novo a Flaubert: há a Vivência, sucessão implacável de acontecimentos que devem ser vividos – o leitor ou o espectador também precisa esperar "que o açúcar se dilua" –, há o olhar sobre a vivência, que esse mesmo espectador comunga com o Artista, o olhar da história e da morte, que contrai uma temporalidade destemporalizada num ponto da eternidade e quebra a duração, pondo o último termo da aventura *antes* do termo inicial, como sentido e fim deste. A novidade, em contrapartida, é que o ponto de vista do Artista coincide com o de Deus. Por isso, embora Jesus não intervenha antes das últimas páginas, Sua aparição, muito esperada, nada tem em comum com aquelas que, nas tragédias antigas, são tão apreciadas pelo *deus ex machina*. Na verdade, o Todo-Poderoso está tanto no início quanto no fim dessa história, nós estamos *com Ele*, olhamos Julião do alto, sem compreendermos bem Seus impenetráveis desígnios, mas assegurados pela Igreja de que tudo acabará bem; sim, sim, ele mata o pai e a mãe, mas não tenha medo, boa gente, isso estava previsto; foram tomadas todas as precauções: *pois se estamos dizendo que é um santo*!

Foi isso o que entendeu Gustave, o profético. O ponto de vista de Deus não precisa ser traduzido por palavras. Basta o título. E, se for necessário pôr os pontos nos *ii*, pode-se recorrer a três oráculos, dois situados já no nascimento do caçador maldito: "Ele construirá impérios"; "Será um santo"; o terceiro, proferido no fim do primeiro terço de sua vida: "Serás parricida". Essas premonições nos autorizam a ler nas entrelinhas; ou melhor, obrigam: depois disso Gustave pode limitar-se a contar as desventuras terrenas de seu herói, insistindo em sua feroz violência e em seu sadismo, pois já estamos no céu e nossa alma santanária se maravilha por ficar sabendo – intuição *formal e vazia* – que o Mal é feito para servir o Bem e por respirar sabe-se lá que odor de santidade a recender do mais tenebroso dos crimes. *A lenda*, tal como contada por Flaubert, traduz de modo admirável a ambivalência do sagrado: terrível neste mundo, benéfico no alto. Mas o autor finge só tratar – pelo menos até a conclusão – apenas de seu aspecto *tenebroso*, enquanto nos obriga, de fato, a decifrar os acontecimentos do ponto de vista do sagrado cândido; o plano superior, nem por ser meticulosamente ocultado, deixa de estar presente, pois nele Gustave empoleirou seus leitores. Donde nossa simpatia crescente por Julião, monstro para o mundo: quando as pessoas honestas lhe fecham a porta ou lhe atiram pedras – o que, segundo Gustave, também faríamos no lugar delas – nós as reprovamos, do alto de nosso poleiro, atentos a prezá-lo com o divino amor que Nosso Senhor tem por ele, com o qual Flaubert nos contagiou em segredo. Aqui embaixo há apenas um malvado que voltou sua maldade contra si mesmo e não consegue se suportar; do alto, contemplamos um mártir, eleito por suas próprias culpas para o maior dos sofrimentos, ou seja, para a maior das "aspirações", e nosso amor por ele vem das trevas em que ele vive, da humildade profunda que o faz ignorar essa aspiração, o melhor dele, e só ver crime, ódio e vã penitência nessa divina insatisfação que o atormenta sem trégua, sem nunca lhe permitir parar e dizer: fiz o suficiente.

    Flaubert escreve para um Ocidente cristão. E somos todos cristãos, ainda hoje; a mais radical descrença é um ateísmo cristão, ou seja, o que, apesar de seu poder destrutivo, conserva esquemas diretivos – pouquíssimo para o pensamento, mais para a imaginação, mas sobretudo para a sensibilidade –, cuja origem deve ser buscada nos séculos de cristianismo dos quais, por bem ou por mal, somos herdeiros. Assim, mesmo querendo mudar o mundo e livrá-lo do grande corpo putrefato que o atravanca, mesmo nos recusando a envenenar as almas com uma moral de salvação e redenção, quando um autor meio bizarro nos mostra um santo que se ignora e morre em meio à angústia, não há dúvida de que nos emocionamos em nossa mais infantil penumbra: por um instante, cristãos no imaginário, caímos na dele. Caímos quando Bernanos publicou seu admirável *Diário de um pároco de aldeia*, em que – a partir de Flaubert as técnicas progrediram – a metade superior do quadro é apenas uma ausência*, de modo que a obra termina nesta terra de que nunca saiu, e nós, os incréus, com sincera emoção, somos obrigados a efetuar por nós mesmos a assunção. Pois o jovem pároco é bom, é puro – mesmo para os olhos de um ateu. E, se Deus está morto, seus atos são vãos e seus sofrimentos reais demais, a infelicidade tem a última palavra. E gostamos tanto dessa criança agonizante que ressuscitamos Deus para salvá-la.

    No entanto, comparando-se a obra de Bernanos com a de Flaubert, descobrem-se as malícias deste, que continua *noir* até o fim. Tomado nele mesmo, Julião não é nada simpático; não há vestígio de amor nessa alma perdida; nela encontramos, em primeiro lugar, a paixão de destruir durante toda a vida e depois a autodestruição levada ao extremo; o ódio ao mundo convertido em ódio a si mesmo. Nesse ponto, o autor não engana: declarou-se mau e com aversão a si mesmo

---

* O pároco fala em primeira pessoa. Imaginemos Julião contando sua própria história com o título *Diário de um parricida*. A arte de Bernanos está em levar a pressentir alusivamente o "Transcendente" sem sair da imanência.

aos catorze anos (e, provavelmente, muito antes); proclama-se assim no fim da vida, nesse conto no qual, por um momento, acreditou ver seu testamento literário. Para salvar um personagem que amamos, Bernanos nos obriga a ressuscitar velhas crenças no imaginário. Mais forte que ele, Flaubert, *para poder amar seu Julião*, nos obriga a restabelecer a Sobrenatureza e o plano superior. Sem especial simpatia por seu frenesi destruidor, mas aderindo de antemão ao ponto de vista do autor em virtude de nossa educação cristã, nós o amamos porque ele é amado, *sem saber*, por um amor absoluto. Assim, seu ódio a si mesmo se dissolve e torna-se puro mérito, sem deixarmos de assistir aos estragos que ele acumula em nosso mundo. Em suma, Gustave se vale de um esquema bem católico para nos embasbacar com um passe de mágica. Sentimos isso, deixamo-nos comover e, desse modo, nos imbuímos de uma crença imaginária no que não é crível, para podermos amar aquele que não é passível de amor, um malvado que voltou sua maldade contra si mesmo. Todos se lembram da ambiguidade de Garcia, de Mazza, da própria Marguerite, esses mal-amados que a desdita tornava antipáticos; de Emma mesmo, podre de ódio e ressentimento: Julião não vale mais que eles e, de certa maneira, os resume, pois eles também tinham por si mesmos a mesma aversão que causavam no autor que se encarnava neles.* O que mudou? Só uma coisa: Gustave, peremptoriamente, mas não sem arte, nos convence de que seu parricida é objeto de um amor infinito; e assim somos obrigados a impor silêncio à nossa antipatia para não fazermos feio e também porque os esquemas católicos são formalmente mantidos: desse modo, sentimos em nós e na história a presença de um inapreensível e sombrio disparate que não é dos menores encantos dessa obra espantosa.

Vítima do Outro, Gustave ousa defender-se opondo *aos* outros o Outro absoluto que só pode ser Deus; o mal-amado ousa crer: *Deus me ama infinitamente*. Abandonando um triste *Cogito* que quase não o protege, ele aceita ser ilusório sob o olhar eterno do saber absoluto: sente-se "visto" e "sabido", do nascimento à morte futura e já passada, desde sempre; aceita com felicidade ser providencialmente dirigido pela mão que o tirou do lodo e o mantém na existência por meio de criação contínua; por fim, exonerado de qualquer responsabilidade, conhece a felicidade de ser agido. Que feliz desfecho! Caberá acreditar

---

* E Julião não tem sequer a desculpa de ter sido mal amado na infância.

nele totalmente? Claro que não: seria bonito demais! Evidentemente, quando cai sem fôlego na noite de janeiro de 1844, essa queda é uma entrega a Deus; sua intenção profunda é inventar o amor invisível que seu Criador lhe dedica: agora ele viverá *sob um Olhar*. Mas *com a condição de nada saber sobre ele*: nem um raio deve iluminar a alma entenebrecida de Gustave-Julião. É a quadratura do círculo, dirão. Não: a solução do problema deve ser buscada na Arte. Seu encontro com o santo do vitral em 1845 lhe permite reconhecer-se no Caçador Maldito, mas não de modo direto: como eu disse acima, esse encontro lhe fornece uma técnica e o faz sentir uma espécie de evidência *estética*. Entenda-se com isso que ele apreende *um objeto*, uma história em quadrinhos, densa e rica, que lhe parece totalizar um mundo inteiro, infelizmente desaparecido, e lhe propõe uma visão completa e satisfatória da vida; a narrativa em partidas dobradas, procedimento conhecido e maravilhosamente novo, parece-lhe convincente por causa da beleza formal. Mas esse conjunto perfeito continua imaginário, e os fatos relatados nunca ocorreram. A evidência, aqui, não é o duro encontro de um obstáculo que desencaminhe uma empreitada e se imponha em sua natureza irredutível, com suas quinas agudas: é a total adesão contemplativa a uma pura imagem que não existe em lugar nenhum e, no entanto, está inscrita *naquele vitral* embutido *naquela* parede. E a convicção por ela provocada em Flaubert é *também* de ordem estética; é uma ordem: escreve esta lenda; passa para as palavras o doce brilho deste vidro pintado; extrai *tua* obra-prima da obra encantadora de um artesão anônimo e desaparecido. O que seduz Gustave é a aparente gratuidade do assunto: não se trata de *tirar conclusões*, construir uma intriga para provar uma tese, mas de fazer da Ideia a própria técnica da narrativa e sua condição de legibilidade. Justamente, a história já está dita. O tema, a técnica, a dialética entre impossível e milagre, pessimismo e otimismo, tudo lhe é dado de antemão, ele não poderá fazer mais que mudar detalhes. Terá entendido que lhe era oferecido o meio de exprimir sua inexprimível aposta? Em todo caso, *reconheceu* essas imagens sem saber muito bem que era a si mesmo que nelas reconhecia, e esse reconhecimento assumiu a forma de um encantamento contemplativo e de uma tarefa. De fato, "Escreverei essa lenda" só pode ter um sentido: preciso fazê-la minha, vincular a ela meu nome porque ela já, e de toda a eternidade, me pertence. Em nenhum lugar ele dirá: é minha verdade. Seria denunciar-se e, além disso, Flaubert não vive no mundo do verdadeiro. Mas, assumindo-a como tarefa, como possibilidade permanente de sua arte, ele faz mais que considerar a transmutação de um imaginário plástico em imaginário verbal, ele o inscreve em si mesmo como um sulco permanente de seu pensamento. E, bem antes de começar a obra, ele encontra na calma realidade desse conto irreal a objetivação que buscava. *Desde que* se aproprie dele como sua obra futura, pode instalá-lo em si como matriz de imagens e, ao mesmo tempo, como sua determinação *quase real*, vinda até ele, através dos anos, conservada *só para ele*, apesar dos assédios, saques e incêndios, por uma majestosa inércia natural: essa consistência do imaginário antigo agrada-lhe acima de tudo; nela ele vê uma espécie de equivalente irreal da realidade. Por causa disso, *impregna-se* com ele: pode-se ter certeza de que não tem pressa de trabalhar. Ao contrário: ele sabe muito bem que enjoa das obras acabadas; abre-se com Maxime sobre seus projetos, num dia de confidência, mas suas cartas da época não dizem uma palavra a respeito: isto porque ele só comunica seus objetivos de curto e médio prazo. *A lenda* ele acalenta, pensa nela preguiçosamente; ela se torna aquilo que ele desejava que fosse: uma categoria de seu pensamento e de sua sensibilidade. Isso significa que ele pode esconder e esconder de si o seu "Quem perde ganha" religioso: se quiser ter certeza de que seu belo desespero será recompensado, retomará a história de Julião e se contará essa história com o pretexto de trabalhar nela. E, de fato, nela ele encontra consolo: sem dúvida, o real não tem necessidade alguma de confirmação lendária, mas, justamente, não se pode dizer que a aposta insensata por ele feita no momento da queda faça referência a realidades. Gustave tinha sofrido bastante: ao cair, alivia suas dores e as transforma num papel por encenar; com base em sua velha melancolia muito justificada que, como sabemos, já nem sempre era sentida com sinceridade, ele se lança a desempenhar para Deus o papel do Sem-Esperança. Esse novo personagem e seu Grande Espectador são ambos irreais. Isso não incomoda, aliás, pois nessa tragédia bufa nunca se deve mencionar o público nem fazer de conta que se sabe que pode haver algum. Não importa; *São Julião*, obra em andamento, serve de caução à representação que Flaubert se dá: esse antigo produto da imaginação social garante, como universal singular, a singularidade quase incômoda do "Quem perde ganha" neurótico. Estabelece-se uma reciprocidade de reflexos entre, por um lado, a lenda, com sua objetividade de *"lenda"*, sua exigência de ser dita – portanto reobjetivada –, com estruturação *real* de seu conteúdo original (ele é imaginário *no que* exprime e, é claro, nem Julião nem o cervo que fala se mostram a Gustave de outro modo que não seja como imagens, mas a estrutura da história é real no sentido de que se impõe: é preciso contá-la *assim* ou não contar nada), e, por outro lado, o papel que Gustave decidiu, no fundo de si mesmo, representar diante de Deus e que *é vivenciado* tal como um *sabor imperativo* da vivência estruturada pelas intenções mudas. Nada mais normal: são duas determinações homogêneas, dois mandamentos que não visam à práxis, mas à *produção do imaginário por Gustave*, e constituem o presente a partir do futuro, ou seja, da tarefa por cumprir. Nesta, em ambos os casos, o objetivo proposto é o mesmo: fazer do "Quem perde ganha" religioso o derradeiro segredo do mundo terreno. Flaubert, ateu a contragosto, e Julião crente – é de sua época –, mas incapaz de considerar por um único instante que Deus pode ser bom ou mesmo de implorar uma única vez Seu perdão, correspondem-se através dos séculos. Além disso, o mediador entre um dever e outro é Gustave e não por acaso, mas por ser o homem a quem esses dois imperativos se dirigem. Assim, quando, sozinho em seu gabinete, encena um desespero motivado pela aversão que lhe inspira aquilo que acaba de escrever, a ordem de perder cada vez mais e de fazer uma aposta sem retorno exporia ao risco de revelar sua singularíssima função no sistema particular que Gustave criou para si mesmo, caso o imperativo estético de contar seu papel como se fosse a história de outro não se mirasse *do alto* na tentativa muda de desesperar e não lhe comunicasse sua perenidade, seu caráter social e sua inflexível objetividade (ou, digamos, as estruturas inevitáveis e reais da objetivação que ele reivindica). De modo que o escritor solitário, enfastiando-se de si mesmo, já não sabe se encena seu próprio personagem ou se se familiariza com o de Julião. E, ao inverso, quando encara a lenda em sua mais clara consciência de artista, sente nela e no personagem do santo algo de infinitamente próximo e familiar, uma espécie de Graça espalhada por tudo, um encorajamento anônimo que vem da alta Idade Média e no entanto só se dirige a ele, mas sem lhe *dizer* nada; e, na solicitude muda do imperativo estético, se ele sente alguma coisa como uma designação divina, se, diante do vitral, se sente deliciosamente comovido, é porque a história de Julião, uma vez que ele decidiu assumi-la contando-a como nova, encarregou-se de modo obscuro de lhe representar a dele, uma vez que esse cálice deve ser bebido até o fundo. E a dialética dos reflexos complica-se mais: ele sabe de antemão que escreverá *Julião*, porque se deu essa ordem, com aversão a si mesmo e a cada palavra que sua pluma traçará, mas que será, sem que desconfie, um sucesso perfeito porque a lenda o designou, de tão longe, como seu único narrador, porque o escritor alemão e o pintor de vitral não tentaram viver e só puseram a mão nesse encantador esboço para submeter-se, como bons vassalos, àquele que estava predestinado, em longínquo futuro, a fazer dele uma joia digna de Deus.

Graças ao vitral, o "Quem perde ganha" religioso continua como palavra abafada, não dita: quando quer ganhar coragem, Gustave olha para a objetividade de Julião, encantado por *não ter inventado*, ou melhor, por *ter recebido de fora* esse herói congenial com ele. Uma corrente passa permanentemente entre sua determinação dionisíaca de ir até o extremo do dolorismo, para fazer dele um mérito seu, e a representação apolínea desta por meio de um feixe de imagens pintadas e impessoais. Contudo, Flaubert, em 1845, não tem pressa de escrever: cuidará de *seu* Julião mais tarde, muito mais tarde, no fim da vida, talvez: seria lógico, pois a recompensa divina se manifesta ao cabo de uma existência. Nessa estranha temporalidade *vazia* que ele arranjou para si – e que com muita frequência tem o sabor ignóbil do tédio –, ele sabe que um longo caminho o separa da morte. Em outras palavras, *ele tem tempo* de retomar e transformar em obras-primas as obras da adolescência, que já têm tudo fixado, até os temas e às vezes os motivos particulares, sendo já propostas intemporais, pois o passado as sedimentou. Uma única novidade: a esperança, Deus. Compreende-se com facilidade por que não tem vontade alguma de se pôr a trabalhar em *Lenda*: é seu talismã; se obedecer prematuramente ao imperativo que lhe ordena construir com ela sua obra, esta ficará atrás dele, *acabada*, *terminada*, despojada de seus antigos poderes pela própria objetivação. Ao contrário, é hora de executar o trabalho de desesperança que o santo parricida fazia consigo mesmo. Significa que seu otimismo místico e surreal dá sentido novo à expressão literária de seu pessimismo: o Mal reina na terra, verdade insuperável deste mundo *que deve* ser *dita*, erro meritório para o Céu, pois ele acredita adivinhar, em certos momentos, que Deus exige dele, como um sacrifício, a contestação radical e furiosa de Sua Criação. Ele tratará de assuntos bem sombrios, se tornará sádico e masoquista, condenando suas criaturas ao Inferno e vivendo seus sofrimentos como paixão. E depois, um belo dia, no fim da vida, escreverá *São Julião* para pôr as cartas na mesa antes de se despedir. Assim, é *A lenda*, tarefa sempre futura, que possibilita a Gustave produzir *Santo Antão* e *Madame Bovary*.

Em 1856, como vimos, dá-lhe vontade de soltar um grito de triunfo: ele decide pôr mãos à obra. Mas, na verdade, nunca esteve mais distante de Julião: se alguém deve cantar vitória, é Jules; larga bem depressa o projeto. Em 1875, em compensação, não hesita um instante, põe-se a escrever e nunca volta atrás. Isto porque se sente em perigo mortal, convencido de que não vai sobreviver à ruína – e, de fato, embora sua situação seja menos precária do que acredita, não sobreviverá muito. Em Concarneau, sozinho e nu, sem defesa, ameaçado de perder Croisset, sua concha, ele sente *ad nauseam* a *sua realidade*. O desastre de Commanville lhe presenteia um futuro insuportável – desconforto e desonra – e, ao mesmo tempo, como uma menopausa, ressuscita e totaliza o passado. O imaginário é triturado: não há arte sem "despreocupação"; durante cinco meses, Gustave vive com a sobrinha "no estado das pessoas que são levadas perante o tribunal penal, ou seja, numa angústia mortal e incessante. Cada dia é um longo suplício".* Teme a liquidação judicial. Quando esta é evitada, a urgência desse futuro de "vergonha" insuportável para o burguês que cochila dentro de Gustave é substituída pelo futuro mesquinho e nauseabundo das preocupações: vender, pedir empréstimo, baixar o nível de vida. Ele não entende muito bem as alternâncias de esperança e decepção que agora fazem parte do quinhão dos Commanville; aliás, não lhe dão muitas informações: mas a ignorância em que é mantido só torna *mais reais* para ele as vagas ameaças que sente pairar sobre a família. Em resumo, antes da ruína, o futuro era a eternidade vivenciada da Arte, mal e mal perturbada, de vez em quando, pela publicação de um livro; agora Gustave está sem recursos; uma recaída na neurose não poderia salvá-lo: ele não salvará suas rendas mergulhando na sub-humanidade. Em 1844, o vigoroso doente tinha "a vida diante de si"; sua vida: nascimento para a Arte baseado no assassinato premeditado do real. Em 1875, é a realidade – a mais inexorável realidade burguesa, o Dinheiro – que assassina o Artista. Com isso, eis que ele se volta para aquela vida "fechada" que levou, para fugir do futuro no passado, último refúgio do imaginário, mas sobretudo porque seu infortúnio atual é uma *conclusão*: ele sabe muito bem que os jogos estão feitos, que está desgastado, acabado, que nada mais o separa da morte, a não ser uma fina camada de tormento. Real, contempla o sonho que ele foi *do ponto de vista da realidade*. Sua existência lhe aparece inteira, *feita,* em sua pobreza – que vida não é

---

* *Correspondance*, Suplemento, t. III (1872-1877), p. 211.

V. O sentido real do "Quem perde ganha"

pobre para aquele que se volta para olhá-la? Ela é *só isso* e não será nada mais. De fato, na época gosta de escrever que já não tem "futuro intelectual" e, nas mesmas cartas, que evoca com melancolia lembranças: "Penso no passado, na infância, na juventude, em tudo o que não voltará mais. Espojo-me numa melancolia sem limites".* Lendo-o, às vezes poderíamos acreditar que, contra o presente invivível, ele está tentando ressuscitar antigos momentos felizes. Em certo sentido, isso não é falso: em 1875, a infância – que ele tanto amaldiçoou –, em comparação com suas desditas atuais, parece-lhe uma idade de ouro; era o desafogo, o tempo da honra Flaubert. Em nome da realidade, ele denuncia suas antigas cóleras engolidas, nelas discerne o que havia de comédia: não, que é isso? Nada era tão grave. Nesse sentido, se o mergulho de janeiro de 1844 era um parricídio – entre tantas outras coisas –, a ruína, amontoando toda a sua existência de devaneador diante de seu olhar, realiza o que os analistas chamam de "reconciliação com o pai". Mas, quando é mais sincero (com George Sand, por exemplo), ele não esconde que os raros instantes de felicidade redescobertos ou inventados não são o objetivo de sua busca: trata-se de retotalizar a existência *acabada* do ponto de vista da realidade, e essa operação a todo instante recomeçada não é feita sem profunda amargura. "Passeio à beira-mar, ruminando lembranças e tristezas, deplorando minha vida desperdiçada. Depois, no dia seguinte, tudo recomeça!"** Suas lembranças não são alegres, de jeito nenhum: o que o impressiona não é o conteúdo dos instantes passados, é seu caráter de não-retorno, que faz dessa vida, desejada como *retorno eterno*, um vetor orientado, um processo *real* de degradação. E, sobretudo, fossem quais fossem as dores com que outrora se afligira, o que o impressiona agora é descobrir que eram vãs. Adolescência miserável e irritadiça, juventude desvairada, a meio caminho entre submissão e protesto, depois o grande sacrifício e aqueles trinta anos de vida monacal, com a recusa de todos os prazeres, a monotonia de uma implacável labuta, o despojamento desejado e suportado sem fraqueza, tudo isso terá sido vão. Disso deveria sair algo que nunca apareceu. E, visto que a irrupção do real nessa existência onírica o estilhaçou, Gustave já nem tem certeza de que a coisa teria valido a pena ainda que sua austeridade tivesse produzido obras-primas; e volta às suas antigas dúvidas: a Arte não passa de ilusão. Enquanto as rendas fundiárias lhe

---

* A Turgueniev, 3 de outubro de 1875. *Correspondance*, Suplemento, t. III, p. 213.
** *Correspondance*, Suplemento, t. III, p. 215.

davam a possibilidade de escrever, ele contava com os escritos futuros para justificar seu holocausto permanente. Como a ruína exterior e a ruína de dentro se conjugam para aposentá-lo, é preciso pôr uma pá de cal, concluir, e não há nada para concluir a não ser que o pior é certo, e que o Diabo sempre ganha.

É isso justamente o que o transtorna e suspende sua azeda aversão por si mesmo, substituindo-a por um dilúvio de lágrimas: ele se pranteia porque não tem outro recurso contra a secura abstrata e fixa do desespero. Trabalhei tanto – repete –, me impus *tantos* sacrifícios, recusei *tantas* oportunidades felizes: por nada. Nesse instante, a cada dia, a compaixão o sufoca. Sim: Gustave, no quarto ou na praia de Concarneau, compadece-se de sua vida: à luz de suas desditas, ele descobre um imenso mérito, amealhado com paciência, com boa-fé, com o fervor mais cândido, e encontra uma beleza sem igual nessa empreitada tão nobre, realmente humana, que submerge *sem recompensa*, estragada pela falência de um imbecil. Ter sucesso, em sua opinião, não tem sentido: quem tem sucesso é Maxime; Gustave não se digna. Só o fracasso, sempre previsto, sempre visado – pelo menos em certo nível –, ilumina com sua luz misteriosa toda essa existência para aquele que acredita já ter saído dela. Fracasso *imerecido*, cuja fulgurante negação põe em relevo a fé humilde e tenaz daquele que só viveu para adquirir mérito, mesmo não ignorando que o céu é vazio, que o Diabo pune os merecedores, e que os bens deste mundo são sempre imerecidos. Tanto zelo – e tão consciente de ser vão – não remeterá, para além do agnosticismo e do panteísmo negro baseado no sadismo da Natureza, a uma humilde piedade infantil cuja ingenuidade resistiu ao niilismo e que, ao ser extinta por um sopro, com o triunfo do pessimismo, nega o próprio pessimismo? Essa emoção inesperada nele nada mais é que uma tentativa desajeitada de *se amar*. E, como nada lhe é mais difícil, ele logo convoca *o outro*, o santo que se ignora e é transpassado pelo amor divino: naquele, pela mediação de Deus, ele tem alguma chance de se sentir digno de amor e de gozar enfim seu ser oculto. Espontaneamente, sem hesitação e sem a menor dúvida, ele se dedica a *Lenda* e não a largará enquanto não terminar. É *sua vida* que está contando, tal como foi vivida, outrora, por um senhor da Idade Média e tal como aparece para sempre ao Ser supremo. Ele a conta sem omitir a própria morte, porque, justamente, acredita que está na hora de morrer. E o beijo no leproso é a provação suprema: pois o pior não é travar na solidão um combate duvidoso contra a linguagem, e sim que o real, afastado durante tanto tempo, salte como um ladrão sobre o Artista e feche-se sobre ele, privando-o do poder de escrever, que a imprevidência de um especulador reduza Gustave a ter vivido cinquenta anos para nada. Superar a provação será provar que "ainda é capaz de escrever uma frase", que a Arte ainda é possível quando a realidade triunfa, e que, tomando esse triunfo como razão ocasional de sua última mensagem, ele pode afirmar a preeminência do imaginário no instante de engolfar-se.

Quando começa a trabalhar, obedecendo por fim a um imperativo que se deu há mais de trinta anos, Flaubert tem certeza de que está jogando a última cartada: ao executar a ordem, ele a suprime e, com isso, perde seu talismã; em seu lugar ficará um livro como tantos outros, a realização de um centro de irrealidade. Depois, o autor ficará vazio e sem garantia. Mas essas considerações não o detêm: porque, no exato momento em que o jogo do "Quem perde ganha" se torna impossível, convém fixá-lo para sempre numa obra que ditará sua regra e, transformando a gratuidade lúdica em irrealidade estética, lhe conferirá a surrealidade da Arte. É como se, de uma só vez, Flaubert abandonasse seu papel – às portas da morte ou da submersão na senilidade, desgraças que ele prevê alternadamente – e o projetasse para fora de si com um ato, como que para entregar a todos o sentido de sua vida, sob uma máscara, e como que para afirmar – ele que é tão pouco afeito a emitir juízos assertóricos – o que *deveria ser* a verdade do mundo e do mundo de trás. Despoja--se do "Quem perde ganha" objetivando-o: exteriorizado, esse jogo torna-se um centro de irrealização. Depois do desaparecimento de seu autor, de modo injusto derrubado, ele continuará propondo sua regra a todos os seus leitores. Gustave deixa-se convencer, mais uma vez, pela fascinante ambiguidade da obra artística tal como a vê: ela existe, é indubitável, com suas leis internas e o princípio rigoroso de sua totalização; por conseguinte, o que ela diz *se impõe* e, de certa maneira, é uma determinação do ser; por outro lado, ela é de todo irreal, e seu projeto fundamental é irrealizar o leitor. Mas quem sabe – pensa Gustave – se essa irrealização não é o único sinal que nos faz o Ser no universo fechado das realidades. Assim, escrevendo *São Julião*, parece-lhe estar ao mesmo tempo eternizando um belo sonho e expondo, com sua negação dos *"entes"*, a grande lei ontológica, a lei de amor que nos rege a todos. Seja o que Deus quiser: *São Julião* é o segredo mais íntimo de uma alma imaginária que o arranca de si de repente, para lançá-lo ao acaso no curso das coisas, tal como uma garrafa ao mar.

Caberá dizer que, nos anos seguintes a esse despojamento realizador, Gustave renuncia por inteiro ao "Quem perde ganha", por não ter conservado os meios que lhe possibilitavam jogá-lo? Isso seria duplamente inexato: em primeiro lugar, *São Julião* foi concebido como um canto do cisne, grito de aflição lançado por um poeta que deveria ser engolido pela lama do real. Ora, Flaubert sobrevive, e bem ou mal as coisas se arranjam: não lhe tirarão Croisset, ele poderá continuar vivendo lá como anacoreta. A tranquilidade – se não a alacridade – lhe é portanto devolvida, bem como a possibilidade de escrever: é preciso *viver* esse sursis inesperado: como fazê-lo, quando se é Flaubert, sem reintegrar a *persona* que se tornou sua natureza? Além disso, apesar da excelência, *São Julião*, pelo próprio motivo de o autor sobreviver, já não é aquela obra-prima derradeira, seu testamento. Será seguido por outros contos, e Gustave retomará *Bouvard e Pécuchet*; em suma, é preciso escrever. E como fazer isso sem se falsear? Portanto, ele prosseguirá o jogo até o fim, em sua Correspondência encontraremos as mesmas lamentações, as mesmas dúvidas, os mesmos tormentos do tempo de *Salambô*. Só que ele é menos convincente, parece menos convencido: está claro que o jogo o enfada. Em primeiro lugar porque ele perdeu o belo presságio apolíneo, *A lenda*, que lhe possibilitava maravilhar-se com seu destino através do destino – único designado – de sua encarnação. Agora, ele precisa desempenhar nas trevas um papel conhecido demais que o cansa. Ademais, está alquebrado pelos acontecimentos de 1875: não se recobrará, e o equilíbrio mantido a duras penas entre irreal e realidade nunca mais será reencontrado. Na verdade, o real ganhou: São Policarpo não passa de velho solteirão horrendamente solitário e arruinado. Sabe disso; acha também que não é uma provação, mas a condição comum, não há nada nela que assinale uma eleição. Sua glória quase não o seduz: foi conspurcada e depois contestada sem cessar; "sou incômodo...", diz. De certo modo, seria possível dizer que o jogo está esmorecendo porque já não há o que jogar: Gustave está feito; mesmo que seu último livro fosse melhor que todos os outros, não acrescentaria nada de essencial à sua glória. Agora, Flaubert vale *o que vale*: sente ao mesmo tempo que esse valor, destotalizado pela dispersão das consciências, não é *realizável* e, no entanto, lhe designa um lugar definido na História e o reduz a ser sempre apenas esse desconhecido que é para si mesmo.

Nos últimos anos, sabe que é preciso jogar a pá de cal; mergulha no passado, tentando reunir e empunhar aquela vida de austeridades, apesar de tudo *compensadoras*, que não está bem acabada nem perdida. Estuda, esfalfa-se sobre grossos livros enfadonhos que nem sempre consegue compreender, aborrecido com a secura de sua empreitada: no entanto, sonhava com ela, de formas diversas, desde a juventude; mas desde 1875 já não está à altura de seu ódio: mesmo para a misantropia é preciso ter alacridade. Envelhecido antes do tempo, abandonado pela sobrinha, precisa de ternura e a aceita com gratidão, desde que a ofereçam: por esse motivo ama o terno Laporte. Apesar da obstinação, já não acredita o bastante no que faz para se dar o trabalho de desesperar profundamente. O "Quem perde ganha" continua nele, de modo discreto, pela força do hábito e porque lhe é necessário no trabalho. Mas já não há desesperança nele porque ele não tem mais esperança. Restam alguns amores: Laporte, Maupassant, a sra. Brainne; e uma tristeza modesta, atroz. Está curado da neurose que o manteve em forma por mais de trinta anos, mas, por isso mesmo, perdeu seu personagem – o que equivale a dizer seu caráter, pois ele era "ator de si mesmo" – e, depois de toda uma vida falseada, reencontra as *estranhezas* dolorosas e desarmadas da infância.

*

Sobre a estratégia dessa neurose, podemos apresentar, neste momento, apenas conclusões provisórias. Mostra-se claro, em todo caso, que o "Quem perde ganha" racionalizado, nascido de uma intuição bastante profunda do sentido da Queda, em Pont-l'Évêque, foi desenvolvido ao extremo por Gustave, num momento de alacridade que situo entre junho de 1844, quando o mal se afasta, e janeiro de 1845, quando a primeira *Educação* é terminada. Em seguida, como acredito ter mostrado, raramente se faz alusão a ele, e é pelo "Quem perde ganha" profundo e original que se explica a maioria de seus procedimentos de artista. Julião é seu homem: muito mais que Jules, de quem não pretendemos falar muito mais. Não devemos acreditar, porém, que essa racionalização tenha sido inútil: é ela, como vimos, que lhe possibilitou compreender *sua* arte pela primeira vez. Aliás, não é vedado acreditar que ela permaneceu nele em certo nível, e que ele a mata por temor ao Diabo.

No ponto a que chegamos, direi que o que falta para compreendermos de todo o mal de Flaubert são duas dimensões que estudaremos uma após outra. Em primeiro lugar, essa neurose é histórica e social: constitui um fato objetivo e datado em que se reúnem e totalizam os caracteres de certa sociedade – a França burguesa sob Luís Filipe; como tal, no próximo volume tentaremos compará-la a certa família de transtornos que existiram na época, nunca antes. Esse estudo, como veremos, nos possibilita uma proximidade com o *movimento artístico* por volta de 1850. Por outro lado, a doença de Gustave exprime em sua plenitude o que deve ser chamado de sua liberdade: o que isso quer dizer poderemos entender só no fim desta obra, depois de relermos *Madame Bovary*.

ÍNDICE ONOMÁSTICO

(Estão indexados também autores cujas obras são mencionadas)

ABDELKADER: 1428, 1435, 1440.
ABOUT, E.: 742, 1720.
ACHILLE: cf. Flaubert, A.
ACHILLE-CLÉOPHAS: cf. Flaubert, A.-C.
ALAIN: 37, 175, 1636, 2044.
ALARICO I: 2058, 2144.
ALEXANDRE O GRANDE: 2029.
ALFRED: cf. Le Poittevin, A.
AMÉLIE (rainha, esposa de Luís Filipe): 615.
AMIEL, H.F.: 1849.
ANOUILH, J.: 1827.
APULEIO: 2042.
ARAGO, F.: 741.
ARCET, C. D': 1117.
ARQUIMEDES: 302.
ARISTÓTELES: 1997.
ARMSTRONG, N. (astronauta americano): 802.
ÁTILA: 851, 913, 1266, 1715, 1772, 1773, 1803, 1822, 1899.
AUGIER, E.: 1406.
AUGUSTO (imperador): 841, 2056.
AGOSTINHO (santo): 2032.
AUMALE, ´H.E., D'Orléans, duque: 1440.
AUPICK, C. (sra., mãe de Baudelaire): 69.

BALZAC, H. de: 191, 896, 1030, 1031, 1101-1104, 1262, 1375, 1435, 1468, 1552, 1747.
BARANTE, G., barão de: 1114.
BARBEY D'AUREVILLY, J.-A.: 205, 1455.
BARDOUX, A.: 757.
BARESTE, E.: 2041.
BARRÉS, M.: 523, 1015, 1611.
BART, J.: 766.
BATAILLE, H.: 200.
BAUDELAIRE, Ch.: 69, 196, 302, 391, 410, 533, 603, 679, 941, 978, 1009, 1020, 1030, 1031, 1048, 1168, 1258, 1290, 1477, 1630, 1789, 2000, 2011.
BAUDRY, F. (amigo de infância de G.F.): 997, 999, 1051, 1117, 1164, 1177, 1178, 1361, 1440, 1451, 1454, 1459.
BAVIÈRE, I. de: 1220.
BEAULIEU, J. de: 64, 65.
BEAUVOIR, S. de: 183, 2108.
BECKETT, S.: 543, 545, 1177.
BENN, G.: 924.
BENTHAM, J.: 73.
BÉRANGER, P.J. De: 635, 1202, 1540.
BERGSON, H.: 811, 819, 1887.
BERKELEY, G.: 1651.
BERNANOS, G.: 2138, 2139.
BERNARD, C. de: 1374.
BERNARD, Cl.: 103, 126.
BERNARDIN DE SAINT-PIERRE, J.-H.: 1254.
BERNHARDT, S.: 742.
BERQUIN, A.: 775.
BERRY, C.F., duque de: 1402.
BERRY, M.C. de Bourbon-Sicília, duquesa de: 599, 600, 603, 604, 804, 1347, 1403.
BEYLE, H.: Cf. Stendhal.
BEZONT (professor do Colégio Real de Rouen): 1466, 1467.
BICHAT, M.F.: 71, 75, 124.
BILLY, A.: 1238.
BOILEAU, N.: 1001, 1093, 1094, 1474, 1627, 1628, 1630, 1997, 2031, 2108, 2109.
BOILEUX, J.-M.: 1767.
BOLVIN (colega de G.F. no Colégio Real de Rouen): 1051, 1054, 1057.
BONALD, L. de: 505.
BOREL, P.: 225, 1275, 1374.

Bossuet, J.-B.: 1369.
Bouilhet, L.: 524, 525, 544, 624, 627, 681, 687-689, 691, 692, 706, 713, 714, 738, 739, 741-744, 808, 810, 886, 887, 1038-1040, 1044-1046, 1048, 1128, 1135, 1164-1171, 1175, 1177, 1178, 1182, 1185, 1188-1190, 1210, 1213, 1231, 1237, 1261, 1369, 1398, 1427, 1457, 1462, 1466, 1475, 1476, 1479, 1567, 1664, 1746, 1803, 1908, 1910, 1943, 2031, 2050, 2120.
Bouilhet, C. (mãe de Louis): 1165, 1167, 1168.
Bouilhet (marido da precedente): 1165.
Boulainvilliers, H. de: 1405.
Bourdieu, P.: 2041.
Bourgeois, A.: 1374.
Bourlet, A.: 1774.
Bousquet, J.: 35.
Bouveresse, J.: 924.
Brainne, L.: 687, 704, 772, 1922, 1923, 2149.
Brière, D. (diretor do *Journal de Rouen*): 741.
Brontë, E.: 173.
Broussais, F.: 1784, 1798.
Brueghel, P.: 1639, 2028.
Bruneau, J.: 325, 484, 687, 698, 801, 857, 858, 885, 886, 961, 1115, 1116, 1131, 1373, 1375, 1480, 1512, 1617, 1686, 1706, 1782, 1783, 2030, 2034, 2035.
Brunschvicg, L.: 1134.
Buffon, G.L. Leclerc, conde de: 75, 891, 1601, 1608, 1633, 1636, 1637, 1639, 1972, 2091, 2092, 2109.
Bugeaud, T.R. (marechal): 1435.
Burnouf, E.: 2031, 2039.
Butor, M.: 962.
Byron, G. Gordon, lorde: 209, 251, 516, 574, 628, 766, 802, 826, 985, 988, 989, 992, 1000, 1036, 1051, 1064, 1065, 1093, 1167, 1174, 1216, 1235, 1372, 1373, 1375, 1395, 1397, 1411, 1438, 1459, 1493, 1507, 1586, 1638, 1963-1966, 1985, 2031, 2032, 2034, 2042, 2044, 2062.

Cabanis, G.: 36, 76.
Callisen, G.: 65.
Camus, A.: 1420, 1439, 1449.
Cantor, G.: 1977.
Carmontelle: 775, 785, 858, 867.
Caroline: cf. Flaubert, C., Hamard, C. e Commanville, C.
Carrel, A.: 1429.
Carrier-Belleuse: 744.
Carvalho, L.: 303, 304.
Catarina II da Rússia: 1402.
Cazotte, J.: 1310.
Cervantes, M. de: 284, 838, 839, 844, 856, 948, 971, 1330, 1441, 1442, 1604, 2054.
Chamfort: 1280.
Chaplin, Ch.: 841, 1443-1446.
Carlos X: 62, 1370, 1400, 1403.
Charpentier, G.: 742, 1923.
Chateaubriand, F.-R. de: 523, 1371, 1395, 1401-1403, 1412, 1425, 1426, 1830, 1955, 2015.
Chenier, A.: 2036.
Cheruel, P.-A. (professor de história de G.F.): 1114, 1115, 1132, 1135, 1140, 1221, 1363, 1555.
Chevalier, E.: 13, 14, 225, 325, 410, 425, 426, 440, 442, 444, 456, 488, 497, 596, 597, 602, 612-614, 637, 681, 736, 738, 756, 765, 766, 768-771, 775, 779, 795-797, 802, 811, 842, 855-861, 867, 873-876, 878, 879, 883, 890, 892, 894, 909, 910, 938, 940, 953, 954, 985, 996, 1051, 1068, 1070, 1097, 1098, 1113-1115, 1119, 1120, 1167, 1210, 1212-1216, 1219, 1220, 1223, 1226, 1227, 1256, 1289, 1309, 1310, 1323, 1356, 1376, 1419, 1428, 1432, 1435, 1442, 1455, 1458, 1474, 1476, 1480, 1482, 1485, 1487, 1506-1509, 1531, 1539, 1541-1543, 1545-1547, 1561, 1567, 1586, 1589, 1611, 1613, 1616, 1622, 1640-1647, 1651-1653, 1655, 1656, 1659-1661, 1665-1667, 1670, 1673, 1684-1693, 1695, 1713-1715, 1717-1719, 1724, 1747, 1766, 1767, 1772, 1774, 1781-1783, 1786, 1789, 1792, 1793, 1797, 1801-1804, 1807, 1832, 1845, 1851, 1852, 1873, 1874, 1880, 1895, 1906, 1919, 1969, 1986, 1987, 2029, 2031, 2041, 2042, 2067, 2075, 2080.
Chevalier, A. (pai de Ernest): 1223.
Chevalier, L. (mãe de Ernest): 856, 1120.
Chevalley-Sabatier, L.: 495.
Chopin, F.: 2043.

CIGADA, S.: 1525.
CLAUDEL, P.: 709, 1280.
CLOQUET, J. (dr., amigo dos Flaubert): 937, 1132, 1550, 1616, 1617, 1659, 1672, 1677, 1706, 1766, 1785, 1962.
CLOQUET, L. (irmã do precedente): 1617.
CLOUET (aluno do Colégio Real de Rouen em 1831): 1336, 1338, 1339, 1341, 1344, 1348, 1363, 1378, 1385, 1398, 1412, 1427, 1429, 1438, 1466, 1467.
COCTEAU, J.: 714, 1113, 1221, 1225, 1463, 1611, 2116.
COLET, L.: 33, 76, 85, 102, 153, 182-185, 187, 189, 191, 192, 214, 215, 220, 223, 263, 264, 288, 336, 355, 424, 436, 459, 570, 599-601, 603, 616, 624, 627, 630, 681, 684, 704-708, 710, 720, 748, 753, 755, 767, 768, 773, 796-800, 807-809, 874, 876, 894, 939, 1031, 1039, 1046, 1048, 1049, 1073, 1079, 1082, 1085, 1086, 1088, 1093-1095, 1099, 1103, 1111, 1169, 1197, 1253, 1274-1278, 1280, 1292-1297, 1371, 1406, 1427, 1474, 1491, 1515, 1520, 1536, 1554, 1560, 1562-1564, 1567, 1570, 1571, 1593, 1625, 1626, 1636, 1638, 1663, 1674, 1679, 1727, 1729, 1742, 1743, 1745, 1748, 1751, 1756, 1782, 1786, 1793, 1803, 1807-1812, 1814, 1817, 1853, 1858, 1862, 1871, 1880, 1881, 1884, 1895-1898, 1907, 1908, 1919, 1920, 1938, 1939, 1951, 1953, 1985, 2007, 2024, 2028, 2030-2033, 2038, 2041, 2045, 2047, 2050, 2054-2056, 2058, 2059, 2062, 2063, 2079, 2089, 2091, 2101.
COLLIER, H. e G. (amigas de juventude de G.F.): 1371, 1766, 1955, 1963, 1978.
COMMANVILLE, C. (nascida Hamard, sobrinha de G.F.) 11-13, 15-18, 26, 27, 30, 66, 82, 84, 89, 106, 107, 355, 360, 366, 372, 504, 538, 539, 724, 725, 740, 742, 745, 746, 749, 750, 752-758, 761, 772, 811, 878, 1232, 1245, 1262, 1543, 1640, 1642, 1643, 1823, 1906, 1921, 1923, 1957, 1958, 1959, 1978, 1986, 2030, 2144.
COMMANVILLE, E. (marido da precedente): 182, 504, 739-741, 745, 749-757, 760, 761, 1889, 1921, 2068, 2133, 2134, 2144.
COMTE, A.: 104, 1352, 1649.
CONARD, L.: 687, 691.

CONDILLAC, É. BONNOT de: 72, 73, 236, 470, 471, 1651.
CONSTANT, B.: 1999.
COOPER, F.: 1279, 1428, 1434, 1440.
CORDIER, A. (político de Rouen): 742.
CORMENIN, L. de: 1455, 1801, 1803.
CORNEILLE, P.: 742, 801-803, 810, 855-858, 863, 909, 925, 1256, 1283, 1286, 1325, 1347, 1398-1400, 1429, 1986.
COUILLÈRE, ("o pai") cf. Couyère.
COUSIN, V.: 1490, 2044.
COUTIL, D. (estudante, colega de G.F. e de Ernest): 1803.
COUYÈRE F. (prefeito de Trouville): 682, 737, 791, 794, 877, 1041.

DANTE: 1002, 1310.
DARWIN, C.R.: 533, 1029, 2078.
DELACROIX, E.: 1995.
DELAMIER: 1371.
DELAY, J.: 1377.
DELILLE, J. (Abbé): 65, 183.
DENIZE (abade, professor de filosofia do Colégio Real de Rouen): 1339.
DESCARTES, R.: 18, 471, 557, 633, 677, 880, 1498, 1577, 1581.
DESCHARMES, R.: 993, 996, 998, 1008, 1011, 1016, 1017, 1034, 1041, 1053, 1361.
DESTUTT DE TRACY, A.: 36, 76.
DEVOUGES (dr., amigo de Laporte): 741.
DIDEROT, D.: 209, 604, 662, 804.
DRIEU LA ROCHELLE, P: 910.
DU CAMP, M.: 456, 543, 544, 627, 635, 687, 706, 738, 753, 755, 808, 810, 887, 1038-1040, 1046, 1048, 1049, 1071, 1079, 1081, 1093, 1095, 1097, 1098, 1104, 1117, 1170, 1210, 1261, 1280, 1476, 1566, 1567, 1596, 1676, 1727, 1766, 1767, 1784, 1785, 1793, 1794, 1798, 1799, 1801-1805, 1846, 1859, 1870, 1873, 1880, 1884, 1885, 1895, 1896, 1902, 1906, 1910, 1916, 1919, 1930, 1936, 1943, 1947, 1948, 1955, 1957, 1973, 1988, 2030-2033, 2039, 2061, 2063, 2066, 2070, 2071, 2074, 2080, 2083, 2086, 2120, 2141, 2146.
DUCCAUROY, A.-M. (jurista): 1767.
DUMAS, A. (pai): 910, 1082, 1111, 1113, 1223, 1372, 1374, 1385, 1428, 1432, 1436, 1452.

DUMESNIL, R.: 103, 106, 107, 124, 489, 619, 635, 1117, 1197, 1253, 1480, 1641, 1690, 1796, 1948, 2113.
DUMONT (amigo de L. Bouilhet): 1166, 1466, 1467, 1803.
DUPONT-DELPORTE (amigo de L. Bouilhet): 1166.
DUPUYTREN, G.: 66, 70, 83, 107, 416, 1362.
DURANTY, L.E.: 1596.
DURRY, M.-J.: 944.

ÉLISA: cf. Schlésinger, É.
ÉLUARD, P.: 1234.
ÉPERNON, J.L., duque de: 1268.
EPICURO: 243, 464, 465.
ERNEST: cf. Chevalier, E.
ESTAUNIE, É.: 2074.
EUDES (abade, diretor de uma instituição em Rouen): 527, 1116, 1167, 1168, 1211-1214, 1313, 1314, 1325.
EULALIE: cf. Foucaud de Langlade, E.

FÉLIX, J.: 1115.
FÉNELON: 1369, 1997.
FERNANDEL: 830.
FEYDEAU, E.: 599, 1197, 1913, 2103-2105.
FILON, A.: 886.
FINOT, A.: 1166.
FLAUBERT, A. (irmão de G.F.): 11, 13, 34, 44, 50, 59, 60, 68, 76, 78-80, 84, 85, 89, 91, 92, 102-128, 130, 133, 134, 206, 216, 231, 233, 266, 269, 282, 293, 295, 299, 311, 316, 317, 321, 322, 329, 337, 339, 343-347, 353, 354, 375, 377-382, 384-388, 399, 400, 404, 405, 408, 419, 447-449, 453, 456, 459, 460, 469, 472, 488, 498, 503, 507-509, 528, 537, 558, 566, 613, 626, 627, 630, 631, 633, 644, 698, 722, 724, 796, 799-801, 836, 853, 854, 947, 954, 982, 983, 1044, 1047, 1061, 1063, 1066, 1084, 1088, 1097, 1120-1125, 1133, 1141-1143, 1148, 1150, 1151, 1161-1163, 1165, 1169, 1170, 1178, 1182, 1185, 1204, 1259, 1331, 1464, 1473, 1484, 1604, 1611, 1644-1646, 1663, 1664, 1667-1669, 1672, 1675, 1680, 1774, 1781, 1783, 1784, 1786, 1787, 1794, 1807, 1830, 1831, 1833, 1834, 1838, 1840-1842, 1844, 1846, 1847, 1852, 1856, 1867, 1870, 1874, 1875, 1883, 1886, 1889, 1906-1909, 1928, 1958, 1996, 2028, 2051, 2067, 2084.
FLAUBERT, A.-C. (pai de G.F.): 13, 16, 17, 19, 23, 27, 30, 38, 44, 50, 59, 60, 61-80, 83-88, 90-93, 95, 97-114, 118, 119, 121-128, 130-132, 134, 153, 154, 164, 165, 179, 183, 184, 190, 202, 206, 210, 213-218, 224, 231-233, 237, 245, 246, 259, 266, 268, 269, 273, 281283, 293, 295, 299, 306, 312, 313, 315, 316, 321-325, 328, 329, 333, 337-354, 358-360, 362, 365-368, 371-389, 393, 395-397, 400-402, 404-408, 411, 412, 414-416, 418-420, 424, 432, 437, 443, 447-449, 452-475, 478-480, 483-485, 487, 488, 491-495, 497-500, 502, 504-509, 511, 514, 515, 518, 522, 524-526, 530, 534, 537, 543, 546-549, 553, 558-561, 564-566, 571, 573, 586, 588, 591, 596, 599-601, 603, 610, 613, 626, 631, 634, 639, 640, 643, 665, 675-677, 679, 683, 696, 697, 700, 701, 722, 724, 726, 727, 729, 732, 734, 738, 747, 775, 781, 783, 795-801, 804-806, 810, 825, 832, 836, 837, 841, 843-845, 851, 857, 860, 862, 865, 868, 873-875, 882, 904, 907, 909, 921, 946, 948, 954, 956, 968, 981-983, 1037, 1047, 1060, 1063, 1068, 1071, 1088, 1090, 1100, 1105, 1115, 1120-1124, 1131, 1132, 1137, 1141-1143, 1145, 1149, 1153, 1158, 1165, 1168, 1169, 1178, 1179, 1185, 1195, 1196, 1203, 1204, 1257, 1259, 1304, 1305, 1343, 1348, 1352, 1362, 1366, 1397, 1406, 1450, 1469, 1480, 1482, 1484, 1486, 1498, 1550, 1602, 1603, 1604, 1607, 1616, 1640- 1644, 1646-1648, 1650, 1658-1660, 1663, 1667-1669, 1671, 1674, 1676-1681, 1684, 1690, 1691, 1693, 1695, 1702, 1714, 1718, 1719, 1729, 1736, 1742, 1744, 1745, 1766, 1767, 1770, 1773, 1774, 1783-1785, 1787, 1788, 1798, 1801, 1806, 1807, 1822, 1829, 1831, 1834, 1836, 1837, 1839-1841, 1849, 1871-1875, 1877, 1880, 1884, 1888, 1891, 1893-1896, 1898-1910, 1912, 1913, 1915-1920, 1924, 1925, 2024, 2028, 2030, 2045, 2064, 2067, 2076, 2085, 2098, 2123, 2128, 2129, 2145.

FLAUBERT, C. (nascida Fleuriot, mãe de G.F.): 13, 15, 16-18, 26, 29, 30, 59, 60, 66, 69, 76-79, 81-101, 106, 129132, 134-139, 151, 153, 179, 202, 213, 214, 224, 231, 253, 259, 277, 283, 325, 330, 333, 334, 337, 339, 346, 351, 353, 357, 358, 360, 365, 366, 370, 372, 376, 386, 395, 421, 449, 452, 460, 474, 477, 493, 504, 507, 508, 511, 525, 534, 616, 621, 631, 665, 668, 676, 696, 698, 699, 701, 703, 708, 720, 722-724, 729, 732, 734, 747, 753, 760, 766, 775, 848, 856, 876, 898, 910, 948, 983, 986, 987, 1079, 1084, 1098, 1120, 1260, 1324, 1442, 1486, 1566, 1617, 1643, 1676, 1691, 1693, 1774, 1876, 1906, 1908, 1909, 1911, 1913, 1958, 1996, 2041, 2076.

FLAUBERT, J. (nascida Lormier, esposa de Achille): 92, 626, 1883, 1958.

FLAUBERT, N. (avô paterno de G.F.): 63, 66-68, 104, 107, 109, 121, 349, 378, 599, 1143.

FLAUBERT, M.-A. (nascida Millon, esposa do precedente): 63, 293, 506, 614.

FLEURIOT, J.B. (dr., avô materno de G.F.): 81, 83, 86, 87, 131.

FLEURIOT, C.J. (nascida Cambremer de Croixmare, esposa do precedente): 66, 81, 87, 89, 130, 132, 360.

FOE, D. de: 1720.

FONTANES, H. de: 1402.

FOUCAUD DE LANGLADE, E.: 601, 705, 939, 940, 952, 1296, 1676, 1677, 1686, 1705, 1706, 1720, 1723, 1737, 1751, 1768, 1809, 1962, 2107.

FOURIER, Ch.: 629.

FOURNIER (segundo violino do Théâtre des Arts de Rouen): 1324.

FRANCK CARRÉ (primeiro presidente do Tribunal Imperial de Rouen): 1121.

FRANK, F.: 706.

FRANKLIN-GROUT (sra., cf. Commanville, C.).

FREDERICO II DA PRÚSSIA: 1402.

FREUD, S.: 206, 427, 458, 698, 720, 949, 1041, 1413, 1552, 1553, 1556, 1754, 1914.

FROMENTIN, E.: 951, 953.

GALILEU: 531.
GALL, F.J.: 28.

GARDNER, E.S.: 881.

GAUTIER, Th.: 635, 687, 706, 941, 1033, 1239, 1374, 1491, 1562-1564, 2033, 2079.

GENET, J.: 253, 628, 704, 711, 834-836, 1224, 1362, 1606.

GÊNGIS KHAN: 943, 965, 1266.

GÉRARD-GAILLY, E.: 1525.

GIACOMETTI, A.: 628.

GIDE, A.: 50, 79, 152, 331, 436, 666, 984, 1542, 1672, 2015.

GIRARDIN cf. Saint-Marc Girardin.

GIRBAL, J.-B. (orientador do Colégio Real de Rouen): 1116.

GOBINEAU, J.A., conde de: 1405.

GOETHE, J.W.: 91, 191, 243, 274, 899, 929, 962, 963, 992, 1003, 1014, 1243, 1373, 1387, 1392, 1447, 1562, 1572, 1577, 1611, 1615, 1721, 1939, 1979, 2029, 2042-2044, 2100.

GONCOURT, E. e J. de: 225, 377, 378, 380, 589, 593, 682, 687, 705, 706, 708, 842, 860, 879, 887, 908, 982, 1084, 1150, 1210, 1211, 1222-1224, 1228, 1231, 1232, 1235, 1236, 1238-1244, 1250-1255, 1258, 1262, 1263, 1274, 1277, 1278, 1281, 1299, 1306, 1311, 1313, 1321, 1323, 1326, 1362, 1434, 1455, 1461, 1706, 1727, 1748, 1749, 1943, 1995.

GOURGAUD-DUGAZON (professor de letras de G.F.): 1114, 1115, 1132, 1135, 1140, 1221, 1363, 1616, 1617, 1656, 1661, 1686-1688, 1804.

GRAMONT, Ph., conde de: 1720.

GREGÓRIO XVI: 961.

GRESSET, J.-B.L.: 65, 183.

GRISOLLES (fisiologista): 741.

GUILLEMIN, H.: 1407.

GUYAU, J.M.: 1248.

GUYON (sra.): 517.

HALLER, A. von: 71.

HAMARD, C. (nascida Flaubert, irmã de G.F.): 11-13, 68, 86, 87, 89, 93, 129, 130, 283, 293, 337, 339, 347, 360, 365, 366, 395, 449, 637, 665, 722-740, 742, 744, 747, 748, 763-765, 767, 775, 776, 778, 779, 794-797, 826, 842, 859-861, 867, 873, 874, 878, 901, 953, 984, 987, 1039, 1053, 1055, 1100, 1119, 1120, 1226,

1259, 1458, 1555, 1558, 1559, 1641, 1671, 1683, 1689, 1690, 1692, 1693, 1713, 1719, 1754, 1764, 1770, 1771, 1773, 1775, 1781-1784, 1788-1790, 1799, 1806, 1807, 1813, 1831, 1840, 1875, 1880, 1883, 1889, 1906, 1907, 1957, 1986, 1987, 1996, 2028, 2030, 2070, 2071, 2133.
HAMARD, É. (marido da precedente): 678, 797, 1038, 1039, 1084, 1117, 1455, 1555, 1557, 1671, 1781, 1789-1792, 1813, 1875, 1883, 1908, 2028, 2076, 2085.
HAMARD (sra., mãe do precedente): 1782, 1789, 1790.
HAMILTON, A.: 1720.
HEGEL, G.W.F.: 232, 275, 346, 597, 674, 709, 730, 974, 1029, 1032, 1036, 1091, 1163, 1271, 1310, 1386, 1574, 1637, 1823, 2044.
HEIDEGGER, M.: 136, 1986, 2102.
HELVÉTIUS, C.-A.: 804, 1263.
HENNIQUE, L.: 1374, 2036.
HENRIQUE IV: 856.
HÉRAULT DE SÉCHELLES, M.J.: 199.
HERBOUVILLE, marquês de: 1402.
HERÓDOTO: 1896-1898, 2029.
HIRSCH, R.: 830.
HOFFMANN, E.T.A.: 1852, 1853.
HOGUES, G. des (colega de G.F. no colégio Real de Rouen): 1117, 1164, 1166, 1178.
HOLBACH, P.H., barão de: 804, 1263.
HOLLAND, E.: 2048.
HOMERO: 978, 1662, 1985, 2041, 2042, 2047, 2055, 2056, 2075.
HORÁCIO: 841, 1667, 1692, 2063.
HORBACH (professor do Colégio Real de Rouen): 1324.
HUGO, A.: 1402.
HUGO, V.: 69, 497, 603, 683, 803, 804, 842, 864, 903, 941, 957, 976, 1010, 1022, 1202, 1243, 1252-1254, 1273, 1277, 1311, 1369-1371, 1373, 1375, 1387, 1388, 1401, 1402-1404, 1407, 1411, 1412, 1426, 1440, 1477, 1506, 1507, 1885, 1909, 1955, 1972, 1980, 2086, 2100.
HUME, D.: 72, 73, 1651.
HUSSERL, E.: 792, 1654, 1949.
HUYSMANS, J.-K.: 1325.

INÁCIO DE LOYOLA (santo): 946, 1969.

JACQUEMART, A.: 1250.
JAMES, W.: 481.
JANET, Pierre: 1794.
JANIN, J.: 1589.
JARRY, A.: 1323.
JASPERS, K.: 1598.
JOÃO DA CRUZ (são): 533, 1593.
JEANSON, F.: 811.
JOUHANDEAU, M.: 611.
JOURDAIN (diretor de uma instituição em Rouen): 1165, 1166, 1168.
JUNG, C.G.: 847.
JUVENAL: 2041, 2057, 2059.

KAFKA, F.: 141, 356, 392, 468, 576, 577, 608, 845, 891, 1257, 1762, 1893.
KANT, E.: 41, 222, 571, 607, 653, 971, 975, 1029, 1089, 1136, 1203, 1497, 1513, 1582, 1585, 1629.
KARR, A.: 705.
KEAN, E.: 167, 662-664, 669, 673, 729, 730, 764, 768, 772, 789, 851, 874, 903, 907, 1212.
KEMPF, R.: 894, 952, 1008, 1010, 1049, 1050, 1072.
KIERKEGAARD, S.: 141, 1018, 1610, 1942, 2100.
KLEE, P.: 672.
KOCK, P. de: 1201.
KUCHUK HANEM (cortesã oriental): 699, 713, 714.

LABRACHERIE, P.: 1358, 1366.
LACAN, J.: 24.
LACENAIRE, P.F.: 1267, 1588.
LACHELIER, J.: 487.
LACLOS, Ch. de: 199, 1613.
LACORDAIRE, H.: 533.
LA FAYETTE, M.J., marquês de: 856, 1337, 1338, 1344, 1358.
LA FONTAINE, J. de: 65, 183, 858, 1369, 1628.
LAGIER, S. (atriz): 712, 843.
LAGRANGE, J.-J.: 1767.
LAMARQUE, M., conde de: 1345.
LAMARTINE, A. de: 86, 245, 497, 567, 568, 640, 641, 857, 909, 1167, 1311, 1328, 1401-1403, 1447, 1490, 1506.
LAMBERCIER, G. (irmã do pastor-tutor de J.-J. Rousseau): 849.
LAMENNAIS, F.R. de: 961, 963, 964.

LA METTRIE, J. OFFROY DE: 236, 471.
LAPIERRE (sra., amiga de G.F.): 772, 773.
LAPIERRE, C. (marido da precedente): 772, 773, 908.
LAPLACE, P.S. de: 306.
LAPORTE, E. (amigo de G.F.): 687, 739-761, 772, 908, 1171, 1241, 1253, 2149.
LA ROCHEFOUCAULD, F., duque de: 76, 1546.
LASSAILLY, Ch.: 1374.
LATOUCHE, H. de: 1402.
LAUMONIER (dr.): 65, 82-84, 91, 99, 100.
LAUMONIER (sra., esposa do precedente): 82-84, 91.
LAURE, Odette (atriz do teatro de variedades): 828, 852.
LAVOISIER, A.-L.: 72, 117, 471.
LE CAT: 71.
LECONTE DE LISLE, C.-M.: 2000.
LEFÉVRE, A. (Filósofo do séc. XIX): 742.
LEIBNIZ, W.G.: 1576, 1581.
LELEU, G.: 709, 716, 717, 719, 768, 1207, 1229, 1358.
LEMAÎTRE, F.: 841, 851.
LEMAITRE, J.: 331.
LE MARIÉ, E. (colega de G.F. no colégio): 1117.
LENGLINÉ (empregado de P. Le Poittevin): 995, 997, 1057, 1222, 1257, 1361.
LE PARFAIT, P. (herdeiro de L. Bouilhet): 742.
LE POITTEVIN, A.: 28, 69, 92, 137, 194, 209, 269, 290, 296, 442, 467, 477, 495-497, 516, 524, 528, 687, 736, 738, 748, 768-771, 796, 797, 878, 894, 900, 938, 979, 981-1106, 1113, 1117, 1119, 1186, 1210, 1214, 1222, 1257, 1271, 1275, 1280, 1296, 1297, 1324, 1328, 1331, 1361, 1371-1373, 1439, 1466, 1475, 1480, 1481, 1487, 1496, 1498, 1506, 1508, 1509, 1538, 1539, 1543, 1545, 1554, 1557, 1591, 1595, 1607, 1611, 1616, 1617, 1619, 1620, 1640, 1642, 1644, 1645, 1656, 1659, 1660, 1670, 1673, 1675, 1681, 1685, 1690, 1691, 1719, 1737, 1790, 1803, 1804, 1880, 1881, 1893, 1896, 1907, 1926, 1927, 1951, 1952, 1955, 1964, 1966, 1975, 1980, 1988, 2028, 2029, 2057, 2063, 2073, 2075-2081, 2083, 2126.
LE POITTEVIN, Louise (nascida Maupassant, esposa do precedente): 993, 998, 1037, 1099.
LE POITTEVIN, Louis (filho dos precedentes): 1508.
LE POITTEVIN, Laure (irmã de Alfred): 984, 985, 1011, 1027, 1055, 1096, 1105, 1119.
LE POITTEVIN, P. (Pai de Alfred): 67, 343, 506, 983, 985, 986, 1013, 1023-1025, 1064, 1468, 1675, 1696.
LE POITTEVIN (sra., mãe de Alfred): 92, 343, 985-987, 995, 999, 1002, 1005, 1011, 1013, 1016, 1023, 10261028, 1035, 1037, 1056, 1057, 1675.
LE ROY, E. (governador do Sena inferior): 1121.
LEROYER DE CHANTEPIE, M.S.: 8, 46, 193, 208, 229, 513, 516, 579, 582, 583, 1114, 1803, 1807, 1811-1813, 2042, 2043, 2102, 2103, 2107, 2110.
LESAGE, A.R.: 482, 1540.
LEVASSEUR, L.: 124, 125.
LEVAIS,: 2048.
LOUIS: cf. Bouilhet, L.
LOUISE: cf. Colet, L.
LUÍS XIII: 856, 909.
LUÍS XIV: 856, 1265, 2074.
LUÍS XV: 2008.
LUÍS XVI: 856, 1401.
LUÍS XVIII: 61, 1405.
LUÍS FILIPE: 334, 602, 997, 1024, 1125, 1126, 1227, 1276, 1338, 1344, 1345-1347, 1353, 1407, 1412, 1455, 2150.
LOVELACE, R.: 202, 216, 1276.
LOYNES, J., condessa de: 2133.
LUCRÉCIO: 477, 2032.
LUKÁCS, G.: 74.
LUTERO, M.: 370, 1216.

MAC MAHON, P., conde de: 526.
MAGNY (restaurante): 193, 1239, 1243, 1254, 1455, 1461.
MAISTRE, J. de: 505.
MALEBRANCHE, N. de: 510.
MALLARMÉ, S.: 58, 603, 931, 941, 964, 968, 971, 978, 1303, 1349, 1394, 1477, 1599, 1969, 1970, 2011, 2012.
MALLET, C.-A. (professor de filosofia de G.F.): 1466.
MANNONI, O.: 426, 431, 721, 758, 759.
MARIVAUX, P. de: 1034.
MARMONTEL, J.-F.: 2030.
MARX, K.: 43, 74, 479, 686, 1088, 1290, 1345.

MASOCH, S.: 854.
MASSILLON, J.-B.: 1369.
MATHILDE (princesa): 590, 884, 1150, 1210, 1231, 1239, 1240, 1244, 1245, 1250, 1278, 1279, 1461, 1640.
MATISSE, H.: 797.
MAUPASSANT, G. de: 742, 749, 773, 1065, 1228, 2149.
MAURIAC, F.: 580.
MAXIME: cf. Du Camp, M.
MAYNIAL, É.: 963.
MEAD, M.: 57.
MERIMÉE, P.: 324.
MERLEAU-PONTY, M.: 116, 667, 1224, 1493, 1576, 1599, 1600, 1636.
METTERNICH: 1345.
MICHEL, G.: 631.
MICHELANGELO: 2047, 2081.
MICHELET, J.: 69, 642, 1101, 1114, 1430, 2030.
MIGNOT, A. (tio de Ernest Chevalier): 855, 856, 858, 859, 1119.
MIGNOT ("o pai", amigo da família Flaubert): 11, 12, 14, 284, 285.
MILHAUD, G.: 578.
MILTON, J.: 1088.
MIRABEAU, V. Riqueti, marquês de: 107.
MIRBEAU, O.: 1406.
MISHIMA, Y.: 1996.
MITRÍDATES VI: 1812.
MITON, D.: 932, 1088.
MOLIÈRE: 775, 779, 783, 785, 861, 863, 864, 866, 867, 871, 872, 882, 886, 893, 900, 906, 1001, 1224, 1335, 1985, 1997, 2005, 2036.
MONNIER, H.: 612, 624, 1045, 1263, 1264, 1406, 1448, 1449, 1451, 1468, 1746.
MONTAIGNE, M. EYQUEM DE: 65, 904, 1713, 1770, 2042, 2044, 2053, 2075.
MONTESQUIEU, C., barão de: 1093.
MOZART, W.-A.: 1815, 1816, 1827.
MULOT, P. (amigo de L. Bouilhet): 1166.
MUSA: cognome de Louise Colet.
MUSSET, A. De: 424, 456, 457, 520, 641, 1327, 1375, 1384, 1396, 1401, 1404, 1408, 1411, 1724, 1814, 1939, 1972.

NAPOLEÃO I: 63, 71, 333, 334, 580, 803, 1103, 1126, 1141, 1165, 1346, 1401-1404, 1638, 1909.
NAPOLEÃO III: 334, 1240, 1469, 1638, 1909.

NERO: 716, 841, 851-853, 942, 943, 964, 1152, 1181, 1182, 1266, 1268, 1429, 1588, 1589, 1614, 1856, 1857, 1946, 1950, 2058, 2059, 2065.
NERVAL, G. de: 50, 1278.
NEWTON, I.: 73, 75, 107, 117, 267, 531, 615, 1881.
NIETZSCHE, F.: 589, 590, 2132.
NION, A. (Colega de G.F. no colégio): 1117.
NOURRISSON, J.F. (filósofo do séc. XIX): 742.
NOVALIS: 1836.

OKEN, L.: 75.
OUDOT (professor de direito): 1689, 1690, 1695.
OVÍDIO: 1369.

PAGNERRE, E. (amigo de juventude de G.F.): 1117, 1189, 1223, 1227, 1229, 1235, 1322, 1329, 1332, 1335, 1414-1423, 1426, 1440, 1450, 1451, 1454, 1457, 1459, 1463.
PAINTER, D.: 1537.
PARAIN, F. (tio de G.F.): 625, 635, 775, 789.
PARMÊNIDES: 1271, 1312, 1838, 2083.
PASCAL, B.: 147, 208, 209, 257, 271, 356, 515, 638, 932, 1156, 1528, 1628, 1711, 1998, 2087.
PASSERON, J.-C.: 2041.
Pasteur, L.: 126.
PAULO (são): 1456.
PAULHAN, J.: 639.
PAPYS, S.: 219.
PERSON, B. (atriz): 192, 712.
PETRÔNIO: 2042, 2058.
FÍDIAS: cognome de James Pradier.
FILIPE, duque de Orléans: 633, 1344.
PICASSO, P.: 953.
PLATÃO: 227, 245, 258, 435, 490, 930, 1031, 1032, 1186, 1312, 1458, 1545, 1570, 1579, 1585, 1597, 1904, 1959, 2071.
PLAUTO: 864, 1224.
PLUTARCO: 2059.
PODESTÀ (professor de italiano em Rouen): 1324.
POE, E.A.: 1852, 1853.
POLICARPO (são): 538, 581, 772, 773, 1226, 2148.
POMMIER, J.: 454, 457, 459, 719, 768.
PONGE, F.: 690.

POPELIN, C.: 1250.
POUCHET, G. (dr.): 1911.
PRADIER, J.: 1048, 1275, 1297, 1766, 1773, 1807, 1907, 1915, 2066, 2067.
PRADIER, L. (esposa do precedente): 1048, 2062.
PROUST, M.: 1537, 1953, 1954, 2037.
PIRRO: 164.
PITÁGORAS: 1101, 1102.

QUENEAU, R.: 1218.
QUINAULT, P.: 2078.
QUINET, E.: 963.
QUINTO CÚRCIO: 2029.

RABELAIS, F.: 802, 826, 888, 904, 1167, 1174, 1216, 1217, 1226, 1232, 1372, 1459, 1493, 1507, 1586, 1614, 1692, 1713, 1765, 1985, 2042, 2044, 2047, 2053, 2055, 2060.
RACINE, J.: 1093, 1474, 1477, 1628, 1630, 2035, 2036.
RAOUL-DUVAL, E. (deputado do sena inferior): 745-747, 757, 760.
RASPAIL, F.: 742.
RAVEL, M.: 891.
REBEYROLLE, P.: 1995.
RÉGNIER, M. (romancista, pseudônimo: Daniel Darc): 743, 773.
RENAN, E.: 1101, 1239.
RENARD, J.: 938.
RESTIF DE LA BRETONNE, N.-E.: 69, 1375.
REVAULT D'ALLONNES, G.: 1826.
RICHARD, J.-P.: 626, 690, 1449.
RICHELIEU, A.-J. du Plessis, cardeal de: 1370.
RICHELIEU, A.-E. du Plessis, duque de: 1403.
RICHEPIN, J.: 839.
RILKE, R.M.: 120.
RIMBAUD, A.: 990, 1982.
ROBESPIERRE, M. de: 643, 1428-1431, 1452.
ROLLIN, C.: 2078.
RONSARD, P. de: 804, 1093, 1692, 1772.
ROUSSEAU, J.-J.: 332, 508, 541, 582, 849, 910, 1157, 1172, 1215, 1403, 1434, 1610, 1611, 1651, 1724, 1725, 1985.
ROYER-COLLARD, P.-P.: 1468.

SADE, D.A.F., Marquês de: 205, 264, 389, 417, 418, 622, 623, 690, 709, 1008, 1162, 1174, 1175, 1321, 1322, 1328, 1588, 1589, 1613, 1811, 1964, 1980, 2036, 2043, 2044, 2055, 2101, 2133, 2134.
SAINTE-BEUVE, C.-A.: 658, 1101, 1135, 1239, 1244, 1254, 1425, 2011.
SAINT-MARC GIRARDIN: 1344, 1345, 2030, 2034, 2037.
SAINT-SIMON, C.H., conde de: 633, 983.
SAINT-VICTOR, P. BINS, conde de: 1244.
SALÚSTIO: 2074.
SAND, G.: 615, 635, 722, 896, 910, 1240, 1455, 1601, 1664, 1923, 2067, 2074, 2145.
SANDEAU, J.: 1406.
SARMENT, J.: 1300-1303.
SAVONAROLA, J.: 1430.
SCHLÉSINGER, É. (primeiro amor de G.F.): 27, 213, 217, 348, 697, 704, 705, 950, 954, 1099, 1310, 1525, 1528, 1529, 1534, 1535, 1723, 1751, 1766, 1768, 1773, 1784, 1809, 1940, 1953.
SCHLÉSINGER, M. (esposo da precedente): 27, 213, 216, 697, 954, 1310, 1766, 1773, 1784, 1938.
SCHOPENHAUER, A.: 1001, 1945.
SCORR, W.: 1372.
SCRIBE, E.: 775.
SÉNARD, J. (advogado): 1054, 1121.
SENNETT, Mack: 841.
SHAKESPEARE, W.: 167, 168, 662, 669, 765, 788, 792, 863, 978, 1094, 1202, 1212, 1372, 1373, 1604, 1606, 1638, 1639, 1711, 1713, 1765, 1936, 1948, 2004, 2024, 2028, 2029, 2031, 2034, 2035, 2041-2056, 2060, 2062, 2067, 2073-2075, 2083, 2089, 2115.
SÓCRATES: 630, 1196.
SÓFOCLES: 2029, 2041, 2057, 2058.
SOULIÉ, F.: 1374.
SPENGLER, O.: 2117.
SPINOZA, B. de: 514, 606, 816, 1029, 1032, 1185, 1191, 1194, 1272, 1611, 1795, 2118.
STAEL, G., baronesa de: 30.
STAEL, N. de: 58.
STÁLIN: 97.
STANISLAVSKI, C.: 664.
STARKIE, E.: 687.
STENDHAL: 68, 80, 199, 455, 784, 874, 896, 1428, 1489, 1757, 2029, 2042.
STERNHEIM, T.: 1008.
SUE, E.: 1374, 1375.

SULLY PRUDHOMME: 443.
SWEDENBORG, E.: 1031, 2032, 2039.

TÁCITO: 809, 1071.
TAINE, H.: 1101, 1239, 1455.
TALLEYRAND: 634.
TALMA, F.J.: 841.
TAMERLÃO: 841, 943, 965, 1152, 1206, 1266, 1429, 1856, 1946, 2065.
TARDIF (sra.): 539.
TASSO: 990, 1004.
TERECHKOVA, V. (astronauta soviético): 802.
TEÓCRITO: 2031, 2032, 2034, 2054, 2059, 2060, 2062.
TERESA D'ÁVILA (santa): 1593, 1852, 1853, 2032, 2039.
THIBAUDET, A.: 70, 472, 527, 642, 2034.
THIERRY, A.: 1114.
THIERS, A.: 526, 634, 809.
TITO LÍVIO: 1369.
TOCQUEVILLE, A., conde de: 1345.
TORQUEMADA: 581, 1268, 1370.
TURGUENIEV, I.S.: 742, 1154, 2145.

VALÉRY, P.: 585, 971, 1707, 2019.
VASSE, E. (amigo de infância de G.F.): 1119, 1766, 1801, 1803, 1804, 2031, 2073.

VASSE, F. (irmã do precedente): 1119.
VAUCANSON, J. de: 257.
VERCORS: 2057.
VERNE, J.: 284, 864.
VERONESE: 1994, 1995.
VESPASIANO: 1588.
VIGNY, A. de: 333, 641, 1293, 1375, 1385, 1391, 1392, 1396, 1402-1410, 1412, 1414-1417, 1421-1424, 1426, 1437, 1447, 1450, 1451, 1460, 1469, 1485, 1487, 1488, 1490.
VILLEMAIN, A.-F.: 807.
VILLON, F.: 521.
VIRGÍLIO: 1069, 1662, 2031, 2056, 2059, 2060, 2062, 2074, 2089.
VIVIER, E.: 742.
VOLTAIRE: 102, 106, 209, 457, 458, 468, 500, 508, 516, 526, 541, 604, 633, 640642, 804, 878, 892, 904, 1093, 1211, 1215, 1218, 1263, 1306, 1343, 1365, 1388, 1402, 1403, 1567, 1985, 2029, 2030, 2034-2038, 2040, 2062, 2073, 2077.

WILDE, O.: 830, 1584, 1585.

ZAMACOÏS, M.: 222.
ZOLA, É.: 765, 1578, 1952, 2039.

ÍNDICE BIBLIOGRÁFICO

*(Obras de Flaubert mencionadas ou analisadas neste texto.
As datas são da publicação de estreia, quando ocorrida em vida do autor;
no caso dos escritos de juventude, trata-se de datas prováveis)*

Agonies [Agonias] (1838): 180, 225, 300, 358, 477-479, 527, 534, 536, 572, 635, 894, 897, 900, 949, 961, 964, 981, 993, 994, 998, **1154-1158**, 1175, 1176, 1178, 1213, 1222, 1280, 1478, 1479, 1495, 1496, **1499-1504**, 1505, 1506, 1508, 1511, 1513, 1516, 1544, 1545, 1590, 1632, 1665, 1768, 1905, 1958, 2130.

Anneau du prieur (L') ou *Le Moine des Chartreux* [O anel do prior ou O monge dos cartuxos] (1835): 325, 468, **484-486**, 883, 885, 961, 1114, 1135, 2036.

Arts (Les) et le Commerce [As artes e o comércio] (1839): 935, 1493.

Belle explication de la fameuse constipation (La) [Bela explicação da famosa constipação]: cf. *Trois pages d'un cahier d'écolier* [Três páginas de um caderno de escolar].

Bibliomanie [Bibliomania] (1836): 27, **283-297**, 299, 301, 305, 326, 1150-1153, 1168, 1300, 1326, 1866.

Bouvard et Pécuchet (inacabado): 163, 329, 443, 494, 513, 619, 639, 1133, 1204, 1258, 1495, 1550, 1922, 1924, 2011, 2038, 2040, 2108, 2131, 2134, 2148.

Bretagne (La) [Bretanha]: cf. *Par les champs et par les grèves* [Pelos campos e pelas praias].

Château des coeurs (Le) [O castelo dos corações], em colaboração com o conde de Osmoy e L. Bouilhet (1863): 616-618, 640, 1258, 1959.

Chevrin et le roi de Prusse [Chevrin e o rei da Prússia] (1835-1836): 883.

Danse des morts (La) [Dança dos mortos] (1838): 518, 572, 1478, **1504**, **1505**, 1512, 1572, 1573, 1578, 1588, 1589.

Dernière Heure (La) [A derradeira hora] (1837): 177, 180, 282, 283, 449, 704, 1111, 1118, 1179, 1478, 1512, 1518, 1572.

Dernière scène de la mort de Marguerite de Bourgogne [Última cena da morte de Margarida de Borgonha] (1835-1836): 883.

Deux amours et deux cercueils [Dois amores e dois ataúdes] (1835-1836): 698, 702.

Dictionnaire des idées reçues [Dicionário das ideias feitas] (iniciado por volta de 1850): 25, 613, 619, 624, 625, **629-634**, 636, 638, 1264.

Ébauches de romans [Esboços de romances] (publicados por M.-J. Durry): 944, 1683.

Ébauches et fragments inédits de Madame Bovary [Esboços e fragmentos inéditos de Madame Bovary] (coligidos por G. Leleu): 1207, 1229, 1358, 1361, 1364, 1368, 1418.

Éducation sentimentale (L') [A educação sentimental] (primeira versão, 1845): 197, 203, 313, 329, 355, 523, 792, 1050, 1102, 1310, 1505, 1551, 1632, 1663, 1700-1702, 1720, 1766, 1768, 1769, 1773, 1808, 1830, 1871, 1881, 1894, 1903, 1911, 1927, 1929, **1935-1956**, **1969-1985**, 1991, 1996, **2002-2010**, 2014-2016, 2019-2024, 2026-2029, 2033, 2038, 2046, 2047, 2054, 2059, 2061, 2062, 2064, 2066, 2068, 2069, 2072, 2074, 2076, 2077, 2082, 2084-2086, 2088, 2090, 2092, 2095, 2096, 2099, 2100, 2110, 2111, 2113, 2117, 2124, 2126, 2131, 2132, 2144, 2149.

Éducation sentimentale (L') [A educação sentimental] (1869): 217, 329, 332, 424, 455, 513, 705, 881, 1048, 1050, 1072, 1102, 1387-1389, 1455, 1657, 1696, 1720, 2003.

Éloge de Corneille: [Elogio a Corneille] cf. Trois pages d'un cahier d'écolier.

Épitaphe au chien de M.D.: [Epitáfio para o cão de M.D.] *ibid.*

Fiancée (La) et la tombe [A noiva e o túmulo] (1835 ou 1836): 698-699.

Frédégonde et Brunehaut [Fredegunda e Brunilda] (1835): 1114.

Funérailles du docteur Mathurin (Les) [Os funerais do doutor Mathurin]: 197, 397, 453, **460-468**, 478, 485, 494, 499, 500, 891, 954, 1068, 1069, 1214, 1304, 1478, 1505, 1519, 1579, 1614, 1616, 1905, 1916.

Grande Dame (La) et le joueur de vielle (1835 ou 1836) [A grande dama e o tocador de viela]: 699-701.

Hérodias [Herodíades] (1877): 2131.

Ivre et mort (1838) [Bêbado e morto]: 1145, **1158-1163**, 1478, 1505.

Légende de saint Julien l'Hospitalier (La) [Lenda de São Julião Hospitaleiro] (1877): 297, 377, 495, 589, 1867, 1910-1917, 1920, 1921, 1924, 2003, 2025, 2027, **2120-2149**.

Loys XI [Luís XI] (1838): 1478.

Louis XIII [Luís XIII] (1831): 909.

Lutte du Sacerdoce et de l'Empire [Luta entre o Sacerdócio e o Império]: 1114.

Madame Bovary (1856): 8, 13, 16, 25, 38, 76, 124, 126, 173, 185, 197, 202, 204, 268, 306, 309, 329, 331, 380, 391, 397, 405, 421, 433, 445, 453-459, 465, 466, 472, 478, 480, 489, 495, 500, 510, 513, 521, 527, 535, 547, 569, 612, 616, 618, 642, 643, 646, 658, 659, 709-713, 716-720, 725, 782, 803, 811, 838, 864, 886, 893, 894, 944, 958, 1043, 1048, 1067, 1082, 1119, 1128, 1135, 1138, 1207, 1224, 1229, 1239, 1251, 1258, 1264, 1276, **1281-1293**, 1295, 1301, 1312, 1326, 1358, 1361, 1364, 1368, 1374, 1413, 1417, 1428,

1450, 1469, 1510, 1596, 1597, 1610, 1626, 1627, 1631, 1769, 1803, 1820, 1877, 1892, 1900, 1920, 1958, 1966, 1979, 2003, 2008, 2036, 2037, 2046, 2055, 2060, 2064, 2107, 2116, 2119, 2124, 2131, 2132, 2134-2136, 2139, 2143, 2150.

Madame d'Écouy (1837): 598, 701, 702.

Mademoiselle Rachel (1840): 1478.

Main de fer (La) [A mão de ferro] (1837): 516, 526, 535, 536, 1478.

Matteo Falcone (1835): 324, 325, 337, 698, 883, 947, 1114, 1900.

Mémoires d'un fou [Memórias de um louco] (1838): 34, 35, 38, 40, 41, 180, 196, 197, 212, 213, 229, 238, 282, 303, 462, 467, 495, 528, 533, 606, 638, 697, 702, 837, 894, 915, 917, 922, 923, 940, 942, 943, 950, 965, 966, 971, 993, 1049, 1067, 1099, 1112, 1115-1118, 1131, 1137, 1140, 1144, 1146, 1148, 1164, 1173, 1183, 1184, **1186-1193**, 1196, 1198, 1200, 1202, 1206, 1208, 1211, 1214, 1222, 1240, 1273, 1280, 1350, 1351, 1373-1375, 1419, 1462, 1478, 1497, **1505-1545**, 1551, 1552, 1554, 1559, 1561, 1571, 1572, 1586, 1591, 1594, 1595, 1598, 1600, 1602, 1609, 1610, 1618, 1621, 1632, 1639, 1644, 1645, 1648, 1655, 1665, 1667, 1669, 1686, 1722-1724, 1751, 1754-1756, 1758, 1759, 1761, 1765, 1852, 1879, 1954, 2071, 2120.

Moine des Chartreux (Le) [O monge dos cartuxos]: cf. *L'Anneau du prieur*.

Novembre [Novembro] (1842): 180, 185, 189, 191-194, 196-198, 201, 222, 238, 239, 241, 252, 300, 301, 303, 319, 325, 326, 329, 403, 404, 462, 463, 468, 480, 495, 496, 516, 569, 570, 586, 671, 684, 685, 690, 693, 697, 711, 713, **914-932**, 940, 943, 952, 1038, 1039, 1118, 1171, 1194, 1198, 1201, 1251, 1278-1281, 1301, 1303, 1505, 1513, 1520, 1523, 1528, 1538, 1540, 1551, 1553, 1607, 1618, 1632, 1639, 1640, 1647, 1654, 1656, 1658, 1664, 1666, 1671, 1686-1688, 1692, 1693, 1706, 1707, 1710, **1720-1763**, 1765, 1766, 1768, 1769, 1800, 1805, 1811, 1814, 1822, 1838, 1844, 1850, 1852, 1866, 1879, 1888, 1913, 1926, 1928, 1937, 1946, 1954, 1958, 1978, 1985, 2002, 2004, 2013, 2015, 2022, 2038, 2055, 2125, 2130.

Par les champs et par les grèves [Pelos campos e pelas praias] (1847-1848): 1177, 1555, 1562-1564, 2032, 2033, 2079, 2105.

Passion et vertu [Paixão e virtude] (1837): 27, **196-209**, 211, 214, 216, 220, 221, 230, 231, 235, 245, 246, 249, 250, 252, 254, 256, 257, 266, 269, 274, 277, 293, 306, 323, 337, 357, 380, 391, 403, 404, 413, 422, 423, 433-437, 450, 457, 522, 537, 601, 707, 709, 951-954, 956, 957, 967, 1043, 1082, 1192, 1213, 1267, 1289, 1477, 1499, 1515, 1520, 1544, 1572, 1579, 1585, 1620, 1830, 1877, 1946, 2003, 2016, 2017, 2139.

Peste à Florence (La) [Peste em Florença] (1836): 27, 43-46, 138, 195, 204, 217, 231, 256, 280, 296, **297-302**, 305, **312-323**, 324-326, 337, 384, 387-389, 400, 419, 422, 428-430, 440, 448, 449, 459, 485, 537, 591, 698, 945-947, 954-957, 968, 973, 1065, 1147, 1149, 1160, 1162, 1199, 1232, 1267, 1515, 1520, 1544, 1572, 1645, 1646, 1698, 1700, 1728, 1838, 1842, 1852, 1866, 1867, 1916, 1946, 2016, 2017, 2124, 2129, 2139.

Portrait de lord Byron [Retrato de lorde Byron] (1835-1836): 883, 1373.

Préface aux Dernières Chansons de L. Bouilhet [Prefácio às últimas canções de
L. Bouilhet] (1870): 910, 1042, 1111, 1112, 1169, 1278, **1367-1369**, 1374,
1414, 1427, 1435, 1440.

Quidquid volueris (1837): **27-34**, 38, 39, 41, 42, 46, 155, 200, **207-234**, 235, 237,
238, 243, 245, 247, 254, 256, 257, 266, 273, 274, 300, 305, 323, 326, 337,
356, 358, 362, 380, 384, 404, 422, 437, 439, 447, 450, 457, 466, 479, 483,
500, 542, 547, 553, 570, 580, 581, 631, 837, 951, 954, 956, 1003, 1043,
1148, 1188, 1434, 1499, 1515, 1520, 1529, 1534, 1572, 1662, 1698, 1699,
1728, 1805, 1830, 1877, 1946, 2003, 2016, 2118.

Rabelais (1838): 1216, 1217, 1478.

Rage et impuissance [Raiva e impotência] (1836): **518-520**, 540, 544, 545, 559,
575, 588, 598.

Rêve d'enfer [Sonho de inferno] (1837): **234-283**, 287-289, 305, 326, 329, 337,
403, 404, 422, 490, 518, 542, 562, 567, 803, 920, 1067, 1071, 1072, 1148,
1157, 1158, 1192, 1258, 1267, 1307, 1592, 1665, 1728, 1761, 1929.

Rome et les Césars [Roma e os Césares] (1839): 1478, 1614.

Salambô (1862): 201, 714, 887, 1241, 1254, 1970, 2003, 2102, 2104, 2112, 2115,
2116, 2118, 2119, 2134, 2148.

San Pietro Ornano (1835-1836): 883.

Sept fils du derviche (Les) [O sete filhos do dervixe], roteiro para um conto oriental
(1845): 2028, 2030, 2033, 2039, 2042, 2076, 2081.

Smarh (1839): 202, 234, 468, 523, 550, 553, 588, 589, 590, 607, 637, 891-893,
900, 1070, 1071, 1074, 1075, 1147, 1206, 1215, 1220, 1271-1273, 1299,
1304, 1305, **1307-1317**, 1320, 1327-1330, 1332-1334, 1477-1479, 1493,
1495, 1505, 1508, 1540, 1561, **1571-1639**, 1640, 1645, 1646, 1648, 1649,
1656, 1664, 1665, 1707, 1722, 1724-1726, 1748, 1844, 1865, 1866, 1925,
1946, 1947, 1968, 1974, 1978-1982, 2000, 2096, 2100, 2104, 2135.

Souvenirs, notes et pensées intimes [Lembranças, notas e pensamentos íntimos]
(1838-1841): 494, 502, 605, 607, 644, 645, 647, 684, 690, 803, 937, 939,
951, 981, 994, 1086, 1093, 1174, 1184-1190, 1215, 1261, 1315, 1327, 1333,
1334, 1410, 1474, 1476, 1478, 1479, 1485, 1487, 1490, 1492, 1499, 1516,
1519, 1524, 1528, 1531, 1540-1543, **1546-1551**, 1553-1555, 1557, 1560,
1568, 1574-1576, 1579, 1583, 1584, 1589, 1590, 1595, 1596, 1607, 1608,
1612, 1614-1616, 1622-1624, 1631, 1634, 1640, 1647, 1649, 1653, 1655,
1659, 1661-1663, 1666, 1673, 1676, 1704, 1715, 1722, 1733, 1735, 1751,
1823, 1926, 2069, 2087.

Spirale (La) [A espiral] (argumento de romance, 1860?): 1076, 1197, 1198, 1610,
1753, 1948, **2007**, **2008**.

Tentation de saint Antoine (La) [A tentação de santo Antão] (versão de 1849): 301,
360, 404, 476, 490, 494, 500, 523, 543, **549-556**, 563, 564, 579, 587, 589,
607, 611, 627, 776, 798, 810, 864, 887, 973, 974, 1039, 1044, **1072-1076**,
1170, 1261, 1476, 1477, 1505, 1573, 1578, 1601, 1626, 1632, 1639, 1930,
1943, 1967, 1978, 2008, 2011, 2029, 2032-2035, 2039, 2042, 2076, 2094,
2096, 2100, 2121, 2136, 2143.

Tentation de saint Antoine (La) [A tentação de santo Antão] (versão de 1856): 579, 589, 607, 776, 864, 1601, 1910, 2131, 2132, 2136.

Tentation de saint Antoine (La) [A tentação de santo Antão] (versão de 1874): 23, 241, 255, 401, 404, 428, 480, 514, 579, 589, 607, 628, 775, 864, 1072, 1289, 1601, 1838, 2008, 2011.

Trois contes [Três contos] (cf. também *Un coeur simple*, *La légende de saint Julien l'Hospitalier*, *Hérodias*): 589, 744, 745.

Trois pages d'un cahier d'écolier [Três páginas de um caderno de escolar] (1831, publicado por J. Bruneau): 801-803, 855, 857, 858, 909, 1256, 1322.

Un coeur simple [Um coração simples] (1877): 332, 513, 538, 2131.

Une leçon d'histoire naturelle, genre commis [Uma lição de história natural, gênero burocrata] (1837): 1486.

Un parfum à sentir [Um perfume para sentir] (1836): 27, 196, 276, 296, 297, **302-312**, 315-318, 323, 326, 329, 337, 358, 366-368, 370, 372, 387, 399, 400, 403, 404, 410, **412-420**, 422, 423, 429, 436, 439, 446, 449, 450, 452, 457, 477, 479, 485, 522, 537, 549, 588, 875, 884-886, 896, 900, 903, 906, 941, 949, 951, 952, 954, 956, 957, 959, 961, 964, 967, 973, 975, 1099, 1112, 1147, 1148, 1199, 1267, 1269, 1294, 1494, 1515, 1520, 1572, 1585, 1586, 1621, 1671, 1728, 1877, 1898, 1939, 2003, 2016, 2139.

Un secret de Philippe le Prudent [Um segredo de Filipe, o Prudente] (1835 ou 1836): 296, 297, **323**, **324**, 326, 396, 397, 493.

Voyage en Corse [Viagem à Córsega] (1840): 1478.

Voyage en enfer (Le) [Viagem ao inferno] (1835): **326-328**, 410, 447, 482, 484, 589, 698, 865, 910, 960, 961, 964, 1069, 1496-1499, 1572, 1573, 1620, 2095.

Voyage en Orient [Viagem ao Oriente] (1849-1851): 522-525, 527, 537, 538, 544, 587, 605, 688, 699, 714, 715, 961, 1570, 1571, 1832.

Voyage en Tunisie [Viagem à Tunísia] (1858): 2112-2115.

Correspondance [Correspondência] (1830-1880): é citada com demasiada frequência para que seja útil inventariar os trechos em que o autor desta obra se refere a ela; ver, porém, as páginas 878 a 882, nas quais ele analisa a atitude geral de Flaubert em suas cartas.

Notas da tradução

1. Classificação antiga. Correspondia ao primeiro ano do segundo ciclo do ensino fundamental. É importante notar que o sistema francês usa contagem decrescente. Na tradução, será usada terminologia semelhante à brasileira (oitava série, sétima série etc.), mas é preciso ter em mente a diferença de significado.
2. Em público.
3. Julho de 1830, quando, em consequência de várias sublevações, Luís Filipe I foi levado ao trono.
4. Reificação.
5. A palavra *tourniquet*, torniquete no sentido de engenho rotatório, é empregada por Sartre para indicar a alternância de dois termos de uma contradição que remetem um ao outro sem que se chegue a uma síntese, ou seja, sem que se configure uma operação dialética. Essa famosa conceituação, que qualifica tal alternância de "ciranda infernal" (*ronde infernale*), encontra-se na obra *Saint Genet, comédien et martyr*, Gallimard, Paris, 1952.
6. Ital., homem qualquer, homem comum.
7. Referência a Corneille, na peça *Horácio*, III ato, cena 6. Quando Júlia, para justificar a (suposta) fuga de um dos filhos de Horácio na luta contra os curiácios, pergunta ao pai: "O que queria que ele fizesse contra três?", Horácio responde: "Que morresse, ou que um belo desespero o socorresse".
8. *Un parfum à sentir* ou *Les baladins* [Um perfume para sentir ou Os saltimbancos].
9. *La peste à Florence* [A peste em Florença].
10. Personagens de *Quidquid volueris, études psychologiques* [*Quidquid volueris*, estudos psicológicos].
11. *Agonies* ou *Pensées sceptiques* [*Agonias*, ou *Pensamentos céticos*].
12. Personagens de *A peste em Florença*.
13. Lit., visão de mundo.
14. Trocadilho com o verbo sodomizar.
15. Alusão a Montaigne, que, com termos semelhantes (*chevet* em vez de *oreiller*, usado aqui), se refere ao ceticismo em *Ensaios*, Livro III, cap. XIII.
16. Suas funções corresponderiam às de um assistente de direção.
17. A expressão se refere a uma das formas dos átomos, segundo a teoria de Demócrito. É usado em francês metaforicamente para indicar afinidades e simpatias pessoais.
18. Em francês, a palavra *sujet* engloba as acepções de súdito e de sujeito.
19. *Heauton Timorumenos* (trad. atormentador de si mesmo), peça de Terêncio adaptada de uma peça de Menandro, com o mesmo nome. Charles Baudelaire escreveu um poema com o título de *Heautontimoroumenos*.
20. Tradução das famosas palavras da ária conhecida como *Vesti la giubba*, da ópera *Pagliacci* de Leoncavallo, em que o palhaço chora por saber que vai precisar rir de sua própria desgraça.

21. No original, Hôtel des Farces; farsa, aí, no sentido de ato burlesco, grotesco.
22. Personagem de *O ilustre Gaudissart*, de Balzac. É o protótipo do comerciante.
23. *Monsieur Loyal* (artista circense cuja tradição proviria de Anselme Pierre Loyal, que viveu entre 1746 e 1743) é quem contracena com o palhaço, cognominado *auguste* [augusto] em francês.
24. Sartre usa o verbo *pataphysiquer*, cunhado a partir de *pataphysique* [patafísica], termo criado por Alfred Jarry que o definiu como "Ciência das soluções imaginárias, que atribui simbolicamente aos lineamentos propriedades de objetos descritos por sua virtualidade" (Jarry, *Gestes et opinions du docteur Faustroll, pataphysicien*, Paris, Gallimard, 1972 [1911], p.669).
25. No original, *baisade*, neologismo de Flaubert.
26. Em francês, *beau ténébreux*, expressão que nasceu na tradução da obra ibérica que tem como herói Amadis de Gaula, assim alcunhado por causa de sua infelicidade, apesar da grande beleza. A expressão entrou para o uso comum e hoje indica o galã misterioso, enigmático e fatal. Preferi manter a tradução literal, pois Sartre adiante faz um paralelo com Amadis de Gaula, ao remeter ao poema de Paul Nerval, *El Desdichado*.
27. Personagem da peça de Paul Claudel, *Le Soulier de satin* [O sapato de cetim].
28. Em francês, *c'est moi*, literalmente *isso é eu*.
29. Romance de Jacques Cazotte (1719-1792). Título original: *Le Diable amoureux*.
30. *Vidange*: limpeza de fossas; *vendange*: vindima.
31. Ou Achille em miniatura, sempre numa analogia entre o nome do irmão e o do herói grego, que tinha pés ligeiros.
32. Está subjacente aqui a ideia de rir das próprias dores e de assim se denunciar. A frase usada remete à expressão francesa *qui se sens galeux se gratte*, ou seja, o sarnento que se coce (e assim se denuncie).
33. Ou "esmaguem a infame", frase com que Voltaire terminava muitas de suas cartas, ao que tudo indica referindo-se à superstição.
34. *Marais* (literalmente, pântano), ou planície: designação dada aos moderados (em oposição à Montanha) na Convenção (1792-1795), fase da Revolução Francesa.
35. Peça de Alexandre Dumas, escrita em colaboração com Frédéric Gaillardet em 1832.
36. Metáfora que costuma ser traduzida como "ganhar a liberdade".
37. Famosas palavras de uma canção que Gavroche, menino de rua, canta em *Os miseráveis* de Victor Hugo. Esse personagem morre durante as insurreições de junho de 1832 em Paris.
38. Alusão ao saco de farelo usado para estancar o sangue dos guilhotinados.
39. Referência a uma canção da *Ópera de três vinténs*, de Kurt Weil, com letra de Bertolt Brecht, que fez muito sucesso na década de 1930, intitulada, em alemão, *Seeräuber Jenny* [em francês, *La fiancée du pirate*]. A letra diz: *Quando me perguntarem quem deve morrer, responderei: todos. E, quando as cabeças caírem, direi: hop-lá.*
40. Neologismo que remete aos massacres ocorridos em setembro de 1792.

41. Alusão ao lema *laissez-faire*, usado pelos liberais.
42. Indiferentes, enfadados, insensíveis.
43. Pierre-Paul-Royer, vulgo Royer-Collard, político liberal e filósofo francês da época da Restauração. Sobressaiu-se por suas posições em defesa da separação entre Igreja e Estado, insurgindo-se contra as ingerências da Igreja Católica da época nas prerrogativas dos poderes públicos.
44. Cargo não eletivo, nomeado pelo poder central. Quem o ocupa é um funcionário encarregado de administrar uma circunscrição de dado departamento (unidade da divisão territorial francesa).
45. Aqui há interferência de um problema linguístico que pode criar problemas de interpretação do texto. No trecho citado, de Flaubert, a palavra *faux* [falso, mas também desafinado] refere-se a *cris* [gritos] numa enumeração que inclui outros adjetivos [*agudos, penetrantes, surdos*] do mesmo campo. Portanto, por analogia, a tradução mais pertinente seria *desafinados*. A seguir, Sartre associa o adjetivo *faux* tanto a *gritos* quanto a *lágrimas*, o que, por associação semântica, induz a traduzir o adjetivo, nesse trecho, por *falsos*, e não por *desafinados*. Sem dúvida, essa ambiguidade da palavra francesa estava já na mente de Flaubert, quando contrapôs *faux* a *vrais* [verdadeiros], e foi aproveitada por Sartre.
46. "Conhece-te a ti mesmo", em grego. (N.E.)
47. A referência é feita a Montaigne, *Ensaios*: "*tout ondoyant et divers*".
48. No original, *poésie oblige*, numa analogia com *noblesse oblige*.
49. Entre os céticos, *epochè* designa a suspensão do juízo, ou seja, a abstenção de toda e qualquer asserção, favorável ou não. Com Sexto Empírico, a suspensão do juízo é a recusa a dar assentimento a uma representação (*phantasia*) ou à razão (*logos*) porque os argumentos contrários têm força igual. Em Husserl e na fenomenologia, *epoché* significa "pôr entre parênteses" a tese natural do mundo, ou seja, a crença na realidade exterior do mundo. Mas não se trata de duvidar da realidade do mundo, e sim de realizar uma redução fenomenológica que veda qualquer juízo sobre a existência espaço-temporal, procurando focalizar o fenômeno, ou seja, o que se manifesta em seus modos de aparecer, olhando-o de maneira direta, sem a intervenção de conceitos prévios que o definam e sem basear-se em um quadro teórico prévio que enquadre as explicações sobre o que é visto.
50. *Hylé*: matéria, matéria-prima.
51. *Poiêsis*: produção, criação.
52. Membros dispersos.
53. Conceito de difícil tradução. Representava o homem da alta sociedade, afável, distinto, culto, mas não pedante.
54. Título original *Le roi des montagnes*, romance de Édimond About (1828-1885).
55. Referência do poema de Mallarmé à criação literária, que começa com o seguinte verso: *Je t'apporte l'enfant d'une nuit d'Idumée* [*Trago-te o filho de uma noite de Idumeia*].
56. *Schadenfreude*: alegria maldosa.
57. Bélise, personagem de *Les Femmes savantes* [*As eruditas*], de Molière. Trata-se de uma solteirona que se acredita irresistível e inventa pretendentes.
58. Designação dada por Malebranche à imaginação.

59. Ver nota 14.
60. O puro vaso de bebida alguma / Que a inexaurível viuvez / Agoniza mas não consente... / A nada expirar anunciando / Uma rosa nas trevas...
61. Em Navarra, em fr. *en Navarre = en avares* = como avaros.
62. Os que estão em Uri, em fr. *ce qui sont à Uri = ce qui sont ahurri* = os que são aturdidos.
63. Tu és belo, Druche, em fr. *tu es beau, Druche = tu es baudruche* = tu és odre.
64. Trata-se de um verso de *Polieuto: Et le désir s'accroît quand l'effet se recule* [E o desejo cresce quando o efeito recua], que soa: *elle désire sa croix, quand les fesses reculent* [ela deseja sua cruz quando as nádegas recuam].
65. Todas as considerações que seguem se baseiam na estrutura da locução francesa, que contém um *il* [ele], chamado de "sujeito aparente", seguido do verbo e de um adjetivo; sua tradução, termo a termo, seria "ele faz belo".
66. *O porteiro dos cartuxos*, romance libertino de Jean-Charles Gervaise de Latouche.
67. Referência a Mallarmé.
68. Houve no texto uma pequena inversão de vocábulos nesse verso que consta da seguinte maneira na *Eneida*: *Et ibant osbcuri sola sub nocte*.

RR DONNELLEY

IMPRESSÃO E ACABAMENTO
Av Tucunaré 299 - Tamboré
Cep. 06460.020 - Barueri - SP - Brasil
Tel.: (55-11) 2148 3500 (55-21) 3906 2300
Fax: (55-11) 2148 3701 (55-21) 3906 2324

IMPRESSO EM SISTEMA CTP